U0921133

《华北电力大学年鉴2021》
编撰人员名单

01 华北电力大学召开疫情防控暨新学期工作会（宣传部 提供）

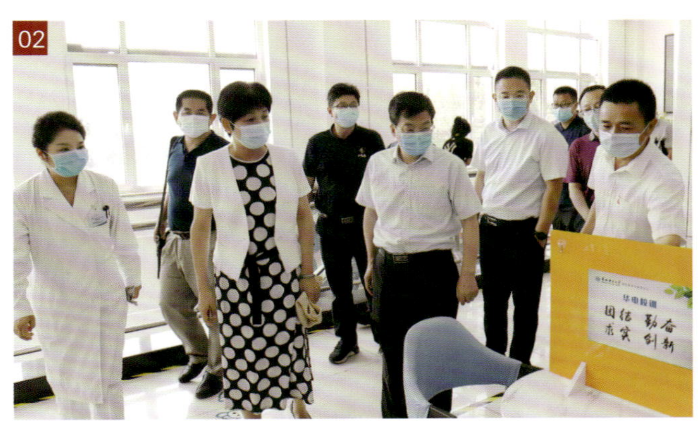

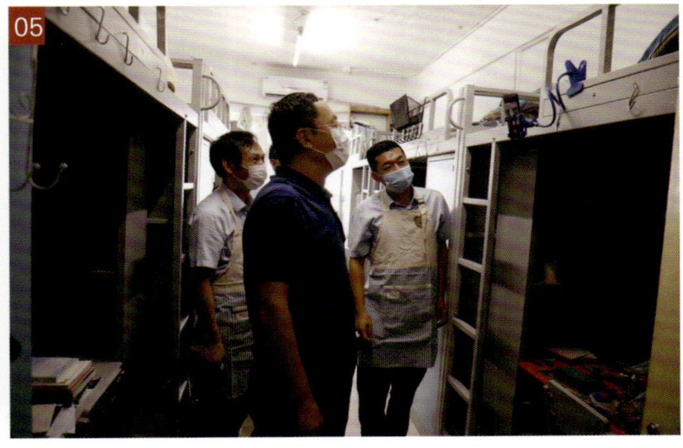

02 华北电力大学党委书记周坚深入现场指导疫情防控工作（宣传部 提供）

03 华北电力大学校长杨勇平视察新生入学工作（宣传部 提供）

04 华北电力大学党委书记周坚慰问为毕业生打包行李教师并亲自为学生包裹贴上华电专属标签（宣传部 提供）

05 华北电力大学校长杨勇平慰问为毕业生打包行李教师并与学生视频连线（宣传部 提供）

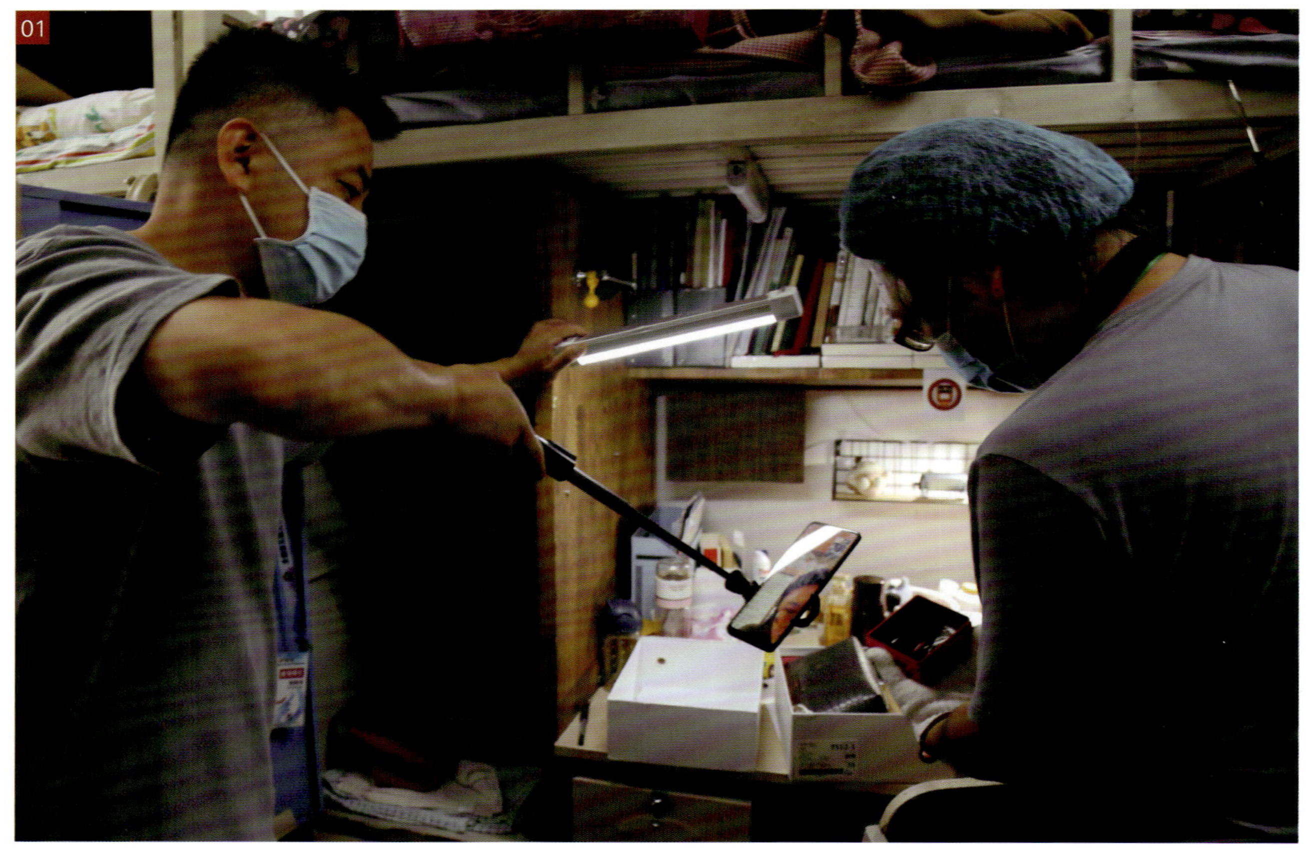

01 新冠疫情期间，华北电力大学教职员工通过视频连线的方式为无法返校的毕业生收拾物品并邮寄到家（宣传部 提供）

02 华北电力大学核科学与工程学院2019级研核1938班研究生钟正统同学主动请缨参加武汉雷神山医院建设（宣传部 提供）

01 华北电力大学动力系2008届集控044班校友罗家庚被评为全国抗击新冠肺炎疫情先进个人（宣传部提供）

02 新冠疫情后，华北电力大学学子平安返校（宣传部提供）

01 华北电力大学召开 2020 年全面从严治党工作会议（宣传部 提供）

02 华北电力大学党委书记周坚宣讲学习贯彻党的十九届四中全会精神（宣传部 提供）

03 华北电力大学召开"不忘初心、牢记使命"主题教育总结大会（宣传部 提供）

04 华北电力大学党外知识分子联谊会成立（统战部 提供）

05 华北电力大学电气与电子工程学院四方研究所党支部入选"全国党建工作样板支部"（电气与电子工程学院 提供）

06 华北电力大学国际教育学院学生党支部入选"全国党建工作样板支部"（国际教育学院 提供）

01 华北电力大学召开“双一流”建设周期总结专家评审会（学科处 提供）

02 华北电力大学校长杨勇平作“双一流”建设周期总结汇报

01 华北电力大学党委书记周坚为 2020 级新生讲授开学第一课（宣传部 提供）

02 华北电力大学校长杨勇平给能源动力与机械工程学院 2020 级新生讲入学教育公开课

01 华北电力大学 2020 级新生报到（邢群 摄）

02 华北电力大学举行 2020 届毕业生“云毕业典礼”（宣传部 提供）

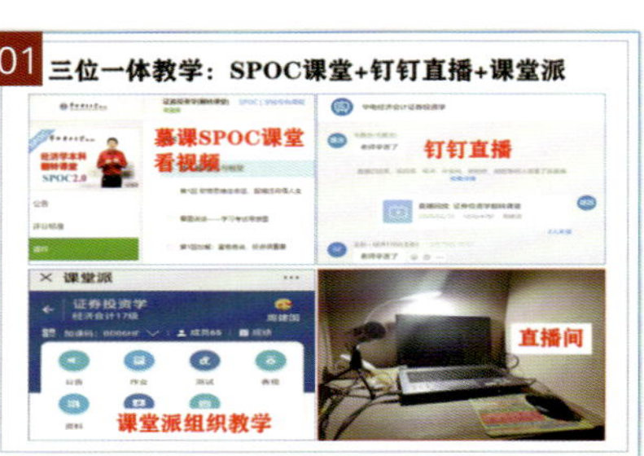

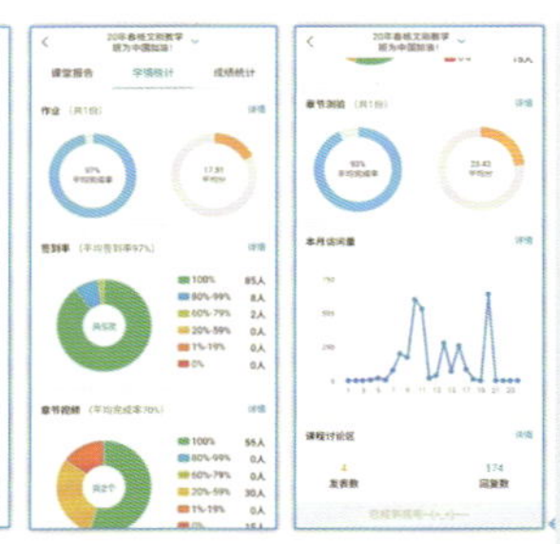

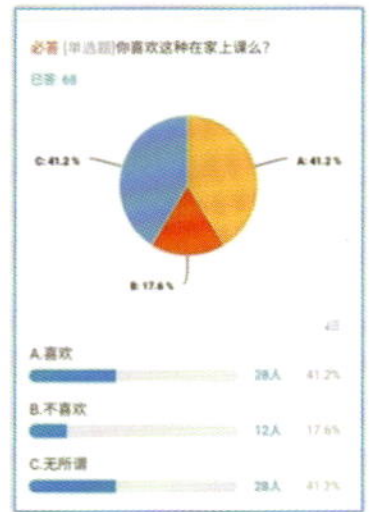

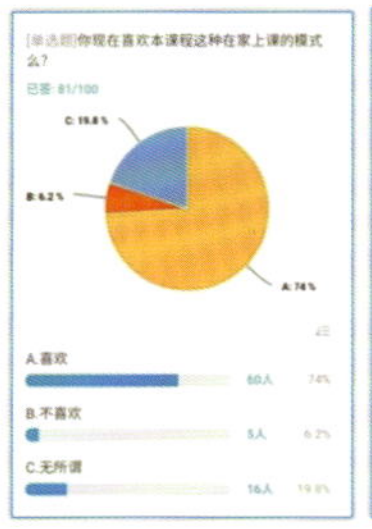

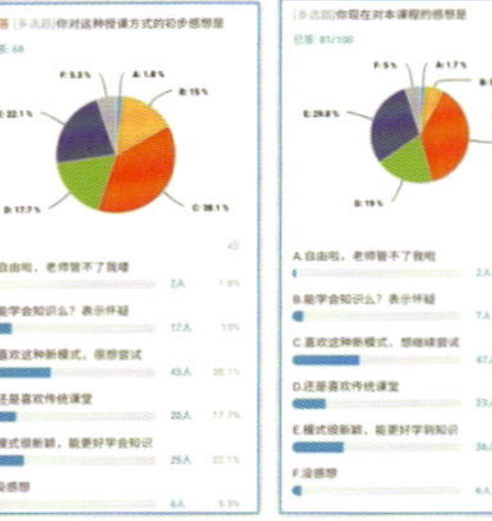

01 应对疫情，华北电力大学多举措多形式全力保障停课不停学（教务处 提供）

02 华北电力大学与外研社共建国际人才培养基地（英语系 提供）

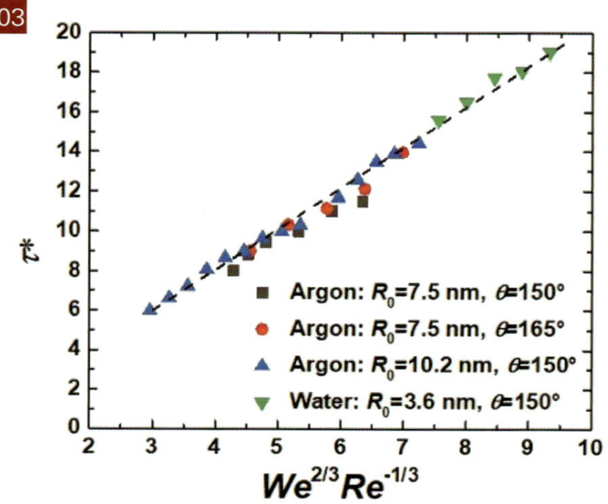

03 美国化学学会旗下权威期刊 *Journal of Physical Chemistry Letters* 刊发华北电力大学能源动力与机械工程学院本科生吕书航和博士生谢芳芳作为共同第一作者的论文“*Contact Time of a Bouncing Nanodroplet*”（工程热物理研究中心 提供）

01

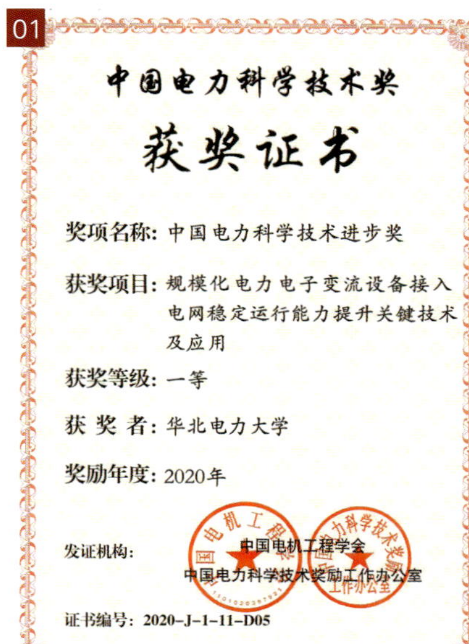
中国电力科学技术奖

获奖证书

奖项名称：中国电力科学技术进步奖

获奖项目：规模化电力电子变流设备接入电网稳定运行能力提升关键技术及应用

获奖等级：一等

获 奖 者：华北电力大学

奖励年度：2020年

发证机构：中国电机工程学会 中国电力科学技术奖励工作办公室

证书编号：2020-J-1-11-D05

02

高等学校科学研究优秀成果奖
（科学技术）

证 书

项目名称：特高压直流输电线路电磁环境分析理论、控制方法及工程应用

奖励类别：科学技术进步奖

奖励等级：一等奖

获 奖 者：华北电力大学

教育部

2021年3月24日

证书编号：2020-185-D01

03

重庆市科学技术奖

证 书

为表彰重庆市科学技术奖获奖单位，特颁发此证书。

奖励类别：科技进步奖

成果名称：高效安全海上风电机组关键技术及产业化

奖励等级：一等奖

获奖单位：华北电力大学

重庆市人民政府

2020年7月

证书号：2019-J-1-05-D02

04

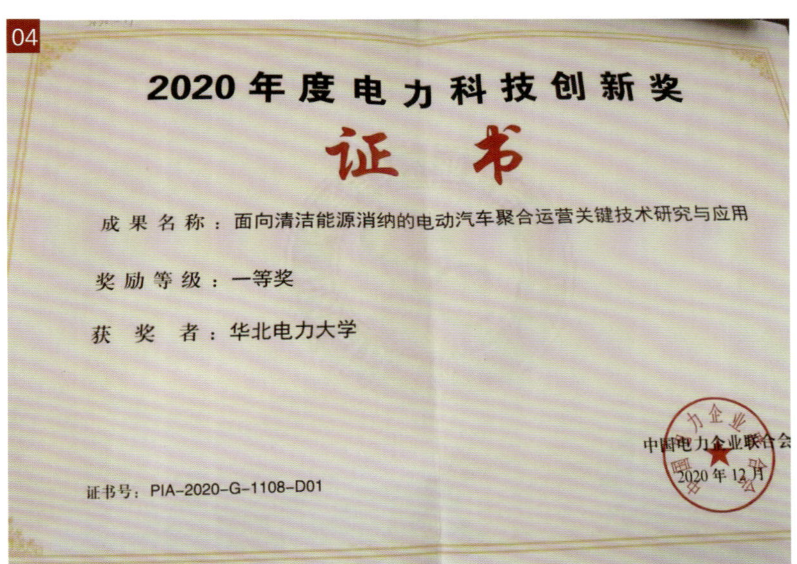
2020年度电力科技创新奖

证 书

成 果 名 称：面向清洁能源消纳的电动汽车聚合运营关键技术研究与应用

奖 励 等 级：一等奖

获　奖　者：华北电力大学

中国电力企业联合会

2020年12月

证书号：PIA-2020-G-1108-D01

01 华北电力大学科研成果“规模化电力电子变流设备接入电网稳定运行能力提升关键技术及应用”获中国电力科学技术进步奖一等奖（科学技术研究院 提供）

02 华北电力大学科研成果“特高压直流输电线路电磁环境分析理论、控制方法及工程应用”获高等学校科学研究优秀成果科学技术进步奖一等奖（科学技术研究院 提供）

03 华北电力大学科研成果“高效安全海上风电机组关键技术及产业化”获重庆市科学技术奖科技进步奖一等奖（科学技术研究院 提供）

05

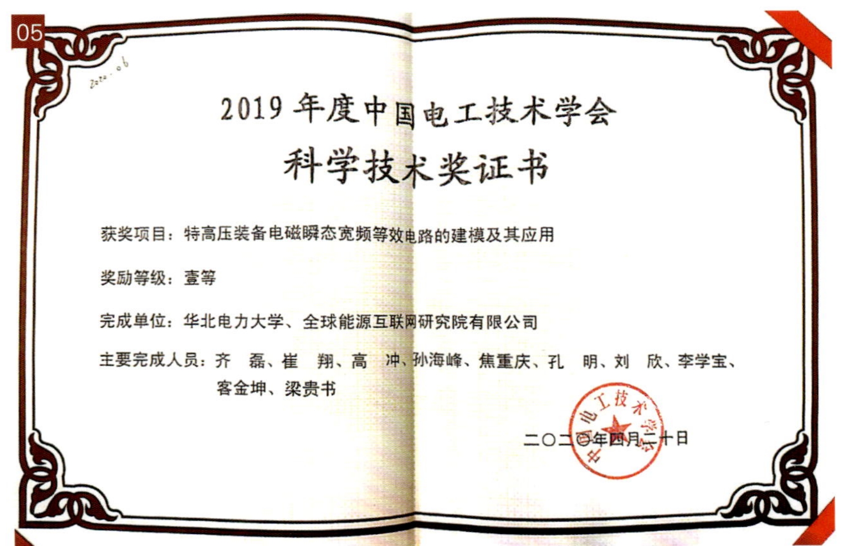
2019年度中国电工技术学会
科学技术奖证书

获奖项目：特高压装备电磁瞬态宽频等效电路的建模及其应用

奖励等级：壹等

完成单位：华北电力大学、全球能源互联网研究院有限公司

主要完成人员：齐　磊、崔　翔、高　冲、孙海峰、焦重庆、孔　明、刘　欣、李学宝、客金坤、梁贵书

中国电工技术学会

二〇二〇年四月二十日

04 华北电力大学科研成果“面向清洁能源消纳的电动汽车聚合运营关键技术研究与应用”获2020年度电力科技创新奖一等奖（科学技术研究院 提供）

05 华北电力大学科研成果“特高压装备电磁瞬态宽频等效电路的建模及其应用”获2019年度中国电工技术学会科学技术奖一等奖（科学技术研究院 提供）

01 李彦斌教授为负责人的问题链教学基地育人团队获评2020年北京市优秀教学团队（经济与管理学院 提供）

02 谢志远教授为负责人的电子技术基础教学团队获评2020年河北省优秀教学团队（电子与通信工程系 提供）

03 梁贵书教授为负责人的电工理论教学团队获评2020年河北省优秀教学团队（电力工程系 提供）

01 华北电力大学党委书记周坚率领学校课程思政专家团队登陆人民网线上讲课程思政专题公开课（宣传部 提供）

02 数理系谷根代教授获评河北省普通本科教学名师奖（数理系 提供）

03 马克思主义学院魏彤儒教授获评河北省普通本科教学名师奖（马克思主义学院 提供）

04 马克思主义学院王伟教授获评第四届北京市高等学校青年教学名师奖（马克思主义学院 提供）

05 华北电力大学动力工程系翟永杰教授被授予河北省优秀教师称号（动力工程系 提供）

01 国家电网有限公司董事长、党组书记毛伟明访问华北电力大学（外联处 提供）

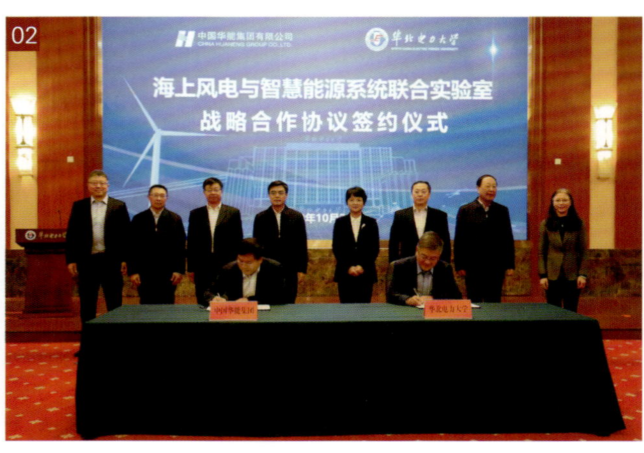

02 中国华能集团有限公司—华北电力大学海上风电与智慧能源系统联合实验室战略合作协议签约仪式（外联处 提供）

03 华北电力大学党委书记周坚、校长杨勇平访问国家能源投资集团有限责任公司，与国家能源集团党组书记、董事长王祥喜举行会谈（外联处 提供）

04 华北电力大学党委书记周坚出席“30・60”新时代能源电力创新发展大会并致辞（宣传部 提供）

05 华北电力大学与国网综合能源服务集团有限公司举行战略合作框架协议签约仪式（外联处 提供）

06 华北电力大学与国网大学签署《关于落实“产教融合”人才培养新机制的合作协议》（外联处 提供）

01 华北电力大学与国网河北省电力有限公司签署全面战略合作框架协议（外联处 提供）

02 华北电力大学与国网河南省电力公司战略合作框架协议签约仪式（外联处 提供）

03 华北电力大学与江西赣能股份有限公司举行战略合作框架协议签约仪式（外联处 提供）

04 华北电力大学与国家电网有限公司大数据中心战略合作框架协议签约仪式（外联处 提供）

05 华北电力大学党委书记周坚赴河南省确山县调研定点扶贫工作（外联处 提供）

06 华北电力大学校长杨勇平赴河南省确山县调研定点扶贫工作（外联处 提供）

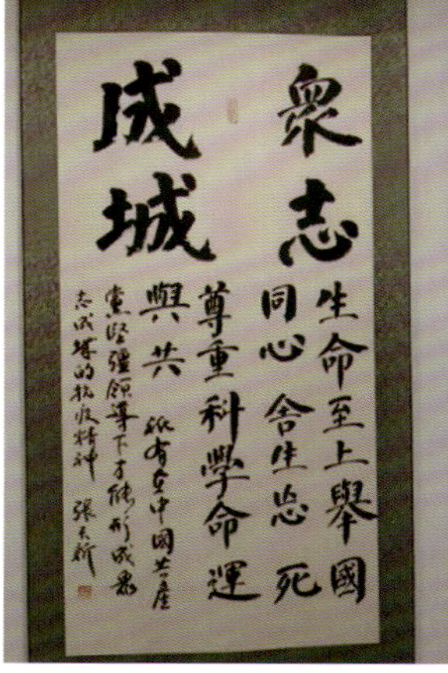

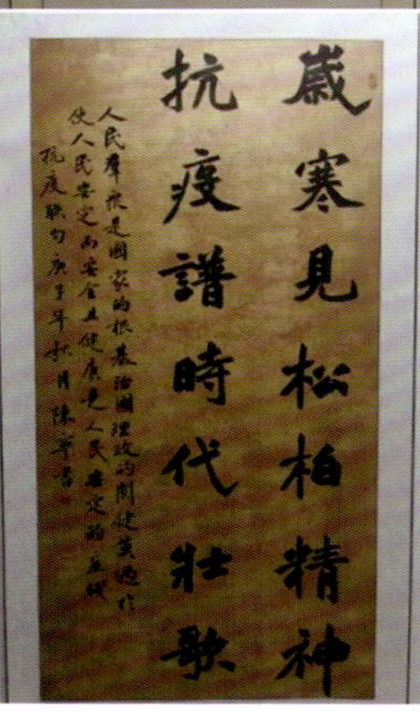

01 中国人民大学杨凤城教授做客华北电力大学“明德大讲堂”（宣传部 提供）

02 华北电力大学举办“抗疫精神”主题书画摄影展（校工会 提供）

03 华北电力大学“抗疫精神”主题书画摄影展师生参展作品（校工会 提供）

04 华北电力大学举办 2020 年教职工板书比赛（校工会 提供）

05 华北电力大学体育教师段博雅在线上教学成果展示赛中获一等奖（体育教学部 提供）

06 华北电力大学毽绳队荣膺首都高校毽绳比赛十连冠（体育教学部 提供）

01 华北电力大学魏玉杰参加雄安男子全程马拉松赛夺得冠军（体育教学部 提供）

02 华北电力大学陈瑞璇参加雄安男子半程马拉松赛夺得冠军（体育教学部 提供）

03 华北电力大学焦安静获上海全程马拉松赛亚军，并以 2 小时 33 分 55 秒成绩达到国际运动健将标准(体育教学部 提供）

04 孙天明参加首都高校第 12 届秋季学生田径运动会男子 110 米栏赛获第一名（体育教学部 提供）

05 华北电力大学王昭贞参加河北省大学生武术比赛获第一名（体育教学部 提供）

06 华北电力大学体育健儿参加第四届陕西田径公开赛获佳绩（体育教学部 提供）

华北电力大学北京校部 16 号学生宿舍楼落成投入使用（赵亲 摄）

编 辑 说 明

《华北电力大学年鉴 2021》是一部资料性工具书，由学校档案馆主持编撰。

本年鉴以学校各项事业发展为主线，采用文章和条目相结合，以概述、概况和条目为主体的编撰体例，采用语文体和记述体直陈其事，力求简明扼要且不评论。

本年鉴设有 14 个栏目，以教科研及相关内容为核心，全卷约 140 万字，共选录图片 62 幅、规章制度 11 个、重要文件 8 个、各类统计表 44 个。各项数据以 2020 年 12 月 31 日为统计时间节点，部分统计表以各统计部门工作特点的要求为统计口径，并在卷内予以标注。

本年鉴主要反映学校 2020 年 1 月 1 日至 12 月 31 日的重大事件和重要活动，记录各个领域的新成果和新进展。本卷年鉴所收录的文章、条目、图表均由学校各参编单位年鉴特约编辑组织编写和提供。其中，各一体化办公单位的组稿实行统一编写，非一体化办公单位先分别由校部和保定校区独自撰写，后由校部对应单位统稿。所有材料经由各参编单位特约编审予以审核。

本卷年鉴编撰出版工作得到学校和参编单位领导重视和各特约编辑支持，在此谨表谢意。在编撰过程中，我们力求做到资料完整、内容翔实和数据准确。但由于年鉴编撰时间紧、涉及面广和内容庞杂等原因，加上编者水平所限，难免有疏漏或不妥之处，敬请广大师生和读者批评指正，以便勘误。

年鉴编辑部

2021 年 7 月 25 日

The Editor's Declaration

Compiled by the NCEPU Archives Center, the 2021 Volume of *Almanac of North China Electric Power University* serves as a tool and reference book.

With the development of various university causes being the main line, this almanac takes a compiling style in which articles and items are combined, and summaries, situation descriptions and items constitute the main body. It depicts the facts and matters directly in a concise descriptive style without making any comment.

This almanac is composed of 14 sections, focusing on education, teaching, researches and related matters. The whole volume has about 1.4 million Chinese characters, 66 pictures, 11 important documents, 8 regulations, and 44 statistical charts and tables. December 31, 2020 is the statistical closing date for the various data, and marks are made for those statistical tables with different statistical calibers designed on the basis of the work characteristics of the corresponding statistical units.

This almanac mainly reflects the big events and important activities that took place in 2020, from January 1 to December 31, recording the new achievements and progresses in different fields and sectors. All the articles, items, photos, charts in this almanac were prepared and provided by the contributing editors from various university units. The units integrating the office work of the Beijing and Baoding campuses prepared the materials together. As regards those that had not integrated their office work, they prepared independently first, and then the corresponding units in Beijing campus did the final compilation work. All the materials had been checked by the contributing editors from various university units.

Much attention has been paid by leaders of the university and various compiling units to the production and publishing work of this almanac. Besides, it has also received great support from the contribution editors. Here, we would like to express our great appreciation for their help and support. In the compiling process, we try to produce an almanac with complete materials, detailed content and accurate data. However, it is inevitable to have some mistakes, omissions and errors due to the limited time, extensive subjects, complex content and the compilers' limited abilities. Therefore, we are pleased to receive your criticism and suggestions to make it better.

The Almanac Editorial Department

July 25, 2021

目　录

特　载

总　述

大事记

组织机构与干部

党群工作与行政管理

学科建设与教育教学

科技研究与成果转化

科研机构与平台建设

合作交流和对外联络

院系部建设

教科研设施与服务保障

规章制度建设

重要文件

统计报表与附录资料

索　　引

CONTENTS

Construction of Scientific Research Institutions and Platforms

Cooperation, Exchange and Foreign Connections

Construction of Schools, Institutes and Departments

Infrastructure and Service Guarantee

Rules and Regulations Building

Important Articles

Statistics and Appendixes

特　　载

Special Edition

压实责任 强化监督
推动全面从严治党向纵深发展

——校党委书记周坚在2020年全面从严治党工作会议上的讲话

（2020年5月26日）

同志们：

今天，我们召开学校全面从严治党工作会议，主要任务是：深入学习贯彻习近平总书记在十九届中央纪委四次全会上的重要讲话和四次全会精神、《党委（党组）落实全面从严治党主体责任规定》以及2020年教育系统全面从严治党工作视频会精神，分析研判学校全面从严治党形势，部署安排2020年学校全面从严治党重点工作。

刚才，何华同志传达了习近平总书记在十九届中央纪委四次全会上的重要讲话精神，对纪检监察工作进行了全面部署，提出了具体要求，我完全同意，请大家认真学习领会、深入贯彻落实。

2019年是新中国成立70周年，是全面建成小康社会、实现第一个百年奋斗目标的关键之年，也是学校党委确定的改革年、落实年。我们坚持以习近平新时代中国特色社会主义思想为指导，深入学习贯彻党的十九大、十九届二中、三中、四中全会和全国教育大会精神，贯彻落实十九届中央纪委二次、三次全会部署，坚持和加强党的全面领导，准确把握新形势、新任务、新要求，“严”字当头狠抓党风、校风、学风，推动全面从严治党落地见效。

一年来，我们认真践行“两个维护”，党的政治建设更加强化。学校召开政治建设专题民主生活会，从政治方向、政治信仰、政治领导、政治能力、政治生态五个方面认真查摆问题、剖析原因，明确努力方向和改进措施，把讲政治的要求落实到办学治校的方方面面。紧扣学习贯彻习近平新时代中国特色社会主义思想这一主线，进一步完善校院两级党委中心组学习制度，推动理论学习往深里走、往心里走、往实里走。印发《中共华北电力大学委员会贯彻落实〈关于加强高校党的政治建设的若干措施〉实施方案》，推进政治建设取得实效，党员干部师生政治意识明显增强。

一年来，我们扎实推进主题教育，责任担当的初心使命更加坚定。围绕“守初心、担使命，找差距、抓落实”的总要求，一体推进学习教育、调查研究、检视问题、整改落实。组织全体中层干部分4批赴红旗渠干部学院开展专题培训，党员干部的心灵受到强烈震撼，立足岗位干事创业的热情进一步提升。制定《中共华北电力大学委员会一线规则工作实施方案》，推动领导干部深入教学科研一线和师生员工当中，倾听一线声音、密切群众联系、解决实际问题。主题教育期间，教育部部长陈宝生、副部长翁铁慧，北京市委常委、组织部部长魏小东等领导同志亲临学校调研指导工作，高位推动提质增效。通过主题教育，校院两级班子的理论水平和实践能力有了新提升，作风建设实现新强化，管理水平和服务质量呈现新气象。

一年来，我们突出政治功能，基层党组织建设根基更加牢固。建立“先锋指数”质量体系，将党建目标从软指标转向硬任务，将党建考核由定性转向定量，让基层党组织有章可循、有责可负。“先锋指数”成为北京高校党建研究会重大研究课题优秀项目。实施“对标争先”建设和“双带头人”培育工程，电气与电子工程学院四方研究所党支部、国际教育学院学生党支部获“全国党建工作样板支部”，法政系党委获河北省首批“党建工作标杆院系”培育创建单位，电子与通信工程系通信教研室党支部书记工作室入选河北省高校首批“双带头人”教师党支部书记工作室，双带头人支部书记比例从54.5％增至88.7％。

一年来，我们发挥政治优势，思想政治教育工作更加优化。出台《华北电力大学关于加强和改进思想政治理论课建设的实施方案》，构建多部门协同共建思政课机制，着力打造思政“金课”。校领导为全体本科新生主讲“开学第一课”，孙芳老师获得首届全国高校思政课教师教学展示特等奖，办好、讲好、学好思政课的氛围更加浓厚。围绕庆祝中华人民共和国成立70周年，广泛开展“我和我的祖国”“小我融入大我、青春献给祖国”等主题教育活动，培植师生爱国情、报国志。组织2000余名师生参与国庆活动，将训练场打造成生动的爱国主义教育课堂。通过组织参与国庆活动、师生宣讲等一系列活动，进一步弘扬爱国主义精神，思想政治工作的针对性和实效性得到有效提升。

一年来，我们严格落实“两个责任”，党风廉政建设更加有力。学校召开“以案为鉴、以案促改”警示教育大会，这也是学校历史上第一次，通过通报身边的具体案例增强警示教育实效。加强日常监督力度，2019年学校党委书记对13个重点部门进行廉政风险谈话14人次，全校共开展干部任职廉政谈话19人次，发送廉洁提示6批次、2300余人次。零容忍查处和惩治违纪违法问题，全年立案5件，党纪处分3人，诫勉谈话2人，对违反高校教师职业行为和师德师风等问题予以严肃处理。

审视一年来的工作，我们持续深化全面从严治党，以优良的党风促政风带学风，广大干部师生理想信念更加坚定，“四个意识”“四个自信”不断增强，有力推动学校改革发展稳定各项事业。但是我们也要清醒地看到，与党中央和上级全面从严治党的要求相比，与全校教职员工的期待相比，学校全面从严治党工作还有一定的差距。比如，理论学习还不够实不够深。有的单位理论学习制度不健全、执行不严格、落实不到位。对党中央和上级党组织重大决策部署、文件精神不知晓、不熟悉、不研究，导致工作落实出现温差、落差、偏差。基层组织建设不够牢。有的党建工作重形式轻内容、重数量轻质量，主体责任落实虚化，压力传导不足，贯彻管党治党要求“不严不实”。有的政治敏锐性不强，落实意识形态责任和党风廉政责任不到位，干部违纪和师德师风问题还时有发生。纠正“四风”不够彻底。个别单位和领导干部形式主义、官僚主义问题较重，作风虚浮，深入基层服务师生意识不强，工作中存在以文件贯彻文件、以会议执行会议的现象，文风会风仍需改进。奋进意识不够强。有的党员干部不愿担当、不敢担当、不会担当，工作中主动作为、攻坚克难还不够，安于现状、不思进取的心理还不同程度存在。这些问题深刻警示我们，全面从严治党工作形势依然严峻、任重道远。我们要继续保持政治定力，发扬斗争精神，持续发力、久久为功，推动全面从严治党向纵深发展。

2020 年是全面建成小康社会和“十三五”规划收官之年，是脱贫攻坚决战决胜之年。对学校而言，是全面推进“双一流”建设的关键之年、加快高质量内涵式发展的攻坚之年，做好 2020 年学校全面从严治党工作十分重要。在十九届中央纪委四次全会上，习近平总书记站在实现“两个一百年”奋斗目标的历史交汇点上，深刻总结新时代全面从严治党的历史性成就，深刻回答管党治党必须“坚持和巩固什么、完善和发展什么”的重大问题，对以全面从严治党新成效推进国家治理体系和治理能力现代化作出战略部署。我们要学深悟透用好，提高贯彻落实的思想自觉、政治自觉、行动自觉。当前，新冠肺炎疫情正在世界范围内蔓延，不确定、不稳定因素明显增多，一些工作面临着新变化，更复杂、更棘手的问题可能还在后面，也将对学校各项事业发展产生极大挑战。战胜挑战、把握机遇，加强党的领导是根本保证。为此，我们今年工作的总要求是：以习近平新时代中国特色社会主义思想为指导，深入贯彻党的十九大和十九届二中、三中、四中全会精神，以党的政治建设为统领，一以贯之、坚定不移坚持党对学校工作的全面领导，一以贯之、坚定不移深入推进全面从严治党，一以贯之、坚定不移完善制度体系和监督机制，把“严”的主基调贯穿学校工作各方面，为深化综合改革、完善治理体系、提升治理效能、加快“双一流”建设提供坚强保证。

一、始终把党的政治建设摆在首位，坚决做到“两个维护”

党的政治建设是党的根本性建设，决定党的建设方向和效果。保证全党服从中央，坚持党中央权威和集中统一领导，是党的政治建设的首要任务。我们要坚持把党的政治建设摆在首位，把党对教育工作的全面领导落到实处。

一是强化党的政治领导。不断完善学校加强党的全面领导的组织体系、制度体系和工作机制，推进《中共华北电力大学委员会贯彻落实〈关于加强高校党的政治建设的若干措施〉实施方案》各项任务落实落细。学习贯彻习近平总书记《论坚持党对一切工作的领导》，贯彻落实党委领导下的校长负责制，严肃党内政治生活，不断增强“两个维护”的自觉性和坚定性。围绕落实党中央重大战略举措、上级党组织有关安排部署和学校党委决策要求加强监督检查，坚决纠正政治意识淡化、党的领导弱化、党建工作虚化、责任落实软化等突出问题。巩固深化主题教育成果，深入落实不忘初心、牢记使命制度，教育引导干部师生把“两个维护”融入日常，具体到履职尽责、做好本职工作的实效上。

二是加强思想政治引领。完善两级中心组定期理论学习制度，持续加强党的创新理论学习，推进习近平新时代中国特色社会主义思想进教材进课堂进头脑。坚持把党的十九届四中全会精神和《习近平总书记教育重要论述讲义》作为校内各级党组织日常学习和培训的核心内容，促进学用结合、学以致用。认真贯彻落实教育部大学习领航计划，扎实开展党的创新理论“校园巡讲、网络巡礼”活动。

三是推进政治建设制度化。注重对标对表，抓好今年印发的《党委（党组）落实全面从严治党主体责任规定》《党和国家机关基层组织工作条例》以及即将修订出台的《普通高等学校基层党组织工作条例》等文件落实，健全完善加强党的政治建设的制度体系。严格执行民主集中制、党内政治生活准则，严格执行党委领导下的校长负责制以及党委常委会、校长办公会议事规则。把党建和思想政治工作、思想政治理论课建设有关评价指标融入学校“双一流”建设、教学改革、学科建设等核心指标体系，这也是教育部“双一流”建设的评估要求，要以高质量的立德树人水平为党育人、为国育才，以实际行动践行“两个维护”。

二、坚决落实中央决策部署，坚决打赢疫情防控阻击战和教育脱贫攻坚战

疫情防控和脱贫攻坚是今年必须取得胜利的两场硬仗，也是大战大考。要进一步提高政治站位，切实扛起责任，认真绘制作战图，扎实做好学校疫情防控和教育脱贫工作，推动党中央重大决策部署落地见效。

一是毫不松懈抓好疫情防控政治任务。学校各级党组织和党员干部要坚决贯彻党中央关于疫情防控的决策部署，充分发挥战斗堡垒作用和党员先锋模范作用，为疫情防控提供坚强政治保证。按照属地管理、动态调整、加强推演、充分准备的原则，落实落细防控措施，坚决守好校园阵地，确保师生员工生命安全和身体健康。认真研究可能受疫情影响的招生录取、教育教学、毕业就业等问题，目前，学校硕士研究生的招生录取工作进展很顺利，也得到了广大考生的好评，下一步我们要重点做好毕业生返校的各项准备工作，健全机制体制，特别是做好湖北籍和家庭困难学生慰问帮扶。开设思政课战“疫”课堂，将疫情防控斗争中体现出的制度优势、民族精神和防疫斗争中涌现出的先进典型和好人好事，特别是学校的先进典型和好人好事作为思想政治教育的生动教材，常态化纳入“形势与政策课”教学，上好疫情防控这堂思政大课。

二是坚决完成学校承担的扶贫工作任务。做好扶贫干部选拔配备和保障支持，把攻坚前线作为考察识别培养使用高素质干部的重要阵地。对接河南确山县和河北阜平县，绘制系统性、针对性的扶贫工作路线图，充分发挥学校能源电力学科优势，依靠电力行业资源，推进教育扶贫、产业扶贫、智力扶贫、健康扶贫、消费扶贫和精神扶贫六大扶贫任务，助力全面建成小康社会。

三、抓实党的建设工作，推动基层党组织全面进步、全面过硬

新形势下基层党组织工作开展得怎么样，直接影响到党的凝聚力、影响力、战斗力的充分发挥，是决定学校事业发展成败的关键所在。要进一步增强基层党组织的政治领导力、思想引领力、群众组织力、社会号召力，以问题为导向，补短板、强弱项，把党的基层组织锻造得更加坚强有力，成为学校事业发展的坚强保障。

一是全面推进基层党建提质创优。贯彻落实党支部工作条例，严格落实组织生活制度，推进基层党组织工作规范化。进一步完善“先锋指数”党建评价体系，建立健全“标准、责任、引导、制度、督导”五位一体的落实推进机制，今年年底我们将用“先锋指数”对所有的院系级党组织开展党建工作评价。全面落实院（系）党组织会议和党政联席会议制度，健全系（教研室）务会制度，完善基层管理体制和运行机制，提升基层党组织政治功能和组织力。切实做好院系级党组织和党支部换届选举工作，选优配强基层党组织书记，实施党支部书记“双带头人”培育工程。落实教育部党组“对标争先”建设计划，大力推进“党建 420”工程，持续开展党建示范创建和质量创优工作，积极打造标杆院系和样板党支部。深入开展党组织书记抓基层党建工作述职评议考核，将“横到边、纵到底”的责任体系压紧压实。强化行政领导和行政部门履行党建责任意识，推进党建工作和业务工作深度融合，促进学校改革发展。

二是全面加强党的干部人才工作。突出选人用人政治标准，加强干部政治把关和政治素质考察，把制度执行力和治理能力作为干部选拔任用、考核评价的重要依据。落实学校今年印发的《华北电力大学处级干部选拔任用工作办法》，健全完善干部选育管用工作体系，加大干部交流轮岗力度，推动优秀年轻干部跨部门交流，做好优秀年轻干部发现、培养、选拔工作。实施处级干部政治能力提升三年轮训计划，全面提升干部政治素养。加强对人才的政治引领和政治吸纳，做好党的知识分子工作，加大部门联动，营造人才发展良好环境。

四、完善“大思政”工作格局，不断提升思想政治工作实效

学校思想政治工作，是党领导学校工作的具体体现，也是开展学校党的建设的重要抓手。我们要全面贯彻党的教育方针，遵循思想政治工作规律、教书育人规律、学生成长规律，用科学理论培养人，用正确思想引导人，形成党委统一领导、各部门齐抓共管的思想政治工作格局。

一是深化思政课改革创新。落实《关于深化新时代学校思想政治理论课改革创新的若干意见》，做好《华北电力大学关于加强和改进思想政治理论课建设的实施方案》的组织实施。丰富思政课资源供给，完善明德大讲堂、华电大讲堂、国企公开课和课程思政相互补充的思政课链条体系。构建思政课质量保障体系，完善思政课堂教学方法创新机制。研究落实《新时代高等学校思想政治理论课教师队伍建设规定》的具体举措，积极补齐思政课专职教师短板。探索思政课堂内外教学考核联动机制，推动《华北电力大学关于推进辅导员和思想政治理论课教师协同育人的实施意见（试行）》落地见效。

二是提高思想政治工作针对性实效性。贯彻落实《关于加快构建高校思想政治工作体系的意见》，强化“三全育人”顶层设计，全方位推动学生思政、课堂思政、学科思政、文化思政、管理思政等思政工作体系建设。贯彻落实《新时代爱国主义教育实施纲要》，将爱国主义教育全面融入教育教学全过程、人才培养各方面。开展“使命在肩 奋斗有我”主题教育活动，把思政工作做在日常、做到个人。实施校园成长计划，开展德智体美劳五育并举的育人重点项目。实施全员导师行动，充分挖掘各群体、各岗位的育人元素。推进“五个融合”，打造全要素协同发展模式。围绕“三全育人”理论研究、队伍建设、工作探索、实践经验等领域，实施项目化运作，培育一批具有学校鲜明特色的理论和实践研究成果。加强教师思想政治工作，建立健全二级党组织师德建设长效机制工作责任体系，出台《华北电力大学研究生导师立德树人职责实施细则》。

三是切实维护校园安全稳定。当今世界面临百年未有之大变局，疫情等各种因素给学校方方面面工作带来了很多挑战和压力。各级党组织和广大党员干部要保持政治定力，在大是大非面前旗帜鲜明、善于斗争，在具体人具体事上态度坚决、处理果断。深入落实学校意识形态工作责任制和网络意识形态工作责任制，加强课堂讲坛、校园网络、研究平台等意识形态阵地管理。精准研判疫情舆情和稳定风险，坚决抵御校园非法宗教活动和各类渗透活动，健全完善应急工作体系，有效防范可能出现的“黑天鹅”或“灰犀牛”事件。

五、持之以恒正风肃纪反腐，一体推进不敢腐、不能腐、不想腐

当前，反腐败斗争已经取得压倒性胜利，但是反腐败斗争的严峻性、复杂性和艰巨性依然长期存在，教育领域也并非一方净土。我们要深刻把握党风廉政建设规律，坚定不移、一体推动正风肃纪反腐向纵深发展，努力营造清正廉洁的良好生态。

一是持续保持高压态势。始终严明党的政治纪律和政治规矩，严防“七个有之”，坚决贯彻中央八项规定精神，结合学校实际认真分析在校内的表现，防止老问题复燃、新问题萌发、小问题坐大，加大查处曝光力度。我们将继续保持不回避、不遮掩、零容忍的态度，对违规违纪案件一律点名道姓予以通报。

二是持续抓好综合治理。严格落实中央《关于持续解决困扰基层的形式主义问题为决胜全面建成小康社会提供坚强作风保证的通知》，集中整治师生反映强烈的突出问题、专项活动中查找的普遍问题、招生招聘等关键环节的廉洁问题、选人用人和物资采购等重点领域的利益问题、践行“一线规则”不实的作风问题，深化拓展基层减负工作，坚决遏制师生身边的不正之风和“微腐败”。

三是持续做好廉洁教育。多元素、多渠道、多平台开展廉洁学习教育，让廉洁意识融入干部师生血脉。继续开展“以案为鉴、以案促改”警示教育，着力培育廉洁文化。精准运用“四种形态”，统筹应用批评和自我批评、教育警醒、惩戒挽救和惩治震慑功能，及时发现问题，将可能违纪的行为消除在萌芽状态，真正管住绝大多数。

六、健全完善学校监督体系，推动权力运行规范有序、公开透明

十九届四中全会对坚持和完善党和国家监督体系作出重大制度安排，将有力促进社会主义制度的自我完善和发展，提升党和国家运用制度和法律治理国家的能力。我们要贯彻落实中央精神，深化校内纪检监察体制改革，着力增强监督的严肃性、协同性、有效性，统筹推进学校监督体系建设。

一是健全日常监督机制。聚焦“关键少数”，严格落实干部谈话、党风廉政意见回复等制度，强化对各单位主要负责人的监督，做好中层领导干部廉政档案建设。聚焦重点领域，堵塞制度漏洞，完善廉政风险防控体系，充分运用大数据等信息化手段提高监督实效。推动党务、校务和其他办事流程进一步公开，做到以公开促公正、以透明保廉洁。

二是完善监督协同机制。要健全以党内监督为主导，行政监督、民主监督、审计监督、财会监督、师生监督等有机贯通、相互协调的监督体系。充分发挥组织部、教师工作部、审计处等部门职能监督作用，依法依规行使监督、管理职权，形成监督工作合力，推动监督检查考核结果互认互用。

三是持续深化巡视巡察。今年学校成立党委巡察办公室，将从体制机制上全面加强巡视巡察工作。这既是落实教育部的要求，同时也是加强学校重点工作督查的需要。要聚焦政治责任，着力发现和推动纠正政治偏差，确保党的教育方针、中央决策部署和立德树人根本任务不折不扣地落实。把巡察工作与教学、科研、管理、服务等紧密结合起来，与落实学校的重点工作和重大任务紧密结合起来，紧扣被巡视巡察单位职能职责，推进政治监督具体化、常态化。推进巡察工作与纪检监察工作有机衔接，实现校内巡察与上级巡视、主题教育整改情况的贯通融合。

四是切实规范权力运行。以校内机构综合改革为契机，合理设置岗位、分解职责、配置权力，跟进健全监督机制，压缩权力寻租空间。坚持民主集中制，构建决策科学、执行坚决、监督有力的权力运行机制，完善任职回避、定期轮岗、离任审计等制度。严格执行领导干部插手干预重大事项记录制度，着力破解对“一把手”监督和同级监督难题。完善容错纠错机制，既坚持“严”的主基调，又善于做到“三个区分开来”，鼓励干部敢于担当、积极作为。

七、强化管党治党政治责任落实，推动两个责任贯通联动

近日，中共中央办公厅印发了《党委(党组)落实全面从严治党主体责任规定》，这是党中央健全全面从严治党责任制度的重要举措，是我们推进全面从严治党责任落实的根本遵循。校内各级党组织要认真学习领会，按照“推进全面从严治党责任化”的要求，切实抓好贯彻落实。

一是压实主体责任。全面从严治党主体责任在各级党组织，要害在“一把手”，书记要当好第一责任人，坚持重要工作亲自部署、重大问题亲自过问、重点环节亲自协调、重要案件亲自督办，把责任传导给所有班子成员，把管理和监督寓于实施领导的全过程，确保管党治党不留空白。领导班子其他成员要按照“一岗双责”要求，不断提高履职尽责本领，对分管领域全面从严治党工作负责，抓细抓实每个环节。

二是压实监督责任。学校纪委作为专责监督机关，要加强对校内各级党组织、职能部门守责尽责的监督，不断创新监督机制，改善执纪方式，敢于问责，善于问责，积极协助党委推进全面从严治党，推动“两个责任”贯通协同、一体落实。要通过与班子成员面对面、一对一的谈话、与干部群众的谈心、开展精准调研等形式，做好对政治生态的分析研判，做到见人、见事、见问题，促进权责统一、责任贯通联动。

三是坚持“严”字当头。面对纷繁复杂的新形势，我们必须进一步增强严的定力、保持严的韧劲、践行严的要求，做到真管真严、敢管敢严、长管长严，推动管党治党责任在校内落地生根、开花结果。好的风气是严抓严管抓出来的，更是领导干部和领导班子带出来的。各级党组织和党员领导干部要走在前、做表率，一级做给一级看，一级带着一级干，带动良好的政治生态和干事创业风气。

同志们，全面从严治党永远在路上，收官之年各项任务重、时间紧，面临的风险和挑战巨大，需要保持政治清醒和政治定力，坚守为党育人、为国育才的初心，紧密地团结在以习近平同志为核心的党中央周围，实干担当、砥砺奋进，全力书写全面从严治党新篇章，为学校落实立德树人根本任务、加快高水平研究型大学建设提供坚强的政治保障！为决胜全面建成小康社会、实现中华民族伟大复兴中国梦贡献华电力量！

创新制度体系　提升治理效能
推进学校高质量内涵式发展取得新突破

——校长杨勇平在第七届教职工代表大会第二次会议上的报告

（2020 年 5 月 14 日）

各位代表：

在以习近平同志为核心的党中央坚强领导下，经过艰苦卓绝的努力，全国新冠肺炎疫情防控阻击战取得重大战略成果，国内疫情已得到基本控制，生产生活秩序加快恢复，进入统筹推进疫情防控和经济社会发展的新阶段。今天，我们以两地视频的方式，召开学校第七届教职工代表大会第二次会议，具有非同寻常的意义。现在，我代表学校向大会作工作报告，请予审议，并请列席的同志提出意见。

一、2019 年工作回顾

2019 年是中华人民共和国成立 70 周年，是全面建成小康社会、实现第一个百年奋斗目标的关键之年，也是华北电力大学新甲子的启程年、“双一流”建设的奋进年。一年来，在学校党委的坚强领导下，我们认真开展“不忘初心、牢记使命”主题教育，紧紧围绕立德树人根本任务，聚焦高水平研究型大学建设目标，着力实施“四个策略”、全力构建“五个体系”，各项事业取得喜人成绩，高质量内涵式发展迈上了新的台阶。

（一）推动学科交叉融合，“双一流”建设取得新进展

扎实推进“双一流”建设，高质量完成“双一流”建设中期评估工作。大力推进学科交叉融合，成立能源互联网学院、人工智能学院、储能技术研究院等一批跨院系、跨学科的交叉学术机构；设立人工智能、能源互联网、能源材料与装备等若干新兴交叉学科博士点，获批建设清洁能源学北京市高精尖学科，新增智能科学与技术本科专业。“工程学”跻身 ESI 世界前 100 强，“社会科学”进入 ESI 世界前 1%行列，世界前 1%学科由 4 个增长至 5 个。“机械工程”跻身 U. S. News 2020 世界学科排名第 36 位，“能源科学与工程”“机械工程”和“化学工程”3 个学科跻身 2019 软科世界一流学科排名前 100 强。

（二）深化教育教学改革，人才培养质量稳步提高

坚持以本为本，出台学校《全面提升本科人才培养质量的实施意见》，持续加强专业建设，12 个专业入选首批一流本科专业建设“双万计划”，2 个专业通过工程教育认证。不断提升课程质量，获评国家精品在线开放课程 1 门、河北省精品在线开放课程 6 门、北京高校“优质本科课程”4 门。深入推进教学改革，2 项教学成果获河北省一等奖，25 个项目获北京市、河北省教改立项。1 人获评全国优秀教师，4 人获省级教学名师奖，新增 2 个省级优秀教学团队。学生创新成果再获丰收，揽获各类学科创新竞赛国家级奖励 554 项、省部级奖励 520 项。深入推进卓越研究生教育，34 个学位点全部顺利通过教育部合格评估。深化博士招生制度改革，加强硕士研究生招生管理，实施本硕博贯通和推免研究生直博培养。实施研究生国际化培养计划，派出国际访学研究生 121 人。全面修订专业学位研究生培养方案，产教协同育人进一步加强。

（三）激发科技创新活力，科学研究水平持续提升

全年共承担各类科研项目 1163 项，其中国家重点研发计划专项项目 1 项，国家科技重大专项项目 1 项，国家自然科学基金项目 86 项，国家社科基金项目 7 项，军民融合项目 19 项。军工科研经费达到 2838 万元，科技合同总经费达 7.15 亿元，到账经费 4.79 亿元，均创历史新高。获各类科技成果奖 69 项，其中国家科技奖 2 项、省部级奖 37 项。重大科技基础设施建设工作稳步推进。论文发表质量进一步提升，首次在 *Nature* 子刊 *Nature Energy* 上发表太阳能电池最新研究成果。

（四）加强人事人才工作，师资水平进一步提升

完成定岗定责的基础性工作。修订《创新人才支持和培育计划》，制定《关于加快人才引进工作的暂行办法》，强化教师分类评价制度，拓展教师职业晋升通道，首次举办两校区青年教师教学基本功大赛。持续加大高层次人才引培力度，柔性引进院士 3 名，全职引进海内外高层次人才长期项目人选 1 名、青年项目人选 1 名，万人计划领军人才 1 名。1 人入选“长江学者”奖励计划特聘教授，1 人入选万人计划青年拔尖人才，1 人获国家自然科学基金优秀青年基金项目，4 人入选北京市人才项目，3 人入选中国电机工程学会青年人才托举工程，2 人入选中国科协优秀中外青年交流计划。获批核科学与技术博士后科研流动站，人才工作体制机制与高层次人才聘任后服务不断完善。

(五)强化开放办学,对外合作迈出新步伐

以大学理事会扩容为契机,进一步深化校企合作,与国家电网公司共建能源互联网学院,与中国华能集团共同打造海上风电标杆项目,与三峡集团共建氢能联合实验室,与中电联、中国国际工程咨询协会达成战略合作,与42家单位发起成立电力大数据协同创新联盟,加入雄安能源互联网应用产业技术创新联盟,参加粤港澳大湾区电力发展合作组织,在全球能源互联网合作组织中非论坛等行业平台积极发声。持续深化国际合作,同10所国际知名高校签署合作协议,新增14所"一带一路"沿线合作伙伴大学,举办上海合作组织大学能源暨智库会议,获批3项创新型人才国际合作培养项目,获得中国一挪威、中国一伊朗、中英等政府间科技合作项目立项,267名应届毕业生出国(境)攻读硕、博士学位,在校国际学生规模达到842人。继续教育工作持续向好,建立柬埔寨海外继续教育基地。教育基金工作稳中有进,筹资渠道进一步拓宽。

(六)加大深化改革力度,大学治理水平进一步提升

成立全面深化改革领导小组,统筹推进教育教学、人事人才、校内机构、"三全育人"、二级管理等五大重点改革任务。实施新一轮人才支持计划,改革人才评价模式,探索科研新模式;推进校内二级管理改革试点,激发基层主动性,提升院系办学活力;谋划思政工作运行机制体制,深入推进育人模式创新发展。一系列改革举措为破解制约学校发展中的重大问题、完善内部管理、推进学校治理体系和治理能力现代化,夯实了基础、提供了动力。

(七)优化办学环境,条件保障持续改善

完成年度24亿元收入目标,为事业发展提供可靠财力支撑。解决了困扰学校多年的在中央编制部门的机构户头和编制台账问题,推进保定校区养老保险参保工作取得新进展。加强软硬件基础设施建设,启用网上办事大厅,推进教师"一表通"系统深化应用,实现北京校部和保定校区数据平台的数据交换。北京校部16号学生宿舍楼项目完成主体结构封顶,能源电力科研综合楼建设工作稳步推进,东区土地转化取得积极进展。保定校区学19舍顺利竣工验收,院系办公及教学环境进一步改善。深化平安校园建设,校园秩序、安全形势稳中向好。图书、期刊、高教研究、档案、后勤、医疗等服务保障水平进一步提升。

(八)加强党的全面领导,党建思政再上新水平

以党的政治建设为统领,以"不忘初心、牢记使命"主题教育为主线,以思政教育为抓手,高标准严要求推进学校党的建设高质量开展,全面从严治党继续向纵深推进。特别是通过主题教育,校院两级班子的理论水平和实践能力有了新提高,立德树人使命得到新强化,作风建设实现新加强,事业发展展现新作为,管理服务呈现新气象,教育部陈宝生部长出席学校领导班子专题民主生活会,对学校主题教育开展情况给予充分肯定。大力开展基层党组织建设提升计划,建立"先锋指数"质量体系,基层党组织政治核心作用得到有力彰显,2个党支部获评"全国党建工作样板支部"。积极构建"大思政"工作格局,思政课教师获首届全国高校思想政治理论课教学展示活动特等奖,思政课建设经验登上《中国教育报》头版头条,实践育人项目获批教育部高校思想政治工作精品项目,"明德大讲堂""国企领导干部上讲台""一院(系)一品(牌)"等一批精品思政项目效果显著。2000多名师生出色完成庆祝新中国成立70周年系列活动,进一步培植锻造了师生爱国情报国志。举办师德师风建设月和"四有好老师"与"四个引路人"学习活动,全面提升师德水平。开展意识形态阵地普查,构建"大统战"工作格局,群团、安全保卫、离退休、扶贫、校园文化建设等工作得到全面加强。

各位代表,过去的一年,我们在推动高质量内涵式发展方面取得很多新的进展,成绩来之不易。这是学校广大党员干部和师生员工齐心协力、拼搏进取、无私奉献的结果,是理事单位、广大校友和社会各界长期关注和大力支持的结果。在此,我代表学校党委和行政,向全校师生员工和离退休老同志,向理事单位、广大校友和各界朋友表示衷心的感谢和崇高的敬意!

二、创新制度体系、提升治理效能,为高质量内涵式发展提供强力支撑

党的十九届四中全会开辟了"中国之治"新境界,为新时代的"大学之治"提供了根本遵循、指明了前进方向。大学治理,既是国家治理体系的重要组成部分,又对国家治理体系和治理能力现代化产生显著的影响。从高等教育发展规律来审视,高校办学不仅是发展基础和学科实力的硬比拼,更是治理体系和治理能力的软较量。近年来,我们更加注重制度的基础性、先导性作用,更加注重深化改革和机制创新,更加注重依法办学和民主管理,有力确保了学校的健康发展和持续进步。但与此同时,我们也清醒看到,面对新时代国家和人民对高等教育发展的新要求,对照艰巨繁重的高水平研究型大学建设任务和百舸竞发的"双一流"竞争态势,学校在治理体系和治理能力方面仍存在许多短板和不足。

比如,我们的制度体系有待进一步健全,制度体系的整体性与协同性不够,立德树人、科技创新和人才引育等制度尚有较大提升空间;规章制度和党委的决策部署落实执行机制不够完善,考核体系不够科学;治理体系建设需要进一步加强,大学理事会的共建支持作用发挥不够,行业背景优势发挥不充分,两地一体化运行体制仍不够顺畅,校院(系)两级之间的权责利关系还没有很好理顺;多渠道拓展办学资源的意识不强、工作力度不够,与属地政府联系沟通偏少;管理服务缺乏科学化、

精细化，资源配置水平和统筹协调能力有待增强，调动全员积极性创造性的有效方法和手段不多；部分党员干部担当精神不强、能力本领不足、工作落实不力，存在不敢为、不愿为、不善为的问题；院系自我发展能力不足、办学活力释放不够，等靠要思想比较普遍等。

直面这些治理层面的“大考”，唯有不断加强制度创新，有效提升治理效能，才能牢牢把握机遇，让宏伟蓝图早日变为现实。这就迫切需要我们顺势而为、乘势而上，加快构建以大学章程为核心，统一高效、职责清晰、相互支撑的现代大学制度体系，进一步完善符合学校实际、契合师生要求的治理结构，持续引领学校管理水平和服务能力不断迈上新台阶。

一是要贯彻“以人为本”理念，着力激活人力资源要素。评价管理制度和治理体系的优劣，最重要的标准就是看能否充分调动全员的积极性主动性创造性，引领大家向着共同的愿景同心协力前进。学校将进一步强化以人为本、以师生为中心的发展理念，持续深化人事人才改革，构建校内统筹的大人才工作体系，加快形成有利于教职工成长的培养机制、有利于人尽其才的用人机制、有利于各展其能的激励机制、有利于广纳贤才的引才机制、有利于各类人才脱颖而出的分类评价机制，有利于才尽其用的保障机制，全方位打造良好人才环境，充分释放教师和干部的创新创造活力，全力开创人人皆可成才、人人尽展其才的生动局面，为改革发展注入源源不断鲜活力量。

二是要强化机制体制创新，着力理顺内外治理关系。通过机制体制创新，进一步优化内部资源配置，深度挖掘外部资源潜力，有效汇聚强大发展合力。内部治理方面，要进一步促进北京校部和保定校区协调发展，加快推进以“一院一策、目标导向”为主导的校院两级管理体制改革试点，优化二级单位设置，完善职能部门角色定位、功能延伸与治理联动，切实健全以绩效和贡献为导向的资源优化配置和评价机制，将有限的人、财、物、教育教学等核心资源，精准配置到最需要的领域，流动到活力好、效率高、效益大的地方，流动到对“双一流”建设贡献明显的地方，以内部资源的最大活力激发办学的最强动力；外部治理方面，要立足政府部门“放管服”改革和能源电力行业发展战略，进一步强化学校与政府、企业、社会的发展共同体意识，充分发挥理事会、校友会、基金会以及国际合作平台的特色优势，以更加高效的体系、更加创新的制度、更加长效的机制、更加多元的模式，大力推进实质性校地共建、深层次校企合作、宽领域国际交流，最大限度争取政策支持、筹措办学资金、汇聚办学资源、集聚创新人才，调动一切积极因素为我所用。

三是要加强治理能力建设，着力提升治理效能。尤其是要有效提升落实执行、攻坚克难、风险防范三大关键能力。提升落实执行能力，要以制度完善和机制创新为基础，持续营造狠抓落实的良好氛围，把执行力作为教职工考核晋升的重要内容、作为干部选拔评价的重要依据，积极凝聚干事创业正能量。要不断增强创造性贯彻落实中央精神、上级要求和学校决策部署的工作本领，做到规定动作不折不扣，同时又善于结合实际创新转化，以钉钉子精神将各项工作执行到位；提升攻坚克难能力，就要进一步明确发展瓶颈和攻坚任务，不断强化自我革命、锐意进取的创新自觉和改革担当，以舍我其谁的气魄直面问题挑战，坚定攻坚克难的决心和勇气，敢于向顽疾痼障动真碰硬，勇于向急难险重冲锋亮剑，聚力补短板、奋力强弱项，加速向一流目标冲刺；提升风险防范能力，就要牢固树立底线思维、风险意识，认真总结凝练此次新冠肺炎疫情防控中取得的好经验、好做法，进一步健全风险防控与责任制度，完善防范化解重大风险的长效机制，充分协调、统筹联动党建思政、教育教学、管理服务、安全稳定等各方面要素，构建上下协同、高效有序的工作体系，依法依规做好重大活动、热点问题与突发事件的防范应对，切实保障学校安全稳定大局。

各位代表，面对新形势新任务新要求，坚持和完善中国特色现代大学制度，不断提升学校治理水平与治理能力，是办好中国特色社会主义大学的历史使命，是实现大学高质量内涵式发展的迫切需求，是贯彻落实党的十九届四中全会精神的具体实践。我们要在学校党委的坚强领导下，坚持以“双一流”建设为引领，以深化改革为动力，以制度创新为抓手，始终保持“咬定青山不放松”的韧劲，大力发挥“不破楼兰终不还”的拼劲，进一步实施“四个策略”，构建“五个体系”，全面增强办学治校水平，不断打造一流治理效能，奋力谱写特色鲜明高水平研究型大学建设新篇章。

三、2020 年主要工作

2020 年是全面建成小康社会和“十三五”规划的收官之年，对于学校而言，是全面推进“双一流”建设的关键之年、加快高质量内涵式发展的攻坚之年。同时更是一个非比寻常的年份，突如其来的新冠肺炎疫情，是新中国成立以来在我国发生的传播速度最快、感染范围最广、防控难度最大的一次重大突发公共卫生事件，虽然当前疫情防控取得了决定性重大成效，但是境外暴发态势仍在持续，国内有些地区出现聚集性反复，疫情还有很大的不确定性，我们的思想不能提前松懈，措施不能过早松劲，要继续坚持疫情防控和事业发展两手抓、两手都要硬，确保全面胜利。

2020 年学校工作的总要求是：以习近平新时代中国特色社会主义思想为指导，深入贯彻党的十九大和十九届二中、三中、四中全会精神及全国教育大会精神，按照学校第二次党代会的战略部署，围绕“五个体系、四个策略”发展思路，结合“双一流”建设实际，在学校党委的领导下，全面谋划“十四五”发展规划，持续深化综合改革，切实加强制度创新，全面提升治理效能，实现高质量内涵式发展不断取得新突破。

（一）坚持党对学校工作的全面领导

持续加强党的政治建设，进一步树牢“四个意识”，坚定“四个自信”，做到“两个维护”，用更高标准推动习近平新时代中国特色社会主义思想往深里走往心里走往实里走，确保学校始终成为坚持党的领导的坚强阵地。严格落实党委领导下的校长负责制，健全决策议事机制，强化党委把方向、管大局、作决策、保落实的领导核心作用，更加坚定地承担起管党治校的主体责任。认真抓好主题教育整改落实，建立学校“不忘初心、牢记使命”具体制度，不断加强创新理论武装，完善党建思政工作长效机制，深入巩固拓展主题教育成果。坚持不懈推进全面从严治党向纵深发展，把“严”的主基调长期坚持下去，推进巡视巡察整改取得新成效，践行“一线规则”，持续改进作风。坚持底线思维，建立健全风险防范应对机制，确保学校安全稳定大局。围绕立德树人根本任务，完善“三全育人”任务清单、责任清单，以更大力度办好思政课，加强课程思政建设。实施党建工作聚合引领计划，健全“五位一体”落实推进机制，提升基层党组织的组织力和执行力，充分激发基层党组织活力。进一步加强党对统战、离退休、群团等各项工作的领导，在服务大局中汇聚磅礴力量。按照党中央和教育部的部署要求，全面、精准、高质量开展好定点扶贫重大政治任务。

（二）高质量推进“双一流”建设

高水平迎接“双一流”一期工程验收。“双一流”一期建设进入关键冲刺阶段，要对照国家“双一流”建设最新动态监测指标体系，按照建设成效评价原则，精心组织、全员参与，加强中央专项经费统筹管理，深化实施高峰学科建设计划，大力支持重点“得分”项目。按照上级有关要求，认真做好“双一流”建设总结验收评估，同时做好二期建设规划论证等工作。

高标准做好第五轮学科评估迎评工作。学科评估是对学科建设水平的一次大检阅，事关学校事业发展全局。全校上下要增强危机感和紧迫感，认真总结第四轮学科评估以来取得的经验成绩，研究分析新一轮学科评估思路、评估体系和评估方案的新变化、新要求，继续开展学科建设“补短板、寻突破”工作，务必在第五轮学科评估中取得好成绩。要以学科评估为契机，提前谋划和部署组织新一轮学位授权点申报工作，力争取得新突破。

深入推进学科交叉融合。多学科交叉融合是创新的重要源泉。要进一步完善学科交叉融合体制机制，制定学校《关于推进学科交叉的实施办法》及系列配套文件，成立交叉学科学位工作委员会，设立“交叉学科建设和学科交叉研究专项”，启动实施交叉学科建设计划。持续优化学科专业布局，推进储能专业和交叉学科等博士点建设，建立健全交叉学术机构高效运行机制。

（三）着力提升人才培养质量

扎实开展“三全育人”改革。出台“三全育人”综合改革实施方案，全方位构建学生、课堂、学科、文化和管理“五位一体”思政体系、德智体美劳“五育”并举工作机制和全员育人格局。做实课堂主渠道，加强马克思主义理论学科建设，丰富思政课资源供给，创新课堂教学方法，全面推进思政课改革创优。加强课程思政政策引导，将教师课程思政授课情况作为参评教学名师前提条件，努力实现专业核心课“课程思政”全覆盖。遵循学生成长规律，丰富完善“时代新人培育计划”，持续培育“一院（系）一品（牌）”学生思政教育精品项目、辅导员工作室项目。发挥协同育人关键作用，实施“新时代学生引路人计划”，进一步完善师德师风制度体系，继续推进辅导员和思政课教师“手拉手”，全面落实研究生导师立德树人职责，持续举办“明德大讲堂”“责任之思”报告会，开展“领导干部上讲台”国企公开课等活动。

强化多元化人才培养体系建设。优化人才培养目标，更加注重通识教育，大力实施宽口径培养，鼓励继续深造，持续提高本科生升学率。加快拔尖创新人才培养，完善科教融合机制，成立新能源及核能创新实验班，继续实施“本科生科研训练计划”，建立学生进入优秀研究团队机制，推动学校实验室向本科生开放。扎实推进卓越工程人才培养，深化学校与校外实践基地协同育人机制，促进学生实践能力提升。加大力度培育国际化人才，全面启动“国际化创新人才培养计划”，建立本科生国际化虚拟班，设置国际化教育课程模块，探索本硕贯通的国际化培养模式，推进本科生国际交流交换生项目。完成“工程实践与创新创业教育中心”建设，推动国家级和省部级虚拟仿真实验项目的建设与申报。

深化教育教学内涵式发展。扎实推进获批“双万专业”建设工作，做好新一轮“双万专业”申报，力争“双万专业”取得新突破。开展“双一流”建设专业的专业认证工作，制定本科专业评估方案及评估指标体系，全面开展校内专业评估工作。加强一流本科课程建设，合理布局五类一流本科课程建设与申报，力争双万课程取得好成绩，线上课程及混合课程取得重要进展。贯彻落实全国研究生教育工作会议精神，制定实施加快研究生教育改革发展的若干意见，召开学校研究生教育大会，深化分类评价等招生制度改革，全面修订学术型研究生培养方案，继续开展研究生优质课程建设，积极筹备开展专业学位授权点水平评估，全力做好工程博士学位点申报，全面启动研究生培养过程规范化、科学化管理，推动研究生培养质量再上新台阶，同时积极争取扩大研究生规模。一流研究生教育是一流大学的重要特征，只要我们把研究生教育办得越来越好，高水平研究型大学目标必将越来越近。就业质量是教育教学质量的直接反映，今年就业形势更加严峻，要坚持底线思维，加大引导和支持，千方百计让更多的毕业生找到称心如意的工作，顺利开启人生新征程。

（四）大力增强科技创新能力

加快科技创新平台体系内涵建设。积极培育建设新一代电力能源关键技术集成攻关大平台，扎实推进"太阳能高效转化与利用研究基础设施"的论证与申报工作。持续推进以国家重点实验室为代表的重点科研平台高质量建设。汇集校内外优质软科学研究资源，成立能源发展战略研究院，打造"中国特色、华电风格新型智库"。成立技术转移中心，加大力度统筹创新资源集成，促进科技成果转化。积极推进所属企业体制改革工作，进一步提升大学科技园的资源汇聚水平，增强现有学科性公司的盈利能力，继续推动孵化学科性公司，培育新的增长点。

提高服务国家需求能力。持续完善有组织科研工作机制，聚焦"卡脖子"技术和原创性技术，完善创新链条，构建大团队、建设大平台、开展大攻关、力争大成果。继续实施重大科技项目和标志性科研成果培育计划，提升"千万级"以上国家重大科研项目的承接能力和攻关能力。推进哲学社科智库建设，加大国家社科和教育部人文社科基金项目申报力度，力争重大项目再获新突破。深度服务国家和区域发展战略，与未来科学城共建能源电力科技园，联合保定高新区共建创业学院。规划、论证军事能源研究机构建设方案，争取通过军工二级保密资质认证，在军民融合项目上实现重要突破。

健全完善学术评价。坚持正确导向，努力克服"五唯"倾向，建立重师德师风、重真才实学、重质量贡献的评价导向。实施分类评价，尊重学科差异，根据各学科的特点制定相应的学术评价标准，让每个学科都有出彩的机会。把教书育人的投入与成效纳入教师评价体系，明确教书育人是教师的第一学术责任。正确处理学术成果数量和质量的关系，坚持以能力、质量、贡献评价人才，强调学术水平和实际贡献。完善以促进全面发展为目标的学生评价制度，着重培养学生学术志趣、科学精神和学术能力。进一步营造宽松包容的学术环境，鼓励师生自由探索，同时坚守学术道德，对学术不端行为零容忍。

（五）加快推进高水平人才队伍建设

加强人才引育工作。事业越是发展，人才越是关键。全面实施新一轮"创新人才支持与培育计划"，继续加大对青年人才的政策倾斜，重点支持一批能力突出、极具潜力的优秀青年教师开展原创性、创新性科学研究，争取培育诞生一批冲击国家级人才奖励计划的新兴战略力量。高层次人才匮乏始终是制约学校高质量发展的重要瓶颈。要花大力气做好高层次人才引育工作，压实用人单位主体责任，加大柔性引进工作力度，力争全年新增高层次人才有较大幅度增长，让更多优秀人才在华电这片热土发挥聪明才智、实现理想抱负。加强博士后科研流动站建设，通过增加规模、提高质量、提升待遇等方式，将其建成学校培养高水平师资的重要蓄水池。

营造良好人才发展环境。完成新一轮校内机构改革，精干高效科学设置校内机构，逐步从"管"向"服"、从"管"向"治"转变，提升服务师生水平。深化人事制度改革，规范招聘程序，强化政治思想和师德师风考察，完善人员分类管理，改革评价体系，健全考核办法，在收入分配和绩效奖励中更加突出代表性业绩，进一步向教育教学、重大原创成果和关键技术等倾斜，将教师日常指导学生学习、创新创业、社会实践、各类竞赛展演以及学院"传、帮、带"等工作纳入年度考核内容。事业发展的磅礴力量就孕育在全体华电人的积极性创造性之中，持续释放各类人才的创新创造潜能，学校的发展就一定能有更加广阔的空间。

（六）进一步夯实高水平大学制度基础

依法依规启动大学章程修订工作。适应新时代新形势新要求，按照规定程序，广泛征求各方面意见建议，严格依法推进修订工作。以习近平新时代中国特色社会主义思想为根本遵循，进一步体现章程的时代性、前瞻性和引领性；全面贯彻党的教育方针，进一步突出立德树人根本任务；深入落实学校第二次党代会确定的发展战略和办学思路，充分吸纳"双一流"建设的成功经验，凝练固化改革创新最新成果，展现更多华电特色。我们要不断完善章程这个校内"根本大法"，为创建特色鲜明高水平研究型大学奠定坚实制度基础。

加快健全华电特色制度体系。进一步强化规章制度合法合规性审查，深入开展规章制度全面"体检"，对成熟有效的坚持巩固，对不合时宜的修订完善，对发展急需的督促制定，持续健全完善办学治校根本制度、基本制度和重要制度。推进学校内部控制机制建设，规范内部经济和业务活动，强化对内部权力运行的制约，构建科学高效的制约和监督体系。积极健全规章制度执行情况督导机制，建立动态监测评估系统，把贯彻上级决策部署、落实学校规章制度的能力水平，作为各级班子考核督查的重点，扎实推动学校制度体系落地落实，切实保障良法真正转化为善治。制度建设是管根本、利长远的战略之举，稳步推动学校各方面制度更加成熟更加定型，就一定能够把高水平大学治理的根基筑得越加牢固。

科学制订"十四五"发展规划。今年是"十四五"规划谋划之年，我们要坚持战略思维和系统思维，认真总结"十三五"发展经验，加强形势分析研判，做好全局性、前瞻性、关键性问题研究，务实凝练发展思路和重点举措，精心编制"十四五"发展规划纲要，努力在开启新征程的关键节点谋好篇、开好局。

（七）持续推进对外开放合作

深化国内交流合作。对外合作经过多年的规模拓展，进入以内涵提升为主要特征的新时期，健全对外合作制度、形成新型长效实质性合作机制已成为关键所在。理事会是校企合作的主体，是大学发展的重要依托，要从政策层面进一步明确理事会合作共建机制，健全理事会运行机制，与理事单位开展差异性重大合作，加快推进与华能集团、国家电投、国家能源集团、三峡集团的深度合作，力争共建 2～3 个校企联合研发机构，努力产出一批重量级合作成果。地方是经济社会发展的主战场，是学校发展的丰沃土壤。要进一步建立健全与北京市、河北省等地方政府常态化沟通联络机制，加强合作交流，在政策、项目、专项资金等方面谋求更大支持，重点推进大科学装置、产业研究院、能源科技园等项目加快落地。校友会、基金会是大学筹措办学资源的重要平台，要进一步优化校内工作体系，合理引入市场化运行机制，不断提升筹措办学资金、争取社会支持的能力水平。

拓展国际合作交流。深入实施国际开放发展策略，重点在国际科研合作上取得新进展，力争达成代表政府间的重要合作，有效提升学校的国际影响力。持续推动高水平国际合作平台建设，大力开拓与世界一流大学的合作，务实推动与“一带一路”沿线国家（地区）高校的合作，推动联合办学、联合科研、人文交流等项目深入开展。持续增加本、硕、博层次拔尖创新人才的国际联合培养项目，选派更多学生赴国际组织实习和工作。打造能源电力国际交流与合作的创新基地，提升上合组织大学能源合作的实效性和影响力，继续做好援外培训项目。通过制度建设、队伍建设、服务建设，进一步创新体制机制，将外事审批权管好、用好。加快推进继续教育改革，切实加强国内精品培训和国际化人才培训项目培育，强化海外继续教育基地建设，不断提升继续教育的质量和效益。

（八）切实提升条件保障水平

着力提高资源利用水平。针对疫情给学校财务带来的巨大挑战，坚持开源节流，建立多元筹资渠道，确保完成 24.1 亿元财政收入年度目标，为学校事业发展和师生成长奠定坚实基础。与发展目标相比，资源相对不足不会在短期内得到根本改观，关键是要最大限度用好手中的有限资源。要科学统筹资源，加快转变思想观念，牢固树立“过紧日子”的思想，进一步确立节约集约高效利用的资源观，全面深化资源领域改革，健全资源高效利用制度，建立资源优化配置机制，构建统一有序、高效公平的资源统筹体系，用好财务配置资源手段，把“好钢用在刀刃上”，集中力量办大事难事急事，压紧压实资源利用主体责任，完善监督反馈机制，提升资源利用效率，充分实现资源最大价值。资源是发展的基础。善待我们手中的每一份资源，就是善待华电更加美好的未来。

持续改善办学条件。办学基础条件是最基本的保障和最务实的民生。积极与地方政府和主管部门沟通协调，争取北京校部东区工程取得实质进展，统筹推进保定新校区建设。加强校园基础建设，开工建设科研综合楼，北京校部 16 号学生宿舍楼暑期完工交付使用，做好校园修缮改造工作，提升保定校区办公、教学及科研环境，完成校园绿地景观提升总体规划方案。不断优化管理服务水平，加快数字校园、智慧校园建设，完成学生宿舍区无线网全覆盖。进一步推动管理服务工作和数字信息化建设的融合发展，集中破解服务中的关键难题，努力实现“数据多跑路，师生少跑腿，最多跑一趟”。不断加强文献资源、医疗、档案、教育研究等工作，全面提升综合服务水平。师生的期待，是我们持之以恒的努力方向。始终将“以师生为本”的理念内化于心、外化于行，我们的校园就会更有温度，师生员工就会更加幸福。

各位代表，近半年来，我们在党中央的坚强领导下，与全国人民一道成功开展了抗击新冠肺炎疫情的艰苦战役，在这场没有硝烟的人民战争中，广大师生员工展现了敢于担当、能打硬仗、越是艰险越向前的顽强品质，“办一所负责任大学”办学理念的内涵在疫情大考中实现了进一步延展与升华，必将成为激励我们继续前进的强大力量源泉。在这个交织着困难与希望，澎湃着激情与梦想的特殊年份，任务艰巨而繁重，责任重大而光荣。让我们更加紧密地团结在以习近平同志为核心的党中央周围，以习近平新时代中国特色社会主义思想为指引，不忘初心、牢记使命，只争朝夕、不负韶华，苦干实干、善作善成，向着更加美好的未来大踏步迈进，全面开创特色鲜明高水平研究型大学建设新局面！

总　述

Overall Review

华北电力大学简介

华北电力大学是教育部直属全国重点大学，是国家"211工程"和"985工程优势学科创新平台"重点建设大学。2017年，学校进入国家"双一流"建设高校行列，重点建设能源电力科学与工程学科群，全面开启了建设世界一流学科和高水平研究型大学的新征程。

学校1958年创建于北京，原名北京电力学院。学校长期隶属于国家电力部门管理。2003年，学校划转教育部管理，现由国家电网有限公司、中国南方电网有限公司、中国华能集团有限公司、中国大唐集团有限公司、中国华电集团有限公司、国家能源投资集团有限责任公司、国家电力投资集团有限公司、中国长江三峡集团有限公司、中国广核集团有限公司、中国电力建设集团有限公司、中国能源建设集团有限公司、广东省能源集团有限公司等12家特大型电力集团和中国电力企业联合会组成的理事会与教育部共建。学校校部设在北京，分设保定校区，两地实行一体化管理。学校现有教职工3000余人，全日制在校本科生2.4万余人，研究生1.2万余人。学校占地1600余亩，建筑面积100余万平方米。

60多年来，学校全面贯彻党的教育方针，落实立德树人根本任务，秉承"自强不息、团结奋进、爱校敬业、追求卓越"的华电精神，培养了大批德才兼备的能源电力人才。学校始终围绕服务国家战略和行业需求，积极活跃在科技创新前沿阵地，攻克了我国电力行业发展过程中多项技术难题，为推进电力科技进步发挥了不可或缺的重要作用。进入新世纪以后，学校贯彻"学科立校、人才强校、科研兴校、特色发展"的方针，紧抓机遇，实现了跨越式快速发展。

学校设有电气与电子工程学院、能源动力与机械工程学院、控制与计算机工程学院、经济与管理学院、新能源学院、核科学与工程学院、环境科学与工程学院、水利与水电工程学院、数理学院、人文与社会科学学院、外国语学院、马克思主义学院、能源互联网学院、人工智能学院等学院，67个本科专业。拥有"电力系统及其自动化"、"热能工程"2个国家级重点学科、25个省部级重点学科；在第四轮学科评估中，电气工程和动力工程及工程热物理两个学科分别位列A档和A－档；"工程学""计算机科学""环境/生态学""材料科学""化学"和"社会科学"6个学科进入ESI全球前1%行列，其中"工程学"学科进入全球前70强和前1‰行列；拥有6个博士后科研流动站、7个博士学位一级学科授权点、23个硕士学位一级学科授权点和能源动力硕士、电子信息硕士、工程管理硕士、工商管理硕士等13个专业学位授权类别，形成了培养本科、硕士、博士的完整教育体系。

学校拥有一支积极进取、素质优良、结构合理的高水平师资队伍，现有专任教师1991人，其中正高级职务的420人，具有副高级职务的722人。现有中国工程院院士2人，双聘院士10人，其他各类高层次人才百余名，有多支高水平研究团队。

学校把人才培养作为中心工作，形成了"厚基础、重实践、强能力、求创新"的人才培养特色，成为教育部首批"卓越工程师教育培养计划"实施高校，发起成立"电力行业卓越工程师培养校企联盟"。学校现有15个国家级一流专业，11个国家级特色专业，4个国家战略性新兴产业相关专业，12门国家级一流课程，2个国家级教学团队，1名国家级教学名师，3个国家级实验教学示范中心，3个国家级工程实践教育中心，3个国家级虚拟仿真实验教学中心，1个国家级人才培养模式创新实验区。

学校积极参与国家创新体系建设，在新能源、特高压、智能电网、清洁煤电、核电等重要领域都取得了显著成果，现建有3个国家级科技创新平台、1个国家级国际科技合作基地，6个高等学校学科创新引智基地，以及29个省部级科技平台及研究基地，学校入选国家创新人才培养示范基地。"十五"以来，承担国家重点研发计划、国家科技重大专项、"973"计划、"863"计划、国家科技支撑计划、国家自然科学基金等纵向课题3700余项，获国家级、省部级科技进步奖等400余项。科研经费快速增长，科技论文国际三大检索排名在教育部直属高校中位居前列。

学校依托大学理事会平台，不断深化产学研合作，与国内外100余家大型能源电力企业达成战略合作关系，共建"智能电网协同创新中心""智能发电协同创新中心""能源互联网学院"等一批重点校企合作平台，共同承担重大研发项目，加快科技成果开发与产业化；学校多方位构建政产学研合作平台，与20余家地方政府签署战略合作协议，围绕战略性新兴产业领域，深化交流与合作，在促进区域科技创新、推动地方经济发展上取得显著成效；学校积极推进校际合作，作为主要发起单位参与组建北京高科大学联盟，实现高校之间的优势资源共享互补，促进校际协同创新。

学校全力推进国际化办学进程，搭建了世界一流大学合作伙伴网络和"一带一路"沿线大学合作伙伴网络，全面开展学生交流、科研合作等合作项目，设立中外合作办学项目，提高来华留学生规模和质量。学校积极践行国家"一带一路"倡议，主动承担国家外交任务，承办了多个国家级援外培训项目；与俄罗斯莫斯科动力学院等15所海外高校共同签署"一带一路"能源学院合作伙伴备忘录；担任上海合作组织大学能源学方向中方牵头院校，建立上海合作组织大学能源智库；在美国设立的西肯塔基孔子学院是北美规模最大的孔子学院。

2017 年 11 月，学校召开第二次党员代表大会，谋划了未来一段时期学校发展蓝图：经过五年左右的建设，“能源电力科学与工程”学科整体水平进入世界一流行列，实现向研究型大学的实质转型，初步建成特色鲜明高水平研究型大学，在此基础上，再用 10—15 年时间，到 2035 年左右，“能源电力科学与工程”学科整体水平进入世界一流前列，全面实现特色鲜明高水平研究型大学建设目标，为建设世界一流大学奠定坚实基础。同时明确了学校总体发展思路是坚持“一个根本”，紧扣“两大任务”，抓住“三个导向”，突出“四个重点”，即坚持党的领导这个根本，紧扣立德树人和提高质量两大任务，抓住改革创新、特色发展、开放办学三个关键导向，突出学科建设、队伍建设、科技创新、文化建设四个重点，带动学校整体水平全面提升。

2018 年 10 月，学校汇聚全体华电人的磅礴力量，成功举办一届内涵丰富、意义重大、影响深远的甲子校庆。通过召开建校 60 周年创新发展大会、重新编撰《校史》、评选建校 60 周年华电人物和杰出校友，展示了办学成就，弘扬了华电精神，扩大了社会影响，凝聚了发展力量。

2019 年，学校以加强党的政治建设为统领，以“不忘初心、牢记使命”主题教育为主线，以国庆游行思政教育为抓手，以顶层设计推动校内综合改革为重点，深入谋划、全面部署，着力推进工作落实落细，全校师生员工理想信念更加坚定，使命感责任感更加强烈，干事创业、攻坚克难的奋进意识更加强化，忠诚干净担当的政治品格更加牢固。

2020 年，学校党委果断行动迅速部署，坚持把师生的生命安全和身体健康放在第一位，坚持停课不停学、停课不停教，共计 2584 名教师开设了 2452 门线上课程，成功实施有史以来学校最大规模的线上教学。学校通过开学第一课、线上课堂等形式积极开展思想引导和疫情防控宣传教育，发动 1900 余名教职员工志愿参与爱心“毕业寄”，共为 7532 名毕业生寄出包裹 4.3 万余件，用实际行动为学生上了一堂抗疫思政大课。许多师生用自身实践书写了动人的抗疫故事，孙淑艳老师团队事迹被共青团中央微信宣传报道，阅读量超过 10 万＋，冼海珍老师获评台盟中央抗击新冠肺炎疫情先进个人，学生钟正统获评北京市抗击新冠肺炎疫情先进个人。

2020 年，学校党委高度重视学习宣传贯彻习近平新时代中国特色社会主义思想，党的十九大和十九届二中、三中、四中、五中全会精神，印发《学习贯彻党的十九届五中全会精神工作方案》，广泛开展五中全会精神学习宣讲活动。学校强化基层党组织建设，电气与电子工程学院输配电系统研究所党支部、电子与通信工程系通信教研室党支部入选教育部第二批高校“双带头人”教师党支部书记工作室。“标杆院系”“样板支部”建设成效显著，完成先锋指数信息化再造，开发新时代党建质量智能“双循环”评价系统，入选北京市党建研究会 2020 年度优秀课题评选。学校加快构建思想政治工作体系，全面推进课程思政建设，联合人民网推出“推进课程思政 深化协同育人”课程思政直播专题培训，全方位提升教师课程思政育人能力。学校入选教育部高校思想政治工作精品项目，荣获第四届“全国高校网络教育优秀作品推选展示活动”优秀组织奖，获评北京市一体化德育研究基地校、人民网 2020 年度优秀校园新闻、第六届首都大学生思想政治工作实效奖优秀奖，入选河北省首批高校“辅导员领航工作室”立项建设项目。

2020 年，学校坚持学科强校，优化学科体系，促进学科交叉融合，设立储能科学与工程本科专业和交叉学科博士点，打造储能技术产教融合平台，举办全国储能技术专业学科建设论坛。高质量完成“双一流”建设周期总结工作，包括多名院士在内的专家组评议认为：华北电力大学“双一流”建设思路清晰，措施有力，成效显著，达到或超过了建设方案预期指标，建设内容与国家要求符合度高。学科水平在第三方评价中的表现进步明显，国际影响力显著提升，工程学跻身 ESI 世界前 1‰行列和前 70 位，计算机科学跻身 ESI 世界前 1%行列，世界前 1%学科由 5 个增长至 6 个。能源科学与工程、机械工程、化学工程等 3 个学科跻身 2020 年软科世界一流学科排名前 100 强。能源与燃料、电气与电子工程、机械工程、化学工程等 4 个学科跻身 U.S. News 2021 世界学科排名前 100 名。

2020 年，学校坚持育人为本，着力培养拔尖创新人才，不断强化本科教学，12 门课程入选首批国家级一流本科课程，4 门课程获批北京市优质本科课程，9 门课程获批河北省一流本科课程，4 部教材获批北京市优质本科教材课件。优化专业布局，培育新增一批新兴专业，1 个专业通过工程教育专业认证，1 个专业获批北京高校“重点建设一流专业”，6 个专业获批北京市一流本科专业。推进新工科建设改革，5 个项目入选教育部第二批新工科项目，6 个项目通过教育部首批新工科项目结题验收。24 个项目获省部级教学改革与研究项目立项，17 个项目通过省部级教学改革与研究项目验收。3 人获评省部级教学名师奖，3 个团队获评省部级优秀教学团队。“天山同语 · 民族同心”项目荣获第六届中国国际“互联网＋”大学生创新创业大赛全国总决赛银奖。

2020 年，学校积极构建贴近国家战略需求、以重大任务为牵引的科研组织新模式，国家自然科学基金重大项目获批立项，实现历史性突破。国家重点研发计划政府间国际科技创新合作重点专项中挪合作项目、国家重大科研仪器研制项目、国家重点研发计划“网络协同制造和智能工厂”专项项目等一批重点项目获批立项。学校努力克服疫情影响，科研经费合同额突破 8 亿元，较上年增长 14%。学校参与项目共获得国家科学技术奖 3 项，主持的项目获得省部级或社会力量设奖一等奖 6 项，二等奖 8 项。学校入选教育部“高等学校科技成果转化和技术转移基地”，建立技术转移转化质量管理体系标准，通过 ISO 9001:2005 质量管理体系认证。

2020 年，学校按时全面超额完成中央单位“6 个 200”帮扶指标任务，全面构建党建、教育、消费、科技、产业帮扶体系，整合优势资源，厚植发展根基，实现精准对接，激活内生动力。一年来，学校投入和引进帮扶资金 674 万元、培训各类人员 1040 余人、购买和帮助销售贫困地区农产品 1077 万元，助力确山县和阜平县龙王庙村、凹里村实现脱贫摘帽，有效衔接乡村振兴战略，2 名驻村干部被评为河北省优秀驻村第一书记，在决胜全面建成小康社会、决战脱贫攻坚中贡献了华电的智慧和力量。

2020 年，学校深入落实“治理年”战略部署，出台《华北电力大学校内机构调整方案》，深入推进校内机构改革，优化管理体系，新成立二级机构 8 个，调整二级机构职责 2 个，更改二级机构名称 7 个，整合二级机构 4 个，聚焦支撑国家重大战略和引领世界学术前沿，成立能源电力创新研究院和国家能源发展战略研究院，加强能源电力类智库建设。

2020 年，学校深入实施“人才强校”战略，不断完善人才引育并举的工作机制。制定《华北电力大学关于加快引进工作的暂行办法》《华北电力大学人才引进特聘岗位聘用管理办法（试行）》，明确人才引育责任主体，清晰人才引进流程，全年累计招聘各级各类中青年人才 30 人。制定《华北电力大学创新人才支持与培育计划》《华北电力大学博士后管理办法》，首批遴选出 180 名优秀青年骨干教师参与创新人才计划，优秀拔尖青年人才引进、培育的质量和规模不断提升，加速建设与高水平研究型大学相适应的人才师资队伍。

2020 年，学校充分发挥自身优势特色，全面推进校地、校企交流合作，探索政产学研用相结合的新模式。学校和保定市人民政府联合主办“30 · 60”新时代能源电力创新发展大会，签署《新时代全面战略合作协议》。学校与中国华能集团有限公司共建“海上风电与智慧能源系统联合实验室”，启动了联合实验室第一期项目，与中国长江三峡集团共建“三峡华电智慧电站技术创新中心”，首期研究资金预计超过 1 亿元。学校先后与中国原子能科学研究院、国网河北省电力有限公司、国网河南省电力公司、江西赣能股份有限公司、施耐德电气（中国）有限公司、国网综合能源服务集团等 10 余家企业签署战略合作协议，共同打造新时代校地、校企高质量融合发展新标杆。

2020 年，学校坚持改善办学条件，积极完善校园服务保障体系，北京校部 16 号学生公寓楼投入使用，完成全部上课教室空调安装。学校利用信息化手段，建设基于移动端的师生健康管理、校内轨迹跟踪系统，部署 CARSI 系统并扩容 VPN，构建 90 余个网上办事流程，全面支撑远程线上办公。学校不断完善知识产权信息公共服务体系，丰富知识产权信息服务内容，获批国家知识产权局和教育部联合开展的第二批高校知识产权信息服务中心。学校稳步推进垃圾分类工作，开展“华电微后勤”信息管理平台及云餐厅建设，获评 2020 年全国教育后勤信息化建设优秀单位。扎实开展“光盘行动”活动，残食垃圾总量较去年同期下降 20%左右，源头减量效果明显，获评河北省年度高校伙食管理先进集体单位。“美丽校园”建设不断推进，相继建成红梅园、牡丹园等一批校园景观，完成保定校区二校区西南片区景观园林改造，校园绿化覆盖率不断提升。

站在继往开来的新起点，面向欣欣向荣的新时代，学校将以习近平新时代中国特色社会主义思想和党的十九大精神为指引，深入贯彻落实全国教育大会精神，以“九个坚持”为根本遵循，加快推进“双一流”特色、高质量建设，全力培养德智体美劳全面发展的社会主义建设者和接班人，在高等教育改革发展进程中书写华电人的“奋进之笔”，为把学校早日建成特色鲜明的高水平研究型大学而努力奋斗！为实现中华民族伟大复兴的中国梦不断作出新的更大的华电贡献！ （宣传部 档案馆）

华北电力大学 2020 年发展概况

2020 年，华北电力大学占地面积 94.72 万平方米，产权校舍建筑面积 114.22 万平方米。图书馆建筑面积 3.79 万平方米。全年教育经费投入 200429.85 万元，其中，财政拨款 101587.96 万元、自筹经费 98841.89 万元。固定资产总值 422657.95 万元，其中，教学、科研仪器设备资产值 104413.71 万元，信息化设备资产值 37926.55 万元。拥有教室 481 间，其中，网络多媒体教室 373 间。拥有图书 272.64 万册，计算机 23340 台。网络信息点 49596 个，电子邮件系统用户 51046 个，管理信息系统数据总量 1324GB，数字资源量中电子图书 1553870 册、电子期刊 517352 册、学位论文 4804377 册、音视频 154823.5 小时。学校由教育部举办，为理工类院校，设有北京校部和保定校区，设置电气与电子工程学院、能源动力与机械工程学院、控制与计算机工程学院、经济与管理学院、新能源学院、核科学与工程学院、环境科学与工程学院、水利与水电工程学院、数理学院、人文与社会科学学院、外国语学院、马克思主义学院、能源互联网学院、人工智能学院等14个学院，设教学部1个，另设有国际教育学院、研究生院、继续教育学院、艺术教育中心和工程训练中心。开设64个本科专业，覆盖7个学科门类；具有博士学位一级学科授权点7个、硕士学位一级学科授权点23个、专业学位授权类别13个；博士后科研流动站6个，其中，博士后研究人员出站16人、进站33人、在站91人。“双一流”建设学科1个，北京高校高精尖学科1个。国家重点实验室1个、国家工程技术研究中心1个、国家工程实验室1个；省、部级设置的研究（院、所、中心）、实验室共22个。教职工2994人，其中，专任教师1974人，包括正高级426人、副高级727人；博士生导师318人、硕士生导师1161人；工程院院士2人。“长江学者奖励计划”特聘教授4人。学历教育学生中毕业生11166人，其中，研究生3292人（博士生186人、硕士生3106人）、普通本专科生5383人（本科生5383人、专科生0人）、成人教育本专科生2491人（本科生1990人、专科生501人）、网络教育本专科生0人。本科毕业生就业率87.99%。招生15557人，其中，研究生4894人（博士生290人、硕士生4604人）、普通本专科生6069人（本科生6069人、专科生0人）、成人教育本专科生4594人（本科生3824人、专科生770人）。高考北京地区提档线不限选考专业组617分、物理必考专业组616分、化学必考专业组618分、物理/历史（选考一门）专业组623分。在校生46676人，其中，研究生12834人（博士生1217人、硕士生11617人）、普通本专科生24503人（本科生24503人、专科生0人）、成人教育本专科生9339人（本科生7587人、专科生1752人）、网络教育本专科生0人。留学生毕业210人、招生322人、在校生1020人。

2020年是极不平凡、刻骨铭心的一年。面对突如其来的新冠疫情大考和艰巨繁重的改革发展任务，全校师生员工勠力同心战疫情、迎难而上促发展，全面完成年度各项工作任务。

疫情大考交出满意答卷。学校党委果断行动迅速部署，坚持把师生的生命安全和身体健康放在第一位，坚持停课不停学、停课不停教，共计2584名教师开设2452门线上课程，成功实施有史以来学校最大规模的线上教学。学校通过开学第一课、线上课堂等形式积极开展思想引导和疫情防控宣传教育，发动1900余名教职员工志愿参与爱心“毕业寄”，共为7532名毕业生寄出包裹4.3万余件，用实际行动为学生上了一堂抗疫思政大课。许多师生用自身实践书写了动人的抗疫故事，孙淑艳老师团队事迹被共青团中央微信宣传报道，阅读量超过10万+，冼海珍老师获评台盟中央抗击新冠肺炎疫情先进个人，学生钟正统获评北京市抗击新冠肺炎疫情先进个人。

党建思政工作成果丰硕。学校党委高度重视学习宣传贯彻习近平新时代中国特色社会主义思想，党的十九大和十九届二中、三中、四中、五中全会精神，印发《学习贯彻党的十九届五中全会精神工作方案》，广泛开展五中全会精神学习宣讲活动。学校强化基层党组织建设，电气与电子工程学院输配电系统研究所党支部、电子与通信工程系通信教研室党支部入选教育部第二批高校“双带头人”教师党支部书记工作室。“标杆院系”“样板支部”建设成效显著，完成先锋指数信息化再造，开发新时代党建质量智能“双循环”评价系统，入选北京市党建研究会2020年度优秀课题评选。学校加快构建思想政治工作体系，全面推进课程思政建设，联合人民网推出“推进课程思政 深化协同育人”课程思政直播专题培训，全方位提升教师课程思政育人能力。学校入选教育部高校思想政治工作精品项目，荣获第四届“全国高校网络教育优秀作品推选展示活动”优秀组织奖，获评北京市一体化德育研究基地校、人民网2020年度优秀校园新闻、第六届首都大学生思想政治工作实效奖优秀奖，入选河北省首批高校“辅导员领航工作室”立项建设项目。

学科建设取得可喜成绩。学校坚持学科强校，优化学科体系，促进学科交叉融合，设立储能科学与工程本科专业和交叉学科博士点，打造储能技术产教融合平台，举办全国储能技术专业学科建设论坛。高质量完成“双一流”建设周期总结工作，包括多名院士在内的专家组评议认为：华北电力大学“双一流”建设思路清晰，措施有力，成效显著，达到或超过了建设方案预期指标，建设内容与国家要求符合度高。学科水平在第三方评价中的表现进步明显，国际影响力显著提升，工程学跻身ESI世界前1‰行列和前70位，计算机科学跻身ESI世界前1%行列，世界前1%学科由5个增长至6个。能源科学与工程、机械工程、化学工程等3个学科跻身2020年软科世界一流学科排名前100强。能源与燃料、电气与电子工程、机械工程、化学工程等4个学科跻身U. S. News 2021世界学科排名前100名。

教书育人实力不断提升。学校坚持育人为本，着力培养拔尖创新人才，不断强化本科教学，12门课程入选首批国家级一流本科课程，4门课程获批北京市优质本科课程，9门课程获河北省一流本科课程，4部教材获批北京市优质本科教材课件。优化专业布局，培育新增一批新兴专业，1个专业通过工程教育专业认证，1个专业获批北京高校“重点建设一流专业”，6个专业获批北京市一流本科专业。推进新工科建设改革，5个项目入选教育部第二批新工科项目，6个项目通过教育部首批新工科项目结题验收。24个项目获省部级教学改革与研究项目立项，17个项目通过省部级教学改革与研究项目验收。3人获评省部级教学名师奖，3个团队获评省部级优秀教学团队。“天山同语·民族同心"项目荣获第六届中国国际"互联网+"大学生创新创业大赛全国总决赛银奖。

科学研究实现快速发展。学校积极构建贴近国家战略需求、以重大任务为牵引的科研组织新模式,国家自然科学基金重大项目获批立项,实现历史性突破。国家重点研发计划政府间国际科技创新合作重点专项中挪合作项目、国家重大科研仪器研制项目、国家重点研发计划"网络协同制造和智能工厂"专项项目等一批重点项目获批立项。学校努力克服疫情影响,科研经费合同额突破8亿元,较上年增长14%。学校参与项目共获得国家科学技术奖3项,主持的项目获得省部级或社会力量设奖一等奖6项,二等奖8项。学校入选教育部"高等学校科技成果转化和技术转移基地",建立技术转移转化质量管理体系标准,通过ISO 9001:2005质量管理体系认证。

多措并举巩固脱贫成果。学校按时全面超额完成中央单位"6个200"帮扶指标任务,全面构建党建、教育、消费、科技、产业帮扶体系,整合优势资源,厚植发展根基,实现精准对接,激活内生动力。一年来,学校投入和引进帮扶资金674万元、培训各类人员1040余人、购买和帮助销售贫困地区农产品1077万元,助力确山县和阜平县龙王庙村、凹里村实现脱贫摘帽,有效衔接乡村振兴战略,2名驻村干部被评为河北省优秀驻村第一书记,在决胜全面建成小康社会、决战脱贫攻坚中贡献了华电的智慧和力量。

推进校内机构改革。学校深入落实"治理年"战略部署,出台《华北电力大学校内机构调整方案》,深入推进校内机构改革,优化管理体系,新成立二级机构8个,调整二级机构职责2个,更改二级机构名称7个,整合二级机构4个,聚焦支撑国家重大战略和引领世界学术前沿,成立能源电力创新研究院和国家能源发展战略研究院,加强能源电力类智库建设。

深入实施"人才强校"战略。制定《华北电力大学关于加快引进工作的暂行办法》《华北电力大学人才引进特聘岗位聘用管理办法(试行)》,明确人才引育责任主体,清晰人才引进流程,全年累计招聘各级各类中青年人才30人。制定《华北电力大学创新人才支持与培育计划》《华北电力大学博士后管理办法》,首批遴选出180名优秀青年骨干教师参与创新人才计划,优秀拔尖青年人才引进、培育的质量和规模不断提升,加速建设与高水平研究型大学相适应的人才师资队伍。

校地校企交流合作。学校充分发挥自身优势特色,全面推进校地、校企交流合作,探索政产学研用相结合的新模式。学校和保定市人民政府联合主办"30·60"新时代能源电力创新发展大会,签署《新时代全面战略合作协议》。学校与中国华能集团有限公司共建"海上风电与智慧能源系统联合实验室",启动了联合实验室第一期项目,与中国长江三峡集团共建"三峡华电智慧电站技术创新中心",首期研究资金预计超过1亿元。学校先后与中国原子能科学研究院、国网河北省电力有限公司、国网河南省电力公司、江西赣能股份有限公司、施耐德电气(中国)有限公司、国网综合能源服务集团等10余家企业签署战略合作协议,共同打造新时代校地、校企高质量融合发展新标杆。

校园服务保障更加完善。学校坚持改善办学条件,积极完善校园服务保障体系,北京校部16号学生公寓楼投入使用,完成全部上课教室空调安装。学校利用信息化手段,建设基于移动端的师生健康管理、校内轨迹跟踪系统,部署CARSI系统并扩容VPN,构建90余个网上办事流程,全面支撑远程线上办公。学校不断完善知识产权信息公共服务体系,丰富知识产权信息服务内容,获批国家知识产权局和教育部联合开展的第二批高校知识产权信息服务中心。学校稳步推进垃圾分类工作,开展"华电微后勤"信息管理平台及云餐厅建设,获评2020年全国教育后勤信息化建设优秀单位。扎实开展"光盘行动"活动,残食垃圾总量较去年同期下降20%左右,源头减量效果明显,获评河北省年度高校伙食管理先进集体单位。"美丽校园"建设不断推进,相继建成红梅园、牡丹园等一批校园景观,完成保定校区二校区西南片区景观园林改造,校园绿化覆盖率不断提升。

(档案馆 整理)

大事记

Memorabilia

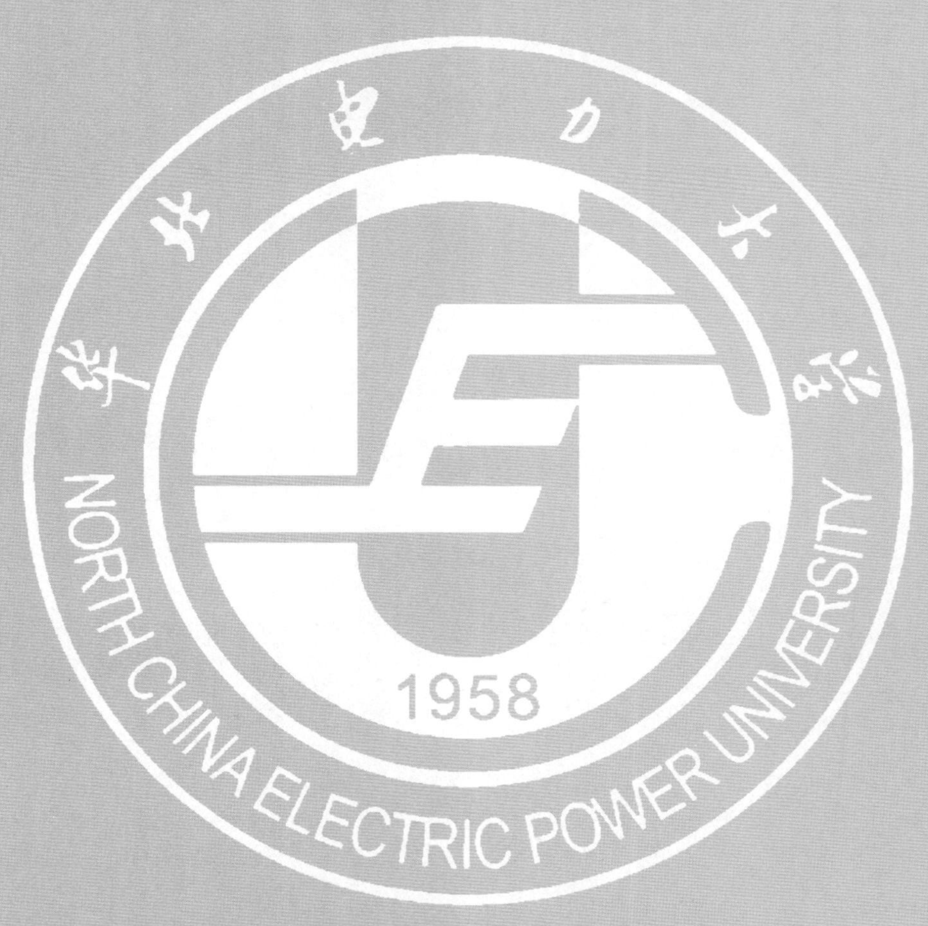

2020 年大事记

1 月

3 日　教育部公布首批国家级和省级一流本科专业建设点名单，华北电力大学 12 个专业入选一流本科专业建设“双万计划”，其中，电气工程及其自动化、通信工程、能源与动力工程、机械工程、自动化、计算机科学与技术、新能源材料与器件、环境工程 8 个专业入选国家级一流本科专业建设点，应用物理学、应用化学、市场营销、英语 4 个专业入选省级一流本科专业建设点。入选专业覆盖电气学院、能动学院、控计学院、可再生学院、环境学院、经管学院、数理学院、外国语学院等八个学院。

同日　保定校区召开安全稳定与院系工作交流推进会。校党委副书记郭孝锋、副校长律方成，相关职能部门及各院系主要负责人参加会议。

8 日　教育部公布第二批全国党建工作示范高校、标杆院系、样板支部培育创建单位名单，华北电力大学电气与电子工程学院四方研究所党支部、国际教育学院学生党支部入选“全国党建工作样板支部”。

10 日　2019 年度国家科学技术奖励大会隆重召开。华北电力大学杨勇平教授主持完成的“新型多温区 SCR 脱硝催化剂与低能耗脱硝技术及应用”获国家科学技术进步奖二等奖。

12 日　校长杨勇平带队赴华北电力大学孵化培育的新三板挂牌公司保定华仿科技股份有限公司考察，副校长郝英杰、律方成、校资产公司执行董事兼总经理金海燕等参加考察活动。

16 日　华北电力大学国家能源交通融合发展研究院召开专家委员会 2020 年第一次全体会议。专家委员会主任委员杨勇平教授、常务副主任委员贾利民教授、副主任委员龚明教高等 20 余位专家委员出席会议。同时，本次专家委员会特邀国家科技部高新技术司能源与交通处武平处长、国家发改委基础司能源处黎津副处长、交通部公路科学研究院李爱民院长、武汉理工大学严新平院士出席。会议由学校科学技术研究院院长杜小泽主持。

19 日　校长杨勇平到北京四方继保自动化股份有限公司进行座谈交流。四方股份创始人杨奇逊院士、四方股份董事长高秀环，总裁刘志超、公司董事张涛、副总裁秦红霞，学校党政办、外联部参加座谈。

28 日　学校召开新型肺炎疫情防控工作会议，对防控工作进行再动员、再部署、再落实。校党委书记周坚、校长杨勇平，各院系及相关职能部门主要负责人、各学院副书记参加会议，会议以视频形式在北京校部和保定校区同时召开。杨勇平主持会议。

本月　经北京市民政局确认，北京华北电力大学教育基金会在 2019 年社会组织等级评估中被评为 4A 级，有效期限 5 年。

2 月

4 日　受新型冠状病毒引起的肺炎疫情影响，学校推迟学生返校时间。根据教育部颁发的《关于在疫情防控期间做好普通高等学校在线教学组织与管理工作的指导意见》，华北电力大学春季学期的本科教学工作在线上进行。

10 日　校党委书记周坚、校长杨勇平主持召开学校疫情防控工作领导小组会议，对学校疫情防控和延期开学相关工作进行再研究、再部署。防控领导小组全体成员参加会议。北京教育系统疫情防控工作领导小组派驻华北电力大学联络员王效斌列席会议。会议以视频形式在北京校部、保定校区同时举行。

12 日　学校召开疫情防控期间在线教学工作推进视频会。副校长王增平、教务处和研究生院领导、各学院院长及副院长参加会议。会议由教务处副处长白逸仙主持。

17 日　校领导分别深入教学一线，调研检查网络课堂开展情况，并进入网络课堂。通过网络课堂，学校按照原定教学计划顺利开课。在 2020 年春季学期前两周，本科生共开设网络课程 970 门，听课学生将达到 107115 人次；其中在 2 月 17 日，学校共开设本科生网络课程 413 门，听课学生合计 40690 人次。研究生前两周共开设网络课程 520 门，全体课程阶段研究生均参加网络学习，听课学生将达 33420 人次。在教学工具方面，学校鼓励老师们以在线教学工具(如雨课堂、课堂派)为主进行网络教学的同时，再配以腾讯课堂、腾讯会议、企业微信、钉钉、QQ 群等即时互动工具加以补充，以实现课堂讲授与交流互动的有机融合。

28 日　华北电力大学学术委员会以在线方式召开第四次全体会议，18 名学术委员出席本次会议。学科办、人事处、科研院等部门负责人与专家代表列席会议。会议由学术委员会主任委员刘吉臻院士主持。

本月　学校启动疫情防控一级响应以来，成立学校疫情防控督查组，切实按照习近平总书记指示批示精神和党中央的决策部署、教育部“五个一律”的要求和学校防疫领导小组的工作安排，主动履职、深入一线、靠前监督、多种形式检查，先后召开专题会议 14 次，发动全校专兼职纪检监察干部 80 余人，成立 4 个专题督查小组，对学校疫情防控工作按要求进行精准监督，坚决防止疫情向校园蔓延。

本月 华北电力大学和上海昱章电气成套设备有限公司共建研究生工作站签约暨揭牌仪式在上海举行。

3月

20日 美国化学学会旗下权威期刊*Journal of Physical Chemistry Letters*（五年影响因子：8.50）刊发能源动力与机械工程学院本科生吕书航和博士生谢芳芳作为共同第一作者的论文"*Contact Time of a Bouncing Nanodroplet*"。该期刊是物理化学领域的国际顶级期刊，也是中科院一区Top期刊。

31日 学校召开会议启动"创新人才支持与培育计划"遴选工作。党委副书记李双辰出席会议并对遴选工作进行启动部署，人事处、人才工作办公室、相关院系负责人参加会议，会议以视频形式在北京校部和保定校区同时召开。

本月 《教育部关于公布2019年度普通高等学校本科专业备案和审批结果的通知》正式发布，华北电力大学申报增设的智能制造工程、光电信息科学与工程、机器人工程和数据科学与大数据技术4个本科专业全部通过教育部审批和备案。至此，学校本科专业数调整至64个。

4月

8日 国家电网有限公司董事长、党组书记毛伟明访问华北电力大学。学校党委书记周坚，校长杨勇平，中国工程院院士、新能源电力系统国家重点实验室主任刘吉臻，国家电网有限公司副总经理、党组成员张智刚，学校副校长郝英杰、王增平、毕天姝出席座谈交流会。双方表示将在人才培养、科学研究、能源智库建设等领域发挥各自优势，继续深化交流合作。周坚主持座谈交流会。

23日 河北省人民政府公布关于2019年度河北省科学技术奖励的决定，华北电力大学共9项成果获河北省科学技术奖。

24日 学校党委书记周坚、校长杨勇平访问国家能源投资集团有限责任公司，与国家能源集团党组书记、董事长、华北电力大学理事会副理事长王祥喜举行会谈。双方就进一步深化校企合作，推进产教融合，更好地服务国家能源发展战略进行深入交流。

本月 由团省委、省青年志愿者协会联合开展的第十三届河北省志愿服务评选表彰结果揭晓，计算机系硕计181班党支部书记梁玮轩获评第十三届"河北省优秀青年志愿者"。

5月

13日 校长杨勇平、副校长律方成访问河北省教育厅和国网河北省电力公司，分别会见河北省教育厅厅长、党组书记、教育工委书记杨勇，国网河北省电力公司董事长、党委书记、电力89级校友王昕伟等，与省教育厅副厅长王廷山、教工委副书记王利迁、省电力公司总工程师董增波等相关部门负责人进行交流座谈。

14日 华北电力大学召开华北电力大学第七届教职工代表大会第二次会议。校领导周坚、杨勇平、何华、李双辰、郝英杰、孙忠权、王增平、郭孝锋、律方成、毕天姝与288名正式代表、22名列席代表共商学校发展大计。在统筹推进新冠肺炎疫情防控和经济社会发展的特殊时期，会议以视频形式在北京校部、保定校区同时举行。开幕会由党委副书记李双辰主持。

26日 华北电力大学召开2020年全面从严治党工作会议，深入学习贯彻习近平总书记在十九届中央纪委四次全会上的重要讲话和四次全会精神、《党委（党组）落实全面从严治党主体责任规定》以及2020年教育系统全面从严治党工作视频会精神，分析研判学校全面从严治党形势，部署安排2020年学校全面从严治党重点工作。

28日—29日 校党委书记周坚专程赴河南确山县调研，对接帮扶需求，推动工作落实，并与确山县委书记路耕交流脱贫攻坚的工作情况。副校长郝英杰、确山县长彭广峰、县人大常委会主任陶玉强参加交流调研活动。在调研期间学校与确山县召开定点扶贫工作座谈会。

本月 由最高人民法院新闻局监制，中央广播电视总台社教节目中心、中国民主法制出版社等单位联合推出的十集大型纪录片《中国司法》，自5月18日起在中央广播电视总台"社会与法"频道和爱奇艺网站同步播出，同时被"学习强国"平台推出。华北电力大学法政系梁平教授作为该纪录片第3集《平之如水：从堂审旁听到司法公开》解说词的主撰稿人，参与最高人民法院专家论证会、各集解说词讨论、拍摄开机仪式、录制访谈等工作。

6月

4日 中国大唐集团有限公司科技创新部王鹤鸣主任一行来访华北电力大学，就传统能源技术变革以及新能源开发利用等方面开展调研座谈。校长杨勇平出席座谈会并致辞。副校长毕天姝主持会议。

同日 学校召开中国电力电气总裁班企业家爱心捐赠座谈会，感谢疫情期间向我校捐赠疫情防控物资的有关企业。副校长郝英杰、继续教育学院院长王子杰，中国电力电气总裁班韩凤霞、刘亚利等学员代表参加会议。

5日 中国电力企业联合会专职副理事长王志轩，中电联技能鉴定与培训中心主任张志峰、副主任张慧翔一行莅临学校考察调研远程继续教育工作。副校长郝英杰出席会见并座谈，继续教育学院有关负责人参加座谈会。

9日 校党委书记周坚做客人民网直播间，做题为"同向同行 协同育人——关于高校课程思政的认识与思考"的公开课。这是华北电力大学联合人民网共同推出的优学院教师教学能力提升公益直播项目“推进课程思政 深化协同育人”课程思政专题培训的第一讲。

15 日 保定市委书记党晓龙一行到保定校区考察调研。校党委书记周坚，党委副书记郭孝锋、副校长律方成，保定市副市长杨伟坤、市委秘书长杨文堂等陪同调研。

29 日 海南智能电网实验室揭牌暨合作共建协议签字仪式在海南电网有限责任公司举行。海南电网有限责任公司总经理王志勇，华北电力大学副校长律方成，海南省科技厅、清华大学、电力规划总院有限公司、南网数字电网研究院有限公司和学校对外联络与合作处、电力工程系相关负责人参加活动。

30 日 电气与电子工程学院教授崔翔做客人民网公开课，作题为“将科学素养与家国情怀融入专业基础课的教学实践”的公开课。课上，崔翔教授指出，在工程电磁场课程的传统培养目标基础上，要增加科学素养、家国情怀、创新潜质等要素的培养，将“美学、历史、工程、创新”四结合的教学理念融入教学全过程，让学生变“被动学习”为“主动欣赏”。

本月 华北电力大学 7 门课程获河北省教育厅一流本科建设课程立项，其中精品在线开放课程 3 门、线下一流本科课程 2 门、线上线下混合式一流本科课程 2 门。至此，华北电力大学河北省一流本科建设立项课程增至 16 门。

本月 在第七届教育部科技委能源与交通学部的组织与指导下，由来自全国 20 多所重点高校的能源与交通领域 30 多位知名专家、学者，历时 2 年多时间共同参与完成的《中国能源与交通领域战略研究报告》由科学出版社正式出版发行，这是学部自成立以来正式出版的首部战略报告。第七届教育部科技委能源与交通学部由中南大学校长田红旗院士担任主任，华北电力大学校长杨勇平教授担任常务副主任，委员包括来自全国重点高校的 20 余位专家学者。《中国能源与交通领域战略研究报告》的出版，凝结着学部全体委员的智慧与汗水，崔翔教授与马静教授参加报告的编写。本书以引领能源与交通领域的科技创新为目标，站在能源与交通融合发展的角度，对未来 15 年我国能源与交通领域的科学问题、战略发展方向及融合发展态势，展开前瞻性、导向性和战略性的分析和介绍，是中国能源与交通领域战略研究方向的权威性指导书籍。

7 月

2 日—3 日 校党委常委、副校长律方成率队赴航粤智能电气有限公司、珠海优特电力科技股份有限公司就科技合作、人才培养等工作进行洽谈。

3 日 大学科技园签署保定国家高新区科技计划项目任务书，标志着“新能源电力公共研发实验室建设”项目正式启动。项目总投资 820 万元(其中专项资金 500 万元)，主要用于搭建 3 米法电波暗室。该项目对完善保定·中国电谷涉电产品检测链条，促进新能源产业质量提升具有重大意义。

同日 由北京市教育委员会、北京市大学生体育协会主办的首都高校第三届体育教师教学基本功比赛落下帷幕，华北电力大学体育教师漆小红获一等奖。

6 日 《中国教育报》刊发校党委书记周坚署名文章“‘全域统筹’构建高校课程思政体系”，系统阐述“如何认识课程思政”“如何开展课程思政”“如何保障课程思政建设落到实处”等问题。

10 日 大学科技园获由河北省市场监督管理局颁发的检验检测机构资质认定证书(中国计量认证 CMA)。这是继科技园获得中国国家合格评定国家认可委员会(CNAS)实验室认可后取得的又一个新突破。

同日 国家知识产权局办公室、教育部办公厅联合在国家知识产权局网站上发布《关于公布第二批高校知识产权信息服务中心名单的通知》，华北电力大学名列其中。

14 日 校长杨勇平拜访保定市委书记党晓龙。双方就贯彻落实京津冀协同发展、雄安新区建设等国家战略，全面深化校地合作，推进保定校区发展等方面进行深入交流。

16 日 新能源电力系统国家重点实验室召开第二届学术委员会第四次会议。学术委员会主任黄其励院士，副主任委员李立浧院士、崔翔教授，委员程时杰院士、郭剑波院士、金红光院士、陈维江院士、罗安院士、刘吉臻院士、肖立业研究员、沈炯教授、闵勇教授、王成山教授，实验室特聘专家韩英铎院士和杨奇逊院士，校长杨勇平 、副校长王增平 ，副校长毕天 以及实验室研究人员共计 70 余人参加会议。会议通过线上+线下模式举行，校内参会人员在主楼 D260 参加会议，校外专家通过视频形式参加会议。

同日 校长杨勇平、副校长郝英杰一行到国网大学进行合作交流。国网大学董事长、党委书记卓洪树，主任、党委副书记倪吉祥及领导班子其他成员热情接待学校一行。双方签署《关于落实“产教融合”人才培养新机制的合作协议》，拟在共同打造“产教融合”的高效能人才培养体系、共同打造具有国际影响力的能源电力智库、共同打造电力行业人才培养研究创新平台、共建共享电力行业人才培养资源等方面开展合作。

21 日 副校长毕天姝一行赴国家能源集团就共建联合实验室，开展科研合作进行交流座谈。

23 日 校党委常委、副校长律方成一行赴江苏南京拜访杰出校友、南京南瑞继保电气有限公司董事长沈国荣院士和校杰出校友、南京大学环境学院院长任洪强院士。

本月 保定校区驻村扶贫干部崔振国、徐大圣分别被河北省委授予“河北省扶贫脱贫优秀驻村第一书记”称号。

本月 人文与社会科学学院教授、民盟中央社会委员会委员、民盟北京市委社会委员会副主任、华电民盟支部副主委、中国社会保障学会理事姚建平向全国人大社会建设委员会提交的“救助对象家庭经济状况调查的立法建议”和“社会救助标准的立法建议”获全国人大常委会社会建设委员会领导重要批示，并被分别刊登在全国人大社会建设委员会《简报》(〔十三届〕)第166、167期。这是姚建平教授继研究报告获中央领导批示之后的又一大重要建言献策成果。

8月

6日 华北电力大学与国网河北省电力有限公司战略合作框架协议签约仪式在雄安新区供电公司举行。校长杨勇平，副校长律方成和国网河北省电力有限公司董事长、党委书记王昕伟等领导及双方相关部门负责人出席签约仪式。

14日—16日 由虚拟仿真实验教学创新联盟经济管理类专业工作组主办，华北电力大学承办的第十二届“创新创业”全国管理决策模拟大赛总决赛以“云竞赛”的形式举行。

14日 校党委书记周坚带队到保定国家高新技术产业开发区调研。本次调研特邀中国教育电视台党委书记柯春晖、北京北方投资集团董事长杨炜长一同前往。副校长律方成全程参与考察调研。

17日 “中国高校人工智能人才国际培养计划”2020高校学生人工智能训练营(华北电力大学)以线上形式正式开营。教育部中外人文交流中心副主任杨晓春、华北电力大学副校长王增平等出席开营仪式。

19日 校党委书记周坚访问海南电网有限责任公司，与海南电网公司总经理、党委副书记王志勇进行会谈。双方围绕贯彻落实海南自由贸易港国家战略，全面深化校企合作，推动海南电网公司创新发展进行交流。副校长郝英杰参加会谈。

27日 第六届河北省“互联网+”大学生创新创业大赛决赛在燕山大学落下帷幕。经过激烈角逐，华北电力大学共获金奖5项、银奖7项、铜奖14项。在决赛中，《天山同语·民族同心》《闪电鸟－无人机AI巡检平台》《“塔线巡警”——特高压输电线路人工智能巡检解决方案提供商》《冰溃神速——电力系统新型防覆冰涂层开拓者》《滨海波光——一种新型海水淡化装置》获河北省金奖。其中，《天山同语·民族同心》项目获“青年红色筑梦之旅”赛道冠军。

29日 马克思主义学院邀请中国社会科学院马克思主义研究院副院长辛向阳研究员作《治国理政关键词——〈习近平谈治国理政〉第三卷学习》的专题辅导报告。华北电力大学党委副书记、纪委书记何华，北京农学院党委书记杨军等领导参加此次集体备课会，华北电力大学北京和保定两地全体专兼职思政课教师、北京农学院全体思政课教师参会。会议由马克思主义学院院长王伟主持。

本月 河北省科学技术厅下发《关于2020年度新建省级学科重点实验室和企业重点实验室的通知》，批准华北电力大学“河北省电力物联网技术重点实验室”“河北省电力机械装备健康维护与失效预防重点实验室”纳入河北省学科重点实验室建设计划。

本月 教育部科技司发布第二批高等学校科技成果转化和技术转移基地认定结果公示，华北电力大学成为入选的24所(北京4所)高校之一。

9月

3日 《中国高等教育》(2020年第17期)卷首语刊发校党委书记周坚署名文章《在深化改革中建设让党和人民满意的教师队伍》。

10日 教师节庆祝大会在保定校区礼堂举行。大会以视频形式在北京校部同步开展。会上，播放展示教职工谨守教育报国初心，勇担筑梦育人使命的宣传片。宣读学校《关于表彰2019－2020学年获省部级及以上奖励集体和个人的决定》《关于表彰华北电力大学第二届“我身边的好老师”的决定》《关于表彰从事教育工作满三十年教工的决定》《关于表彰2019—2020学年十佳班主任、优秀班主任的决定》。

同日 北京市委、市政府在北京会议中心举行2019年度北京市科学技术奖励大会。华北电力大学共有2项优秀科技成果获奖，其中第一完成单位获北京市科学技术进步奖二等奖1项，第四完成单位获北京市科学技术进步奖二等奖1项。核科学与工程学院陆道纲教授团队主持的研究成果“大型先进压水堆非能动水箱和乏燃料水池关键热工特性研究及应用”获北京市科学技术进步奖二等奖。

11日 中国华能集团有限公司集团公司科技部主任许世森一行来华北电力大学进行座谈交流，刘吉臻院士、副校长毕天姝出席会议，双方就海上风电与智慧能源系统联合实验室建设推进进行深度研讨。

11日—15日 北京校部与保定校区分别召开第二届“我身边的好老师”座谈会，副校长檀勤良，党委教师工作部、人事处及教务处等部门负责人和获第二届“我身边的好老师”荣誉称号的30名老师参加座谈会。

15日 华北电力大学与中国原子能科学研究院在北京举行新一代核动力技术合作框架协议签约仪式。中国原子能科学研究院党委书记、中国工程院院士罗琦，副院长姜兴东，总工程师张东辉，学校校长杨勇平、副校长孙忠权等出席此次会议。孙忠权与姜兴东分别代表双方签署合作框架协议。

15 日—19 日 第 22 届中国国际工业博览会在国家会展中心(上海)举办,华北电力大学资产经营公司携手首都科技条件平台华电基地等相关部门,遴选出来自校学科性公司、校科研平台、科研团队、学生创新创业项目共计 10 个项目亮相本届工博会。学校重点推介的项目“工业及民用新型超级热泵技术”获本届工博会高校展区优秀展品奖特等奖。

16 日 华北电力大学召开“双一流”建设周期总结专家评审会。校长杨勇平,副校长王增平、律方成、檀勤良、毕天姝出席会议,“双一流”建设有关部门、各院(系)负责人和教师代表参加会议。会议由律方成主持。会议以视频形式在北京校部、保定校区同时举行。

20 日 教育部全国学生资助管理中心主任陈希原、副主任陈淑梅、高校处副处长袁荣一行三人,来到保定校区迎新现场调研指导学生资助工作。校党委书记周坚、党委副书记郭孝锋陪同调研。

23 日 深圳市清洁能源研究院理事长张善明、副院长周军一行来华北电力大学国家能源交通融合发展研究院就开展科研合作、科研成果转化等方面进行座谈交流,校长杨勇平、国家能源交通融合发展研究院贾利民、马静等人出席会议。

同日 华北电力大学与重庆广怀实业(集团)有限公司举行校企合作洽谈会。重庆广怀实业(集团)有限公司董事长洪敏,战略专家刘泽武,总工程师万里,副校长郝英杰及相关部门负责人出席会议。

24 日 校党委书记周坚、校长杨勇平与保定市委书记党晓龙、市长郭建英就加强校地深度合作举行会谈。长城汽车公司董事长魏建军,副校长郝英杰、党委副书记郭孝锋、副校长律方成,保定市领导杨伟坤、杨文堂参加会谈。

25 日 全国储能技术专业学科建设论坛在华北电力大学举办。教育部、国家发改委、国家能源局,清华大学、浙江大学、上海交通大学等近 30 所高校,国家电网有限公司、南方电网公司、中国华能集团有限公司等近 20 家能源电力企业的负责人参加会议。

26 日 由华北电力大学、公安部信息安全等级保护评估中心、工业信息安全产业发展联盟、中关村信息安全测评联盟、中能融合智慧能源产业联盟、首都科技条件平台联合主办的“中能融合杯”第六届全国工控系统信息安全攻防竞赛在华北电力大学举办。

27 日 校党委书记周坚为 2020 级新生讲授题为“我和我的祖国——以担当书写时代画卷”的开学第一课,勉励广大青年学子努力成长为学业有成、全面发展的华电人。

29 日 副校长毕天姝一行访问民革中央副主席张伯军,双方就打造高水平智库,谋划民革中央教科文卫体委员会——华北电力大学能源软科学研究中心长远发展等方面进行座谈交流。

30 日 2020 年河北省青年志愿服务项目大赛结果公布,经过校内选拔推荐、省级答辩展示,华北电力大学《无声星球,为爱发声》项目获金奖。

本月 民盟华北电力大学支部获民盟中央“盟务工作先进基层组织”荣誉称号,是北京市获奖的 6 所高校民盟基层组织之一。

本月 应人民日报社主管的《能源高质量发展》杂志之约,校长杨勇平署名文章《为能源电力高质量发展提供有力人才支撑》在该杂志 2020 年 9 月刊刊发。文章从肩负人才培养新使命、聚焦能源安全新战略、践行低碳发展新理念、实现创新发展作为四个方面,紧密围绕构建全球能源互联网的倡议,阐述华北电力大学落实“四个革命、一个合作”能源安全新战略、助力能源电力行业高质量发展的理念和行动。

本月 教育部官网以“华北电力大学实施‘五个创优’大力推进思想政治理论课改革创新”为题,从推进机制创优,不断加强思政课建设组织领导;推进师资创优,不断提升思政课教师队伍素质;推进内容创优,不断丰富思政课课程资源供给;推进教法创优,不断激发思政课课堂教学活力;推进评价创优,不断强化思政课教学目标考核等五个方面介绍学校实施“五个创优”大力推进思想政治理论课改革创新。

本月 国际流体力学权威期刊 *Physics of Fluids* 在线发表华北电力大学吴仲华学院 1701 班本科生王一峰同学作为第一作者的学术论文:“*Spreading and retraction kinetics for impact of nanodroplets on hydrophobic surfaces*”该论文的发表标志着学校在探索本科创新型人才培养方面取得新进展。该论文主要解决了纳米尺度液滴铺展与回缩动力学预测困难的问题。

10 月

6 日和 8 日 校长杨勇平教授分别在北京和保定为能源动力与机械工程学院 2020 级新生讲授题为“构建清洁低碳、安全高效的能源体系”的入学教育公开课。公开课分别由能源动力与机械工程学院院长杜小泽和动力工程系副主任张磊主持。院系全体领导班子、全体辅导员及 2020 级全体新生共同聆听公开课。

9 日 华北电力大学获批新建的河北省电力机械装备健康维护与失效预防重点实验室召开首次学术委员会会议。学术委员会主任杨绍普教授、学术委员会委员王景朝、戴士杰、崔彦平等教授和保定市科学技术局副局长徐春齐、平台处副处长张新民受邀出席会议。

同日 长城汽车集团有限公司人力资源副总裁张苏杰一行到华北电力大学进行座谈交流,副校长律方成出席会议,双方就华北电力大学与长城汽车集团的校企合作事宜进行深入交流。

10日 中国工程院院士刘吉臻教授在主楼礼堂为控制与计算机工程学院2020级全体学生做精彩的新生入学教育，这也是刘院士连续第19年给新生进行入学教育。

11日 华北电力大学河北省电力物联网技术重点实验室在保定召开首次学术委员会会议。学术委员会主任刘铁根教授、学术委员毕卫红、赵自刚、孙纪敏、王小捷、赵杰等教授和保定市科学技术局副局长徐春齐、平台处副处长张新民受邀出席会议。

13日—14日 校长杨勇平一行赴确山调研推进定点扶贫工作，通过座谈交流、实地考察等方式，调研学校教育、科技、产业和消费扶贫成效，对接下阶段扶贫需求。副校长郝英杰，确山县委书记路耕、县人大常委会主任陶玉强参加调研活动。

14日 华北电力大学与国网河南省电力公司战略合作框架协议签约仪式在河南郑州举行。双方将充分发挥各自优势，在科技创新、人才培养、资源共享、教育培训等方面开展深入合作，为践行国家电网战略、推进华北电力大学"双一流"建设提供智力和科技支撑，共同推动国家能源电力事业的发展。华北电力大学校长杨勇平、副校长郝英杰，国网河南省电力公司董事长王金行、总经理王刚、总会计师李平文、总工程师张明亮、总信息师魏胜民出席签约仪式。

17日 严格遵守常态化疫情防控相关工作要求，华北电力大学第五十二届田径运动会在保定校区隆重举行。校党委副书记郭孝锋，副校长律方成及各院系、职能部门负责人出席开、闭幕式。本届田径运动会共有18个单位组队参赛，逾200名教职员工和800名学生参加55个运动项目。竞赛运动会主要分为传统田径项目和趣味运动项目两部分。

18日 由中国华能集团有限公司主办，华北电力大学承办的中国华能集团国际化人才培训班在北京开班。

19日 经人社部审核批准，由中国电力企业联合会主办、华北电力大学国家级专业技术人员继续教育基地承办的"基于新一代人工智能的智慧能源电力"高级研修班在北京开班。

20日 华北电力大学与施耐德电气（中国）有限公司签署战略合作框架协议。副校长王增平，施耐德电气高级副总裁徐韶峰等出席签约仪式。

21日 学校召开人才工作会议，分析研判学校人才工作形势，部署学校人才工作，为学校"十四五"开局奠定人才基础。校领导周坚、杨勇平、郝英杰、王增平、汪庆华、律方成、毕天姝出席会议。会议以视频形式在北京和保定两地同时召开。

同日 华北电力大学和国家能源集团召开"智能发电协同创新中心工作交流会"。中国工程院院士刘吉臻教授、牛玉广教授、曾德良教授、黄孝彬副教授，国家能源集团科技部主任张文建、副主任徐连兵，国电新能源技术研究院有限公司总经理伍权、副总经理崔青汝，北京国电智深控制技术有限公司董事长冯健、总经理黄焕袍参加会议。

23日—25日 2020年中国工程热物理学会热机气动热力学和流体机械学术会议暨国家自然科学基金项目进展交流会在保定电谷国际酒店召开。此次大会由中国工程热物理学会和国家自然科学基金委员会主办，华北电力大学动力工程系、吴仲华学院承办。

24日 中国华能集团有限公司——华北电力大学海上风电与智慧能源系统联合实验室战略合作协议签约暨揭牌仪式在华北电力大学举行。华北电力大学党委书记周坚与中国华能集团有限公司党组书记、董事长、中国工程院院士舒印彪共同为海上风电与智慧能源系统联合实验室揭牌。华北电力大学校长、党委副书记杨勇平，中国华能集团公司总经理、党组副书记邓建玲出席签约与揭牌仪式。

同日 应动力工程系和吴仲华学院邀请，中国科学院工程热物理研究所徐建中院士与吴仲华学院学生举行座谈，并为学生们讲授思政课。

27日 云南省电力科学研究院党委书记、云南电网公司科创中心主任蔡晓斌一行来访，就校企合作和研究生工作站建设等进行交流。

28日 华北电力大学与江西赣能股份有限公司在北京举行战略合作框架协议签约仪式。党委书记周坚会见江西赣能股份有限公司党委书记、董事长陈万波。校长杨勇平出席签约仪式，副校长郝英杰和江西赣能股份有限公司总经理叶荣分别代表双方签订战略合作框架协议。

同日 江苏省产业技术研究院院长刘庆等一行11人到访，就研究生联合培养、科技合作、科技成果转化等方面合作进行交流。

同日 复杂能源系统智能计算教育部工程研究中心培育项目建设论证评审会议在华北电力大学召开，教育部二级巡视员李渝红，北京交通大学计算机与信息技术学院刘峰教授，北京科技大学机械工程学院杨荃教授，北京航空航天大学计算机学院马帅教授和华北电力大学可再生能源学院陆强教授受邀出席会议。

31日 河南校友会捐建豫苑（牡丹园）仪式在学校图书馆前广场举行。此次捐赠共千余株牡丹，建成近1000平方米美丽的牡丹园，为母校62华诞献礼。

同日 校长杨勇平前往苏州研究院宣布干部任命，并就苏州研究院"十四五"规划编制、硕士研究生培养、校企合作平台建设、中外合作办学等进行调研。

11 月

4 日 海上风电与智慧能源系统联合实验室专家咨询委员会第一次会议在华北电力大学召开。校长杨勇平、副校长毕天姝出席会议，咨询委员会主任委员汤广福院士主持会议。韩英铎院士、刘吉臻院士、康重庆教授、王伟胜教授、翟恩地教授、许世森教授级高工、赵勇教授级高工、曾卫东教授级高工、郭小江教授级高工、崔翔教授、李美成教授、刘永前教授等全体咨询委员会委员以及华能集团科技部和实验室研究骨干参加会议。

5 日 特变电工股份有限公司党委书记、董事长张新，副总经理、几内亚项目总经理吴微一行到访，双方就人才培养、科研创新等方面进行交流座谈。

6 日 全国道德模范董明做客明德大讲堂，为各学院学生代表作主题为“与信仰对话”的专题报告。

8 日 第 55 届高等教育博览会在长沙举行。本届高博会由中国高等教育学会主办，湖南省教育厅、长沙市人民政府支持，湖南省高等教育学会、国药励展承办。副校长王增平应邀出席高博会开幕式。本届高博会以“服务新发展格局，开启高教新征程”为主题，涵盖“展览展示”“高端论坛”“成果发布”“竞赛活动”四大板块，近 1000 家企业参与，3000 余个展位展出约万件产品。

9 日 校党委书记周坚访问国网湖南省电力有限公司，与国网湖南省电力有限公司董事长、党委书记孟庆强进行会谈。双方围绕全面深化校企合作、加强人才培养和推动大学生就业工作进行深入交流。

11 日 华北电力大学国家能源发展战略研究院联合中国能源研究会中小配电企业发展战略研究中心在北京发布《2020 年增量配电研究白皮书》。

12 日 中国电机工程学会第十六届青年学术会议在北京举行。本次会议由中国电机工程学会与华北电力大学联合主办、华北电力大学科学技术研究院承办。中国科学技术协会原副主席冯长根，中国电机工程学会副理事长路书军，华北电力大学副校长毕天姝，中国电机工程学会副秘书长吴云喜，南瑞集团有限公司首席专家王长宝，华能清洁能源研究院院长助理郭小江，长沙理工大学成果转化中心主任曾祥君，清华大学长聘副教授郭庆来等出席会议。

19 日 华北电力大学与国家电网有限公司大数据中心战略合作框架协议签约仪式在京举行。校长杨勇平、副校长郝英杰，国网大数据中心主任、党委副书记王继业，党委书记、副主任杜蜀薇，副主任程志华出席签约仪式。根据协议，华北电力大学与国网大数据中心将充分发挥各自优势，重点在加强技术攻关、加强科研合作、推动成果落地、人才合作培养等四方面开展合作。

21 日 著名工程热物理学家、中国科学院院士金红光研究员为吴仲华学院 2017 级本科生讲授《总能系统》概论部分。

同日 由北京市大学生体育协会主办，北京高等学校女子体育研究会及中华女子学院女性（女大学生）体育研究中心承办的“2020 年北京高校女生体育社团建设暨教师线上教学成果展示赛”在中华女子学院举行，华北电力大学体育教师段博雅在线上教学成果展示赛中获一等奖，所负责指导的华北电力大学瑜伽和普拉提健身协会获社团建设展示一等奖。

22 日至 24 日 第五届中国青年志服务项目大赛全国赛在广东举办。华北电力大学《天山同语 · 民族同心》项目获全国银奖。

26 日 中国共产党华北电力大学机关党员大会召开。校党委书记周坚，党委常委、组织部部长鹿伟全程参加大会，机关党委全体党员参加大会，相关党外人士代表列席会议。

同日 校长杨勇平赴河北省保定市阜平县凹里村、龙王庙村，慰问学校精准扶贫驻村干部，并与向帮扶村捐赠光伏电站项目的校友进行交流。

27 日 中国人民大学中共党史党建研究院执行院长杨凤城教授做客华北电力大学第二十期“明德大讲堂”，作题为“读党史、担大任——《中国共产党的九十年》导读”的专题报告。

同日 上海合作组织大学（以下简称“上合大学”）能源会议 2020 暨能源智库会议由华北电力大学在线主办，来自中国、俄罗斯、哈萨克斯坦、塔吉克斯坦、蒙古等国 10 所高校领导及专家学者参加会议。

28 日 华北电力大学召开“十四五”国际化发展专项规划研讨会。会议围绕“十四五”国际化发展专项规划初稿展开，内容涵盖学校“十三五”期间国际合作交流工作取得的成绩、与兄弟高校国际化数据比较、学校“十四五”国际合作交流工作的机遇与挑战、预期建设目标、战略举措和保障措施等。

29 日 华北电力大学毽绳代表队在首都高校第 28 届大学生踢毽跳绳比赛中再次刷新纪录，取得自 2011 年以来该项目比赛的十连冠。

同日 华北电力大学学生焦安静获上海马拉松赛第二名，并以 2 小时 33 分 55 秒的成绩达到国际健将标准 2 小时 34 分的要求。

本月 教育部公布首批国家级一流本科课程认定清单，华北电力大学共有 12 门课程入选，包括线上一流课程 1 门、线下一流课程 7 门、线上线下混合式一流课程 3 门、虚拟仿真实验教学一流课程 1 门。

本月 根据《教育部办公厅关于公布第二批新工科研究与实践项目的通知》（教高厅函〔2020〕23 号），华北电力大学 5 个项目获批教育部新工科研究与实践项目。

12月

1日 中国华能集团——华北电力大学海上风电与智慧能源系联合实验室第一次领导小组会议在京召开。校长杨勇平，联合实验室主任、中国工程院院士刘吉臻，副校长毕天姝，中国华能集团副总经理李富民及领导小组全体委员出席会议。

2日—4日 副校长律方成带队赴海南电网公司调研交流，双方就科研攻关、人才培养、校企共建实验室等事宜展开深入探讨和交流。

3日 上海合作组织大学国际科学与实践会议2020在线上举行，来自中国、俄罗斯、哈萨克斯坦、塔吉克斯坦、吉尔吉斯斯坦、土库曼斯坦等国的高校代表及专家学者参加会议。本次会议由俄罗斯联邦外交部、俄罗斯联邦科学与高等教育部、上海合作组织大学（以下简称“上合大学”）等主办，旨在面对新冠肺炎疫情对全球经济体系产生的影响与挑战，探讨上合大学重点领域的科学和教育发展问题，以促进各国可持续社会经济发展。副校长王增平出席全体会议并致辞。

4日 山西传媒学院白燕升戏曲研究传播中心创始人、前央视戏曲频道主持人白燕升做客明德大讲堂，在主楼礼堂为学校师生代表作题为“没有审美——世界与你无关”的专题报告。

同日 华北电力大学举办“抗疫精神”主题书画摄影展，弘扬伟大抗疫精神，展现师生精神风貌。

10日 学校党委副书记、纪委书记何华以“从‘一五’到‘十四五’看中国的发展道路”为题，为人文与社会科学学院全体辅导员、学生代表讲授思政课。

11日 “电力电气总裁班助学基金”启动仪式在华北电力大学举行。中国电力电气总裁班是学校继续教育学院与电老虎网自2019年起联合打造的国内首个专注能源电力行业总裁班，旨在培养能源电气领域具有国际视野、中国情怀、行业领先的新一代企业家，培育自强不息、爱校敬业、追求卓越的新一代华电校友，培训业务过硬、人脉宽广、品德优良的新一代创新创业人才，至2020年底已连续举办6期，培训企业家200余人次。

12日 华北电力大学（保定）获全国教育后勤信息化建设“优秀单位”称号，后勤管理处（保定）张伟获中国高校后勤信息化建设组织工作“优秀个人”称号。

13日 华北电力大学回天治理研究院举办以“回天有我·基层社会治理创新实践”为主题的第二期未来回天论坛，来自北京市政府部门、高校、企业、社区共80余位代表参加。此次论坛聚焦“回天有我”多方参与升级策略，探讨十四五期间回天地区基层社会治理创新实践路径及建议。

14日 校党委书记周坚赴华能北京热电厂走访调研并交流座谈。副校长郝英杰，华能集团华北分公司总经理李丹，华能集团公司生产环保部副主任王利国、科技部副主任徐越，北京热电厂总经理解育才、党委书记周文胜等参加调研。

17日 副校长孙忠权以“学习党的十九届五中全会精神，争做复兴伟业新征程的奋斗者”为题，为水利与水电工程学院全体辅导员和大一学生讲授思政课。

18日 由华北电力大学、保定市人民政府联合主办的“保定·中国电谷”能源电力企业恳谈会在电谷国际酒店举办。校长杨勇平、保定市市长郭建英出席恳谈会并致辞，保定市委常委、常务副市长李国勇主持会议。

19日 以“奋进‘十四五’开创教育高质量发展新局面”为主题的人民网2020大学校长论坛在南方科技大学举行。论坛上公布“谱写新时代篇章 迈向高质量发展——2020年度人民网优秀校园新闻作品”，共有37所高校的作品入选，华北电力大学首次获选人民网年度优秀校园新闻作品。

23日 北京能源发展研究基地召开第二届北京能源发展战略和政策高端论坛暨能源基地2020年学术年会。

同日 由华北电力大学、保定市人民政府联合主办的“30·60”新时代能源电力创新发展大会在保定市举办。

29日 中国电力企业联合会在北京召开以“创新引领高质量发展”为主题的“2020年度电力创新大会”，并举行2020年度电力创新奖、中电联先进会员企业及先进个人颁奖仪式。华北电力大学共有18个牵头或参与的成果获电力创新奖。其中科技创新大奖2项、一等奖4项、二等奖11项和电力职工技术创新奖三等奖1项。刘崇茹教授参与的《上百千伏超多电平换流器装备关键试验技术及工程应用》和刘敦楠教授参与的《面向大规模水电消纳的区域市场融合关键技术与应用》分别获科技创新大奖。

同日 中国工程院院士，国际电工委员会（IEC）主席，中国华能集团有限公司董事长、党组书记，发电厂及电力系统专业1977级校友舒印彪，参加“‘30·60’新时代能源电力创新发展大会”后回保定校区参观。校党委书记周坚、校长杨勇平、国家电网有限公司副总经理张智刚等陪同参观。

本月 国家自然科学基金委发布通知，核科学与工程学院牛风雷教授作为负责人申报的国家重大科研仪器研制项目“液态铅铋合金综合氧控系统的研制”获批准立项，直接经费731.38万元。这是华北电力大学作为牵头单位在铅基快堆领域获得的首个国家级重大科研项目。

本月 国家自然科学基金委发布通知，华北电力大学杨勇平教授作为负责人的国家自然科学基金重大项目“多能源互补的分布式能源系统基础研究”获批立项，总经费超过2100万元。这是学校首次获批承担国家自然科学基金重大项目，不仅标志着学校在能源基础研究领域迈入国内先进行列，更是双一流建设取得的历史性突破。

本月 由经济与管理学院牛东晓教授作为负责人申报的国家重点研发计划重点专项项目获批立项。这是华北电力大学首次承担“网络协同制造和智能工厂”国家重点专项项目，标志着学校优势特色研究方向不断拓展、在国家重大基础前沿领域的科研探索取得新进展。

本月 中宣部、中央文明办、教育部、共青团中央、全国学联对2020年全国大中专学生志愿者暑期“三下乡”社会实践活动进行总结通报，华北电力大学“天山同语·民族同心”推普脱贫攻坚志愿服务实践团获“优秀团队”荣誉称号，动力工程系石祎炜同学获“优秀个人”荣誉称号。

本月 纪念中国关心下一代工作委员会成立30周年暨全国关心下一代工作表彰大会在北京召开。中国关工委、中央文明办联合表彰593个先进集体和1907名先进个人。华北电力大学关工委常务副主任朱常宝被授予“全国关心下一代工作先进工作者”称号。

本月 华北电力大学建设的“河北省燃煤电站烟气多污染物协同控制重点实验室”通过河北省科技厅组织的建设期项目验收。

本月 2020年河北省优秀博士、硕士学位论文评选结果揭晓，华北电力大学1篇博士学位论文被评为河北省优秀博士学位论文，10篇硕士学位论文被评为河北省优秀硕士学位论文，此次优秀学位论文获奖总数达到11项，为历年最多。

本月 2020年度北京市高等学校教学名师奖揭晓，马克思主义学院王伟教授获第四届北京市高等学校青年教学名师奖。

本月 北京市劳动模范、先进工作者和人民满意的公务员表彰大会在北京会议中心举行。华北电力大学张化永教授获北京市先进工作者荣誉称号。

本月 河北省教育厅公布河北省虚拟仿真实验教学一流本科课程名单(冀教高函〔2020〕85号)，华北电力大学经济管理系刘树良负责的“电力企业管理决策虚拟仿真综合实验”和英语系高霄负责的“能源英语及国际交流VR情境化教学实训”被认定为省级虚拟仿真实验教学一流本科课程。

(王振华)

组织机构与干部

Organizations and Carders

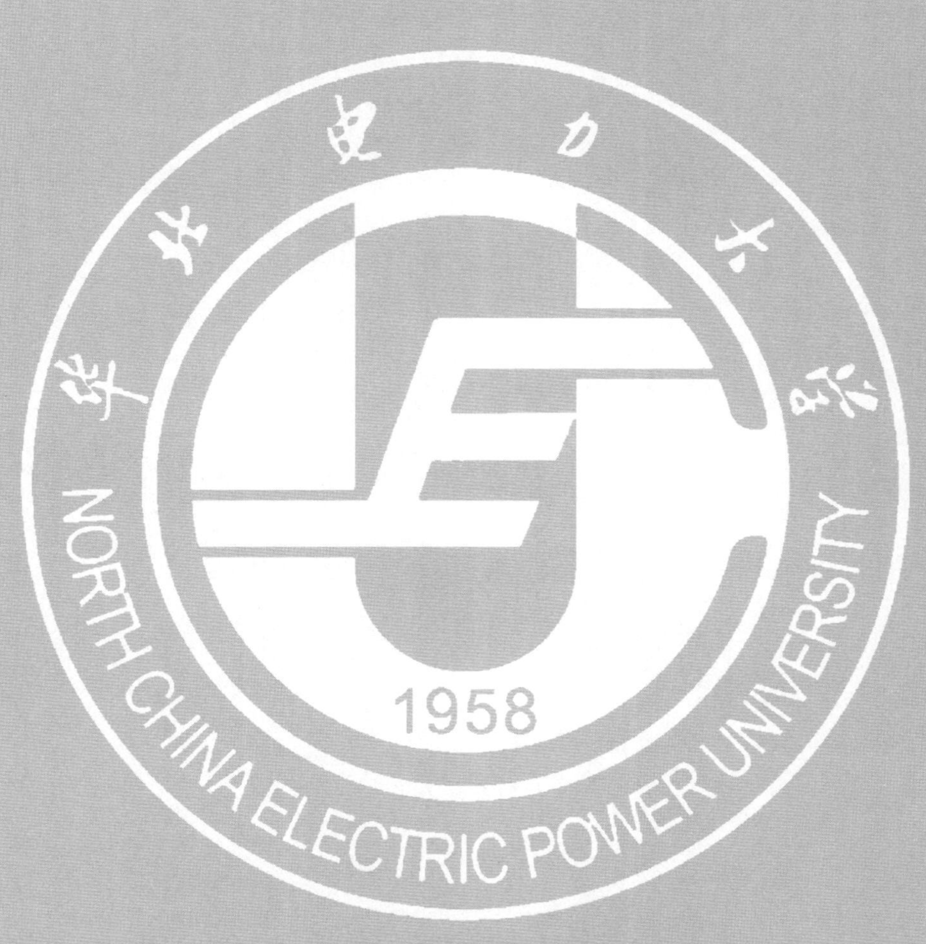

华北电力大学2020年校级领导干部

党委书记：周坚
校长、党委副书记：杨勇平
党委副书记、纪委书记：何华
党委副书记：李双辰（免2020年5月）
党委常委、副校长：郝英杰
党委常委、副校长：孙忠权
副校长：王增平
党委副书记：汪庆华
党委副书记：郭孝锋
党委常委、副校长：律方成
党委常委、副校长：檀勤良
党委常委、副校长：毕天姝

（组织部　提供）

华北电力大学2020年机构设置及负责人

（北京校部）

机构名称	姓名	职务
	鹿伟	党委常委
党政办公室、党委巡察办公室	陈溪	党政办公室主任
	蒲沿洲	党委巡察办公室主任
党委组织部、党校	鹿伟	党委常委、党委组织部部长、党校常务副校长
党委宣传部	张顺涛	党委宣传部常务副部长、新闻发言人
党委统战部	陈志	党委统战部常务副部长
党委政策研究室、发展规划处	张德安	党委政策研究室主任、机关党委书记（兼）
	郭炜煜	发展规划处处长
纪委办公室、监察处、纪委监督检查室	李旸	纪委副书记、纪委办公室主任、监察处处长
党委教师工作部、人事处	张新娟	党委教师工作部部长
	刘威	人事处处长
党委学生工作部、党委武装部、学生处	沈岚	党委学生工作部部长、党委武装部部长、学生处处长、学生资助管理中心主任
党委保卫部、保卫处	（空缺）	
学科建设处	李惊涛	学科建设处副处长（主持工作）
教务处	刘崇茹	教务处处长
研究生院、学位办公室	卢占会	研究生院常务副院长、学位办公室主任、教学科研党总支书记（兼）
科学技术研究院	乔开文	科学技术研究院常务副院长
人才工作处	包小勇	人才工作处处长
财务处	胡东星	财务处处长
资产管理处	倪景峰	资产管理处处长
对外联络与合作处	李宁	对外联络与合作处处长
国际合作处、港澳台办公室	段春明	国际合作处处长、港澳台办公室主任
基建处	赵秀国	基建处处长
网络与信息化工作处	（空缺）	

续表

机构名称	姓名	职务
实验室管理处	朱正茂	实验室管理处处长
审计处	范　立	审计处处长
离退休工作处	杜建国	离退休工作处处长
后勤管理处、后勤服务集团	张兵仿	后勤管理处处长、后勤服务集团总经理
工会	林长强	工会常务副主席
团委(艺术教育中心)	王新军	团委副书记(主持工作)、艺术教育中心副主任(兼)
校友与教育基金工作办公室	黄向军	校友与教育基金工作办公室主任
工程训练与创新创业教育中心	杨世关	工程训练与创新创业教育中心副主任(主持工作)
图书馆	赵冬梅	图书馆馆长
档案馆	陈　军	档案馆馆长
高等教育研究所	荀振芳	高等教育研究所所长
校医院	陈红艳	校医院副院长(主持工作)
技术转移转化中心	王宏盛	技术转移转化中心主任
电气与电子工程学院	毕天姝	党委常委、副校长、电气与电子工程学院院长、电气与电子工程学院党委副书记
能源动力与机械工程学院	杜小泽	能源动力与机械工程学院院长、能源动力与机械工程学院党委副书记
控制与计算机工程学院	房　方	控制与计算机工程学院院长、控制与计算机工程学院党委副书记
经济与管理学院、MBA 教育中心	李彦斌	经济与管理学院院长兼 MBA 教育中心主任、经济与管理学院党委副书记
新能源学院	李美成	新能源学院院长、新能源学院党委副书记
核科学与工程学院	牛风雷	核科学与工程学院院长
环境科学与工程学院	汪黎东	环境科学与工程学院副院长(主持工作)
水利与水电工程学院	张尚弘	水利与水电工程学院副院长(主持工作)
数理学院	郭宝珠	数理学院院长
人文与社会科学学院、MPA 教育中心	(空缺)	
外国语学院	康建刚	外国语学院院长、外国语学院党委副书记
马克思主义学院	王　伟	马克思主义学院院长、马克思主义学院党总支副书记
体育教学部	曹运华	体育教学部主任、体育教学部直属党支部书记
国际教育学院	齐　郑	国际教育学院院长、国际教育学院党委副书记
继续教育学院	王子杰	继续教育学院院长
能源电力创新研究院(新一代能源电力关键技术集成攻关大平台)	徐　超	能源电力创新研究院执行副院长(主持工作)(新一代能源电力关键技术集成攻关大平台)
国家能源发展战略研究院	王　鹏	国家能源发展战略研究院执行院长
苏州研究院	柴大鹏	苏州研究院常务副院长、苏州研究院直属党支部书记

(保定校区)

机构名称	姓名	职务
党政办公室(保定)	张冬生	党政办公室(保定)主任
党委组织部(保定)、党委统战部(保定)、党校(保定)	李　瑾	党委组织部(保定)部长、党委统战部(保定)部长、党校(保定)副校长

续表

机　构　名　称	姓　名	职　务
党委宣传部(保定)	王　家	党委宣传部(保定)部长
纪委办公室(保定)、监察处(保定)、纪委监督检查室(保定)	李　东	纪委副书记、纪委办公室(保定)主任、监察处(保定)处长
党委教师工作部(保定)、人事处(保定)	刘志远	党委教师工作部(保定)部长、人事处(保定)处长
党委学生工作部(保定)、党委武装部(保定)、学生处(保定)	彭忠军	党委学生工作部(保定)部长、党委武装部(保定)部长、学生处(保定)处长
党委保卫部(保定)、保卫处(保定)	李国有	党委保卫部(保定)部长、保卫处(保定)处长
教务处(保定)	安利强	教务处(保定)处长
研究生院(保定)、学位办公室(保定)、学科建设处(保定)	谢　庆	研究生院(保定)副院长、学位办公室(保定)副主任、学科建设处(保定)副处长(主持工作)
科学技术处(保定)	刘志坚	科学技术处(保定)副处长(主持工作)
财务处(保定)	杨利国	财务处(保定)处长
资产与实验室管理处(保定)	姜　波	资产与实验室管理处(保定)处长
对外联络与合作处(保定)	赵冬鸣	对外联络与合作处(保定)处长
国际合作处(保定)、港澳台办公室(保定)、国际教育学院(保定)	徐　岩	国际教育学院(保定)党总支副书记、国际合作处(保定)副处长、港澳台办公室(保定)副主任、国际教育学院(保定)副院长(主持工作)
基建处(保定)	王韶坡	基建处(保定)处长
网络与信息化工作处(保定)	李春祥	网络与信息化工作处(保定)处长
审计处(保定)	丁相宝	审计处(保定)处长
离退休工作处(保定)	赵宏宇	离退休(保定)党委书记、离退休工作处(保定)处长
后勤管理处(保定)	卢青松	后勤管理处(保定)处长
工会(保定)	周　泽	工会(保定)常务副主席
团委(保定)	陈火欣	团委(保定)书记
艺术教育中心(保定)	吴乐为	艺术教育中心(保定)主任
工程训练与创新创业教育中心(保定)	王秀梅	工程训练与创新创业教育中心(保定)主任
继续教育学院(保定)	张栾英	继续教育学院(保定)院长
图书馆(保定)	尚建宇	图书馆(保定)直属党支部书记、图书馆(保定)馆长
校医院(保定)	李迎春	校医院(保定)院长
电力工程系	刘云鹏	电力工程系主任兼电气与电子工程学院副院长、电力工程系党委副书记
动力工程系	张　磊	动力工程系副主任(主持工作)
电子与通信工程系	戚银城	电子与通信工程系主任兼电气与电子工程学院副院长、电子与通信工程系党委副书记
机械工程系	(空缺)	
自动化系	王印松	自动化系主任兼控制与计算机工程学院副院长
计算机系	鲁　斌	计算机系主任兼控制与计算机工程学院副院长、计算机系党委副书记
环境科学与工程系	付　东	环境科学与工程系主任兼环境科学与工程学院副院长、环境科学与工程系党委副书记

续表

机　构　名　称	姓　名	职　务
经济管理系	李　伟	经济管理系主任兼经济与管理学院副院长、经济管理系党委副书记
英语系	高　霄	英语系主任兼外国语学院副院长
数理系	阎占元	数理系主任兼数理学院副院长、数理系党委副书记
法政系	梁　平	法政系主任兼人文与社会科学学院副院长、法政系党委副书记
马克思主义学院(保定)	王聚芹	马克思主义学院(保定)院长兼马克思主义学院副院长、马克思主义学院(保定)党总支副书记
体育教学部(保定)	云　欣	体育教学部(保定)直属党支部书记、体育教学部(保定)主任
科技学院	宋　玮	科技学院常务副院长、科技学院党委副书记

(注:以上数据统计截止时间为 2020 年 12 月 31 日,党委组织部　刘婧一　赵书彬　提供)

华北电力大学 2020 年直属各党委(党总支、党支部)负责人

(北　京　校　部)

序号	直属各党委(党总支、党支部)	姓名	职　务
1	电气与电子工程学院党委	卜春梅	电气与电子工程学院党委书记
2	能源动力与机械工程学院党委	肖万里	能源动力与机械工程学院党委书记
3	控制与计算机工程学院党委	孟大伟	控制与计算机工程学院党委书记
4	经济与管理学院党委	张瑞雅	经济与管理学院党委书记
5	新能源学院党委	王集令	新能源学院党委书记
6	核科学与工程学院党委	李　林	核科学与工程学院党委书记
7	环境科学与工程学院党委	王韶华	环境科学与工程学院党委书记
8	水利与水电工程学院党委	刘明军	水利与水电工程学院党委书记
9	数理学院党委	吴万凯	数理学院党委书记
10	人文与社会科学学院党委	苑英科	人文与社会科学学院党委书记
11	外国语学院党委	于喜海	外国语学院党委书记
12	国际教育学院党委	徐玲玲	国际教育学院党委书记
13	马克思主义学院党总支	孙　平	马克思主义学院党总支书记
14	继续教育学院党总支	吴素华	继续教育学院党总支书记
15	机关党委	张德安	党委政策研究室主任、机关党委书记(兼)
16	离退休党委	聂国欣	离退休党委书记
17	教学科研党总支	卢占会	研究生院常务副院长、学位办公室主任、教学科研党总支书记(兼)
18	后勤服务集团党总支	冯海群	后勤服务集团党总支书记
19	图书馆党总支	马小勇	图书馆党总支书记
20	体育教学部直属党支部	曹运华	体育教学部主任、体育教学部直属党支部书记
21	校医院直属党支部	杨万华	校医院直属党支部书记
22	苏州研究院直属党支部	柴大鹏	苏州研究院常务副院长、苏州研究院直属党支部书记

续表

（保 定 校 区）

序号	直属各党委（党总支、党支部）	姓名	职 务
1	电力工程系党委	屈朝霞	电力工程系党委书记
2	动力工程系党委	曲 涛	动力工程系党委书记
3	电子与通信工程系党委	张艳斌	电子与通信工程系党委书记
4	机械工程系党委	商 雷	机械工程系党委书记
5	自动化系党委	严 立	自动化系党委书记
6	计算机系党委	王迎新	计算机系党委书记
7	环境科学与工程系党委	谢 红	环境科学与工程系党委书记
8	经济管理系党委	祝志杰	经济管理系党委书记
9	数理系党委	江卫春	数理系党委书记
10	法政系党委	戴 民	法政系党委书记
11	科技学院党委	曹晓新	科技学院党委书记
12	机关（保定）党委	陈立伟	机关（保定）党委书记
13	离退休（保定）党委	赵宏宇	离退休（保定）党委书记、离退休工作处（保定）处长
14	英语系党总支	武彦军	英语系党总支书记
15	马克思主义学院（保定）党总支	李红霞	马克思主义学院（保定）党总支书记
16	国际教育学院（保定）党总支	徐 岩	国际教育学院（保定）党总支副书记、国际合作处（保定）副处长、国际教育学院（保定）副院长（主持工作）
17	后勤（保定）党总支	李 鹤	后勤（保定）党总支书记
18	体育教学部（保定）直属党支部	云 欣	体育教学部（保定）直属党支部书记、体育教学部（保定）主任
19	图书馆（保定）直属党支部	尚建宇	图书馆（保定）直属党支部书记、图书馆（保定）馆长
20	校医院（保定）直属党支部	刘持伟	校医院（保定）直属党支部书记

（注：以上数据统计截止时间为 2020 年 12 月 31 日，党委组织部 刘婧一 赵书彬 提供）

党群工作与行政管理

Influence of the Relations
Between the Party and the Masses on Administration

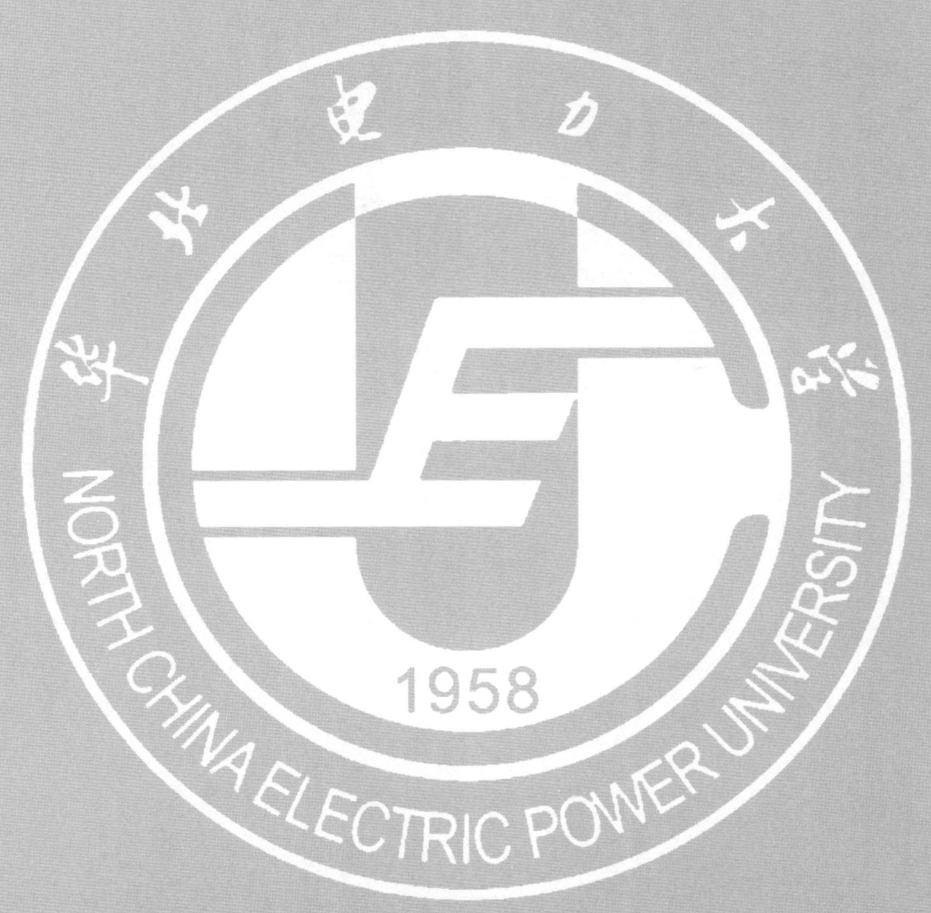

◯ 综　　述

2020年是极不平凡、刻骨铭心的一年。面对突如其来的新冠疫情大考和艰巨繁重的改革发展任务，华北电力大学全体师生员工勠力同心战疫情、迎难而上促发展，全面完成年度各项工作任务，"十三五"规划、"双一流"首期建设、助力打赢脱贫攻坚战成效显著。

一年来，学校坚持把师生生命安全和身体健康放在第一位，第一时间成立防控组织，认真落实落细各项防控措施，全面做好经费和物资保障，坚决确保校园一方净土。启动春季学期教学"云"模式，开设线上课程1110余门。推进研究生招生云复试和毕业生云答辩、云求职等相关工作深入开展，7532名各类毕业生如期顺利毕业，1900余名教职员工投入爱心"毕业寄"，千方百计为学生做好服务。在全体师生的共同努力和积极配合下，筑起了坚不可摧的钢铁长城，实现了师生零感染、校园无疫情的防控目标。

一年来，学校持续推动"四个策略"实施，深化"五个体系"建设，办学能力和水平实现新提升。"双一流"首期建设圆满收官，设立储能科学与工程本科专业和交叉学科博士点，成功获批全国首批储能技术产教融合平台，有序开展第五轮学科评估和学位点申报工作；5个项目入选教育部第二批新工科建设，17个专业入选一流本科专业建设"双万计划"，12门课程获首批国家级一流本科课程，新增3个本科专业，学生在各类国际、国家级竞赛中斩获佳绩；科研合同经费和到账经费持续提升，分别达8.18亿元和5.09亿元。首次获批国家自然科学基金重大项目，以第一完成单位身份获省部级科技成果奖13项；17名教师获评各级各类人才工程项目，新一轮创新人才支持与培育计划正式启动，师资队伍活力进一步彰显；强化政产学研深度融合，与中国华能联建海上风电与智慧能源系统联合实验室，与三峡集团共建智慧电站技术创新中心，与保定市共同举办"30・60"新时代能源电力创新发展大会，奏响绿色低碳发展主旋律；与白俄罗斯国立技术大学、俄罗斯新西伯利亚国立技术大学、英国爱丁堡大学等知名高校开展实质性合作，国际交流合作进一步走深走实；统筹推进各项评价制度改革，开展规章制度"废改立"工作，圆满完成校内机构改革，成立水利与水电工程学院、国家能源发展战略研究院和能源电力创新研究院，治理体系和治理能力建设进一步加强。

一年来，学校完成新一轮干部选拔任用，推进基层党组织换届，"双带头人"教师党支部书记实现100%全覆盖，2个支部入选全国高校"双带头人"教师党支部书记工作室建设名单，党建评价项目"先锋指数"获评优秀，能动学院顺利完成党建标杆院系验收；1个项目获评教育部高校思政精品项目，抗疫微党课列选教育部示范。着力打造思政"金课"，联合人民网推出的课程思政直播专题培训广受好评；构建完善以"三堂两书一馆"为载体的校园文化体系，立体化多层面文化育人作用进一步发挥；坚决落实教育扶贫各项部署，以需求为导向，充分发挥学科、人才、科技优势，汇聚校内外资源，构建全方位帮扶体系，全面助力河南确山县、河北阜平县打赢脱贫攻坚战，决胜全面小康路上留下华电人坚实的奋斗足迹。基础建设方面，北京校部16号学生宿舍楼项目按计划交付使用，能源电力科研综合楼项目顺利开工，保定校区完成19号学生宿舍室外工程的建设及校区教室空调安装二期工作，完成教育部改善办学基本条件有关专项项目及各项修缮工程项目。平安校园建设成效突出，校园秩序、安全形势稳中向好。图书、期刊、高教研究、档案、后勤、医疗等服务保障水平进一步发展和提升。

党政巡察工作

【概况】 自2020年4月起，党政办公室与党委巡察办公室合署办公。其中，北京校部党政办公室设主任1名，副主任3名，职员5名；保定校区党政办公室设主任1名，正处级组织员1名，副主任2名，副处级组织员1名，职员8名（含档案室3人）。党委巡察办公室设主任1名，副处级组织员1名。2020年，面对前所未有的挑战和非同寻常的工作任务，党政办公室 党委巡察办公室围绕学校中心工作，紧扣部门职能职责抓落实，紧盯国内外形势防风险，理论联系实际，密切联系师生，优化业务流程，提高管理效率，不断提升服务水平。认真落实落地校园疫情防控、提升综合服务、规范办文流程、加强督查督办、坚守保密红线、保障信访接待和扎实推进巡察等各项工作任务。

疫情防控工作。自1月28日起，办公室工作人员放弃休假，投入到疫情防控工作中。在疫情防控形势严峻的上半年，双休日每天安排1名处级干部和1名工作人员同时在岗值守。暑期期间，办公室全体人员延迟轮休1周、提前到岗 1 周，每天安排 1 名处级干部和 1 名工作人员在岗值守，确保校园安全稳定和紧急情况下的应急处置。及时传达落实上级和学校疫情防控领导小组工作要求，组织起草工作方案、返校方案、应急处置预案和自查自评报告等文件材料，组织召开疫情防控工作领导小组会议 15 次、工作部署推进会 30 余次、调度会 80 余次，编写会议纪要、防控日志工作报告等材料 200 余份，全力做好师生返校复学、放假离校等安全保障工作，做好校外人员入校审批工作。组织学校全要素演练，迎接教育部副部长孙尧、钟登华和市委常委、组织部部长魏小东等上级领导入校检查。每日汇总梳理师生员工健康情况动态数据，分析研判学校疫情防控形势，并向教育部、北京市教工委、河北省教育厅、北京市内保局、昌平区教委和保定市政府部门准确、及时、完整上报，做到全流程可追溯。

管理服务工作。全年完成迎接上级入校调研、视察、检查等各项任务累计 30 余次，包括国家电网公司原董事长毛伟明、中国华能集团董事长舒印彪、教育部全国学生资助管理中心主任陈希原、全国节约用水办公室主任许文海、怀柔区委书记戴彬彬、保定市委书记党晓龙等上级单位领导入校调研。完成党委常委会、校长办公会等校级会议任务 60 余次，协助相关部门举办会议活动 150 余次，包括参与策划落实开学典礼、毕业典礼、教代会、全面从严治党会议、警示教育大会、人才工作会议等各类校级会议。按照上级要求，做好季报、月报、周报和日报工作，确保校园重大突发情况和重要信息第一时间向学校领导和上级主管部门报告。强化信息调研，认真研究制订政策意见，形成新校园规划、独立学院转设、多校区运行等数篇专项调研文章。做好印信和法人证书管理工作，为各单位刻制各类印章 27 枚，归档作废、坏损公章 20 枚，规范用印登记台账，接待盖章、出具证明 9000 余份（其中北京校部 5000 余份，保定校区 4000 余份），加盖公章材料 10 万余份，提供借阅档案 1700 余卷次。统计整理校领导日程安排，形成日程表近 40 份。加强总值班室管理，出台《华北电力大学总值班管理办法（暂行）》，严格实行签到制度，及时提醒总值班人员按时值班。做好重要敏感节点值班值守和信息报送工作，保证学校总值班室、保卫处、网络与信息化工作处等重点岗位 24 小时值班，确保校园安全稳定和应急处置。负责按季度完成值班津贴统计工作，及时提交人事处，保证津贴按时发放。编辑排版学校公文及红头函件 560 份，共计 500 余万字，印刷文件材料 5000 余份。

文秘工作。联合网络与信息化工作处开发并启用公文网上流转系统，将公文流转由线下改为线上，使公文收发、流转、处理和归档等过程形成环节连续、步骤明确的整体，实现全程监督，及时送审、转办校内请示报告等 70 余件。规范发文办理和文件归档立卷工作，严格执行发文“三审两校”，保证公文一致性，全年收发文 2600 余件（其中北京校部 1800 余件，保定校区 800 余件）。制定《华北电力大学机要文件管理办法》，进一步规范机要文件的收发、流转、归档流程，全年处理涉密文件 1300 余件。不断提升文字工作水平，起草各类会议活动的领导讲话稿 130 余篇（其中北京校部 90 余篇，保定校区 40 余篇），做好会议纪要和记录整理。向教育部、北京市等上级部门报送专项报告材料近 20 份，起草贺信、邀请函等 30 余份。制定《华北电力大学新冠肺炎疫情防控工作方案》等重要文件 20 余份。负责学校疫情防控各类会议活动的领导讲话、通知通告、实施方案等起草和修订工作，全年共草拟文稿、编发信息 900 余份（其中北京校部 700 余份，保定校区 200 余份），共计 200 余万字（其中北京校部 160 余万字，保定校区 40 余万字）。

督查督办工作。根据 2020 年校领导工作务虚会精神，结合学校全面从严治党会议和教代会工作部署，认真梳理总结并提交常委会审议通过，形成《华北电力大学 2020 年工作要点》。将 41 项年度重点工作细化为 161 项具体工作，每月对各单位工作进展进行督查督办，并通过校领导碰头会通报任务完成情况，切实督促推动重要文件和学校决策贯彻落实到位。采取“挂账销号”方式，对全委会、党委常委会、校长办公会议定事项，以及领导重要批示件的落实情况逐项进行检查督办，严格落实限期办理和报告机制。进一步健全提案限期答复制和年度办结制等机制。组织召开党代会、教代会提案交办会，扎实做好办理全过程的协调、督办和汇总工作。

保密工作。全面修订《涉密人员管理规定》《保密工作责任考核与奖惩办法》等学校保密工作管理制度 20 余项。协调相关部门完善保密工作体系建设，安排相关人员保密专业培训并获取保密资格证书。全面梳理学校涉密岗位和涉密人员，规范涉密人员上岗、在岗、离岗、出入境、培训等管理，开展全校保密自查和专项检查，对职工和新生开展保密教育培训，12 人取得上级颁发的保密培训资质证书。完成学校涉密计算机国产化工作，并完善涉密信息设备保密管理。

信访、信息公开与信息报送工作。做好接访工作，全年共接待来信来访 33 件（其中北京校部 22 件，保定校区 11 件），其中已得到妥善处理 31 件，流转校长信箱来信 100 余封，保障学校与师生员工沟通渠道的畅通。做好信息公开工作，全年共发布信息 298 条，编制信息公开报告 1 份。做好信息报送工作，编印《每周信息》17 期，全年教育部共采用学校报送信息 10 条次，其中《教育要情》采用 2 条次，《教育要情》（决策咨询专刊）采用 3 篇次，《教育部简报》采用 1 篇次，《战线联播》采用 4 篇次，获“2020 年度教育信息工作先进单位”“保定市信息工作优胜单位”等荣誉。

校内巡察工作。学校于 4 月成立党委巡察办公室。加强巡察工作规范化建设，先后制定《中共华北电力大学委员会巡察工作规程》《中共华北电力大学委员会巡察组工作规则》等3项制度，重新编印《校内巡察工作手册》，修订完善工作模板37个，编制《2020年校内巡察工作观测点》，将“四个落实”的监督重点细化为25项具体监督内容、60余项观测要点和280余项察看要素，编制《巡视巡察工作动态》4期，编制《巡察组学习材料汇编》和《巡察参考文件汇编》2本，系统梳理文件105份。加强巡察队伍建设，组建8支巡察组，40余名干部经受巡察历练，开展巡察工作培训，邀请教育部一级巡视员牛燕冰等作3场专题辅导，纪委书记何华主持召开巡察报告撰写质量研讨分析会。高质量推进校内巡察，10月至12月以两地交叉方式完成对8个二级党组织的巡察工作。加强巡察工作理论研究，完成北京市重点研究课题项目《关于深化高校巡视巡察成果运用的研究》，制定《北京高校巡视巡察成果运用指南》。2020年，共召开巡察工作领导小组会议2次，向教育部党组、北京市教工委上报巡察工作材料8次，校内巡察总计开展个别谈话525人次，比2019年提高78.57%。6个巡察组做到教职工谈话全覆盖，听取汇报8次，列席会议9场，召开座谈会16场，深入调研21次，考察课堂42次，发放调查问卷473份，开展抽查核实5次，深入了解3次，提交问题74个，向被巡察党组织提出意见建议49条，向学校党委提出建议3条。收到整改落实方案8份、整改落实举措377条，收到职能部门协同整改落实方案18份、整改落实举措113条。

（刘　岩　葛　红　谢　莲）

【加强印信管理信息化建设】 2020年，根据疫情期间避免人员流动聚集的要求，主动将服务师生的印信管理和法人证书管理等各项工作通过网上流程审批，进一步规范和优化工作流程，原本需要2～3个部门线下审批的手续，已做到在线申请、及时审批，让数据多跑路，让师生少跑腿，提高管理服务水平和师生满意度，有力推动治理能力和治理水平的提升。

（刘　岩）

【优化公文流转和督查督办流程】 2020年，学校公文流转由传统人工转文方式改为网上转文，将上级要求和学校领导的批示及时传达到相关部门。公文流转和督查督办实现无缝衔接，相关部门将办理结果上传电子公文系统，完成信息反馈、结果审核和文件归档等后续操作，实现全过程跟踪监督和办理结果的审核备案，做到公文流转的闭环管理，推动学校重点工作和领导重要批示的落地落实。

（刘　岩）

【“30·60”新时代能源电力创新发展大会】 2020年，校地共同成立工作组19个，召开调度会、见面会30余次，大会工作方案迭代20余稿，扎实推进会议筹备工作。以大会为契机与保定市政府签订《新时代全面战略合作协议》，保定市颁布支持“华北电力大学服务包”，校地双方建立常态化交流机制，深入推进校地合作发展。

（彭建章　牛泽钊）

【保定校区“十四五”发展专题规划编制工作】 2020年，按照学校工作安排，牵头编制保定校区“十四五”发展专题规划，成立工作专班，多次组织召开规划编制工作交流会，组织开展访谈调研，反复征求各方意见建议，共计收集意见建议300余条，累计修改完善30余稿。

（彭建章　张蓓蓓）

【协助做好科技学院转设工作】 2020年，学校召开多次专题会议进行研判，加强校地对接，先后与10余家有合作意愿的单位及地方政府领导沟通洽谈，参与撰写20余份汇报材料，挖掘信息服务决策，及时向教育部发展规划司、河北省教育厅汇报咨询，协调解决转设过程中的问题，完成科技学院转设工作。

（彭建章　牛泽钊）

【成立党委巡察办公室】 2020年4月，学校党委成立党委巡察办公室，进一步理顺工作体制机制，从机构编制、干部任用、职能责任、工作制度等方面给予加强和明确，为在新起点上高质量推动校内巡察工作常态化长效化奠定基础。建立巡察与纪检、监察、组织、审计等监督部门的协作机制，与宣传、统战、教工、人事、学工、教学、科研、学科、财务等业务部门的联动机制，形成部门协同、上下联动的巡察工作格局，推动共性问题与个性问题同步解决。

（葛　红）

【开展校内巡察】 2020年11月5日至11日，学校纪委书记何华、纪委副书记郭孝锋率队以两地交叉方式入驻北京校部经济与管理学院党委、数理学院党委、人文与社会科学学院党委、国际教育学院党委、保定校区电子与通信工程系党委、机械工程系党委、环境科学与工程系党委、马克思主义学院（保定）党总支等8个二级党组织开展现场巡察，并于12月21日至24日完成巡察反馈。本轮巡察坚持“严”字当头，“细”字为基，“深”字着手，“实”字托底，做到精准发现问题、精准分析问题、精准反馈问题。学校党委常委会专门研究推动巡察整改，按照“四个融入”要求，自觉扛起主体责任，有效推动被巡察党组织管党治党政治责任的落实落细。

（葛　红）

组 织 工 作

【概况】 截至2020年年底，华北电力大学共有27个直属党委、9个直属党总支、6个直属党支部、528个基层党支部，其中学生党支部302个、在职教职工党支部208个、离退休职工党支部18个。共有中共党员8524名，其中在职教职工党员2306名、离退休教职工党员556名、本科生党员2025名、研究生党员3313名，其他毕业后组织关系留校党员等324名。共发展中共党员1739名。华北电力大学共有处级干部337人，其中正处级干部121人，副处级干部216人。

2020年，党委组织部、党校积极落实中组部、教育部、北京市委、河北省委以及学校2020年全面从严治党工作会议精神，对标对表，逐条对应，完成上级部门和学校各项既定任务。

应对"疫情"大考。面对疫情危机和大考，党委组织部进一步提高政治站位，主动担当作为，严格落实学校防控要求，切实增强大局意识，聚焦中心工作，坚持疫情防控和事业发展两手抓、两促进。发布《致全校共产党员的一封信》《关于进一步贯彻落实充分发挥基层党组织战斗堡垒作用和共产党员先锋模范作用 坚决打赢疫情防控攻坚战要求的通知》，要求一线教师党员践行四个"坚守"、机关教辅单位教职工党员着力四个"提高"、学生党员做到四个"带头"，以实际行动积极投身疫情防控各项工作。组织拍摄的《在大战中砥砺初心 在大考中践行使命》微党课，入选教育部高校党组织战"疫"示范微党课，在新华网、光明网、央视频等媒体播出，观看量累计超过3000万人次。部门党员参加毕业季行李打包工作，以实际行动书写"疫情"大考答卷。

处级干部换届。落实新时代好干部标准，突出选人用人政治标准，坚持因事选人、因岗择人，深入校内42个直属党组织，通过谈心谈话、专题调研、工作考核、民主生活会等方式，全方位多角度了解考察对象，努力把想干事、能干事、干成事的干部选任到干部岗位上来。历时近9个月，干部基本配备到位，调整后干部队伍年龄得到优化、类别更加均衡、队伍更有活力。

党建工作。基层党组织换届后"双带头人"教师党支部书记100%覆盖，进一步推动党支部规范化建设。刘念工作室和韩东升工作室入选第二批教育部高校"双带头人"教师党支部书记工作室。能源动力与机械工程学院党委全国"党建工作标杆院系"对标建设通过北京市验收，四方研究所党支部和国际教育学院学生党支部通过第二批全国"党建工作样板支部"中期检查，法政系党委通过河北省首批"党建工作标杆院系"培育创建单位中期检查。校内"420创优工程"稳步推进，第二批校内"双带头人"党支部工作室遴选工作已完成。研究制定《"七面二十点"党支部工作评价办法》《教研室（研究所）室（所）务会制度》等，进一步推动党支部标准化建设。严把党员发展入口关，开展发展党员联查联审工作，两个月内完成对1739名发展对象材料及程序全覆盖督查，完成疫情防控常态下党员发展工作。

党员干部培训。邀请校领导为新任处级干部讲授任职"第一课"，引导领导干部扣好履新"第一粒扣子"；将线上学习与线下"忠诚读书月"等活动结合，实现中层干部集中学习全覆盖；启动青年干部读书班，持续加强青年干部培养力度；健全组织员队伍，通过赴正定实地学习，加强党性教育，锤炼党性修养；有计划地选派干部参加挂职任职、对口支援等，引导20余名干部在实践中锻炼成长。干部队伍经过思想淬炼、政治历练、专业训练和实践锻炼，会干能干的氛围进一步浓厚，实干肯干的风气进一步形成，展现出新气象、新作为。创新党员教育方式和载体，集中组织开展党支部书记、入党积极分子、发展对象培训班等，实现基层党组织书记、入党积极分子和党员发展对象年度学习培训全覆盖，全年共培训7000余人次。

评选表彰。全校共评选表彰优秀基层党组织49个、优秀共产党员100人、优秀党务工作者48人。

（刘婧一　赵书彬　胡　蝶　成一平）

【落实"先锋指数"信息化再造】 2020年，推动实现"先锋指数"党建质量测评的业务流程与评价指标信息化再造，开发完成校院两级"双循环"线上测评系统，集中在全校42个院系级党组织开展党建质量测评分析，院系级党组织可根据预警提醒进行自我诊断修正。课题报告《高校院系级党组织党建工作质量评价体系——"先锋指数"研究》作为北京市五所高校代表成果之一，入选北京市党建研究会2020年度自选课题优秀评选。

（成一平）

【推进党建"双创"工作落实落细】 2020年，"420创优工程"稳步推进，对各培育创建单位建设情况完成中期评估检查；召开党建"双创"工作推进会、专家辅导报告会、"党建工作样板支部"专家指导交流会，成立党建"双创"工作专家指导组；"走出去"——赴北京大学、北京航空航天大学、武汉大学和华中科技大学等校学习交流，"请进来"——邀请教育部、北京市、河北省等党建专家来校指导交流等多种方式，引导院系级党组织不断健全党建"双创"工作体制和机制；开展"一院系一品牌""一支部一特色"基层党建品牌创建工作，积极打造特色党建品牌项目。

（胡　蝶　成一平）

【完成党建重点难点项目结题评审】 2020年，学校继续贯彻落实《高校党建工作重点任务清单》有关要求，持续深入推进基层党建重点难点项目支持计划，不断修订完善项目实施方案，定期听取各单位实施进展和工作计划，至年底，完成对全部项目（3个A类项目和6个B类项目）的评审验收，初步形成制度文件7项。

（高　洁　成一平）

【选派优秀年轻干部助力脱贫攻坚】 2020年，学校选派任威宇、靖仕寅两名优秀年轻干部赴河南省确山县挂职锻炼，选派崔振国、徐大圣为驻村第一书记，宋雨、龚信华、崔帅、田东恩、王雪为队员的扶贫工作队入驻阜平县龙王庙村、凹里村开展精准扶贫驻村工作，助力确山县和阜平县龙王庙村、凹里村实现脱贫摘帽，推动乡村振兴战略有效实施，在决胜全面建成小康社会、决战脱贫攻坚中贡献华电的智慧和力量。6月，崔振国、徐大圣被评为2019年度河北省扶贫脱贫“优秀驻村第一书记”。

（刘婧一　赵书彬）

【走访慰问生活困难党员、老党员、老干部】 2020年1月、7月，根据上级有关要求，党委书记周坚，校长、党委副书记杨勇平等校领导于春节前夕和“七一”建党节期间走访、慰问生活困难党员、老党员和老干部，将党的关怀和温暖进一步送至党员心中，并向生活困难党员分批发放帮扶专项资金。

（秦芳芳　成一平）

【组织党员支持新冠肺炎疫情防控工作】 2020年2月，根据上级有关通知精神，在坚持自觉自愿、量力而行的原则下，党委组织部组织、指导、服务5972名党员自愿捐款支持新冠肺炎疫情防控工作，自愿捐款金额达469985.14元。

（高　洁　秦芳芳）

【党务工作获评北京市奖励】 2020年3月至6月，按照北京市教育工委要求，学校积极开展北京高校先进基层党组织、优秀共产党员和优秀党务工作者推荐、评选、上报工作。控制与计算机工程学院党委、核科学与工程学院核辐射防护与环境工程教研室党支部获评“北京高校先进基层党组织”，电气与电子工程学院刘念、党委学生工作部沈岚、电气与电子工程学院余培获评“北京高校优秀共产党员”，人事处刘威获评“北京高校优秀党务工作者”。

（高　洁）

【开展处级领导班子及处级干部考核工作】 2020年3月，采用网络测评、本单位内述职、学校层面述职评议、安全稳定工作和党风廉政建设考核评价等方式对学校89个处级领导班子、297名处级干部进行考核。25个处级领导班子考核结果为“优秀”，2个处级领导班子考核结果为“一般”，其余处级领导班子考核结果为“良好”；73名处级干部考核结果为“优秀”，其余处级干部考核结果为“称职”。

（张艳斌　刘婧一　赵书彬）

【开展中层干部轮岗换届及选拔任用工作】 2020年3月至9月，学校启动干部轮岗换届及选拔任用工作，按照轮岗、提任，先正职、再副职的顺序，深入校内42个直属党组织开展两校区轮岗换届工作和处级干部选任工作。2020年度，学校平级调整干部118人，其中正处级干部58人，副处级干部60人。提任处级干部97名，其中正处级干部30人，副处级干部67人。经过换届调整，中层干部队伍进一步充实，部分空置岗位得到有效补充，新设单位班子得以有效配置；处级干部平均年龄下降近3岁，干部队伍梯队建设不断完善；处级干部硕本以上学历占比达92.3%，知识能力水平不断提高；干部退出机制和交流轮岗机制进一步完善，进一步加大校部和校区之间、部门和院系之间的干部交流力度，干部队伍活力得到有效激发。

（刘婧一　赵书彬）

【选拔培育“双带头人”教师党支部书记】 2020年4月，保定校区召开河北省“双带头人”教师党支部书记工作室创建调度暨“双带头人”教师支部书记工作座谈会，校党委副书记郭孝锋出席会议并讲话。2020年11月，北京校部开展校内“双带头人”党支部书记工作室遴选工作，以两年为周期进行培育建设，共计14个工作室入选。

（秦芳芳　成一平）

【组织党组织书记参加培训】 2020年4月至5月，党委组织部组织20名院系级党组织书记参加河北省高校院系级党组织书记网络培训示范班；11月，选派教师党支部书记皮伟参加教育部思想政治工作司举办的全国高校教师党支部书记“双带头人”高级研修班；12月，选派戴志辉、陈智雄2位党支部书记参加河北省教育工委举办的高校教师党支部书记培训班。

（秦芳芳　成一平　胡　蝶）

【举办入党积极分子培训班】 2020年5月至6月，9月至11月，党校与直属各党委（党总支、党支部）共同举办2020年入党积极分子培训班，采用课堂讲授、音像教学、实践活动、在线学习、研读原著、分组讨论等形式，进一步加强入党积极分子教育培养工作，提高入党积极分子的思想觉悟和理论素养，保证新发展党员质量。2020年共培训入党积极分子4034名。

（刘婧一　赵书彬　王梽有）

【开展领导干部个人有关事项报告专项整治工作】 2020年6月，根据中共中央组织部和教育部关于领导干部个人有关事项报告专项整治工作的要求，学校启动领导干部个人有关事项报告专项整治工作。学校以专项整治工作为契机，检视和整改2019年以来领导干部个人有关事项报告工作中存在的问题，包括随机抽查、重点查核、查核验证、巡视巡查等检查中发现的问题，将专项整治工作和2020年的领导干部个人有关事项填报工作相结合，聚焦党委贯彻执行两项法规情况，领导干部填报个人有关事项情况,执行政策规定情况,领导干部违反个人有关事项报告规定处理情况和党委组织部对填报工作的组织指导、执行、监督检查情况五个方面,集中开展检视整治。经过动员部署、查找问题、认定处理、备审迎验和完善总结五个阶段,历时6个月,完成领导干部个人有关事项报告专项整治工作。

(张江昆　刘婧一)

【开展基层党组织常态化疫情防控行动】 2020年6月,按照教育部思政司有关工作要求,党委组织部认真组织开展"举办一堂专题微党课、组织一次主题党日活动、打造一个教育素材库、构筑一道'红色防火墙'"基层党组织常态化疫情防控"四个一"行动,精选抗疫行动工作优秀素材形成"战疫故事汇"。

(高　洁　秦芳芳)

【召开新任职正处级干部任职集体谈话会】 2020年7月,学校召开新任职正处级干部集体谈话会,引导新任职干部用真抓实干迎接新岗位新挑战,以奋发有为做出新担当新作为。会议以视频形式在北京校部、保定校区举行,校党委书记周坚出席会议并讲话,党委组织部负责人、86位新任职正处级干部参加会议。会议由副校长郝英杰主持。

(刘婧一　赵书彬)

【开展党建类课题特色项目研究工作】2020年7月至12月,保定校区对高校基层党建与思想政治教育研究课题、基层党组织特色项目、长期资助项目进行立项、中期检查及结题验收工作。经现场答辩和专家评审组严格把关,6项党建课题和5项特色项目结题,3项课题和2项特色项目被终止。3项党建课题、9项特色项目和2项长期资助项目予以立项。

(胡　蝶)

【列选教育部战"疫"示范微党课】 2020年8月,组织拍摄《在大战中砥砺初心 在大考中践行使命》战"疫"示范微党课,充分发掘疫情防控期间的华电故事和华电贡献,微党课列选教育部高校党组织战"疫"示范微党课,并在新华网、光明网、央视频等媒体播出,观看量累计超过3000万人次。

(刘婧一)

【实施对标争先工作计划】 2020年8月至9月,四方研究所党支部和国际教育学院学生党支部严格对标"七个有力"要求,扎实开展培育建设工作,完成教育部第二批党建工作"样板支部"中期检查;10月至12月,根据教育部总体部署,经对标自查总结、北京市教工委把关复核、教育部审查公示,能源动力与机械工程学院党委通过教育部首批党建工作"标杆院系"建设验收。法政系党委聚焦"五个到位"标准,不断巩固深化培育创建成果,通过河北省首批党建工作"标杆院系"培育创建单位中期检查。

(成一平　胡　蝶)

【完成基层党组织集中换届】 2020年9月至12月,根据《中国共产党章程》《中国共产党基层组织选举工作条例》等有关规定和学校党委统一部署,学校集中开展基层党组织换届选举工作。学校39个直属党组织和全体届满的党支部完成换届选举工作。换届后院(系)党组织班子基本配齐,年龄结构进一步优化,成员类别更加均衡,班子队伍活力进一步迸发;教师党支部实现教学科研一线"双带头人"教师党支部书记100%覆盖;学生党支部设置整体得到优化,并初步探索依托学科组、创新团队、科研平台等形式设置研究生党支部。

(成一平　胡　蝶)

【举办第二期青年干部读书班】 2020年9月、12月,党委组织部举办第二期青年干部读书班,通过理论培训、自主学习、集体学习研讨、实践教学、调查研究、总结汇报等形式开展学习,近60名青年干部参加。

(张江昆　赵书彬)

【开展处级领导干部"忠诚读书月"活动】 2020年10月,党委组织部在北京校部处级干部中开展"忠诚读书月"活动,围绕"提高解决实际问题能力,想干事能干事干成事",采用个人阅读、集体研读与专家领读相结合的方式,切实加强处级领导干部理论学习。北京校部188名处级干部参与读书学习活动。

(王楗有)

【召开新任副处级干部任职集体谈话会】 2020年10月,学校召开新任副处级干部任职集体谈话会,推动新任副处级干部进一步提高政治站位、端正思想认识,进一步完整、全面、准确地认识岗位职责,早日完成角色转变,以良好状态投入工作。会议以视频形式在北京校部和保定校区同步举行,校党委书记周坚出席会议并讲话,党委组织部负责人、66名新任副处级干部参加会议。会议由校党委副书记汪庆华主持。

(张江昆　赵书彬)

【举办发展党员对象培训班】 2020年10月,党校举办2020年党员发展对象培训班,通过研读原著、专题报告、影视教学、主题演讲、分组讨论等方式,帮助党员发展对象进一步端正入党动机,坚定理想信念,增强党性修养,强化理论武装。根据疫情防控要求,培训探索采用主会场+分会场视频同步直播的形式开展培训。2020年共培训教师、学生发展对象1878名。

(赵书彬　王楗有)

【举办处级领导干部网络培训】 2020年10月至11月,党校依托中国教育干部网络学院"高等教育管理干部培训平台",以学习视频课程、参与交流互动、撰写学习心得等方式,组织学校336名处级领导干部参加专题网络培训,全面提升处级领导干部的工作能力和综合素质。

(刘婧一　赵书彬　王楗有)

【2 支部入选教育部高校“双带头人”教师党支部书记工作室】 2020 年 10 月至 11 月，按照教育部办公厅工作安排，学校积极组织申报第二批全国高校“双带头人”教师党支部书记工作室。经省级党委教育工作部门把关推荐、专家评审和教育部集中审议、结果公示，最终电气与电子工程学院输配电系统研究所党支部刘念工作室和电子与通信工程系通信教研室党支部韩东升工作室入选。

（成一平　胡　蝶）

【开展基层党建重点工作督查】 2020 年 10 月至 11 月，保定校区开展基层党建重点工作督查。由党委组织部（保定）全体人员和各组织员组成 8 个观摩督查小组，深入 20 个直属党组织，以参与会议、查阅材料、交流问询等方式，观摩院系级党组织会议、院系级党政联席会议、党支部主题党日活动开展情况；并对院系党组织会议、党政联席会议工作手册记录情况，支部落实“三会一课”、“党员活动日”、组织生活会、民主评议党员等党的组织生活制度情况，发展党员工作、党费的收缴使用和党员教育管理等情况进行督查。

（赵吉鹏　秦芳芳　胡　蝶）

【组织青年干部开展党性教育】 2020 年 11 月，党委组织部、党校举办 2020 年青年干部党性教育培训班，组织 34 名青年干部赴正定县塔元庄村开展学习，通过专题报告、实践教学、影视教学等方式切实提高青年干部的履职尽责能力和调查研究能力，进一步鼓励青年干部在克难攻坚中勇挑重担，在矢志奋斗中走好青年干部成长之路。

（张江昆）

【开展党支部书记述职评议考核】 2020 年 11 月至 12 月，学校直属各党组织开展党支部书记基层党建述职评议考核工作，围绕党支部加强党的政治建设、落实组织生活各项制度、发挥党支部战斗堡垒作用、开展党支部规范化建设以及创新方式方法、凝练特色工作等方面进行考核，并根据党支部书记述职评议、满意度测评及《党支部手册》检查情况综合确定考核等次。

（成一平　胡　蝶）

【建立院（系）基层党组织党建联络员机制】 2020 年 12 月，为全面贯彻落实推动构建教育部直属高校党建工作联络机制的要求，学校党委聘任 16 名党务经验丰富的退休干部担任学校院（系）基层党组织党建联络员，全面加强与院（系）级党组织党建工作的沟通联系，推进全面从严治党向基层延伸。

（张江昆　胡　蝶）

【举办教工党支部书记培训班】 2020 年 12 月，党校举办 2020 年教工党支部书记培训班，全面提升教工党支部书记基层党建和思想政治工作水平，推进全面从严治党向基层党组织延伸。培训聚焦党的十九届五中全会精神、中国共产党的奋斗历程和党支部书记工作实务等主题，采用专题讲座、辅导报告、务实培训、分组讨论、分享交流、撰写心得等形式开展，学校 230 余名教工党支部书记参加培训。

（赵书彬　王梽有）

统　战　工　作

【概况】 截至 2020 年年底，华北电力大学共有民主党派成员 133 名，其中民革党员 5 人，民盟盟员 50 人，民建会员 12 人，民进会员 21 人，农工党党员 4 人，致公党党员 2 人，九三学社社员 38 人，台盟盟员 1 人。民主党派基层组织共有 6 个，分别是中国民主同盟华北电力大学支部（北京）、中国民主同盟华北电力大学支部（保定）、中国民主建国会华北电力大学支部（保定）、中国民主促进会华北电力大学支部（保定）、农工党华北电力大学支部（保定）、九三学社华北电力大学支社（保定）。党外知识分子联谊会共有理事 66 人，两地各分为学习教育组、建言献策组、活动服务组。侨联共有 12 人。

2020 年，学校统战工作坚持以习近平新时代中国特色社会主义思想为指导，深入学习贯彻习近平关于加强和改进统一战线工作的重要思想，在学校党委领导下，统一战线各项工作稳步推进。

思想政治工作。学校通过学习、座谈、参观等多种形式加强统一战线学习习近平新时代中国特色社会主义思想，增强“四个意识”，坚定“四个自信”，做到“两个维护”，进一步巩固党外人士共同的思想政治基础，努力画出最大同心圆。

体制机制建设。2020 年，学校出台《中共华北电力大学委员会关于加强新时代统一战线工作的实施意见》及联系交友、通报情况、征求意见等相关配套制度。成立学校统一战线工作领导小组，加强部门协同，形成工作合力，建设大统战工作格局；健全信息通报机制，建立信息会商、快速反应的联动机制；完善“大统战”工作格局。

组织建设。2020 年，积极支持民主党派基层组织加强思想建设、组织建设、制度建设，支持民主党派开展丰富多样的教育实践活动，增强民主党派基层组织的凝聚力。承办民盟北京市委“民盟先贤人物肖像展”。九三学社华北电力大学支社（保定）完成新一轮换届，王璋奇当选支部主委。农工党华北电力大学支部成立，王洪涛当选支部主任。

统战交流平台。2020 年，学校成立党外知识分子联谊会，并启动知联会各项工作，填补学校无党派人士工作平台空白。

防疫抗疫。及时落实抗疫部署，引导广大党外知识分子参与校内外抗疫工作。民盟盟员姚建平作为社会救助领域专家为疫情期间社会救助建言献策，并被多家媒体采访。台盟冼海珍报送疫情防控建言献策5篇，并获“台湾民主自治同盟抗击新冠肺炎疫情先进个人”称号。沈剑飞抗疫事迹得到民建北京市委网站专题报道。民盟华北电力大学支部（保定）积极组织盟员为抗击疫情一线医护人员捐款，并为学校毕业生打包行李600余件。众多统一战线成员积极承担学校疫情防控工作、投身防控一线，踊跃参加社区志愿服务、服务社区疫情防控。自新冠肺炎疫情发生以来，学校统一战线成员积极作为，充分发挥人才优势和专业特长，通过参与防控一线、建言献策、社区服务、坚守岗位、捐资捐物等多种方式，以实际行动为坚决打赢疫情防控阻击战贡献力量。

统战研究。统战部先后走访11个校内基层党委，并与民主党派基层组织负责人、党外处级干部、党外人大代表和政协委员等党外代表人士座谈、谈话谈心，深入了解工作、尤其基层党委统战工作难题与困境，加强指导。加强对外联络，赴中央财经大学调研，邀请北京航空航天大学、中央财经大学统战部到我校交流工作，进行高校间经验交流。完成2项宗教工作和2项建言献策课题结题，完成3项统战工作和3项建言献策课题申报工作。

统战工作成果。姚建平关于社会救助的两条立法建议获全国人大领导重要批示，一条建言献策被中央统战部《零讯》采用、并受到中央领导批示，且研究成果被多家主流媒体采访宣传；冼海珍“关于疫情防控期间做好高校教学工作的一些建议”被北京市政协采用，并报送全国政协信息局；李继清“关于加快污水处理设施建设推进我区农村污水处理工作的建议”被评为昌平区政协2020年度优秀提案；李继清获“昌平区政协2020年度提案工作先进个人”称号。民主党派基层建设成效显著：民盟支部荣获民盟中央“盟务工作先进基层组织”；姚建平被民盟中央授予“民盟反映社情民意信息工作先进个人”称号。台盟北京市委《新时代·奋进者》先进典型宣传微视频第一集为《冼海珍：不忘初心 砥砺前行》。康辉被评为“民进河北省社会服务工作先进个人”；侯思祖被评为“民进河北省先进个人”；民进华北电力大学支部被评为“民进河北省先进基层组织”；王慧菁撰写的《微时代对统战工作影响及策略研究》获河北省统战理论政策研究创新成果三等奖。2020年，北京校部民盟支部新发展1名新盟员，九三学社支社发展2名新社员。

（路雨欣　秦芳芳　胡　蝶）

【组织统一战线成员参加各类培训】 2020年党委统战部组织统一战线成员参加考察学习、同心讲堂系列讲座及校内外各类培训，共计3000余人次。4月18日至5月28日，组织4名统一战线成员参加北京市委统战部和北京社院联合举办的学习贯彻落实习近平新时代中国特色社会主义思想暨第十三期无党派人士培训班。12月1日至12月31日，组织10名统一战线成员参加北京市委教工委举办的“北京高校党外代表人士（民主党派基层骨干）网络专题培训班”。

（路雨欣　秦芳芳）

【民盟北京市委领导到校调研】 2020年5月9日，民盟北京市委秘书长严为、组织部副部长帅远霞到校调研民盟基层组织建设情况并同盟员举行座谈。座谈会前，学校党委常委、副校长郝英杰，党委常委张天兴，统战部门负责人等会见严为一行。

（路雨欣）

【召开统战委员工作会议】 2020年6月9日，学校召开统战委员工作会议，会议以视频形式在北京校部、保定校区同时召开，组织直属各党委（党总支、党支部）统战委员重温习近平总书记在中央统战工作会议上的重要讲话精神，并进行座谈交流。校党委书记周坚作题为“加强新时代统战工作 助力高水平研究型大学建设”的讲话。校党委副书记郭孝锋主持会议。

（路雨欣　秦芳芳　胡　蝶）

【召开民主党派基层组织负责人学习教代会精神暨工作交流会】 2020年6月24日，学校召开民主党派基层组织负责人学习教代会精神暨工作交流会，会议以视频形式在北京校部、保定校区同时召开，深入学习中共中央关于加强民主党派建设有关文件和学校教代会精神，各民主党派负责人就党派工作进行研讨交流。校党委副书记郭孝锋参加会议并讲话。

（路雨欣　秦芳芳　胡　蝶）

【姚建平教授立法建议获全国人大领导重要批示】 2020年7月，人文与社会科学学院教授、民盟支部副主委、中国社会保障学会理事姚建平向全国人大社会建设委员会提交的“救助对象家庭经济状况调查的立法建议”和“社会救助标准的立法建议”获全国人大常委会社会建设委员会领导的重要批示，并被分别刊登在第十三届全国人大社会建设委员会《简报》第166、167期，将被报送中央相关部门参阅。

（路雨欣）

【保定市委统战部领导到校调研】 2020年7月，保定市委统战部副部长庄荐钧、党派处处长王戎等一行到校调研民主党派工作情况。

（秦芳芳）

【组织开展同心讲堂】 2020年，学校组织开展“同心讲堂”系列活动，先后邀请北京大学国际关系学院副教授雷少华等专家学者、行业领军人物和社会贤达，开展专家讲堂、创新论坛、主题沙龙、精英对话等3次讲座，为服务学校、社会科学发展汇聚智慧力量，为党外人士学习教育活动提供交流载体。

（路雨欣）

【成立党外知识分子联谊会】 2020年10月20日，学校召开党外知识分子联谊会成立大会，大会审议通过《华北电力大学党外知识分子联谊会章程》《华北电力大学党外知识分子联谊会选举办法》，选举产第一届理事会会长、常务副会长、副会长、秘书长、副秘书长。崔翔当选党外知识分子联谊会第一届理事会会长。校党委书记周坚、北京市委统战部副部长祁金利、北京市委统战部党外知识分子工作处处长张猛、北京市委教育工委统群处处长卢向红、北京市昌平区委统战部常务副部长鹿伟强出席会议。党外知识分子联谊会全体理事、直属党委（党总支、党支部）书记、民主党派基层组织和相关职能部门负责人参加会议。会议由校党委副书记郭孝锋主持。

（路雨欣　胡　蝶）

【举行民盟先贤肖像巡回展】 2020年11月10日至11月17日，“民盟先贤肖像巡回展”走进华北电力大学活动在学校举行，共计展出32幅民盟先贤水墨肖像作品。校党委副书记郭孝锋，民盟市委专职副主委张振军，民盟北京市委副秘书长高嵩，民盟北京市委常委、昌平区工委主委刘淑华，民盟北京市委书画家联谊会副会长、民盟先贤肖像作品主创人刘红选，校党委统战部常务副部长陈志等出席启动大会。

（路雨欣）

【参加保定市统战部长政策理论培训班】 2020年10月，党委统战部（保定）部长李瑾参加保定市统战部长政策理论培训班，通过专题报告和专家讲解，深入学习习近平总书记加强和改进新时代统一战线工作重要思想和统一战线工作方法。

（胡　蝶）

【九三学社华北电力大学支社（保定）换届】 2020年11月，九三学社华北电力大学支社换届。王璋奇任当选主委，丁海民、余洋当选副主委。保定市九三学社驻会副主委闫增爱、秘书长王烨、学校党委统战部（保定）部长李谨参加会议。

（胡　蝶）

【统战课题工作】 2020年11月，保定校区开展2020年统战研究课题立项工作，经网络初审、现场答辩和专家评审组研讨，同意1项统战研究课题立项。12月9日，北京校部召开2021年统战研究课题开题会，通过统战基金立项方式，支持人大代表、政协委员、党派成员等承担调研课题，6个统战课题开题。12月17日，北京校部对2020年统战研究课题进行结题验收，4个统战研究课题结题。

（路雨欣　胡　蝶）

【开展统一战线参观学习活动】 2020年12月1日，为深入学习党的十九届五中全会精神，贯彻落实习近平总书记关于深入学习“四史”的要求，纪念抗美援朝出国作战70周年，党委统战部举办以“学四史共历风雨，温初心同向同行”为主题的学习教育活动，组织统一战线成员赴中国人民革命军事博物馆、中国政协文史馆参观学习，北京校部民主党派、知联会、侨联等统战团体成员代表以及统战部全体人员参加活动。

（路雨欣）

【冼海珍获台盟中央抗击新冠肺炎疫情先进个人荣誉称号】 2020年12月3日，台湾民主自治同盟抗击新冠肺炎疫情表彰大会在北京召开。全国政协副主席、台盟中央主席苏辉出席大会并讲话。本次大会评选表彰台湾民主自治同盟抗击新冠肺炎疫情先进集体15个、先进个人120人。华北电力大学台盟盟员冼海珍获“台湾民主自治同盟抗击新冠肺炎疫情先进个人”荣誉称号。

（路雨欣）

【成立农工党华北电力大学支部（保定）】 2020年12月，农工党华北电力大学支部（保定）正式成立，选举产生王洪涛任农工党华北电力大学支部主任。市委副秘书长杨森、学校党委组织部（保定）部长参加会议。

（胡　蝶）

【召开党外人士学习贯彻党的十九届五中全会精神座谈会】 2020年12月15日，华北电力大学在同心苑召开党外人士学习贯彻党的十九届五中全会精神座谈会。党委统战部常务副部长陈志作宣讲报告，学校各民主党派、知识分子联谊会、侨联等统战团体成员代表以及党委统战部全体成员参加学习和座谈。

（路雨欣）

【党委统战部网站、同心e家微信企业号上线】 2020年12月24日，党委统战部网站、同心e家微信企业号上线，拓宽网络宣传阵地与渠道。

（路雨欣）

【开展统战工作专题辅导报告】 2020年12月1日，党委统战部（保定）面向基层统战工作人员开展专题辅导报告会，河北省委统战部副部长赵明远作了《深入学习贯彻习近平总书记重要论述和指示批示精神 扎实做好高校宗教工作》专题报告。引导基层统战工作人员深入学习贯彻习近平总书记关于宗教工作的重要论述，切实增强做好宗教工作的政治责任感和使命感。

（胡　蝶）

宣 传 工 作

【概况】 2020年，华北电力大学宣传工作坚持以习近平新时代中国特色社会主义思想为指导，不断增强“四个意识”，坚定“四个自信”，做到“两个维护”，勇于担当举旗帜、聚民心、育新人、兴文化、展形象的使命任务，为特色鲜明高水平研究型大学建设，积极提供思想保证、舆论支持、精神动力和文化支撑。

理论学习。通过制定发布工作方案、扎实开展理论宣讲、统筹推进主题活动、营造浓厚舆论氛围，掀起全校学习宣传贯彻党的十九届五中全会精神热潮；校党委理论学习中心组及时跟进学习习近平总书记重要讲话和指示批示精神，全年开展11次集中学习；创新形式与二级党委理论中心组开展联合学习，提升理论学习针对性和实效性；印发《2020年党委理论学习中心组专题学习重点内容安排》，发放学习记录本和参考资料目录，推动二级党委理论中心组学习规范化、制度化；加强网络和新媒体应用，定期发布《理论学习参考》，组织用好“学习强国”平台，利用微信小程序开展干部理论学习测试和评奖评优，取得良好成效；运营“学习贯彻党的十九届五中全会精神”专题网站，共更新发布信息28条。

思政工作。开展“使命在肩 奋斗有我”主题教育活动，推动思想政治理论课和日常思想政治教育创新协同；将伟大抗疫精神融入思想政治教育，校党委书记周坚为6000余名新生讲授题为“我和我的祖国——以担当书写时代画卷”的开学第一课，开展“疫情之下的责任思考”线上主题报告会、“众志成城 防疫抗疫”网络文化作品大赛、创作改编抗疫歌曲视频等，激励广大师生的爱国情、强国志、报国心；以“六学”方式组织师生认真学习《习近平谈治国理政》第三卷、《习近平总书记教育重要论述讲义》，广泛开展“四史”学习教育活动，引导干部师生坚定理想信念，传承红色基因；加强德育一体化建设和普法工作，学校入选北京市一体化德育研究基地校，人文与社会科学学院列为北京市“七五”普法先进集体公示。

意识形态工作。建立意识形态领域情况分析研判工作机制，定期形成《关于当前学校意识形态领域情况的报告》；认真落实《华北电力大学意识形态责任制实施细则》《华北电力大学意识形态工作专项督查办法（试行）》，明晰责任主体，形成细化清单，签订意识形态工作责任书，把意识形态工作纳入校内巡察范围；完成年度意识形态阵地普查工作，实施清单化、流程化管理；建立由五个维度组成的二级党组织意识形态工作测评体系，推进二级单位意识形态工作。

舆论宣传。制订《关于进一步改进新闻宣传的补充规定》等文件制度，从制度层面规范校内新闻宣传，形成“双12”的新闻发布规定和“四步走”的新闻发布流程，确保新闻宣传的时效性和高质量。做好学校重要会议、重大活动的宣传报道，深入基层积极宣传教学科研管理一线涌现出的先进典型。新闻网全年共发布稿件1697篇（其中，华电头条13篇，特别推荐9篇、图片新闻11篇、媒体华电55篇、华电报道1606篇），围绕学生培养、科技成果、学科建设、合作交流等做了重点报道，对学习贯彻十九届五中全会精神、疫情防控、特殊毕业季、我身边的好老师等重大选题做系列专题报道。完成对大学中文主页内容更新与维护，共设计主页大图93张，发布学术信息103条。制作完成《巍巍学府电力之光》系列、《2019年十件大事视频》、《2020年华电教师节》宣传短视频3部，拍摄考研微电影《不负芳华》、毕业短视频《灯光秀》、2020年校庆短视频。共设计制作宣传展板50块。建立新闻宣传联络人制度，构建宣传部——新闻宣传联络人——通讯员三级宣传工作体系，配齐建强二级单位宣传工作力量。强化通讯员队伍建设，实施“通讯员媒介素养提升工程”，通过专题讲座、经验交流等形式提升通讯员业务能力；加强同主流媒体联系与交流，定期先后到校外10家媒体走访调研，建立良好的沟通合作机制，提升对外宣传的策划执行能力。全年在人民日报、中央电视台、科技日报、中国教育报等媒体报道学校亮点工作，刊发相关文章82篇。

新媒体运用。推进传统媒体与新媒体深度融合，提升微信、微博、抖音等平台联动能力。2020年，微信粉丝数量增长1.9万，总数近10万；全年发布推送345篇，阅读总人次近300万。其中10万＋和5万＋各1条，整体来看，权威发布优势突出，重大活动和典型事迹引流可观。官方微博粉丝突破35万，单条微博最高阅读量为115万，在校庆期间，共有50个学校送祝福。共有校庆、教师板书、学校纪念章、雪景图鉴等4次话题登上同城热搜榜。

校园文化建设。构建“三堂二书一馆”的立体化文化育人体系，增强全校师生文化自信。通过“明德大讲堂”“华电大讲堂”“各院系特色讲堂”实现三堂联动，全面打造文化艺术、科学研究与电力特色相融合的教育平台，为全校师生提供思想指导、精神支撑和智力支持。共举办“明德大讲堂”4场。在北京和保定两地分别举办“责任之思”报告会，邀请近6位华电学子通过自身抗疫经历分享，诠释“办一所负责任大学”的理念。起草编制《华电记忆7》和《媒体华电》，通过历史与现实的观照，筑牢全校师生的精神文化家园。推动华电校史馆、虚拟校史馆的线上线下互动平台的建设，全年共接待各界领导与师生校友3200人次。

疫情防控宣传。充分利用全媒体平台，线上线下互动，讲述新冠肺炎疫情暴发后，每一位华电人坚定地与祖国人民在一起，众志成城，命运与共，共同经历并积极应对这场防控难度空前的历史大考。全面展示学校党委始终把守护全体师生员工生命安全和身体健康放在第一位，全校上下共同努力，勇担责任，砥砺前行，实现校园疫情零感染。通过系列宣传报道，生动记录华电人在抗击疫情中所展现出的人性光辉、师者风范和责任担当，让师生在审视中有所启迪、在回望中体会温暖，在抗疫大考中共同感受和弘扬华电大爱。

（祁学飞）

【入选北京市一体化德育研究基地校】 2020年12月19日，北京市学校德育研究会公布新一批22所北京市一体化德育研究基地校名单，华北电力大学位列其中。北京市学校德育研究会是全国首个学校德育研究会，聚焦新时代学校德育纵向衔接、横向贯通的重大理论和现实问题，推动立德树人根本任务落地生根。至年底，北京市一体化德育研究基地校（园）总计101所，其中幼儿园15所，小学30所，中学37所，职业高中和中专5所，大学13所。

（祁学飞）

【新闻作品获评人民网2020年度优秀校园新闻】 2020年12月19日，以“奋进‘十四五’开创教育高质量发展新局面”为主题的人民网2020大学校长论坛在南方科技大学举行。论坛上公布“谱写新时代篇章 迈向高质量发展——2020年度人民网优秀校园新闻作品”，共有37所高校的作品入选，华北电力大学首次获选人民网年度优秀校园新闻作品。人民网优秀校园新闻作品推荐活动旨在展示高校新闻战线年度优秀成果，发挥优秀新闻作品的示范作用，推动高校新闻媒体坚持唱响主旋律，传播正能量。活动启动以来，共有700余篇作品参选，最终评审出17篇作品入选新闻类优秀作品，20篇作品入选新媒体类优秀作品。党委宣传部杨天明的新闻作品《珠峰脚下的十年之约》入选新闻类优秀作品。

（祁学飞）

【获全国高校网络教育优秀作品推选展示活动优秀组织奖】 2020年12月，教育部思想政治工作司公布第四届“全国高校网络教育优秀作品推选展示活动（含‘共抗疫情、爱国力行’主题宣传教育和网络文化成果征集展示活动）”获奖结果，华北电力大学获优秀组织奖。第四届“全国高校网络教育优秀作品推选展示活动”由教育部思想政治工作司、中央网信办网络社会工作局联合举办，旨在以习近平新时代中国特色社会主义思想为指导，以全面贯彻落实党的十九大精神为主线，进一步推动全国教育大会、全国高校思想政治工作会议、学校思政课教师座谈会和全国网信工作会议精神落地生根。活动开展以来，共收到29032件作品，覆盖全国31个省（区、市）和新疆生产建设兵团。党委宣传部杨天明的微电影作品《曾经的你》获“微”作品类优秀奖。

（祁学飞）

【完成《华电记忆07》编写工作】 2020年，《华电记忆07》完成编写工作。该书分为特稿、史海、院系、追忆、情愫、大事等栏目。这些栏目基于对华电的深厚情感，从不同侧面追往昔、畅未来，共同凝聚起华电人在新时代的奋斗意志和进取精神。“史海”部分《华电校史中的发电厂电力网及电力系统专业（附补遗）》一文，从学校发电专业与哈尔滨工业大学的不解情缘说起，详细阐述发电专业的由来与迁转历程，让人们深切感悟到杨以涵、戴克健、何富发、吴展允等老一辈华电人的治学精神和高尚品格。全书剥丝抽茧，娓娓道来，给人启发，引人沉思。该书在编写过程中得到学校档案馆、人事处档案室和电气与电子工程学院崔翔教授的大力支持。

（祁学飞）

纪检监察工作

【概况】 2020年，学校纪委委员11人；纪检监察工作人员11人，其中北京校部纪委办、监察处、纪委监督检查室合署办公，纪检监察工作人员6人（正处级1人，副处级1人，副处级纪检员1人，专职纪检员3人）；保定校区纪委办、监察处、纪委监督检查室合署办公，纪检监察工作人员5人（正处级1人，副处级1人，副处级纪检员1人，专职纪检员2人）。北京校部直属党委（党总支、党支部）22个，现配备纪检委员23人；保定校区直属党委（党总支、党支部）20个，现配备纪检委员20个。学校纪委全年收到信访举报共计48件次（含重复件13件次），其中转问题线索处置27件次（含重复件9件次），转有关部门办理19件次（含重复件4件次），重复信访予以了结1件次，协助上级协查1件次。立案2件，党纪处分4人，诫勉3人，谈话提醒3人，批评教育1人。从信访举报、问题线索反映的内容来看，主要涉及生活纪律、廉洁自律、工作纪律、群众纪律等方面。协助党委做好选人用人工作，将选人用人作为日常监督重点，把好廉政意见回复关，年度就处级领导干部竞聘、民主党派推荐、评奖评优等工作进行廉政意见回复共计517人次。年内，第二届中共华北电力大学纪律检查委员会共召开8次纪委全会。

2020年，学校纪委按照年初确定的“六个抓”的工作思路，积极履行全面从严治党监督责任，科学推进监督执纪问责主责主业，切实抓好纪委自身建设，推动学校纪检监察工作取得新成效。

政治监督制度建设。切实按照中共教育部党组、中共中央纪委机关、中共中央组织部、中共中央宣传部印发的《关于加强高校党的政治建设的若干措施》和驻部纪检组《关于加强教育部直属高校政治监督的实施意见(征求意见稿)》的精神研究起草贯彻意见，按照“29 个是否”的要求，围绕强化党对高校的政治领导、坚定干部师生政治信仰、突出育人工作的政治标准、增强高校党组织的政治功能、提高领导干部政治能力、涵养良好的校园政治生态、落实高校党的政治建设责任等七个方面研究起草学校政治监督实施办法(初稿)。

队伍建设。组织全体纪检监察干部开展疫情防控工作专题学习，为开展防疫监督工作打牢政策基础。开展业务专题学习，参加北京市高校纪检监察干部技能提升大课堂，深入学习《纪检监察机关处理检举控告工作规则》、《案件审理质量评查标准及评分标准》以及全市纪检监察系统案件监督管理系统培训等内容，提高纪检干部履职能力，以案代训，以工代训，通过案件的初核和审查审理，在实战中加强纪检队伍的业务能力建设，着力提高队伍的政治鉴别能力、组织协调能力和办案执纪专业能力，提升纪检工作规范性和科学性水平。开展校纪委委员、派驻纪检员和二级党组织纪检委员的年终述职工作，不断增强委员意识。开展纪检监察工作理论研究，承担中国高等教育学会廉政建设分会 2020 年高校廉政建设调研项目 1 项。

作风建设。加大基层单位调研力度，通过调研、约谈、列席有关会议等多种形式下沉一线抓作风。认真贯彻《关于持续解决困扰基层的形式主义问题 为决胜全面建成小康社会提供坚强作风保证的通知》文件精神，从讲政治的高度整治形式主义、官僚主义，督促各单位各部门对照查摆出的问题，推动综合施治、整改落实。落实中央八项规定及其实施细则精神，研究起草关于推进“力戒形式主义、官僚主义”常态化的工作方案，会同资产管理部门对党政机关、管理服务等部门办公用房进行清查，进一步规范办公用房的使用和管理，提高办公用房使用效率。

执纪问责。严格按照相关工作要求，进一步规范信访件办理和问题线索处置工作程序，严肃对待和处置信访举报，定期梳理案件管理情况，不断强化执纪问责。共召开纪委全会 8 次，就问题线索处置情况进行专题研究。

政治监督。一年来，纪委加强政治监督制度建设，按照先行先试、逐步完善的基本思路，在政治监督落细落小、可操作性方面作进一步探索。在加强二级党组织党内政治生活监督方面，针对二级单位党政联席会、党组织会议、理论中心组学习等内容起草观测点，全体纪检监察干部下沉一线，随机抽查、实地旁听，监督检查相关制度落实情况，列出问题清单，形成反馈意见。本年度旁听 19 个二级党组织的相关会议。

日常监督。在日常监督工作中，既注重全面覆盖，又突出重点难点。重点监督检查工作中的责任落实及国家政策和学校各项规章制度的执行情况，针对学校日常监督发现的有关问题下达《纪律检查建议书》7 份，责成有关单位整改落实、完善制度。加强脱贫攻坚监督，抓好学校定点扶贫资金使用、项目安排、政策执行等工作情况的监督检查。总结凝练派驻监督经验，借助派驻优势督促指导开展多种形式的“厉行节约，反对浪费”主题宣传教育活动。根据监督检查情况，年度形成监督检查简报 7 份。

专项监督。对二级党组织换届调整开展专项监督，会同组织部门专题听取二级党组织筹备情况汇报，就纪检委员的人选与各二级党组织交换意见，就此项工作对各直属党组织提出意见建议和要求，并对各二级党组织换届调整投票计票环节进行监督检查。

疫情防控督查。成立疫情防控督查组，制定疫情防控督查工作方案，发布《关于做好新型冠状病毒感染肺炎疫情防控监督工作的通知》，灵活采取打电话、看材料、收邮件、微信视频会议、现场监督检查等各种形式，围绕疫情防控责任落实、教育部二十五问落实、河北高校返校复课开学条件核查验收细则 24 条、开学准备、招考就业、返校复课等专项工作，以及疫情防控常态化的各项举措，加强对校直各责任单位、部门主要负责人以及领导班子成员履行疫情防控责任、完善疫情防控措施等情况开展专项监督检查，形成疫情防控监督简报。

巡视整改督查。学校纪委协助学校党委对进一步推进落实教育部巡视反馈意见整改工作的落实情况开展专项检查，正式下发《关于对教育部巡视整改任务落实情况进行专项检查的通知》(华电党〔2020〕41 号)，对各巡视整改任务牵头单位负责的 114 项任务的完成情况、支撑材料进行逐一检查梳理，对于支撑材料充实完备的逐一销号，对于需要进一步推进有关工作的进行备案管理，在此基础上梳理当前学校巡视整改存在的问题，提出下一步深化和加强整改工作的意见建议，向学校党委报告。

巡察工作。学校党委巡察办公室成立后，学校纪委聚焦巡察政治属性，以北京、保定两地交叉的形式，协助党委巡察办公室对数理学院党委、经济与管理学院党委、人文与社会科学学院党委、国际教育学院党委、电子与通信工程系统党委、机械工程系党委、环境科学与工程系党委、马克思主义学院(保定)党总支 8 个二级党组织进行巡察。

预防警示教育。通过“华电纪委办监察处廉洁提示”短信平台，抓好元旦、五一、中秋、开学等重要节点的预防警示，年度通过短信平台向副处级以上领导干部发送廉洁提示 4 批次、1600 余人次。通过华电纪检监察微信公众号和学校企业微信“清风华电”客户端原创和转发相关宣传文章，清风华电的浏览量保持较高水平。

廉政谈话方式改革。学校纪委把常态化开展干部任职廉政谈话，作为推进政治监督、加强干部教育、促进廉洁自律的一项重要制度和举措，按照"逢提必谈"的要求，通过"一对一、面对面"的形式，采取"谈、讲、写、读"的方式，做到任职廉政谈话全覆盖，全年对新提拔和平级调整的处级领导干部谈话170人次。

机构改革。调整纪委书记分工，校纪委书记负责党的纪律检查、监察、巡察，分管纪委办公室、监察处、纪委监督检查室、党委巡察办公室，无社会兼职。成立纪委监督检查室，作为学校直属处级管理机构，挂靠纪委办公室。

（吴春卿　寇文馨）

【持续推动"三转"】 2020年，学校着力推进二级纪检机构建设，在后勤服务集团派驻专职副处级纪检员，开展派驻监督；全校所有二级党组织均设立纪检委员，其中北京校部延伸到所有党支部均设立纪检委员。进一步清理议事协调机构，下发《关于进一步清理学校纪检监察部门参与的各类议事协调机构的通知》，明确要求与"三转"要求不相符的，学校纪委、纪委办、监察处参与的议事协调机构要全部退出，经与相关部门沟通确认和查阅上级文件有关规定，现保留各类议事协调机构至9个。

（吴春卿　寇文馨）

【出台《中共华北电力大学委员会深化落实全面从严治党责任清单》】 2020年5月，学校出台《中共华北电力大学委员会深化落实全面从严治党责任清单》，构建层层递进、上下畅通的责任链条，实现明责、督责、考责、问责循环作用的工作体系，推动责任落实，确保学校全面从严治党各项工作落细落实。

（吴春卿　寇文馨）

【开展主题教育"回头看"工作】 2020年，学校纪委会同主题教育领导小组办公室对"不忘初心、牢记使命"主题教育整改落实情况开展"回头看"工作，重点对校级领导班子和领导干部个人问题清单和整改台账的落实情况、主题教育专项整治任务的落实情况、直属各党委（党总支、党支部）整改落实情况进行全面自查。会同主题教育领导小组办公室围绕学校落实《北京市委关于加强高校党的政治建设的若干举措》任务清单92项举措的贯彻落实情况开展"回头看"，严格对标对表，进一步完善任务举措。

（吴春卿　寇文馨）

【召开警示教育大会】 2020年12月30日，学校召开2020年"以案为鉴、以案促改"警示教育大会。全体校领导、全体中层干部、全面从严治党部分重点领域和关键岗位的七级职员参加会议。会议以视频形式在北京校部、保定校区同时召开。党委副书记、纪委书记何华通报2020年以来学校查处的违规违纪违法有关典型案例和学校纪委、组织、人事、巡察以及审计等有关部门日常工作过程中发现的苗头性、倾向性问题。党委书记周坚指出，开展警示教育是深入推进全面从严治党的客观要求，是加强党的纪律建设的迫切需要，也是巩固风清气正校园生态的必然要求。学校党委始终坚持把纪律挺在前面，坚持每年召开警示教育大会，通报有关违纪典型案例，不断强化"不敢腐"的廉洁氛围，完善"不能腐"的防范机制，增强"不想腐"的内生动力，维护和发展好学校风清气正的良好政治生态。校长杨勇平在主持会议时指出，此次警示教育大会是对全面从严治党的一次再动员再部署，全校上下要深刻认识和学习领会全面从严治党精神内涵，坚决维护全面从严治党的严肃性，在思想认识上警醒起来，在顶层设计上重视起来，在贯彻落实上行动起来，不忘教育工作的初心使命，坚持立德树人的根本任务，不断推动以党建引领、促进业务发展，切实把成果体现在事业改革发展的成效上，走好华电新时代的"十四五"新征程。

（吴春卿　寇文馨）

学　生　工　作

【概况】 2020年，华北电力大学学生工作围绕立德树人根本任务，在思想政治教育、学生管理、学生资助、学业辅导、心理健康教育、就业创业、招生录取及国防教育等方面取得显著成效。

思想政治教育。深入学习贯彻习近平新时代中国特色社会主义思想，结合新冠疫情防控、脱贫攻坚、"四史"教育和学习十九届五中全会精神等主题，实施"时代新人培育计划"，提升学生思政教育质量水平。举办"使命在肩 奋斗有我"系列教育活动，化疫情危机为育人契机，围绕疫情防控和抗疫精神宣传，开展"五个起来"线上教育活动，举行校庆日升国旗仪式。开展全校范围的"开学第一课健康安全教育"，在校学生覆盖率达到100％。举办北京市"众志成城 共抗疫情"百姓宣讲活动首都大学生专场；围绕"四史"学习教育，在大学生中开展四史教育系列活动，邀请党史专家进校园，开展"读党史 担大任"明德大讲堂活动，组织"青春榜样先锋班"学员开展红色教育基地"打卡"活动；稳步推进学生基层党组织建设，广泛开展红色"1＋1"共建活动和特色活动示范党支部创建等活动，切实增强学生党支部的凝聚力和战斗力。举办学习贯彻党的十九届五中全会精神学生党支部骨干培训班，启动第十一期研究生党建和思政工作调研基金项目，进一步发挥学生党员骨干的引领作用。开展"一院（系）一品（牌）"精品项目建设，全年共培育12个精品项目。2020年,学校师生宣讲团相关工作获第六届首都大学生思想政治工作实效奖优秀奖。保定校区2020年5月至9月,举办大学生学习习近平新时代中国特色社会主义思想"100个热词"宣讲评选活动,创作习近平新时代中国特色社会主义思想热词宣讲视频49个。在参加河北省比赛的5项作品中,1项获河北省二等奖、2项获河北省三等奖,学校获评"优秀组织奖"。

学生管理工作。2020年学生管理工作始终围绕立德树人根本任务,贯彻落实党和国家疫情防控阻击战的统一部署,准确及时完成疫情防控学生数据报送工作,做好暑假重大科研项目学生返校、秋季学生返校、新生迎新报到工作,更加精准有效地抓好常态化疫情防控工作,把学生生命安全和身体健康放在工作首位,配合资产管理部门组织各学院向在校学生发放口罩216万余只、体温计、消毒湿巾、学生疫情防控指南5.4万多份,确保校园正常学习生活平稳有序展开。积极推动优秀学生基层组织创建评比活动与学风督查专项工作紧密结合,通过组织开展优秀基层学生组织评比活动,充分发挥班级、学生宿舍在促进大学生思想政治教育、服务大学生全面发展中的积极作用,将学"四史"主题教育纳入班级建设的评比中,弘扬革命先烈伟大的抗战精神。开展"文明标兵宿舍""特色示范宿舍"创建评选创建活动,加强和改进大学生思想政治教育工作,营造文明、整洁、舒适、安全的生活学习环境。持续完善院系学工干部走访宿舍、公寓中心与校系学生普查宿舍等系列制度,定期汇总分析检查结果,有针对性地指导学生宿舍建设,排除安全隐患。继续加强制度建设,完善学生综合表现评价体系,形成由思想品德素质、业务能力素质、体质健康素质、文化艺术素养、劳动实践能力组织的5M素质模块测评体系,促进学生德智体美劳全面发展,进一步推动学生自我教育、自我管理、自我服务,培养社会主义建设者和接班人。学校学业辅导工作取得实效,健全学风督查专项工作机制,在全校范围内营造"全员参与、严格管理、学风浓郁、师生受益"的良好氛围,疫情期间申报的《打造"E"系列学业辅导平台,助力"战疫学习两不误"》项目,获北京市新冠疫情期间高校学业辅导工作优秀成果二等奖,始终坚持以良好的学风促进优良校风的形成。

辅导员班主任队伍建设。积极完善学工队伍管理考核体系,出台《华北电力大学辅导员队伍建设规定》(华电党〔2020〕46号),明确建立辅导员良性流动机制。运用线上线下相结合的方式,开展"学工E站""磐石计划"辅导员系列培训交流活动,努力提升学工队伍专业化、职业化水平。规范辅导员招聘工作流程,2020年北京校部共选聘正式专职辅导员9人保研辅导员10人。出台《华北电力大学关于推进辅导员和思想政治理论课教师协同育人的实施意见(试行)》(华电校学〔2020〕1号),推动两支队伍相互兼任并在主题教育、课题研究、社会实践等方面开展合作。为更好发挥班主任在大学生思想政治工作中的重要作用,组织召开2020级本科新生班主任工作培训会、开展班主任系列培训等活动。持续推进班主任特色教育项目建设,对2020年班主任特色教育项目进行结题评审,同时设立2021年班主任特色教育项目40个。

学生资助工作。推进精准资助工作,从"奖、勤、助、贷、补"等多方面筑牢保障性资助体系。落实疫情防控资助职责,做好疫情严重地区专项资助、疫情防控应急资助、在线学习专项流量资助、留校困难学生保障资助四类资助项目,实现家庭经济困难学生、建档立卡学生、湖北地区学生、患病学生四类重点学生资助全覆盖。强化资助工作价值引领和育人实效,优化发展型资助项目,依托"彩虹训练营"、"翱翔计划"等品牌活动提升困难学生综合素质。保定校区按照教育部最新要求修订本科生国家奖学金、国家励志奖学金、国家助学金等六项资助相关文件。充分发挥网络平台作用,推进资助工作信息化建设。发挥各项奖助措施的激励和教育作用,开展"诚信教育月""资助政策宣传月""感恩教育月""励志典型评选"等活动,培养学生的自立自强、艰苦奋斗精神。

心理健康教育。新冠疫情新形势下心理健康教育中心克服困难,主动适应新环境、新形势,积极落实2020年心理健康教育中心工作要点任务,夯实服务基础,扩展心理服务供给方式,努力满足学生心理需要。持续从宣传教育、实践活动、咨询服务、预防干预、平台保障"五位一体"的心理育人体系推进心理工作,在强化队伍建设,创新改进工作方法,提升心理健康教育活动实效上,多措并举,促进心理育人质量的提升。两校区心理中心新进心理健康教育专职教师共2人。上半年两校区开设抗疫心理支持热线、抗疫树洞、心理互助群等服务,助力抗疫工作进行。中心专兼职教师积极参与"教育部华中师范大学心理援助热线平台"志愿服务,助力武汉抗疫工作。心理健康教研室授课教师,积极开展课程建设,更新拍摄"心理·生活·人生"MOOC,并在学堂在线平台公开发布上线。面对疫情,积极调整授课大纲,学习网络教学软件,转变授课方式,完成疫情期间线上授课。两校区分别开展网络心理文化节活动,加强网络宣传力度,以多种形式引导学生建立良好的身心健康意识,积极抗击疫情、守护心灵。下半年,完成线上线下相结合的心理中心参观体验活动,覆盖本、硕、博群体,提升学生心理健康意识。开展网上新生家长课堂直播,推进家校合作,形成家校合力,共同助力学生身心健康成长。开展心理健康普查覆盖全体新生,邀约学生回访,为学生建立心理健康档案,积极追踪关注学生成长,因人而异、适时开展帮扶工作,减少危机事件。积极推进规范化、制度化、信息化建设,优化心理咨询预约信息化系统、建立网上预约转介流程,开展线上危机干预信息系统建设,促进心理健康教育工作专业化和服务水平的提升。

学校心理健康教育中心全年接待咨询 2500 人次，危机干预 83 人。校部心理健康教育中心获 2020 年北京高校心理素质教育“特色工作奖”，许玉萍获北京高校心理健康教育工作“先进个人”称号。

就业工作。学校落细落实“六稳六保”，积极应对 2020 届毕业生严峻的就业形势。创新就业工作方法，充分利用国家推出的系列稳就业政策，大力实施“互联网＋就业”新模式，千方百计拓宽就业渠道，提升就业服务质量，就业服务逐步趋向多元化、个性化、精准化。学校高度重视大学生就业价值观的塑造和引领，积极引导广大毕业生投身基层一线，在祖国最需要的地方建功立业。通过鼓励大学生到部队建功立业，参加援疆援藏计划，聚焦社会新兴业态，投身“一带一路”建设、京津冀协同发展、粤港澳大湾区发展、长江经济带发展等国家重点建设领域等举措，积极服务国家战略需求。2020 届签约毕业生到党政机关事业单位和国有企业就业的比例本科生为 72.56%，研究生为 85.06%；到西部或基层地区就业的比例本科生为 40.21%，研究生为 23.66%；到“一带一路”沿线地区就业比例本科生为 49.18%，研究生为 24.94%。2020 届本科生升学比例再创新高，达到 38.01%。

招生录取工作。学校面向全国实施大类招生，共分 22 个专业大类（北京校部 20 个、保定校区 18 个）进行招生。严格实施招生工作“阳光工程”，组织开展普通高考招生和高水平运动队、高校专项等特殊类型招生工作，与 31 个省（自治区、直辖市）招生部门合作，实现北京、天津、山东、海南等第二批改革省份新高考录取工作平稳落地，完成本科招生录取各项工作。学校招收大批高质量生源，2020 年北京校部理科录取考生排名全省前 5%，文科录取考生排名全省前 2%；保定校区理科录取考生排名全省前 8%，文科录取考生排名全省前 4%。本科生源质量总体保持在较高水平。

国防教育。学校武装部顺利完成军训、大学生征兵工作，充分发挥特色学生社团作用，广泛开展形式多样的爱国主义教育，完成军事理论课授课任务。组织三名军事理论课教师参加北京市高校“军事理论”课协作教学资格认证、推荐优秀教师参加全国军事理论课骨干研修班、选派学生参加北京市兵棋推演比赛获优异成绩。北京校部组织学生参加北京市兵棋推演比赛，两个参赛队分别获一等奖和三等奖，武装部获北京高校国防教育协会颁发的优秀组织奖。

2020 年，北京校部持续夯实网络思政教育阵地，学工部微信公众平台增设《“四史”学习》等新栏目，全年共发布推送 545 篇，总阅读量近 65 万人次，33 篇文章被学习强国、高校思政网、北京市教工委官微等平台转载；保定校区“指尖华电”微信平台设置《学习讲话》专栏，发布“习语近人”“奋进学习”“学习时间”“经典悦读”“四史研习”以及抗美援朝 70 周年纪念大会、十九届五中全会精神等主题，发布主题推文 25 篇，阅读量上万人次。全年推出教育类推文及网络互动活动 465 篇，阅读总量近 50 万人次，关注度提升 10%，阅读量提升 18%，实现“双提升”。2020 年，学校共有 101 个本科班级被评为先进班集体、8 个本科班级被评为“十佳示范性优秀班集体”。此外，10 人获“校长奖学金”。北京校部贯通电 1701 班获 2020 年北京高校“我的班级我的家”优秀班集体，研电 1902 班、吴仲华 1801 班、会计 1802 班 3 个班级获“北京高校示范学生基层组织（班级）”荣誉称号。保定校区电气 1709 班、吴仲华 1701 班获省级先进班集体荣誉称号。北京校部 10 人获“十佳班主任”荣誉称号，94 人获“优秀班主任”荣誉称号。北京校部 30 人获“优秀研究生班主任”荣誉称号。北京校部 15 人获“优秀学生工作干部”荣誉称号，10 人获“专项工作先进个人”荣誉称号。曾涌麟获青年教师教学基本功比赛校级三等奖。保定校区 3 个院系获“学生工作先进集体”称号，10 人获“十佳班主任”称号，94 人获“优秀班主任”称号，7 人获“优秀辅导员”称号，2 人获“优秀学生管理干部”称号。杨红月主持的“彩虹人生生涯教育工作室”获批河北省首批“高校辅导员领航工作室”建设项目。学校为 4007 名学生办理国家助学贷款，贷款金额合计 2870.9776 万元（不含其他金融机构）。为 9376 名家庭经济困难学生发放国家助学金，共计 1265 万元，为 5893 名研究生发放国家助学金，共计 3568.03 万。为 5769 名研究生发放学业奖学金，共计 4320.75 万元。为 695 名学生发放国家励志奖学金 347.5 万元；为 308 名学生发放国家奖学金 392.4 万元。为 96 名博士发放优秀博士奖学金共计 48 万元。为 769 名研究生先进个人、24 个研究生优秀班集体发放奖学金共计 64.85 万元。为 1003 名博士研究生发放助研助教岗位助学金 791.2 万元。为硕士研究生发放助管岗位助学金 120.7 万元。为硕士研究生发放课程助教岗位助学金 52.951 万元。为硕士研究生发放学业辅导岗位助学金 7.7975 万元。为 34 名研究生兼职辅导员发放岗位助学金 20.8 万元。发放服义务兵役、赴基层就业学费补偿贷款代偿金 773.215 万元。发放校长奖学金、校内综合奖学金、单项奖学金共计 739.75 万元。发放企业社会奖助学金 373.17 万元。2020 年上半年设立特殊时期“线上勤工助学岗位”，发放勤工助学岗位工资近 2000 人次，共计 61.3485 万元，积极整合校内资源，开辟学生工作助理、图书管理员、网站管理员等勤工助学岗位 2154 个，发放勤工助学工资 213.67834 万元。发放临时困难补助、伙食补助、路费补助、新生绿色通道补助、保险补助、发展型资助等 1829.640299 万元。学校事业收入中用于学生资助的支出共计 8085.919639 万元。

2020 年，北京校部录取 2900 名本科学生，生源质量持续保持较高水平。高考改革省份（浙江、上海、北京、天津、山东、海南)录取工作顺利完成且录取分数段位分布靠前。在非改革省份,理工类录取最低分超出当地重点线97.5分,11个省份录取最低分超出当地重点线达到100分以上,河北、黑龙江、辽宁、内蒙古、陕西、新疆省份等录取最低分高出重点线120分以上;理工类录取平均分超出当地重点线111.35分。文史类录取最低分超出当地重点线59.17分;平均分超出重点线63.36分。保定校区录取3261名本科学生。除去综合改革省份,2020年保定校区在25个省区市的理工类录取最低分超过当地控制线的平均分为80.51分,比2019年低3.42分;在24个省区市的文史类录取最低分超过当地控制线的平均分为47.54分,比2019年高8.76分。在25个省区市的理工类录取平均分超过当地控制线的平均分为99.24分,比2019年高4.14分;在24个省区市的文史类录取平均分超过当地控制线的平均分为52.65分,比2019年高8.46分。受疫情影响,学校全年接待进校招聘单位2499家,较往年有所下降;发布招聘信息13285条,发布招聘岗位132261个。其中,京津冀、"一带一路"、长江经济带等重点区域用人需求较为显著,国有企业占发布招聘信息用人单位数量的56.73%,用人单位的行业分布主要为能源电力供应业、制造业和信息技术服务业等。学校本科生一次就业率为84.80%,整体就业率为87.99%。北京校部组织26名退役大学生首次以退伍学生的身份统一着军装参加学校迎新工作。两地国旗护卫队举行多场重大活动升旗仪式,全年观看升旗仪式师生超3000人次。学校保定校区开创"现役教官+学生教官"军训新模式。运用新媒体平台发布国防教育和爱国主义教育类微信推送20余篇,累计阅读量达17000余人次。

(爱迪娜)

【实施"时代新人培育计划"】 2020年,为深入学习贯彻习近平新时代中国特色社会主义思想,落实习近平总书记关于青年工作重要论述和学生群体系列重要回信精神,结合新冠疫情防控、脱贫攻坚、中国共产党成立100周年等重要时间节点和事件,开展"勇担时代使命 书写奋斗华章——时代新人培育计划"系列主题教育,从德智体美劳五个维度打造品牌示范活动,开展理想信念教育、勤学启智教育、身心健康教育、美育教育和劳动实践教育。坚持立德树人,通过"五育并举"的教育培养体系,着力培养德智体美劳全面发展的时代新人。

(孙笑宇)

【开展"使命在肩 奋斗有我"主题教育活动】 2020年,学校围绕疫情防控和抗疫精神宣传,因势利导,精准施教,开展系列主题教育活动。组织广大学生开展"学起来""讲起来""唱起来""火起来"和"做起来"的"五个起来"教育活动;举办"使命在肩 奋斗有我"抗疫青春故事线上宣讲,将国企青年的抗疫故事引进校园,强化校外辅导员的育人作用。开展"使命在肩 奋斗有我"校庆日升国旗仪式,将抗疫宣讲融入仪式教育,进一步教育引导广大学子深刻理解使命担当。

(孙笑宇)

【组织开展健康安全教育】 2020年疫情防控期间,组织全体学生观看教育部和人民网共同举办的"全国大学生同上一堂疫情防控思政大课",发布《致全体学生及家长的一封信》《致华北电力大学全体学生的一封信》。9月,学生有序返校后,组织开展全校范围的"开学第一课健康安全教育",党委学生工作部牵头组织学工干部进行集体备课并精心准备《"开学第一课"健康安全教育讲稿》。各学院党委(党总支)书记、院长带头开讲,名师班主任助力引航,共组织相关教育活动72场,在校学生覆盖率达到100%。

(孙笑宇 张 骞)

【开展"四史"教育】 2020年,学校发布《关于在学生中开展"党史、新中国史、改革开放史、社会主义发展史"学习教育系列活动的通知》。组织新生观看"纪念中国人民志愿军抗美援朝出国作战70周年大会"并热议习近平总书记重要讲话精神。邀请中国人民大学杨凤城教授做客第二十期"明德大讲堂",作题为"读党史、担大任——《中国共产党的九十年》导读"的专题报告。邀请马克思主义学院教师为新生作题为《出兵前夜,毛泽东在抗美援朝中的艰难决策》的"四史"教育讲座。组织学生代表到中国人民革命军事博物馆,开展"纪念中国人民志愿军抗美援朝出国作战70周年主题展览"参观活动。广泛组织学生通过观看纪录片、党课学习、知识竞赛等方式,开展"四史"学习教育活动,产出一批以"四史"话剧展演《丹宸之下,讲四史故事;百年风云,品奋斗人生》为代表,融趣味性、艺术性和教育性为一体的教育作品。

(孙笑宇)

【开展学生思政工作精品项目建设】 2020年,为进一步提升学生思想政治工作质量和育人水平,在6个学院开展"一院一品"学生思政工作精品项目建设,致力打造认可度高、影响力大、师生参与面广、可持续性强,体现新时代特征和学院特色的学生思政工作精品。本次支持项目包括"三全育人"建设方向1项,"十大育人体系"构建方向3项,学风建设方向2项,项目实施时间为2020年1月—2021年12月。

(赵莹彤)

【开展学生党建特色活动】 2020年,学校开展一系列学生党建工作,不断加强学生党支部建设,增强学生党员的责任意识和使命担当。组织开展"初心使命记心间,决胜小康勇担当"寒假学生党支部共建活动以及红色"1+1"共建活动,进一步推动学生党支部与京津冀等地区京郊、农村、街道等的党支部合作共建,引导学生主动服务首都"四个中心"功能建设,支持雄安新区建设。经院系初评、学校专家评审,评选出2020年红色"1+1"示范活动一等奖1个,二等奖3个，三等奖6个。组织学生党支部开展主题鲜明、内容丰富的特色活动示范党支部创建活动，经过院系初评推荐和学校专家评审，评选出10个校级优秀特色活动示范党支部，20个院级优秀特色活动示范党支部，10个优秀微党课，14位优秀指导教师，6个优秀组织奖。

（赵莹彤）

【举办学生党支部骨干培训班】 2020年，为深入学习贯彻习近平新时代中国特色社会主义思想和党的十九届五中全会精神，推进学生党支部标准化、规范化建设，11月22日至12月12日，举办“学习贯彻党的十九届五中全会精神学生党支部骨干培训班”，全体研究生党支部书记、本科生党支部骨干代表参与培训。本次培训班内容丰富，形式多样，涵盖党的十九届五中全会精神解读、“四史”教育讲座、工作实务培训、实践参观、分组研讨交流等方面。各位学员在认真学习领会培训内容的基础上，结合支部工作实际撰写学习心得，并积极开展主题党日活动，切实加强党的十九届五中全会精神的学习宣传贯彻效果。

（赵莹彤）

【举办第二届大学生网络文化节】 2020年6月，为进一步加大优秀网络文化作品供给力度，加强网络思政教育，华北电力大学举办第二届大学生网络文化节和网络教育优秀作品推选展示活动，该活动主题为“弘扬抗疫精神，唱响爱国强音”，活动期间，面向全校师生共征集149件网络文化作品，其中重点立项培育作品3件，经校内评审后，共产生获奖作品26件。

（李哲雅）

【多举措做好少数民族学生教育管理工作】 2020年，组织召开少数民族预科班班会，开展专题教育讲座、组织少数民族学生参观“纪念中国人民志愿军抗美援朝出国作战70周年主题展览”、组织少数民族学生代表参观抗战纪念馆、观看爱国影片等，增强爱国主义情怀和民族自豪感。引领少数民族学生积极向党组织靠拢，申请入党的学生比例不断提高。严格少数民族学生管理，实施动态监控，通过开展一对一、面对面的深度辅导以及走访学生宿舍等方式，掌握每一个少数民族学生的思想动态和家庭情况等信息，制作少数民族学生分布统计表，建立少数民族学生每日上报微信工作群等，做到少数民族学生“底数清，情况明”。

（地瓦那夏）

【开展十佳示范性优秀班集体评审会】 2020年11月22日，北京校部举行十佳示范性优秀班集体评审会，党委宣传部、教务处、后勤管理处、校团委等部门领导和老师出席并担任评委。本次优秀基层组织评比活动更加注重学生在社会服务中发挥的积极作用，将班级学生参与抗击疫情服务和新时代爱国卫生运动情况纳入评分指标，同时在自荐环节也鼓励参评集体发掘班级同学通过个人所学服务社会、回报社会的先进事例。贯通电1701班等十个班级获评2019－2020年度“华北电力大学十佳示范性优秀班集体”。贯通电1701班获2020年北京高校“我的班级我的家”优秀班集体。

（地瓦那夏）

【召开学生评优表彰大会】 2020年12月10日、12月11日，学校2019—2020学年度学生评优表彰大会分别在北京校部、保定校区召开。校长杨勇平，校党委副书记、纪委书记何华，党委副书记汪庆华，党委副书记郭孝锋，副校长律方成，学工部、研工部、教务处、校团委以及各院系主要负责人出席大会。副书记汪庆华、副校长孙忠权分别主持会议。杨勇平为“校长奖学金”获得者颁发证书并授予奖章，对华电学子提出履行担当第一要义、抓牢学习第一要务、坚持创新第一引领，在波澜壮阔的发展大潮中绘就人生蓝图新坐标的要求。

（地瓦那夏　李　宁）

【为7532名毕业生打包邮寄行李】 2020年6月，因受疫情影响，2020届毕业生未能正常返校。学校教职工根据毕业生需求开展物品整理、邮寄相关工作。期间总共动员教职工志愿者1990人，共计为7532名毕业生，寄出包裹42900件，总重量635吨。

（张江昆　李　宁）

【开展辅导员培训系列活动】 2020年，学校坚持因时而进、因事而化、因势而新，疫情防控期间积极运用企业微信等线上平台，在北京校部和保定校区开展线上线下相结合的辅导员培训系列活动。2020年北京校部共开展15期“学工E站”辅导员系列培训活动，组织112人次参加省部级培训、553人次参加校内培训。

（宋辉斐）

【召开辅导员座谈交流会】 2020年10月14日、27日，为全面贯彻落实全国教育大会、全国高校思想政治工作会议精神，进一步加强辅导员队伍建设，提高辅导员思想政治教育工作水平，学校分别在北京校部和保定校区召开辅导员工作座谈交流及培训会。校党委书记周坚出席辅导员工作座谈交流会并发表重要讲话。党委副书记汪庆华，党委副书记郭孝锋，学校全体辅导员和学工干部，各院系党委（党总支）书记、副书记，相关职能部门负责人参加会议。

（宋辉斐）

【全国高校思想政治工作优秀论文征集活动获奖】 2020年3月，由教育部思想政治工作司指导、《高校辅导员》编辑部主办的2019年度全国高校思想政治工作优秀论文征集活动落下帷幕。在全国561篇论文中评选出一等奖22篇、二等奖35篇、三等奖79篇。华北电力大学党委学工部王栋梁、团委（保定）张蓓蓓、电气与电子工程学院宫凯的论文分别获一、二、三等奖。

（宋辉斐）

【出台《华北电力大学辅导员队伍建设规定》】 2020年12月3日，为深入学习贯彻习近平新时代中国特色社会主义思想，全面贯彻落实全国高校思想政治工作会议和全国教育大会精神，切实加强辅导员队伍专业化职业化建设，根据《普通高等学校辅导员队伍建设规定》（教育部第43号令）以及上级有关文件要求，结合辅导员工作实际，出台《华北电力大学辅导员队伍建设规定》，明确建立辅导员良性流动机制。

（宋辉斐）

【拍摄辅导员慕课】 2020年，为深入学习贯彻习近平新时代中国特色社会主义思想，学工部组织拍摄辅导员慕课——《新时代坚持和发展中国特色社会主义的基本方略》，包含《坚持党对一切工作的领导》《坚持以人民为中心》等14个专题，推动习近平新时代中国特色社会主义思想入脑入心。

（宋辉斐）

【设立班主任特色教育项目】 2020年，为引导班主任走进学生生活，加强师生交流，了解学生思想动态，满足学生发展需求设立四个主题的班主任特色教育项目共计40项，鼓励班主任把立德树人根本任务落实到主题班会、社会实践、创新教育等具体育人实践中。

（爱迪娜）

【实施本科生朋辈辅导员计划】 2020年9月，在2020级新生中继续实施新生朋辈辅导计划，共招募165名朋辈辅导员，按照“以宿舍为基本单元、跨院系组合、男女生混编”的原则进行分组，为每名新生配备1名高年级朋辈辅导员负责引领和指导。通过团体破冰、校史校情与保定风土人情、大学目标规划与生涯指导、以及校园认知等多项工作，帮助新生尽快适应融入大学生活。

（董　博　荆润秋）

【获批河北省首批“高校辅导员领航工作室”建设项目】 2020年，英语系杨红月主持的“彩虹人生生涯教育工作室”在河北省“高校辅导员领航工作室”评选中，经专家初评、现场答辩、项目公示等环节，在42个参评项目中脱颖而出确立为河北省首批“高校辅导员领航工作室”建设项目。

（董　博　荆润秋）

【河北省高校辅导员“同心抗疫”优秀网络文化作品征集评选获奖】 2020年，“河北省高校辅导员‘同心抗疫’优秀网络文化作品征集评选活动”在省教育厅德育处、省德育研究中心会同高校思想政治工作队伍培训研修中心（河北师范大学）举办，华北电力大学李冰作品“我终将见到，教六楼的你”获二等奖；张冰华作品“华北电力大学大学生国防社为武汉加油视频”，杨红月、杨雯博、赵安策、石众诚作品“大果小果假期日记——辅导员抗疫纪实”获三等奖。

（董　博　荆润秋）

【陈希原到校调研指导学生资助工作】 2020年9月20日，教育部全国学生资助管理中心主任陈希原、副主任陈淑梅、高校处副处长袁荣一行三人到保定校区迎新现场调研指导学生资助工作。校党委书记周坚、党委副书记郭孝锋陪同调研。陈希原一行分别到院系的接待站、文化广场、“绿色通道”工作现场、机械工程系爱心物品领取处进行调研。陈希原亲切慰问正在办理资助手续的同学，并与同学们进行现场交流。陈希原对华北电力大学大学生资助工作给予充分肯定。结合教育部近期印发的关于高校资助工作的相关文件精神，对学校进一步做好资助工作提出要求。周坚代表学校感谢教育部全国学生资助管理中心对学校资助工作的重视和关心。并表示学校会在全国学生资助管理中心的指导和帮助下，切实推动学生资助管理工作再上新台阶。

（张汉军）

【开展绿色通道书香传情活动】 2020年9月学生报到当天，学校在迎新广场设立温馨的家庭经济困难新生服务站，布置“绿色通道”宣传展板，成立志愿服务队为新生和家长提供咨询与帮助。北京校部在开学前通过新生报到系统采集学生基本信息并运用大数据模型进行困难情况分析，一对一电话家访建档立卡、低保、特困供养、孤儿、残疾五类困难学生，结合访谈结果进行预认定。由新生辅导员与困难学生取得联系宣传资助政策、提供资助支持。学校为39名家庭经济特殊困难的新生发放爱心卧具，资助金额为1.872万元；为244名家庭经济特殊困难新生和建档立卡新生发放健康包、营养卡、水果卡、美丽卡、教材卡和通讯卡等六类新生资助卡，资助金额为4.87万元；向76名低保、孤儿、单亲家庭、家人重病、老少边穷地区的家庭经济特殊困难新生和建档立欧卡新生发放路费补贴，资助金额为1.88万元。保定校区发放资助政策宣传手册和诚信、感恩、励志教育宣传材料千余份，提供含有生活和学习用品的“暖心礼包”200余套，办理助学贷款等相关手续近500份，为近400名学生进行勤工助学岗位咨询登记。在“书香传情”活动中，共发放各类书籍2000余册。

（米丽拜尔　张汉军）

【研究生资助工作】 2020年，学校继续做好研究生评奖评优及各类奖助金发放工作，发放国家助学金合计金额3568.03万，其中包括851名博士研究生，发放金额1174.4万，5042名硕士研究生，发放金额2393.63万。为873名博士研究生及4896名硕士研究生发放学业奖学金，共计4320.75万元。为26名博士研究生及74名硕士研究生发放国家奖学金共计226万元。为96名博士研究生发放优秀博士奖学金共计48万元。为4名研究生发放校长奖学金，共计4万元。为769名研究生先进个人、24个研究生优秀班集体发放奖学金共计64.85万元。为76名研究生发放社会奖学金27.3万元。为1003名博士研究生发放助研助教岗位助学金791.2万元。为硕士研究生发放助管岗位助学金 120.7 万元。为硕士研究生发放课程助教岗位助学金 52.951 万元。为硕士研究生发放学业辅导岗位助学金 7.7975 万元。为 34 研究生兼职辅导员发放岗位助学金 20.8 万元。疫情期间应急资助湖北籍研究生 300 人，发放金额 10.93 万元。

（李　荣）

【落实疫情防控资助职责】 做好疫情严重地区专项资助、疫情防控应急资助、在线学习专项流量资助、留校困难学生保障资助四类资助项目，覆盖家庭经济困难学生、建档立卡学生、湖北地区学生、患病学生四类重点人群，北京校部向本科生 3047 人次发放疫情防控应急资助 60.935 万元，向湖北籍研究生 300 人次发放应急资助发放 10.93 万元；保定校区为 3528 名同学发放疫情期间困难补助共计 77.86 万元。北京校部在洪涝灾害发生的第一时间展开受灾学生困难情况摸排，向 103 名受灾严重家庭学生发放临时困难补助，共计 3.96 万元。向 135 名困难毕业生发放就业补贴 5.3 万元，向 29 名海外留学学生发放疫情慰问补助 4.35 万元。为 15427 名学生报销核酸检测费用 171.58 万元。优化勤工助学管理系统，简化岗位设置、考勤报送等事务性流程，全年共有 4881 人次参与勤工助学工作，发放勤工助学补助 170.185 万元。疫情期间设置线上勤工助学岗位，共有 886 人次参与线上助教工作，发放 37.6832 万元勤工助学岗位工资，为勤工助学岗位学生配备指导教师，充分发挥勤工助学帮困育人的功能。保定校区设置平台发布信息以及进行日常维护、在线学业辅导、在线心理辅导等线上勤工助学岗位，发放勤工助学工资千余人次，共计 23.6653 万元。疫情期间，毕业生未能返校，学校出资为所有毕业生邮寄行李，共拨付资助资金 88.7865 万元。并对 88 名暂时未就业的家庭经济困难学生提供就业补贴计 3.75 万元。

（刘　璐　张汉军）

【开展资助育人活动】 2020 年，学校进一步优化发展型资助项目，依托"彩虹训练营""绿色氧吧""翱翔计划"等品牌活动提升困难学生综合素质。开展剪纸、街舞、书法等"彩虹训练营"活动；开展"绿色氧吧"活动，内容包括感恩教育及网络新媒体技能经验交流；"翱翔计划"发展型资助项目共资助 98 名学生参加研究生考试、公务员考试以及资格证书考试等项目，资助金额 4.78 万元。保定校区开展"诚信教育月系列活动"。依托资助工作，积极培育和践行社会主义核心价值观，引导大学生树立诚信意识，弘扬"人人学诚信、知诚信、守诚信"的道德新风，践行"诚信待人、诚信处事、诚信学习、诚信立身"的良好品质。通过在线贷款签约及诚信教育大会、推送诚信宣传资料、播放诚信宣传视频、分享诚信相关案例等形式提升在校生的诚信意识。

（刘　璐　张汉军）

【举办线上自立自强学子评选及报告会】 2020 年 6 月 5 日，为弘扬自立自强、诚实守信、知恩感恩、勇于担当的校园风尚，树立先进大学生典型，由学生资助中心主办，校自务会承办的第十四届"自立自强之星"线上评选会在腾讯会议平台举办。各院系教师代表和众多师生在线参与投票。经过学生资助管理中心初审和专家评审委员会的综合评定，10 名来自不同院系的"自立自强学子"脱颖而出。同年 12 月举办"自立自强之星"报告会，旨在让"向榜样学习"的力量深入每一位学生的学习生活中。

（张汉军）

【心理工作队伍建设】 2020 年，北京校部选派心理辅导员参加中国心理卫生协会的"心理辅导员证书"培训，全年共 11 人参与并拿到"心理辅导员证书"，有效提升心理辅导员队伍专业能力，为进一步心理健康工作下移奠定基础。下半年，两校区针对新生心理委员开展培训，北京校区共计 8 场，涉及全体本科生班级，共计 220 人，内容涉及心理健康基本知识和朋辈沟通技能；保定校区安排心理委员培训 8 场，开展新生适应性团体 30 场，培训内容涵盖心理委员工作规定解读讲座、体验式主题班会设计、团体沙盘体验等主题。

（史海松　石世平）

【开展深度辅导技术线上系列培训】 2020 年 10 月 10 日至 12 日，心理健康服务中心特邀请国内知名高校专家及精神科医生为华北电力大学辅导员开展系列线上培训。该系列培训采用案例分析、理论讲解、互动问答、小组讨论、电子沙盘模拟等形式开展。

（石世平）

【开展新生心理普查】 2020 年 10 月至 11 月，华北电力大学心理健康教育中心对 2020 级新生开展心理普查，两校区本科、研究生参与测评人数共计 8327，回访 1118 人，分类关注共计 206 人。其中，北京校部普查 5311 人，回访 953 人，分类重点关注 27 人，追踪关注 160 人，保定校区普查 3016 人，回访 165 人，重点关注 19 人。

（史海松　石世平）

【心理健康宣传教育】 2020 年，华北电力大学充分结合疫情防控工作实际深入开展心理健康宣传教育，特别是依托线上宣传教育阵地开展工作。自疫情暴发后，北京校部开通学生心理支持热线，增设"心灵加油站"等线上专栏，启动"抗疫树洞"心理支持服务，保定校区开通心理抗疫热线和互助群。校部"华电心理"微信公众号全年发出推送共计 135 篇，阅读量 62715 人次，其中树洞专栏收到学生来信 161 封，推出专栏文章 35 篇，阅读量 10804 人次。4 月至 5 月，北京校部开展"云上"心理文化节系列活动，相继组织开展包括心理文创大赛、宿舍公约展、心理微视频大赛、成长故事分享、团体心理沙龙等形式在内的"绘心艺 述心事 晒心情 建心家 聚心能"校级主题活动和学院特色系列活动共计 20 余项。保定校区以"心聚网络，携爱抗疫"为主题，开展第十八届心理健康教育宣传月活动，活动以促进身心健康、增强应对能力和抗压能力为目标，举办疫情期心理调适讲座、线上祝福、线上减压、家中谐趣等活动。9月至10月，北京校部采用“云参观”直播和线下体验结合的方式组织2020级新生参观体验心理中心，实现对本科、硕士、博士新生班级的全覆盖。保定校区组织2020级全体新生班级到心理健康服务中心参观体验，由解员耐心讲解，帮助学生重视心理健康，正确认识心理咨询，拓展求助资源。保定校区为2020级新生开展人学适应主题班会，并开展心理咨询室开放周活动。

（余小霞　石世平）

【危机干预信息化建设】 2020年11月，北京校部心理健康教育中心协同校医院进一步改进学生转介专科医院就医流程，在网上办事大厅上线《学生公费医疗转介单》，简化学生转介就医手续。

（余小霞）

【优化云心理健康服务平台】 2020年，北京校部进一步优化云心理健康服务平台。云心理健康服务平台的内容包含心理健康普查、咨询预约、咨询个案管理、危机上报、放松减压等板块。基本优化完毕咨询板块功能，2020年下半年正式投入使用，实现咨询工作流程网络化，在线上完成发布排班、预约咨询、填写咨询记录、统计等功能；测评版块用于2020级新生普查，完成发布计划、查看测评结果、导出报告等工作；危机板块已完成危机上报、审核、评估、干预等流程的规范化建设。云平台充分利用大数据技术，为开展学生心理健康教育活动提供真实有效的数据支持，促进心理健康教育工作的信息化、网络化，提升心理育人实效。

（史海松　赫一丹）

【线上MOOC建设】 2020年，北京校部对“心理·生活·人生”MOOC进行改版建设。9月至12月，中心依托学堂在线慕课平台，组织部分专兼职任课教师对“心理·生活·人生”MOOC进行的更新录制。修订自我、学习、恋爱三个章节，新增人际沟通板块内容，压力、生涯两个章节。本次慕课录制使用心理健康教育中心团体活动室为背景，风格亲切活泼，内容生动有趣。

（史海松　郝一丹）

【开展朋辈团体心理辅导】 2020年，心理健康服务中心以经管系、动力系和法政系为试点，面向2020级新生以班级为单位开展朋辈心理成长工作坊30余期，旨在提高新生环境适应、建立关系、自我探索和目标管理等方面能力。

（石世平）

【举办线上毕业典礼】 2020年7月3日，华北电力大学2020届毕业生毕业典礼以线上直播形式举行，学校9432名2020届毕业生与师长、亲友相聚“云端”，共同参加华电历史上首次“云毕业典礼”。党委书记周坚、校长杨勇平等校领导出席毕业典礼，校长杨勇平作题为《让真善美的力量充盈人生之旅》的讲话。光明网客户端、“学习强国”平台、新浪微博、抖音、快手等平台全网同步直播此次毕业典礼。据统计，共计近90万人次在线收看本次直播。通过学工平台，制作并发布“云合影”H5，在企业微信平台上线“毕业留念云合影”功能模块，实现线上为毕业生拨穗正冠、与校长合影留念等功能，为特殊时期的毕业生送去温暖。

（丁　宁　李　健）

【拓展招生宣传途径】 2020年，学校及时调整本科招生宣传策略，主动创新招生宣传工作方式，确保疫情防控期间本科招生各项工作稳步推进。学校在3月至6月，利用微信公众号、今日头条、QQ群等平台开展招生宣传工作，微信公众号总阅读量达17万人次，今日头条阅读量达42万人次，组建29个省区市的招生宣传QQ群；同时与人民网、光明网、北京人民广播电台、电网头条、腾讯视频、今日头条等多家网媒、新媒体平台展开招生宣传直播，总计20余场，观看总人数达120万人次；学校还上线网上高招办小程序，推出填报分析和智能咨询等项目。同时，学校梳理全国4000余所生源质量较好的省市级、国家级等重点中学（含分校）的联系方式并邮寄招生宣传纸质材料。学校在10月份组织宣传教师赴石家庄、衡水、邯郸参加重点高中“校园大学节”活动，以更好地服务广大考生和家长，提升学校知名度和影响力。

（马文君　张春旺）

【举办多场大型校园双选会】 2020年华北电力大学北京校部举办4场线下双选会，10余场线上双选会，共有292家用人单位入校招聘，数千家单位参与线上招聘，招聘专业涵盖学校所有专业。线下双选会包括：10月31日、11月14日，举办北京高校毕业生就业指导中心——华北电力大学2021届毕业生秋季双选会，共178家单位入校招聘；11月1日举办国网人才中心－第十八届全国电力人才招聘大会，共12家用人单位参与；11月28日举办华北电力大学2021届毕业生冬季双选会，共102家单位参与，为近三年同期参与单位最多的一场。此外，由于疫情原因，在响应国家疫情防控的同时，北京校部携手智联招聘、前程无忧、北极星等三方平台举办十余场线上招聘会，数千家用人单位参与。

（李　健　丁　宁）

【就业官网就业APP运行】 2020年，华北电力大学就业官网、就业APP正式运行。累计注册单位数量为7453家，发布招聘岗位7459个，岗位需求总数约561420个，定向推送就业信息9725条，平均网站日浏览人次达3万以上。

（李博阳）

【获北京地区高校就业工作先进个人】 2020年，北京校部李健、李鹏、李双阳、杨鸣建等4名就业工作人员获2020年度北京地区高校就业工作先进个人。

（李　健）

【成立大学生职业发展工作室】　2020 年，华北电力大学成立大学生职业发展工作室，帮助学生解决就业过程中遇到的困难与困惑，加强学生生涯教育和个性化指导，提高职业规划能力和就业竞争力，9 月至本年底已完成线上咨询 100 余人次，线下一对一咨询 30 余人次。

（丁　宁）

【开展 2020 届毕业生毕业教育活动】　2020 年 5 月至 6 月，华北电力大学开展“共抗疫情 爱国力行 我与华电共奋进”主题毕业教育活动。活动内容包括“来时青涩，去时高飞”毕业生交流活动、“守初心担使命，华电学子在这里”2020 届赴基层工作毕业生事迹展示、“我最喜爱的大学老师”和“我的大学”主题征文活动、“微华电，正青春”毕业主题微视频征集活动、“毕业了，我想说……”毕业留言活动、“我是华电人”栏目招募活动等，活动覆盖学校 2020 届全体毕业生。

（丁　宁　李博阳）

【开展就业指导系列活动】　2020 年 9 月至 12 月，华北电力大学开展 2021 届毕业生就业指导服务月（北京）及第十二届大学生“职业导航月”（保定）就业指导系列活动，内容包括就业形势与政策宣讲会、“在祖国最需要的地方建功立业”基层优秀校友访谈、生涯助航服务、“求职必修课”专题系列讲座、网上签约流程及相关政策解读、“职为你来”企业校园行，以及公务员、研究生、国网报考和国（境）外留学等专题讲座，为广大学生提供全方位、贴切化、个性化的职业指导与服务。

（丁　宁　刘明浩）

【落实“一人一策”工作台账制度】　2020 年，依托就业系统，针对家庭经济困难、身体残疾等特殊毕业生群体，分别建立就业工作台账，实行分类帮扶和“一人一策”动态管理。针对 2020 届毕业生，累计建立工作台账 4000 余人次。对湖北籍毕业生和就业困难毕业生，逐一落实帮扶责任人，制定帮扶措施，通过“点对点、一对一”方式，精准开展帮扶。2020 届毕业生中湖北籍毕业生就业率高于全校平均水平。

（丁　宁　刘明浩）

【实施大学生就业扶助项目】　2020 年 4 月至 7 月，华北电力大学先后完成 2020 届 228 名湖北籍暂未就业或家庭经济困难暂未就业毕业生补助金的统计、审核及发放工作，共计发放金额 90500 元。

（丁　宁　刘明浩）

【举办数百场校园专场招聘会】　2020 年，保定校区举办数百场各类专场招聘会，其中包括各省电网公司、各大能源发电集团专场招聘会 40 余场。通过大、中型双选会、专场招聘会、日常招聘会等多种形式进一步拓展就业市场。年内，保定校区共有 2459 家单位举办宣讲会，其中接待入校招聘单位 1146 家，线上宣讲单位 1313 家。此外，保定校区积极响应教育部号召，自 10 月 20 日起，在学校就业网、就业公众号等平台推广教育部 2021 届 24365 校园招聘服务，吸引毕业生积极参与并投递简历。

（李兰涛　华子昊）

【国防教育工作显成效】　2020 年，北京校部开展“爱我国防”主题教育，将国防教育与征兵工作、军理理论课贯通融合，国防教育工作取得多项成果。保定校区完成 2020 级新生军训工作，开创“现役教官＋学生教官”军训新模式，有效解决承训部队现役教官人员短缺等问题，进一步提升军训在新生教育、管理及教学工作中的实践育人效果。北京校部根据北京市军训办关于 2020 年军训工作通知要求，将 2019 级、2020 级学生军训工作推迟至 2021 年进行。

（魏天雨　张冰华）

【征兵工作再创佳绩】　2020 年，学校通过举办“携笔从戎报国志 · 青春激昂军旅情”优秀退役大学生士兵先进事迹报告会、开展“绚烂无悔 · 华样青春”系列线上征兵政策宣讲等方式，进一步拓宽征兵宣传渠道，提高征兵宣传工作效率，多角度、全方位的引导学生积极投身强军事业。2020 年 8 月，学校克服新冠肺炎疫情不利影响，组织 97 名学生从全国各地返校参加征兵体检，北京校部返校参加征兵体检 72 人，保定校区返校参加征兵体检 25 人。2020 年，学校共有 46 名学生参军入伍，其中在校参军入伍 33 人（北京校部 26 人、保定校区 7 人），生源地参军入伍 13 人（均为保定校区），参军人数创造历史新高。

（魏天雨　张冰华）

安全保卫工作

【概况】　2020 年，华北电力大学保卫处管理人员共 33 人，其中北京校部 15 人，保定校区 18 人。

2020 年，华北电力大学把做好新冠肺炎疫情防控安保工作作为全年首要政治任务来抓，重点加强校园周边及出入口的管控，制定《华北电力大学新冠肺炎疫情防控期间人员出入校园管理规定》，对进校人员及车辆实行预约管理，参与学院“毕业寄”行李打包活动。完成部分学生返校、新生入学、研究生考试、英语四六级考试、毕业典礼、活动演出、毕业生双选会等重大任务安保工作，保证疫情期间及疫情防控常态化情况下整个校园的安全平稳和教学秩序的正常有序。开展“交通秩序整治月”活动，着力整治校园交通乱象，为学校常态化疫情防控提供良好的校园交通环境。

党建工作。把握正确方向，深入学习十九届五中全会精神，积极开展“四史”学习教育。通过召开支部主题党日活动、参加网络平台学习等方式掀起学习十九届五中全会精神的高潮，认真完成校园安全稳定工作“十三五”规划总结及“十四五”规划撰写，确保学校政治稳定和师生生命财产安全。深入开展“四史”学习教育活动，深刻认识红色政权、新中国、中国特色社会主义及我国抗疫斗争重大战略成果的来之不易，边学习边巩固“不忘初心，牢记使命”主题教育成果。

安全教育。持续进行总体国家安全观、防诈反诈、防谍反谍、防邪反邪、交通安全教育，通过消防应急疏散演练和实操灭火演练，创新新生入学安全教育模式，发放安全教育手册，通过平安校园多媒体电子屏推送各类安全标语，针对治安、消防安全、网络安全、交通安全、抵御校园传教防邪反邪、防诈骗、防传销、防校园贷、国家安全、法制宣传等主题推送安全信息，提高师生安全防范意识。北京校部免费发放《大学生安全手册》《拒绝邪教》等1000多册，各种安全宣传品8000份；微信公众号《安临华电》《爱失招》发布50余期安全推送，300余条。保定校区保卫处举办2次安全教育月活动，在消防安全宣传月活动中组织消防培训、演练9次，参训教职工和学生共2000多人，组织1300名学生参与大型疏散逃生演练，对500名新生宿舍长进行了专场培训；利用校园广播、展板和校园网络宣传消防知识4次，共培训学生2000余人次；组织后勤、院系和重点部门开展灭火培训3次。

校园治安。北京校部全年发生各类案件共计66起，发案率较上一年减少39.4%。保定校区全年合计处理预约入校近150000人次，处理疫情防控信息16000余条，办理临时用工人员出入证1000余个，汇总制作人员出入登记表格700余份。北京校部完成校内近40栋楼宇的避雷检测和15万多平方米建筑的“消、电”检测工作，更新灭火器700具，报废灭火器700多具，维检灭火器200多具。保定校区开展消防安全检查10余次，新配置灭火器3800具，保养、维修消防应急照明指示灯、安全出口、疏散通道指示牌2235套，维修维护、保养试水试压注油室内消防栓1060套(件)，对30台各种类型消防水泵，56套地下消防栓和水泵接合器进行定期检查、维护保养。

物防技防建设。改造学校大西门，在学校重点部位增加摄像头116个，在15、16号女生公寓区加装治安岗亭及红外对射报警装置，构筑学生公寓安全防火墙，进一步提升“平安校园”建设水平。

户籍工作。北京校部完成30余人次政审工作，共协查安全、公安机关19次核查工作，办理新生落户1832名，毕业生迁出1600多名。保定校区全年落户410余人，迁出680余人，办理户籍借用手续480余人次，办理各类证件600余个。

人口普查。出台《华北电力大学第七次全国人口普查实施方案》，顺利完成户口整顿、人口基础台账信息采集、入户登记、质量检查等各项工作，共登记4379户，总人口19184人。

（鄢　知　刘　让）

【开展4·15全民国家安全教育日主题活动】 2020年4月15日，华北电力大学开展全民国家安全教育日系列教育活动，在教二楼大屏幕播放自制主题宣传视频，在教一楼和学生一、二、三食堂电子屏播放宣传用语，宣传栏招贴宣传教育海报，人流密集区域悬挂宣传条幅，总体国家安全观教育不断入脑入心。

（秦中彤　鄢　知）

【完成第七次全国人口普查工作】 2020年5月至12月，华北电力大学完成第七次人口普查工作。学校党委高度重视人口普查工作，成立华北电力大学第七次全国人口普查工作领导小组，选聘11名指导员和69个普查员，组建华北电力大学人口普查工作小组。北京校部经过采集人口基础信息数据，标绘建筑物，整理数据，实地查勘，入户登记，经对比复查，共统计上报114栋建筑物，登记总户数4379户，登记总人口19184人，户籍人口7390人，港澳台人员8人，境外人员179人。

（秦中彤　鄢　知）

【开展安全生产月宣传活动】 2020年6月，华北电力大学开展“防风险、除隐患、遏事故”安全生产月宣传活动。在平安校园电子屏播放防范电信诈骗、抵御宗教渗透、食品安全、交通安全、遏制安全事故、宿舍防火、防传销、防范校园贷、网络安全等方面宣传标语百余条，在《安临华电》微信公众号上推出六期安全月主题推送。

（秦中彤　赵风雷）

【举行全民反诈系列宣教活动】 2020年9月至12月，华北电力大学与属地公安部门联动，开展“全民反诈”系列宣传教育。通过悬挂条幅、张贴宣传彩页、发放公安部门制作的《致北京市全体大学生的一封信》、校园广播台播放反诈知识技能、电视播放反诈宣传片、制作“全民反诈”APP不干胶贴等形式的宣传教育，学生防诈反诈意识和能力得到显著提高。

（康全起　鄢　知）

【举办防宗教渗透宣传活动】 2020年10月，华北电力大学开展“抵御邪教和防范宗教渗透”宣传活动，组织大学生治安服务队在外场发放安全知识，向学生免费发放《抵御和防范宗教渗透校园》知识手册和“反邪教知识教育”宣传品1000余册。结合校内易发案件，发放防范电信诈骗、抵御邪教、防校园贷、防推销诈骗、消防安全知识等各类宣传品 3000 余份。

（秦中彤　鄢　知）

【开展 119 消防宣传月活动】 2020 年 11 月，华北电力大学开展“119 消防宣传月”活动，在二食堂南侧广场进行外场宣传活动，发放消防安全常识数千份，进行初起火模拟灭火指导演练，并进行有奖竞答活动。11 月至 12 月，针对冬季火灾特点，编制《宿舍防火安全小常识》并在新生宿舍中发放。

（秦中彤　鄢　知）

【开展校园交通秩序整治月活动】 2020 年 11 月，华北电力大学开展“交通秩序整治月”活动，着力整治校园内车辆超速行驶、违规停放、随意鸣笛、货运车辆无序进出校园等交通乱象，及时消除各类交通安全隐患，预防和减少交通事故，切实维护师生员工的人身安全，确保校园交通秩序平稳正常，取得显著成效，为学校常态化疫情防控提供良好的校园交通环境。

（单纪胜　鄢　知）

工　会　工　作

【概况】 2020 年，华北电力大学工会服务学校中心工作，推进学校民主管理，健全教代会和工会的各工作委员会工作机制，落实代表提案，维护教职工权益，做教职工贴心人；助推“双一流”建设，助力教职工职业发展，不断提升教职工综合素养，大力弘扬劳模精神和工匠精神。夯实保障机制，加强工会自身建设，提高服务能力和水平。通过创新工会工作模式和活动方式，不断增强工会组织的创造力、凝聚力，更好地发挥工会“职工之家”的作用，努力把工会建设成为深受职工群众信赖的职工之家，与此同时，校工会以教职工队伍建设为重点，通过多种形式的教育活动，提高教职工综合素质。校工会探索教职工服务体系建设，提高工会的服务能力，为教职工做实事、解难事。

教代会工作。工会作为教代会工作机构，以深化教代会制度建设和推进教代会专委会建设为抓手，有力促进学校民主管理，召开华北电力大学第七届教职工代表大会第二次会议。杨勇平作题为《创新制度体系 提升治理效能 推进学校高质量内涵式发展取得新突破》的学校工作报告。报告围绕立德树人根本任务，聚焦高水平研究型大学建设目标，坚持以人为本的理念，优化校内校外资源配置，着力提升落实执行、攻坚克难、防线防范三大关键能力，围绕“四个策略、五个体系”发展思路，结合“双一流”建设目标，统筹“十三五”收官和“十四五”谋篇，结合疫情防控新形势新要求，对学校事业发展进行系统谋划。与会代表一致通过《华北电力大学第七届教职工代表大会第二次会议决议》。周坚作题为《战疫发展两不误 同心聚力谱新篇》的讲话。讲话强调五点意见。提高政治站位，持续加强党的全面领导，为学校改革发展提供坚强政治保证。强化责任落实，继续抓好常态化疫情防控，精细做好毕业生返校工作。注重改革创新，提升治理效能，切实推进治理体系治理能力现代化建设。勇于攻坚克难，坚持走高质量内涵式发展之路，实现事业发展的新突破。汇聚发展合力，进一步发挥好教代会、工会作用，全心全意依靠师生办好负责任的大学。

疫情防控专项工作。疫情之初进行防疫物资口罩、酒精的团购工作，疫情期间开展“巾帼抗疫，最美宅拍”三八妇女节活动、“健康华电 全员锻炼”教职工线上运动以及弘扬抗疫精神主题书画摄影展活动，教职员工踊跃参与。慰问在岗一线的后勤、医务、保卫职工和辅导员。

奖励与表彰。学校各级工会组织和全体会员紧紧围绕学校中心工作，心系职工，服务大局，立足岗位，为助力脱贫攻坚、打赢疫情防控阻击战、推动学校事业发展做出贡献。北京校部工会评选出 2020 年度工会先进集体和个人名单先进分工会 9 个、先进分工会主席、副主席 26 人、委员会先进工作者 13 人、工会经费审查先进工作者 3 人、工会女工先进工作者 19 人、工会福利先进工作者 16 人、工会宣传先进工作者 11 人、工会工作积极分子 204 人。保定校区工会评选出 2020 年度保定校区先进分工会 7 个、工会工作标兵 7 人、优秀工会干部 19 人、先进工会小组 28 个、工会积极分子 78 人。

女工和生育服务工作。建立女会员、人口信息、劳动关系信息管理系统数据。对女教工的婚育情况进行调查研究，及时发现并解决女职工关心的难点、热点问题；对办理婚育证明的教职工，包括学生的婚育证明进行管理归类。“三八”妇女节打造节日活动特色品牌；组织女教职工开展形体舍宾、瑜伽培训。为 2020 届全体研究生和本科生毕业生开具婚育状况证明。为患病教工办理女工特疾保险理赔。为退休独生子女父母，发放离退休教职工独生子女父母一次性奖励。

校工会其他工作。指导各分工会召开二级教代会，完成分工会委员届中调整，邀请副校长檀勤良针对“提高工会干部政治站位”进行专题培训，为各分工会订阅四份各类工会期刊，提高工会干部理论水平。对教代会提案系统和工会网站进行改版，对教工之家功能进行升级，召开 2020 度分工会工作交流互评总结会，表彰获批五个北京市暖心驿站和两个北京市高校优秀基层职工之家。

（杨永海　赵怀璧）

【组织学校七届二次教代会】 2020 年 5 月 14 日至 15 日，组织召开华北电力大学第七届教职工代表大会第二次会议。学校领导和288名正式代表、22名列席代表共商学校发展大计。在统筹推进新冠肺炎疫情防控和经济社会发展的特殊时期，会议以视频形式在北京校部、保定校区同时举行。

（杨永海　赵怀璧）

【开展扶贫专项工作】 2020年，校工会组织落实教育部"e帮扶"平台、国务院扶贫办贫困地区农产品网络销售平台工作（"832"扶贫工作平台），从动员教职工帮扶购买到工会直接购买贫困地区农副产品作为会员节日慰问品，扶贫额度累计超过160万元。发动教职工为确山县朱李庄社区小学捐献"爱心图书馆"图书和文具。将毕业生捐赠的热水壶、脸盆、衣架等爱心物资送给阜平龙王庙村、凹里村老百姓。

（杨永海　赵怀璧）

【召开教代会提案评审会】 2020年6月，教代会提案委员会召开教代会提案评审会，确立提案65件，提案处理工作涉及10个职能部门，提案委员会开展提案督办，组织代表与承办部门座谈会。提案委员会把落实代表提案、推动提案工作成为促进学校发展的角度开展相关工作，密切代表和承办单位之间的工作联系，提高提案办理效率，进一步促进相关问题得到制度性、阶段性解决。

（杨永海　赵怀璧）

【张化永获评北京市先进工作者】 2020年，按照《关于2020年北京市劳动模范、先进工作者和模范集体评选表彰工作的通知》（京劳评发〔2020〕1号）要求，组织参评北京市劳动模范和先进工作者，张化永获评2020年北京市先进工作者。

（杨永海）

【开展精细化服务】 2020年，校工会为全校教职工发放福利2次，并开展会员送温暖、劳模春节慰问、教职工从教三十周年等活动。工会所属教职工文体协会通过线上和线下方式开展各类文体活动，极大地丰富教职工的业余生活。改善"教工之家"软硬件条件。完成2020年《在职女职工特殊疾病互助保障活动》投（续）保工作，共参保832人，投保1664份，保费41600元，其中由校工会支付全部在编女职工保费32750元。为教职工办理第五批京卡·互助服务卡。开展"医路阳光"职工心理健康系列讲座。为教职工子女举办2020年高考政策咨询会。开展教职工"迎新春 送春联"活动。为广大女职工联系两家医院体检，即保定第一中心医院和慈惠医院，给女职工选择的权力。

（杨永海　赵怀璧）

【举办教师板书比赛】 2020年11月17日，校工会联合华电书画摄影协会举办华北电力大学2020年教职工板书比赛。教师板书比赛以赛促练，体现教职工的书法和设计功底，展现教职工的板书水平，践行教书育人的职业规范。副校长檀勤良出席活动。参赛选手在15分钟内充分展示自己独特的板书风采，本次比赛规定内容包括习近平总书记在全国教育大会上的重要讲话、教育法和教师法、校歌、古诗词等，选手在规定内容之外也可以进行加选内容的创作。比赛邀请学校教职工书画摄影协会、教师和学生代表作为评委，对参赛作品逐一进行点评和打分。经评委充分评议，共选出一等奖5名，二等奖7名，三等奖10名。

（杨永海）

【女教授协会换届】 2020年9月15日，根据新一届首都女教授协会要求，学校女教授协会召开换届大会，成立第四届女教授协会理事会，会长刘崇茹，副会长曹运华、朱晓红。

（杨永海）

【举办学校第二届青年教师教学基本功比赛】 2020年12月19日，华北电力大学第二届青年教师教学基本功比赛决赛在保定校区二校区教九楼举行，32名选手参加决赛。校长杨勇平、副校长檀勤良，两地工会、教务处和人事处负责人，专家评委、学生评委、观摩比赛的师生代表等出席活动。檀勤良在开幕式上讲话，杨勇平为获奖教师颁奖并在颁奖仪式结束后讲话。本次决赛分工科组和文理组进行比赛，32名选手根据抽签顺序依次上台展示。工科组组长、北京交通大学教授黄辉，文理组组长、河北大学教授薛国风及评委与参赛教师深入交流，就教学设计、现场展示和教学反思三个比赛环节的内容进行有针对性的点评和指导。经过专家组评议，本次青年教师教学基本功比赛最终产生一等奖6名，二等奖10名，三等奖16名。比赛自2020年10月底启动以来，教学系统和工会系统联手行动，共同组织符合参赛条件的青年教师进行初赛选拔。工会、教务、人事部门联合组织校内外专家对青年教师进行赛前培训和示范课观摩，开展教学设计、现场展示、课程思政、衣着礼仪等方面内容的培训。

（杨永海　赵怀璧）

共青团工作

【概况】 2020年，北京校部共青团共有教职工4人，其中团委副书记（代理主持工作）1人，团委副书记2人，职员1人。下设12个基层团委，3个基层团总支，共有共青团员16349人，团支部593个，学生社团89个。保定校区共青团共有专兼职教职工5人，其中团委书记1人，团委副书记1人，学生会秘书长1人，兼职行政保研2人。共有专（兼）职基层团委（团总支）书记8人，下设11个基层团委，1个基层团总支，1个直属团支部。共青团员15037人，团支部565个，学生社团83个。

2020年，北京校部在学校团员教育评议工作中共评出优秀团员995人，优秀团干部611人，先进团支部34个，青年志愿者标兵12人，文体标兵12人，科技标兵12人，优秀团日活动14个。保定校区在学校团员教育评议工作中共评出优秀团员842人，优秀团支部105个，创新创业先进420人，优秀团干部262人，团员标兵20人，志愿服务先进341人，志愿服务先进团体4人。

北京校部团委参加全国、北京市评优评选，17人获评北京市三好学生，5人获评北京市优秀学生干部，5个班集体获评北京市先进班集体。在2020年度全国、河北省、保定市共青团评优表彰中，团委（保定）获2020年保定五四先进集体1个团支部获保定市五四红旗团支部荣誉称号，29名学生、青年教师获"冀青之星"荣誉称号。

北京校部集中开展"青春逐梦心向党，砥砺奋进新征程"主题团日活动。全校共592个团支部，16000余名师生参与本次活动。保定校区团委组织广大团员青年深入开展"绽放疫情青春，坚定制度自信""筑梦青春心向党，决胜全面小康年"等主题教育实践活动与团日活动，并组织各级团举办团日活动、座谈会、辩论赛、演讲比赛等形式的主题教育活动1000余场次，参与人数达4万人次。积极组织实施青年大学习，覆盖到所有团支部，学习率达到70%以上。"情暖童心"教育精准扶贫实践育人行动获评教育部2020年高校思想政治工作精品项目。3名学生获评"中国大学生自立自强之星"；7名学生参加团中央、团省委"青马培训"工程。

2020年，北京校部团委开展以"青年服务国家"为主题的暑期社会实践活动，共组建245支社会实践团，同学们立足首都，足迹遍布全国20多个省区市，在2020年"青年服务国家"首都大中专学生暑期社会实践评选中，共评得先进工作者6名、优秀团队6支、先进个人6名。保定校区团委开展以"小我融入大我，青春献给祖国；决战脱贫攻坚，投身强国伟业"为主题的暑期社会实践活动，"天山同语·民族同心"推普脱贫攻坚志愿服务实践团、石祎炜同学分别获共青团中央2020年全国大中专学生"三下乡"社会实践活动优秀团队和优秀个人。

2020年，北京校部团委全年开展各类志愿活动超100次，招募志愿者5536人次，月均开展志愿活动9次，积极参与2020年中国国际服务贸易交易会志愿服务、"学宪法讲宪法"全国总决赛志愿活动等大型志愿服务。华电青协晨濡支教团、电力讲师团与公益书屋项目开展多次线上录课授课活动，联系新疆、西藏及云贵地区的学校进行线上支教活动，"电力讲师"项目获评2020年北京市志愿项目服务大赛铜奖项目。保定校区开展"情暖童心"七彩假期活动，对河北顺平、河北阜平、河南确山9所小学的留守儿童、小学生进行亲情陪护和学业辅导，共计86名大学生志愿者对818名留守儿童、小学生进行了共计1484小时的辅导。"天山同语·民族同心"项目获全国志愿服务大赛银奖，"无声星球，为爱发声"项目获全国铜奖。"出柿入市一圆梦果农"项目获省级银奖，创智课堂——点亮西部学子的成才梦获省级银奖，"萤火青年"志愿服务队获省级铜奖，校团委获2020河北省青年志愿服务大赛优秀组织奖。全校共选拔招募2名西部计划志愿者和14名研究生支教团志愿者，赴祖国西部基层建功立业。

2020年，北京校部举办社团风采展、荧光夜跑、华电演说家等品牌性活动，全年共计28000余人次参与各类学生活动。北京校部团委、艺术教育中心共设7个公众号，总关注人数累计77000余人，共推出1272篇推送，单篇最高点击量为11303次，内容涵盖团委各部、学生会、研究生会、艺术团等组织状况与校园活动、志愿者招募、社会实践等师生关注的校内外信息。保定校区团委开展包括大型校园文化活动在内共计830余场文化活动，直接参与人数达33000余人次。积极响应团中央"三走"活动，校团委组织开展第五十二届田径运动会，学生参与率达90%以上。保定校区团委、学生会、研究生会、社联微信公众号关注人数达5万余人次，本年度累计发文近千期。"保研学子访谈""优秀团员访谈"等推送总阅读量达2万余人次。

保定校区团委作为2022年北京冬奥会和冬残奥会张家口赛区制服与注册分中心辅助高校持续推进人才储备及培训工作，至年底，共3188人报名冬奥志愿者，保定校区共选拔出124名冬奥会储备志愿者。华北电力大学与其他高校联合发起"制服与注册中心"专场活动在崇礼区银河滑雪场举行，学校13名师生骨干志愿者参加交流营活动。

思想教育实践。北京校部以青年大学习为基础，团学骨干培训班为提升，推动团员青年政治学习常态化。集中开展"青春逐梦心向党，砥砺奋进新征程"主题团日活动，覆盖全校所有团支部，16000余名师生参与本次活动。团学骨干、第22届支教团成员王义获"中国大学生自强之星"。保定校区开展"绽放战疫青春·坚定制度自信""众志成城共抗疫情""让青春为祖国绽放"等主题教育活动、团日活动2000余场，覆盖全校团员青年；实施"青年大学习"行动，组织开展关于"齐心协力，百团战'疫'"主题社团活动征集，"云同桌""居家打卡"等活动，推动全校青年团员向好向善发展，活动累计参与13000余人次；组织开展"学习十九届五中全会精神"等主题学习会、座谈会，助力基层团组织政治思想道德建设。

疫情防控。北京校部组织开展系列抗疫主题团日活动，为武汉助力为中国加油，向同学们宣传正确的防疫心态，号召全体团员青年团结一致做好防护；成立“抗击疫情”湖北学生临时团支部，充分发挥共青团员生力军的示范引领作用，凝聚带领广大团员青年，筑起群防群治的严密防线；倡导各学生组织、社团结合自身特色开展相关活动。开展“我们的亲人在一线”主题征文活动。倡议广大团员青年记录亲人的感人故事，向公众传递信心、向患者传递爱心、向医务工作者和相关工作人员表达敬意。作品择优在华电青年报微信公众平台陆续刊发，共发布19篇；组织开展“从抗击疫情读懂中国道路高校联合抗疫志愿宣讲——华北电力大学专场”活动，相约云端、凝聚信心、同心抗疫；为了做好疫情防控工作，更好地保障全校师生的生命健康安全，9月新学期开始，学校实行校内行程扫码登记制度。校团委组织下，各院系志愿者按时上岗，引导师生完成入楼扫码登记。

志愿服务。北京校部第一时间与小汤山医院对接，为在京防疫一线的医护人员子女提供线上支教服务，对接33个家庭，服务历时98天，累计志愿服务时长399小时，该活动被人民网、现代教育报等多家媒体报道，该志愿活动志愿者代表参与录制央视2020年五四青年节特别节目——“奋斗的青春最美丽”；为确山县中小学教师和家长制作安全用电、人身安全、交通安全、心理健康及新冠防控等五个科普视频，受到广泛好评；参与完成中国国际服务贸易交易会志愿服务和第五届全国学宪法、讲宪法活动总决赛志愿服务，受到社会各界好评，其中高逸群、向珂、吴昊轩、苏欣竹被评为2020年中国国际服务贸易交易会优秀志愿者。北京校部245支社会实践团以“青年服务国家”为主题开展实践活动，首次采用公开答辩、邀请校外评审的方式评选优秀实践团队，评选更加公开规范。依托新媒体，跟进团队动态，采访优秀团队，从中总结经验。保定校区团委以“服务国家战略，促进学生发展”为原则，以各级志愿服务组织为依托，以志愿服务中心为主要阵地，通过提升志愿者数量和质量、扩大项目品牌知名度的方式，不断推动志愿服务工作向稳定化、专业化、项目化发展，继续完善志愿者管理制度，规范志愿时长认定流程。2020年，累计3000余名学生在志愿汇登记成为志愿者，并且登记人数仍持续上升。2020年，学校以“情暖童心”“无声星球”“天山同语”为代表的志愿服务项目整体框架搭建日臻完善，项目运行更加流畅，其中“天山同语”和“无声星球”项目在第五届中国青年志愿服务项目大赛分别获银、铜奖。

团学组织改革。校团委贯彻落实习近平总书记致全国青联十三届全委会和全国学联二十七大的贺信和党中央致辞精神，持续深化学生会、研究生会组织改革创新，按照《关于推动高校学生会（研究生会）深化改革的若干意见》以及《高校学生会组织深化改革评估工作方案》要求，推动学生组织精简组织、合理分工、规范制度、强化学生组织服务学生的意识，坚持全心全意为学生服务。北京校部团委的“学社衔接”率达99.8%，其中，转出发起率达100%，已登录团员数比例为99%，已向社区报到比例为89.08%，注册志愿者比例为98.49%。深化学生会和社团改革工作，强化提升学生社团的规范化、科学化水平，常态化收集、了解学生社团诉求和现实困难，从资金、场地等方面给予支持。北京校部学生会部门由原来的9个整合为5个，人数由原来的203人缩减至56人，普及疫情防控知识，逐步完成学生会组织改革，举办“新生启航”系列讲座，办理学生公交卡，开展“半份菜”试点工作，累计服务师生两万余人次。研究生会部门由8个整合至6个，人数由98人缩减至50人，组织趣味运动会、事业启航工作坊等活动，累计服务师生2500余人。保定校区召开第十四次学生代表大会暨第二次研究生代表大会，并选举产生新一届校学生会主席团和研究生会主席团。校研究生会在疫情期间推动“云笔记”等活动，为学校学子解决学习困难提供资源；校学生会开展“云同桌计划”，通过“1＋1互助提升同桌”和“1帮1学业辅导同桌”两种方式，助力学生学业。校团委通过健全大学生创新创业服务中心、志愿服务中心、“学·思·行青年之家”管理规范制度，充分发挥其在创业创新、志愿服务、团日活动方面的积极作用，为全校师生参与团学事务提供一站式、全方位服务。

校园文化建设。组织开展迎新生晚会、社团风采展、团干部技能大赛、经典朗诵、华电演说家等一系列有影响力的校园文化品牌活动，丰富校园文化生活。保定校区团委积极响应团中央“三走”活动，校团委协同党政办、体训部等部门组织开展第五十二届田径运动会、第二届冰雪运动会等体育活动，学生参与率达90%以上。

冬奥会志愿者选拔及培训。为积极配合2022年北京冬奥会举办，成立华北电力大学冬奥会和冬残奥会领导小组，专职负责冬奥会志愿者选拔及培训相关事宜，校团委在全校范围内进行选拔冬奥会储备志愿者，确保学校储备志愿者在奥运会、残奥会期间出色完成志愿服务工作。保定校区发起并组织参加河北省迎冬奥志愿者骨干交流营，促进高校之间冬奥会志愿者培训经验交流。

（黄建成　梁　岩　梁博通）

【开展志愿关爱行动】 2020年2月，为贯彻落实共青团中央“同舟共济青春偕进”关爱帮扶受新冠肺炎疫情直接影响的青少年特别行动，华北电力大学积极招募大学生志愿者，为在京防疫医护人员的子女提供线上辅导服务。活动累计招募志愿者34人，对接医护人员家庭33个，服务周期98天，累计志愿服务时长399小时。

（黄建成　梁　岩）

【开展“青春战‘疫’”网络文化作品征集活动】 2020年2月4日，校团委发起“青春战‘疫’”网络文化作品征集活动。各院系团委动员团员青年发挥专业所长创作文化作品，广大团员青年踊跃投稿，共征集各类文化作品300

余份。

（梁博通）

【开展“学雷锋纪念日”系列活动】 2020年3月5日是第57个“学雷锋纪念日”，也是第21个“中国青年志愿者服务日”。为深入贯彻落实习近平总书记关于疫情防控工作的重要讲话和指示精神，进一步弘扬“奉献、友爱、互助、进步”的志愿精神，团结带领广大青年，以雷锋精神为指引，投身疫情防控的号召，为防疫工作贡献青年力量，学校各级团学组织积极响应，精心组织，带领广大团员青年以实际行动投身疫情防控工作，共同营造“学习雷锋，奉献他人，提升自己”的志愿服务风尚，为打赢疫情防控阻击战贡献青春力量，累计开展活动160余次，参与人数达5000余人。北京校部校团委开展“学雷锋纪念日”系列活动。保定校区“萤火青年”志愿服务队响应学校在学雷锋主题日前后开展疫情防控志愿服务活动的号召，组织志愿者通过线上方式为一线防疫工作者子女提供关爱陪伴和学业辅导服务。一个月时间，成功对接23组家庭，团队事迹被河北新闻网、燕赵都市报等媒体广泛报道。

（黄建成　梁　岩　梁博通）

【举办抗疫志愿宣讲活动】 2020年3月29日，华北电力大学习近平新时代中国特色社会主义思想学习研究会举办“携起手来 同心抗疫——在防控阻击战中彰显青春风采”专题宣讲会。全校300百余师生齐聚直播平台，聆听五位讲师对抗击疫情不同角度的认识与思考，引发青年同心抗疫的和声共振。

（黄建成　梁　岩）

【获评第十三届河北省优秀青年志愿者】 2020年4月5日，由团省委、省青年志愿者协会联合开展的第十三届河北省志愿服务评选表彰结果揭晓，计算机系硕计181班党支部书记梁玮轩获评第十三届“河北省优秀青年志愿者”。

（梁博通）

【开展五四青年节系列主题活动】 2020年5月，为深入学习宣传习近平总书记对全国各族青年的寄语，激励和引领学校广大团员青年继承和发扬五四精神，为决胜全面小康、决战脱贫攻坚，实现中华民族伟大复兴中国梦贡献青春力量，校团委统一组织全校广大团员青年和团干部在线收看学习由共青团中央组织举办的“让青春为祖国绽放”网络主题团日活动，累计参与人数达2万余人次。收看结束后，各级团学组织积极行动，通过主题团课、线上交流研讨、宣讲报告等形式，积极开展学习讨论，分享学习感悟，共述青春故事，争做能担当、有作为的新时代青年。此次系列活动在北京校部、保定校区同步进行。

（黄建成　梁　岩　梁博通）

【启动情暖童心暑期实践活动】 2020年7月，校团委将“情暖童心”教育精准扶贫实践育人行动推广到阜平县，面向长林希望小学、栗元铺小学的60余名小学生开展“情暖童心七彩假期”2020年暑期系列公益实践活动。7月，在对外联络与合作处、电力工程系党委以及电力93级校友张磊光的大力支持和帮助下，校团委“情暖童心”行动将教育扶贫范围扩展到河南省确山县代庄小学，用“云支教”的方式点亮贫困地区孩子们的“七彩假期”。

（梁博通）

【获全国大中专学生志愿者暑期“三下乡”社会实践活动优秀团队和优秀个人】 2020年，共青团中央、全国学联等部门对2020年全国大学生社会实践活动进行集中表彰。华北电力大学“天山同语·民族同心”推普脱贫攻坚志愿服务实践团获“优秀团队”荣誉称号，动力工程系石祎炜获“优秀个人”荣誉称号。

（梁博通）

【推进“半勺菜”工作】 2020年9月20日，为进一步响应习近平总书记关于“厉行节约，反对浪费”的指示精神，增强就餐意识者爱粮节粮意识，以最大限度地减少量是浪费，共同建设节约型社会。北京校部与食堂沟通，推出半勺菜制度，切实解决剩菜剩饭问题。

（黄建成　梁　岩）

【举办迎新生文艺晚会】 2020年9月26日晚，北京校部“逐梦启航”华北电力大学2020年迎新生文艺晚会在操场举行。晚会以学校艺术教育工作的优秀成果为基础，以“逐梦启航”为主题，以感恩祖国、感恩父母、奋发成长为主线，充分激发华电学子的家国情怀和报国之志。副校长孙忠权出席晚会，学校相关职能处室、各学院党委负责人，全体2020级新生观看演出。保定校区“迎中秋 庆国庆”华北电力大学2020年迎新生文艺晚会在操场举行，校党委副书记郭孝锋，副校长律方成出席晚会，学校相关职能处室、各学院党委负责人，全体2020级新生观看演出。

（黄建成　梁　岩　梁博通）

【获河北省青年志愿服务项目大赛金奖】 2020年9月30日，2020年河北省青年志愿服务项目大赛结果公布，经过校内选拔推荐、省级答辩展示，华北电力大学《无声星球，为爱发声》项目获金奖，《天山同语·民族同心》《创智课堂——点亮西部学子的成才梦》《出柿入市，圆梦果农》等3项目获银奖，《“萤火青年”志愿服务队》获铜奖。学校获优秀组织奖。

（梁博通）

【第五十二届田径运动会在保定校区举行】 2020年10月17号，华北电力大学第五十二届田径运动会在保定校区举行。校党委副书记郭孝锋，副校长律方成及各院系、职能部门负责人出席开、闭幕式。运动员温德凡与裁判员闫旭分别代表全体运动员和裁判员宣誓。经过运动员激烈角逐，学生团体的电力工程系荣登榜首，经济管理系、法政系分列第二名、第三名；教职工团体的图书馆分工会、环境科学与工程系分工会和自动化系分工会分获前三甲。

（梁博通）

【北京校部举办暑期社会实践优秀团队评选答辩会】 2020年10月20日，校团委在教三报告厅举办2020年暑期社会实践优秀团队评选答辩会，本次活动邀请校外专家担任评委，校团委、各学院团委负责人出席会议。暑假期间，学校师生以“线上组织、属地实践、远程协同”为原则，围绕“讲述抗疫故事，树立制度自信”“决战脱贫攻坚，服务家乡发展”和“关注公共卫生，聚焦人民健康”三大主题开展社会实践，共245支团队立项，经过自主申报和院系初评，共27支实践团队入围终选答辩。答辩会上，实践团队以照片、视频、调研报告等丰富多彩的形式充分体现暑期社会实践活动所取得的成果，集中展示学校学生多种形式的社会实践活动。

（黄建成　梁　岩）

【北京冬奥会和冬残奥会志愿者人才储备及培训】 2020年10月24日、10月31日，华北电力大学根据北京冬奥组委及河北省团省委相关指示精神，持续推进2022年北京冬奥会和冬残奥会志愿者人才储备及培训工作。保定校团委分四批开展学生储备志愿者面试工作，累计邀请20余位专业教师担任评委，全方位多角度考察志愿者的综合能力。11月12日，北京冬奥宣讲团到校开展“燃动青春助力冬奥”——北京冬奥宣讲团走进百所高校系列宣讲活动专场报告会。校团委、各学院团委主要负责老师和各学院志愿者代表参加本次宣讲活动，校团委副书记盖姝主持会议。11月20日，组织推荐北京冬奥会和冬残奥会志愿者培训师，承担校内志愿者线下培训的相关教学任务。12月11日，学校参加北京2022年冬奥会和冬残奥会延庆赛区馆、校、地对接会议。

（黄建成　梁　岩　梁博通）

【举办团学骨干培训班】 2020年10月24日至11月15日，华北电力大学举办为期22天的团学骨干培训班。共开展专题报告6次、学习研讨2次、素质拓展活动1次。培训对象范围包括校级团学组织负责人和从本科到博士全体新生团支书、班长。此次团校培训，引导广大青年学生干部进一步感悟初心与使命，力求提升思想政治素质、政策理论水平、创新能力、实践能力和组织协调能力。

（黄建成　梁　岩）

【举办明德大讲堂专题报告会】 2020年11月6日，北京校部举办第十九期明德大讲堂“与信仰对话”专题报告会幕。报告会邀请到全国青联委员、全国道德模范董明进行讲座。充分展现一名久经考验的共产党员在荣誉和掌声面前，始终全心全意为人民服务的坚定理想信念。

（黄建成　梁　岩）

【参加第五届中国青年志愿服务项目大赛获佳绩】 2020年11月22日至11月24日，第五届中国青年志愿服务项目大赛在广东落下帷幕。该赛事是全国志愿服务领域最权威、最具影响力的赛事。保定校区培育的2个项目全部入围全国决赛，其中“天山同语·民族同心”项目斩获全国银奖，“无声星球，为爱发声”项目获全国铜奖。

（梁博通）

【举办艾滋病防控知识培训】 2020年11月26日，校团委联合校医院在教六一阶报告厅共同举办“携手防疫抗艾，共担健康责任”为主题的艾滋病防控知识培训，全国劳动模范、保定市人民医院院长陈振怀应邀作专题为“携手防疫抗艾，共担健康责任”的讲座。校团委书记陈火欣、校医院院长李迎春、校医院副院长代丽华、王朋来、各院系团委书记及负责教师出席本次讲座。华北电力大学2019、2020级团支部书记，校、系红十字协会全体成员，学生组织社团主要负责人共计500余人参加活动。

（梁博通）

【开展主题团日活动】 2020年11月，北京校部集中开展“青春逐梦心向党，砥砺奋进新征程”主题团日活动。全校共592个团支部，16000余名师生参与本次活动，调动广大团员青年切实把思想和行动统一到全会精神上来，增强“四个意识”、坚定“四个自信”、做到“两个维护”，矢志艰苦奋斗，努力为实现中华民族伟大复兴凝聚青春力量。保定校区团委开展“展望新征程 奋进新时代”学习十九届五中全会专题活动，积极组织团学干部了解十九届五中全会内容，学习十九届五中全会精神。学校各级团学组织踊跃参加，形成热学热议的良好氛围。

（黄建成　梁　岩）

【华电学子获评中国大学生自强之星荣誉称号】 2020年11月，“青春自强刚健勇毅”2019年度“中国大学生自强之星”评选活动由共青团中央、全国学联指导，中国青年报社、新东方教育科技集团联合开展。华电学子王义、谢仁阿依·阿卜杜热伊木获“中国大学生自强之星”称号。

（黄建成　梁　岩　梁博通）

【参与“学宪法讲宪法”志愿服务工作】 2020年11月27日至12月3日，华北电力大学40位志愿者参与第五届全国“学宪法 讲宪法”活动总决赛志愿服务。27日起，志愿者分批在北京南站、首都机场点迎接各省代表队、在举办场地引导参赛选手和领队老师报到、办理住宿并在赛事现场协助进行秩序维护以及分数统计工作，以热情饱满的态度服务来自全国各地的参赛选手和领队老师。

（黄建成　梁　岩）

【举办第一届研究生趣味运动会】 2020年11月28日，为进一步加强校园精神文明建设、丰富校园文化生活，促进研究生在体育锻炼中享受乐趣、增强体质、健全人格、锤炼意志，学校特以“运动、健康、快乐”为主题，举办第一届研究生趣味运动会。此次运动会将传统体育运动的竞技比赛与多样化的趣味活动相结合，在项目设置上更突出团队性与参与性，活动吸引众多同学线上报名、线下参与。

（黄建成　梁　岩）

【举办校级学生社团负责人培训会】　2020年11月28日，保定校区团委在学工楼306会议室举办“扬帆起航，共创社彩”校级学生社团负责人培训会。校团委（保定）书记陈火欣，校学生会（保定）秘书长张蓓蓓，全校84个校级学生组织、学生社团的主要负责人出席培训会。会上，陈火欣、张蓓蓓分别带来主题为《学生社团建设和学生干部成长》《学生社团管理改革和制度规范》培训课程，并讨论学生社团存在的问题，并表达对学生社团未来发展的期待。随后彭路垚、赵欣雅、吴欢欢、郑温馨四位负责人分别以《党的十九届五中全会精神宣讲》《学生社团活动组织开展和日常事务管理》《学生社团活动宣传与报道》《学生社团新媒体运营与管理》为主题进行分享和培训。

（梁博通）

【开展团干部技能大赛】　2020年12月6日，由校团委主办，校团委组织部、校自育会承办的2020年团干部技能大赛决赛在教九报告厅落下帷幕，校团委（保定）副书记张健，各院系团委（团总支）书记、负责人，校团委工作人员，新生团支部书记代表共计200余人参加本次比赛。本次比赛经过前期自主报名、院系推荐，共有42支团干部队伍参加，经过初赛环节，共有10支团队成功进入决赛环节。动力工程系动力职业选手队获本次团干部技能大赛一等奖，电子与通信工程系电子冲冲冲队、经济管理系星星代表队获二等奖，电力工程系电力之光队、五月花海队和经济管理系团团队获三等奖，星星代表队、动力职业选手队、电子冲冲冲队分别获知识竞赛环节、团活动展示环节与微团课视频拍摄环节单项优秀奖。

（梁博通）

【举办“华电演说家”活动】　2020年12月9日，纪念“一二·九”运动85周年“青春告白祖国”华电演说家总决赛在教三报告厅举行。大赛分为“为祖国发声”“疫同前行”两个篇章，由12个演讲作品组成。校团委、学院团委的负责老师和400余名师生来到总决赛现场，一同领略华电演说家风采。

（黄建成　梁　岩）

【发起并参加河北省迎冬奥志愿者骨干交流营】　2020年12月，由华北电力大学、河北工程大学、张家口职业技术学院、共青团崇礼区委联合发起，张家口职业技术学院主办的河北省迎冬奥志愿者骨干交流营“制服与注册中心”专场活动在崇礼区银河滑雪场举行。华北电力大学13名师生骨干志愿者参加交流营活动。本次交流活动得到河北日报、河北新闻网的关注和报道。

（梁博通）

【召开第十四次学生代表大会暨第二次研究生代表大会】　2020年12月29日，保定校区第十四次学生代表大会暨第二次研究生代表大会在一校礼堂召开。校党委副书记郭孝锋，河北省学联驻会执行主席闫明琨同学，学校相关职能部门负责人，各学院党委副书记、团委书记及兄弟院校学生代表出席大会开幕式。来自全校139名本科生代表、106名研究生代表参加大会，并选举产生新一届校学生会主席团和研究生会主席团。李季凡当选校学生会主席团执行主席，刘梦硕当选研究生会主席团执行主席。

（梁博通）

离退休工作

【概况】　华北电力大学离退休工作处实行北京校部和保定校区一体化办公，党委实行属地化管理。为便于工作开展，本着有利于离退休党员发挥作用以及就近参加活动的原则，两地分别组织各种活动。离退休工作处北京校部设离退休党委书记1人、处长1人、副处长1人、工作人员4人，外聘员工2人。保定校区设离退休党委书记兼处长1人，副书记兼副处长1人，副处级组织员1人，工作人员3人，外聘2人。至年底，北京校部有离退休人员508人，其中离休人员13人，退休人员495人。正高职140人，副高职107人，中级职称及以下93人，工人77人，司局级17人，正处级27人，副处级7人，科级及以下40人。北京校部离退休党委离退休党员人数263人，党支部11个。保定校区共有离退休人员721人，其中离休人员7人。退休人员714人，工人225人，其中司局级4人，正高职128人，副高职183人，中级116人，正处级23人，副处级15人，科级及以下34人。2020年保定校区离退休党员305人，党支部8个。北京校部离退休职工活动中心占地822平方米。有阅览室，教室、台球室、卡拉OK室、棋牌室、乒乓球、沙壶球等。保定校区离退休职工活动中心面积有700多平方米，设有多功能厅、乒乓球、台球、棋牌室、健身房等。

党建工作。坚持“疫情防控不松懈，理论学习不断线”，疫情期间，定期召开离退休党委扩大会议和支部书记会议，通过线上线下相结合，及时向离退休教职工通报上级精神、学校发展情况和有关事项。利用网络新媒体，通过网站、“离退休”微信公众号、“华电银龄族”和各支部微信群，不断提高党员同志自身学习的主动性。北京校部积极筹备党委换届党员大会。保定校区完成党组织换届工作。

关心下一代工作。积极支持学校关工委工作。学校关工委副主任朱常宝获全国关心下一代工作先进个人；组织参加教育部关工委“读懂中国”活动和教育部离退休干部局“与党同呼吸、共命运”活动，组织召开北京教育系统关工委工作课题研究推进会。原校领导徐大平、宁文玉、朱常宝、张金辉等在学校校内巡察工作及主题教育中担任指导组长，为各二级单位党委党建规范严把质量关。多名离退休教师担任学校教学督导组成员，为学校教书育人贡献力量。4名教师作为首批银龄教师参与云南滇西应用技术大学、中国石油大学克拉玛依校区支教，响应国家号召支援西部建设。

爱老敬老助老。举办重阳节“八十、九十周岁”离退休教职工集体祝寿活动，为老同志送上学校的关心和祝福。并于重阳节前夕，为3名原抗美援朝战士送去“中国人民志愿军抗美援朝出国作战70周年纪念章”。保定校区开展“送你一张全家福”活动。协同人事处，为41名刚刚退出工作岗位的教职工举办荣退仪式。坚持春节、七一、教师节走访慰问，重点关心高龄、“空巢”、孤寡、失能离退休老同志，及时帮助排忧解难。及时慰问去世老同志家属并协助家属处理后事。年内，北京校部为33位离退休人员发放特困帮扶津贴，为508位离退休人员发放春节慰问金，七一慰问离休干部、新中国成立前参加革命老党员及生活困难党员27人次。春节前采用电话视频等方式慰问离休干部、老领导及特殊人群（高龄、孤寡、大病、困难）等共计97人次。保定校区春节前慰问离退休老党员15人次。

疫情防控。积极响应学校党委号召，第一时间成立疫情防控工作小组，及时发布《致全校离退休老同志的一封信》，并通过网站、微信群、公众号等多种途径宣传居家抗疫举措。建立人员分类台账，对离退休同志居住地、身体状况等全面摸排，确保信息精准到位，疫情防控零风险。精准服务，解决离退休职工实际困难。对因疫情防控造成购药难、出行难的离退休高龄人群，积极对接药店、工作人员上门服务，解决紧急问题，做好心理慰藉。邮寄报销单据，协助报销六百余人次。组织党支部积极开展同心战“疫”网上主题党日活动，给各党支部邮寄学习资料100余册，组织离退休党员爱心捐款，200余名党员和群众共捐款2.2万余元，发放口罩等防疫物资近2.4万只。疫情期间，与工会共同举办“抗疫精神”主题书画摄影展，弘扬伟大抗疫精神。

（侯步蟾　张隽贤　张　丽　彭绍文）

人　事　管　理

【概况】 2020年，华北电力大学共有教职工3011人（北京1631人，保定1380人），其中，教师人数1998人（北京1140，保定858人），占教职工总数的66%；管理人员512人（北京284人，保定228人），占教职工总数的17%；其他专业技术人员386人（北京198人，保定188人），占教职工总数的13%；工勤人员115人（北京9人，保定106人），占教职工总数的4%。拥有中国工程院院士2人，双聘院士7人，国家级教学名师1人，全国优秀教师1人。

2020年，党委教师工作部、人事处严格按照年初制定的工作计划，紧紧围绕全国教育大会精神和落实全面从严治党工作目标，落实教育部和学校党委各项决策部署，强化政治责任担当，扎实做好教职工疫情防控工作，不断完善与学校事业发展相适应的教师思政工作体系和人力资源管理体系，为实现学校一流师资队伍建设目标提供体制机制保障。

师德师风建设。坚持把师德师风作为第一标准，认真组织开展教职工师德师风学习研讨及实践教育活动，开展新入职教工谈话、师德师风建设专题座谈会、举行“第二届我身边的好老师”座谈会摸清教师思想动态及需求；举办以“守教育报国初心、担筑梦育人使命”为主题的师德建设月活动，召开教师节庆祝大会、走访慰问新老教工、举行新教师入职宣誓、开展师德师风法律法规、政策制度学习研讨、开展习近平总书记关于教育重要论述的宣传展览、推进上年度“四有”好老师与“四个引路人”学习实践活动理论研究及特色工作项目结题评审及下年度项目申报立项等活动，推动学校师德建设制度化、常态化、长效化，全面提升全体教师师德水平；持续推进第二届“我身边的好老师”宣传报道，组织教职员工开展“四史”学习教育网络竞答活动、观看大型电视纪录片《为了和平》等，以文化建设助力教师思政工作水平提升，创新师德师风建设工作。

疫情防控工作。通过制定工作方案、细化工作职责、强化工作标准、严肃工作纪律，全力做好疫情防控工作。党委教师工作部、人事处建立起“基层党委书记＋联络员＋党支部”教师疫情防控联系网络，坚持每天对6800名各类人员疫情信息进行统计，截至2020年年底，累计统计各类数据近200万条；坚持向教职工传达疫情防控最新精神及进展，及时推送与防疫相关政策文章80余篇；坚持筑牢教职工抗疫思想阵地，组织开展各类防疫宣讲100余次，引导教职工落实落细常态化疫情防控工作，毫不松懈，珍惜来之不易的防疫成果。

人事制度改革。通过深化人事制度综合改革，切实理顺体制机制。完成新一轮“校内机构改革”，以“事”为线索，以“服务对象”为视角，按照“一类事项归口一个部门由一套人员负责”的思路，精简优化机构，让工作运行更高效、监督更到位、服务更优质。坚持以立德树人为核心，以质量和贡献为重点，以破除“唯论文”不良导向为突破口，全面改革绩效考核、职称评聘、年度考核、聘期考核、团队考核等重要文件，全面启动教育评价改革。严格博士后招收人员管理，提升博士后工作服务水平，持续发挥博士后设站单位主体作用，建立健全学校、流动站和合作导师三级管理机制，博士后流动站的制度建设和日常管理日益规范，2020年动力工程及工程热物理博士后科研流动站评估获“优秀”等级。

教师队伍建设。加强教师队伍的引进与培育，夯实师资队伍力量。通过加大宣传力度，拓宽招聘渠道，创新招聘方式，全年完成教职工六批次招聘，北京保定两地共139名教职员工入职，招聘人数创近年之最。根据《关于深化新时代学校思想政治理论课改革创新的若干意见》，引进思政教师和辅导员14人，完成校内转岗10人，选配双肩挑教师15人，配齐建强思政教师队伍。2020年学校增设新讲师博士后引进类型，加大对青年人才的支持力度，进一步完善博士后工作体系。实施新一轮的创新人才支持与培育计划，最终确定学科带头人支持计划15名、学科卓越人才支持计划48名、青年英才培育计划20名，青年骨干培育计划97名，建设符合科学发展和成长规律的人才队伍。

（王　璐　许云燕）

【开展教师节庆祝暨师德建设月活动】 2020年，为集中展示学校深入学习贯彻习近平新时代中国特色社会主义思想，持续实施“奋进之笔”的进展成效，展现广大教师立足教育教学岗位助力打赢新冠肺炎疫情防控阻击战、教育脱贫攻坚战的精神风貌，进一步加强学校师德建设，深入贯彻《关于建立健全高校师德建设长效机制的意见》《关于加强和改进新时代师德师风建设的意见》及《教育部关于做好庆祝2020年教师节有关工作的通知》等文件精神，在全校范围内开展2020年教师节庆祝暨师德建设月活动。

（许云燕）

【开展第二届我身边的好老师评选表彰】 2020年9月，为持续推动学习贯彻习近平总书记关于新时代教师队伍建设的重要论述，加强对学校教师先进事迹的学习宣传，引导全校教师做有理想信念、有道德情操、有扎实学识、有仁爱之心的好老师，在全校范围内开展第二届“我身边的好老师”评选活动。在本次评选中，北京、保定两地共有30名教师获评“我身边的好老师”。评选结束后，校领导与第二届“我身边的好老师”获评人员举行座谈会，促进讨论交流，进一步营造学校尊师重教的良好氛围，加强学校师德建设，激励广大教师和教育工作者守教育报国初心、担筑梦育人使命。

（许云燕）

【校内机构调整】 2020年4月，为深入贯彻落实党的十九届四中全会精神，进一步提升学校治理体系和治理能力水平，优化管理流程，提高管理效能，华北电力大学经过校内外广泛调研，并结合学校实际，对学校机构进行适当调整。

（董　剑）

【成立华北电力大学法治工作办公室】 2020年，根据学校改革和发展需要，经学校2020年第13次校长办公会议审议通过，决定成立华北电力大学法治工作办公室。法治办统一负责学校法治工作，落实党和国家依法治教、依法办学、依法治校各项方针政策，维护学校合法权益，提升学校现代化治理能力和治理水平。

（董　剑）

【印发《华北电力大学人事管理回避实施细则》】 2020年，为进一步规范学校人事管理工作，维护人事管理公平公正，加强对任职岗位和履职情况的监督约束，根据《事业单位人事管理条例》（国务院第652号令）和《事业单位人事管理回避规定》（人社部规〔2019〕1号）及有关法律法规，经学校研究，制定《华北电力大学人事管理回避实施细则》，该细则自2020年1月1日起施行。

（王　璐）

【实施新一轮创新人才支持与培育计划》】 2020年，为牢固树立“人才是第一资源”的理念，加速推进高水平研究型大学办学目标的实现，加快构建“五个体系”、着力实施“四个策略”，全力推进“双一流”建设，学校在总结经验并广泛征求意见的基础上决定实施新一轮创新人才支持与培育计划。制定《华北电力大学创新人才支持与培育计划》。经学校2019年第17次校长办公会审议，2020年第1次党委常委会审定，予以印发。

（董　剑）

【举办新进教职工入职培训校长座谈会】 2020年9月2日，为使新进教职工更快地融入集体，增强新进教职工的荣誉感与归属感，学校举办2020年新进教职工入职培训校长座谈会。校长杨勇平同73位新进教职工亲切座谈，交流学校发展、入职感想、职业规划等。会上，杨勇平代表学校对新进教职工的加盟表示感谢，从华北电力大学是一所负责任的大学、是一所有使命感的大学、是一所有追求的大学、是一所低调务实的大学、是一所开放包容的大学、是一所崇德尚善的大学等六个方面全面介绍学校的特色。

（郑　辉）

【启动退休“中人”新老办法对比计发待遇工作】 2020年1月，根据中央国家机关养老保险管理中心《关于推进退休中人新老办法对比计发待遇有关工作的通知》的要求，华北电力大学启动退休“中人”新老办法对比计发待遇工作。退休“中人”退休金发放方式和数额发生变化，每月分基本养老金和职业年金两笔发放。

（高振民）

【举办第二期荣退仪式】 2020年，为践行“办一所负责任大学”的办学理念，传承“自强不息、团结奋进、爱校敬业、追求卓越”的华电精神，弘扬尊师敬教的良好风尚，激励青年教师学习前辈无私奉献、甘为人梯的高尚品质，学校举办第二期“立德树人满桃李，薪火相传华电情”荣退仪式。2020年，北京校部共52名教职员工光荣退休。

（王　璐　黄　杰）

【出台《华北电力大学博士后管理办法》】 2020年，为进一步加强学校博士后科研流动站建设，提高博士后研究人员培养质量，更好地吸收国内外优秀博士来校从事科研工作，制定《华北电力大学博士后管理办法》，经2020年第13次校长办公会议审议通过。

（董　剑）

【博士后流动站评估获佳绩】 2020年，博士后管理办公室克服疫情影响，积极组织各流动站、出站博士后及合作导师完成问卷调查、材料填报等工作。人力资源社会保障部和全国博士后管理委员会对2017年以前设立的博士后科研流动站和工作站进行综合评估，华北电力大学动力工程及工程热物理博士后科研流动站获“优秀”等级。

（胡　映）

【开展河北省教学名师、优秀教师评奖】 2020年，学校人事处分别组织开展河北省教学名师评选推荐活动，河北省教育系统评选表彰的申报和推荐工作，河北省“三三三人才工程”人选选拔推荐工作，保定市市管专家申报推荐工作等。谷根代、魏彤儒获“河北省教学名师”称号，翟永杰获“河北省优秀教师”称号；刘云鹏入选河北省“三三三人才工程”第一层次，何玉灵入选河北省“三三三人才工程”第二层次；王江江、何玉灵、戴志辉、王志刚入选保定市市管专家。

（黄楠楠）

【加入机关事业单位养老保险】 根据国家及河北省机关事业单位养老保险改革相关工作要求，2020年保定校区事业编人员在河北省加入机关事业单位养老保险，并从2021年1月起在职人员开始缴纳养老保险、职业年金，退休人员开始从河北省社保部门领取基本养老金。

（刘　英）

【吴志功研究员退休】 2020年11月，吴志功研究员退休。吴志功，男，研究员，博士生导师，原华北电力大学党委书记。主要从事高等教育组织管理、高等工程教育国际比较、学生工作和素质教育、党建与思想政治等领域的研究。培养高等教育管理、比较教育、研究生教育等研究方向的博士生、硕士生59人。出版《现代大学组织结构设计》学术专著1部，《21世纪高师学生素质教育的理论与实践》等四部编著和《学历社会》等四部译著。公开发表论文50多篇，其中有30多篇发表在《中国高教研究》《比较教育研究》《高校理论战线》等核心期刊上。主持教育部研究课题2项、“十一五”教育科学研究规划课题1项，北京市教委项目1项，并有4项研究成果在中国高教学会和北京市教育委员会获奖。从2001年起享受政府特殊津贴。

（田赞梅）

【赵毅教授退休】 2020年5月，赵毅教授退休。赵毅，男，华北电力大学二级教授、博士生导师，入选华北电力大学建校六十周年“华电人物”、“151工程”和学术领军人才支持计划。1993年获霍英东青年教师奖，1993年被批准享受政府特殊津贴，1999年获全国电力系统劳动模范，2006年获河北省优秀共产党员称号，2007年获全国模范教师称号，2012年获大学教学名师称号，2017年获大学教学成果一等奖，2017年获北京市高等教育教学成果二等奖，2020年获河北省自然科学二等奖。

（田赞梅）

【陈惠良教授退休】 2020年7月，陈惠良教授退休。陈惠良，男，上海市人。1978到1982年6月在华东师范大学外语系英语专业学习，获文学学士学位，当年在北京煤炭管理干部学院外语系任教，1993年7月来到华北电力大学基础部任教。2001年在首都经贸大学获经济学硕士学位。2000年晋升为教授。2001年担任英语语言文学专业硕士研究生导师，从事文学批评方向研究。2002年至2004年，2004年至2006年分别担任外语系英语教研室主任和外语系副主任；2007年在美国佛罗里达大学做访问学者。发表文学批评论文30余篇，在多个领域被中国知网指定为知名专家。

（田赞梅）

【张天兴教授退休】 2020年8月，张天兴教授退休。张天兴，男，1983年7月获北京工业学院（现北京理工大学）学士学位；同年8月到兵器工业部5470厂工作；1986年7月调入华北电力学院（现华北电力大学）工作至退休，先后任机械系团总支书记，动力工程系党总支副书记、副主任，学生处副处长、处长，组织部部长、统战部部长、党校常务副校长、党委常委。2000年获教授职称。曾获“河北省优秀教师”“河北省高校学生工作先进工作者”，学校“年度管理工作突出贡献奖”“优秀共产党员”“优秀党务工作者”等荣誉称号；作为项目负责人主持的“高校管理权运行与创新研究”获得第十届河北省社会科学基金项目优秀成果三等奖，出版《高校现代化治理与运行机制研究》专著一部，发表论文多篇。

（田赞梅）

【芮晓明教授退休】 2020年9月，芮晓明教授退休。芮晓明，男，华北电力大学能源动力与机械工程学院教授、博士生导师，主持了多项重大科技项目的研究工作，主要研究方向为电力设备安全与优化设计、风力发电技术与设备，曾获国家科技进步奖三等奖1项、省部级科技二等奖3项、三等奖1项；获国家专利授权25项（其中发明专利8项）；

出版专著1部、主编教材2部;发表学术论文100余篇,多篇论文被SCI、EI等检索收录。1994年获国务院政府特殊津贴,1997年获联合国教科文组织“科技发明之星”奖。

(田赞梅)

【孙淑珍教授退休】 2020年9月,孙淑珍教授退休。孙淑珍,女,于2000年来华北电力大学任教。二十年间,一直努力投入于教学工作中,先后为本科生和研究生主讲高等数学、线性代数、概率论与数理统计、高等代数、数学建模、矩阵论、随机规划等课程,受到学生的普遍欢迎,多次获得学校教学优秀奖。同时指导多名硕士研究生完成学业。主持完成科研项目1项、参与完成多项。发表论文20余篇。主持或参与多项教研项目。主编出版函授本科教材1部、本科生教学指导书籍1部。

(田赞梅)

【安连锁教授退休】 2020年10月,安连锁教授退休。安连锁,男,华北电力大学能源动力与机械工程学院教授,博士生导师,原华北电力大学副校长。主要研究方向为基于声学方法的电站设备状态监测与控制,包括炉内火焰温度场声学实时监测,四管泄漏声学监测与定位等。承担和主研国家自然科学基金项目4项、“863”子课题1项、博士点基金3项以及横向科研项目多项。发表学术论文百余篇,其中SCI收录10余篇,EI收录40余篇,获教育部科技进步二等奖1项。2000年享受政府特殊津贴,兼任中国动力工程学会常务理事、北京市高等教育学会常务理事、河北省第四届高等教育学会副会长、中国电力教育协会能源动力工程学科教学委员会副主任等职。培养博士10余名、硕士70余名。

(田赞梅)

【刘衍平教授退休】 2020年10月,刘衍平教授退休。刘衍平,女,华北电力大学能源动力与机械工程学院教授,北京高等教育学会机械原理研究会常务理事,机械设计研究会理事,中国机械工业教育协会机械工程教学指导委员会委员,首都高校机械创新设计大赛组委会委员,华北电力大学教学督导组成员。参与和主持多项纵、横向科研项目,发表论文50多篇,申请专利20多项,主编和参编教材4部。主持或参与国家自然科学基金、北京市教改面上项目、教育部产学研项目多项。获北京市高等教育教学成果二等奖1项,华北电力大学教育教学成果一等奖1项、二等奖2项;2002年获华北电力大学“十佳”青年教师,2018年获校级教学优秀特等奖,并多次获得校级教学优秀奖。

(田赞梅)

【刘文颖教授退休】 2020年12月,刘文颖教授退休。刘文颖,女,华北电力大学电气与电子工程学院教授,博士生导师,国务院特殊津贴专家。长期从事新能源电力系统运行和控制的研究与教学,完成了国家“863”项目、国家支撑计划项目、国家自然科学基金、国家重点研发计划、国家电网公司等多项重点项目研发,获国家科技进步奖二等奖1项,省部级一、二、三等奖多项,发表论文190余篇,其中多篇被SCI、EI收录,授权发明专利10余项。

(田赞梅)

【房游光教授退休】 2020年12月,房游光教授退休。房游光,男,教授,原华北电力大学体育教学部书记、主任,主要从事体育管理、体育教学与训练。主要标志性成果:体育教学部2009—2019年连续十年被河北省教育厅授予“先进体育工作部”荣誉称号;2017年校足球队荣获中国大学生足球联赛(校园组)总决赛冠军。2011—2019年获得河北省大学生足球联赛八连冠;2009—2019年田径、健美操、街舞、跆拳道、轮滑等队参加全国大学生比赛共计获得90枚奖牌,其中35枚金牌、28枚银牌、27枚铜牌。从教近四十年,公开发表论文40余篇,其中12篇分别在《北京体育大学》《中国体育科技》《武汉体育学院》《体育学刊》《西安体育学院》《体育与科学》等体育类核心期刊上发表。

(付丽新)

【高强教授退休】 2020年4月,高强教授退休。高强,男,华北电力大学电子与通信工程系教授,曾任华北电力大学电子与通信工程系主任、科技学院常务副院长、图书馆馆长等职务。1994年起享受国务院政府特殊津贴。长期从事电力系统通信理论与技术教学与科研工作,指导各类毕业的研究生100多名,其中很多人已担任所在部门的领导或者骨干;完成国家电网公司等多项重点项目研发,获部级科技进步奖三等奖1项和其他奖项,2006年获河北省教学名师称号;出版《国外电子与通信》系列教材2部(译著),参编教材3部;发表论文70余篇,其中多篇被EI收录,授权发明专利10余项。

(付丽新)

【王敬敏教授退休】 2020年2月,王敬敏教授退休。王敬敏,女,华北电力大学经济管理系教授,博士生导师。长期从事信息系统与决策分析方面的教学与研究,在电力企业信息化建设、电力需求侧管理、城市能源清洁替代和优化发展决策方面,主持完成了多项省部级项目、省市级政府决策项目、国家电网公司项目、发电企业项目及国际合作项目。获中国电力科学技术成果二等奖1项,河北省社会科学优秀成果二等奖3项。出版著作6部,发表论文130余篇,其中多篇被SCI、EI收录。

(付丽新)

【许佩瑶教授退休】 2020年6月,许佩瑶教授退休。许佩瑶,女,华北电力大学环境科学与工程系教授,硕士生导师。长期从事电力环境保护、大气污染控制、水资源与水环境保护领域的教学和科研工作。完成国家“863”项目子课题、国家自然科学基金、国家重点研发计划、河北省科学技术研究与发展计划、河北省自然科学基金项目、北京市自然科学基金项目、国家电网公司等多项项目研发,获河北省科技进步奖一等奖一项、二等奖一项，在国内外公开发行的学术刊物上发表论文100余篇，其中多篇被SCI、EI收录，授权发明专利4项，主编出版高等教育“十一五”规划教材1部。

（付丽新）

【阎维平教授退休】 2020年12月，阎维平教授退休。阎维平，男，华北电力大学动力工程系教授，博士生导师，国务院特殊津贴专家，河北省师德先进个人。中国电机工程学会锅炉专委会副主任委员，火电专委会委员，全国电力安全专家委员会锅炉专业组成员，煤基清洁能源国家重点实验室学术委员会委员，清洁高效燃煤发电与污染控制国家重点实验室学术委员会委员，中国减排CO_2协会理事，APEC能源工作组特聘项目监督员，2009年国家“863”计划课题组组长，《中国动力工程学报》编委会委员，《热能与动力工程》编委会委员。长期从事煤炭清洁高效燃烧研究和教学，完成了国家“863”项目、国家电网公司等多项重点项目研发。获中国电力科技进步奖二等奖2项、河北省科技进步奖二等奖2项、中国电力科技进步奖三等奖3项，中国机械工业科技进步奖二等奖1项。负责完成各类技术开发项目100余项，获授权发明专利6项。主编《流化床燃烧技术》《洁净煤发电技术》《电站锅炉原理》《热能工程专业英语》《燃煤电站锅炉石灰石湿法烟气脱硫装置运行》图书，参编《燃烧学》《二氧化碳捕集封存和利用技术》等书，主翻译并出版ASME（美国机械工程师协会）电力行业系列标准6本。在国内外公开发行的学术与技术刊物和国内外学术会议上发表及宣读科研论文200余篇。

（付丽新）

【郑顾平教授退休】 2020年6月，郑顾平教授退休。郑顾平，男，教授，硕士生导师，华北电力大学计算机系教师，曾兼任计算机系党总支书记。主要从事计算机网络技术和人工智能理论的研究。培养计算机应用技术、计算机软件与理论、计算机体系结构、计算机技术和软件工程等研究方向的硕士生90余人。编著《计算机导论》《数字逻辑与数字系统设计》等高等学校教材四部。公开发表科技论文90余篇，其中多篇被EI收录。

（刘　英）

人　才　工　作

【概况】 2020年，华北电力大学共分三批次累计招聘各级各类中青年人才34人。向中组部推荐申报海外高层次人才引进计划项目11人，向教育部推荐“长江学者奖励计划”特聘教授项目4人，特设岗位项目1人，青年学者项目5人；向教育部推荐“2020年百千万人才工程”国家级人选1人；向北京市科委推荐科技新星计划4人；向北京市委组织部推荐第九届“北京市优秀青年人才”评选表彰人选1人。向教育部推荐享受国务院特殊津贴2人。学校年度新增国家级高层次人才11人，电气学院新增3人，能动学院新增3人，环境学院新增2人，控计学院、核学院、新能源学院各新增1人，基本覆盖学校主要学科和院系。

2020年，华北电力大学围绕“双一流”建设工作目标，深入实施“大人才”发展战略，拓展人才引进渠道。召开人才工作会议，明确发展目标，花大力气做好高层次人才引育工作，强化用人单位对人才考察与推荐的主体作用，压实用人单位主体责任。加强人才引进和人才计划申报过程中学术评价作用。深化改革，制度创新，建章立制，完善体制机制建设，人才工作体制机制改革取得新的进展，师资队伍结构得到进一步改善。全年新增高层次人才有较大幅度增长。

贯彻党管人才原则。2020年，人才工作处以习近平新时代中国特色社会主义思想为指导，始终把学习贯彻习近平总书记关于人才工作的重要论述作为一项重大政治任务抓紧抓好。通过继续深入学习党的十九大和十九届二中、三中、四中、五中全会精神及全国教育大会精神，不断提升思想政治理论水平，增强做好人才工作的思想自觉和行动自觉。同时人才工作处在各项工作中坚决落实学校党委各项决策部署，将党的领导深入到工作中的每个环节，不断推进党建工作与业务工作的有机融合，做到同部署、同总结，以党建工作指导业务工作开展，以业务工作作为党建工作落地抓手。

体制机制建设。先后出台《关于印发〈华北电力大学关于加快人才引进工作的暂行办法〉的通知》（华电校人才〔2020〕1号）和《关于印发〈华北电力大学人才引进特聘岗位聘用管理办法（试行）〉的通知》（华电校人才〔2020〕3号）等涉及人才引进、培育和使用的管理办法，使人才工作处工作更加有章可循，有法可依。

人才引进。全年共分三批次，累计招聘各级各类中青年人才34人。引进海外高层次人才1人，国家杰出青年科学基金获得者1人，万人计划科技创新领军人才1人，万人计划青年拔尖人才1人，进一步加强环境科学与工程学院、能源电力创新研究院、能源动力与机械工程学院、电气与电子工程学院师资队伍建设。人才工作处围绕学校学科建设，着力引进国家重点实验室等学校重点发展学科的急需人才。拓展人才引进渠道，创新人才引进手段、落实吸引人才举措，在科学网、科学人才网、时代学者等多种媒体渠道发布招聘信息。通过师生传承、大师推荐等方式，广泛搜集海内外高层次杰出人才与优秀应届博士毕业生/

博士后的简历，积极推荐给相关院系。学校通过深化人事制度改革，优化工作流程，规范招聘程序，严格人才遴选标准，明确学术评价在人才工作中的主导地位，强化政治思想和师德师风考察，提升引进人才水平。进一步规范引进人才聘任合同，明确双方责权利，夯实聘任合同内容及聘期内岗位职责。不断完善人才引进服务工作，积极协助引进人才完成科研启动经费立项、办公用房改造、住房租赁等工作。

人才申报。2020 年，人才处加大各类人才申报力度，及时关注上级有关部门人才项目申报指南，主动与主管部门沟通、协调，严格按照上级部门要求，采取“四级把关”程序，确保人员政治合格，师德优良，学术规范。人才处组织同领域专家对 2019 年度“长江学者奖励计划”和“万人计划青年拔尖项目”通过初选人员进行答辩前辅导，优化申报材料。高层次人才申报取得新进展，在国家级人才项目申报中，获多项突破，“四青类”人才得到有益补充。年内，全校新增重大项目负责人 1 名；1 人入选“长江学者奖励计划”青年项目，实现学校在该项目上“零”的突破；1 人入选“万人计划青年拔尖项目”，成为学校第四个入选该项目的青年人才；2 人获批海外高层次人才青年项目，使自 2013 年以来海外高层次人才青年项目再次取得进展；房方教授和彭林教授享受“国务院政府特殊津贴”；胡俊杰入选北京市科技新星计划；王剑晓入选第九届“北京市优秀青年人才”表彰人选。刘云鹏成功入选河北省“三三三人才工程”第一层次，何玉灵入选河北省“三三三人才工程”第二层次，谷根代、魏彤儒获“河北省教学名师”称号，翟永杰获“河北省优秀教师”称号。

人才服务保障体系建设。2020 年，进一步完善高层次人才服务保障体系建设，积极与院系、相关职能部门沟通联系，构建人才发展保障机制，强化学校、院(系)、职能部门、团队、个人发展“命运共同体”，形成各司其职、协调高效的人才工作氛围。同时，协同相关职能部门，按照《华北电力大学关于加快人才引进工作的暂行办法》落实高层次人才薪酬待遇，配套科研、教学软硬件资源的支持条件，完善人才服务体系。人才工作处在人才服务工作中，始终秉承以人才为中心，从细微处着手，不断提升服务意识与服务水平。定期主动与各类人才沟通，切实解决人才工作、生活中遇到的具体问题。积极协调国家高层次人才服务窗口，解决好高层次人才子女入学需求；协助人才完成人才经费入账、管理、使用；完成高层次人才合同续聘工作；积极解决引进人才关心的职称评聘问题，为引进人才安心工作，提供良好保障，不断提升人才满意度。在为人才提供优质服务的基础上，加强人才考核力度，本年度第一次对 24 位年薪制人员实施单独考核。及时了解掌握高层次人才的工作状态、面临的问题及对学校人才工作的建议，为科学合理制定人事人才政策奠定基础。

保密工作。作为学校保密委成员单位，人才工作处严格按照国家保密法及学校有关保密制度要求，将保密工作纳入重点工作予以推进，主动向人才宣传有关保密的知识，组织人才学习有关保密的法律法规，开展保密宣传。在工作中，严格控制知悉范围，对办公设备严格按照保密要求进行管理，做到“涉密不上网，上网不涉密”。严格执行上级有关人才项目申报及管理的规定，敏感信息不通过手机及网络进行传输，确保各类秘密安全。

(徐岸柳　赵友君　年中华　李京徽　黄楠楠)

【召开人才工作会议】　2020 年 10 月 21 日，华北电力大学召开人才工作会议，校领导周坚、杨勇平、郝英杰、王增平、汪庆华、律方成、毕天姝出席会议。会议以视频形式在北京和保定两地同时召开。会议分析研判学校人才工作形势，部署学校人才工作，为学校“十四五”顺利开局奠定坚实的人才基础。校党委书记周坚在讲话中指出，各院系要理清底数、承认差距、找出短板，科学、合理做好本单位的人才发展规划，支撑院系各项事业发展。校长杨勇平强调，各学院要从实际需求出发，按照“有目标，有思路，有行动，有成效”的工作总要求，勇敢担起这代华电人的使命，继续深入推进人才强校战略，努力开创人才工作新局面。副校长毕天姝在主持会议时强调，各单位要深入贯彻落实本次人才工作会议精神，将会议精神转化为开展学校人才工作的实际行动，加快推动学校人才工作取得新成效。会上，人才工作处作人才工作汇报。相关职能部门负责人，各院系书记、院长(主任)，国家级科研平台及相关科研单位主要负责人共 75 人参加会议。

(徐岸柳　赵友君)

【年薪制人员单独考核】　2020 年，由人才工作处牵头，第一次对学校年薪制人员进行年度单独考核。人才处制定《华北电力大学高层次人才(年薪制)2019—2020 学年述职备案表》，并从人事处、教务处、科研院等单位提取高层次人才年度科研工作量、科研绩效、教学工作量、教研绩效等相关数据，由高层次人才对备案表进行确认和修订补充，并对目前工作、生活面临的问题及对学校人才工作提出合理化建议，以便了解高层次人才实际情况，更好地为专家提供有针对性的服务。

(徐岸柳　赵友君)

【2 教授入选享受国务院政府特殊津贴专家】　2020 年 6 月 18 日，教育部人事司在教育部网站发布《关于 2020 年享受政府特殊津贴推荐人选的公示》，华北电力大学控制与计算机工程学院房方教授、环境科学与工程学院彭林教授，入选享受国务院政府特殊津贴专家。房方，男，1976 年生，中共党员。教授、博士生导师。IET 国际特许工程师，中国电力优秀科技工作者，教育部首批“三全育人”综合改革试点院(系)建设项目负责人，“智能化分布式能源系统学科创新引智基地(‘111’引智基地)”负责人。现任华北

电力大学控制与计算机工程学院院长、人工智能学院副院长、电站能量传递转化与系统教育部重点实验室副主任。长期从事发电过程信息化智能化理论与技术，综合能源系统分析与优化，新能源发电自动化技术与系统等方面的教学和科研工作。主持教育部新工科研究与实践项目、全国工程专业学位研究生教育研究课题、北京市教育科学“十三五”规划课题等教育教学改革项目7项，主持承办“全国博士生学术会议（电站自动化信息化）”和“中国高校人工智能人才国际培养计划—高校学生人工智能训练营”。主持国家重点研发计划政府间科技创新合作重点专项项目、国家重大专项（两机专项）课题、国家自然科学基金、北京市重点研发计划项目等各类政府、企业科研项目30余项，主持编制中国电机工程学会团体标准2项。教学成果获北京市教学成果一等奖1项、中国自动化学会高等教育教学成果一等奖1项；科研成果获省部级科技奖励5项、国家科技进步奖二等奖1项。兼任中国自动化学会理事、IEEE Senior Member、IET *Cyber－Physical Systems：Theory & Application* 编辑、*International Journal of Aerospace System Science and Engineering* 编委、《分布式能源》编委、《电力信息与通信技术》编委，2008年入选北京市科技新星计划，2015年入选江苏省双创人才，2017年入选牛顿基金资助英国皇家工程院“创新领军人才联合培养项目”。2020年入选享受“国务院政府特殊津贴”专家。彭林，女，1966年11月生，中共党员，二级教授，博士生导师，山西省五四青年奖章和山西省巾帼建功标兵；国务院总理攻关任务两城市“一市一策”专家组组长，中国环境科学学会VOCs专业委员会常委，京津冀及周边地区大气污染防治专家委员会成员，国家第二届青年运动会空气质量保障专家副组长；创新了多同位素的颗粒物源解析方法（鉴定为国际领先水平，专利授权）和臭氧源解析方法（纳入国家指南）方法，成果被多城市应用，并发表在EST等国际有影响的著名期刊上。推出污染物系列调控方法，助力多城市空气质量显著改善，得到国家“攻关任务办”高度评价，为大气攻关工作作出重要贡献，连续两次收到表扬信函，感谢彭林团队“讲奉献，顾大局，工作认真，扎实有效有高度的责任感和使命感为大气攻关工作做出成效”，将论文写在了祖国大地上；主持国家基金6项，国家重点攻关专项（总理基金攻关项目）2项，国家重点研发计划课题1项、子课题1项，工程院院士重大咨询项目课题1项，青藏高原科考子专题1项，地方政府大气污染防治咨询项目多项，近5年横纵向研究经费5000万元，发表SCI和EI等论文多篇；曾获得山西省教育厅、太原市政府科技进步奖一等奖，2018年授予校科技创新突出贡献奖，2018年获北京市教学成果二等奖。2020年入选享受“国务院政府特殊津贴”专家。

（*赵友君*）

【胡俊杰入选北京市科技新星计划】 2020年7月22日，北京市科学技术委员会在“北京市科学技术委员会、中关村科技园区管理委员会”网站发布《关于公示2020年北京市科技新星计划拟入选人员名单的通知》，胡俊杰老师入选北京市科技新星计划。胡俊杰，男，1986年7月生，中共党员。丹麦科技大学电气工程博士，华北电力大学电气与电子工程学院副教授，新能源电力系统国家重点实验室固定研究人员。入选北京市科技新星人才计划，中国电机工程学会青年人才托举工程计划，华北电力大学青年骨干培育计划。研究方向包括集群电动汽车等广义储能参与系统调频调峰、分布式能源多时间尺度优化调度方法等。胡俊杰的研究针对高比例新能源电力系统的调频与调峰需求，旨在提出高效稳定的能量调度方法，以充分利用电动汽车、储能等需求侧资源的灵活性。目前，主持国家自然科学基金面上项目“交互能源机制支撑的集群产消者多时间尺度优化调度方法研究”、北京市科技新星项目“机器学习支撑的集群电动汽车参与北京电网调频方法研究”等。共发表论文76篇，包括SCI检索论文39篇，其中，含第一和唯一通讯作者SCI论文25篇，ESI高被引、Scopus前1%论文共3篇。获得SCI期刊MPCE 2017最佳论文奖。担任MPCE（SCI刊源）、IEEE ACCESS（PES Section，SCI刊源）和PCMP（*Protection and Control of Modern Power Systems*）杂志编委（ESCI刊源）。

（*赵友君*）

【王剑晓入选北京市优秀青年人才表彰人选】 2020年12月11日至2020年12月17日，经北京市“优秀青年人才”评选办公室在北京市政府新闻办公室官方微博公示，华北电力大学电气与电子工程学院王剑晓入选第九届“北京市优秀青年人才”表彰人选。王剑晓，男，1992年生，中共党员。2014年获清华大学工学学士、经济管理第二学士学位。2016—2017年，赴美国斯坦福大学访学。2019年1月，获清华大学工学博士学位，师从夏清、康重庆教授，获清华大学优秀博士毕业生，清华大学优秀博士论文，清华大学蒋南翔奖学金。2019年10月，赴国家科技部高新司挂职，参与国家“十四五”规划和能源领域科技发展战略研究。担任国际期刊IET *Renewable Power Generation* 编委，IEEE *Trans Industry Applications* 等特刊编委，中国电机工程学会会员，中国能源研究会会员，IEEE PES技术委员会理事兼秘书等社会职务。2019—2021年，担任IEEE电力与能源年会分论坛主席，多次在国内外学术会议上进行报告。作为独立第一作者在《自然·通讯》发表研究论文一篇，此外已发表学术论文60余篇，多篇入选ESI高被引论文和IEEE会议最佳论文，获得国家发明专利授权10余项，美国专利1项。主持国家自然科学基金青年项目，作为子课题负责人和研究骨干参与国家重点研发计划、国家自然科学基金智能电网联合重点项目等。曾获由Elsevier和国际太阳能协会颁发的可再生转型十佳奖、第44届日内瓦国际发明博览会金奖、第22届全国发明展金奖等。入选中国科协“高端科技创新智库青年”，中国能源研究会“优秀青年能源科技工作者”，2020年获得“第九届北京优秀青年人才”称号。

（赵友君）

【刘云鹏入选河北省“三三三人才工程”第一层次】 2020年8月26日，华北电力大学电力工程系刘云鹏教授入选河北省“三三三人才工程”第一层次。刘云鹏，男，汉族，1976年4月生，中共党员，华北电力大学电气与电子工程学院副院长，电力工程系主任教授，博导，中国电机工程学会测试技术及仪表专委会委员、高压青年学组组长，中电联“电网电磁环境与噪声控制标准化技术委员会”副主任委员，电力行业“高压试验技术标准化技术委员会”和“绝缘子标准化技术委员会”委员，河北省电机工程学会副会长，河北省电工技术学会常务理事，教育部霍英东青年基金获得者。主要从事超特高压输电和电气设备状态检修研究工作，负责国家自然科学基金项目3项、科技部重点研发计划课题1项，子课题3项、国家电网等企业项目50余项；获省部级科技奖7项（一等奖4项），在IEEE《绝缘电介质汇刊》《中国电机工程学报》等刊物上发表论文236篇，其中SCI检索34篇，授权发明专利21项。2020年入选河北省“三三三人才工程”第一层次。

（黄楠楠）

【何玉灵入选河北省“三三三人才工程”第二层次】 2020年8月26日，华北电力大学机械工程系何玉灵副教授入选河北省“三三三人才工程”第二层次。何玉灵，男，1984年7月生，中共党员，副教授，硕士生导师。华北电力大学机电教研室主任、河北省振动工程学会秘书长，IEEE Senior Member，*International Journal of Electrical Components and Energy Conversion* 编委。近五年主持国家自然科学基金和河北省自然科学基金各2项，出版普通高等教育“十四五”规划教材一部，与国外学者合编英文专著1部；以第一作者及通讯作者发表SCI论文28篇，EI论文21篇，其中以“气隙偏心（*air－gap eccentricity*）”为主题的发文量居中国知网首位，居Web of Science全球第2位；以“定子匝间短路（*stator interturn short circuit*）”为主题的发文量居Web of Science全球第2位；以第一完成人授权发明专利7项并转化应用2项；获2019年河北省科技进步奖三等奖（1/2）、2017年河北省技术发明奖三等奖（2/5）；主持研发了国内首例高空固定翼无人机气象自动探空抛投系统，并应用于中国航天科工海洋气象探测一期工程；获评河北省第三批青年拔尖人才（2018）、河北省新时代冀青之星（2019）、保定市市管优秀专家（2020）等荣誉称号；获2017校内青年教师教学基本功竞赛一等奖，2017保定市青年教师说课比赛二等奖；近五年指导学生参加各类科技竞赛获省部级一等奖以上奖励17项。2020年入选河北省“三三三人才工程”二层次人选。

（黄楠楠）

【谷根代、魏彤儒获河北省教学名师称号】 2020年9月23日，华北电力大学数理系谷根代教授、马克思主义学院（保定）魏彤儒教授获河北省教学名师称号。谷根代，男，1962年11月生，中共党员，教授，硕士生导师。1983年7月于华北电力学院数理师资班毕业，获理学学士学位，1988年6月于哈尔滨工业大学数学系计算数学专业毕业，获理学硕士学位。1988年6月至今，在华北电力大学从事数学教学和研究工作，主要研究方向为计算数学及其软件应用。参与完成国家自然科学基金面上项目6项，完成河北省自然科学基金面上项目2项，完成社会科学基金项目1项，发表学术论文50余篇。谷根代一直站在教学一线，以教书育人为本。主讲课程：高等代数、数值分析、小波分析、计算智能等。主持完成省级教改项目1项，参与完成省部级教改项目4项，完成校级教改项目多项，负责学校国家级一流本科专业建设点：“信息与计算科学”专业建设。主要教育教学成果：(1)2020年9月获校级十佳班主任荣誉称号；(2)2017年2月获河北省教学成果奖二等奖；(3)出版教材两部：《数值分析》，科学出版社；《数学方法与应用》，中国电力出版社；(4)2020年9月获河北省教学名师称号。魏彤儒，1968年9月生，中共党员，教授，硕士生导师。研究方向为灾难教育、青年思想政治教育。主持国家社科基金、教育部人文社科基金等省部级及以上科研项目10余项，出版著作5部，20余篇学术论文被CSSCI检索收录；获河北省社科基金项目优秀成果奖二等奖2项。主持研究的国家社科基金项目，为我国青少年灾难教育制度化建设做出了重要贡献。被遴选为国家社科基金通讯评审专家、河北省社科基金评审专家、教育部学位论文评审专家。2020年，入选华北电力大学学科卓越人才支持计划。20余年奋战在思政课教学一线。主持主研省部级教学改革项目5项；探索出的思政课研究性教学模式荣获河北省教学成果奖；课堂质量综合评价“特别优秀”，所授课程学校免检；连续12年被学校指定为全校青年教师开设随机观摩课。指导学生获国家级和省部级奖励和创新训练结项共55项；助力30余人保研名校深造，一批学子毕业后志愿支教或到西部、基层建功立业。荣获全国高校思想政治理论课教师2015年度影响力提名人物、河北省学校思想政治教育工作先进个人、“挑战杯”大学生课外学术科技作品大赛全国优秀指导教师及河北省优秀指导教师、保定市教书育人先进个人、华北电力大学首届教学名师、华北电力大学首届“我身边的好老师”等多项奖励和荣誉，2020年获评“河北省教学名师”。

（黄楠楠）

【翟永杰获河北省优秀教师称号】 2020年9月9日，华北电力大学自动化系翟永杰教授获“河北省优秀教师”称号。

翟永杰，男，1972年生，中共党员，教授，博士生导师。华北电力大学工学博士，英国曼彻斯特大学访问学者，中国科学院自动化研究所博士后，北京理工大学访问学者，长期从事自动化领域的教学与科研工作。主持国家自然科学基金项目1项、河北省自然科学基金项目1项，获山东省科技进步奖一等奖1项。主持省部级教学改革项目4项，获北京市教学改革成果奖一等奖1项、河北省教学改革成果奖三等奖1项。出版著作1部，参编著作及教材4部。荣获华北电力大学第二届"我身边的好老师"荣誉称号，入选"华北电力大学创新人才支持与培育计划：学科卓越人才支持计划"。2020年获"河北省优秀教师"称号。

（黄楠楠）

财 务 管 理

【概况】 2020年，华北电力大学资产总额479794万元（其中保定校区149589万元），较上年度增长9.02%；固定资产269431万元（其中保定校区64472万元）；流动资产172659万元（其中保定校区65886万元）；负债总额108022万元（其中保定校区44378万元）；净资产总额371772万元（其中保定校区105211万元），较上年度下降2.53%。总收入231605万元（其中保定校区81653万元），同比减少1.52亿元，降低6.16%；总支出221243万元（其中保定校区78057万元），较上年度减少1.81亿元，降低7.58%。

2020年，华北电力大学财务工作围绕学校办学目标和重点发展需求，聚焦"双一流"建设、人才培养和高质量发展，聚力财务工作内涵建设，实现年度总收入23.16亿元，有效地支撑学校各项事业持续协调发展，为学校提升综合实力和核心竞争力创造有利的经济条件，财务状况良好。

党建引领。财务战线主动对标政治站位，增强"四个意识"，坚定"四个自信"，做到"两个维护"。以习近平新时代中国特色社会主义思想为指导，做到以党务引领业务、党建和业务工作相互促进。领导班子成员积极发挥先锋模范作用，身体力行、崇尚实干，引领财务处全体成员统一思想认识，围绕立德树人的根本任务，立足学校财务工作，全面贯彻新时代党的教育方针，积极助推"双一流"大学建设。

优化资源。积极组织收入，优化校内经济资源配置。盘活存量资金，集中收回长期未使用的项目经费，充分发挥组织优势，做好统筹规划，安排专项资金，重点向创新项目、改革项目、亟须项目倾斜，落实学校定点扶贫、疫情防控、综合改革等经费需求，重点领域支出得到切实保障。

厉行节约。牢固树立过"紧日子"思想。坚决贯彻教育部党组和预算会议精神，预算安排时统一压减管理服务部门公用经费及部分专项业务经费30%；安排项目预算时，坚持"抓重点、补短板、强弱项"的原则，集中力量解决发展全局性、关键性的问题，加强项目经费使用的监督管理，严格控制预算追加和调整。

保障民生。民生领域投入只增不减，坚持做到以人为本。克服疫情之下学校收入大幅下降、可支配资金异常紧张的困难，一方面保障职工工资待遇不下降，会同人事处及时做好工资、离退休费等人员经费发放，在职人员工资性支出实现同比增长7.19%（扣除不可比因素）；另一方面保障学生资助不断档，疫情期间发放各类学生专项补助及退付学生住宿费2090.18万元。

疫情防控。积极应对疫情影响，确保财政专项项目预算执行进度。高度重视财政专项资金的财务管理工作，克服困难、统一认识、科学安排，督促加大执行力度，把控执行进度，尽全力完成教育部在各考核时间节点序时进度要求。主动开拓渠道争取防疫物资，缓解学校疫情防控物资储备压力。

内控建设。按照决策、执行、监督相互分离、相互制衡的要求，科学设置部门内部组织架构、岗位职责权限、权力运行规则，健全信息系统，强化监督和自我评价，建章立制，进一步改进和完善内部控制体系。制定《华北电力大学基本建设财务管理办法》《华北电力大学银行对账单"双签"制度管理规定》。

预算管理。优化校内预算管理模式，推进全面实施预算绩效管理。积极探索规划校内部门预算管理模式，深化"放管服"改革，树立预算执行"戒浮戒空、见实见效"意识；制定《华北电力大学全面实施预算绩效管理工作方案》，明确工作实施的总体要求、主要任务和保障措施，促进学校健全治理机制、推动资金聚力增效，为学校事业发展提供有力保障。

信息化建设。推进信息化建设，提升管理服务效能。加强银校合作，争取专项支持改善学校财务软硬件环境；深入推动"业财融合"，加强财务系统同资产、科研、教务、研究生院等学校各大业务系统的数据对接，显著提升工作效率；部署"全面预算及绩效管理系统"，实现预算申报、管控信息化；规范学校收费及票据管理，全力推进税务票据平台建设和财政票据电子化；利用"e财务服务"微信公众号开展各类培训工作，编发疫情防控财务保障、预算改革、财务服务举措、个税汇算清缴等宣传稿，加强财务政策宣传解读。

（胡东星　杨利国　孙文博　高　艳）

【多渠道积极组织收入】 2020年，通过充分利用国家及地方相关政策支持、积极争取各类专项增量拨款、加大产学研合作力度、科学筹划吸收社会捐赠、增强与各归口管理部门的沟通协作等方式，提升筹资能力，拓宽收入渠道，优化收入管理，实现年度总收入 23.16 亿元，为学校事业发展提供有力保障。

（孙文博 高 艳）

【贯彻落实“过紧日子”精神】 2020 年，牢固树立艰苦奋斗、勤俭节约思想，立足学校实际统筹规划校内经济资源，统一压减管理服务部门公用经费及非刚性专项业务经费 30%，集中收回长期未使用项目经费，盘活存量资金。

（孙文博）

【保障资金助力疫情防控】 2020 年，积极应对新冠肺炎疫情，安排疫情防控专项经费，建立报销绿色通道，特事特办、急事急办，用于疫情防控物资采购、毕业生行李打包邮寄、发放学生专项补助（含核酸检测费）等共支出 1201 万元，确保疫情防控工作顺利开展。

（孙文博）

【对外挂职交流】 2020 年，1 人挂职教育部财务司预算处，协助开展零余额国库业务、编写部门决算、部门政府财务报告和中央转移地方支付相关业务。

（周 航）

【推进实施全面预算绩效管理】 2020 年，学校制定《华北电力大学全面实施预算绩效管理工作方案》，明确工作实施的总体要求、主要任务和保障措施，旨在建立管理科学、运转高效的全方位、全过程、全覆盖的预算绩效管理体系，以促进学校健全治理机制、推动资金聚力增效，为学校事业发展提供有力保障。

（孙文博）

【部署“全面预算及绩效管理系统 6.0”】 2020 年，部署上线“全面预算及绩效管理系统 6.0”，实现从项目文本申报、项目审核批复，到项目绩效监控与自评的全覆盖。革新校内预算管理模式，有效降低预算绩效编报复杂程度，提高预算绩效管理效率及质量，以信息化手段助推全面实施预算绩效管理工作落实落地。

（孙文博）

【基建财务管理】 2020 年，学校编制完成综合教学楼 A 座、G 座以及 15 号学生宿舍楼三项工程“竣工财务决算报告”，并顺利通过教育部审核。按合同约定及时支付能源电力科研综合楼、16 号学生宿舍楼工程项目进度款，保障项目进度。

（张冬媛）

【科研财务管理】 2020 年，学校进一步落实国家科研“放管服”改革精神，主动适应国家科研经费改革，梳理汇总科研经费管理制度，加大宣传力度，让国家政策、科研制度入脑入心；增加 2 名科研财务服务人员，提高人员队伍素质；完善科研财务管理业务流程，部署“线上”科研服务，为科研人员节约宝贵的科研时间，提高科研服务效能。在网上办事大厅开通科研收入入账申请、开发票申请、财务资料自助领用、项目负责人变更和财务用印申请；协助科研院开发完善“纵向项目绩效提取”线上提取，充分让“数据多跑路，师生少跑腿”，提高办事效率。

（戈金义）

【财务信息化建设】 2020 年，学校强化财务处网站功能，实现财务资料自助领用，开办财经宣传专栏，开通 E 财务服务推送；完成财务信息系统升级改造；为 2021 年新业务系统部署 5 台虚拟服务器，完成 5 台实体服务器硬件设备部署；更新计算机硬件共 20 套。

（汪达升）

【税收管理】 2020 年，根据国家税务总局《关于推行通过增值税电子发票系统开具的增值税电子普通发票有关问题的公告》，结合学校财务信息化的进程，主动向税务机关申请增值税电子普通发票票种，并投入使用。解决发票传递中的丢失票据、发票保存问题，进一步落实好“师生少跑路、信息多跑路”的目标。

（陈 蔚）

审 计 工 作

【概况】 2020 年，华北电力大学北京、保定两地共有专职审计人员 10 人，其中，北京校部硕士生学历 3 人，本科学历 3 人，保定校区硕士生学历 2 人，本科学历 2 人；北京校部高级、中级、初级专业技术职务各 2 人，保定校区高级、中级专业技术职务各 2 人。全年完成横向和纵向科研项目经费审计、审签 151 项，审计、审签科研经费总额 9692.06 万元，其中北京校部开展科研审计 1 项、审签 144 项，审计、审签科研经费总额 9455.71 万元；保定校区开展审签 6 项，审签科研经费总额 236.35 万元。完成基建、修缮工程结算审计 110 项，其中北京校部 46 项，送审金额为 639.48 万元，审减 16.46 万元；保定校区 64 项，送审金额为 1849.98 万元，审减 99.92 万元。北京校部对 16 号学生宿舍楼、能源电力科研综合楼、体育中心 3 项重点工程项目开展全过程跟踪审计，审计项目金额分别为 6065.44 万元、1.22 亿元、4.83 亿元，完成其项目招标文件、工程量清单、招标控制价审核工作。完成招标控制价审核 11 项，其中北京校部 9 项，审计金额 3396.72 万元；保定校区 2 项，审计金额 308.46 万元。年内，贯彻落实教育部办公厅印发的《关于做好教育系统经济责任审计工作的通知》相关要求，对北京校部48位领导干部开展了离任经济责任审计。年内，针对2019年学校领导干部经济责任审计中提出的问题和建议整改落实情况开展检查；开展北京校部2017—2019年度学校预算执行与决算审计，审计金额66.11亿元，从内控制度建设及执行、资产管理、项目管理、财务管理等方面提出问题和建议共计27条；开展2018—2019年度北京校部后勤服务集团财务收支的审计金额1.65亿元，从财务管理、会计核算、工程管理、资产管理和收入管理等方面分析存在的主要问题共计16条；开展2019年度北京校部教育教学改革专项审计，包括子项78项，从预算编制、立项管理、项目验收、绩效评价及资金管理等方面提出问题和建议10条；开展2019年度北京校部合同管理专项审计，从六个合同归口管理部门提供的2274份合同台账中审计抽查1409份，占合同总数的62%，从合同条款、合同签订及合同管理这三个方面剖析合同管理存在的4项风险因素和17条主要问题，提出相应的审计建议；完成2019年度北京校部无形资产管理专项审计，审查无形资产121项，审计金额1029.55万元，审查科技成果转移转化项目18项，审计金额356.24万元，提出问题和建议7条。

2020年，华北电力大学以习近平新时代中国特色社会主义思想为指引，贯彻落实习近平总书记在中央审计委员会第一次会议上的重要讲话精神，围绕《华北电力大学2020年工作要点》和《教育系统内部审计工作规定》等文件精神提出的任务和要求，结合学校实际情况，有计划、有重点开展领导干部经济责任审计、财务收支审计、预算执行与决算审计、科研审计、建设工程项目全过程跟踪审计、工程结算审计、合同及无形资产管理审计、教育教学改革专项审计等各项审计工作，在维护学校财经法纪、提高资金使用效益、改进学校内部管理、促进党风廉政建设等方面发挥审计监督作用。

领导干部经济责任审计。针对领导干部任职期间部门发展、责任人遵守经济法规和贯彻国家方针政策、“三重一大”制度执行、与领导干部履职有关的管理决策等经济活动效益、遵守相关廉洁规定等方面情况，有计划地实施审计工作。同时，北京校部还将“新冠肺炎疫情防控”“科研经费放管服”“人才培养经费使用”“六十周年校庆”“教育教学改革”等2020年度学校各项重点工作的开展情况纳入本次经济责任审计的范围。在开展经济责任审计的同时结合学校预算执行与决算审计、后勤服务集团财务收支审计、校庆专项审计等其他审计项目，探索实行融合式审计模式，力争做到“一审多项”“一审多果”“一果多用”。

预算执行与决算审计。开展北京校部2017—2019年度学校预算执行与决算审计，从内控制度建设及执行、资产管理、项目管理、财务管理等方面分析存在的主要问题，提出相应的审计建议。

财务收支审计。开展2018—2019年度北京校部后勤服务集团财务收支的审计，从财务管理、会计核算、工程管理、资产管理和收入管理等方面分析存在的主要问题，并提出相应的审计建议。

重大项目审计。对北京校部2019年度学校教育教学改革项目开展专项审计，从项目的立项情况、经费管理情况和项目验收情况进行分析。并在此基础上，从预算编制、立项管理、项目验收、绩效评价及资金管理等方面提出审计发现的主要问题并针对各个问题提出相应的审计建议，发挥内部审计预警作用，促进和提高科研项目管理水平和科研经费效益，实现良好的审计效果。

合同及无形资产管理审计。开展北京校部2019年度合同管理专项审计。从六个合同归口管理部门提供的合同台账中进行抽查审计，对合同内控制度的建立与执行情况进行分析并对2019年度的合同管理情况进行总体评价。从合同条款、合同签订及合同管理这三个方面剖析合同管理存在的风险因素和主要问题，并在此基础上提出相应的审计建议。完成北京校部2019年度无形资产管理专项审计，对北京校部2019全年度无形资产内控制度建立与执行情况、无形资产的取得与登记入账情况、无形资产摊销及净值情况、无形资产盘盈以及科技成果转移转化情况进行分析，发现存在的主要问题并提出相应的审计意见。

科研经费审计。在开展2020年度科研项目经费审签的同时，开展国家重点研发计划《燃煤发电机组水分高效低成本回收及处理关键技术研究与应用》的跟踪审计。加强对科研项目立项、资金使用和经费决算的审计监督，审计中重点关注有无虚设课题，挤占挪用经费，转移资金和虚报劳务费等行为，并将科研经费审签、审计调查和专项审计结合起来，针对审计过程中发现的问题发表审计意见，突出科研经费审计工作的服务性和建设性，保障科研经费安全合理使用。

推进落实审计整改。督促各被审计单位切实履职尽责，推动整改落实到位，凝聚监督合力，强化整改跟踪督促。定期通报整改情况的审计查出突出问题范围，拟定整改分工方案，持续跟踪各项整改工作进度，坚持标本兼治，加大与纪检监察、组织人事、巡察督查的联动力度，进一步健全整改长效机制。

工程结算审计以及北京校部重点工程项目全过程跟踪审计。开展基建、修缮工程结算及招标控制价审计和招标控制价审核，将工程审计作为合理控制建设投资、完善建设工程管理、促进廉政建设的关键手段，突出审计重点，抓住关键环节，不断加大对重大建设项目立项、设计、招标、施工、竣工等环节的审计力度，在促进完善工程管理内部控制、落实管理责任、提高资源绩效等方面积极作为，为学校节约建设资金，维护学校利益，进一步促进工程造价管理方式不断改进，取得良好的审计效果。

小额工程项目审签。通过对报审合同主体资格、完整性、价款、技术质量标准、质保等方面内容提出审计建议，有效促进项目实施过程中合同风险的规避，同时完善基建、维修工程项目的审签流程和规范，形成建设单位、审计、财务的联动机制。

加强制度建设。根据审计署、教育部有关内部审计的法律法规，结合学校审计整改工作的实际情况，参考对其他部属高校审计整改工作的调研情况，起草《华北电力大学审计整改工作办法(审议稿)》，并经2020年第7次校长办公会议审议通过。

(唐　成　李　荔)

资　产　管　理

【概况】 2020年，华北电力大学北京校部固定资产总价值297270.49万元，其中房屋及构筑物672855.48平方米，价值19.6亿元；通用设备56856台，价值72826.01万元；专用设备7475台，价值8247.62万元；图书、档案价值10614.22万元；家具、用具、装具及动植物87819件，价值9030.90万元。无形资产总价值2005.99万元，其中专利权18.11万元，软件1987.87万元。华北电力大学保定校区固定资产总价值133008.11万元，其中房屋及构筑物477022.26平方米，价值7.3963亿元；通用设备38478台，价值38956.63万元；专用设备5104台，价值9317.36万元；图书、档案价值5271.68万元；家具、用具、装具及动植物58772件，价值5498.66万元。无形资产总价值15952.16万元，其中土地使用权10931.12万元，软件5021.04万元。年内，学校新增10万元以上设备总计194台，总价值6627.99万元，其中：北京校部114台(套)，价值4353.64万元，保定校区70台(套)，价值1923.34万元；新增40万元以上设备总计26台，总价值3028.03万元，其中：北京校部15台，价值2260.92万元，保定校区11台，价值767.11万元。学校报废仪器设备家具总计4764台件，账面价值总计2142.36万元，收回残值总计22.11万元，其中：北京校部报废3798台件，账面价值1843.56万元，收回残值11.74万元；保定校区报废966台件，账面价值298.8万元，收回残值10.37万元。北京校部完成16号学生公寓的入账手续；教职工年度住房补贴发放1381.95万元、981人次，其中按月补贴发放1374.59万元、979人次，级差补贴发放7.36万元、2人次；年度房屋及场地出租面积6856.61平方米，收益287.78万元。保定校区年度住房补贴共发放金额607.3万元，共计教职工696人次；年度房产出租面积为1133.17平方米，收益163.34万元。

国有资产管理。严格审核仪器设备及家具物资的购置计划，做好仪器设备采购招标工作，加强政府集中采购管理力度，规范“进口”管理。加强实物验收工作，杜绝虚假采购行为，实现新增固定资产实物验收率100%。根据抓大放小的原则，对单价或者批量十万元以上的固定资产会同相关经费管理部门进行实物验收。严格执行固定资产处置规程，加强“出口”管理，提高资产横向调拨，充分发挥资产的剩余价值和社会效益，做到物尽其用。

房产管理。根据学校部门结构调整及干部换届后的人员结构变化做出相应的用房调整，推进公用房有偿使用所涉及的系统升级和数据核算等工作。开展公用房走访调研工作，对走访单位的每一间房进行查看和登记，完成近1600间房源的信息核对和图纸调整。

招标管理。全年共接收各类招标项目87个。按项目类型分，其中货物类55个，服务类22个，工程类10个；按采购方式分，其中公开招标67个，单一来源17个，竞争性谈判1个。接收项目的预算总额为13522.3万元，项目的中标资金为12430.2万元，节约资金1092万元，节约率为8.08%。接收后勤管理处商户出租的招标项目合计为7个共44包次，中标租金收入共预计1143.7万元，比上年度增长21%。

疫情防控。共采购和发放口罩2389400只，健康包18000个，消毒液(泡腾片)100瓶，喷壶(配合消毒液使用)280个，体温计24812个，额温枪24个，手持测温热像仪4个，测温门2个等防控物资。

资产管理。对教三楼共45间教室进行多媒体改造并配备新课桌椅2180套，多功能椅576个，完成新建16号学生公寓家具、空调、窗帘等的配备，学生住宿条件得到改善。

(李福顺　何　旸　张晓华　李　环　杜春芳　魏　清)

【公用房调整】 2020年，为配合学校机构改革及干部换届，全力保障新成立机构及新提拔干部的办公用房，房源调整建筑面积共计4896平方米，签署用房协议18份，调整部门用房14个。调整和收回不合理用房或长期闲置的房源，清退库房2处共计196平方米，收回房屋8间共计800平方米。

(沈　尧)

【公用房房源清查】 2020年11月至12月，联合实验室管理处共计完成12个学院的用房清查工作，建筑面积近20万平方米，涉及1600间房屋，核对房产信息3000余条，基本实现房源使用情况底数清、情况明。

(何　旸)

【新建4个通宵自习室】 2020年，为充分利用主楼连廊的公共空间，通过广泛征求学生的意见和建议，在西区主楼连廊建成四个通宵自习室，为学生提供 200 余个座位，每天座无虚席，深受学生欢迎。

（蔡可佩）

【周转房管理】 2020 年，对校内外部分周转房进行入户清查，维护修缮。翻查入住协议三百余份，入户 88 家核实住用信息，共清退 56 套房周转房。完成永泰东里 13 号楼屋面防水翻修，清河、学院南路两处周转房室内装修改造，完成部分腾退周转房内家具和洁具的更新。

（于丹丹）

【清理回龙观三期购房借款挂账】 2020 年 10 月至 12 月，学校重点清理回龙观三期购房借款挂账 2489974.86 元，通过协调相关部门核查历史数据、咨询当时主管负责人及查阅档案资料等手段，最终追回欠款 17111634.16 元，剩余款项查明具体原因并反馈相关部门。

（袁素东）

【完成 4 号学生宿舍改造工程】 2020 年 6 月，为改善学生住宿环境以及学院发展需要，学校完成 4 号学生宿舍改造工程项目招标工作，并在年内完成改造。4 号学生宿舍建筑面积共 5003.22 平方米，本次改造面积为 4256 平方米。改造工程包含拆除工程、装修装饰工程以及与装修工程直接配套的水、电、通风等。本项目投资额为 971.85 万元，全部为国拨资金，中标金额为 932 万元。

（倪景峰　张晓华）

【完成教室空调安装项目】 2020 年，华北电力大学教室空调安装项目如期完成，该项目包括教室空调安装电路改造工程项目和空调采购项目。该项目资金全部为国拨资金，教室空调安装电路改造工程项目投资额为 398.33 万元，中标金额为 372.64 万元；空调采购项目投资额为 353 万元，中标金额为 259.83 万元。

（倪景峰　张晓华）

实验室管理

【概况】 2020 年，学校党委完成组织机构调整，将资产管理处、教务处、科学技术研究院、保卫处等部门相关实验室管理的职责整合，成立实验室管理处。实验室管理处作为学校直属处级管理机构，统筹负责学校实验室建设与管理、实验室安全、实验技术队伍管理、实验室资源共享以及仪器设备管理等方面的工作。现有工作人员 4 人。

实验室规划与建设。科研实验室方面，拥有 3 个国家级科研平台，1 个国家级国际科技合作基地，36 个省部级科研平台，26 个校级科研机构以及若干校企联合科研机构；教学实验室方面，拥有 3 个国家级实验教学示范中心，3 个国家级虚拟仿真实验教学中心，1 个国家级工程实践教育中心，5 个省部级实验教学中心。学校共有实验室 72 个，用房 1193 间，使用面积 14 万平方米，共有实验技术人员 182 人，开设实验教学项目 1400 余项，完成科研及社会服务项目 600 余项，实验教学工作量 120 万人时。

大型仪器设备管理。实验室根据科技部和财政部要求，完成全校 96 台（其中北京校部 52 台）大型仪器设备向科研设施与仪器国家网络管理平台的数据报送工作，包括设备基本信息、运行使用情况、集约化管理情况、科研创新成效、组织管理情况等，并实现学校大型仪器开放共享管理系统与国家网络平台的成功对接。

实验室安全与环境保护。组织各院系与学校签订实验室安全责任书，逐级落实安全责任，并制作更新实验室信息牌 400 余张。2020 年，邀请国内实验室管理方面的知名专家开展校内实验室安全培训，参加培训人数超过 600 人次；组织实验管理人员和实验技术人员等赴校外参加各类培训 30 余人次，进一步拓宽视野，提升知识技能。上线实验室安全准入系统，要求全校进入实验室工作的师生都应进行实验室安全相关知识培训并通过考核。

制度化建设。2020 年，修订《华北电力大学实验室安全管理办法》（华电校实验〔2020〕1 号）和《华北电力大学辐射安全管理规定》（华电校实验〔2020〕2 号），出台《华北电力大学放射防护与辐射安全管理实施细则》（华电校实验〔2020〕3 号）、《华北电力大学突发辐射安全事故应急预案》（华电校实验〔2020〕4 号）、《华北电力大学实验室安全管理责任实施细则》（华电校实验〔2021〕1 号）和《华北电力大学实验室安全准入管理办法》（华电校实验〔2021〕2 号）。部门试行《华北电力大学燃烧器及明火电炉安全管理制度》《华北电力大学实验室安全督察队工作条例》《华北电力大学实验室安全检查制度》和《华北电力大学实验室常用加热设备安全管理制度》。

（朱正茂　高继周　刘　钊）

【管制类化学品全流程管理】 2020 年 8 月，投入专项经费，建设易制毒、易制爆等管制类化学品小剂量储存场所，并于 2020 年 10 月取得购买许可资质并投入使用，实现源头管控。

（朱正茂　高继周　刘　钊）

【实验室安全检查全覆盖】 2020 年，学校推行学校、二级单位和实验室相结合的多层次、全覆盖实验室安全检查模式。6 月，对全校各级各类实验室进行摸底式排查，通过自查、核查和抽查等形式，及时督促整改并回头看整改情况。此外，结合《北京市教育系统学校危险化学品安全综合治理三年行动计划(2017—2020 年)实施方案》,学校开展多轮危险化学品专项检查,共检查出各类安全问题及隐患百余项,要求各实验室限期整改并提出整改报告。

(朱正茂　高继周　刘　钊)

【实验室"十四五"规划编制】 2020 年,经赴北京大学、中国地质大学(北京)、中科院生态与环境研究所等单位调研和校内调研,明确学校实验室建设"十四五"规划整体思路:理顺学科建设、院系管理与实验室体系的关系,实施实验室项目建设全过程跟踪,体现投资效益,加强以公共教学与科研平台的建设与管理,推进实验室规范化管理及过程控制,加强实验室的开放与管理,突出重点工程重点任务的实施。编制完成实验室建设十四五专项规划。

(朱正茂　黄曙林)

基　建　管　理

【概况】 2020 年,华北电力大学北京校部基建处共有员工 9 人,岗位设置分为行政综合管理、项目前期管理、计划及投资管理、工程管理和校园规划管理等职能岗位。保定校区基建处工程管理的职能部门设置有计划管理科、工程技术科,负责校园规划、修缮工程和基建工程管理,拥有专业工程师、专业管理人员 8 名。年内,保定校区基建处完成 19 号学生宿舍的建设、改善办学基本条件专项项目三年规划(2021 年—2023 年)的项目申报和 2020 年改善办学基本条件项目的评审工作。根据工程完工情况、立项情况及资金来源,向审计处递交工程结算报审项目 10 余项。配合招标中心完成 2020 年改善办学基本条件项目分项工程。

2020 年,面对突如其来的新冠肺炎疫情,基建处认真贯彻学校的工作部署,从大局出发,完成年初制定的各项计划,为学校稳步发展提供坚实保障。

北京校部基建工作。积极开展基建领域党风廉政建设,提高队伍素质。进一步加强党的建设,严格落实党风廉政建设责任制,扎实开展基本建设领域反腐倡廉教育,加强内控体系建设,通过认真梳理各廉政风险点,规范权力运行机制,加强过程管理,推进能源电力科研楼、体育中心等工程建设全过程跟踪审计;按照教育部部署要求,编制完成《华北电力大学"十四五"基本建设规划》;积极推进办学空间拓展。加强与上级单位及地方政府沟通协商,推进北京校部东区土地项目规划调整事宜,加强与未来科学城的沟通,在东区土地性质变更的基础上,深入推进街区规划具体事宜;积极推进重点基建工程进展。新冠疫情使工程建设的人员、材料、进度都受到很大影响,在各方共同努力下,北京校部 16 号学生宿舍楼项目按计划交付使用;能源电力科研综合楼项目顺利开工,并完成地下工程建设;根据教育部总体安排,调整体育中心项目进度,完成设计、勘察、造价咨询和审计招标工作;持续改善办学基本条件,完成学生宿舍"洗浴不出楼"全覆盖。

保定校区基建工作。根据学校发展规划,结合保定校区实际情况,积极论证新校园规划,编写 2020 年基建投资计划及三年滚动计划。规范管理,强化质量,在基建工作中将防疫工作落到实处,认真监管和审核工程变更、洽商签证,严格按照设计、招标文件、投标清单等要求,检查验收工程材料;完成 19 号学生宿舍室外工程的建设及校区教室空调安装二期工作,完成教育部改善办学基本条件有关专项项目及各项修缮工程项目。

(赵秀国　曹宇博　张　璐)

【16 号学生宿舍楼项目交付使用】 2020 年 8 月,北京校部 16 号学生宿舍楼项目按计划交付使用。16 号学生宿舍楼位于校医院南侧,教工楼西侧。宿舍楼总建筑面积 13587 平方米,其中地上八层,设学生宿舍 254 间,面积 10787.72 平方米,地下两层,为学生活动用房、设备用房和人防工程,面积 2799.28 平方米。

(赵秀国　曹宇博)

【地下体育中心建设】 2020 年,为充分利用学校有限的土地资源,缓解北京校部体育运动场馆和学生活动场所面积紧张的状况,经请示教育部,学校拟在现有田径场范围内建设地下体育中心。至年底,该项目已完成设计、勘察、造价咨询和审计招标工作以及规划方案的报送工作。拟建体育中心位于 15 号学生宿舍楼南侧,13 号学生宿舍楼北侧,景观绿地西侧,西侧为第二食堂东侧。该项目采用场馆合一的集约化布局模式,在相对紧张的用地内将一个标准的体育场"举起"至地面上约 10 米的高度,其下部设置主要以篮球馆、羽毛球馆(综合馆)和游泳馆三大馆及部分小馆的体育中心,总建筑面积约 44373 平方米,地上二层(主要为体育场看台),地下二层,其中地上建筑面积为 11900 平方米,建筑高度 28 米,总投资约 4.8 亿元。

(赵秀国　曹宇博)

【完成多个项目修缮改造工程】 2020 年,为进一步改善学校基本条件,提高师生获得感。北京校部利用暑期完成 4 号学生宿舍楼、工程实践与创新创业教育中心修缮改造工作;采用 BOT 模式,建设学生生活热水多能互补综合能源系统,完成第 4、5、6、16 号楼学生宿舍洗浴设施改造工程,实现研究生宿舍楼生活热水全覆盖。完成第 7—12 号宿舍楼室内改造、室外管线工程;采用节能环保的单井循环换热地能热泵系统,完成主楼连廊空调改造。

(赵秀国　曹宇博)

【完成19号学生宿舍配套工程】 2020年8月，保定校区19号学生宿舍周边配套道路及绿化工程建成投入使用。该项目将原来的荒草垃圾堆场改造成环境宜人的景观园林，为校内增加了一处新的文化活动场所。

（张　璐）

【5个工程项目完成改造】 2020年，保定校区克服新冠疫情影响，顺利校内5项改造工程。其中，对教六、教七楼办公及教学环境进行升级改造。针对院系建筑年久失修存在的问题，基建处与院系沟通改造需求及目标，围绕院系文化建设，制定改造方案。因受疫情影响，施工进度受到影响，为保障教学楼新学期使用，基建处克服困难，利用开学前的窗口时间，顺利完成改造工程。针对主题教育期间师生对二校区教十一楼缺少空调的集中反映，按照学校决策，完成教十一楼中央空调安装工程。

（张　璐）

【推进新校园规划论证】 2020年，保定校区加强与地方政府沟通协调，拓展办学空间，推进新校园建设。校党委、保定市委、市政府、高新区主要领导高度重视学校保定新校园建设，学校成立新校园论证专班，认真组织、搜集基础资料，为学校校园规划编制做好技术支撑，为领导决策提供基础数据，努力建设绿色、智慧、人文新校园。

（张　璐）

档　案　工　作

【概况】 2020年，华北电力大学有档案工作人员17人，北京校部14人、保定校区3人。学校档案馆藏7个全宗，共计148527卷、照片档案18997张、馆藏资料4650册。学校档案业务指导和培训210余人次。全年接收以件归档档案1847件，以卷归档档案9504卷，接收实物档案749件。提供档案利用9864人次。

2020年是全面建成小康社会和“十三五”规划收官之年，也是学校“双一流”建设的关键之年。档案馆认真学习贯彻十九届五中全会精神、全面总结“十三五”发展和科学编制“十四五”，完成档案馆各项工作，在档案工作、史志鉴工作、对外交流、党支部建设等方面创新工作方式，服务水平进一步提升。

档案工作。完成《档案馆“十三五”工作总结》和《档案馆“十四五”规划》编制工作。继续推进档案基础资源建设，完成2020年档案的指导培训和收集著录工作。围绕学校中心工作完成各类查档服务利用工作。完成本科生和研究生新生人事档案的由学生处划转档案馆管理的有关工作。完成《华北电力大学档案标准化建设体系制度》2期建设目标，涉及会计档案、学科档案、教学业务（学籍）档案、科研档案、留学生档案、学生人事档案以及档案安全预案等方面。完成信息化建设关于档案检索库七期建设任务。完成数字化建设关于馆藏档案数字化扫描五期建设任务。完成人物档案五期建设任务，完成档案库房密集架建设任务。年内，获批档案纵向科研课题1项；发表档案业务论文1篇，会议论文收录1篇。华北电力大学成为北京高等教育学会档案研究分会秘书处，档案馆馆长陈军当选北京高等教育学会档案研究分会副理事长兼秘书长。

史志鉴工作。完成12位人物的口述历史的录制整理，为编印《华电口述》第一卷做好准备。完成《华北电力大学校志》编写框架。《华北电力大学年鉴2020》由武汉理工大学出版社出版发行，编校质量进一步提升；完成《中国教育年鉴》《中国电力年鉴》《北京教育年鉴》《昌平年鉴》稿件报送工作。《华北电力大学年鉴2019》获北京市第三届编校质量评比二等奖。王振华代表学校参加中国高等教育学会校史研究分会第16届学术年会，会议论文《谈高校校史资料积累的探索与实践——以华北电力大学〈华电记忆〉系列丛书编纂为例》入选中国高等教育学会校史研究分会第16届学术年会论文集。

对外交流。学校积极参加中国高校、教育部部属高校、北京市和河北省有关档案和鉴史志协（学）会的各类交流培训，充分利用上述交流平台，介绍学校发展及学校档案、鉴史志方面的研究成果。

党支部建设。新出台多项制度，涉及议事决策、意识形态、安全稳定等事宜。

（王振华）

【完成2020卷年鉴编撰出版】 2020年11月，《华北电力大学年鉴2020》由武汉理工大学出版社出版发行，该卷年鉴是学校第19本年鉴，首印150册。全书共计1300千字、彩色插图50张，各类统计报表53个，全面体现学校2019年的工作重点和教学科研、国际交流、人才培养等方面的建设成果。

（王振华）

【当选市档案分会秘书处】 2020年1月26日，北京市高等教育学会档案分会召开换届大会，华北电力大学当选该学会第八届副理事长单位兼秘书处，华北电力大学档案馆馆长陈军当选该学会第八届副理事长兼秘书长。该学会隶属北京市高等教育学会，旨在为北京市高等学校档案学术与档案发展搭建交流平台。

（陈　军）

【学生人事档案划转档案馆管理】 2020年5月29日，华北电力大学学生人事档案工作划转档案馆管理，档案馆分设研究生人事档案室和本科生人事档案室，分别配置2人从事学生人事档案工作，划转旨在加强学生人事档案管理和服务的规范化，更好地为广大学生和校友做好档案服务。

（陈　军）

【完成档案“十四五”规划】　2020 年 11 月，华北电力大学完成学校档案发展“十四五”规划。该规划在总结学校档案“十三五”发展的基础上，通过调研和论证最后确立“十四五”的档案发展思路、指导思想、基本途径和保障措施，明确学校档案发展的目标是建设数字档案，推进学校各应用软件数据逐步实现自动归档。

（陈　军）

【获批一项档案纵向科研课题】　2020 年 3 月，华北电力大学获批北京市高等教育学会档案研究分会档案领域纵向项目 1 项，课题为重点课题，陈军为课题负责人。课题为：新形势下高校档案功能定位与创新发展研究。

（陈　军）

【完成《华北电力大学档案标准化建设体系制度》2 期建设目标】　2020 年，档案馆完成《华北电力大学档案标准化建设体系制度》2 期建设目标。主要涉及会计档案、学科档案、教学业务（学籍）档案、科研档案、留学生档案、学生人事档案以及档案安全预案等方面的调研起草工作。

（陈　军）

【获北京市第三届年鉴综合质量评比二等奖】　2020 年 9 月 8 日，华北电力大学获北京市第三届年鉴综合质量评比二等奖。本次评比获奖高校还有北京大学、首都经济贸易大学、北京工业大学、北京交通大学、北京联合大学等 5 所高校。该评比活动由中共北京市委党史研究室、北京市地方志编纂委员会办公室主办，每两年举办一次，是对全市综合年鉴、专业年鉴综合质量的大检阅。

（陈　军）

学科建设与教育教学

Discipline Construction, Education and Teaching

◯综　　述

2020年，华北电力大学“双一流”建设成效显著，达到和超过建设方案预期指标。围绕未来科技发展前沿、国家重大战略需求以及能源电力行业“卡脖子”问题，超前布局新兴学科，自主设置储能科学与工程交叉学科博士点。学科建设在第三方评价中的表现进步明显，工程学首次跻身ESI世界前70位，计算机科学首次跻身ESI世界前1%行列，ESI世界前1%学科由5个增长至6个。新增化学工程、能源与燃料2个学科领域跻身U. S. News 2021世界学科排名前50位。

2020年，华北电力大学继续推进一级学科招生，实现一级学科内的生源统筹，吸引更多高质量的生源。除自设二级学科外，学校7个博士学位点全部实现一级学科招生；20个硕士学术学位点实现一级学科招生。北京校部非全日制硕士研究生招生计划完成率达100%。持续推进研究生工作站培养专业学位研究生的新型合作培养模式。博士研究生发表SCI检索人数占年毕业总人数的81.73%，创历年毕业科研成果新高。依托国家留学基金委的公派留学项目，组织研究生申报国内外联合培养项目和攻读博士研究生项目，共选拔出34名博士研究生国内外联合培养，10名硕士研究生赴国外大学攻读博士学位；依托研究生院双一流项目，选拔14名博士研究生参加国际访学。继续开展研究生优质课程建设并组织验收工作。2020年共建设博士生优质课程7门(其中全英文课程6门)、留学研究生优质课程6门、工程类专业学位硕士研究生校企合作技术专题课64门；资助出版教材19本；继续组织并资助慕课建设10门。按照“按需设岗，择优聘任”的原则，学校召开华北电力大学第五届学位评定委员会第十次会议，新增82名校内硕士生导师，160名外聘硕士生导师；认定2名校内博士生导师，18名外聘博士生导师；新增26名校内博士生导师，20名外聘博士生导师，有力充实研究生导师队伍。

2020年，华北电力大学修订《华北电力大学普通本科学生学籍管理规定》和《华北电力大学本科生转专业和大类分流实施办法》，将国际教育学院本科留学生教学运行与学籍管理工作统一纳入教务管理平台。举办“施耐德电气全球CEO线上分享会”，实施联合开发课程、共建校内实训平台、多途径实习等合作模式。启动与华能集团的核电“订单＋联合”人才培养，与国家能源集团物资公司、北京中电普华公司等企业的复合型“新工科、新商科”创新人才联合培养。加强课程思政与一流课程建设，推动课堂教学革命，不断优化课程体系。对25门课程思政示范课，进行评价交流，8门课程评价优秀；12门课程入选首批国家级一流本科课程，4门课程获批北京市优质本科课程、7门课程获批河北省本科一流课程，4部教材获批北京市优质本科教材课件。初步制定本科专业评估方案及评估指标体系。新增3个本科专业(储能科学与工程、人工智能、供应链管理)、15个专业入选国家级一流本科专业建设点，14个专业入选省级一流本科专业建设点，1个专业获批北京高校“重点建设一流专业”，1个专业通过工程教育专业认证。

2020年，华北电力大学继续教育工作聚焦新时代新任务，融入大学“双一流”建设，以“办好新时代的华电继续教育”为主旋律，依托学校大电力特色学科体系，联合各院系和企业共同研发多个非学历继续教育项目，打造一流的“华电培训”品牌；积极响应国家脱贫攻坚号召，开展教育扶贫、促进地方产业升级，设立华北电力大学继续教育确山基地；加强学历继续教育的相关本专科专业建设、课程建设和师资队伍建设，全面提高教育教学质量，建设一流的学历继续教育；利用电力行业继续教育联盟，加强课程资源共建共享，充分发挥电力行业远程继续教育网的优势，积极服务大学双一流建设。2020年，学历继续教育在籍学生9339人，招录新生4204人，学历继续教育校内外教学站点29个，辐射全国19个省市自治区。学校非学历继续教育全年共举办培训班87期，参加培训5300人次。电力行业继续教育网现有注册学员7万余人，学院远程教育完成大学思政课、直播演练、慕课、学历教育课程资源建设等各类课程资源建设636学时，协助完成校医院、党政办、科研院、人事处及学院重点项目，拍摄制作各类宣传片18部。在中国大学MOOC网上线首门对外精品课——“高等工程热力学”。

2020年，华北电力大学紧密围绕学校中心开展校园美育教育工作，大力推进艺术美育教育的改革创新，在提升学生艺术修养、打造文化艺术品牌、丰富校园艺术文化方面积极探索开展各类艺术课程20余门，涉及音乐、美术、影视、舞蹈、戏剧、摄影等各类艺术门类。课程针对不同层次的学生需求，兼顾理论与实践，通过对艺术作品的广泛涉猎和艺术鉴赏活动的参与，培养学生综合艺术素质与能力，提升学生艺术修养和审美情趣。突如其来的新冠疫情，为保证教学工作和艺术团训练的正常开展，艺术教育中心积极探索新模式，将公共艺术课程教学和艺术活动由线下改为线上。疫情期间，以网络为媒介，五湖四海的华电学子在云端相聚，大学生艺术团积极投身艺术创作，抗疫歌曲《坚信爱会赢》MV被“学习强国”等平台转发报道“为乐”组合、大学生艺术团分别举办“云上”艺术节专场演出；蓝色动力合唱团参加中国文联抗疫歌曲接力活动，与明星合作演唱《我们春天回家》和《我和我的祖国》，参加《星光大道》节目录制和央视“学习雷锋好榜样”歌曲传唱活动；朗诵团参加“孝满京城，德润人心”重阳节经典诗词专场朗诵会；交响乐团成功组建并参与迎新晚会、团课展示等演出。

学 科 建 设

【概述】 至2020年底，华北电力大学拥有2个国家级重点学科和25个省部级重点学科；7个一级学科博士学位授权点，23个一级学科硕士学位授权点，13个专业学位类别；2位国务院学科评议组成员。在ESI学科排名中，“工程学”进入世界前70强和前1‰行列，“环境/生态学”“材料科学”“化学”“社会科学”“计算机科学”5个学科进入世界前1%行列；按被引频次和发文量统计，“工程学”分别排名世界68位和62位，“环境/生态学”分别排名世界571位和314位，“材料科学”分别排名世界581位和512位，“化学”分别排名世界902位和839位，“社会科学”分别排名世界1377位和1575位，“计算机科学”分别排名世界474位和457位；在U.S. News 2021世界大学学科排名中，华北电力大学8个学科上榜，其中，“化学工程”位列世界第14位、中国大陆高校第9位，“能源与燃料”位列世界第31位、中国大陆高校第17位，“机械工程”位列世界第46位、中国大陆高校第22位，“电气与电子工程”位列世界第95位、中国大陆高校第37位，“工程学”位列世界第101位、中国大陆高校第27位；在2020软科世界一流学科排名中，学校15个学科上榜，其中，“机械工程”位列世界51—75位，“能源科学与工程”“化学工程”2个学科位列世界76—100位，“环境科学与工程”“水资源工程”2个学科位列世界101—150位，“控制科学与工程”“仪器科学”“通信工程”“土木工程”4个学科位列世界151—200位；在2021THE世界大学学科排名中，学校5个学科上榜，其中，“商业与经济”位列世界501—600位，“理学”“工程技术”“计算机科学”3个学科位列世界601—800位，“社会科学”位列世界601位；在2020QS世界大学学科排名中，学校仅有“电气与电子工程”1个学科上榜，位列全球401—450位、中国大陆高校第28位。

学位点建设。围绕未来科技发展前沿、国家重大战略需求以及能源电力行业卡脖子问题，超前布局新兴学科，自主设置储能科学与工程交叉学科博士点。

学科建设。学科建设在第三方评价中的表现进步明显。工程学首次跻身ESI世界前70位。

“双一流”建设。精心组织“双一流”建设周期总结工作，本着对事业高度负责的精神，对标一流水平，对标建设方案，完成大学及学科的周期建设评价、总结报告编制、对标情况表制作、典型案例提炼、监测数据填报等工作，全面反映建设过程和进展，客观反映建设特色和亮点，实事求是总结成绩，全面真实查找差距，并提出针对性改进措施。9月16日，包括多名院士在内的专家组评议认为：华北电力大学“双一流”建设思路清晰，措施有力，成效显著，达到和超过建设方案预期指标，建设内容与国家要求符合度高。

第五轮学科评估。全面参与教育部第五轮学科评估工作，以实现评估结果“稳中有升”为目标，北京校部、保定校区协同配合，所有院系和相关职能部门凝心聚力，召开各类学科评估工作会议12次，完成22个一级学科的公共数据采集整理、学科资源统筹协调、学科评估简况表填报、调查对象信息统计、材料报送等工作，全面检验22个一级学科在人才培养、师资队伍、科学研究、社会服务等方面的发展水平。

中央专项经费统筹管理。持续提升中央专项经费执行效率，完善四大类中央专项经费的统筹管理流程，开展督查督办和绩效管理，进一步提高专项资金管理的科学化精细化水平和服务能力。严格按照教育部规定的时间节点督办各部门中央专项经费的执行进度，四大类中央专项经费首次实现100%执行完毕。

学科分析和对外联络。持续开展“双一流”建设成效评价、教育部第五轮学科评估、国际四大学科排名指标体系的分析研究，跟踪ESI和国内外主流排名情况，实时监控各一级学科发展的主要指标数据，强化对外联络工作，协同各院系（部门）直面问题、攻坚突破。

（李惊涛 赵 凡）

【调整成立学科建设处】 2020年4月，学校进行校内机构改革，学科建设办公室更名为学科建设处。调整学科建设处职责。将学科建设处学校发展规划的职责调整至发展规划处，学位授权点申报的职责调整至学位办公室。学科建设处作为学校直属处级管理机构，统筹负责学校学科建设、“双一流”建设等方面的工作。

（贾琳恒）

【中央改善基本办学条件专项资金项目评审】 2020年7月，受教育部财务司委托，北京中天恒会计师事务所通过网络视频会议的方式，对华北电力大学开展中央高校改善基本办学条件专项资金2021年项目评审及2019年项目检查工作。此次评审由学科建设处、财务处共同组织，各学院、各职能部门通力配合，积极准备项目资料、认真核实申报数据。北京中天恒会计师事务所对学校所作的项目前期准备工作给予肯定，一致认为2021年学校所申报的改善专项项目目标明确、论证充分、预算合理、实施计划切实可行，同意将学校2021年申报的所有项目上报教育部，纳入项目库管理，并对项目申报文本、测算依据和资料以及后期跟踪检查等方面提出意见和建议。

（贾琳恒）

【设置储能科学与工程交叉学科博士点】 2020年7月，通过校内论证、校外专家组评议、教育部信息平台公示、大学学位评定委员会审议表决、国家备案等申报程序，华北电力大学储能科学与工程交叉学科博士点通过国家备案。储能在能源转型过程中具有核心地位。在电能大规模存储的前景下，原有能源网络从传统的“源网荷”向“源网荷储”转变，能源的转换，输送，利用和管理环节均发生重大变革，储能将成为能源电力系统的必需环节，也是国家能源战略的最重要和优先发展方向。

（贾琳恒）

【开展“十三五”学科建设总结和十四五学科规划编制工作】 2020年7月至12月，在梳理、总结学校“十三五”学科建设情况的基础上，开展学科发展现状与“十四五”提升优化策略研究和学科体系优化及未来发展方向研究工作。同时，作为学科建设规划编制工作组牵头部门，积极组织各相关部门共同编制“十四五”学科建设专项规划。

（赵　凡）

【组织“双一流”建设周期总结工作】 2020年8月至9月，学校对标一流水平，对标建设方案，组织完成大学及学科的周期建设评价、总结报告编制、对标情况表制作、典型案例提炼、监测数据填报等工作，全面反映建设的过程和进展，客观反映建设的特色和亮点，实事求是总结成绩，全面真实查找差距，并提出针对性改进措施。

（赵　凡）

【召开“双一流”建设周期总结专家评审会】 2020年9月16日，根据教育部关于开展“双一流”建设周期总结工作的有关部署，华北电力大学召开“双一流”建设周期总结专家评审会。校长杨勇平，副校长王增平、律方成、檀勤良、毕天姝出席会议，“双一流”建设有关部门、各院（系）负责人和教师代表参加会议。会议由律方成主持。会议以视频形式在北京校部、保定校区同时举行。受邀参加本次评审会的专家有：中国科学院金红光院士，清华大学周济院士，华北电力大学刘吉臻院士，北京物资学院副院长何明珂教授，清华大学段远源教授，清华大学傅旭东教授，中国电力科学研究院王伟胜教授级高级工程师，天津大学王成山教授，北京师范大学张丰收教授和北京航空航天大学文东升教授。金红光院士任专家组组长并主持评审环节。杨勇平做“双一流”建设周期总结汇报。汇报围绕“双一流”建设周期总体情况、各项建设任务开展情况、制度建设、存在问题和改进措施等四个方面，对学校“双一流”建设周期工作做详细总结。他指出：华北电力大学“双一流”建设以习近平新时代中国特色社会主义思想为指导，深入贯彻党的十九大和十九届二中、三中、四中全会精神，贯彻落实全国教育大会、全国研究生教育会议精神，加强和改进党的领导，落实立德树人根本任务，不断加强内涵建设，全面完成以构建中国特色、世界一流“能源电力科学与工程”学科体系为重点的“双一流”建设周期任务。学校着力推进体制机制创新，构建“五个体系”，实施“四个策略”，教育教学改革成果丰硕，“三协同”多元化人才培养体系优势显现；国家重大科研任务承接能力迈上新台阶，有效解决国家能源电力工业发展中的一些重大科技问题；人才引育机制得以创新，高水平师资队伍实现稳健发展；国际合作空间不断拓展，世界一流大学合作网络和“一带一路”沿线国家大学合作网络搭建成形。但同时，学校高层次人才培育与引进机制还需继续完善，科研创新和成果产出有待进一步提高，学校办学空间还需进一步拓展。与会专家听取汇报，审议相关材料，从建设工作与总体方案的符合度、建设方案主要目标的达成度、建设工作取得的成果等方面对学校“双一流”建设周期总结进行评议。与会专家一致认为，“双一流”建设启动以来，学校各项事业取得明显进步，学校在创新型人才培养、高水平师资队伍建设、科技创新、国际合作交流、文化传承等方面都取得突出成绩，提升学校服务国家能源转型与经济社会发展的能力。华北电力大学“双一流”建设思路清晰，措施有力，成效显著，建设工作与国家要求及建设方案符合度高，全面实现“双一流”建设周期目标，在第三方评价中的表现进步明显。同时，也建议学校加强高层次人才的培育与引进，进一步提升科研创新能力，推进“双一流”建设取得更大的进展。

（赵　凡）

【召开第五轮学科评估工作启动会】 2020年11月12日，学校召开第五轮学科评估工作启动会，校长杨勇平，副校长律方成出席会议，院系主要负责人和学科负责人、相关职能部门主要负责人参加会议。会议由律方成主持。会议以视频形式在北京校部、保定校区同时举行。学科建设处对第五轮学科评估有关政策文件和学校工作方案进行解读和介绍，校长杨勇平就第五轮学科评估工作做出重要指示。

（赵　凡）

【工程学等多个学科排名创新高】 2020年，华北电力大学学科水平进步明显，工程学首次跻身ESI世界前70位，计算机科学首次跻身ESI世界前1%行列，ESI世界前1%学科由5个增长至6个。新增化学工程、能源与燃料2个学科领域跻身U. S. News 2021世界学科排名前50位，U. S. News世界学科排名前50位学科增长至3个。能源科学与工程、机械工程、化学工程3个学科领域继续跻身2020年软科世界一流学科排名前100强。

（赵　凡）

研究生教育教学

【概况】 2020年,华北电力大学研究生院专职工作人员共22人(其中北京校部12人,保定校区10人)。2020年学校招收全日制博士研究生290人,招收全日制硕士研究生3381人(其中北京校部2140人,保定校区1241人);招收非全日制硕士研究生1244人(其中北京校部842人,保定校区402人)。2020年完成三次研究生学位论文答辩及学位授予工作,共授予207人博士学位、3873人硕士学位(保定校区1545人)、5396普通教育本科生学士学位、31人来华留学生学士学位、405人成人教育本科生学士学位。共评选出校级优秀博士学位论文18篇、校级优秀硕士学位论文94篇(保定校区37篇)。2020年,学校1篇博士论文获河北省优秀博士学位论文、10篇硕士论文获河北省优秀硕士学位论文。至2020年底,在校学历教育研究生12834人,其中博士研究生1217人,硕士研究生11617人(全日制8290人,保定校区3125人;非全日制3327人,保定校区1228人)。在校非学历教育研究生1057人(其中保定校区522人)。

2020年是"十三五"收官之年,学校研究生教育教学工作完成各项预定目标,为十四五开好局、起好步做好各项工作。

招生工作。继续推进一级学科招生,实现一级学科内的生源统筹,吸引更多高质量的生源。2020年,除自设二级学科外,学校7个博士学位点全部实现一级学科招生;20个硕士学术学位点实现一级学科招生。北京校部非全日制硕士研究生招生计划完成率达100%。2020年,硕士、博士研究生初试和复试工作在线上完成,参加复试人数近6400人,远程初试、复试总时长近6000小时。

研究生联合培养。持续推进研究生工作站培养专业学位研究生的新型合作培养模式。在学校专业学位研究生规模扩大的基础上加强校企联合培养研究生力度,联合培养研究生的企业数量与研究生数量均大幅度提升。做好联合培养研究生的培养环节设计,2019级联合培养研究生顺利开题。

科研成果。2020年毕业的博士研究生发表SCI检索人数占年毕业总人数的81.73%,创历年毕业科研成果新高。人均发表论文数5.00篇,三大检索论文人均3.51篇,其中个人最高发表SCI检索论文10篇。

国际交流与合作。依托国家留学基金委的公派留学项目,组织研究生申报国内外联合培养项目和攻读博士研究生项目,共选拔34名博士研究生国内外联合培养,10名硕士研究生赴国外大学攻读博士学位;依托研究生院双一流项目,选拔14名博士研究生参加国际访学。

课程建设。继续开展研究生优质课程建设并组织验收工作。2020年共建设博士生优质课程7门(其中全英文课程6门)、留学研究生优质课程6门、工程类专业学位硕士研究生校企合作技术专题课64门;资助出版教材19本;继续组织并资助慕课建设10门。

研究生教育信息化建设。进一步优化系统功能,完成数据迁移、系统上线。

师资队伍建设。按照"按需设岗,择优聘任"的原则,学校召开华北电力大学第五届学位评定委员会第十次会议,新增82名校内硕士生导师,160名外聘硕士生导师;认定2名校内博士生导师,18名外聘博士生导师;新增26名校内博士生导师,20名外聘博士生导师,有力充实研究生导师队伍。

(卢占会　谢　庆)

【推进新一轮学位授权点申报、学位信息专项清理工作】 2020年,学校共申报新增8个一级学科博士学位授权点,1个一级学科硕士学位授权点,3个专业学位类别博士学位授权点,5个专业学位类别硕士学位授权点。至年底,已完成申报材料的上报和北京市学位委员会的初审工作。完成北京校部81个硕士学位、1个普通教育本科学士学位、7个成人教育本科学士学位的专项清理工作。

(张　磊　张　珂　李宝儒　张湘江)

【研究生招生规模快速增长】 2020年,教育部下达华北电力大学招生计划中,全日制硕士生招生规模增加750人,达到3400人,增幅28.3%;全日制博士生招生规模增加30人,达到290人,增幅11.5%,居高科联盟首位。受疫情影响,研究生院创新招生宣传载体,积极利用抖音、B站、腾讯、今日头条等新媒体做好研究生招生宣传工作,扩大学校影响力并取得良好效果。在全国研究生报考人数平均增长10.3%的情况下,华北电力大学研究生报考人数增长48%,首次突破万人,成为在京高校报考逾万人招生单位。在招生规模大幅增加的情况下,生源质量保持稳定,"双一流"高校生源录取比例在55%以上。开展交叉学科研究生专项招生计划,组织导师申报、学校评审,共立项71项交叉学科人才培养项目,资助150名硕士、24名博士专项招生指标。制定博士生招生"申请一考核"制实施办法,并在2021级博士招生中实施。

(卢占会　谢　庆　何　健　单田雨　张志超)

【"双一流"研究生人才培养项目取得进展】 2020年,研究生院督促项目负责人按照中央财政专项资金项目预算执行进度加快项目执行,至年底,顺利完成2020年研究生"双一流"各项建设项目。按时高质量完成2016—2020年研究生院"双一流"大学建设周期总结。完成研究生院"双一流”建设动态监测指标的上报。配合审计处和哲明会计师事务所完成教育教学改革专项资金的审计工作，提供立项材料、项目任务书、中期总结和项目验收材料。

（张淑莉　张　珂　齐宏景　归　毅）

【研究生联合培养取得进展】 2020年，华北电力大学与江苏省产研院等单位共同招收联合培养研究生109人，联合培养单位增至40个；与云南电网公司召开首次2019级联合培养研究生论文开题评审会。与上海昱章电气等五家企业签订联合培养研究生与研究生工作站协议。选聘160名外聘企业导师，为扩大研究生联合培养规模提供有力保障。

（段保乾　何　健　罗格非　王海萍）

【修订学术学位研究生培养方案】 2020年，学校全面开展学术学位研究生培养方案的修订工作，共涉及学术学位博士研究生培养方案11个，学术学位硕士研究生培养方案25个。各院系成立领导小组和编写小组，进行广泛调研和认真修订。2020年版学术学位研究生培养方案突出科教融合，鼓励学科交叉；设置博士生全英文课程，注重提高研究生教育的国际化水平；硕士生学位课从21学分减少到18学分，给学生机会选修更多的跨学科课程；鼓励研究生参加科研项目，合理制定与学位授予相关的科研成果要求，破除“唯论文”倾向。

（张淑莉　张　珂　齐宏景　归　毅）

【研究生国际交流与合作】 2020年，学校依托国家留学基金委的公派留学项目，组织研究生申报国内外联合培养项目和攻读博士研究生项目，共选拔34名博士研究生国内外联合培养，10名硕士研究生赴国外大学攻读博士学位；依托研究生院“双一流”项目，选拔14名博士研究生参加国际访学。

（张淑莉　齐宏景）

【开展研究生优质课程与优秀教材建设】 2020年，华北电力大学共建设博士生优质课程7门（其中全英文课程6门）、留学研究生优质课程6门、校企联合技术专题课64门，建设10门慕课，资助出版教材19本。上报4本教材参加北京市优秀研究生教材评选。

（张淑莉　张　珂　齐宏景　归　毅）

【恢复启动同等学力申请硕士博士项目】 2020年，学校恢复启动同等学力申请硕士、博士项目，出台《华北电力大学同等学力研修班管理办法》《华北电力大学授予具有研究生毕业同等学力人员硕士、博士学位管理办法》，2020年共招收申硕学员311人，申博学员78人，为学校创收1253万元。

（卢占会　张　磊）

【线上线下相结合开展日常教学】 2020年，为减少新冠疫情对学生的学习生活造成的影响，研究生春季学期采取网络授课，全日制研究生开设线上课程824门，开课教师769人，上课学生2834人；非全日制研究生共开设191门课程，实际在线学习7135人次；秋季学期全日制研究生正常返校，采用课堂教学方式，共开设790门课程，同时做好线上线下教学无缝衔接。秋季学期非全日制研究生共开设176门课程，实际在线学习6456人次；受疫情影响，2020届毕业生全部采用网络视频答辩方式，截至8月答辩工作完成。另外，增加8月学位授予批次，共计授予207人博士学位和3873人硕士学位。

（研究生院）

本科生教育教学

【概况】 教务处是学校负责本专科教育教学及人才培养工作的职能部门，主要工作职责：认真贯彻执行党和国家教育方针，落实学校办学及人才培养理念，组织制定有关本科教学和人才培养的规章制度、教学计划等，落实各项教学改革的探索及实施，做好教学运行保障及各项教务管理工作、招生工作及学生学籍管理、教学与教育管理的信息化建设以及上级主管部门领导交办的相关工作。

线上教学。2020年，新冠肺炎疫情发生以来，学校及时研究出台“延期开学期间线上教学方案”，并采取多项有力保障措施，为顺利开展线上教学，做好全方位准备。组织全校教师学习信息化教学工具和教学方法，实时在线答疑；组织开展信息化教学示范课，进行集中在线教学测试；组建“信息化教学辅导组”，制作辅导材料；成立“校院两级在线教学应急服务组”；为所有专任教师购买手写板。2019—2020学年第二学期，1526名教师在线上开设1505门课程，为全校24000余名本科学生带来别开生面的云端教学体验，做到“有预案不乱，有准备不慌”，保证线上学习与线下课堂教学质量实质等效，成功实施学校有史以来最大规模线上教学，为后续开展线上教学及线上线下混合教学积累宝贵经验。

课程与思政。6月，华北电力大学联合人民网共同举办“推进课程思政 深化协同育人”课程思政专题直播培训。教务处组织协调直播培训的各项工作。学校党委书记周坚率团队8位专家，分别从大学理念、教学管理、学院组织、内涵路径等不同角度全方位分享学校课程思政工作经验与成效，学校通过本次课程思政直播课，在北京保定两校区开展全校性的课程思政培训月活动，全体教学二级单位开展线上或线下集中研讨，全校掀起对课程思政学习及研究的热潮，对提升院系组织课程思政建设和教师育人水平具有重要的指导意义。

教师培训。9—11月，学校组织开展新入职教师教学系列培训活动，该活动涵盖“发展规划、教育理念、教学技能”三大模块的系列课程，采用集中讲座、在线学习、教学观摩、微课展示、资料学习、经验交流等多种方式，全方位对新入职教师提供服务与支持。实行本科课堂教学准入制度，12月开展新任教师授课资格认定工作，53名新入职教师和转岗教师申请认定，组织专家对申请教师提交的讲课视频和教案进行认定，合格者颁发华北电力大学新任教师授课资格证，方可上讲台为本科生授课。

专业和跨学科项目建设。面向产业链、创新链，优化本科专业布局，加快传统专业的改造升级和新兴能源专业的内涵建设。初步制定本科专业评估方案及评估指标体系。新增3个本科专业(储能科学与工程、人工智能、供应链管理)、15个专业入选国家级一流本科专业建设点，14个专业入选省级一流本科专业建设点，1个专业获批北京高校“重点建设一流专业”，1个专业通过工程教育专业认证。加强新工科探索与实践，5个项目入选教育部第二批新工科项目，6个项目通过教育部首批新工科项目结题验收，其中，杨勇平负责的“能源电力科学与工程领域全球领军人才培养实验区建设”项目验收结果为优秀。24个项目获省部级教学改革与研究项目立项，17个项目通过省部级教学改革与研究项目验收。

课程建设。加强课程思政与一流课程建设，推动课堂教学革命，不断优化课程体系。对25门课程思政示范课，进行评价交流，8门课程评价优秀；12门课程入选首批国家级一流本科课程，4门课程获批北京市优质本科课程、7门课程获批河北省本科一流课程，4部教材获批北京市优质本科教材课件。创设国际化人才虚拟班，建立系统的国际化课程体系。

人才培养。举办“施耐德电气全球CEO线上分享会”，实施联合开发课程、共建校内实训平台、多途径实习等合作模式。启动与华能集团的核电“订单＋联合”人才培养，与国家能源集团物资公司、北京中电普华公司等企业的复合型“新工科、新商科”创新人才联合培养。

本科生学籍教务管理。在制度建设方面，修订《华北电力大学普通本科学生学籍管理规定》和《华北电力大学本科生转专业和大类分流实施办法》，将国际教育学院本科留学生教学运行与学籍管理工作统一纳入教务管理平台。

(王　晓　杨　凯　沙尘恩)

【3位教师获省部级教学名师奖】 2020年，根据《北京市教育委员会关于公布2020年度北京市高等学校教学名师奖获奖名单的通知》(京教函〔2020〕625号)，马克思主义学院王伟获第四届北京市高等学校青年教学名师奖；根据《河北省教育厅关于公布2020年河北省普通本科院校教学名师和优秀教学团队名单的通知》(冀教高函〔2020〕63号)，马克思主义学院魏彤儒、数理系谷根代两位教师获河北省普通本科院校教学名师奖。

(王　晓)

【3个教学团队获省部级优秀团队称号】 2020年，根据《北京市教育委员会关于公布2020年“北京高校优秀本科育人团队”和“北京高校优秀本科教学管理人员”评选结果的通知》(京教函〔2020〕508号)，经济与管理学院李彦斌为负责人的“问题链教学基地育人团队”获北京高校优秀本科育人团队称号；根据《河北省教育厅关于公布2020年河北省普通本科院校教学名师和优秀教学团队名单的通知》(冀教高函〔2020〕63号)，电子与通信工程系谢志远为负责人的“电子技术基础教学团队”和电力工程系梁贵书为负责人的“电工理论教学团队”获河北省普通本科院校优秀教学团队称号。

(王　晓)

【1人获评北京高校优秀本科教学管理人员称号】 2020年，根据《北京市教育委员会关于公布2020年“北京高校优秀本科育人团队”和“北京高校优秀本科教学管理人员”评选结果的通知》(京教函〔2020〕508号)，教务处白逸仙获评2020年北京高校优秀本科教学管理人员称号。

(王　晓)

【39项获批教育部产学合作协同育人项目】 2020年，根据教育部公布的2020年产学合作协同育人项目立项名单，华北电力大学共39个项目(见下表)获批，将与数十家企业开展项目合作，校企共同致力于新工科建设、教学内容和课程体系改革、创新创业教育改革、师资培训、实践条件和实践基地建设。

教育部2020年产学合作协同育人项目立项名单

序号	项目名称	项负责人
1	面向新工科的虚拟实境实验平台构建	黄晓明
2	适应时代需求的“人工智能＋X”高素质复合人才培养模式研究	师瑞峰
3	基于智能制造的多学科交叉新工科人才培养基地建设	王秀梅
4	基于MBDEK快速控制原型评估板的电力电子技术实验和课程设计教学改革	姚蜀军
5	实践驱动的“人工智能＋X”复合型人才培养模式研究	周　蓉
6	基于大数据技术的我国工业生产－销售－供应链管理应用与实践	陈　娟
7	编译技术实施中启发式教学的研究与实践	黄建才
8	发电机组并网及功率调节虚拟仿真实验平台	李岩松

续表

序号	项目名称	项负责人
9	基于FPGA的体验式的数字电子技术基础课程改革	李月乔
10	基于FPGA的体验式的数字电子技术基础课程改革	李月乔
11	新工科背景下的人工智能课程教学改革与实践研究	刘　丽
12	蒙特卡罗方法及应用教学内容和课程体系改革	刘　洋
13	基于智能制造的机器人实训项目开发	马海杰
14	工程水文及水利计算智能云教材建设	门宝辉
15	“云计算”精品课程建设	宋亚奇
16	基于雷实验的电子技术综合教学改革创新	孙淑艳
17	基于雨课堂x雷实验的电路课程的理论和实验教学改革	汪　燕
18	“电力系统综合实验”线上线下混合式教学模式探索与实践	王莉丽
19	基于项目案例驱动的《通信系统原理》课程教学改革	王雅宁
20	电子技术课程“智能口袋”实践建设	文亚凤
21	基于“动力工程”课程的双语慕课制作及混合式教学研究	吴正人
22	基于虚拟现实的工程电磁场教学改革	杨　光
23	新火花特种加工和人工智能师资培训项目	冯　欣
24	人工智能机器人师资培训	贾桂红
25	基于信息化教学平台的《大学物理实验》师资培训	刘　梦
26	高校实验室安全法规师资培训	苗春刚
27	华北电力大学面向FPGA教学师资培训建设	秦金磊
28	面向弱电学科群的人工智能教学师资培训建设	王　赟
29	能源电力特色翻译技术师资培训	魏月红
30	国际学术会议交流虚拟现实实践基地建设	高　霄
31	基于泛在电力物联网的智慧能源与智能信息融合实践课程体系建设	琚　赟
32	基于泛在电力物联网的智慧能源与智能信息融合实践课程体系建设	琚　赟
33	面向配用电网的5G系统实践条件建设	李保罡
34	人工智能实践教学资源建设	潘卫华
35	“人工智能＋X”复合型人才培养实践基地建设	滕　婧
36	华北电力大学工程训练中心电力＋虚拟现实实验室建设	王秀梅

续表

序号	项目名称	项负责人
37	“光纤通信原理”课程实验平台建设	赵丽娟
38	翻译实训创新创业教育实践	魏月红
39	构建创新创业教育线上线下精细化管理体系	赵　东

（杨　凯）

【12门课程入选首批国家级一流本科课程名单】

2020年，根据教育部公布首批国家级一流本科课程认定清单，华北电力大学共有12门课程入选，包括线上一流课程1门（周建国为负责人的《证券投资学》）、线下一流课程7门（分别为王涛为负责人的“线性代数”、刘彦丰为负责人的“传热学”、李季为负责人的“工程热力学”、李永刚为负责人的“电机学”、徐岩为负责人的“电力系统继电保护原理”、梁贵书为负责人的“电路理论”、刘向杰为负责人的“现代控制理论”）、线上线下混合式一流课程3门（孙芳为负责人的“思想道德修养与法律基础”、谢志远为负责人的“模拟电子技术基础”、赵洱岽为负责人的“管理沟通”）、虚拟仿真实验教学一流课程1门（李彦斌为负责人的“电力市场交易决策虚拟仿真实验项目”）。

（王　晓　杨　凯　沙尘恩）

【8个项目获北京高校“优质本科课程教材”】 根据北京市教育委员会发布《北京市教育委员会关于公布2020年“优质本科课程”和“优质本科教材课件”遴选结果的通知》（京教函〔2020〕463号），华北电力大学张东英主讲的“发电厂电气部分”、李晓宇主讲的“微观经济学”、吕雪峰主讲的“核电厂系统与设备”、李继清主讲的“水文水利计算”等四门课程入选北京高校“优质本科课程”，以上课程类型均为专业课。杨世关主编的《新能源科学与工程专业导论》、李宝让主编的《材料科学基础》、李涛主编的《企业财务分析》、门宝辉主编的《水资源系统优化原理与方法》等四部教材入选北京高校“优质本科教材课件”。

（王　晓　杨　凯　沙尘恩）

【5个项目获批教育部第二批新工科研究与实践项目】

2020年，根据《教育部办公厅关于公布第二批新工科研究与实践项目的通知》（教高厅函〔2020〕23号），华北电力大学5个项目（分别为杨勇平负责的《面向卓越人才培养的新能源类专业通专融合课程及教材体系建设》、戚银城负责的《新工科背景下ICT交叉融合领域人才创新创业能力培养探索与实践》、房方负责的《“人工智能＋电力”专业结构调整优化机制探索与实践》》、苑春刚负责的《基于新时代社会需求的能源化工与环境类专业新工科创新人才培养模式构建》和张磊负责的《新兴技术范式下基于线上线下混合的能源与动力工程专业课程群教学模式创新与实践研究》获批教育部办公厅新工科研究与实践项目立项。

（王　晓　杨　凯　沙尘恩）

继续教育教学

【概况】 2020年,华北电力大学继续教育工作聚焦新时代新任务,继续深度融入大学"双一流"建设,树立"办好负责任的继续教育"的理念,一手抓防疫,一手抓发展,在危机中育先机,在变局中开新局,依托学校大电力特色学科体系,联合各院系和企业共同研发多个非学历继续教育项目,打造一流的"华电培训"品牌;积极响应国家脱贫攻坚号召,开展教育扶贫,设立华北电力大学继续教育确山基地;加强学历继续教育的相关本科专业建设、课程建设和师资队伍建设,全面提高教育教学质量,建设一流的学历继续教育;利用电力行业继续教育联盟,加强课程资源共建共享,充分发挥电力行业远程继续教育网的优势,积极服务大学"双一流"建设。

2020年,学历继续教育在籍学生9339人,招录新生4204人,学历继续教育校内外教学站点29个,辐射全国19个省市自治区。学校非学历继续教育全年共举办培训班87期,参加培训5300人次。电力行业继续教育网现有注册学员7万余人,学院远程教育完成大学思政课、直播演练、慕课、学历教育课程资源建设等各类课程资源建设636学时。协助完成校内单位及学院重点项目,拍摄制作各类宣传片18部。在中国大学MOOC网上线首门对外精品课——高等工程热力学。

党建工作。坚持以习近平新时代中国特色社会主义思想为指导,全面贯彻党的十九大和十九届五中全会精神,围绕新时代党的建设总要求,坚持和加强党的全面领导,以党的政治建设为统领,着力深化理论武装,着力夯实基层基础,着力推进正风肃纪,扎实推进党组织标准化规范化建设,顺利完成党总支和党支部换届选举工作,深化巩固"不忘初心、牢记使命"主题教育成果,持续推进理论中心组(扩大)学习、"三会一课"和青年读书班等活动,确保学习教育落地见效;组织学习习近平在纪念志愿军抗美援朝出国作战70周年大会上的讲话,参观"铭记伟大胜利 捍卫和平正义"主题展览,观看《金刚川》《八佰》等革命影片,激发广大教职员工的爱国热情;学院各党支部坚持在疫情防控中强化守土有责、守土尽责意识,完成学校疫情防控中的各项任务,尤其是健康观察隔离区的重点防控任务。

疫情防控工作。2020年1月23日,学校将国际交流中心设定为疫情防控隔离观察区。国际交流中心克服时间紧、任务急、人员少、疫情不明和物资短缺等困难,临危受命,奋战在与病毒斗争的一线战场。面对危险,国交职工放弃春节假期,迎难而上逆行出征。

继续教育扶贫工作。响应国家脱贫攻坚号召,紧密围绕地区经济发展大局,深化教育扶贫工作,对接河南省驻马店市确山县开展定点扶贫,设立华北电力大学继续教育确山基地。远程上线"确山县在线教育学习平台"和"华北电力大学确山县培训计划"APP移动端,通过线上和线下相结合的方式,完成确山教育扶贫干部和专技人员培训820人次,共计13120学时,圆满完成教育部要求的培训扶贫任务。

内部改革工作。为进一步提升学院办学活力,激发学院发展潜能,2020年9月,对学院内设机构进行调整,包含国际交流中心在内的23个部门整合调整为9个部门。修订完善内部制度,优化办事流程,加快融合发展,为后续体制和机制的深度改革夯实基础。

学历继续教育工作。始终坚持立德树人根本任务,狠抓教学质量,完善思政课程体系建设;扎实做好疫情常态化防控形势下"停课不停学",设计开发新生线上入学报到管理系统、学生线上学费交纳和管理系统、学生线上面授和视频管理系统等六项管理系统。有序组织新生报到注册、毕业生毕业评审和年度正常教学等工作。优化课程考评,推进混合式教学模式,继续抓实"书记院长进课堂"听课考评工作,全面加强监管,提升教学质量。疫情期间,学历教育利用公共教学服务平台"停课不停学",完成教学、招生、毕业任务,学生规模和学费收入基本稳定。

非学历继续教育工作。积极开展华电"一带一路"能源学院培训工作,与国网大学签署《关于落实"产教融合"人才培养新机制的合作协议》,承办国家人社部高级研修班、国网十三陵电厂党建培训班和电力电气总裁班等系列培训85期,培训各级各类人才5000余人次。

远程教育工作。按照学院信息化发展规划,继续加强远程平台建设,优化学院微门户各项功能,丰富学院公众号信息服务。全年制作完成《汽轮机故障案例》等课程共计500余学时,完成确山教育扶贫干部和专技人员远程培训820人次、13120学时,完成新疆电力协会等单位远程培训753人次。

两地中心工作。北京校部国际交流中心以健康观察点工作为工作重心,一年里,国交一共隔离观察1080人,完成学校交给的艰巨任务。在疫情常态化管理状态下恢复部分营业,严格坚守疫情常态化管理。保定校区华培中心接待纪委留置保障人员核酸检测五期700人次;承接保定市人大代表的隔离工作以及部分培训接待工作。受到各界一致好评,赢得良好社会效益。

获奖情况。《中国电力行业远程继续教育联盟e行动计划》获全国高校现代远程教育试点资源共享工作先进奖;获中电联抗击疫情"线上充电 同频共振"活动突出贡献奖;《构建能源电力国际化人才培养体系》项目获电力行业技术技能培训优秀成果三等奖;《以需求为导向 做好电力行业人才培养》案例获全国高校现代远程教育协作组优秀奖;录制的《催化法燃煤烟气脱硫脱硝新技术及应用》项目获2020年度河北省科学技术进步奖一等奖。

（单　鹏）

【中国电力电气总裁班学员捐助防疫物资】 2020年2月、3月，在新冠肺炎疫情防控的紧张关头，中国电力电气总裁班学员心系华电母校，先后有13位学员累计向学校捐助KN95口罩1000只、其他类口罩49400只、防护帽2000顶、测温枪10把、紫外杀菌灯2台、防护服60套、防护面罩100个、防护眼镜10副、医用酒精105升、一次性手套6000副、免洗手消毒液20箱、酒精消毒液20箱等防疫物资，支援学校抗击疫情。

（单　鹏）

【推进确山县定点扶贫工作】 2020年5月20日至21日，学院走访确山县扶贫办，围绕开展教育扶贫、促进地方产业升级深入进行探讨交流，研究确定实施“华北电力大学确山县培训计划”。2020年5月26日，学院“确山县在线教育学习平台”正式上线。同时，为方便学员自主学习，“华北电力大学确山县培训计划”APP移动端同期开通上线。

（单　鹏）

【北京市教委领导到校检查工作】 2020年6月2日，由北京市教委副主任张永凯、北京市教委规划处副处长孙运科组成的毕业生返校工作组到国际交流中心健康观察隔离区检查指导工作。张永凯一行从健康观察隔离区房间的准备工作、毕业生返校的具体人员情况、隔离楼层的区分、健康观察隔离区与校医院的信息对接、以及从隔离入住的流程到垃圾分类的处理等方面，进行全方位的检查，对学校毕业生返校前的健康观察准备工作、健康观察隔离区的防控工作给予充分肯定，就下一步疫情防控工作提出有关要求。

（单　鹏）

【举办中国电力电气能源总裁培训班】 2020年6月、9月，由华北电力大学、电老虎网共同主办的2020年中国电力电气能源总裁班第4期、第5期培训班分别在北京举办。两期总裁班在总结2019年举办3期培训班经验的基础上，进一步优化课程结构和师资配备，汇聚电力行业前沿智慧。第4期培训班从能源互联网、区块链、综合能源服务、商业模式与机遇、组织管理等方面，第5期培训班从新基建赋能、能源创新应用模式、“十四五”新能源发展趋势、工业互联网与能源互联网、企业创新模式与组织变革、组织管理等方面分别为各位企业家量身定制。

（单　鹏）

【与国网大学签署合作协议】 2020年7月16日，华北电力大学与国网大学签署《关于落实“产教融合”人才培养新机制的合作协议》。根据协议，双方围绕共同打造“产教融合”的高效能人才培养体系、共同打造具有国际影响力的能源电力智库、共同打造电力行业人才培养研究创新平台和共建共享电力行业人才培养资源等方面进行深入合作。

（单　鹏）

【举办华电“一带一路”能源学院国际项目投资管理和境外工程承包管理培训班】 2020年7月27日至29日、9月9日至11日，华电“一带一路”能源学院2020年国际项目投资管理培训班和华电“一带一路”能源学院2020年境外工程承包管理培训班分别在线上开课。培训侧重时效性与应用性，采取专家线上直播讲授与线上答疑讨论相结合，坚持有问题随时交流解答，有想法共同探讨，增强师生间的互动与沟通，做到教学相长、学以致用；华电集团公司下属35家单位参加线上培训，在印尼PE公司、柬埔寨西港公司、柬埔寨额勒赛公司、捷宁斯卡娅热电公司等地设立5个海外分会场。

（单　鹏）

【学院（北京校部）内设机构调整】 2020年，为适应建设高质量继续教育体系的新形势，充分激发学院发展潜能、提升学院办学效能，9月初，学院按照“以市场为导向，坚持教书育人和市场运营相结合；以人才为根本，坚持业绩激励和评价保障相结合；以改革为动力，坚持继承优化和改革创新相结合；以创效为目标，坚持盘活存量和扩大增量相结合”的原则，对学院（北京校部）内设机构进行调整，总体分为管理部门、业务部门、市场部门三大类，具体调整为2个室（综合管理办公室、资源调配办公室）、4个中心（项目研发中心、教学运营中心、服务保障中心、质量评价中心）、1个部（市场开发部）。国际交流中心挂靠服务保障中心，提升服务保障水平。

（单　鹏）

【举办中国华能集团国际化人才培训班】 2020年10月18日，中国华能集团国际化人才培训班在北京开班。此次培训重点结合“一带一路”建设、推进“一体两翼”国际产能合作等要求，深入学习研讨“一带一路”沿线国家政治经济形势和“一带一路”建设发展的最新趋势，学习境外投资并购、工程项目管理、风险防控、商务、法律、安全等相关知识，提升参训人员综合素质能力，助力中国华能集团蓄势储能，深化提升国际化经营发展，实现国际化经营水平领先。来自华能集团公司下属各单位的80位学员参加培训。

（单　鹏）

【举办基于新一代人工智能的智慧能源电力高级研修班】 2020年10月19日，经人社部审核批准，由中国电力企业联合会主办、华北电力大学国家专业技术人员继续教育基地承办的“基于新一代人工智能的智慧能源电力”高级研修班在北京举办。本次培训重点策划人工智能在智慧能源领域的探索与实践、新一代人工智能技术发展现状、规划与展望、新基建时代能源互联网发展和建设、区域智慧能源综合服务平台建设与应用等专题，该班特邀请高校和科研院所从事该领域研究的权威专家，从多角度进行为期5天的专题讲座和研究交流。来自全国及地方能源电力企业相关高层次专业技术人员、管理人员，以及部分能源相关研究机构和能源智库中高层管理人员70余人参加。

（单　鹏）

【举办乐清智能电气产业继续教育座谈会】 2020年10月

20日，乐清市副市长郑巨化，经信局、财政局、科技局、柳市镇政府等相关人员参加乐清智能电气产业继续教育座谈会。本次合作乐清方由柳市镇政府牵头，乐清市科技局辅助。乐清方参会代表就合作提出相关问题，我校代表就与乐清市政府共建“智能电气与产业创新研究院”合作事宜，提出工作思路和想法，以及项目落地华北电力大学需注意的事项等。

（程　诚）

【举办能源区块链技术与产业创新高研班】 2020年11月9日至13日，经人社部批准，中国继续工程教育协会主办的“能源区块链技术与产业创新”高级研修班在学校国家专业技术人员继续教育基地举办。本次高研班主要围绕“能源区块链基础理论与关键技术，区块链与能源信息通信融合应用技术，区块链在电网的应用实践，能源互联网驱动新基建，能源互联网下的虚拟电厂运营模式，共享充电区块链探索与实践，自主密码、国之重器”等10个方面进行研究交流。来自全国及地方能源电力企业相关高层次专业技术人员、管理人员和部分能源相关研究机构、能源智库中高层管理人员60余人参加。

（单　鹏）

【举办国网张家口中层领导干部培训班】 2020年11月13日，国网张家口中层领导干部培训班在商务部国际商务官员研修学院开班。本次培训分别由中央纪委研究室、中国社科院、清华厚德教育等多名专家讲授党风廉政建设与反腐倡廉、国际政治经济形势与中美大国关系、习近平新时代中国特色社会主义思想和十九届五中全会精神解读等专题。本次培训分两批为期一周，共有170多名中层以上领导干部参加。

（单　鹏）

【举行电力电气总裁班助学基金启动仪式】 2020年12月11日，“电力电气总裁班助学基金”启动仪式在华北电力大学举行。校党委书记周坚会前接见与会代表，副校长郝英杰、中国电力电气能源总裁班朱建峰、吴邦江、周庆捷、韩凤霞等30位成员代表出席活动。

（程　诚）

【举办国家能源集团综合能源服务培训班】 2020年12月14日，国家能源投资集团有限公司电力市场综合能源服务培训班在华北电力大学开班。本次培训班以专家讲授、现场教学、主题研讨等方式对87名专业技术人员进行能源革命及相关政策、综合能源服务重点业务领域、关键技术、商业模式、法律风险与防范等方面进行教育培训。

（单　鹏）

艺术教育教学

【概况】 2020年，华北电力大学艺术教育中心有专职教师12人，兼职教师2人。华北电力大学艺术团下设合唱团、舞蹈团、话剧团、声工厂、民乐团、弦乐团、管乐团、交响乐团、朗诵团、电声乐团，共有团员1200余名，各团由具有相关专业背景的教师担任艺术指导。面向本科生开设“艺术导论”“歌唱的艺术”“摄影鉴赏”“合唱与指挥”“乐理基础”“中外名曲欣赏”“书法鉴赏”“美术鉴赏”“音乐鉴赏”“戏曲鉴赏”“舞蹈鉴赏”“舞蹈形体”“影视鉴赏”“戏剧鉴赏”“西方古典音乐鉴赏”“电影音乐鉴赏”“中国民族歌曲赏析”“播音与主持”等选修课程。华北电力大学以文化育人引领高校艺术教育“文化自觉”；以文化传承与创新强化大学生的民族精神认同；以艺术教育理论与艺术教学实践培育大学生人文素养。艺术教育中心学习贯彻落实教育部《关于切实加强新时代高等学校美育工作的意见》，紧密围绕学校中心开展校园美育教育工作，大力推进艺术美育教育的改革创新，在提升学生艺术修养、打造文化艺术品牌、丰富校园艺术文化方面积极探索，坚持把加强高校艺术美育教育工作贯彻人才培养的始终，服务学生全面成长成才。

艺术课程开设。开展各类艺术课程20余门，涉及音乐、美术、影视、舞蹈、戏剧、摄影等各类艺术门类。课程针对不同层次的学生需求，兼顾理论与实践，通过对艺术作品的广泛涉猎和艺术鉴赏活动的参与，培养学生综合艺术素质与能力，提升学生艺术修养和审美情趣。

艺术教育多样化。突如其来的新冠疫情导致学生无法返校，为保证教学工作和艺术团训练的正常开展，艺术教育中心积极探索新模式，将公共艺术课程教学和艺术活动由线下改为线上。疫情期间，以网络为媒介，五湖四海的华电学子在云端相聚，大学生艺术团积极投身艺术创作，抗疫歌曲《坚信爱会赢》MV被“学习强国”等平台转发报道；“为乐”组合、大学生艺术团分别举办“云上”艺术节专场演出；蓝色动力合唱团参加中国文联抗疫歌曲接力活动，与明星合作演唱《我们春天回家》和《我和我的祖国》，参加《星光大道》节目录制和央视“学习雷锋好榜样”歌曲传唱活动；朗诵团参加“孝满京城，德润人心”重阳节经典诗词专场朗诵会；交响乐团成功组建并参与迎新晚会、团课展示等演出，汇聚蓬勃向上、生生不息的华电力量。

艺术教育专业化。充分发挥专职教师作用，大学生艺术团各分团均有专职教师负责教学，提高学生的艺术修养和人文素质。

艺术教育成果。保定校区组织参加河北省第六届大学生艺术展演活动，并获省级一等奖5项，省级二等奖4项，省级三等奖1项。

（冀佩然　纪月峰）

【参加慰问演出】 2020年1月，华北电力大学大学生艺术团前往武警北京总队机动第四支队举办慰问演出，用精彩的文艺节目向驻地官兵送上新年祝福。2020年10月，保定校区艺术教育中心党支部教职工参加“与你同行——情暖万家百姓，助力脱贫攻坚”下乡慰问演出活动，将歌颂祖国、歌颂人民的作品带到河北省易县神石庄村，满足人民群众对文化生活的新需求、新期待，提升获得感与幸福感；2020年12月，艺术教育中心为乐组合到涞源县白石山镇西庄铺村参加“文艺进万家健康你我他”中国文联新时代文明实践学雷锋文艺志愿服务慰问演出。

（冀佩然　纪月峰）

【参加抗疫主题音乐视频云录制】　2020年2月10日，蓝色动力合唱团携手声工厂人声乐团进行抗疫歌曲《坚信爱会赢》的录制，同学们在各自的家中代表华电学子用歌声力量为拼搏在抗疫第一线的英雄们加油。歌曲MV被“学习强国”等平台转发报道。

（冀佩然）

【参加抗疫主题万人合唱云录制】　2020年3月16日，蓝色动力合唱团与全国300余合唱团共同完成无伴奏混声合唱《有一种爱不变》的云录制，谨以此歌献给所有参加抗击疫情、坚守“阵地”的英勇人们。

（冀佩然）

【举办以艺抗疫云上艺术节】　2020年，华北电力大学通过云端举办年度大学生艺术节，强化精神武装，弘扬正能量。“为乐”组合专场音乐会作为本次云上艺术节开幕式，从2020年4月到7月分别举办《半径1000米&在远方》摄影作品展、《以我之名》朗诵专场、《绽放》舞蹈专场、《如初》器乐专场。

（纪月峰）

【参加青春记“疫”大学生在行动云晚会】　2020年4月30日，在由中国传媒大学主办的“青春记‘疫’——大学生在行动主题云晚会”中，声工厂人声乐团与多名高校学子共同演绎阿卡贝拉合唱曲目《给这个世界多一些温柔》。

（冀佩然）

【参加抗疫合唱作品云录制】　2020年6月3日，蓝色动力合唱团骨干成员参与混声合唱《众志成城的力量》云录制，历时一周制作完成。此曲由作曲家栾凯、词作家武洪昌创作，歌词凝练深刻，旋律深沉大气。演唱饱含深情，唱出面对灾难中华民族强大的凝聚力、中华儿女不畏艰险的勇气，表达对生命和自然的敬畏，对春天和未来的期盼。

（冀佩然）

【参加中国文艺志愿者抗疫歌曲录制】　2020年6月16日，中国文艺志愿者协会号召高校师生文艺志愿者开展“文艺进万家 健康你我他”——到人民中去·中国文艺志愿者与高校师生文艺志愿者共唱抗疫主题歌曲接力传唱活动。华北电力大学作为活动参与单位，邀请“最美志愿者”“全国中青年德艺双馨文艺工作者”男中音歌唱家霍勇，女高音歌唱家何春梅，青年歌手石头与蓝色动力合唱团团员们共同唱响《我们春天回家》《我和我的祖国》。

（冀佩然）

【参加央视星光大道年度总决赛录制】　2020年10月17—18日，蓝色动力合唱团受邀前往星光大道舞台，与选手张心心合作完成《在银色的月光下》《鱼》两首作品，经过多次排练和老师的指导，最终与选手完美配合，顺利完成节目录制。

（冀佩然）

【参加重阳节经典诗词专场朗诵会】　2020年10月25日，在重阳节到来之际，由北京市昌平区文化和旅游局主办，北京市昌平区融媒体中心、北京市昌平区图书馆和北京市昌平区朗诵艺术协会承办的2020年首都市民系列文化活动、第十届北京市昌平区阅读季系列活动“孝满京城，德润人心”重阳诗会中，华北电力大学朗诵团通过朗诵作品《唱给疫情防控一线的歌》，充分赞扬举国上下万众一心的抗疫之路和共同打赢疫情防控阻击战的人民壮举。

（冀佩然）

【参加河北省第六届大学生艺术展演】　2020年11月，在河北省第六届大学生艺术展演活动中，华北电力大学艺术教育中心共报送艺术展演活动作品16项，作品涵盖合唱、舞蹈、戏剧小品、摄影、朗诵、微电影、设计作品、高校美育改革优秀案例等方面，共获省级一等奖5项，省级二等奖4项，省级三等奖1项。

（纪月峰）

【参与央视“学习雷锋好榜样”歌曲传唱视频快闪活动】　2020年12月10日至12日，蓝色动力合唱团参加央视组织的“学习雷锋好榜样”歌曲传唱视频快闪活动。为更好地传承、弘扬雷锋精神，团员们以短视频录制的方式，传唱《学习雷锋好榜样》歌曲。

（冀佩然）

【文化艺术交流】　2020年12月，华北电力大学艺术教育中心“为乐组合”受邀到河南周口师范学院举行“风”从古城来——华北电力大学“为乐组合”经典民歌音乐会，带领观众领略中国民族音乐的独特魅力；2020年12月，“为乐组合”受邀到河北农业大学举行“清晰的记忆”音乐会，向即将到来的中国共产党建立100周年献礼致敬；2020年11月，华北电力大学艺术教育中心主任吴乐为教授受邀参加河北师范大学音乐学院研究生论坛，举办线上“传统文化传承和记忆——大学生美育与民歌改编”讲座，借助民歌的(改编与四重唱)形式，深化高校美育教育，为学生带来深刻的艺术体验。

（纪月峰）

【参加抗击疫情文艺作品评选活动】　2020年，艺术教育中心党员教师积极参与由中共保定市宣传部等单位主办的“战地飞歌”保定市抗击疫情优秀文艺作品评选活动，参赛作品6部，获优秀作品奖的歌曲作品共5部。其中《隔空拥抱》歌曲作品在河北省音乐家协会、河北学习平台编辑部、河北新闻网共同开展的战“疫”赞歌原创音乐作品征集活动中被评为优秀公益作品。

（纪月峰）

科技研究与成果转化

Sci-Tech Research and Achievement Transformation

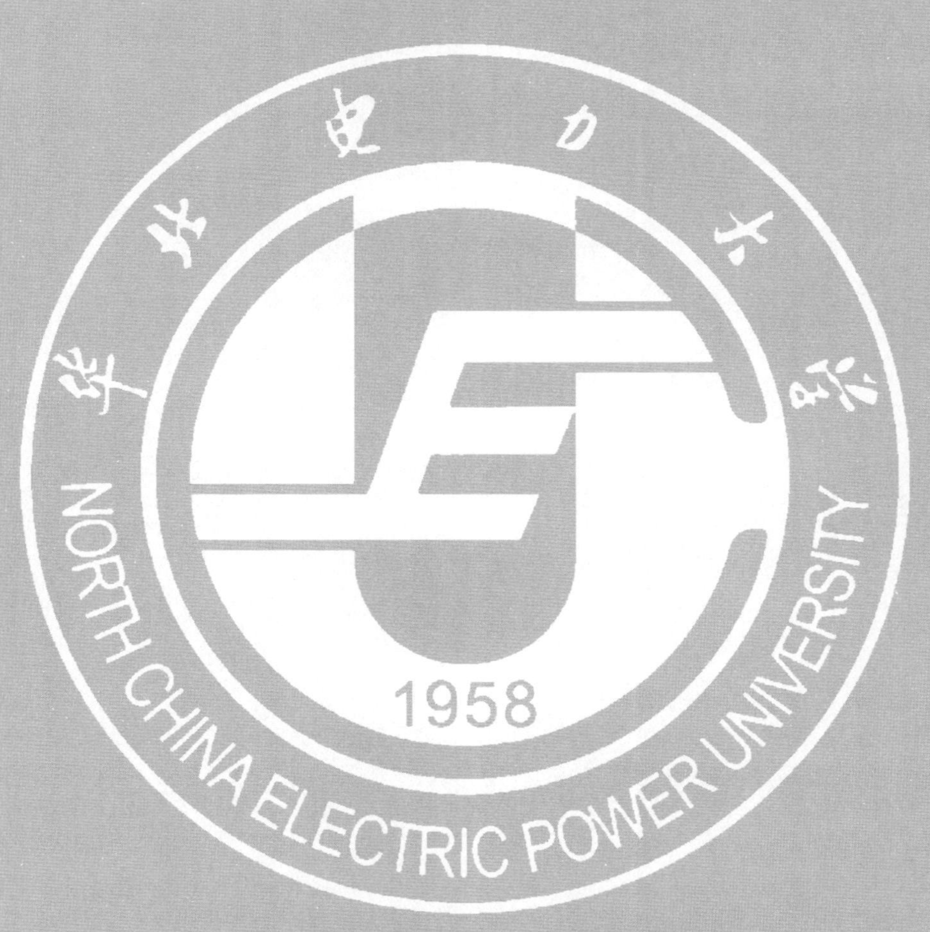

◯综　　述

2020年，华北电力大学共组织申报各类纵向项目1054项，其中国家重点研发计划66项，国家自然科学基金项目415项。全年承担各类科研项目1208项。获批各类纵向项目364项，立项经费共计26396.65万元。科技类项目立项310项，立项经费25948万元，其中国家科技重大专项项目1项；国家重点研发计划专项项目3项；国家自然科学基金重大项目1项，重大科研仪器研制项目1项；国家自然科学基金项目83项；军工各类项目立项23项。哲学社科立项54项，经费448.65万元，其中获得国家社科基金项目2项。中央高校基本科研业务费2258万元。全年横向新增立项844项，合同经费40431万元。学校全年科技合同总经费达75611.05万元。获各类科技成果奖109项，其中省部级奖69项。学校主持获各类省部级以上政府科技成果奖励共13项，主持并获一等奖3项。崔翔教授主持的“特高压直流输电线路电磁环境分析理论、控制方法及工程应用”获高等学校科学研究优秀成果奖（科学技术）一等奖；王增平教授获河北省技术发明奖一等奖；汪黎东教授获河北省科学技术进步奖一等奖。此外，学校获中国电力科学技术奖22项，其中刘吉臻院士主持项目获中国电力科技进步奖一等奖。获2020年度电力创新奖12项，其中刘敦楠教授主持项目获电力创新奖一等奖。杨勇平教授作为负责人申报的国家自然科学基金重大项目获批立项，资助经费超过2100万元。这是华北电力大学能源科技创新的历史性突破，标志着华北电力大学能源领域的基础研究水平迈上新台阶。

2020年，高等教育研究所在疫情期间，线上分工合作推进项目研究，高质量完成年内各项工作任务。重点推进院系评价项目的研究工作。上半年，高教所研究团队研制出“华北电力大学院系评价方案”，推出《华北电力大学院系办学质量评价报告》。下半年，遵照中共中央、国务院印发的《深化新时代教育评价改革总体方案》及第五轮学科评估方案精神，紧扣“达成度、成长度、贡献度”不断修改完善评价体系，推出新的“1＋4＋1”评价体系方案，并且完成又一轮数据测试。紧密围绕学校综合改革的关键问题，以“双一流”综合改革研究项目为抓手，完成部分研究报告、政策建议以及部分文稿撰写工作（如《关于统筹推进学校规划目标管理与评价的思路与建议》）。

2020年，华北电力大学以转让、许可、作价投资3种方式转化科技成果36项，合同总额达2091.65万元，单项最高实施许可合同额700万元，均创历史新高。全校申请专利1309项，授权专利1137项，其中北京校部申请专利716项，授权专利803项；保定校区申请专利593项，授权专利34项。北京科技园入驻企业236家，上缴学校含税收入111856万元；保定科技园入驻企业98家，众创空间入驻51支创业团队，含税收入307万元，立项“保定国家高新区科技计划项目——新能源电力公共研发实验室建设”项目1项，总投资820万元。保定科技园技术合同登记站完成技术合同登记271项，认定技术交易额4.45亿元。

2020年，学校产业管理工作紧密围绕“双一流建设”，以高校所属企业体制改革工作为重心，继续做好规范化管理和学校经营性资产的保值增值工作，加强对学校控股和参股企业的监管，并在疫情常态化下实现积极发展。同时，积极研究制定鼓励学科性公司发展的政策措施，加快学校学科性公司成立步伐，重点孵化具有学科特色和优势、具有自主知识产权的科技企业。作为大学科技成果产业化平台，资产经营公司致力于打通科技成果产业化链条的“最后一公里”，提出“111”发展战略，即面向“一流企业”、提供“一流技术”、构建“一流平台”，努力促进科技创新链、产业发展链、商业价值链和风险投资链的融合，构建科技成果转化的良性生态体系。2020年科技产业工作对学校贡献共计2286.48万元。因在组织实施国有股权进场交易规范性等方面表现突出，资产经营公司获北京产权交易所颁发的2020年度“最佳产权交易组织奖”。

科　学　研　究

【概况】 2020年，华北电力大学共组织申报各类纵向项目1054项，其中国家重点研发计划66项，国家自然科学基金项目415项。全年承担各类科研项目1208项。获批各类纵向项目364项，立项经费共计26396.65万元。科技类项目立项310项，立项经费25948万元，其中国家科技重大专项项目1项；国家重点研发计划专项项目3项；国家自然科学基金重大项目1项，重大科研仪器研制项目1项；国家自然科学基金项目83项；军工各类项目立项23项。哲学社科立项54项，经费448.65万元，其中获得国家社科基金项目2项。中央高校基本科研业务费2258万元。全年横向新增立项844项，合同经费40431万元。学校全年科技合同总经费达75611.05万元。

2020年，科学技术研究院努力减轻新冠疫情影响，围绕学校“双一流”建设目标任务，坚持以服务国家重大战略和行业需求为牵引，着力在重大科研项目组织、科研平台建设、科技人才队伍建设、科技成果产出和转移转化、校地校企合作新模式探索能力建设等方面开展系列工作，实现学校科技创新工作的新发展。

科技成果。获各类科技成果奖109项，其中省部级奖69项。学校主持获各类省部级以上政府科技成果奖励共13项，主持并获一等奖3项。崔翔教授主持的“特高压直流输电线路电磁环境分析理论、控制方法及工程应用”获高等学校科学研究优秀成果奖（科学技术）一等奖；王增平教授获河北省技术发明奖一等奖；汪黎东教授获河北省科学技术进步奖一等奖。此外，学校获中国电力科学技术奖22项，其中刘吉臻院士主持项目获中国电力科技进步奖一等奖。获2020年度电力创新奖12项，其中刘敦楠教授主持项目获电力创新奖一等奖。

校企校地合作。与国家能源集团、中国华能集团有限公司、中国长江三峡集团有限公司、国网冀北电力公司等大型央企开展深度科研合作，培育建设联合研发机构，采用“双首席”“揭榜挂帅”等创新合作模式，推动传统委托开发与技术服务向大型工程咨询和共性技术、关键引领技术创新、品种研发多维突破，统筹推进从工程优势向科学、技术、工程、教育、管理深度融合的工业合作新模式拓展。

数字信息化和一站式平台建设。基于“数据多跑路，师生少跑腿，最多跑一次”的原则，科研院不断完善信息化建设，提高服务质量，网上科研用印申请于本年正式上线运行，已服务师生3132人次。纵向经费预算服务、纵向经费入账计算服务、人员绩效提取计算服务、理工类纵向项目绩效提取服务、科研投标登记服务等各种服务程序陆续上线。2019—2020年度考核工作中科研成果认领系统正式运行，为教师科研成果录入提供便捷。

科研人才队伍和平台规范化建设。承担多项国家级、省部级重大重点项目。杨勇平教授作为负责人申报的国家自然科学基金重大项目获批立项，资助经费超过2100万元。这是华北电力大学能源科技创新的历史性突破，标志着华北电力大学能源领域的基础研究水平迈上新台阶。杨勇平教授作为负责人申报的国家科技重大专项两机专项项目获批立项，资助经费金额达到2916万元，这是学校首次承担两机专项项目。牛东晓教授的国家重点研发计划项目获批立项，牛风雷教授的国家重大科研仪器研制项目获批立项，刘永前教授、米增强教授的国家重点研发计划政府间国际科技创新合作重点专项项目获批立项。军民融合取得显著进展。深化科技创新平台体系内涵建设，积极培育建设新一代电力能源关键技术集成攻关大平台，扎实推进“太阳能高效转化利用实验装置”国家重大科技基础设施的论证与申报工作。河北省科技厅正式批准华北电力大学“河北省电力物联网技术重点实验室”“河北省电力机械装备健康维护与失效预防重点实验室”纳入河北省学科重点实验室建设计划。

（刘　菲　张　玲）

【河北省杰出青年科学基金项目通过验收】 2020年1月2日，河北省自然科学基金委员会在华北电力大学组织召开河北省杰出青年科学基金项目验收会，律方成副校长参加会议并致辞。中国工程院院士、清华大学环境学院院长贺克斌教授任专家组组长，河北省自然科学基金委员会办公室主任李志国出席会议。项目负责人汪黎东教授做验收汇报。专家组成员认真听取项目验收汇报，仔细审阅验收材料，并对项目进行质疑和提出改进的意见建议。专家组对项目完成情况表示肯定，一致同意通过验收并推荐该项目为优秀项目。华北电力大学科学技术处以及环境科学与工程系相关负责人参加此次会议。

（李丽英）

【9项成果获河北省科学技术奖】 2020年4月23日，河北省人民政府公布关于2019年度河北省科学技术奖励的决定，华北电力大学共9项成果获河北省科学技术奖。华北电力大学作为第一完成单位获河北省技术发明奖一等奖1项、科技进步奖一等奖1项、科技进步奖二等奖1项、科技进步奖三等奖2项；华北电力大学作为参与单位获河北省科技进步奖二等奖2项、科技进步奖三等奖2项。获奖等级和数量均创新高。其中，杨勇平教授团队主持完成的“热电联产能量梯级利用与高效灵活供热技术开发与应用”获技术发明奖一等奖。刘云鹏教授团队主持完成的“基于多光谱成像和旋翼飞行器的输电线路巡检关键技术及其应用”项目获科技进步奖一等奖。自2015年以来，华北电力大学主持的科研项目每年均有一项获河北省科学技术奖一等奖，2020年获两项一等奖，实现历史性突破。

（李丽英）

【举办第四次全国科技工作者日系列活动】 2020年，在第四个全国科技工作者日来临之际，华北电力大学科协举办“科技为民，奋斗有我”为主题的系列活动。5月8日，科普作品线上征集活动在“云端”拉开学校2020年“全国科技工作者日”系列活动的帷幕；华北电力大学特色活动“线上云参观，宅家做实验”，入选中国科协科技工作者日主题网站“科技工作者之家”亮点活动，并于5月28日通过互联网技术带领全国观众在云端参观新能源电力系统国家重点实验室，开展一堂“线上实验课”。此次活动通过中国科协云平台、学校官网、官微等官方线上平台全程发布，获得社会各界的一致好评。中国科协对本次活动表示肯定，对华北电力大学科技工作者日做出的积极贡献给予高度评价，授予华北电力大学科协2020年全国科技工作者日高校科协“积极贡献单位”称号。

（刘　菲）

【举办能源物联网校企合作线下畅谈会】 2020年5月13日，能源物联网校企合作线下畅谈会在华北电力大学科技园举办。华北电力大学复杂能源系统智能计算教育部工程研究中心主任赵文清，河北省发电过程信息与优化控制技术创新中心主任董泽，河北省电力物联网技术重点实验室（筹建）副主任吕安强，科技处副处长、科技园总经理曲伟及能源物联网产业链相关企业代表出席会议。曲伟作为畅谈会主持人，首先对与会代表的到来表示欢迎。保定芯灵思电子科技有限公司总经理李晔分享底层嵌入式芯片开发现状与困境，科盛联信息科技河北有限公司总经理聂海龙介绍综合能源管理平台建设的相关内容，保定澳斯达电力信息技术有限公司董事张志军就国内能源物联网行业发展现状做主题分享，吕安强就光纤分布式传感器技术及实际应用做主题演讲。此外，参会人员还对能源物联网相关技术及实际应用场景展开沟通与探讨。针对企业提升产品“智”力和高校科研成果转化落地的不同需求，参会企业负责人和高校技术专家就产业合作达成初步意向。

（曲　伟）

【省级科技计划项目获资助数量再创新高】 2020年6月23日，河北省科学技术厅正式下发2020年省级科技计划项目立项名单，华北电力大学继2019年首次突破立项30项基础上，2020年获资助数量再创新高，共获资助35项。华北电力大学2020年共获资助河北省自然科学基金面上项目17项，河北省自然科学基金青年项目14项，民生科技专项1项，科学普及专项2项，以及软科学研究专项1项。获资助数量及经费总额均再度攀升。2019年华北电力大学获资助河北省级科技计划项目合计30项，2020年再次刷新华北电力大学在此类项目立项上的最好成绩。在克服疫情等不利因素影响下，华北电力大学在获资助类别、数量及经费总额上均再次取得突破。

（申金波）

【获批新建两个河北省学科重点实验室】 2020年9月1日，河北省科学技术厅下发《关于2020年度新建省级学科重点实验室和企业重点实验室的通知》，正式批准华北电力大学“河北省电力物联网技术重点实验室”“河北省电力机械装备健康维护与失效预防重点实验室”纳入河北省学科重点实验室建设计划。“河北省电力物联网技术重点实验室”将针对电力物联网中感知层、网络层、平台和应用层存在的关键问题，结合大数据、移动互联网、物联网、云计算、人工智能等新一代信息技术，开展光电信息智能感知与应用、大连接高可靠安全通信技术以及电力物联信息智能处理等三个方向的研究，实现电网的全面感知、可靠传输和智能处理，保障电网安全、稳定、经济运行。“河北省电力机械装备健康维护与失效预防重点实验室”将围绕电力机械装备状态感知与控制、故障诊断与失效预防的关键问题，在发电装备机电特性分析与健康维护、输电装备结构优化与失效预防，以及电力新材料的研发与应用三个方向开展研究，解决电力机械装备健康维护与失效预防中的基础科学问题与技术难题，有效提升河北省电力机械装备运维水平，为京津冀地区电力系统安全稳定可靠运行提供有力保障。

（李丽英）

【举办全国储能技术专业学科建设论坛】 2020年9月25日，全国储能技术专业学科建设论坛在华北电力大学举办。教育部、国家发改委、国家能源局，清华大学、浙江大学、上海交通大学等近30所高校，国家电网有限公司、南方电网公司、中国华能集团有限公司等近20家能源电力企业负责人参加会议。华北电力大学校长杨勇平在论坛致辞中表示，建设储能专业学科是一项涉及多学科、跨领域汇聚融合的复杂系统工程，不仅需要发挥高校作为人才培养主阵地的主体作用，还需要政产学研用各方汇聚资源、凝聚智慧，群策群力推进储能专业学科走向更好的未来。华北电力大学面向电网侧和发电侧，依托电气与电子工程学院、能源动力与机械工程学院、新能源学院三大学院，先后成立先进材料研究院、能源互联网研究院、储能技术研究院和华北电力大学一三峡集团氢能联合实验室等四个研究平台，围绕锂电池材料与技术、储热材料与系统、电解水制氢储氢及燃料电池技术、压缩空气储能技术、飞轮储能技术五个储能技术和应用，全面布局储能学科发展，为我国储能学科建设发展和储能产业高质量发展作出贡献。

（刘　菲）

【召开海上风电与智慧能源系统联合实验室专家咨询委员会第一次会议】 2020年11月4日，海上风电与智慧能源系统联合实验室专家咨询委员会第一次会议在华北电力大学召开。校长杨勇平、副校长毕天姝出席会议，咨询委员会主任委员汤广福院士主持会议。会议听取实验室副主任毕天姝关于实验室组建基本情况的汇报；听取实验室重点研究方向首席科学家刘永前、李美成、曾德良关于“高效高可靠智能化海上风电理论与关键技术”“太阳能高效转化与利用关键技术”“高效灵活性智能发电关键技术”的汇报。与会专家还审议项目合同书、项目预算书、课题合同书、课题预算书，审议通过会议纪要；并对实验室定位、项目课题实施方案、研究手段、技术难点、标志性成果提炼、产业化落地、学科拓展、智库建设、运行管理等方面进行点评，提出具有建设性的意见和建议。

（刘　菲）

【社科基金重大、重点项目立项获历史性突破】 2020年，北京市社会科学基金项目评审结果公布，华北电力大学教师获批8项，其中重大项目1项，重点项目3项，一般项目1项，青年项目3项，创华北电力大学北京市社会科学基金重大、重点项目立项历史新高。从项目类别看，学校申报规划项目25项，此次获批4项；申报基地决策咨询项目5项，获批1项；申报北京市习近平新时代中国特色社会主义思想研究中心项目4项，获批3项。从所涉学科看，共覆盖马列·科社、党史·党建、哲学、应用经济、管理学、社会学等6类。近年来，学校高度重视哲学社会科学研究工作，不断加大对省部级以上项目的培育和支持力度。北京市社科基金项目是北京市人文社科领域内具有权威性的省部级项目，在该项目申报数、重大及重点立项数均明显增加，彰显出学校人文社科科研实力不断增强。

（刘　菲）

【3项成果获第八届高等学校科学研究优秀成果奖】 2020年，教育部第八届高等学校科学研究优秀成果奖（人文社会科学）评选结果公布。华北电力大学共3项成果获奖，

其中二等奖2项、三等奖1项。教育部高等学校科学研究优秀成果奖是国内人文社科领域最具公信力和影响力的重要奖项,第八届高等学校科学研究优秀成果奖(人文社会科学)申报工作于2019年初开始,评选范围为2014年1月1日至2017年12月31日期间的著作、论文、咨询服务报告及普及读物。相较于往届,此次学校在获奖等级和总数方面均有较大提升。

(刘　菲)

【获签国网河北省电力有限公司横向课题】 2020年12月16日,经国网河北省电力有限公司公开招标,华北电力大学大数据与哲学社会科学实验室中标"电力大数据市场化应用中的伦理问题及其规制研究"科学技术项目并签订技术服务合同。这标志着大数据与哲学社会科学实验室在智库服务领域的工作得到进一步拓展。大数据与哲学社会科学实验室一直致力于大数据与哲学社会科学领域的多学科交叉研究,把"为政府、企业和其他社会组织解决各种与大数据交叉应用相关的决策困境提供全新的智库咨询服务"作为实验室的主要目标之一。此次中标的项目是实验室是多年来在多学科交叉研究领域积累的一个成果体现,实验室将以此为契机继续深入推进多学科交叉研究,为社会相关需求提供更好的智库服务。

(张　玲)

【获2020年度电力创新多个奖项】 2020年12月29日,中国电力企业联合于在北京召开以"创新引领高质量发展"为主题的"2020年度电力创新大会",并举行2020年度电力创新奖、中电联先进会员企业及先进个人颁奖仪式。中国电力企业联合会党委书记、常务副理事长杨昆出席会议并致辞,华北电力大学副校长郝英杰参加会议。学校共有18个牵头或参与的成果获电力创新奖。其中科技创新大奖2项、一等奖4项、二等奖11项和电力职工技术创新奖三等奖1项。刘崇茹教授参与的《上百千伏超多电平换流器装备关键试验技术及工程应用》和刘敦楠教授参与的《面向大规模水电消纳的区域市场融合关键技术与应用》分别获科技创新大奖。

(刘　菲)

高等教育研究

【概况】 2020年,华北电力大学高等教育研究所共有人员7人,其中:专职人员6人,外聘人员1人;拥有正高职称的研究人员2人;拥有副高职称的研究人员4人。年内,高等教育研究所取得多项科研成果,共发表理论文章5篇,在研全国教育规划课题1项、北京社科基金项目1项、中央高校基本科研业务费"哲学社会科学繁荣计划专项项目"1项。

2020年是抗疫之年,高等教育研究所全体工作人员积极响应党和政府的号召,严格遵守各级政府、学校和所在社区有关疫情防控的各项规定,坚持做好防护工作,为确保学校"零感染"目标的实现尽职尽责。疫情期间,线上分工合作推进项目研究,高质量完成年内各项工作任务。重点推进院系评价项目研究工作。2020年上半年,高教所研究团队研制出"华北电力大学院系评价方案"并推出《华北电力大学院系办学质量评价报告》。2020年下半年,遵照中共中央、国务院印发的《深化新时代教育评价改革总体方案》及第五轮学科评估方案精神,紧扣"达成度、成长度、贡献度"不断修改完善评价体系,推出新的"1+4+1"评价体系方案,并且完成又一轮数据测试。紧密围绕学校综合改革的关键问题,以"双一流"综合改革研究项目为抓手,完成部分研究报告、政策建议以及部分文稿撰写工作(如《关于统筹推进学校规划目标管理与评价的思路与建议》)。加强高等教育理论研究,营造浓厚的研究氛围,推出系列理论研究成果。加强高教资讯工作,进行高教信息的分类整理和高教所网站的资讯栏目建设。加强与国内高教界的沟通联系,在理论界发出声音。所长荀振芳应邀担任全国教育规划课题评审专家与鉴定专家,多次在全国相关学术会议上做学术报告。全程参与人文学院"教育与经济管理"硕士研究生和公共管理硕士培养工作。完成高教所党支部换届选举工作,选举产生新一届党支部书记。积极为灾区和贫困地区捐款,购买扶贫产品。

(高　顺)

【檀勤良到高等教育研究所调研】 2020年11月24日,副校长檀勤良到高等教育研究所走访调研,并召开调研座谈会。高教所所长荀振芳就高教所的发展历史、人员基本情况、部门主要工作、面临的问题与对策以及高教所承担的院系评价指标体系项目进展情况进行详细汇报。高教所其他成员从不同角度做简短发言。檀勤良对高教所的工作给予充分肯定,尤其对院系评价指标体系项目取得的成果表示认可。檀勤良对高教所下一步工作提出具体要求:第一,要明确为学校改革发展服务的部门定位,紧紧围绕学校人才培养、科学研究、完善治理体系和提升治理能力等方面开展研究工作,提供理论支持,服务学校决策;第二,要高度重视资讯工作。要紧密围绕学校改革发展的实践,搜集整理高等教育的政策文件、国内外高等教育发展趋势、兄弟院校成功的做法和行业教育发展动态,为学校领导的决策提供权威性的资讯参考;第三,要继续修订和完善院系评价体系。加强与校内有关职能部门的沟通协调,在已有成果的基础上不断完善院系评价指标体系,推进评价工作,当好"校内独立的第三方"。

(高　顺)

技术转移转化

【概况】 2020年,华北电力大学以转让、许可、作价投资3种方式转化科技成果36项,合同总额达2091.65万元,单项最高实施许可合同额700万元,均创历史新高。全校申请专利1309项,授权专利1137项,其中北京校部申请专利716项,授权803项;保定校区申请专利593项,授权334项。北京科技园入驻企业236家,上缴大学含税收入1118.56万元,受新冠疫情影响,减免房租158.63万元;保定科技园入驻企业98家,众创空间入驻51支创业团队,含税收入307万元,立项“保定国家高新区科技计划项目”—“新能源电力公共研发实验室建设”项目1项,总投资820万元。保定科技园技术合同登记站完成技术合同登记271项,认定技术交易额4.45亿元。中心联合成果转化链条上各要素主体,采用线上线下结合方式,围绕“智慧能源、发电、储能”等主办新技术应用场景的活动,举办2020年智慧电厂线上论坛10期、线上“电力百家讲”5期,线下举办2020年中国园区智慧能源高峰论坛、2020智慧电厂论坛上海站、第二届光伏新时代论坛、2020中国可再生学术大会太阳能热发电和储能分会,汇聚行业资源,打造科技成果转移转化服务生态,为学校成果转化畅通渠道。

2020年,技术转移转化中心探索产学研深度融合创新体系,深入研究对接行业、地方创新发展的新形势、新趋势,围绕学校“双一流”建设任务,在知识产权和专利服务、科技成果转移转化、国家大学科技园建设等方面开展系列工作,着力推动高水平、原创科研产出的挖掘和培育。

知识产权和专利服务。完成校内线上业务简化操作流程设计,上线试运营知识产权管理系统,设有已公开专利、软件著作权等6大模块,动态掌握校内科技成果资源,为深入挖掘市场需求,促进校地校企紧密结合做好数据支撑,有效提升工作效率和服务质量。

科技成果转移转化。科技成果转移转化管理体系、制度体系和服务支撑体系更加完备,学校入选教育部高等学校科技成果转化和技术转移基地,科技成果转移转化工作迈向新的发展阶段;建立技术成果转移转化和市场化管理咨询服务质量管理体系标准,通过ISO 9001:2005质量管理体系认证;信息化体系进一步完备,上线运营中心网站、微信公众号;结合国家科技体制改革新政策,修订完成学校科技成果转化管理办法、科技成果转化平台管理办法草案,修订《科研教研工作量计分标准和绩效奖励调整方案》有关知识产权和科技成果转化内容,进一步提高教师积极性。获批河北省和保定市技术转移示范机构培育项目各一项,梳理印制2015年以来国家、省市和校内的技术转移政策法规汇编以及最新科技成果汇编。

国家大学科技园建设。北京校部科技园完成科技部办公厅、教育部办公厅组织的国家大学科技园绩效评价工作,通过北京市小微企业双创示范基地复核,园区实施精细化防疫管理,组织企业6批次向学校捐赠防疫物资,阶段性完成学校疫情防控任务,获“创客北京2020”创新创业大赛初赛优秀承办单位称号。保定校区科技园获批河北省科学技术厅技术转移机构,科技园公司获得由河北省市场监督管理局颁发的检验检测机构资质认定证书(中国计量认证CMA);“天德π客”众创空间开展技术与企业经营论坛44次,选派121个项目参加省市级创新创业比赛并获奖项34项。

(刘　晓　毛荣辉)

【大学科技园全面开展疫情防控工作】 2020年1月23日,大学科技园贯彻落实学校党委有关工作部署,启动全员疫情防控工作。园区建立快速反应工作机制,与园区企业负责人建立紧密联系制度,建立企业联系台账和日报告制度,严格执行校园出入管理制度。园区做好企业复工筹备,千方百计减轻园区企业负担,对入驻企业给予房租减免优惠政策,及时推送北京市有关促进中小微企业发展的措施和政策,为企业提供个性化专业需求服务,减轻企业在疫情防控时期的经营负担和融资成本,保障企业正常运营。

(刘　晓)

【大学科技园企业捐赠6批次防疫物资】 2020年2月至7月,在新冠肺炎疫情防控关键阶段,面对大学防疫物资的紧张短缺状况,大学科技园发出倡议,开展“防控疫情,你我同行”专项募捐活动,受到园区企业的热烈响应。大学科技园区企业捐赠6批次酒精消毒液、口罩、洗手液、医用检查手套、自热饭等防疫物资,用实际行动支持学校防疫工作。所有捐赠物资均在华北电力大学国家大学科技园官网进行公示,定向用于学校师生疫情防控工作。

(刘　晓)

【入选教育部高等学校科技成果转化和技术转移基地】 2020年8月4日,教育部科技司发布第二批高等学校科技成果转化和技术转移基地认定结果的公示,华北电力大学成为入选的24所(北京4所)高校之一,科技成果转化与技术转移工作获得认可。华北电力大学依托技术转移转化中心开展科技成果转移转化相关工作,近年来取得长足发展,依托“双一流”学科建设形成能源电力领域科技成果转化特色。

(刘　晓)

【举办智慧电厂线上论坛】 2020年3月至8月,技术转移转化中心与中关村华电能源电力产业联盟联合主办10期“2020年智慧电厂线上论坛”,聚焦智慧电厂体系、人工智能在电厂中的应用、电力大数据在电厂中的应用、智慧电厂建设实践经验、智慧燃气电厂建设实践经验、煤电燃料智能化、新能源发电智慧电厂建设的新思路和新技术等专题，累计9800人次在线观看会议直播。

（刘 晓）

【主办智慧电厂论坛（上海站）】 2020年9月27至28日，由华北电力大学技术转移转化中心、上海电力大学技术转移中心、中国华电集团有限公司生产技术部、中关村华电能源电力产业联盟、北京京能清洁能源电力股份有限公司、中国大唐集团科学技术研究院等6家单位联合主办的“2020智慧电厂论坛（上海站）”在上海召开。论坛设有1个主论坛和3个分论坛，分别从智慧电厂顶层规划设计思路，人工智能、大数据、工业互联网等技术在电厂中的应用场景探索，以及智慧电厂建设实际应用案例分享等方向进行深度研讨。本次论坛共有近600人到场参加，27位嘉宾作报告。

（刘 晓）

【举办发电侧储能应用线上研讨会】 2020年10月30日、12月11日，技术转移转化中心与中国可再生能源学会储能专业委员会、能源动力与机械工程学院、中关村华电能源电力产业联盟、北京市昌平区科学技术委员会联合主办2期“2020年发电侧储能应用线上研讨会”，组织广大电力同行共同探讨发电侧储能项目建设实践经验。13位技术专家做专题分享，近600人线上参会。

（刘 晓）

【举办中国园区智慧能源高峰论坛】 2020年11月20日，由北京市昌平区科学技术委员会、技术转移转化中心、中关村华电能源电力产业联盟、中国电力云平台等单位共同举办的2020年中国园区智慧能源高峰论坛在华北电力大学召开。论坛围绕综合能源服务、园区智慧能源业务研究、智慧能源产业技术等展开探讨，12位专家从市场开发、技术创新、商业模式以及项目案例等方面进行主题演讲。

（刘 晓）

【举办科技成果转化推介会】 202012月15日、29日，在中关村科技园区管理委员会、华北电力大学的指导下，技术转移转化中心、中关村技术经理人协会主办，中关村华电能源电力产业联盟共承办2期中关村“火花”系列活动华北电力大学科技成果转化推介会。会上发布华北电力大学新能源、人工智能、节能减碳领域的具备商业化前景的优质项目，来自政府部门、企业负责人、投资机构、技术转移服务机构等近500人通过钉钉会议参与直播互动活动，有效地推动能源电力行业的科技成果对接及转化。

（刘 晓）

【大学科技园通过北京市小型微型企业创业创新示范基地复核】 2020年12月30日，北京市第一、二批市级中小企业服务示范平台和小微企业双创示范基地复核结果公布，大学科技园通过复核。大学科技园作为学校科技成果转移转化和高科技企业孵化的重要载体，构建全链条能源电力孵化体系，潜心打造“中国电力智慧科技园”。

（刘 晓）

产 业 管 理

【概况】 2020年，华北电力大学涉及所属企业体制改革的企业数为67家（未包含已被工商吊销未注销的一级企业及所属企业数据），涉及资产总额为772403.62万元；负债为292272.15万元，资产负债率37.84%；所有者权益为480131.47万元，其中归属于校方股东的所有者权益为31980.39万元。其中：清理关闭企业（34家）：涉及资产总额为1692.38万元；负债为1152.52万元；所有者权益为539.86万元，其中归属于校方股东的所有者权益为328.31万元。脱钩剥离企业（17家）：涉及资产总额为720947.06万元；负债为276775.64万元；所有者权益为444171.42万元，其中归属于校方股东的所有者权益为19380.52万元。保留企业（16家）：涉及资产总额为49764.18万元；负债为14343.99万元；所有者权益为35420.19万元，其中归属于校方股东的所有者权益为12271.57万元。

2020年，学校产业管理工作紧密围绕“双一流建设”，以高校所属企业体制改革工作为重心，继续做好规范化管理和学校经营性资产的保值增值工作，加强对学校控股和参股企业的监管，并在疫情常态化下实现积极发展。同时，积极研究制定鼓励学科性公司发展的政策措施，加快学校学科性公司成立步伐，重点孵化具有学科特色和优势、具有自主知识产权的科技企业。此外，继续拓展促进交叉学科、跨行业领域的产学研合作模式，促进科技成果的转化，致力于探索将高校智力资源与企业需求建立紧密结合长效机制的新模式。充分发挥学校的学科优势及多学科协作的技术潜力，激活学校人才、技术、实验装备等优势资源，构建“大电力”特色的智力支撑平台，促进产学研合作的良性发展。作为大学科技成果产业化平台，资产经营公司致力于打通科技成果产业化链条的“最后一公里”，提出“111”发展战略，即面向“一流企业”、提供“一流技术”、构建“一流平台”，努力促进科技创新链、产业发展链、商业价值链和风险投资链的融合，构建科技成果转化的良性生态体系。

业绩及获奖情况。2020年科技产业工作对学校贡献共计2286.48万元。其中：上缴学校分红款2278.43万元（含四方集团上缴678.43万元），华电研发实验服务基地奖励校内科研团队7万元；代为支付处置历史遗留问题相关费用共计1.05万元；通过创新券促成大学横向科研经费共计46.8万元；因在组织实施国有股权进场交易规范性等方面表现突出，资产经营公司获北京产权交易所颁发的2020年度“最佳产权交易组织奖”。

（常雅丽 班莹梅）

【杨勇平考察学校学科性公司】 2020年1月12日，华北电力大学校长杨勇平带队考察学校孵化培育的新三板挂牌公司保定华仿科技股份有限公司，参观公司新的生产办公园区、VR实验室以及仿真开发现场。杨勇平对华仿科技多年来在提高学校声誉方面起到的积极作用和近几年的发展变化给予充分肯定，希望华仿科技继续加大校企融合的力度，挖掘潜力，校企互动，为学校科技成果转化提供平台，促进学校的双一流建设，学校也将一如既往地全力支持公司的发展。副校长郝英杰、律方成、资产经营公司执行董事兼总经理金海燕等参加此次考察活动。

（金海燕）

【产业架构调整】 2020年4月，根据《华北电力大学校内机构调整方案》（华电党〔2020〕17号），经资委办公室改设在资产管理处，主任由资产管理处负责人担任，主要负责经资委闭会期间的日常工作管理。

（常雅丽）

【组织召开经资委会议】 2020年6月17日，按照经资委议事规则和工作需求，召开2020年第一次会议（两地视频方式），经资委委员出席会议；资产经营公司监事、法律顾问以及资产经营公司高管列席会议，审议通过2019年度财务决算报告和工作报告、2020年度财务预算报告、2020年度所属企业经营指标下达、按照校企体制改革的要求处置长期不分红企业等共计13项议案，并按照会议决议有序推进后续工作。经资委作为学校经营性资产监督管理机构，在学校党委、行政和国有资产管理委员会的领导下开展工作，代表学校对经营性资产行使占有、使用和收益分配权。

（常雅丽）

【校所属企业体制改革】 2020年，华北电力大学通过前期摸底调研，形成大学所属企业体制改革方案，经校所属企业体制改革领导小组审议后并上报教育部；11月5日，教育部正式批复华北电力大学涉及此次体制改革的企业总数67家，清理关闭企业34家，脱钩剥离企业17家，保留企业16家；组织召开企业改革领导小组和工作组会议，并在工作组建制的基础上成立三个工作专班，积极推进校属企业体制改革的实施工作。

（常雅丽）

【孵化两家学科性公司】 2020年，华北电力大学成功孵化2家学科性公司：北京华电东晟科技有限公司和北京华电威思控制技术有限公司，校方股东分别持股20%，大学科研团队分别持股80%。两家公司的经营领域分别为：北京华电东晟科技有限公司定位于研发和销售具有完全自主知识产权的新型耦合热泵产品，主要应用于电厂、化工、钢铁、食品加工和居民供热等领域；北京华电威思控制技术有限公司聚焦能源电力领域的智能发电、电站自动化和信息化、综合能源系统以及新能源系统等领域，为能源电力的安全、高效、清洁、低碳、灵活、智能目标服务。

（常雅丽）

【协助1家学科性公司完成重组工作】 2020年8月，协助资产经营公司所属学科性公司一北京华电恒锐科技有限公司完成重组工作，重组后该公司成为北京市能源电力信息安全工程技术研究中心（华北电力大学信息安全工程实验室）的建设运营实体，代表实验室对外开展信息安全相关业务。

（常雅丽）

【完成北京市华星电力电子新技术开发公司法人代表变更】 2020年12月，按照校经资委的决议，完成长期存在矛盾纠纷的集体所有制企业北京市华星电力电子新技术开发公司法人代表变更工作，为该公司的后续处置工作理顺管理关系。

（万　军）

【召开校属企业体制改革工作推进和部署会议】 2020年10月19日和21日，资产经营有限公司分别以现场和视频会议的形式，组织召开北京和保定校属企业体制改革工作推进和部署会议。学校此次校企体制改革中拟保留企业的负责人及资产经营公司相关人员参加此次会议。

（常雅丽）

【参加非晶战略联盟第三届第二次常务理事大会】 2020年9月11日，非晶节能材料产业技术创新战略联盟第三届第二次常务理事会在山东青岛召开。资产经营公司代表华北电力大学参会。

（金海燕）

【参展第二十二届中国国际工业博览会】 2020年9月15日至19日，资产经营公司组织来自校学科性公司、校科研平台、科研团队、学生创新创业项目共计10个项目参展第二十二届中国国际工业博览会，华北电力大学获中国高校展区“优秀组织奖”，大学科研团队项目“工业及民用新型超级热泵技术”获中国高校展区“优秀展品奖特等奖”，大学生创新创业项目“聚光光伏光热—烟气水分回收及脱碳系统“项目获中国高校展区“优秀创新创业展品奖”，资产经营公司总经理金海燕获中国高校展区“先进个人奖”。

（班莹梅）

【校领导到资产经营有限公司调研指导工作】 2020年10月14日，副校长檀勤良到资产经营公司调研指导工作，听取资产经营公司作情况汇报，并重点听取学校所属企业体制改革进展情况汇报，檀勤良肯定资产经营公司前期工作的同时，对高校所属企业体制改革提出工作要求。

（班莹梅）

【召开校所属企业体制改革工作组会议】 2020年11月30日，根据教育部文件精神，学校以北京、保定两地视频的方式召开所属企业体制改革工作组会议，对华北电力大学全面推开所属企业体制改革的具体工作进行部署。工作组组长、副校长檀勤良及工作组所有成员参会。会议由资产与实验室管理处（保定）处长姜波主持。檀勤良对工作组工作提出四点要求：一要提高认识和站位，准确把握此次校企改革的指导思想；二要充分了解此次校企体制改革的特点；三要建立健全组织保障机制；四要明确责任和分工，群策群力，相互协作，依法依规，共同推动校属企业改革工作。工作组副组长、资产经营公司执行董事兼总经理金海燕传达《教育部、财政部全面推开中央高校所属企业体制改革工作的通知》精神，通报校属企业体制改革方案，并对下一阶段实施工作进行布置。

（班莹梅）

【组织开展华电基地“百进千”系列活动】 2020年4月2日，华电基地联合大学产业管理党支部、资产管理处党支部、北京市科委能源环保领域中心、昌平区工作站开展“首都科技条件平台百家重点实验室进千家企业”（以下简称百进千）系列活动第一期：走进生物质发电成套设备国家工程实验室。此次“百进千”活动首次采用线上活动的形式，吸引了众多的专家、台友和企业，参会人数达到100多人。6月5日，华电基地以巩固疫情防控、推进企业复工复产为主题，举办第二期2020年“百进千”线上系列活动。华北电力大学能量传递转化与发电系统教育部重点实验室副教授孙健进行“新型高效热泵技术”的主题分享；新能源电力系统国家重点实验室邓二平博士对“大功率半导体器件可靠性实验室及研究成果”进行介绍；北京技术交易促进中心张瑶对首都科技创新券的相关政策进行解读。首都科技条件平台台友以及未来科学城、国网双创平台、华北电力大学科技园入驻企业相关代表参会。

（王成霞　焦沈芳）

【参加第二届博鳌智能电网国际论坛】 2020年11月5日至6日，第二届博鳌智能电网国际论坛在海南省博鳌亚洲论坛国际会议中心召开。华北电力大学联合南方电网数字电网研究院有限公司负责大会的分论坛二——“数字化创新与应用”的筹备及组织工作，华北电力大学青年学科带头人及学科性公司技术负责人参加论坛主旨演讲并与现场专业人士进行深入交流。资产经营公司携华电基地系列开放实验室、孵化培育的学科性公司及其科技产品首次参加本届论坛展会。

（班莹梅　王成霞）

【组织开展北京市昌平区科技成果路演】 2020年10月22日，资产经营公司组织华电东晟、华电智连信达、华电天创等学校所属学科性公司参加北京市昌平区科委在北京市昌平区未来科学城未来中心举办的科技成果转化项目路演活动。此次活动为切实推进华北电力大学科技成果产业化、促进学科性公司的创新发展起到积极作用。

（王成霞）

【校所属企业体制改革领导小组召开工作会议】 2020年11月23日，校所属企业体制改革领导小组召开2020年第一次会议（两地采用视频方式），领导小组成员周坚、杨勇平、郝英杰、律方成、檀勤良、毕天姝出席会议，会议由杨勇平主持。会议听取《关于我校所属企业体制改革方案及组建工作专班的汇报》，审议通过学校上报教育部的《华北电力大学所属企业体制改革方案》；会议同意在工作组建制基础上成立三个工作专班，按照资产所有权属性的原则进行相应的资产处置；会议听取《关于我校所属企业体制改革方案实施过程中重点难点问题的汇报》，对后续实施工作进行安排；审议通过《关于我校所属企业体制改革工作实施阶段费用预算的议案》。

（金海燕　常雅丽）

【参展“30·60”新时代能源电力创新发展大会】 2020年12月18至19日，资产经营公司组织11家所属企业参加华北电力大学与保定市人民政府共同举办的“30·60”新时代能源电力创新发展大会暨能源电力企业恳谈会。通过与与会的能源电力相关企业开展对接活动，以及学校与企业、保定市的合作对接活动，促进京津冀区域合作和强化基地资源服务企业创新发展。

（万　军　班莹梅　王成霞）

【召开华电基地实验室交流及表彰会】 2020年12月25日，首都科技条件平台华电基地联合学校实验室管理处举行实验室工作交流会表彰会。学校资产管理处、科学技术研究院、工程训练与创新创业教育中心、财务处及各学院和实验室的相关负责人参加此次活动。会上，实验室管理处颁发华北电力大学实验室安全督查专家聘书、实验室安全管理工作先进个人、实验室资源共享先进个人和实验室信息报送工作先进个人荣誉证书；华电基地颁发华电基地优秀实验员荣誉证书。

（王成霞　焦沈芳）

【校属企业创佳绩】 2020年5月22日，华北电力大学所属企业北京华电光大环境股份有限公司（股票代码：871633，股票简称：华电光大）入围全国中小企业股份转让系统有限公司发布的2020年第一批定期调入创新层挂牌公司名单；2020年7月14日国家知识产权局公布第二十一届中国专利奖获奖名单，北京华电光大环境股份有限公司发明专利“基于硫酸根促进的TiO_2载体的SCR烟气脱硝催化剂及制备方法”获中国专利优秀奖；2020年10月31日，所属企业保定华电电力设计研究院有限公司与福建三钢闽光股份有限公司签订《炼铁产能置换改造配套项目余热发电EPC总承包工程》，合同总金额1.15亿元；2020年11月20日，所属企业保定华电电力设计研究院有限公司与中铁建电气化局第三工程有限公司签订《框架合作协议》。

（万　军　班莹梅）

【资产经营公司党支部更名获批】 2020年12月2日，教学科研党总支批复同意产业管理支部委员会更名为资产经营公司支部委员会。

（班莹梅）

【完成校产党支部调整】 2020年12月16日，按照保定校区党委组织部和机关党委的部署，完成校产党支部与科技处党支部合并工作，原校产党支部撤销，事业编制党员合并到科技处党支部管理。

（万　军）

科研机构与平台建设

Construction of Scientific Research Institutions and Platforms

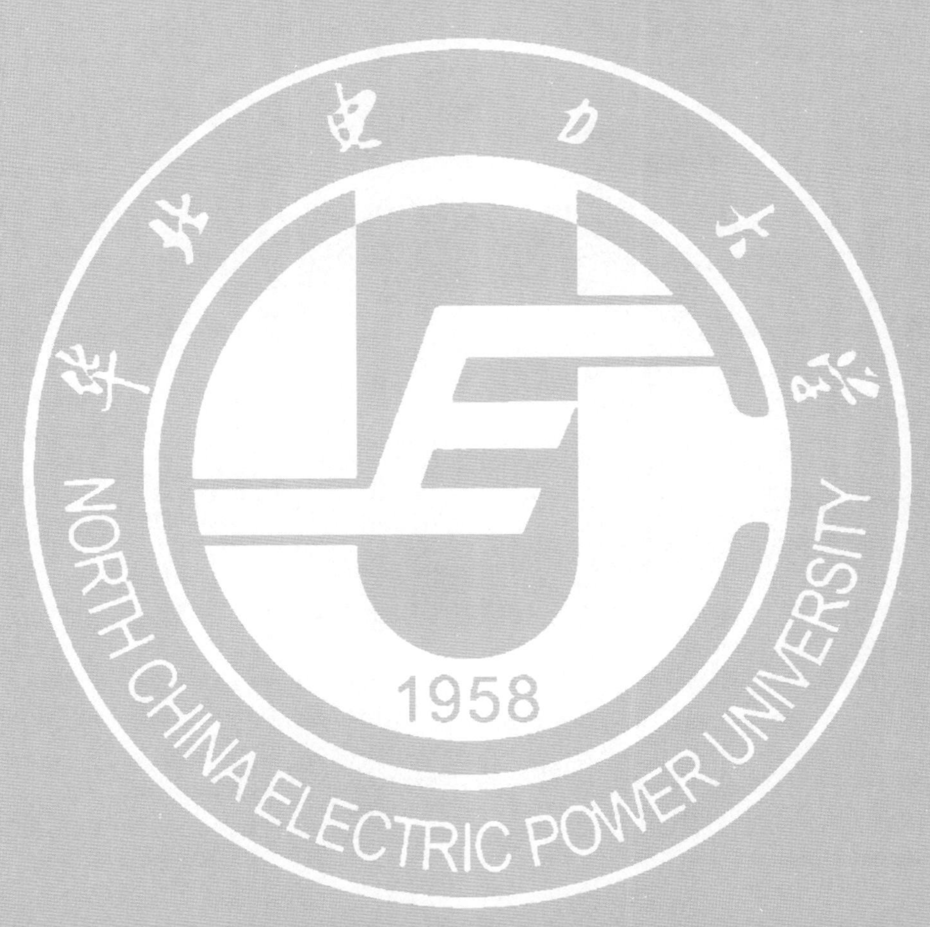

◎综　　述

2020年，国家能源发展战略研究院统筹校内软科学科研团队和平台力量，开展软科学及智库建设等工作。以"国家亟需、特色鲜明、制度创新、引领发展"为指引，战略院目标是在"十四五"末打造成为国内知名的能源领域高端智库，在国家能源发展中发出华电声音。2020年，国家能源发展战略研究院成立后，汇集校内外优质创新资源，组织开展能源发展战略领域的研究、咨询、交流，取得一批具有前瞻性、综合性、针对性的研究成果，支撑服务国家能源发展新战略。与国家发改委、国家能源局、中国工程院、民革中央等中央部门及地方政府、能源企业建立常态化的政策研究成果交流渠道，在能源行业取得较大的影响力。年内，获批社会力量奖励4项，获评年度先进集体1项，参与国家政策建议并获领导批示1条、相关研究成果上报国家相关部门3项，联合发布白皮书1部。

2020年，能源电力创新研究院(新一代能源电力关键技术集成攻关大平台)统筹学校已有的现代电力研究院、先进材料研究院、能源交通融合发展研究院、工程热物理研究中心、储能技术研究院等5个校内科研平台及科研团队，围绕能源电力前沿领域的重大需求和关键技术，开展平台建设、任务组织和集成攻关等工作。2020年度承担国家自然科学基金项目4项(含重点项目1项)、"十三五"重点研发计划子课题1项、军工项目1项。获得2020年有色金属工业协会科学技术奖二等奖1项，徐超教授获中国可再生能源学会优秀青年科技人才奖。2020年度该院发表SCI等高水平论文50余篇，申请专利20余项。

2020年，华北电力大学苏州研究院推进校企对接，深化产学研合作，在产学研合作、科研平台建设、协同创新中心建设等方面取得新进展。在产学研合作方面，研究院举办"CO_2地质封存环境监测及预警技术研讨会"，与会单位有延长石油集团研究院、杏子川采油厂、吴起采油厂，北京大学，中国矿业大学(北京)，中国科学院遥感与数字地球研究所等，提升研究院在国内CCUS领域的影响力。与绿能大学、电老虎网联合举办首届中国绿能企业学习节，发挥研究院在能源电力领域的人才优势和学科优势，打造全球领先的绿色能源行业的人才培养与发展的卓越服务平台，为中国能源企业人才国际化、智能化、数字化运营提供指引，助推绿色能源企业数字化转型与升级，实现可持续发展。在科研平台建设方面，二氧化碳捕集实验室完成验收，累计获得资助200万元。京东方与研究院联合成立"京东方—华北电力大学能源物联网研究院"，统筹双方优势资源，聚焦能源物联网、新能源电力系统和综合能源系统研究前沿，开展基础理论、关键技术、重大装备和战略规划等前瞻性、基础性研究，形成具有国内引领性的一流研究成果，进一步提升行业科技创新水平。

2020年，新能源电力系统国家重点实验室面向国家能源转型发展需求，发挥能源电力学科优势，推动多学科交叉，聚集和培育优秀人才，开展新能源电力系统基础理论与关键技术创新研究。年内，新增科技项目203项，合同总经费29123.07万元。发表论文611篇，其中，SCI检索论文132篇，EI检索论文33篇，SCI和EI共同收录189篇，科技成果转化10项，成果转化收入1265万元。

2020年，生物质发电成套设备国家工程实验室在生物质电站集成设计与优化运行技术、生物质高效热化学转化技术、多源有机固废高效热转化技术、脱硝催化剂技术等方面进行专利布局，并推进自主创新科研成果的产业化。新增国家和省部级纵向项目共3项，发表论文39篇，其中SCI 29篇，EI 6篇，核心3篇。科研成果"有机固体废弃物清洁高效热转化及烟气净化技术"获"中国发明协会发明创新一等奖"；基于硫酸根促进的TiO_2载体的SCR烟气脱硝催化剂及制备方法"获"第二十一届中国专利优秀奖"。

2020年，国家火力发电工程技术研究中心在技术研发和创新基地、人才培训基地、中试产业化示范基地、对外交流合作、成果转化和辐射扩散基地、工程技术咨询与信息服务基地等建设方面成效突出，逐步建成以先进电力材料技术、火力发电过程节能与机组优化运行技术、火电厂清洁运行与环保减排技术等方向为核心的大型研发及中试实验平台，建设的太阳能储能实验平台、有机朗肯循环发电平台、光煤互补发电平台、声学监测实验平台、超临界水环境金属氧化实验平台等，技术指标处于国内领先水平，平台总体利用率和研发能力处于国内先进水平。该中心共获各级各类纵向科技项目资助32项，共签订横向科技合作项目71项；获国家和省部级科技奖励9项，授权专利107项，软件著作权6项，发表高水平论文300余篇。

2020年，电站能量传递转化与系统教育部重点实验室引进田华军教授，王利刚教授，杨天让副教授等加入储能方向的研究；杜小泽教授、刘宗德教授、张锴教授、王春波教授入选学校学科带头人支持计划；房方教授、张乃强教授、柳亦兵教授、韩中合教授入选北京市学科卓越人才支持计划；张宇宁教授、程永攀教授、巨星副教授、黄从智、刘志坚教授入选学校青年英才培育计划；谢剑、翟融融、崔柳、汪涛、陆规、吕游、刘亚娟、胡阳等入选学校青年骨干培育计划；程永攀入选 *International Journal of Hydromechatronics* 期刊的青年编委；谢剑入选 *Journal of Thermal Sciences* 期刊的青年编委。由实验室骨干主持完成的"新型多温区SCR脱硝催化剂与低能耗脱硝技术及应用"获国家科学技术进步奖二等奖，2项成果分别获"河北省科学技术进步奖一等奖""山西省科学技术奖科技进步奖一等奖"等省部级奖励。"工业及民用新型超级热泵技术"获第22

届中国国际工业博览会高校展区优秀展品奖特等奖。至年底，实验室获各类纵向科技项目资助17项，资助金额为5584.72万元。

2020年，资源环境系统优化教育部重点实验室承担的科研项目包括国家重点研发计划课题、总理基金、国家高层次人才特殊支持计划(万人计划)领军人才项目、国家青年千人支持计划、国家自然科学基金项目(面上、青年)、河北省自然科学基金项目等。实验室新获批纵向项目26项，总计1241万元。其中获批国家自然科学基金面上项目4项，青年项目6项，河北省自然科学基金项目5项，国家重点研发计划子课题1项。新增横向项目32项，总计1477万元。年内，实验室获国家级省部级科技奖励多项，其中国家青年千人资助1项，省部级科技奖一等奖3项。赵桂霞教授入选国家青年千人支持计划。实验室共发表论文180篇，其中SCI论文140篇。

2020年，“高电压与电磁兼容”北京市重点实验室全体研究人员，深入实施创新驱动战略，紧密围绕能源革命这一国家重大战略需求和建设科技创新中心的首都城市战略定位，为推动首都城市可持续发展和电力能源供应安全提供科技支撑，在创新科学思想、研发前沿技术、服务城市战略等方面取得多项突破性进展。“特高压直流输电线路电磁环境分析理论、控制方法及工程应用”研究成果获教育部科学技术进步奖一等奖。丛浩熹副教授获批国家基金委重大研究计划培育项目“极端条件下直线推进机构铜合金滑弧烧蚀的微观失效机制与改性方法”，这是华北电力大学本年度唯一一个获批国家基金委重大研究计划培育项目。

2020年，能源的安全与清洁利用北京市重点实验室在科研和学科工作中取得突出的成绩。实验室成员国家自然科学基金项目申报22项，立项6项。实验室成员发表科研论文约182篇，其中SCI论文103篇。实验室成员项目总经费达3520余万。其中横向项经费793万元，纵向项目经费2727万元；实验室陆强教授获中国电力优秀青年科技人才奖。田德教授作为参与人，获重庆市科学技术进步奖一等奖。实验室刘永前教授主持的国家重点研发计划政府间国际科技创新合作重点专项项目“海上风电场智能运行控制技术研究”获批立项。曲作鹏获批国家重点研发计划专项子课题“有机危废高效清洁稳定焚烧处置技术与装备”。张媛媛获批国家重点研发计划专项子课题“350MW机组低热值煤灵活发电技术与示范工程”。刘雪朋获批国家重点研发计划专项子课题“高效稳定大面积钙钛矿太阳电池关键技术及成套技术研发”。

2020年，“工业过程测控新技术与系统”北京市重点实验室围绕工业过程特别是发电过程运行参数的快速检测与优化控制，在传统能源与新能源建模、控制与优化等方面进行深入研究。以火力发电控制为核心，拓展新能源发电、燃气发电、核能发电、综合能源系统、源网荷协同控制与调度等方向。以智能发电为基础，开展泛在感知、大数据分析与处理等研究与应用。实验室共承担各类纵向科技项目14项，资助金额约1693.4万元。“网源友好型风电机组关键技术及规模化应用”获国家科技进步奖二等奖；“智能发电运行控制系统研发及应用”获中国电力科学技术进步奖一等奖，实验室获得发明专利授权18项，发表论文共41篇，其中SCI检索论文24篇，EI检索论文9篇，中文期刊论文8篇。

2020年，低品位能源多相流与传热北京市重点实验室依托学校优势学科，结合京津冀和国家地区需要，紧密服务学校“双一流”学科建设，围绕碳中和、碳达峰的目标，在新型高效发电系统、微尺度传热及太阳能热利用等方面开展深入研究。实验室团队以杰青、长江、玛丽·居里学者为学术带头人，以中青年人员为骨干，主要从事新型动力循环、微纳尺度多相流等基础研究，依托国家重点研发计划项目、企业委托项目等支持，研究成果丰硕。所研发的新型超临界CO_2发电系统，属于燃煤发电系统创新技术，同时承担国家能源集团相应领域研究项目；在高热流密度电子冷却器方面与中兴合作开展5G方面散热研究；有机朗肯循环发电系统进入产业化阶段。

2020年，北京市电力信息技术工程研究中心承担国家电网公司科技项目3项，“一体化电力网络安全仿真验证环境关键技术研究”“全业务泛在电力物联网基础防护体系及终端层安全监测防护技术研究”“面向物联网智能终端的基础防护和安全管控关键技术研究”，总金额280万元；新签国家电网公司科技项目1项：“面向闭源电力工控系统的安全防御技术研究”，总金额100万元；新签工信部重点项目2020年工业互联网创新发展工程项目1项：“基于商用密码的复杂工业控制系统综合安全保障平台项目”，总金额95万元；新签国家重点研发计划“智能电网技术与装备”专项“电力物联网关键技术”项目“电力物联网智能应用技术”课题“电力物联网体系架构研究”子课题1项，总金额79万元。发表学术论文28篇，其中SCI 1篇，申请发明专利6项；获授权发明专利3项，获省部级科技进步奖1项。1项国家重点研发计划子课题获批。1项国家电网公司科技项目启动。

2020年，河北省输变电设备安全防御重点实验室主要在电磁环境与电磁兼容耦合机理及测试技术的研究、电气设备状态监测与故障诊断技术的研究、超特高压输变电关键技术的研究等方面进行重点研究，具有培养培养博士后、博士、硕士、本科四个层次人才的完善体系。至年底，“基于多信息融合的电力变压器智能化关键技术研究与应用”“基于多光谱成像和旋翼飞行器的输电线路巡检关键技术及其应用”获河北省科技进步奖一等奖，“智能高压开关设备研制及工程应用”项目获中国电力科学进步奖一等奖，“电气工程及其自动化专业创新人才培养的研究与实践”获河北省教学成果奖一等奖。河北省输变电备安全防御重点实验室与海南电网建立合作关系，双方在电力系统虚拟现实培训、人工智能与智能传感、热带海岛防灾减灾等领域与海南电网开展密切合作。

2020年,河北省发电过程仿真与优化控制工程技术研究中心继续以电力行业为背景,围绕“发电过程建模、仿真与优化控制技术”“先进工业控制系统设计与开发技术”“发电厂智能化运行、维护与管理技术”等研究方向,积极展开课题研究,与国内外知名科研院所和工程单位密切合作,取得多项技术突破。该中心先后与广东省能源集团有限公司、湛江中粤能源有限公司、大唐华东电力试验研究院等工程单位在一系列工程研究领域中进行深入地实质性合作,共同完成“面向电厂智能化控制的数据驱动优化关键技术研究及应用”项目、“面向源网协调新特征的燃煤机组智能控制关键技术研究与应用”项目、“超低排放燃煤机组智能脱硝喷氨优化技术开发及工程示范”项目、“汽轮发电机组虚拟检修系统研发与应用”多个工程研究项目和技术课题。其中多个项目通过技术鉴定会并获奖。

2020年,河北省燃煤电站烟气多污染物协同控制重点实验室通过验收。年内,新获批国家级基金4项,在研科研项目49项,获经费支持2261万余元;发表SCI论文50篇,出版专著2部,发明专利授权4项,实用新型专利授权1项。“催化法燃煤烟气脱硫脱硝新技术及应用”获河北省科技进步奖一等奖,“高级氧化法烟气多污染物协同控制理论与技术研究”获河北省自然科学奖二等奖。

2020年,河北省分布式储能与微网重点实验室新获批横向、纵向项目20余项,经费总额2500余万元;发表论文40余篇,其中SCI收录14篇,EI收录17篇;获授权发明专利24项,申请发明专利20项。王飞教授、米增强教授参与完成的“高比例新能源发电‘源网荷’协同互动消纳关键技术与装备”获河北省科学技术进步奖一等奖,赵洪山教授参与完成的“风电智能运维定量化决策关键技术及大规模应用”获河北省科学技术进步奖一等奖。

2020年,北京能源发展研究基地延续《北京能源发展研究基地工作简报》编送制度,通过简报向上级反映基地工作的信息、动态。举办第二届北京能源发展战略和政策高端论坛以及多次线上学术研讨活动。学术委员牛东晓教授作为首席科学家申报的“制造业多价值链协同数据空间设计理论与方法”获批立项,这是华北电力大学首次承担“网络协同制造和智能工厂”国家重点专项项目。积极参与国家能源局、国家电网有限公司相关决策咨询工作。配合国网发展战略,能源基地研究员受邀为近20家全国各地方国网电力公司做专题学习培训讲座,受众达100万人。

2020年,新型薄膜太阳电池北京市重点实验室多项成果处于国际领先水平:通过理论结合实验,建立钙钛矿太阳电池关键材料结构变化与其光电性质关系的模型为设计和制备高性能钙钛矿材料提供理论指导;通过添加剂工程,获得效率超过16%的全无机钙钛矿太阳电池,处于国际领先水平。成功可控调控钙钛矿维度生长方向,获得效率超过18%的准二维钙钛矿太阳电池,为世界最高效率;在理论模拟计算的指导下,开发出新型太阳电池材料,包括空穴传输层、电子传输层和光吸收层,实现能级及载流子迁移率的可控制备,为实现不同类型的高效太阳电池提供支持;进一步阐明太阳电池器件中载流子复合、界面电荷转移动力学规律及其与器件性能的相关性,为高性能钙钛矿材料和器件结构的理性设计提供物理依据。实验室研究人员承担科技部和北京市等国家、省部级及企业委托项目等总经费近1000万元。

国家能源发展战略研究院

【概况】 依据《华北电力大学校内机构调整方案》(华电党〔2020〕17号),国家能源发展战略研究院(以下简称研究院)为学校实体科研机构,统筹校内软科学科研团队和平台力量,开展软科学及智库建设等工作。以“国家亟需、特色鲜明、制度创新、引领发展”为指引,战略院目标是在“十四五”末打造成为国内知名的能源领域高端智库,在国家能源发展中发出华电声音。2020年,国家能源发展战略研究院成立后,汇集校内外优质创新资源,组织开展能源发展战略领域的研究、咨询、交流,取得一批具有前瞻性、综合性、针对性的研究成果,支撑服务国家能源发展新战略。与国家发改委、国家能源局、中国工程院、民革中央等中央部门及地方政府、能源企业建立常态化的政策研究成果交流渠道,在能源行业取得较大的影响力。年内,获批社会力量奖励4项,获评年度先进集体1项,参与国家政策建议并获领导批示1条、相关研究成果上报国家相关部门3项,联合发布白皮书1部,收到国家相关部门感谢信1封,发表评论文章1篇。

(刘　欢)

【1成果获中国电力科学技术进步奖一等奖】 2020年10月,华北电力大学和国家能源集团等单位联合申报的“智能发电运行控制系统研发及应用”项目获2020年度中国电力科学技术进步奖一等奖。该项目创建产学研用相结合的“智能发电协同创新中心”,依托国家能源集团重点科技项目,围绕智能发电运行控制系统体系架构、系统软硬件、核心算法、网络信息安全及工程应用等内容,开展深入的理论研究与技术攻关,实现关键技术突破,并在国内外首次投运。项目成果经中国电机工程学会技术鉴定,结论认为:“整体技术达到国际领先水平”。

(刘　欢)

【2成果获中国能源研究会能源创新奖】 2020年,国家能源发展战略研究院参与的两项科研成果获国能源研究会能源创新奖。国家能源发展战略研究院参与的国务院参事室

电力体制改革课题研究获2020年度中国能源研究会能源创新奖二等奖，该项目名称为“我国配售电体制改革研究”。国家能源发展战略研究院参与的国家能源局绿电交易机制研究，获中国能源研究会能源创新奖三等奖。该项目名称为“张家口可再生能源示范区绿电交易市场机制研究与实践”。

（刘　欢）

【1成果获电力科技创新奖一等奖】 2020年12月，国家能源发展战略研究院参与工信部组织的全国降低一般工商业电价情况评估，成果名称：全国降低一般工商业电价政策落实情况第三方评估，该研究成果上报国务院，并获中国电力企业联合会2020年度电力科技创新奖一等奖。

（刘　欢）

【研究成果获国家能源局相关部门肯定】 2020年12月24日，国家能源发展战略研究院参与的国家能源局综合智慧能源技术与产业发展研究，按时提交研究报告，相关研究成果得到国家能源局相关部门肯定，收到国家能源局能源节约和科技装备司发来感谢信。

（刘　欢）

【2项成果提交全国政协】 2020年，国家能源发展战略研究院参与的新能源汽车、园区综合能源2项研究成果获提交全国政协。《关于加快车规级芯片研发，推动我国新能源汽车与储能发展的提案》被列为全国政协十三届三次会议民革中央集体提案；2020年9月，《关于将改造升级园区综合能源系统作为疫后稳经济促发展重要举措的建议》作为社情民意信息通过民革中央提交全国政协。

（刘　欢）

【获评民革中央先进集体】 2020年12月，根据民革中央办公厅发布的革中〔2020〕104号文，国家能源发展战略研究院所属的软科学研究中心，民革中央教科文卫体委员会——华北电力大学能源软科学研究中心，获评民革中央2020年度先进集体。

（刘　欢）

【联合发布白皮书】 2020年11月11日，国家能源发展战略研究院联合中国能源研究会中小配电企业发展战略研究中心在京发布《2020年增量配电研究白皮书》（以下简称“白皮书”）。该白皮书根据国际和行业通行准则，以公开、合法渠道获取基础信息，汇总自2016年以来增量配电改革各省试点的具体发展情况，为深入分析和有效推动增量配电改革相关工作提供借鉴，充分展示增量配电改革取得的积极进展。

（刘　欢）

【研究报告获批示】 2020年8月25日，国家能源发展战略研究院参与国务院参事室电力体制改革课题研究，撰稿并呈报的《加快发展虚拟电厂新业态 破解能源革命路线之争》（国参阅〔2020〕70号）研究报告获国务院领导同志批示。

（刘　欢）

【发表评论文章】 2020年5月18日，国家能源发展战略研究院课题组在《中国能源报》上发表题为“适应新形势，组建大能源部刻不容缓”的评论文章，文章发表后，引发广泛社会影响。

（刘　欢）

能源电力创新研究院

【概况】 组织机构。能源电力创新研究院（新一代能源电力关键技术集成攻关大平台）（以下简称“创新院”）成立于2020年4月，统筹学校已有的现代电力研究院、先进材料研究院、能源交通融合发展研究院、工程热物理研究中心、储能技术研究院等5个校内科研平台及科研团队，围绕能源电力前沿领域的重大需求和关键技术，开展平台建设、任务组织和集成攻关等工作。能源电力创新研究院对外统称新一代能源电力关键技术集成攻关大平台，根据需要保留原有科研机构名称。国家重大科技基础设施筹建办公室挂靠能源电力创新研究院。

队伍建设。创新院于2020年10月完成组建管理办公室，现有执行副院长1名，副院长1名，工作人员3名。创新院共有全职在编人员25名，外聘人员4名。2020年度引进8名研究人员，组建2个研究团队，具体包括王利刚为负责人的固体氧化物电池关键材料与装备研究团队、栗永利为负责人的储能材料先进制造研究团队。

科研工作。创新院2020年度承担国家自然科学基金项目4项（含重点项目1项）、“十三五”重点研发计划子课题1项、军工项目1项。获得2020年有色金属工业协会科学技术奖二等奖1项（先进材料研究院），徐超教授获中国可再生能源学会优秀青年科技人才奖。2020年度创新院发表SCI等高水平论文50余篇，申请专利20余项。召开新一代能源电力关键技术集成攻关大平台——储能与氢能攻关方向论证会。组织申报国家重大科技基础设施“太阳能高效转化利用实验装置”，通过第一、二轮审核，完成最后一轮答辩。联合能动学院积极申报国家储能技术产教融合创新平台。初步建设中国三峡－华北电力大学氢能联合实验室、微纳液滴实验研究平台、储氢材料实验室。能源交通融合发展研究院与国家高速列车技术创新中心签署战略合作协议。在科研成果及转化应用方面，先进材料研究院参与开发的“航天用大规格异形薄壁镁合金复杂构件成型技术及应用”，成功应用于某大型军事卫星和空间站主体；围绕微液滴行为操控及润湿状态转换、相变强化换热、微能源系统应用与优化等研究领域，取得一系列前沿科技成果和突破。

（徐　超　宋记锋　薛晓州）

苏州研究院建设

【概况】 2020年,华北电力大学苏州研究院有固定人员9人,其中硕士以上学历7人,主要从事基础研发工作,是一支以中青年学术骨干为主的科研团队,人员素质及结构不断提升,科研成果丰硕。至年底,研究院新增服务企业30余家,累计科技服务企业数量150家,完成4家江苏省研究生工作站的验收工作。与江苏固德威电源科技股份有限公司针对新型逆变器进行联合研发,并通过验收,累计合作经费40万元。二氧化碳捕集实验室建设完成中期检查工作。

2020年,华北电力大学苏州研究院推进校企对接,深化产学研合作,在产学研合作、科研平台建设、协同创新中心建设等方面取得新进展。

产学研合作。研究院举办“CO_2地质封存环境监测及预警技术研讨会”,与会单位有延长石油集团研究院、杏子川采油厂、吴起采油厂,北京大学,中国矿业大学(北京),中国科学院遥感与数字地球研究所等,提升了研究院在国内CCUS领域的影响力。与绿能大学、电老虎网联合举办首届中国绿能企业学习节,发挥研究院在能源电力领域的人才优势和学科优势,打造全球领先的绿色能源行业的人才培养与发展的卓越服务平台,为中国能源企业人才国际化、智能化、数字化运营提供指引,助推绿色能源企业数字化转型与升级,实现可持续发展。

科研平台建设。二氧化碳捕集实验室顺利完成验收,累计获得资助200万元。研究院环境修复与功能材料实验室,新增SCI论文累计收录2篇,培养研究生5名。

协同创新中心建设。京东方与研究院联合成立“京东方—华北电力大学能源物联网研究院”,统筹双方优势资源,聚焦能源物联网、新能源电力系统和综合能源系统研究前沿,开展基础理论、关键技术、重大装备和战略规划等前瞻性、基础性研究,形成具有国内引领性的一流研究成果,进一步提升行业科技创新水平。

(侯文俊)

【新三校联合侨联防控疫情倡议书】 2020年2月5日,为积极响应党中央关于“坚定信心、同舟共济、科学防治、精准施策,坚决打赢疫情防控阻击战”的号召,贯彻落实中国侨联、省、市侨联有关倡议精神,贯彻落实市委市政府、园区党工委、管委会关于科学有序做好疫情防控工作的指示部署,苏州工业园区新三校联合侨联向全校侨界师生以及海内外的侨界朋友们发出倡议,坚决贯彻落实习近平总书记和中共中央决策部署,“把人民群众生命安全和身体健康放在第一位,把疫情防控工作作为当前最重要的工作”。落实园区党工委、管委会的防疫相关部署,在校党组织的统一领导下,我们全体侨界教师要以积极的姿态投入到开学前的宣传、组织和准备工作中去,切实做好假期学生动向、健康状况,特别是对重点疫区、流动人员的摸排、统计和宣传告知工作。

(侯文俊)

【与京东方签订能源物联网研究院共建协议】 2020年4月,苏州研究院与京东方签订能源物联网研究院共建协议。根据协议,双方将共同开展开创性探索项目研究,将研究院打造成研究型、产教融合型、开放型创新机构。此次协议的签订,标志着苏州研究院与京东方能源科技战略合作进入新阶段,双方将进一步加强人才交流培养、开展项目合作等多种形式和举措,积极推进双方战略合作。

(侯文俊)

【杨勇平到苏州研究院调研】 2020年10月31日,校长杨勇平前往苏州研究院宣布干部任命,并就苏州研究院“十四五”规划编制、硕士研究生培养、校企合作平台建设、中外合作办学等进行调研。杨勇平宣布经学校党委研究决定,任命赵颖涛、李继清担任华北电力大学苏州研究院副院长。他指出,学校高度重视苏州研究院的发展,在本次干部调整增加干部职数,坚持因事选人、因岗择人。新一任领导班子结构合理,具有广泛的代表性,希望苏州研究院立足新时代新形势新要求,恪尽职守、奋发进取,努力为学校“双一流”建设做出更大贡献。

(侯文俊)

新能源电力系统国家重点实验室

【概况】 华北电力大学新能源电力系统国家重点实验室面向国家能源转型发展需求,发挥能源电力学科优势,推动多学科交叉,聚集和培育优秀人才,开展新能源电力系统基础理论与关键技术创新研究。

2020年,实验室有固定人员102名,其中研究人员92人,技术保障及管理人员10人。研究人员中,有中国工程院院士2人,英国皇家工程院院士1人,国家杰出青年科学基金获得者4人,国家高层次人才特殊支持计划人才7人,国家海外高层次人才引进计划人才2人,教育部“长江学者”特聘教授1人、青年学者1人,国家优秀青年科学基金获得者4人,教育部新世纪优秀人才10人。有科技部重点领域创新团队1个,国家自然科学基金委创新研究群体1个,教育部创新团队1个,“111”学科创新引智基地3个。年内,新增科技项目203项,合同总经费29123.07万元。

其中,国家级项目22项,合同金额6393.19万元;省部级项目18项,合同金额1285.6万元;横向项目163项,合同金额21444.28万元,年度实际到款16556.24万元。批准设立开放课题21项,资助总金额111万元;新增自主研究课题15项,资助总金额366万元。获省部级一等奖9项(其中第一完成人或第一完成单位5项),其他科技奖励11项。发表论文611篇(英文期刊论文354篇,中文期刊论文235篇,会议论文22篇),其中,SCI检索论文132篇,EI检索论文33篇,SCI和EI共同收录189篇,中文卓越期刊论文147篇。获授权国家发明专利266项,软件著作权5项,实用新型19项。科技成果转化10项,成果转化收入1265万元。出版专著5部。

凝练研究方向。组织召开学术委员会第二届第四次会议,进一步凝练研究方向。专家建议发挥华北电力大学能源学科门类齐全的优势,加强基础与交叉学科的研究;进一步深化产学研结合,加强研究成果的推广应用,引领行业新技术的发展;围绕能源革命和国家重大需求,在新能源电力系统物理形态演化,政策机制变革中发挥引领作用;加强综合能源系统与储能研究的布局。

平台建设。实验室紧密围绕各方向研究趋势,强调平台建设的先进性、前瞻性和整体性,按照《科研仪器设备专项经费建设方案》,有序开展2020年度科研平台建设工作,完善国家重点实验室能力建设,促进学科交叉,推动实验室建设再上新台阶。2020年启动项目包括新能源电力系统源网联合仿真与控制实验平台升级改造、直流断路器电磁特性测试及分析平台、高压大功率器件高温封装与特性测试平台、多维灵活可控的综合能源系统物理实验平台等17个项目,设备总值4142万元。精细化管理科研用房,对综合能源系统物理实验室、柔性装备电磁特性实验室、高压大功率器件动静态特性实验室、电力设备电磁特性模拟与测试实验室、大功率半导体器件可靠性实验室等新建实验室进行新增科研用房论证,提高实验用房使用效益。

队伍建设与人才培养。实验室围绕能源电力领域的国际前沿问题,呼应2030重大战略需求,组建跨学科融合的研究团队。举办第二届青年人才遴选及研讨会,遴选出9名青年教师作为第二届青年人才培养对象,实行导师制,由资深教授一对一跟踪指导,量身打造,精准支持。将成果规划与人才培育合二为一,支持青年人才快速成长,人才培养取得新突破。2020年闫勇当选英国皇家工程院院士;刘念入选“长江学者奖励计划”青年学者,张永昌、齐波入选第五批国家“万人计划”青年拔尖人才,胡俊杰入选北京市科技新星,阎洁入选中国科协青年托举人才工程项目。

开放交流。年内,依托重点实验室运行的新能源电力系统国际科技合作示范基地通过评估;主/承办各类会议6场次;举办学术报告会及讲座17场;实验室人员应邀作大会特邀报告15人次;实验室人员到境外交流2人次;参加国际学术会议15人次。通过网络面向公众开放,应中国科学技术协会邀请,举办线上云参观实验室活动,协助完成高考招生服务光明大直播,最高在线人数80万人,全年累计接待实验室现场参观交流400人次。

领导视察。4月8日,时任国家电网有限公司董事长毛伟明考察实验室;7月31日,怀柔区委书记戴彬彬到实验室调研座谈;9月9日,北京市委组织部长魏小东到实验室调研座谈;12月19日,中国工程院院士、中国华能集团有限公司董事长舒印彪考察实验室。

主　任:刘吉臻

副主任:毕天姝　崔　翔　牛玉广　张海波　黄永章　彭跃辉

中文网址:http://laps.ncepu.edu.cn/;

英文网址 http://englaps.ncepu.edu.cn/

(彭跃辉　张　洪)

生物质发电成套设备国家工程实验室

【概况】 2020年,生物质发电成套设备国家工程实验室继续加强研发平台建设,包括生物质燃烧实验平台、生物质选择性热解实验平台、生物质热解多联产实验平台、生物质发电设备材料实验平台、生物质燃料特性分析测试平台、生物质发电仿真实验平台、生物质催化转化实验平台、锅炉烟气污染物治理实验平台、生活垃圾热解处理实验平台、有机固废热转化实验平台、无机废水处理实验平台等。实验室集理论研究、技术开发与装备研制为一体,为生物质发电、生物质高值化利用、多源有机固废高效处置、烟气污染物治理等行业的理论研究与工程实践提供理论支撑与技术支持。实验室积极承担国家重点研发计划、国家自然科学基金等多项科技研发项目,并为科研院所、高新技术企业等提供技术攻关和检验测试服务。

实验室在生物质电站集成设计与优化运行技术、生物质高效热化学转化技术、多源有机固废高效热转化技术、脱硝催化剂技术等方面进行专利布局,并推进自主创新科研成果的产业化。

实验室培养“新能源科学与工程”专业本科生及“可再生能源与清洁能源”专业研究生,为能源行业输送高素质人才;参加国内外学术会议,开展学术交流。

2020年,生物质发电成套设备国家工程实验室新增国家和省部级纵向项目共3项,其中含国家自然科学基金青年基金项目2项。新增中央高校基本科研业务项目5项,其中面上项目4项,“登峰”计划创新团队专项培育项目1

项。发表论文 39 篇,其中 SCI 29 篇,EI 6 篇,核心 3 篇,其他 1 篇。申请发明专利 42 项;获授权发明专利 17 项,实用新型 5 项,软件著作权 1 项。作为“中关村开放实验室”,承接国能生物发电集团有限公司、大唐环境产业集团股份有限公司、北京市优质农产品产销服务站等企事业单位委托的技术攻关及检验测试项目共计 20 项。实验室科研成果获“中国发明协会发明创新一等奖”“中国化工学会基础研究成果二等奖”“第二十一届中国专利优秀奖”。实验室主任陆强教授获得“中国可再生能源学会优秀青年科技人才奖”“中国电力优秀青年科技人才奖”以及“产学研合作创新奖(个人)”。实验室加强国内外科学交流与合作,实验室代表受邀参加“2020 5th International Conference on Advances in Energy and Environment Research”“2020 中国可再生能源学术大会暨云南绿色能源国际论坛”“2020 年全国有机固废处理与资源化利用高峰论”“第十四届全国研究生生物质能研讨会”等会议,并做邀请报告。

主　任:陆强

副主任:董长青

国家工程实验室网址:http://nelb.ncepu.edu.cn/

(孔凌楠)

【科研成果获奖】 2020 年,实验室多项科研成果获奖。其中科研成果“有机固体废弃物清洁高效热转化及烟气净化技术”获“中国发明协会发明创新一等奖”;“生物质定向热化学转化制燃油和化学品基础及应用研究”获“中国化工学会基础研究成果二等奖”;“基于硫酸根促进的 TiO_2 载体的 SCR 烟气脱硝催化剂及制备方法”专利获“第二十一届中国专利优秀奖”。

(孔凌楠)

【获 3 项人才奖励】 2020 年,实验室主任陆强教授获 3 项重要奖励。分别为“中国可再生能源学会优秀青年科技人才奖”“中国电力优秀青年科技人才奖”及“产学研合作创新奖(个人)”。

(孔凌楠)

【3 项电力行业标准颁布实施】 2020 年 10 月 23 日,国家能源局 2020 年第 5 号公告批准发布 502 项能源行业标准及 35 项能源行业标准英文版,实验室陆强教授团队牵头及参加编制的 3 项固体生物质燃料相关标准(《DL/T 2147—2020 生物质结渣性的测定方法》《DL/T 2148——2020 生物质着火温度的测定方法》《DL/T 2149—2020 生物质灰熔融性的测定方法》)获批发布。以上标准提出的测定方法能有效准确地检测生物质发电厂固体燃料的结渣性、着火温度、灰熔融性,将进一步满足可再生能源发展的需要,促进技术规范化与标准化的进步。

(孔凌楠)

【参加高校分析测试中心主任年会】 2019 年 11 月 10 日至 13 日,实验室人员参加在广东省广州市召开的第 25 届高校分析测试中心主任年会,并与来自全国各地高校的检验测试同行深入交流分析测试中心如何在人才培养、科学研究、学科建设和社会服务中发挥重要的支撑作用,以更好地服务于教学、科研、经济发展和社会民生,此外,还分别就实验室规范与资质认定工作展开交流和探讨。

(孔凌楠)

【参加国内外学术会议】 2020 年,陆强教授代表学校参加多场国内外学生会议。9 月 19 日,参加“2020 5th International Conference on Advances in Energy and Environment Research (ICAEER)”,并做大会报告“*Production of fuels and chemicals from pyrolysis of biomass and organic solid wastes: Mechanisms, technologies and applications*”。9 月 21 日,参加“2020 中国可再生能源学术大会暨云南绿色能源国际论坛”,并做青年教授报告“生物质快速热解研究:从机理、技术到应用”。11 月 11 日,参加“2020 年全国有机固废处理与资源化利用高峰论坛”,并做分会报告“多源有机固体废弃物热转化技术及装备”。11 月 26 日,实验室陆强教授参加“第十四届全国研究生生物质能研讨会”,并做青年科学家讲座报告。

(孔凌楠)

国家火力发电工程技术研究中心

【概况】 2020 年,国家火力发电工程技术研究中心(以下简称“中心”)围绕火力发电的安全、清洁、高效、智能等现实需求,以火电机组调峰和高效变工况运行、火电机组过程节能、火力发电清洁运行与环保减排、火力发电测控与仿真等技术为主要研究方向,探索“产、学、研、用”的新机制、新模式和新途径,实现火力发电过程的应用基础研究、技术研发、成果转化、辐射与推广的一体化创新服务体系。

2020 年,中心在技术研发和创新基地、人才培训基地、中试产业化示范基地、对外交流合作、成果转化和辐射扩散基地、工程技术咨询与信息服务基地等建设方面成效突出,逐步建成以先进电力材料技术、火力发电过程节能与机组优化运行技术、火电厂清洁运行与环保减排技术等方向为核心的大型研发及中试实验平台,建设的太阳能储能实验平台、有机朗肯循环发电平台、光煤互补发电平台、声学监测实验平台、超临界水环境金属氧化实验平台等,技术指标处于国内领先水平,平台总体利用率和研发能力处于国内先进水平。并积极承担国家重大科技研发计划等多项重大科研课题及企业委托的各类项目,建立良好的“产、学、研、用”合作交流机制。

2020 年,中心在应用基础研究和技术原理探索、关键技术攻关、新产品新系统研发等不同层次上为国家火电机组的优化运行提供技术保障。中心建成五大研发和中试基地，占地面积达4038平方米，仪器设备等固定资产总额3976万元，形成国内一流的研发平台和中试基地及集研发、中试和推广应用的完整链条。中心试验基地占地面积约2023平方米，实验台及仪器设备97台(套)，固定资产总额2125万元，位于主楼F座；培训基地1个，占地面积600余平方米，位于行政楼4层；火力发电空冷技术研发基地占地面积约1013平方米，实验台及设备53台(套)；能源环境科学与工程研究基地拥有大型仪器22台，试验平台11套，总资产达2028万元，在火力发电重金属污染的监测与控制领域处于国际领先水平。

2020年，国家火力发电工程技术研究中心继续加强与行业大型企业集团、科研院所以及依托单位重点实验室等研发单位的紧密合作，通过整合依托单位的多学科技术优势，承担国家项目、联合攻关、技术服务、技术咨询、人才培养和成果转化等方式，中心共获各级各类纵向科技项目资助32项，共签订横向科技合作项目71项；获国家和省部级科技奖励9项，授权专利107项，软件著作权6项，发表高水平论文300余篇。

2020年，中心拥有专业结构合理、技术水平高、创新能力强、工程化经验丰富的研发队伍，中心有固定人员67人、流动人员98人，其中教授占40%、副教授占29%，高层次专业技术人才比重大，是一支研究和工程相结合、固定和流动相结合，年龄与职称合理、具有创新能力和创新精神的人才队伍。中心拥有一批拔尖的高层次专业技术人才和研发团队，其中中国工程院院士3人，“千人计划”专家3人，“973”首席科学家3人，国家重大专项目首席专家1人，教育部“长江学者和创新团队发展计划”学术带头人2人，国家杰出青年科学基金获得者4人，国家“百千万人才工程”入选者3人，新世纪优秀人才支持计划获得者7人，创新人才支持计划20余人。

主　任：杨勇平

常务副主任：顾煜炯

副主任：陈海平　张乃强　席新铭　董泽

网　址：www.tprc.org.cn

(席新铭)

【开启国家技术创新中心申请和组建工作】 2020年，国家火力发电工程技术研究中心开启国家技术创新中心转建工作。4月，向教育部提交国家技术创新中心建设意向书，并组织相关人员深入解读和集中研讨科技部相关文件和领导指示精神，深刻理解国家创新中心政策出台的背景、政策要点、申请程序等关键要点，重点学习已成立三家国家技术创新中心典型案例，针对国家火力发电工程技术研究中心及学校现实情况，通过多次专题研讨，组织编制基于国家火力发电工程技术研究中心转建国家技术创新中心的初步方案，根据方案中进度安排，逐步推进国家技术创新中心的申请和组织建设工作。

(席新铭)

【赴国家新能源汽车技术创新中心学习交流】 2020年7月2日至10日，华北电力大学实验室管理处处长朱正茂带领国家火力发电工程技术研究中心多次到国家新能源汽车技术创新中心进行学习和交流。交流学习过程中详细解国家新能源汽车技术创新中心组建背景、组建模式、申请过程、运营经验和成果绩效等，并针对国家火力发电工程技术研究中心转建国家技术创新中心进行专题研讨。国家新能源汽车技术创新中心专家对国家火电工程中心转建国家技术创新中心组建方案组织编制、组建模式、申请过程及注意事项进行多次专业指导，提供建设性的建议。双方决定建立沟通交流机制，在新能源汽车相关技术领域、国家技术创新中心运营发展等方面继续保持定期交流，相互借鉴发展经验，在相关技术领域寻求合作机会。

(席新铭)

【赴国家合成生物技术创新中心学习交流】 2020年8月4日，华北电力大学实验室管理处处长朱正茂带领国家火力发电工程技术研究中心人员到国家合成生物技术创新中心进行学习和交流。交流学习过程中针对国家合成生物技术创新中心组建模式、法人治理结构、技术成果转移转化、运营经验等进行深入交流。国家合成生物技术创新中心相关负责人对国家火电工程中心转建国家技术创新中心组建方案组织编制、组建模式、法人治理等重要事项提出针对性建议。国家合成生物技术创新中心是由中国科学院与天津市人民政府共建，中国科学院天津工业生物技术研究所牵头建设，以建成综合性、开放性、先进性的国家科技平台，其组建模式及运行经验对国家火力发电工程技术研究中心转建国家技术创新中心具有重要的借鉴意义。

(席新铭)

【中国火电产业技术创新战略联盟工作】 2020年12月23日，国家火力发电工程技术研究中心(火电产业联盟秘书处)和中国华能集团科技创新处一行到国家太阳能光热产业技术创新联盟进行交流，国家太阳能光热联盟秘书长杜凤丽在交流过程详细介绍国家太阳能光热联盟的组织机构、运行机制、运行绩效等。双方重点就联盟如何聚焦行业发展、促进产业升级，以及为成员单位和行业提供科技服务、资源对接、委托研究、促进产学研用交流合作等问题深入交流意见。双方认为，作为能源领域的国家产业创新联盟，应加强沟通与交流，相互学习和借鉴运行经验，在太阳能高效利用、储能、碳中和等热点领域加强合作，共同促进我国能源电力产业的健康发展。2020年，中国火电产业技术创新战略联盟启动新一届联盟理事会换届工作。

(席新铭)

【1研究成果获国家科技进步二等奖】 2020年，国家火力发电工程技术研究中心张锴教授作为主要完成人的科技成果“煤矸石煤泥清洁高效利用关键技术及应用”获国家科技进步奖二等奖。该技术成果以煤矸石和煤泥无害化处置和能源化利用为目标，创建“分质分类—资源利用—生态填充”整体学术思路。发展煤矸石分质及炉内二氧化硫和氮氧化物协同控制技术，实现煤矸石和煤泥清洁燃烧

发电；开发煤泥基生物质型煤技术和配套燃烧设备，实现煤泥清洁安全资源化利用；发明防渗和隔氧阻燃耦合的煤矸石生态填充技术，实现煤矸石和粉煤灰大宗利用和无害化处置。推动低热值煤发电行业技术进步，促进煤基固废的清洁高效利用。

（席新铭）

电站能量传递转化与系统教育部重点实验室

【概况】 华北电力大学电站能量传递转化与系统教育部重点实验室面向能源动力学科前沿和能源电力科技进步的重大需求，根据能源供需格局新变化、国际能源发展新趋势，以火力发电、核电和可再生能源发电设备和装备为对象，围绕清洁、高效、安全、灵活的前沿发电技术及其蕴含的关键科学问题开展基础研究和应用基础研究，凝炼出“能量传递、存储与转化”“安全、高效与清洁发电”和“发电过程状态监测与控制”三个主要研究方向，为我国能源电力行业健康发展提供科技和人才支撑。

2020 年，实验室在团队建设、人才培养、科技成果产出与落地转化、学术交流等方面取得较大成果。

实验室主任调整。根据《华北电力大学科研机构管理办法》(华电校科〔2017〕18 号)，经研究决定，聘任徐进良为电站能量传递转化与系统教育部重点实验室主任，聘期为五年，自 2020 年 12 月 1 日至 2025 年 12 月 1 日。

团队建设。实验室引进田华军教授，王利刚教授，杨天让副教授等加入储能方向的研究；杜小泽教授、刘宗德教授、张锴教授、王春波教授入选学校学科带头人支持计划；房方教授、张乃强教授、柳亦兵教授、韩中合教授入选北京市学科卓越人才支持计划；张宇宁教授、程永攀教授、巨星副教授、黄从智、刘志坚教授入选学校青年英才培育计划；谢剑、翟融融、崔柳、汪涛、陆规、吕游、刘亚娟、胡阳等入选学校青年骨干培育计划；程永攀入选 *International Journal of Hydromechatronics* 期刊的青年编委；谢剑入选 *Journal of Thermal Sciences* 期刊的青年编委。进站博士后 3 人，出站博士后 2 人。1 名科研人员出国访学。

学术交流。2020 年，重点实验室主/承办学术会议 3 次，邀请国内外知名专家做学术报告 1 次。实验室科研骨干受邀做学术报告 11 次。

研究成果。由实验室骨干主持完成的“新型多温区 SCR 脱硝催化剂与低能耗脱硝技术及应用”获国家科学技术进步奖二等奖，2 项成果分别获“河北省科学技术进步奖一等奖”“山西省科学技术奖科技进步一等奖”等省部级奖励。“工业及民用新型超级热泵技术”获第 22 届中国国际工业博览会高校展区优秀展品奖特等奖。实验室教师指导学生的“一种环境感应式柔性镜面自动收放聚光器”和“基于铜一水微通道热管散热的槽式聚光光伏发电装置”两个竞赛作品分别获全国大学生节能减排社会实践与科技竞赛的二等奖和三等奖。

至年底，实验室获各类纵向科技项目资助 17 项，资助金额为 5584.72 万。其中，国家级项目 14 项，省部级科技项目 1 项，博士后基金 2 项；实验室签订横向科技项目合同 28 项，合同金额 1868.899 万元，其中，合同金额超过 100 万的项目 4 项。在研究成果方面，实验室获得授权发明专利 35 项，实用新型专利 42 项；实验室发表论文共 207 篇，其中，SCI 检索论文 110 篇，中文期刊论文 63 篇；实验室技术研究成果实施转化 23 项，合同金额达 582.47 万元；实验室获国家科技进步二等奖 1 项，省部级科技进步奖 2 项，行业级特等奖 1 项。在人才建设方面，引进 3 名储能方面的学者加入实验室储能研究方向，实验室 4 名研究骨干入选学校学科带头人支持计划，4 名研究骨干入选北京市学科卓越人才支持计划，5 名研究骨干入选学校青年英才培育计划，8 名教师入选学校青年骨干培养计划；2 人分别入选两个期刊的青年编委；培养毕业博士研究生 18 名、硕士研究生 99 名。实验室继续实施“能动之光”本科生研究训练计划，本年度设立资助“能动之光”计划项目 10 项。实验室主办国内学术会议 3 次，邀请国内外知名专家做学术报告 1 次，实验室科研人员受邀做学术报告 11 次；实验室新增固定资产共 64 台件，总价值 183.4 万元，其中，单价在 10 万元以上的设备 3 台件。至年底，实验室占地面积 3930 平方米，科研设备总资产 3300 多万元。

主　任：徐进良

副主任：徐　超　房　方　张永生

网址：http://etcs ncepu. edu. cn

（唐宁宁）

【召开 2019 年度学术委员会会议】 2020 年 1 月 8 日，电站能量传递转化与系统教育部重点实验室召开 2019 年度学术委员会会议，这是电站设备状态监测与控制教育部重点实验室更名后召开的首次学术委员会年会。学术委员会副主任何雅玲院士、副主任杨勇平教授，以及学术委员崔立山教授、段远源教授、高翔教授、徐鸿教授、徐进良教授、杜小泽教授出席会议，华北电力大学科学研究院副院长朱正茂、实验室学术方向带头人、学术骨干和研究生列席参会。杨勇平首先代表学校致辞，感谢学术委员会多年来为实验室的发展建言献策，同时指出，实验室在新的建设时期，要紧密围绕国家能源科学技术进步的重大需求和能源变革的新形势，跟踪国际能源科学前沿，进一步凝练方向，加强团队建设，优化配置资源，力争做出更大成绩。何雅玲院士主持本次学术委员会会议。学术委员会首先听取实验室主任杜小泽教授关于实验室一年来工作进展的汇报。杜小泽教授汇报实验室根据学校“双一流”学科建设，以及国家能源战略发展需求，对实验室总体定位以及研究方向的拓展和调整。在此基础上，实验室申请更名为电站能量传递转化与系统教育部重点实验室，并获教育部批准。杜小泽教授进一步从队伍建设与人才培养、承担科研任务及成果、研究条件与科研平台、运行管理等五个方面，对实验室2019年度的工作进行详细汇报。

（唐宁宁）

【1项科技产品获特等奖】 2020年9月15日至19日，第22届中国国际工业博览会在国家会展中心（上海）举办，重点实验室作为首都科技条件平台华电基地之一，遴选出一项重点推介的项目“工业及民用新型超级热泵技术”获本届工博会高校展区优秀展品奖特等奖。获特等奖的“工业及民用新型超级热泵技术”来自于重点实验室先进热泵技术团队的科技成果，围绕该技术拥有专利40余项。其中：耦合热泵可回收各类工业余热用于生产工艺或者民用供热，制热温度达到150℃，相比常规产品制热温度提升30℃以上；大功率超高温空气源热泵产品可在零下20℃制取85℃以上热水，满足北方寒冷地区冬季高效供热需求，采用准三级压缩机，相同工况比同类产品节电20%以上。

（唐宁宁）

【举办全国储能技术专业学科建设论坛】 2020年9月25日，全国储能技术专业学科建设论坛在华北电力大学举办。教育部、国家发改委、国家能源局，清华大学、浙江大学、上海交通大学等近30所高校，国家电网有限公司、南方电网公司、中国华能集团有限公司等近20家能源电力企业的负责人参加会议。储能技术研究院和华北电力大学—三峡集团氢能联合实验室作为教育部重点实验室储能方向的研究平台，围绕锂电池材料与技术、储热材料与系统、电解水制氢储氢及燃料电池技术等储能技术和应用开展相关研究，促进储能学科发展，为我国储能学科建设发展和储能产业高质量发展作出自己的贡献。

（唐宁宁）

【举办学术沙龙活动】 2020年12月1日，电站能量传递转化与系统教育部重点实验室联合能动学院及热电生产过程污染物监测与控制北京市重点实验室在教四楼C211会议室共同举办“流体中单颗粒运动的受力分析”学术沙龙活动。本次活动由实验室张锴教授主持，参与嘉宾包括副院长张宇宁、李季、栗永利、王晓东、常剑、齐娜娜、王亮、孟境辉、周密、张媛媛等教师，40余名研究生及部分本科生参加本次学术沙龙活动。

（唐宁宁）

【召开年度工作会议】 2020年12月22日，学校召开电站能量传递转化与系统教育部重点实验室工作会议，校长杨勇平、副校长毕天姝出席会议。科学技术研究院、能源动力与机械工程学院负责人，电站能量传递转化与系统教育部重点实验室相关负责人和固定研究人员代表参加会议。毕天姝宣读《关于徐进良聘任的通知》，代表学校对新任实验室主任表示祝贺。杨勇平校长指出重点实验室要进一步明确实验室定位，做好顶层设计，并提出五点建议：一要坚定信心、明确目标，把实验室近期目标和远期规划做好做实；二要针对实验室的特点，总结经验、吸取教训，凝练方向、聚焦重点；三要立足前沿、聚焦关键核心技术，在高端人才引育、多平台融合发展方面下功夫，承接大项目、产出大成果；四要加强交叉、促进交流，构建实验室与依托学院协同发展的命运共同体；五要加强重视、齐抓共管，形成学校、学院、职能部门全方位支持实验室发展的新格局。

（唐宁宁）

资源环境系统优化教育部重点实验室

【概况】 资源环境系统优化教育部重点实验室是依托华北电力大学环境科学与工程学院，整合学校其他优势科技资源而形成的一个研究实体，2010年12月由教育部批准立项建设，2016年12月通过教育部验收。实验室研究方向主要包括：火电烟气污染控制技术、核电放射性污染控制技术、水资源管理与水污染控制、能源电力环境监测及污染源解析等领域。实验室在建设过程中将依托实验室的多个学科点和相关博士后科研流动站，为国家培养能源与环境领域的专业技术人才。2020年，实验室现有固定在编人员47人，实验室流动人员3人，高层次人才16人，青年人才19人，新引进人才4人，进站博士后2人，在读博士生69人，在读硕士生351人。承担的科研项目包括：国家重点研发计划课题、总理基金、国家高层次人才特殊支持计划（万人计划）领军人才项目、国家青年千人支持计划、国家自然科学基金项目（面上、青年）、河北省自然科学基金项目等。实验室新获批纵向项目26项，总计1241万元。其中获批国家自然科学基金面上项目4项，青年项目6项，河北省自然科学基金项目5项，国家重点研发计划子课题1项。新增横向项目32项，总计1477万元。年内，实验室获国家级省部级科技奖励多项，其中国家青年千人资助1项，省部级科技奖一等奖3项。赵桂霞教授入选国家青年千人支持计划。实验室共发表论文180篇，其中SCI论文140篇，第一作者单位论文151篇，一区论文82篇，其中多篇论文被评选为封面论文和VIP论文，并获环境学科顶刊主页新闻报道。

实验室主任：王祥科

学术委员会主任：郝吉明

（陈　哲　郭军红）

【彭林团队启动两个国家重点研发计划课题】 2020年，实验室团队成员吴婧副教授和彭林教授主持承担的国家重点研发计划课题“动态排放清单构建及其排放管控研究”和“汾河平原典型区域大气细颗粒物精细化来源解析”分别于2020年6月15日和28日启动。两个课题分别属于两个重点研发计划项目"公约受控卤代烃减排成效评估和预测预警研究"(北京大学牵头)和"汾河平原大气重污染成因和联防联控研究"(中国环境科学研究院牵头)。两个课题分别旨在研究全球环境治理中与消耗臭氧层及气候变化相关的卤代烃,探究汾河平原秋冬季大气细颗粒物PM2.5来源。

(陈 哲 郭军红)

【闫雨龙参与国家大气重污染成因与治理攻关项目事迹被中青报报道】 2020年10月26日,中国青年报刊登《高科技飞入寻常百姓家》一文,文章报道实验室骨干成员闫雨龙在山西长治开展国家大气重污染成因与治理公关项目的事迹。闫雨龙现为华北电力大学环境科学与工程学院讲师、硕士生导师,任应用化学1801班班主任,主要从事大气污染物(PM2.5、VOCs等)的排放特征、环境行为和来源解析,大气污染成因与防治技术等方向的研究。

(陈 哲 郭军红)

【举办资源环境系统优化教育部重点实验室学术年会】 2020年11月24日,环境科学与工程学院在主楼D216举办资源环境系统优化教育部重点实验室2020年度学术年会。中国工程院院士郝吉明、南京航空航天大学校长罗胜联等多位专家应邀参加会议。校长杨勇平出席会议并作重要讲话,会议由环境科学与工程学院副院长汪黎东主持,会议采取线下和线上同步的方式进行。

(陈 哲 郭军红)

高电压与电磁兼容北京市重点实验室

【概况】 2020年,"高电压与电磁兼容"北京市重点实验室全体研究人员,深入实施创新驱动战略,紧密围绕能源革命这一国家重大战略需求和建设科技创新中心的首都城市战略定位,为推动首都城市可持续发展和电力能源供应安全提供科技支撑,在创新科学思想、研发前沿技术、服务城市战略等方面取得多项突破性进展。实验室以新一轮的能源革命为发展契机,紧密围绕北京市建设布局合理、运行灵活、绿色智能的现代化电网和发展新型电工装备支柱专业的战略需求,通过承担国家级重大科技攻关项目,提炼基础科学问题和关键技术难题,重点在电介质物理与放电机理、低温绝缘与超导输电、多物理场交互作用与复杂电磁环境、输变电装备故障诊断与状态评估等方向开展创新研究,引领学科交叉融合发展。

(李庆民)

【获国际学术会议举办权】 2020年,李庆民教授获批交直流管道输电领域的中英国际会议国家基金,同时作为大会主席获批IEEE系列性会议International Conference on Advanced Electrical Equipment and Reliable Operation (IAEERO 2021)国际会议举办权。

(李庆民)

【获教育部科学技术进步一等奖】 2020年,"特高压直流输电线路电磁环境分析理论、控制方法及工程应用"研究成果获教育部科学技术进步奖一等奖。该项目第一完成人:崔翔,主要完成人:陆家榆,卢铁兵,谢莉,李学宝,鞠勇,甄永赞,赵录兴,卞星明,刘元庆,张卫东,吴桂芳,赵志斌,齐磊,焦重庆。针对制约特高压直流输电线路建设和的电磁环境问题,与中国电力科学研究院紧密合作,在国家自然科学基金重点项目、"973"计划课题等重点项目的持续支持下,通过理论分析、缩尺模型、真型试验、人体感受实验等,经过13年科研攻关,解决复杂边界条件下非线性时空耦合的离子流场的计算、多分裂大截面导线的无线电干扰和可听噪声特性的认知、特高压直流线路电磁环境的控制等三个难题,推动我国特高压直流输电线路的建设,实现线路资源节约、电磁环境友好的目标,确立我国在特高压直流输电线路电磁环境研究领域的国际领先地位。该项目成果已应用于:(1)国家环保总局〔2006〕199号批文;(2)国家标准GB 50790—2013、电力行业标准DL/T 1088—2008和DL/T 275—2012、国际电工委员会导则IEC TR 62681—2014的制定;(3)14条特高压直流输电线路的设计、建设及电磁环境评价。2020年6月,项目通过中国电机工程学会的科技成果鉴定,以中科院陈维江院士为主任委员的鉴定委员会认为"项目成果在特高压直流输电线路电磁环境研究领域达到国际领先水平"。2021年3月,项目获2020年度教育部高等学校科学研究优秀成果奖科学技术进步奖一等奖。

(卢铁兵)

【获重大项目资助】 2020年,丛浩熹副教授获批国家基金委重大研究计划培育项目"极端条件下直线推进机构铜合金滑弧烧蚀的微观失效机制与改性方法(资助编号:92066108)",这是华北电力大学本年度唯一一个获批国家基金委重大研究计划培育项目。王健副教授获批北京市自然科学基金轨道交通专项项目"中低速磁浮交通系统供电保护接地的适配特性及车辆静电接地的优化方法(资助编号:L201018)"。

(丛浩熹 王 健)

能源的安全与清洁利用北京市重点实验室

【概况】 2020 年,能源的安全与清洁利用北京市重点实验室在科研和学科工作中取得较为突出的成绩。实验室成员国家自然科学基金项目申报 22 项,立项 6 项。实验室成员发表科研论文约 182 篇,其中 SCI 论文 103 篇。实验室成员项目总经费达 3520 余万。其中横向项经费 793 万元,纵向项目经费 2727 万元;2020 年实验室成员共授权发明专利 22 项。实验室共有博士生导师 13 人,教授 16 人,副教授 29 人。2020 年实验室硕士研究生招生 115 人,博士研究生招生 15 人,在籍硕士研究生 253 人,在籍博士研究生 87 人。2020 年接受外国来华留学生攻读硕士研究生 14 名,博士研究生 10 名。

科研获奖。实验室陆强教授获中国电力优秀青年科技人才奖。田德教授作为参与人,获重庆市科学技术进步奖一等奖。刘永前教授、韩爽老师作为参与人,获甘肃省科技进步奖二等奖。

重大项目。实验室刘永前教授主持的国家重点研发计划政府间国际科技创新合作重点专项项目"海上风电场智能运行控制技术研究"获批立项。曲作鹏获批国家重点研发计划专项子课题"有机危废高效清洁稳定焚烧处置技术与装备"。张媛媛获批国家重点研发计划专项子课题"350MW 机组低热值煤灵活发电技术与示范工程"。刘雪朋获批国家重点研发计划专项子课题"高效稳定大面积钙钛矿太阳电池关键技术及成套技术研发"。

实验室主任:姚建曦

(姚建曦)

工业过程测控新技术与系统北京市重点实验室

【概况】 工业过程测控新技术与系统北京市重点实验室(华北电力大学)为北京市教育委员会和北京市科学技术委员会于 2008 年 12 月 30 日批复增补认定的北京地区普通高等学校北京市重点实验室。新能源电力系统国家重点实验室为科技部于 2011 年 3 月 29 日颁布的文件同意立项,并将其列入国家重点实验室 2011 年建设计划。发电过程测控新技术实验平台(原名发电过程状态监测与优化控制平台)是新能源电力系统国家重点实验室的一个重要研究平台,承担国重建设任务。工业过程测控新技术与系统北京市重点实验室与新能源电力系统国家重点实验室发电过程测控新技术实验平台共享实验设备以及人才。实验室占地面积 1631.55 平方米,科研设备总资产 2500 余万元,10 万元以上仪器设备达到 26 件。实验室有固定研究人员及技术人员 28 名,其中工程院院士 1 人,教授 11 人,副教授 9 人,讲师 3 人,博士后 2 人,工程师 2 人。有"发电过程状态监测与优化控制"研究团队,团队负责人为刘吉臻院士。2020 年,实验室紧密围绕工业过程特别是发电过程运行参数的快速检测与优化控制,在传统能源与新能源建模、控制与优化等方面进行深入研究。以火力发电控制为核心,拓展新能源发电、燃气发电、核能发电、综合能源系统、源网荷协同控制与调度等方向。以智能发电为基础,开展泛在感知、大数据分析与处理等研究与应用。

平台建设。新增 4 套大型仪器设备平台:火电机组机理/数据复合仿真模型系统,数据可视化展示与开发中心,发电过程大数据中心,深度学习 GPU 服务器及机房配套设备。对 DCS 实验室进行了实验环境改善及一体化仿真系统调试工作。

科研项目。2020 年实验室共承担各类纵向科技项目 14 项,资助金额约 1693.4 万元,其中国家级项目 12 项,省部级科技项目 2 项。包括两项中国工程院重大咨询项目"能源战略(2035)""国家公共安全治理体系和治理能力现代化科技支撑体系战略研究",项目进展顺利,负责人刘吉臻;国家重点研发计划"高效灵活二次再热发电机组研制及工程示范"进展顺利,负责人曾德良;国家自然科学基金重点项目"工业炉窑燃烧场重构及能效优化控制"进展顺利,负责人曾德良;新增国家自然基金国际合作重点项目"新能源电力系统的弹性运行与保护控制",金额 300 万元,负责人刘吉臻。实验室签订及参与横向科技项目 6 项,合同金额约 7351.88 万元,包括与国家能源集团的合作项目"大型燃煤电厂智能发电系统研发及应用"及"大型火电高效灵活自主化智能控制系统研究与应用",与华能集团的合作项目"高效灵活性智能发电关键技术"。

人才培养。2020 年毕业硕士研究生 25 名,博士研究生 2 名。至年底,实验室有在读硕士研究生 75 名,博士研究生 10 名。承担着控制与计算机工程学院的教学实践任务及培训工作,如"火电厂运行仿真实践"及"火电机组控制系统仿真实训"等课程。接待国内外专家开展多项学术交流及参观活动,促进学术进步并促成多个项目合作。

科研成果。"网源友好型风电机组关键技术及规模化应用"获得国家科技进步奖二等奖;"智能发电运行控制系统研发及应用"获中国电力科学技术进步奖一等奖;"发电机组大范围变工况运行的特性感知与灵活性调控基础研究"获得河北省自然科学奖二等奖;"锅炉一次风煤粉精确测量及均衡调控技术"获中国电力建设科技进步奖二等奖。实验室获得发明专利授权 18 项，发表论文共 41 篇，其中 SCI 检索论文 24 篇，EI 检索论文 9 篇，中文期刊论文 8 篇。

主任：曾德良

重点实验室网址：http://cce.ncepu.edu.cn/mcs

（曾德良　李　青）

【1 项目获国家科技进步奖二等奖】 2020 年，房方参与完成的“网源友好型风电机组关键技术及规模化应用”获 2020 年国家科技进步奖二等奖。该项目在国家科技支撑项目、“863”计划项目等支持下，产学研用联合攻关，历时 10 余年，突破风电机组故障暂态支撑、主动调频调压、谐波谐振抑制及复杂工况载荷优化等网源友好关键技术，打造网源友好型风电机组及技术标准体系，并取得大规模推广应用成效。项目获授权国际发明专利 6 项，国内发明专利 62 项，软件著作权 37 项，发表论文 102 篇，出版专著 2 部；牵头编制风电机组及并网 IEC 国际标准 1 项，参与编制 3 项；主持编制国家/行业标准 14 项。

（李　青）

【1 项目获中国电力科学技术进步奖一等奖】 2020 年 11 月 11 日，中国电机工程学会年会在北京召开，“智能发电运行控制系统研发及应用”获 2020 年度中国电力科学技术进步奖一等奖。“智能发电运行控制系统研发及应用”依托国家能源集团重点科技项目，围绕智能发电运行控制系统体系架构、系统软硬件、核心算法、网络信息安全及工程应用等内容，开展深入的理论研究与技术攻关，实现关键技术突破，于 2018 年 7 月 4 日首次在东胜公司 330 兆瓦 1 号机组投入示范应用。该项目融合工业数据分析和先进智能控制技术，提出全新的智能发电系统体系结构，系统拥有智能检测、智能控制、智能运行和智能诊断四大功能，是具备自趋优、自学习、自恢复、自适应、自组织等特征的全新发电运行控制与管理模式，为火力发电装上了“智慧大脑”。该系统的研发和应用为我国智慧企业和智能发电建设开辟了道路，为推动我国电力工业发展、保障能源安全奠定技术基础，具有重大的社会效益。截至 2020 年 5 月，该系统整体技术已在 8 台大型单元机组应用，部分技术已在 6 台大型单元机组应用。该项目成果经中国电机工程学会技术鉴定，结论认为：“整体技术达到国际领先水平”。

（李　青）

【1 项目获河北省自然科学奖二等奖】 2020 年，房方、吕游、刘吉臻等完成的“发电机组大范围变工况运行的特性感知与灵活性调控基础研究”获 2020 年河北省自然科学奖二等奖。该项目在国家“973”计划项目、国家自然科学基金等项目支持下，在发电机组大范围变工况运行的特性感知、先进控制理论、灵活性调控等方面取得一系列原创性理论成果，累计发表国际顶级期刊论文 59 篇，授权发明专利 47 项，登记软件著作权 19 项，出版专著 2 部。5 篇代表性论著 Scopus 总引用 337 次，其中他引 302 次，受到加拿大皇家科学院院士 Witold Pedrycz、韩国科学技术学院院士 Ju H. Park、中国工程院院士钱锋等的关注、引用和正面评述。

（李　青）

【1 项目获中国电力建设科技进步奖二等奖】 2020 年，华北电力大学“锅炉一次风煤粉精确测量及均衡调控技术”项目通过中国电建协会组织的技术鉴定，获中国电力建设科技进步奖二等奖。煤粉两相流在线测量及控制是锅炉燃烧领域一直未解决的难点和瓶颈问题。黄孝彬等通过项目研制和开发全截面非接触式煤粉在线测量、新型风粉均衡调节装置、磨出口粉量均衡调节装置、燃烧器煤粉自动均衡控制等自主知识产权的核心技术，形成一次风煤粉精细在线测量和均衡燃烧控制的完整产品化系统。该技术成果已应用于国家电投、国家能源、华电、浙能等集团近 30 余台不同燃烧方式锅炉，进行大量优化锅炉燃烧的工程实践，取得良好应用效果，具备规模推广应用的条件。

（李　青）

【与华能集团签订联合实验室战略合作协议】 2020 年 10 月 24 日，华北电力大学与中国华能集团有限公司签署海上风电与智慧能源系统联合实验室战略合作协议。双方将本着优势互补、资源共享、协同创新、共同发展的原则，聚焦新能源发电、智慧能源系统、智能海上风电、太阳能发电、智能发电核心技术等，打造世界一流的贯通基础理论研究、关键技术研发和重大工程示范的海上风电与智慧能源系统联合实验室。刘吉臻院士团队承担“高效灵活性智能发电关键技术”子课题。

（李　青）

【获批国家自然基金国际合作重点项目】 2020 年，刘吉臻院士主持的国家自然基金国际合作重点项目“新能源电力系统的弹性运行与保护控制”获批准，项目经费 300 万元，研究时间为 2020 年 1 月 1 日至 2022 年 12 月 31 日。2020 年度研究集中在复杂结构多源数据处理及新能源电力系统状态感知：研究电力设备图像及视频等非结构化数据的转换和信息提取方法；研究电力运行数据的离群点识别、缺失值填充及噪声平滑等数据清洗方法；研究多源数据的信息融合及特征提取方法，确保数据的有效性、一致性、完整性，为电网运行及设备状态分析提供数据支撑。研究适合电力数据多样性的机器学习算法；研究适应数据扩展性的元模型计算方法；研究大规模数据集机器学习的分布式并行计算框架构建方法，以此提高挖掘分析的时效性，为电网运行及设备状态分析提供理论支撑，并在此基础上构建电网状态快速感知模型。

（李　青）

低品位能源多相流动与传热北京市重点实验室

【概况】 低品位能源多相流与传热北京市重点实验室依托学校优势学科，结合京津冀和国家地区需要，紧密服务学校双一流学科建设，围绕碳中和碳达峰的目标，在新型高效发电系统、微尺度传热及太阳能热利用等方面开展深入研究。

纵向项目。实验室承担的国家重点研发计划项目顺利面临结题验收，在最后一年中研究进展顺利，并多次召开线上会议，通过汇报提问等环节，对照任务书查缺补漏，力争在结题验收取得好成绩。承担的国家基金重点项目顺利通过验收，验收结果为优秀。

学术交流。实验室在学术交流方面坚持走出去，引进来的政策。疫情期间作为大会副主席举办 Advances in Experimental Study and Modeling of CO_2 Fluid Flow and Heat Transfer 研讨会顺利召开。

企业服务。在高参数燃煤二氧化碳发电方面，承担国家能源集团项目，同时在热管高效散热方面，为中兴通讯在 5 散热方面提供技术咨询及指导。

2020 年，低品位能源多相流与传热北京市重点实验室有固定研究人员 14 人，博士以上学历 11 人。实验室团队以杰青、长江、玛丽·居里学者为学术带头人，以中青年人员为骨干，主要从事新型动力循环、微纳尺度多相流等基础研究，依托国家重点研发计划项、企业委托项目等支持，研究成果丰硕。所研发的新型超临界 CO_2 发电系统，属于燃煤发电系统创新技术，同时承担国家能源集团相应领域研究项目；在高热流密度电子冷却器方面与中兴合作开展 5G 方面散热研究；有机朗肯循环发电系统进入产业化阶段。年度实验室到账经费 180 万元，发表 SCI 文章 17 篇，申请国际专利 1 项，授权发明专利 5 项，培养博士生 5 人，硕士生 22 人。举办学术交流会，同时实验室研究人员邀请做会议特邀报告 4 人次。

主任：徐进良

副主任：刘国华

网址：https://bjmfht.ncepu.edu.cn/

（刘广林）

【召开线上重点专项交流会】 2020 年，实验室承担重点研发计划项目“超高参数高效二氧化碳燃煤发电基础理论与关键技术研究”，为了保障项目进度和考虑疫情情况，会议采取视频会议形式，年内，共召开视频会议 3 次，确保项目顺利结题。

（刘广林）

【重点基金结题获优秀】 2020 年，实验室徐进良承担的国家自然科学基金重点项目完成结题汇报，在 10 余个项目中，结题获评优秀，同时专家给出该研究成果在航天领域应用的结论。

（刘广林）

【举办学术研讨会】 2020 年，实验室徐进良主任作为大会共同主席，通过线上视频会议举办 Advances in Experimental Study and Modeling of CO_2 Fluid Flow and Heat Transfer 国际研讨会。

（刘广林）

【企业合作稳步提升】 2020 年，实验室在企业服务交流方面进一步提升，承担国家能源集团在超临界 CO_2 方面项目，中兴通讯在 5G 散热等方面的项目，合同经费近 500 万元。

（刘广林）

北京市电力信息技术工程研究中心

【概况】北京市电力信息技术工程研究中心是北京市科委与华北电力大学共建的北京市科研平台，全称为“电力信息技术北京市高等学校工程中心，Beijing Higher Institution Engineering Research Center of Electric Information Technology”（简称“工程中心”），2010 年 3 月经北京市科委、教委核准成立。工程中心是国家科技创新体系的重要组成部分，是北京市设立的唯一一所专业从事电力行业信息技术研究和成果推广应用的工程中心。工程中心隶属北京市，依托华北电力大学建设和管理。工程中心按专业科研机构设立和建设运营，承担大学科研成果转化和市场推广的任务，是大学科研成果产业化、产品化的工程平台。工程中心面向国家电力发展及智能电网建设的重大需求，研究信息技术支撑智能电网建设的前沿问题和应用技术问题，解决电力信息化和智能电网建设的关键问题，是推进电力信息技术进步和科技成功产业化的重要基地。工程中心实际使用面积 1500 平方米，拥有七个实验室、一个大数据中心、一个研究所、一个测试中心，在电力信息安全、电力智能软件、智能配电网以及电力大数据应用等方面有较好的研究基础和先进的研究成果。

2020 年承担国家电网公司科技项目 3 项，“一体化电力网络安全仿真验证环境关键技术研究”“全业务泛在电力物联网基础防护体系及终端层安全监测防护技术研究”“面向物联网智能终端的基础防护和安全管控关键技术研究”，总金额 280 万元；新签国家电网公司科技项目 1 项：“面向闭源电力工控系统的安全防御技术研究”，总金额 100 万元；新签工信部重点项目 2020 年工业互联网创新发展工程项目1项:“基于商用密码的复杂工业控制系统综合安全保障平台项目”,总金额95万元;新签国家重点研发计划“智能电网技术与装备”专项“电力物联网关键技术”项目“电力物联网智能应用技术”课题“电力物联网体系架构研究”子课题1项,总金额79万元。发表学术论文28篇,其中SCI 1篇,申请发明专利6项;获授权发明专利3项,获省部级科技进步奖1项。工程中心研究人员共计18人,其中客座教授1人,固定研究人员17人。2020年工程中心团队新增博士生1人、全日制硕士生12人;全日制硕士生毕业17人。

主　任:吴克河

(张晓良)

【1项成果获广西壮族自治区科学技术奖二等奖】 2020年2月14日,“基于态势感知的网络安全智能防御系统的研制与工程应用”获广西壮族自治区科学技术奖二等奖。该项目由广西电网有限责任公司电力科学研究院、华北电力大学、广西电网有限责任公司南宁供电局、中电运行(北京)信息技术有限公司、广西大学、广西电网有限责任公司桂林供电局共同完成。

(张晓良)

【2项国网科技项目通过验收】 2020年,华北电力大学参与的2项国网科技项目通过验收。分别为国网甘肃省电力公司、中国电力科学研究院、中国科学院信息工程研究所、华北电力大学和电子科技大学共同参加的国家电网公司科技项目“新能源厂站网络安全防护关键技术研究”;国网江苏省电力有限公司、全球能源互联网研究院有限公司、南瑞集团有限公司、华北电力大学、国网河南省电力公司共同参加的国家电网公司科技项目“适应源网荷互动的工控系统多层协同防御技术研究及应用”。

(张晓良　程　瑞)

【3项国网科技项目通过中期督导】 2020年,华北电力大学参与的3项国网科技项目通过中期督导。国家电网公司科技项目“面向物联网智能终端的基础防护和安全管控关键技术研究”由国网山东省电力公司信息通信公司、全球能源互联网研究院有限公司、国网山东省电力公司、国网福建省电力公司、华北电力大学等共同参加;“一体化电力网络安全仿真验证环境关键技术研究”由国网福建省电力有限公司、华北电力大学、中国电力科学研究院、中国科学院信息工程研究所、华中科技大学等共同参加;“全业务泛在电力物联网基础防护体系及终端层安全监测防护技术研究”由国网浙江省电力有限公司电力科学研究院、全球能源互联网研究院有限公司、中国电力科学研究院有限公司、国网电力科学研究院有限公司、华北电力大学等共同参加。本次评审采取线上会议的形式进行,督导专家对项目的研究内容、研究进度等进行评审,最终项目顺利通过中期督导。

(程　瑞　王昱颖)

【中标1项工信部工业互联网创新发展工程项目】2020年10月,华北电力大学参与的工信部2020年工业互联网创新发展工程项目《基于商用密码的复杂工业控制系统综合安全保障平台》中标。该项目由中国电力科学研究院有限公司所牵头,北京天融信网络安全技术有限公司、国网江苏省电力有限公司、中电运行(北京)信息技术有限公司、成都卫士通信息安全技术有限公司、华北电力大学、深圳奥联信息安全技术有限公司、中国科学院大学、北京创原天地科技有限公司、国网甘肃省电力公司等多家单位共同参与。

(张晓良)

【1项国家重点研发计划子课题获批】 2020年11月,由中国电力科学研究院有限公司作为项目牵头单位,国网天津市电力公司、国网江苏省电力有限公司、国网信息通信产业集团有限公司、全球能源互联网研究院有限公司、中国科学院上海微系统与信息技术研究所、清华大学、天津大学、武汉大学、华北电力大学作为项目合作单位的国家重点研发计划“智能电网技术与装备”专项“电力物联网关键技术”项目获批,华北电力大学承担“电力物联网体系架构研究”子课题。

(张晓良)

【1项国家电网公司科技项目启动】 2020年12月17日,华北电力大学参与国家电网公司科技项目“面向国网云安全的自适应防护关键技术研究与应用”启动。该项目由国网河南省电力公司、国网重庆市电力公司、国网信息通信产业集团有限公司、国网电力科学研究院有限公司、华北电力大学等多家单位共同参与。

(谢云澄)

河北省输变电设备安全防御重点实验室

【概况】 河北省输变电设备安全防御重点实验室于2010年正式申报成立,主要在电磁环境与电磁兼容耦合机理及测试技术的研究、电气设备状态监测与故障诊断技术的研究、超特高压输变电关键技术的研究等方面进行重点研究,具有培养培养博士后、博士、硕士、本科四个层次人才的完善体系。

2020年,实验室有固定人员40人,其中具有正高级职称13人副高级职称9人,其中70%以上具有博士学位,是一支以中青年学术骨干为主的科研团队,人员素质及结构不断提升。实验室现有科研用房1420平方米,办公用房647平方米,主要仪器设备146台套,资产总值2574.2万元。团队拥有国家杰出青年科学基金获得者1人、国家级教学名师1人、全国模范教师1人、国家电网特高压交流试验示范工程特殊贡献专家1人、霍英东青年教师基金获得者2人。

主持“高灵敏紫外成像仪研制及应用开发”国家科技部重点研发计划1项，在研国家级科研项目共计9项，累计获批经费支持3000余万元；承担和完成横向科研项目36项，获得研究经费支持2600余万元；发表论文30篇，其中SCI收录11篇，EI收录16篇；获得发明专利授权10余项、实用新型专利授权7项，申请发明专利30项。“电气工程及其自动化专业创新人才培养的研究与实践”获河北省教学成果奖一等奖，“内置式电力变压器状态监测光纤传感器及系统”等四项成果获省部级科技进步奖。

河北省输变电备安全防御重点实验室与海南电网建立合作关系，双方在电力系统虚拟现实培训、人工智能与智能传感、热带海岛防灾减灾等领域与海南电网开展密切合作，先后完成海南电力学校“十个规定动作”VR实训室一期、二期建设，海南电网虚拟现实培训基地建设、配电项目VR课件开发、人工智能与智能传感和热带海南防灾减灾实验室规划等项目研究。

（范晓舟）

河北省发电过程仿真与优化控制工程技术创新中心

【概况】 2020年，河北省发电过程仿真与优化控制工程技术研究中心拥有固定人员42人，其中教授11人，副教授18人，高级工程师13人。工程试验用房面积1500平方米，办公用房面积620平方米。中心拥有“基于混合现实的检修系统”“新一代控制优化站”“火电机组一体化智能控制平台”等先进设备，仪器设备总值达到3151万元。本年度工程中心承担和完成科研项目19项，实到研究经费1000余万元。中心积极推动科技成果的转化与应用，为相关企业创造了显著的经济效益。发表论文10余篇，获得自主知识产权13项，其中发明专利1项。验收或鉴定的科学技术成果2项，获得的重要科学技术奖项4项。当年入学研究生65人，当年毕业研究生62人。主办学术交流会议3次。工程中心充分利用自身的设备进行高级技术人才的培养工作，本年度共有300余人次在工程中心参加技术培训。

2020年，河北省发电过程仿真与优化控制工程技术研究中心继续以电力行业为背景，围绕“发电过程建模、仿真与优化控制技术”“先进工业控制系统设计与开发技术”“发电厂智能化运行、维护与管理技术”等研究方向，积极展开课题研究，与国内外知名科研院所和工程单位密切合作，取得多项技术突破，创造良好的社会和经济效益。

2020年，工程中心与多家相关企事业单位和科研院所合作，发挥各自的优势，实现强强联合。先后与广东省能源集团有限公司、湛江中粤能源有限公司、大唐华东电力试验研究院、格盟国际能源有限公司、山西晋能集团、山西省煤矸石发电行业技术中心、国电投东北分公司、大唐环境集团电力设计院大气环境所等工程单位在一系列工程研究领域中进行深入地实质性合作，共同完成“面向电厂智能化控制的数据驱动优化关键技术研究及应用”项目、“面向源网协调新特征的燃煤机组智能控制关键技术研究与应用”项目、“超低排放燃煤机组智能脱硝喷氨优化技术开发及工程示范”项目、“汽轮发电机组虚拟检修系统研发与应用”多个工程研究项目和技术课题。其中多个项目通过技术鉴定会并获奖。

2020年，工程中心充分发挥资源优势，积极利用基础设施进行对外服务，开放火电机组仿真系统等仪器设备对外进行研究和技术培训工作。年内，工程中心承担建设的华北电力大学自动化系卓越工程师实验室继续为“卓越工程师计划”试验班同学的生产实践环节服务。该实验室提供的激励式仿真平台，在培养和锻炼学生的工程实践能力方面，发挥重要作用。同时，该实验室还包含“卓越工程师计划”培养过程的大部分专业技术课程的实验，如自动控制理论、过程控制、电子技术基础、计算机控制技术与系统等。

主任：董　泽

（王晓燕）

【召开技术指导委员会会议】 2020年1月3日，河北省发电过程仿真与优化控制技术创新中心2019年度技术指导委员会会议在自动化楼317召开。会议由中心主任、自动化系董泽教授主持。董泽汇报2019年度中心各项工作开展情况，从研究开发方向、团队建设、研究成效三个方面进行系统总结，并对2020年工作进行规划与展望。与会专家充分肯定中心取得的成绩，并为中心今后的发展提出建议。此外，会议还对四位青年教师申请在中心立项的科研项目进行评审。

（王晓燕）

【“面向电厂智能化控制的数据驱动优化关键技术研究及应用”项目技术鉴定会】 2020年1月11日，中国自动化学会在北京组织召开“面向电厂智能化控制的数据驱动优化关键技术研究及应用”项目技术鉴定会。该项目由工程中心联合广东省能源集团有限公司以及湛江中粤能源有限公司共同研发。经专家严谨的质询和讨论，鉴定委员会一致认为：该项目总体技术居国际先进水平，其中基于弱稳态自动检测技术和数据驱动建模的工程辨识方法处于国际领先水平。

（王晓燕）

【1项目获国家电投集团科技进步奖一等奖】 2020年1月16日，由工程中心研发的“汽轮发电机组虚拟检修系统

研发与应用”项目获2019年度国家电投集团科技进步奖一等奖，同时也是本年度唯一获集团一等奖的火电类项目。该项目针对大型汽轮发电机组传统检修培训模式存在的弊端和缺陷，采用三维建模技术、图像融合技术等，结合数据采集系统，将虚拟现实技术应用于汽轮发电机组的虚拟检修中。该项目填补国内在该领域的研究空白，对行业的技术进步具有一定的推动作用。

（王晓燕）

【召开项目技术鉴定会】 2020年5月15日，由中国电机工程学会组织，对“面向源网协调新特征的燃煤机组智能控制关键技术研究与应用”项目进行技术鉴定。该项目由大唐华东电力试验研究院承担，并委托工程中心共同合作研发。鉴定委员会一致认为：项目在燃煤机组源网协调和节能控制方面形成多项创新成果，总体上达到国际先进水平，其中基于状态观测器的历史数据建模方法达到国际领先水平。

（王晓燕）

【参加大型循环流化床机组运行管理及超临界发电技术研讨会】 2020年8月27日至28日，（第三届）大型循环流化床机组运行管理及超临界发电技术研讨会在山西阳泉召开。工程中心主任董泽教授应邀出席会议，并作题为“循环流化床机组智慧三维检修技术应用研究”的报告。

（王晓燕）

【董泽教授应邀做报告】 2020年10月21日，第十九届CFB年会在苏州举办。与会专家对循环流化床锅炉运行技术疑难问题进行深入交流和探讨。工程中心主任董泽教授应邀出席会议，并作题为“循环流化床机组智慧三维检修技术应用研究”的报告。

（王晓燕）

【赴格盟介绍激励式仿真技术】 2020年11月16日，格盟国际集团联合山西省煤矸石发电行业技术中心、山西格盟中美清洁能源研发中心联合召开循环流化床机组清洁发电技术研讨会。工程中心董泽教授和张悦老师参与技术讨论，并就350MWCFB机组仿真机技术做会议报告。。

（王晓燕）

【2项目分获中国电力科学技术奖】 2020年10月15日，中国电力科学技术奖评审委员会在京召开会议。由工程中心负责研发的“面向源网协调新特征的燃煤机组智能控制关键技术研究及应用”获中国电力科学技术进步奖二等奖，“汽轮发电机组虚拟检修系统研发与应用”项目获中国电力科学技术进步奖三等奖。

（王晓燕）

【1项目获能源创新奖】 2020年10月13日，中国能源研究会在京召开中国能源研究会能源创新奖（奖励编号0285）评审委员会会议。经过评审，由大唐环境产业集团公司承担，并委托工程中心共同研发的项目“超低排放燃煤机组智能脱硝喷氨优化技术开发及工程示范”获能源创新奖。该项目以火电机组SCR脱硝系统为研究对象，基于多边界信息融合、智能预测控制、机器学习等算法，主要研究入口NOx动态预估、烟气流量软测量、喷氨量精准控制等关键技术，构建智慧脱硝控制系统，并完成工程示范。

（王晓燕）

河北省燃煤电站烟气多污染物协同控制重点实验室

【概况】 河北省燃煤电站烟气多污染物协同控制重点实验室于2018年12月由河北省科技厅批准建设，并于2020年通过验收。为推动河北省燃煤电站烟气多污染物的高效控制相关产业的快速发展，实验室围绕燃煤电站烟气多污染物高效控制的前沿科学技术问题展开重点研究，分为烟气多污染物协同控制、脱除副产物回收及资源化利用和二氧化碳高效捕集机制三个研究单元。同时，内设学术委员会指导实验室的建设与发展。

2020年，实验室有固定人员35人，其中具有高级职称25人，中级职称10人；具有博士学位33人，硕士学位2人；研究开发人员31人，管理人员4人；年龄在60岁及以上0人，45岁至59岁8人，30岁至44岁25人，30岁以下2人。实验室以培养大师级学术带头人和高水平学术骨干为目标，通过“走出去、引进来”“访问学者”，以及国内外学术交流与合作等方式对自身科研队伍进行建设。实验室现有科研用房3320平方米，办公用房700平方米。主要仪器设备2243台，仪器设备总值3873.9万元，固定资产总值4053.7万元。团队拥有河北省杰出青年科学基金获得者2人。

2020年，实验室新获批国家级基金4项，在研科研项目49项，获得经费支持2261万余元；发表SCI论文50篇，出版专著2部，发明专利授权4项，实用新型专利授权1项。至年底，“催化法燃煤烟气脱硫脱硝新技术及应用”获河北省科技进步奖一等奖，“高级氧化法烟气多污染物协同控制理论与技术研究”获河北省自然科学奖二等奖。

2020年，实验室与鹤壁丰鹤发电有限责任公司、西柏坡发电有限公司、大港发电厂、马头发电厂、中节能（保定）环保能源有限公司等企业建立合作关系，双方在本科生培养、毕业生实习等方面开展密切合作。

（李　萍）

河北省分布式储能与微网重点实验室

【概况】 河北省分布式储能与微网重点实验室于2017年4月由河北省科技厅批准建设，并于2019年12月通过验收，在2020年8月取得三年绩效评估结果为“良好”的成绩。实验室主管单位为保定市科技局，建设单位为华北电力大学，主任为赵书强教授，学术委员会主任为清华大学孙宏斌教授。实验室主要围绕“分布式储能关键技术”“电能高效转换与控制”“交直流混合微电网运行与控制”三个研究方向开展科学研究，至年底，建有“交直流混合微网实验平台”“基于虚拟同步机技术的自主微电网实验平台”“模块化变流器组网实验平台”等多个实验平台。

至年底，实验室拥有固定研究人员45人，其中拥有博士学位40人、硕士学位5人，博士学位比例超过88%；正高职称19人，副高职称11人，中级职称15人。实验室现有科研用房2050平方米，办公用房620平方米；仪器设备总数达到395台/套，设备总值4000余万元。实验室固定研究人员新获批横纵项目20余项，经费总额2500余万元；发表论文40余篇，其中SCI收录14篇，EI收录17篇；获得授权发明专利24项，申请发明专利20项。实验室固定研究人员获多项科学技术奖励，其中王飞教授、米增强教授参与完成的“高比例新能源发电‘源网荷’协同互动消纳关键技术与装备”获河北省科学技术进步奖一等奖，赵洪山教授参与完成的“风电智能运维定量化决策关键技术及大规模应用”获河北省科学技术进步奖一等奖，马燕峰副教授、赵书强教授、高本锋副教授参与完成的“新能源电力系统宽频振荡多机协同增强阻尼控制技术”获河北省技术发明奖二等奖，王毅教授参与完成的“柔性直流输电系统实时仿真平台及控保装备测试技术与工程应用”获河北省科学技术进步奖二等奖。

（王　琛）

北京能源发展研究基地

【概况】 北京能源发展研究基地(以下简称能源基地)是全国首家开展能源决策研究的省部级哲学社会科学研究基地。开展国家和北京市“十四五”能源规划研究、北京市新能源发展战略研究、国家能源政策与立法研究以及能源经济与管理研究。

2020年，能源基地有专职和兼职研究人员100人(包括高级专家18人)，与基地建立科研协作关系的研究人员30人，形成一支由能源领域专家、教授、博士、研究生组成的科研团队。能源基地获各类纵向项目资助共计23项，其中，国家级6项，省部级17项；新签横向合同123项；获优秀成果奖励6项，其中，省部级以上奖励3项；发表能源类学术论文共计219篇，其中SSCI检索论文62篇，SCI检索论文91篇，EI检索论文48篇，CSSCI检索论文7篇；出版能源类学术著作4部。共编制《北京能源发展研究基地工作简报》37期。

简报编送。2020年，能源基地延续《北京能源发展研究基地工作简报》编送制度，通过简报，能源基地向上级反映基地工作的信息、动态，使主管领导部门及时了解基地工作情况便于指导。

学术活动。举办第二届北京能源发展战略和政策高端论坛，以及多次线上学术研讨活动，吸引国内多所高校、科研机构、企事业单位的专家学者以及媒体共计300余人参加。

科学研究。能源基地学术委员牛东晓教授作为首席科学家申报的“制造业多价值链协同数据空间设计理论与方法”获批立项，这是华北电力大学首次承担“网络协同制造和智能工厂”国家重点专项项目。

智库发展。积极参与国家能源局、国家电网有限公司相关决策咨询工作。配合国网发展战略，能源基地研究员受邀为近二十家全国各地方国网电力公司做专题学习培训讲座，受众达百万人之众。能源基地还针对新冠疫情后我国能源电力发展提交多项决策咨询报告，获省部级以上领导肯定性批示。在支持国家政府决策、推动行业企事业发展方面发挥积极的智库支持作用。

（沈　磊）

【1位国外专家应邀到访】 2020年1月8日，美国伊利诺伊理工大学教授李祖毅应邀来能源基地开展访问讲学活动。

（何　平）

【1篇论文入选】 2020年1月，能源基地研究员张兴平教授团队撰写的论文入选英国伦敦大学学院(University College London)收集整理的“气候变化经济学最高引用的10篇论文”。

（何　平）

【承担2项国家能源局重大课题】 2020年2月17日，能源基地研究员曾鸣教授团队承担两项国家能源局电力发展“十四五”规划重大专题研究课题的研究工作，分别为《电力系统调节能力提升与配套政策机制研究》和《储能技术规模化发展路径及配套政策机制研究》。

（郭　如）

【曾鸣做专题学习培训讲座】 2020年4月至7月，为配合国家电网有限公司建设“具有中国特色国际领先的能源互联网企业”战略目标，能源基地研究员曾鸣教授受邀为国网新疆电力公司、国网吉林电力公司、国网国际发展有限公司等近20家全国各地方国网电力公司做专题学习培训讲座，受众达百万人之众。

（郭　如）

【曾鸣开展调研考察】 2020年5月至11月，能源基地研究员曾鸣教授赴张家口国网风光储输示范电站、国网冀北电力有限公司、国家电投集团综合智慧能源有限公司、国家能源集团电力营销公司开展调研考察和交流座谈。

（郭　如）

【李彦斌在《人民日报》发表署名文章】 2020年6月15日，能源基地研究员、华北电力大学经济与管理学院院长李彦斌在人民日报理论版发表署名文章《努力加强电网投资监管》。

（郭　如）

【《综合能源系统》正式出版】 2020年6月，能源基地研究员曾鸣教授的专著《综合能源系统》由中国电力出版社出版。

（郭　如）

【3项研究报告发布】 2020年6月至10月，能源基地研究员袁家海教授研究团队发布三项研究报告，分别为《中国电力供应安全的经济性分析与保障路径研究》《新冠疫情后的中国电力战略路径抉择：煤电还是电力新基建》《中国电力系统灵活性的多元提升路径研究》。

（郭　如）

【姚建平参加能源扶贫成果报告会】 2020年9月22日，能源基地研究员、中国能源扶贫与社会发展研究中心主任姚建平教授应邀参加第四届中国能源产业发展年会暨脱贫攻坚·能源扶贫成果报告会，与国内外专家学者共同分享能源扶贫经验。

（何　平）

【牛东晓获国家重点研发计划立项】 2020年11月24日，能源基地学术委员牛东晓教授获得国家重点研发计划“网络协同制造与智能工厂”重点专项2020年度项目立项。

（何　平）

【曾鸣接受新华社专访】 2020年11月，能源基地研究员、华北电力大学能源互联网研究中心主任曾鸣教授就“十四五”时期我国能源电力方面的发展重点关键问题接受新华社专访。

（何　平）

【牛东晓入选教育部学部委员】 2020年12月3日，能源基地学术委员、国际欧亚科学院院士、国家重点研发计划首席科学家牛东晓教授入选第八届教育部科学技术委员会学部委员。

（何　平）

【曾鸣在《经济日报》发表署名文章】 2020年12月14日，经济日报“中经智库”专版刊登能源基地研究员、华北电力大学能源互联网研究中心主任曾鸣教授及王雨晴博士署名文章《“电力新基建”助推能源行业转型》。

（何　平）

【樊良树获优秀研究成果二等奖】 2020年12月18日，能源基地研究员樊良树的专著成果《绿水青山新时代》获首届“习近平生态文明思想”优秀研究成果二等奖。

（何　平）

【举办第二届北京能源发展高端论坛】 2020年12月23日，能源基地在华北电力大学国际交流中心第一会议室举办第二届北京能源发展战略和政策高端论坛暨能源基地2020年学术年会。北京市社科联、北京市社科规划办等部门领导，国务院发展研究中心、中国法学会能源法研究会、清华大学等单位参会代表，能源基地学术委员、研究员等共50余人参加本次论坛。

（史舒榕）

【王伟获青年教学名师奖】 2020年12月25日，北京市教育委员会发布《关于公布2020年度北京市高等学校教学名师奖获奖名单的通知》（京教函〔2020〕625号），能源基地主任王伟教授获第四届北京市高等学校青年教学名师奖。

（何　平）

新型薄膜太阳电池北京市重点实验室

【概况】 2020年，新型薄膜太阳电池北京市重点实验室以主攻钙钛矿、染料敏化、量子点和聚合物太阳电池的基础理论和应用技术为核心，在科研工作中取得较大进展。实验室积极引进外国优质教育资源、推进办学国际化进程，同时创造性地做好各项常规工作。通过加强国际学术合作、积极引进国外智力，增强已有学科的综合实力，与国家重大发展计划和战略联系紧密，拓展国际前沿的全新研究方向，进一步提升科技合作水平及自主创新能力，取得多项理论水平高、应用性强的标志性成果，对学校人才培养、师资队伍、学科建设、科学研究国际化水平的提高起到重要作用。2020年，实验室多项成果处于国际领先水平，主要取得以下成果：(1)通过理论结合实验，建立钙钛矿太阳电池关键材料结构变化与其光电性质关系的模型为设计和制备高性能钙钛矿材料提供理论指导。(2)通过添加剂工程，获得效率超过16%的全无机钙钛矿太阳电池，处于国际领先水平。成功可控调控钙钛矿维度生长方向，获得效率超过18%的准二维钙钛矿太阳电池，为世界最高效率。(3)在理论模拟计算的指导下，开发出新型太阳电池材料，包括空穴传输层、电子传输层和光吸收层，实现能级及载流子迁移率的可控制备，为实现不同类型的高效太阳电池提供支持。（4）进一步阐明太阳电池器件中载流子复合、界面电荷转移动力学规律及其与器件性能的相关性，为高性能钙钛矿材料和器件结构的理性设计提供物理依据。

项目经费方面，2020 年实验室研究人员承担科技部和北京市等国家、省部级及企业委托项目等总经费近 1000 万元。实验室获纵向经费资助共计 872 万元，获横向经费资助 103 万元，获批授权发明专利 8 项。实验室现有研究人员 25 人，技术人员 1 人，管理人员 1 人，研究人员全部具有博士学位。实验室成员中，973 首席科学家 1 人，青年千人计划 1 人，优秀青年基金获得者 2 人，教育部新世纪优秀人才 5 人，北京市科技新星 1 人，北京市优秀人才 1 人，北京市青年英才 3 人。2020 年，实验室现有专职人员 27 人，其中博士生导师 8 人，教授 13 人，副教授 11 人。

2020 年，实验室硕士研究生招生人数为 43 人，博士研究生招生人数为 6 人，在校研究生 83 人。

2020 年，实验室团队成员共发表论文 50 余篇，其中 SCI 检索 36 篇。

刘雪朋国家重点研发计划专项子课题“高效稳定大面积钙钛矿太阳电池关键技术及成套技术研发”获批。

实验室主任：戴松元

（濮　妍）

合作交流和对外联络

Cooperation, Exchange and Foreign Connections

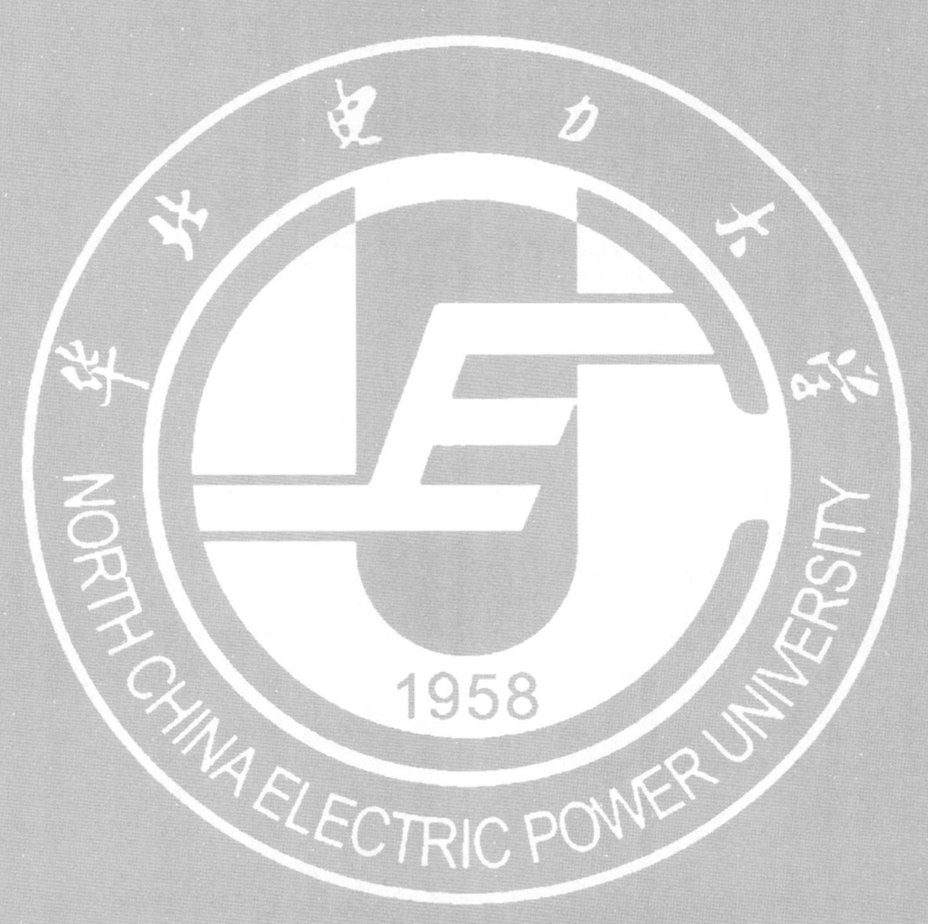

◯ 综　　述

2020年，华北电力大学国际合作与交流工作取得明显成效。全年学生出国交流和出国攻读学位的数量达383人次；教科人员出国交流16人次，共有18位外国专家引进计划获批，加上6个高等学校学科创新引智计划，获批项目总计金额达1278万元。学校公派出国学生人数大幅增加，学校共有108名学生获国家留学基金管理委员会资助，赴国外高水平院校进行交流学习。保定校区“4＋0”国际合作办学项目（含“2＋2”培养模式）招录新生59人；2018级10名学生赴英国爱丁堡大学、曼彻斯特大学、斯莱斯克莱德大学攻读本科后两年的学业；2016级“4＋0培养模式学生有2名选择出国深造”，14名“2＋2”培养模式本科毕业生全部选择在国外继续深造。学校积极承担国家外交任务，华北电力大学同美国西肯塔基大学共建的孔子学院取得丰硕成果，召开2020年线上理事会会议。主办上海合作组织大学（以下简称“上合大学”）能源会议2020暨能源智库会议，来自中国、俄罗斯、哈萨克斯坦、塔吉克斯坦、蒙古等国10所高校领导及专家学者参加会议。

2020年，华北电力大学围绕“双一流”建设战略部署，坚持走校企合作兴校强校之路，聚焦能源革命和产业需求，深入研究对接行业、地方创新发展的新形势新趋势，在学科建设、人才培养、科学研究、社会服务等方面全面引领学校的校企、校地合作工作，取得丰硕成果。学校与地方政府、企业、高校签署各级别层次合作协议共计17份。学校在保定市举办“30·60新时代能源电力创新发展大会”，与保定市人民政府签署《新时代全面战略合作协议》。年内，学校与河北省电力有限公司和河南省电力公司签署战略合作协议，服务区域经济发展；与国网综合能源服务集团有限公司开展智慧校园综合能源服务示范项目建设；与国网大学合作打造“产教融合”的高效能人才培养体系；与国网大数据中心共同推动电力行业数字化转型；与中国原子能科学研究院围绕新一代核动力技术领域开展深度合作；助力江西赣能股份有限公司电力技术创新与试验研究中心建设；与施耐德电气（中国）建立高水平“产学研用”融合创新联合体；与四方股份推动关键装备首台套的研制和快速应用。华北电力大学校企合作工作规模、广度、深度不断拓展，以理事会为核心的多层级校企合作平台日趋成熟，重要战略合作伙伴达到100余家，覆盖电力生产运营、设备制造、科研院所等所有类型企业。

2020年，华北电力大学理事会积极探索行业企业支持行业高校建设发展的特色办学模式，开创校企合作新概念和新形式，在推动学校跨越式发展以及支撑行业科学快速发展等方面取得成效。学校与理事会单位开展多领域合作。学校与中国华能集团成立海上风电与智慧能源系统联合实验室、与中国长江三峡集团成立智慧电站技术创新中心，加强在基础理论、关键技术、重大装备等重大工程应用研究的合作，共同推动清洁能源产业升级和创新发展，开创校企合作新局面。截至2020年底，华北电力大学理事会有成员单位14家，其中理事长单位为国家电网有限公司，副理事长单位有：中国南方电网有限责任公司、中国华能集团有限公司、中国大唐集团有限公司、中国华电集团有限公司、国家能源投资集团有限责任公司、国家电力投资集团有限公司、中国长江三峡集团有限公司、中国广核集团有限公司、中国电力建设集团有限公司、中国能源建设集团有限公司、广东省能源集团有限公司、中国电力企业联合会、华北电力大学。

2020年，华北电力大学承担国务院扶贫办、教育部定点扶贫工作任务，对口帮扶河南省确山县。一年来，学校按时全面超额完成中央单位定点扶贫“6个200”帮扶指标任务，先后投入和引进帮扶资金649万元、培训各类人员880余人、购买和帮助销售贫困地区农产品1078万元。全面构建党建、教育、消费、科技、产业帮扶体系，助力河南省确山县实现脱贫摘帽，有效衔接乡村振兴，为地方经济社会发展提供强大助力，学校知名度和美誉度显著提升。

国际合作与交流　港澳台工作

【概况】 2020年，华北电力大学全年学生出国交流和出国攻读学位的数量达383人次；教科人员出国交流16人次，共有18位外国专家引进计划获批，加上6个高等学校学科创新引智计划，获批项目总计金额达1278万元。

2020年，因新冠疫情影响，部分学生未按预期时间赴境外访学，通过参加网络课程等方式进行线上学习交流。学校共派出356名学生赴国（境）外进行交流学习。其中，210名应届毕业生出国（境）留学，33名本科生参加中外合作办学项目，5名本科生、硕士生和博士生赴境外参加交流交换项目和学术交流。学校公派出国学生人数大幅增加，学校共有108名学生获得国家留学基金管理委员会资助，赴国外高水平院校进行交流学习。其中包含国家建设高水平大学公派研究生项目44人，创新型人才国际合作培养项目15人，上海合组织框架下能源电力高层次人才培养计划24人，上合组织大学研究生项目25人。

国际招生。国际学生招生工作受到疫情影响，但留学生人数有所增加。全年在校国际学生人数为1017人，其中2020年新入学留学生人数达327人，学生主要来自巴基斯坦、蒙古、孟加拉国、苏丹等“一带一路”沿线国家及非洲国家。学校优化招生策略，拓展招生渠道，积极参加各国(境)外教育展。统筹协调国内机构和驻外使(领)馆、外国高等学校、孔子学院在来华宣传方面的资源的能力，通力合作，搭建来华留学宣传的有效平台。

国际合作办学。保定校区“4＋0”国际合作办学项目(含“2＋2”培养模式)招录新生59人；2018级10名学生赴英国爱丁堡大学、曼彻斯特大学、斯莱斯克莱德大学攻读本科后两年的学业；2016级“4＋0培养模式学生有2名选择出国深造，”14名“2＋2”培养模式本科毕业生中全部选择在国外继续深造。申请赴境外学习学生人数27人，其中莫斯科动力学院“2＋2”联合培养项目学生7名，荷兰格罗宁根大学“3＋1＋2”本硕联合培养项目本科生2名，其余学生18名，申请学校包括英国巴斯大学，柏林自由大学，韩国庆北大学，克罗地亚萨格勒布大学，俄罗斯南乌拉尔国立大学，西班牙马德里理工大学，波兰弗罗茨瓦夫理工大学。受疫情影响，2名学生赴克罗地亚萨格勒布大学学习。学校同俄罗斯莫斯科动力学院“2＋2”联合培养项目录取学生9名，同俄罗斯新西伯利亚国立大学“2＋2”联合培养项目录取学生14名，计划于2021年下半年派出。

外事审批。出台《因公临时出国(境)管理办法》，明确学校因公临时出国(境)的年度计划、流程、相关财务、外事等规定，设计开发“教职工因公出国(境)审批系统”，实现教职工因公出国任务全程线上办理。

多层次国际化人才联合培养。华北电力大学同白俄罗斯国立技术大学、俄罗斯新西伯利亚国立技术大学、英国爱丁堡大学签署合作协议；完成申报“能源环境领域一流创新人才国际合作培养项目”。

人才国际化。与俄罗斯新西伯利亚国立大学签署本科生联合培养协议，为该项目申报国家留学基金委员会“促进与俄乌白国际合作培养项目”，并获国家留学基金委员会立项资助。“上合组织大学框架下高层次能源电力人才培养项目”入选留学基金委2020年“赴俄罗斯专业人才培养计划”。

外专引智。学校引智计划单个项目资助额明显提高，受资助的项目涵盖学校“双一流”建设的重点学科领域，对学校“双一流”建设起到极大的推动作用。2020年度，受新冠肺炎疫情影响，长期外国专家聘请和短期外国专家交流工作大多通过线上形式开展。“大电网保护与安全防御创新引智基地2.0版”升级获批。

涉外人员疫情防控。做好境外留学、访学人员留学预警；开发在线办公系统；及时完成境外师生和外籍教师的数据统计、上报工作；积极推进疫情防控常态化下复工复学，为学生在外学习和平安归国提供安全保障。

服务外交。2020年，学校积极承担国家外交任务，华北电力大学同美国西肯塔基大学共建的孔子学院取得丰硕成果，召开2020年线上理事会会议。主办上海合作组织大学(以下简称“上合大学”)能源会议2020暨能源智库会议，来自中国、俄罗斯、哈萨克斯坦、塔吉克斯坦、蒙古等国10所高校领导及专家学者参加会议。副校长王增平出席上海合作组织大学国际科学与实践会议，为应对新冠肺炎疫情对全球经济体系产生的影响与挑战，促进各国可持续社会经济发展起到重要作用。

(李芊芊　阮艳花)

【国际合作伙伴网络持续扩大】 2020年，在新冠疫情全球蔓延的情况下，华北电力大学始终坚持教育对外开放的基本原则，不断加强同境外高校的联络与沟通，与白俄罗斯国立技术大学建立正式合作伙伴关系，与俄罗斯新西伯利亚大学签署本科联合培养协议，与爱丁堡大学工程学院签署博士联合培养协议。

(李芊芊)

【与俄罗斯新西伯利亚国立大学签署本科生联合培养协议】 2020年，华北电力大学与新西伯利亚国立大学分别在数学、计算机、自动化专业开展本科联合培养。俄罗斯新西伯利亚国立大学，为俄罗斯顶尖级高校，在数学、计算机和自动控制等领域，拥有强大的科研能力，师资力量雄厚。同该校合作培养本科生，并直升硕博，是打开学校高端人才国际化培养的另一条渠道。至年底，该项目已完成校内选拔，并启动俄语强化学习。

(李芊芊)

【高层次能源电力人才培养项目学生获批资助】 2020年，华北电力大学第一批“上合组织大学框架下高层次能源电力人才培养项目”的本科学生申报国家留学基金委的“促进与俄乌白国际合作培养项目”资助，在俄罗斯继续攻读硕士学位，该项目已获国家留学基金委的立项资助。为在校4名硕士生申报“未来领军人才赴俄乌白留学支持计划项目”，赴俄罗斯攻读博士学位，是学校近年来持续推进上海合作组织大学工作的具体成果。

(李芊芊)

【创新型人才国际合作培养项目15名学生获批资助】 2020年，华北电力大学三个创新型人才国际合作培养项目全年共有15名硕博学生获得国家留学基金委资助，其中4名硕士应届毕业生赴荷兰格罗宁根大学攻读博士学位。这是华北电力大学首次向世界一流合作伙伴高校成建制地选派学生攻读博士学位，极大地提升学校高层次拔尖创新人才联合培养能力。

(李芊芊)

【开展涉外人员疫情防控工作】 2020年，面对新冠疫情来袭，华北电力大学第一时间做好境外留学、访学人员留学预警，使境外留学人员及时准确掌握政策，提高学生疫情防控意识，增强防控能力，采取措施积极防控，3月，学校为境外疫情严重地区的学生寄送2700余支口罩，发放防疫补助7万余元，开发在线办公系统，保证了解学生回国全过程，完成境外师生和外籍教师的数据统计、上报工作。

积极组织已回国外籍教师开展网上教学，分别开设法语、韩国语、英语、俄语等4门外教线上课程，总计1500学时，做到"停课不停学"，推进疫情防控常态化下复工复学，为学生在外学习和平安归国提供安全保障。

（李芊芊）

【香港特别行政区驻北京办事处人员到访】 2020年10月27日，香港特别行政区政府驻北京办事处高级政务主任何芷婷与联络统筹主任李文萍到访学校。港澳台事务办公室主任段春明、学生处副处长任华会见来访客人。会后，学校与会老师及香港驻京办到访人员与在校香港同学展开座谈会。

（李芊芊）

【韩国汉阳大学上海中心代表一行到访】 2020年10月21日，韩国汉阳大学上海中心代表金达镐及中国项目负责人金美妍到访华北电力大学国际教育学院，学院院长齐郑和副院长赵子健出席欢迎会。双方就两校学生交流项目及寒暑期短期项目等问题进行沟通。双方表示，在疫情好转之后，将进一步推进各项目的实施。

（李芊芊）

【举办上海合作组织大学能源会议暨智库会议】 2020年11月27日，上海合作组织大学能源会议2020暨能源智库会议由华北电力大学在线主办，来自中国、俄罗斯、哈萨克斯坦、塔吉克斯坦、蒙古等国10所高校负责人及专家学者参加此次会议。学校副校长王增平出席开幕式并致辞，国际合作处负责人、有关学院教师参加会议。各成员高校的教师和专家就更好促进合作、密切成员间沟通、科研项目、成果等议题进行讨论。

（李芊芊）

【召开孔子学院线上理事会会议】 2020年12月3日，华北电力大学与西肯塔基孔子学院通过远程视频的方式召开2020年孔子学院线上理事会会议。校长杨勇平、副校长王增平和国际合作处、国际教育学院负责人参加会议。会上，双方就解决西肯孔院教师短缺问题达成一致，并提出解决方案。同时，学校计划与西肯塔基大学重新开展"1＋2"双硕士项目，通过该项目长期持续地为西肯孔院提供有教学经验的汉语教师。此次线上理事会，对西肯孔院2020年的各项工作进行总结，对2021年的工作计划做部署，同时，就目前西肯孔院面临的问题、未来的工作重点与发展方向进行深入沟通。

（李芊芊）

【召开本科生联合培养项目课程研讨线上会议】 2020年10月8日，华北电力大学召开华北电力大学—新西伯利亚国立大学本科联合培养项目课程研讨线上会议。学校国际合作处、教务处、控制与计算机工程学院、数理学院、国际教育学院等相关部门和学院负责人与新西伯利亚国立大学国际处、国际项目中心、孔子学院、数学与机械学院负责人共同参加会议。会议围绕中俄两校合作草案展开，与会双方分别介绍各自取得的教学成果，并就两校本科生联合培养方式、课程差异等问题展开讨论。通过双方积极探讨，达成共识。会议决定，华北电力大学将新增数学、自动化、计算机、俄语等相关专业课程，相关职能部门将尽快落实学生的课程安排。通过此次线上研讨会，华北电力大学与俄方高校签署相关协议，并在合作项目人才培养计划上达成共识。

（李芊芊）

【王增平出席上海合作组织大学国际科学与实践会议】 2020年12月3日，上海合作组织大学国际科学与实践会议2020在线上举行，来自中国、俄罗斯、哈萨克斯坦、塔吉克斯坦、吉尔吉斯斯坦、土库曼斯坦等国的高校代表及专家学者参加会议。本次会议由俄罗斯联邦外交部、俄罗斯联邦科学与高等教育部、上海合作组织大学等主办，旨在面对新冠肺炎疫情对全球经济体系产生的影响与挑战，探讨上合大学重点领域的科学和教育发展问题，以促进各国可持续社会经济发展。华北电力大学副校长王增平出席全体会议并致辞。

（李芊芊）

校企、校地合作

【概况】 2020年，华北电力大学围绕"双一流"建设战略部署，坚持走校企合作兴校强校之路，聚焦能源革命和产业需求，深入研究对接行业、地方创新发展的新形势新趋势，在学科建设、人才培养、科学研究、社会服务等方面全面引领学校的校企、校地合作工作，取得丰硕成果。

2020年，学校与地方政府、企业、高校签署各级别层次合作协议共计17份。学校在保定市举办"30·60新时代能源电力创新发展大会"，与保定市人民政府签署《新时代全面战略合作协议》。年内，学校与河北省电力有限公司和河南省电力公司签署战略合作协议，服务区域经济发展；与国网综合能源服务集团有限公司开展智慧校园综合能源服务示范项目建设；与国网大学合作打造"产教融合"的高效能人才培养体系；与国网大数据中心共同推动电力行业数字化转型；与中国原子能科学研究院围绕新一代核动力技术领域开展深度合作；助力江西赣能股份有限公司电力技术创新与试验研究中心建设；与施耐德电气（中国）建立高水平"产学研用"融合创新联合体，与四方股份推动关键装备首台套的研制和快速应用。

华北电力大学校企合作工作经过多年的发展，规模、广度、深度不断拓展，以理事会为核心的多层级校企合作平台日趋成熟，重要战略合作伙伴达到100余家，覆盖电力生产运营、设备制造、科研院所等所有类型企业，涵盖教育培训、高层次人才培养、重大科技攻关、战略联盟等广泛领域。

（王瑞琪）

【杨勇平会见国网大学董事长卓洪树】 2020年1月15日，校长杨勇平会见国网大学董事长、党委书记卓洪树一行，双方就新形势下构建产教融合、校企合作协同育人的教育培训新模式和新机制开展深入交流。国网大学主任倪吉祥，副主任李洪强、杨爱勤参加会谈，会议由副校长郝英杰主持。

（王瑞琪）

【杨勇平到四方股份座谈交流】 2020年1月19日，校长杨勇平到北京四方继保自动化股份有限公司进行座谈交流。四方股份创始人杨奇逊院士、四方股份董事长高秀环，总裁刘志超、公司董事张涛、副总裁秦红霞参加座谈。校企双方在新时代新形势下，探讨进一步的深化合作：创新科研合作平台、搭建成果转化平台、建设工程化基地、共享学校的理事会和校友资源，聚焦行业发展迫切需要，深度融入“以企业为主体、以市场为导向、产学研深度融合”的技术创新体系，实现校企合作兴校强校，共赢发展。

（王瑞琪）

【杨勇平访问河北省教育厅和国网河北省电力公司】 2020年5月13日，校长杨勇平、副校长律方成访问河北省教育厅和国网河北省电力公司，分别会见河北省教育厅厅长、党组书记、教育工委书记杨勇，国网河北省电力公司董事长、党委书记、学校电力89级校友王昕伟等，与省教育厅副厅长王廷山、教工委副书记王利迁、省电力公司总工程师董增波等相关部门负责人进行座谈交流。在河北省教育厅，双方围绕服务河北省经济建设和产业发展、京津冀协同发展开展交流合作，共同促进河北省高等教育事业高质量发展。在国网河北省电力公司，双方希望在人才培养、科研合作等方面创新合作机制，大力推进实质性校地共建，深层次校企合作，共创未来。

（王瑞琪）

【与国网综合能源服务集团有限公司签署战略合作框架协议】 2020年5月19日，学校与国网综合能源服务集团有限公司签署战略合作框架协议。校长杨勇平与国网综合能源服务集团有限公司董事长、党委书记任伟理分别代表双方签署协议。国网综合能源服务集团有限公司副总经理、党委委员范振华、孟凡强，副校长郝英杰、孙忠权等出席签约仪式。此次战略合作，旨在探索校企产学研紧密合作的长效机制，完善双边交流合作常态机制，创新合作形式，深化合作内容，增强双方自主创新能力与核心竞争力。双方将以华北电力大学为主体，建设绿色环保校园，推进绿色创新研究。

（王瑞琪）

【与海南电网有限责任公司签订实验室合作共建协议】 2020年6月29日，海南智能电网实验室揭牌暨合作共建协议签字仪式在海南电网有限责任公司举行。海南电网有限责任公司总经理王志勇，华北电力大学副校长律方成，海南电网有限责任公司副总经理林芳泽、程其云，海南省科技厅、清华大学、电力规划总院有限公司、南网数字电网研究院有限公司和华北电力大学对外联络与合作处、电力工程系相关负责人参加活动。会上，与会嘉宾观看海南智能电网实验室宣传片，王志勇致辞，林芳泽宣读实验室认定文件，与会领导和嘉宾为“热带智能电网实验室”“数字电网实验室”“智能微网实验室”揭牌。会议最后，双方有关负责人签订“热带智能电网实验室”合作共建协议。

（王梦思）

【杨勇平与保定市委书记党晓龙举行会谈】 2020年7月14日，华北电力大学校长杨勇平拜访保定市委书记党晓龙。双方就贯彻落实京津冀协同发展、雄安新区建设等国家战略，全面深化校地合作，推进保定校区发展等方面进行深入友好的交流。副校长律方成，保定市政府副市长杨伟坤、市委秘书长杨文堂、市教育局局长徐志清、市自然资源和规划局局长陈绍辉出席会谈。

（王梦思）

【与国网大学签署合作协议】 2020年7月16日，校长杨勇平、副校长郝英杰一行到国网大学，与国网大学董事长、党委书记卓洪树，主任、党委副书记倪吉祥及领导班子其他成员进行合作交流。双方签署《关于落实“产教融合”人才培养新机制的合作协议》，拟在共同打造“产教融合”的高效能人才培养体系、共同打造具有国际影响力的能源电力智库、共同打造电力行业人才培养研究创新平台、共建共享电力行业人才培养资源等方面开展合作。

（王瑞琪）

【杨勇平会见福建省招标采购集团董事长陈武一行】 2020年8月5日，福建省招标采购集团董事长陈武一行到华北电力大学访问。校长杨勇平、副校长檀勤良会见来访客人，并就进一步深入合作进行座谈。杨勇平与陈武代表双方签订合作备忘录。双方希望在储能技术产教融合创新研究机构方面，围绕国家战略，联合攻关，共同为国家储能事业、为能源电力行业发展、为福建省经济社会发展，做出贡献。双方今后将围绕技术创新、成果转化，开展全方位的产学研合作，在共同服务好国家战略、服务好福建省发展的同时，实现自身新的发展。

（王瑞琪）

【与国网河北省电力有限公司签署战略合作框架协议】 2020年8月6日，华北电力大学与国网河北省电力有限公司签署战略合作框架协议。校长杨勇平，副校长律方成和国网河北省电力有限公司董事长、党委书记王昕伟，总经理、党委副书记王罡，党委委员、副总经理、雄安新区供电公司总经理、党委副书记吴跃斌，总工程师董增波，雄安新区供电公司党委书记、副总经理齐向党等领导以及双方相关部门负责人出席签约仪式。根据协议，双方将围绕国家能源发展重大战略任务，紧紧抓住雄安新区建设发展的重要战略机遇，在科技创新、人才培养、资源共享、教育培训等方面进行广泛、深入、多层次的合作和交流，实现科技资源与技术需求的无缝对接，人才培育与应用实践的深度融合，共同打造具有示范作用的校企合作新模式，共同为能源电力行业进步和经济社会发展做出贡献。

（王瑞琪）

【周坚访问海南电网有限责任公司】 2020年8月19日，学校党委书记周坚访问海南电网有限责任公司，与海南电网公司总经理、党委副书记王志勇进行会谈。双方围绕贯彻落实海南自由贸易港国家战略，全面深化校企合作，推动海南电网公司创新发展进行交流。围绕海南省服务和融入国家重大战略的使命要求和“国际教育岛”战略规划，学校将以能源电力特色的科研优势、人才优势和智力优势，与海南电网公司在联合科研攻关、国际标准制定、多层次人才培养等方面开展顶层设计，提升双方产学研合作层次，服务海南地方经济社会发展。

（王瑞琪）

【校领导到保定长城汽车调研交流】 2020年9月6日，应保定市副市长杨伟坤邀请，学校副校长律方成率队前往保定长城汽车走访交流，先后参观长城汽车徐水工业园区、氢能研发中心和哈弗技术中心。双方就进一步建立健全校企合作机制，大力推动校企双方在科研成果转化、人才共育等方面的合作展开座谈。党政办公室、科学技术处、研究生院、机关党委、电力工程系、机械工程系、科技学院等相关单位的负责人随同调研。

（王若晗）

【与中国原子能科学研究院签署新一代核动力技术合作框架协议】 2020年9月15日，学校与中国原子能科学研究院举行新一代核动力技术合作框架协议签约仪式。中国原子能科学研究院党委书记、中国工程院院士罗琦，副院长姜兴东，总工程师张东辉，学校校长杨勇平、副校长孙忠权等出席此次会议。双方通过此次协议签署，推进深入合作，强化共识，协同创新，在核科学技术创新及核能产业发展等方面，积极发挥企业技术创新主体作用，促进产学研深度融合，以更务实的态度开展全方位合作，力争“十四五”期间取得新的更大的成果，为国家能源行业高质量发展做出积极贡献。

（王瑞琪）

【周坚杨勇平与保定市主要领导会谈】 2020年9月24日，学校校党委书记周坚、校长杨勇平与保定市委书记党晓龙、市长郭建英就加强校地深度合作举行会谈。长城汽车公司董事长魏建军，副校长郝英杰、党委副书记郭孝锋、副校长律方成，保定市领导杨伟坤、杨文堂参加会谈。

（王若晗）

【周坚出席“一带一路”清洁能源发展论坛】 2020年9月29日，“一带一路”清洁能源发展论坛在青海西宁开幕。作为青海省贯彻落实习近平总书记在黄河流域生态保护和高质量发展座谈会上的重要讲话系列活动之一，论坛主题是“能源革命、清洁示范、共建共享、绿电特区”，学校党委书记周坚出席本次论坛。论坛期间，周坚调研青豫±800千伏青南换流站、龙羊峡水电站、青海特高压检修基地。周坚表示，学校将与国网青海公司携手并进，加强在电网相关领域的合作与交流，建立长期稳定的合作关系，积极推进全方位、深层次的全面合作，助力青海建设国家清洁能源示范省，为保障我国能源安全、推动我国能源高质量发展做出更大贡献。

（王瑞琪）

【长城汽车集团到校访问座谈】 2020年10月9日，长城汽车集团有限公司人力资源副总裁张苏杰一行到校进行座谈交流，副校长律方成出席会议，双方就华北电力大学与长城汽车集团的校企合作事宜进行深入交流。党政办、教务处、科技处、学生处、研究生院、人事处、工程训练与创新创业教育中心等部门负责人参加座谈。

（王若晗）

【与国网河南省电力公司签署战略合作框架协议】 2020年10月14日，华北电力大学与国网河南省电力公司战略合作框架协议签约仪式在河南郑州举行。校长杨勇平、副校长郝英杰，国网河南省电力公司董事长王金行、总经理王刚、总会计师李平文、总工程师张明亮、总信息师魏胜民出席签约仪式。根据协议，学校与国网河南省电力公司将重点在五方面开展合作：一是开展持续深度科研合作，实施专项研究计划，共建科研实体，联合申报重大课题、奖项。二是共同开展人才培养，实施青年教师“工程化”合作。三是实现人力资源共享、实验室资源开放共享。四是结合华北电力大学承担的河南省确山县定点扶贫任务，发挥学校特色和企业优势，共同完成河南省脱贫攻坚任务。五是加强企业教育培训，合力打造精品现代化职业培训体系。

（王瑞琪）

【与施耐德电气（中国）有限公司签署战略合作框架协议】 2020年10月20日，学校与施耐德电气（中国）有限公司签署战略合作框架协议。副校长王增平，施耐德电气高级副总裁徐韶峰、副总裁王洁，学生处、教务处、对外联络与合作处等相关部门负责人出席签约仪式。根据协议，双方将充分发挥在人才培养、科技创新、实习实践等方面的优势和特色，联合开展产学合作、产研合作和实习招聘等长期稳定的合作，建立高水平“产学研用”融合创新联合体。

（王瑞琪）

【主办垃圾焚烧发电产业宁波峰会】 2020年10月22日，由华北电力大学校友企业联合会主办的2020年垃圾焚烧发电产业宁波峰会在宁波召开。此次峰会围绕推动我国垃圾焚烧发电行业进一步技术创新，深入分析垃圾焚烧发电“十四五”规划及趋势，携手推进垃圾焚烧发电相关产业把握国际发展机遇，加强同行业技术交流，共同促进垃圾焚烧发电产业迈向更安全、更高效、更节能、更环保的可持续发展道路。

（王梦思）

【与江西赣能股份有限公司签订战略合作框架协议】 2020年10月28日，学校与江西赣能股份有限公司在北京举行战略合作框架协议签约仪式。党委书记周坚会见江西赣能股份有限公司党委书记、董事长陈万波。校长杨勇平出席签约仪式，副校长郝英杰和江西赣能股份有限公司总经理叶荣分别代表双方签订战略合作框架协议。学校将贯彻党和国家对高等教育“四个服务”要求，以赣能股份需求为导向，助推赣能股份在“十四五”期间向综合能源服务型企业转型，共同服务好江西省经济社会发展。

（王瑞琪）

【与特变电工股份有限公司举行校企合作交流座谈】 2020年11月5日，特变电工股份有限公司党委书记、董事长张新，副总经理、几内亚项目总经理吴微一行到访华北电力大学，双方就人才培养、科研创新等方面进行交流座谈。校长杨勇平、副校长郝英杰、党委副书记汪庆华、副校长毕天姝出席座谈会。双方希望进一步拓展合作交流的空间，在共建人才培养基地、高水平科研基地、资源共享等多方面开展深入合作交流，创新交流合作方式，提高合作交流质量，打造校企合作成功样板。

（王瑞琪）

【周坚访问国网湖南省电力有限公司】 2020年11月9日，校党委书记周坚访问国网湖南省电力有限公司，与国网湖南省电力有限公司董事长、党委书记孟庆强进行会谈。双方围绕全面深化校企合作、加强人才培养和推动大学生就业工作进行深入交流。校企双方希望能够携手并进，围绕行业重大发展战略，密切沟通，相互协作，共同加强科研合作，建立就业协同长效机制，深化研究生工作站建设，积极推进全方位、深层次的全面合作，共同绘制能源电力行业创新发展的美丽画卷，更好地服务湖南经济社会发展。9日，周坚一行看望杰出校友、湖南省人民政府副省长谢卫江。

（王瑞琪）

【与国家电网有限公司大数据中心签署战略合作框架协议】 2020年11月19日，华北电力大学与国家电网有限公司大数据中心双方签署《战略合作框架协议》。校长杨勇平、副校长郝英杰，国网大数据中心主任、党委副书记王继业，党委书记、副主任杜蜀薇，副主任程志华出席签约仪式。根据协议，学校与国网大数据中心将充分发挥各自优势，重点在加强技术攻关、加强科研合作、推动成果落地、人才合作培养等四方面开展合作，促进理论与实证紧密结合，推进研究成果落地应用，共同服务国家能源战略实施。

（王瑞琪）

【校领导走访浙江电力企业】 2020年11月23日，校党委副书记汪庆华先后走访国网浙江省电力有限公司和中国华电集团浙江公司，分别与国网浙江省电力有限公司总经理、党委副书记杨勇，中国华电集团浙江公司党委书记、执行董事洪顺荣进行会谈，就人才培养、科技创新、大学生就业等方面进行深入交流。在杭期间，汪庆华参观国网浙江杭州供电公司“红船精神、电力传承”实践基地，走访国网浙江电力融媒体中心，了解“网上电网”电力大脑中枢系统、媒体融合发展等情况。

（王瑞琪）

【周坚走访调研华能北京热电厂】 2020年12月14日，校党委书记周坚赴华能北京热电厂走访调研并交流座谈。副校长郝英杰，华能集团华北分公司总经理李丹，华能集团公司生产环保部副主任王利国、科技部副主任徐越，北京热电厂总经理解育才、党委书记周文胜等参加调研。周坚深入燃煤机组、燃气机组生产现场，了解电厂安全生产、节能减排、对首都电源和热源供应保障等方面情况。在燃煤机组一单位集控室，周坚听取燃煤机组环保改造工程建设情况介绍；在燃气机组集控室，周坚详细询问燃气机组的运行情况和运检人员工作规程。

（王瑞琪）

【乐清市柳市镇党政代表团来校调研】 2020年12月16日，乐清市委常委、柳市镇党委书记董庆标一行到华北电力大学进行调研交流。党委常委、副校长郝英杰出席调研座谈会。双方就企业培训、机制体制构建、校企科研攻关等方面进行深入的交流探讨，并在开展企业培训和科学研究等合作内容上达成共识并积极落实。学校对外联络与合作处、继续教育学院、技术转移转化中心、工程训练与创新创业教育中心、经济与管理学院、控制与计算机工程学院，乐清市柳市镇人大、党政办、经发办、智创中心、税务局、浙江云谷数据公司、固力发集团有关人员参加座谈。

（王瑞琪）

【杨勇平出席“保定·中国电谷”能源电力企业恳谈会】 2020年12月18日，由华北电力大学、保定市人民政府联合主办的“保定·中国电谷”能源电力企业恳谈会在保定举办。校长杨勇平、保定市市长郭建英出席恳谈会并致辞，保定市市委常委、常务副市长李国勇主持会议。副校长郝英杰、律方成，保定市政府副市长曹海波、杨伟坤，市政府秘书长王保辉出席恳谈会，参加本次会议的还有相关政府部门、100余家电力企业负责人和电力高职院校代表。恳谈会期间发布保定市能源电力行业发展政策，并对华为技术有限公司、青岛特锐德电气股份有限公司、深圳砺剑集团、北京四方继保自动化股份有限公司四家华北电力大学优秀合作企业、校友企业，及保定国家高新区、河北深保投资发展有限公司两家保定市重点园区进行重点推介。会上，相关电力企业还与保定开发园区进行合作项目现场签约。

（王瑞琪）

【召开“30·60”新时代能源电力创新发展大会】 2020年12月19日，由华北电力大学、保定市人民政府联合主办的“30·60”新时代能源电力创新发展大会在保定市举办。开幕式上，华北电力大学与保定市人民政府签署《新时代全面战略合作协议》。学校与保定市人民政府、长城汽车股份有限公司、青岛特锐德电气股份公司签署共建联合实验室协议。会议围绕能源电力创新发展问题展开圆桌战略对话。与会人员共同观看华北电力大学宣传片，参观办学成就展。大会围绕落实“30·60”目标，促进低碳发展，共建中国电谷主题，在征求与会院士、能源电力院校、企业代表意见建议的基础上，起草并发布《“30·60”新时代能源电力创新发展保定宣言》。

（王若晗）

【周坚到华能海门电厂调研并看望粤东校友】 2020年12月24日，华北电力大学党委书记周坚到华能海门电厂调研。华能海门电厂党委书记张峰陪同调研。在海门电厂，周坚先后到厂房、码头和集控室，详细解生产经营情况，观看集控室远程操控机器人，了解智能机器人在电厂设备巡检、锅炉燃烧等方面的应用，同时参观华能海门电厂企业文化展厅，全面了解电厂发展历程、文化建设、科技创新和党建工作等内容。在粤东调研期间，周坚会见广东电网公司揭阳供电局、汕头供电局、华能汕头电厂、广东大唐国际潮州发电有限责任公司等粤东华电校友代表。

（王瑞琪）

【召开校企合作委员会工作交流会】 2020年12月29日，华北电力大学召开2020年校企合作委员会工作交流会，副校长郝英杰出席会议并讲话。推进新时期校企校地合作发展，深化对外合作体制机制建设，进一步凝聚共识，营造良好对外合作大环境。会议总结2020年学校对外联络与合作工作。教务处、科学技术研究院、能源动力与机械工程学院、控制与计算机工程学院、新能源学院等负责人就推动下一阶段校企合作、促进共赢发展开展交流研讨。

（王瑞琪）

大学理事会工作

【概况】 2020年，华北电力大学理事会积极探索行业企业支持行业高校建设发展的特色办学模式，开创校企合作新概念和新形式，在推动学校跨越式发展以及支撑行业科学快速发展等方面取得成效。与理事会单位开展多领域合作。学校与中国华能集团成立海上风电与智慧能源系统联合实验室、与中国长江三峡集团成立智慧电站技术创新中心，加强在基础理论、关键技术、重大装备等重大工程应用研究的合作，共同推动清洁能源产业升级和创新发展，开创校企合作新局面。截至2020年底，华北电力大学理事会有成员单位14家，其中理事长单位为国家电网有限公司，副理事长单位有：中国南方电网有限责任公司、中国华能集团有限公司、中国大唐集团有限公司、中国华电集团有限公司、国家能源投资集团有限责任公司、国家电力投资集团有限公司、中国长江三峡集团有限公司、中国广核集团有限公司、中国电力建设集团有限公司、中国能源建设集团有限公司、广东省能源集团有限公司、中国电力企业联合会、华北电力大学。

（王瑞琪）

【国家电网有限公司董事长毛伟明到访】 2020年4月8日，国家电网有限公司董事长、党组书记毛伟明访问华北电力大学。学校党委书记周坚，校长杨勇平，中国工程院院士、新能源电力系统国家重点实验室主任刘吉臻，国家电网有限公司副总经理、党组成员张智刚，学校副校长郝英杰、王增平、毕天姝出席座谈交流会。面向未来，双方表示要在人才培养、科学研究、能源智库建设等领域发挥各自优势，继续深化交流合作。双方希望继续发挥各自优势，深化交流合作，共同向科技、向管理、向改革、向创新要效益，在合作共赢中为能源电力行业进步和经济社会发展作出新的更大贡献。

（王瑞琪）

【周坚杨勇平访问国家能源集团】 2020年4月24日，学校党委书记周坚、校长杨勇平访问国家能源投资集团有限责任公司，与国家能源集团党组书记、董事长、华北电力大学理事会副理事长王祥喜举行会谈。国家能源集团总经理、党组副书记刘国跃，党组成员、副总经理米树华，中国工程院院士、华北电力大学新能源电力系统国家重点实验室主任刘吉臻，副校长郝英杰、孙忠权、毕天姝出席会谈。双方就进一步深化校企合作，推进产教融合，更好地服务国家能源发展战略进行交流。双方表示将进一步整合优势资源，充分发挥智能发电协同创新中心的平台优势，在人力资源共享、科技创新、学生就业等方面开展更为紧密、务实的合作，将充分发挥各自优势，开展更广、更深、更高、更实的合作，共同推进能源生产和消费革命，共同推动能源电力行业高质量发展。

（王瑞琪）

【中国大唐集团有限公司到访】 2020年6月4日，中国大唐集团有限公司科技创新部王鹤鸣主任一行访问华北电力大学。双方就传统能源技术变革以及新能源开发利用等方面开展调研座谈。校长杨勇平出席座谈会并致辞。杨勇平表示，双方应着眼于贯彻落实“四个革命、一个合作”国家能源安全新战略思想，坚持创新驱动发展战略，开展面向传统能源技术和新能源开发利用等领域的科研合作，联合攻克重点领域的“卡脖子”核心技术，创新科研合作机制，推进校企深度融合，实现共同发展。王鹤鸣希望与学校在新能源技术攻关、研发平台合作创新和人才联合培养等方面开展进一步深入合作，共同推动核心技术攻关，推动高质量发展。

（王瑞琪）

【校领导赴国家能源集团洽谈合作】 2020年7月21日，副校长毕天姝一行赴国家能源集团就共建联合实验室，开展科研合作进行交流座谈。双方借助共建先进发电联合实验室,希望进一步共享人才资源、创新合作模式,推进重点领域、重点项目的技术合作,以科研项目协作推动双方高端人才的联合培养,充分调动科研人员的积极性,创新体制机制,为国家能源电力事业做出更大贡献。

(王瑞琪)

【成立海上风电与智慧能源系统联合实验室】 2020年10月24日,中国华能集团有限公司—华北电力大学海上风电与智慧能源系统联合实验室战略合作协议签约暨揭牌仪式在华北电力大学举行。党委书记周坚与中国华能集团有限公司党组书记、董事长、中国工程院院士舒印彪共同为海上风电与智慧能源系统联合实验室揭牌。校长杨勇平,中国华能集团公司总经理、党组副书记邓建玲出席签约与揭牌仪式。根据协议,双方将本着优势互补、资源共享、协同创新、共同发展原则,聚焦新能源发电、智慧能源系统、智能海上风电、太阳能发电、智能发电核心技术等,打造世界一流的贯通基础理论研究、关键技术研发和重大工程示范的海上风电与智慧能源系统联合实验室。

(王瑞琪)

【杨勇平访问中国华能集团有限公司】 2020年12月1日,校长杨勇平访问中国华能集团有限公司,与中国华能集团有限公司党组书记、董事长舒印彪举行会谈。双方就全面深化合作交换意见。中国华能集团有限公司总经理、党组副书记邓建玲,集团公司党组成员、副总经理李富民,中国工程院院士、华北电力大学新能源电力系统国家重点实验室主任刘吉臻,学校党委常委、副校长毕天姝出席会谈。双方将在海上风电与智慧能源系统联合实验室基础上进一步深化校企合作,充分发挥各自优势,搭建更广阔的科研平台,强化攻关、创新突破,努力产出更多一流研究成果,推动中国新能源产业的创新发展步伐,为中国能源转型升级做出更大贡献。

(王瑞琪)

【获电力创新多个奖项】 2020年12月29日,中国电力企业联合会在北京召开以"创新引领高质量发展"为主题的"2020年度电力创新大会",并举行2020年度电力创新奖、中电联先进会员企业及先进个人颁奖仪式。中国电力企业联合会党委书记、常务副理事长杨昆出席会议并致辞,副校长郝英杰参加会议。学校作为中电联副理事长单位,积极联络沟通和参与中电联的各项活动,不断提升行业服务能力,始终与能源电力行业同频共振。学校获中国电力企业联合会"2020年度先进会员企业"。对外联络与合作处处长李宁获"2020年度先进个人"。此外,学校共有18个牵头或参与的成果获电力创新奖。其中科技创新大奖2项、一等奖4项、二等奖11项和电力职工技术创新奖三等奖1项。刘崇茹教授参与的《上百千伏超多电平换流器装备关键试验技术及工程应用》和刘敦楠教授参与的《面向大规模水电消纳的区域市场融合关键技术与应用》项目分别获科技创新奖。

(王瑞琪)

定点扶贫工作

【概况】 2020年,华北电力大学接到国务院扶贫办、教育部定点扶贫工作任务,对口帮扶河南省确山县。一年来,学校按时全面超额完成中央单位定点扶贫"6个200"帮扶指标任务,先后投入和引进帮扶资金649万元、培训各类人员880余人、购买和帮助销售贫困地区农产品1078万元。全面构建党建、教育、消费、科技、产业帮扶体系,助力河南省确山县实现脱贫摘帽,有效衔接乡村振兴,为地方经济社会发展提供强大助力,学校知名度和美誉度显著提升。

(梁玉超)

【签署中央单位定点扶贫责任书】 2020年2月,学校签署国务院扶贫办《中央单位定点扶贫责任书》(2020年度),明确定点帮扶河南省确山县的基本任务和工作职责。

(梁玉超)

【选派挂职扶贫干部】 2020年3月31日,学校发布《关于做好选派赴河南省确山县挂职扶贫干部挂职的通知》,面向全校公开遴选挂职扶贫干部。经组织推荐、党委批准,选派任威宇担任确山县副县长,靖仕寅担任确山县朱李庄社区第一书记。

(梁玉超)

【郝英杰出席新增20所直属高校定点扶贫工作推进会】 2020年4月9日,教育部以视频会议形式召开"新增20所直属高校定点扶贫工作推进会",副校长郝英杰出席会议并作表态发言,教育部副部长孙尧作重要讲话。

(梁玉超)

【与河南确山县召开定点扶贫工作推进视频会】 2020年4月14日,华北电力大学与河南省确山县召开定点扶贫工作推进视频会,双方在"云端"共商校地定点扶贫工作,共同推进脱贫攻坚和乡村振兴。学校党委书记周坚,校长杨勇平,副校长郝英杰,确山县县委书记路耕,县委副书记、县长彭广峰,县委副书记陶玉强等出席会议。

(梁玉超)

【定点扶贫专题网站上线】 2020年4月22日,学校定点扶贫专题网站正式上线,网站及时传达党中央、国务院关于扶贫工作的决策部署,报道学校定点扶贫有关工作进展。

(梁玉超)

【加入教育部直属高校"扶贫联盟"】 2020年4月22日,根据教育部要求并结合确山县脱贫攻坚实际,学校正式加入教育部直属高校"教育扶贫""旅游扶贫"联盟,探索高校组团式帮扶的扶贫协作工作模式。

（梁玉超）

【发布扶贫工作倡议书】 2020年4月27日、4月30日，学校面向全体教职员工、校友和学生发布《扶贫倡议书》，倡议全体华电人以各种形式支持、参与学校对确山县开展的消费扶贫、教育扶贫、产业扶贫等各项工作；响应"以购代捐""以买代帮"活动；自愿认购湖北特色农产品助力湖北经济建设。

（梁玉超）

【确山县在线教育学习平台上线】 2020年5月26日，华北电力大学搭建的"确山县在线教育学习平台"正式上线。"平台"共搭载17个培训专题，197门精品课程，计327个学时的培训课程，全程实现信息化、网络化，满足面向确山县基层干部和技术人员的多种教育培训需求。

（梁玉超）

【周坚赴河南确山县调研定点扶贫工作】 2020年5月28日至29日，党委书记周坚率队赴河南确山县调研，对接帮扶需求，推动工作落实，并与确山县委书记路耕交流脱贫攻坚的工作情况。副校长郝英杰，确山县长彭广峰、县人大常委会主任陶玉强参加交流调研活动。在调研座谈会上，校地双方举行帮扶资金的捐赠仪式和继续教育确山基地的揭牌仪式。周坚还重点考察竹沟革命纪念馆、确山县提琴产业园、电商产业园、朗陵街道朱李庄社区和社区小学。

（梁玉超）

【大力推动消费扶贫活动】 2020年6月4日、13日，学校分别召开确山县农特产品展销品鉴会以及内蒙古太仆寺旗消费扶贫农特产品推介活动，动员教职员工、校友购买贫困地区农特产品，推动消费扶贫。学校还提供技术支持，协助确山县名优企业上线教育部消费扶贫"e帮扶"平台，销售农特产品。

（梁玉超）

【开展脱贫攻坚专项巡视"回头看"整改工作】 2020年6月10日，根据教育部关于做好脱贫攻坚专项巡视"回头看"整改工作的有关要求，学校对照中央巡视组对直属高校扶贫工作的巡视意见以及其他直属高校2019年度扶贫工作考核中存在的共性问题，梳理查摆2020年定点扶贫工作中存在的问题和不足，逐项制定改进落实方案上报教育部。

（梁玉超）

【协助完成确山县朱李庄社区电力设备升级】 2020年6月下旬，学校协助完成确山县朱李庄社区电力设备升级改造工程。学校发挥大学理事会作用，动员国家电网山东电工电气集团有限公司无偿捐赠变压器、电缆等电力设备，并联系确山县电力公司为社区电力设备升级改造提供技术支持。同时，由学校扶贫资金支持的光伏路灯建设工程，亦在朱李庄社区开工建设。

（梁玉超）

【录制暑期远程教育视频】 2020年6月30日，学校在暑期为确山县中小学教师精心录制青少年交通安全、人身安全、用电安全、防疫常识和心理健康等视频课程，面向确山中小学开展专题教育培训，关心关爱青少年成长。

（梁玉超）

【召开暑期定点扶贫工作调度会】 2020年7月13日，学校以两地视频形式召开工作调度会，安排部署学校暑期定点扶贫工作。副校长郝英杰出席并主持会议。郝英杰要求各相关单位，深入贯彻习近平总书记关于脱贫工作"四个不摘"的指示精神，结合当前新常态下的疫情防控要求，北京保定两地要加强协同，精准施策，持续发力，创新工作机制，强化服务保障，持续提升帮扶地区脱贫成果的稳定性和可持续性。

（梁玉超）

【教育部新闻网站报道学校定点扶贫工作】 2020年7月22日，教育部新闻网站以"华北电力大学精准发力，扎实做好确山县定点扶贫工作"为题，详细报道华北电力大学以乡村振兴巩固脱贫成效，以校地融合实现长效帮扶，广泛整合校内外优势资源，精准把脉、扎实推动定点扶贫的工作事迹。

（梁玉超）

【发起"升级朱李庄社区小学爱心图书馆"活动】 2020年7月28日，学校向确山县朱李庄社区小学捐赠的53箱图书运抵朱李庄社区，此次"升级朱李庄社区小学爱心图书馆"捐赠活动由学校发起，共收到北京、保定两校区教职工、校友捐赠图书2600余本，多半数为新购书籍。

（梁玉超）

【召开新学期定点扶贫工作调度会】 2020年9月18日，学校以北京、保定和确山三地视频的形式召开工作调度会，安排部署新学期定点扶贫工作。副校长郝英杰出席并主持会议。郝英杰要求各有关单位要树立总攻意识，聚焦总攻目标，完善总攻机制，确保在收官之年高质量如期完成学校定点扶贫工作的各项目标任务。

（梁玉超）

【杨勇平赴河南确山县调研推进定点扶贫工作】 2020年10月13日至14日，校长杨勇平率队赴确山县调研学校教育、科技、产业和消费扶贫成效，对接下阶段扶贫需求。副校长郝英杰，确山县委书记路耕、县人大常委会主任陶玉强参加调研活动。在确山期间，杨勇平一行重点考察了确山县重点企业、朱李庄社区小学，并走访看望部分贫困群众。

（梁玉超）

【扶贫工作微视频正式发布】 2020年11月12日，华北电力大学精心制作扶贫微视频《从朱辛庄到朱李庄的第一书记》正式上线发布。视频以学校扶贫干部、确山县朱李庄社区第一书记靖仕寅的视角，真实记录学校定点帮扶确山县以来，在教育、科技、产业扶贫等方面发挥的积极作用。微视频在中国教育发布、教育部门户网站、微言教育、中国教育电视台、中国教育报、大学生在线、思政网，学习强国等多个平台陆续推出。

（梁玉超）

【完成十八大以来教育脱贫攻坚的总结工作】 2020年11月15日，按照教育部要求，学校梳理总结自党的十八大以来，华北电力大学帮扶河南确山县，河北阜平县、顺平县、青龙县，以及帮扶中国石油大学（北京）克拉玛依校区的工作事迹，以撰写学校扶贫工作总结、脱贫攻坚大事记和典型案例等形式，报送教育部。

（梁玉超）

【推进乡村水污染处理示范项目建设】 2020年11月下旬，学校完成前期污染水样的检测工作后，针对确山县朱李庄社区水样的污染成分分析，针对性设计、制作水污染治理设备，有效缓解当地水体污染情况。

（梁玉超）

【开展教育扶贫系列活动】 2020年12月9日至10日，学校在确山县举行高考招生政策宣讲活动，活动邀请河南省教育考试院专家就2021年河南省高考招生工作办法做政策性解读。学校还联合社会公益组织向确山县教育系统捐赠价值70万元的2500套课桌椅，有效提升当地基础教育的办学条件。

（梁玉超）

【郝英杰出席中央单位定点扶贫工作成效分类评价会议】 2020年12月21日，华北电力大学副校长郝英杰出席在京召开的中央单位定点扶贫工作成效分类评价会议，国务院扶贫办党组成员、副主任洪天云出席会议并讲话。在教育部直属高校分会场，郝英杰代表学校作定点扶贫工作总结发言，并参与教育部定点扶贫考核评议工作。

（梁玉超）

校友与教育基金工作

【概况】 2020年，华北电力大学校友与教育基金工作围绕建设高水平大学的战略目标，紧扣时代主线，服务学校发展。学校通过基金会平台，新签订捐赠合同金额660.02万元，接收捐赠资金548.62万元，申请到国家财政配比资金407万元。基金会向学校事业发展投入资金935.37万元，其中，除407万元国家财政配比资金全部用于学校事业发展外，直接或间接拨付用于事业发展的资金528.37万元。校友与教育基金工作办公室根据捐赠协议约定，运行项目37项，支出528.37万元。涵盖奖助学金、创新创业基金、助老基金、实验室建设基金等14类。校友与教育基金工作办公室通过校友服务平台及校友会两个微信公众平台，推送文章400余篇，累计阅读量达30万余次，吸引3万余名校友关注。组织开展毕业季“你好，新校友”系列主题活动，聘任763名2020届毕业校友班级联络员，扩大一线校友工作者队伍。为传承华电精神，培植大学文化、校友文化，校友会有序推进校友课堂的录制、剪辑、制作工作，先后完成朱常宝校友、常小青校友及沈凤仪校友三位杰出校友的课程录制和剪辑工作，积极推进校友思政课程体系建设。河南校友为母校捐赠千余株牡丹，建成近1000平方米美丽的牡丹园，为母校62华诞献礼。在河北省阜平县凹里村、龙王庙村，华电校友们先后捐资共计26万元，建成两座屋顶光伏电站；为河南省确山县朱李庄捐赠价值15万元的变压器、电缆等设备，大大改善村民的生活水平。年内，校友们为河南确山县捐赠总价值近20万元的课桌椅1000套、体音美器材等500余套，捐款12000元，为朱李庄社区小学设计、购买华电特色的元旦学习大礼包，全面提升改善街道各中小学的办学教学条件，营造校友文化育人氛围。校友与教育基金工作办公室共收到19家单位或个人捐赠112439件（个）物资，折合人民币40余万元。截至2020年12月底，已获得捐赠防疫物资，包括医用酒精、消毒液、一次性口罩及人群快速智能测温系统等共计16万余件（个）。在学校新冠肺炎疫情防控最吃劲的关键阶段，广东艾博电力设计院（集团）有限公司董事长、90级校友崔小勃及其公司的华电校友向学校捐赠2万个防疫口罩；人文与社会科学学院96级行政管理专业校友毛江山、经济与管理学院97级审计专业校友文科，向母校捐赠新冠病毒防疫口罩2万个；天津市汇科科技医疗器械有限责任公司向学校捐赠新冠病毒防疫口罩15000个。北京中嘉鸿盛电力工程有限公司自2017年与北京华北电力大学教育基金会签署捐赠协议，三年来共计资助40名学生，资助金额20万元。2020年，为继续支持华北电力教育事业发展，助力社会奖助学评选工作，公司持续捐资10万元资助中嘉电力助学金项目。协合新能源集团有限公司自2007年与华北电力签署第一期捐赠协议以来，已连续13年，共计捐资299万元助力学校教育事业发展。共计资助品学兼优及家庭经济困难学生共计1238人次，奖励德才兼备优秀教师57人次，累计发放奖助金217.7974万元。

2020年，校友会召开第二届第四次理事会议暨第二届第五次常务理事会会议，审议通过八项议题，增补校友会理事会成员，调整秘书长人选，成立“华北电力大学校友会生物质能行业分会”和“华北电力大学校友会人力资源行业分会”，进一步增强母校生物质能和人力资源领域的影响力，更好地促进行业校友及校友企业的发展。

2020年，完成毕业生班级校友联络员线上聘任和培训工作，校友接待服务手册二稿的编辑及修订。采用线下与线上相结合的方式邀请毕业值年的校友重返母校，为校友提供证明开具服务。

2020年,校友与教育基金工作办公室新签订捐赠合同660余万元,接收捐赠物资16万余件,折合人命币100万余元,直接或间接用于学校建设和教育事业发展。

2020年,校友与教育基金工作办公室组织多项主题活动,并通过校友服务平台及校友会两个微信公众平台,推送文章百余篇,大力宣传校友动态,吸引万余名校友关注,扩大校友工作的影响力。

2020年,华电校友们利用专业知识,用创新方法开辟光伏发电扶贫新思路,积极联系公益组织开展教育扶贫,以“华电力”为脱贫攻坚助力。

2020年,在学校疫情防控期间,响应积极抗疫号召,校友与教育基金工作办公室面向校友发出捐赠防疫物资的倡议,华电校友们情系母校,积极捐赠防疫物资为母校防疫助力。

2020年,北京中嘉鸿盛电力工程有限公司、协合新能源集团有限公司等持续捐资支持学校教育事业发展。

2020年,举办新时代能源电力创新发展大会、校企合作交流会等多个会议,举行捐赠仪式、基金启动仪式等多个活动,持续推进校友与教育基金工作。

2020年,组织召开一年一度的院系校友工作交流会,扎实推进校友工作体系建设不断完善,为大家提供更多交流和分享的机会,激发不同维度校友组织之间的能量,推动院系校友工作健康有序发展。

(刘　艳　肖媛媛)

【拍摄《华电·体验》宣传片】 2020年9月19日至20日,联合学生处等部门筹备拍摄《华电·体验》迎新生宣传片,通过对新生入校后衣食住行的全面介绍,激发新生对大学生活的憧憬及探索的热情。

(刘　艳　肖媛媛)

【举办庆中秋“小月月”活动】 2020年9月,校友会为华电校友专属定制校徽版和校训版两款月饼。以捐代买,培养校友感恩母校情怀,助力母校建设,与万千华电校友一同,传递思念,共话团圆。

(刘　艳　肖媛媛)

【举办校企合作洽谈会】 2020年9月23日,华北电力大学与重庆广怀实业(集团)有限公司在学校举行校企合作洽谈会,并就联合实验室建设、高层次人才联合培养等方面交换意见,希望与学校开展全面、深入的合作。副校长郝英杰及相关部门负责人出席会议。

(刘　艳　肖媛媛)

【举办校庆62周年“云返校”系列活动】 2020年10月31日,校友会以线上与线下相结合的方式组织开展校友返校日活动。举办以“举国同心、命运与共”为主题的校友抗疫、扶贫优秀事迹云报告会,制作校庆专属H5小程序,精心策划线上“云返校”系列活动。

(刘　艳　肖媛媛)

【举行豫苑(牡丹园)捐赠仪式】 2020年10月31日,河南校友捐建豫苑(牡丹园)仪式在学校图书馆前广场举行。党委副书记、纪委书记何华,河南校友代表及学校相关部门的师生代表出席活动。何华为河南校友颁发捐赠证书,并和校友们共同为豫苑石揭幕并合影留念。

(刘　艳　肖媛媛)

【举办校友返校活动】 2020年11月,外贸961班、信息0601班、信息0602班的校友重返母校,举办新老生交谈会、参观校史馆、重走校园路等系列活动,畅叙师生情谊,共同祝福母校。

(刘　艳　肖媛媛)

【举行校园巡逻车捐赠仪式】 2020年11月17日,北京国成环境技术有限公司、北京瑞达能科技有限公司、北京向诚科技有限公司联合为学校捐赠校园巡逻车,副校长孙忠权以及学校相关部门负责人出席捐赠仪式。孙忠权对三家企业表示感谢,并表示学校将加大对校友事业的支持力度,将华电的家园建设得更加美好。

(刘　艳　肖媛媛)

【举办“30·60”新时代能源电力创新发展大会】 2020年12月19日,学校与保定市联合举办“30·60”新时代能源电力创新发展大会,大学理事单位领导、知名校友、各地校友代表、校友企业以及学校合作企业代表参会。

(刘　艳　肖媛媛)

【举行电力电气总裁班助学基金启动仪式】 2020年12月11日,“电力电气总裁班助学基金”启动仪式在华北电力大学举行。校党委书记周坚、副校长郝英杰、学校部门的师生代表以及中国电力电气能源总裁班30位成员代表出席活动。周坚对总裁班的爱心捐赠和热情支持表示感谢,郝英杰为总裁班代表颁发捐赠证书并致辞。

(刘　艳　肖媛媛)

【举行Simdroid仿真软件捐赠仪式】 2020年12月24日,北京云道智造科技有限公司向学校捐赠Simdroid仿真软件,协助学校完成工程电磁场的实验教学活动。副校长毕天姝出席捐赠仪式,希望校企双方继续加强技术交流,发挥各自优势,加强校企合作,共同为能源电力工业发展、推动工业设计软件发展做出贡献。

(刘　艳　肖媛媛)

院系部建设

Construction of Schools, Institutes and Departments

○综　　述

2020年，电气与电子工程学院在疫情期间保持科研工作稳定推进，学院两地合同总额2.19亿元；获国家科技进步奖二等奖1项，以第一完成人、第一完成单位获教育部科技进步奖一等奖1项，河北省技术发明奖一等奖1项。电力工程系承办中国电机工程学会测试技术及仪表专业委员会、高电压专业委员会学术年会。河北省“输变电设备安全防御重点实验室”与“分布式储能与微网重点实验室”完成评估。电子与通信工程系获批河北省电力物联网技术重点实验室，组织召开第一届学术委员会会议，高质量开启建设工作。河北省互感器工程技术研究中心以“良好”通过河北省评估。深造率创新高，学院本部、电力工程系、电子与通信工程系本科生深造率分别为45%、37.41%和45.21%。

2020年，能源动力与机械工程学院以党建引领事业发展，围绕“双一流”建设任务，瞄准国家战略需求和能源领域的战略规划，加快推进学院学科建设步伐，巩固和提升学院的优势学科特色和地位，全年科研合同额1.04亿元；共获资助国家自然科学基金22项，工程热物理与能源利用学科基金申请与立项数均居全国前列；获批国家自然科学基金重大项目1项，取得历史性突破；获批河北省自然科学基金项目15项；作为牵头单位，获批1项“两机”国家重大专项项目；学院杨勇平、戈志华教授团队主持完成的“热电联产能量梯级利用与高效灵活供热技术开发与应用”获河北省科学技术发明奖一等奖；举办2020年中国工程热物理学会热机气动热力学和流体机械学术会议暨国家自然科学基金项目进展交流会；动力工程系获评保定市2020年度科协系统优秀单位。学院引进高层次人才5人，1人入选国家青年高层次人才计划；35人入选学校创新人才支持与培育计划；刘博想获学校青年教师教学基本功比赛一等奖。学院本科毕业生一次就业率82.6%，研究生毕业生一次就业率98.1%；本科考研报名623人，实际考取404人，考研录取率64.8%。

2020年，控制与计算机工程学院结合学校双一流学科建设目标，围绕国家战略需求，积极承担国家重点研发计划等重要项目，本年度完成科研合同总额7542万元，纵向经费超过2500万元。作为第一完成单位获省部级二等奖1项。保定校区计算机系完成科研合同总额781万元，积极组织国家级、省部级等各种科研基金项目的申报工作，组织申报国家自然基金8项，河北省自然基金10项，中央高校基本科研业务费项目5项，获批中央高校基本科研业务费项目5项。高水平论著持续稳定增长，发表期刊论文78篇，(SCI 24篇、EI论文40篇)；共获计算机软件著作权9项，发明专利9项，实用新型10项，外观设计4项，省部级奖2项。自动化系完成科研合同额1861万元，其中纵向808元，横向1053万元。获新疆维吾尔自治区科学进步奖二等奖1项(参与单位)。学院作为主持单位承担国家“973”计划项目、国家重点研发计划重点专项、国家“863”计划重点项目、国家科技支撑计划项目、国家自然科学基金重点项目等，科研经费总额超过3亿元，获国家科技进步奖一等奖1项、国家科技进步奖二等奖2项、各类省部级科技奖励20余项。北京校部完成人才引进工作，立足第五轮学科评估和新一轮一级学科博士点申报，以及人工智能学院建设需求，引进海外学者2人、国内高水平人才3人。保定校区计算机系考研录取率45.74%，在保定校区排名第一，深造率46.9%，较上年提高4.2%。

2020年，经济与管理学院大力推进“双一流”建设，获国家重点研发计划资助1项，国家自然基金资助6项，国家社科基金资助1项，科研经费总额近1亿元，其中纵向科研经费1558万元，横向科研经费8535万元。公开发表论文440篇，其中核心期刊44篇，SCI/SSCI收录204篇，出版专著11部。学院获国家级线上线下混合一流课程、虚拟仿真实验教学一流课程各1门；获北京市级一流专业1个，优秀本科育人团队1个，优质课程1门，优质教材1部，虚拟仿真实验项目1项。首次开展研究生网上招生工作，首次招收同等学力博士研究生。学院本科毕业生一次就业率院部84.43%(保定81.07%)，深造率院部47.15%(保定33.50%)。

2020年，可再生能源学院更名为新能源学院。该学院实验教学中心建设五期项目新增设备投入使用，师生满意度达到90%以上。完成党支部书记换届工作，“双带头人”教师党支部书记覆盖率达到100%。古丽米娜代表学院参加全校青年教师讲课比赛获二等奖。“新能源专业导论”获评学校“一院系一课程”课程思政优秀示范课，入选北京高校“优质本科教材课件”，获评北京市重点优质教材。学院科研项目立项41项，总经费3763万元。其中纵向项目15项，金额2906万元，获批国家自然科学基金7项；横向项目立项26项，合同经费857万元。获评国家重点研发计划政府间国际科技创新合作专项项目。获科技成果奖7项，其中省部级3项；授权发明专利22项，完成科技成果转让及实施许可2项，发表论文214篇。

2020年，核科学与工程学院新增科研项目合同总金额3897万元，年增长率17.6%，科研经费完成率152%(全校第二)。牛风雷团队“液态铅铋合金综合氧控系统的研制”获批国家重大科研仪器研制项目资助(经费840万元)，张竞宇“聚变堆中子输运模拟与活化计算集成分析软件研发”获重点研发课题资助(经费823万)。促成华北电力大学与华能集团签订核电人才联合培养协议，启动华能核电首批“黄金人”联培项目。陆道纲教授主持的研究成果“大型先进压水堆非能动水箱和乏燃料水池关键热工特性研究及应用”获北京市科学技术进步奖二等奖。本科生就业率93%，硕士研究生就业率100%。

2020年，华北电力大学在北京校部设环境科学与工程学院，在保定校区设环境科学与工程系学院入选“双万计划”省级一流本科专业“环境科学”1个；设置有“环境科学与工程”一级学科硕士点1个，在该学科下设“环境科学”“环境工程”目录内二级学科硕士点2个；在一级学科“环境科学与工程”下设的二级学科“环境科学”本科学位点及一级学科“化学工程与技术”下的二级学科“应用化学”本科学位点。环工系共有“环境工程”“环境科学”“应用化学”“能源化学工程”4个本科专业；“环境科学与工程”和“化学工程与技术”等一级学科硕士点和“能源环境工程”二级学科博士点；可面向全国招收本科生、硕士生和博士生。环工系在严峻的就业形势下实现较高就业率。研究生整体就业率98.18%，本科毕业生整体就业率90.96%。

2020年，华北电力大学水利与水电工程学院成立并任命刘明军为学院党委书记、张尚弘为学院副院长（主持工作）、杜广微为学院党委副书记、王弋为学院副院长。学院科研项目立项47项，总经费2679万元，教师人均科研经费达103万元，远高于学校平均数（34万元）；张尚弘教授团队获国家自然科学基金国际合作与交流项目（299万元），是学校水利工程学科第一个重点基金项目；王乐获国家自然科学基金青年基金项目；全院200万以上横向项目4项。水文与水资源工程专业获批“北京市一流本科专业”。李继清教授的“水文水利计算”课程入选2020年北京高校“优质本科课程”，门宝辉教授的《水资源系统优化原理与方法》教材入选2020年北京高校“优质本科教材课件”。

2020年，数理学院按计划完成全校本科即研究生公共数学、物理学课程的教学任务。积极开展专业建设和课程建设，组建学院第八届教学督导组，对公共基础课实行课程负责人制度，新增“数据科学与大数据技术”专业。“线性代数”认证为首批国家线下一流本科课程，“概率论与数理统计”慕课在中国大学MOOC平台正式上线，数理系的“大学物理”被评为“优秀”思政示范课。“线性代数”认证为首批国家线下一流本科课程，“概率论与数理统计”慕课在中国大学MOOC平台正式上线，数理系的“大学物理”被评为“优秀”思政示范课。华北电力大学张化永教授获北京市先进工作者荣誉称号。本科和研究生平均就业率达到95%，在各学院中名列前茅。

2020年，人文与社会科学学院落实华北电力大学“双一流”建设总体要求，按照“入主流、有特色、高水平”发展思路，坚持不懈推进文科振兴战略，建设引领学校文化、支撑“双一流”发展、与学校整体发展水平相适应的“新文科”。“十四五”规划从专业建设、学科建设、师资队伍建设、科学研究、国际交流与社会服务、学生工作、党的建设和体制机制改革等八个方面，系统谋划学院未来发展蓝图。北京校部共获26项纵向科研项目，其中国家社会科学基金项目1项，北京市社会科学基金项目1项，教育部社会科学基金项1项。学院教师共发表论文47篇，其中CSSCI检索论文15篇，其中SSCI期刊论文3篇，法学高水平期刊论文1篇，新华文摘全文转载论文1篇，科研质量得到大幅度提升。学院获批中国老龄协会老龄科研基地。刘妮娜副教授与中国老龄协会联合撰写的《“十四五”时期应大力发展农村互助型社会养老研究报告》获国务院有关领导批示。回天治理研究院持续举办回天治理论坛和未来回天论坛，调研成果再次获中央政治局委员、北京市委书记蔡奇批示。保定校区梁平教授完成的研究成果《河北省加强和创新社会治理研究报告》获河北省社会科学优秀成果奖一等奖。法政系三个专业本科生考研上线率，由2018届25.84%（2019届29.41%）跃升到2020届的46.15%，上升20多个百分点，法学专业达到50%，位于全校前茅。

2020年，外国语学院积极培育翻译专业作为一流专业建设点，完成翻译专业北京市“一流”本科专业的申报。新建翻译实习基地3个，产学研合作基地1个，与长城汽车股份有限公司达成共建大学生实习基地协议，建成多功能语言与翻译实验室1间。1门课程入选“双一流”研究生优质课程，1门课程完成研究生优质慕课建设。启动翻译研究中心、区域与国别研究中心、外语文学研究中心建设，支持4个科研团队建设。学院举办第四届“学术交流月”活动，聘请线下专家学术讲座5场；科研项目立项3项（含保定1项），积极与其他学院教师合作，参与能源电力相关科研，发表论文51篇（含保定11篇），出版专著9部（含保定5部）。校部本科毕业生一次就业率为72.88%，研究生毕业生一次就业率84.21%。保定校区本科生的英语专业四级一次通过率87.1%，本科毕业生一次就业率82.81%，本科考研率18.75%，研究生毕业生一次就业率57.89%。

2020年，马克思主义学院按照《华北电力大学关于加强和改进思想政治理论课建设实施方案》部署，牢牢抓住“思政课建设”及学院建设这一核心问题，开展系列优化探索，完成全校三万余名本科生、研究生思政课教学任务；学院继续推进“专兼职融合”的“大思政”育人模式创新、“专题化”教学范式创新工程；学院团结带领广大师生，积极开展线上备课、线上教学、线上招聘。学院思政课建设取得显著成效，被人民网、《中国教育报》等国家主流媒体报道。学院获首批国家级一流本科课程线上线下一流式混合课程1项；获教学名师、省学校思想政治理论教育先进工作者、北京市青年教学名师等省部级奖励荣誉3项；校“我心中的好老师”荣誉称号3项；校青年教师讲课比赛三等奖2项；获省教改成果三等奖1项；北京高等教育“本科教学改革创新项目”立项1项，河北省教改课题立项3项；推进教育部委托课题2项；入选2020年教师教学支持计划项目1项；课程思政结项13项；编写思政课教学创新案例册等学院全日制硕士研究生春季答辩毕业17人，共毕业17人，就业率94.1%。

2020年，体育教学部落实立德树人根本任务，积极完成课程思政大讨论，并严格进行课堂督导，完成大一、大二必修和高年级选修的线上、线下教学工作；教学改革上，稳步推进“线上+线下”“课内+课外”的教学改革；大力推进球类、武术专项课课程思政建设，“大学体育—武术”课程在“一院系一课程”课程思政示范课评价中获优秀。进行体育教学改革，丰富体育课程建设，扩展课程项目至27门，并增开8门体育选修课，新开设太极拳、瑜伽2门选修课(保定)。教师段博雅获北京高校教师线上教学成果展示赛一等奖。学校毽绳队获首都高校比赛十连冠，马拉松项目多人次获得冠军。

2020年，国际教育学院开展中外合作办学项目1个，专业为电气工程及其自动化。招收正式注册的各类奖学金及自费留学生326人，招生规模保持稳定增长。留学生本硕博全英语授课专业达17个。2名博士留学生的学位论文被评为2020年“校级博士优秀博士学位论文”。2020届毕业生共95人，59人继续在斯坦福大学、帝国理工学院、浙江大学等国内外知名高校深造(其中2人直博)，未继续深造的毕业生，27人在国网北京市电力公司、国网上海市电力公司等单位就业，就业率达到90.53%，其中湖北籍毕业生就业率达到100%。

电气与电子工程学院

【概况】 2020年，电气与电子工程学院本部设在北京校部，在保定分设电力工程系、电子与通信工程系。现有1个国家重点学科、1个国家重点实验室、4个省部级重点实验室。设有1个博士后科研流动站，1个博士学位授权学科(电气工程)，4个学术型硕士学位授权学科(电气工程、电子科学与技术、信息与通信工程、农业电气化二级学科)，2个专业学位硕士学位授权专业(电气工程、电子与通信工程)，7个本科专业(电气工程及其自动化、通信工程、电子信息工程、电子科学与技术、电子信息科学与技术、农业电气化、智能电网信息工程)。学院有中国工程院院士1人(杨奇逊)，国家杰出青年科学基金获得者2人(崔翔、毕天姝)，万人计划科技创新领军人才1人(毕天姝)，国家百千万人才工程入选者2人(崔翔、李成榕)、中科院百人计划1人(王银顺)、国家优秀青年科学基金项目获得者2人(毕天姝、马静)，教育部青年长江学者1人(刘念)，万人计划青年拔尖人才1人(齐波)，教育部新世纪优秀人才3人(毕天姝、李庆民、刘崇茹)。

2020年，学院本部有教职工214人，其中，专任教师167人(教授64人、副教授77人，具有博士学位的教师为83.2%)、实验技术人员25人、党政及管理人员22人。学院本部新进教师6人、辅导员1人。2020年，电力工程系有教职工135人，其中，专任教师102人(教授23人、副教授28人，具有博士学位的教师为81.4%)、实验技术人员18人、党政及管理人员15人。本年度电力工程系新进教师2人。2020年，电子与通信工程系有教职工68人，其中，专任教师50人(教授9人、副教授21人，具有博士学位的教师占教师的74%)、实验技术人员10人、党政管理人员8人。学院本部毕业学生1129人，其中博士研究生45人，硕士研究生444人，普通本科生640人；学院本部招生1319人，其中博士研究生82人、全日制硕士研究生619人、普通本科生618人；学院本部在校生5016人，其中，博士研究生358人、硕士研究1513人。本科生就业率为90.47%，研究生就业率为98.98%。2020年，电力工程系毕业学生1088人，其中硕士研究生499人，普通本科生589人；电力工程系招生814人，其中全日制硕士研究生307人，普通本科生507人；2020年电力工程系在校生3071人，全日制硕士研究生807人，普通本科生2264人。本科毕业生一次就业率为86.38%，研究生毕业生一次就业率为90%；本科考研上线率为40.86%，深造率为37.41%。2020年，电子与通信工程系毕业学生272人，其中，全日制硕士研究生83人，非全日制研究生37，普通本科生152人；电子与通信工程系招生295人，其中，全日制硕士研究生103人，非全日制研究生2人，普通本科生190人；电子与通信工程系在校生1017人，其中，硕士研究生266人，普通本科生751人。本科生的英语四级一次通过率为90.11%。学院本部设有131个学生班级，大二接收转专业学生75人，其中院内转专业27人，院外其他专业转入48人，设有辅导员岗位14个(其中副书记1人)，其中正式编制10个、聘任4个。电力工程系设有87个学生班级，其中实验班2个，设有辅导员岗位8个。电子与通信工程系设有31个学生班级，设有辅导员岗位3个，均为正式编制。学院本部教师承担本科生课程219门，开设博士、全日制研究生课程82门，完成教学2144学时。电力工程系开设本科生课程202门次，完成教学6208学时；实践环节40门次，115周学时；开设研究生课程41门，完成教学1144学时。电子与通信工程系开设本科生课程47门次，完成教学3896学时；实践环节33门次1112学时；开设研究生课程24门，完成教学624学时。学院本部拥有研究所15个，另拥有本科教学实验教学中心6个，分别是国家级工程实践中心、北京市电工电子实验教学中心(下辖电工实验室、电子实验室)，国家级电气工程专业实验教学中心(下辖电力电子教学实验室、微机保护教学实验室、电力系统仿真教学实验室、电力市场仿真实验室、高电压技术教学实验室、电机教学实验室、实习用35kV变电站)、电子信息实验教学中心、电子科学实验教学中心、通信工程与智能电网信息工程实验教学中心。学院本部学生实习基地

19个(其中冀北电力公司——华北电力大学校外实习基地为国家级工程实践教育中心及北京市校外实习基地)、科技研究(创新)基地2个,北京高等学校示范性校内创新实践基地(电力经济管理人才培养创新实践基地)1个,大学生科技创新乐园1个。2020年,电力工程系拥有教研室7个、科研创新团队14个、河北省实验教学示范中心(电气工程基础实验中心)1个、国家级实验教学示范中心(电气工程专业实验中心)1个(含专业实验室4个)、河北省输变电设备安全防御重点实验室1个、新能源电力系统国家重点实验室物理模拟平台1个,分布式储能与微网河北省重点实验室1个,学生实习基地16个。2020年,电子与通信工程系拥有教研室3个、实验室2个、学生创新实习基地5个、科研团队6个、新筹建河北省电力物联网技术重点实验室(筹)1个。本部承担各类科技项目257项,科技经费计16142.08万元,连续第10年过亿元。纵向项目35项,资助金额4094.48万元。其中,国家重点研发计划课题1项、子课题3项;国家自然科学基金重大研究计划项目培育项目1项、面上项目6项、青年项目1项、国际(地区)合作与交流项目1项、非第一单位重点项目1项、联合基金项目重点支持项目1项;军工项目4项;北京市自然科学基金项目3项;其他省部级项目13项。横向项目222项,合同经费12047.60万元。纵横向项目金额之比为33.99%。纵向项目到账经费3601.74万元,横向项目到账经费10975.58万元,到账经费总计14577.32万元。获奖21项,其中:国家级二等奖1项、省部级科技奖13项、社会力量奖7项。获得授权专利216项,其中:发明专利191项、实用新型25项。发表论文586篇,其中:新增ESI高被引论文(合作)1篇、SCI检索209篇、EI期刊125篇、一级学报43篇、国外期刊10篇、其他核心期刊122篇、一般期刊21篇、会议论文54篇、报刊文章1篇。出版著作4部,其中:专著2部、译著1部、编著1部。2020年,学院本部本科学生获得国家奖学金24人;获励志奖学金58人,校长奖学金1人。本科生社会奖学金进行评选,四方股份奖学金10人、南瑞继保5人、协鑫奖1人、特高压奖学金6人、巨邦奖学金16人、新长城自强助学金10人、艾博奖学金6人、国能中电社会责任奖学金1人、节能奖学金7人、钱江电气奖学金3人、三鹰奖学金36人、昱章电气奖学金3人。2020年本科综合测评及奖学金三好学生优秀学生干部评选,一等奖117人;二等奖231人;三等奖210人;单项奖学金396人;校级三好学生标兵21人,校级三好学生124人,院系级三好学生165人;校级优秀学生干部标兵4人、校级优秀学生干部21人,院系级优秀学生干部44人。研究生获奖情况,校长奖学金1人、国家奖学金29人,优秀博士38人,企业奖学金:四方股份奖学金16人、南瑞继保奖学金6人、巨邦奖学金8人、艾博奖学金4人、昱章电气奖学金2人。校内奖学金:优秀研究生和优秀研究生干部207人次,先进班集体5个,优秀研究生班主任7人。本部设有65个党支部,有中共党员1126人,新发展党员199人。

2020年,电力工程系科研立项5399.59万元,其中纵向经费776万元。纵向项目包含国家重点研发计划重点专项子课题1项,国家自然科学基金6项,河北省科技重大专项1项,河北省自然基金4项,河北省科技计划科学普及专项1项。发表论文446篇(SCI 126篇、EI 258篇、Scopus 17篇);获发明专利授权48项,实用新型专利授权7项,计算机软件著作权13项,外观设计1项;省部级奖励7项(其中一等奖2项)、社会力量奖2项、校理事会单位科技奖励3项;举办学术报告会12场次。2020年,电力工程系被评为华北电力大学"学生工作先进院系""研究生工作先进院系"。2020年,电力工程系学生有29人(含研究生10人)获国家奖学金,有64人获国家励志奖学金,有354人获国家助学金,另有143(含研究生69)人获社会奖学金、助学金。2020年电力工程系本科学生获批专利25项,发明专利2项,实用新型专利14项。本科生共发表41篇学术论文,其中SCI收录1篇。参加学科创新竞赛,获得省部级以上奖励316人次。2020年暑期,电力工程系组建实践分队269支,在统筹推进疫情防控和经济社会发展的背景下,聚焦社会热点,灵活运用网络工具,开展线上线下相结合的暑期社会实践活动,助力疫情防控与脱贫攻坚,对接阜平、顺平、确山三地小学开展"情暖童心"云支教活动。在志愿服务方面,积极打造"立足校园,面向社会"志愿服务体系,以线上线下结合的形式,举办45次大中小型志愿活动,有944人次的志愿者参与,累计服务时长总计4125小时,服务内容涵盖关爱空巢老兵、留守儿童,助力文化推广、文明出行,协助典籍修复等多个志愿项目。电力工程系设有23个党支部,有中共党员586人、新发展党员133人。

2020年,电子与通信工程系纵横向科研项目12项,科研合同金额共计335.4万元,其中横向科研经费259.4万元、纵向科研经费76万元。专利转让2项,转让金额10万。发表期刊论文135篇,其中SCI收录48篇、EI核心64篇。专利授权26项;其中发明专利13项,实用新型专利13项,出版著作9部,其中译著1部、软著8个。2020年,电子与通信工程系新立省级教改项目2项,省级精品课程4门。指导大学生科技创新项目103项,其中国家级32项、省部级特等奖4项、省部级一等奖29项、省部级二等奖27项。指导大学生创新创业项目65项,其中国家级23项,省级8项,校级34项。2020年度获"南瑞继保奖教金"3人。电子与通信工程系设有12个党支部,有中共党员175人,新发展党员44人。

党建与思想政治工作。深入学习贯彻习近平新时代中国特色社会主义思想,坚持立德树人根本任务,统筹疫情防控和学院建设发展。学院两地三部召开党代会和党员大会,完成各自党委换届选举工作。学院本部在师生中广泛开展"使命在肩 奋斗有我"主题教育活动;电力工程系优化师生党支部设置,完成学生党支部纵向设置调整,试点成立师生联合党支部。以党建"双创"为着力点,推动基层党建纵深发展。学院本部2名党员获北京高校优秀共产党员荣誉称号，电力工程系获评河北省“师德标兵”1人、河北省第九届教育系统志愿服务先进工作者1人。学院本部输配电系统研究所刘念工作室、电子与通信工程系通信教研室韩东升工作室入选教育部第二批高校“双带头人”教师党支部书记工作室建设名单。

双一流学科建设。作为大学唯一学科完成“双一流”学科数据监测填报和建设周期自评估，学科整体水平和39项考察要素达成周期建设目标，符合度和达成度100%；开展教育部第五轮学科评估数据填报工作，学院两地组成专班高质量完成4万条数据、20余万字的材料组织。完成信息与通信工程学科博士点申报材料撰写并提交北京市。以学科建设为龙头，加强顶层设计，科学谋划学院“十四五”发展规划。

人才工作。持续开展青年人才遴选及一人一策培育计划。学院本部举办第二届青年人才遴选及研讨会，电力工程系启动第二期“青年优秀人才支持计划”，定期举办人才培育推进会和青年教师科研方向论证会，成效显著。刘念、张永昌、齐波分别入选教育部青年长江学者和万人计划青年拔尖人才，“四青”入选人数是学院历年总和。刘云鹏获河北省“三三三人才工程”一层次，胡俊杰入选北京市科技新星，王剑晓入选北京市优秀人才。率先推行新讲师博士后制度，评选新讲师博士后10位，为学科发展蓄能。电力工程系何旺龄入选“中国电机工程学会青年人才托举工程”，并获河北省“冀青之星”。高本锋、张祥宇、刘刚获河北省“三三三人才工程”三层次人选。

教育教学。制定理论课程、实验教学和课程责任教授评价办法，成立学院本科教学督导组，按学期形成学院教学质量评价报告，闭环提升教学质量。电气工程和通信工程获批国家一流本科专业，电子信息工程获批北京市一流本科专业；获批国家一流本科课程4门、北京高校优质本科课程1门，电力行业精品教材6部；电力系统分析教学育人团队获北京高校优秀本科育人团队。电工理论教学团队、电子技术基础教学团队获评河北省“优秀教学团队”，组织电子信息科学与技术专业申报河北省一流专业获学校批准，完成通信工程专业教育认证的申报工作。电力工程系3门课程入选国家级一流本科课程。电子与通信工程系1门课程入选国家一流课程，1门课程入选河北省一流课程；获河北省教学成果三等奖一项。

研究生培养。制定并实施博士生预答辩及代表作评价制度，首次不通过率为17%；修订学科顶级/权威期刊清单，精准导向人才培养质量；学院本部和电力工程系组织免试推荐研究生夏令营活动，提前锁定优秀营员。完成疫情期间研究生招生及论文答辩，学院本部1600人、电力工程系926人、电子与通信工程系273人。完成2017级本硕(博)贯通拔尖创新人才计划学生的推免研究生工作，通过研究生工作站和项目联合申报等方式，持续推进产学研融合发展，动态调整科研团队研究生指标，持续优化研究生指标分配办法。

科研工作。围绕凝练方向，强长效、促交叉，作为主要学院之一支撑海上风电与智慧能源系统联合实验室（华能）、智慧电站技术创新中心（三峡）等联合研究机构项目申报；在疫情期间保持科研工作稳定推进，学院两地合同总额2.19亿元；获国家科技进步二等奖1项，以第一完成人、第一完成单位获教育部科技进步奖一等奖1项，河北省技术发明一等奖1项。电力工程系承办中国电机工程学会测试技术及仪表专业委员会、高电压专业委员会学术年会。河北省“输变电设备安全防御重点实验室”与“分布式储能与微网重点实验室”完成评估，结果良好。电子与通信工程系获批河北省电力物联网技术重点实验室，组织召开第一届学术委员会会议，高质量开启建设工作。河北省互感器工程技术研究中心以“良好”通过河北省评估。

学生工作。学院本部在疫情防控阻击战中，攻坚克难完成近5000名学生的管理工作；教师们为1049名毕业生打包行李6312件，为返校生、新生备好健康包4600份。本科生深造率45%，创历史新高。“一品电院”育人工程稳步推进。3个团支部获评“首都先锋杯优秀团支部”，1个班级进入北京市优秀班集体评选。电力工程系加强常态化疫情防控下学生思想政治教育，举办线上线下报告会、交流会、座谈会等20余场，利用官微等六个新媒体平台推文近400篇；组织190余名教师志愿者为814名受疫情影响未返校毕业生打包邮寄行李4583件，共47吨。与思源电气股份有限公司达成100万元奖学金捐赠意向。本科深造率37.41%。电子与通信工程系获校“学生工作先进院系”，一项目入选河北省辅导员精品项目。依托“星火之音”平台持续开展网络育人工作，做好新冠疫情防控期师生思想政治工作。积极探索课程思政建设，《移动通信》作为首批校级课程思政项目验收结果为优。本科深造率达45.21%。

书记：学院本部：李庚银（4月22日免），卜春梅（4月23日任）

电力工程系：赵书强（4月22日免），屈朝霞（4月23日任）

电子与通信工程系：李红霞（4月22日免）张艳斌（6月19日任）

院长：毕天姝（刘云鹏电力工程系主任；戚银城电子与通信工程系主任）

学院网址：http://electric.ncepu.edu.cn

（刘春磊）

【获河北省科研奖项2项】 2020年1月，王增平负责的“基于故障多元信息的新型保护系统关键技术与应用”项目获河北省技术发明奖一等奖（单位排名第1）。刘崇茹负责的“柔性直流输电系统实时仿真平台及控保装备测试技术与工程应用”项目获河北省科学技术进步奖二等奖（单位排名第1）。

（吴启宏）

【获高等学校科学研究优秀成果奖】 2020年，学院2项科研成果获高等学校科学研究优秀成果奖(科学技术)奖。1月,崔翔教授负责的"特高压直流输电线路电磁环境分析理论、控制方法及工程应用"项目获高等学校科学研究优秀成果奖(科学技术)一等奖(单位排名第1)。刘崇茹负责的"超多电平柔性直流输电系统高效电磁暂态仿真及工程应用"项目获高等学校科学研究优秀成果奖(科学技术)二等奖(单位排名第1)。

(吴启宏)

【获中国电力科学技术进步奖】 2020年,电力工程系2项科研成果获中国电力科学技术进步奖。1月,王毅教授参与完成的"大量新能源介入下的电力系统柔性及灵活性资源优化规划关键技术"获中国电力科学技术奖二等奖;王永强参与完成的"超特高压变压器和GIS关键原材料检测新技术及工程应用"获中国电力科学技术进步奖二等奖。

(李红梅)

【获中国电工技术学会科学技术奖】 2020年,学院2项科研成果获中国电工技术学会科学技术奖。3月,刘崇茹负责的"柔性直流系统实时仿真基础理论、核心技术及工程应用"项目获中国电工技术学会科学技术奖一等奖(单位排名第1)。郭春义负责的"柔性直流输电高速高精度模型与运行控制关键技术及工程应用"项目获中国电工技术学会科学技术奖三等奖(单位排名第1)。

(吴启宏)

【4项成果获省级科技奖励】 2020年3月至4月,电力工程系共有4项科研成果获省级科技奖励。颜湘武参与完成的"光储微电网灵活高效自主运行关键技术与装备"获2019年江苏省科学技术奖二等奖。刘云鹏、律方成等完成的"基于多光谱成像和旋翼飞行器的输电线路巡检关键技术及其应用"获2019年河北省科学技术进步奖一等奖;戴志辉参与完成的"电网二次设备高可靠性运维关键技术及装备"获2019年河北省科学技术进步奖二等奖;刘英培参与完成的"源网荷多能互补条件下清洁能源消纳技术应用"获河北省科学技术进步奖三等奖。

(李红梅)

【获中国电工技术学会科技进步奖】 2020年4月,孙海峰、刘欣、梁贵书参与完成的"特高压装备电磁瞬态宽频等效电路的建模及其应用"获2019年中国电工技术学会技术发明奖一等奖;王飞、甄钊参与完成的"复杂气象条件下大规模新能源功率预测关键技术、系统研发及应用"获2019年中国电工技术学会科学技术奖二等奖。

(李红梅)

【获正泰科技创新奖】 2020年4月,电力工程系王飞教授获2019年中国电工行业正泰科技创新奖。王飞,教授,现为博士生导师,河北省政府特殊津贴专家。担任华北电力大学"双一流"建设科研团队项目负责人、国际电气与电子工程师协会高级会员(IEEE Senior Member)、国际电气与电子工程师协会电力能源学会智慧区块链分委会副主席、国际电工委员会可再生能源功率预测国际标准工作组(IEC SC8A/WG2)专家等多个学术兼职,主要研究方向包括电力系统预测、电网调度运行及综合能源系统等。

(李红梅)

【4项科研成果获省级科学技术奖】 2020年,电子与通信工程系4项科研成果获省级科学技术奖。4月,赵振兵负责的"基于多光谱成像和旋翼飞行器的输电线路巡检关键技术及其应用"项目获河北省科学技术进步奖一等奖;李永倩负责的"基于分布式多参量光纤传感的海底电缆状态监测关键技术及应用"、高会生负责的"大数据驱动的电力信息网安全态势感知、识别与预警关键技术及应用"项目获河北省科学技术进步奖二等奖;谢志远负责的"基于多模通信融合技术的智能电量感测技术及应用"项目获河北省科学技术进步奖三等奖。

(谷喜岭)

【获鼎阳杯实验教学案例设计奖】 2020年6月6日—7日,第七届全国高校电工电子基础课程实验教学案例设计竞赛(鼎阳杯)复赛因新冠疫情在线上举行。全程采取网上报名、线上答辩、线上评审的模式进行。最终华北电力大学获得一等奖3项、三等奖1项及最佳授课奖。华北电力大学柳赟凭借作品《信号频率的选择——简易变声电路的设计》获最佳授课奖。本届鼎阳杯采取自愿报名、赛区初赛、全国复赛的模式,共收到来自全国260所院校的721项作品,经初赛、复赛,共评选出一等奖39项、二等奖50项、三等奖56项,以及"鼎阳杯"1项、"最佳创意奖"1项、"最佳工程奖"2项和"最佳授课奖"2项。

(王玲玲)

【获河北省普通本科院校优秀教学团队】 2020年9月,根据《河北省教育厅关于公布2020年河北省普通本科院校教学名师和优秀教学团队名单的通知》(冀教高函〔2020〕63号),电力工程系梁贵书为负责人的"电工理论教学团队"获2020年度河北省普通本科院校优秀教学团队。同月,梁贵书获河北省师德标兵。

(李红梅)

【获ISEIM国际会议青年学者奖】 2020年9月,任翰文博士获ISEIM国际会议青年学者奖。同月,任翰文博士还获得IEEE DEIS Graduate Fellowship(IEEE DEIS研究生奖)。

(王　倩)

【召开本科教学督导组聘任仪式暨工作会】 2020年10月27日,电气与电子工程学院召开本科教学督导组聘任仪式暨工作会,副校长、电气与电子工程学院院长毕天姝,副院长徐衍会,教学督导组成员及教学管理人员共计16人参加聘任仪式和督导工作会。毕天姝为与会的督导组成员颁发聘书,会议推举文俊教授担任学院本科教学督导组组长,李岩松教授担任督导组副组长。

(王玲玲)

【10门课程获国家级一流课程】 2020年,学院10门课程获国家一流课程。"电机学""电力系统继电保护原理""电路理论"获线下一流本科课程;"模电电子技术基础"获线

上线下混合式一流本科课程。电力工程系梁贵书负责的“电路理论”、徐岩负责的“电力系统继电保护原理”、李永刚负责的“电机学”被认定为首批国家级一流本科课程。另外，张东英“发电厂电气部分”获北京市高校优质本科课程，其本人获“北京市高等学校优秀专业课主讲教师”。

（王玲玲）

【承办中国电机工程学会年会】 2020年11月8日，华北电力大学、河北省输变电设备安全防御重点实验室承办2020年中国电机工程学会测试技术及仪表专业委员会、高电压专业委员会学术年会。中国电机工程学会副秘书长吴云喜、中国电力科学研究院副院长高克利、中国电力科学研究院总工李鹏、华北电力大学副校长律方成出席会议，电力工程系主任刘云鹏主持，来自电网公司、研究院所、大专院校和生产制造企业的专家学者共150余人参加会议。

（李红梅）

【获批教育部双带头人教师党支部书记工作室】 2020年12月31日，教育部办公厅关于公布第二批高校“双带头人”教师党支部书记工作室建设名单的通知，教思政厅函〔2020〕15号，华北电力大学（保定校区）通信教研室党支部书记韩东升工作室获批。

（谷喜岭）

能源动力与机械工程学院

【概况】 2020年，能源动力与机械工程学院有教职工371人，其中，专任教师296人（教授85人、副教授125人，具有博士学位的教师为77.8%）、有实验及技术人员32人、党政及管理人员40人。中国工程院院士3人，享受政府津贴6人。学院新增教授3人、副教授12人、高级工程师1人。学院毕业学生1596人，其中博士研究生55人，硕士研究生382人，普通本科生1159人；学院招生1993人，其中博士研究生74人，硕士研究生609人，普通本科生1310人；学院在校生6816人，其中博士研究生284人，硕士研究生1507人，普通本科5025人。本科生的英语四级一次通过率80.3%，本科毕业生一次就业率82.6%，研究生毕业生一次就业率98.1%；本科考研报名623人，实际考取404人，考研录取率64.8%。学院签订纵、横向科研项目174个，其中纵项67项，横项107项，实现科研合同金额共计10354万元，其中纵向科研经费4453万元，横向科研经费5901万元；发表论文556篇，其中三大检索收录392篇，核心期刊139篇，出版著作5本，自编教材2本；学院举行学术交流会44次，其中国外专家学术交流会16次，国内专家学术交流会7次。116人次参加国际学术会议。获省部级以上奖5（科研类，无教学奖）项。获授权专利121项，其中发明专利46项，实用新型专利75项，计算机软件著作权10项，外观设计14项。动力系获评保定市2020年度科协系统优秀单位。学院拥有教研室31个、研究所20个、实验室33个、学生实习基地43个，科技研究（创新）基地3个。学院开设研究生课程353门，完成教学11458学时；开设本科生课程1470门，完成教学62356学时；举办各类培训班3期，共培训学员130人。学院设有74个党支部，拥有中共党员1210人、发展党员307人，其中学院本部发展党员131人，动力工程系发展党员96人，机械工程系发展党员80人。学院设有224个学生班级，其中吴仲华班3个，设有辅导员岗位26个，其中正式编制21个、兼职5个。

2020年，能源动力与机械工程学院以党建引领事业发展，围绕“双一流”建设任务，瞄准国家战略需求和能源领域的战略规划，加快推进学院学科建设步伐，巩固和提升学院的优势学科特色和地位，在科学研究、人才培养、平台建设等方面取得显著成效。

党建工作。发挥党委政治核心作用，党政齐抓共管，扎实做好疫情防控工作，做到通知、责任、落实三到位，确保学院各项工作的平稳有序推进；疫情期间，涌现出一批在线上授课、科研团队攻关、志愿服务等工作中表现突出的师生；落实五个到位、创建五个标杆；完善三抓、两建、一协同党建工作机制，学院党委通过首批“全国党建工作标杆院系”验收；完成学院党委换届选举工作，将“建设一流学科和高水平研究型学院”作为新一届党委工作目标和方向；完成处级干部选任和学院班子换届工作；完成教工党支部书记换届选举工作；“基层党组织重难点项目”结项，在“加强院（系）党的领导”方面提出院（系）党建“四梁八柱”体系等项目成果为基层党建工作提供有效的参考和借鉴；完成学校教工党支部书记“双带头”培育项目验收和申报工作；完成“教书育人楷模”和“全国网络教学名师”申报工作；认真落实全面从严治党要求，加强党风廉政建设和警示教育，不断夯实党员干部教师廉洁从政、廉洁从教的思想基础，无违反八项规定和违纪违规情况；加强师德师风建设，严格执行上级精神，将师德师风要求融入学院管理各环节，无违犯师德师风情况；加强保密教育，认真做好保密工作。

学科及师资队伍建设。完成第五轮学科评估材料上报；能源与动力工程、机械工程专业入选双万计划首批一流专业；完成能源动力和机械专业型博士点、机械工程学术型博士点等申报工作。完成非全日制“工业工程与管理”专业型硕士学位点的论证，列入2020年硕士招生简章。材料科学与工程专业申报国家级一流专业，建筑环境与能源应用工程专业申报河北省一流专业；机械工程系智能制造工程专业通过教育部审批和备案；储能科学与工程专业并获批备案，举办首届全国储能技术专业学科建设论坛，探索“高精尖缺”人才培养新模式，牵头组建国家储能产教融合创新平台；完成能源与动力工程专业认证申报工作。师资队伍结构更趋合理，学术带头人和领军人才队伍建设取得进展；2020年学院引进高层次人才5人，1人入选国家青年高层次人才计划；35人入选学校创新人才支持与培育计划；刘博想获学校青年教师教学基本功比赛一等奖。张磊、刘赟、靳光亚获评2020年度保定市科协系统先进个人。成立青年教师发展促进会并积极开展学术交流活动，开拓两地校区交流新平台。

教育教学与人才培养。克服疫情影响完成本科生培养和研究生录取、培养、答辩等教学任务；获批教育部第二批新工科研究与实践项目1项，获批河北省高等教育教学改革与实践项目2项，出版教材2部；“工程热力学”和“传热学”获批“双万计划”首批国家级一流本科课程；《热工基础》入选首届全国教材建设奖能源动力类唯一优秀教材；《材料科学基础》获2020北京高校“优质本科教材课件”；“工程热力学”“工程流体力学”“工程图学”获学校全英文课程建设立项；拔尖创新人才培养，完善“吴仲华学院”的导师制、奖学金、特色课程等建设等；全面启动学院课程思政建设；举办优秀本科毕业生夏令营；杨勇平为动力工程系本科和研究生新生讲授入学教育公开课。

科学研究及平台建设。学院科研合同额1.04亿元；共获资助国家自然科学基金22项，工程热物理与能源利用学科基金申请与立项数均居全国前列；获批国家自然科学基金重大项目1项，取得历史性突破；获批河北省自然科学基金项目15项；作为牵头单位，获批1项“两机”国家重大专项项目；学院杨勇平、戈志华教授团队主持完成的“热电联产能量梯级利用与高效灵活供热技术开发与应用”获河北省科学技术发明一等奖；安利强教授研究成果“硬岩隧道掘进机施工增效与连续掘进关键技术及应用”获河北省科学技术发明奖二等奖；万书亭教授研究成果“基于多信息融合的高压断路机构状态检修关键技术及通用仪器设备”获河北省科技进步奖三等奖；举办2020年中国工程热物理学会热机气动热力学和流体机械学术会议暨国家自然科学基金项目进展交流会；动力工程系获评保定市2020年度科协系统优秀单位。

党团分工会及学生工作。疫情期间，完成学院北京校区237名研究生和455名本科生毕业证书邮寄与行李打包工作，“青春不散场”“初霁”等微视频和毕业季纪念品深受学生好评；“爱能动”思政工作“三全育人”二期建设获2020年“一院一品”项目资助支持并完成中期建设答辩；学院牵头建设的“能思擅用”校园普法和权益维护工作室建设工作完成中期答辩；学业与学生发展指导中心筹建初步完成；“心·动”二级心理辅导站完成工作室建设并开展班主任培训等相关工作；开展“勇担时代使命，书写奋斗华章”新生入学系列教育活动，校长杨勇平教授为能动学院2020级新生讲授“构建清洁低碳、安全高效的能源体系”的入学教育公开课；国网冀北电力有限公司电力研究院杨振勇、赵振宁为2020级学生讲授能源电力形势和技术前沿。学院团委获2020年学校五四评优表彰“先进团委”、团学骨干培训班“优秀组织单位”称号；社会实践项目获北京市优秀社会实践团队，1个团队入选北京双百行动计划；全国节能减排大赛和机械创新设计大赛克服疫情准备困难，获全国一等奖；第十七届“智星杯”新生辩论赛、“青春杯”新生杯篮球赛、“丹青绘青春，泼墨赞盛世”书法绘画大赛等多样性活动，开展篮球赛、羽毛球赛、党建知识竞赛、趣味运动会；学院第七届第二次教职工代表大会召开，全面扎实推进思想政治工作、人才队伍建设、教育教学质量、科学研究与平台建设等各项工作。学院的健走、动感颠球、羽毛球、乒乓球等“爱能动，爱运动”系列活动，得到教师的广泛认可；建设“暖心驿站”，改善教工之家基本条件；机械系教师杨文刚获学校首届教师教学创新大赛一等奖，同时获教学设计创新奖。

“十四五”规划。全面梳理“十三五”期间学院各项工作，发现问题短板，总结成功经验，成立规划编制专项工作组，广泛听取和采纳意见，凝聚智慧，初步完成“十四五”规划制订工作。

院长：杜小泽

书记：肖万里

（王　敏　李　非　谢海洋）

【“全国党建工作标杆院系”首批验收通过】 2020年，学院党委在创建“全国党建工作标杆院系”工作过程中，全面落实立德树人根本任务，将党建工作与一流学科建设和人才培养改革紧密结合，围绕新时代高校党建“双创”工作重点任务的“五个到位”，对应提出创建“政治核心标杆”“安全稳定标杆”“学习实践标杆”“基层建设标杆”“改革创新标杆”的建设思路，完善“三抓”“两建”“一协同”的“321”党建工作机制、提出学院党建工作“四梁八柱”和党委抓党建工作清单、以十大育人体系在学院的全面落地为方向推进“三全育人”综合改革、将意识形态责任制的落实整合为“把五关”、风险防控和安全稳定工作做到无死角和有效管控、创新党委理论学习形式、多举措支持和推进党支部标准化建设，促成一批暖心和提质增效工程建设，并按期完成建设任务，顺利通过验收。这是首批验收的10个高校党委、98个院系党组织、551个党支部之一。

（王　敏）

【与冀北电科院签署党委共建协议】 2020年7月16日，学院党委与冀北电科院党委签署党委共建协议。根据协议，双方围绕发挥党建引领作用、培养高层次人才、校企科研等多方面开展合作。

（张冬月）

【获评台盟中央抗击新冠肺炎疫情先进个人】 2020年12月3日，台湾民主自治同盟召开抗击新冠肺炎疫情表彰大会，会上共表彰抗击新冠肺炎疫情先进集体15个、先进个人120人。学院台盟盟员冼海珍获“台湾民主自治同盟抗击新冠肺炎疫情先进个人”荣誉称号。

（王　敏）

【杨勇平到机械工程系调研】 2020年10月8日，校长杨勇平到机械工程系进行工作调研，与系领导班子、教师代表进行座谈。并从学科发展、师资队伍建设、教学与人才培养、科学研究、对外交流与合作、治理体系与能力等六个方面，对机械工程系"十四五"规划和长期建设目标提出发展方向和具体要求。

（谢海洋）

【储能科学与工程新专业获批备案】 2020年，依托学院申报的储能科学与工程新专业获批备案，学院设置本科专业增至5个。7月，学校向教育部提交储能科学与工程专业申报材料，并于9月举办首届"全国储能技术专业学科建设论坛"，10月正式以能源动力与机械工程学院为依托，成立储能科学与工程教研室。借鉴国内外院校同类专业经验，经学校反复论证，形成"储能科学与工程"专业本科教育阶段的完整、可行的培养方案。基于新设的储能科学与工程专业，华北电力大学将进一步完善相关二级学科和交叉学科，完备储能技术人才培养专业学科体系，加快储能领域"高精尖缺"人才培养，增强产业关键核心技术攻关和自主创新能力，以产教融合发展推动储能产业高质量发展。

（王　敏）

【智能制造工程专业获批备案】 2020年3月，教育部下发的《教育部关于公布2019年度普通高等学校本科专业备案和审批结果的通知》(教高函〔2020〕2号)正式发布，机械工程系智能制造工程专业通过教育部审批和备案。

（谢海洋）

【新增2专业入选"双万计划"一流专业】 2020年，学院材料科学与工程专业入选国家级一流本科专业建设点，建筑环境与能源应用工程专业入选省级一流本科专业建设点。自教育部2019年启动一流本科专业建设"双万计划"以来，学院能源与动力工程、机械工程、材料科学与工程和建筑环境与能源应用工程4个专业全部入选"双万计划"一流专业建设点。

（王美瑄）

【获批国家级一流本科课程】 2020年，根据《教育部关于首批国家级一流本科课程认定结果的公示》，刘彦丰教授负责的"传热学"课程入选线下一流课程。"传热学"秉承"育人为根本、能力为重点、学习为中心、成效为标准"的教学理念，以立德树人为总目标，构建了综合考虑专业知识结构、个人发展、学生学习能力等因素的教学目标。连续6年开展研究性教学，突出学生学习的中心地位和学生的能力培养，提升课程的高阶性；已形成全程性、多样性、挑战度的考核模式。

（张　磊）

【教育部第二批新工科研究与实践项目立项】 2020年，张磊负责的"新兴技术范式下基于线上线下混合的能源与动力工程专业课程群教学模式创新与实践研究"获批教育部第二批新工科研究与实践项目立项。

（张　磊）

【河北省高等教育教学改革研究与实践项目立项】 2020年2月，河北省教育厅公布2019—2020年度河北省高等教育教学改革研究与实践项目，动力工程系张学镭申请的《新工科背景下基于固基础、强实践创新型人才培养的热力发电厂课程教学改革探索》、刘树华申请的《打造汽轮机原理混合式金课的课程教学改革与实践》2项项目获立项。

（张　磊）

【成立青年教师发展促进会】 2020年11月，学院成立青年教师发展促进会，为两地校区青年教师提供交流平台，并通过高水平的学术报告和高质量的学术讨论进一步提升青年教师和研究生的科学素质和科研方向的凝练，力争大幅度加快学院"双一流"学科的建设步伐及高水平学术人才的培养。

（王　敏）

【获批承担国家自然科学基金重大项目】 2020年12月，杨勇平教授作为负责人的国家自然科学基金重大项目"多能源互补的分布式能源系统基础研究"获批立项，总经费超过2100万元。这是学校首次获批承担国家自然科学基金重大项目，标志着学校在能源基础研究领域迈入国内先进行列，更是学校"双一流"建设取得的历史性突破。

（王　敏）

【举办国家自然科学基金项目进展交流会】 2020年10月，2020年中国工程热物理学会热机气动热力学和流体机械学术会议暨国家自然科学基金项目进展交流会在河北省保定市召开，会议由中国工程热物理学会和国家自然科学基金委员会主办，华北电力大学动力工程系、吴仲华学院承办，全国各高校、科研院所和工业界的广大同仁700余人参加会议。

（李　非）

【2项科研成果获省级以上科技进步奖励】 2020年，杨勇平、戈志华教授团队主持完成的"热电联产能量梯级利用与高效灵活供热技术开发与应用"获河北省科学技术发明奖一等奖。安利强教授研究成果"硬岩隧道掘进机施工增效与连续掘进关键技术及应用" 获河北省科学技术发明奖二等奖。

（王　敏　谢海洋）

【国家自然科学基金重点项目结题优秀】 2020年，学院徐进良教授承担的国家自然科学基金重点项目完成结题汇报，在10余个项目中结题为优秀，同时专家给出该研究成果在航天领域应用的结论。

（刘广林）

【获中国国际工业博览会高校成果特等奖】 2020年，学院孙健副教授和戈志华教授的科研成果"工业及民用新型超级热泵技术"，获第22届中国国际工业博览会高校成果特等奖，并受到多家媒体的关注，其中新华网、央广网和《上海科技报》等媒体进行相关报道。

（唐宁宁）

【举办全国储能技术专业学科建设论坛】 2020年9月，华北电力大学举办全国储能技术专业学科建设论坛，教育部、国家发改委、国家能源局，清华大学、浙江大学、上海交通大学等近30所高校，以及国家电网有限公司、南方电网公司等近20家能源电力企业参加会议。学校围绕锂电池材料与技术等储能技术和应用，全面布局储能学科发展，为我国储能学科建设发展和储能产业高质量发展作出自己的贡献。

（王 敏）

【获批22项国家自然科学基金项目】 2020年，学院共获资助国家自然科学基金22项，工程热物理与能源利用学科基金申请与立项数均居全国前列；获批国家自然科学基金重大项目1项，取得历史性突破。

（王 敏）

【举办首届优秀本科生夏令营】 2020年7月，学院举办首届优秀本科生夏令营，经过申请选拔，来自全国48个高校的106名优秀学子通过网络方式参与此次云端夏令营活动，为全国高校优秀学子搭建校际间互动交流平台，激发大学生从事科研创新的兴趣营造良好氛围。

（马美倩）

【举办能源之星学术夏令营活动】 2020年7月，学院举办第六届"Our Power"暑期优秀大学生夏令营活动。来自暨南大学、哈尔滨理工大学、燕山大学等全国各地近30所高等院校的优秀学子怀着建设未来中国能源电力的热忱，通过线上方式参加此次活动。

（张春明）

控制与计算机工程学院

【概况】 2020年，控制与计算机工程学院有在校生5629人，其中包括北京校本部本科生1825人，研究生715人；保定自动化系本科生995人、硕士研究生318人；保定校区计算机系本科生1518人、硕士研究生268人。在教师队伍中，有中国工程院院士、英国皇家工程院院士、全国师德先进个人、国家级人才项目入选者、首都劳动奖章获得者、北京市教学名师、河北省教学名师、北京市师德先进个人、北京市优秀教育工作者等。北京校部共有教职工170人，其中专任教师147人，教授34人，副教授49人，博士生导师26人，讲师33人。具有博士学位教师76人，党政及学生管理人员16人。保定校区自动化系教职工65人，其中专任教师22人，教授15人，具有博士学位教师32人，实验教师12人，党政及学生管理人员8人；保定校区计算机系教职工87人，其中专任教师63人，教授7人，副教授17人，具有博士学位教师33人，出国留学2人，实验室及技术人员6人、公共机房技术人员7人，系领导及管理人员15人。

2020年，学院拥有控制科学与工程一级学科博士点、博士后科研流动站，自设人工智能交叉学科博士/硕士点；拥有控制科学与工程、计算机科学与技术、软件工程三个一级学科硕士点，以及相应方向的电子信息类专业学位硕士授权点；设有自动化、测控技术与仪器、机器人工程、计算机科学与技术、软件工程、网络工程、信息安全、物联网工程、智能科学与技术等九个本科专业，其中"自动化"和"计算机科学与技术"入选国家首批一流本科专业（"双万计划"）。拥有"自动化"国家级教学团队和北京市优秀教学团队、"电子信息教育"省部级高等学校本科教育创新高地、"信息安全"省部级品牌特色专业。

2020年，学院建有新能源电力系统国家重点实验室——发电过程测控新技术实验平台，工业过程测控新技术与系统北京市重点实验室，北京市电力信息技术工程研究中心，燃烧及先进检测技术教育部创新团队，智能化分布式能源系统"111"引智基地等科研平台与科研团队，河北省发电过程仿真与优化控制工程技术研究中心；与国家能源集团共建"智能发电协同创新中心。学院作为主持单位承担国家"973"计划项目、国家重点研发计划重点专项、国家"863"计划重点项目、国家科技支撑计划项目、国家自然科学基金重点项目等，近5年科研经费总额超过3亿元，获国家科技进步奖一等奖1项、国家科技进步奖二等奖2项、各类省部级科技奖励20余项。

2020年，北京校部招收本科生483人，硕士研究生362人（学术硕士103人，专业学位硕士181人，非全日制研究生78人），博士研究生37人。保定校区自动化系招收本科生280人，硕士研究生139人。保定校区计算机系招收本科生337人，硕士研究生123人（学术型硕士为40人，全日制专业学位71人，非全日制专业学位硕士12人）。

2020年，北京校部有普通本科毕业生425人，研究生毕业生共计273人（全日制博士19人，全日制硕士206人，非全日制硕士48人）。本科毕业生一次就业率91.18%，研究生一次就业率94.92%。保定校区自动化系有普通本科毕业生247人，硕士研究生117人；计算机系有普通本科毕业生223人，硕士研究生95人（学术硕士36人，专业学位硕士38人，在职研究生20人，非全日制专业学位硕士1人）。

党建工作。控制与计算机工程学院党委获北京高校先进基层党组织，2017级学生党支部获校级先进基层党组织；焦润海获校级优秀党务工作者荣誉称号；杨婷婷、黄从智、谢锐彪获校级优秀共产党员荣誉称号。召开中国共产党华北电力大学控制与计算机工程学院党员大会，选举产生学院新一届党委委员。学院持续推进"三全育人"综合改革试点各项工作，取得新的成绩："一心五环"课程思政建设完成第一批示范课程验收，经验做法被人民网、《光明日报》等媒体报道；坚持名师引航和名师担任班主任制度，刘吉臻院士连续第19年为新生做入学教育，相关事迹被《光明日报》等媒体报道；袁桂丽教授、关志涛副教授被评为“我身边的好老师”。强化网络文化工作室建设，持续推送高质量推文，相关作品累计浏览量达1万余次，其中抗疫志愿者同学创作的条漫作品《测温枪的一天》引起广泛关注。在疫情期间，学院快速响应并深入落实疫情防控工作要求，全心全意关爱每一名学生，用实际行动助力打赢疫情防控阻击战。计算机系党委深入贯彻落实“不忘初心，牢记使命”主题教育精神以及党中央、校党委决策部署，在应对新型冠状病毒肺炎疫情期间积极作为，守土有责，守土担责，守土尽责，先后制定《计算机系学生疫情防控工作小组名单》《计算机系学生疫情防控工作方案》等文件，实现我系学生疫情防控工作制度化、规范化、程序化。严格落实基层党建工作重点任务，着力发挥基层党组织的政治核心和保障作用，尽职尽责，推进党建主体责任的落实，组织力量积极参加“双创”项目申报活动。系党委以及7个党支部完成换届选举工作；完成党支部调整工作，教工党支部新增人工智能教研室党支部，学生党支部全部实现纵向设置。在此期间克服疫情影响，开展2期积极分子培训，1期发展对象培训，发展党员54名。在疫情期间，自动化系党委理论学习中心组严格执行学习计划，共开展12次集中专题学习。举办“学习强国”知识竞赛和“学习强国”学习积分表彰活动，实行“学习强国”积分每半月情况通报制度，引导党员之间形成互学、互比、互促、互进的氛围；举办“学习党的十九届五中全会精神作品征集活动”，使得全会精神更加深入人心。面对疫情，充分发挥思想政治工作在应对新冠肺炎疫情中的积极作用，紧紧抓住党支部、团支部、班级、社团组织舆论主阵地，疫情期间，累计开展线上活动80余次，开展线上主题班会140余次，共推出“武汉加油，我们与你同在”“我是战‘疫’志愿者”等宣传产品20余期。严格执行党内选举有关规定，精心组织、科学安排，完成党委换届选举工作，新一届党委班子结构合理，从思想上、能力上、工作上有较大提升。调整党支部设置，强化党支部政治引领，强化教工党支部对业务工作的推动引领工作，并完成党支部的换届工作疫情期间，强化党建引领，号召全体师生党员走在抗疫最前线，当好示范领头雁。学生党支部发布《致自动化系全体学生党员的倡议书》《我是党员，我承诺》党员宣言，号召党员带头遵守学校规定，勇担社会责任。其中本科学生党员、班长、团支书联合发起“守望相助 共克时艰”公益项目，为湖北疫区累计捐款6000余元；累计60余名学生参与社区抗疫志愿者，他们以各自的方式为疫情防控作贡献；强化师德师风建设，开展“学好榜样，做好老师，育好人才”师德师风建设月系列活动，在微信工作平台推出师德人物专访，召开“我身边的好老师”经验分享交流会，发挥榜样力量，帮助广大教师树立崇高的职业理念。组织全体师生观看廉政警示教育片，召开党员干部廉政警示教育大会，抓好警示教育。召开支部纪检委员培训工作会，提高监督履职能力。按照“党风廉政风险控制责任清单”及“安全稳定责任状”，明确责任，严格防控，保证党风廉政建设和安全稳定工作零事故。将意识形态工作纳入党委重要工作议程，高度重视舆情工作和“两微一端”管理，加强监督和管理工作。制定《自动化系疫情防控期间加强学生思想政治教育工作实施方案》，加强疫情防控常态下学生意识形态安全教育的引导，开展多场爱国主义和理想信念教育。

学科建设。北京校部积极参与新一轮学科申报工作，组织申报“软件工程”一级学科博士点和“电子信息”专业学位博士点。紧抓国家特色软件发展机遇，联合中电普华、国电智深、百度公司联合申报首批特色化示范性软件学院。加强学科交叉融合，实施计算机学科ESI提升计划，2020年7月，计算机学科进入ESI全球前1%学科行列。完成第五轮三个一级学科(控制科学与工程、计算机科学与技术、软件工程)的学科评估工作。

2020年，人工智能专业批准成立以来，保定校区计算机系进行课程及实验室等一系列学科建设，至年底，形成5个门类比较齐全的专业方向。

教育教学。北京校部本科方面，“现代控制理论”获批国家级一流本科课程；“人工智能+电力专业结构调整优化机制探索与实践”获批教育部新工科研究与实践项目。按照工程认证标准和要求，完成自动化专业工程教育专业认证各项工作。完成2项校级教改重点项目、12项校级教改一般项目和1项校级教改专项项目等教学建设任务。基本完成发电过程半实物仿真系统一期建设任务。申报2021年教育部改善办学条件专项经费200万元，通过教育部专家答辩。成功承办“中国高校人工智能人才国际培养计划”2020高校人工智能训练营，录取了来自清华大学等112所高校的300余名学生参加培训。完成2016级本科就业工作。研究生方面，完成“控制科学与工程”博士研究生培养方案以及“控制科学与工程”“计算机科学与技术”“软件工程”三个学术学位研究生培养方案的修订工作。完成2020年研究生招生工作，录取人数311人，同比增长57%。完成2021年研究生报名工作，累计1331人报考学院全日制研究生，同比增长10.1%。举办首届“智慧控计”优秀大学生夏令营活动，吸引优秀本科生保送本院研究生继续深造，38名优秀学子通过免推考核成为控计2021级研究生，创历年之最。完成“新能源发电控制技术”等6门校企联合课程的建设并实施第一期校企联合课程的授课计划。与山东电科院等多家企业签署校企联合培养协议。完成2016级研究生就业工作。保定校区计算机系围绕高等教育“立德树人”的根本要求，积极开展师资队伍建设、学科建设、教学改革、实验室建设等工作，取得一系列成果。2020年翟永杰获“河北省优秀教师”称号，翟永杰、白康获华北电力大学“我身边的好老师”称号。白康获2020年华北电力大学青年教师教学基本功比赛一等奖第二名。1名教师博士后出站入职，1名教师获博士学位，1名教师入选学校创新人才支持计划；教育部工程研究中心建设规划通过专家组评审；完成软件工程博士点、示范性软件学院、软件工程国家双万计划、信息安全河北省一流本科专业、人工智能专业的申报工作；完成人工智能实验室(Ⅰ)期建设任务，申报2021年教育部改善办学条件专项经费510万元，通过教育部专家答辩；获批教育部产学研项目15项、计算机基础教育研究会项目15项、河北省教改项目1项，出版高等学校计算机类国家级特色专业系列规划教材1部、“十三五”规划教材2部。保定校区自动化系积极配合完成自动化专业工程教育认证工作。自动化系教师克服疫情影响，认真完成教学工作，认真完成年度各项教学工作任务，教学秩序正常，教学效果良好，无教学过失及教学事故发生。青年教师积极探讨网络授课方式方法，探索虚拟仿真实验实践环节教学方法，获学校好评。1项教改项目获教育部产学研合作育人项目立项，1名教师牵头教改项目获河北省教改项目立项，1项校级虚拟仿真实验教学项目立项资助，“一院系一课程”课程思政示范课通过验收、评价结果为良好。同时，召开课程思政专题研讨会，探讨对课程思政的理解，思考和建设思路方法，深入加强课程思政建设规划、课程思政全覆盖和示范课培育建设等工作。

科研工作。北京校部加强国家自然科学基金申报的组织工作，成功组织申报34项，组织校内外专家对部分基金申请书进行预评审，提高申请书质量，获批包括国际(地区)合作与交流项目的国家自然科学基金项目9项，基本完成学校科研院下达的申报项数指标要求。结合学校双一流学科建设目标，围绕国家战略需求，积极承担国家重点研发计划等重要项目，本年度完成科研合同总额7542万元，纵向经费超过2500万元。作为第一完成单位获省部级二等奖1项。保定校区计算机系完成科研合同总额781万元，积极组织国家级、省部级等各种科研基金项目的申报工作，组织申报国家自然基金8项，河北省自然基金10项，中央高校基本科研业务费项目5项，获批中央高校基本科研业务费项目5项。高水平论著持续稳定增长，发表期刊论文78篇(SCI 24篇、EI论文40篇)；共获计算机软件著作权9项，发明专利9项，实用新型10项，外观设计4项，省部级奖2项。自动化系完成科研合同额1861万元，其中纵向808元，横向1053万元。获新疆维吾尔自治区科学进步奖二等奖1项(参与单位)。

师资队伍建设。北京校部完成人才引进工作，立足第五轮学科评估和新一轮一级学科博士点申报，以及人工智能学院建设需求，引进海外学者2人、国内高水平人才3人。注重青年人才的培养，成功申报青年长江学者1人。保定校区计算机系大力引进人才，引进应届博士毕业生5位；两人取得博士学位，两位教师出国做访问学者。保定校区自动化系重视青年教师培养，为青年教师配备成长导师，促进青年教师教学、科研全面发展。召开人才引进专题会议，调动广大教师的积极性，明确责任，分配任务，加大师资引进力度，2020年签约师资2名。

对外合作交流。顺利实施国家留学基金委2020年创新型人才国际合作培养项目，戴晓燕，关玉儒等5名学生前往荷兰格罗宁根大学攻读博士学位，其中关玉儒同学瞄准中国多尺度碳排放清单及应用等开展研究，以第一作者身份录用SCI一区TOP期刊论文1篇；4名研究生获上海合作组织大学奖学金，将前往俄罗斯莫斯科动力学院和南乌拉尔国立大学进行为期一年的学习交流；与俄罗斯新西伯利亚国立大学签署本科生“2+2”合作协议。邀请加拿大工程院院士、达尔豪西大学机械工程系Ya-Jun Pan教授做了题为“*Cooperative Multi-Rpbpt Suste's*”的报告；邀请施阳教授、Steven X Ding教授、Hamid教授、方华臻教授等进行了线上讲座与学术交流活动。

学生工作。疫情防控工作方面，出台《控计学院新冠肺炎疫情防控工作方案》，从教育教学、思想政治工作、心理辅导、就业服务等方面，完成延期开学阶段学生的教育管理和服务工作。建立三级信息统计网络，落实每日报告制度，坚持全面精准摸排学生的身体状况、出行情况和其他信息。学生党支部号召党员、发展对象和积极分子主动发挥先锋模范作用，遵守各项防疫管理规定，带动身边同学配合学校及各地方政府、社区做好防疫工作。加强与学生家长的联系，进行学生心理状态的动态监管，通过增加交流频次，有针对性开展心理咨询工作。在党建思政工作方面，深入开展党史、新中国史、改革开放史、社会主义发展史学习教育活动，录制微党课，举办“学四史 铭初心”主题作品展。运用新媒体发挥网络育人功能，通过官方公众号“ncepu薪火控计”先后发布主题线上团日活动、麻辣E先锋、E家点评等十数篇推送，引导学生正确认识疫情、进行榜样教育、学业辅导，相关作品累计浏览量达10000余次。就业工作方面，向全体毕业生发放就业情况调查问卷，通过班级就业委员进行招聘信息整理分类、问题收集汇总，随后由辅导员开展一对一深度辅导，与学生共同分析研判就业形势及个人定位。日常管理方面，分批次完成研究生860人，本科生1754人返校工作，及核酸检测报销工作。进行研究生、本科生五个年级的综合测评工作、奖学金评定工作、贫困生认定和助学金评定工作。完成贫困生资助工作，建立健全详细的贷款生档案，开展以“诚信育人”为主题的主题班会活动。保定校区计算机系以“立德树人”为核心，立足于打赢防疫抗疫保卫工作，围绕毕业生离校，学生评优，学生就业，学生创新，大学生征兵入伍等方面，以宿舍文化建设，优良学风提升，创新能力培养等方面为重点，分别开展为毕业生义务打包，就业线上辅导，辅导员进宿舍，斑斓青春风采大赛，系辩论赛，校规校纪大赛，研究生国家奖学金答辩，计算机系体育节，征兵动员会等一系列活动。自动化系高度重视就业工作，领导班子积极谋划，全力推动，抓住教师队伍、学工队伍两支队伍形成育人合力，构建“制度保障、领导牵头、名师指引、班主任辅导、辅导员促进、朋辈助力”的“全员、全过程、全方位升学就业服务体系”。通过采取数据摸底、复试辅导、精准调剂等举措，2020年考研录取率45.74%，保定校区排名第一，深造率46.9%，较去年提高4.2%。自动化系依托国家级仿真教学中心、艾默生实验室、智能车俱乐部、科创培训课堂等平台，持续完善“1＋3＋N”创新实践平台体系助推创新人才培养。2020年学生参加创新竞赛获省部级以上奖励共80余项。学生参加中国智能挑战赛中获全国特等奖1项，二等奖2项；参加智能车竞赛中获全国一等奖1项，二等奖3项，三等奖2项。参加“蓝桥杯”全国软件和信息技术专业人才大赛获省一、二等奖各1项。指导大学生创新创业计划项目获12项国家级项目立项。

工会工作。北京校部重视工会小家建设，获评2020年度北京市先进教职工小家。疫情期间，分工会认真做好疫情防控有关工作，为出行不便的会员邮寄防疫物资；先后组织100余名青年教职工到学生宿舍邮寄材料、打包行李。特殊形势下召开线上教职工代表大会，学习贯彻学校工作报告和周坚书记讲话精神，做学院工作报告和财务报告，谋划学院进一步发展。持续重视青年教师的培养，积极组织好青年教师教学基本功比赛。积极组织各项文体活动，加强小家建设。“红叶”合唱团、羽毛球协会、篮球协会定期开展活动，举办踢毽比赛、跳绳比赛、冬季健走、广场舞比赛等活动，丰富广大教职工的业余生活。计算机系分工会建立工会活动和院系公益活动积分制度，极大地调动会员积极性；围绕提升“三全育人”意识，开展师德师风建设活动月，评选并表彰师德建设月先进个人；组织全系教工开展“庆三八系列活动”，包括“拼盘设计大赛”“露一手面点大赛”“战‘疫’有我·携手同行短视频制作大赛”等活动。举办教职工荣休仪式，荣休仪式作为计算机系一项重要的文化建设活动，体现院系对荣休教职工的关怀，激励着教职工们继承优良传统，不忘初心，砥砺前行；组建骑行队，以绿色环保为主题，旨在倡导低碳出行的生活方式，宣传环保、健康的生活理念，以实际行动号召并鼓励广大党员和群众选择绿色出行方式；组织开展“青年教师讲课比赛选拔赛”，参赛选手共计25名，评委近30人次，10多位工作人员，实现青年教师全员参与、以赛促教、提升教学能力的效果，推选选手在2020年校讲课比赛获二等奖；多次前往阜平县扶贫驻村工作队现场学习，并捐赠米面油、采暖器材等生活物资，为工作队解决实际困难；在线上运动会中获平板支撑一等奖、跳绳比赛二等奖、教职工广播体操比赛三等奖等多项荣誉；慰问并探望退休教职工、生育女教工等。

党委书记：孟大伟

院　　长：房　方

（胡建强　苏　谨　闫　蕾　张长明）

【2专业入选国家级一流本科专业建设点】 2020年1月，教育部公布首批国家级和省级一流本科专业建设点名单，控制与计算机工程学院自动化专业和计算机科学与技术专业入选国家级一流本科专业建设点。

（吴　迪）

【计算机科学学科进入ESI世界前1%行列】 2020年7月9日，科睿唯安基本科学指标数据库（Essential Science Indicators，简称ESI）公布最新数据，控制与计算机工程学院“计算机科学”学科首次进入ESI世界前1%行列，成为学校第6个进入ESI世界前1%的学科。

（吴　迪）

【举办首届智慧控计优秀大学生夏令营】 2020年8月22日，华北电力大学控制与计算机工程学院举办首届“智慧控计”优秀大学生夏令营。“智慧控计”优秀大学生夏令营活动是华北电力大学控制与计算机工程学院为全国高校优秀大学生组织的一次学术交流活动，其宗旨是为广大学子提供走进华北电力大学、全面了解控制与计算机工程学院，激发科研创新兴趣与热情，促进学术思维碰撞与交流的机会，同时选拔有培养潜力的优秀学生在控制与计算机工程学院继续深造

（吴　迪）

【中科院先导杯大奖赛组委会发来感谢信】 2020年8月，控制与计算机工程学院收到“中科院先导杯并行计算应用大赛”组委会发来感谢信，祝贺学院学子王子轩、姚鹏飞、赵鹏飞、核科学与工程学院刘枭及河北工业大学辛东岳所在“Hello－world！战队”在基础算法赛道的“最短路径问题赛题”中获“优胜奖”奖项，同时对华北电力大学对参赛学生的辛勤培育、悉心指导与支持表示感谢。

（吴　迪）

【刘吉臻院士连续19年为新生讲授入学第一课】 2020年10月10日，中国工程院院士刘吉臻教授在主楼礼堂为控制与计算机工程学院2020级全体学生讲授精彩的新生入学教育，这也是刘院士连续第19年给新生进行入学教育。控制与计算机工程学院党政领导班子及2020级辅导员共同聆听课程，活动由学院党委书记孟大伟主持。

（吴　迪）

【关国珍到学院调研】 2020年10月19日，北京市学校德育研究会会长关国珍、北京市学校德育研究会副会长兼秘书长谢春风一行到学院参观走访。校党委书记周坚、党委副书记汪庆华，学校宣传部、后勤管理处负责人陪同走访。

（吴　迪）

【专家组进校现场考查自动化专业】 2020年10月26日至10月27日，受中国工程教育专业认证协会委派，以武汉科技大学副校长吴怀宇教授为组长的专家组进驻华北电力大学，对自动化专业进行工程教育认证现场考查。专家组成员中国矿业大学马小平教授、南京南瑞继保电气有限公司黄健教授级高级工程师，专家组秘书江苏理工学院教务处副处长俞洋副教授及武汉科技大学教务处主任科员肖静出席现场考查见面会。华北电力大学副校长王增平，学校各相关职能部门负责人、控制与计算机工程学院领导班子成员和教师代表参加有关活动。

（吴　迪）

【参加电力行业网络安全攻防邀请赛获佳绩】 2020年11月17日，为期109天的2020年电力行业网络安全攻防邀请赛落下帷幕。此次赛事吸引来自电网公司、发电等企业

各级单位网络安全技术、运维和管理人员，以及国内网络安全领域知名企业、科研机构、高等院校、职业院校等350个单位参赛。从9月份开始，经过线上赛、分区赛的激烈竞争，最终共50支队伍晋级总决赛，其中职工组41支、学生组9支。学生组采用CTF(Capture The Flag)赛制。学生组团队成绩方面，来自华北电力大学控制与计算机工程学院的三支学生战队进入总决赛，其中由刘子轩、余杰、谢沅伯、叶海杰组成的"CTF-穿堂风"战队取第三名，获中国电力企业联合会颁发的"卓越技能战队"称号。

（吴　迪）

【成立学科建设基地】 2020年5月27日，华北电力大学计算机系复杂能源系统智能计算教育部工程研究中心、大数据产业基地、人工智能产业基地成立。

（付润泽）

【召开复杂能源系统智能计算教育部工程研究中心培育评审会】 2020年10月27日，计算机系召开复杂能源系统智能计算教育部工程研究中心培育评审会，与会专家给出中肯的意见和建议，为计算机系的重点实验室建设献计献策。

（付润泽）

【完成52门线上教学课程】 2020年，受疫情影响，自动化系教师出色完成52门线上教学课程，青年教师积极探讨网络授课方式方法，探索虚拟仿真实验实践环节教学方法，获学校教务处好评。

（陈亚东）

【大学生创新创业获佳绩】 2020年，自动化系学生在中国智能挑战赛中获全国特等奖1项，二等奖2项；在智能车竞赛中获全国一等奖1项，二等奖3项，三等奖2项。在"蓝桥杯"全国软件和信息技术专业人才大赛中或省一等奖二等奖各1项。

（陈亚东）

【考研录取率连续三年保定校区排名第一】 2020年，自动化系通过采取数据摸底、复试辅导、精准调剂等举措，2020年考研录取率45.74%，在保定校区排名第一，深造率46.9%，较去年提高4.2%。考研录取率连续三年保定校区排名第一。

（陈亚东）

【自动化系学工队伍成绩突出】 2020年，自动化系获评2020年学生工作先进院系。辅导员陈亚东获河北省"骨干辅导员"荣誉称号，苑朝获"十佳班主任"荣誉称号。

（陈亚东）

经济与管理学院

【概况】 2020年，经济与管理学院在北京设学院本部，在保定校区设经济管理系。学院现有2个省部级重点学科、1个省部级重点实验室，1个省部级实验教学示范中心、1个国家级虚拟仿真实验教学中心，1个省部级研究基地。设有2个博士后科研流动站，在站博士后12人；2个一级学科博士点、3个一级学科学术学位硕士点，4个专业学位硕士点。11个本科专业。学院有教职工232人(其中保定74人)，专任教师189人(其中保定62人)，教授47人(其中保定13人)、副教授91人(其中保定27人)，具有博士学位的教师有138人(其中保定45人)，有实验及技术人员6人(其中保定1人)、党政及管理人员42人(其中保定12人)。

学院有毕业学生1512人(保定454人)，其中博士研究生18人，全日制硕士研究生209人(保定93人)，在职工硕99人(保定27人)，MBA硕士123人(保定0人)，普通本科生662人(保定206人)；学院(系)招生2040人(保定594人)，其中博士研究生博士生32人，全日制硕士研究生469人(保定128人)，非全日制硕士研究生629人(保定229人)，MBA硕士107人，普通本科生801人(保定369人)；学院在校生6374人(保定2406人)，其中，博士研究生267人，全日制硕士研究生1224人(保定339人)，非全日制硕士研究生1455人(保定588人)，在职工硕187人(保定75人)，MBA硕士296人，普通本科生3209人(保定1404人)。本科生的英语四级一次通过率院部85.85%(保定92.49%)，本科毕业生一次就业率院部84.43%(保定81.07%)，深造率院部47.15%(保定33.50%)。学院签订纵横向科研项目220个，其中纵项44项、横项176项，实现科研合同金额共计10450.3万元(保定357.3万元)；共发表论文532篇，其中三大检索收录352篇，核心期刊53篇。出版专著16部。

学院共获省部级以上奖励272人次，其中，本科生获奖207人次，研究生获奖63人次，教师获奖2人次。学院拥有经济与管理系(保定)1个、教研室11个、研究所28个，新增实验室1个、学生实习基地5个。学院设有62个党支部(保定16个)，拥有中共党员915人(保定278人)、发展党员207人(保定71人)。学院设有157个学生班级(保定58个)，设有辅导员岗位22个，其中正式编制9个(保定6个)、聘任4个、兼职9个。

2020年，学院大力推进"双一流"建设，获国家重点研发计划资助1项，国家自然基金资助6项，国家社科基金资助1项，科研经费总额近1亿元，其中纵向科研经费1558万元，横向科研经费8535万元。公开发表论文440篇，其中核心期刊44篇，SCI/SSCI收录204篇，出版专著11部。

2020年，学院获国家级线上线下混合一流课程、虚拟仿真实验教学一流课程各1门；获北京市级一流专业1个，优秀本科育人团队1个，优质课程1门，优质教材1部，虚拟仿真实验项目1项。首次开展研究生网上招生工作；修订研究生培养方案；研究生优质课程建设3门、在线课程3门、教材建设2本；成功申报审计专硕授权点；制定、实施硕士学位论文匿名评审结果处理办法；制定学生专业实践评价标准；新建4个培养基地；MBA校友会换届；首次招收同等学力博士研究生；招收来自11个国家的留学研究生38名。

2020年，学院开展首届十大金牌教师、课程、教材、案例评选工作；行政机构改革与优化，实现全体行政人员岗位调整；制定新的人才引进规划，新引进优秀青年教师5人；承办第十二届"创新创业"全国管理决策模拟大赛总决赛暨创新创业与虚拟仿真教学协同发展研讨会；举办华北电力大学第七届"尖烽 时刻"商业决策模拟挑战赛。

院长：李彦斌（李伟 保定经管系主任）

书记：张瑞雅（祝志杰 保定经管系书记）

学院（系）网址：http://business.ncepu.edu.cn

https://jg.ncepu.edu.cn/

（范鸿德　张　清　李文姝　王　宁　王宛冰　王栎浩　郑阳春）

【邀请同行专家到学院交流】 2020年1月7日，为加快落实学校第二次党代会的发展目标和战略部署，学院邀请中国石油大学（北京）经济管理学院院长杨棉之、中国矿业大学（北京）管理学院院长丁日佳、北京化工大学经济与管理学院院长唐方成、北京服装学院商学院院长赵洪珊、国家能源集团电科院原院长刘建民等兄弟院校领导和行业专家来学院指导交流，学院院长李彦斌陪同。

（范鸿德）

【发动教师为受疫情影响的学生捐款】 2020年2月19日，为积极应对新冠肺炎疫情对学生学习和生活带来的影响，经济与管理学院积极响应以习近平同志为核心的党中央的号召，一方面积极做好网上授课的工作，全面实现疫情期间"停课不停教、停课不停学"，另一方面心系学生的学习生活情况。为帮助学院全体学生在疫情期间都能顺利听课，克服学习、生活上的一些困难，学院党委向学院全体教工党员、群众发出"众志成城 共克时艰 我们在行动"倡议书，为受疫情影响需要帮扶的学生捐款。全力保障学院湖北地区64名学生的学习与生活，学院特为每位现在身处湖北地区的学生发放慰问金。

（范鸿德）

【曾鸣教授接受国家能源局书面调研】 2020年，按照科学编规划、开门编规划的要求，国家能源局围绕"十四五"能源规划重点问题正组织对能源领域权威专家进行书面调研。曾鸣教授作为受邀的主要专家之一，对"十四五"期间能源规划相关的十八个重点问题进行解答。他表示，"十四五"期间，"四个革命、一个合作"能源安全新战略需要落到实处，要在能源供应、能源消费、能源体制改革、能源技术创新和能源国际合作方面取得更为显著的实质性进展，最终构建清洁低碳、安全高效的现代电力工业体系。曾鸣教授还对智慧能源系统建设、需求侧管理、能源互联网、能源体制改革等能源发展热点问题做出评判。

（范鸿德）

【杨勇平莅临学院调研指导】 2020年3月31日，校长杨勇平到经济与管理学院调研，书记于新华、院长李彦斌及领导班子全体成员参与调研。座谈会上，于新华汇报学院新型肺炎疫情防控工作情况与2020年重点工作计划。李彦斌围绕深造率、人才培养、科学研究、国际合作、学科建设、管理及其他六个方面汇报学院过去一年的工作情况及取得的成就，同时，以主动发展、文化发展、创新发展三个方面为基本点，对学院未来工作发展做出展望。学院其他领导班子成员就各自重点工作进行简要汇报。杨勇平对经管学院重点工作做出重要指示。在调研期间，杨勇平参观学院正在筹建中的问题链教学基地—"管吧"，听取李彦斌对"管吧"的介绍，充分肯定"管吧"在未来人才培养、学术交流方面的创新理念。

（郑阳春）

【MBA校友积极发起爱心奉献 携企业与当地社区共同抗疫】 2020年，MBA2007级校友赵志浩，远在菲律宾工作生活，疫情暴发后，他以所在中资企业的名义，与当地华人华侨一同筹集医疗防护用品和生活物资，包括5吨大米和600多斤鸡蛋，并将这些物资分送到贫困社区。面对人类共同的挑战，面对这场前所未有的重大传染性疾病，MBA学子，虽身在海外，依旧彰显华电学子的社会责任与担当，用实际行动践行中国领导人倡导的构建人类命运共同体的庄严承诺。

（郑阳春）

【成立本科教学督导组】 2020年5月25日，学院在教一楼207会议室召开第一届本科教学督导组成立会议，学院院长李彦斌及督导组全体成员参加。会议由李泓泽副院长主持。李彦斌院长向督导组的成立表示祝贺并为督导组成员颁发聘书，希望大家在后续的工作中充分发挥督导作用，对学院的教学工作进行监督和指导，并提出建设性意见，使学院的教学工作水平不断提高。

（郑阳春）

【承办经济管理类虚拟仿真实验教学项目建设与申报在线研讨会】 2020年6月18日至19日，"经济管理类虚拟仿真实验教学项目建设与申报在线研讨会"以在线方式举行。来自全国247所高校的689名教师参加此次研讨会。华北电力大学经济与管理学院院长、华北电力大学电力经济管理国家级虚拟仿真实验教学中心主任李彦斌教授代表主办方、承办方、协办方致辞，并主持第一阶段的报告。通过承办研讨会，进一步扩大实验中心在全国经管类专业实验教学方面的影响力，学院将继续在合作共赢思想的指导下推动虚拟仿真金课的共筹共建共享。

（郑阳春）

【召开纪念建党99周年党员大会】 2020年7月1日，为隆重纪念建党99周年，经济与管理学院党委通过腾讯课堂线上线下结合的方式，开展纪念建党99周年党员大会，学院党委委员、班子成员、全体师生党员及入党积极分子代表，共743人共同参与此次活动。会议由学院党委副书记谢桂庆主持。在庆祝中国共产党成立99周年之际，为进一步激励全院各基层党组织和师生党员接续奋斗，学院党委对电力经济教研室党支部、2017级学生党支部、曾鸣、于新华、何平林、董宏伟、孙晓琼、秦光宇等获华北电力大学先进党组织、优秀共产党员和优秀党务工作者的集体和个人予以表彰，随后获表彰集体和个人代表依次发言，为与会师生分享自己的心得和感悟。

（郑阳春）

【参加第六届全国大学生能源经济学术创意大赛获佳绩】 2020年7月11日至12日，由中国优选法统筹法与经济数学研究会主办、低碳发展管理专委会和中国石油大学（华东）共同承办的第六届全国大学生能源经济学术创意大赛总决赛在云端举办。本届大赛共收到来自92所高校的588份有效参赛作品。受疫情影响，本届大赛首次采用网络直播方式进行，并由中国工程院提供技术支持。大赛网络直播高峰频段，有近1.5万人在线观看，赛事影响力巨大；不少学生表示，通过观看为期两天的决赛直播，相当于上一堂学术前沿课，收获颇丰。学校有10件本科生作品获三等奖，2件本科生作品进入决赛。研究生组初评中，7件作品获三等奖，3件作品入围决赛。学校获第六届能源经济学术创意大赛优秀组织奖。

（郑阳春）

【毕业生行李打包寄送工作】 2020年7月15日，受疫情影响，毕业生无法如期返校，为做好毕业生的行李、物品打包邮寄工作，班主任、研究生导师所在党支部、教研室责任包干制，做到精准核算各教工党支部、教研室任务清单和工作量、精准对接学生志愿者和机关党员志愿者、精准解学生意愿，做到党政干部践行一线规则，全员参与、认真负责、迎难而上。学院党委在广泛动员教工的基础上，还积极响应学校号召，主动和兄弟单位党组织结对子，工作期间得到机关党委书记张德安、校工会常务副主席林长强、对外联络与合作处处长李宁、校友与教育基金工作办公室主任黄向军、体育教学直属党支部书记曹运华、校医院直属党支部书记杨万华、档案馆馆长陈军、校团委副书记王新军等兄弟部门领导和教职工志愿者及继续教育学院、科研院、图书馆等部门教师志愿者的大力支持。7月4日至8日，学院150余名教工用时5天，为741名学生累计打包行李4407件。6月21日至6月28日，经管系60余名教工用时7天，为301名学生累计打包行李4407件。

（郑阳春　张　清）

【承办全国管理决策模拟大赛总决赛】 2020年8月14日至16日，由虚拟仿真实验教学创新联盟经济管理类专业工作组主办，华北电力大学承办的第十二届“创新创业”全国管理决策模拟大赛总决赛以“云竞赛”的形式举行。副校长王增平出席大赛开幕式并致辞。开幕式由华北电力大学经济与管理学院院长李彦斌主持。出席本次开幕式的嘉宾还有虚拟仿真教学创新联盟副秘书长周勇义、虚拟仿真实验教学创新联盟经济管理类专业工作组组长兼全国管理决策模拟大赛组委会主任张小岗，北京工商大学嘉华学院财务与金融学院院长秦艳梅、对外经济贸易大学教务处副处长周博、全国管理决策模拟大赛组委会秘书处负责人张奕多，华北电力大学工程训练与创新创业教育中心、经济与管理学院、电力经济管理国家级虚拟仿真实验教学中心的相关负责教师。

（郑阳春）

【周坚指导学院开展教职工疫情防控开学第一课】 2020年9月1日，校党委书记周坚到经济与管理学院指导教职工疫情防控开学第一课。周坚首先听取经管学院党委书记张瑞雅讲的开学第一课。张瑞雅以“深怀感情 铭记责任 高度自觉率先垂范，做学生常态化疫情防控的榜样和引路人”为题的疫情防控开学第一课。周坚对疫情防控期间经管学院的工作表示肯定．院长李彦斌做总结讲话，号召全体教职工落实周书记指示，为学校疫情防控和双一流建设做贡献。

（郑阳春）

【召开学科建设工作研讨会】 2020年9月3日，学院召开学科建设工作研讨会。学科建设处副处长（主持工作）李惊涛、学院领导班子成员、学院全体正教授及相关工作人员出席研讨会。会上，以乌云娜、牛东晓、曾鸣等二岗教授为代表的学院全体教授们积极建言献策。教授们聚焦学科建设中的若干关键性问题，如高层次人才引进、青年人才培养、智库建设等问题纷纷提出诸多建设性意见。李惊涛围绕学院的学科建设前景规划、学校的相关支持政策及学科建设的主要发力点等有关情况对老师们进行解读和说明。

（郑阳春）

【牛东晓教授获国家重点研发计划项目立项】 2020年，由华北电力大学作为牵头承担单位、浙江大学、清华大学、东北电力大学、北京清畅电力技术股份有限公司共同参与、华北电力大学经济与管理学院牛东晓教授作为首席科学家负责组织申报的国家重点研发计划项目《制造业多价值链协同数据空间设计理论与方法》（基础研究类）获批准立项，（项目编号：2020YFB1707800），该项目属于国家科技部高技术研究发展中心的“网络协同制造和智能工厂”重点专项。学校“双一流”建设推动下，学院在国家级重大科研项目领域的科研工作取得历史性突破，学院科研水平再上一个新的台阶。

（郑阳春）

【李彦斌出席能源工业云网发布会】 2020年11月19日，由国家电网建设运营的能源工业云网暨“e装备”上线活动在京举行。国家电网有限公司总经理辛保安、国家能源局总工程师向海平、工业和信息化部信息技术发展司一级巡视员李颖和国资委科创局副局长柳长森等出席会议。院长李彦斌应邀出席能源工业云网发布会并参加能源工业互联网实验室合作共建签约仪式。

（郑阳春）

【周坚出席学院党员大会】 2020年11月24日，中国共产党华北电力大学经济与管理学院党员大会在主楼礼堂召开。校党委书记周坚，党委常委、组织部部长鹿伟出席大会，经济与管理学院全体党员参加大会，相关党外人士代表列席会议。大会审议通过学院上一届党委党费收缴、管理和使用情况报告。大会采用无记名投票和差额选举的办法选举产生新一届党委委员。大会结束后，学院新一届党委委员们召开第一次全体会议，按照相关程序对党委书记和副书记候选人进行选举，并进行委员分工。会议由学院党委副书记谢桂庆主持。

（郑阳春）

【1重点专项项目立项】 2020年12月14日，由经济与管理学院牛东晓教授作为负责人申报的国家重点研发计划重点专项项目获批立项。这是学校首次承担"网络协同制造和智能工厂"国家重点专项项目。该项目立项表明，学校牵头组建的一流科研团队开始在国家新兴战略领域发挥重要作用。

（郑阳春）

【参加首届能源供应链产学研协同创新论坛】 2020年12月15日，第一届能源供应链产学研协同创新论坛在北京举行。来自华北电力大学、浙江大学、北京物资学院、合肥工业大学、国家电网、中国电力企业联合会、国家能源集团的数十位从事供应链管理研究的企业高管、知名专家学者参会。论坛采取线下和线上直播方式同步开展。华北电力大学副校长郝英杰致辞，华北电力大学经济与管理学院院长李彦斌主持。

（郑阳春）

【举办学习十九届五中全会精神辅导报告会】 2020年12月15日，学院党委在教三报告厅举办学习十九届五中全会精神辅导报告会。报告会邀请到学校十九届五中全会精神宣讲团成员、原校党委副书记、校关心下一代工作委员会常务副主任朱常宝宣讲。学院全体师生党员、发展对象、积极分子以及学生骨干代表参加报告会。报告会由学院党委书记张瑞雅主持。

（郑阳春）

【2项成果获高等学校科学研究优秀成果奖】 2020年，教育部第八届高等学校科学研究优秀成果奖（人文社会科学）评选结果公布。学院2项成果获奖，其中二等奖1项、三等奖1项。教育部高等学校科学研究优秀成果奖（人文社会科学）于1995年设立，原名中国高校人文社会科学研究优秀成果奖，每三年评选一次，是教育部为表彰奖励高校人文社会科学工作者取得的突出成绩，鼓励高校科研人员严谨治学、勇于创新、铸造精品的一项重大举措。该奖项是国内目前人文社科领域最具公信力和影响力的重要奖项。相较于往届，此次学院在获奖等级和总数方面均有较大提升。

（郑阳春）

【获评北京高校优秀本科育人团队】 2020年，李彦斌教授领衔的问题链教学基地育人团队获评北京高校"优秀本科育人团队"。李彦斌团队以国家级特色专业工商管理为依托，创立"五主"育人模式，采用问题链七步教学流程，实现"五见"育人目标，简称"575"创新体系。即强调以问题为主线、学生为主体、虚仿为主打、教师为主人、企业家为主裁的"五位一体"育人模式，遵循"提出问题→确定问题→分析问题→解决问题→讲授理论→虚拟仿真→验证问题"的七步教学流程，实现"见成长、见能力、见品德、见效果、见发展"的新时代大学生培养目标。

（郑阳春）

【召开换届选举党员大会】 2020年11月24日，中共华北电力大学经济管理系委员会召开换届选举党员大会。系党委书记祝志杰代表上届党委会作题为《顺应新形势，谋求新发展，努力开创经济管理系事业发展新局面》的工作报告。报告全面系统地回顾上一届党委工作，从加强党的全面领导、围绕业务发展抓党建、履行管党治党主体责任三个方面总结五年来党委的主要工作和取得的成绩，指出存在的问题和不足。报告明确未来五年经管系的发展目标、发展思路，并从坚持党的全面领导、坚持立德树人根本任务、坚持加强党组织自身建设、坚持以人才培养为中心、坚持发挥院系特色优势、坚持党管干部、党管人才，坚持加强对外联络合作等七个方面阐述发展的主要举措。李伟对党费的收缴、使用和管理情况作详细报告。向大会报告2015年5月到2020年10月党费收缴、管理和使用情况，认真分析党费管理、使用中存在的不足和对下一步党费管理、使用的建议。大会以无记名投票、差额选举的方式选举产生经济管理系新一届党委委员会委员。

（张　清）

【"经彩"大讲堂第一期开讲】 2020年10月19日，为弘扬伟大抗疫精神，激发广大学子爱国热情，经管系特邀请到"全国抗击疫情先进个人"荣誉获得者、保定市第二医院泌尿外科副主任护师于红莲护士长在教六一阶为2020级全体学生做精彩的事迹报告会。经管系领导、老师、2020级全体新生及部分高年级学生共同聆听报告会。抗疫英雄于红莲用生动的图片和朴实的话语展示她在武汉抗疫历程，并从医务工作者的责任、防疫战疫的前线生活、共产党员不畏困难的精神三个方面为同学们上一堂难忘的思政课。

（张　清）

【召开毕业生就业动员推进会】 2020年10月12日，为帮助毕业生认清就业形势、更新就业观念，推进毕业生多元化就业，引导毕业生在做好防控的前提下积极"走出去"，经济管理系召开2021届毕业生就业动员推进大会，全体研究生和本科毕业生参加会议。胡庆宇从宏观就业市场、学校就业工作、经管系就业趋势、毕业生准备情况四个维度分析今年的就业形势和带来的变化挑战，帮助学生合理调整工作预期；结合经管系近年来的就业数据进行剖析，强调毕业生要充分发挥主体作用，破除“等靠要”思想，变被动为主动，坚定走出去，多元化就业。面对新形势新挑战，经管系主动适应疫情防控新常态下的就业工作，转变工作思路，提早准备，增强就业工作的主动性和针对性。

（张　清）

【陆炜同学见义勇为获表扬】 2020年，陆炜同学见义勇为获当地公安机关表扬。陆炜是经管系硕经管183班学生，2020年2月疫情暴发后，陆炜第一时间投身家乡社区防疫志愿服务工作，并以个人名义为防疫一线人员捐赠6400元物资，在疫情防控中体现当代大学生的责任与担当；在遇到他人生命遭受侵犯的危机时刻，他不顾个人安危，敢于挺身而出，徒手搏斗制服持刀歹徒，救下2名伤者并及时对伤者实施急救措施，彰显新时代大学生的优秀品质。陆炜同学见义勇为的事迹获当地政府和公安机关的高度评价和认可，望直港镇派出所致函学校，对其见义勇为给予书面表扬。

（张　清）

【第七届经管之星评选】 2020年，为持续深入推进系“繁星闪亮”朋辈榜样品牌项目，发挥朋辈榜样的示范引领和践行服务作用，提升思政工作的实效性和吸引力，10月26日，经管系召开“繁星闪亮”朋辈榜样育人项目启动会，部署本次“经管之星”评选工作。11月14日，答辩评审会共分5个场次同时进行，来自学工部、校团委、体教部、经管系部分班主任及往届“经管之星”获得者担任专家评委，经管系近300名大一学生担任大众评审，最终评出7类经管之星及提名奖。“繁星闪亮”项目自2019年实施以来，得到经管系广大师生的一致好评，并于2019年5月获河北省思政工作精品项目一等奖。

（张　清）

【学生参加全国企业竞争模拟大赛获佳绩】 2020年5月10日，由中国管理现代化研究会决策模拟专业委员会主办、中国商业经济学会工商管理专业委员会、尼泊尔运筹学协会协办的2020年企业竞争模拟大赛总决赛在云端举办。本届比赛有227所高校2262支队伍报名参赛。受疫情影响，本届大赛全程利用互联网远程进行。在本次大赛中，华北电力大学本科生获一等奖1项，二等奖3项，三等奖6项；研究生获一等奖1项，二等奖2项，三等奖2项。

（张　清）

【召开经济管理系科研项目择优遴选会】 2020年11月8日，经管系召开2020年经济管理系科研项目择优遴选会，会议由系科研主任张谦组织，邀请系主任李伟教授及何永贵教授、李永臣教授、王喜平教授、周建国教授、崔和瑞教授，对邹鑫的“重复性项目资源配置优化与集成调度研究”、赵巧芝老的“绿色技术创新对中国可持续经济发展的影响机理及提升策略研究”、王维军的“基于环境效益测度的电能替代规模约束与提升路径研究”、张彩庆的“北方农村清洁取暖煤改电—经济—可再生能源协同规划与政策研究”四个项目进行系内评审及建议，对以上教师继续申请国家科研项目提出切实可行的、有建设性的建议和指导。

（张　清）

【第一届专家咨询委员会成立】 2020年7月22日，经管系在教六楼308会议室，召开成立经济管理系专家咨询委员会工作会议，书记祝志杰、系主任李伟及领导班子全体成员参加会议。会上宣布专家咨询委员会章程及委员会成员名单，专家咨询委员会重点在学科建设、师资培养、人才引进、教学与科研工作中发挥作用，为经济管理系的发展献计献策，充分发挥专家咨询委员会在系内各项工作中的咨询作用。

（张　清）

【召开教职工大会】 2020年7月9日，经济管理系通过企业微信，以线上形式召开2020年教职工大会，会议由系党委副书记胡庆宇主持，全体教职工参加会议。校工会（保定）常务副主席周泽应邀参会。经济管理系主任李伟作题为《勇毅笃行、踔厉奋发，书写经管系发展新华章》的工作报告。报告指出，2019年以来，经管系围绕立德树人根本任务，聚焦“双一流”建设目标，凝聚广大师生智慧力量，推动经管系各项事业取得新成效。报告还就2020年的重点工作进行部署。全体教职工分为六个小组，认真讨论审议大会工作报告和财务工作报告。与会教师认真履责、踊跃发言，就经管系的未来发展、师生关切和现实问题积极建言献策。闭幕会上，系党委书记祝志杰作题为《主动适应新形势同心谋划新发展》的发言。

（张　清）

【持续推进课程思政建设】 2020年，经管系在课程思政试点课程和示范课程的基础上，组织编写《经济管理系课程思政案例集》，共开发课程思政案例110个。“产业经济学”在学校“一院系一课程”课程思政示范课评价中获评“优秀”课程。

（张　清）

【获多项教学奖励】 2020年，经管系获批首批国家级线上一流本科课程1门，获批河北省虚拟仿真实验教学一流本科课程1门，获学校青年教师教学基本功比赛一等奖1项，获学校首届教师教学创新大赛一等奖、三等奖各1项。

（张　清）

新能源学院

【概况】 2020年4月，可再生能源学院更名为新能源学院。学院有教职工85人，其中教授18人，副教授29人。在校生1248人，其中本科生822人，硕士253人，博士73人。学院有43个行政班级，其中本科28个，研究生11个，博士生4个。接收免试攻读硕士研究生16人，其中支教保研1人。新能源学院实验教学中心建设五期项目完成，新增设备投入使用，师生满意度达90%以上。

2020年，学院在学科建设、人才培养、科研、教学等方面取得显著成绩。

党建与思想政治工作。2020年，学院召开党员大会，选举产生新一届党委领导班子，确定学院党委重点目标和主要任务。完成党支部书记换届工作，“双带头人”教师党支部书记覆盖率达到100%。获评学校优秀党支部1个、优秀党务工作者1人、校级优秀共产党员2人。加强统战工作，受聘学校党外知识分子联谊会理事2人。严把党员发展关，发展学生党员60名，培训发展对象69名，入党积极分子99名。坚持科学防控，加强宣传引导，落实疫情防控工作任务，未出现新冠肺炎确诊或疑似病例，累计上报全院师生健康台账221天。学院党委组织学生党员积极开展学习“四史”、十九届五中全会精神等主题教育活动，严格组织生活制度，加强基层党支部建设；选拔党支部书记参加学校培训2期；指导本科生、研究生党支部开展红色“1+1”共建活动和特色示范党支部创建活动。在学校红色“1+1”评选中学生第二党支部获得三等奖；学生第二党支部、博可再生1848班党支部、研新能源1935班党支部、博新能源2061班党支部获得“系级优秀特色活动示范党支部”。

人才工作。学院引进吕小军教授，黄耀兵、武广兴副教授；新入职青年教师李海方、李凯；新进讲师博士后胡斌。陆强获中国电力优秀青年科技人才奖，韩爽获校级“十佳班主任”荣誉称号，褚立华、姜冰、胡笑颖、古丽米娜、薛俊杰、王永、阎洁7名本科生班主任获校级“优秀班主任”荣誉称号。李鹏获华北电力大学“专项工作先进个人”荣誉称号。古丽米娜代表学院参加全校青年教师讲课比赛并获二等奖。

学科与科研平台建设工作。学院组织申报“材料科学与工程”一级学科博士学位授权点，组织完成“材料科学与工程”专业硕士学位点第五轮学科评估工作。学院组织完成“新能源材料与器件”专业工程教育认证申请，“新能源科学与工程”国家一流专业申报。

教学工作。学院开展学院青年教师教学基本功比赛，共20名青年教师参加比赛，古丽米娜获特等奖，阎洁、胡笑颖、王福芝、蔡墨朗获一等奖，武广兴、许佳、朱红路、孟航、赵莹、夏昕等老师获二等奖。古丽米娜代表学院参加全校青年教师讲课比赛获二等奖。推进课程思政建设，制定学院课程思政建设实施方案。“新能源专业导论”获评学校“一院系一课程”课程思政优秀示范课，入选北京高校“优质本科教材课件”，获评北京市重点优质教材，系学校首次获评该荣誉。完成可再生能源与清洁能源专业全日制博士、硕士培养方案修订，留学生培养方案修订工作。重新制定《新能源学院本科生大类专业分流实施办法》，顺利完成专业大类分流工作。2020年下半年学院着重进行研究生工作站的建设和管理，新增产学研基地10个，进一步加强专业学位研究生实践能力培养。

科研工作。学院科研项目立项41项，总经费3763万元。其中纵向项目15项，金额2906万元，国家自然科学基金获批7项；横向立项26项，合同经费857万元。获批国家重点研发计划政府间国际科技创新合作专项项目。获科技成果奖7项，其中省部级奖3项；授权发明专利22项，完成科技成果转让及实施许可2项；发表论文214篇(高被引6篇)。

学生工作。学院共有学生1148人，其中本科生28个班822人，男生608人，女生214人，少数民族17人(维吾尔族7人，藏族10人)；研究生11个班326人(硕士研究生7个班253人，博士研究生4个班73人)，男生233人，女生193人，少数民族1人。2020年4月，学院“竹创空间”创新创业育人平台，在学校“一院一品”学生思政工作精品项目中成功立项。组织指导学生开展“诚信华电人”“国家安全教育”“学雷锋纪念日”“国家助学贷款助我成长”等一系列班级建设主题教育活动。新能源1903团支部、能科1801团支部获校级优秀团支部，能科1804班获全校十佳示范性班集体。李茂辉、刘成获校长奖学金。耿达等13名学生获“国家奖学金”、殷小净等28名学生获“国家励志奖学金”。学生在各类科技竞赛活动取得优异成绩：学生获中国国际“互联网+”创新创业大赛北京市三等奖4项、全国机械创意设计大赛北京市一等奖1项、大学生数学建模北京市一等奖1项、二等奖3项，“挑战杯”全国大学生课外学术科技作品竞赛北京市二等奖3项等。学院2020届共有173名本科毕业生，本科生总体就业率为87.86%，其中升学率较上年提升5.22%，达到50.29%，出国率及考研率分别较上年提升0.78%和2.04%。共有100名毕业研究生(博士16人，硕士84人)，一次就业率为96%；其中深造率为13%(4人博士后，9人读博)。2020年，学院共3名学子踏上军旅生涯。

工会工作。学院分工会获“二级教代会规范单位”，响应校工会“以购代捐 脱贫攻坚”倡议，购买扶贫产品7521.7元，实施学院教职工大会提案制，征集二级教代会提案10件，慰问患病教职工2人次。

院长：李美成
书记：王集令
学院网址：https://xnyxy.ncepu.edu.cn/

（刘振增　张亦楠）

【学科点建设和申报工作】　2020 年，学院“可再生能源与清洁能源”交叉学科博士点重新由学院独立建设，院学位分委会审议相关事项后直接报送大学学位会。学院牵头组织申报“材料科学与工程”一级学科博士点并通过北京市评审。学院组织“材料科学与工程”专业硕士学位点第五轮学科评估工作，参加并支持学校电气学科、能动学科第五轮学科评估工作。

（张亦楠）

【青年教师讲课比赛】　2020 年 11 月，学院举办青年教师讲课比赛，共有 20 名青年教师参加比赛，古丽米娜老师获特等奖，阎洁、胡笑颖、王福芝、蔡墨朗老师获一等奖，武广兴、许佳、朱红路、孟航、赵莹、夏昕等老师获得二等奖。古丽米娜老师代表学院参加全校青年教师讲课比赛并获二等奖。

（张愉宁）

【重点科研奖励与重点项目立项】　2020 年，学院田德教授作为参与人，获重庆市科学技术进步奖一等奖；刘永前教授、韩爽老师作为参与人，获甘肃省科技进步奖二等奖。刘永前教授主持的国家重点研发计划政府间国际科技创新合作重点专项项目“海上风电场智能运行控制技术研究”获批立项；曲作鹏老师承担国家重点研发计划专项子课题“有机危废高效清洁稳定焚烧处置技术与装备”；张媛媛老师承担国家重点研发计划专项子课题“350MW 机组低热值煤灵活发电技术与示范工程”；刘雪朋老师获批国家重点研发计划专项子课题“高效稳定大面积钙钛矿太阳电池关键技术及成套技术研发”；曲作鹏老师签订“高温复杂烟气条件下受热面材料腐蚀行为研究及防腐材料、工艺的开发应用研究”项目合同，项目经费 342 万元；陆强教授签订“SCR 脱硝催化剂技术”项目合同，项目经费 300 万元。

（濮　妍）

【本科教材建设工作】　2020 年，《新能源科学与工程专业导论》教材入选北京高校“优质本科教材课件”重点项目。组织学院教师参加 2020 年校级本科教材建设项目评审，经过立项答辩，共有两位教师的 2 本教材通过立项。

（张愉宁）

【学生思政工作精品项目获立项】　2020 年 4 月，学院“竹创空间”创新创业育人平台，在学校“一院一品”学生思政工作精品项目中立项。

（王　轩）

核科学与工程学院

【概况】　2020 年，核科学与工程学院有一级学科博士授权点 1 个，博士后科研流动站 1 个，本科专业 2 个。有在编教职工 53 人，非在编教职工 5 人，其中专任教师 38 人（教授 10 人、副教授 17 人，具有博士学位的教师为 100%）、实验员 2 人、行政 4 人，辅导员 3 人。有“千人计划”专家 1 人，博士生导师 11 人，双聘院士 1 人。该学院党委下设党支部 7 个，其中教工党支部 2 个，研究生党支部 4 个，本科生党支部 1 个。有教工党员 36 人，其中转入 4 人，转出 1 人。学生党员 115 人，其中本科生党员 43 人，研究生党员 72 人。共发展党员 39 人（其中教师 1 人），入党积极分子 218 人，递交入党申请书 401 人（其中本年递交入党申请书 90 人）。学院本科生在校人数 552 人，新招本科生 138 人，本科毕业生 135 人。在读研究生 217 人（其中硕士 187 人、博士 30 人），新招硕士研究生 77 人、毕业 65 人（含留学生），新招博士研究生 13 人、毕业 5 人。本科生就业率 93%，硕士研究生就业率 100%，博士研究生就业率 100%。开设研究生课程 13 门，完成教学 384 学时。开设本科生课程 40 门，完成教学 1160.5 学时。举办联合培养班 3 期，学员共 38 人，其中中广核学员 17 人、中核学员 9 人、华能学员 12 人。新增科研项目 66 项，其中国家重大科研仪器研制项目 1 项，国家重点研发计划项目课题 1 项、子课题 5 项。新签项目合同额 3897 万元，其中纵向项目 1907 万元、横向项目 1990 万元。获北京市科技进步奖二等奖 1 项，军队科技进步奖二等奖 1 项。该学院有教研室 2 个，实体化科研团队 6 个，实验室 28 个（教学实验室 13 个，科研实验室 15 个），学生实习基地 9 个，省部级重点实验室 2 个，国家级虚拟仿真实验教学中心 1 个，国家级实践教育教学中心 1 个。

2020 年，学院贯彻落实疫情防控工作，确保师生生命安全和身体健康，完成各类教育教学任务，在党的建设、人才培养、科学研究、社会服务等方面取得一系列标志性成果。

党的建设。该学院党委落实从严治党责任，把政治建设摆在首位，加强党的建设，巩固“不忘初心 牢记使命”主题教育成果，完成主题教育检视问题的整改。核辐射与防护教研室党支部获评“北京高校先进党组织”，赵珥希撰写的思政案例入选“中宣部主题出版重点出版物”。

疫情防控工作。该学院贯彻落实学校疫情防控领导小组指示精神，制定完善疫情防控方案，掌握师生每日动态，执行日报告制度，开展师生线上、线下思想政治教育，确保师生生命和健康安全。该学院研究生钟正统参加雷神山医院建设，先进事迹被推送到“学习强国”等平台，获“北京市抗击新冠肺炎疫情先进个人”称号。

人才培养。该学院以人才培养为本，完善课程思政、核心课程和实验室建设，开展学生科技创新竞赛。完成 1 项课程思政、2 项在线教学研究和 3 项线上课程及教材项目建设，“核电厂系统与设备”课程教材入选北京高校“优质本科课程”，陆道纲教授主讲的“核工程与核技术导论”课程获学校首批“课程思政示范课”优秀。核反应堆实体仿真实验室完成一期工程的设计及招投标工作，参与举办中国核电周、全国高校“核＋X”大赛等。学生刘枭获国家级科技竞赛一等奖、高德扬获校长奖学金，核电1701班级获北京市优秀团支部、核电1805班获学校十佳班集体和“特色党支部”活动二等奖。该学院连续六年超额完成征兵任务，连续四年选派学生援疆、援藏。

师资队伍建设。该学院引进教授佟振峰、副教授王雅迪，接收青年教师吴浩、李新鹏、朱秀丽，接收辅导员宫馨。陈义学因个人原因调离，张斌、曹琼、钟达文专业技术职务晋升为副教授，钟达文、于新国、孙世峰通过首聘期考核签订无固定期限合同。靳周获评第二届“我身边的好老师”，刘洋获评“青年长江学者”。赵后剑、刘仕倡、刘雨、吕雪峰、张钰浩、钟达文分别获评2019—2020年度研究生或本科生校级优秀班主任，陆道纲、张科、曹琼、张斌、孙世峰、张钰浩、刘仕倡获评2019－2020学年度教职工考核优秀。

科学研究。该学院新增科研项目合同总金额3897万元，年增长率17.6％，科研经费完成率152％(全校第二)。牛风雷团队“液态铅铋合金综合氧控系统的研制”获批国家重大科研仪器研制项目资助(经费840万元)，张竞宇“聚变堆中子输运模拟与活化计算集成分析软件研发”获重点研发课题资助(经费823万元)。陆道纲团队完成的“大型先进压水堆非能动水箱和乏燃料水池关键热工特性研究及应用”获北京市科学技术进步奖二等奖，刘洋参与完成的“基于虚拟原理的伽马谱仪探测效率刻度技术研究”获中央军委科技委军队科技进步奖二等奖。

对外交流与合作。该学院促成华北电力大学与华能集团签订核电人才联合培养协议，启动华能核电首批“黄金人”联培项目。先后走访国电投中央研究院、中国核动力研究设计院、中核建中核燃料元件有限公司等相关单位，扩大对外影响力，促进科研合作和毕业生就业。

书记：李林(2020年4月任)

院长：牛风雷

学院网址：https://snse.ncepu.edu.cn/

(张　科　吴　军)

【毕业班行李打包】 2020年7月4日至7日，受新冠肺炎疫情影响，2020届毕业班学生无法返校办理离校手续。核科学与工程学院党政领导与全体教职工牺牲周末休息时间，共同完成2020届203名毕业生1126件行李打包邮寄工作。

(张　科)

【召开院士座谈会】 2020年8月29日，核科学与工程学院邀请中国工程院院士欧阳晓平教授到校与青年教师座谈。会前，华北电力大学校长杨勇平会见欧阳晓平，探讨学校学科建设、科学研究和核科学与工程学院建设发展等问题。会上，青年教师就科研工作中遇到的困难和困进行咨询，欧阳院士从专业角度逐一分析解答并提出宝贵建议。学院领导班子、教研室主任、党支部书记与会交流。

(张　科)

【获评抗击新冠肺炎疫情先进个人】 2020年9月1日，核科学与工程学院研究生钟正统获北京市委、市政府评选的“北京市抗击新冠肺炎疫情先进个人”称号。钟正统，男，26岁，核科学与工程学院研核1938班学生，共青团员，湖北黄冈人，1月28日至2月8日期间，不顾个人安危，不畏“两班倒”高负荷强度，投身武汉雷神山医院建设一线，与众多“最美逆行者”一同维持医院建设24小时运转，确保医院按计划交付使用。

(张　科)

【获北京市科学技术奖】 2020年9月10日，北京市委、市政府在北京会议中心举行2019年度北京市科学技术奖励大会。核科学与工程学院陆道纲教授主持的研究成果“大型先进压水堆非能动水箱和乏燃料水池关键热工特性研究及应用”获北京市科学技术进步奖二等奖。该成果属于能源技术领域，开展大型三代先进压水堆非能动余热排出热交换器、自动降压系统蒸汽喷放冷凝特性、事故工况下乏燃料贮存水池冷却技术的理论与实验研究，解决特殊设备设计计算缺少适用传热计算公式、理论模型和大型压水堆乏燃料喷淋系统中关键参数的设计难题。北京市科学技术奖于2002年4月由北京市人民政府设立，用于奖励本市行政区域内对科学技术创新和发展作出突出贡献的组织和个人。该奖项每年评审一次。

(张　科)

【赴香山革命纪念馆参观学习】 2020年9月30日，在新中国成立71周年前夕，核科学与工程学院党委理论学习中心组集体赴香山革命纪念馆参观学习，重温中国共产党领导人民夺取全国胜利和党中央筹建中华人民共和国的光辉历史。学院党委书记李林、院长牛风雷及教工党员代表一行10人参加此次学习活动。

(张　科)

【华能核电到访】 2020年10月14日，华能核电开发有限公司总经理、党委副书记张东辉一行4人到华北电力大学调研，双方就校企合作事宜进行深入交流。副校长王增平会见并出席座谈会，教务处、校友与教育基金工作办公室、核科学与工程学院相关负责人参会交流。

(张　科)

【走访四川核电企业】 2020年11月26日至30日，核科学与工程学院党委书记李林一行5人，到四川先后走访中核建中核燃料元件有限公司和中国核动力研究设计院，分别与中核建中核燃料元件有限公司党委副书记俞江、中国核动力研究设计院院长王丛林进行会谈，就人才培养、科技合作、大学生就业等方面进行深入交流。

(张　科)

【举行首届华能联培班开班仪式】 2020年12月1日，华能集团与华北电力大学首届核电人才联合培养班开班仪式在华北电力大学主楼G209举行。华能核电开发有限公司总经理潘风国、综合部主任陈炳全、人事招聘负责人王杨，与核科学与工程学院院长牛风雷、副院长刘芳、教学代表马续波、联培班班主任朱秀丽，以及联培班全体学员共同出席本次开班仪式。

（张　科）

【走访国家电投中央研究院】 2020年12月11日，核科学与工程学院党委书记李林一行5人，走访调研国家电投中央研究院，与国家电投中央研究院总监陈义学、人力资源部主任韩欧南、人力资源部主管徐伟嘉、科技管理部副总监廖敏、核能技术研究所副主任范普成进行会谈，就科学研究、研究生联合培养、学生实践和就业招聘等方面进行深入交流。

（张　科）

环境科学与工程学院

【概况】 华北电力大学在北京校部设环境科学与工程学院（以下简称“学院”），在保定校区设环境科学与工程系（以下简称“环工系”）。

2020年，环境科学与工程学院入选“双万计划”省级一流本科专业“环境科学”1个；设置有“环境科学与工程”一级学科硕士点1个，在该学科下设“环境科学”、“环境工程”目录内二级学科硕士点2个；在一级学科“环境科学与工程”下设的二级学科“环境科学”本科学位点，以及一级学科“化学工程与技术”下的二级学科“应用化学”本科学位点。在“动力工程及热物理”一级学科下自设有“能源环境”二级学科博士点。有在编教职工46人，非在编教职工4人。其中，专任教师37人，教授12人、副教授17人，具有博士学位的教师为100%；其次，实验及技术人员3人、管理人员6人、辅导员3人。学院现有学术带头人5名，博士生导师10名，“长江学者”1人，“杰青”1人，“青年千人”1人，“总理基金”获得者1人，科技部“百名科技创新领军人才”1人，“万人计划”1人。新增教师发展对象1名，发展教师党员1名，教师入党积极分子1名；新增学生党员26名；新增学生发展对象39名；新增学生入党积极分子61名。本科生在校人数达327人，新招本科生106人。在读研究生250人。开设研究生课程25门，完成教学680学时。开设本科生课程56门，完成教学1663学时，认识实习2周。该院新签合同额2633多万元，在研项目26项，新增国家自然科学基金3项。学院教师全年共发表高水平学术论文论文122篇，其中SCI论文106篇。建设本科教研室2个，研究生教学团队2个。实体化科研团队5个（火电厂排放脱硫脱硝方向、大气污染综合防治方向、环境放射化学方向、水资源保护与研究、土壤修复与重金属离子祛除）。建成本科教学实验室研究生科研实验室30余个。

2020年，环工系共有“环境工程”“环境科学”“应用化学”“能源化学工程”4个本科专业；“环境科学与工程”和“化学工程与技术”等一级学科硕士点和“能源环境工程”二级学科博士点；可面向全国招收本科生、硕士生和博士生。拥有“环境工程”国家级特色专业、河北省“环境教育高地”“环境工程”河北省重点学科、“能源环境工程”北京市交叉重点学科和“燃煤电站烟气多污染物协同控制”河北省重点实验室、“能源电力行业环境污染控制”保定市重点实验室、“电厂节水及废水零排放实验室”特色实验室、“白洋淀湿地校级研究中心”等学科平台，教学和科研基础雄厚。环境科学与工程系拥有一支知识结构合理、学术水平较高、教学科研经验丰富的师资队伍。环工系现有教职工64人，其中“国家模范教师”1人、河北省杰出青年科学基金获得者2人、“教育部新世纪优秀人才”3人、教授9人，副教授18人，博士生导师8人、硕士生导师32人；系办公室职员3人，党委学生工作办公室辅导员4人，行政保研辅导员1人。师资队伍的学缘结构、学历结构、年龄结构合理，为学科的可持续发展奠定良好的人才基础。教师博士化率近80%，国际化率超过60%。现有教研室4个，实验室53个，研究所2个，研究室1个。环工系现有党支部7个，共有党员156名，其中教工党员50名，学生党员106名，全年共新发展预备党员47名。在校本科生956人、硕士研究生191人、博士研究生44人（含保定培养），共计1100余人。年内，本科生、研究生共获各类竞赛获奖171项，其中国家级35项，省部级42项；大创项目104项，其中国家级16项，省级5项；其中，“天山同语·民族同心”项目团队在互联网＋和志愿服务大赛取得重大突破。学生共计发表90余篇学术论文，其中SCI一区论文20余篇；20人次共计取得37项专利；环工系获河北省科学技术进步奖一等奖1项、河北省自然科学奖二等奖1项。新签科研合同额1066万元，在研项目280项（新增项目34项）。新增项目中，国家自然科学基金青年项目1项，河北省自然科学基金重点项目5项，北京市自然科学基金2项。2020年，全系教师发表三类高质量研究论文持续增长。全系科研绩效总量9.9万分。

党建工作。学院班子开展理论中心组专题研学11次，组织师生开展“守初心，担使命，共战疫，迎七一”专题微党课、“开学第一课”健康安全教育、“学四史”、“树立安全意识、军博抗美援朝”主题党建教育活动5次，干部领学，忠诚担当，提高政治站位，增强“四个意识”，坚定“四个自信”，做到“两个维护”，切实增强“守初心、担使命”脚踏实地、干事创业的信念坚定力。新增教师发展对象1名，发展教师党员1名，教师入党积极分子1名；新增学生党员26名；新增学生发展对象39名；新增学生入党积极分子61名。学院教工支部书记完成“双带头人”标准支部建设3

个;在情防控工作中,全院师生做到"零感染",助力打赢疫情防控阻击战,获评校级先进党组织1个、优秀党务工作者1人、优秀共产党员2人,支部书记述职评议考核校级优秀1人,获批学校"双带头人"教师党支部书记工作室1个、"党建引领、专业依托、精准帮扶、共建共享"支部共建项目1项,1个支部获2020年红色"1+1"示范活动一等奖。环工系以党建工作为统领,充分发挥政治功能,以良好的状态迎接党委校内巡察工作。积极宣传贯彻中央及上级党组织的精神,讲好抗疫故事。完成系党委换届选举及党支部换届选举,调整支部结构,选优配强支部书记。持续加强"三会一课"制度的落实,积极开展党建研究、申报党建及思政建设项目,教工党支部2020年新增及在建项目四项。重视党员发展工作,加强积极分子培养,发展多名含维吾尔族学生在内的少数民族学生入党。

学科建设。学院"环境/生态"学科ESI全球前1%排名稳步提升,对化学、材料学科排名进入ESI全球1%排名贡献度全校排名第1,完成"环境科学与工程一级学科博士点"申报工作1项,完成"环境科学与工程"第五轮学科评估申报材料1项,入选"双万计划"1个。

教学工作。入选2020年省级一流本科专业1个;1人获"十佳班主任",1人获青年教师"板书大赛"一等奖。培养推进研究生发表论文60余篇,1人材料报送"北京高校优秀教师典型事迹网络宣传"。定期组织青年教师参加2020年学校教学业务培训10余人次,形成本科教学梯队和研究生培养教学梯队,博士学历教师覆盖率100%。环工系"环境工程"专业认证正式通过、"环境工程"国家一流专业正式获批建设;获河北省教学成果二等奖1项、国家新工科教育与实践项目1项;启动能源化工专业工程教育认证工作;完成能源化工专业国家级一流专业、环境科学北京市一流专业申请;完成2020年新入职教师教学、科研双导师聘任工作,举办青年教师教学基本功、教学创新及课程思政等讲课比赛,稳步提升教学质量和人才培养质量。

科研工作。学院科研团队全年共计发表SCI论文122篇,获批国家重点研发计划课题3项,中国工程院咨询项目1项,非限项专任教师国家自然科学基金申报率100%,新增国家自然科学基金3项;累计完成横纵向科研经费2633万元,人均科研经费82.3万元。环工系获河北省科学技术进步奖一等奖1项、河北省自然科学奖二等奖1项。获国家、河北省和北京市自然基金共8项,全系科研绩效总量9.9万分。科研经费总额达1066万元,比上一年度增长约200万元。三类高质量研究论文持续增长。完成河北省重点实验室验收,白洋淀湿地中心、保定市重点实验室、电厂节水及废水零排放实验室运行良好。

师资建设。召开师德师风专题学习全院大会、开展新进青年教师"工作导师"聘任3人次;制定《新进人员思想政治素质及师德师风考察工作办法》,学院2020年引进国内外优秀青年教师5人,青年骨干教师入选国家"青年千人计划"1人,"中青年科技创新领军人才"项目1人进入会评答辩,入选学校"学科卓越人才支持计划"1人、"青年英才培育计划"2人,"青年骨干培育计划"5人;聘任学院教学秘书、科研秘书2名新进管理人员,组建和完善本科教学团队和研究生培养教学团队。环工系新进博士3人,其中直聘副教授1人。6名讲师晋升副高职称、1名教师晋升教授。新增硕导4人、博导1人。3人入选学校"学科卓越人才支持计划",5人入选"青年骨干培育计划",1人申报国家级百千万人才、2人申报长江学者奖励计划获校内推荐。

工会工作。学院积极组织教职工参加各项学校工会活动,获评"2020年度华北电力大学先进分工会",1人"获评先进分工会主席"。环工系充分发挥分工会职能作用,积极开展党群工作,参加学校各项文体活动。一人获学校青年教师教学基本功比赛二等奖;在学校2020年秋季运动会上,分工会获团体总分第二名。

学生工作。构建"4+5聚能环"思政体系,推进支部、团学、导师、媒体四阵地联合驱动,聚焦队伍建设、心理健康、支部共建、网络思政、科研实践五项内容,提升育人广度深度。学生组织共获校级奖励5项,本科生深造率提升为60%,排名全校第1。环工系在严峻的就业形势下实现较高就业率。研究生整体就业率为98.18%,本科毕业生整体就业率90.96%。"天山同语·民族同心"项目获河北省"互联网+"大学生创新创业大赛冠军(金奖)和全国银奖,入围2020年第五届中国青年志愿服务项目大赛全国总决赛并获得银奖。

对外交流与合作。学院加强国内外科研学术会议交流和研讨,邀请牛军峰等国内外知名专家,开展科研学术交流报告,主办"资源环境系统优化教育部重点实验室2020年度学术年会",获郝吉明院士等知名专家高度评价。

思政及文化建设。环工系打造以"环工有我·强国一代""环工大咖课堂""华电因我而不凡'人师讲堂'""学习强精神,书香伴我行"四大环工文化品牌,形成面向学生、教师,覆盖全系师生的学习教育体系。课程思政建设、师德师风建设进一步深化,两位教师获第二届"我身边的好老师"荣誉称号;推普脱贫志愿活动、环境志愿活动分别受教育部及环境保护协会表彰。

环境科学与工程学院

书　记:王韶华

副院长:汪黎东(主持工作)

环境科学与工程系

书记:谢　红

主任:付　东

(何杰涛　倪世清　张晓星　姚　嘉)

【合作研发成果被央视报道】 2020年6月3日,央视科教频道播出《创新进行时——治水大行动》系列节目,报道近年来我国水环境治理领域取得的巨大成就,作为深圳市黑臭水体脱氮除磷技术的核心——"高效固定化微生物技术与一体化污水处理设备”由学院教师郑茂盛与企业合作研发。

（何杰涛　张晓星　姚　嘉）

【举办专题党课】 2020年6月30日，为迎接党的生日，学院以“践行初心使命 筑牢坚固防线 携手合作战役 彰显大国担当”开展专题党课，倡议全体师生党员以在线的方式共同祝愿中国共产党99岁生日快乐，牢记初心使命，立足岗位，继续发挥党员先锋作用，在新时代展现新作为，书写新篇章。

（何杰涛　张晓星　姚　嘉）

【2个国家重点研发计划课题启动】 2020年6月15日和28日，学院彭林教授团队成员吴婧副教授和彭林教授主持承担的国家重点研发计划课题“动态排放清单构建及其排放管控研究”和“汾河平原典型区域大气细颗粒物精细化来源解析”正式启动。两个课题旨在研究全球环境治理中与消耗臭氧层及气候变化相关的卤代烃，探究汾河平原秋冬季大气细颗粒物PM2.5来源。

（何杰涛　张晓星　姚　嘉）

【国家大气重污染成因与治理攻关项目事迹被中青报报道】 2020年10月26日，中国青年报刊登《高科技飞入寻常百姓家》一文，文章报道环境科学与工程学院教师闫雨龙在山西长治开展国家大气重污染成因与治理公关项目的事迹，并受到大气治理办表扬信感谢学院科研团队“讲奉献，顾大局，工作认真，扎实有效有高度的责任感和使命感为大气攻关工作做出了重要贡献，将论文写在祖国的大地上”。

（何杰涛　张晓星　姚　嘉）

【学院完成党委换届工作】 2020年11月17日，环境科学与工程学院党委在D260召开党员大会。学校党委常委、组织部部长鹿伟出席会议并致辞。大会选举产生新一届环境科学与工程学院党委委员，学院将对标学校第二次党员代表大会提出的各项战略任务，全面加强党的建设，构建“五强五力”工作体系，推进学院一流学科建设、一流人才培养、一流师资建设、一流科技创新，提升学院治理体系和治理能力，为学校建设特色鲜明的高水平研究型大学做出“华电环境人”应有的贡献。

（何杰涛　张晓星　姚　嘉）

【举办教育扶贫基金捐赠仪式】 2020年11月27日，学院举行“大手牵小手”教育扶贫基金捐赠仪式，学院2017级博士生顾雯雯向确山县朗陵街道朱李庄小学捐款5000元，用以支持确山县朱李庄社区教育扶贫事业，为朱李庄社区小学生们设计、购置成套学习用品，环境学院教师、派驻确山县朱李庄社区第一书记靖仕寅代表学院为社区小学生们送去学习大礼包。

（何杰涛　张晓星　姚　嘉）

【学院科技成果奖励取得突破】 2020年12月，学院汪黎东教授团队获河北省科学技术进步奖一等奖1项，赵毅教授团队获河北省自然科学奖二等奖1项，丁晓雯教授团队获中国水利发电工程协会科技进步奖一等奖1项，科技获奖取得历史性突破，对“30·60碳达峰与碳中和”提供有力科技成果支撑。

（何杰涛　张晓星　姚　嘉）

【举办资源环境系统优化教育部重点实验室学术年会】 2020年11月24日，环境科学与工程学院在主楼D216举办资源环境系统优化教育部重点实验室2020年度学术年会。中国工程院院士郝吉明、南京航空航天大学校长罗胜联等多位专家应邀参加会议，会上，举行教育部重点实验室第一届学术委员会委员聘任仪式，校长杨勇平给各位专家颁发资源环境系统优化教育部重点实验室学术委员聘书，共同研讨“碳达峰”与“碳中和”科研关键理论和技术，在新的能源结构下，从环境方向考虑，开展碳减排、负排放技术、捕集、封存技术研究，解决能源电力行业国家创新科技需求。

（何杰涛　张晓星　姚　嘉）

【2人获我身边的好老师荣誉称号】 2020年8月17日环境科学与工程系吕建燚教授、朱洪涛副教授获华北电力大学第二届“我身边的好老师”荣誉称号。

（倪世清）

【获大学生创新创业大赛红旅赛道冠军】 2020年8月27日，历经层层角逐，第六届中国国际“互联网+”大学生创新创业大赛河北省赛总决赛落下帷幕。环境科学与工程系项目“天山同语·民族同心”获青年红色筑梦之旅赛道冠军。

（王　成）

【全国生态环保科普活动创佳绩】 2020年，环境科学与工程系参加2020年全国“大学生在行动”生态环保科普活动获“优秀组织单位”荣誉称号；多个小分队获“示范小分队”“优秀小分队”荣誉称号。

（王　成）

【召开换届选举党员大会】 2021年11月17日，中国共产党环境科学与工程系党员大会召开。大会以举手表决方式，通过《中共华北电力大学环境科学与工程系党员大会选举办法（草案）》，及大会监票人建议名单。大会按照选举办法，经无记名投票差额选举，选举产生新一届中共华北电力大学环工系委员会委员。

（王　成）

【参加第六届中国国际“互联网+”大学生创新创业大赛获银奖】 2020年11月17日至21日，第六届中国国际“互联网+”大学生创新创业大赛全国总决赛在华南理工大学举行。经过激烈角逐，环工系参赛项目《天山同语·民族同心》获红旅赛道银奖，创华北电力大学红旅赛道参赛历史最好成绩。

（王　成）

【1项目入选教育部第二批“新工科”研究与实践项目】 2020年11月20日，环境科学与工程系苑春刚教授主持的《基于新时代社会需求的能源化工与环境类专业新工科创新人才培养模式构建》项目获批教育部新工科研究与实践

项目。

（倪世清）

【当选中国生态环境产教联盟理事单位】 2020年11月21日，环境科学与工程系主任付东教授带队参加在山东青岛举办的中国生态环境产教联盟第三次大会。华北电力大学当选中国生态环境产教联盟理事单位并获授牌。

（倪世清）

【环境工程专业工程教育专业通过教育部认证】 2020年11月25日，教育部高等教育教学评估中心联合中国工程教育专业认证协会为华北电力大学环境工程本科专业颁发中国工程教育认证证书。标志着华北电力大学环境工程本科专业达到中国工程教育认证标准要求，符合《华盛顿协议》国际互认条件。

（倪世清）

【青年教师教学基本功比赛获奖】 2020年12月19日，环境科学与工程系青年教师张盼在2020年度华北电力大学青年教师教学基本功比赛获二等奖。

（倪世清）

【校友王志轩到环工系调研】 2020年12月19日，中国电力企业联合会党组成员、专职副理事长、华北电力大学杰出校友王志轩到环境科学与工程系进行调研。

（倪世清）

水利与水电工程学院

【概况】 水利与水电工程学院源自能源动力与机械工程学院。2007年，为满足中国可再生能源发展对专业人才的需要，在国家能源局、教育部和中国可再生能源产业界的支持下，成立全国首家可再生能源学院，水利工程学科划入可再生能源学院；随着事业的不断发展壮大，2020年4月21日，学校发布《华北电力大学校内机构调整方案》（华电党〔2020〕17号）组建水利与水电工程学院，开启水利工程学科建设新征程。学院共有教职工36人，其中教授12人，副教授10人，讲师4人，师资（新讲师）博士后2人，实验员2人，党委及行政人员6名。学院在校生443人，其中本科生325人，硕士生100人，博士生18人。学院共有17个行政班级，其中本科班12个，硕士班3个，博士班2个。学院党委设7个党支部，其中教工党支部2个，学生党支部5个。学院共有党员93人，其中教工党支部共有党员26人；学生党支部共有党员67人；党员发展对象6人，入党积极分子80人。1个教工支部获得校先进党组织，2人获得校优秀党务工作者，2人获校优秀共产党员。学院科研项目立项47项，总经费总金额2679万元。发表学术论文59篇，其中SCI/EI收录31篇。

学院面对新时代建设社会主义现代化强国对高等教育的迫切需要，不忘初心、勇担使命，坚持“立德树人”；始终以世界一流水平为努力方向，围绕国家对能源、水资源与环境的战略需求，不断开拓创新，更新学科内涵，不断提升教育教学和科学研究能力，使水利与水电工程学院成为我国水电工程领域具有重要影响的人才培养和科学研究基地。学院向学校党委提交“水利与水电工程学院建设规划”，明确提出：在学校党委领导和支持下，秉持“新学院，新标准，新征程，新使命”的崭新理念，把新学院建设成为特色鲜明的研究型学院。

党建工作。以习近平新时代中国特色社会主义思想为指导，深入学习贯彻党的十九大和十九届二中、三中、四中、五中全会精神，全面加强党的领导，全面谋划“十四五”发展规划，全面推动特色鲜明高水平研究型大学建设。疫情面前，学院党委勇于担当，迅速成立学院疫情防控工作小组开展工作，通过线上平台及时宣传和学习党中央、教育部、北京市关于疫情防控政策；火热六月，学院班子成员带领青年党员为2020级毕业生完成行李打包邮寄工作，送上一份暖心的特殊“礼物”；积极组织动员疫苗接种工作，师生疫苗接种率分别位列全校首位。学院党委理论学习中心组通过12次会议持续深入学习习近平新时代中国特色社会主义思想，深入学习和领悟《习近平治国理政》思想和党的十九大精神。强化党建统领德育，夯实学院党委主导“三全育人”思政工作大格局。组织全院教师全程参加学校“课程思政专题培训月活动”；利用线上平台召开课程思政全员研讨会。通过“我为师生办实事”活动，解决部分教授长期没有单独工作室的问题；改善青年教师办公环境；定期与联系对象进行座谈，宣传党的政策、学校要求，了解民意，凝聚人心。组织中央八项规定及其实施细则学习，增强党员自律意识；严格执行学院党政联席会议和党委会议制度，强化三重一大集体讨论决议；出台《水利与水电工程学院党委会议实施细则》和《水利与水电工程学院党政联席会议实施细则》两个文件，进一步明确党委会与党政联席会的关系，规范议事决策流程，贯彻执行民主集中制。认真贯彻执行党中央、教育部、北京市和学校关于意识形态工作部署和各项规定，严抓意识形态工作；对学院网站信息进行审核，切实维护意识形态安全；摸排师生信仰宗教情况，加强抵御和防范宗教渗透工作。认真贯彻执行党中央、教育部和学校关于统战工作思想和要求，加强党对统一战线工作的领导，着力强化党外知识分子思想政治引导，凝心聚力。

学科建设。2003—2005年是水利与水电学科专业起步阶段；2006—2017年是水利与水电学科专业稳步成长阶段；2018年获批水利工程一级学科博士学位授予权后，学院进入快速发展阶段；2020年4月学校正式成立水利与水电工程学院，标志着学校水利工程学科进入新的发展阶段。学院拥有“水利工程”一级学科博士、硕士学位授权，水利水电工程和水文与水资源工程 2 个学士学位授权，5 个研究方向：水利水电工程、水工结构与岩土工程、水文学与水资源、河流动力学与水信息学和水环境与水生态。完成学院十四五发展规划编制，第五轮学科评估材料撰写，土木水利专业学位硕士点申报等工作。

人才队伍建设。2020 年，师资队伍稳步扩充，调入及招聘优秀青年教师 4 人。学院青年教师唐彩红入选北京市科协青年人才托举工程。学院共有教职工 36 人，其中教授 12 人（全部博导），副教授 10 人，讲师 4 人，师资（新讲师）博士后 2 人，实验员 2 人，党委及行政人员 6 名。大部分教师来自清华大学、武汉大学、河海大学、天津大学等国内外著名高校与科研院所。现有青年千人计划引进人才 1 名，国务院政府特殊津贴 1 名，教育部新世纪优秀人才 1 名，北京市优秀教师 2 名，学校学科带头人支持计划 2 名，学科卓越人才计划 1 名。学院形成以青年教师为主的师资队伍，45 岁以下青年教师占 65.5%。

教学工作。水文与水资源工程专业获批"北京市一流本科专业"，专业认证申请获受理。李继清教授的"水文水利计算"课程入选 2020 年北京高校"优质本科课程"，门宝辉教授的《水资源系统优化原理与方法》教材入选 2020 年北京高校"优质本科教材课件"。

科研工作。2020 年，学院科研项目立项 47 项，总经费 2679 万元，教师人均科研经费达 103 万元，远高于学校平均数（34 万元）；张尚弘教授团队获国家自然科学基金国际合作与交流项目（299 万元），是学校水利工程学科第一个重点基金项目；王乐获国家自然科学基金青年基金项目；全院 200 万元以上横向项目 4 项。

学生工作。2020 年 11 月与新能源学院剥离，独立运行；设立团委学生会、研究生会；成立 5 个学生党支部；完成毕业生行李打包邮寄工作和疫情后的学生返校工作、新生报到工作；规范并完成学生党员发展工作；完成学生奖助学金评定工作：6 人获国家奖学金，19 人获励志奖学金，1 个班级获示范性优秀班集体，1 个班级获研究生先进班集体，1 个宿舍获示范性宿舍；大幅度提升学生深造率至 53%（居学校第三）。

工会工作。2020 年 10 月正式获批成立水电学院分工会，推举分工会委员，设立分工会小组，开始独立运转。积极组织参与各项工会活动，孟长青获青年教师教学基本功比赛三等奖，张华和王俊奇获学校最美板书三等奖，开展教工与研究生同行健步走活动。

（刘明军　张尚弘　杜广微　王　弋　孙爱国）

【学院成立】 2020 年 4 月 21 日，学校发布《华北电力大学校内机构调整方案》（华电党〔2020〕17 号）组建水利与水电工程学院，开启水利工程学科建设新征程。4 月 23 日，任命刘明军为学院党委书记；6 月 12 日，任命张尚弘为学院副院长（主持工作）；9 月 22 日，任命杜广微为学院党委副书记；12 月 28 日，任命王弋为学院副院长。

（孙爱国）

【党员大会召开】 2020 年 11 月 23 日学院党委召开党员大会，选举产生学院新一届党委委员。同时，新一届党委召开第一次全体会议，以无记名投票等额选举的办法，选举产生书记、副书记：党委书记刘明军，党委副书记杜广微。党委委员分工如下：刘明军为党委书记兼统战委员，杜广微为党委副书记，王俊奇为纪检委员，张尚弘为保卫、保密委员，张宁为组织委员、青年委员，彭杨为宣传委员。

（杜广微）

【获批北京市一流本科专业】 2020 年，教育部公布 2020 年度国家级和省级一流本科专业建设点名单，水文与水资源工程专业获批"北京市一流本科专业"。

（孙爱国）

【重点科研项目】 2020 年，张尚弘教授团队获国家自然科学基金国际合作与交流项目，是华北电力大学水利工程学科第一个重点基金项目；姚凯文教授与江河水利水电咨询中心签订 6 项横向合同，累计合同额 1255.9 万元；彭杨教授与宝藏能源设备有限公司签订 1 项单笔合同额为 300 万元的横向合同。

（王　丽）

【2 门课程及教材获奖】 2020 年，李继清教授的"水文水利计算"课程入选 2020 年北京高校"优质本科课程"，门宝辉教授的《水资源系统优化原理与方法》教材入选 2020 年北京高校"优质本科教材课件"。

（刘海燕）

【1 名教师入选青年人才托举工程】 2020 年，科技强国，青年担当，筑梦绿水青山的水环境保护守卫人——唐彩红以扎实的理论基础、开阔的国际视野和较强的科研创新能力，成为多个行业期刊审稿人，并入选北京市科协青年人才托举工程。

（孙爱国）

数　理　学　院

【概况】 截至 2020 年底，数理学院有教职工 205 名，在校本科生 973 名（含预科班 99 人）、硕士生 223 名。学院在北京校部设基础数学研究所、应用数学研究所、系统科学研究所、凝聚态物理研究所、团簇和低维纳米材料研究所、粒子与核物理研究所、数学教学中心、物理教学中心；在保定校区设信息处理与控制研究所、数据科学与统计分析研究所、现代物理研究所和光电信息研究所，以及物理实验教学中心、数学建模创新基地、信息与计算科学实验室。

党建和思想政治工作。不断加强政治建设和思想建设。扎实开展党委理论中心组学习，邀请中国农业大学杨述兴、张卫峰以及校内专家开展多场专题报告。围绕立德树人根本任务,大力推进课程思政建设,发挥课程育人功能。选树育人育才先进典型,9 月,赵引川、付星球被评为学校第二届“我身边的好老师”;12 月,张化永获评“北京市先进工作者”。加强学院各级党组织建设。11 月,按照校党委工作部署,严格执行党内选举有关规定,完成数理学院党委换届选举和所属党支部换届选举工作,加强学院党委和基层党支部的创造力、凝聚力和战斗力,为学校、学院各项事业的发展提供坚强的组织保证。持续推进基层党支部建设,推动基层党建特色发展。9 月,基础物理教研室党支部获批“做新时代‘四有’好老师和‘四个引路人’”特色工作项目立项。12 月,信息与计算科学教研室党支部和学生第一党支部获评校级“先进党组织”,学生第一党支部获得“校级优秀特色活动示范党支部”称号、学生第一党支部《“数”说战役》被评为学校优秀微党课。推进全面从严治党向纵深发展。11 月,认真迎接校内巡察工作,全盘接受巡察组提出的意见和问题,并针对巡察反馈的 4 条意见 5 个问题,成立以学院党委书记为组长的整改落实工作领导小组,逐条逐项深入研究,深刻检查,并制定校内巡察整改工作台账,落实责任到人。落实意识形态工作责任制,规范学院网站、微信公众号等网络媒体信息发布流程,实行内容发布与审核“双负责人制”,把握意识形态主导权。严格落实疫情防控工作。学院党委坚决贯彻上级和学校疫情防控精神和要求。上半年,在湖北疫情最为严峻的时候,学院党委书记和院长亲自与每名湖北籍学生通电话,为同学们送去来自学校的关爱与祝福;在国内防疫物资还相对紧缺的时候,为国外学习的 4 位老师每人寄送 60 个口罩,让身处异国他乡的他们感受到来自学校的关怀;全院教师齐上阵为毕业生打包行李;全体支部书记和学院办公室老师共同努力,做好学院疫情数据的日常报送工作。

师资队伍建设。数理学院现有专职教师 175 名(具有博士学位的教师占 76%,其中教授 40 名、副教授 58 名,2020 年,新引进博士后 5 人,博士 1 人,新讲师博士后 2 人。穆青霞、张世辉获学校第二届青年教师教学基本功比赛一等奖。赵引川、付星球、国宝华、张世辉被评为华北电力大学第二届“我身边的好老师”。谷根代老师被评为河北省教学名师。赵美玲获河北省青年教师讲课比赛一等奖。

学科与科研工作。发表高水平学术论文 SCI 检索 83 篇,高被引论文 6 篇,EI 检索 44 篇,获批国家自然科学基金项目 4 项共 164 万元,北京市自然基金两项共 48 万元。专著 2 部,专利 2 项,著作权 3 个,参加国内会议 2 人次。举办智慧能源区块链与 DER 仿真建模技术论坛,组织各类学术交流活动 30 余次,河北省自然基金面上项目 2 项,中央高校基本科研业务费 5 项,获批横向科研项目 5 项,实现科研合同金额共计 238 万元。信息与计算科学专业入选 2020 年度国家级一流本科专业建设点名单。

教育教学。数理学院按计划完成全校本科即研究生公共数学、物理学课程的教学任务。积极开展专业建设和课程建设,组建学院第八届教学督导组,对公共基础课实行课程负责人制度,新增“数据科学与大数据技术”专业。申报“双万计划”,信息与计算科学专业人选国家级一流本科专业建设点。以教学团队为主体,将课程思政建设与教育教学改革和教学创新相结合,全面推进 10 门课程的课程思政建设(包括 1 门学校课程思政示范课和 9 门学院课程思政示范课),“数学分析”课程在“一院系一课程”课程思政示范课评价中获“良好”评价。“大学物理”“数学分析”“复变函数与积分变换”三门课程团队获学校首届教师教学创新大赛二等奖。积极推进教材建设,《数学分析》《线性代数》为华北电力大学 2020 年本科教材建设优先建设项目,《实用线性代数》为华北电力大学 2020 年本科教材建设一般建设项目,李忠艳编写的《现代应用数学基础(第二版)》拟推荐北京高等教育优秀教材奖。王涛主持的《以教学内容改革为突破口,面向一流本科的线性代数课程教学实践》获河北省教学成果奖二等奖 1 项,教指委教改项目 1 项,阎占元主持的《新工科背景下创新人才培养的物理实验教学体系构建》获批河北省教改项目。“线性代数”认证为首批国家线下一流本科课程,“概率论与数理统计”慕课在中国大学 MOOC 平台正式上线,数理系的“大学物理”被评为“优秀”思政示范课。指导学科竞赛,获美国大学生数学建模竞赛获特等奖 3 项、一等奖 20 项、二等奖 67 项;全国大学生数学建模竞赛获国家级一等奖 1 项、国家级二等奖 10 项,省级一等奖 2 项,省级二等奖 26 项;北京市一等奖 9 项、二等奖 25 项;全国大学生数学竞赛北京市一等奖 14 项、二等奖 26 项、三等奖 9 项;北京市大学生数学竞赛,北京市一等奖 2 项、二等奖 1 项;全国部分地区大学生物理竞赛省部级一等奖 5 项、二等奖 12 项、三等奖 12 项、校级一等奖 7 项;北京市大学生物理实验竞赛三等奖 3 项、校级一等奖 1 项、校级二等奖 2 项;研究生数学建模竞赛全国二等奖 4 项、三等奖 8 项;河北省大学生物理竞赛获一等奖 13 人、二等奖 27 人和三等奖 41 人;指导学生科技创新创业训练计划项目获北京市优秀 1 项。

学生工作。通过多渠道收集和发布就业信息、就业辅导、加强国际交流合作等方法,为学生就业提供全方位服务。本科和研究生平均就业率达到 95%,在各学院中名列前茅。扎实做好学生入学教育和日常管理各项工作。9 月,认真组织策划新生和老生入校后各项教育工作。学院党委书记和院长带头为学生上开学第一课。以学生为中心,开展学风建设、家校合作、学业辅导和心理辅导等帮扶措施。学生党支部建设保持特色发展。12 月,学生第一党支部获“校级优秀特色活动示范党支部”称号、学生第一党支部《“数”说战役》被评为学校优秀微党课。认真落实学校疫情防控各项规定。按照“非必要不出校”和“非必要不出京”的原则,严格管理和审批学生出入校。发挥学生党员和学生干部先锋模范作用,教育引导广大学生自觉遵守学校疫情防控规定，守好疫情防控工作阵地。

（冯铁岩）

【入选国家级一流本科专业建设名单】 2020 年 3 月 2 日，教育部公布 2020 年度国家级和省级一流本科专业建设点名单，数理学院信息与计算科学专业入选 2020 年度国家级一流本科专业建设点名单。

（李超雄）

【获北京市先进工作者称号】 2020 年 12 月 22 日，北京市劳动模范、先进工作者和人民满意的公务员表彰大会在北京会议中心举行。华北电力大学张化永教授获北京市先进工作者荣誉称号。

（冯铁岩）

【获省级教学竞赛一等奖】 2020 年 10 月 6 日，数理系赵美玲获河北省高校青年教师教学竞赛获理科组一等奖。

（李超雄）

【获青年教师教学基本功比赛一等奖】 2020 年 12 月 19 日，华北电力大学第二届青年教师教学基本功比赛决赛在保定校区二校区教九楼举行。数理学院教师张世辉、穆青霞获一等奖。

（冯铁岩）

人文与社会科学学院

【概况】 2020 年，华北电力大学人文与社会科学学院在北京设有学院本部，在保定校区设立法政系。学院有省部级能源发展研究基地 1 个，设有硕士点专业 4 个、本科专业 5 个。学院（系）有教职工 101 人（含保定 39 人），其中，专任教师 87 人（含保定 32 人），其中教授 15 人（含保定 3 人）、副教授 45 人（含保定 16 人），具有博士学位的教师为 68%（含保定 22 人）、有实验及技术人员 2 人（含保定 1 人）、党政及管理人员 14 人（含保定 7 人）。学院（系）新增教授 1 人（保定 0 人）、副教授 2 人（含保定 2 人）。学院（系）共引进师资 1 人（含保定 1 人），其中教师 1 人（含保定 1 人）。学院（系）有毕业学生 269 人（含保定 105 人），其中硕士研究生 76 人（含保定 14 人）、普通本科生 255 人（含保定 91 人）；学院（系）招生 531 人（含保定 217 人），其中硕士研究生 187 人（含保定 35 人）、普通本科生 344 人（含保定 182 人）；学院（系）在校生 1736 人（含保定 820 人），其中，硕士研究生 342 人（含保定 81 人）、普通本专科生 1391 人（含保定 739 人）。本科生的英语四级一次通过率为 94.2%（保定为 91.76%），本科毕业生一次就业率为 70.73%（保定为 81.32%），研究生毕业生一次就业率为 88.71%（保定为 84%）；本科考研报名 147 人（含保定 47 人），实际考取 67 人（含保定 33 人），考研率为 34%（保定为 29.41%）。

2020 年，学院（系）签定纵横向科研项目 48 个（含保定 16 个），其中纵项 37 项（含保定 11 个）、横项 25 项（含保定 5 个），实现科研合同金额共计 401.56 万元（含保定 55.7 万元），其中纵向科研经费 130 万元（含保定 39 万元），横向科研经费 271.56 万元（含保定 16.7 万元）；承担校内科研项目 8 个（含保定 4 个）；共发表论文 120 篇（含保定 55 篇），其中三大检索收录 34 篇（含保定 10 篇），核心期刊 29 篇（含保定 5 篇）。出版专著 19 部（含保定 4 部）；学院（系）举行学术交流会 25 次（含保定 12 次），其中国内专家学术交流会 25 次（含保定 12 次）。有 8 人次参加了国际学术会议（保定 0 人）。学院（系）共完成科研项目 19 个（含保定 8 个），通过验收 19 个（含保定 8 个）。学院（系）共获得省部级以上奖励 2 项（含保定 2 项）。学院（系）拥有教研室 7 个（含保定 3 个），研究所 19 个（含保定 4 个），实验室 8 个（含保定 3 个），学生实习基地 22 个（含保定 15 个）。学院（系）开设研究生课程 169 门（含保定 83 门），完成教学 5454 学时（含保定 2808 学时）；开设本科生课程 331 门（含保定 149 门），完成教学 11853 学时（含保定 6320 学时）。

2020 年，学院（系）设有 19 个党支部（含保定 8 个），拥有中共党员 232 人（含保定 114 人）、发展党员 82 人（含保定 35 人）。学院（系）设有 58 个学生班级（含保定 27 个），设有辅导员岗位 6 个（含保定 2 个），其中正式编制 5 个（含保定 2 个）、聘任 1 个（保定 0 个）；学生获得各类省部级奖励 412 人次（含保定 341 人次），其中教育部奖励 17 人次、北京市奖励 54 人次、河北省奖励 341 人次。

2020 年，学院立足文科振兴战略，描绘“十四五”规划蓝图。明确“十四五”总体奋斗目标：坚持立德树人根本任务，落实华北电力大学“双一流”建设总体要求，按照“入主流、有特色、高水平”发展思路，坚持不懈推进文科振兴战略，建设引领学校文化、支撑“双一流”发展、与学校整体发展水平相适应的“新文科”。“十四五”规划从专业建设、学科建设、师资队伍建设、科学研究、国际交流与社会服务、学生工作、党的建设和体制机制改革等八个方面，系统谋划学院未来发展蓝图。

党建工作。深入学习贯彻党的十九届五中全会精神，3 名领导干部入选学校宣讲团，分别从治国理政、法治保障和战略规划等角度展开宣讲。全面落实学校党委部署，完成人文与社会科学学院党委换届工作；以基层党支部换届为契机，加强党支部“双带头人”建设。根据学校党委整体安排，学院党委全面接受校内政治巡察，扎实推进巡察整改，全面提高党组织的凝聚力和战斗力。充分发挥党组织和广大党员在学院发展中的引领作用，人文与社会科学学院党委、2017 级学生党支部获校级先进基层党组织称号，5 人获校级优秀共产党员、优秀党务工作者称号。保定校区坚持以习近平新时代中国特色社会主义思想为指导，深入学习贯彻党的十九大和十九届五中全会精神。推进“两学一做”学习教育常态化制度化，认真落实“三会一课”制度，认真学习习近平新时代中国特色社会主义思想，积极开展调查研究，认真剖析检视问题，扎实落实整改措施。开展“过好政治生日、不忘初心使命”活动，增强党员先锋模范作用等，强化广大师生“守初心、担使命、找差距、抓落实”的意识，夯实思想政治工作基础。加强支部书记“双带头人”培养和能力建设，探索新时代“1＋1”党支部共建模式。法政系党委获评“河北省学校思想政治教育先进集体”称号，法政系团委获评“保定市五四先进集体”荣誉，完成河北省标杆院系验收。

学科建设。大力推进课程思政建设，《法学专业导论》教材正式出版，《公共管理专业导论》和《广告学专业导论》即将出版；法学和公共管理、行政管理本科专业开设专业导论课。法学、行政管理两个本科专业分别申报河北省、北京市“一流专业”建设，行政管理专业获得北京市“一流专业”建设公示，法学专业申报河北省“一流专业”建设正在评审中。学位点建设有效拓展，研究生招生规模再创新高。新闻与传播、社会工作2个专业硕士点获得北京市学位委员会推荐审批。沈磊、田海鑫、陈燕红编写的案例入选教育部中国专业学位教学案例库，实现零的突破。北京校部法学与公共管理学术型硕士招生20人，全日制专业学位研究生41人，非全日制专业学位研究生105人，共计166人，入学新生研究生与本科生比例接近1比1，创历史新高。完成法学、公共管理两个一级学科评估全面摸底、学科评估材料撰写、申报等工作。梁平教授受聘为河北省法官遴选委员会委员、河北省审判业务专家专业评审委员会委员。

教育教学。自年初新冠疫情暴发以来，学院领导班子、辅导员和管理人员认真履行岗位职责，落实学校各项防控举措，做好师生员工思想工作，加强疫区学生心理疏导。每一位任课教师，认真学习线上教学技术完成上半年线上教学、研究生复试等任务。教职员工深入学生宿舍，认真做好2020届毕业生行李打包和托运工作。全院上下团结进取，甘于奉献，圆满完成毕业生就业、新学期教学安排、学生返校、新生报到、课堂教学等各项任务。加强师德师风建设，构建“三全育人”格局。坚持立德树人根本任务，积极开展“做新时代‘四有’好老师和‘四个引路人’”学习实践活动，承担校级研究课题4项，王学棉获“我身边的好老师”荣誉称号。强化育人的实践导向，构建以大协同、大先生、大学生“三大格局”为主体的“三全育人”格局。积极争取多方支持，办学条件显著改善。实验室建设工作顺利推进，办学条件持续改善，完成2020年度中央改善基本办学条件项目建设，模拟法庭执行经费59万元，升级改造工作顺利完成，已投入使用。组织申报2021年度中央改善基本办学条件项目，电子政务实验室设备更新和模拟居民议事厅建设项目获得批准立项，争取经费74.63万元。

法政系。以专业读书会为基础，打造“书香法政读书嘉年华”品牌，9月份学生疫情返校后，半年举办读书会38期，组织学生阅读经典，提升专业素养。创新专业实践教育，与雄安探索人才培养合作机制，暑假组织学生常驻式实习、分6批开展“走进雄安，见证奇迹，感受中国力量”认知实习，有力激发学生的专业兴趣和爱国情怀。安文靖参加学校第二届青年教师教学基本功比赛获二等奖。梁平教授被聘为河北省法学研究生教育指导委员会委员。

科学研究。北京校部共获26项纵向科研项目，其中国家社会科学基金项目1项，北京市社会科学基金项目1项，教育部社会科学基金项1项。学院教师共发表论文47篇，其中CSSCI检索论文15篇，其中SSCI期刊论文3篇，法学高水平期刊论文1篇，新华文摘全文转载论文1篇，科研质量得到大幅度提升。强化“四个服务”，智库建设卓有建树。姚建平教授在社会救助方面的研究成果获中央政治局常委、全国政协主席汪洋批示。2020年5月，人文与社会科学学院获批中国老龄协会老龄科研基地。刘妮娜副教授与中国老龄协会联合撰写的《“十四五”时期应大力发展农村互助型社会养老研究报告》，获国务院副总理孙春兰同志圈阅批示。回天治理研究院持续举办回天治理论坛和未来回天论坛，调研成果再次获中央政治局委员、北京市市委书记蔡奇批示。保定校区梁平教授完成的研究成果《河北省加强和创新社会治理研究报告》获河北省社会科学优秀成果奖一等奖，陈森获河北省社会科学优秀成果奖二等奖。法政系教师发表高水平论文被《中国社会科学文摘》、《人大复印报刊资料》、SSCI、CSSCI等转载、检索10篇，其中梁平教授的学术论文被《中国社会科学文摘》转载2篇、被《人大复印报刊资料》转载1篇。梁平教授参加撰稿和拍摄的国内首部法治大型纪录片《中国司法》，并在中央电视台、学习强国、爱奇艺等各大媒体平台播出。梁平教授被评为保定市2020年科协系统年度先进个人。克服疫情影响诸多困难，邀请中国人民大学等知名学者进校举办“法政讲堂”12期，不断拓展学术视野。

学生工作。“立学·立志·立心”北京高校辅导员工作室不断推出创新成果，“绿色成长工作坊”一院一品项目获学校立项，立学读书会获“书香北京”优秀阅读推广组织奖。精准聚焦家庭经济困难学生群体，有针对性开展工作；积极开展积极心理教育，探索青年学生健康成长新路径。在疫情防控大背景下，以“线上组织、属地实践、远程协同”模式开展暑期社会实践活动，28支队伍、218名师生参与，收到良好效果。充分发挥学科专业优势，积极开展普法宣传，学院师生和昌平区司法局共建推出《民法典四十讲》线上普法节目，让普法活动进网络、进企业、进机关、进社区、进课堂，被学习强国、法治昌平等媒体平台报道。保定校区探索构建精准思想政治工作模式，开展6F谈心谈话行动；培育思想政治工作品牌项目，启动实施“思政讲堂”“人文茶座”“共享单书”等学生思政工作精品项目。开展“声音传递力量、师音引领成长”“战疫师音”主题诵读、“同心战疫”学生主题原创作品征集、“快看！战疫中的法政人”等活动，坚定学生抗击疫情的信心。2020年，学生在“调研河北”社会调查活动中获省部级奖励249人次，梁平教授被评为优秀指导教师；在“践行习近平新时代中国特色社会主义思想”冀青工作调研大赛中，获省部级奖项90人次。推进志愿服务品牌项目建设，获第五届河北省青年志愿服务项目大赛金奖。综合运用法政系新网站、微信公众平台，及时发布活动信息，宣传优秀师生事迹，积聚正能量。学生连续四年获校内最高荣誉——“校长奖学金”。法政系三个专业本科生考研上线率，由2018届25.84%（2019届29.41%）跃升到2020届的46.15%，上升20多个百分点，法学专业达到50%，位于全校前茅。法学本科生全国法律职业资格考试通过率由2019年43%上升到2020年58.82%。法政系研究生在河北省首届研究生法律文书写作大赛、中获得一等奖、二等奖、三等奖共4项，梁平教授被评为优秀指导教师；研究生论文在河北省法学会年会中获奖1项。法政系获河北省高等教育教学改革研究与实践项目1项，3位教师入选学校2020年优秀青年教师教学支持计划项目。

工会工作。学院分工会按照“建设教职工和谐小家，助推院系中心工作”的思路，积极开展各项工作：定期召开工会小组会议；组织新入职教师座谈会，邀请资深教师讲述经典教学案例，举办新入职教师导师聘任仪式；夏珑入选第二届“我身边的好老师”。积极组织教职工参加校运动会，并获精神文明队；组织包饺子比赛、联欢会、教职工斗地主比赛等文体活动，增强凝聚力。疫情期间，为教职工发放口罩等防护物资，每日推送疫情防控讯息，确保大家及时掌握信息，做好防护；推出“战疫师音”系列活动14期，用声音为居家学子传递抗疫正能量，梁平、戴民、安文靖、马冉、孟亚男在保定市教育工会举办的“敬畏生命、与爱同行”抗疫征文评选活动中获一等奖、二等奖、三等奖共6项；自愿认购湖北特色农产品行动中，人均采购金额165.7元，在全校20个分工会中人均采购金额位居第一。2020年毕业季，组织全系教职工为本科生、研究生毕业生集体打包行李累计五百余件，2021年1月寒假组织教师爱心车队送站服务，19位教师接送47趟，共计128人。

北京校部	保定校区
院长：	主任：梁平
书记：苑英科	书记：戴民

人文学院网址：http://law.ncepu.edu.cn/

法政系网址：http://dlp.ncepu.edu.cn/

（胡舒敏　陈　焘）

【杨勇平到人文与社会科学学院调研】　2020年3月13日，校长杨勇平到人文学院调研指导疫情防控工作及学院2020年发展工作。院长苑英科代表学院重点汇报2019年回天治理研究院成立以来开展的工作和取得的成绩，并着重汇报回天治理研究院的活动获北京市委书记蔡奇批示后回天治理研究院已开展的和即将开展的工作。黄向军代表学院就学院疫情防控和党建工作进行汇报，其他副职院领导就各自分管的工作进行简要汇报。

（黄向军）

【昌平区回天专班到回天治理研究院调研交流】　2020年5月18日，北京市昌平区回天治理工作专班相关领导到华北电力大学回天治理研究院进行调研交流。昌平区回天治理工作专班副班长薛岩，综合计划组组长聂慧松，社会治理组组长徐湘涛，办公室主任纪思争，华北电力大学人文与社会科学学院党委书记、回天治理研究院院长苑英科教授，副院长王伟教授、赵旭光教授，学院党委副书记姜良杰，回天治理研究院社会组织研究中心主任朱晓红教授，社区治理研究中心陈建国教授，老龄问题研究中心主任刘妮娜副教授参加会谈。

（苑英科）

【参加央视大型纪录片《中国司法》撰稿及拍摄访谈】　2020年5月18日，由最高人民法院新闻局监制，中央广播电视总台社教节目中心、中国民主法制出版社等单位联合推出的十集大型纪录片《中国司法》，在中央广播电视总台“社会与法”频道和爱奇艺网站同步播出，同时被“学习强国”平台推出。法政系梁平教授作为该纪录片第3集《平之如水：从堂审旁听到司法公开》解说词的主撰稿人，参与最高人民法院专家论证会、各集解说词讨论、拍摄开机仪式、录制访谈等工作。该纪录片原名《中国司法之路》，自2015年下半年启动撰稿工作以来，每集内容都要字斟句酌，修改二十余稿，最终形成通俗易懂且具有专业水准的解说词。期间，梁平教授多次应邀参加最高人民法院副院长景汉朝出席的专家论证会、剧本研讨会、开机新闻通气会等，全方位地参与了解说词撰写研讨、纪录片拍摄研讨。历经5年制作期，该纪录片上线播出。

（陈　焘）

【入选首批国家老龄科研基地】　2020年7月7日，全国老龄工作委员会直属的中国老龄协会对首批老龄科研基地遴选结果进行公布，华北电力大学人文与社会科学学院与中国人民大学社会与人口学院、复旦大学社会发展与公共政策学院等20家高等院校科研机构入选。其中，北京高校共4家，分别是中国人民大学社会与人口学院、华北电力大学人文与社会科学学院、国家开放大学老年大学和首都经济贸易大学劳动经济学院。在人口老龄化程度不断加深的现实国情下，学院立足公共管理学科，整合科研团队研究力量，聚焦民生保障与社会治理，在学院的大力支持下，成立老龄科学与政策研究中心，并与中国老年学与老年医学学会共同发起成立“社区居家养老分会”，学校为副理事长单位，秘书处设在人文与社会科学学院。

（刘妮娜）

【回天治理研究院团队赴学院路街道开展社区治理调研】　2020年7月23日，华北电力大学人文与社会科学学院党委书记、回天治理研究院院长苑英科教授带领团队赴学院路街道开展社区治理调研。马克思主义学院院长王伟教授、回天治理研究院社会组织研究中心主任朱晓红教授、社区治理研究中心主任陈建国教授、公共管理教研室主任高富锋副教授等随同调研。学院路街道社区治理项目第三方运营机构北京和合社会工作发展中心主任李春红及其团队参与调研。调研团队先后参访海淀区学院路街道二里庄党群活动中心和海淀区学院路街道"石油共生大院"项目施工现场。在二里庄党群活动中心，苑英科向参访人员介绍回天治理研究院的诞生过程、回天治理论坛的发展情况及回天治理研究院未来发展战略。调研团队先后参观二里庄党群活动中心的社区会客议事厅、美团智慧社区工作坊、垃圾分类示范点、文体活动室、志愿者服务站等活动空间。调研团队深入到海淀区学院路街道"石油共生大院"项目施工现场，参观"石油共生大院"的"六个空间""一个工作站"：党建空间、文化空间、亲子空间、健康空间、美食空间、便民空间和街区工作站的工程建设情况。调研团队与李春红等就海淀区学院路街道"石油共生大院"的治理模式、理念、视觉识别系统等进行深入研讨，并就打造"石油共生大院"品牌文化达成初步项目合作意向。随着该项目落地推进，回天治理研究院与北京和合社会工作发展中心将会不断深化合作机制，拓展合作空间。

（苑英科）

【第十二届全国大学生广告艺术大赛创佳绩】 2020年9月，2020年第十二届全国大学生广告艺术大赛获奖名单揭晓，华北电力大学广告创意团队在全国赛区中获一等奖1项，三等奖2项，优秀奖12项。在北京分赛区中获一等奖2项，二等奖12项，三等奖17项，优秀奖105项。全国大学生广告艺术大赛是由教育部高等教育司支持，教育部高等学校新闻传播学类专业教学指导委员会、中国高等教育学会广告教育专业委员会共同主办，中国传媒大学、全国大学生广告艺术大赛组委会承办的全国高校文科大赛。

（张　勤）

【举办新生见面会暨"开学第一课"】 2020年10月6日，华北电力大学人文与社会科学学院在教三举办2020级新生见面会暨"开学第一课"，人文与社会科学学院党委书记苑英科，党委副书记吴薇，副院长赵旭光、陈建国，公管教研室主任、公共2001班班主任高富峰，学院团委书记崔灿，2020级辅导员马海红以及全体新生参加，会议由吴薇主持。新生见面会结束后，苑英科为新生讲授"开学第一课"，以"培养自己的积极心理——效能、乐观、希望和韧性"为题，系统讲授大学生应如何培养积极的自我，形成积极的生活风格，把握好人生的关键步伐。

（吴　薇）

【法政系党委换届】 2020年11月10日，法政系在模拟法庭召开全体党员大会。华北电力大学党委副书记、纪委书记何华出席会议，法政系全体党员出席大会，非党员教师代表列席，会议由系主任梁平主持。系党委书记戴民代表上届党委作题为《凝心聚力、锐意进取，努力开创新时代法政系发展新局面》的工作报告，全面回顾和总结过去五年法政系党委的主要成绩、经验和不足，提出未来五年法政系工作的指导思想、建设思路、重点任务和相关措施。系党委副书记程利敏作法政系党委党费收缴、使用和管理情况的报告。根据大会选举办法，选举产生新一届法政系党委会。何华希望新一届系党委领导班子和全体党员同心同德、团结协作，奋力开创法政系各项事业发展新局面。

（陈　焘）

【获北京市大学生模拟法庭比赛团体二等奖】 2020年11月15日，由北京市教委主办、中国政法大学承办的第十二届北京市模拟法庭比赛落幕。本届竞赛共有北京大学、清华大学、中国人民大学、中国政法大学等京津冀48所高校参与，因新冠疫情比赛在线上进行。学院根据赛制要求，在十月初就开始进行校内选拔，经过多轮角逐最终确定由朱刚、刘纳敏、李彤、熊紫雯、贾子轩、周佳音六位同学代表华北电力大学参赛。法学代表队对每一轮题准备充分，沉着应战，在与北京科技大学和北京航空航天大学的对阵中获胜利，并最终获北京市模拟法庭比赛二等奖！

（王春波）

【召开党委换届选举党员大会】 2020年11月17日，中国共产党华北电力大学人文与社会科学学院党员大会在学校科学会堂召开。华北电力大学党委副书记、纪委书记何华，校组织部副部长葛超莅临大会。学院全体党员及预备党员参加会议。会议由学院党委副书记吴薇主持。党委书记苑英科代表上一届党委做《坚持立德树人根本任务 推进文科振兴发展战略》的工作报告。报告明确大会的主题是：以习近平新时代中国特色社会主义思想为指引，全面落实学校第二次党代会制定的发展战略，坚持立德树人根本任务，服务支撑"双一流"建设，团结带领广大党员和全体师生员工，凝心聚力，努力拼搏，为实现文科振兴而努力奋斗。根据大会选举办法和计票结果，本次大会选举产生新一届人文与社会科学学院党委委员会。

（吴薇）

【接纳理工科院系"退转"学生】 2020年11月22日，法政系从保定校区8个理工科院系接收"达到退学条件"的转专业学生16名，这也是法政系首次一次性、较大数量接收"退转"学生，为这些学生提供新的学习机会。自11月收到理工科学生转专业申请以来，法政系领导班子高度重视，多次召开党政联席会议和班子碰头会，对教学安排、日常管理、思想政治教育和心理教育等制定周密方案，经过心理测试和专业面试，"退转"学生自愿选择法学、公共事业管理和社会工作作为新专业，分别编入各年级实体班，并另建"法公社2020班"虚拟班，系主任梁平、党委副书记程利敏分别担任虚拟班的正、副班主任，实行双重管理模式，采取"一人一策"的培养机制，为转入学生创造良好的学习生活条件。

（陈　焘）

【组织开展"走进雄安，见证奇迹，感受中国力量"系列认知实习】 2020年11月20日至22日、12月6日，法政系分6批次组织300余名本科生、研究生开展"走进雄安，见证奇迹，感受中国力量"认知实习。在讲解员的带领下，同学们详细了解“一主、五副、多节点”的雄安新区城乡空间布局，并参观雄安商务服务中心建设工地，体验自助无人售货车、无人超市、无接触到店取餐、自助登记入住的凯丽酒店，感受着“智慧城市”“海绵城市”的蓝图逐渐成为现实，通过近距离亲身感知、体验和见证“千年大计、国家大事”的雄安新区“未来之城”建设，进一步激发学生拼搏奋斗精神和爱国情怀。此次认知实习，源于2020年5月梁平教授在雄安新区开展课题调研时深受雄安新区盛况空前的建设场景所震撼，经多次与雄安新区有关部门沟通协调，在疫情管控异常严格的情况下，争取到学生认知实习的机会，并以此开展专业实践和“课程思政”教育。

（陈　焘）

【开展国家宪法日系列活动】 2020年12月4日是我国第7个国家宪法日，为深入学习宣传习近平法治思想，大力弘扬宪法精神，增强学生对宪法的认识，12月3日至4日，法政系开展“法律情景剧”“法律知识竞答”“宪法知识答题”“我与宪法的三行情书”“庭审进校园”以及模拟法庭开放日等系列活动，吸引全校学生广泛参与，系领导和法学专业教师为同学们赠送《中华人民共和国宪法》并签名寄语，激励同学们勇于担当、善于作为，弘扬宪法精神，成为宪法的忠实崇尚者、自觉遵守者和坚定捍卫者。

（陈　焘）

【宪法晨读活动启动】 2020年12月4日，在第七个国家宪法日到来之际，为进一步普及宪法知识，弘扬宪法精神，人文与社会科学学院主办的华北电力大学“宪法晨读”活动正式启动。本次活动主题是深入学习宣传习近平法治思想，大力弘扬宪法精神。学院党委书记苑英科、副书记吴薇、副院长赵旭光、团委书记崔灿、研究生辅导员武鸿以及人文学院学生代表参加活动。

（吴　薇）

【校领导为人文与社会科学学院师生讲授思政课】 2020年12月10日，学校党委副书记、纪委书记何华以“从‘一五’到‘十四五’看中国的发展道路”为题，为人文与社会科学学院全体辅导员、学生代表讲授一堂生动的思政课。何华带领师生梳理“一五”到“十四五”的发展历程，指出中国完成由计划到市场转变，由贫困到小康的转变，由客观冲动到尊重客观规律的转变，由一言堂、内部集体决策到科学民主决策的转变，由工业经济到经济社会全面协调发展的转变，由独立发展到开放融入全球化的转变。感受巨大变化，同时分析中国发展面临的机遇与挑战。“一五”到“十四五”中国现代化建设的历史长卷，是中国智慧的集中反映，从中可以更加深刻的理解“十四五”规划的内涵、特点和优势，更加清楚地认识社会主义制度和国家治理体系的优势及成就。当代大学生作为新中国高速发展的见证者、经历者，广大青年学子应当更加明晰自己的责任与使命，以坚定的理想信念筑牢精神之基、以绝对的政治忠诚站稳政治立场、以自觉的身体力行弘扬主流价值、以不懈的求知问学增长知识见识、以昂扬的奋斗精神担当时代使命。

（吴　薇）

【举办第二期未来回天论坛】 2020年12月13日，华北电力大学回天治理研究院举办以“回天有我・基层社会治理创新实践”为主题的第二期未来回天论坛，来自北京市政府部门、高校、企业、社区共80余位代表参加。此次论坛聚焦“回天有我”多方参与升级策略，探讨十四五期间回天地区基层社会治理创新实践路径及建议。华北电力大学党委副书记、纪委书记何华与北京市昌平区副区长冯志明参加此次论坛，并就“回天治理”重大现实问题和未来发展进行深入探讨。

（苑英科）

【老龄科研基地揭牌】 2020年12月26日，由学院主办的华北电力大学中国老龄协会老龄科研基地揭牌仪式暨第二届社区互助养老论坛举办，来自政府、高校、科研院所、企业的领导、专家、学者、实践工作者和华电师生人参加此次论坛，论坛响应党的十九届五中全会关于积极应对人口老龄化的战略部署和发展互助性养老的政策精神，共同围绕农村互助型社会养老体系建设这一主题进行深入研讨。华北电力大学党委副书记、纪委书记何华和全国老龄办党组成员、中国老龄协会副会长吴玉韶分别致辞，共同为华北电力大学中国老龄协会老龄科研基地揭牌，揭牌仪式由华北电力大学科学技术研究院常务副院长乔开文主持。老龄科研基地同时聘请中国人民大学副校长、老年所所长杜鹏教授担任基地学术委员会主任，聘请华北电力大学人文与社会科学学院党委书记、老龄科学与政策研究中心苑英科教授担任基地学术委员会副主任，来自中国老龄协会、中国人民大学、中国农业大学、中央民族大学、中央财经大学等6家机构的11位知名专家学者担任基地学术委员会委员。何华为基地学术委员会主任、副主任和委员颁发聘书。

（刘妮娜）

外国语学院

【概况】 2020年，外国语学院在北京设学院本部，在保定校区设英语系。学院拥有外国语言文学一级学科硕士学位授予权和翻译硕士专业学位授予权，设有学术型硕士学位授权专业2个（英语语言文学、外国语言学及应用语言学）、专业学位硕士学位授权专业2个（英语笔译和英语口译）、本科专业2个（英语和翻译）。学院有教职工136人（含保定67人），其中，专任教师122人（北京61人，保定61人），专任教师中教授11人（北京5人，保定6人）、副教授 42 人(北京 24 人,保定 18 人),讲师 63 人(北京 29 人,保定 34 人),助教 6 人(含保定 3 人),具有博士学位教师 29 人(含保定 10 人);有实验及技术人员 3 人(含保定 1 人)、党政及管理人员 14 人(含保定 6 人)。新增硕导 3 人(含保定 2 人),新进教师 5 人(含保定 3 人),退休教师 1 人(保定 0 人)。学院有毕业学生 185 人(北京 78 人,保定 107 人),其中硕士研究生 41 人(北京 19 人,保定 22 人),普通本科生 144 人(北京 59 人,保定 85 人);招生 202 人(含保定 102 人),其中硕士研究生 70 人(北京 48 人,保定 22 人),普通本科生 132 人(北京 52 人,保定 80 人);在校生 714 人(北京 332 人,保定 382 人),其中全日制硕士研究生 140 人(含保定 55 人),非全日制研究生 20 人(保定 0 人),普通本科生 554 人(含保定 327 人)。校部本科毕业生一次就业率为 72.88%,研究生毕业生一次就业率 84.21%。保定校区本科生的英语专业四级一次通过率 87.1%,本科毕业生一次就业率 82.81%,本科考研率 18.75%,研究生毕业生一次就业率 57.89%。学院科研项目立项 3 项(含保定 1 项);共发表论文 51 篇(含保定 11 篇),出版专著 9 部(含保定 5 部)。举行专家学术交流会 6 场(含保定 1 场)。1 人获评学校十佳班主任。6 门微课在全国外语微课大赛中获奖 4 项,其中全国二等奖 1 项,全国三等奖 2 项,北京市二等奖 1 项。2 个团队获外研社“教学之星”大赛全国复赛一等奖和二等奖。学院设有教研室 10 个(含保定 5 个)、实验室 9 间(含保定 4 间)。校部开设研究生课程 60 门,完成教学 5540 学时;开设本科生课程 107 门,完成教学 16949 学时。保定校区英语系开设研究生课程 57 门,完成教学 5380 学时;开设本科生课程 102 门,完成教学 13686 学时。学院设有 11 个党支部(含保定 5 个),拥有中共党员 253 人(含保定 83 人),其中教师党员 87 人(含保定 41 人);发展党员 54 人(含保定 16 人)。学院设有 34 个学生班级(含保定 19 个),学生获各类省部级奖励 213 人次(含保定 157 人次),其中北京市奖励 41 人次,河北省奖励 94 人次。

2020 年,外国语学院以习近平新时代中国特色社会主义思想为指导,把方向管大局抓落实,持续深化“不忘初心、牢记使命”主题教育,坚持人才培养和教学质量为中心,学院各项工作稳步推进。

学科建设。积极培育翻译专业作为一流专业建设点,完成翻译专业北京市“一流”本科专业的申报。新建翻译实习基地 3 个,产学研合作基地 1 个,与长城汽车股份有限公司达成共建大学生实习基地协议,建成多功能语言与翻译实验室 1 间。1 门课程入选“双一流”研究生优质课程,1 门课程完成研究生优质慕课建设,1 本研究生教材建设圆满完成,并通过验收。先后邀请翻译教指委委员、北京外国语大学专家等来校交流,并进行 3 场翻译专题讲座;完成外国语言文学一级学科第五轮学科评估;完成首次专业硕士评估。修订外国语言文学和研究生公共英语培养方案,着力加强学生的听说、翻译能力。突出“能源电力外语”特色,出版《水利水电专业英语》《电力英语基础教程》等 3 部能源电力英语教材。增设法语语言文学二级学科硕士点,2022 年开始招生。组建“一带一路”能源语言服务研究中心学术委员会并召开首届学术年会暨“一带一路”能源语言服务研究高端论坛,明晰研究方向,推动学科发展。

教育教学。完成疫情期间线上授课,从线上平台的选择、软硬件基础设施的保障、线上教学培训等到在线教学应急预案、各类计划的制定,保障线上教学有序进行。加强培育教学改革创新成果,获批省部级教改项目 2 项;出版教材 5 部;1 门慕课上线,4 门慕课正在建设中;制作微课 7 个,6 个微课分别在全国高校教师教学创新大赛暨第六届外语微课大赛以及外研社“教学之星”大赛中获全国决赛二等奖、北京市一等奖和二等奖。积极组织教师参加青年教师教学基本功比赛和板书大赛,2 名教师在板书大赛中获一等奖,1 名教师在校青年教师教学基本功比赛中获三等奖,2 名教师分别获“外教社杯”外语教学大赛一等奖和二等奖,2 个教师团队分别获河北省高校外语课程思政教学比赛一等奖,1 个教师团队获“世纪之星”外语金课团队大赛二等奖。成立第三届教学督导委员会;举办第八届“教学质量月”活动;主办第三届全国大学生 5 分钟科研英语演讲大赛及北京赛区比赛;大学生创新创业项目获奖 6 项。

科学研究。启动翻译研究中心、区域与国别研究中心、外语文学研究中心建设,支持 4 个科研团队建设。学院举办第四届“学术交流月”活动,聘请专家学术讲座线下 5 场;科研项目立项 3 项(含保定 1 项),积极与其他学院教师合作,参与能源电力相关科研,发表论文 51 篇(含保定 11 篇),出版专著 9 部(含保定 5 部)。举办国家社会科学基金项目申报经验讲座;6 人在国内外语学科各类会议及论坛上作主旨发言。

师资队伍。在第六届全国外语微课大赛中,王欣团队获全国决赛二等奖,刘辉团队获全国决赛三等奖,李占芳等 2 个团队分获北京市二、三等奖;杜异、张倩团队分获第十一届“外教社杯”全国高校外语教学大赛北京赛区一等奖和二等奖。学院 6 名(含保定 4 人)教师结束访学回国;增选硕导 3 人(含保定 2 人);学院引进外国语言学及应用语言学、法语专业、日语专业、俄语专业教师 5 名(含保定 3 人),退休教师 1 名。

党建工作。构建“大党建”格局,把方向管大局保落实。推进组织建设,完成学院党委和支部换届选举,英语专业教研室获批“双带头人”教师党支部书记工作室。提高政治把关。抓好党风廉政,开展党风廉政主题活动,严格新进教师及拟晋升职称教师的师德师风考察,做好统战工作。开展理论学习。推进中心组学习常态化制度化,抓好党支部的日常学习和实践教育。组织观看《我和我的祖国》《夺冠》《为了和平》等电影、纪录片。落实防疫要求,召开防疫政策宣讲,完成疫情相关数据统计报送工作;完成毕业生行李打包工作;持续做好毕业生就业帮扶工作。完成 1 项党建项目研究工作;抓好安全稳定工作;由学生党支部和新媒体工作组策划推出“心筑中国红色地图，躬耕民族精神沃土”“E心战疫”等系列思政教育推送；以防疫工作为蓝本的“大果小果战疫日记”获河北省辅导员“同心抗疫”作品征集三等奖。

学生工作。学院加强疫情期间学生管理工作，紧抓关键时间节点，开展形式多样的主题教育活动，夯实优良学风建设和优秀基层组织建设；加强班主任工作，宋晓漓获评校十佳班主任；以第二课堂建设为平台，举办学校第十二届外语文化节；围绕抗击新冠疫情、抗美援朝出国作战70周年、学习贯彻十九届五中全会精神，开展多种形式主题教育活动；组织抗疫、垃圾分类志愿活动；1个团支部获首都大学“先锋杯”优秀团支部，1个班级获校级“优秀班集体”；2支队伍分别获第十二届“电力科技杯”竞赛校级一等奖和二等奖。持续关注毕业生就业工作，为毕业生提供精准化就业指导。2名男生从军入伍，出国留学率21.21%位列保定校区第一；深造率从26.6%提升至今年45.5%，位列保定校区第三；英语专业深造率达53.8%，两个班级考研上线率超过50%位居全校前20名。

国际化人才培养工作。组织教师投入学校国际化人才虚拟班课程建设，覆盖4个语种，已完成4门课程建设。推进教师校内合作和资源共享，正式成立外语写作中心，面向全校学生进行外语写作辅导。与外语教学与研究出版社、北京外国语大学中国外语测评中心共建的国际人才培养基地在保定校区正式落成。

学院一体化工作。学院两地班子通过召开线上会议共商学院发展；完成学院分学位委员会换届，共同编制完成“十四五”发展规划初稿、第五轮学科评估工作、研究生教育研讨等工作。

工会工作。学院分工会结合实际，主动融入学院各项重点工作，获评校级先进工会。分工会积极推动“教工之家”建设，动员教职工参与扶贫工作，组织教职工参加健步走、趣味运动会和板书大赛等活动。在年度运动会中，英语系教工获团体总分第五名；疫情期间线上运动会分别获第一名2人，第二名1人；服务学校扶贫工作，为全系教职工发放福利，为定点帮扶小学捐赠图书文具300件；英语系综合教研室获评保定市巾帼文明岗，保定市三八红旗集体，校优秀分工会。

院长：康建刚

党委书记：于喜海

网址：http://sfl.ncepu.edu.cn/

（张颖敏　杨　博）

【杨勇平到外国语学院调研】　2020年3月13日，校长杨勇平与党政办副主任蒲沿洲一行到外国语学院调研。学院领导汇报学院工作情况、新型冠状肺炎防疫情况及2020年学院重点工作计划。杨勇平对外国语学院立足自身实际，不断扩大校内外影响力，主动为师生服务等方面取得的成绩给予充分肯定，并提出四点要求：一要以强化学生外语素养，提升综合实力为主要目标，主动为学生服务，提高教育教学质量。二要强化科研工作氛围营造，不断研究文科的新理念、新思想、新方法，为教师创造条件，吸引更多的力量投入到科研工作中。三要找准学科重点发力领域的定位，在电力行业外语领域和外语学科有自身内涵特色的点上重点发力，对标行业性高校，力争在行业性高校中排名前列。四要加强师资队伍建设，进一步优化在师资队伍结构，提升整体水平。他希望学院结合“十四五规划”的制定，对照第一方阵高校，把学院未来五年、十年的蓝图描绘好，努力成为学校快速发展的重要支撑。

（张颖敏）

【举行课程思政交流展示研讨会】　2020年，为强化“三全育人”理念，加强课程思政建设，学院以课程思政示范课“英语及翻译专业导论”为引领，分别组织教研室、教学团队，针对各类各门课程进行交流研讨。6月13日，召开“英语及翻译专业导论”课程建设研讨会；6月22日，召开以“立德树人、铸魂育人、家国情怀、全球视野”为主题的公共外语课程思政集体研讨会；6月29日，召开英语专业及翻译专业教研室课程思政经验交流研讨会；10月20日，召开课程思政微课展示暨研讨会；11月26日，召开课程思政及教学创新研讨会；12月29日，召开研究生公共外语教研室课程思政研讨会。通过系列交流研讨，发挥协同合力和示范引领作用，共同推进学院课程思政建设。

（张颖敏）

【英语系召开党员大会和教职工大会】　2020年6月30日，英语系通过企业微信在线召开2020年教职工大会，会议由英语系党总支副书记杨红月主持，全体教职工参加会议。英语系主任高霄首先作题为《顺应新形势，定位新方向，开启事业发展新征程》的工作报告。随后，以英语系各分工会小组为单位进行分组讨论，认真审议和讨论大会工作报告和财务工作报告。闭幕会上，英语系党总支书记武彦军以“凝心聚力，共克时艰，开创英语系事业发展新局面”为主题发言。

（杨　博）

【王增平到学院调研】　2020年9月16日，副校长王增平到外国语学院调研，与学院领导班子围绕人才培养、科学研究、学科建设、队伍建设等工作进行座谈交流，并就进一步做好相关工作进行指导。学院领导围绕学院重点工作、党建工作、疫情防控工作、毕业生就业情况下一步工作计划进行汇报。王增平对学院不断加强自身建设，立足服务师生等方面取得的成绩给予充分肯定，并对学院的重点工作和今后的发展提出四点要求：一是要提升外语教学水平，以培养国际化人才是首要任务。二是要加强其他语种的建设，实现外语与主流学科的交叉融合。三是要努力提升学院考研率，加大研究生培养力度。四是要持续做好防疫常态化工作，推进线上线下教学改革。

（张颖敏）

【获全国高校英语口语大赛优秀组织奖】　2020年，学院教师组织学生参加科大讯飞公司举办的“讯飞”杯全国高校英语口语大赛并获优秀组织奖。本次大赛的主题为"微炬成光，为爱 AI 发声"，北京赛区共有来自清华大学、北京理工大学、中央财经大学等 30 多所高校的近 10000 名学生参赛，华北电力大学 2 名学生获优秀奖。

（张颖敏）

【召开研究生教育工作研讨会】 2020 年 10 月 27 日、28 日，学院组织北京、保定两地班子成员、学位评定分委员会、硕士生导师召开研究生教育工作研讨会。会议围绕如何提升外国语学院研究生教育质量展开讨论。班子成员、与会导师等分别就研究生培养如何服务于国家战略、服务于行业发展、服务于华电的主流学科等提出建议和意见。会议强调，要不断加强硕士生导师科研、教学团队建设，增强团队意识，建立健全激发导师和研究生潜能的机制体制。研究生导师要不断提升自身思想道德水平和专业素养，将自己的专长和研究领域与研究生的兴趣结合，指导学生不断提高学术论文的写作质量，关心学生学习、生活、实习和就业情况，在做人、做学问上起到表率作用。

（张颖敏）

【参加河北省外语课程思政教学大赛与外语教学大赛获佳绩】 2020 年 11 月 14 日和 11 月 5 日"河北省高校外语金课团队大赛"和"河北省高校外语教学大赛"在河北大学举行。英语系教师刘洋、张玲、张颖、杜敬杰和李光组成的金课团队参加省高校外语金课团队大赛并获本科英语组二等奖。王亚南和吕振华参加省高校外语教学大赛，并且分别获大学英语综合组一等奖和英语专业组二等奖。

（杨 博）

【首届高校外语课程思政教学比赛决赛获佳绩】 2020 年 10 月 24 日至 25 日"河北省首届高校外语课程思政教学比赛决赛"在石家庄河北师范大学举行。英语系大英教学团队（武艳、魏红华、安国平）和英语专业团队（牛培培、吕振华、王珊、郭喆）代表华北电力大学参赛，分别获大学英语组一等奖和英语专业组二等奖。两个团队经过竞争激烈的初赛，进入复赛，最终在 102 支队伍里脱颖而出，进入决赛并获奖。

（杨 博）

【第六届外语微课大赛中获佳绩】 2020 年 11 月 10 日，全国高校教师教学创新大赛暨第六届外语微课大赛决赛颁奖典礼在长沙高博会上举行，学院教师王欣的学术英语创新教学团队（成员张志远、姜雪）获全国决赛二等奖。本届大赛经过学校初赛推荐、省市复赛及全国决赛三个环节。由于国内疫情防控需要，全国决赛采用线上决赛的形式进行。获得进入全国决赛资格的 371 件作品经评审，有 81 件作品进入线上决赛环节。王欣带领的团队在复赛中以北京市一等奖第一名的成绩入围全国线上决赛。本届大赛学院共报名参赛四个微课作品，除王欣团队获全国决赛二等奖外，宋晓漓和刘辉分别获北京市一等奖、李占芳团队（成员刘辉、杨春红）获北京市二等奖。

（张颖敏）

【举办中国大学生 5 分钟科研英语演讲复赛】 2020 年 11 月 10 日，学院举办"第三届中国大学生 5 分钟科研英语演讲"大赛暨首届华北电力大学—北京航空航天大学联合赛区复赛落地赛。大赛共收到北京航空航天大学、北京理工大学、北京科技大学、北京林业大学等全国 20 多个赛区，100 多所高校 3000 多份参赛作品。此次比赛共有 28 位选手参加。选手们围绕医学、理工、农林和人文社会四大学科依次演讲。评委针对演讲内容、演讲技能和演讲表现等方面进行分类打分，并为获奖选手颁奖。

（张颖敏）

【召开党员换届选举大会】 2021 年 11 月 24 日，中共华北电力大学外国语学院党员大会在图书馆科学会堂举行。党委书记于喜海代表外国语学院党委上一届委员会向大会作题为《奋发有为开拓创新 推进具有鲜明特色外国语学院的高质量内涵式发展》的工作报告，对党委过去五年工作进行回顾与总结。学院党委委员司微作党费收缴、使用和管理情况报告。全体与会党员以举手表决方式审议并一致通过党委工作报告、党费收缴、使用和管理情况的报告，并通过外国语学院党员大会选举办法、党委委员候选人名单和监计票人员名单。全体正式党员以无记名投票的方式，差额选举产生新一届党委委员。根据大会选举办法和计票结果，马冬、于喜海、尹宇、李伯远、张倩、郑蓉颖、康建刚任新一届外国语学院党委委员。

（张颖敏）

【英语系召开党员换届选举大会】 2020 年 11 月 24 日，中国共产党华北电力大学英语系党员大会于教十一 A106 召开。校党委组织部副处级组织员文丽出席会议、英语系主任高霄列席会议，英语系全体党员参加大会。英语系党总支书记武彦军代表上一届党总支委员会做题为《面向新时代，抓住新机遇，全面推进英语系高水平发展》的工作报告。赵安策作英语系党费收缴、管理和使用情况报告。随后，大会以举手表决的形式，通过《中共华北电力大学英语系党员大会选举办法》及大会监票人建议名单。大会按照选举办法，经无记名投票差额选举，选举产生新一届中共华北电力大学英语系总支部委员会委员。会后，新一届党总支委员会召开第一次全体委员会议，通过无记名投票选举书记和副书记，并对新一届委员进行分工。

（杨 博）

【被授予高层次国际化人才培养创新实践基地】 2020 年 12 月 3 日至 4 日，外国语学院教师张倩、岳剑英参加教育部中外人文交流中心在中国传媒大学举办的"首届高层次国际化人才培养工作经验交流及推进会"。华北电力大学作为首批入选项目高校，被授予"高层次国际化人才培养创新实践基地"。岳剑英参加高校分组讨论汇报，并代表学校接受教育部中外人文交流中心颁发的"高层次国际化人才培养创新实践基地"授牌。

（张颖敏）

【英语系英文网站上线】 2020 年 12 月 3 日，华北电力大学英语系英文网站正式上线，标志着英语系教育对外开放迈上新台阶。作为英语系对外宣传的重要窗口和平台，英文网站的建设，充分发挥英语系的外语优势，对外讲好中国故事，为英语系教师加强指导，不断提升学生英语翻译实践能力搭建平台，将进一步推动英语系国际交流和人才培养工作。

（杨　博）

【王增平为学院师生讲授思政课】 2020年12月25日，副校长王增平为学院全体二年级学生及部分教师代表讲授以“我国能源电力发展概况”为主题的专题思政课，进一步深入宣传党的十九届五中全会精神，并使广大师生全面解我国电力工业发展的新成果、新理念。王增平系统全面地介绍能源电力的相关知识以及我国电力能源的发展现状与前景，并分别从不同角度阐述我国能源发展规划、互联网与电力能源的深度融合、我国电力系统的特点以及学校多元化人才培养体系等内容。他强调外语类文科学生应充分拓宽选修课的学习内容，丰富大数据、互联网及电力行业的基本知识，练就扎实学术功底，不断强化个人的知识能力和知识体系，勇担华电学生的责任，迎接新的机遇与挑战。

（张颖敏）

【开展铭记历史砥砺奋进主题教育活动】 2020年12月，学院党委开展以“铭记历史，砥砺奋进”为主题的系列教育活动。29日，组织全体师生党员共同观看《为了和平》专题纪录片。学院党委书记于喜海要求大家了解历史，从历史的记录中感受共产党人过往的奋斗史，珍视现在的和平生活，同时建议将主题教育活动与课程思政相结合，提升课程思政水平。学院党委副书记马冬寄语各位党员要牢记抗美援朝精神，提高自身学习能力和实践能力，用实际行动继承和弘扬艰苦奋斗的抗美援朝精神。除观看纪录片，学院党委还组织师生党员参观抗美援朝70周年展览，让广大师生党员共同铭记抗美援朝战争的艰辛历程和伟大胜利。

（张颖敏）

马克思主义学院

【概况】 2020年，马克思主义学院按照中办、国办《关于深化新时代高校思想政治理论课建设的若干意见》及教育部《普通高等学校马克思主义学院建设标准（2019年版）》的具体要求，在党建工作、主题教育、学科建设、师资队伍建设、教学科研、学生工作、工会工作、宣传工作等方面均取得较大成绩。

2020年，学院按照《华北电力大学关于加强和改进思想政治理论课建设实施方案》部署，牢牢抓住“思政课建设”及学院建设这一核心问题，开展系列优化探索，完成全校三万余名本科生、研究生思政课教学任务；学院继续推进“专兼职融合”的“大思政”育人模式创新、“专题化”教学范式创新工程；学院团结带领广大师生，积极开展线上备课、线上教学、线上招聘，打赢抗疫攻坚战，涌现一批优秀个人。学院思政课建设取得显著成效，被人民网、《中国教育报》等国家主流媒体报道。

2020年，马克思主义学院设有马克思主义理论一级硕士学位授权点，承担马克思主义理论一级学科及所属二级学科思想政治教育、马克思主义中国化研究、马克思主义基本原理等学科建设和人才培养任务。学院现有专职教师59人，其中，教授11人，副教授27人，讲师22人，教师队伍中41人拥有博士学位（含博士后），20人为硕士生导师。另有行政人员6人。学院有4个教师党支部，2个学生党支部。共有中共党员94名，其中教工党员53名，学生党员41名。学院全日制硕士研究生春季答辩毕业17人，共毕业17人，就业率94.1%。招收2020级马克思主义理论一级学科学生共28人。

2020年，学院获首批国家级一流本科课程线上线下一流式混合课程1项；获教学名师、省学校思想政治理论教育先进工作者、北京市青年教学名师等省部级奖励荣誉3项；校“我心中的好老师”荣誉称号3项；校青年教师讲课比赛三等奖2项；获省教改成果三等奖1项；北京高等教育“本科教学改革创新项目”立项1项，河北省教改课题立项3项；推进教育部委托课题2项；入选2020年教师教学支持计划项目1项；课程思政结项13项；编写思政课教学创新案例册等，学院教师课堂质量评价优良；两校区推进《习近平新时代中国特色社会主义思想》进课堂；保定校区成立“形势与政策课”教研室，进一步强化课程管理；对思政课堂进行集中诊治把脉，研究、制定教学工作方案、办法等4项。学院继续加强思政课程与课程思政的相互融合，组织9位思政课青年教师参与学校教务处组织的“一院一品”课程思政建设工作。学院继续与全体思政课教师签订《意识形态安全责任书》，严守课堂政治安全底线。2020年北京校部思政课教学满意度调查结果显示，84.64%的学生对于思想政治理论课教学表示满意。

2020年，马克思主义学院发表学术论文55篇，其中，《光明日报》9篇，CSSCI论文26篇，中文核心期刊17篇；出版学术著作2部。申报省部级及以上纵向项目23项。其中，北京市社会科学基金项目重大项目1项，北京市社会科学基金项目重点项目3项，北京市社会科学基金项目一般项目1项，北京市社会科学基金项目青年项目1项，北京高校思想政治工作研究课题重点项目1项，北京高等教育“本科教学改革创新项目”一般课题1项。中央高校基本科研业务专项资金项目3项。学院教师获第八届高等学校科学研究优秀成果奖（人文社会科学）二等奖1项。

开启企业党建新领域，与国网河北省电力公司等签订横向课题 3 项，经费 120 余万元；获校创新人才支持计划 2 项；开展学术交流、讲座 10 余次。

2020 年，1 名学生获评“北京市优秀毕业生”，2 名学生获得国家奖学金，1 名学生获 2020 年度北京市马克思主义理论专业研究生新生奖学金。输送 3 名研究生出国研修交流；指导学生开展创新研究获省部级一、二等奖各 1 项；获大学生宣讲省部级二等奖 1 项；河北省“冀星之星”荣誉 2 项。马克思主义学院学生获河北省大学生学习习近平新时代中国特色社会主义思想“100 个热词”宣讲大赛二等奖、“践行习近平新时代中国特色社会主义思想”冀青工作调研大赛二等奖。

书记：孙平、李红霞（保定）

院长：王伟、王聚芹（保定）

副书记：武昌杰、王建红（保定）

副院长：侯丹娟、王建红（保定）

组织员：孙芳（保定）

（武昌杰 陈晓蕾）

【北京工业大学学生发展指导中心到校交流】 2020 年 1 月 2 日，北京工业大学学生发展指导中心副主任安哲峰一行 5 人到华北电力大学大数据与哲学社会科学实验室交流座谈。马克思主义学院院长王聚芹、学校学生处副处长李鹤、大数据与哲学社会科学实验室主任王建红等出席。双方就各自在大数据领域的研究应用、学生管理与辅导、部门运行机制等进行深入交流。

（陈晓蕾）

【杨勇平到马克思主义学院视察】 2020 年 3 月 12 日，校长杨勇平到学院指导疫情防控工作，并听取学院年度重点工作汇报。杨校长指出，疫情防控工作是当前最重要的工作，要毫不松懈抓紧抓实抓细各项防控工作。在听取学院年度重点工作汇报后，对学院工作提出要求，并指出，2020 年是全面建成小康社会和“十三五”规划的收官之年，是学校全面推进“双一流”建设的关键之年，是加快高质量内涵式发展的攻坚之年，需要我们积极主动做好各项重点工作。

（武昌杰）

【王聚芹教授新著由人民出版社出版发行】 2020 年 5 月 25 日，马克思主义学院王聚芹教授新著《唯物史观视域下“中国梦”的实现问题研究》（ISBN：978－7－01－020074－3）由人民出版社出版发行。中国新闻出版广电报、中国新闻出版广电网对于该著作予以高度评价：选题富有学术深度，权威解读中国梦的理论及实践问题；把中国梦的实现问题上升到唯物史观研究的高度，并作为人民出版社重点出版图书予以推介。

（陈晓蕾）

【举办最美课堂教学基本功比赛】 2020 年 5 月 30 日，马克思主义学院在教三 C220 举办思政课教书育人“最美课堂”教学基本功比赛，进一步深入贯彻落实思政课“八个相统一”的具体要求，为思政课教学把脉问诊。经过评委打分，周作芳和骆小平代表学校参加北京市委教育工委组织的比赛。

（武昌杰）

【侯丹娟副教授、孙芳教授在人民网直播平台讲授课程思政专题公开课】 2020 年 6 月 18 日至 19 日，侯丹娟、孙芳先后在人民网直播平台作题为“课程思政的价值意蕴与实践路径”和“1＋1 双师制课程思政的探索”的公开课，在校内外引起强烈反响，为学校开展课程思政建设提供经验，强化学校课程思政品牌效应和示范作用。

（武昌杰 陈晓蕾）

【杨志平教授应邀进行网络学术报告】 2020 年 6 月 19 日，应大数据与哲学社会科学实验室教师邀请，由马克思主义学院和科技处联合举办，东北师范大学马克思主义学院杨志平教授通过网络会议平台作题为“关于申报国家社科基金思政课专项的几点思考”的学术报告，针对广大思政课教师关注的国家社科基金申报问题，分别从思政课专项的重要意义、思政课专项选题解读、撰写申报材料值得注意的细节、申报思政课专项的几点体会等四个方面展开精彩讲解。

（陈晓蕾）

【山东理工大学付安玲副教授应邀作学术报告】 2020 年 6 月 24 日，应马克思主义学院邀请，山东理工大学马克思主义学院付安玲副教授通过网络会议平台作题为“谈谈申报国家社科思政专项的一些体会”的学术报告，对明确申报流程、合理撰写申报材料、厘清论证思路具有重要的指导意义。

（陈晓蕾）

【多个党组织和党员获党建荣誉】 2020 年 6 月 24 日，学校党委发布《关于表彰华北电力大学先进党组织、优秀共产党员、优秀党务工作者的决定》，概论与纲要党支部、马克思主义学院（保定）马研党支部被评为先进党组织，王天昕、李忠华被评为优秀共产党员，武昌杰被评为优秀党务工作者。

（武昌杰 陈晓蕾）

【联合北京农学院马克思主义学院举行集体备课会】 2020 年 7 月 1 日，华北电力大学马克思主义学院联合北京农学院马克思主义学院举行全院教师集体备课会，特邀中央党校赵磊教授作题为《当前国际形势与中国安全战略》的学术报告。报告全面概括地总结当前国际形势，通俗易懂地介绍我国的安全战略，为全院教师准确把握国际形势和准确理解习近平总书记国家安全观提供指导。

（武昌杰）

【举办支部书记讲微党课活动】 2020 年 7 月 1 日，为庆祝中国共产党 99 岁生日，学院党总支在线上举办支部书记讲微党课活动，全院师生党员参加。概论与纲要党支部书记骆小平以《我的抗疫“双城记”：体验中国制度的优越》为题，结合自身体验，对比中西国家在疫情防控和救治过程中所采取的方式及表现的不同结果，从而凸显出我国制度的巨大优越性。原理与思修党支部书记王昱淇作题为《历史比较视域中制度与疫情的内在关系》的微党课，梳理历史上的重大疫情对人类世界造成的影响，指出传统中国封建社会治理与当下中国共产党治国理政的区别，彰显我国社会主义制度的优越性。

（武昌杰）

【骆小平副教授建设性意见获浙江省委领导重要批示与落实】 2020年，马克思主义学院骆小平副教授向浙江省委提交的“对宁波、舟山建设全球海洋中心城市的几点建议”获浙江省委副书记、宁波市委书记重要批示，浙江省委农办及浙江省发改委组成调研组落实省委领导批示精神，于7月22日开展调研座谈。以此为基础的长篇理论文章《全球海洋中心城市的比较与启示》8月1日在《舟山日报》理论版第2版整版刊出。

（武昌杰）

【召开思政课教师全员培训暨集体备课会】 2020年8月29日，马克思主义学院在新学期开学前举办2020年秋季学期思政课教师全员培训暨集体备课会，特别邀请到中国社会科学院马克思主义研究院副院长辛向阳研究员作《治国理政关键词——〈习近平谈治国理政〉第三卷学习》的专题报告。校党委副书记、纪委书记何华、学院两个校区全体思政课专兼职教师，及北京农学院相关领导和马院教师参会。

（武昌杰）

【王建红副教授在《经济日报》发表最新研究成果】 2020年，华北电力大学大数据与哲学社会科学实验室主任、马克思主义学院王建红副教授在大数据与哲学社会科学交叉研究领域取得新进展，相关研究成果在《经济日报》上发表。该项工作得到北京市社科基金重点项目“基于‘媒体记忆’大数据的新时代我国社会主要矛盾变化研究”的资助。该研究结果2020年8月31日正式发表在《经济日报》上，随即被新华网、人民网、光明网、学习强国、中国经济网、中国社会科学网等数十家媒体广泛转载。

（陈晓蕾）

【获签国网河北省电力有限公司大数据服务横向课题】 2020年，王建红副教授带领的大数据与哲学社会科学实验室团队经与相关方深入接洽，成功签订技术服务合同，将为国网河北省电力有限公司党建相关工作提供基于大数据技术的研究服务。这标志着王建红团队的技术服务工作正式迈向社会化。

（陈晓蕾）

【周坚到马克思主义学院调研】 2020年9月3日，学校党委书记周坚到保定校区马克思主义学院调研并指导工作，党政办主任张冬生、学院全体班子成员参加调研座谈会。周坚在听取工作汇报后，就学院当前发展的困境与班子成员进行深入探讨与交流，并就学院的发展提出建设性意见。

（陈晓蕾）

【多名教师教师节庆祝大会上受表彰】 2020年9月10日，学校召开2020年教师节庆祝大会，会上对获省部级及以上奖励的集体和个人予以表彰，马克思主义学院（保定）受表彰的教师及获奖的教学、科研成果如下：王聚芹教授获“2019年河北省学校思想政治教育先进工作者”荣誉称号。孙芳教授获“首届全国高校思想政治理论课教学展示特等奖”。王建红副教授、王聚芹教授、魏彤儒教授等完成的“高校思政课研究性教学范式的实践探索”获第八届河北省高等教育教学成果奖三等奖。徐岿然副教授、李书萍副教授获“2019年河北省大学生人文知识竞赛暨华北五省大学生人文知识竞赛河北赛区优秀指导教师”荣誉称号。王慧青副教授完成的“微时代对统战工作影响及策略研究”获河北省全省统战理论政策研究创新成果奖三等奖。此外，张乃芳、李书萍、赵鲁臻、武兰芳、陈晓蕾等也受到表彰。

（陈晓蕾）

【教师获多项成就】 2020年，马克思主义学院多名教师获多项成就。王伟获评“第四届北京市高等学校青年教学名师”，侯丹娟、孙芳、赵鲁臻被评为华北电力大学第二届“我身边的好老师”，樊良树获“北京高校师生马克思主义经典著作学术论文征文比赛优秀指导教师”，其著作《绿水青山新时代》获“习近平优秀生态文明思想”研究成果二等奖。武昌杰的《超大型社区文化治理机制实现路径调研》获北京高校师生服务首都“四个中心”建设“双百行动计划”2019年优秀团队项目。

（武昌杰　陈晓蕾）

【召开两校区理论学习中心组（扩大）学习会议】 2020年9月15日，马克思主义学院召开北京、保定两校区理论学习中心组（扩大）学习视频会议。会议邀请国家能源发展战略研究院执行院长王鹏与发展规划处处长郭炜煜作“十四五”规划相关报告。学院两校区领导班子成员及院长助理、教研室主任、教师党支部书记、科研平台负责人参加会议。

（武昌杰　陈晓蕾）

【举办喜迎国庆主题竞赛活动】 2020年10月3日，马克思主义学院举办“喜迎国庆，我为祖国比个心”国史与诗歌知识竞赛活动。此次活动由青马知行研究会主办，青马知行研究会与马院院研会共同承办。马院硕士班班主任祁松林与马院全体学生参加此次活动。

（陈晓蕾）

【举办学习四史专题讲座】 2020年10月9日，马克思主义学院在教三C220会议室举办学习“四史”专题讲座，学院党总支书记孙平为全院师生作题为《从党代会的历史进程把握党的历史脉络》的报告，进一步贯彻落实习近平总书记关于学习“四史”的指示精神。

（武昌杰）

【思政慕课“《易经》的政治智慧”登陆学习强国平台】 2020年10月9日，王伟教授的课程思政慕课“《易经》的政治智慧”登陆学习强国平台。该课程在经过多轮开课后，经过严格评审，正式登录学习强国平台慕课“人文史哲”栏目，为进一步发挥该课程在思政课程和课程思政的同向同行作用方面提供更为广阔的舞台。

（武昌杰）

【学院召开集体备课会】 2020年10月12日，为深入学习习近平新时代中国特色社会主义思想，加强和规范“形势与政策”课程建设，学院利用线上信息平台，召开集体备课会。此次特别邀请到北京科技大学马克思主义学院安静副教授作《“形势与政策”课教学与设计漫谈》的分享，促进学院教师提升授课水平。

（武昌杰）

【开展师德师风主题教育活动】 2020年10月12日，学院在教三C220会议室开展师德师风主题教育活动，党总支书记孙平为全院教师作师德师风主题教育讲座。

（武昌杰）

【举办暑期社会实践展示成果答辩决赛】 2020年10月26日，于教三C220会议室举办华北电力大学“形势与政策”课暑期社会实践展示成果答辩决赛暨分享会，通过课堂学习与社会观察联动教学，强化入脑入心；本联动是学校本科生思想政治教育“一轴三联动”改革的重要内容，是落实思想政治理论课建设实施方案的重要举措。

（武昌杰）

【马克思主义学院（保定）党总支举行基层党组织标准化规范化建设推进会议】 2020年10月27日，马克思主义学院（保定）党总支召开党总支扩大会议，会议主要内容是加强基层党组织标准化规范化建设以及进行党建助理的聘任。学院党总支委员、组织员、支部正副书记、各支部负责人、党建助理等参加会议，组织部副部长王博超、副处级组织员文丽对会议进行观摩指导。

（陈晓蕾）

【校领导到学院调研】 2020年10月28日，校党委副书记、纪委书记何华，校党委副书记汪庆华到马克思主义学院调研，并与学院领导班子进行座谈。何华指出，基于马克思主义学院目前的状况，学院的首要任务即做好内涵建设，并强调，学院要坚决守好意识形态阵地，把思政课建设作为核心任务来抓。汪庆华肯定学院建院以来在各方面工作中取得的成绩，并对学院下一步的发展寄予厚望。学院班子要坚持正确的政治方向，认真学习领会加强思政课建设的重大意义，团结带领全院师生，凝聚合力建设好马院。

（武昌杰）

【召开四史专题学习会】 2020年10月29日，学院理论学习中心组召开“四史”专题学习会。黄晓霓作题为《1919年十字路口的中国——新文化运动和五四运动》的讲座，王旭琰作题为《国际资本流转视角下的中国改革开放》的讲座。

（武昌杰）

【马克思主义学院（保定）党总支举行“书记讲党课”系列活动】 2020年11月3日，马克思主义学院党总支举行“书记讲党课”系列活动。学院党总支书记李红霞主讲第一课。党课的主题是“以校内巡察为契机，全面推进马克思主义学院建设”。参加会议的有全体教职工、学生党员、党建助理等。李红霞结合马院的九大重点工作，对高校党组织“对标争先”建设计划、党建双创工作和高校教师党支部书记“双带头人”培育工程等相关文件进行解读，提出学院的工作思路和设想。

（陈晓蕾）

【召开学校党委第八巡察组巡察马克思主义学院（保定）党总支工作动员会】 2020年11月5日，学校党委第八巡察组巡察马克思主义学院（保定）党总支工作动员会在教六楼304会议室召开。党委第八巡察组组长范立、副组长宫凯，巡察工作领导小组成员党委宣传部主要负责人王家，巡察组联络员侯步蟾、成员丁文俊、高洁，学院全体师生参加会议。会议由学院院长王聚芹主持。

（陈晓蕾）

【召开党总支换届选举党员大会】 2020年11月10日，中共华北电力大学马克思主义学院（保定）总支部委员会换届选举党员大会在学工楼306举行。校党委副书记、纪委书记何华出席并讲话。大会审议通过工作报告以及党费收缴、管理和使用情况报告，审议通过《中共华北电力大学马克思主义学院党员大会选举（草案）》，通过无记名投票方式差额选举出李红霞等5人为马克思主义学院新一届党总支委员会委员，选举李红霞为党总支书记，王聚芹、王建红为党总支副书记。11月24日，学院召开党员大会，校党委副书记、纪委书记何华出席。马克思主义学院党总支书记孙平代表上一届党总支作题为《马院姓马，在马言马，为建设特色鲜明的高水平马克思主义学院而努力奋斗》的工作报告。报告全面客观地总结学院成立以来的成绩，制定建设特色鲜明高水平教学研究型马克思主义学院的奋斗目标，规划学院未来发展的方向，开启学院建设新征程。大会选举产生孙平等7名党员为新一届党总支委员会，选举孙平为党总支书记，王伟、武昌杰为党总支副书记。研究生党支部和原理与思修党支部也相继进行换届选举，刘彩霞和王昱淇分别担任支部书记。

（武昌杰 陈晓蕾）

【举办第三届青年教师教学基本功比赛】 2020年11月17日，学院在教三C202教室举办学院第三届青年教师教学基本功比赛。本次比赛邀请到学校教学督导组赵会茹老师和李英老师、学院教学督导组许丹娜老师和杨海老师及10名本科生代表担任专家评委和学生评委。学院党总支书记孙平到比赛现场指导，学院党总支副书记武昌杰主持比赛。王昱淇获一等奖，蔡洁、吴宁宁获二等奖，盖立涛获三等奖。

（武昌杰）

【获教职工板书比赛一等奖】 2020年11月17日，校工会联合华电书画协会举办华北电力大学2020年教职工板书比赛，学院宁阳老师获一等奖。

（武昌杰）

【北京市社科基金项目申报创新高】 2020年11月，马克思主义学院共有5项课题获2020年度北京市社会科学基金立项，数量与质量均创历史新高，包含重大项目1项、重点项目3项、青年项目1项。

（武昌杰）

【汪庆华到马克思主义学院（保定）调研】 2020年12月1日，校党委副书记汪庆华到马克思主义学院（保定）调研并与学院领导班子成员进行座谈。学院院长王聚芹围绕师资引进、思政课创新、学科评估、人才培养等方面详细汇报学院的基本情况、工作进展以及具体举措。党总支副书记、副院长王建红重点介绍学生工作情况以及大数据与哲学社会科学实验室工作进度。会后，汪庆华还察看学院办公环境，并与青年教师、研究生进行交流。

（陈晓蕾）

【王增平到马克思主义学院调研】 2020年12月2日，副校长王增平到马克思主义学院开展工作调研。对学院今后的发展提出建议：一是在新的国际国内形势下，需要思政课教师有新的作为；二是在教学方面，学院要构建完善的课程框架，讲授完整的理论体系；三是在教师发展方面，思政课教师要时刻追随时代发展的步伐，不仅要"向理论学"，还要"向实践学"，建成一支具有能源电力行业特色的高水平的思政课师资队伍；四是在学科建设方面，要大胆进行"多学科交叉融合"改革实践与探索，强化对思想政治理论观点的论证，使得思想政治理论课内容更富有吸引力和说服力。

（武昌杰）

【举行转岗双肩挑干部和转岗调入人员签约仪式】 2020年12月3日，学院举行转岗"双肩挑"干部和转岗调入人员签约仪式。学校党委副书记、纪委书记何华对新入职教师提出四点期望和要求：一是要加强学习，以习近平总书记讲话中的"六个要"和"八个相统一"为准则；二是要认真研究教学方法，充分重视"课前十分钟"和"课初十分钟"的重要作用，争取以精湛的教法打造思政"金课"；三是要特别重视形势与政策课在五门本科生思政课程中的地位和作用；四是要敬畏三尺讲台，严格遵守课堂纪律，守好意识形态阵地，按照习总书记提出的"六个要"的要求，将思政课打造成灵魂课。

（武昌杰）

【张首映到校作学术报告】 2020年12月4日，人民日报社原副总编辑张首映先生到学院作学术报告，对党的十九届五中全会精神进行解读，并为学院制定未来发展规划提供宝贵建议。

（武昌杰）

【教务处（保定）到学院进行调研座谈】 2020年12月4日，教务处处长安利强、副处长梁长屹到马克思主义学院进行调研，并与学院领导班子成员、各教研室主任进行座谈。学院党总支副书记、副院长王建红汇报学院教学工作的整体情况。教务处领导充分肯定学院在教学工作方面取得的良好成绩以及课程改革创新思路，也对反映集中的具体问题进行细致而建设性的解答。

（陈晓蕾）

【周坚出席学校思想政治理论课课堂教学与考核创新研讨会】 2020年12月8日，华北电力大学思想政治理论课建设领导小组办公室举办"华北电力大学思想政治理论课课堂教学与考核创新研讨会"。校党委书记周坚出席并发表讲话。校党委副书记、纪委书记何华，党委副书记汪庆华，原党委副书记朱常宝，北京保定两地宣传部、教务处主要负责人，马克思主义学院全体班子成员、督导组成员及师生代表参加会议，并邀请校外专家学者进行研习探讨。会议精准研讨当前思想政治理论课教学创新和评价体系现状和问题，探讨思政课课堂教学和课程创新方案及考核标准体系，为打造学生真心喜爱终身受益的思政金课提供理论指导和创新实践模式遵循。

（武昌杰　陈晓蕾）

【举办第一届"领航杯"学习强国知识竞赛】 2020年12月10日，马克思主义学院学生党支部联合学院直属团支部、院研会、青马知行社团举办学院第一届"领航杯"学习强国知识竞赛。竞赛内容围绕党的十九届五中全会精神和习近平新时代中国特色社会主义思想等理论知识展开。

（陈晓蕾）

【获签国网河北省电力有限公司横向课题】 2020年，经国网河北省电力有限公司公开招标，学院大数据与哲学社会科学实验室中标"电力大数据市场化应用中的伦理问题及其规制研究"科学技术项目并签订技术服务合同。这标志着大数据与哲学社会科学实验室在智库服务领域的工作得到进一步拓展。

（陈晓蕾）

【获教育部第八届高等学校科学研究优秀成果二等奖】 2020年，教育部印发《关于第八届高等学校科学研究优秀成果奖（人文社会科学）奖励的决定》，王聚芹教授的研究成果《东方社会发展模式比较研究：中、印、俄发展模式比较》获二等奖，这是华北电力大学马克思主义理论学科首次获此奖励。

（陈晓蕾）

【获学校青年教师教学基本功比赛和板书比赛奖项】 2020年12月19日，华北电力大学第二届青年教师教学基本功比赛决赛在保定校区举行，学院王昱淇、齐秀强获三等奖。

（武昌杰　陈晓蕾）

【研究生党支部获评校级特色活动示范党支】 2020年12月，研究生党支部获评校级特色活动示范党支部，武昌杰获评研究生党支部优秀指导老师。崔凡、黄晓霓、骆小平、王旭琰、周作芳被评为马克思主义学院"党员先锋"。

（武昌杰）

【学校党委第八巡察组向马克思主义学院（保定）党总支反馈巡察情况】 2020年12月24日，学校党委第八巡察组到马克思主义学院(保定)党总支召开巡察情况反馈会，校党委副书记、纪委书记何华出席会议。何华作巡察整改动员部署讲话，希望学院党总支要高度重视巡察意见，认真落实整改工作，并就学院巡察整改工作提出要求。学校党委第八巡察组组长范立宣读《中共华北电力大学委员会第八巡察组巡察马克思主义学院(保定)党总支的反馈意见》，巡察办王家受学校巡察工作领导小组委托就落实好巡察整改工作提出具体要求，李红霞代表学院党总支作表态发言。

(陈晓蕾)

【举办思政人生日会】 2020年12月29日，马克思主义学院举办“2020年思政人生日会”活动。学院党总支书记李红霞致辞，代表学院对全体教职工在过去一年的辛苦付出表示感谢，对全体“思政人”致以“生日”祝福，号召大家在当前这样一个思政人的春天里，继续肩负起思政课教师的时代责任，发扬学院教职工勇于担当、敢于创新的精神，再攀学院新高峰。

(陈晓蕾)

【孙芳教授获首届教师教学创新大赛一等奖】 2020年12月，孙芳教授获保定校区教师教学创新大赛一等奖并代表学校参加河北省首届高校教师教学创新大赛。

(陈晓蕾)

【学生工作取得多项成绩】 2020年，马克思主义学院学生工作取得多项成绩。5月，学院团总支获华北电力大学“特色团总支”荣誉称号，谢雨柔获评校级优秀团干部，王天昕、张路颖获评校级优秀团员；9月，学生作品《用马克思主义理论认识垃圾分类》在学校垃圾分类短视频征集活动中获得二等奖；10月，研思政班级学生组建“华北电力大学马克思主义学院实践团”，获“校级优秀团队”荣誉称号；10月，李建科组建的“助力扶贫基层行实践团”在学校“形势与政策”课暑期社会实践成果展示比赛中获一等奖；11月，研思政班获“华北电力大学十佳示范性优秀班集体”荣誉称号，研思政班6A503宿舍获“华北电力大学十佳示范性优秀宿舍”荣誉称号。王天昕在北京高校师生马克思主义经典著作学术论文征文比赛中发表《新时代高校思想政治教育方法的创新研究》论文，获硕士生组三等奖；刘洋洋获国家奖学金，裴泽瑜、刘洋洋获评北京市马克思主义理论“双百奖学金”，李建科获评校级社会实践先进个人，刘洋洋被评为校级和市级优秀毕业生。

(武昌杰)

【国家主流媒体报道学院思政课建设】 2020年，《光明日报》、人民网、《中国教育报》、教育部网站、《中国青年报》相继报道华北电力大学思政课建设的经验做法，内容涉及疫情期间的思政教育、课程思政体系建设、“一轴三联动”思政课课堂内外教学考核联动机制，以及思政课机制、师资、内容、教法、评价等五个方面的创优做法，系统持续地将学校思政课建设经验做法展示给社会大众，引起广泛关注。

(武昌杰)

体育教学部

【概况】 2020年，华北电力大学体育教学部分北京和保定2个教学部。有教职工63人(保定28人)，其中，专任教师58人(保定26人)，教授5人(保定2人)、副教授26人(保定12人)，具有硕士学位的教师91%(北京)，73%(保定)。管理人员3人(保定1人)，实验及技术人员2人(保定1人)，体育教学部有中共党员49人(保定22人)。现有体育运动中心1座，有标准塑胶田径场3块(保定2块)，场内均设有标准足球场地。室外篮球场49块(保定35块)，排球场14块(保定12块)，塑胶网球场地11块(保定5块)，羽毛球场地8块(保定)，小足球场4块(保定)，乒乓球台110张(保定60张)。教学器材种类齐全，数量充足，各运动项目器材配备完善。运动场总面积11.57万平方米(保定6.60平方米)，室内运动场面积为8244.55平方米(保定3150.55平方米)。室内运动场地包括400平方米综合训练场1个(保定)，414.75平方米健美操教室2个(保定1个，193.75平方米)，1780平方米乒乓球室3个(保定1个，500平方米)，111平方米健美教室1个(保定)，404.5平方米武术和跆拳道教室1个(保定)，205.5平方米形体教室1个(保定)，637.8平方米综合体育教室1个(保定)，869.5平方米大学生体质健康测试室两个(保定1个，169.5平方米)，528.5平方米体育活动中心跑廊1个(保定)，为体育教学，训练、竞赛和课外体育活动创造良好的环境，满足体育教学、竞技体育和群众性体育的场地需求。2020年学校共有11731人(北京)参加《大学生体质健康标准》测试，参测率为98.67%，合格率为90.29%；12624人(保定)参加《大学生体质健康标准》测试，参测率为98.14%，合格率为81.28%。

2020年，体育教学部在党建工作、工会工作、教学工作、科研工作、人才培养、阳光体育、群体工作、高水平运动队建设等方面取得成效。

党建工作。体育教学部直属党支部不断巩固“不忘初心、牢记使命”主题教育成果，学习十九届五中全会精神，坚持“学习强国”，加强“四史”学习，全面落实“三会一课”，全面从严治党，贯彻落实“中央八项规定”精神；顺利完成换届选举，组建新一届支委；深入开展主题党日活动，组织观看电影《为了和平》，加强意识形态建设；党支部集中学习研讨15次，参观学习40人次，参加支部书记专题辅导10次，讲专题党课3次，举办主题活动和党日活动15次；保持学习强国常态化；以“校园足球精准扶贫，华电体育在行动”为主题，深入开展“体育精准扶贫”活动，带领支部党员赴保定市阜平县凹里村小学、龙王庙村开展体育课堂，为贫困儿童带去知识和欢乐；组织党员到阜平城南庄晋察冀边区革命纪念馆实地参观学习，体验党的革命精神和坚强意志；充分发挥党员的先锋模范作用，深入社区、校园，开展“防疫、抗疫”工作，落实疫情防控常态化工作，确保教师严格落实学校的相关要求，保护自身安全；践行群众路线，建立党员、群众的1对1帮扶关系，两名青年教师递交入党申请书；开展帮助学校兄弟院系行李打包志愿服务，16位教师7天30人次，为多个院系的230余名学生进行志愿帮扶，合计打包行李数量达690余件。校级党建项目结项2项(保定1项)。

工会工作。自突发新冠疫情以来，体育教学部积极响应学校号召，组织全体教职工积极购买扶贫特色农产品支援灾区建设；对接学校20个分工会，负责运动健康知识宣讲及线上运动指导工作。召开体育教学部教职工大会(二级教代会)；参加“中国梦·劳动美”华北电力大学教职工广播体操网上展演活动并获校级一等奖；举办体育教学部青年教师基本功初赛，推荐2名教师参加校级青年教师教学基本功比赛，1名获一等奖，1名获二等奖(保定)。体育教学部分工会慰问探望退休老教师，为他们送去温暖和关怀。

教学工作。完善课程体系建设，探索创新教学改革。落实立德树人根本任务，积极完成课程思政大讨论，并严格进行课堂督导，完成大一、大二必修和高年级选修的线上、线下教学工作；教学改革上，稳步推进“线上＋线下”“课内＋课外”的教学改革；大力推进球类、武术专项课课程思政建设，“大学体育—武术”课程在“一院系一课程”课程思政示范课评价中获优秀。进行体育教学改革，加强体育课程建设，扩展课程项目至27门，并增开8门体育选修课，新开设太极拳、瑜伽2门选修课(保定)。加强教研团队建设，严格教学管理，提高科学管理水平，全面提升体育教学质量。获省级教改立项(保定)1项；完成1门300分钟的慕课建设和上线；1名教师获首都高校体育教师教学基本功比赛一等奖，和北京高校线上教学成果展示赛一等奖；1名教师获学校青年教师教学基本功比赛二等奖(保定)；1名教师获华北电力大学首届教师教学创新大赛三等奖(保定)；2名教师获教学优秀奖(保定)；2名教师被评为“四有好老师”(保定1名)。2020年，体育教学部引进新任教师1名。

科研工作。体育教学部坚持以体育科研和教学实际相结合的理念，积极进行体育科学研究，营造浓厚的学术氛围，稳步提高科研质量，推动科研发展，重视成果凝练，积极邀请校内外专家开展学术报告。2020年共发表论文11篇(保定7篇)，其中SCI论文2篇(保定1篇)、核心期刊论文3篇(保定1篇)、发表CSSCI论文1篇，出版论著1部(保定)，1项校级思政课题结项并获优秀(保定)，获1项中央高校基金项目立项。

人才培养。加强师资队伍建设，特别是中青年教师的培养力度，1名教师入选“教学名师培育计划，选派教师国内外学习3人次。通过加强教师，特别是青年教师的培养，提高教学、训练和科研水平，提升教师的专业素养和专项能力。通过校代表队训练、群体活动、院系体育活动和各单项体育协会活动，全方位提高人才培养质量。

群体工作。促进锻炼、增强体质，积极开展校内体育活动。体育教学部教师完成体质测试工作，组织社团和协会开展各类线上、线下体育比赛。包括线上运动会、篮球赛、足球赛、乒乓球赛等10余项体育比赛；轮滑队、田径队、网球队、街舞队、武术队在多项赛事中取得优异成绩(保定)。瑜伽和普拉提健身协会获北京市女生社团建设展示赛一等奖。群体运动队获首都高校“朝阳杯”仅次于清华、北大。全年共获首都高校线上、线下比赛冠军近20个，毽绳队获十连冠佳绩。轮滑队参加第二届中国·杭州千岛湖轮滑公开赛中国自由式轮滑巡回赛总决赛获季军2项和第四名1项。田径队参加陕西省田径公开赛获3金3银4铜。网球队参加首都高校大学生网球联赛获女子乙组双打第三名，女子乙组团体第五名。街舞队参加中国大学生街舞锦标赛获第四名1项、七名1项和第八名1项的好成绩。武术队参加河北省第十一届大中学生武术比赛获1金5银1铜。

开展阳光体育运动。2020年受新冠疫情影响，体育教学部开展线上教学活动，鼓励学生在家锻炼身体；体育社团指导教师拓宽思路，开发第二课堂育人渠道，与校团委合作为居家学生推出百团战“役”系列活动，内容丰富的体育文化活动，激发学生体育参与和健康锻炼的积极性与主动性，为学生搭建体育素质拓展平台；完成学校秋季(保定)52届秋季综合运动会的准备、组织和裁判工作。体育教学部与校工会、团委、学生处密切配合，完成教职工秋季运动会、社团节等各项群众体育工作。

高水平运动队建设工作。2020年完成高水平运动队招生测试工作，高水平运动队建设是学校运动竞赛的窗口，在认真搞好教学和课外体育的同时，认真搞好高水平运动队建设和各种竞赛活动。高水平运动队刻苦训练，积极备战，运动队再获突破，其中田径队参加首都高校第58届学生田径运动会获男女团体总分第6名；男篮队再次挺进CUBA东北赛区。华北电力大学高水平运动队派出14名运动员参加第四届陕西田径公开赛获3金3银4铜；多名队员在全马或半马比赛中获优异成绩(保定)。

(曹运华　王泽霖)

【获全国马拉松精英赛金牌】 2020年1月1日，中国江北水城全国马拉松精英赛在山东聊城举行，本次比赛由聊城市人民政府主办，华北电力大学魏玉杰获半马男子组金牌。

(王泽霖)

【第十四届“和谐杯”乒乓球比赛获亚军】 2020年9月19日，北京市第十四届“和谐杯”乒乓球总决赛在昌平体育馆开赛。来自北京市16个区、北京经济技术开发区、燕山地区以及市直机关、市总工会、市教委、市大学生体协、市乒协、市残联等系统的141支代表队参赛。本次比赛采用混合团体赛制，华北电力大学派出由那铎老师担任领队兼教练，带领黄伟老师(45岁以上男运动员)、张琪老师(40岁以上女运动员)、黄朝俊、张吉慧四名运动员参加比赛，最终获亚军。

(王　艳)

【河北省高邑半程马拉松赛获银牌】 2020年10月11日，高邑半程马拉松赛在河北高邑举行，本次比赛由河北省体育局主办，华北电力大学陈瑞旋获半马男子组银牌。

(王泽霖)

【首都高校第58届学生田径运动会获佳绩】 2020年10月17至18日，首都高等学校第58届学生田径运动会在北京林业大学举行。来自首都高校的18所学校参加比赛。华北电力大学派出由曹运华担任领队，王建军、王莹琪和耿爱华担任教练的田径代表队参加比赛。最终杨子叶获女子800米银牌、1500米铜牌，焦安静获女子5000米、10000米铜牌，邓露、汪咨言、邓鑫冉、杨子叶四人获女子4×400米接力铜牌，刘腾、朱子龙、韩程宇、王晋四人获男子4×400米接力铜牌，学校获体育道德风尚奖。

(王　艳)

【获首都高校第12届毽球比赛金牌】 2020年10月18日，首都高校第12届毽球比赛在线上举行，本次比赛由北京市大学生体育协会主办，清华大学、北京大学、华北电力大学等11所高校120名运动员参赛。受新冠疫情影响，赛会采用线上直播的形式，并将隔网对抗比赛改为毽球的各项基本技术比赛，最终华北电力大学毽球代表队获男子三人三分钟隔网对传第一名、女子盘踢第二名、男子盘踢第三名、男子5人定点发球第四名、女子5人定点发球第六名、女子三人三分钟隔网对传第七名，获优秀教练员称号，学校获体育道德风尚奖。

(王　艳)

【举办第五十二届田径运动会】 2020年10月20日，华北电力大学举行第五十二届田径运动会。校领导郭孝锋、律方成，各院系、职能部门相关负责人参加开幕式。开幕式由体育教学部书记、主任云欣主持，副校长、校体育运动委员会主任律方成致开幕辞，党委副书记郭孝锋宣布开幕。最终学生团体电力系获第一名，法政系和计算机系分列第二名、第三名。教职工团体图书馆分工会、环工分工会自动化分工会分获前三甲。

(王泽霖)

【首都高校第12届学生田径运动会创佳绩】 2020年10月24日至25日，首都高等学校第58届学生田径运动会暨首都高等学校第12届秋季学生田径运动会在北京工业大学举行。来自首都高校的52所学校参加比赛。此项赛事代表非体育特长生的田径最高水平，华北电力大学由各院系的20名学生组成的田径代表队参加比赛，最终孙天明获男子110米栏金牌、张榕榕获女子三级跳远银牌、王润博获男子跳远季军、范馨宇获女子跳远季军，赵芷昕、赵宗曦、范馨宇、杨丝郦获女子4×100米接力铜牌，同时还获2个第四名、3个第五名、1个第六名、3个第八名和男子甲组团体总分第6名、女子甲组团体总分第8名、男女甲组团体总分第7名的好成绩，学校获最佳参赛组织奖。(王　艳)

【全国轮滑公开赛创佳绩】 2020年10月24日至25日，由中国轮滑协会和浙江省轮滑协会举办的2020年全国轮滑大联动全国轮滑青少年体育俱乐部联赛暨第二届中国·杭州千岛湖轮滑公开赛秀中国自由式轮滑巡回赛(总决赛)在浙江省杭州千岛湖举行。华北电力大学轮滑队获前交叉速度过桩个人计时赛公开女子组第三名、单脚速度过桩个人计时赛公开女子组第三名、单脚速度过桩淘汰赛公开女子组第四名。

(王泽霖)

【获迷你马拉松赛金牌】 2020年10月25日，临沂市“美丽乡村”迷你马拉松比赛在山东临沭举行，该赛事由临沂市体育局主办，来自全国各地共2000余名选手参加。华北电力大学魏玉杰获半马男子组金牌。

(王泽霖)

【获雄安马拉松赛金牌】 2020年11月1日，雄安马拉松赛在河北雄安举行。本次比赛由河北雄安新区管理委员会主办。华北电力大学魏玉杰获全马男子组金牌，李长青获半马女子组金牌，陈瑞旋获半马男子组金牌，任家旺获半马男子组银牌，马余娜获半马女子组铜牌。

(王泽霖)

【获第四届陕西省田径公开赛金牌】 2020年11月14日，第四届陕西省田径公开赛在陕西省田径运动管理中心田径馆举行，本次赛事由陕西省田径运动管理中心、陕西省田径协会、田径大本营举办，共有全国各地近500名田径爱好者参加比赛，华北电力大学派出14名运动员参加比赛，获3金3银4铜的好成绩。

(王泽霖)

【获石家庄马拉松赛金牌】 2020年11月15日，石家庄马拉松赛河北石家庄举行，该赛事由河北省体育局主办。华北电力大学魏玉杰获半马男子组金牌。

(王泽霖)

【获首都高校武术比赛金牌】 2020年11月19日至11月20日，2020年首都高校武术在北京林业大学举行。此次比赛有50余支代表队参加集体类项目，300余名选手参与个人项目。受疫情影响，比赛以线上录制视频的方式进行。华北电力大学派出由曹运华担任领队，张晓栋、胡秀娟指导的华北电力大学武术队参加比赛。最终获二十四式太极拳集体类项目一等奖、获集体长拳项目一等奖。

(王　艳)

【获北京高校教师线上教学成果展示赛一等奖】 2020年11月21日，由北京市大学生体育协会主办，北京高等学校女子体育研究会及中华女子学院女性(女大学生)体育研究中心承办的“2020年北京高校女生体育社团建设暨教师线上教学成果展示赛”在中华女子学院图书馆学术报告厅举行。来自首都的28所高校参加成果展示赛，16所高校参赛选手进入决赛。最终华北电力大学段博雅获一等奖，学校瑜伽和普拉提健身协会获社团建设展示一等奖。

（王　艳）

【毽绳队获首都高校比赛十连冠】 2020年11月29日，首都高校第二十八届大学生踢毽跳绳比赛在线上举行，本次比赛由北京市大学生体育协会主办。受新冠疫情影响，本次比赛采取线上与线下相结合，线上直播比赛的形式进行。来自首都高校的22所学校，489名运动员参与13个项目的网络直播比赛。华北电力大学奚彩莲、张立新、漆小红、杜新宇带队参赛，分别夺得混合学生组2分钟花样韵律跳绳决赛第一名；混合学生组三人2分钟传踢决赛第一名；混合学生组2分钟花样韵律跳绳决赛第一名；混合学生组1分钟集体长绳10人绕8字决赛第一名；男子学生组30秒双绳交互摇跳绳竞速决赛第一名；男子学生组1分钟单脚踢毽决赛第一名等多项优异成绩，迎来华北电力大学毽绳队在首都高校比赛中的十连冠。

（王　艳）

【获跆拳道锦标赛冠军】 2020年11月29日，首都高等学校第16届跆拳道锦标赛暨首都高等学校首届跆拳道品势网络公开赛在华北电力大学举行。该赛事由北京市大学生体育协会主办，华北电力大学承办，北京市大学生体育协会跆拳道分会执行。共有来自清华大学、北京大学、北京师范大学和中国人民大学等28所高校346名选手参赛。本次比赛采取线上视频的方式进行。华北电力大学代表队获2项第一名的优异成绩。学校获体育道德风尚奖。

（王　艳）

【获第十一届大中学生武术比赛金牌】 2020年12月15日至18日，河北省第十一届大中学生武术比赛在邯郸举行，本次比赛由河北省教育厅主办，华北电力大学获1金2银5铜。

（王泽霖）

【获首都高校第五届健身舞蹈大赛金牌】 2020年12月19日，首都高等院校第五届健身舞蹈大赛在北京林业大学举行，本届大赛由北京市大学生体育协会主办、北京林业大学承办、北京市大学生体育协会健身舞蹈分会执行。受疫情影响，比赛采取线上比赛直播评分模式进行，来自北京17所高校、54支代表队294名选手参加比赛。比赛分为排舞参赛项目和街舞参赛项目。华北电力大学健身操舞队由在领队张晓栋、教练曾玉华、杜新宇带领下参赛。最终获普通院校组排舞自选项目《冠军》大集体第一名和普通院校组排舞自选项目《卡奇》小集体第一名的好成绩，学校获优秀组织奖。

（王　艳）

【获桂林马拉松赛金牌】 2020年12月27日，桂林马拉松赛在广西桂林举行，该赛事由桂林市人民政府主办，被中国田径协会评为金牌赛事，被世界田联评为“铜标赛事”。来自全国各地10000余名运动员参加。华北电力大学魏玉杰获半马男子组金牌。

（王泽霖）

国际教育学院

【概况】 2020年，国际教育学院开展中外合作办学项目1个，专业为电气工程及其自动化。4月开展咨询宣传工作，根据防控要求，将全部线下活动转移至线上，完成线上咨询及线上报名。9月组织招生选拔考试及录取工作，从145名报名的学生中选拔出60人。2020年，中外合作办学项目及校际转学分项目共计英、美两国5个项目，派出人数北京校部23人，保定校区10人，共计33人。其中北京校部赴爱丁堡大学13人，曼彻斯特大学4人，巴斯大学6人。签证通过率100%。

2020年，华北电力大学招收正式注册的各类奖学金及自费来华留学生326人，招生规模保持稳定增长。其中有博士生37人，硕士生82人，本科生207人，汉语进修生1人。326名来华留学生中中国政府奖学金生116人，北京市政府奖学金生200人，紫禁城奖学金4人，自费生6人。来华留学生新生分别来自43个国家，学生较多的国家包括巴基斯坦、蒙古、苏丹、哈萨克斯坦、乌兹别克斯坦、俄罗斯等7个国家。学院中外合作办学学生获省部级以上奖励43人次，获各类奖学金127人次。电气GJ1801班获“北京市先锋杯优秀团支部”荣誉称号，电气GJ1902班获“华北电力大学示范性班集体”荣誉称号和“华北电力大学十佳团日活动”奖励。2020届毕业生有8人被评为华北电力大学优秀毕业生，4人被评为北京市优秀毕业生。至年底，中外合作办学项目有1个专业，设2个教学班，在籍学生人数293人，国外合作办学47人，分别就读于爱丁堡大学、曼彻斯特大学、斯莱思克莱德大学、卡迪夫大学、巴斯大学、伊利诺理工大学、威斯康星大学等。学院与驻华使馆、北京市公安局、保险公司等相互协作，有效化解安全事故、紧急疾病、矛盾纠纷、舆情危机、治安违法等5类共计10余起安全稳定事件。在疫情防控的基础上，学院通过线上线下相结合的方式，组织校内来华留学生参加各项教学活动和校企交流活动，相继走进中国华能集团、北汽集团等知名电力行业及其相关企业，参观2020新能源智能汽车展、中国国际服务贸易交易会等20余次。至年底，西肯塔基孔子学院共有汉语教师25人，22个学区，22所孔子课堂，汉语学生逾14500名。

党建与思想政治工作。国际教育学院突出政治建设，强化责任担当，基层党建质量稳步提升。落实各项决策部署，加强党的各项建设。强化政治理论学习，建立政治理论学习制度；深入学习贯彻党的十九届五中全会精神，坚持学以致用，狠抓落实，把贯彻落实全会精神同“十四五”规划结合起来；完成学院党委和党支部换届选举工作；深化基层党建品牌，高标准推进全国党建工作样板支部建设；严格实行学院党委会和党政联席会制度，坚持民主集中制原则，落实“三重一大”各项要求；持续推进“两学一做”学习教育常态化，巩固和拓展“不忘初心、牢记使命”主题教育成果；严格党内政治生活，落实“三会一课”制度，发挥好支部战斗堡垒作用和党员先锋模范作用。推动全面从严治党，强化治理体系建设。积极配合学校第四巡察组完成校内巡察各项工作；夯实制度基础，落实好党风廉政建设主体责任，严格监管重点领域，强化廉政风险防范；加强意识形态阵地管理，防范抵御宗教渗透；大力开展师德师风建设，进行师德师风专题研讨、开展教职工与新进员工系列培训和交流学习等活动；开展“五个一”谈心谈话，精心组织学业辅导，实施党员帮扶计划，形成崇尚高尚师德、优良学风的学院风气和文化。统筹推进疫情防控和教育教学工作，认真落实落细疫情防控各项措施；通过组织开展开学第一课、“1＋3”关爱帮扶行动、线上文化活动、线上主题班会等多种形式，积极开展思想引导和疫情防控宣传教育；组织全院教职员工志愿参与爱心“毕业寄”，为毕业生送去学校和学院的温暖；制定疫情期间留学生线上授课方案、2021 年春节寒假在校留学生疫情防控方案，构建“四级防控体系”，实施网格化定位，密切境外学生联络，做好物资保障和网络云端教育管理，确保中外师生的生命健康安全。

招生工作。国际教育学院进一步推进来华留学生招生工作的改革，调整学生结构，不断优化生源质量，来华留学生招生规模稳定增长。学院以“拓展招生渠道，扩大招生规模，优化生源结构”为工作目标，加大宣传力度，开展多种合作；与学校各院系各部门通力合作，建立品牌效应；积极申请国家资金支持，吸引更多优质生源。国际教育学院稳步发展华北电力大学与英国斯莱斯克莱德大学和曼彻斯特大学合作办学项目，坚持为学校中外合作项目班的学生提供更多更好的出国留学的选择。本着对社会、家庭学校学生高度负责的态度，国际教育学院通过精心组织和周密安排，完成 2018 级中外合作项目班的出国选校、网络面试、签证办理、行前教育等工作。

教育教学。国际教育学院教学管理人员深入学习贯彻习近平新时代中国特色社会主义思想和十九大精神，深入贯彻习近平总书记关于疫情防控的重要指示精神，严格执行《华北电力大学新冠肺炎疫情防控工作方案》，服从组织领导，紧密联系学校教学管理部门，完成教学管理、学籍管理、学位审核、考试安排、教学督导、教学研究等各项教学工作，保证良好的教学秩序。进一步完善教育教学各项规章制度，积极开展教育教学改革研究，推进英语授课课程建设，全面提升中外合作办学教育和来华留学生的培养质量。对外汉语教研室教师围绕“德育为先，教学为主，育人为本”的指导思想，克服海外时差、网络条件等实际困难，全力保障疫情期间留学生汉语教学工作的平稳运行。全体教师积极参加“推进课程思政，深化协同育人”专题培训活动，共同编写《课程思政建设教学案例》，将课程思政落实到留学生汉语教学的实践中。在日常教学的基础上，全体教师以“保质量、促发展”为目标，紧跟学校发展要求，努力提升业务水平，探索留学生语言文化教学的新方法、新路子。2020 年，火月丽、贾林华获学校“全英文教学课程建设暨来华留学英语授课品牌课程培育项目”立项，刘松获学校青年教师基本功大赛二等奖，贾林华获首届教师教学创新大赛二等奖。2020 年，学院制定、修订《华北电力大学全日制来华留学生硕士研究培养方案》和《华北电力大学全日制来华留学生博士研究培养方案》；制定《华北电力大学全日制来华留学生本科生学籍管理规定》；制定《华北电力大学全日制来华留学研究生学籍管理规定》，进一步提高来华留学生教学水平和教学质量。年内，学院资助建设教育教学改革培育项目 6 项。

课程建设。建设汉语类课程 4 门，分别为“汉语综合(1—2)”“中国传统文化专题”“汉语综合”“中国概况”；预报慕课建设 2 门，分别为“汉语综合(1)”(火月丽)、“中国概况”(贾林华)；资助全英文教学课程建设暨来华留学英语授课品牌课程培育项目 10 项。

学生工作。突出党建工作的引领作用。自 2019 年国际教育学院学生党支部入选第二批“全国党建工作样板支部”培育创建单位以来，聚焦支部建设的“七个有力”，从教育、管理、监督党员，组织、宣传、凝聚、服务师生等方面，充分发挥党组织的政治统领和教育引领功能，将学生党支部打造成学院的建设的“引领者”、思想政治教育的“主力军”和学生群体的“知心人”；发挥校友组织的育人优势。校友是学院“三全育人”的重要育人力量，通过定期开展校友返校交流活动，建立海外校友返校交流机制，充分调动校友参与到学校的思政工作中来，发挥校友群体把方向、引航向的作用，不断提升学院学生工作的引领力、创造力、精细化；构建线上线下全方位育人体系。面对疫情防控常态化的新形势，学院一方面将线上作为学生工作的重要抓手，充分发挥网络思想政治教育的作用。另一方面，调整疫情形势下的线下工作，坚持以人为本，将现有工作化整为零，提升工作的精细化要求，将大学生思想政治教育工作落细、落小、落实。

留学生管理。来华留学生规模继续扩大，全年长短期学生共 1080 人。学院始终以安全稳定为重点，通过构建留学生办公室、留学生公寓、留学生组织三位一体的网格化管理模式，全面做好安全教育、签署承诺书、留学生保险等基础性工作，为学校国际化事业发展大局奠定扎实基础。在疫情防控下，学院制定相应的留学生校园管理规范办法，留学生疫情期间出入校办法等细则，在防控疫情的基础上，发掘一批留学生骨干，以网状管理的方式，关心关注校内留学生的需求。紧密联系校外留学生，及时发布疫情最新动态。

中外合作办学。华北电力大学第五届学位评定委员会第十次会议授予76位中外合作项目班同学工学学士学位。华北电力大学第五届学位评定委员会第十一次会议授于20位中外合作项目班同学工学学士学位。2020年国际教育学院中外合作办学项目毕业97人，授予学位96人，其中境外合作、交流学生25名。

（赵　静　魏军强　王志红　章自华）

【调整领导班子工作分工】 2020年，国际教育学院调整领导班子成员工作分工。具体调整如下：书记徐玲玲，主持学院党委工作，负责学院发展规划、党建、人事、监察审计、工会与安全稳定工作；院长齐郑，主持学院行政工作，负责学院发展规划、财务与安全稳定工作、资产管理工作；副院长魏军强，分管学院中外合作办学及来华留学生教育教学与培养、对外汉语教研室工作；副院长赵子健，负责孔子学院建设与管理，中外合作办学招生，中外合作办学机构与项目建设；副书记郑乐，分管中外合作办学及来华留学生学生管理、安全稳定、校友与宣传工作；副院长戚坚军，分管长、短期来华留学生招生（含留学生导师分配）、校企合作。

（赵　静　章自华）

【毕业生就业工作创佳绩】 2020年，国际教育学院人才培养工作取得优异成绩。2020届毕业生共96人，59人继续在斯坦福大学、帝国理工学院、浙江大学等国内外知名高校深造（其中2人直博），未继续深造的毕业生，27人在国网北京市电力公司、国网上海市电力公司等单位就业，就业率达到90.53%，其中湖北籍毕业生就业率达到100%。

（周　爽）

【组织开展线上主题教育活动】 2020年，在新冠疫情防控期间，学院组织开展“战疫胜，待春归”系列线上文化活动，举办“想唱就唱”中外学生线上歌唱比赛，组织同学们居家开展线上体育锻炼活动，引导广大同学合理安排学习生活。同时，组织开展“战疫有我，奋斗青春”线上主题班会和“绽放战疫青春，坚定制度自信”主题团日活动。其中，电气GJ1902班获“华北电力大学十佳团日活动”的荣誉。

（周　爽）

【举办世界一流大学杰出校友论坛活动】 2020年，正值华北电力大学庆祝建校62周年之际，国际教育学院举办“论世界点滴，做时代新人——世界一流大学杰出校友论坛”。论坛邀请到国际教育学院校友吴韧韬、齐步阳、孙启星等6位毕业于世界一流大学的杰出校友到校与师生交流他们个人的成长故事，讲述海外留学生活中的点点滴滴。华北电力大学校友与教育基金工作办公室副主任刘艳参加会议并致开幕词。在论坛结束后，参加此次论坛的6位校友与学院领导班子进行座谈。

（周　爽）

【校企合作】 2020年，中国水利水电第十一工程局、中国华电额勒赛下游水电项目（柬埔寨）有限公司签署留学生委托培养协议。根据协议，华北电力大学分别培养柬埔寨、莫桑比克籍本科生1名和硕士研究生2名，不断推进校企联合培养留学生项目。

（王小溪）

【留学生活动被境内外媒体广泛报道】 2020年。学院留学生校内外交流活动被广泛关注，包括《经济日报》等多家媒体报道，报道包括 *School-enterprise cooperation provides talents for CPEC*、*Pakistani students attend the World Intelligent Connected Vehicles Conference*、*Initiative launched to train Pakistani talents for CPEC*，总阅读次数超过20万次。

（王天马）

【实施留学生全英语授课】 2020年，留学生本硕博全英语授课专业达17个。其中，全英语授课的博士专业有5个，分别为电气工程、动力工程及工程热物理、工商管理、管理科学与工程、可再生能源与清洁能源；20级新生全英语授课的硕士专业有8个，分别为电气工程、动力工程及工程热物理、公共管理、环境科学与工程、计算机科学与技术、可再生能源与清洁能源、企业管理、物理学；全英语授课的本科专业范围稳步扩大，20级新生有4个专业，分别为电气工程及其自动化、机械工程、工商管理工程管理。

（武婉姝　王　姝　刘　松）

【132名留学生授予学位】 2020年，学校有31名本科留学生、80名硕士留学生、21名博士留学生，共计132人完成教学计划全部内容，取得毕业资格并被授予学士、硕士和博士学位。其中，2名博士留学生的学位论文被评为2020年“校级博士优秀博士学位论文”。分别是：电气学院博士生导师毕天姝教授指导的来华留学博士研究生 AHMED RABEE KAMEL SAYED 的博士论文《韧性与经济性协调的电一气综合能源系统鲁棒运行方法研究》；新能源学院博士生导师李美成教授指导的来华留学生博士研究生 SAJID 的博士论文《应用于稳定高效钙钛矿太阳电池的低成本空穴传输层材料研究》。

（魏军强　武婉姝　王　姝）

【赴北京交通大学调研中外合作办学项目】 2020年1月7日，国际教育学院齐郑、葛超、魏军强等一行赴北京交通大学进行中外合作办学项目调研。分别与该校交通运输学院和理学院的中外合作办学项目负责人进行座谈，分别就各自的优势与短板、中外合作办学项目招生模式、学生管理及外方沟通等方面进行深入交流。

（齐　郑　任　帅）

【完成中外合作办学项目延期变更申请工作】 2020年7月9日，国际教育学院向教育部和北京市教委顺利提交华北电力大学与英国斯莱斯克莱德大学、英国曼彻斯特大学合作举办电气工程及其自动化专业本科教育项目的延期变更申请文件。项目延期变更申请通过后，招生起止年份变更为2004—2024年，批准书有效期变更为2028年12月31日。

（齐　郑　任　帅）

【网上报名系统开通】 2020年8月3日，国际教育学院配合学校疫情防控要求，为2020级中外合作办学项目招生工作测试并开通新的网上报名系统，实现项目无纸化报名。

（赵子健　王　娟　任　帅）

【开展中外合作办学项目线上行前培训会】 2020年9月16日，国际教育学院在疫情防控期间以网络会议的形式，举办2018级出国学生线上行前培训会。行前培训会是学院一系列出国留学服务培训活动之一，学校、学院领导高度重视，培训内容涵盖留学政策、爱国主义教育、领事保护、留学安全知识、海外法律法规、跨文化交流、学习与生活心理辅导、留学目的国教育制度、学术准备等。

（赵子健　王　娟　任　帅）

【开展线上宣讲系列活动】 2020年11月6日，中外合作办学项目首次线上宣讲在国际教育学院研讨室举行，来自英国斯莱斯克莱德大学的罗教授为参会同学介绍斯莱斯克莱德大学及其他相关情况。此次宣讲为国际教育学院积极应对全球疫情新形势，与境外合作院校积极联系开展线上宣讲系列活动之一，该系列共包含4所院校。

（赵子健　王　娟）

【刘松获青年教师教学基本功比赛一等奖】 2020年11月17日，学院组织国际教育学院与外国语学院青年教师教学基本功比赛，国际教育学院刘松获一等奖，被推荐参加2020年度两地青年教师教学基本功比赛。

（王志红）

【西肯孔院外派教师人才储备库项目】 2020年，根据中国国际中文教育基金会和教育部中外语言交流合作中心的要求，华北电力大学作为美国西肯塔基孔子学院的中方承办院校，将在未来的工作中承担中方主体责任。华北电力大学西肯孔院分别赴长春、重庆、成都、昆明，同当地省教育厅、市教育局、师范院校和中小学相关负责人沟通，为搭建外派教师人才储备库打下坚实基础。

（赵子健　张　园）

【召开西肯孔院网络理事会】 2020年12月3日，西肯塔基孔子学院通过视频的方式召开年度理事会，华北电力大学同美国辛普森教育局相关理事会成员参会。会议明确华北电力大学将在今后工作中承担更多的主体责任，对西肯孔院2020年的各项工作进行总结，对2021年的工作计划做部署，同时，就西肯孔院面临的问题、未来的工作重点与发展方向进行深入且卓有成效的沟通。

（赵子健　张　园）

【举办墨读中国书画作品展】 2020年，由于受到新冠疫情影响，第四届“墨读中国”书画作品展在线上召开，20余位书画家向西肯孔院捐赠100余幅书画作品，这些作品通过VR形式在西肯孔院进行展览。

（赵子健　张　园）

教学科研设施与服务保障

Infrastructure and Service Guarantee

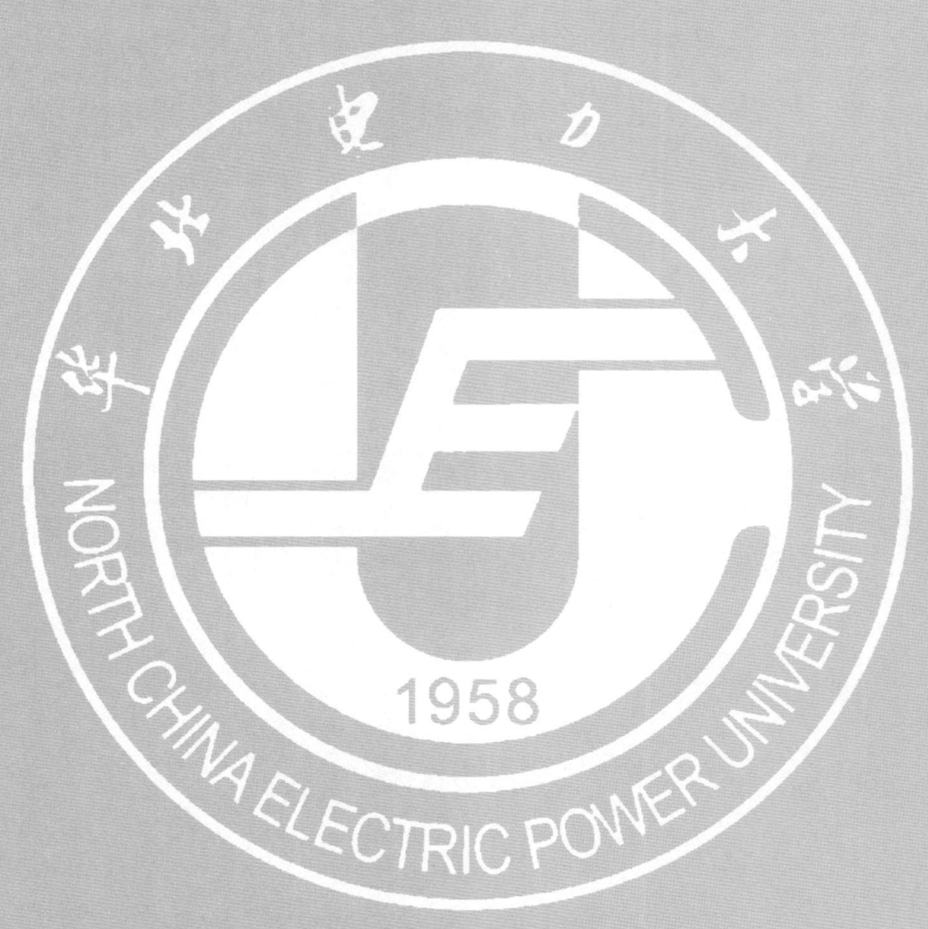

○综　　述

华北电力大学北京校部图书馆围绕“五个体系、四个策略”发展思路，结合“双一流”建设实际，不断加强队伍建设，持续改善办馆条件，加大文献资源建设力度，提升学科服务能力，加强服务及资源推介平台建设。面对突如其来的新冠肺炎疫情，创新工作方式和服务模式，做好疫情防控的同时，确保资源建设工作不停滞、文献服务工作持续开展，为高水平研究型大学建设提供强有力的服务保障。年进新书28577册，订阅中外文报刊715种。至年底，共拥有纸质文献130.47万册；电子图书135.12万折合册，电子期刊37.98万折合册(按教育部计量标准统计)。全年共接待读者近54.97万人次。图书馆三个学术期刊共计出版正刊18期，发表论文共计258篇。科技期刊阅览室专门调整开辟出“华电出版”专架，对学校出版刊物进行重点推荐、展示；开辟“期刊推荐”专架，对核心专业期刊定期主题分类推广；开辟“优秀论文”专架，对本校历届优秀博硕士论文进行展示和宣传。保定校区图书馆围绕学校“双一流”建设目标，全力为学校教学和科研提供文献资源保障，积极探索新服务，开拓新功能，重点在党建工作、疫情防控、机制改革、业务创新等方面取得新成绩，为学校的教学科研、人才培养提供有力支撑。保定校区图书馆年进新书10448册，订购中外文报刊704种。至年底，拥有纸质图书144.83万册。电子图书260.79万折合册，电子期刊15.05万折合册。全年接待读者20万人次。《电力科学与工程》2020年出版正刊12期，发表论文134篇，发行12000册。保定校区探索阅读推广新模式，采用腾讯会议、哔哩哔哩等在线直播形式开展读书分享活动；引入课堂派、微视频等教学手段，改善检索课教学。采用人工智能技术实现24小时全天候数字文献传递服务。指导大学生创新创业项目“基于超高频RFID高校图书馆图书定位管理系统”(国家级)通过验收、“图书馆志愿服务手机端管理系统开发”(省部级)通过验收。

华北电力大学网络与信息化工作按照学校事业规划的总体要求，加快智慧校园建设，完成北京校部学生宿舍区无线网全覆盖，推进以网上办事大厅为基础的各部门业务线上办理，进一步推动管理服务工作和智慧校园建设融合的目标任务。通过全面开展和加强数据治理工作，持续深化网上办事大厅应用，完成北京校部学生宿舍区无线网全覆盖，使校内师生的信息化获得感显著提升。开通“校园百事通”智能问答机器人系统和“辅导猫”线上系统，助力学生疫情防控。保定校区校内无线覆盖区域信号补强新增AP共16台，承载各部门业务虚拟机新增9台，新增信息系统备份空间50T，新增20C私有云集群1个。

华北电力大学工程训练与创新创业教育中心(北京)精心打造“双创”课程——创新方法导论，并完成首轮开课。全年共派出12支队伍参加包括六足竞走、四足仿生、交叉足、搬运工程、机器人赛车和空中机器人等六个项目比赛并获一等奖6项，二等奖1项、三等奖5项。工程训练与创新创业教育中心(保定)按照学校规划，精心组织完成综合性创新创业基地建设，充分利用新增设备，学生在参与面上和创新实践水平上得到较大提升，全年完成科技创新实践各类选修课程600多人次。指导2项国家级、2项省级大创项目。2020年中心教师指导学生获国家级特等奖2项、国家级一等奖13项；二等奖4项；三等奖3项；省级奖10余项。疫情期间，中心多次开会研讨确定采用“理论课线上直播＋实操制作录像＋课中课后在线答疑＋课后限时提交(考核)作业”的形式开展教学工作，与专业团队联合录制高清实操视频，金工实习中融入思政元素、大国工匠范例、先进制造科普等教学内容。

华北电力大学后勤围绕“双一流”大学建设目标，结合工作实际，强化管理，深化改革，积极创新，不断完善和提高后勤管理服务质量与水平，构建适应“双一流”大学发展要求的后勤服务保障体系。北京校部后勤逐步推广“华北电力大学智慧后勤平台”，学生通过手机查宿的模块，进一步简化学生入住流程、提升服务水平；完成智能快递柜建设与使用，快递管理服务更加规范。保定校区实现平台微信支付功能，开发并上线学生浴室和餐厅流量预警系统、网上订餐服务及电话查询系统。测试和完善学生公寓管理、巡检系统。至年底，“华电微后勤”信息平台关注使用人数达2万余人，解决师生报修服务2400余次，回复投诉及建议近1900条，获全国教育后勤信息化建设优秀单位称号。

华北电力大学校医院全年门急诊30522人次，完成四六级考试保健、国网考试保健、教师资格考试保健、研究生考试保健、高水平体育生选拔考试保健等10余次大型活动保健任务。疫情暴发以来，校医院第一时间启动冬春季传染病防控应急预案，部署疫情防控工作，先后制定两版《新冠肺炎知识34问》，并在学校网站、企业微信医院服务栏目发布；开展新冠肺炎防控专题线上线下讲座5学时，推送新冠防控知识、视频，布置主楼、学生宿舍、食堂、隔离区等宣传海报30块，现场新冠防控培训6次；建立积水潭医院(回龙观院区)转诊就医绿色通道；落实第三方核酸检测机构，全年共检测师生3000余人次。校医院(保定)全年完成门急诊47331人次，完成本科新生军训、第52届校运会、四六级英语考试等大型活动的医疗保障任务。加强业务培训，进一步提升服务意识和服务质量。充分利用网络资源，加强线上培训、考核19场；微信群内开展病例研讨模式，全面提升诊疗能力。在“结核病日”“艾滋病日”“学生返校前”“学生返校后”等时间节点，通过组织带领学生参加宣传日活动和线上、线下宣传传染病、疫情防控知识相关知识培训12场。全国疫情暴发后，校医院（保定）积极响应莲池区卫健局、学校疫情防控领导小组的指挥和部署，做好疫情防控常态化工作，疫情防控相关方案和应急预案。校医院（保定）分别于学生返校前及返校后，邀请河大附属医院、保定市传染病医院专家，通过"课堂派""腾讯直播""荔枝微课"平台以线上直播、录播和线下讲座相结合的方式对新冠肺炎防控、防护与消毒知识和技能、传染性疾病预防相关知识进行培训。

图书馆建设

【概况】 2020年，华北电力大学北京校部图书馆馆舍总面积18689平方米，阅览座位1984个。年进新书28577册，订阅中外文报刊715种。至年底，共拥有纸质文献130.47万册；电子图书135.12万折合册，电子期刊37.98万折合册（按教育部计量标准统计）。全年共接待读者近54.97万人次；外借图书4.53万册；图书馆网站访问量达147.28万人次；移动图书馆点击量1305.75万人次；座位预约平台全年提高服务45.77万人次。微博、微信等新媒体平台总计关注人数达37014人，图书馆各类服务QQ群共3699人。图书馆三个学术期刊共计出版正刊18期，其中《华北电力大学学报（自然科学版）》《华北电力大学学报（社会科学版）》和《现代电力》各出版6期；发表论文共计258篇，三个期刊分别发表论文数为77、97、84篇。按照2020年度公布的《中国学术期刊影响因子年报》对于期刊影响力指数的统计，2019年《华北电力大学学报（自然科学版）》和《现代电力》的影响力指数CI值118种TM类电气工程学科专业期刊中分别排名第30位和第25位；影响因子分别为1.269和1.824。《华北电力大学学报（社会科学版）》的影响力指数CI值在637种综合性人文社科期刊中排名为197位；影响因子为0.605，排名215位。保定校区图书馆馆舍面积2万平方米，阅览座位1800余个。年进新书10448册，订购中外文报刊704种。至年底，拥有纸质图书144.83万册。电子图书260.79万折合册，电子期刊15.05万折合册（按教育部计量标准统计）。全年接待读者20万人次，外借图书3.09万册，网页访问量96.2万人次，官方微信平台"华电微图"关注总人数19146人。《电力科学与工程》2020年出版正刊12期，发表论文134篇，发行12000册。科技查新工作站共完成查新课题331项。

2020年是全面建成小康社会和"十三五"规划的收官之年，北京校部图书馆围绕"五个体系、四个策略"发展思路，结合"双一流"建设实际，不断加强队伍建设，持续改善办馆条件，加大文献资源建设力度，提升学科服务能力，加强服务及资源推介平台建设。面对突如其来的新冠肺炎疫情，北京校部图书馆坚持疫情防控和事业发展两手抓，创新工作方式和服务模式，做好疫情防控的同时，确保资源建设工作不停滞、文献服务工作持续开展，为高水平研究型大学建设提供强有力的服务保障。保定校区图书馆围绕学校"双一流"建设目标，全力为学校教学和科研提供文献资源保障，积极探索新服务，开拓新功能，重点在党建工作、疫情防控、机制改革、业务创新等方面取得新成绩，为学校的教学科研、人才培养提供有力支撑。

党建工作。北京校部图书馆党总支根据多数党支部的意见确定候选人之后，采用无记名投票差额选举的办法，选举产生华北电力大学图书馆新一届党总支委员。2020年12月2日，经图书馆党总支批复，图书馆第一党支部、第二党支部、第三党支部正式成立。北京校部图书馆党总支注重发挥非在编职工的积极性和工作潜力，培养、吸收优秀的非在编职工加入党组织。2020年，在非在编人员中，按期转为中共正式党员1名，接收预备党员、培养发展对象各一名。保定校区图书馆直属党支部坚持用"四个意识"导航、"四个自信"强基、"两个维护"铸魂。坚持"三会一课"和党组织会会议制度，学习"十九届五中全会公报"、"红旗渠精神"等。管好图书文献有关意识形态和宗教馆藏工作。发挥支部党员先锋模范作用，开展各种形式"主题党日活动"，党建与业务融合度进一步提升。

疫情防控。北京校部图书馆面对突如其来的疫情，科学有效推进各项防控措施落实到位，在线文献资源服务顺利开展，创新工作方式保障毕业生还书工作有序进行。从5月20日恢复提供借还书服务，共接收快递还书1000余件，全年借还图书9.3万余册。不间断为读者提供原文传递服务，通过线上服务积极有效解决疫情期间读者获得教材、参考书等文献资源困难的问题，全年累计完成在线原文传递服务2312篇，新增在线服务用户519人。疫情期间，图书馆现场收录硕博论文2496人次；全年查收查引7563篇，查新服务244项。此外，图书馆通过增设、完善图书馆硬件设备及软件平台，实现疫情防控要求。年内，购置图书紫外线杀菌机2台；增设入馆测温门2台；更换阅览区域及工作区窗帘78套；部署汇文微信服务平台，并与原有座位管理系统公众号整合，按照疫情防控要求实现隔座就座管控。保定校区图书馆领导班子高度重视疫情防控工作，做到"工作不断线、防控不松懈"，服从学校疫情防控领导小组各项要求，积极配合相关单位疫情防控工作。坚持开展常规消杀、通风换气、入馆体温监测等日常工作，新增图书消毒柜把好还书消毒关，新增座位管理系统做好防御应急处置准备。

基础工作。保定校区图书馆科技信息服务工作受到教育部、中国电机工程学会高度认可，疫情期间启动"云服务"模式，制定个性化的检索服务流程，通过课堂派、慕课、微信等形式开展线上教学，线上学科服务不间断运行。《电力科学与工程》学术影响力指数 CI 值 107.927，同比增长 20.5%。世界读书日、读书节期间举办系列活动 10 项。本校学位论文上线总量超过 1.8 万册。自动化设备及系统平稳运行，保障全校师生高效率访问各类数字资源。

机制改革。保定校区图书馆完善馆员参与集体决策机制，召开首届图书馆教职工大会。实行民主集中制，规范“三重一大”问题审议程序，完善党政联席会会议制度。为适应新型图书馆建设需求，广泛调研，科学谋划，形成内设结构调整方案，筹划设立科学技术信息研究中心。

业务创新。保定校区探索阅读推广新模式，采用腾讯会议、哔哩哔哩等在线直播形式开展读书分享活动；引入课堂派、微视频等教学手段，改善检索课教学。采用人工智能技术实现 24 小时全天候数字文献传递服务。指导大学生创新创业项目“基于超高频 RFID 高校图书馆图书定位管理系统”（国家级）通过验收、“图书馆志愿服务手机端管理系统开发”（省部级）通过验收。

知识产权信息服务。华北电力大学获批第二批高校国家知识产权信息服务中心，并加入高校知识产权信息服务中心联盟。北京校部图书馆知识产权服务中心对首批 23 家高校国家知识产权信息服务中心进行系统调研；研究、比较、试用国内知名的专利检索与分析工具；为学校科研院、专利运营与转化办公室人员等开通 Innography 专利检索及分析工具账号，并进行辅导培训，为中心下一步开展和推广专利信息服务做好准备。

学科服务。北京校部图书馆完成学科服务报告 3 份，分别为《华北电力大学计算机学科 ESI 前 1%接近度计算及分析》《华北电力大学计算机学科人员论文数与被引频次分析》《华北电力大学经济与管理学院学科分析报告（2016 年—2019 年）》。

文献资源建设。北京校部图书馆在科技期刊阅览室专门调整开辟出“华电出版”专架，对学校出版刊物进行重点推荐、展示；开辟“期刊推荐”专架，对核心专业期刊定期主题分类推广；开辟“优秀论文”专架，对本校历届优秀博硕士论文进行展示和宣传。保定校区图书馆统筹文理资源、中外资源、纸电资源，不断深化文献资源供给侧结构改革。继续订购 Springer、SCI、CPCI、IEL 等 27 个数据库。学校首次引进 *Nature*、*Science* 等世界知名科技期刊资源，新购 12 个数据库，保定校区增幅 44%，全校已有数据库首次突破百项。数字文献资源进一步丰富，体系结构进一步优化。

学术期刊建设。根据华电党〔2020〕17 号文件《关于印发〈华北电力大学校内机构调整方案〉的通知》的内容，期刊出版部整体并入图书馆，不再保留期刊出版部建制。图书馆作为学校直属机构，统筹负责学校书刊资料、电子文献的收藏管理、信息服务以及校内学术期刊的规划发展、编辑出版等工作。期刊出版部并入图书馆后，图书馆统筹协调，进行人员优化配置，调配其他部门人员支援编辑部工作，缓解编辑力量不足问题。2020 年，《现代电力》每期增页 16 页，全年刊出稿件 84 篇。2020 年第 1 期开始重新设计期刊封面，由原来的固定图案变为每期刊登全国各重点实验室的宣传页面，为日后进一步合作打下基础。为期刊申请国际期刊 CODEN 码，进一步提高期刊标准化和国际化水平。重新梳理补充专家库，由原来的 2000 余人增至近 7000 人，为保证审稿工作的及时性和专业性奠定基础。2020 年 9 月，《华北电力大学学报（自然科学版）》列入华北电力大学电气与电子工程学院博士研究生毕业国内权威学术期刊目录，提高华北电力大学学报（自然科学版）对校内优质稿件的吸引力。

环境建设。北京校部图书馆改造图书馆分馆一层库房，筹建密集书库。改善图书馆读者阅览环境，关闭主馆二层咖啡屋，拆除经营设施，增设阅览桌椅 6 套，增加 24 个阅览自习座位。

表彰奖励。在 2020 年 BALIS 文献传递服务评估中，北京校部图书馆获“BALIS 原文传递先进集体”，宗萍、马磊获“BALIS 原文传递先进个人”；2020 年 1 月，在清华大学出版社 2019 年度优秀馆藏图书馆评选活动中，校部图书馆被评为“全国优秀馆”；2020 年 3 月，校部图书馆获人民邮电出版社“优秀馆藏图书馆 · 育人奖”；《现代电力》《华北电力大学学报（自然科学版）》被列入中国高校优秀科技期刊；在学校 2020 年度教职工党支部书记考核工作中，北京校部图书馆党总支吴京红获“优秀”；刘宗歧、林红分别获校级“华北电力大学优秀共产党员”“华北电力大学优秀党务工作者”荣誉称号。保定图书馆王欣欣等申报的案例获河北省教育厅、河北省高等学校图书情报工作委员会举办的“第三届‘知网杯’河北省高校图书馆服务创新案例大赛”一等奖；康恩婷等申报的案例获河北省教育厅、河北省高等学校图书情报工作委员会举办的“第三届‘知网杯’河北省高校图书馆服务创新案例大赛”三等奖；张国艳、张轩、邵燕霞获“河北省高校图书馆先进工作者”称号。

（周　琦　赵丽香）

【领导班子换届】 2020 年 4 月 23 日，根据中共华北电力大学委员会文件，华电党组〔2020〕6 号及 8 号文件的通知，经学校 2020 年第 5 次、第 6 次党委常委会会议研究决定，任命：马小勇为北京校部图书馆党总支书记；赵冬梅为北京校部图书馆馆长。6 月 29 日，根据中共华北电力大学委员会文件，华电党组〔2020〕23 号及 24 号文件的通知，经学校 2020 年第 13 次党委常委会会议研究决定，任命：尚建宇为图书馆（保定）直属党支部书记兼馆长。

（周　琦　赵丽香）

【举办世界读书日系列活动】 2020 年 4 月 23 日，为迎接第 25 个“世界图书和版权日”，响应中国图书馆学会号召，北京校部图书馆开展以“书香助力战‘疫’，阅读通达未来”为主题的世界读书日系列活动。因疫情原因，16 项系列活动均采用线上方式开展。图书馆以网站及华电小图公众号为推介平台，吸引广大师生参与，调动其阅读积极性，推动华电校园形成爱读书、读好书、善读书的新风尚。

（周　琦）

【启动图书馆“十四五”专项规划编制工作】　2020年7月，根据华电党〔2020〕29号关于印发《华北电力大学“十四五”发展规划编制工作方案》的通知，北京校部图书馆保定校区图书馆结合实际情况，认真组织实施，完成图书馆“十四五”专项规划文本起草工作，并提交学校“十四五”发展规划编制工作领导小组办公室。

（周　琦　赵丽香）

【王增平到图书馆调研】　2020年10月29日，副校长王增平到北京校部图书馆走访调研并指导工作。图书馆全体领导班子及各部门主任参加会议。在对图书馆主馆及主楼分馆各部门进行视察走访后，图书馆馆长赵冬梅作工作汇报。王增平认真听取汇报，对图书馆在疫情防控、优化资源、加强安全和提升服务等方面所做的努力和取得的成绩给予肯定，对图书馆发展面临的问题进行深入了解和具体指导。

（周　琦）

【举办首次线上读书分享会】　2020年4月25日，保定校区图书馆在二校图书馆“3W学创空间”（原清心阁），举办“开卷失意少，萍聚我与君”为主题的首期线上“读佳记忆”读书分享会。活动通过腾讯会议、课堂派、B站同步举行，共400余人参加活动，主分享嘉宾是马克思主学院李书萍副教授。李书萍结合自身读书经历向参会学生分享其读书心得与体会，认为读书要涉猎广泛，从不同的书中获得人生的感悟，从阅读中获得心灵的成长。接着，李书萍重点分享《侣行》《一个叫欧维的男人决定去死》《当绿叶缓缓落下》三本书，并与同学们一起交流阅读经验。同学们主动连麦，踊跃发言，分享居家读书的经历与心得。

（赵丽香）

【举办首次线上线下读书分享会】　2020年10月29日，保定校区图书馆在二校图书馆“3W学创空间”（原清心阁）举办“历史的明媚与深沉”为主题的读书分享会，主分享嘉宾是马克思主学院赵鲁臻副教授。基于防疫的要求，本次读书分享会采用线上线下相结合的方式，线下限定参与人数50人，线上通过腾讯会议、课堂派、B站同步举行，共300余人参加活动。赵鲁臻以《东周列国志》为例，分享其读史思考：阅读史书，首先要“读其料”，了解基本史实与人物性格；其次需“品其味”，品味时代风貌和人物操守；最后应“取其营养”，感悟超越人类得失的信仰与坚持。谈笑风生间，同学们在赵鲁臻的引领下走进《东周列国志》，探究历史的发展，品味人物风貌，思索人世变迁。

（赵丽香）

【开展寒冬送温暖活动】　2020年12月10日，保定校区图书馆直属党支部书记、馆长尚建宇，副馆长黄慧，图书馆分工会代表一行四人走进阜平县凹里村长林希望小学开展“寒冬送温暖”活动。此次捐助，图书馆全员参与，是贯彻“脱贫攻坚，奔向全面小康”精神的体现。捐赠活动后，保定校区图书馆一行与驻村干部就扶贫工作开展及工作队生活等方面进行交流并慰问驻村干部。

（郭少坤）

网络与信息化工作

【概况】　2020年，华北电力大学网络与信息化工作处工作人员为36人。北京校部23人，其中高级职称5人，博士学位2人，硕士学位4人；保定校区13人，其中高级工程师2人，博士学位2人，硕士学位5人。网络与信息化工作处下设信息管理部、网络运行管理部、系统开发部、师生服务部、网络安全部、高性能计算中心。网络与信息化工作处（保定）下设综合管理室、校园网管理室、一卡通管理中心。

2020年，华北电力大学北京校部校园网IPv4出口总带宽14G，出口平均流量12G，其中教育网出口带宽1G，平均流量0.8G；公网出口带宽13G，平均流量11.2G；IPv6出口带宽10G，平均流量1.2G。共有IPv4地址29440个，信息点20000余个，无线接入点8000余个。校园网用户28000余人，全部采用实名认证方式上网。计算机教学实践基地机房5间，共有计算机620台。2020上学期因疫情影响，采用线上教学方式，机房承担部分咨询和线上教学支撑服务工作。2020年，机房承担教务处、研究生院、校内其他职能处室下达的教学、实验、测评、考试、竞赛等任务，共计53门次，166782机时；接待自由上机1999人次，共计2375.12机时。2020年计算机教学实践基地承接网络招聘考试上机任务一项，共8场次，考生约1072人次。2020年，一卡通办事大厅完成2020级2963名本科生，2136名硕士生，291名博士生，842名非全日制硕士生，38名留学生，共计6297张新生一卡通开卡工作。

保定校区校园网IPv4出口总带宽共11.9Gbps，其中教育网IPv4出口带宽1Gbps，公网出口带宽共10.9Gbps。IPv6出口带宽1Gbps。共有前缀为48位的IPv6地址两段，C类教育网IPv4地址88个。其中架设、更换各类网络设备76台，新增校园网各类认证用户1000余个，受理用户故障维修326次，校园网接入布线71条。安排校园网一、二校运行和维护值班700余人次。新增室内室外34个区域无线覆盖，安装AP共97台。部门托管服务器新增1台，承载各部门业务虚拟机新增11个，UPS电池更新192块，总容量19200AH。36个网络间新增运行环境监测系统，20个网络间启用射频卡门禁，更换网络间空调16台。

2020年，网络与信息化工作处按照学校事业规划的总体要求，完成《华北电力大学2020年工作要点》中“加快智慧校园建设，完成北京校部学生宿舍区无线网全覆盖，推进以网上办事大厅为基础的各部门业务线上办理，进一步推动管理服务工作和智慧校园建设的融合”的目标任务。通过全面开展和加强数据治理工作，持续深化网上办事大厅应用，完成北京校部学生宿舍区无线网全覆盖，使校内师生的信息化获得感显著提升。

疫情防控。疫情期间，快速部署基于企业微信移动门户，上线“学生健康每日上报”“校内轨迹记录系统”“学生返校申请”“学生出入校管理”等多项应用，累计记录健康台账400万条，建立520个轨迹卡点，记录学生出入校记录7万余条，全面支持学校师生线上办公、教学以及学生管理等各项工作。开通“校园百事通”智能问答机器人系统和“辅导猫”线上系统，助力学生疫情防控。

数据治理。初步开展数据治理工作，完成对接14个应用系统，全年累计完成120万次的数据调用，基本实现校级公共数据的共享与交换，数据按需所取。深化网上办事大厅建设，线上流程飞速增长，全年上线90项办事流程，实现管理服务和智慧校园建设融合发展。

网络建设。完成北京校部学生宿舍区无线网全覆盖建设项目；完成新建16号楼网络建设工程；持续提升校园网上网速率，使校园网出口带宽由原来的7.6G增加到14G；建设部署“好视通”和企业微信两套视频会议系统，为疫情期间的管理服务、教育教学提供支撑保障；新增部署两套VPN系统，为线上办公和访问校内资源提供便捷用户接入方式。保定校区校内无线覆盖区域信号补强新增AP共16台，承载各部门业务虚拟机新增11台，新增信息系统备份空间50T，新增20C私有云集群1个。

网络安全。全年抵御网络攻击1000万余次，处置网络安全事件20余起，处理网站和信息系统安全漏洞约4万个；完成国庆等重要敏感时期网络安全保障工作（含夜间保障641小时），完成100个网站（含信息系统）的年度备案工作，组织全校师生参加网络安全宣传约20000人次。保定校区强化网络安全建设，增购防火墙、安全态势感知探针等设备，专人监控网络安全状况，实现全年网络安全零事故。

信息化系统升级。开通“校园百事通”智能问答机器人系统，方便师生线上咨询校园网相关问题。增加微信缴纳网费功能，增加校园卡短信认证功能，增加线上银行卡信息完善功能，积极丰富网信处线上服务业务，方便师生信息化应用。

公共基础平台运维。高质量运维数字华电平台、移动微校园、大学电子邮箱、OA系统、正版化平台、华电云盘、电子办公会议、数据交换平台、网络存储系统、WAF等系统，持续不断做好系统优化和及时响应运维。

统计舆情。担任北京市教委统计工作组长单位，完成2020年度校内外各类统计工作，累计报表达100余份，报送数据项1万余条；实现网络舆情系统移动端实时推送应用，完成2020年互联网舆情监控任务。

（牛辰昊　尹斐斐）

【组建网络应急响应工作组】 2020年，面对突如其来的新冠肺炎疫情，学校网信处第一时间成立网络应急响应工作组，工作组通过合理分工结合远程技术手段，克服困难，不分周末，确保每天网络服务“不断线”，以实际行动完成学校远程办公的网络技术支撑和保障工作。

（朱徐飞）

【北京校部全面建成无线网络】 2020年10月，学生宿舍区无线网项目开工建设，经过两个多月紧张施工和设备安装、数据线路调试，学生宿舍1—12号楼、16号楼和教工单身宿舍楼无线网络施工全部完成。此次无线网建设采用最新的WiFi 6技术，共布设AP 3300余颗。至此，北京校部全面建成无线网络。

（朱徐飞）

【升级部署全校视频会议】 2020年2月，学校升级部署全校视频会议系统，全面支撑和保障疫情期间在线教育教学、招生考试、招聘面试、云毕业典礼、云教代会等。

（朱徐飞）

【开展网络安全宣传周活动】 2020年9月14日至9月20日，学校组织开展2020年国家网络安全宣传周系列活动。该系列活动主要采取线上线下相结合形式向全校师生普及网络安全知识，增强师生网络安全防护意识。通过组织动员全校师生广泛参与，普及网络安全知识，提高网络素养，营造健康文明的网络环境，共同维护国家网络安全。

（朱徐飞）

【新增部署WEBVPN系统】 2020年疫情防控期间，师生通过VPN远程访问校内资源的压力剧增，网络服务小组在第一时间认真研究、周密部署，在最短时间内重新搭建一套WEBVPN系统，极大方便师生远程办公和学习。

（朱徐飞）

【食堂pos机升级改造】 2020年，为了进一步方便师生，学校利用暑期完成学校食堂所有POS机升级更新项目，具体包括相关网络线路改造，交换机和后台服务器配置，完成支付宝账户申请和设置，实现学校手机扫码支付和支付宝充值功能。

（荆振宇）

【网上办事大厅建设】 2020年，为实现“让师生少跑腿，让信息多跑路”的目标，学校积极推进网上办事大厅建设，共建设用印申请、签报、防疫物资申请、开具发票申请、科研入账、人员调动、云视频会议申请、学生回国申请、学生回京申请、秋季学生返校申请、公文流转、外来人员入校等办事流程近90项，涉及党政办、学生处、人事处、科研院、财务处等10余个管理部门，至年底，100多个高频次办事事项全部实现线上办理和移动端办理。

（马新科　吴　爽　张至柔　周　辉）

【助力学校防疫工作】 2020年，为助力学校疫情防控工作，学校在校门口安装刷卡设备，教工实现刷卡进出校园；和学生请假系统实现对接，学生线上请假审批后，可刷卡进出校园；校园各楼宇张贴行动轨迹二维码五千余张，师生通过微信扫码记录校内行程轨迹;上线"辅导猫"系统,为学生防疫期间远程登记信息、上报体温、记录行程地点等提供技术手段。

(尹斐斐)

【升级部分信息化系统】 2020年,开通"校园百事通"智能问答机器人系统,方便师生线上咨询校园网相关问题。增加微信缴纳网费、校园卡短信认证、线上银行卡信息完善等多项功能,丰富网信处线上服务业务,方便师生信息化应用。

(尹斐斐)

工程训练与创新创业教育

【概况】 华北电力大学分别在北京校部和保定校区设华北电力大学工程训练与创新创业教育中心。

工程训练与创新创业教育中心。该中心成立于2020年6月,是华北电力大学立足当前高等教育改革与发展要求和学校的人才培养目标定位,着眼于加强学生工程实践能力、创新创业能力培养的重要布局。该中心将本着"创建国内一流创新创业中心"的使命,坚持立德树人,以一流工程实践与创新创业教育推动卓越工程人才和创新人才成长。力图形成"思创融合、工创配合、理实结合、师生共创"的双创教育特色。该中心充分发挥平台和纽带作用,依托学院,并与学科建设处、教务处、学生处、校团委、实验室管理处、校友与教育基金工作办公室等与创新创业相关的部门合作,共同构建"一体多翼"创新创业支撑体系。该中心主要有四项职能:(1)承担学生工程训练与相关实验教学活动;(2)负责学生创新创业教育工作的统筹规划,实施方案和配套政策的拟定、协调和实施;(3)负责组织全校创新创业教学、创新训练、创业实践、学科竞赛和创新创业基地建设;(4)负责各级各类创新创业比赛项目的申报与管理、创新创业活动的组织以及成果转化等方面的工作。秉承"服务学生和依靠学生并举、能力培养和素质提升并重、机制探索与环境营造并行"的建设理念,中心正在着力构建"一核四维"创新创业体系,即:以能力与素质培养为核心,通过工程实践、学科竞赛、创新创业实践、课程与论坛四个维度,培养创新创业人才。

2020年,该中心现有仪器设备资产总2600万元,占地5400余平方米,教职员工21人,其中教授3人,副教授及相当职称5人,具有博士学位3人。下设办公室、工程训练管理科、创新创业管理科,并设金工实习中心和工程训练中心。办公室负责日常行政事务、对外合作、财务、宣传报道、信息化、中心资产管理等工作。工程训练管理科负责金工实习、工程训练教师聘任、培训及管理、安全运行管理、实习实训教学任务管理。创新创业管理科负责双创基地的日常运行管理,设备图书馆运行管理、创新创业项目的管理、学科竞赛的管理。

金工实习中心。金工实习中心拥有加工中心、三坐标测量仪、真空镀膜设备、三维扫描仪、快速成型机(含工业机与桌面机)、激光打标机、激光淬火成套设备、激光内雕机(含三维照相机)、激光雕刻机、费斯托机电一体化系统、数控车床、数控模拟系统、数控线切割机床、电火花成型机床、高速数控雕铣机、机器人工作站等先进设备。中心建筑面积约2200平方米,各类设备仪器200余台套件,累计投入经费超过1800万元。中心可开出金工实习、先进设计与制造系统训练、创新实践等训练项目。中心已运行的工种有:车工、钳工、铣工、焊工、数控加工、电加工、激光加工、快速制造、数控模拟、机器人拼装、机电一体化等。

工程训练中心。工程训练中心自主设计并建设有一套综合能源实训系统,为电气、能动、新能源、控计、经管等专业的学生提供实习和实训支撑。

双创基地建设。2020年7月,工创中心完成大学生创新创业基地的装修改造工作,1600平方米的双创基地可供学生使用。

双创课程建设。2020年10月,为推动创新创业高质量发展,工创中心精心打造"双创"课程——创新方法导论,并完成首轮开课。

创新创业项目。2020年12月5日,工创中心对2018年和2019年部分大学生创新创业训练计划项目,进行结题验收。

2020年10月,中国工程机器人大赛暨国际公开赛以线上比赛的形式举行。华北电力大学北京校部共派出12支队伍参加包括六足竞走、四足仿生、交叉足、搬运工程、机器人赛车和空中机器人等六个项目的比赛,最终获一等奖6项,二等奖1项、三等奖5项。

2020年12月15日,副校长王增平带领学校各职能部门负责人到双创基地指导工作,并听取工程训练与创新创业教育中心杨世关副主任的汇报。

工程训练与创新创业教育中心(保定)。该中心于2005年3月由原实习工厂、机械制造实验室和保定华电配电设备有限公司组建成立综合性工程训练中心,是集教学、科研和产业为一体的校直属单位。其主要任务是承担学生的工程训练、教学综合实验和创新实践活动、为机械学科提供科研平台和开展对外技术服务。2020年学校机构调整中,由原工程训练中心调整为工程训练与创新创业教育中心(保定),统筹学校创新创业教育活动,从相关部门接管全校"大创项目"管理、学科竞赛组织及其他创新创业管理工作。中心现有员工38人,其中教授1人,副教授1人、高级工程师2人,工程师4人,技师10余人,中心拥有加工中心、三坐标测量机、快速成型机、3D打印、智能制造生产线等先进教学设备,教学设备达300余台套,总值1400余万元，房屋面积5500余平方米，已具备良好的实训条件。中心可开出金工实习、电工实践训练、机电结合训练、先进设计与制造系统训练、创新创业实践等训练项目，已培养学生40多届，现具有每年接受学生8000多人次的培训能力。经过多年的建设，工程训练与创新创业教育中心（保定）已成为特色鲜明，机械、电力、自动化等多学科交叉，集教学、科研、创新创业为一体的工程实践教学基地。中心在建设过程中积极进行教学改革研究，逐步形成“以培养学生工程意识和工程能力，提高学生工程素质和创新能力为目标”的实践教学理念，完成以操作技能训练和课程验证实验为主到以综合性工程训练和创新实践为主的教学观念和教学实践的转变。中心按照“覆盖面大、层次多、强调工程性、系统性、开放性和特色性”的建设思路，以能力培养为核心，构建与理论教学有机结合，具有鲜明特色“四年不断线”的工程实践教学体系，并在实践中不断加以完善。作为特色鲜明的、具有国内先进水平的大型综合性实践教学基地，我们将继续加强中心建设，增强示范辐射作用。

党建与思想政治工作。工程训练与创新创业教育中心（保定）根据《中国共产党党章》《中国共产党基层组织选举工作条例》和学校有关规定，2020年通过中心全体党员与群众意见选举产生新一届工创中心党支部领导班子，积极培养和发展积极分子，共有2人提交入党申请书。党支部严抓党风廉政工作，经常开展党风廉政教育，组织民主生活会，党员和干部职工没有违法违纪行为，保证中心各项工作顺利进行。

队伍建设。工程训练与创新创业教育中心（保定）加强队伍建设与培训，针对中心队伍老化，知识更新不足的问题，除对原有教师提高知识培训外，引进3名劳务派遣人员，1名“2＋2”人员。为了多学科交叉融合的人才培养，中心从有关院系聘请包括教授、博导等17位兼职教师。工创中心师资队伍队由专职教师、专业技术人员、技术工人和管理人员组成。2020年，中心共有专职教师38人，劳务聘任人员10人。为了充分利用中心的优势资源，进一步促进中心的工作，特别是大学生创新实践工作，除专职人员外，特别是大学生创新实践工作，中心还通过聘任的办法从校内相关院系和企业聘请技术与管理人员担任中心兼职教师。2020年，中心从其他院系共聘请兼职教师19人。此外，中心还从企业聘请技术人员担任中心兼职教师，促进中心工程训练与创新活动密切结合工程实际。2020年共从企业聘请兼职教师6人。中心对专职人员实行一体化管理，对兼职人员实行院系和中心双重管理模式。

教学工作。2020年，工程训练与创新创业教育中心（保定）共开设实践课程15门，承担机械系、科技学院计划内实践课程3门，课程实验7项，完成“机械工程”卓工班教学任务，其中理论课程9门，实践环节8个，共16500人时数，全年共完成实践教学30余万人时数。中心申报并获批国家级教学研究项目3项，省部级教研项目3项。疫情期间，中心多次开会研讨确定采用“理论课线上直播＋实操制作录像＋课中课后在线答疑＋课后限时提交（考核）作业”的形式开展教学工作，与专业团队联合录制高清实操视频，金工实习中还融入思政元素、大国工匠范例、先进制造科普等教学内容。

科研工作。2020年，工程训练与创新创业教育中心（保定）教师积极承担教学研究与改革任务。完成1项教育部新工科项目的结题与验收工作、1项河北省新工科项目的结题验收工作和一项机械基础与工程训练教指委教研项目的结题验收工作。参加校级首批“课程思政”建设项目1项。中心申报并获省级、国家级教改项目8项。横向科研2项、专利授权12项，发表论文5篇。

“双一流”建设项目。工程训练与创新创业教育中心（保定）面对项目经费被缩减200万元的困难，为保证智能制造系统的建设水平，中心领导班子邀请5位服务院系的专家，多次召开论证会，征求建设意见；后续相继组织5家企业论证，完善建设方案；为抢工期，项目组从10月开始连续2个月无休，如期完成项目建设任务。年内，中心建成“智能制造实践教学系统”，成为中心建设的又一个标志性实践教学平台，进一步提高中心技术装备及工程实践训练水平。

创新创业工作。工程训练与创新创业教育中心（保定）组织大学生创新实践及学科竞赛，按照学校规划，精心组织完成综合性创新创业基地建设，充分利用新增设备，学生在参与面上和创新实践水平上得到较大提升，全年完成科技创新实践各类选修课程600多人次。举办校内机器人比赛、工程训练综合能力比赛校内赛，参与学生228人。组织实施120项国家级，80项省级、531项校级大创项目正常运行，包括立项、中期检查、结题工作。指导2项国家级、2项省级大创项目。2020年中心教师指导学生获国家级特等奖2项、国家级一等奖13项；二等奖4项；三等奖3项；省级奖10余项。疫情期间采取将制作零部件寄往学生家中方式，实现同学们居家搞创新。中心还邀请校内外专家为学生举办11场线上报告会；在学生返校后的11月举办“创新创业活动月”，通过报告会、实验室开放、优秀成果展示的方式，普及“双创”教育，共接待学生1800多人，举办线上报告会5场，听众达8000余人次。

（吕艳霞　范建明）

后勤管理与服务

【概况】 2020年，北京校部后勤管理处后勤服务集团事业编职职工31人，非事业编职员工474人，主任助理以上管理干部30名，设党总支1个，党支部5个，党员61人。下设“四科室、四部门、四中心”（综合管理科、计划财务科、后勤管理科、节能办公室；人力资源部、物资管理部、信息化管理部、质量监控部；餐饮管理中心、物业管理中心、能源与修缮管理中心、公寓管理中心）。北京校部全年安全用电保障17792900千瓦时，保障用水536517立方米，供气2299280立方米，保障供水管网安全节水约5万吨，改造主楼地下车库灯具省电约65%，推进分时分区供暖节省天然气100余万方，太阳能光伏发电量达到732904.71千瓦时；餐饮管理中心完成教职工线上订餐3949人次、隔离师生订餐11939人次、毕业生返校就餐6298人次、各院系订餐18487人次等多项工作任务。为每餐23000人左右提供营养安全就餐保障服务。物业管理中心完成全校21.8万平方米的绿化养护与管理和4.5万平方米的道路广场保洁与垃圾清运工作。完成14.5万份拆纸、信件，书刊的接收分发工作，完成全校296间教室的运行管理与14万平方米公共空间的卫生保洁。后勤协助各学院完成4471名毕业生行李打包工作，总重量高达344.4吨。帮助学生行李寄存6130件、准研究生行李邮寄524份，完成1044间毕业生宿舍卫生杂物清理和保洁工作，完成小营家属区物业管理和服务工作。

2020年，保定校区后勤事业编制员工86人，人事代理制员工19人，中心正副主任及以上管理人员13人。后勤(保定)党总支现有正式党员43人，下设4个党支部。

保定校区后勤收到学校及外部来文29份，学校批转请示、报告8份；回复校领导和处长信箱问题170余个；新购置登记空调、炊事设备等设备783件，调转固定资产764件，报废固定资产涉及电脑及餐厅设备等共计580件；签订各类合同或协议52份，累计金额570.539193万元；办理学生借用品审批程序62次；严格做好印章管理及使用，用印审批单共计400张。发布新闻报道30余篇，各类通知20余条。完成爱卫会及后勤事务各项工作。全年验收工程项目14项。完成一、二校区、科技学院三个校区在校生的供餐任务，超额完成学校下达的采购扶贫任务。处理各类投诉、报修、咨询服务6571个。推行学生公寓垃圾分类治理，撤销学生公寓楼内垃圾桶300个，校园增设室外垃圾桶360升200个，室外脚踏垃圾桶240升72个，废弃口罩回收垃圾桶82个，张贴垃圾下楼提示标识400张。完成3台天然气锅炉低氮节能改造、570间毕业生房间粉刷、75间储藏间及39间研究生宿舍改造、二校区学生公寓智能供电及电气线路改造项目，完成二校区北围墙栏杆维修、教室窗帘更新购置等项目建设。安装二校区学生公寓水房镜子236面及学四舍、研究生公寓晾衣架；更换学十五舍至学十八舍宿舍窗帘杆210根，研究生公寓宿舍遮光窗帘92套及5000米晾衣设备等。试点推行学十舍、学十九舍提供吹风机服务，共计安装吹风机72台。校内超市引进适销对路商品600余种，增加货架60余组，商品的展销数量增加到4000余种。

2020年，学校后勤围绕“双一流”大学建设目标，结合工作实际，强化管理，深化改革，积极创新，不断完善和提高后勤管理服务质量与水平，构建适应“双一流”大学发展要求的后勤服务保障体系。

党建工作。2020年，北京校部后勤党总支认真贯彻落实学校党委总体要求和工作部署，根据后勤工作特点和实际，组织全体党员深入学习贯彻落实习近平新时代中国特色社会主义思想、党的十九大精神和学校第二次党代会精神，认真学习领会习近平总书记系列重要讲话精神，贯彻执行党的路线方针政策，切实增强“四个意识”、坚定“四个自信”、做到“两个维护”。加强支部建设，配齐配强支部书记，深入开展讲座、观影、读书交流会等多种形式的学习不断丰富党建内涵，充分发挥基层党组织的战斗堡垒作用。保定校区按照《中国共产党基层组织选举工作暂行条例》和上级有关规定，在党支部酝酿推荐的基础上，采用无记名投票差额选举的办法，按时完成党总支换届工作及相关材料的报送。认真贯彻执行党风廉政建设责任承诺书备案制度，组织各科室、中心负责人签订党风廉政建设承诺书。做好党支部工作条例贯宣工作及组织发展工作。

疫情防控。自新冠肺炎疫情暴发以来，北京校部后勤始终把师生生命安全和身体健康放在首要位置，认真贯彻落实上级防控决策部署，把疫情防控作为首要政治任务。2020上半年在人员不足和物资短缺的情况下，后勤员工众志成城，不辞辛苦，高标准完成校园餐饮服务、环境消杀、住宿管理等各项工作，守护师生员工生命健康与安全，切实做到疫情防控和后勤服务保障两不误。北京校部后勤协助各学院完成4471名毕业生行李打包工作，总重量高达344.4吨。帮助学生行李寄存6130件、准研究生行李邮寄524份，完成1044间毕业生宿舍卫生杂物清理和保洁工作。为保障秋季学生返校，按照疫情防控方案要求每天对3532间宿舍、314间教室、12间会议室与礼堂、食堂及公共区域等进行消杀工作。搭建消杀通道、学生报到点等基础设施；在2020级新生报到过程中，铺设电缆500余米，协助搬运桌椅800余套次，帮助学生转运行李22000余件。保定校区后勤全体员工同心战疫，筑牢防线，建立全面摸排制度和后勤员工健康监测及日报告制度，开发“健康打卡”信息报送平台。全力保障防疫物资的供应与及时发放；认真做好校区及家属区环境消杀。制作餐厅就餐隔板，加强巡视检查，保障餐饮服务安全健康。解决师生生活困难，开展家属区蔬果配送工作，落实隔离场所及人员生活物资保障等。组织志愿者服务队连续奋战，帮助院系进行毕业生行李打包邮寄；解决学生被褥晾晒、错峰就餐洗浴等实际困难。

后勤保障。饮食保障方面，严格按照上级疫情防控要求，严格落实教育部、北京市教委及学校关于食品安全的相关规定，稳步、扎实推进餐饮保障工作。北京校部承担每天7万人次的就餐任务，在猪肉、青菜等原材料价格居高不下的压力下，维持饭菜价格不变，通过不断挖掘新菜品，促进菜品创新，提高饭菜质量。其他服务保障方面，完成全校21.8万平方米的绿化养护与管理和4.5万平方米的道路广场保洁与垃圾清运工作;建设红梅园、牡丹园,校园绿化覆盖率达到37%;扎实推进"光盘行动"工作,残食垃圾总量较去年同期下降20%左右。

重点项目。办理立项122个,其中工程类立项54个,服务类立项66个。审核签订合同185份。组织招标21个,完成项目结算审计48项。完成教室空调安装电路改造工程、学校智能物流服务中心建设工程,以及学生公寓楼卫生间防水工程、三食堂三层修缮项目的验收工作;完成华北电力大学教室空调安装项目、华北电力大学油烟净化升级系统改造、华北电力大学化粪池及隔油池改造工程、华北电力大学供暖锅炉脱硫脱硝工程、华北电力大学学生公寓宿舍门更换项目的申报评审工作。

支持脱贫攻坚。按照学校扶贫工作统一部署,北京校部后勤与贫困地区联系并选定葵花油、菜籽油、大米等当地特产,超额完成学校要求的150万元扶贫任务。到内蒙古太仆寺旗考察、参加"我在内蒙有只羊"活动,购买或托养天然草原羊20只,以消费扶贫带动旅游扶贫,推进当地脱贫"摘帽"步伐。

信息化建设。北京校部后勤逐步推广"华北电力大学智慧后勤平台",智慧后勤管理平台和后勤信箱系统均已上线;完成2923名本科生在线选房工作,同时建设并完成博士生(73人)选房工作,学生通过手机查宿的模块,进一步简化学生入住流程、提升服务水平;完成智能快递柜建设与使用,快递管理服务更加规范。保定校区实现平台微信支付功能,开发并上线学生浴室和餐厅流量预警系统、网上订餐服务及电话查询系统。测试和完善学生公寓管理、巡检系统。至年底,"华电微后勤"信息平台关注使用人数达2万余人,解决师生报修服务2400余次,回复投诉及建议近1900条,获全国教育后勤信息化建设优秀单位称号。

文化建设。继续坚持以人为本的后勤文化理念,加强文化建设,北京校部后勤组织开展丰富多彩的趣味运动会、校园健康步行走、工间操、举行岗位技能大练兵等活动进一步丰富员工业余文化生活;继续办好后勤职工子女课外免费辅导班,为广大的后勤职工切实解决子女教育的后顾之忧。

校园安全。北京校部后勤坚持执行分级值班制度与日、周、月、节假日安全检查相互结合的方式做好安全预案工作;定期开展安全隐患大检查活动,定期开展业务培训,消防培训,保证安全生产;后勤一站式服务大厅全天候服务,接报13500起报修、修复率达到99%;及时解决回复咨询等事项,增设后续回访跟踪,回访率达到100%。

治理体系建设。保定校区加强科学谋划,充分论证和规划后勤"十四五"发展规划,按照学校有关工作安排,对后勤管理处内部机构、处室设置提出改革规划意见。修订完善《后勤管理处党政联席会制度(试行)》《后勤管理处处长办公会会议制度(试行)》;起草《后勤管理处修缮工程管理实施细则》,制定《学生公寓节假日安全排查管理方法》等。建立安全生产常态化检查机制,积极开展安全宣传、"安全生产周"等专项活动及各类专项安全排查和安全培训活动,排查安全隐患16项。坚持实行中心安全管理季报制度,整改落实58项。

节能减排工作。保定校区收回学校燃煤锅炉煤改电、煤改气保定市补偿款78万元;根据大唐保定供热公司签订的新供热协议,收回自2013年校区集中供热以来供热公司校内换热站所欠学校电费230万元。学校获评保定市节水型先进单位。

教学条件建设。保定校区组织完成2020年度改善办学条件专项项目的招标预审、图纸委托设计、招标等相关工作,完成2021年度改善办学条件专项资金项目的申报。如期完成二校区北部泵房改造,天然气锅炉低氮节能改造,教十楼东外墙、一校区东围墙和七一南苑北围墙改造,学生公寓改造及设施购置,毕业生房间粉刷等工程项目。

餐饮服务。保定校区制定餐饮各项疫情防控预案和开餐方案,严格落实各项防疫措施。规范食材采购管理,逐步推进大宗物资招标采购。对各学生餐厅的基础设施进行修缮、改造;购置、更新餐厅桌椅、餐厨设备;完善安全监控、明厨亮灶监控系统,加强外包餐厅监管,改善各学生餐厅就餐环境和生产条件,两个餐厅获A级餐厅认证;推进云餐厅建设,推广网络订餐服务;响应党中央厉行节约、反对浪费号召,厨余垃圾明显减少。获评河北省年度高校伙食管理先进集体单位。

物业管理。保定校区严格落实防疫工作有关要求,加强疫情防控管理,家属区严格管控、定期消毒;各校区公寓楼实行封闭式管理,值班人员每天分时段巡查楼内情况;多渠道采购和储备防疫所需各类设施及用品,满足物资需求;切实做好疫情期间部分毕业生返校、2020年秋季学期学生返校及2020级新生报到等各项服务保障工作。不断完善制度建设,优化运行机制,规范落实绿化养护标准化作业配套制度;完善信息化管理平台功能,落实校园和公寓巡检制度;贯彻保洁外包引进服务相关考核标准和办法;完善供暖快速反应机制,测量分析学生宿舍温度,排除故障提升供暖效果。加强队伍建设,引进专业技术人员。推行学生公寓垃圾分类治理。合理改善基础设施,更新教室及宿舍窗帘、安装晾衣架、学生宿舍试点配吹风机;落实隐患排查整改,确保安全生产运行。

综合经营管理。保定校区幼儿园健全规章制度,明确工作职责;全面提高员工服务育人意识,注重职工的思想素质教育;幼儿园硬件设施逐步完善,园内环境不断美化。校内超市严格落实商品优胜劣汰制度,注重品牌效应,不断更新商品品种;安全管理工作常抓不懈,严把食品采购关、审验关、检查关,确保商品安全、卫生。

(张兵仿 刘丽萍 魏 娜 刘 洁)

【锅炉排污许可证申报获通过】 2020年1月,北京校部四台10.5MW供暖锅炉及两台0.75MW热水锅炉完成锅炉排污许可申请,并获北京市昌平区生态环境局审批通过,后勤集团将继续强化环保设施的平稳运行，加强对各排污口的日常监测管理，为学校节能减排工作做好保障，为守护北京蓝天尽职尽责。

（张兵仿　刘丽萍）

【开展红梅园植树活动】 2020 年 4 月 27 日，为认真贯彻落实习近平总书记在参加首都义务植树活动时的重要讲话精神，坚定不移走生态优先、绿色发展之路，在疫情防控常态化前提下，北京校部后勤集团采取分批次、分区域、分时段开展红梅园植树活动。副校长孙忠权参加此次植树活动。

（张兵仿　刘丽萍）

【开展“e 帮扶”工作】 2020 年 4 月 26 日，为响应国家和学校号召，北京校部后勤集团通过消费扶贫助力确山县脱贫攻坚。后勤员工通过“e 帮扶”平台以实际行动响应“以购代捐”“以买代帮”。截至 2020 年 5 月 5 日，后勤集团累计扶贫贡献积分 6197.7 分。

（张兵仿　刘丽萍）

【开展线上运动会】 2020 年 5 月 10 日，按照校工会《关于开展“健康华电 全员锻炼”教职工线上运动节的通知》中的相关要求，北京校部后勤集团分工会积极响应校工会号召，分工会主席杨利召开工会小组长视频会议，对线上运动会工作进行宣传动员，号召各小组长认真宣传、积极推进、广泛参与，共 90 余名员工参加本次活动，并按照要求拍摄 100 个小视频。

（张兵仿　刘丽萍）

【为河南确山县朱李庄社区爱心图书馆捐书】 2020 年 6 月 22 日，北京校部后勤集团为响应国家和学校的号召，为华北电力大学定点帮扶河南确山县朱李庄社区爱心图书馆捐赠书籍、蜡笔、练习本、字帖、铅笔、书包等物品共计 256 件。

（张兵仿　刘丽萍）

【组织开展趣味运动会】 2020 年 10 月 12 日，为丰富职工的文化生活，营造健康向上、团结和谐的工作氛围，北京校部后勤服务集团分批举行多项趣味运动会，后勤领导班子及后勤职工共 400 余人参加。

（张兵仿　刘丽萍）

【开展“忠诚读书月”活动】 2020 年 11 月，为切实加强干部理论学习，不断提高干部的综合能力，后勤全体处级干部开展“忠诚读书月”活动，集体研读《习近平扶贫故事》《习近平在厦门》《马列主义经典著作选编》，活动由后勤党总支书记冯海群主持。

（张兵仿　刘丽萍）

【召开师生座谈会】 2020 年 11 月 5 日至 6 日，北京校部后勤、基建、校医院、保卫处与 13 个学院 43 名学生代表进行为期两天的座谈会。副校长孙忠权、基建处处长赵秀国、校医院院长陈红艳、保卫处处长白海、后勤管理处处长张兵仿，参加本次座谈会。张兵仿主持会议。参会部门负责人对学生餐饮服务、宿舍管理、浴室管理、医疗服务、快递管理、校园环境和基础设施保障等提出的意见和建议进行一一解答。

（张兵仿　刘丽萍）

【举行垃圾分类宣讲会】 2020 年 11 月 10 日，为稳步推进学校生活垃圾分类工作，北京校部后勤管理处特邀中华环境保护基金会小康幸福工程办公室主任李京华来校做垃圾分类工作宣讲会，此次会议由后勤管理处副处长杨利主持。各院系垃圾分类工作负责人学生干部、垃圾分类工作志愿者及后勤管理处员工参加会议。

（张兵仿　刘丽萍）

【召开换届选举党员大会】 2020 年 11 月 16 日，北京校部后勤服务集团总支部委员会换届选举党员大会在国际交流中心多媒体报告厅召开。学校党委常委、副校长孙忠权出席会议并讲话，学校党委常委、组织部部长鹿伟、组织部副部长葛超出席会议。会议由后勤服务集团总经理张兵仿主持。

（张兵仿　刘丽萍）

【牡丹园建成】 2020 年 11 月 16 日，学校牡丹园建成向师生开放。牡丹园选址图书馆东北侧绿地，占地 1000 余平方米，栽种有白、黄、粉、红等花色牡丹 13 种，并设立古色古香的木质围栏和“豫苑”景观石。牡丹园内栽种的 1000 余株牡丹均为河南校友会捐赠。

（张兵仿　刘丽萍）

【落实家属区疫情防控措施】 2020 年 2 月，保定校区后勤严格执行防疫要求，重点做好各家属生活区的防控工作。加强门禁管理，全天候做好人员和车辆的进出信息登记，对外地返保、疫区接触史等人员进行排查、跟踪监督，杜绝外来无关人员及车辆进入小区。协助属地社区落实防控工作，按要求做好隔离居民的管控，并安排专人配送日常用品。同时全面落实各项防控措施，坚持每天对家属区公共部位的杀菌消毒，及时清运垃圾、杂物，最大程度的保障家属区的安全稳定和正常生活秩序。

（魏　娜　刘　洁）

【智慧后勤平台上线】 2020 年 2 月，保定校区智慧后勤平台上线运行。为满足广大师生需要，智慧后勤平台不断完善推出各种系统应用，开通微信支付功能，开发并投入运行学生浴室和餐厅人流量预警系统、网上订餐服务及电话查询系统，有效改善和推进后勤服务保障能力，在抗击新冠肺炎疫情的过程中为广大师生提供安全、便捷、高效的校园生活服务，为学校后勤管理提供有力的数据支撑，学校获评全国教育后勤信息化建设优秀单位称号。

（魏　娜　刘　洁）

【召开庆八一退役军人茶话会】 2020 年 8 月 1 日，保定校区后勤在综合楼学术报告厅组织召开庆八一退役军人茶话会。后勤领导班子成员及后勤退役军人参加会议。茶话会由后勤管理处副处长张伟主持。会上，后勤管理处处长卢青松致辞，后勤党总支书记李鹤为与会退役军人佩戴绶带并讲话，综合经营与服务中心、物业管理与保障中心、餐饮管理与服务中心5名退役军人代表分别发言。会后，后勤领导班子同全体与会人员合影留念。

（魏　娜　刘　洁）

【引进云餐厅服务项目】 2020年9月6日，在疫情防控常态化背景下，保定校区后勤引进云餐厅服务项目，对接华电微后勤公众平台，在二校区综合实验楼、教10楼，学15舍、16舍、18舍、19舍、20舍分别摆放自助取餐柜。实现学生线上线下点餐取餐，及时分流就餐人员，避免高峰期餐厅拥挤，有效缓解就餐压力，为师生卫生、方便、安全就餐保驾护航。

（魏　娜　刘　洁）

【召开秋季学期工作会】 2020年9月24日，保定校区后勤在综合楼学术报告厅组织召开2020年秋季学期工作会。后勤领导班子成员、事业编制人员、人事代理制人员及劳务派遣骨干员工等共计131人参加会议。会议由党总支书记李鹤主持。会议对一段时间以来的后勤工作进行总结，回顾后勤防疫工作中涌现的先进个人和感人事迹，简要介绍后勤工作面临的现状，传达学校召开的2020年秋季学期工作会议精神和内容，并针对工作落实提出明确要求。

（魏　娜　刘　洁）

【学生公寓推行垃圾处理改革】 2020年9月，保定校区学生公寓全面推行学生自带垃圾下楼工作，撤出学生公寓楼内原有垃圾桶，增设校园室外垃圾桶，并做好宣传和组织工作，在各公寓楼张贴垃圾下楼提示标识，极大改善公寓楼内卫生环境。

（魏　娜　刘　洁）

【学生公寓试点配备自助吹风机】 2020年9月，为满足学生公寓配备吹风机需求，保定校区后勤通过走访调研兄弟高校，采用"引进服务、有偿使用、试点推行"的方式，先期在学10舍和学19舍各卫生间水房共计配备安装自助吹风机72台，经运行检验，运行安全稳定，受到学生普遍欢迎。

（魏　娜　刘　洁）

【召开党总支换届选举党员大会】 2020年11月25日，保定校区后勤召开党总支换届选举党员大会。会议听取上一届委员会工作报告及党费收缴、管理和使用情况报告，通过大会选举办法、新一届党总支委员候选人名单，通过总监票人、监票人名单，宣布计票人名单。采用无记名投票差额选举的办法，选举产生后勤（保定）党总支委员会新一届党总支委员。

（魏　娜　刘　洁）

【水利部全国节水督导调研组到校考察】 2020年12月3日，全国节约用水办公室主任许文海、河北省水利厅副厅长崔志清、保定市副市长杨伟坤等一行，到保定校区就节水工作进行考察、调研，校党委副书记郭孝锋陪同。考察调研组先后在学校中水生产车间、学生浴室、学生公寓及日新园就节水、用水情况进行调研，并与学校相关人员进行探讨和交流。考察调研组对学校节水工作取得的成效给予肯定，并提出进一步改进提高的意见。

（魏　娜　刘　洁）

【聚缘阁餐厅获A级餐厅等级证】 2020年12月10日，华北电力大学保定校区二校区聚缘阁餐厅通过保定市市场管理局的A级评审各项要求，并下发A级餐厅等级证。聚缘阁餐厅以"把好学校饮食安全关口"为目标，积极推进学校食堂标准化建设，着力改善学校食堂软硬件条件，就食堂设施建设、卫生、服务等诸多方面按要求逐条落实，逐步建立起一道校园食品安全网，饮食安全得到大幅提升。

（魏　娜　刘　洁）

医　疗　服　务

【概况】 华北电力大学在北京校部和保定校区分设校医院。北京校部校医院简称"校医院"，保定校区校医院，简称"校医院（保定）"

2020年，校医院共有职工47人（含在编职工26人，外聘职工21人），其中高级职称17人，中级职称14人，初级职称11人，非专业技术人员5人，共设12个临床及辅助科室，开设病床26张。全年门急诊30522人次，其中输液139人次，肌肉注射184人次，外伤处置962人次，理疗2568人次，中医特色治疗200余人次（针刺疗法213人次，刮痧治疗3人次，耳穴埋豆4人次），各种化验1742份，X线透视及摄片217人次，心电图501人次，动态心电图40人次，24小时动态血压监测19人次，彩超361人次，C13尿素呼气试验107人次，液态氮冷冻治疗80人次，黑光治疗350余部位，CO_2激光治疗2例；医院坚持全年每天24小时急诊值班，共处置院内急诊、校内院前急救26余人次。全年留观病房隔离、治疗疑似或确诊传染病学生26例；流行病学调查肺结核等密接者78人次；PPD强阳性预防服药55人次；艾滋病哨点监测800人。完成各类体检（新生及研究生入学、研究生复试、推免研究生、教工入职等）共5646人次、疫苗接种（麻风腮、成人乙肝、肺炎、水痘、流感、四价及九价HPV、带状疱疹等）共1579人次。完善公费医疗报销及管理措施，完成2900余人次师生门诊转诊、280人次住院转诊的公费医疗审核报销工作。此外，全年师生无偿成分献血计360单位，获年度"特殊贡献奖"；完成四六级保健、国网考试保健、教师资格考试保健、研究生考试、高水平体育生选拔考试保健等10余次大型活动保健任务。2020年1月疫情暴发以来，根据上级指示精神及学校要求，校医院第一时间启动冬春季传染病防控应急预案，部署疫情防控工作。寒假期间，强化校医院假期值班相关制度，全员待命，并召集部分骨干职工提前结束假期返校工作；及时开展全员培训及健康宣教，为包括留校师生在内的全体师生员工进行新冠肺炎相关知识的线上、线下培训，并开通在线咨询服务，派专人每日负责线上解答师生疑惑；先后共筹备防护服、N95口罩、医用外科口罩、一次性手消等共计50余万元物资，及时满足部分学生离校的防护需求，也为学校其他部门疫情防控提供物资保障；及时成立校医院疫情防控领导小组，并下设10个工作小组，系统开展各个方面工作；初步制定并协助学校制定新型冠状病毒肺炎防控应急预案；增建预检分诊处，负责健康观察一区、健康观察二区工作，严格对京外来校人员及发热，或有可疑症状人员进行预检、转诊、隔离、留观等筛查、治疗，妥善处置武汉、新发地、青岛、天津、境外疫区返校师生30余人，全年共办理健康观察区入住、解除1300人次，转诊发热、可疑流行病学史、可疑症状学生650人次（其中危重患者20余人），预检分诊33000多人次。学校职工开学后，校医院及时完善相关制度，先后起草40余项工作制度，进一步细化发热患者应急处置及转诊流程，并于6月份开展院内应急演练；严格做好校内师生健康宣教及健康监测工作，先后制定两版《新冠肺炎知识34问》，并在学校网站、企业微信医院服务栏目发布；开展新冠肺炎防控专题线上线下讲座5学时，推送新冠防控知识、视频，布置主楼、学生宿舍、食堂、隔离区等宣传海报30块，现场新冠防控培训6次；建立积水潭医院（回龙观院区）转诊就医绿色通道；落实第三方核酸检测机构，全年共检测师生3000余人次。秋季学期疫情防控工作进入常态化阶段，校医院全体职工在迎接师生返校、新生体检及疫苗注射、健康观察区及预检分诊工作、公费医疗报销等日常工作中，调整工作模式，本着“不聚集、少聚集”的原则，采取网上预约、分时段来院、一米线距离、主动上门等方式，有效避免疫情传播的风险。

2020年，校医院（保定）共有职工46人（含在编20人，人事代理2人，返聘1人，外聘23人），其中高级职称12人，中级职称16人，初级职称7人，设有13个临床及辅助科室，开设病床34张。全年完成门急诊（内科、外科、儿科、口腔科、中医科、妇科、二校医务室）47331人次，留观输液509人次，各类注射231人次，各类换药（大、中、小）及清创缝合、脓肿切开引流、浅表肿物切除及异物取出、局部封闭及拔甲术212人次，雾化吸入12人次，针灸180人次，中频脉冲电治疗1564人次；彩超检查约1300人次，胸透检查48人次、DR拍片8112人次，上消化道造影2人次；血常规8146人次、便常规67人次、尿分析1196人次、生化检查11947人次、糖化血红蛋白47人次、甲功54人次；心电图检查1461人次。完成各种预防接种约1997人次，妇保16人次，儿保967人次，发现、上报和隔离治疗传染病25例（含水痘24例，流行性感冒1例）。全年抢救急症患者16人次。新生体检（本科、研究生）6300余人次，35岁—45岁教职工体检446人，离退休人员体检441人次，各类人员入职体检76人。完成本科新生军训、第52届校运会、四六级英语考试等大型活动的医疗保障任务。加强业务培训，进一步提升服务意识和服务质量。坚持“走出去，请进来”的培训机制；充分利用网络资源，加强线上培训、考核19场；微信群内开展病例研讨模式，全面提升诊疗能力。在“结核病日”“艾滋病日”“学生返校前”“学生返校后”等时间节点，通过组织带领学生参加宣传日活动和线上、线下宣传传染病、疫情防控知识相关知识培训12场。2020年1月，全国疫情暴发后，校医院（保定）积极响应莲池区卫健局、学校疫情防控领导小组的指挥和部署，做好疫情防控常态化工作，疫情防控相关方案和应急预案。2月相继制定《华北电力大学（保定）毕业生返校应急处置预案》《华北电力大学（保定）秋季学期学生返校应急处置预案》《保定校区隔离观察区管理办法（暂行）》《华北电力大学（保定）全员核酸检测和精准管控工作预案》《关于提前返校学生新型冠状病毒感染的肺炎疫情防控应急预案》《华北电力大学（保定）防控新型冠状病毒医学隔离观察工作预案》《华北电力大学（保定）疫情防控医学专业组工作方案》《华北电力大学（保定）应急处置预案》《关于新冠肺炎防控期间发热人员和密切接触人员进行核酸检测的告知书》等9项通知预案。对学生处制定返校学生名单提供医学指导3次，组织在职教职工在学生返校前完成新冠肺炎核酸检测2次，及时处置进校期间学生发热等身体异常状况，设立留观隔离区收治普通发热学生，储备有关防控医疗设施设备和医疗物资18种，指导各部门正确开展消杀工作。通过“师生健康信息监测群”做好师生健康监测、健康追踪及实时预警工作。发挥基层医院预检分诊、发热排查的源头防控作用，保障师生身体健康，为学校全面推进“双一流”建设提供医疗支持。对食堂卫生管理、食品加工操作间、食品留样、餐具消毒、二次供水等重点部门和程序进行督导检查，坚决杜绝餐饮工作人员带病上岗，严密防控“病从口入”，及时消除食品安全隐患。

党建与从严治党工作。2020年，校医院新任领导班子到位后，及时跟进学习贯彻习近平总书记系列重要讲话精神、中央重要会议精神和要求，教育和引导全体员工增强“四个意识”，坚定“四个自信”，做到“两个维护”，集思广益、凝心聚力，把全体员工的思想统一到中央的决策部署上来。定期开展“三会一课”，调动全体党员积极性，号召全体党员在日常工作中，尤其是疫情防控工作中充分发挥党员先锋模范带头作用。校医院（保定）以习近平新时代特色社会主义思想为指引，通过领导班子集中学习研讨、专家导学、干部领学、相互促学、组织党员干部赴爱国主义教育基地、观看爱国主义影片和线上常学等形式的学习教育活动37场，激发党员干部职工爱国情怀和干事创业的热情。通过校内巡察，充分认识到工作中存在的问题和短板，接受巡察反馈意见，积极整改，明确重要廉政风险点权力责任清单，透明院务信息，创新工作形式，完善相关制度，以察促改，推动医院各项工作内涵式发展。

“十四五”发展规划编制。2020年7月，校医院按照学校整体部署，围绕学校“十四五”发展规划纲要，立足于校医院实际发展需求与目标，制定校医院“十四五”发展规划。7月19日，校医院(保定)按照学校要求，结合自身建设，明确未来五年医院发展方向——深化卫生体制改革，以满足师生健康需求为中心，以提高医疗服务质量为核心，以构建师生满意校医院为目标，以服务学校总体发展为宗旨，确保医院高质量发展。

人才队伍建设。校医院引进两名急需专业在编人员(内科、公卫各1名)；招聘8名较高水平非在编医务人员；多措并举，提高非在编人员待遇，稳定非在编专业技术人员队伍；外派1名医师进修学习。校医院(保定)引进医学硕士1名，牢固树立以人为本观念，把促进人才发展列入工作重中之重，充实科室力量，提升医疗服务实力。

信息化与基础设施建设。校医院自筹资金18.84万元，建成预约挂号、预约报销、网上就诊等系统并上线运行；购置X光机后处理系统、电脑、打印机等；对医院各诊室窗户进行修缮。根据新冠肺炎疫情防控需要，校医院搭建预检分诊小屋，并邀请积水潭院感防控专家来院进行现场指导。为应对新冠肺炎疫情，做好疫情防控工作，学校在国际交流中心建立健康观察一区，并由校医院负责对发热患者及特殊人员进行隔离留观治疗等工作；在原发热门诊建立健康观察二区，负责发热患者及特殊人员接待、转诊工作。

医德医风建设。全年开展党政、继续教育、医德医风等专项学习15次，常态化开展医院内部学习，有效地提高医务人员专业技术水平；外派1名医师外出进修学习；定期专题开展医德医风教育，提高全体职工服务意识及服务水平。

工会工作。2020年6月校医院分工会改选工会委员，赵海鹏任分工会主席，陈红艳不再担任分工会主席职务，同时选举王瑶为分工会福利委员，其余分工会委员成员不做调整。11月，校医院分工会获学校2020年度先进分工会。

(贺江城　岳　宇)

【校医院新一届领导班子履职】 2020年4月22日，根据学校人事调整，杨万华担任校医院直属党支部书记，刘晓峰不再担任校医院直属党支部书记、院长职务；6月24日起，由副院长陈红艳负责主持校医院工作。

(贺江城)

【直属党支部支委换届】 2020年11月，校医院进行直属党支部支委换届，经选举产生的新一届支委会由原3人增至5人，吸收临床一线职工，进一步提高支委会决策能力与执行能力。

(贺江城)

【进行公共卫生防控和急诊急救工作】 2020年，校医院及时隔离治疗肺结核等传染病75例，确保校园无疫情发生。全年院内急救、校内院前急救心梗等急重症患者20余例，均全部脱险。

(贺江城)

【创新线上健康教育模式】 2020年6月、9月、11月，校医院(保定)分别于学生返校前及返校后，邀请河大附属医院、保定市传染病医院专家，通过“课堂派”“腾讯直播”“荔枝微课”平台以线上直播、录播和线下讲座相结合的方式对新冠肺炎防控、防护与消毒知识和技能、传染性疾病预防相关知识进行培训。本轮培训共进行4场，观看培训并参与答题师生共计20819人。

(岳　宇)

【开展应急演练】 2020年5月和6月，两地校医院分别联合党政办、学工组、保卫处、后勤管理处等多个部门进行返校全要素应急演练，并录制《华北电力大学毕业生返校入校演练》《华北电力大学(保定)发热学生应急处置演练》《七步洗手法》健康宣教视频，面向全校师生推广，切实提高全校师生的防控能力，确保校园“零感染”。

(贺江城　岳　宇)

【推进药品带量采购】 2020年，华北电力大学推进药品带量采购。11月，校医院按照北京市统一部署，校医院落实执行第三批“4+7”药品带量采购工作。10月20日，校医院(保定)按照国家“带量采购”政策和国家规定的药品价格，对第三批“带量采购”中选药品进行价格调整，降低师生用药成本，节约公费医疗开支。

(贺江城　岳　宇)

【召开药事管理委员会会议】 2020年3月19日，校医院(保定)召开药事管理委员会会议。根据师生需求，结合最近一年药品使用情况和临床疗效，对现有药品种类进行调整。规范医院处方点评工作，提高处方质量，促进合理用药，保障医疗安全。

(岳　宇)

【升级微信公众号】 2020年2月，校医院(保定)升级校医院微信公众号，开展线上医疗咨询，增设学生医保政策解读。组建与河北大学附属医院(三甲医院)健联体，形成“教医联动”机制，定期开设健康课堂，开设就诊咨询快速通道，开展健康咨询、健康评估和健康宣教工作24次。通过一系列健康宣教，让师生及时了解和掌握最新健康知识，提升师生健康素养。

(岳　宇)

规章制度建设

Rules and Regulations Building

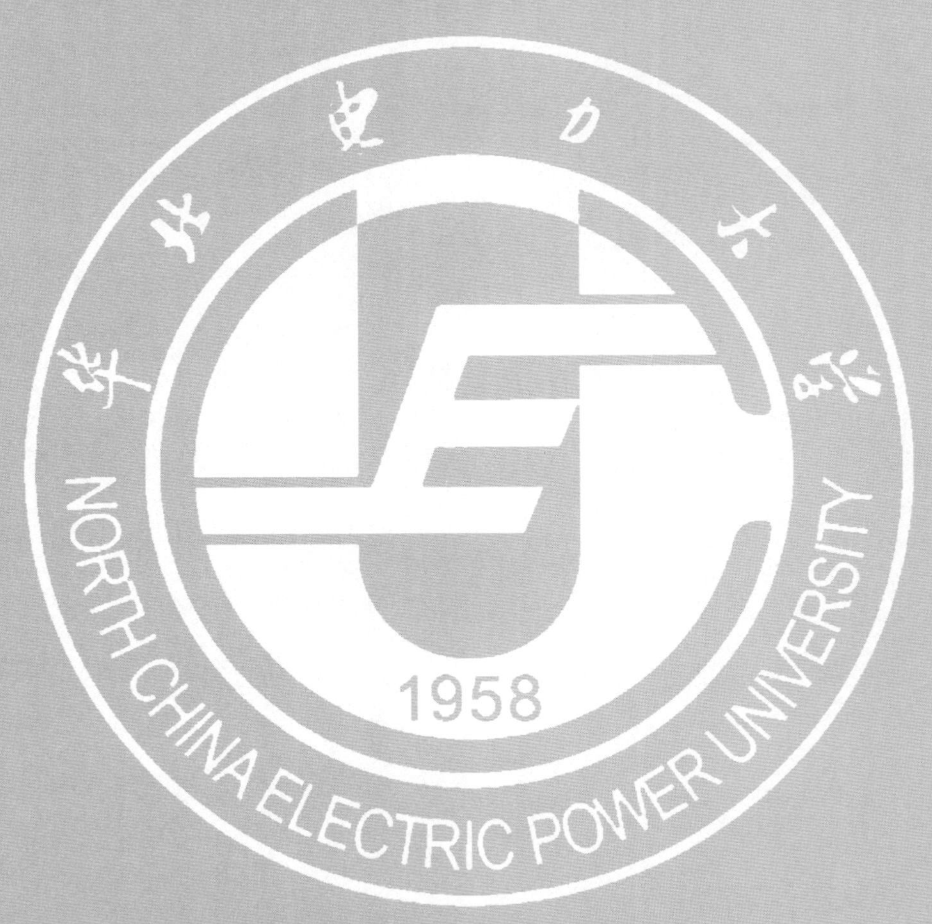

华北电力大学处级干部选拔任用工作办法

华电党组〔2020〕2 号

第一章　总　　则

第一条　为坚持和加强党的全面领导，深入贯彻新时代党的组织路线和干部工作方针政策，落实党要管党、全面从严治党特别是从严管理干部的要求，坚持新时期好干部标准，建立科学规范的处级干部选拔任用制度，形成有效管用、简便易行、有利于优秀人才脱颖而出的选人用人机制，建设一支高举中国特色社会主义伟大旗帜，以马克思列宁主义、毛泽东思想、邓小平理论、"三个代表"重要思想、科学发展观、习近平新时代中国特色社会主义思想为指导，忠诚干净担当的高素质处级干部队伍，根据《党政领导干部选拔任用工作条例》《事业单位领导人员管理暂行规定》《高等学校领导人员管理暂行办法》《关于进一步规范直属高等学校选人用人工作的通知》等有关文件精神，结合我校处级干部选拔任用工作实践，制定本办法。

第二条　处级干部选拔任用应坚持以下基本原则：

(一)党管干部；

(二)德才兼备、以德为先，五湖四海、任人唯贤；

(三)事业为上、人岗相适、人事相宜；

(四)公道正派、注重实绩、群众公认；

(五)民主集中制；

(六)依法依规办事。

第三条　选拔任用处级干部，必须把政治标准放在首位，符合将处级干部队伍建设成为坚持党的基本理论、基本路线、基本方略，坚持社会主义办学方向，落实立德树人根本任务，全心全意为广大师生员工服务，具有推进新时代学校事业发展的能力，结构合理、团结坚强的中坚力量的要求。

树立注重基层和实践的导向，大力选拔敢于负责、勇于担当、善于作为、实绩突出的干部。

注重发现和培养选拔优秀年轻干部，特别要注重从党建和思想政治工作、教学、科研一线的骨干中发现优秀年轻干部，用好各年龄段的干部。

统筹做好培养选拔女干部、少数民族干部和党外干部工作。

对不适宜担任现职的处级干部应当进行调整，推进干部能上能下。

第四条　本办法适用于选拔任用学校党委管理的处级干部。

第五条　学校党委按照干部管理权限履行选拔任用处级干部的职责，切实发挥把关作用。学校党委成立由党委书记、校长、纪委书记、分管组织工作的校领导及组织部长(或常务副部长)组成的干部工作领导小组，负责本办法的组织实施。党委组织部门在学校党委领导下，负责处级干部选拔任用的具体工作。

第二章　选拔任用的条件与资格

第六条　处级干部必须信念坚定、为民服务、勤政务实、敢于担当、清正廉洁，具备下列基本条件：

(一)自觉坚持以马克思列宁主义、毛泽东思想、邓小平理论、"三个代表"重要思想、科学发展观、习近平新时代中国特色社会主义思想为指导，努力用马克思主义立场、观点、方法分析和解决实际问题，坚持讲学习、讲政治、讲正气，牢固树立政治意识、大局意识、核心意识、看齐意识，坚决维护习近平总书记核心地位，坚决维护党中央权威和集中统一领导，自觉在思想上政治上行动上同党中央保持高度一致，经得起各种风浪考验。

(二)具有共产主义远大理想和中国特色社会主义坚定信念，坚定道路自信、理论自信、制度自信、文化自信，坚决贯彻执行党的理论和路线方针政策，热爱高等教育事业，在教学、科研、管理、服务等工作中做出实绩。

(三)坚持解放思想，实事求是，与时俱进，求真务实，认真调查研究，能够把党的方针政策同本单位、本部门的实际相结合，卓有成效地开展工作，落实"三严三实"要求，主动作为、真抓实干，讲实话、办实事、求实效。

(四)有强烈的事业心、政治责任感和历史使命感，有较强的服务意识和改革创新精神，有胜任领导工作的组织能力、文化水平和专业素养。

(五)正确行使权力，依法依规办事，廉洁奉公，以身作则，坚持党的群众路线，密切联系群众，自觉接受党和群众的批评、监督，加强道德修养，讲党性、重品行、作表率，带头践行社会主义核心价值观，廉洁从政、廉洁用权、廉洁修身、廉洁齐家，做到自重自省自警自励，反对形式主义、官僚主义、享乐主义和奢靡之风，反对任何滥用职权、谋求私利的行为。

（六）坚持和维护党的民主集中制，有民主作风，有全局观念，善于团结同志，包括团结同自己有不同意见的同志一道工作。

第七条 提拔担任处级干部职务的，应当具备下列基本资格：

（一）应当具有大学本科及以上文化程度。

（二）一般应当具有五年及以上工龄。因工作需要引进的高层次人才、取得博士学位的专业技术人员和管理人员，可放宽条件。

（三）副处级专职管理干部应当在正科级或相当于正科级岗位上提任；由副处级提任正处级应当在副处级岗位工作两年以上；专职管理干部由副处级提任正处级，原则上应有两个及以上副处级岗位任职经历。

经组织选派，借调、挂职、援疆、援藏、扶贫等期间表现突出者，可放宽条件。

（四）因工作需要引进的高层次人才、面向校外公开选拔的人才和院（系、部）的专业技术人员直接提任正处级职务的，应当具有相关专业博士学位或正高级专业技术职务；提任副处级职务的，一般应当具有相关专业博士学位或副高级专业技术职务。

（五）新提任的党委职能部门负责人要有学生工作经历，新提任的院（系）党组织负责人、党员院长（系主任）一般要有党务工作经历。

（六）应当经过党校（行政学院）、干部学院或学校认可的校内外培训，培训时间应当达到干部教育培训的有关规定要求。未达到培训要求的，应当在提任后一年内完成培训。

（七）具有正常履行职责的身体条件。

第八条 处级干部应当逐级提拔。特别优秀或者工作特殊需要的，经学校党委研究，并报上级组织（人事）部门批准，可以破格提拔任用。

破格提拔必须从严掌握，任职试用期未满或者提拔任职不满一年的，不得破格提拔。不得在任职年限上连续破格。不得越两级提拔。

第九条 处级干部在同一岗位连续任职不得超过三届。处级干部换届，距离退休的年限不足一届任期的干部，一般应当退出领导岗位。“双肩挑”干部，回归学术；专职管理干部，保留同级职务待遇，并承担一定工作。

第三章 分析研判和动议

第十条 党委组织部门应当深化对干部的日常了解，坚持知事识人，把功夫下在平时，通过谈心谈话、专题调研、工作考核、民主生活会等方式，综合党内集中教育、纪检监察、巡视巡察、教育培训、挂职借调、评奖评优、党员民主评议等方面情况，从政治素质、综合能力、专业水平、品行修养、身心素质等方面，全方位、多渠道、近距离了解干部。根据日常了解情况，对处级领导班子和处级干部队伍进行综合分析研判，为学校党委选人用人提供依据和参考。

第十一条 学校党委根据工作需要和干部队伍建设实际，结合综合分析研判情况，提出启动处级干部选拔任用工作意见。

第十二条 党委组织部门综合有关方面建议和平时了解掌握的情况，对处级领导班子和处级干部队伍进行动议分析，就选拔任用的岗位、条件、范围、方式、程序和人选意向等提出初步建议。

第十三条 党委组织部门将初步建议向学校干部工作领导小组报告，对初步建议进行完善。经充分沟通酝酿后，形成工作方案。对动议的人选严格把关，根据工作需要，可以提前核查有关事项。

第十四条 研判和动议时，根据工作需要和实际情况，如确有必要，也可以把公开选拔、竞争上岗作为产生人选的一种方式。岗位出现空缺且本校没有合适人选的，特别是需要补充紧缺专业人才或者配备结构需要的干部的，可以通过公开选拔产生人选；岗位出现空缺，校内符合资格条件人数较多且需要进一步比选择优的，可以通过竞争上岗产生人选。

公开选拔、竞争上岗应当结合岗位特点，坚持组织把关，突出政治素质、专业素养、工作实绩和一贯表现，防止简单以分数、票数取人。

公开选拔、竞争上岗设置的资格条件突破规定的，应当事先报上级组织（人事）部门审核同意。

第四章 民主推荐

第十五条 选拔任用处级干部，应当经过民主推荐。民主推荐包括谈话调研推荐和会议推荐，推荐结果作为选拔任用的重要参考，在一年内有效。

第十六条 处级干部换届，民主推荐按照岗位设置全额定向推荐；个别提拔任职或者进一步使用，可以按照拟任岗位进行定向推荐，也可以根据拟任岗位的具体情况进行非定向推荐；进一步使用的，可以采取听取意见的方式进行，其中正职也可以参照个别提拔任职进行民主推荐。

第十七条 处级干部换届，民主推荐应当经过下列程序：

（一）进行谈话调研推荐，提前向谈话对象提供谈话提纲、换届政策说明、干部名册等相关材料，提出有关要求，提高谈话质量；

（二）综合考虑谈话调研推荐情况以及人选条件、岗位要求、班子结构等，经与直属党委（党总支、党支部）沟通协商后，由学校党委研究提出会议推荐参考人选，参考人选一般应差额提出；

（三）召开推荐会议，说明换届有关政策，介绍参考人选产生情况，提出有关要求，组织填写推荐表；

（四）对民主推荐情况进行综合分析；

（五）向学校党委汇报民主推荐情况。

第十八条 参加处级干部换届的谈话调研推荐的人员范围：

（一）院（系、部）参加谈话调研推荐的人员应当包括领导班子成员及其他处级干部、教授代表、党支部书记、内设机构负责人、其他方面代表。

（二）机关教辅及其他单位参加谈话调研推荐的人员应当包括机关教辅及其他单位负责人、直属各党委（党总支、党支部）书记、院（系、部）院长（主任）、教授代表、人大代表、政协委员、民主党派基层组织负责人、其他方面代表。根据岗位不同可以进行适当调整。

（三）校医院等专业性较强的单位（部门），可参照院（系、部）的参加人员范围。

其他需要参加的人员可以根据知情度、关联度和代表性原则，根据实际情况确定。

参加会议推荐的人员参照上列范围确定，可以适当调整。

第十九条 个别提拔任职，或者进一步使用需要进行民主推荐的，民主推荐的程序参照本办法第十七条规定进行。根据工作需要，也可以先进行会议推荐，再进行谈话调研推荐。先进行谈话调研推荐的，可以提出会议推荐参考人选，参考人选一般应差额提出。单位人数较少、参加会议推荐人员范围与谈话调研推荐人员范围基本相同，且谈话调研推荐意见集中的，根据实际情况，可以不再进行会议推荐。

根据工作需要，可以在民主推荐前对推荐岗位、条件、范围以及符合岗位要求和任职条件的人选，在人选所在单位领导班子范围内进行沟通。

第二十条 个别提拔任职，或者进一步使用需要进行民主推荐的，参加民主推荐人员参照本办法第十八条规定执行，可以适当调整。根据工作需要和分析研判情况，也可以在推荐岗位所在单位或部门内部进行推荐。

第五章 考 察

第二十一条 确定考察对象，应当根据工作需要和干部德才条件，将民主推荐与日常了解、综合分析研判以及岗位匹配度等情况综合考虑，深入分析、比较择优，防止把推荐票等同于选举票、简单以推荐票取人。

考察对象经学校党委常委会会议研究确定，一般应当多于拟任职务人数，意见比较集中的，也可以等额确定考察对象。

第二十二条 有下列情形之一的，不得列为考察对象：

（一）违反政治纪律和政治规矩的；

（二）群众公认度不高的；

（三）上一年度考核结果为基本合格及以下等次的；

（四）有跑官、拉票等非组织行为的；

（五）除特殊岗位需要外，配偶已移居国（境）外，或者没有配偶但子女已移居国（境）外的；

（六）受到诫勉、组织处理或者党纪政务处分等影响期未满或者期满影响使用的；

（七）其他原因不宜提拔或者进一步使用的。

第二十三条 考察必须依据干部选拔任用条件和不同领导职务的职责要求，全面考察其德、能、勤、绩、廉，严把政治关、品行关、能力关、作风关、廉洁关。

突出政治标准，注重了解政治理论学习情况，深入考察政治忠诚、政治定力、政治担当、政治能力、政治自律等方面情况。

深入考察道德品行，加强对工作时间之外表现的考察，注重了解社会公德、职业道德、家庭美德、个人品德等方面的情况。

强化专业素养考察，深入了解专业知识、专业能力、专业作风、专业精神等方面的情况。

注重考察工作实绩，深入了解贯彻落实学校党员代表大会确立的发展目标和战略部署，推进学校改革发展各项任务，履行岗位职责，推动学校事业发展取得实际成效的情况。

加强作风考察，深入了解为师生服务、求真务实、勤勉敬业、敢于担当、奋发有为，遵守中央八项规定精神，反对形式主义、官僚主义、享乐主义和奢靡之风等情况。

强化廉政情况考察，深入了解遵守廉洁自律有关规定，保持高尚情操和健康情趣，慎独慎微，秉公用权，清正廉洁，不谋私利，严格要求亲属和身边工作人员等情况。

根据实际需要，针对不同层级、不同岗位考察对象，实行差异化考察，对正职人选，坚持更高标准、更严要求，突出把握政治方向、驾驭全局、抓班子带队伍等方面情况的考察。

第二十四条 考察处级干部拟任人选，应当保证充足的考察时间，经过下列程序：

（一）制定考察工作方案；

（二）同考察对象所在单位党组织负责人或部门负责人就考察工作方案沟通情况，征求意见；

（三）发布考察预告；

（四）采取个别谈话、民主测评、实地走访和查阅干部人事档案等方法，广泛深入地了解情况，根据需要进行专项调查、延伸考察等，注意了解考察对象生活圈、社交圈情况；

（五）同考察对象面谈，进一步了解其政治立场、思想品质、价值取向、见识见解、适应能力、性格特点、心理素质等方面情况，以及缺点和不足，鉴别印证有关问题，深化对考察对象的研判；

（六）综合分析考察情况，与考察对象的一贯表现进行比较、相互印证，全面准确地对考察对象作出评价；

（七）向考察对象所在单位党组织负责人或部门负责人反馈考察情况，并交换意见；

（八）研究提出人选任用建议，经学校干部工作领导小组研究提出任用建议方案，向学校党委报告。

第二十五条 考察处级干部拟任人选，个别谈话和征求意见的范围一般为：

（一）院（系、部）应当包括领导班子成员及其他处级干部、教授代表、党支部书记、内设机构负责人、其他方面代表。

（二）机关教辅及其他单位应当包括本单位处级干部、党支部书记、教职工代表、所在直属党委（党总支、党支部）负责人、其他有关人员。

（三）其他需要参加的人员可以根据知情度、关联度和代表性原则，根据实际情况确定。

第二十六条 在考察过程中，必须严格审核考察对象的干部人事档案，按照有关规定查核个人有关事项报告，就考察对象的党风廉政情况书面征求学校纪委的意见，对反映问题线索具体、有可查性的信访举报进行核查。对需要进行经济责任审计的考察对象，应当事先按照有关规定进行审计。

第二十七条 考察结束后，必须形成书面考察材料，建立考察文书档案。已经任职的，归入本人干部人事档案。考察材料必须写实，评判应当全面、准确、客观，用具体事例反映考察对象情况，包括下列内容：

（一）德、能、勤、绩、廉方面的主要表现以及主要特长、行为特征；

（二）主要缺点和不足；

（三）民主推荐、民主测评、考察谈话情况；

（四）审核干部人事档案、查核个人有关事项报告、听取学校纪委意见、核查信访举报等情况的结论。

第二十八条 党委组织部门选派人员组成考察组，对考察组工作人员进行严格培训。考察组由两名及以上成员组成，考察组负责人应当由思想政治素质好、具有较丰富工作经验并熟悉干部考察工作的人员担任。

实行干部考察工作责任制。考察组必须坚持原则，公道正派，深入细致，如实反映考察情况和意见，对考察材料负责，履行干部选拔任用风气监督职责。

第六章 讨论决定

第二十九条 根据民主推荐和考察等情况，汇总整理，综合分析，经学校干部工作领导小组沟通酝酿，提出建议拟任人选。

拟任人选事先听取相关校领导意见；非中共党员拟任人选，应事先听取党委统战部门、民主党派基层组织负责人的意见。

拟任人选由学校党委常委会会议研究决定。

第三十条 有下列情形之一的，不得提交党委常委会会议讨论：

（一）没有按照规定进行民主推荐、考察的；

（二）学校纪委未反馈意见的，或者学校纪委有不同意见的；

（三）个人有关事项报告未查核或者经查核存疑尚未查清的；

（四）线索具体、有可查性的信访举报尚未调查清楚的；

（五）干部人事档案中身份、年龄、工龄、党龄、学历、经历等存疑尚未查清的；

（六）巡视巡察、审计等工作中发现重大问题尚未作出结论的；

（七）没有按照规定向上级报告或者报告后未经批复同意的干部任免事项；

（八）其他原因不宜提交会议讨论的。

第三十一条 学校党委常委会集体讨论决定处级干部任免事项，必须有三分之二以上常委到会，并保证与会常委有足够时间听取情况介绍、充分发表意见。与会常委对干部任免事项，应当逐一发表同意、不同意或者暂缓等明确意见，党委主要负责人

应当最后表态。在充分讨论的基础上，采取无记名投票方式进行表决。意见分歧较大时，暂缓进行表决。

学校党委常委会有关干部任免的决定，需要复议的，应当经党委常委会超过半数成员同意后方可进行。

第三十二条 学校党委常委会集体讨论决定处级干部任免事项，应当按照下列程序进行：

（一）党委分管组织工作的校领导或党委组织部门负责人，逐个介绍拟任人选的推荐、考察和任免理由等情况，其中涉及破格提拔等需要按照要求事先向上级组织（人事）部门报告的选拔任用有关工作事项，应当说明具体事由和征求上级组织（人事）部门意见的情况；

（二）参加会议常委进行充分讨论；

（三）采取无记名投票方式进行表决，以应到会常委超过半数同意形成决定。

第七章 任 职

第三十三条 处级干部职务实行选任制、委任制，部分专业性较强的干部职务可以实行聘任制。

第三十四条 实行处级干部任前公示制度。提任处级干部任前公示不少于5个工作日，公示结果不影响任职的，办理任职手续。

第三十五条 实行处级干部任职试用期制度。提拔担任非选举产生的领导职务的，试用期为一年。试用期管理、考核等相关事宜，具体参考学校处级干部试用期管理办法执行。

第三十六条 实行处级干部任职谈话制度。对决定任用的干部，由党委指定专人同本人谈话，肯定成绩，指出不足，提出要求和需要注意的问题。

对破格提拔以及通过公开选拔、竞争上岗任职的干部，试用期满正式任职时，由党委指定专人进行谈话。

第三十七条 由党委指定专人宣布任职决定，处级干部任职时间从党委常委会会议决定之日起计算。

第三十八条 实行处级干部离任交接制度，具体参考学校处级干部离任交接工作办法执行。

第三十九条 实行处级干部任期制。处级干部每届任期为三年，任期内岗位调整的，达到两年按一个任期计算。

处级干部在任期内应保持相对稳定。确因工作需要的，经学校党委研究，可以调整岗位。

第四十条 在院（系）推行党政班子成员交叉任职，党员院长（系主任）应同时任院（系）党委（党总支）副书记，党员副院长（系副主任）一般应进入院（系）党委（党总支）领导班子。

第八章 交流、回避

第四十一条 实行处级干部交流制度。

（一）交流的对象主要是：因工作需要交流的；需要通过交流锻炼提高领导能力的；在一个单位或者部门工作时间较长的；按照规定需要回避的；因其他原因需要交流锻炼的。

（二）“双肩挑”干部，任期届满回归学术或交流轮岗；专职管理干部，根据学校工作需要和干部成长要求，交流轮岗。人财物管理、招生、基建等重要岗位处级干部一般不超过两届。

（三）加强工作统筹，加大处级干部交流力度，推进院（系、部）、机关部处、教辅单位间处级干部交流，交流可结合处级干部换届、直属党委（党总支、党支部）换届及处级干部个别调整工作进行。根据工作需要，建立两校区处级干部交流挂职制度。

第四十二条 实行处级干部任职回避制度。处级干部任职回避的亲属关系为：夫妻关系、直系血亲关系、三代以内旁系血亲以及近姻亲关系。有上列亲属关系的，不得在同一单位（部门）担任双方直接隶属于同一领导人员的职务；不得在同一单位（部门）担任领导职务；不得在其中一方担任领导职务的单位（部门）从事组织、人事、纪检、审计和财务工作。

第四十三条 实行处级干部选拔任用工作回避制度。在讨论处级干部任免问题或考察工作中，涉及本人及其亲属的，本人必须回避。

第九章 免职、辞职、降职

第四十四条 处级干部有下列情形之一的，一般应当免去现职：

（一）达到任职年龄界限或者退休年龄界限的；

（二）受到责任追究应当免职的；

（三）不适宜担任现职应当免职的；

（四）因违纪违法应当免职的；

（五）辞职或者调出的；

（六）非组织选派，个人申请离职学习期限超过一年的；

（七）因健康原因，无法正常履行工作职责一年以上的；

(八)因工作需要或者其他原因,应当免去现职的。

第四十五条 实行处级干部辞职制度。辞职包括自愿辞职、引咎辞职和责令辞职。

自愿辞职须由本人提出书面辞职申请,提出辞职者未经批准,不得擅离职守。

第四十六条 引咎辞职、责令辞职和因问责被免职的处级干部,一年内不安排领导职务,两年内不得担任高于原任职务层次的领导职务。同时受到党纪政务处分的,按照影响期长的规定执行。

自愿辞职的干部因工作需要,经干部选拔任用程序,可以重新任职。

第四十七条 实行处级干部降职制度。处级干部在年度考核中被确定为不合格的,因工作能力较弱、受到组织处理或者其他原因不适宜担任现职务层次的,应当降职使用。降职使用的干部,其待遇按照新任职务职级的标准执行。

第四十八条 因不适宜现职调离岗位、免职的,一年内不得提拔。降职使用的干部重新提拔,按照有关规定执行。

第四十九条 对符合有关规定给予容错的干部,应当客观公正对待,营造干事创业、敢于担当的环境氛围。

第十章　纪律与监督

第五十条 选拔任用处级干部,必须严格执行本办法的各项规定,并遵守下列纪律:

(一)不准超职数配备、超机构规格提拔领导干部、超审批权限设置机构配备干部,或者违反规定擅自设置职务名称、提高干部职务职级待遇;

(二)不准采取不正当手段为本人或者他人谋取职务、提高职级待遇;

(三)不准违反规定程序动议、推荐、考察、讨论决定任免干部,或者由主要领导成员个人决定任免干部;

(四)不准私自泄露研判、动议、民主推荐、民主测评、考察、酝酿、讨论决定干部等有关情况;

(五)不准在干部考察工作中隐瞒或者歪曲事实真相;

(六)不准在民主推荐、民主测评、组织考察和选举中搞拉票、助选等非组织活动;

(七)不准利用职务便利私自干预下级或者原任单位干部选拔任用工作;

(八)不准在机构变动,主要领导成员即将达到任职年龄界限、退休年龄界限或者已经明确即将离任时,突击提拔、调整干部;

(九)不准在干部选拔任用工作中任人唯亲、排斥异己、封官许愿,拉帮结派、搞团团伙伙,营私舞弊;

(十)不准篡改、伪造干部人事档案,或者在干部身份、年龄、工龄、党龄、学历、经历等方面弄虚作假。

第五十一条 加强干部选拔任用工作全程监督,严格执行干部选拔任用全程纪实和个人有关事项报告、"一报告两评议"等制度,严肃查处违反组织人事纪律的行为。对违反本办法规定的事项,按照有关规定对有关领导成员、组织部门负责人以及其他直接责任人作出组织处理或者纪律处分;涉嫌违法犯罪的,移送有关国家机关依法处理。

对无正当理由拒不服从组织调动或者轮岗交流决定的,依规依纪予以免职或者降职使用,并视情节轻重给予处分。

第五十二条 按照中央和教育部有关文件精神以及学校领导干部经济责任审计实施办法的具体要求,学校审计部门对负有经济责任的干部进行经济责任审计。

第五十三条 学校党委对干部选拔任用工作和贯彻执行本办法的情况进行监督检查,认真受理有关处级干部选拔任用工作的举报、申诉,制止、纠正违反本办法的行为。

学校纪委按照有关规定,加强对处级干部选拔任用工作的监督检查。

第五十四条 实行党委组织部门和纪检监察、人事、审计、信访等部门联席会议制度,就加强对干部选拔任用工作的监督,沟通信息,交流情况,研究问题,提出意见和建议。联席会议由党委组织部门召集。

第五十五条 学校党委在处级干部选拔任用工作中,严格执行本办法,坚持出以公心、公正用人,严格规范履职用权行为,自觉接受党内监督、社会监督、群众监督。

广大教职员工,对处级干部选拔任用工作中的违纪行为,有权向学校党委和上级组织(人事)、纪检监察部门举报、申诉。

第十一章　附　　则

第五十六条 本办法由学校党委组织部负责解释。

第五十七条 本办法自发布之日起施行。2012 年 8 月 23 日印发的《华北电力大学处级领导干部选拔任用办法》同时废止。

2020 年 1 月 13 日

华北电力大学辅导员队伍建设规定

华电党〔2020〕46号

第一章 总 则

第一条 为深入学习贯彻习近平新时代中国特色社会主义思想，全面贯彻落实全国高校思想政治工作会议和全国教育大会精神，切实加强辅导员队伍专业化职业化建设，根据《普通高等学校辅导员队伍建设规定》（教育部令第43号）以及上级有关文件要求，结合我校辅导员工作实际，制定本规定。

第二条 辅导员是开展大学生思想政治教育的骨干力量，是高等学校学生日常思想政治教育和管理工作的组织者、实施者、指导者。辅导员应当努力成为大学生成长成才的人生导师和健康生活的知心朋友。

第三条 学校坚持把立德树人作为中心环节，把辅导员队伍建设作为教师队伍和管理队伍建设的重要内容，整体规划、统筹安排，不断提高队伍的专业水平和职业能力，保证辅导员工作有条件、干事有平台、待遇有保障、发展有空间，努力建设一支政治强、业务精、纪律严、作风正的辅导员队伍。

第二章 要求与职责

第四条 辅导员工作的要求是：恪守爱国守法、敬业爱生、育人为本、终身学习、为人师表的职业守则；围绕学生、关照学生、服务学生，把握学生成长规律，不断提高学生思想水平、政治觉悟、道德品质、文化素养；引导学生正确认识世界和中国发展大势、正确认识中国特色和国际比较、正确认识时代责任和历史使命、正确认识远大抱负和脚踏实地，努力成为德智体美劳全面发展的社会主义建设者和接班人。

第五条 辅导员的主要工作职责是：

（一）思想理论教育和价值引领。引导学生深入学习习近平总书记系列重要讲话精神和治国理政新理念新思想新战略，深入开展中国特色社会主义、中国梦宣传教育和社会主义核心价值观教育，帮助学生不断坚定中国特色社会主义道路自信、理论自信、制度自信、文化自信，牢固树立正确的世界观、人生观、价值观。掌握学生思想行为特点及思想政治状况，有针对性地帮助学生处理好思想认识、价值取向、学习生活、择业交友等方面的具体问题。

（二）党团和班级建设。开展学生骨干的遴选、培养、激励工作，开展学生入党积极分子培养教育工作，开展学生党员发展和教育管理服务工作，指导学生党支部和班团组织建设。

（三）学风建设。熟悉了解学生所学专业的基本情况，激发学生学习兴趣，引导学生养成良好的学习习惯，掌握正确的学习方法。指导学生开展课外科技学术实践活动，营造浓厚学习氛围。

（四）学生日常事务管理。开展入学教育、毕业生教育及相关管理和服务工作。组织开展学生军事训练。组织评选各类奖学金、助学金。指导学生办理助学贷款。组织学生开展勤工助学活动，做好学生困难帮扶。为学生提供生活指导，促进学生和谐相处、互帮互助。

（五）心理健康教育与咨询工作。协助学校心理健康教育中心开展心理健康教育，对学生心理问题进行初步排查和疏导，组织开展心理健康知识普及宣传活动，培育学生理性平和、乐观向上的健康心态。

（六）网络思想政治教育。运用新媒体新技术，推动思想政治工作传统优势与信息技术高度融合。构建网络思想政治教育重要阵地，积极传播先进文化。加强学生网络素养教育，积极培养校园好网民，引导学生创作网络文化作品，弘扬主旋律，传播正能量。创新工作路径，加强与学生的网上互动交流，运用网络新媒体对学生开展思想引领、学习指导、生活辅导、心理咨询等。

（七）校园危机事件应对。组织开展基本安全教育。参与学校、学院（系）危机事件工作预案制定和执行。对校园危机事件进行初步处理，稳定局面控制事态发展，及时掌握危机事件信息并按程序上报。参与危机事件后期应对及总结研究分析。

（八）职业规划与就业创业指导。为学生提供科学的职业生涯规划和就业指导以及相关服务，帮助学生树立正确的就业观念，引导学生到基层、到西部、到祖国最需要的地方建功立业。

（九）理论和实践研究。努力学习思想政治教育的基本理论和相关学科知识，参加相关学科领域学术交流活动，参与校内外思想政治教育课题或项目研究。

第三章 配备与选聘

第六条 学校按总体上师生比不低于1:200的比例设置专职辅导员岗位。学校定期梳理专职辅导员岗位数量，按照专兼结合、以专为主的原则，及时足额配备到位，并不断优化辅导员队伍结构，做到年龄结构、性别结构、学科结构、学历结构合理。

第七条 学校辅导员队伍包括专职辅导员、保研辅导员和其他兼职辅导员等。

第八条 专职辅导员是指专职从事大学生日常思想政治教育工作的人员，包括学院（系）党委（党总支）副书记、学工组长、学院（系）团委（团总支）书记、少数民族专职辅导员等专职工作人员。专职辅导员具有教师和管理人员双重身份。学校参照专任教师聘任的待遇与保障，与专职辅导员建立人事聘用关系。

第九条 保研辅导员是指学校根据学生工作的实际需求，按照相应程序，选拔优秀本科毕业生免试攻读硕士学位研究生担任学生辅导员，工作（保留入学资格）1—2年后正式开始硕士研究生学习。

其他兼职辅导员是指学校根据学生工作的实际需求，选聘一定数量的优秀专任教师和校内外优秀管理人员等担任学生辅导员及根据《教育部关于做好研究生担任助研、助教、助管和学生辅导员工作的意见》（教研〔2014〕6号）选拔政治素养好、业务能力强、学有余力的在校研究生利用课余时间担任学生辅导员。

以上人员的工作量根据实际情况，按不低于专职辅导员工作量的三分之一核定。

第十条 辅导员应当符合以下基本条件：（一）中共党员，具有较高的政治素质和坚定的理想信念，坚决贯彻执行党的基本路线和各项方针政策，有较强的政治敏感性和政治辨别力；

（二）具备本科及以上学历，热爱大学生思想政治教育事业，热爱学生，甘于奉献，潜心育人，具有强烈的事业心和责任感；

（三）具有从事思想政治教育工作相关学科的宽口径知识储备，掌握思想政治教育工作相关学科的基本原理和基础知识，掌握思想政治教育专业基本理论、知识和方法，掌握马克思主义中国化相关理论和知识，掌握大学生思想政治教育工作实务相关知识，掌握有关法律法规知识；

（四）具备较强的组织管理能力、语言文字表达能力、教育引导能力、调查研究能力，具备开展思想理论教育和价值引领工作的能力；

（五）具有较强的纪律观念和规矩意识，遵纪守法，为人正直，作风正派，廉洁自律。

第十一条 学校应把好辅导员队伍入口关，将德才兼备、有志从事大学生思想政治工作的优秀人才吸纳到辅导员队伍中来。专职辅导员选聘在学校党委统一领导下进行，由学生工作部门牵头，组织、人事、纪检等相关职能部门共同组织开展。根据辅导员基本条件要求和实际岗位需要确定基本选拔条件，通过组织推荐和公开招聘相结合的方式，经过简历筛选、笔试、面试、师德师风考察、公示等相关程序进行选拔。

第十二条 学校鼓励新入职教师担任班主任或兼职辅导员。45周岁以下青年教师晋升高一级专业技术职务（职称），须有至少1年担任辅导员或班主任工作经历并考核合格。

第四章 发展与培训

第十三条 学校不断完善辅导员职业发展体系，落实辅导员职务职级“双线”晋升要求，推动辅导员队伍专业化职业化建设。

第十四条 学校结合实际，按专任教师职务岗位结构比例合理设置专职辅导员的相应教师职务岗位，专职辅导员可按助教、讲师、副教授、教授序列评聘思想政治教育学科或其他相关学科的专业技术职务（职称）。

辅导员专业技术职务（职称）评聘应更加注重考察工作业绩和育人实效，单列计划、单设标准、单独评审。将优秀网络文化成果纳入专职辅导员的科研成果统计、职务（职称）评聘范围。

第十五条 学校成立辅导员专业技术职务（职称）聘任机构，具体负责辅导员专业技术职务（职称）聘任工作。聘任机构由学校党委有关负责人、学生工作、组织、人事、教学科研部门负责人、相关学科专家等人员组成。

第十六条 学校制定辅导员管理岗位聘任办法，根据辅导员的任职年限及实际工作表现，确定相应级别的管理岗位等级。

第十七条 辅导员培训纳入学校师资队伍和干部队伍培训整体规划，对辅导员开展分层分类、线上线下培训。建立辅导员岗前培训、日常培训和专题培训制度。学校定期开展辅导员系列培训活动，确保每名辅导员每年参加不少于16个学时的校级培训，每5年参加不少于1次的国家级或省部级培训。鼓励学院（系）结合工作实际和学生特点开展学院（系）特色培训工作。

第十八条 学校支持优秀辅导员参加国际国内交流学习和研修深造，支持优秀辅导员到地方党政机关、企业、基层等挂职锻炼。鼓励辅导员在做好工作的基础上攻读相关专业学位，承担形势与政策教育、心理健康教育、就业创业教育、国防教育等与辅导员主要工作职责相关的课程教学工作，为辅导员提升专业水平和科研能力提供条件保障。

第十九条 学校推进辅导员工作室建设，围绕大学生思想政治工作中的重点难点问题，鼓励辅导员创新工作思路，树立特色品牌，凝练工作成果。

第二十条 学校鼓励辅导员参与大学生思想政治工作研究，设立“长城计划”等专项研究课题，支持辅导员积极承担相关省部级及以上课题。学校每年组织征集大学生思想政治工作优秀论文和工作案例。

第二十一条 学校定期举办辅导员素质能力大赛，对获奖人员进行表彰和奖励。鼓励辅导员以赛促训、以赛带训，全面提升辅导员队伍素质能力。

第二十二条 学校积极为辅导员的工作和生活创造便利条件，根据辅导员的工作特点，在岗位津贴、办公条件、通讯经费等方面制定相关政策，为辅导员的工作和生活提供必要保障。学院（系）应创造条件设置辅导员谈心谈话专用场地。

第二十三条 学校建立辅导员队伍良性流动机制。非领导干部转入或转出辅导员工作队伍的，应经学院（系）党委（党总支）和学工部门审批，主管校领导批准，并在相应职能部门备案。

申请转入辅导员队伍的，应符合以下条件：

1. 中共党员，具有良好的政治素质和道德素养，业务素质高、工作能力强；

2. 年龄一般不超过30岁，年度考核须均为合格及以上；

3. 思想政治教育相关专业，有从事学生工作相关经历者优先考虑。

申请转出辅导员工作队伍的，应符合以下条件：

1. 在辅导员岗位上工作满4年；

2. 年度考核须均为合格及以上。

第二十四条 入职4年内的辅导员（含保研辅导员）原则上不借调至校内其他非学生工作岗位。确因重要任务需借调至上级单位的，辅导员本人应提前向学院（系）党委（党总支）和学工部门提出申请，经学院（系）党委（党总支）和学工部门审批并报主管校领导批准后，方可报名、履行相关借调手续。

第二十五条 各职能部门、学院（系）不得随意调动专职辅导员。对符合转岗条件，学院（系）拟同意辅导员转岗的，要安排接任人员，确保工作接续有保证。转岗的辅导员应协助接任辅导员做好对原所带年级学生的教育管理工作。

第五章 管理与考核

第二十六条 辅导员实行学校和学院（系）双重管理。学生工作部门牵头负责辅导员的培养、培训和考核等工作，同时与学院（系）党委（党总支）共同做好辅导员日常管理工作。其中，学院（系）党委（党总支）负责根据辅导员主要工作职责对辅导员进行直接领导和管理。

第二十七条 学校制定《华北电力大学辅导员考核细则》，健全辅导员队伍的考核评价体系。对辅导员的考核评价应由学生工作部门牵头，组织部门、人事部门、学院（系）党委（党总支）和学生共同参与。考核结果作为岗位聘任、奖惩、职称职务晋升及奖励性绩效发放等重要依据。

第二十八条 学校结合实际情况建立辅导员表彰体系，每年评选优秀辅导员、优秀学生工作干部等先进个人，积极推荐工作成绩突出者参加全国高校辅导员年度人物等各级各类奖项评选，并将先进个人表彰纳入教师、教育工作者表彰奖励体系，加大宣传力度。

第六章 附　　则

第二十九条 本规定适用于华北电力大学辅导员队伍建设。党委学生工作部、校团委工作人员（不含心理健康教育中心、艺术教育中心教师编制人员）参照本规定执行。

第三十条 本规定自发布之日起施行，《华北电力大学辅导员工作条例（修订）》（华电校人〔2014〕20号）同时废止。其他有关文件与本规定不一致的，以本规定为准。

第三十一条 本规定由党委学生工作部负责解释。

2020年12月3日

华北电力大学同等学力研修班管理办法

华电校研〔2020〕5号

根据国务院学位委员会《关于授予具有研究生毕业同等学力人员硕士、博士学位的规定》和国务院学位委员会、教育部、国家发展和改革委员会《关于进一步加强在职人员攻读硕士专业学位和授予同等学力人员硕士、博士学位管理工作的意见》

等文件精神，结合我校实际，制定本办法。

第一条 我校举办的同等学力研修班(以下简称“研修班”)，是学校依托研究生培养教学资源设立的，服务社会的一个专业课程培训项目。研修班在性质上属非学历教育，课程学习和授予同等学力人员硕士学位工作纳入学校研究生教育体系，实施统一管理。

第二条 凡我校已授予一届以上(含一届)毕业研究生学位的学科专业，均可接受同等学力在职人员申请硕士学位。同等学力研修班的名称统一为“华北电力大学同等学力××专业研修班”。学制一般为2年，学习年限不超过6年。

第三条 同等学力人员学习费用标准由学校确定，由学校财务部门统一收取，一般分为课程研修费和申请学位费两部分，分别收取。经费管理执行《华北电力大学经济活动绩效管理办法(试行)》(华电校财〔2017〕10号)文件的有关规定。

第四条 研修班的招生工作由研究生院统一管理。研究生院通过“全国同等学力人员申请硕士学位管理工作信息平台”(以下简称“信息平台”)统一发布我校接受同等学力申请硕士学位的学科专业信息以及培养方案、课程考试成绩有效期、全国统考成绩有效期等信息。

第五条 学校鼓励校内各单位与党政机关、国有大型企事业单位等合作开展同等学力课程学习培训工作，但是不得冠以“研究生”和“硕士学位”等名义招生，相关合作协议要报研究生院审批后，由学校统一签订。

第六条 研修班学员要求具有大专以上学历，并在规定的时间内达到本科学历并获得学士学位。获得学士学位后工作3年以上才具备申请硕士学位的基本条件。满足基本条件的研修班学员，必须通过信息平台提出申请，提交个人基本信息及电子照片，并在规定的时间内到研究生院进行现场确认，提交规定的书面材料，采集图像与指纹信息，签署《诚信承诺书》等，接受资格审查。通过资格审核的申请人自动进入在册申请人信息库。

第七条 各专业要根据全日制学术型硕士研究生的培养方案制定研修班课程教学计划，课程必须覆盖全部学位课。课程学习由研究生院负责组织，人数较少的一般采取与同专业研究生同班学习方式，人数较多的，可采取分阶段集中授课等方式，课程教学工作一般须在校内进行，原则上不允许设立异地教学班(异地研究院视为校内)。

第八条 同等学力人员课程水平认定考试由研究生院统一组织，根据申请考试学员人数每学期分批次举行，其他任何形式获得的课程成绩均为无效。考试标准按照相同专业在校研究生标准和要求进行。课程考试结束后，由研究生院出具同等学力人员学位课程考试成绩单，并将成绩录入信息平台，供申请人查阅。

第九条 研修班学员在最长修业年限里，修满相关专业研究生培养方案规定课程，考试成绩合格的，由研究生院出具学习成绩证明，并颁发《华北电力大学课程研修班结业证书》。

第十条 研修班学员如通过全国硕士研究生统一考试被我校录取为全日制或非全日制研究生的，可以申请免修已经取得合格成绩的，从取得成绩之日到入学之日三年内的相关课程。

第十一条 对于资格审查获得通过的同等学力申请学位人员，以及经过所有水平认定环节拟授予硕士学位的同等学力人员，学校对招生录取、资格审查和学力水平认定信息等信息进行网上公示。

第十二条 同等学力人员符合硕士学位申请规定的，按照《中华人民共和国学位条例》《中华人民共和国学位条例暂行实施办法》及学校学位授予办法相关规定执行。

第十三条 本办法由研究生院负责解释。

第十四条 本办法自校长办公会通过之日起施行。

2020年3月30日

华北电力大学本科生综合素质测评实施办法(2020年修订)

华电校学〔2020〕7号

第一章 总 则

第一条 为深入贯彻党和国家的教育方针与政策，落实立德树人根本任务，培养德智体美劳全面发展的社会主义建设者和接班人，根据上级有关文件精神，结合学校实际，制定本办法。

第二条 学生综合素质测评(以下简称“综合测评”)是学生思想政治教育的重要环节，旨在通过树立目标、明确导向，推动学生自我教育、自我管理、自我服务，总结阶段性成长历程，促进学生全面发展和健康成长成才。

第三条 综合测评是全方位考核评价学生、开展评奖评优等工作的重要依据，所有全日制普通本科在籍在校学生均应参加。

第二章 组织机构

第四条 综合测评工作由学生奖助学金评审领导小组统筹，学生处牵头组织，相关部门配合实施。

第五条 各院系成立由院系主要领导、党委（党总支）副书记、教学副院长（副主任）、辅导员和班主任组成的测评工作领导小组，全面负责本单位测评工作，院系主要领导任组长，院系党委（党总支）副书记、教学副院长（副主任）任副组长。

第六条 各辅导员和班主任具体负责其所带学生的综合测评，各班要成立5或7人组成的班级综合测评小组，班长和团支书均为综合测评小组成员并负责领导工作，其他成员为学生代表。学生代表由辅导员、班主任、班长、团支书联合提名，经全班同学讨论通过。学生代表应是政治思想好、办事公道、团结同学、关心集体的学生。

第三章 测评内容

第七条 学生德智体美劳全面发展的培养目标：

（1）坚定理想信念，牢固树立共产主义远大理想和中国特色社会主义共同理想，坚定“四个自信”，立志肩负起民族复兴的时代重任；厚植爱国主义情怀，热爱和拥护中国共产党，立志听党话、跟党走，立志扎根人民、奉献国家；加强品德修养，培育和践行社会主义核心价值观，修好品德，努力成为有大爱有大德有情怀的人。

（2）掌握本专业的基础知识和基本技能，具有独立获取知识、提出问题、分析问题和解决问题的能力，自觉培养综合素质和创新思维，做到“厚基础、重实践、强能力、求创新”，成为未来能源电力领域卓越工程技术人才、科技领军人才以及能够进行跨文化交流并具有国际视野的国际化人才为一体的多样化人才。

（3）掌握一定的体育知识和科学锻炼身体的基本技能，自觉树立健康第一的理念，积极主动参加各项体育活动，养成良好的体育锻炼习惯，提高体质健康水平，在体育锻炼中享受乐趣、增强体质、健全人格、锤炼意志，具备为建设伟大祖国辛勤努力、持续奋斗的健康体魄。

（4）具备一定的文化艺术素养和审美能力，积极主动参加各项文化艺术活动，能够认识美、体验美、感受美、欣赏美和创造美，积极传承中华民族优秀传统文化，践行和建设社会主义精神文明，为创造一切美好的事物而奋发向上。

（5）掌握较为全面的劳动技能，崇尚劳动、尊重劳动，能够辛勤劳动、诚实劳动、创造性劳动，积极主动参加社会实践和志愿服务，时刻保持以奋斗为核心的人生追求和精神状态，为中华民族伟大复兴的中国梦贡献力量。

第八条 大学生德智体美劳全面发展的素质模块化测评由思想品德素质（M1）、业务能力素质（M2）、体质健康素质（M3）、文化艺术素养（M4）、劳动实践能力（M5）五个模块构成，学校制定指导性的测评原则，各院系根据实际情况制定实施细则，实施细则应经院系内公示、测评工作领导小组审核及学生处审批并备案的程序后方可执行。各素质模块测评规定详见本实施办法附件，相关内容由学生处结合工作实际适时修订。

第九条 综合测评结果为各素质模块加权综合得分，计算公式为：

综合测评成绩＝M1×20％＋M2×65％＋M3×5％＋M4×5％＋M5×5％

第四章 测评方法

第十条 综合测评遵循定性测评与定量测评相结合、客观评价与主观评议相结合、个人申请与组织评定相结合、测评过程与育人工作相结合的原则，确保客观公正、合理公平、民主公开。

第十一条 综合测评每学年进行一次，测评资料的时间范围为上学年开学第一天至本学年开学前一天。

第十二条 综合测评分个人申请和班级评定两个环节：

（1）个人申请：学生对照测评项目，准备申请加分项目的支撑材料，将材料一并提交给班级综合测评工作小组，填写《学生学年综合测评鉴定表》。

（2）班级评定：以班级为单位组织，对照测评项目，评定学生提交的加分项目支撑材料是否符合加分条件。经班级综合测评小组审定无误后，加分项目才能生效。

班级综合测评小组为每名学生评定综合测评成绩，组织公示无异议后，报院系测评工作领导小组审核。

第十三条 所有参评材料应确保真实准确，测评过程应秉承客观、负责的态度，如有造假行为，一经查实，将视情节轻重给予相应责任人或集体处理，直至取消该年度评奖评优资格。

第十四条 学生的综合测评成绩由所在院系记入《学生学年综合测评鉴定表》，归入个人档案，并以此为依据，进行奖学金评定和相关评优表彰。

第五章 附则

第十五条 本办法适用于我校2020年及以后入学的全日制普通本科在籍在校学生。2019年及以前入学学生按原有办法执行。

第十六条 本办法自发布之日起开始执行，由学生处负责解释。

附件：1. 思想品德素质模块（M1）测评细则

2. 业务能力素质模块（M2）测评细则

3. 体质健康素质模块（M3）测评细则

4. 文化艺术素养模块（M4）测评细则

5. 劳动实践能力模块（M5）测评细则

2020 年 8 月 1 日

华北电力大学博士后管理办法

华电校人〔2020〕14 号

第一章 总 则

第一条 为了进一步加强学校博士后科研流动站建设，提高博士后研究人员培养质量，更好地吸收国内外优秀博士来校从事科研工作，根据《国务院办公厅关于改革完善博士后制度的意见》（国办发〔2015〕87 号）、《人力资源社会保障部全国博士后管理委员会关于贯彻落实＜国务院办公厅关于改革完善博士后制度的意见＞有关问题的通知》（人社部发〔2017〕20 号）精神，结合我校实际，制定本办法。

第二条 我校博士后制度是指在我校设立的博士后科研流动站（以下简称“流动站”）招收获得博士学位的优秀青年在流动站内从事一定时期科学研究工作的制度。

第三条 凡经全国博士后管理委员会批准的流动站，均可招收博士后。我校流动站设置在具有博士学位授予权的一级学科。

第二章 组 织 管 理

第四条 我校实行学校统一领导，校、学院（流动站）两级负责的博士后管理体制。学校设立博士后管理工作领导小组，负责博士后工作规划制订和重大问题决策。领导小组组长由分管人事工作的校领导担任，成员由人事处、科学技术研究院、研究生院、博士后科研流动站设站单位负责人和其他相关部门负责人组成。人事处下设博士后管理工作办公室（简称“博管办”），负责全校博士后日常管理工作。

第五条 各设站学院是流动站所在单位，负责博士后科研流动站建设及管理。各设站学院成立博士后管理工作小组，负责制定本博士后科研流动站工作规划、博士后研究人员（以下简称“博士后人员”）进站评审、中期考核、在站管理和工作期满出站考核等工作，并指定专人负责博士后日常管理工作。

第六条 博士后合作导师须为我校在编具有博士生指导教师资格或正高级专业技术职务的教师。合作导师对博士后人员在站期间的思想表现和工作情况有检查、指导和督促的责任，应密切把握博士后人员工作动向，积极鼓励博士后从事原创性及交叉学科研究。

第三章 博士后类别

第七条 根据学校学科建设、师资队伍发展及科研工作需要，对博士后人员实行分类管理，具体类别如下。

A 类：新讲师博士后。是教师聘用制度与博士后培养制度的有机结合，是我校新进教师选拔、培养的重要渠道。在站期间纳入学校事业编制管理，人事关系、工资关系和个人档案均转入我校，直聘为讲师岗位。

B 类：全职博士后。与我校建立唯一劳动关系且全职到校工作。在站期间纳入学校流动编制管理，人事关系、工资关系和个人档案均转入我校。

C 类：在职博士后。工作单位同意脱产从事博士后研究工作，在导师指导下独立开展或与导师合作开展研究工作。在站期间人事关系、工资关系和个人档案等在原单位保留。

D 类：联合培养博士后。按照优势互补、共同受益的原则，与工作站联合招收、培养的博士后人员。联合培养博士后的管理以工作站为主，在站期间人事关系、工资关系和个人档案等在工作站保留。

第四章　招 收 条 件

第八条　遵守法律法规，具有良好的思想政治表现和品德学风，品学兼优、身心健康、具有较强的科研能力和创新研究的潜力及良好的团队合作精神，并具有良好的语言、文字表达能力和课堂教学能力。

第九条　获得博士学位一般不超过 3 年，年龄不超过 35 周岁；A 类博士后年龄原则上不超过 32 周岁。

第十条　在职博士后以高校、科研院所教学科研人员为主，并严格控制招收比例。不招收党政机关领导干部在职进站从事博士后研究。

第十一条　为了支持企业博士后事业的发展，我校与博士后科研工作站按照优势互补、保证质量的原则签订《华北电力大学联合培养博士后人员协议书》，我校流动站向工作站提供科研支持和专家指导，以工作站为主做好联合招收博士后人员工作。企业博士后在站期间取得的成果，按有关协议执行。

第五章　在 站 管 理

第十二条　我校对博士后实行合同管理。A、B 类博士后与学校签订博士后聘用合同，C 类博士后与学校签订工作协议，D 类博士后由联合培养单位与学校、个人签署三方协议。

第十三条　通过国家博管会审批后，应在 10 个工作日之内来校办理入职报到手续，无故逾期不报到者取消进站资格。

第十四条　博士后研究人员合同或协议期内应全职从事博士后研究工作，不得在外兼职或从事与博士后研究无关的工作。由导师所在学院负责日常考勤及年度考核。

第十五条　A 类博士后由博士后科研流动站和拟聘单位共同管理。拟聘单位应按照教师岗位的要求，将其纳入青年教师培养体系，从师德师风、科研能力、科研水平和发展潜力等方面对其进行考察。

第十六条　博士后在站工作期间取得的研究成果须将华北电力大学作为第一完成单位。

第十七条　学校鼓励博士后人员参加国际科研交流与合作，经合作导师同意，学校博管办批准，博士后可以参加国际学术会议或进行短期国际学术交流，时间一般不超过 3 个月，回国后应在 1 个月内向博管办提交国外工作、交流情况报告。

第十八条　博士后人员应于进站 2 个月内完成开题报告，填写《华北电力大学博士后研究人员研究计划审核表》，经合作导师、流动站签署意见后报学校博管办备案。

第十九条　博士后进站满 12 个月，设站学院应按照分学科、分领域、分类型的原则对博士后培养、评价措施进行中期考核（考核条件由学院自定）。

第二十条　博士后在站工作期限一般为 24 个月。如确因项目科研任务需要申请延期者，应在合同期满前 2 个月提出申请，填写《华北电力大学博士后延期出站申请表》，延长时间不超过 12 个月。无正当理由逾期不办理出站手续者，按自动退站处理。对工作业绩突出，提前完成研究任务的，经合作导师和学院同意并经学校批准，可提前出站，但在站工作期限不得少于 21 个月。

第二十一条　博士后人员在站工作期间，其思想或业务工作表现不适宜继续从事博士后研究工作的，所在流动站应及时向博管办提出书面报告，经学校审批并报国家博管会批准后终止博士后研究工作，停发工资、津贴、社保等相关待遇，办理退站。

第六章　出站与退站

第二十二条　出站基本条件：

A 类：达到学校教学科研型副教授中“科学研究”方面申报条件或在站期间作为项目组核心成员承担国家重大科研项目并作出突出贡献的，经项目负责人出具书面鉴定意见。

B 类：1. 以第一作者或通讯作者发表本学科领域具有重要学术价值的高水平论文，其中发表在国内中文期刊不少于 1 篇（以本单位公布的期刊刊源和会议目录为准）。

2. 以本人为项目负责人获得下列项目之一：国家自然科学基金（国家社会科学基金）项目；中国博士后科学基金资助面上资助、特别资助；入选中国博士后创新人才支持计划；博士后国际交流计划等。或在站期间作为项目组核心成员承担省部级及以上科研项目并作出突出贡献的，经项目负责人出具书面鉴定意见。

第二十三条　A 类博士后达到出站条件并经学院考核合格后，可与学校签订工作聘用合同，按照《华北电力大学新进教职工聘用管理办法》（华电校人〔2017〕5 号）文件要求管理，其博士后入站时间为首聘期考核起始时间。如未达到 A 类博士后出站条件或学院考核不合格，但达到 B 类博士后出站条件及考核要求的，按照 B 类博士后办理出站手续，学校不再续聘；未达到 B 类博士后出站条件及考核要求的，应予以退站。

第二十四条　博士后在站期间具有下列情况之一者应作退站处理，并在一个月内办理离校手续。自批准退站之日的下月起，学校停发其薪酬等相关福利待遇：

1. 进站6个月后仍没有取得国家承认的博士学位证书；
2. 经核实发现其申请材料或人事档案中存在虚假内容；
3. 出国(境)逾期不归超过30天者；
4. 学风不正、弄虚作假者；
5. 受警告以上行政处分者；
6. 无故旷工连续15天或一年内累计旷工30天以上者；
7. 因患病等原因难以完成研究工作；
8. 中期或出站考核不合格者；
9. 合同期满，未经同意仍滞留不办理出站手续；
10. 符合文件第二十三条规定及其他情况应予退站者。

第七章　薪酬待遇与经费

第二十五条　A类博士后按照校内讲师岗位标准执行各项待遇，取得的科研成果按学校有关规定兑现工作量及绩效奖励，由学校按照国家及北京市相关规定代扣、代缴保险；B类博士后按照国家规定标准按月发放博士后日常经费，取得的科研成果按学校有关规定兑现工作量及绩效奖励，由学校按照国家及北京市相关规定代扣、代缴保险；C类、D类博士后工资福利由其所在单位发放。

第二十六条　学校向A类博士后提供5万元/年的新讲师博士后津贴及15万元科研启动经费；不需学校提供住宿的，学校提供2万元/年的住房补贴；有条件的导师向A类博士后提供每年不少于3万元的专项劳务津贴。

第二十七条　A类、B类博士后享有与我校在编职工同等医疗待遇，其子女享有与我校在编职工子女同等就读附属幼儿园、中小学(义务教育阶段须符合北京市相关入学政策)的权利。A类、B类博士后及配偶、子女在京落户问题，按国家有关规定办理。

第二十八条　D类博士后的联合培养费按照每年不少于博士后日常管理经费的40%缴纳，作为日常管理和合作导师指导费用，由博士后工作站或合作单位在其进站报到一个月内一次性拨付到学校指定账户。未按期办理出站手续的D类博士后，须按实际超出期限补缴管理费。

第二十九条　学校定期组织在站博士后开展交流活动，并视情况提供一定的经费支持。

第七章　附　　则

第三十条　本办法自发布之日起施行，《华北电力大学博士后研究人员管理工作若干规定》(华电校人〔2006〕40号)同时废止。与本办法不一致的，以本办法为准；遇有国家政策调整，遵从国家政策。

第三十一条　本办法由博士后管理工作办公室负责解释。

2020年12月15日

华北电力大学推荐优秀应届本科毕业生免试攻读硕士学位研究生工作实施办法(2020年修订)

华电校教〔2020〕9号

推荐优秀应届本科毕业生免试攻读硕士学位研究生，是激励广大在校学生勤奋学习、全面发展的有效措施。做好这项工作，对我校拔尖创新人才选拔培养、全面推进素质教育具有重要意义。为加强对推免生工作的管理，促进我校推免生工作的规范化、科学化和制度化，根据《教育部办公厅关于进一步完善推荐优秀应届本科毕业生免试攻读研究生工作办法的通知》(教学厅〔2014〕5号)精神，结合我校实际，制定本办法。

一、基本原则

(一)推免生工作要坚持公正、公平、公开的原则，在对考生进行全面考查的基础上，择优选拔，确定推免初试资格，并向招生单位推荐。对有特殊学术专长者或具有突出培养潜质者，可增加选拔机会，但必须严格做到程序透明、操作规范、结果公开。

(二)推荐免试研究生,在学生品德优良的基础上,既要注重对学生历年学习成绩的考查,又要注重对学生学习能力、创新能力以及其他特长等方面的考查。学校将根据学生前三学年累计平均学分绩和创新实践成果分值,按一定比例进行综合考查,并依据综合考查结果择优确定。

二、组织管理机构

(一)学校成立由校领导牵头的推免生工作领导小组,负责对拟推荐免试研究生的复审,确定推荐人选。工作领导小组由教务处、研究生院、纪委办、监察处等有关职能部门负责人以及部分公正廉洁且有一定学术水平的教师代表组成。

(二)各院系成立由院系主要领导为组长、分管教学的副院长(副主任)为副组长,以及其他相关领导和教师代表组成的推荐工作小组(一般不得少于 5 人),具体实施本单位推荐工作。

三、申请人必备条件

(一)申请人必须为我校纳入国家普通本科招生计划录取的应届本科毕业生(不含专升本、第二学士学位、独立学院学生)。

(二)申请人应具有高尚的爱国主义情操和集体主义精神,社会主义信念坚定,社会责任感强,遵纪守法、诚实守信,无任何违法违纪受处分的记录。

(三)申请人应理论基础扎实,具有一定的学习能力、创新能力、科学研究能力和良好的发展潜力;前三学年必修课和必修实践环节全部取得学分(境外交流学生交流学习期间的必修课程和必修实践环节认定可适当放宽,但幅度不超过 10 学分)。

(四)申请人英语水平应满足以下条件之一:

1. 非英语专业学生,全国大学英语四级考试成绩应达到 425 分及以上;

2. 英语专业学生,全国英语专业四级考试成绩应达到 70 分及以上。

(五)具有健康体魄,达到大学生体质健康标准。

四、申请人获得保研资格的基本条件

(一)申请人满足以下条件之一,可优先获得保研资格:

1. 累计平均学分绩排名(不含各类加分)在专业/专业方向前 3%的学生(具体推免人数按专业/专业方向人数乘以 3%后按四舍五入到整数计算);

2. 累计平均学分绩排名在专业/专业方向前 50%以内,并获得“互联网+”大学生创新创业大赛全国金奖个人排名前三或银奖个人排名第一、“挑战杯”全国大学生系列科技学术竞赛和“挑战杯”中国大学生创业计划竞赛全国特等奖个人排名前三或一等奖及以上且个人排名第一,具有突出培养潜质的学生。

(二)申请人满足以下条件之一,可提出申请:

1. 一般推免学生,累计平均学分绩(不含各类加分)排名在专业/专业方向前 20%以内。

2. 特殊类型推免学生,累计平均学分绩排名在专业/专业方向前 50%以内。特殊类型推免学生包括:

(1)按国家有关规定,在校期间参军入伍服兵役、到国际组织实习的学生;

(2)按学校规定,可申请研究生支教团的学生;

(3)按学校规定,可申请保研辅导员、行政保研的学生;

(4)国家规定的其他特殊类型推免学生。

五、推荐名额

推荐名额的分配原则上根据教育部下达给我校的推荐名额,由学校参考各院系当年预计毕业生数并结合一流学科、前沿学科、基础学科及国家发展急需的相关学科统筹确定,各院系具体的推荐名额以每年的通知为准。

六、推荐免试研究生综合考查成绩计算方法

综合考查成绩由前三学年的累计平均学分绩和创新实践成果分值两部分按一定比例组成,具体计算方法分别为:

(一)综合考查成绩=前三学年的累计平均学分绩+创新实践成果分值×20%;

(二)前三学年累计学分绩计算办法

前三学年累计平均学分绩=

1. 分母中前三学年所学课程学分指推免专业前三学年的必修课(环节)学分之和。

2. 分子中的课程学分是指推免专业对应必修课(环节)的学分。

3. 因考试未通过经补考、重修以及缓考通过后的课程,成绩按60分计算。

4. 同一门课程有多个成绩且无不及格记录的,按最低成绩计算。

(三)创新实践成果分值旨在鼓励本科生在努力学好专业知识的前提下,通过参加各类竞赛、科研工作等实践能力训练,全面提高自身综合素质,分值计分表见附件2。

七、推荐工作程序

(一)申报资格公布。将前三学年累计平均学分绩符合申报条件的学生名单予以公布。

(二)学生申请。符合申报条件的学生填写《华北电力大学推荐免试硕士研究生申请表》(见附件1)并提交相关证明材料。(三)各单位审核。各院系认真审核学生相关材料,在综合考核的基础上,根据学生综合考核成绩排名以及本院系推免生名额确定本院系拟推荐免试学生名单。特殊类型推免学生,由相关部门牵头组织专门专家会议进行审核选拔。经公示无异议后,将汇总的书面材料及电子文档连同学生申请表以及相关材料复印件上报教务处。

(四)确定初选名单。教务处将汇总好的各院系推免材料呈交学校推免生工作领导小组复审。由学校推免生工作领导小组确定初选名单。

(五)公示。学校将审定的名单在各院系和校园网上进行公示,公示期为10天。对有异议的学生,要查明情况,公布处理结果。

八、其他事宜

各院系组成专家组对学生发表的论文及相关材料等进行严格审查。对在申请推免生过程中弄虚作假的学生,一经发现,立即取消推免生资格,并将按照学生管理有关规定严肃处理。

九、本办法自2020级本科生开始实行,由教务处负责解释。2019年印发的《华北电力大学推荐优秀应届本科毕业生免试攻读硕士学位研究生工作实施办法(2019年修订)》(华电校教〔2019〕18号)适用于2018级、2019级学生。

附件:1. 华北电力大学推荐免试硕士研究生申请表

2. 创新实践成果分值计分表

2020年10月19日

华北电力大学授予具有研究生毕业同等学力人员硕士、博士学位管理办法

华电校学位〔2020〕4号

第一章 总 则

第一条 为规范学校授予具有研究生毕业同等学力人员硕士、博士学位工作,多渠道促进我国高层次专门人才的成长,适应社会主义现代化建设的需要,根据《中华人民共和国学位条例》《中华人民共和国学位条例暂行实施办法》《国务院学位委员会关于授予具有研究生毕业同等学力人员硕士、博士学位的规定》精神,结合学校实际,制定本办法。

第二条 已授予过毕业研究生学位的学科、专业,均可开展授予同等学力人员硕士、博士学位工作,可接受本校和其他单位人员以同等学力申请硕士、博士学位。

第三条 凡是拥护中国共产党的领导,拥护《中华人民共和国宪法》,遵守法律、法规,品行端正,在教学、科研、专门技术、管理等方面做出成绩,具有研究生毕业同等学力,其学术水平或专门技术水平已达到我校硕士或博士毕业研究生同等水平者,可根据本管理办法,向我校申请硕士、博士学位。

第四条 香港、澳门特别行政区、台湾地区人员以及外籍人员以研究生毕业同等学力申请硕士、博士学位的办法,参照本办法办理。

第二章 硕士学位的申请与受理

第五条 申请人具备以下条件的,可以提出硕士学位申请。

(一)申请硕士学位基本条件

1. 已获得学士学位,并在获得学士学位后工作3年以上或虽无学士学位但已获得硕士或博士学位;或通过教育部留学

服务中心认证的国(境)外学士、硕士或博士学位获得者。

2. 在申请学位的专业或相近专业的教学、科研、专门技术领域做出成绩。

(二)需提交的申请材料

1. 填写完整的《华北电力大学同等学力人员申请硕士学位资格审查表》;

2. 身份证、学士学位证书、最后学历证明(原件及复印件);

3. 已发表或出版的与申请学位专业相关的学术论文、专著或其他成果证明;

4. 申请人所在单位提供的《华北电力大学同等学力人员申请硕士学位简况表》(加印密封)。

第六条 学校研究生院负责对申请人所提供材料的真实性、合法性和完整性进行审查。申请人需通过“全国同等学力人员申请硕士学位管理工作信息平台”填报相关信息,并在规定的时间内到研究生院进行现场确认,提交规定的书面材料,接受资格审查。通过资格审核的申请人自动进入在册申请人信息库。

第七条 申请人须通过以下同等学力水平认定。

(一)申请人专业知识水平的认定

1. 学校组织的课程考试资格审查合格的申请人,可通过在我校旁听研究生课程、参加课程研修班、网络在线学习等方式进行学习,按照同专业硕士研究生培养方案规定的标准,通过华北电力大学同等学力人员课程水平认定考试。凡未按照上述要求操作的人员,其课程成绩不予认可。

2. 国家组织的水平考试

申请人应当通过同等学力人员申请硕士学位外国语水平全国统一考试和学科综合水平全国统一考试。

3. 论文发表与科研成果的认定

申请人必须满足申请专业的硕士研究生培养方案规定的关于学术论文发表与科研成果等的要求。

申请人必须自资格审查通过之日起 4 年内完成以上课程学习、考试、论文开题、中期检查等培养环节,且成绩合格,否则本次申请无效。

(二)学位论文水平的认定

申请人应当在通过全部考试后的 1 年内提交学位论文,并在提交论文后的半年内完成论文答辩,否则当次申请无效。

1. 学位论文要求

申请人须在学校相关专业硕士研究生指导教师的指导下完成学位论文。学位论文撰写须符合《华北电力大学学位授予工作细则》和《华北电力大学同等学力及高校教师硕士学位论文撰写规范及范例》等相关规定。

2. 学位论文评阅学位论文评阅要求按照《华北电力大学学位授予工作细则》中“第十三条硕士学位论文评阅”的规定执行。申请人的推荐人、指导教师不得担任论文评阅人。论文在送交评阅人时,评阅人的姓名不得告知申请人。论文评阅人应当根据硕士学位论文的基本要求,对申请人的学位论文是否达到硕士学位水平进行评阅,写出详细的学术评语并提出修改意见。

3. 学位论文答辩

论文答辩委员会由不少于 5 名具有高级专业技术职务的专家组成,其中至少有 3 名硕士生指导教师、1 名学校和申请人所在单位以外的专家。申请人的推荐人、指导教师不得担任答辩委员会成员。论文答辩委员会的组成人选须经申请人申请学位所在学院的学位评定分委员会认可。论文答辩前 1 个月,由申请人申请学位所在学院指定的答辩秘书将学位论文送交论文答辩委员会成员。

论文答辩委员会应当根据答辩情况,就是否建议授予硕士学位作出决议。决议采取不记名投票方式,经全体成员三分之二以上同意,方为通过。决议经论文答辩委员会主席签字后,报送申请人申请学位所在的学院学位评定分委员会审议。论文答辩应当公开举行并详细记录。

论文答辩未通过,但论文答辩委员会建议修改论文后重新答辩者,可在半年后至 1 年内重新答辩 1 次。答辩仍未通过或逾期未申请者,当次申请无效。

第三章 博士学位的申请与受理

第八条 同等学力博士学位预申请资格。

1. 已获得硕士学位的在职人员可以在我校注册同等学力博士学位预申请资格,在博士研究生指导教师的指导下进行课程学习以及博士学位论文准备工作,待具备学位申请资格后申请博士学位。

2. 符合条件的在职人员可在每年规定时间内,按照学校注册同等学力博士学位预申请的要求进行申请。学校组织成立资格考核小组,对申请人的基本条件、学术水平、知识结构和业务能力等进行综合考核。通过综合考核的人员在有关平台进行公示,公示无异议后,学校录入在册申请人信息库。

3. 申请人自正式批准注册为学校同等学力博士学位预申请资格起，应在6年内完成博士学位论文工作并申请学位，否则本次申请无效。

第九条 课程与学位论文要求。

1. 已注册的申请人应按照学校相关学科博士研究生培养方案的规定进行课程学习，与本校博士生同堂学习听课，均须参加学校组织的考试。申请人如在科学或专门技术上有重要的著作、发明、发现或发展者，经有关专家推荐，可申请免除部分课程考试。学院学位评定分委员会根据申请人提供证明材料从严掌握，认真审查，酌情批准免除部分课程考试。

2. 申请人的博士研究生指导教师负责对其学位论文进行必要的指导，包括博士学位论文选题、开题、中期检查工作及其理论研究与实验工作。学位论文一般应结合其所在单位的实际科研工作进行，学术论文发表与科研成果等其他要求与学校校内其他博士生相同。在完成学位论文期间，申请人必须到学校在导师的指导下参加累计不少于三个月的与博士学位论文相关的科学研究工作。

3. 申请人须在学校相关专业博士研究生指导教师的指导下完成学位论文。学位论文撰写须符合《华北电力大学学位授予工作细则》等相关规定。

第十条 申请人具备以下条件的，可以提出博士学位申请。

(一)申请博士学位基本条件

1. 申请人须获得硕士学位工作5年以上；

2. 完成申请学位学科的全部博士研究生课程学习，且考试成绩合格；

3. 完成申请学位学科的博士研究生培养方案规定的关于学术论文发表与科研成果的要求；

4. 已经完成博士学位论文工作，其学位论文已经通过由相关学科组织的预答辩、学位论文格式审查等。

(二)需提交的申请材料

1. 填写完整的《华北电力大学同等学力人员申请博士学位资格审查表》；

2. 身份证、硕士学位证书、最后学历证明(原件及复印件)；

3. 准备申请博士学位的学位论文；

4. 已发表或出版的与申请学位专业相关的学术论文、专著或其他成果及其获奖证明(原件及复印件)；

5. 申请人所在单位提供的《华北电力大学同等学力人员申请博士学位简况表》(加印密封)；

6. 两位教授或相当专业技术职务专家的推荐书(加印密封)，其中至少有一位是博士生指导教师。

(三)学位论文评阅和答辩

1. 学位论文评阅

学位论文评阅要求按照《华北电力大学学位授予工作细则》中"第二十二条博士学位论文评阅"的规定执行，其中本校和申请人所在单位以外的专家不少于3名。论文在送交评阅人时，评阅人的姓名不得告知申请人。所聘请的论文评阅人应当是责任心强、学风正派、在相应学科领域学术造诣较深，近年来在科学研究中成绩突出的专家。申请人的推荐人、指导教师不得担任论文评阅人。论文评阅人应当根据博士学位论文的基本要求，对申请人的学位论文是否达到博士学位水平进行评阅，写出详细的学术评语并提出修改意见。

2. 学位论文答辩

论文答辩委员会由不少于7名教授或相当专业技术职务的专家组成，其中至少有4名博士生指导教师、2名学校和申请人所在单位以外的专家。申请人的推荐人、指导教师不得担任答辩委员会成员。论文答辩委员会的组成人选须经申请人申请学位所在的学院学位评定分委员会认可。论文答辩前1个月，由申请人申请学位所在学院指定的答辩秘书将学位论文送交论文答辩委员会成员。

论文答辩委员会应当根据答辩情况，就是否建议授予博士学位作出决议。决议采取不记名投票方式，经全体成员三分之二以上同意，方为通过。决议经论文答辩委员会主席签字后，报送申请人申请学位所在的学院学位评定分委员会审议。论文答辩应当公开举行并详细记录。

论文答辩未通过，但论文答辩委员会建议修改论文后重新答辩者，可在半年后至2年内重新答辩1次。答辩仍未通过或逾期未申请者，当次申请无效。

第四章 学位授予

第十一条 通过对申请人同等学力水平的认定，经申请人申请学位所在的学院学位评定分委员会审核，报送校学位评定委员会批准并作出授予学位的决定，其中，授予博士学位的人员名单必须公示三个月无异议者，方可颁发博士学位证书。

第十二条 申请人不得在向本校申请学位的同时，向其他学位授予单位提出学位申请，否则本次申请无效。

第五章 组织和管理

第十三条 研究生院相关办公室负责以同等学力申请学位人员的资格审核、费用核算、课程安排、课程考试、论文开题、中期检查、评阅和答辩等环节的组织工作。学位办公室负责满足学位申请条件的同等学力人员学位申请和授予工作。

第十四条 同等学力人员申请学位论文质量的检查和评估与我校全日制研究生学位论文的检查和评估一并进行。对违反本规定，不能保证学位授予质量的院系，将限期改正、暂停或停止授予具有研究生毕业同等学力人员硕士、博士学位工作。

第十五条 建立同等学力人员申请学位的档案管理制度，对授予具有研究生毕业同等学力人员硕士、博士学位的有关材料、证明（复印件）等在申请者获得学位后保留五年，以备检查和评估。

第六章 附 则

第十六条 本办法规定之外的其他相关事项，参照《华北电力大学学位授予工作细则》执行。

第十七条 同等学力人员申请并获得学位，表明其学术水平已经达到所获学位的水平，但不涉及学历，其学位证书单独编号。

第十八条 同等学力人员需按照我校有关规定支付课程和申请学位的相关费用。

第十九条 本办法自文件印发之日起执行，《华北电力大学授予具有研究生毕业同等学力人员硕士学位的实施细则》同时废止。

第二十条 本办法由华北电力大学学位评定委员会负责解释。

2020 年 6 月 2 日

华北电力大学实验室安全管理办法（2020 年修订）

华电校实验〔2020〕1 号

第一章 总 则

第一条 为加强学校实验室安全监督管理，有效控制安全隐患，防止发生安全事故，保障师生员工生命安全和国家财产安全，根据《中华人民共和国安全生产法》《生产安全事故应急条例》和《教育部关于加强高校实验室安全工作的意见》（教技函〔2019〕36 号）等法律法规及文件精神，结合学校实际，制定本办法。

第二条 本办法中的实验室，是指隶属于学校或者依托学校管理的从事教学、科研等实验活动场所及其附属设施。

第三条 实验室安全工作是校园综合治理和平安校园建设的重要组成部分，包括安全教育培训、实验室准入制度、危险化学品的安全管理、辐射安全管理、实验废弃物安全管理、特种设备安全管理、水电安全管理、安全防护设施管理、实验室内务管理以及环境保护等多方面的工作。

第四条 实验室安全管理工作按照“党政同责，一岗双责，齐抓共管，失职追责”和“管行业必须管安全、管业务必须管安全”的要求，根据“谁使用、谁负责，谁主管、谁负责”原则，推动科学、规范和高效管理，营造人人要安全、人人重安全的良好校园安全氛围。

第二章 实验室安全管理体系及职责

第五条 实施学校、二级单位、实验室三级联动的实验室安全管理责任体系。学校党政主要负责人是第一责任人；分管实验室工作的校领导是重要领导责任人，协助第一责任人负责实验室安全工作；其他校领导在分管工作范围内对实验室安全工作负有支持、监督和指导职责。

第六条 学校实验室安全工作小组负责对实验室技术安全管理工作的统筹、指导和协调，研究处理实验室技术安全管理工作中的相关问题。工作小组组长由分管实验室工作的校领导担任，分管保定校区安全工作的校领导担任副组长。成员由实验室管理处、资产与实验室管理处（保定）、保卫处、科学技术研究院、资产管理处、后勤管理处、教务处、学生处和研究生院的主要负责人组成。工作小组下设办公室，挂靠实验室管理处。

第七条 实验室管理处作为实验室安全管理的主要职能部门，其主要职责是：贯彻落实国家和上级有关部门制定的政策法规;制定、完善全校性实验室技术安全规章制度;组织实验室安全教育培训、应急预案、应急演练;指导、督查、协调相关单位落实相应工作;依据实验室危险源及安全风险,组织开展实验室分级分类及达标验收工作;负责全校实验室危险化学品安全、设备安全、辐射安全等方面的监督管理工作;负责校级化学试剂采购平台的建设运行;负责学校实验室采购管制类危险化学品的审批工作;组织开展实验室安全检查,并将发现的问题及时通知有关单位或通报有关职能部门,督促安全隐患的整改;组织相关单位开展实验室各类安全环保事故的调查;建立实验室安全专家组,提供正常运转的保障。保定校区资产与实验室管理处协调做好保定校区实验室安全的监督、检查、教育和管理工作,各相关职能部门应在各自职责范围内,配合做好与实验室安全相关的工作。

第八条 各二级单位的党政负责人是本单位的实验室安全工作主要领导责任人,全面负责本单位的实验室安全工作。其职责为:组织成立本单位实验室安全工作小组;落实实验室安全分管领导、实验室安全管理员等人员,建立实验室安全责任体系;根据国家相关法律法规、上级主管部门文件精神和学校相关规章制度,制定本单位的实验室安全工作计划并组织实施。

第九条 各实验室责任人是本实验室安全工作的直接责任人。其职责为:负责本实验室安全责任体系的建立和规章制度(包括操作规程、应急预案、实验室准入制度、值班制度等)的建设;组织、督促相关人员做好实验室安全工作;定期、不定期开展检查,并组织落实安全隐患的整改;根据上级管理部门的有关通知,做好安全信息的汇总、上报等工作。

第十条 每位实验用房使用者是本房间的直接安全责任人。其职责为:负责本实验用房安全日常管理工作;结合教学、科研实验项目的安全要求,负责健全实验用房相关安全规章制度,落实值班制度;建立本实验用房内的物品管理台账(包括设备、试剂药品、剧毒品、气体钢瓶等);根据实验危险等级情况,负责对本实验用房工作人员进行安全、环保教育和培训,对临时来访人员进行安全告知;定期、不定期做好卫生及检查工作,并组织落实安全隐患整改;结合教学、科研实验项目的安全要求,做好本实验用房安全设施的建设和管理。

第十一条 在实验室学习、工作的所有人员均对实验室安全工作和自身安全负有责任,须遵循各项安全管理制度,做好实验项目安全状况自我申报工作,严格按照实验操作规程或实验指导书开展实验,配合各级安全责任人和管理人员做好实验室安全工作,排除安全隐患,避免安全事故的发生。

第三章　实验室安全管理

一、安全教育培训和安全准入制度

第十二条 学校、二级单位、实验室都应负起实验室安全教育责任,通过建立安全知识网站、发放安全知识手册、制作安全知识宣传板、开设实验室安全教育课程、举办实验室安全专题讲座等多种形式定期对师生员工进行实验室安全教育,落实各项管理制度。

第十三条 建立和落实实验室安全准入制度,通过学校或二级单位组织的实验室安全教育考试者方可进入实验室学习工作。建立科研项目安全审核制度,对存在安全危险因素的科研项目进行审核,实验室应具备相应的安全设施、特殊实验室资质等条件。建立实验室建设与改造项目安全审核制度。

第十四条 从事特种作业(电工作业、焊接与热切割作业、高处作业、危险化学品安全作业等)的人员,必须经专业培训,持有效的特种作业操作证,方可上岗操作。取得证书者,按要求年限进行复审。

二、技术安全管理

第十五条 技术安全管理是实验室安全管理的核心任务,各有关单位和部门必须严格执行下列有关规定:《华北电力大学危险化学品安全管理规定》《华北电力大学辐射安全管理规定》《华北电力大学实验室危险废物处置暂行规定》《华北电力大学特种设备安全管理暂行规定》等;各二级单位、实验室应当根据以上规定制定相应的管理细则。

三、用电用水安全管理

第十六条 实验室内应安装空气开关及漏电保护器。电气设备应配备足够的用电功率和电线,不得超负荷用电。电气设备和大型精密贵重仪器设备须按安装要求接地线。

第十七条 不得擅自改装、拆修电气设施,不得乱接、乱拉电线,不得使用闸刀开关、木质配电板和花线,实验室内不得有裸露的电线头。

第十八条 除非工作需要并采取必要的安全保护措施,空调、电热器、计算机、饮水机等不得在无人情况下开机过夜,化学类实验室内不得使用明火电炉。下班离开实验室之前,应先切断或关闭电源。

第十九条 实验室要杜绝自来水龙头打开而无人监管的现象,要定期检查上下水管路、化学冷却冷凝系统的橡胶管等,避免发生因管路老化、堵塞等情况所造成的安全事故。

四、安全防护设施管理

第二十条 具有潜在安全隐患的实验室,须根据潜在危险因素配置消防器材(如灭火器、消防栓、防火门、防火闸等)、烟雾报警、监控系统、应急喷淋、洗眼装置、危险气体报警、通风系统(必要时需加装吸收系统)、防护罩、警戒隔离等安全设施,配备必要的防护用品,并加强实验室安全设施的管理工作,切实做好更新、维护保养和检修工作,做好相关记录,确保其完好性。

五、实验室内务及环境卫生管理

第二十一条 每个实验用房必须落实安全责任人,各单位必须将实验室名称、责任人、有效联系电话等信息统一制牌,并放置在明显位置,便于督查和联系。

第二十二条 实验室应建立卫生值日制度,保持清洁整齐,仪器设备布局合理。要处理好实验材料、实验剩余物和废弃物,及时清除室内外垃圾,不得在实验室堆放杂物。

第二十三条 实验室必须妥善管理安全设施、消防器材和防盗装置,并定期进行检查;消防器材不得移作他用,周围禁止堆放杂物,保持消防通道畅通。

第二十四条 二级单位、实验室必须安排专人负责实验室钥匙的配发和管理,不得私自配置钥匙或借给他人使用;使用电子门禁的大楼和实验室,必须对各类人员设置相应的权限,对门禁卡丢失、人员调动或离校等情况应及时采取措施,办理报失或移交手续;各单位或各实验大楼必须保留一套所有房间的备用钥匙,由单位办公室或大楼值班室保管,以备紧急之需。

第二十五条 严禁在实验室区域吸烟、烹饪、饮食,不得让与工作无关的外来人员进入实验室,不得在实验室内留宿和进行娱乐活动等。

第二十六条 按照学科性质的不同需要,要给实验人员配备必需的劳保、防护用品,以保证实验人员的安全和健康。

第二十七条 实验结束或离开实验室时,必须按规定采取结束或暂离实验的措施,并查看仪器设备、水、电、气和门窗关闭等情况。

第二十八条 对以上条款未涵盖的实验室安全工作按国家有关实验室安全法律法规和规章制度加强管理。

六、实验室技术安全应急管理

第二十九条 学校制定实验室安全综合应急预案,特别是使用危险化学品和涉嫌设备的实验室制定突发危险化学品事件应急预案和突发辐射安全事故应急预案。实验室如发生安全事故,各有关单位和部门必须严格按照相应的应急预案进行处置。

第三十条 各二级单位、实验室应当结合本单位实际情况制定安全事故应急预案,以及实验室意外事故紧急处置办法,防患于未然。

第三十一条 学校、二级单位应设立实验室技术安全应急救援专项资金,用于本单位实验室技术安全应急救援物资的购置,以及实验室技术安全隐患的整改等。

第四章 实验室安全定期检查与责任追究

第三十二条 学校、二级单位、实验室须建立实验室安全定期检查制度。实验室管理处负责对全校实验室开展"全过程、全要素、全覆盖"的定期安全检查,核查安全制度、责任体系、安全教育落实情况和存在的安全隐患,实行问题排查、登记、报告、整改的"闭环管理"。对于存在重大安全隐患的实验室,应当立即停止实验室运行直至隐患彻底整改消除。

第三十三条 各二级单位要定期组织本单位的安全检查。建立实验室安全与卫生管理检查台账,记录每次检查情况;对发现的问题和隐患进行梳理,分清责任并积极整改。

第三十四条 实验室的日常检查由实验室技术安全管理人员负责,定期组织对各分室的检查。

第三十五条 发现实验室存在安全隐患,要及时采取措施进行整改;发现严重安全隐患或一时无法解决的安全隐患,须向所在二级单位、保卫处、实验室管理处报告,并采取措施积极进行整改。任何单位和个人不得隐瞒不报或拖延上报本部门存在的安全隐患。实验室发生安全事故后,事故所在单位应写出事故报告,分别交保卫处和实验室管理处备案,并配合学校调查和处理。

第三十六条 实验室安全工作是教师、实验技术人员和管理人员岗位评聘、晋职晋级、年度考核、评奖评优的重要指标之一,学校制定相应的责任追究及奖励制度。

第五章 附 则

第三十七条 各有关单位应根据本办法,并结合实际情况另行制定相应的实施细则或管理规定。本办法未尽事项,按国家有关法律法规执行。

第三十八条 本办法自发布之日起施行,原《华北电力大学实验室安全管理办法》(华电校资〔2012〕4号)废止。

第三十九条 本办法由实验室管理处负责解释。

2020年7月16日

华北电力大学人才引进特聘岗位聘用管理办法(试行)

华电校人才〔2020〕3号

为深入实施人才强校战略,加速推进人才队伍建设,为中青年人才创造良好的成长条件,提供更高的发展平台,吸引一批符合学科发展需要,具有较强竞争力的优秀中青年人才来校工作,结合学校实际,决定设立特聘岗位。

一、岗位设置

特聘岗位包括特聘副教授(副研究员)、特聘教授(研究员),纳入各学院(系)、科研机构教师定员编制数。

特聘岗位聘期为4年。期满者,自动退出特聘岗位。

二、适用范围

本办法适用于当年以人才引进方式纳入学校事业编的全职中青年人才。

三、任职条件

应聘特聘岗位应具备以下条件:

1. 具有良好的政治素质、师德师风和学术诚信,有突出的学术发展潜力和合作精神,学术方向符合我校学科发展需求。

2. 须具有博士学位,其学位原则上应在国内外著名高校或科研机构取得;有良好的学习工作经历。

(一)特聘教授(研究员)还需具备:

1. 在相关学术领域的研究能力与代表性成果水平,达到或接近学校同领域教授水平,学术方向明确,已初步形成研究特色,具有较大的发展潜力。

2. 自然科学、工程技术领域年龄不超过40周岁;哲学社会科学领域年龄不超过45周岁。

(二)特聘副教授(副研究员)还需具备:

1. 在相关学术领域的研究能力与代表性成果水平,达到或接近学校同领域副教授水平,具有较大的发展潜力。

2. 自然科学、工程技术领域年龄不超过35周岁;哲学社会科学领域年龄不超过40周岁。

四、选聘程序

1. 单位申报。拟申请特聘岗位人员向所在单位提出申请,由所在单位按程序审议后,报人才工作处。

2. 学校评审。人才工作处根据申请情况,组织学术评议专家组,对申请人进行学术评议;同时对申请人申请的特聘岗位进行评审,任现职后取得的成果可以作为申请特聘岗位的业绩,重点考察近五年来取得的业绩成果情况,学校学术评议专家组给出评议结论。

3. 学校审定。人才工作处汇总专家组评议情况,将通过专家组评审的人员情况及学校提供特聘岗位情况报人才工作领导小组审定。

4. 公示聘用。人才工作处将拟作为特聘岗位聘用人员信息进行公示;公示无异议的,即可按审定特聘岗位签订聘期合同。

五、岗位职责及待遇

1. 特聘岗位职责和目标参照《华北电力大学创新人才支持与培育计划》(华电校人〔2020〕2号)文件中有关"学科卓越人才支持计划""青年英才培育计划""青年骨干培育计划"人选者标准确定;最终岗位职责和目标以签订的《华北电力大学人才聘期合同》为准。

2. 聘为特聘(副)研究员岗位者,侧重其科研创新和工程实践能力,教学任务不做硬性规定。

3. 参与重大科研团队从事学校重大攻关平台、重大攻关任务,承担大科学装置任务及国家重大、重点攻关课题的特聘岗位,由团队负责人协同相关部门确定岗位职责和考核目标并组织实施。

4. 聘为特聘岗位的人才,对外交流和申报项目时可适时使用特聘岗位的对应称谓。

5. 聘为特聘教授(研究员)者,具备申报博士生导师资格;聘为特聘副教授(副研究员)者,具备申报硕士生导师资格。

6. 特聘岗位薪酬及相关待遇,按照聘期合同或人事系统中实际聘任的专业技术职务兑现。聘期内晋升为更高等级后,按照校内相关政策办理。

六、附　　则

1. 依本办法选聘的特聘教授(研究员)、特聘副教授(副研究员)在聘期内获得国家级人才称号的,其专业技术职务、薪酬、福利待遇等可按照学校相关文件执行。

2. 本办法自发布之日起施行,由人才工作处负责解释。

2020 年 9 月 3 日

重要文件

Important Articles

关于印发《华北电力大学新冠肺炎疫情防控工作方案》的通知

华电党〔2020〕7 号

直属各党委(党总支、党支部)、校直各单位:

当前,新型冠状病毒感染的肺炎疫情防控形势严峻,为深入贯彻落实习近平总书记关于疫情防控工作重要讲话和指示批示精神和党中央、教育部、北京市、河北省决策部署,切实做好学校疫情防控工作,学校研究制定了《华北电力大学新冠肺炎疫情防控工作方案》,现印发给你们,请结合实际认真贯彻落实。

2020 年 2 月 11 日

中共华北电力大学委员会关于充分发挥基层党组织战斗堡垒作用和共产党员先锋模范作用坚决打赢疫情防控阻击战的通知

华电党〔2020〕8 号

全校各级党组织、全体党员:

新型冠状病毒感染的肺炎疫情发生以来,习近平总书记高度重视,作出一系列重要指示,为我们做好疫情防控工作指明了方向。根据党中央、中组部、教育部、北京市委、河北省委有关要求部署,贯彻落实上级疫情防控精神和学校系列会议精神,切实保障师生生命安全和身体健康,充分发挥党支部战斗堡垒作用和党员先锋模范作用,为打赢疫情防控阻击战提供坚强的政治保障,更加有效推进下阶段有关防控工作,通知如下:

一、提高政治站位,坚决扛起疫情防控的重大政治责任

全校各级党组织、党员要切实提高政治站位,树牢“四个意识”、坚定“四个自信”、做到“两个维护”,把思想和行动统一到习近平总书记重要指示精神上来,认清肩负的重大职责使命,牢记人民利益高于一切,按照坚定信心、同舟共济、科学防治、精准施策的要求做好当前疫情防控工作。要坚持统一领导、统一指挥、统一行动,把打赢疫情防控阻击战作为当前压倒一切的重要政治任务落到实处,把疫情防控工作作为检验初心使命、体现责任担当的试金石和磨刀石,最大限度凝聚防控合力,把党的政治优势、组织优势、密切联系群众优势转化为疫情防控的强大政治优势,让党旗在防控疫情斗争第一线高高飘扬。

二、压实政治责任,充分发挥基层党组织战斗堡垒作用

全校各级党组织要充分发挥好政治优势、组织优势和密切联系群众优势,要按照学校《华北电力大学新冠肺炎疫情防控工作方案》要求,响应《致全校共产党员的一封信》的号召,广泛发动人民群众群策群力、群防群治抓好疫情防控工作,做到六个到位:一是防控体系到位,各级党组织要协同建立健全学校党委、二级党组织、党支部、党员网格化四级防护网络;二是防控责任到位,各单位各部门主要负责人要切实担负起防疫和处置第一责任人责任,党政同责,要动员、组织、凝聚好干部党员和广大师生群众,树立起每名党员干部都是疫情防控带头人的责任意识;三是防控预案到位,各院系党组织要按照学校防控工作方案的总要求,周密详细制定本院系的防控工作方案和具体应对措施,提前做好师生集中返校高峰期防控工作方案,落细落实开学后日常疫情防控工作安排;四是防控措施到位,要做好疫情的监测、排查、预警、防控等工作,加强精准排查和动态掌握,严格执行日报告等制度,同时教职工党支部要与离京特别是重点地区的教职工加强联系,对有访问重点地区经历、接触重点地区人员的教职工做好排摸、联系登记等工作,学生党支部要及时全面了解和掌握同学情况,扎实做好思想疏导和科普宣传,引导学生正确理解、积极配合、严格遵守学校关于返校的规定和要求,科学参与疫情防控,加强自我预防,共同构筑抵御疫情传播严密防线;五是防控宣传到位,要通过校园网、微信群和手机短信等方式全方位宣传疫情防控知识,使师生人人皆知,同时要及时发现、宣传在防控工作中勇于担当作为、做出突出贡献的先进典型,坚持用身边人身边事教育党员师生,引导广大党员凝心聚力参与防控工作,增强师生员工打赢疫情防控阻击战的信心;六是防控落实到位,各级党组织要认真落实主体责任,各单位各部门主要负责人要充分发挥第一责任人作用,班子成员认真落实一岗双责,狠抓落实,对疫情防控态度不认真、落实不到位的,要严肃批评教育,对工作不力、失职渎职的,要严肃问责追责。

三、增强政治担当,切实发挥党员干部先锋模范作用

全校党员领导干部要自觉把“不忘初心、牢记使命”主题教育激发出来的干事创业精气神转化为做好疫情防控工作的具体行动,切实将疫情防控工作具体措施落到实处。各级党组织负责人和各部门主要负责人要将疫情防控工作作为政治任务，做到守土有责、守土担责、守土尽责，站位一线、靠前指挥，全力抓实抓细各项举措，带头做好本单位本部门疫情防控工作。全体党员干部要深刻认识疫情防控工作的严峻性和复杂性，在疫情防控中要及时发声指导、及时掌握疫情、及时采取行动，做到六个带头：一是带头顾全大局、遵守纪律，发扬无私无畏精神，践行初心使命，服从统一指挥，增强全局观念；二是带头做好舆论引导工作，对不当言行进行坚决抵制和及时纠正，做到不造谣、不传谣、不信谣；三是带头贯彻执行疾病预防控制机构和学校的部署安排，带头遵守疫情防控要求，自觉承担党组织分配的工作任务；四是带头排查风险隐患，落实联防联控等工作要求，把疫情当命令，冲在前列，干在实处，做到严防扩散、严防爆发，确保校园一方净土、确保师生生命安全；五是带头做好疫情防控期间学校在线教学及组织与管理工作，按学校工作部署合理安排好工作、学习、生活，实现"停课不停教、停课不停学"；六是带头关心关爱师生员工，了解他们的思想动态和健康状况，帮助师生员工正确认识疫情、消除恐慌心理，稳住人心，体现人文关怀，弘扬社会正气。

党员干部要在疫情防控阻击战中奋勇争先、经受考验，切实发挥好党员干部的先锋模范作用，发挥疫情防控的主力军作用，紧密依靠广大师生，坚决打赢疫情防控阻击战。学校党委要把领导班子和领导干部在疫情防控斗争中的实际表现作为考察其政治素质、宗旨意识、全局观念、驾驭能力、担当精神的重要内容，将疫情防控这一重大斗争一线，作为考察、识别、评价、使用干部的一线。

大事难事见担当，危难时刻显本色。各级党组织和全体党员要发扬不畏困难、无私奉献的精神，坚定站在疫情防控第一线，用坚强的党性、坚定的信念、坚韧的意志、有力的行动践行初心使命，彰显党员本色，将疫情防控部署落到实处。我们坚信，在以习近平同志为核心的党中央的坚强领导下，在全国人民的共同努力下，一定能够打赢这场疫情防控阻击战。

2020 年 2 月 20 日

关于印发《华北电力大学校内机构调整方案》的通知

华电党〔2020〕17 号

直属各党委(党总支、党支部)、校直各单位：

《华北电力大学校内机构调整方案》经学校全面深化改革领导小组讨论，2020 年第 4 次校长办公会审议，2020 年第 5 次党委常委会审定，现予以印发，请遵照执行。

2020 年 4 月 21 日

关于校领导工作分工的通知

华电党〔2020〕25 号

直属各党委(党总支、党支部)、校直各单位：

根据工作需要，经学校 2020 年第 12 次党委常委会会议研究，决定对校领导工作做如下分工：

周坚同志：主持党委全面工作，负责组织工作；联系经济与管理学院、经济管理系。

杨勇平同志：主持行政全面工作，负责审计工作；联系能源动力与机械工程学院、动力工程系、机械工程系。

何华同志：负责党的纪律检查、监察，协助校长负责审计监察工作；分管纪委办公室、监察处、纪委监督检查室、审计处；联系人文与社会科学学院、马克思主义学院、法政系、马克思主义学院(保定)。何华同志与郝英杰同志互为工作 AB 角。

郝英杰同志：兼任党委组织部部长。负责党建、党校、财务、校企合作、校地合作、理事会、校友会、基金会、老干部工作、扶贫、继续教育、产业管理、信访、保密工作，协助书记负责组织工作；分管党政办公室、党委巡察办公室、党校、财务处、对外联络与合作处、校友与教育基金工作办公室、离退休工作处、继续教育学院、资产经营有限公司；联系控制与计算机工程学院、自动化系。

孙忠权同志：负责安全稳定、学生思想政治、学生教育管理、招生就业、共青团、美育(艺术)教育、校园规划、基本建设、后勤管理及服务、安全保卫、医疗卫生、附属学校管理工作；分管党委学生工作部、党委武装部、党委保卫部、学生处、保卫处、校团委、艺术教育中心、基建处、后勤管理处、后勤服务集团、校医院；联系核科学与工程学院、水利与水电工程学院。孙忠权同志与檀勤良同志互为工作 AB 角。

王增平同志：负责本科生及研究生的教育教学工作、学位工作、资产管理、招标采购、工程实践教育、群众体育工作；分管教务处、研究生院、学位办公室、资产管理处、工程训练与创新创业教育中心、体育教学部、图书馆；联系外国语学院、英语系、校团委。王增平同志与毕天姝同志互为工作 AB 角。

汪庆华同志：挂职任新疆维吾尔自治区克拉玛依市副市长。

郭孝锋同志：负责统战、保定校区党建、党务与安全稳定工作；分管党委统战部；联系新能源学院、计算机系。郭孝锋同志与律方成同志互为工作 AB 角。

律方成同志：负责学科建设、保定校区日常行政管理工作。分管学科建设处；联系环境科学与工程学院、环境科学与工程系。

檀勤良同志：负责意识形态、宣传思想、文化建设、教师思想政治、思政课建设、教师队伍建设、人事、政策法规、高等教育研究、工会、档案工作；分管党委宣传部、党委教师工作部、人事处、党委政策研究室、发展规划处、高等教育研究所、校工会、档案馆；联系数理学院、数理系。

毕天姝同志：负责科学研究、人才、国际交流与合作、港澳台交流与合作、信息化建设、实验室管理、基地平台建设、技术转移转化工作。分管科学技术研究院、人才工作处、国际合作处、港澳台办公室、国际教育学院、网络与信息化工作处、实验室管理处、能源电力创新研究院（新一代能源电力关键技术集成攻关大平台）、国家能源发展战略研究院、国家重点实验室、国家工程实验室、国家工程技术研究中心、省部级科研基地平台、异地研究院、技术转移转化中心等单位。联系电气与电子工程学院、电力工程系、电子与通信工程系。

2020 年 6 月 12 日

华电党〔2020〕33 号

直属各党委（党总支、党支部）、校直各单位：

根据工作需要，经学校 2020 年第 20 次党委常委会会议研究，决定对校领导工作做如下分工：

周坚同志：主持党委全面工作，负责组织工作；联系经济与管理学院、经济管理系。

杨勇平同志：主持行政全面工作，负责审计工作；联系能源动力与机械工程学院、动力工程系、机械工程系。

何华同志：负责党的纪律检查、监察、巡察，协助校长负责审计监察工作；分管纪委办公室、监察处、纪委监督检查室、党委巡察办公室、审计处；联系人文与社会科学学院、马克思主义学院、法政系、马克思主义学院（保定）。何华同志与汪庆华同志互为工作 AB 角。

郝英杰同志：负责财务、校企合作、校地合作、理事会、校友会、基金会、老干部工作、扶贫、继续教育、信访、保密工作；分管党政办公室、财务处、对外联络与合作处、校友与教育基金工作办公室、离退休工作处、继续教育学院；联系核科学与工程学院。郝英杰同志是孙忠权同志工作 B 角。

孙忠权同志：负责校园规划、基本建设、后勤管理及服务、安全保卫、医疗卫生、附属学校管理工作；分管基建处、后勤管理处、后勤服务集团、党委保卫部、保卫处、校医院；联系水利与水电工程学院。孙忠权同志是檀勤良同志工作 B 角。

王增平同志：负责本科生及研究生的教育教学工作、学位工作、国际交流与合作、港澳台交流与合作、工程实践教育、群众体育工作；分管教务处、研究生院、学位办公室、国际合作处、港澳台办公室、国际教育学院、工程训练与创新创业教育中心、体育教学部、图书馆；联系外国语学院、英语系、校团委。王增平同志与毕天姝同志互为工作 AB 角。

汪庆华同志：兼任党委宣传部部长。负责党建、党校、意识形态、宣传思想、文化建设、思政课（两课）建设、稳定、学生思想政治、学生教育管理、招生就业、共青团、美育（艺术）教育，协助书记负责组织工作；分管党委组织部、党校、党委宣传部、党委政策研究室、党委学生工作部、党委武装部、学生处、校团委、艺术教育中心、机关党委、教学科研党总支；联系控制与计算机工程学院、自动化系。

郭孝锋同志：兼任党委统战部部长。负责统战、保定校区党建、党务、安全稳定、学生思想政治、学生教育管理工作；分管党委统战部；联系新能源学院、计算机系。郭孝锋同志与律方成同志互为工作 AB 角。

律方成同志：负责学科建设、保定校区日常行政管理工作。分管学科建设处；联系环境科学与工程学院、环境科学与工程系。

檀勤良同志：负责发展规划、资产管理、信息化建设、实验室管理、工会、档案、高等教育研究、产业管理工作；分管发展规划处、资产管理处、网络与信息化工作处、实验室管理处、校工会、档案馆、高等教育研究所、资产经营有限公司；联系数理学院、数理系。檀勤良同志是郝英杰同志工作 B 角。

毕天姝同志：负责科学研究、教师思想政治、教师队伍建设、人事、人才、基地平台建设、技术转移转化工作。分管科学技术研究院、党委教师工作部、人事处、人才工作处、能源电力创新研究院（新一代能源电力关键技术集成攻关大平台）、国家能源发展战略研究院、国家重点实验室、国家工程实验室、国家工程技术研究中心、省部级科研基地平台、异地研究院、技术转移转化中心等单位。联系电气与电子工程学院、电力工程系、电子与通信工程系。

2020年10月9日

关于表彰华北电力大学第二届“我身边的好老师”的决定

华电党教〔2020〕3号

直属各党委(党总支、党支部)、校直各单位:

根据《关于开展华北电力大学第二届“我身边的好老师”评选表彰活动的通知》要求,经提名推荐、学校审核、网络投票、师德建设委员会评审,学校2020年第17次党委常委会会议审议通过及公示,最终确定陈普等30名同志为华北电力大学第二届“我身边的好老师”人选,名单如下:

一、北京校部(15人)

电气与电子工程学院:刘崇茹、刘春颖

能源动力与机械工程学院:宋玉旺、张志

控制与计算机工程学院:关志涛、袁桂丽

经济与管理学院:路程、张莉萍

核科学与工程学院:靳周

数理学院:付星球、赵引川

人文与社会科学学院:王学棉

马克思主义学院:侯丹娟

体育教学部:王建军

图书馆:陈普

二、保定校区(15人)

电子与通信工程系:陈智雄

动力工程系:吕玉坤

机械工程系:杨文刚

自动化系:白康、翟永杰

环境科学与工程系:吕建燚、朱洪涛

经济管理系:李泽红

法政系:夏珑

英语系:刘洋

数理系:国宝华、张世辉

马克思主义学院:孙芳、赵鲁臻

体育教学部:闫旭

希望受表彰的老师珍惜荣誉、继续努力,在师德师风建设中进一步发挥模范带头作用,在教育教学事业中取得更加优异的成绩。希望全校教职员工以他们为榜样,保持昂扬向上、奋发有为的精神状态,立足本职,扎实工作,开拓创新,为争做“四有”好老师,做好“四个引路人”,办好党和人民满意的教育作出更大贡献。

2020年9月4日

关于表彰2019—2020学年荣获省部级及以上奖励集体和个人的决定

华电党教〔2020〕4号

直属各党委(党总支、党支部)、校直各单位:

2019—2020学年,全校广大教职员工以习近平新时代中国特色社会主义思想为指引,贯彻落实党的十九大和十九届二中、三中、四中全会精神,在提升教育教学水平、提高人才培养质量、推进学校全面发展、构建良好管理育人环境等各项工作中辛勤耕耘，取得了可喜成绩，特别是在助力打赢新冠肺炎疫情防控阻击战和教育脱贫攻坚战的过程中，涌现出了一大批先进集体和优秀个人。为进一步弘扬尊师重教的良好风尚，增强广大教师和教育工作者立德树人的荣誉感、责任感，展示我校教职员工面对新冠疫情的严峻挑战，众志成城、携手同行的新形象、新风貌和教育教学工作取得的新进展、新成效，激发广大教师和教育工作者的积极性、创造性，学校决定对荣获省部级及以上奖励的集体和个人予以表彰。

一、受表彰的集体

1. 党委学生工作部、学生处荣获“北京市筹备和服务保障中华人民共和国成立70周年庆祝活动先进集体”荣誉称号。

2. 电气与电子工程学院四方研究所党支部荣获“全国党建工作样板支部”荣誉称号；电力系统分析教学育人团队荣获“北京高校优秀本科育人团队”荣誉称号。

3. 控制与计算机工程学院党委荣获“北京高校先进党组织”荣誉称号。

4. 核科学与工程学院核辐射防护与环境工程教研室党支部荣获“北京高校先进党组织”荣誉称号。

5. 北京校部团委荣获“全国大中专学生志愿者暑期‘三下乡’社会实践活动优秀单位”“青年服务国家首都大中专学生暑期社会实践先进单位”荣誉称号。

6. 保定校区团委荣获“践行习近平新时代中国特色社会主义思想冀青工作调研大赛优秀组织奖”“河北省大中专学生志愿者暑期文化科技卫生‘三下乡’社会实践活动优秀单位”荣誉称号。

7. 法政系荣获“河北省学校思想政治教育工作先进集体”荣誉称号。

二、获奖的教学、科研成果

1. 杨勇平、陆强、董长青等完成的“新型多温区SCR脱硝催化剂与低能耗脱硝技术及应用”荣获国家科学技术进步奖二等奖。

2. 刘文颖参与完成的“千万千瓦级风光电集群源网协调控制关键技术及应用”荣获国家科学技术进步奖二等奖。

3. 姚建平撰写的研究报告《坚持开发性扶贫和综合保障性扶贫并重》得到汪洋同志的批示。向全国人大社会建设委员会提交的“救助对象家庭经济状况调查的立法建议”和“社会救助标准的立法建议”获得全国人大常委会社会建设委员会领导的重要批示，刊登在全国人大社会建设委员会《简报》(十三届)第166、167期，报送中央相关部门参阅。

4. 李晓华、万奇参与撰写的研究报告《关于当前我国能源供给侧改革若干重大问题的建议》得到李克强、汪洋及韩正等领导的批示。

5. 王鹏参与撰写的研究报告《剥离电网企业公益业务推动输配分开确保2020年电力体制改革取得决定性成果》《加快发展虚拟电厂新业态破解能源革命路线之争》得到韩正等领导的批示。

6. 王增平、杨勇平、米增强等完成的“面向能源电力未来发展需求，以学生为中心的多元人才培养体系构建与实践”；刘云鹏、梁海峰、韩金佐等完成的“面向新工科的电气工程及其自动化专业创新人才实践教学培养体系”荣获第八届河北省高等教育教学成果奖一等奖。

7. 杨勇平、戈志华、韩中合等完成的“热电联产能量梯级利用与高效灵活供热技术开发与应用”荣获河北省技术发明奖一等奖。

8. 刘云鹏、律方成、赵振兵等完成的“基于多光谱成像和旋翼飞行器的输电线路巡检关键技术及其应用”荣获河北省科学技术进步奖一等奖。

9. 梁平撰写的研究报告《河北省加强和创新社会治理研究报告》得到河北省委书记王东峰等领导的批示，调研数据和主要观点被《中共河北省委关于加强和创新社会治理的意见》和《中共河北省委政法委员会关于推进市域治理现代化的实施意见》两份文件采用。

10. 房方、刘威、葛红等完成的“适应电力创新发展的自动化类专业‘三全育人’培养模式探索与实践”荣获中国自动化学会高等教育教学成果奖一等奖。

11. 李美成、李英峰等完成的“光伏发电核心装备关键技术及户外实证测试平台研发与应用”荣获中国电力科技创新大奖。

12. 周坚、郝英杰、鹿伟等完成的“高校院系级党组织党建工作质量评价体系—‘先锋指数’研究”荣获北京高校党建研究会重大课题结题评审优秀。

13. 肖仕武、毕天姝参与完成的“大型风火能源基地次/超同步振荡分析防控技术及产业化应用”荣获新疆维吾尔自治区科学技术进步奖一等奖。

14. 林忠伟参与完成的“面向规模化新能源消纳的智能发电关键技术及应用”荣获吉林省科学技术奖一等奖。

15. 张媛媛参与完成的“难燃煤燃烧发电机组NOx超低排放关键技术及应用”；徐永海参与完成的“网荷协调的供电质量精细化评估与控制关键技术及应用”荣获山西省科学技术奖一等奖。

16. 田德参与完成的“高效安全海上风电机组关键技术及产业化”荣获重庆科技进步奖一等奖。

17. 黄孝彬参与完成的“对冲燃烧煤粉锅炉燃烧组织定向调控关键技术与应用”；刘云鹏等参与完成的“交流输电系统电磁环境控制技术及应用”；颜湘武参与完成的“光储微电网灵活高效自主运行关键技术与装备”荣获中国电力科学技术进步奖一等奖。

18. 张建华参与完成的“多能互补可再生能源微电网协调控制关键技术及工程示范”；王鹏参与完成的“增量配电试点项目业主市场化优选方案”荣获中国电力科技创新奖一等奖。

19. 孙明参与完成的“面向电厂智能化控制的数据驱动优化关键技术研究及应用”荣获全国设备管理与技术创新成果奖一等奖。

20. 王博超、胡庆宇、王家、魏彤儒等完成的作品荣获“践行习近平新时代中国特色社会主义思想”冀青工作调研大赛一等奖。

21. 王涛、马新顺、郭燕等完成的“以教学内容改革为突破口，面向一流本科的线性代数课程建设与实践”；韩中合、张磊、刘明浩等完成的“新工科背景下能源动力类人才创新创业能力培养的实践与成效”；王淑勤、苑春刚、郭天祥等完成的“新工科视野下‘能源化学工程专业’创新型人才培养体系构建与实践”荣获第八届河北省高等教育教学成果奖二等奖。

22. 白逸仙完成的“创业教育与专业教育融合研究—创业型工程人才培养模式的建构”荣获北京市第十五届哲学社会科学优秀成果奖二等奖。

23. 刘念、周振宇、张建华完成的“配用电‘信息—能量’协同调控理论与方法”荣获教育部高等学校科学研究优秀成果奖自然科学奖二等奖。

24. 肖湘宁、徐永海、陶顺等完成的“电能质量分析控制关键技术与核心装备研发应用”荣获教育部高等学校科学研究优秀成果奖科技进步奖二等奖。

25. 陆道纲、张钰浩、曹琼等完成的“大型先进压水堆非能动水箱和乏燃料水池关键热工特性研究及应用”荣获北京市科学技术进步奖二等奖。

26. 赵志斌等完成的“能源互联网中能源路由器的控制方法、关键技术与工程应用”荣获天津市科学技术进步奖二等奖。

27. 李永倩、吕安强、赵丽娟等完成的“基于分布式多参量光纤传感的海底电缆状态监测关键技术及应用”荣获河北省科学科技进步奖二等奖。

28. 王增平参与完成的“智能配电网态势感知与灾害应对关键技术及应用”荣获辽宁省科学技术进步奖二等奖。

29. 刘洋参与完成的“基于虚拟原理的伽马谱仪探测效率刻度技术研究”荣获中央军委科技委军队科技进步奖二等奖。

30. 肖峰参与完成的“膜水界面调控及膜法净水效率提升技术与应用”荣获生态环境部环境保护科学技术奖二等奖。

31. 杨锡运参与完成的“考虑动力电池梯次利用的多类型储能系统关键技术与设备研发及应用”荣获河北省科学技术奖二等奖。

32. 马国明参与完成的“气体绝缘金属封闭开关设备状态多维度监测及诊断关键技术”荣获广东省科技进步奖二等奖。

33. 刘文颖参与完成的“大型风光电基地交直流协调控制关键技术及应用”；刘永前、韩爽参与完成的“大型风电基地尾流效应实证与发电能力精准计算系统研发及应用”荣获甘肃省科技进步奖二等奖。

34. 陆强参与完成的“生物质高效清洁能源化利用技术与装备及应用”荣获安徽省科学技术进步奖二等奖。

35. 李国栋参与完成的“自主虚拟化平台可靠与高效关键技术研究及示范”；赵海森参与完成的“变频调速拖动系统节能评价技术研究与应用”荣获新疆维吾尔自治区科技进步奖二等奖。

36. 徐永海参与完成的“面向工业敏感用户的供电电压暂降预估与治理关键技术及应用”；鞠立伟参与完成的“清洁能源多形态多层次接入的综改区电网高校规划关键技术及应用”荣获山西省科学技术奖二等奖。

37. 高会生参与完成的“大数据驱动的电力信息网安全态势感知、识别与预警关键技术及应用”；戴志辉参与完成的“电网二次设备高可靠性运维关键技术及装备”荣获河北省科技进步奖二等奖。

38. 唐志国参与完成的“气体绝缘金属封闭开关设备局部放电特高频检测技术规范等系列标准”荣获中国电力科技创新奖二等奖。

39. 王永强参与完成的“光储微电网灵活高效自主运行关键技术与装备超特高压变压器和GIS关键原材料检测新技术及工程应用”；王毅参与完成的“大量新能源接入下电力系统柔性及灵活性资源优化规划关键技术”荣获中国电力科技进步奖二等奖。

40. 李东、程利敏、张健完成的项目“‘朋燃心动，情暖萌新’朋辈辅导在大学生入学适应中的创新与实践”荣获河北省高校思想政治工作创新案例二等奖。

41. 梁博通、张佳怡、石立宁、葛小杰、魏彤儒、段铭、张蓓蓓、张健、孟亚男、戴民、刘东旭、王家等完成的作品荣获“践行习近平新时代中国特色社会主义思想”冀青工作调研大赛二等奖。

42. 孔英会、赵建立、胡正伟等完成的“现代电子信息网络创新创业实践基地建设”；王璋奇、杨文刚、江文强等完成的“多学科交叉的输电工程专业建设研究与实践”；王建红、王聚芹、魏彤儒等完成的“高校思政课研究性教学范式的实践探索”；甄增水、刘志军、李海等完成的“‘一流法学专业建设’背景下以多维法律人才培养为中心的立体化教学模式探索”荣获第八届河北省高等教育教学成果奖三等奖。

43. 王慧青完成的“微时代对统战工作影响及策略研究”荣获河北省全省统战理论政策研究创新成果奖三等奖。

44. 陈海平、安连锁、沈国清等完成的“环境风影响下直接空冷凝汽器的性能研究及空冷岛加装防风网的实践”；王晓辉、翟学明、张东阳等完成的“基于无线传感的电容器同步相量在线监测与状态诊断技术”；何玉灵、唐贵基完成的“机电交叉耦合下发电机复杂故障的监测与识别”；吴润泽参与完成的“面向能源互联网的电力通信网诊断优化关键技术与应用”荣获河北省科学技术进步奖三等奖。

45. 屠幼萍、王璁、金花完成的“复合绝缘子老化状态精细评估和寿命预测关键技术及应用”荣获中国电力科学技术进步奖三等奖。

46. 孙毅参与完成的“灵活互动的再电气化支撑技术及其在智慧社区中的应用”荣获江西省科学技术进步奖三等奖。

47. 刘文颖参与完成的“基于荷一网一源协调控制的电力节能关键技术研究与应用”荣获甘肃省科技进步奖三等奖。

48. 黄伟参与完成的“通辽分布式电源接入对配电网双向潮流及可靠性的影响研究”荣获内蒙古自治区科学技术奖三等奖。

49. 郑涛参与完成的“新能源场站集中防孤岛保护控制关键技术”荣获宁夏回族自治区科学技术奖三等奖。

50. 徐永海参与完成的“配电网电能质量多点监测与动态调节关键技术研究”荣获吉林省科学技术奖三等奖。

51. 刘英培参与完成的“源网荷多能互补条件下清洁能源消纳技术应用”；谢志远参与完成的“基于多模通信融合技术的智能电量感测技术及应用”荣获河北省科技进步奖三等奖。

52. 张学镭参与完成的“基于抽蓄与供热机组调峰性能优化的新能源消纳技术研究及应用”荣获山西省科技进步奖三等奖。

53. 王德文、李莉参与完成的“基于多参量的变压器故障智能诊断关键技术及应用”荣获上海市技术发明奖三等奖。

54. 肖峰参与完成的“重介质混凝污水深度处理耦合工艺智能成套设备”荣获中国机械工业科学技术奖三等奖。

55. 郭少云、梁博通、贺运政、朱瑞、王家等完成的作品荣获“践行习近平新时代中国特色社会主义思想”冀青工作调研大赛三等奖。

三、受表彰的个人

1. 李美成入选“长江学者奖励计划”特聘教授。

2. 崔翔荣获“中国电力科学技术杰出贡献奖”。

3. 房方、彭林享受“国务院政府特殊津贴”，房方入选“中国电力优秀科技工作者”。

4. 孙芳荣获“首届全国高校思想政治理论课教学展示特等奖”。

5. 水利与水电工程学院李继清、人文与社会科学学院姚建平荣获民盟北京市委“优秀盟员”称号；姚建平荣获“民盟反映社情民意信息工作先进个人”荣誉称号。

6. 杨世关、刘向杰荣获“第十五届北京市高等学校教学名师”荣誉称号。

7. 刘威荣获“北京高校优秀党务工作者”荣誉称号。

8. 沈岚、刘念荣获“北京高校优秀共产党员”荣誉称号。

9. 梁贵书荣获“河北省师德建设标兵”荣誉称号。

10. 崔振国、徐大圣荣获“河北省优秀驻村第一书记”荣誉称号。

11. 许晨入选“北京市科技新星计划”。

12. 王哲、刘仕倡、丁肇豪入选“北京市优秀人才培养资助项目”。

13. 孙笑宇、谢昂均、张攀硕荣获“北京市筹备和服务保障中华人民共和国成立70周年庆祝活动先进个人”荣誉称号。

14. 盖姝、吴薇、靳周、崔灿、李庚银、赵军伟、刘娜、姜良杰荣获“首都大中专学生暑期社会实践先进工作者”荣誉称号。

15. 檀勤良、张兴平荣获第六届全国大学生能源经济学术创意大赛“优秀指导教师”荣誉称号。

16. 房方、石敏荣获“北京市教委本科毕业设计优秀指导教师”荣誉称号。

17. 樊良树荣获“北京市高校师生马克思主义经典著作学术论文征文比赛优秀指导教师”荣誉称号。

18. 王聚芹荣获“河北省学校思想政治教育先进工作者”荣誉称号。

19. 崔帅、周硕荣获“河北省第九届教育系统志愿服务先进工作者”荣誉称号。

20. 张健、王成、张佳怡荣获“河北省‘服务三深化、助力三提升’新时代万名‘冀青之星’”荣誉称号。

21. 张明、张春明、王成荣获“河北省高校辅导员暑期‘大家访’活动先进个人”荣誉称号。

22. 徐岿然、李书萍荣获“河北省大学生人文知识竞赛暨华北五省大学生人文知识竞赛河北赛区优秀指导教师”荣誉称号。

23. 谷青峰荣获"第五届河北省'互联网+'大学生创新创业大赛'优秀指导教师奖'"。

24. 孟亚男、陈静荣获"'挑战杯'河北省大学生课外学术科技作品竞赛'优秀指导教师'"荣誉称号。

25. 孟亚男荣获"暑期河北省大学生和青年教师'体验省情·服务群众''壮阔70年·助力扶贫攻坚,拥抱奋进时代'主题实践活动优秀指导教师"荣誉称号。

26. 彭增伟荣获"第六届河北省大学生物理竞赛优秀指导教师"荣誉称号。

27. 孙宗利荣获"第六届河北省大学生物理竞赛组织工作先进个人"荣誉称号。

28. 宋彦民荣获"河北省学校安全工作先进个人"荣誉称号。

29. 牛培培荣获"河北省高等学校第五届英语阅读大赛指导教师二等奖"荣誉称号。

希望受到表彰的先进集体和个人珍惜荣誉,谦虚谨慎,发扬成绩,再接再厉。广大教职员工要以他们为榜样,爱岗敬业、严谨笃学,勇于创新、奋发进取,为建设特色鲜明的高水平研究型大学而努力奋斗。

2020年9月9日

关于成立华北电力大学法治工作办公室的通知

华电校人〔2020〕16号

校直各单位:

根据学校改革和发展需要,经学校2020年第13次校长办公会议审议通过,决定成立华北电力大学法治工作办公室,统一负责学校法治工作,全面推进学校依法治教、依法办学、依法治校等工作。法治工作办公室的主要职责为:

一、在学校党委领导下,全面负责依法治校工作,推进以大学章程为核心的规章制度体系建设。

二、对学校重大决策、重大事项、重要办学行为进行风险评估并提出法律意见,开展规范性文件的合法、合规性审查。

三、统筹合同管理工作,审查学校对外签订的全部重大合同和部门提交咨询的一般合同。

四、建立学校法律顾问队伍,代理学校诉讼、仲裁,协调处理各类涉法相关事务。

五、开展日常法律咨询,协助相关部门开展普法宣传等。

法治工作办公室挂靠发展规划处,人员编制2名,设副主任1名和职员1名,主任由发展规划处处长兼任。

2020年12月24日

华北电力大学2020年文件目录

(党发文件)

文号	文件标题	发文日期
华电党组〔2020〕1号	关于王素华免职的通知	1月13日
华电党组〔2020〕2号	关于印发《华北电力大学处级干部选拔任用工作办法》的通知	1月13日
华电党组〔2020〕3号	关于印发《华北电力大学2019年度处级领导班子及处级干部考核工作方案》的通知	3月5日
华电党组〔2020〕4号	关于公布2019年度处级领导班子及处级干部考核结果的通知	4月3日
华电党组〔2020〕5号	关于对部分直属党委进行调整的通知	4月21日
华电党组〔2020〕6号	关于张冬生等同志任免职的通知	4月23日
华电党组〔2020〕7号	关于张粒子等免职的通知	4月23日
华电党组〔2020〕8号	关于郭炜煜等任免职的通知	4月23日
华电党组〔2020〕9号	关于张瑞雅等同志任免职的通知	4月29日
华电党组〔2020〕10号	关于鲁斌试用期满正式任职的通知	4月29日
华电党组〔2020〕11号	关于评选表彰2020年华北电力大学先进党组织优秀共产党员优秀党务工作者的通知	5月7日

续表

文号	文件标题	发文日期
华电党组〔2020〕12 号	关于刘志远同志任职的通知	6 月 5 日
华电党组〔2020〕13 号	关于刘志远任职的通知	6 月 5 日
华电党组〔2020〕14 号	关于对部分直属党委(党总支)进行调整的通知	6 月 12 日
华电党组〔2020〕15 号	关于陈立伟等同志任免职的通知	6 月 12 日
华电党组〔2020〕16 号	关于王韶坡任职的通知	6 月 12 日
华电党组〔2020〕17 号	关于汪黎东等任免职的通知	6 月 12 日
华电党组〔2020〕18 号	关于张艳斌等同志任免职的通知	6 月 19 日
华电党组〔2020〕19 号	关于王伟等任免职的通知	6 月 19 日
华电党组〔2020〕20 号	关于王新军徐岩同志任职的通知	6 月 22 日
华电党组〔2020〕21 号	关于李惊涛等任免职的通知	6 月 22 日
华电党组〔2020〕22 号	关于表彰华北电力大学先进党组织优秀共产党员优秀党务工作者的决定	6 月 24 日
华电党组〔2020〕23 号	关于蒲沿洲等同志任免职的通知	6 月 29 日
华电党组〔2020〕24 号	关于张顺涛等任免职的通知	6 月 29 日
华电党组〔2020〕25 号	关于李美成同志任职的通知	7 月 3 日
华电党组〔2020〕26 号	关于李美成任免职的通知	7 月 3 日
华电党组〔2020〕27 号	关于郝英杰郭孝锋同志任免职的通知	7 月 9 日
华电党组〔2020〕28 号	关于鹿伟同志任免职的通知	7 月 9 日
华电党组〔2020〕29 号	关于彭建章等同志任免职的通知	7 月 9 日
华电党组〔2020〕30 号	关于吴良器等任免职的通知	7 月 9 日
华电党组〔2020〕31 号	关于牛风雷吕安强试用期满正式任职的通知	7 月 9 日
华电党组〔2020〕33 号	关于任治政等同志任职的通知	9 月 22 日
华电党组〔2020〕34 号	关于王璐等任职的通知	9 月 22 日
华电党组〔2020〕35 号	关于武昌杰同志任免职的通知	9 月 22 日
华电党组〔2020〕36 号	关于徐衍会丁海民试用期满正式任职的通知	9 月 22 日
华电党组〔2020〕37 号	关于对直属党组织换届选举工作的批复	10 月 19 日
华电党组〔2020〕38 号	关于对直属党组织委员会组成人员的批复	12 月 8 日
华电党组〔2020〕39 号	关于王弋任职的通知	12 月 28 日
华电党〔2020〕2 号	关于印发《中共华北电力大学委员会党校工作规则(试行)》的通知	1 月 8 日
华电党〔2020〕3 号	关于印发《华北电力大学处级干部参加校外研讨会和论坛管理暂行办法》的通知	1 月 10 日
华电党〔2020〕4 号	关于校领导工作分工的通知	1 月 10 日
华电党〔2020〕5 号	关于表彰参与庆祝中华人民共和国成立 70 周年相关活动教职工的决定	1 月 10 日
华电党组〔2020〕6 号	关于张冬生等同志任免职的通知	4 月 23 日
华电党〔2020〕7 号	关于印发《华北电力大学新冠肺炎疫情防控工作方案》的通知	2 月 11 日
华电党〔2020〕8 号	中共华北电力大学委员会关于充分发挥基层党组织战斗堡垒作用和共产党员先锋模范作用坚决打赢疫情防控阻击战的通知	2 月 20 日
华电党〔2020〕9 号	关于转发中共教育部党组(教党任〔2019〕272 号)文件和教育部(教任〔2019〕126 号)文件的通知	2 月 21 日
华电党〔2020〕12 号	关于印发《华北电力大学 2020 年工作要点》的通知	4 月 9 日
华电党〔2020〕14 号	关于印发《中共华北电力大学委员会关于完善学术评价制度的若干意见》的通知	4 月 10 日
华电党〔2020〕16 号	关于印发《华北电力大学关于加强和改进思想政治理论课建设的实施方案》的通知	4 月 15 日

续表

文号	文　件　标　题	发文日期
华电党〔2020〕17号	关于印发《华北电力大学校内机构调整方案》的通知	4月21日
华电党〔2020〕19号	关于成立华北电力大学外事/港澳台事务工作领导小组的通知	4月24日
华电党〔2020〕20号	关于召开第七届教职工代表大会第二次会议的通知	5月12日
华电党〔2020〕22号	关于印发校党委书记周坚同志在第七届教职工代表大会第二次会议闭幕会上的讲话的通知	5月20日
华电党〔2020〕23号	关于印发《中共华北电力大学委员会深化落实全面从严治党责任清单》的通知	5月26日
华电党〔2020〕24号	关于印发周坚书记在2020年全面从严治党工作会议上讲话和何华副书记所作报告的通知	5月27日
华电党〔2020〕25号	关于校领导工作分工的通知	6月12日
华电党〔2020〕29号	关于印发《华北电力大学"十四五"发展规划编制工作方案》的通知	9月7日
华电党〔2020〕33号	关于校领导工作分工的通知	10月9日
华电党〔2020〕38号	关于调整华北电力大学思想政治理论课建设领导小组的通知	11月4日
华电党〔2020〕41号	关于对教育部巡视整改任务落实情况进行专项检查的通知	11月24日
华电党〔2020〕46号	关于印发《华北电力大学辅导员队伍建设规定》的通知	12月3日
华电党〔2020〕47号	关于认真学习贯彻《深化新时代教育评价改革总体方案》的通知	12月9日
华电党政办〔2020〕1号	关于印发《华北电力大学总值班管理办法(暂行)》的通知	3月6日
华电党宣〔2020〕1号	关于印发《2020年党委理论学习中心组专题学习重点内容安排》的通知	4月10日
华电党宣〔2020〕3号	关于印发《学习贯彻党的十九届五中全会精神工作方案》的通知	12月2日
华电党教〔2020〕2号	关于开展2020年教师节庆祝暨师德建设月活动的通知	9月2日
华电党教〔2020〕3号	关于表彰华北电力大学第二届"我身边的好老师"的决定	9月4日
华电党教〔2020〕4号	关于表彰2019—2020学年荣获省部级及以上奖励集体和个人的决定	9月9日
华电党巡〔2020〕1号	关于印发《中共华北电力大学委员会2020年校内巡察工作方案》的通知	10月28日
华电党巡〔2020〕2号	关于调整中共华北电力大学委员会巡察工作领导小组组成人员的通知	12月29日
华电党纪〔2020〕1号	关于开展2020年党风廉政建设宣传教育月活动的通知	12月4日

(校发文件)

文号	文　件　标　题	发文日期
华电校研〔2020〕1号	关于修改"华北电力大学教师教学工作量计算办法"部分条款的通知	1月3日
华电校研〔2020〕2号	关于对2018—2019学年度优秀研究生班主任予以表彰的决定	1月9日
华电校研〔2020〕5号	关于印发《华北电力大学同等学力研修班管理办法》的通知	3月30日
华电工〔2020〕1号	关于表彰2019年度工会先进集体和个人的决定	1月9日
华电工〔2020〕2号	关于表彰从事教育工作满三十年教职工的决定	9月8日
华电工〔2020〕2号	关于我校女教授协会第四届理事会组成人员的通知	11月19日
华电工〔2020〕3号	关于对分工会届中调整结果的批复	11月19日
华电校学〔2020〕1号	关于印发《华北电力大学关于推进辅导员和思想政治理论课教师协同育人的实施意见(试行)》的通知	1月9日
华电校学〔2020〕2号	关于授予王一鸣等205名研究生"2020届春季优秀毕业研究生"称号的决定	6月9日
华电校学〔2020〕3号	关于授予陈世萍等538名学生2020届校级优秀毕业生荣誉称号的决定	7月7日
华电校学〔2020〕4号	关于表彰2020届赴基层工作毕业生的决定	7月7日
华电校学〔2020〕5号	关于调整华北电力大学学生资助工作领导小组组成人员的通知	8月1日

续表

文号	文 件 标 题	发文日期
华电校学〔2020〕7 号	关于印发《华北电力大学本科生综合素质测评实施办法(2020 年修订)》等 4 个文件的通知	8 月 1 日
华电校学〔2020〕8 号	关于印发《华北电力大学本科生国家奖学金评审细则(2020 年修订)》等 6 个文件的通知	8 月 21 日
华电校学〔2020〕9 号	关于表彰 2019—2020 学年十佳班主任和优秀班主任的决定	9 月 9 日
华电校学〔2020〕12 号	关于给予 2020 届北京市河北省优秀毕业生通报表扬的决定	9 月 28 日
华电校学〔2020〕13 号	关于组织评选 2019—2020 学年本科生国家奖学金国家励志奖学金的通知	9 月 28 日
华电校学〔2020〕15 号	关于给予周磊等 4552 名学生 2020－2021 学年度国家助学金的决定	11 月 24 日
华电校学〔2020〕16 号	关于对 2019—2020 学年学生先进个人和先进集体予以表彰的决定	12 月 10 日
华电校学〔2020〕17 号	关于对 2019—2020 学年研究生先进个人和先进集体予以表彰的决定	12 月 10 日
华电校学〔2020〕18 号	关于对 2019—2020 学年研究生国家奖学金获得者予以表彰的决定	12 月 10 日
华电校学〔2020〕19 号	关于对 2019—2020 学年优秀博士奖学金获得者予以表彰的决定	12 月 10 日
华电校学〔2020〕20 号	关于对 2019—2020 学年学生综合奖学金和单项奖学金获得者予以表彰的决定	12 月 10 日
华电校学〔2020〕21 号	关于对 2019—2020 学年研究生学业奖学金获得者予以表彰的决定	12 月 10 日
华电校学〔2020〕22 号	关于对 2019—2020 学年社会奖助学金获奖个人和集体予以表彰的决定	12 月 10 日
华电校学〔2020〕23 号	关于对 2019—2020 学年校长奖学金获得者予以表彰的决定	12 月 10 日
华电校人〔2020〕2 号	关于印发《华北电力大学创新人才支持与培育计划》的通知	1 月 10 日
华电校人〔2020〕5 号	关于对荣获 2018—2019 年度社会奖教金人员予以表彰的决定	3 月 6 日
华电校人〔2020〕7 号	关于马国明等 93 名同志专业技术职务评聘的通知	4 月 24 日
华电校人〔2020〕10 号	关于 2019—2020 学年教职工考核工作的通知	10 月 7 日
华电校人〔2020〕11 号	关于公布创新人才支持与培育计划入选人员名单的通知	10 月 23 日
华电校人〔2020〕12 号	关于对黄猛等 47 名同志进行首聘期考核的通知	11 月 23 日
华电校人〔2020〕13 号	关于 2020 年专业技术职务评聘工作的通知	12 月 15 日
华电校人〔2020〕14 号	关于印发《华北电力大学博士后管理办法》的通知	12 月 15 日
华电校人〔2020〕16 号	关于成立华北电力大学法治工作办公室的通知	12 月 24 日
华电校〔2020〕1 号	关于 2020 年春季学期教职员工正常开学的通知	2 月 13 日
华电校〔2020〕3 号	关于印发第七届教职工代表大会第二次会议学校工作报告和会议决议的通知	5 月 20 日
华电校科〔2020〕2 号	关于调整华北电力大学第四届学术委员会成员的通知	3 月 12 日
华电校科〔2020〕3 号	关于 2020 年度中央高校基本科研业务费项目批准立项的通知	5 月 4 日
华电校科〔2020〕7 号	关于徐进良聘任的通知	12 月 3 日
华电(保定)团〔2020〕1 号	关于线上开展 2019—2020 学年团员教育评议及团内五四评优工作的通知	3 月 27 日
华电(保定)团〔2020〕2 号	关于开展“绽放战疫青春·坚定制度自信”主题宣传教育实践活动的通知	4 月 28 日
华电(保定)团〔2020〕3 号	关于表彰先进集体和个人的决定	4 月 29 日
华电校教〔2020〕3 号	关于印发《华北电力大学教学督导工作条例(修订)》的通知	4 月 16 日
华电校教〔2020〕8 号	关于组建华北电力大学第八届教学督导组的通知	9 月 29 日
华电校教〔2020〕9 号	关于印发《华北电力大学推荐优秀应届本科毕业生免试攻读硕士学位研究生工作实施办法(2020 年修订)》的通知	10 月 19 日
华电校教〔2020〕10 号	关于印发《华北电力大学高水平运动员管理规定(2020 年修订)》的通知	10 月 19 日
华电校教〔2020〕11 号	关于同意李嘉豪等 112 名学生转专业的决定	10 月 20 日
华电校教〔2020〕12 号	关于调整华北电力大学第一届教学委员会组成人员的通知	12 月 23 日
华电校学位〔2020〕2 号	华北电力大学第五届学位评定委员会第九次会议纪要	5 月 26 日

续表

文号	文 件 标 题	发文日期
华电校学位〔2020〕3 号	华北电力大学关于授予学位的决定	5 月 28 日
华电校学位〔2020〕4 号	关于印发《华北电力大学授予具有研究生毕业同等学力人员硕士、博士学位管理办法》的通知	6 月 2 日
华电校学位〔2020〕5 号	关于调整华北电力大学第五届学位评定委员会组成人员的通知	6 月 23 日
华电校学位〔2020〕6 号	关于印发《华北电力大学博士生导师遴选及招生资格确认办法》的通知	7 月 16 日
华电校学位〔2020〕11 号	关于印发《华北电力大学学位授予工作细则(2020 年修订)》的通知	11 月 23 日
华电校学位〔2020〕12 号	关于撤销许文朝等 8 名学生学位的决定	11 月 25 日
华电纪检〔2020〕8 号	关于印发《华北电力大学 2020 年纪检监察工作要点》的通知	6 月 3 日
华电校审〔2020〕1 号	关于印发《华北电力大学审计整改工作办法》的通知	6 月 24 日
华电校继〔2020〕2 号	关于授予张春乐等 129 名学生 2020 届夏季优秀毕业生称号的决定	7 月 16 日
华电校实验〔2020〕1 号	关于印发《华北电力大学实验室安全管理办法(2020 年修订)》的通知	7 月 16 日
华电校实验〔2020〕2 号	关于印发《华北电力大学辐射安全管理规定(2020 年修订)》的通知	9 月 2 日
华电校实验〔2020〕3 号	关于印发《华北电力大学放射防护与辐射安全管理实施细则》的通知	10 月 6 日
华电校实验〔2020〕4 号	关于印发《华北电力大学突发辐射安全事故应急预案》的通知	10 月 7 日
华电校勤〔2020〕1 号	关于印发《华北电力大学北京校部生活垃圾分类工作实施方案》的通知	8 月 1 日
华电校财〔2020〕9 号	关于印发《华北电力大学全面实施预算绩效管理工作方案》的通知	8 月 31 日
华电校财〔2020〕14 号	关于印发《华北电力大学银行对账单“双签”制度管理规定》的通知	11 月 11 日
华电校人才〔2020〕3 号	关于印发《华北电力大学人才引进特聘岗位聘用管理办法(试行)》的通知	9 月 3 日
华电校产〔2020〕7 号	关于调整华北电力大学所属企业体制改革领导小组和工作组组成人员的通知	12 月 14 日
华电团〔2020〕1 号	关于调整部分学院团组织机构的通知	12 月 21 日

统计报表与附录资料

Statistics and Appendixes

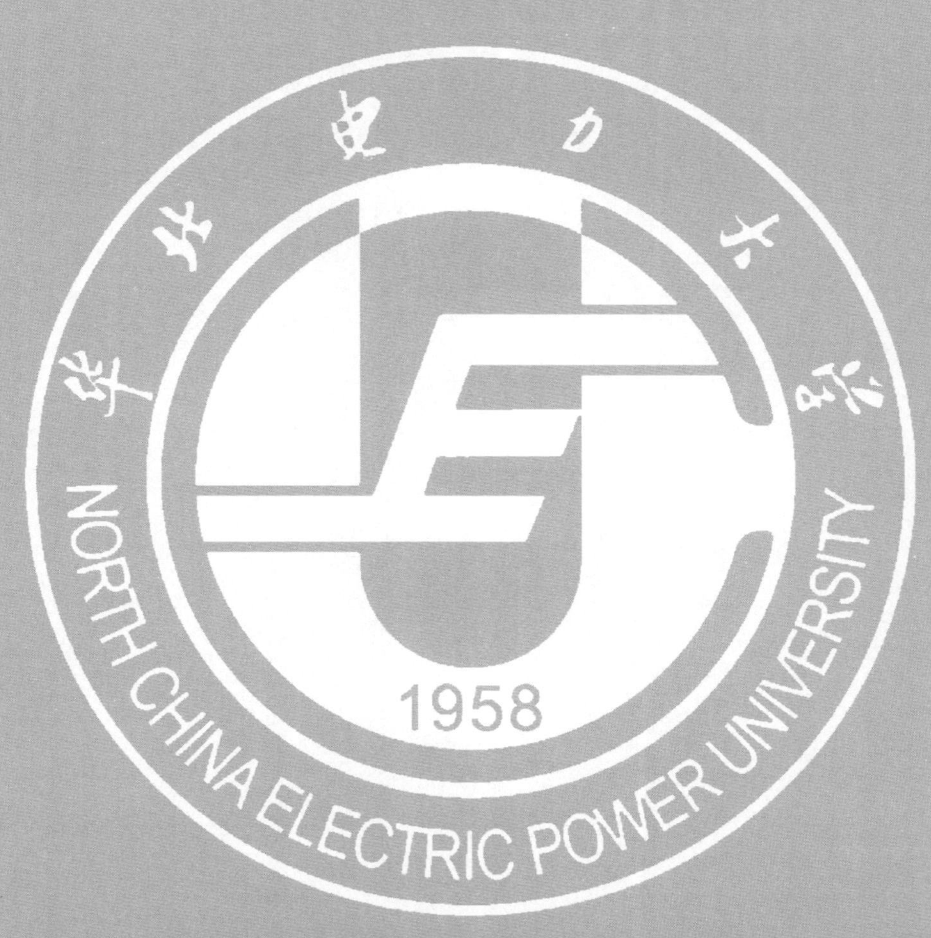

学生基本数据情况表

华北电力大学2020年硕士研究生分专业(领域)学生数

专业名称	毕业生数	授予学位数	招生数		在校生数					
			合计	其中:应届毕业生	合计	一年级	二年级	三年级	四年级	五年级及以上
硕士研究生	3106	3106	4604	2658	11617	4604	3668	3345	0	0
其中:女	1256	1256	1979	1083	5220	1979	1567	1674	0	0
学术学位硕士	1198	1198	1402	1064	3988	1402	1315	1271	0	0
其中:女	506	506	577	460	1689	577	552	560	0	0
全日制学术学位非定向硕士	1154	1154	1393	1057	3944	1393	1299	1252	0	0
应用经济学学科	0	0	6	4	25	6	10	9	0	0
金融学(含:保险学)	2	2	0	0	0	0	0	0	0	0
产业经济学	4	4	0	0	0	0	0	0	0	0
统计学	5	5	0	0	0	0	0	0	0	0
法学学科	9	9	10	8	30	10	10	10	0	0
马克思主义理论学科	0	0	12	9	27	12	8	7	0	0
思想政治教育	7	7	0	0	0	0	0	0	0	0
外国语言文学学科	0	0	15	12	15	15	0	0	0	0
英语语言文学	5	5	0	0	8	0	4	4	0	0
外国语言学及应用语言学	13	13	0	0	29	0	11	18	0	0
数学学科	0	0	26	22	76	26	26	24	0	0
计算数学	10	10	0	0	0	0	0	0	0	0
应用数学	9	9	0	0	0	0	0	0	0	0
运筹学与控制论	6	6	0	0	0	0	0	0	0	0
物理学学科	0	0	14	11	42	14	13	15	0	0
理论物理	4	4	0	0	0	0	0	0	0	0
凝聚态物理	9	9	0	0	0	0	0	0	0	0
机械工程学科	15	15	14	11	44	14	15	15	0	0
材料科学与工程学科	16	16	17	10	52	17	15	20	0	0
动力工程及工程热物理学科	0	0	94	74	253	94	84	75	0	0
工程热物理	8	8	0	0	0	0	0	0	0	0
热能工程	48	48	0	0	1	0	0	1	0	0
动力机械及工程	8	8	0	0	0	0	0	0	0	0
流体机械及工程	3	3	0	0	0	0	0	0	0	0
制冷及低温工程	2	2	0	0	0	0	0	0	0	0
化工过程机械	1	1	0	0	0	0	0	0	0	

续表

专业名称	毕业生数	授予学位数	招生数		在校生数					
			合计	其中：应届毕业生	合计	一年级	二年级	三年级	四年级	五年级及以上
电气工程学科	1	1	220	175	611	220	205	186	0	0
电机与电器	8	8	0	0	0	0	0	0	0	0
电力系统及其自动化	115	115	0	0	3	0	1	2	0	0
高电压与绝缘技术	17	17	0	0	0	0	0	0	0	0
电力电子与电力传动	14	14	0	0	0	0	0	0	0	0
电工理论与新技术	6	6	0	0	0	0	0	0	0	0
电气工程学科	31	31	38	29	105	38	35	32	0	0
电子科学与技术学科	13	13	9	4	35	9	9	17	0	0
信息与通信工程学科	29	29	29	24	84	29	28	27	0	0
控制科学与工程学科	0	0	72	56	198	72	65	61	0	0
控制理论与控制工程	30	30	0	0	1	0	0	1	0	0
检测技术与自动化装置	11	11	0	0	0	0	0	0	0	0
系统工程	5	5	0	0	0	0	0	0	0	0
模式识别与智能系统	13	13	0	0	1	0	0	1	0	0
计算机科学与技术学科	0	0	50	34	147	50	53	44	0	0
计算机系统结构	5	5	0	0	0	0	0	0	0	0
计算机应用技术	36	36	0	0	1	0	0	1	0	0
供热、供燃气、通风及空调工程	4	4	2	2	10	2	4	4	0	0
水利工程学科	0	0	39	34	74	39	35	0	0	0
水文学及水资源	19	19	0	0	18	0	0	18	0	0
水工结构工程	5	5	0	0	7	0	0	7	0	0
水利水电工程	8	8	0	0	7	0	0	7	0	0
化学工程	3	3	3	2	8	3	3	2	0	0
核科学与技术学科	36	36	47	38	130	47	46	37	0	0
核能科学与工程	1	1	0	0	0	0	0	0	0	0
环境科学与工程学科	0	0	34	30	98	34	33	31	0	0
环境科学	8	8	0	0	0	0	0	0	0	0
环境工程	13	13	0	0	0	0	0	0	0	0
软件工程学科	7	7	8	7	16	8	0	8	0	0
管理科学与工程学科	21	21	40	35	103	40	32	31	0	0
会计学	7	7	9	8	26	9	8	9	0	0
企业管理(含:财务管理、市场营销、人力资源管理)	7	7	14	10	39	14	11	14	0	0
技术经济及管理	29	29	36	28	89	36	29	24	0	0
公共管理学科	7	7	10	10	31	10	9	12	0	0
产业经济学	4	4	0	0	0	0	0	0	0	0
金融学(含:保险学)	3	3	0	0	0	0	0	0	0	0

续表

专业名称	毕业生数	授予学位数	招生数		在校生数					
			合计	其中：应届毕业生	合计	一年级	二年级	三年级	四年级	五年级及以上
民商法学(含:劳动法学、社会保障法学)	3	3	0	0	0	0	0	0	0	0
数量经济学	3	3	0	0	0	0	0	0	0	0
诉讼法学	2	2	0	0	0	0	0	0	0	0
化学工程与技术学科	0	0	9	5	20	9	9	2	0	0
计算机科学与技术学科	0	0	40	20	112	40	36	36	0	0
控制科学与工程学科	0	0	0	0	1	0	1	0	0	0
控制科学与工程学科	0	0	57	39	111	57	54	0	0	0
信息与通信工程学科	0	0	0	0	1	0	1	0	0	0
公共管理学科	0	0	0	0	1	0	1	0	0	0
公共管理学科	0	0	7	4	17	7	5	5	0	0
环境科学与工程学科	0	0	20	19	54	20	15	19	0	0
制冷及低温工程	2	2	0	0	0	0	0	0	0	0
电机与电器	5	5	0	0	0	0	0	0	0	0
电力系统及其自动化	70	70	0	0	6	0	2	4	0	0
高电压与绝缘技术	10	10	0	0	0	0	0	0	0	0
电力电子与电力传动	10	10	0	0	0	0	0	0	0	0
电工理论与新技术	15	15	0	0	0	0	0	0	0	0
电气工程学科	2	2	0	0	0	0	0	0	0	0
电子科学与技术学科	4	4	6	3	17	6	6	5	0	0
信息与通信工程学科	36	36	38	26	110	38	36	36	0	0
控制理论与控制工程	27	27	0	0	55	0	0	55	0	0
检测技术与自动化装置	8	8	0	0	0	0	0	0	0	0
系统工程	7	7	0	0	0	0	0	0	0	0
模式识别与智能系统	8	8	0	0	0	0	0	0	0	0
计算机系统结构	4	4	0	0	0	0	0	0	0	0
计算机软件与理论	6	6	0	0	0	0	0	0	0	0
计算机应用技术	26	26	0	0	2	0	0	2	0	0
化学工程	1	1	0	0	0	0	0	0	0	0
应用化学	6	6	0	0	0	0	0	0	0	0
工业催化	2	2	0	0	0	0	0	0	0	0
农业电气化与自动化	5	5	4	3	14	4	4	6	0	0
环境科学	1	1	0	0	0	0	0	0	0	0
环境工程	14	14	0	0	0	0	0	0	0	0
运筹学与控制论	3	3	0	0	0	0	0	0	0	0
应用数学	3	3	0	0	0	0	0	0	0	0
计算数学	2	2	0	0	0	0	0	0	0	0

续表

专业名称	毕业生数	授予学位数	招生数		在校生数					
			合计	其中：应届毕业生	合计	一年级	二年级	三年级	四年级	五年级及以上
外国语言文学学科	14	14	10	4	35	10	11	14	0	0
行政管理	2	2	0	0	1	0	0	1	0	0
社会保障	3	3	0	0	0	0	0	0	0	0
应用经济学学科	0	0	7	4	22	7	8	7	0	0
法学学科	0	0	7	4	18	7	6	5	0	0
法学学科	0	0	0	0	1	0	1	0	0	0
数学学科	0	0	8	7	20	8	8	4	0	0
物理学学科	0	0	12	7	31	12	10	9	0	0
动力工程及工程热物理学科	0	0	58	46	157	58	52	47	0	0
电气工程学科	0	0	133	100	379	133	126	120	0	0
动力工程及工程热物理学科	0	0	1	1	1	1	0	0	0	0
马克思主义理论学科	10	10	16	13	37	16	11	10	0	0
理论物理	5	5	0	0	0	0	0	0	0	0
光学	5	5	0	0	0	0	0	0	0	0
机械工程学科	25	25	27	17	78	27	27	24	0	0
工程热物理	5	5	0	0	0	0	0	0	0	0
动力机械及工程	5	5	0	0	0	0	0	0	0	0
热能工程	32	32	0	0	4	0	2	2	0	0
流体机械及工程	6	6	0	0	0	0	0	0	0	0
供热、供燃气、通风及空调工程	12	12	15	11	45	15	15	15	0	0
会计学	9	9	10	9	30	10	10	10	0	0
企业管理(含:财务管理、市场营销、人力资源管理)	8	8	4	2	14	4	3	7	0	0
技术经济及管理	21	21	28	22	81	28	28	25	0	0
管理科学与工程学科	7	7	8	4	25	8	9	8	0	0
全日制学术学位定向硕士	44	44	9	7	44	9	16	19	0	0
法学学科	2	2	0	0	1	0	1	0	0	0
马克思主义理论学科	0	0	0	0	1	0	0	1	0	0
英语语言文学	1	1	0	0	0	0	0	0	0	0
应用数学	1	1	0	0	0	0	0	0	0	0
动力工程及工程热物理学科	0	0	0	0	2	0	0	2	0	0
热能工程	3	3	0	0	0	0	0	0	0	0
电气工程学科	0	0	2	2	7	2	3	2	0	0
电力系统及其自动化	12	12	0	0	0	0	0	0	0	0
电气工程学科	1	1	0	0	1	0	1	0	0	0
控制科学与工程学科	0	0	1	1	1	1	0	0	0	0
控制理论与控制工程	2	2	0	0	0	0	0	0	0	0

续表

专业名称	毕业生数	授予学位数	招生数 合计	招生数 其中:应届毕业生	在校生数 合计	一年级	二年级	三年级	四年级	五年级及以上
计算机科学与技术学科	0	0	0	0	1	0	1	0	0	0
水利水电工程	0	0	0	0	1	0	0	1	0	0
管理科学与工程学科	0	0	0	0	1	0	0	1	0	0
会计学	2	2	0	0	1	0	1	0	0	0
企业管理(含:财务管理、市场营销、人力资源管理)	1	1	0	0	2	0	0	2	0	0
技术经济及管理	2	2	0	0	5	0	1	4	0	0
公共管理学科	2	2	0	0	0	0	0	0	0	0
数量经济学	1	1	0	0	0	0	0	0	0	0
诉讼法学	2	2	0	0	0	0	0	0	0	0
电力系统及其自动化	2	2	0	0	0	0	0	0	0	0
电工理论与新技术	1	1	0	0	0	0	0	0	0	0
电子科学与技术学科	1	1	0	0	0	0	0	0	0	0
控制理论与控制工程	3	3	0	0	1	0	0	1	0	0
系统工程	1	1	0	0	0	0	0	0	0	0
管理科学与工程学科	1	1	0	0	0	0	0	0	0	0
企业管理(含:财务管理、市场营销、人力资源管理)	1	1	0	0	0	0	0	0	0	0
行政管理	1	1	0	0	0	0	0	0	0	0
社会保障	1	1	0	0	0	0	0	0	0	0
应用经济学学科	0	0	0	0	4	0	1	3	0	0
法学学科	0	0	1	1	2	1	1	0	0	0
电气工程学科	0	0	1	0	2	1	1	0	0	0
环境科学与工程学科	0	0	0	0	1	0	1	0	0	0
会计学	0	0	0	0	2	0	2	0	0	0
公共管理学科	0	0	2	1	6	2	2	2	0	0
控制科学与工程学科	0	0	1	1	1	1	0	0	0	0
技术经济及管理	0	0	1	1	1	1	0	0	0	0
专业学位硕士	1908	1908	3202	1594	7629	3202	2353	2074	0	0
其中:女	750	750	1402	623	3531	1402	1015	1114	0	0
全日制专业学位非定向硕士	1035	1035	1946	1303	4215	1946	1209	1060	0	0
电子信息	0	0	198	139	198	198	0	0	0	0
电子信息	0	0	13	8	13	13	0	0	0	0
机械	0	0	39	27	39	39	0	0	0	0
机械	0	0	3	3	3	3	0	0	0	0
资源与环境	0	0	54	36	54	54	0	0	0	0
能源动力	0	0	268	190	268	268	0	0	0	0
能源动力	0	0	5	5	5	5	0	0	0	0

续表

专业名称	毕业生数	授予学位数	招生数		在校生数					
			合计	其中：应届毕业生	合计	一年级	二年级	三年级	四年级	五年级及以上
工程管理	0	0	20	13	20	20	0	0	0	0
工程管理	0	0	1	1	1	1	0	0	0	0
工程管理	0	0	6	3	6	6	0	0	0	0
金融	0	0	7	2	12	7	5	0	0	0
法律	0	0	10	6	18	10	8	0	0	0
法律	0	0	2	2	3	2	1	0	0	0
英语笔译	0	0	12	7	20	12	8	0	0	0
工程	0	0	0	0	1	0	1	0	0	0
工程	0	0	0	0	2	0	1	1	0	0
工程	0	0	0	0	1	0	1	0	0	0
工程	0	0	0	0	1	0	1	0	0	0
工程	0	0	0	0	1	0	1	0	0	0
工程	0	0	0	0	2	0	2	0	0	0
工程	0	0	0	0	2	0	2	0	0	0
工程	0	0	0	0	1	0	1	0	0	0
工程	0	0	0	0	1	0	1	0	0	0
会计	0	0	8	6	10	8	2	0	0	0
应用统计	4	4	18	12	38	18	8	12	0	0
英语口译	1	1	0	0	0	0	0	0	0	0
工程	24	24	0	0	56	0	29	27	0	0
工程	63	63	0	0	148	0	72	76	0	0
工程	92	92	0	0	203	0	98	105	0	0
工程	38	38	0	0	82	0	41	41	0	0
工程	50	50	0	0	104	0	53	51	0	0
工程	25	25	0	0	56	0	29	27	0	0
工程	12	12	0	0	24	0	12	12	0	0
工程	25	25	0	0	67	0	36	31	0	0
工程	16	16	0	0	33	0	15	18	0	0
工程	8	8	0	0	16	0	7	9	0	0
公共管理	4	4	4	0	8	4	2	2	0	0
会计	11	11	26	13	54	26	14	14	0	0
工程管理	6	6	10	0	15	10	5	0	0	0
金融	0	0	22	10	26	22	4	0	0	0
应用统计	28	28	51	32	107	51	29	27	0	0

续表

专业名称	毕业生数	授予学位数	招生数		在校生数					
			合计	其中：应届毕业生	合计	一年级	二年级	三年级	四年级	五年级及以上
资产评估	1	1	0	0	0	0	0	0	0	0
法律	0	0	17	5	27	17	10	0	0	0
法律	0	0	9	3	23	9	14	0	0	0
英语笔译	0	0	20	9	32	20	12	0	0	0
工程	19	19	0	0	44	0	23	21	0	0
工程	6	6	0	0	37	0	19	18	0	0
工程	102	102	0	0	256	0	129	127	0	0
工程	145	145	0	0	336	0	179	157	0	0
工程	39	39	0	0	80	0	39	41	0	0
工程	54	54	0	0	115	0	57	58	0	0
工程	33	33	0	0	72	0	40	32	0	0
工程	9	9	0	0	20	0	11	9	0	0
工程	21	21	0	0	58	0	27	31	0	0
工程	42	42	0	0	75	0	37	38	0	0
工程	23	23	0	0	54	0	24	30	0	0
电子信息	0	0	233	159	233	233	0	0	0	0
机械	0	0	50	32	50	50	0	0	0	0
材料与化工	0	0	33	20	33	33	0	0	0	0
资源与环境	0	0	38	33	38	38	0	0	0	0
能源动力	0	0	540	407	540	540	0	0	0	0
工商管理	61	61	31	0	80	31	42	7	0	0
公共管理	11	11	16	0	26	16	0	10	0	0
会计	37	37	79	49	148	79	41	28	0	0
工程管理	25	25	0	0	16	0	16	0	0	0
工程管理	0	0	13	0	13	13	0	0	0	0
工程管理	0	0	52	41	52	52	0	0	0	0
工程管理	0	0	38	30	38	38	0	0	0	0
全日制专业学位定向硕士	50	50	33	22	87	33	29	25	0	0
能源动力	0	0	1	0	1	1	0	0	0	0
法律	0	0	1	1	1	1	0	0	0	0
电子信息	0	0	2	0	2	2	0	0	0	0
资源与环境	0	0	1	1	1	1	0	0	0	0
工程	0	0	0	0	1	0	0	1	0	0
工程	0	0	0	0	1	0	0	1	0	0

续表

专业名称	毕业生数	授予学位数	招生数		在校生数					
			合计	其中：应届毕业生	合计	一年级	二年级	三年级	四年级	五年级及以上
工程	0	0	0	0	1	0	0	1	0	0
公共管理	0	0	1	0	5	1	2	2	0	0
英语笔译	1	1	0	0	0	0	0	0	0	0
工程	2	2	0	0	2	0	1	1	0	0
工程	1	1	0	0	4	0	3	1	0	0
工程	1	1	0	0	0	0	0	0	0	0
工程	2	2	0	0	0	0	0	0	0	0
公共管理	1	1	0	0	0	0	0	0	0	0
金融	0	0	0	0	1	0	1	0	0	0
应用统计	0	0	1	1	2	1	1	0	0	0
英语笔译	0	0	0	0	1	0	1	0	0	0
工程	1	1	0	0	0	0	0	0	0	0
工程	0	0	0	0	1	0	1	0	0	0
工程	2	2	0	0	3	0	0	3	0	0
工程	5	5	0	0	20	0	12	8	0	0
工程	0	0	0	0	1	0	1	0	0	0
工程	1	1	0	0	0	0	0	0	0	0
电子信息	0	0	4	3	4	4	0	0	0	0
能源动力	0	0	14	10	14	14	0	0	0	0
工商管理	7	7	0	0	0	0	0	0	0	0
公共管理	7	7	0	0	3	0	0	3	0	0
会计	17	17	7	5	16	7	5	4	0	0
工程管理	2	2	0	0	1	0	1	0	0	0
工程管理	0	0	1	1	1	1	0	0	0	0
非全日制专业学位非定向硕士	667	667	0	0	1825	0	1008	817	0	0
工程	0	0	0	0	2	0	0	2	0	0
金融	0	0	0	0	5	0	5	0	0	0
法律	0	0	0	0	14	0	14	0	0	0
英语笔译	0	0	0	0	3	0	3	0	0	0
工程	0	0	0	0	27	0	27	0	0	0
应用统计	4	4	0	0	8	0	6	2	0	0
工程	8	8	0	0	24	0	8	16	0	0
工程	15	15	0	0	24	0	13	11	0	0
工程	40	40	0	0	134	0	54	80	0	0

续表

专业名称	毕业生数	授予学位数	招生数		在校生数					
			合计	其中：应届毕业生	合计	一年级	二年级	三年级	四年级	五年级及以上
工程	12	12	0	0	32	0	17	15	0	0
工程	10	10	0	0	26	0	8	18	0	0
工程	1	1	0	0	48	0	37	11	0	0
工程	6	6	0	0	7	0	2	5	0	0
工程	1	1	0	0	19	0	11	8	0	0
会计	111	111	0	0	266	0	74	192	0	0
公共管理	2	2	0	0	29	0	20	9	0	0
工程管理	7	7	0	0	40	0	18	22	0	0
金融	0	0	0	0	16	0	16	0	0	0
应用统计	6	6	0	0	28	0	21	7	0	0
法律	0	0	0	0	6	0	6	0	0	0
法律	0	0	0	0	1	0	1	0	0	0
英语笔译	0	0	0	0	7	0	7	0	0	0
工程	5	5	0	0	15	0	9	6	0	0
工程	0	0	0	0	2	0	0	2	0	0
工程	12	12	0	0	26	0	11	15	0	0
工程	77	77	0	0	217	0	108	109	0	0
工程	7	7	0	0	40	0	26	14	0	0
工程	16	16	0	0	32	0	19	13	0	0
工程	20	20	0	0	127	0	96	31	0	0
工程	10	10	0	0	39	0	27	12	0	0
工程	0	0	0	0	8	0	8	0	0	0
工程	1	1	0	0	0	0	0	0	0	0
工程	0	0	0	0	1	0	0	1	0	0
工商管理	36	36	0	0	116	0	52	64	0	0
公共管理	11	11	0	0	14	0	6	8	0	0
会计	238	238	0	0	370	0	249	121	0	0
工程管理	11	11	0	0	52	0	29	23	0	0
非全日制专业学位定向硕士	156	156	1223	269	1502	1223	107	172	0	0
工程	1	1	0	0	1	0	1	0	0	0
工程	65	65	0	0	93	0	19	74	0	0
工程	1	1	0	0	0	0	0	0	0	0
工程	2	2	0	0	3	0	0	3	0	0
工程	1	1	0	0	1	0	1	0	0	0

续表

专业名称	毕业生数	授予学位数	招生数		在校生数					
			合计	其中：应届毕业生	合计	一年级	二年级	三年级	四年级	五年级及以上
公共管理	4	4	36	0	46	36	3	7	0	0
会计	6	6	182	42	200	182	7	11	0	0
工程管理	4	4	36	0	45	36	4	5	0	0
工程	0	0	0	0	2	0	2	0	0	0
工程	0	0	0	0	2	0	1	1	0	0
金融	0	0	2	0	2	2	0	0	0	0
应用统计	0	0	3	1	3	3	0	0	0	0
法律	0	0	10	1	10	10	0	0	0	0
英语笔译	0	0	10	3	10	10	0	0	0	0
电子信息	0	0	17	0	17	17	0	0	0	0
机械	0	0	9	2	9	9	0	0	0	0
资源与环境	0	0	1	0	1	1	0	0	0	0
能源动力	0	0	65	17	65	65	0	0	0	0
工程管理	0	0	10	2	10	10	0	0	0	0
应用统计	0	0	2	0	2	2	0	0	0	0
法律	0	0	26	2	26	26	0	0	0	0
英语笔译	0	0	15	3	15	15	0	0	0	0
工程	0	0	0	0	2	0	2	0	0	0
工程	2	2	0	0	6	0	2	4	0	0
工程	20	20	0	0	64	0	31	33	0	0
工程	0	0	0	0	2	0	2	0	0	0
工程	0	0	0	0	1	0	0	1	0	0
工程	2	2	0	0	3	0	2	1	0	0
工程	1	1	0	0	0	0	0	0	0	0
工程	0	0	0	0	1	0	0	1	0	0
工程	0	0	0	0	1	0	0	1	0	0
电子信息	0	0	89	22	89	89	0	0	0	0
资源与环境	0	0	4	2	4	4	0	0	0	0
能源动力	0	0	134	28	134	134	0	0	0	0
工商管理	12	12	77	0	102	77	11	14	0	0
公共管理	13	13	70	7	79	70	2	7	0	0
会计	18	18	314	110	326	314	10	2	0	0
工程管理	4	4	0	0	14	0	7	7	0	0
工程管理	0	0	111	27	111	111	0	0	0	0

（网络与信息化办公室　牛辰昊　提供）

华北电力大学2020年博士研究生分专业(领域)学生数

专业名称	毕业生数	授予学位数	招生数		在校生数						预计毕业生数
			合计	其中:应届毕业生	合计	一年级	二年级	三年级	四年级	五年级及以上	
博士研究生	186	186	290	101	1217	290	248	235	444	0	429
其中:女	49	49	96	30	365	96	63	79	127	0	127
学术学位博士	186	186	290	101	1217	290	248	235	444	0	429
其中:女	49	49	96	30	365	96	63	79	127	0	127
全日制学术学位非定向博士	134	134	264	98	942	264	229	204	245	0	245
动力工程及工程热物理学科	0	0	63	30	165	63	54	48	0	0	0
工程热物理	2	2	0	0	11	0	0	0	11	0	11
热能工程	20	20	0	0	34	0	0	0	34	0	34
动力机械及工程	3	3	0	0	10	0	0	0	10	0	10
流体机械及工程	1	1	0	0	2	0	0	0	2	0	2
化工过程机械	1	1	0	0	4	0	0	0	4	0	4
动力工程及工程热物理学科	2	2	0	0	0	0	0	0	0	0	0
动力工程及工程热物理学科	2	2	0	0	0	0	0	0	0	0	0
动力工程及工程热物理学科	12	12	23	12	96	23	23	24	26	0	26
动力工程及工程热物理学科	5	5	0	0	10	0	0	4	6	0	6
动力工程及工程热物理学科	0	0	8	3	8	8	0	0	0	0	0
电气工程学科	39	39	74	24	282	74	69	65	74	0	74
电机与电器	0	0	0	0	1	0	0	0	1	0	1
电力系统及其自动化	2	2	0	0	8	0	0	0	8	0	8
高电压与绝缘技术	3	3	0	0	0	0	0	0	0	0	0
电力电子与电力传动	0	0	0	0	3	0	0	0	3	0	3
电气工程学科	1	1	0	0	1	0	0	0	1	0	1
电气工程学科	12	12	14	4	69	14	13	16	26	0	26
电气工程学科	1	1	0	0	0	0	0	0	0	0	0
控制科学与工程学科	0	0	34	17	58	34	24	0	0	0	0
控制理论与控制工程	5	5	0	0	23	0	0	14	9	0	9
检测技术与自动化装置	2	2	0	0	8	0	0	4	4	0	4
模式识别与智能系统	0	0	0	0	5	0	0	2	3	0	3
控制科学与工程学科	1	1	0	0	5	0	0	3	2	0	2
控制科学与工程学科	1	1	0	0	3	0	0	1	2	0	2
水利工程学科	0	0	10	0	19	10	9	0	0	0	0
核科学与技术学科	0	0	12	2	20	12	8	0	0	0	0
管理科学与工程学科	1	1	10	2	39	10	14	13	2	0	2
管理科学与工程学科	0	0	0	0	1	0	0	0	1	0	1

续表

专业名称	毕业生数	授予学位数	招生数		在校生数						预计毕业生数
			合计	其中：应届毕业生	合计	一年级	二年级	三年级	四年级	五年级及以上	
管理科学与工程学科	5	5	0	0	3	0	0	0	3	0	3
管理科学与工程学科	1	1	0	0	1	0	0	0	1	0	1
工商管理学科	0	0	16	4	31	16	15	0	0	0	0
会计学	0	0	0	0	1	0	0	0	1	0	1
企业管理(含:财务管理、市场营销、人力资源管理)	1	1	0	0	4	0	0	2	2	0	2
技术经济及管理	7	7	0	0	12	0	0	6	6	0	6
工商管理学科	4	4	0	0	5	0	0	2	3	0	3
全日制学术学位定向博士	52	52	26	3	275	26	19	31	199	0	184
动力工程及工程热物理学科	0	0	3	0	10	3	4	3	0	0	0
工程热物理	1	1	0	0	1	0	0	0	1	0	1
热能工程	3	3	0	0	18	0	0	0	18	0	16
动力机械及工程	2	2	0	0	16	0	0	0	16	0	15
流体机械及工程	0	0	0	0	2	0	0	0	2	0	2
化工过程机械	0	0	0	0	3	0	0	0	3	0	3
动力工程及工程热物理学科	2	2	0	0	0	0	0	0	0	0	0
动力工程及工程热物理学科	0	0	0	0	2	0	0	0	2	0	1
动力工程及工程热物理学科	2	2	0	0	10	0	0	2	8	0	7
动力工程及工程热物理学科	0	0	0	0	5	0	0	1	4	0	4
动力工程及工程热物理学科	0	0	1	0	1	1	0	0	0	0	0
电气工程学科	2	2	9	2	46	9	7	6	24	0	22
电力系统及其自动化	3	3	0	0	9	0	0	0	9	0	5
高电压与绝缘技术	2	2	0	0	3	0	0	0	3	0	2
电力电子与电力传动	1	1	0	0	1	0	0	0	1	0	1
电工理论与新技术	0	0	0	0	1	0	0	0	1	0	1
电气工程学科	3	3	1	0	16	1	0	4	11	0	10
电气工程学科	1	1	0	0	4	0	0	0	4	0	4
控制科学与工程学科	0	0	3	0	7	3	4	0	0	0	0
控制理论与控制工程	5	5	0	0	14	0	0	1	13	0	13
检测技术与自动化装置	0	0	0	0	1	0	0	0	1	0	1
模式识别与智能系统	0	0	0	0	5	0	0	1	4	0	4
控制科学与工程学科	0	0	0	0	3	0	0	0	3	0	3
控制科学与工程学科	0	0	0	0	2	0	0	1	1	0	1
核科学与技术学科	0	0	1	0	2	1	1	0	0	0	0
管理科学与工程学科	1	1	4	0	15	4	0	4	7	0	7

续表

专业名称	毕业生数	授予学位数	招生数		在校生数						预计毕业生数
			合计	其中：应届毕业生	合计	一年级	二年级	三年级	四年级	五年级及以上	
管理科学与工程学科	0	0	0	0	3	0	0	0	3	0	3
管理科学与工程学科	0	0	0	0	2	0	0	0	2	0	1
管理科学与工程学科	1	1	0	0	5	0	0	0	5	0	5
管理科学与工程学科	3	3	0	0	5	0	0	0	5	0	5
工商管理学科	0	0	4	1	7	4	3	0	0	0	0
会计学	0	0	0	0	2	0	0	2	0	0	0
企业管理(含:财务管理、市场营销、人力资源管理)	0	0	0	0	12	0	0	3	9	0	9
技术经济及管理	19	19	0	0	30	0	0	3	27	0	26
工商管理学科	1	1	0	0	12	0	0	0	12	0	12

（网络与信息化办公室　牛辰昊　提供）

华北电力大学2020年普通本科分专业学生数

专业名称	毕业生数	授予学位数	招生数				在校生数					
			合计	其中：			合计	一年级	二年级	三年级	四年级	五年级及以上
				应届毕业生	春季招生	预科生转入						
普通本科生	5383	5340	6069	5650	0	99	24503	6077	6163	6197	6066	0
其中:女	1736	1731	1913	1765	0	40	7807	1914	1898	2029	1966	0
高中起点本科	5383	5340	6069	5650	0	99	24503	6077	6163	6197	6066	0
计算机科学与技术	53	50	0	0	0	0	186	0	58	64	64	0
电子信息工程	47	46	0	0	0	0	157	0	54	52	51	0
信息安全	51	51	0	0	0	0	163	0	58	54	51	0
电子信息类专业	0	0	176	159	0	0	176	176	0	0	0	0
通信工程	68	68	0	0	0	0	266	0	95	91	80	0
电子科学与技术	24	23	0	0	0	0	77	0	26	27	24	0
物联网工程	29	28	0	0	0	0	78	0	25	26	27	0
机械工程	60	60	62	57	0	0	223	62	54	56	51	0
新能源材料与器件	24	24	0	0	0	0	94	0	32	31	31	0
经济学类专业	0	0	80	74	0	1	80	80	0	0	0	0
金融学	29	29	0	0	0	0	186	0	61	61	64	0
广告学	27	27	0	0	0	0	86	0	22	33	31	0
汉语言文学	24	24	0	0	0	0	33	0	19	14	0	0
经济学	27	27	0	0	0	0	70	0	22	28	20	0
法学	44	44	49	46	0	2	191	49	45	42	55	0
国际经济与贸易	18	18	0	0	0	0	0	0	0	0	0	0

续表

专业名称	毕业生数	授予学位数	招生数				在校生数					
			合计	其中：			合计	一年级	二年级	三年级	四年级	五年级及以上
				应届毕业生	春季招生	预科生转入						
应用化学	49	49	0	0	0	0	157	0	48	54	55	0
翻译	21	20	0	0	0	0	64	0	16	26	22	0
能源与动力工程	306	304	318	296	0	2	1267	318	325	316	308	0
应用物理学	24	24	31	29	0	0	93	31	28	18	16	0
软件工程	49	46	0	0	0	0	172	0	55	58	59	0
测控技术与仪器	106	105	0	0	0	0	344	0	110	124	110	0
计算机类专业	0	0	215	203	0	3	215	215	0	0	0	0
自动化	149	143	0	0	0	0	438	0	141	149	148	0
英语	38	38	0	0	0	0	108	0	44	30	34	0
辐射防护与核安全	22	22	0	0	0	0	43	0	9	6	28	0
自动化类专业	0	0	263	246	0	0	263	263	0	0	0	0
电气类专业	0	0	414	403	0	2	414	414	0	0	0	0
建筑环境与能源应用工程	25	25	33	31	0	0	112	33	24	28	27	0
市场营销	41	40	0	0	0	0	86	0	34	24	28	0
物流管理	26	26	0	0	0	0	37	0	30	7	0	0
工商管理类专业	0	0	239	220	0	2	239	239	0	0	0	0
信息管理与信息系统	24	24	0	0	0	0	159	0	36	64	59	0
公共事业管理	21	20	0	0	0	0	57	0	16	21	20	0
工程管理	74	74	0	0	0	0	308	0	77	113	118	0
工商管理	27	26	0	0	0	0	96	0	33	31	32	0
管理科学与工程类专业	0	0	129	117	0	6	129	129	0	0	0	0
电子商务	20	19	0	0	0	0	0	0	0	0	0	0
人力资源管理	28	28	0	0	0	0	102	0	35	33	34	0
会计学	58	58	0	0	0	0	170	0	55	60	55	0
财务管理	59	59	0	0	0	0	169	0	56	52	61	0
劳动与社会保障	27	27	0	0	0	0	0	0	0	0	0	0
公共管理类专业	0	0	113	98	0	3	113	113	0	0	0	0
智能电网信息工程	81	80	0	0	0	0	227	0	71	75	81	0
水文与水资源工程	22	22	0	0	0	0	71	0	26	26	19	0
核工程与核技术	110	107	0	0	0	0	371	0	129	131	111	0
水利水电工程	54	54	0	0	0	0	176	0	63	55	58	0
环境科学与工程类专业	0	0	116	112	0	0	116	116	0	0	0	0
电气工程及其自动化	517	514	0	0	0	0	1474	0	424	500	550	0
核工程类专业	0	0	146	139	0	0	146	146	0	0	0	0

续表

专业名称	毕业生数	授予学位数	招生数				在校生数					
			合计	其中：			合计	一年级	二年级	三年级	四年级	五年级及以上
				应届毕业生	春季招生	预科生转入						
水利类专业	0	0	90	85	0	0	90	90	0	0	0	0
行政管理	48	48	0	0	0	0	167	0	64	49	54	0
新能源科学与工程	152	148	0	0	0	0	527	0	173	177	177	0
信息与计算科学	47	44	0	0	0	0	170	0	56	61	53	0
材料科学与工程	46	46	59	58	0	1	216	59	53	53	51	0
外国语言文学类专业	0	0	52	47	0	0	52	52	0	0	0	0
数学类专业	0	0	79	76	0	0	79	79	0	0	0	0
能源动力类专业	0	0	205	193	0	3	205	205	0	0	0	0
智能科学与技术	0	0	0	0	0	0	25	0	25	0	0	0
环境科学	0	0	0	0	0	0	61	0	61	0	0	0
产品设计	44	44	0	0	0	0	86	0	0	42	44	0
电气类专业	0	0	500	461	0	12	1174	502	672	0	0	0
电气工程及其自动化	597	594	0	0	0	0	1338	0	0	654	684	0
电子信息类专业	0	0	201	186	0	4	384	201	183	0	0	0
通信工程	84	84	0	0	0	0	256	0	0	125	131	0
电子信息科学与技术	60	60	0	0	0	0	103	0	0	61	42	0
环境科学与工程类专业	0	0	259	247	0	6	506	261	245	0	0	0
应用化学	48	48	0	0	0	0	128	0	0	63	65	0
环境工程	49	49	0	0	0	0	124	0	0	63	61	0
环境科学	25	25	0	0	0	0	121	0	0	61	60	0
能源化学工程	51	51	0	0	0	0	102	0	0	64	38	0
经济学类专业	0	0	58	50	0	2	109	58	51	0	0	0
经济学	24	24	0	0	0	0	115	0	0	59	56	0
管理科学与工程类专业	0	0	155	150	0	3	309	155	154	0	0	0
信息管理与信息系统	26	26	0	0	0	0	128	0	0	64	64	0
工程造价	59	59	0	0	0	0	190	0	0	96	94	0
工商管理	30	30	0	0	0	0	84	0	0	42	42	0
会计学	67	67	0	0	0	0	194	0	0	94	100	0
自动化类专业	0	0	284	268	0	7	558	284	274	0	0	0
自动化	157	157	0	0	0	0	328	0	0	166	162	0
测控技术与仪器	87	86	0	0	0	0	208	0	0	113	95	0
计算机类专业	0	0	335	317	0	8	659	336	323	0	0	0
计算机科学与技术	81	81	0	0	0	0	247	0	0	126	121	0
软件工程	62	62	0	0	0	0	123	0	0	65	58	0

续表

专业名称	毕业生数	授予学位数	招生数				在校生数					
			合计	其中：			合计	一年级	二年级	三年级	四年级	五年级及以上
				应届毕业生	春季招生	预科生转入						
网络工程	53	53	0	0	0	0	103	0	0	55	48	0
信息安全	25	25	0	0	0	0	121	0	0	63	58	0
机械类专业	0	0	359	339	0	9	702	360	342	0	0	0
机械工程	66	66	0	0	0	0	180	0	0	93	87	0
机械设计制造及其自动化	88	88	0	0	0	0	177	0	0	94	83	0
机械电子工程	84	84	0	0	0	0	183	0	0	94	89	0
过程装备与控制工程	29	29	0	0	0	0	103	0	0	61	42	0
能源动力类专业	0	0	322	298	0	7	655	322	333	0	0	0
能源与动力工程	318	317	0	0	0	0	661	0	0	335	326	0
土木类专业	0	0	61	59	0	1	120	61	59	0	0	0
建筑环境与能源应用工程	60	60	0	0	0	0	115	0	0	57	58	0
工业工程类专业	0	0	62	58	0	1	112	62	50	0	0	0
工业工程	28	28	0	0	0	0	109	0	0	58	51	0
法学类专业	0	0	61	52	0	3	125	62	63	0	0	0
法学	28	28	0	0	0	0	131	0	0	63	68	0
社会工作	28	28	0	0	0	0	96	0	0	49	47	0
公共管理类专业	0	0	121	109	0	3	238	121	117	0	0	0
公共事业管理	35	35	0	0	0	0	136	0	0	66	70	0
数学类专业	0	0	90	81	0	1	180	91	89	0	0	0
信息与计算科学	51	51	0	0	0	0	202	0	0	115	87	0
物理学类专业	0	0	58	55	0	1	110	58	52	0	0	0
应用物理学	26	26	0	0	0	0	60	0	0	31	29	0
外国语言文学类专业	0	0	80	73	0	2	159	80	79	0	0	0
英语	39	39	0	0	0	0	90	0	0	46	44	0
翻译	27	26	0	0	0	0	80	0	0	39	41	0
设计学类专业	0	0	44	24	0	0	90	44	46	0	0	0
工商管理类专业	0	0	150	134	0	4	293	150	143	0	0	0
农业电气化	51	51	0	0	0	0	4	0	0	0	4	0

（网络与信息化办公室　牛辰昊　提供）

华北电力大学2020年在职人员攻读硕士学位分专业(领域)学生数

专业名称	授予学位数	招生数	在校生数			
			合计	一年级	二年级	三年级及以上
甲	1	2	3	4	5	6
硕士学位学生	683	0	1057	0	0	1057
其中:女	73	0	115	0	0	115
专业学位硕士	683	0	1057	0	0	1057
专业学位硕士其中:女	73	0	115	0	0	115
工程	41	0	71	0	0	71
工程	9	0	10	0	0	10
工程	36	0	48	0	0	48
工程	107	0	145	0	0	145
工程	8	0	5	0	0	5
工程	29	0	115	0	0	115
工程	49	0	87	0	0	87
工程	14	0	16	0	0	16
工程	179	0	253	0	0	253
工程	53	0	65	0	0	65
工程	20	0	26	0	0	26
工程	2	0	0	0	0	0
工程	19	0	45	0	0	45
工程	29	0	41	0	0	41
工程	43	0	47	0	0	47
工程	29	0	41	0	0	41
工程	6	0	18	0	0	18
工程	3	0	19	0	0	19
工商管理	7	0	5	0	0	5

(网络与信息化办公室　牛辰昊　提供)

华北电力大学2020年成人本科分专业学生数

专业名称	授予学位数	招生数	在校生数						
			合计	一年级	二年级	三年级	四年级	五年级	六年级及以上
成人本科生	404	3824	7587	3824	3335	287	71	70	0
其中:女	173	1290	2584	1290	1173	106	7	8	0
函授本科	278	2563	4879	2563	2113	85	63	55	0
其中:女	107	709	1390	709	648	19	7	7	0
高中起点本科	2	227	621	227	191	85	63	55	0
工程造价	0	0	9	0	4	5	0	0	0

续表

专业名称	授予学位数	招生数	在校生数						
			合计	一年级	二年级	三年级	四年级	五年级	六年级及以上
会计学	0	12	34	12	21	1	0	0	0
通信工程	0	0	3	0	2	1	0	0	0
环境工程	0	0	3	0	2	1	0	0	0
计算机科学与技术	0	11	30	11	17	2	0	0	0
电气工程及其自动化	2	171	434	171	77	71	63	52	0
能源与动力工程	0	0	15	0	11	1	0	3	0
机械设计制造及其自动化	0	0	1	0	0	1	0	0	0
工商管理	0	33	92	33	57	2	0	0	0
专科起点本科	276	2336	4258	2336	1922	0	0	0	0
能源化学工程	0	0	9	0	9	0	0	0	0
工程造价	4	58	116	58	58	0	0	0	0
环境工程	1	17	40	17	23	0	0	0	0
英语	0	0	0	0	0	0	0	0	0
建筑环境与能源应用工程	2	12	24	12	12	0	0	0	0
信息管理与信息系统	0	0	9	0	9	0	0	0	0
工业工程	1	0	2	0	2	0	0	0	0
公共事业管理	1	0	10	0	10	0	0	0	0
软件工程	0	0	11	0	11	0	0	0	0
通信工程	0	5	22	5	17	0	0	0	0
网络工程	0	0	3	0	3	0	0	0	0
经济学	0	20	40	20	20	0	0	0	0
法学	0	42	87	42	45	0	0	0	0
社会工作	0	0	3	0	3	0	0	0	0
电气工程及其自动化	235	1526	2771	1526	1245	0	0	0	0
工程管理	0	0	3	0	3	0	0	0	0
机械设计制造及其自动化	2	42	63	42	21	0	0	0	0
国际经济与贸易	1	0	0	0	0	0	0	0	0
人力资源管理	0	0	0	0	0	0	0	0	0
会计学	2	97	205	97	108	0	0	0	0
工商管理	1	186	307	186	121	0	0	0	0
能源与动力工程	25	193	310	193	117	0	0	0	0
计算机科学与技术	1	138	223	138	85	0	0	0	0
业余本科	126	1261	2708	1261	1222	202	8	15	0
其中:女	66	581	1194	581	525	87	0	1	0
高中起点本科	3	421	1072	421	426	202	8	15	0
人力资源管理	0	0	1	0	0	1	0	0	0
电气工程及其自动化	3	57	207	57	63	65	8	14	0

续表

专业名称	授予学位数	招生数	在校生数						
			合计	一年级	二年级	三年级	四年级	五年级	六年级及以上
计算机科学与技术	0	59	151	59	71	21	0	0	0
工商管理	0	258	574	258	223	93	0	0	0
会计学	0	47	139	47	69	22	0	1	0
专科起点本科	123	840	1636	840	796	0	0	0	0
电气工程及其自动化	60	246	526	246	280	0	0	0	0
人力资源管理	6	0	81	0	81	0	0	0	0
会计学	11	115	173	115	58	0	0	0	0
计算机科学与技术	9	158	348	158	190	0	0	0	0
工商管理	37	321	507	321	186	0	0	0	0
能源与动力工程	0	0	1	0	1	0	0	0	0

（网络与信息化办公室　牛辰昊　提供）

华北电力大学2020年外国留学生情况

项目		编号	毕(结)业生数	授予学位数	招生数		在校生数					
					合计	其中：春季招生	合计	第一年	第二年	第三年	第四年	第五年及以上
总 计		1	210	134	322	2	1020	329	388	172	100	31
其中：女		2	32	22			221	93	68	35	20	5
按学历分	小计	3	134	134	322	2	1018	327	388	172	100	31
	专科	4		*								
	本科	5	31	31	200		502	205	231	40	24	2
	硕士研究生	6	82	82	83		342	83	120	105	32	2
	博士研究生	7	21	21	39	2	174	39	37	27	44	27
培训		8	76	*			2	2				
按大洲分	亚洲	9	163	103	255		670	204	259	124	65	18
	非洲	10	42	28	66	2	310	109	119	43	28	11
	欧洲	11	3	3			26	10	7	2	6	1
	北美洲	12					8	5	1	1		1
	南美洲	13			1		6	1	2	2	1	
	大洋洲	14	2									
按经费来源分	国际组织资助	15										
	中国政府资助	16	195	119	317	2	1013	326	388	172	97	30
	本国政府资助	17										
	学校间交换	18										
	自费	19	15	15	5		7	3			3	1

（网络与信息化办公室　牛辰昊　提供）

华北电力大学2020年学生组织社团一览表

(北 京 校 部)

序号	社团名称	社团负责人	所在班级
1	棒垒协会	翟雨欣	工管1803
2	辩论队	胡 亭	电气1801
3	晨星文学社	方科杰	电气1812
4	创业协会	吴康秋	广告1801
5	创益青年社团	邓一凡	广告1901
6	大学生法学会	袁 帅	法学1802
7	大学生调研中心	王 哲	贯通电1801
8	大学生通讯社	张译雯	信息1801
9	大学生职业发展协会	黎红平	水电1801
10	大学生治安服务队	李亦然	信息1702
11	大学生自我服务委员会	张 彪	水电1801
12	大学生自我管理委员会	黄安妮	法学1801
13	惦鹤创意手工社社团	陈凯文	化学1902
14	动漫社	韦永燊	测控1802
15	飞跃滑板社	王奥宇	能动1804
16	风庄推理社	潘志卓	电气1808
17	公共行政研究会	陈胡峻	行管1802
18	广播台	高卫东	软件1802
19	国旗护卫队	张师宁	能动1910
20	海峡西岸实践交流协会	张美如	信息1802
21	合唱团	林煜洲	工管1804
22	和之日语社	文麒光	材料1801
23	红十字会	莫海淇	能科1805
24	户外运动协会	贾亦真	营销1801
25	华电青年报	郭 琪	电气GJ1802
26	《华电小报》杂志社	谢 桐	电气1802
27	话剧团	陈圣东	行管1801
28	健身协会	曲克童	研控计1921
29	毽绳协会	武耀文	自动化1903
30	教学信息中心	杨胜杰	能科1805
31	金融协会	周洋鑫	信管1801
32	金色旋律口琴社	何京然	水文1901
33	蓝色网络计算机联盟	梁嘉骐	核电1803
34	蓝之焰青年志愿者协会	陈雅恒	公共1801
35	篮球裁判协会	唐新跃	材料1802

续表

序号	社团名称	社团负责人	所在班级
36	朗诵团	魏李燕	行管 1802
37	凌云社	陈煜澄	核电 1803
38	楼兰协会	迪里夏提·多力坤	广告 1801
39	绿色电力协会	钱俊龙	通信 1801
40	迷彩青春社团	刘旭国	电气 1907
41	迷音吉他社	吕烈华	能动 1806
42	民乐团	高渐绮	工管 1803
43	摩登舞协会	谭宏博	研人文 2052
44	魔方社	赵博锦	核电 1902
45	墨友书画社	胡茂琳	电气 1912
46	能源发展研究室	黄宇箴	研动 1919
47	排球协会	陈兴源	电气 1806
48	乒乓球裁判协会	王远慧	研动 2017
49	乒乓球协会	李光胤	电气 1811
50	清风轮滑社	徐济彬	核电 1802
51	融媒体编辑中心	孙笑阳	行管 1802
52	融媒体采访中心	王雨欣	电气 1801
53	融媒体运营中心	周若萱	翻译 1801
54	融媒体中心记者团文化中心	任　和	电气 GJ1902
55	摄影协会	李行昊	能材 1701
56	声工厂	陈　艺	行管 1802
57	时尚艺术团	黄　橙	能动 1707
58	台球协会	成幸阳	自动化 1805
59	太极拳协会	常芸露	公共 1901
60	网球协会	彭望轩	能科 1902
61	武术协会	孙泽鑫	建环 1801
62	舞蹈团	余伊菲	能科 1802
63	交响乐团	曹欣然	中文 1801
64	希望手语社	高　帆	信管 1802
65	习近平新时代中国特色社会主义思想学习研究会	钱俊龙	通信 1801
66	小动物保护协会	孙浩杰	物理 1801
67	小火柴人电影协会	马兰德龙	能科 1904
68	校史电力史研究会	马希正	信安 1801
69	校友工作志愿者协会	梁　庄	电气 1811
70	心理学社	周妍君	热动 1812
71	星野天文社	李云鹏	水电 1902

续表

序号	社团名称	社团负责人	所在班级
72	雪莲花文化交流协会	边　宗	信安1902
73	阳光跆拳道协会	王文涛	贯通电1801班
74	一笑堂	高彦靖	电网1801
75	艺术团总团	邸晓睿	工管1804
76	英语协会	付奕搏	能动1906
77	瑜伽和普拉提健身协会	何怡况	英语1901
78	羽毛球协会	程羿博	建环1801
79	长跑协会	黄振宇	电气1802
80	昭华古风社	宋佳宇	电子1801
81	争流网站管理委员会	曹馨月	能动1811
82	征途自行车协会	蔡光炜	工管1802
83	知行读书会	张雅琴	研马2055班
84	致远留学社	喻舒悦	水电1802
85	中外学生友好交流协会	秦文星	电气1802
86	逐影双节棍协会	刘兰岭	能科1805
87	自媒体发展协会	王雨欣	电气1801
88	自强社	路企源	电气1809
89	足球协会	曾珺宁	中文1801

（保　定　校　区）

序号	社团名称	社团负责人	所在班级
1	校学生会	李季凡	计科实1701
2	校研究生会	刘梦硕	硕法政191
3	团委社团管理部	赵欣雅	社工1802
4	团委组织部	曾雅琴	法学1802
5	团委宣传部	吴欢欢	公管1801
6	团委实践部	牛鑫磊	会计1802
7	团委调研室	韩慧珍	清洁能源1802
8	校MMD协会	童烨虹	计科1802
9	礼仪队	周子煜	公管1801
10	团委报刊社	丁　欣	会计1801
11	大学生青年志愿者协会	徐克冉	法学1801
12	大学生自我教育委员会	于敬禄	能动1801
13	大学生科学技术协会	陈思奇	电信1805
14	创业协会	郭翔宇	环科1802
15	青年记者站	纪　翱	电气1803

续表

序号	社团名称	社团负责人	所在班级
16	新媒体研究会	李元辰	通信 1803
17	广播台	姜彤彤	信管 1801
18	校红十字会	张军威	造价 1803
19	大学生心理健康	刘　笑	环工 1701
20	青马知行研究会	彭路垚	19 硕马院班
21	法律协会	凌筱逸	法学 1802
22	bps 大数据	韩绘锦	信息 1801
23	CSWP 建模设计协会	汪盈杉	电创新 1801
24	机器人俱乐部	许洪胜	电气 1812
25	技术猫编程俱乐部	杨鼎睿	计算机 1704
26	华电百科俱乐部	侯绍妍	能动 1707
27	共益青年团队	虞子乾	计算机 1806
28	计算机视频与图像设计协会	江开铭	建环 1701
29	飞行协会	刘博轩	电气 1815
30	大学生管理协会	施沛澍	电气 1811
31	英辩社	潘昱冰	电力英 1901
32	爱心社	豆一洋	测控 1801
33	主持人协会	刘　涵	能化 1802
34	外语协会	张世童	设制 1803
35	模拟联合国协会	林俊军	能动 1806
36	手工协会	王颖颖	机电 1803
37	Unsleep 街舞协会	赵泽朋	机电 1802
38	弈轩棋牌社	李　萌	计科 1803
39	C—Wing 动漫社	吴　舒	经济 1891
40	书画协会	杨澄宇	环科 1901
41	音乐协会	王嘉晁	电气 1813
42	极・坐标话剧团	唐绍敢	建环 1802
43	IKB 绘画者联盟	王晴雨	公管 1902
44	光影华电摄影协会	王奕涵	测控 1802
45	大数据与哲学社会科学研究会	韩绘锦	信息 1801
46	国学社	寇自阳	翻译 1802
47	国标舞协会	谢汇靓	电气 1812
48	魔术协会	王孝豪	能化 1901
49	粤语社	陈柏旭	电气 1817
50	《大学・新语》杂志社	王逢元	信安 1801

续表

序号	社团名称	社团负责人	所在班级
51	历史研究协会	陈梦园	外语 1903
52	推理爱好者协会	陈逸飞	法学 1802
53	武术协会	王昭贞	信管 1808
54	篮球协会	杨东方	环工 1808
55	KM 跑步协会	周良盈	翻译 1901
56	自行车协会	刘罡恺	工程 1902
57	足球协会	赵启业	电气 1802
58	排球协会	程浩凡	输电 1802
59	跆拳道协会	鲁子祺	通信 1801
60	滑板协会	杜　慧	电气 1811
61	健身协会	马铁铮	电子 1802
62	极限飞盘社	陈　炜	信管 1801
63	乒乓球协会	林叶璋	信安 1802
64	羽毛球协会	龙天微	电气 1803
65	网球协会	刘泽龙	产品 1802
66	轮滑协会	李家成	电气 1811
67	健美操啦啦操协会	赵天放	电气 1807
68	自由搏击俱乐部	任梦晨	工程 1802
69	台球协会	付云龙	计算机类 1905
70	大学生自律委员会	扶涵迪	电气 1712
71	大学生安全保卫委员会	许梦豪	电气 1802
72	大学生艺术团	孙佳毅	电力英 1802
73	网络管理协会	刘宏政	能化 1801
74	校友工作志愿者协会	屈　卓	自动化 1802
75	读者协会	颜　溯	造价 1802
76	大学生自我服务委员会	寇自阳	电气 1712
77	校报记者团	高岩钊	测控 1802
78	校融媒体中心	华雪莹	电气 1813
79	指尖华电新媒体工作室	陈晓璇	能动 1806
80	大学生国防社	夏　禹	电气 1817
81	大学生职业发展协会	石锦涛	工程 1702
82	先锋协会	张文琦	硕电力 191

（校团委　提供）

毕业生名单

华北电力大学2020年授予博士学位名单

北京校部:22人(授予日期:2020年5月19日)

序号	姓名	性别	学号	专业名称	学位证书号	学位类别
1	张　浩	男	1122101057	电气信息技术	1007922020100001	工学博士学位
2	杨晓初	男	1122102010	热能工程	1007922020100002	工学博士学位
3	纪会争	男	1122106024	技术经济及管理	1007922020100003	管理学博士学位
4	荣智海	男	1132101043	高电压与绝缘技术	1007922020100004	工学博士学位
5	杨　兴	男	1132106013	技术经济及管理	1007922020100005	管理学博士学位
6	李佳宇	男	1132106028	技术经济及管理	1007922020100006	管理学博士学位
7	郭　经	男	1142101058	电气信息技术	1007922020100007	工学博士学位
8	刘伟龙	男	1142102018	热能工程	1007922020100008	工学博士学位
9	韩　雪	女	1142102022	热能工程	1007922020100009	工学博士学位
10	梅文明	男	1142111006	可再生能源与清洁能源	1007922020100010	工学博士学位
11	李　珏	女	1152101054	电气工程	1007922020100011	工学博士学位
12	董世充	男	1152102012	热能工程	1007922020100012	工学博士学位
13	徐　韵	女	1162101047	电气工程	1007922020100013	工学博士学位
14	杨博然	男	1162102022	热能工程	1007922020100014	工学博士学位
15	邹　潺	男	1162102028	热能工程	1007922020100015	工学博士学位
16	庞　彬	男	1162102031	动力机械及工程	1007922020100016	工学博士学位
17	胡　斌	男	1162111008	可再生能源与清洁能源	1007922020100017	工学博士学位
18	王媛媛	女	1162127020	信息安全	1007922020100018	工学博士学位
19	REHMAN,BILAWAL	男	1164300027	电气工程	1007922020100019	工学博士学位
20	HAFIZ MUHAMMAD AZIB KHAN	男	1164300026	电气工程	1007922020100020	工学博士学位
21	SAJID	男	1164300007	可再生能源与清洁能源	1007922020100021	工学博士学位
22	WAQAS ARIF	男	1164300008	电气工程	1007922020100022	工学博士学位

北京校部:150人　(授予日期:2020年6月29日)

序号	姓名	性别	学号	专业名称	学位证书号	学位类别
1	徐海波	男	1122101003	电力系统及其自动化	1007922020100023	工学博士学位
2	孙　黎	女	1122101039	电力系统及其自动化	1007922020100024	工学博士学位
3	韩　冰	男	1122101049	电力电子与电力传动	1007922020100025	工学博士学位
4	马成廉	男	1132101003	电力系统及其自动化	1007922020100026	工学博士学位
5	张　强	男	1132101048	高电压与绝缘技术	1007922020100027	工学博士学位
6	赵　飞	男	1132101057	电气信息技术	1007922020100028	工学博士学位
7	王　璁	男	1142101044	高电压与绝缘技术	1007922020100029	工学博士学位
8	高春嘉	男	1152101001	电气工程	1007922020100030	工学博士学位

续表

序号	姓名	性别	学号	专业名称	学位证书号	学位类别
9	郭子炘	男	1152101013	电气工程	1007922020100031	工学博士学位
10	刘席洋	男	1152101025	电气工程	1007922020100032	工学博士学位
11	周宏扬	男	1152101038	电气工程	1007922020100033	工学博士学位
12	耿江海	男	1152101050	电气工程	1007922020100034	工学博士学位
13	付可欣	女	1152101051	电气工程	1007922020100035	工学博士学位
14	付　强	男	1162101004	电气工程	1007922020100036	工学博士学位
15	顾妙松	男	1162101006	电气工程	1007922020100037	工学博士学位
16	郭　通	男	1162101008	电气工程	1007922020100038	工学博士学位
17	郭　伟	男	1162101009	电气工程	1007922020100039	工学博士学位
18	郭　尊	男	1162101011	电气工程	1007922020100040	工学博士学位
19	黄旭炜	男	1162101014	电气工程	1007922020100041	工学博士学位
20	贾雨龙	男	1162101016	电气工程	1007922020100042	工学博士学位
21	蒋璐行	女	1162101017	电气工程	1007922020100043	工学博士学位
22	柯俊吉	男	1162101020	电气工程	1007922020100044	工学博士学位
23	李　梁	男	1162101021	电气工程	1007922020100045	工学博士学位
24	秦司晨	男	1162101031	电气工程	1007922020100046	工学博士学位
25	涂　京	男	1162101033	电气工程	1007922020100047	工学博士学位
26	王聪博	男	1162101034	电气工程	1007922020100048	工学博士学位
27	王　罗	男	1162101038	电气工程	1007922020100049	工学博士学位
28	王　璇	女	1162101040	电气工程	1007922020100050	工学博士学位
29	王　洋	男	1162101041	电气工程	1007922020100051	工学博士学位
30	夏　鹏	男	1162101046	电气工程	1007922020100052	工学博士学位
31	许自强	男	1162101049	电气工程	1007922020100053	工学博士学位
32	殷加玞	男	1162101052	电气工程	1007922020100054	工学博士学位
33	张　荐	男	1162101056	电气工程	1007922020100055	工学博士学位
34	张雪垠	男	1162101061	电气工程	1007922020100056	工学博士学位
35	朱　瑞	男	1162101064	电气工程	1007922020100057	工学博士学位
36	李康平	男	1172101017	电气工程	1007922020100058	工学博士学位
37	刘　迪	男	1172101022	电气工程	1007922020100059	工学博士学位
38	刘耀先	男	1172101026	电气工程	1007922020100060	工学博士学位
39	吴界辰	男	1172101049	电气工程	1007922020100061	工学博士学位
40	赵媛媛	女	1152112002	核电与动力工程	1007922020100062	工学博士学位
41	李子超	男	1162112001	核电与动力工程	1007922020100063	工学博士学位
42	张　薇	女	1162112005	核电与动力工程	1007922020100064	工学博士学位
43	郭庆洋	女	1172112001	核电与动力工程	1007922020100065	工学博士学位
44	秦亥琦	男	1172112002	核电与动力工程	1007922020100066	工学博士学位
45	吴　昊	男	1122106008	管理科学与工程	1007922020100067	管理学博士学位
46	王宏伟	男	1122106038	技术经济及管理	1007922020100068	管理学博士学位
47	刘凌云	男	1132106001	管理科学与工程	1007922020100069	管理学博士学位

续表

序号	姓名	性别	学号	专业名称	学位证书号	学位类别
48	夏　天	男	1132106018	技术经济及管理	1007922020100070	管理学博士学位
49	燕伯峰	男	1142106032	技术经济及管理	1007922020100071	管理学博士学位
50	张旭东	男	1142106035	技术经济及管理	1007922020100072	管理学博士学位
51	戴琼洁	女	1152106010	信息管理工程	1007922020100073	管理学博士学位
52	邢　通	男	1152106023	技术经济及管理	1007922020100074	管理学博士学位
53	赵东来	男	1152106027	技术经济及管理	1007922020100075	管理学博士学位
54	赵伟东	男	1152106030	技术经济及管理	1007922020100076	管理学博士学位
55	庞越侠	女	1152106032	能源管理	1007922020100077	管理学博士学位
56	秦云甫	男	1152106036	能源管理	1007922020100078	管理学博士学位
57	高　磊	男	1162106004	工程与项目管理	1007922020100079	管理学博士学位
58	许传博	男	1162106008	工程与项目管理	1007922020100080	管理学博士学位
59	苑曙光	男	1162106009	工程与项目管理	1007922020100081	管理学博士学位
60	刘文峰	男	1162106021	技术经济及管理	1007922020100082	管理学博士学位
61	刘英新	男	1162106022	技术经济及管理	1007922020100083	管理学博士学位
62	秦　超	男	1162106023	技术经济及管理	1007922020100084	管理学博士学位
63	王　强	男	1162106025	技术经济及管理	1007922020100085	管理学博士学位
64	杨　磊	男	1162106026	技术经济及管理	1007922020100086	管理学博士学位
65	张玉琢	男	1162106029	能源管理	1007922020100087	管理学博士学位
66	赵浩然	女	1162106030	能源管理	1007922020100088	管理学博士学位
67	柯毅明	男	1172106003	工程与项目管理	1007922020100089	管理学博士学位
68	王　毅	男	1172106004	工程与项目管理	1007922020100090	管理学博士学位
69	赵振利	女	1172106006	工程与项目管理	1007922020100091	管理学博士学位
70	德格吉日夫	男	1172106015	技术经济及管理	1007922020100092	管理学博士学位
71	卢　灿	女	1172106018	技术经济及管理	1007922020100093	管理学博士学位
72	王雅娴	女	1172106020	技术经济及管理	1007922020100094	管理学博士学位
73	王　尧	男	1172106021	技术经济及管理	1007922020100095	管理学博士学位
74	王雨晴	女	1172106022	技术经济及管理	1007922020100096	管理学博士学位
75	光峰涛	男	1172106025	能源管理	1007922020100097	管理学博士学位
76	李　真	女	1172106030	企业管理	1007922020100098	管理学博士学位
77	刘　定	男	1172106031	信息管理工程	1007922020100099	管理学博士学位
78	任东方	女	1172106032	信息管理工程	1007922020100100	管理学博士学位
79	韦秋霜	女	1172106033	信息管理工程	1007922020100101	管理学博士学位
80	张惠民	女	1122111006	可再生能源与清洁能源	1007922020100102	工学博士学位
81	陈忠雷	男	1122111014	可再生能源与清洁能源	1007922020100103	工学博士学位
82	李颖慧	女	1152111008	可再生能源与清洁能源	1007922020100104	工学博士学位
83	陈　静	女	1162111002	可再生能源与清洁能源	1007922020100105	工学博士学位
84	丁希宏	男	1162111005	可再生能源与清洁能源	1007922020100106	工学博士学位
85	卢静昭	女	1162111011	可再生能源与清洁能源	1007922020100107	工学博士学位
86	罗　涛	男	1162111012	可再生能源与清洁能源	1007922020100108	工学博士学位

续表

序号	姓名	性别	学号	专业名称	学位证书号	学位类别
87	马　爽	女	1162111013	可再生能源与清洁能源	1007922020100109	工学博士学位
88	时小强	男	1162111015	可再生能源与清洁能源	1007922020100110	工学博士学位
89	吴雅罕	女	1162111017	可再生能源与清洁能源	1007922020100111	工学博士学位
90	阎晓冉	女	1162111018	可再生能源与清洁能源	1007922020100112	工学博士学位
91	王志斌	男	1172111016	可再生能源与清洁能源	1007922020100113	工学博士学位
92	吴云召	男	1172111018	可再生能源与清洁能源	1007922020100114	工学博士学位
93	葛　红	女	1122127006	控制理论与控制工程	1007922020100115	工学博士学位
94	王兴武	男	1122127008	控制理论与控制工程	1007922020100116	工学博士学位
95	李廷顺	男	1132127007	控制理论与控制工程	1007922020100117	工学博士学位
96	董润楠	男	1142127009	检测技术与自动化装置	1007922020100118	工学博士学位
97	侯明冬	男	1162127002	控制理论与控制工程	1007922020100119	工学博士学位
98	贾　昊	男	1162127003	控制理论与控制工程	1007922020100120	工学博士学位
99	姚　琦	男	1162127009	控制理论与控制工程	1007922020100121	工学博士学位
100	张　皓	男	1162127010	控制理论与控制工程	1007922020100122	工学博士学位
101	董连杰	男	1162127021	系统分析、运筹与控制	1007922020100123	工学博士学位
102	范　伟	男	1122102030	动力机械及工程	1007922020100124	工学博士学位
103	陈　敏	女	1122102040	能源环境工程	1007922020100125	工学博士学位
104	刘　侃	男	1122102047	能源环境工程	1007922020100126	工学博士学位
105	贾子文	男	1142102010	热能工程	1007922020100127	工学博士学位
106	杨　楠	男	1142102012	热能工程	1007922020100128	工学博士学位
107	韩育宏	女	1142102041	能源环境工程	1007922020100129	工学博士学位
108	王　深	男	1142102044	能源环境工程	1007922020100130	工学博士学位
109	黄显威	男	1152102005	工程热物理	1007922020100131	工学博士学位
110	黄　畅	男	1152102027	热能工程	1007922020100132	工学博士学位
111	李　鹏	男	1152102036	动力机械及工程	1007922020100133	工学博士学位
112	李晓航	男	1152102043	化工过程机械	1007922020100134	工学博士学位
113	索　彩	女	1152102052	能源环境工程	1007922020100135	工学博士学位
114	李永毅	男	1162102007	热能工程	1007922020100136	工学博士学位
115	孙恩慧	男	1162102010	热能工程	1007922020100137	工学博士学位
116	孙　杨	男	1162102012	热能工程	1007922020100138	工学博士学位
117	王家伟	男	1162102014	热能工程	1007922020100139	工学博士学位
118	王　琦	女	1162102016	热能工程	1007922020100140	工学博士学位
119	王树成	男	1162102017	热能工程	1007922020100141	工学博士学位
120	吴　韬	男	1162102019	热能工程	1007922020100142	工学博士学位
121	闫　鑫	男	1162102021	热能工程	1007922020100143	工学博士学位
122	朱兵国	男	1162102027	热能工程	1007922020100144	工学博士学位
123	王达梦	男	1162102033	动力机械及工程	1007922020100145	工学博士学位
124	马　璐	男	1162102037	流体机械及工程	1007922020100146	工学博士学位
125	包　哲	男	1162102041	能源环境工程	1007922020100147	工学博士学位

续表

序号	姓名	性别	学号	专业名称	学位证书号	学位类别
126	柴　晋	男	1162102043	能源环境工程	1007922020100148	工学博士学位
127	陈中山	男	1162102044	能源环境工程	1007922020100149	工学博士学位
128	崔少平	男	1162102045	能源环境工程	1007922020100150	工学博士学位
129	侯肖邦	男	1162102049	能源环境工程	1007922020100151	工学博士学位
130	齐铁月	女	1162102051	能源环境工程	1007922020100152	工学博士学位
131	王添颢	男	1162102054	能源环境工程	1007922020100153	工学博士学位
132	王维雪	女	1172102036	能源环境工程	1007922020100154	工学博士学位
133	卫冬丽	女	1172102037	能源环境工程	1007922020100155	工学博士学位
134	张　塞	男	1172102040	能源环境工程	1007922020100156	工学博士学位
135	EMILIENNE LEUGOUE	女	1144200005	电力系统及其自动化	1007922020100157	工学博士学位
136	ABUZAID SAEED GADALLA HASSIEN	男	1154300004	电力系统及其自动化	1007922020100158	工学博士学位
137	PATROBERS ROBERT SIMIYU	男	1154300007	电力系统及其自动化	1007922020100159	工学博士学位
138	MAY MYAT MOE SAW	女	1154300017	可再生能源与清洁能源	1007922020100160	工学博士学位
139	AAZIM RASOOL	男	1164300004	电气工程	1007922020100161	工学博士学位
140	MUHAMMAD IRFAN	男	1164300005	管理科学与工程	1007922020100162	管理学博士学位
141	MUHAMMAD AQEEL	男	1164300012	热能工程	1007922020100163	工学博士学位
142	MUHAMMAD HANAN	男	1164300017	电气工程	1007922020100164	工学博士学位
143	MUHAMMAD ASIF	男	1164300018	电气工程	1007922020100165	工学博士学位
144	WAQAR AHMAD KHAN	男	1164300019	电气工程	1007922020100166	工学博士学位
145	MUHAMMAD ASGHAR KHAN	男	1164300030	电气工程	1007922020100167	工学博士学位
146	ATIQ UR REHMAN	男	1164300034	电气工程	1007922020100168	工学博士学位
147	SALMAN	男	1164300036	电气工程	1007922020100169	工学博士学位
148	AHMED RABEE KAMEL SAYED	男	1174300002	电气工程	1007922020100170	工学博士学位
149	SHEERAZ IQBAL	男	1174300006	电气工程	1007922020100171	工学博士学位
150	GUL JABEEN	女	1174300028	企业管理	1007922020100172	管理学博士学位

北京校部:35 人　(授予日期:2020 年 8 月 21 日)

序号	姓名	性别	学号	专业名称	学位证书号	学位类别
1	杨　萌	男	1122101006	电力系统及其自动化	1007922020100173	工学博士学位
2	李　琰	男	1132101036	电力系统及其自动化	1007922020100174	工学博士学位
3	张连根	男	1132101045	高电压与绝缘技术	1007922020100175	工学博士学位
4	许　渊	男	1142101049	高电压与绝缘技术	1007922020100176	工学博士学位
5	朱瑞敏	男	1152101009	电气工程	1007922020100177	工学博士学位
6	姜　喆	女	1152101031	电气工程	1007922020100178	工学博士学位
7	董晓峰	男	1162101002	电气工程	1007922020100179	工学博士学位
8	贺艳华	女	1162101012	电气工程	1007922020100180	工学博士学位
9	王一凡	男	1162101042	电气工程	1007922020100181	工学博士学位
10	杨智伟	男	1162101050	电气工程	1007922020100182	工学博士学位

续表

序号	姓名	性别	学号	专业名称	学位证书号	学位类别
11	詹振宇	男	1162101054	电气工程	1007922020100183	工学博士学位
12	张智羽	男	1122102004	热能工程	1007922020100184	工学博士学位
13	刘华新	男	1122102031	动力机械及工程	1007922020100185	工学博士学位
14	齐　萌	女	1122102048	能源环境工程	1007922020100186	工学博士学位
15	张晶杰	女	1122102049	能源环境工程	1007922020100187	工学博士学位
16	赵立正	男	1132102009	热能工程	1007922020100188	工学博士学位
17	闫景波	男	1152102006	工程热物理	1007922020100189	工学博士学位
18	张福祥	男	1152102008	工程热物理	1007922020100190	工学博士学位
19	林殿吉	男	1152102016	热能工程	1007922020100191	工学博士学位
20	张　仪	男	1152102022	热能工程	1007922020100192	工学博士学位
21	孙朝兴	男	1152102049	能源环境工程	1007922020100193	工学博士学位
22	孙亚萍	女	1162102011	热能工程	1007922020100194	工学博士学位
23	李云燕	女	1122106022	技术经济及管理	1007922020100195	管理学博士学位
24	胡建军	男	1122106023	技术经济及管理	1007922020100196	管理学博士学位
25	高　冲	男	1122106037	技术经济及管理	1007922020100197	管理学博士学位
26	马　彬	女	1122106043	技术经济及管理	1007922020100198	管理学博士学位
27	乔　英	女	1122106047	技术经济及管理	1007922020100199	管理学博士学位
28	郭洪武	男	1132106027	技术经济及管理	1007922020100201	管理学博士学位
29	刘玉燕	女	1152127011	控制理论与控制工程	1007922020100202	工学博士学位
30	闫来清	男	1162127008	控制理论与控制工程	1007922020100203	工学博士学位
31	周佩丽	女	1162127012	控制理论与控制工程	1007922020100204	工学博士学位
32	孙单勋	女	1162127014	检测技术与自动化装置	1007922020100205	工学博士学位
33	李珍珍	女	1162111009	可再生能源与清洁能源	1007922020100206	工学博士学位
34	梁小青	女	1162111010	可再生能源与清洁能源	1007922020100207	工学博士学位
35	MUHAMMAD RAFIQ	男	1174300026	企业管理	1007922020100208	管理学博士学位

华北电力大学 2020 年授予硕士学位名单

学术硕士

北京校部:702 人(授予日期:2020 年 5 月 19 日)

序号	姓名	性别	学号	专业名称	学位证书号	学位类别
1	马　凯	男	1162201151	电力系统及其自动化	1007932020100001	工学硕士学位
2	吴升进	男	1162201152	电力系统及其自动化	1007932020100002	工学硕士学位
3	张俊杰	男	1162201153	电力系统及其自动化	1007932020100003	工学硕士学位
4	张　波	男	1162201154	电力系统及其自动化	1007932020100004	工学硕士学位
5	刘明华	男	1162201155	电力系统及其自动化	1007932020100005	工学硕士学位
6	张立国	男	1162201156	电力系统及其自动化	1007932020100006	工学硕士学位
7	陈锐智	男	1162201157	电力系统及其自动化	1007932020100007	工学硕士学位
8	王欣彤	女	1162206104	会计学	1007932020100010	管理学硕士学位

续表

序号	姓名	性别	学号	专业名称	学位证书号	学位类别
9	肖　琦	男	1162206105	会计学	1007932020100011	管理学硕士学位
10	王玉东	女	1162206148	技术经济及管理	1007932020100012	管理学硕士学位
11	刘贡祎	男	1162211039	可再生能源与清洁能源	1007932020100024	工学硕士学位
12	陈晗语	女	1172201001	电工理论与新技术	1007932020100025	工学硕士学位
13	郭安琪	女	1172201003	电工理论与新技术	1007932020100026	工学硕士学位
14	廖思卓	女	1172201004	电工理论与新技术	1007932020100027	工学硕士学位
15	徐　鹏	男	1172201006	电工理论与新技术	1007932020100028	工学硕士学位
16	翟　宾	男	1172201008	电工理论与新技术	1007932020100029	工学硕士学位
17	储呈阳	男	1172201012	电机与电器	1007932020100030	工学硕士学位
18	方艺闳	男	1172201013	电机与电器	1007932020100031	工学硕士学位
19	李成泽	男	1172201014	电机与电器	1007932020100032	工学硕士学位
20	刘　丛	男	1172201015	电机与电器	1007932020100033	工学硕士学位
21	罗超龙	男	1172201016	电机与电器	1007932020100034	工学硕士学位
22	王金宇	男	1172201018	电机与电器	1007932020100035	工学硕士学位
23	王　涛	男	1172201019	电机与电器	1007932020100036	工学硕士学位
24	张　恒	男	1172201020	电机与电器	1007932020100037	工学硕士学位
25	耿晓红	女	1172201021	电力电子与电力传动	1007932020100038	工学硕士学位
26	贺冬珊	女	1172201022	电力电子与电力传动	1007932020100039	工学硕士学位
27	黄思嘉	女	1172201023	电力电子与电力传动	1007932020100040	工学硕士学位
28	林芝茂	男	1172201024	电力电子与电力传动	1007932020100041	工学硕士学位
29	刘博宁	女	1172201025	电力电子与电力传动	1007932020100042	工学硕士学位
30	刘　畅	男	1172201026	电力电子与电力传动	1007932020100043	工学硕士学位
31	刘　桥	男	1172201027	电力电子与电力传动	1007932020100044	工学硕士学位
32	任继云	男	1172201028	电力电子与电力传动	1007932020100045	工学硕士学位
33	王　超	男	1172201029	电力电子与电力传动	1007932020100046	工学硕士学位
34	王思超	女	1172201030	电力电子与电力传动	1007932020100047	工学硕士学位
35	谢呵呵	女	1172201031	电力电子与电力传动	1007932020100048	工学硕士学位
36	杨红伟	男	1172201032	电力电子与电力传动	1007932020100049	工学硕士学位
37	殷浩洋	男	1172201033	电力电子与电力传动	1007932020100050	工学硕士学位
38	张　泉	男	1172201034	电力电子与电力传动	1007932020100051	工学硕士学位
39	白　伟	男	1172201036	电力系统及其自动化	1007932020100052	工学硕士学位
40	白　阳	女	1172201037	电力系统及其自动化	1007932020100053	工学硕士学位
41	曹雨洁	女	1172201039	电力系统及其自动化	1007932020100054	工学硕士学位
42	陈　聪	女	1172201040	电力系统及其自动化	1007932020100055	工学硕士学位
43	陈修鹏	男	1172201041	电力系统及其自动化	1007932020100056	工学硕士学位
44	陈玉敏	女	1172201042	电力系统及其自动化	1007932020100057	工学硕士学位
45	陈云龙	男	1172201043	电力系统及其自动化	1007932020100058	工学硕士学位
46	成一平	女	1172201044	电力系统及其自动化	1007932020100059	工学硕士学位
47	程露莹	女	1172201045	电力系统及其自动化	1007932020100060	工学硕士学位

续表

序号	姓名	性别	学号	专业名称	学位证书号	学位类别
48	程　爽	女	1172201046	电力系统及其自动化	1007932020100061	工学硕士学位
49	崔洁豪	男	1172201047	电力系统及其自动化	1007932020100062	工学硕士学位
50	崔　扬	女	1172201048	电力系统及其自动化	1007932020100063	工学硕士学位
51	董彩红	男	1172201049	电力系统及其自动化	1007932020100064	工学硕士学位
52	董国静	女	1172201050	电力系统及其自动化	1007932020100065	工学硕士学位
53	杜如钧	男	1172201051	电力系统及其自动化	1007932020100066	工学硕士学位
54	段　惠	女	1172201052	电力系统及其自动化	1007932020100067	工学硕士学位
55	冯　涛	男	1172201054	电力系统及其自动化	1007932020100068	工学硕士学位
56	谷　铮	女	1172201057	电力系统及其自动化	1007932020100069	工学硕士学位
57	顾　嘉	女	1172201058	电力系统及其自动化	1007932020100070	工学硕士学位
58	郭勇帆	男	1172201059	电力系统及其自动化	1007932020100071	工学硕士学位
59	郭喆宇	男	1172201060	电力系统及其自动化	1007932020100072	工学硕士学位
60	韩　笑	女	1172201062	电力系统及其自动化	1007932020100073	工学硕士学位
61	韩宗耀	男	1172201063	电力系统及其自动化	1007932020100074	工学硕士学位
62	杭天琦	女	1172201064	电力系统及其自动化	1007932020100075	工学硕士学位
63	洪笑峰	男	1172201065	电力系统及其自动化	1007932020100076	工学硕士学位
64	胡家欣	女	1172201066	电力系统及其自动化	1007932020100077	工学硕士学位
65	胡智雄	男	1172201068	电力系统及其自动化	1007932020100078	工学硕士学位
66	黄　罡	男	1172201070	电力系统及其自动化	1007932020100079	工学硕士学位
67	黄　睿	男	1172201071	电力系统及其自动化	1007932020100080	工学硕士学位
68	蒋志铭	女	1172201073	电力系统及其自动化	1007932020100081	工学硕士学位
69	李安琦	女	1172201074	电力系统及其自动化	1007932020100082	工学硕士学位
70	李　梦	女	1172201075	电力系统及其自动化	1007932020100083	工学硕士学位
71	李　沛	男	1172201077	电力系统及其自动化	1007932020100084	工学硕士学位
72	李　赛	男	1172201078	电力系统及其自动化	1007932020100085	工学硕士学位
73	李宛齐	女	1172201079	电力系统及其自动化	1007932020100086	工学硕士学位
74	李　钰	男	1172201080	电力系统及其自动化	1007932020100087	工学硕士学位
75	李征洲	女	1172201081	电力系统及其自动化	1007932020100088	工学硕士学位
76	李宗翰	男	1172201082	电力系统及其自动化	1007932020100089	工学硕士学位
77	梁　冰	女	1172201083	电力系统及其自动化	1007932020100090	工学硕士学位
78	林安妮	女	1172201084	电力系统及其自动化	1007932020100091	工学硕士学位
79	刘　博	男	1172201085	电力系统及其自动化	1007932020100092	工学硕士学位
80	刘　静	男	1172201087	电力系统及其自动化	1007932020100093	工学硕士学位
81	刘　恪	男	1172201088	电力系统及其自动化	1007932020100094	工学硕士学位
82	刘丽莹	女	1172201089	电力系统及其自动化	1007932020100095	工学硕士学位
83	刘　洋	男	1172201090	电力系统及其自动化	1007932020100096	工学硕士学位
84	卢文清	女	1172201091	电力系统及其自动化	1007932020100097	工学硕士学位
85	陆　锋	男	1172201092	电力系统及其自动化	1007932020100098	工学硕士学位
86	罗　旷	男	1172201093	电力系统及其自动化	1007932020100099	工学硕士学位

续表

序号	姓名	性别	学号	专业名称	学位证书号	学位类别
87	罗阳静宜	男	1172201094	电力系统及其自动化	1007932020100100	工学硕士学位
88	吕　哲	男	1172201095	电力系统及其自动化	1007932020100101	工学硕士学位
89	马伸铜	男	1172201097	电力系统及其自动化	1007932020100102	工学硕士学位
90	孟子超	男	1172201099	电力系统及其自动化	1007932020100103	工学硕士学位
91	聂雅楠	女	1172201100	电力系统及其自动化	1007932020100104	工学硕士学位
92	潘玺安	男	1172201101	电力系统及其自动化	1007932020100105	工学硕士学位
93	冉　忠	男	1172201103	电力系统及其自动化	1007932020100106	工学硕士学位
94	任　斌	男	1172201104	电力系统及其自动化	1007932020100107	工学硕士学位
95	任　可	男	1172201105	电力系统及其自动化	1007932020100108	工学硕士学位
96	任小伟	男	1172201106	电力系统及其自动化	1007932020100109	工学硕士学位
97	沈玉兰	女	1172201108	电力系统及其自动化	1007932020100110	工学硕士学位
98	盛超群	女	1172201109	电力系统及其自动化	1007932020100111	工学硕士学位
99	宋冰倩	女	1172201110	电力系统及其自动化	1007932020100112	工学硕士学位
100	宋向征	男	1172201111	电力系统及其自动化	1007932020100113	工学硕士学位
101	孙庆喜	男	1172201112	电力系统及其自动化	1007932020100114	工学硕士学位
102	汤　哲	女	1172201113	电力系统及其自动化	1007932020100115	工学硕士学位
103	王　超	男	1172201114	电力系统及其自动化	1007932020100116	工学硕士学位
104	王定俊	男	1172201115	电力系统及其自动化	1007932020100117	工学硕士学位
105	王冬辉	男	1172201116	电力系统及其自动化	1007932020100118	工学硕士学位
106	王　磊	男	1172201117	电力系统及其自动化	1007932020100119	工学硕士学位
107	王敏壕	男	1172201118	电力系统及其自动化	1007932020100120	工学硕士学位
108	王麒翔	男	1172201119	电力系统及其自动化	1007932020100121	工学硕士学位
109	王荣杰	女	1172201120	电力系统及其自动化	1007932020100122	工学硕士学位
110	王睿智	男	1172201121	电力系统及其自动化	1007932020100123	工学硕士学位
111	王　望	女	1172201122	电力系统及其自动化	1007932020100124	工学硕士学位
112	王云龙	男	1172201124	电力系统及其自动化	1007932020100125	工学硕士学位
113	王振南	男	1172201125	电力系统及其自动化	1007932020100126	工学硕士学位
114	王子哲	男	1172201126	电力系统及其自动化	1007932020100127	工学硕士学位
115	卫　璇	女	1172201127	电力系统及其自动化	1007932020100128	工学硕士学位
116	魏　佳	女	1172201128	电力系统及其自动化	1007932020100129	工学硕士学位
117	武　洁	女	1172201129	电力系统及其自动化	1007932020100130	工学硕士学位
118	夏　轩	男	1172201130	电力系统及其自动化	1007932020100131	工学硕士学位
119	肖　舒	男	1172201131	电力系统及其自动化	1007932020100132	工学硕士学位
120	谢浩铠	男	1172201132	电力系统及其自动化	1007932020100133	工学硕士学位
121	徐诗甜	女	1172201133	电力系统及其自动化	1007932020100134	工学硕士学位
122	许春蕾	女	1172201134	电力系统及其自动化	1007932020100135	工学硕士学位
123	许琬昱	女	1172201136	电力系统及其自动化	1007932020100136	工学硕士学位
124	宣梦真	男	1172201137	电力系统及其自动化	1007932020100137	工学硕士学位
125	杨　斌	男	1172201138	电力系统及其自动化	1007932020100138	工学硕士学位

续表

序号	姓名	性别	学号	专业名称	学位证书号	学位类别
126	杨洪旺	男	1172201139	电力系统及其自动化	1007932020100139	工学硕士学位
127	杨晶晶	男	1172201140	电力系统及其自动化	1007932020100140	工学硕士学位
128	杨依睿	女	1172201142	电力系统及其自动化	1007932020100141	工学硕士学位
129	杨　粤	男	1172201144	电力系统及其自动化	1007932020100142	工学硕士学位
130	杨　哲	男	1172201145	电力系统及其自动化	1007932020100143	工学硕士学位
131	姚尚润	女	1172201146	电力系统及其自动化	1007932020100144	工学硕士学位
132	印　昊	男	1172201147	电力系统及其自动化	1007932020100145	工学硕士学位
133	应晓亮	男	1172201148	电力系统及其自动化	1007932020100146	工学硕士学位
134	应宇鹏	男	1172201149	电力系统及其自动化	1007932020100147	工学硕士学位
135	尤嘉钰	女	1172201150	电力系统及其自动化	1007932020100148	工学硕士学位
136	于立佳	男	1172201151	电力系统及其自动化	1007932020100149	工学硕士学位
137	余青蔚	女	1172201152	电力系统及其自动化	1007932020100150	工学硕士学位
138	喻建瑜	男	1172201153	电力系统及其自动化	1007932020100151	工学硕士学位
139	张继元	男	1172201154	电力系统及其自动化	1007932020100152	工学硕士学位
140	张嘉鑫	男	1172201155	电力系统及其自动化	1007932020100153	工学硕士学位
141	张韦维	女	1172201157	电力系统及其自动化	1007932020100154	工学硕士学位
142	张晓寒	女	1172201158	电力系统及其自动化	1007932020100155	工学硕士学位
143	张　欣	女	1172201159	电力系统及其自动化	1007932020100156	工学硕士学位
144	张　姚	女	1172201163	电力系统及其自动化	1007932020100157	工学硕士学位
145	张涌新	男	1172201166	电力系统及其自动化	1007932020100158	工学硕士学位
146	张　玉	女	1172201167	电力系统及其自动化	1007932020100159	工学硕士学位
147	赵创业	男	1172201168	电力系统及其自动化	1007932020100160	工学硕士学位
148	赵九才	男	1172201169	电力系统及其自动化	1007932020100161	工学硕士学位
149	赵诗萌	女	1172201170	电力系统及其自动化	1007932020100162	工学硕士学位
150	赵　双	女	1172201171	电力系统及其自动化	1007932020100163	工学硕士学位
151	赵显秋	男	1172201172	电力系统及其自动化	1007932020100164	工学硕士学位
152	郑安然	女	1172201173	电力系统及其自动化	1007932020100165	工学硕士学位
153	周琳洁	女	1172201176	电力系统及其自动化	1007932020100166	工学硕士学位
154	朱　旭	男	1172201178	电力系统及其自动化	1007932020100167	工学硕士学位
155	朱正轩	男	1172201179	电力系统及其自动化	1007932020100168	工学硕士学位
156	韩志敏	男	1172201335	电子科学与技术	1007932020100311	工学硕士学位
157	胡艺凡	女	1172201337	电子科学与技术	1007932020100312	工学硕士学位
158	郎族吉	男	1172201339	电子科学与技术	1007932020100313	工学硕士学位
159	刘博伦	男	1172201340	电子科学与技术	1007932020100314	工学硕士学位
160	刘　超	男	1172201341	电子科学与技术	1007932020100315	工学硕士学位
161	卢娟娟	女	1172201342	电子科学与技术	1007932020100316	工学硕士学位
162	潘慧东	男	1172201343	电子科学与技术	1007932020100317	工学硕士学位
163	王熙乾	男	1172201344	电子科学与技术	1007932020100318	工学硕士学位
164	韦慧兰	女	1172201346	电子科学与技术	1007932020100319	工学硕士学位

续表

序号	姓名	性别	学号	专业名称	学位证书号	学位类别
165	谢　东	男	1172201347	电子科学与技术	1007932020100320	工学硕士学位
166	尹梦宾	男	1172201349	电子科学与技术	1007932020100321	工学硕士学位
167	张　昊	男	1172201350	电子科学与技术	1007932020100322	工学硕士学位
168	艾　昕	男	1172201392	高电压与绝缘技术	1007932020100361	工学硕士学位
169	高泽盟	男	1172201395	高电压与绝缘技术	1007932020100362	工学硕士学位
170	韩　昊	男	1172201396	高电压与绝缘技术	1007932020100363	工学硕士学位
171	李日东	男	1172201397	高电压与绝缘技术	1007932020100364	工学硕士学位
172	刘沛轩	男	1172201398	高电压与绝缘技术	1007932020100365	工学硕士学位
173	路士杰	男	1172201399	高电压与绝缘技术	1007932020100366	工学硕士学位
174	宁中正	男	1172201400	高电压与绝缘技术	1007932020100367	工学硕士学位
175	牛铭康	男	1172201401	高电压与绝缘技术	1007932020100368	工学硕士学位
176	齐佳乐	男	1172201402	高电压与绝缘技术	1007932020100369	工学硕士学位
177	孙文秀	女	1172201404	高电压与绝缘技术	1007932020100370	工学硕士学位
178	王　成	男	1172201405	高电压与绝缘技术	1007932020100371	工学硕士学位
179	王一鸣	男	1172201407	高电压与绝缘技术	1007932020100372	工学硕士学位
180	张敏昊	男	1172201410	高电压与绝缘技术	1007932020100373	工学硕士学位
181	张若愚	男	1172201412	高电压与绝缘技术	1007932020100374	工学硕士学位
182	张　蔚	女	1172201413	高电压与绝缘技术	1007932020100375	工学硕士学位
183	赵晨昊	女	1172201414	高电压与绝缘技术	1007932020100376	工学硕士学位
184	常宛露	女	1172201416	信息与通信工程	1007932020100377	工学硕士学位
185	陈京生	男	1172201417	信息与通信工程	1007932020100378	工学硕士学位
186	陈一童	男	1172201418	信息与通信工程	1007932020100379	工学硕士学位
187	高　瑞	男	1172201420	信息与通信工程	1007932020100380	工学硕士学位
188	关书娟	女	1172201421	信息与通信工程	1007932020100381	工学硕士学位
189	郭宇飞	男	1172201423	信息与通信工程	1007932020100382	工学硕士学位
190	贾滨诚	男	1172201424	信息与通信工程	1007932020100383	工学硕士学位
191	李昊洋	男	1172201425	信息与通信工程	1007932020100384	工学硕士学位
192	李　玥	女	1172201426	信息与通信工程	1007932020100385	工学硕士学位
193	梁凯鑫	女	1172201427	信息与通信工程	1007932020100386	工学硕士学位
194	林润哲	男	1172201428	信息与通信工程	1007932020100387	工学硕士学位
195	刘昌利	男	1172201429	信息与通信工程	1007932020100388	工学硕士学位
196	刘思放	女	1172201430	信息与通信工程	1007932020100389	工学硕士学位
197	罗　芳	女	1172201431	信息与通信工程	1007932020100390	工学硕士学位
198	潘　娟	女	1172201432	信息与通信工程	1007932020100391	工学硕士学位
199	乔　冉	女	1172201433	信息与通信工程	1007932020100392	工学硕士学位
200	苏蓓蓓	女	1172201434	信息与通信工程	1007932020100393	工学硕士学位
201	王志伟	男	1172201435	信息与通信工程	1007932020100394	工学硕士学位
202	王忠钰	男	1172201436	信息与通信工程	1007932020100395	工学硕士学位
203	韦荣桃	女	1172201437	信息与通信工程	1007932020100396	工学硕士学位

续表

序号	姓名	性别	学号	专业名称	学位证书号	学位类别
204	魏沛芳	女	1172201438	信息与通信工程	1007932020100397	工学硕士学位
205	夏　昂	女	1172201439	信息与通信工程	1007932020100398	工学硕士学位
206	夏　琰	女	1172201440	信息与通信工程	1007932020100399	工学硕士学位
207	邢孟孟	女	1172201441	信息与通信工程	1007932020100400	工学硕士学位
208	薛钦元	男	1172201442	信息与通信工程	1007932020100401	工学硕士学位
209	伊利琛	男	1172201443	信息与通信工程	1007932020100402	工学硕士学位
210	赵晨凯	男	1172201444	信息与通信工程	1007932020100403	工学硕士学位
211	郑陈熹	男	1172201445	信息与通信工程	1007932020100404	工学硕士学位
212	李雪松	男	1172202002	材料科学与工程	1007932020100405	工学硕士学位
213	李泽民	男	1172202003	材料科学与工程	1007932020100406	工学硕士学位
214	刘　奇	男	1172202004	材料科学与工程	1007932020100407	工学硕士学位
215	刘欣蕊	女	1172202005	材料科学与工程	1007932020100408	工学硕士学位
216	刘　钰	女	1172202006	材料科学与工程	1007932020100409	工学硕士学位
217	马前程	男	1172202007	材料科学与工程	1007932020100410	工学硕士学位
218	孙　振	女	1172202008	材料科学与工程	1007932020100411	工学硕士学位
219	唐德振	男	1172202009	材料科学与工程	1007932020100412	工学硕士学位
220	唐　磊	男	1172202010	材料科学与工程	1007932020100413	工学硕士学位
221	田忠原	男	1172202011	材料科学与工程	1007932020100414	工学硕士学位
222	王　婷	女	1172202013	材料科学与工程	1007932020100415	工学硕士学位
223	王鑫宇	男	1172202014	材料科学与工程	1007932020100416	工学硕士学位
224	杨硕望	女	1172202016	材料科学与工程	1007932020100417	工学硕士学位
225	张鹏鲲	男	1172202017	材料科学与工程	1007932020100418	工学硕士学位
226	朱万利	男	1172202018	材料科学与工程	1007932020100419	工学硕士学位
227	康浩强	男	1172202099	动力机械及工程	1007932020100488	工学硕士学位
228	刘海浪	男	1172202100	动力机械及工程	1007932020100489	工学硕士学位
229	刘　璐	女	1172202101	动力机械及工程	1007932020100490	工学硕士学位
230	马立群	男	1172202103	动力机械及工程	1007932020100491	工学硕士学位
231	马　丽	女	1172202104	动力机械及工程	1007932020100492	工学硕士学位
232	蒲正清	男	1172202105	动力机械及工程	1007932020100493	工学硕士学位
233	魏　庆	男	1172202106	动力机械及工程	1007932020100494	工学硕士学位
234	高　歌	女	1172202108	工程热物理	1007932020100495	工学硕士学位
235	孙蔓蔓	女	1172202110	工程热物理	1007932020100496	工学硕士学位
236	王桂洲	男	1172202111	工程热物理	1007932020100497	工学硕士学位
237	吴基文	男	1172202112	工程热物理	1007932020100498	工学硕士学位
238	肖红洋	男	1172202113	工程热物理	1007932020100499	工学硕士学位
239	于俊杰	男	1172202115	工程热物理	1007932020100500	工学硕士学位
240	周儒鸿	女	1172202116	工程热物理	1007932020100501	工学硕士学位
241	白思彬	女	1172202117	供热、供燃气、通风及空调工程	1007932020100502	工学硕士学位
242	程万里	男	1172202118	供热、供燃气、通风及空调工程	1007932020100503	工学硕士学位

续表

序号	姓名	性别	学号	专业名称	学位证书号	学位类别
243	王慧丽	女	1172202119	供热、供燃气、通风及空调工程	1007932020100504	工学硕士学位
244	杨中华	男	1172202120	供热、供燃气、通风及空调工程	1007932020100505	工学硕士学位
245	王传风	男	1172202121	化工过程机械	1007932020100506	工学硕士学位
246	陈旭鑫	女	1172202123	化学工程	1007932020100507	工学硕士学位
247	刘一晨	男	1172202124	化学工程	1007932020100508	工学硕士学位
248	崔宜伟	男	1172202125	机械工程	1007932020100509	工学硕士学位
249	胡　鑫	男	1172202129	机械工程	1007932020100513	工学硕士学位
250	黄庭栋	男	1172202131	机械工程	1007932020100515	工学硕士学位
251	雷　雨	女	1172202134	机械工程	1007932020100518	工学硕士学位
252	李　傲	女	1172202135	机械工程	1007932020100519	工学硕士学位
253	李　佳	女	1172202136	机械工程	1007932020100520	工学硕士学位
254	刘俊华	女	1172202140	机械工程	1007932020100524	工学硕士学位
255	宋纯宁	男	1172202143	机械工程	1007932020100527	工学硕士学位
256	王　阳	男	1172202147	机械工程	1007932020100531	工学硕士学位
257	吴　悸	男	1172202150	机械工程	1007932020100533	工学硕士学位
258	徐大祎	男	1172202151	机械工程	1007932020100534	工学硕士学位
259	叶培祥	男	1172202154	机械工程	1007932020100537	工学硕士学位
260	尹嘉祺	男	1172202155	机械工程	1007932020100538	工学硕士学位
261	袁　帅	男	1172202156	机械工程	1007932020100539	工学硕士学位
262	廖阳宇	男	1172202160	流体机械及工程	1007932020100542	工学硕士学位
263	闫小超	男	1172202161	流体机械及工程	1007932020100543	工学硕士学位
264	曹东宏	男	1172202163	热能工程	1007932020100544	工学硕士学位
265	陈　灿	男	1172202164	热能工程	1007932020100545	工学硕士学位
266	程　健	男	1172202165	热能工程	1007932020100546	工学硕士学位
267	程齐勇	男	1172202166	热能工程	1007932020100547	工学硕士学位
268	代礼豪	男	1172202167	热能工程	1007932020100548	工学硕士学位
269	豆朝宗	男	1172202168	热能工程	1007932020100549	工学硕士学位
270	冯凌杰	女	1172202169	热能工程	1007932020100550	工学硕士学位
271	韩旭东	男	1172202171	热能工程	1007932020100551	工学硕士学位
272	侯天琦	男	1172202172	热能工程	1007932020100552	工学硕士学位
273	侯哲帆	男	1172202173	热能工程	1007932020100553	工学硕士学位
274	胡　涵	男	1172202174	热能工程	1007932020100554	工学硕士学位
275	黄　超	男	1172202175	热能工程	1007932020100555	工学硕士学位
276	蒋大浪	男	1172202177	热能工程	1007932020100556	工学硕士学位
277	康　毅	男	1172202178	热能工程	1007932020100557	工学硕士学位
278	孔庆盼	男	1172202179	热能工程	1007932020100558	工学硕士学位
279	兰晗晖	男	1172202180	热能工程	1007932020100559	工学硕士学位
280	雷俊鹏	男	1172202181	热能工程	1007932020100560	工学硕士学位
281	李　昊	男	1172202183	热能工程	1007932020100561	工学硕士学位

续表

序号	姓名	性别	学号	专业名称	学位证书号	学位类别
282	李佳昕	男	1172202184	热能工程	1007932020100562	工学硕士学位
283	李健宁	男	1172202185	热能工程	1007932020100563	工学硕士学位
284	李羡扬	女	1172202186	热能工程	1007932020100564	工学硕士学位
285	李祥升	男	1172202187	热能工程	1007932020100565	工学硕士学位
286	李潇洒	女	1172202188	热能工程	1007932020100566	工学硕士学位
287	梁　甜	女	1172202190	热能工程	1007932020100567	工学硕士学位
288	刘海波	女	1172202191	热能工程	1007932020100568	工学硕士学位
289	刘　文	男	1172202192	热能工程	1007932020100569	工学硕士学位
290	吕培鑫	男	1172202194	热能工程	1007932020100570	工学硕士学位
291	南　雄	男	1172202196	热能工程	1007932020100571	工学硕士学位
292	齐　震	男	1172202197	热能工程	1007932020100572	工学硕士学位
293	佘青汀	女	1172202198	热能工程	1007932020100573	工学硕士学位
294	孙卓伦	男	1172202199	热能工程	1007932020100574	工学硕士学位
295	王梦宵	男	1172202201	热能工程	1007932020100575	工学硕士学位
296	王妮妮	女	1172202202	热能工程	1007932020100576	工学硕士学位
297	王　泉	男	1172202203	热能工程	1007932020100577	工学硕士学位
298	王小惠	女	1172202205	热能工程	1007932020100578	工学硕士学位
299	王彦博	男	1172202206	热能工程	1007932020100579	工学硕士学位
300	王艺璨	男	1172202207	热能工程	1007932020100580	工学硕士学位
301	肖　翾	男	1172202208	热能工程	1007932020100581	工学硕士学位
302	徐　帅	男	1172202209	热能工程	1007932020100582	工学硕士学位
303	杨　名	男	1172202210	热能工程	1007932020100583	工学硕士学位
304	叶治洲	男	1172202211	热能工程	1007932020100584	工学硕士学位
305	余瑞民	男	1172202212	热能工程	1007932020100585	工学硕士学位
306	张天清	男	1172202213	热能工程	1007932020100586	工学硕士学位
307	张　拓	男	1172202214	热能工程	1007932020100587	工学硕士学位
308	仲　华	女	1172202217	热能工程	1007932020100588	工学硕士学位
309	周　倩	女	1172202218	热能工程	1007932020100589	工学硕士学位
310	陈　清	男	1172202219	制冷及低温工程	1007932020100590	工学硕士学位
311	吴敏庭	女	1172202220	制冷及低温工程	1007932020100591	工学硕士学位
312	付红娟	女	1172206001	产业经济学	1007932020100592	经济学硕士学位
313	毛楷文	男	1172206003	产业经济学	1007932020100593	经济学硕士学位
314	武晓霞	女	1172206004	产业经济学	1007932020100594	经济学硕士学位
315	戴赛岚	女	1172206110	管理科学与工程	1007932020100649	工学硕士学位
316	董文佳	女	1172206111	管理科学与工程	1007932020100650	工学硕士学位
317	贾卫兵	男	1172206113	管理科学与工程	1007932020100651	工学硕士学位
318	李格格	女	1172206114	管理科学与工程	1007932020100652	工学硕士学位
319	李天芝	女	1172206115	管理科学与工程	1007932020100653	工学硕士学位
320	栗安琪	女	1172206116	管理科学与工程	1007932020100654	工学硕士学位

续表

序号	姓名	性别	学号	专业名称	学位证书号	学位类别
321	刘亚楠	女	1172206118	管理科学与工程	1007932020100655	工学硕士学位
322	齐志平	男	1172206121	管理科学与工程	1007932020100656	工学硕士学位
323	裘莫寒	女	1172206122	管理科学与工程	1007932020100657	工学硕士学位
324	时　磊	男	1172206123	管理科学与工程	1007932020100658	工学硕士学位
325	宋籽锌	女	1172206124	管理科学与工程	1007932020100659	工学硕士学位
326	童　凌	女	1172206125	管理科学与工程	1007932020100660	工学硕士学位
327	王丽娜	女	1172206126	管理科学与工程	1007932020100661	工学硕士学位
328	闫雨东	男	1172206129	管理科学与工程	1007932020100662	工学硕士学位
329	阳佳颖	女	1172206130	管理科学与工程	1007932020100663	工学硕士学位
330	叶博童	女	1172206131	管理科学与工程	1007932020100664	工学硕士学位
331	叶　琪	女	1172206132	管理科学与工程	1007932020100665	工学硕士学位
332	张卜元	男	1172206134	管理科学与工程	1007932020100666	工学硕士学位
333	张　超	男	1172206135	管理科学与工程	1007932020100667	工学硕士学位
334	张静霞	女	1172206136	管理科学与工程	1007932020100668	工学硕士学位
335	朱少闻	男	1172206139	管理科学与工程	1007932020100669	工学硕士学位
336	陈　璐	女	1172206183	会计学	1007932020100707	管理学硕士学位
337	林湘敏	女	1172206185	会计学	1007932020100708	管理学硕士学位
338	林燕如	女	1172206186	会计学	1007932020100709	管理学硕士学位
339	夏　凡	女	1172206187	会计学	1007932020100710	管理学硕士学位
340	邢南楠	女	1172206188	会计学	1007932020100711	管理学硕士学位
341	闫文婧	女	1172206189	会计学	1007932020100712	管理学硕士学位
342	邹晓囡	女	1172206191	会计学	1007932020100713	管理学硕士学位
343	艾　昱	女	1172206192	技术经济及管理	1007932020100714	管理学硕士学位
344	陈芃起	男	1172206193	技术经济及管理	1007932020100715	管理学硕士学位
345	陈威成	男	1172206194	技术经济及管理	1007932020100716	管理学硕士学位
346	陈云斐	女	1172206195	技术经济及管理	1007932020100717	管理学硕士学位
347	费云志	男	1172206196	技术经济及管理	1007932020100718	管理学硕士学位
348	付成然	女	1172206197	技术经济及管理	1007932020100719	管理学硕士学位
349	韩雅儒	女	1172206198	技术经济及管理	1007932020100720	管理学硕士学位
350	何　倩	女	1172206199	技术经济及管理	1007932020100721	管理学硕士学位
351	李明珠	女	1172206201	技术经济及管理	1007932020100722	管理学硕士学位
352	李　偲	女	1172206202	技术经济及管理	1007932020100723	管理学硕士学位
353	李　卫	女	1172206203	技术经济及管理	1007932020100724	管理学硕士学位
354	李霄彤	女	1172206204	技术经济及管理	1007932020100725	管理学硕士学位
355	厉　艳	女	1172206205	技术经济及管理	1007932020100726	管理学硕士学位
356	刘　谧	女	1172206206	技术经济及管理	1007932020100727	管理学硕士学位
357	马江林	男	1172206207	技术经济及管理	1007932020100728	管理学硕士学位
358	聂麟鹏	男	1172206208	技术经济及管理	1007932020100729	管理学硕士学位
359	浦　迪	女	1172206209	技术经济及管理	1007932020100730	管理学硕士学位

续表

序号	姓名	性别	学号	专业名称	学位证书号	学位类别
360	邵双双	女	1172206211	技术经济及管理	1007932020100731	管理学硕士学位
361	闫　宁	女	1172206212	技术经济及管理	1007932020100732	管理学硕士学位
362	杨　杰	男	1172206213	技术经济及管理	1007932020100733	管理学硕士学位
363	杨培文	男	1172206214	技术经济及管理	1007932020100734	管理学硕士学位
364	杨　婷	女	1172206215	技术经济及管理	1007932020100735	管理学硕士学位
365	杨　艳	女	1172206216	技术经济及管理	1007932020100736	管理学硕士学位
366	叶嘉雯	女	1172206217	技术经济及管理	1007932020100737	管理学硕士学位
367	叶钰童	女	1172206218	技术经济及管理	1007932020100738	管理学硕士学位
368	袁程浩	男	1172206219	技术经济及管理	1007932020100739	管理学硕士学位
369	张琳舒	女	1172206220	技术经济及管理	1007932020100740	管理学硕士学位
370	赵　蕊	女	1172206221	技术经济及管理	1007932020100741	管理学硕士学位
371	钟志鸣	男	1172206222	技术经济及管理	1007932020100742	管理学硕士学位
372	李亭亭	女	1172206223	金融学	1007932020100743	经济学硕士学位
373	原仙鹤	女	1172206224	金融学	1007932020100744	经济学硕士学位
374	曾昱榕	女	1172206225	企业管理	1007932020100745	管理学硕士学位
375	崔梦瑶	女	1172206226	企业管理	1007932020100746	管理学硕士学位
376	罗珍珍	女	1172206227	企业管理	1007932020100747	管理学硕士学位
377	秦　琨	男	1172206228	企业管理	1007932020100748	管理学硕士学位
378	魏翔宇	女	1172206230	企业管理	1007932020100749	管理学硕士学位
379	张　凯	男	1172206233	企业管理	1007932020100750	管理学硕士学位
380	张译丹	女	1172206234	企业管理	1007932020100751	管理学硕士学位
381	周　宁	男	1172206235	企业管理	1007932020100752	管理学硕士学位
382	陈　杰	女	1172206236	统计学	1007932020100753	经济学硕士学位
383	李世豪	男	1172206237	统计学	1007932020100754	经济学硕士学位
384	李司陶	男	1172206238	统计学	1007932020100755	经济学硕士学位
385	杨　硕	女	1172206239	统计学	1007932020100756	经济学硕士学位
386	成佳琪	女	1172207001	法学	1007932020100779	法学硕士学位
387	高星宇	女	1172207002	法学	1007932020100780	法学硕士学位
388	申晓岚	女	1172207003	法学	1007932020100781	法学硕士学位
389	王海东	男	1172207004	法学	1007932020100782	法学硕士学位
390	王　森	女	1172207005	法学	1007932020100783	法学硕士学位
391	韦旭丹	女	1172207006	法学	1007932020100784	法学硕士学位
392	项　云	女	1172207007	法学	1007932020100785	法学硕士学位
393	徐文天	男	1172207008	法学	1007932020100786	法学硕士学位
394	杨　龙	男	1172207009	法学	1007932020100787	法学硕士学位
395	赵碧瑶	女	1172207010	法学	1007932020100788	法学硕士学位
396	周佳惠	女	1172207011	法学	1007932020100789	法学硕士学位
397	陈　曦	男	1172207014	公共管理	1007932020100791	管理学硕士学位
398	韩　露	女	1172207017	公共管理	1007932020100793	管理学硕士学位

续表

序号	姓名	性别	学号	专业名称	学位证书号	学位类别
399	贾烁扬	男	1172207020	公共管理	1007932020100796	管理学硕士学位
400	李其乐	男	1172207023	公共管理	1007932020100797	管理学硕士学位
401	刘　璇	女	1172207028	公共管理	1007932020100801	管理学硕士学位
402	罗静雯	女	1172207029	公共管理	1007932020100802	管理学硕士学位
403	斯琴塔娜	女	1172207031	公共管理	1007932020100804	管理学硕士学位
404	唐香玉	女	1172207033	公共管理	1007932020100805	管理学硕士学位
405	张国峰	男	1172207038	公共管理	1007932020100810	管理学硕士学位
406	陈　瑞	女	1172208001	外国语言学及应用语言学	1007932020100813	文学硕士学位
407	陈午童	女	1172208002	外国语言学及应用语言学	1007932020100814	文学硕士学位
408	李佳玲	女	1172208004	外国语言学及应用语言学	1007932020100815	文学硕士学位
409	梁　昕	女	1172208005	外国语言学及应用语言学	1007932020100816	文学硕士学位
410	彭梦莹	女	1172208006	外国语言学及应用语言学	1007932020100817	文学硕士学位
411	任晓净	女	1172208007	外国语言学及应用语言学	1007932020100818	文学硕士学位
412	桑丹丹	女	1172208008	外国语言学及应用语言学	1007932020100819	文学硕士学位
413	王冬慧	女	1172208009	外国语言学及应用语言学	1007932020100820	文学硕士学位
414	王俊萱	女	1172208010	外国语言学及应用语言学	1007932020100821	文学硕士学位
415	许正秋	女	1172208011	外国语言学及应用语言学	1007932020100822	文学硕士学位
416	赵丛莉	女	1172208012	外国语言学及应用语言学	1007932020100823	文学硕士学位
417	赵　乔	女	1172208013	外国语言学及应用语言学	1007932020100824	文学硕士学位
418	赵　硕	女	1172208014	外国语言学及应用语言学	1007932020100825	文学硕士学位
419	古　帆	女	1172208015	英语语言文学	1007932020100826	文学硕士学位
420	古丽妮尕尔・艾合麦提江	女	1172208016	英语语言文学	1007932020100827	文学硕士学位
421	康立清	男	1172208017	英语语言文学	1007932020100828	文学硕士学位
422	马青玲	女	1172208018	英语语言文学	1007932020100829	文学硕士学位
423	宋媛媛	女	1172208019	英语语言文学	1007932020100830	文学硕士学位
424	唐小珍	女	1172208020	英语语言文学	1007932020100831	文学硕士学位
425	董楠楠	女	1172209001	计算数学	1007932020100832	理学硕士学位
426	孔良潜	男	1172209002	计算数学	1007932020100833	理学硕士学位
427	马世琪	女	1172209003	计算数学	1007932020100834	理学硕士学位
428	王宝坤	男	1172209004	计算数学	1007932020100835	理学硕士学位
429	王东华	女	1172209005	计算数学	1007932020100836	理学硕士学位
430	王亚楠	女	1172209006	计算数学	1007932020100837	理学硕士学位
431	王玉凤	女	1172209007	计算数学	1007932020100838	理学硕士学位
432	徐凡婷	女	1172209008	计算数学	1007932020100839	理学硕士学位
433	杨子发	男	1172209009	计算数学	1007932020100840	理学硕士学位
434	张轩轩	男	1172209010	计算数学	1007932020100841	理学硕士学位
435	黄　苗	女	1172209011	理论物理	1007932020100842	理学硕士学位
436	刘　江	男	1172209012	理论物理	1007932020100843	理学硕士学位
437	王　鹏	男	1172209013	理论物理	1007932020100844	理学硕士学位

续表

序号	姓名	性别	学号	专业名称	学位证书号	学位类别
438	赵亚男	女	1172209014	理论物理	1007932020100845	理学硕士学位
439	成　鑫	女	1172209015	凝聚态物理	1007932020100846	理学硕士学位
440	高自纯	女	1172209016	凝聚态物理	1007932020100847	理学硕士学位
441	郎　潮	女	1172209017	凝聚态物理	1007932020100848	理学硕士学位
442	李慧贞	女	1172209018	凝聚态物理	1007932020100849	理学硕士学位
443	桑　娜	女	1172209019	凝聚态物理	1007932020100850	理学硕士学位
444	石　枫	女	1172209020	凝聚态物理	1007932020100851	理学硕士学位
445	王萌萌	女	1172209021	凝聚态物理	1007932020100852	理学硕士学位
446	张啟玥	女	1172209023	凝聚态物理	1007932020100853	理学硕士学位
447	赵微微	女	1172209024	凝聚态物理	1007932020100854	理学硕士学位
448	郜逸星	男	1172209025	应用数学	1007932020100855	理学硕士学位
449	霍志美	女	1172209026	应用数学	1007932020100856	理学硕士学位
450	孔　颖	女	1172209027	应用数学	1007932020100857	理学硕士学位
451	李菁菁	女	1172209028	应用数学	1007932020100858	理学硕士学位
452	李晓玉	女	1172209029	应用数学	1007932020100859	理学硕士学位
453	刘　钊	男	1172209030	应用数学	1007932020100860	理学硕士学位
454	潘　鸽	女	1172209031	应用数学	1007932020100861	理学硕士学位
455	宋义鑫	男	1172209033	应用数学	1007932020100862	理学硕士学位
456	肖　晟	男	1172209034	应用数学	1007932020100863	理学硕士学位
457	张子扬	男	1172209035	应用数学	1007932020100864	理学硕士学位
458	杜小飞	男	1172209064	运筹学与控制论	1007932020100893	理学硕士学位
459	王言文	男	1172209065	运筹学与控制论	1007932020100894	理学硕士学位
460	温仕龙	男	1172209066	运筹学与控制论	1007932020100895	理学硕士学位
461	岳小璐	女	1172209067	运筹学与控制论	1007932020100896	理学硕士学位
462	张雪峰	男	1172209068	运筹学与控制论	1007932020100897	理学硕士学位
463	张　彦	男	1172209069	运筹学与控制论	1007932020100898	理学硕士学位
464	陈　梦	女	1172211023	可再生能源与清洁能源	1007932020100919	工学硕士学位
465	陈　琪	男	1172211024	可再生能源与清洁能源	1007932020100920	工学硕士学位
466	陈书博	男	1172211025	可再生能源与清洁能源	1007932020100921	工学硕士学位
467	陈晓涵	女	1172211026	可再生能源与清洁能源	1007932020100922	工学硕士学位
468	韩　健	男	1172211027	可再生能源与清洁能源	1007932020100923	工学硕士学位
469	洪成允	男	1172211028	可再生能源与清洁能源	1007932020100924	工学硕士学位
470	胡傲宇	男	1172211029	可再生能源与清洁能源	1007932020100925	工学硕士学位
471	吉　亮	男	1172211031	可再生能源与清洁能源	1007932020100926	工学硕士学位
472	赖福兴	男	1172211032	可再生能源与清洁能源	1007932020100927	工学硕士学位
473	李　偲	女	1172211033	可再生能源与清洁能源	1007932020100928	工学硕士学位
474	刘　倩	女	1172211034	可再生能源与清洁能源	1007932020100929	工学硕士学位
475	马潇洋	男	1172211035	可再生能源与清洁能源	1007932020100930	工学硕士学位
476	彭　鹏	男	1172211036	可再生能源与清洁能源	1007932020100931	工学硕士学位

续表

序号	姓名	性别	学号	专业名称	学位证书号	学位类别
477	石鹏举	男	1172211037	可再生能源与清洁能源	1007932020100932	工学硕士学位
478	宋彦辛	男	1172211038	可再生能源与清洁能源	1007932020100933	工学硕士学位
479	孙文达	男	1172211039	可再生能源与清洁能源	1007932020100934	工学硕士学位
480	王臣赟	男	1172211042	可再生能源与清洁能源	1007932020100935	工学硕士学位
481	王海政	男	1172211043	可再生能源与清洁能源	1007932020100936	工学硕士学位
482	王佳琦	男	1172211044	可再生能源与清洁能源	1007932020100937	工学硕士学位
483	王俊涛	男	1172211045	可再生能源与清洁能源	1007932020100938	工学硕士学位
484	王雪颖	男	1172211046	可再生能源与清洁能源	1007932020100939	工学硕士学位
485	王则祥	男	1172211047	可再生能源与清洁能源	1007932020100940	工学硕士学位
486	吴伊雯	女	1172211048	可再生能源与清洁能源	1007932020100941	工学硕士学位
487	郗文康	男	1172211049	可再生能源与清洁能源	1007932020100942	工学硕士学位
488	徐　雯	女	1172211050	可再生能源与清洁能源	1007932020100943	工学硕士学位
489	晏和进	男	1172211051	可再生能源与清洁能源	1007932020100944	工学硕士学位
490	杨　翁	男	1172211052	可再生能源与清洁能源	1007932020100945	工学硕士学位
491	张　欢	女	1172211053	可再生能源与清洁能源	1007932020100946	工学硕士学位
492	张雨薇	女	1172211054	可再生能源与清洁能源	1007932020100947	工学硕士学位
493	郑宇鹏	男	1172211056	可再生能源与清洁能源	1007932020100948	工学硕士学位
494	朱琎琦	男	1172211057	可再生能源与清洁能源	1007932020100949	工学硕士学位
495	张　宁	男	1172211063	水工结构工程	1007932020100950	工学硕士学位
496	郑泽知	男	1172211064	水工结构工程	1007932020100951	工学硕士学位
497	刘云龙	男	1172211069	水利水电工程	1007932020100952	工学硕士学位
498	罗宗保	男	1172211070	水利水电工程	1007932020100953	工学硕士学位
499	孙　瑞	男	1172211071	水利水电工程	1007932020100954	工学硕士学位
500	王一鸣	男	1172211072	水利水电工程	1007932020100955	工学硕士学位
501	陈　冲	女	1172211074	水文学及水资源	1007932020100956	工学硕士学位
502	何卓林	男	1172211076	水文学及水资源	1007932020100957	工学硕士学位
503	雷凯文	男	1172211078	水文学及水资源	1007932020100958	工学硕士学位
504	李树森	男	1172211079	水文学及水资源	1007932020100959	工学硕士学位
505	李泽豪	男	1172211080	水文学及水资源	1007932020100960	工学硕士学位
506	梁希金	男	1172211081	水文学及水资源	1007932020100961	工学硕士学位
507	刘焕龙	男	1172211082	水文学及水资源	1007932020100962	工学硕士学位
508	屈承珺	男	1172211083	水文学及水资源	1007932020100963	工学硕士学位
509	时玉龙	男	1172211084	水文学及水资源	1007932020100964	工学硕士学位
510	王　爽	女	1172211085	水文学及水资源	1007932020100965	工学硕士学位
511	王伟鹏	男	1172211086	水文学及水资源	1007932020100966	工学硕士学位
512	魏晓雯	女	1172211087	水文学及水资源	1007932020100967	工学硕士学位
513	吴智健	男	1172211088	水文学及水资源	1007932020100968	工学硕士学位
514	徐艳丽	女	1172211089	水文学及水资源	1007932020100969	工学硕士学位
515	薛宇轩	男	1172211091	水文学及水资源	1007932020100970	工学硕士学位

续表

序号	姓名	性别	学号	专业名称	学位证书号	学位类别
516	杨家升	男	1172211092	水文学及水资源	1007932020100971	工学硕士学位
517	张继鹏	男	1172211093	水文学及水资源	1007932020100972	工学硕士学位
518	郑玉婷	女	1172211094	水文学及水资源	1007932020100973	工学硕士学位
519	陈双龙	男	1172212015	核科学与技术	1007932020100987	工学硕士学位
520	陈浠毓	男	1172212016	核科学与技术	1007932020100988	工学硕士学位
521	代　妮	女	1172212017	核科学与技术	1007932020100989	工学硕士学位
522	丁云龙	男	1172212018	核科学与技术	1007932020100990	工学硕士学位
523	樊雨轩	女	1172212019	核科学与技术	1007932020100991	工学硕士学位
524	关淑贤	女	1172212020	核科学与技术	1007932020100992	工学硕士学位
525	黄俊峰	男	1172212021	核科学与技术	1007932020100993	工学硕士学位
526	李浩永	男	1172212022	核科学与技术	1007932020100994	工学硕士学位
527	李　民	男	1172212023	核科学与技术	1007932020100995	工学硕士学位
528	李奕彤	男	1172212024	核科学与技术	1007932020100996	工学硕士学位
529	李志豪	男	1172212025	核科学与技术	1007932020100997	工学硕士学位
530	梁瑞仙	男	1172212026	核科学与技术	1007932020100998	工学硕士学位
531	林盛盛	男	1172212027	核科学与技术	1007932020100999	工学硕士学位
532	刘　飘	男	1172212028	核科学与技术	1007932020101000	工学硕士学位
533	马玉琢	男	1172212029	核科学与技术	1007932020101001	工学硕士学位
534	孟祥源	男	1172212030	核科学与技术	1007932020101002	工学硕士学位
535	秦雪猛	男	1172212031	核科学与技术	1007932020101003	工学硕士学位
536	芮　恒	男	1172212032	核科学与技术	1007932020101004	工学硕士学位
537	盛　洁	女	1172212033	核科学与技术	1007932020101005	工学硕士学位
538	宋　怡	女	1172212034	核科学与技术	1007932020101006	工学硕士学位
539	宋智勇	男	1172212035	核科学与技术	1007932020101007	工学硕士学位
540	唐　辉	男	1172212036	核科学与技术	1007932020101008	工学硕士学位
541	王　聪	男	1172212037	核科学与技术	1007932020101009	工学硕士学位
542	王仕集	女	1172212038	核科学与技术	1007932020101010	工学硕士学位
543	王新宇	男	1172212039	核科学与技术	1007932020101011	工学硕士学位
544	王　昭	男	1172212040	核科学与技术	1007932020101012	工学硕士学位
545	吴之望	男	1172212041	核科学与技术	1007932020101013	工学硕士学位
546	夏先国	男	1172212042	核科学与技术	1007932020101014	工学硕士学位
547	许裕恒	男	1172212043	核科学与技术	1007932020101015	工学硕士学位
548	杨　乐	男	1172212044	核科学与技术	1007932020101016	工学硕士学位
549	殷亭茹	女	1172212046	核科学与技术	1007932020101017	工学硕士学位
550	张沛健	女	1172212048	核科学与技术	1007932020101018	工学硕士学位
551	张　瑞	女	1172212049	核科学与技术	1007932020101019	工学硕士学位
552	张子杨	男	1172212050	核科学与技术	1007932020101020	工学硕士学位
553	朱帅涛	男	1172212051	核科学与技术	1007932020101021	工学硕士学位
554	鄂万江	男	1172212052	核能科学与工程	1007932020101022	工学硕士学位

续表

序号	姓名	性别	学号	专业名称	学位证书号	学位类别
555	李智桥	女	1172227034	计算机系统结构	1007932020101055	工学硕士学位
556	苏 蒙	男	1172227035	计算机系统结构	1007932020101056	工学硕士学位
557	孙光宇	男	1172227036	计算机系统结构	1007932020101057	工学硕士学位
558	张 敏	女	1172227038	计算机系统结构	1007932020101058	工学硕士学位
559	郑智聪	男	1172227039	计算机系统结构	1007932020101059	工学硕士学位
560	艾 壮	男	1172227040	计算机应用技术	1007932020101060	工学硕士学位
561	安 然	男	1172227041	计算机应用技术	1007932020101061	工学硕士学位
562	陈鸿祥	男	1172227042	计算机应用技术	1007932020101062	工学硕士学位
563	陈 倩	女	1172227043	计算机应用技术	1007932020101063	工学硕士学位
564	陈亦奇	男	1172227044	计算机应用技术	1007932020101064	工学硕士学位
565	崔亚奇	女	1172227045	计算机应用技术	1007932020101065	工学硕士学位
566	顾 萌	女	1172227046	计算机应用技术	1007932020101066	工学硕士学位
567	郭彩云	女	1172227047	计算机应用技术	1007932020101067	工学硕士学位
568	何张鑫	男	1172227048	计算机应用技术	1007932020101068	工学硕士学位
569	黄立松	男	1172227049	计算机应用技术	1007932020101069	工学硕士学位
570	李露露	女	1172227051	计算机应用技术	1007932020101070	工学硕士学位
571	刘宝琦	男	1172227052	计算机应用技术	1007932020101071	工学硕士学位
572	刘雪妍	女	1172227053	计算机应用技术	1007932020101072	工学硕士学位
573	雒 佳	女	1172227054	计算机应用技术	1007932020101073	工学硕士学位
574	马 卞	女	1172227055	计算机应用技术	1007932020101074	工学硕士学位
575	马龙强	男	1172227056	计算机应用技术	1007932020101075	工学硕士学位
576	马学海	男	1172227057	计算机应用技术	1007932020101076	工学硕士学位
577	莫蓓蓓	女	1172227058	计算机应用技术	1007932020101077	工学硕士学位
578	裴云曼	女	1172227059	计算机应用技术	1007932020101078	工学硕士学位
579	孙 晋	男	1172227061	计算机应用技术	1007932020101079	工学硕士学位
580	唐子焯	男	1172227062	计算机应用技术	1007932020101080	工学硕士学位
581	田金月	女	1172227063	计算机应用技术	1007932020101081	工学硕士学位
582	王伯彦	男	1172227064	计算机应用技术	1007932020101082	工学硕士学位
583	王 健	男	1172227065	计算机应用技术	1007932020101083	工学硕士学位
584	王 垚	男	1172227066	计算机应用技术	1007932020101084	工学硕士学位
585	王 哲	女	1172227067	计算机应用技术	1007932020101085	工学硕士学位
586	魏 祺	男	1172227068	计算机应用技术	1007932020101086	工学硕士学位
587	吴领航	男	1172227069	计算机应用技术	1007932020101087	工学硕士学位
588	吴相发	男	1172227070	计算机应用技术	1007932020101088	工学硕士学位
589	薛 源	男	1172227071	计算机应用技术	1007932020101089	工学硕士学位
590	杨春晓	女	1172227072	计算机应用技术	1007932020101090	工学硕士学位
591	杨懿男	女	1172227074	计算机应用技术	1007932020101091	工学硕士学位
592	张睿恺	男	1172227075	计算机应用技术	1007932020101092	工学硕士学位
593	张潇龙	男	1172227076	计算机应用技术	1007932020101093	工学硕士学位

续表

序号	姓名	性别	学号	专业名称	学位证书号	学位类别
594	赵　鹏	男	1172227077	计算机应用技术	1007932020101094	工学硕士学位
595	陈鸿雁	女	1172227078	检测技术与自动化装置	1007932020101095	工学硕士学位
596	陈　卓	男	1172227079	检测技术与自动化装置	1007932020101096	工学硕士学位
597	储伴俊	男	1172227080	检测技术与自动化装置	1007932020101097	工学硕士学位
598	方黄峰	男	1172227081	检测技术与自动化装置	1007932020101098	工学硕士学位
599	解加盈	男	1172227082	检测技术与自动化装置	1007932020101099	工学硕士学位
600	李凤杰	女	1172227083	检测技术与自动化装置	1007932020101100	工学硕士学位
601	刘闽建	女	1172227084	检测技术与自动化装置	1007932020101101	工学硕士学位
602	马康丰	男	1172227085	检测技术与自动化装置	1007932020101102	工学硕士学位
603	王　锋	男	1172227088	检测技术与自动化装置	1007932020101103	工学硕士学位
604	徐金晖	女	1172227089	检测技术与自动化装置	1007932020101104	工学硕士学位
605	赵　松	男	1172227092	检测技术与自动化装置	1007932020101105	工学硕士学位
606	陈峥嵘	男	1172227148	控制理论与控制工程	1007932020101160	工学硕士学位
607	崔光磊	男	1172227149	控制理论与控制工程	1007932020101161	工学硕士学位
608	戴晓燕	女	1172227150	控制理论与控制工程	1007932020101162	工学硕士学位
609	董金凤	女	1172227151	控制理论与控制工程	1007932020101163	工学硕士学位
610	方月建	男	1172227152	控制理论与控制工程	1007932020101164	工学硕士学位
611	冯鹏远	男	1172227153	控制理论与控制工程	1007932020101165	工学硕士学位
612	郭冉冉	女	1172227154	控制理论与控制工程	1007932020101166	工学硕士学位
613	何文宇	男	1172227155	控制理论与控制工程	1007932020101167	工学硕士学位
614	黄一北	女	1172227156	控制理论与控制工程	1007932020101168	工学硕士学位
615	贾新潮	男	1172227157	控制理论与控制工程	1007932020101169	工学硕士学位
616	李晓彬	男	1172227158	控制理论与控制工程	1007932020101170	工学硕士学位
617	林　润	男	1172227159	控制理论与控制工程	1007932020101171	工学硕士学位
618	罗　瑞	女	1172227160	控制理论与控制工程	1007932020101172	工学硕士学位
619	罗　玮	女	1172227161	控制理论与控制工程	1007932020101173	工学硕士学位
620	罗　颖	女	1172227162	控制理论与控制工程	1007932020101174	工学硕士学位
621	罗子睿	男	1172227163	控制理论与控制工程	1007932020101175	工学硕士学位
622	潘晨阳	女	1172227164	控制理论与控制工程	1007932020101176	工学硕士学位
623	秦　策	男	1172227166	控制理论与控制工程	1007932020101177	工学硕士学位
624	王福豹	男	1172227168	控制理论与控制工程	1007932020101178	工学硕士学位
625	王会盼	男	1172227169	控制理论与控制工程	1007932020101179	工学硕士学位
626	王嘉俊	男	1172227170	控制理论与控制工程	1007932020101180	工学硕士学位
627	王瑞田	女	1172227171	控制理论与控制工程	1007932020101181	工学硕士学位
628	王　鑫	男	1172227172	控制理论与控制工程	1007932020101182	工学硕士学位
629	王媛媛	女	1172227173	控制理论与控制工程	1007932020101183	工学硕士学位
630	吴　倩	女	1172227174	控制理论与控制工程	1007932020101184	工学硕士学位
631	吴振民	男	1172227175	控制理论与控制工程	1007932020101185	工学硕士学位
632	武志强	男	1172227176	控制理论与控制工程	1007932020101186	工学硕士学位

续表

序号	姓名	性别	学号	专业名称	学位证书号	学位类别
633	奚芸华	女	1172227177	控制理论与控制工程	1007932020101187	工学硕士学位
634	杨　婷	女	1172227178	控制理论与控制工程	1007932020101188	工学硕士学位
635	张佳辉	男	1172227179	控制理论与控制工程	1007932020101189	工学硕士学位
636	张　威	男	1172227180	控制理论与控制工程	1007932020101190	工学硕士学位
637	张宇森	男	1172227181	控制理论与控制工程	1007932020101191	工学硕士学位
638	安　馨	女	1172227182	模式识别与智能系统	1007932020101192	工学硕士学位
639	柴雨桐	女	1172227183	模式识别与智能系统	1007932020101193	工学硕士学位
640	韩明蕾	女	1172227184	模式识别与智能系统	1007932020101194	工学硕士学位
641	李枭宇	男	1172227185	模式识别与智能系统	1007932020101195	工学硕士学位
642	廉　洁	男	1172227186	模式识别与智能系统	1007932020101196	工学硕士学位
643	刘海燕	女	1172227187	模式识别与智能系统	1007932020101197	工学硕士学位
644	闵　睿	女	1172227189	模式识别与智能系统	1007932020101198	工学硕士学位
645	乔星宇	男	1172227190	模式识别与智能系统	1007932020101199	工学硕士学位
646	宋　哲	男	1172227191	模式识别与智能系统	1007932020101200	工学硕士学位
647	王梓丞	男	1172227192	模式识别与智能系统	1007932020101201	工学硕士学位
648	魏　更	男	1172227193	模式识别与智能系统	1007932020101202	工学硕士学位
649	殷　月	男	1172227194	模式识别与智能系统	1007932020101203	工学硕士学位
650	邹昌铭	男	1172227195	模式识别与智能系统	1007932020101204	工学硕士学位
651	韩淑宇	女	1172227200	软件工程	1007932020101209	工学硕士学位
652	李嘉颖	女	1172227203	软件工程	1007932020101212	工学硕士学位
653	卢　琼	女	1172227204	软件工程	1007932020101213	工学硕士学位
654	薛文昊	男	1172227209	软件工程	1007932020101217	工学硕士学位
655	张奥鑫	男	1172227210	软件工程	1007932020101218	工学硕士学位
656	张加其	男	1172227211	软件工程	1007932020101219	工学硕士学位
657	张　鹏	男	1172227212	软件工程	1007932020101220	工学硕士学位
658	陈　闯	男	1172227213	系统工程	1007932020101221	工学硕士学位
659	王　维	男	1172227214	系统工程	1007932020101222	工学硕士学位
660	薛亚娜	女	1172227215	系统工程	1007932020101223	工学硕士学位
661	张　军	男	1172227216	系统工程	1007932020101224	工学硕士学位
662	赵聪杰	男	1172227217	系统工程	1007932020101225	工学硕士学位
663	解紫桐	女	1172228001	思想政治教育	1007932020101226	法学硕士学位
664	刘洋洋	女	1172228002	思想政治教育	1007932020101227	法学硕士学位
665	律　茵	女	1172228003	思想政治教育	1007932020101228	法学硕士学位
666	孙晓宇	女	1172228004	思想政治教育	1007932020101229	法学硕士学位
667	张剑蓉	女	1172228005	思想政治教育	1007932020101230	法学硕士学位
668	张雨洁	女	1172228006	思想政治教育	1007932020101231	法学硕士学位
669	钟　华	女	1172228007	思想政治教育	1007932020101232	法学硕士学位
670	高千卓	男	1172229010	环境科学	1007932020101241	工学硕士学位
671	李　蕾	女	1172229011	环境科学	1007932020101242	工学硕士学位

续表

序号	姓名	性别	学号	专业名称	学位证书号	学位类别
672	刘国强	男	1172229012	环境科学	1007932020101243	工学硕士学位
673	马俊平	女	1172229013	环境科学	1007932020101244	工学硕士学位
674	吴忆涵	女	1172229015	环境科学	1007932020101245	工学硕士学位
675	赵超锋	男	1172229016	环境科学	1007932020101246	工学硕士学位
676	赵志荣	女	1172229017	环境科学	1007932020101247	工学硕士学位
677	周　南	男	1172229018	环境科学	1007932020101248	工学硕士学位
678	赖毓娴	女	1172229024	环境工程	1007932020101253	工学硕士学位
679	李　晨	男	1172229025	环境工程	1007932020101254	工学硕士学位
680	李　青	男	1172229028	环境工程	1007932020101256	工学硕士学位
681	刘　琳	男	1172229030	环境工程	1007932020101258	工学硕士学位
682	孟　娜	女	1172229032	环境工程	1007932020101260	工学硕士学位
683	宋　瑶	女	1172229033	环境工程	1007932020101261	工学硕士学位
684	孙佳政	男	1172229034	环境工程	1007932020101262	工学硕士学位
685	田　炜	女	1172229037	环境工程	1007932020101265	工学硕士学位
686	王晓峰	女	1172229038	环境工程	1007932020101266	工学硕士学位
687	王　旭	女	1172229039	环境工程	1007932020101267	工学硕士学位
688	武盼盼	女	1172229040	环境工程	1007932020101268	工学硕士学位
689	邢向阳	女	1172229041	环境工程	1007932020101269	工学硕士学位
690	赵　晴	女	1172229044	环境工程	1007932020101272	工学硕士学位
691	SAAD MAQSOOD	男	1174200040	核科学与技术	1007932020101282	工学硕士学位
692	ERUM ASRA QASMI	女	1174200057	可再生能源与清洁能源	1007932020101283	工学硕士学位
693	GIBRILLA CONTEH	男	1164200099	电力系统及其自动化	1007932020101284	工学硕士学位
694	MAZHAR ALI	男	1174200080	电力系统及其自动化	1007932020101285	工学硕士学位
695	MUDASSAR ZIA	男	1174200145	控制科学与工程	1007932020101286	工学硕士学位
696	CHERNOH SULAIMAN JALLOH	男	1164200097	电力系统及其自动化	1007932020101287	工学硕士学位
697	RANA ADIL IQBAL	男	1174200065	企业管理	1007932020101288	管理学硕士学位
698	IRSA RASHEED	女	1174200034	核科学与技术	1007932020101289	工学硕士学位
699	KHALIL，ABUSUFIYAN	男	1164200008	电力系统及其自动化	1007932020101290	工学硕士学位
700	MUHAMMAD USAMA	男	1174200098	电力系统及其自动化	1007932020101291	工学硕士学位
701	ASAD MUJEEB	男	1174200010	电力系统及其自动化	1007932020101292	工学硕士学位
702	AAMIR ATTA KHAN	男	1174200119	企业管理	1007932020101293	管理学硕士学位

北京校部:84 人(授予日期:2020 年 6 月 29 日)

序号	姓名	性别	学号	专业名称	学位证书号	学位类别
1	程思豪	男	1172201002	电工理论与新技术	1007932020101294	工学硕士学位
2	韩可欣	女	1172201061	电力系统及其自动化	1007932020101295	工学硕士学位
3	张旭	女	1172201160	电力系统及其自动化	1007932020101296	工学硕士学位
4	周银平	女	1172201177	电力系统及其自动化	1007932020101297	工学硕士学位
5	侯玮琳	女	1172201336	电子科学与技术	1007932020101304	工学硕士学位

续表

序号	姓名	性别	学号	专业名称	学位证书号	学位类别
6	郑理威	男	1172201415	高电压与绝缘技术	1007932020101306	工学硕士学位
7	易承乾	男	1182201127	电气工程	1007932020101307	工学硕士学位
8	胡泽升	男	1182201233	信息与通信工程	1007932020101308	工学硕士学位
9	杨鹏威	男	1172212045	核科学与技术	1007932020101311	工学硕士学位
10	路凡	女	1172206002	产业经济学	1007932020101326	经济学硕士学位
11	李梦露	女	1182206095	技术经济及管理	1007932020101351	管理学硕士学位
12	王浩宇	男	1172211060	水工结构工程	1007932020101400	工学硕士学位
13	杨荣海	男	1172211062	水工结构工程	1007932020101401	工学硕士学位
14	陈永访	男	1172211065	水利水电工程	1007932020101402	工学硕士学位
15	冯湘萍	女	1172211066	水利水电工程	1007932020101403	工学硕士学位
16	李佳	男	1172211067	水利水电工程	1007932020101404	工学硕士学位
17	杨鑫	男	1172211073	水利水电工程	1007932020101405	工学硕士学位
18	陈颖毅	男	1172211075	水文学及水资源	1007932020101406	工学硕士学位
19	桑一萍	女	1172227060	计算机应用技术	1007932020101409	工学硕士学位
20	马雪岩	男	1152702001	热能工程	1007932020101410	工学硕士学位
21	程浩	男	1162202004	机械工程	1007932020101411	工学硕士学位
22	武加朋	男	1172202015	材料科学与工程	1007932020101412	工学硕士学位
23	杨博	男	1172202107	动力机械及工程	1007932020101421	工学硕士学位
24	白玉龙	男	1172202122	化学工程	1007932020101422	工学硕士学位
25	房代宝	男	1172202159	流体机械及工程	1007932020101423	工学硕士学位
26	高舒潭	男	1172202170	热能工程	1007932020101424	工学硕士学位
27	张哲旸	男	1172202216	热能工程	1007932020101425	工学硕士学位
28	LIKIBI LIONEL STEEVE	男	1164200050	电力系统及其自动化	1007932020102121	工学硕士学位
29	KODJOVI SENAM BORIS AHIANDIPE	男	1174200002	电力系统及其自动化	1007932020102122	工学硕士学位
30	SYED BASHARAT HUSSAIN	男	1174200004	电力系统及其自动化	1007932020102123	工学硕士学位
31	MUHAMMAD USMAN TAHIR	男	1174200005	电力系统及其自动化	1007932020102124	工学硕士学位
32	MUHAMMAD UMAIR MUSTAFA	男	1174200011	电力系统及其自动化	1007932020102125	工学硕士学位
33	ADEEL HUSSAIN SHAH	男	1174200015	电力系统及其自动化	1007932020102126	工学硕士学位
34	DHAIF ALLAH AHMED ALI HADI	男	1174200016	电力系统及其自动化	1007932020102127	工学硕士学位
35	SALAH ABDULKREEM SOFYAN MOKRED	男	1174200020	电力系统及其自动化	1007932020102128	工学硕士学位
36	KHURSHED MIRZOZODA	男	1174200021	电力系统及其自动化	1007932020102129	工学硕士学位
37	NAWARAJ KUMAR MAHATO	男	1174200022	电力系统及其自动化	1007932020102130	工学硕士学位
38	MD RAJON SARDER	男	1174200023	电力系统及其自动化	1007932020102131	工学硕士学位
39	TOUCH LA	男	1174200026	电力系统及其自动化	1007932020102132	工学硕士学位
40	MUHAMMAD SHAKEEL	男	1174200027	电力系统及其自动化	1007932020102133	工学硕士学位
41	NATSAGDORJ UUGANBAATAR	男	1174200030	电力系统及其自动化	1007932020102134	工学硕士学位
42	SUNIL PERVAIZ	男	1174200031	电力系统及其自动化	1007932020102135	工学硕士学位
43	ZAHOOR SHAH	男	1174200075	信息与通信工程	1007932020102136	工学硕士学位

续表

序号	姓名	性别	学号	专业名称	学位证书号	学位类别
44	J'AIME CHABROL NGOUOKOUA	男	1174200078	电力系统及其自动化	1007932020102137	工学硕士学位
45	MUSAITIR GHANI		1174200099	电力系统及其自动化	1007932020102138	工学硕士学位
46	PHY SOPHEARA	男	1174200152	电力系统及其自动化	1007932020102139	工学硕士学位
47	ADUGNA GEBRIE JEMBER	男	1174200155	电力系统及其自动化	1007932020102140	工学硕士学位
48	MUHAMMAD ZAHID RAFIQUE	男	1184200057	电气工程	1007932020102141	工学硕士学位
49	MIRZA HUSNAIN ASGHAR	男	1174200035	核科学与技术	1007932020102142	工学硕士学位
50	MUHAMMAD AHMAD MASOOD GILL	男	1174200036	核科学与技术	1007932020102143	工学硕士学位
51	MUHAMMAD ARSLAN FIDA	男	1174200037	核科学与技术	1007932020102144	工学硕士学位
52	MUHAMMAD ABDAAL KHALID	男	1174200038	核科学与技术	1007932020102145	工学硕士学位
53	MUHAMMAD SAROSH	男	1174200039	核科学与技术	1007932020102146	工学硕士学位
54	SALMAN QAYYUM BUTT	男	1174200041	核科学与技术	1007932020102147	工学硕士学位
55	MUHAMMAD FAZAL QADIR	男	1174200042	核科学与技术	1007932020102148	工学硕士学位
56	MUHAMMAD HAMMAD KHALID	男	1174200044	核科学与技术	1007932020102149	工学硕士学位
57	MALIK SARMAD SAEED	男	1174200045	核科学与技术	1007932020102150	工学硕士学位
58	MUHAMMAD MUBASHAR ZAMAN	男	1174200046	核科学与技术	1007932020102151	工学硕士学位
59	MOHAMED ELHADI AHMED BABIKER	男	1174200047	核科学与技术	1007932020102152	工学硕士学位
60	ABUBAKR ALAWAD ALBASHER MOHAMED	男	1174200048	核科学与技术	1007932020102153	工学硕士学位
61	MOHAMMEDALKHATEM BASHER MAHMOUD MOHAMMED	男	1174200051	核科学与技术	1007932020102154	工学硕士学位
62	OSAMA ABUBAKER IBRAHIM AMIN	男	1174200052	核科学与技术	1007932020102155	工学硕士学位
63	MAHAMAT ALI DIALLO	男	1164200039	企业管理	1007932020102156	管理学硕士学位
64	MUHAMMAD ABU BAKAR	男	1174200064	企业管理	1007932020102157	管理学硕士学位
65	ASSILA ABDALLAH ABDOU	女	1174200067	企业管理	1007932020102158	管理学硕士学位
66	ELIZAVETA PUSTYLNIKOVA	女	1174200069	企业管理	1007932020102159	管理学硕士学位
67	ANNA BONDARENKO	女	1174200070	企业管理	1007932020102160	管理学硕士学位
68	NOOR UL AIN	女	1174200177	企业管理	1007932020102161	管理学硕士学位
69	UMMA HABIBA SADIA	女	1184200092	企业管理	1007932020102162	管理学硕士学位
70	BAATARKHUU，ALIMANTUYA	女	1184200123	应用经济学	1007932020102163	经济学硕士学位
71	MAKSYM MALYI	男	1174200053	可再生能源与清洁能源	1007932020102164	工学硕士学位
72	TAHIR KHAN	男	1174200055	可再生能源与清洁能源	1007932020102165	工学硕士学位
73	NABEEL ABDUL RASHEED	男	1174200056	可再生能源与清洁能源	1007932020102166	工学硕士学位
74	MUHAMMAD IBNU MUJAHID	男	1174200166	可再生能源与清洁能源	1007932020102167	工学硕士学位
75	KWIHANGANA，VALENS	男	1174200167	可再生能源与清洁能源	1007932020102168	工学硕士学位
76	OMERALFAROUG MUSA MOHAMMEDANI KHALIFA	男	1174200169	可再生能源与清洁能源	1007932020102169	工学硕士学位
77	MOHAMMED AHMED HUSSEIN AL-FAKIH	男	1174200170	可再生能源与清洁能源	1007932020102170	工学硕士学位

续表

序号	姓名	性别	学号	专业名称	学位证书号	学位类别
78	HASAN MURSHED MOHAMMED SALEH	男	1174200061	计算机应用技术	1007932020102171	工学硕士学位
79	BHEESHAM KUMAR	男	1174200146	控制理论与控制工程	1007932020102172	工学硕士学位
80	ASAD ULLAH ARIF	男	1174200160	计算机应用技术	1007932020102173	工学硕士学位
81	MONA AHMED OMER MOHAMED	女	1174200161	计算机应用技术	1007932020102174	工学硕士学位
82	SYEDA TOOBA HAIDER	女	1174200164	计算机应用技术	1007932020102175	工学硕士学位
83	MUJAHID ALI	男	1174200172	控制理论与控制工程	1007932020102176	工学硕士学位
84	IRFAN MEHMUD	男	1174200179	热能工程	1007932020102177	工学硕士学位

北京校部:14 人(授予日期:2020 年 8 月 21 日)

序号	姓名	性别	学号	专业名称	学位证书号	学位类别
1	刘勇	男	1162702001	热能工程	1007932020102178	工学硕士学位
2	高建	男	1172202109	工程热物理	1007932020102179	工学硕士学位
3	梅庚	男	1172202195	热能工程	1007932020102180	工学硕士学位
4	张儒昊	女	1172206240	统计学	1007932020102183	经济学硕士学位
5	薛振晓	男	1172211061	水工结构工程	1007932020102191	工学硕士学位
6	FAWAD ALI	男	1174200012	电力系统及其自动化	1007932020102316	工学硕士学位
7	MD ZANNATUL ARIF	男	1174200024	电力系统及其自动化	1007932020102317	工学硕士学位
8	CHANRASMEY KENG	男	1174200153	电力系统及其自动化	1007932020102318	工学硕士学位
9	BATSUURI BURMAA	女	1174200074	信息与通信工程	1007932020102319	工学硕士学位
10	HOYAM MUSTAFA ABDELRAHIM IBRAHIM	女	1174200077	化工过程机械	1007932020102320	工学硕士学位
11	BAYARSAIKHAN BAYARBAYASGALAN	男	1174200076	化学工程	1007932020102321	工学硕士学位
12	UMAIR NAWAZ	男	1174200066	企业管理	1007932020102322	管理学硕士学位
13	DANYAL ASIF	男	1174200168	可再生能源与清洁能源	1007932020102323	工学硕士学位
14	TASNIM AMIN BANANI NAYO	女	1174200050	核科学与技术	1007932020102324	工学硕士学位

保定校区:461 人(授予日期:2020 年 5 月 19 日)

序号	姓名	性别	学号	专业名称	学位证书号	学位类别
1	吴楚风	男	2162213050	电力系统及其自动化	1007932020000001	工学硕士学位
2	赵治刚	男	2162213092	电力系统及其自动化	1007932020000002	工学硕士学位
3	齐小涵	女	2172213001	电力系统及其自动化	1007932020000003	工学硕士学位
4	王　楠	女	2172213002	电力系统及其自动化	1007932020000004	工学硕士学位
5	王枭枭	女	2172213003	电力系统及其自动化	1007932020000005	工学硕士学位
6	纪欣欣	女	2172213005	电力系统及其自动化	1007932020000006	工学硕士学位
7	马　显	男	2172213006	电力系统及其自动化	1007932020000007	工学硕士学位
8	尹钧毅	男	2172213007	电力系统及其自动化	1007932020000008	工学硕士学位
9	董王英	女	2172213009	电力系统及其自动化	1007932020000009	工学硕士学位
10	陈佳君	女	2172213010	电力系统及其自动化	1007932020000010	工学硕士学位
11	霍亚欣	男	2172213011	电力系统及其自动化	1007932020000011	工学硕士学位

续表

序号	姓名	性别	学号	专业名称	学位证书号	学位类别
12	曾亚敏	女	2172213012	电力系统及其自动化	1007932020000012	工学硕士学位
13	韦莉珊	女	2172213013	电力系统及其自动化	1007932020000013	工学硕士学位
14	刘雪纯	女	2172213015	电力系统及其自动化	1007932020000014	工学硕士学位
15	穆启天	男	2172213016	电力系统及其自动化	1007932020000015	工学硕士学位
16	张　程	女	2172213017	电力系统及其自动化	1007932020000016	工学硕士学位
17	侯丹慧	女	2172213018	电力系统及其自动化	1007932020000017	工学硕士学位
18	王　皓	男	2172213020	电力系统及其自动化	1007932020000018	工学硕士学位
19	黄昱熹	男	2172213021	电力系统及其自动化	1007932020000019	工学硕士学位
20	李奕欣	女	2172213022	电力系统及其自动化	1007932020000020	工学硕士学位
21	胡利宁	女	2172213024	电力系统及其自动化	1007932020000021	工学硕士学位
22	张　雪	女	2172213026	电力系统及其自动化	1007932020000022	工学硕士学位
23	刘小娜	女	2172213027	电力系统及其自动化	1007932020000023	工学硕士学位
24	孙　昊	男	2172213028	电力系统及其自动化	1007932020000024	工学硕士学位
25	金天然	女	2172213029	电力系统及其自动化	1007932020000025	工学硕士学位
26	李　闻	男	2172213030	电力系统及其自动化	1007932020000026	工学硕士学位
27	徐宏璐	女	2172213031	电力系统及其自动化	1007932020000027	工学硕士学位
28	罗晶晶	女	2172213032	电力系统及其自动化	1007932020000028	工学硕士学位
29	周　聪	男	2172213033	电力系统及其自动化	1007932020000029	工学硕士学位
30	刘宁宁	女	2172213034	电力系统及其自动化	1007932020000030	工学硕士学位
31	焦瑞浩	男	2172213035	电力系统及其自动化	1007932020000031	工学硕士学位
32	韩　韬	男	2172213036	电力系统及其自动化	1007932020000032	工学硕士学位
33	张　磊	男	2172213038	电力系统及其自动化	1007932020000033	工学硕士学位
34	马　涛	男	2172213039	电力系统及其自动化	1007932020000034	工学硕士学位
35	宋斯珩	男	2172213040	电力系统及其自动化	1007932020000035	工学硕士学位
36	张　潇	男	2172213041	电力系统及其自动化	1007932020000036	工学硕士学位
37	任佳峰	男	2172213042	电力系统及其自动化	1007932020000037	工学硕士学位
38	郭　禹	女	2172213044	电力系统及其自动化	1007932020000038	工学硕士学位
39	黄凌宇	男	2172213045	电力系统及其自动化	1007932020000039	工学硕士学位
40	龙覃飞	男	2172213046	电力系统及其自动化	1007932020000040	工学硕士学位
41	张伟韬	男	2172213048	电力系统及其自动化	1007932020000041	工学硕士学位
42	张晓磊	男	2172213049	电力系统及其自动化	1007932020000042	工学硕士学位
43	宋美琪	女	2172213051	电力系统及其自动化	1007932020000043	工学硕士学位
44	宋子君	女	2172213052	电力系统及其自动化	1007932020000044	工学硕士学位
45	王蔚卿	女	2172213053	电力系统及其自动化	1007932020000045	工学硕士学位
46	王俣珂	男	2172213055	电力系统及其自动化	1007932020000046	工学硕士学位
47	高　雪	女	2172213057	电力系统及其自动化	1007932020000047	工学硕士学位
48	金永盛	男	2172213058	电力系统及其自动化	1007932020000048	工学硕士学位
49	从乐瑶	女	2172213059	电力系统及其自动化	1007932020000049	工学硕士学位
50	秦　彬	男	2172213060	电力系统及其自动化	1007932020000050	工学硕士学位

续表

序号	姓名	性别	学号	专业名称	学位证书号	学位类别
51	向　彪	男	2172213061	电力系统及其自动化	1007932020000051	工学硕士学位
52	闫西慧	男	2172213062	电力系统及其自动化	1007932020000052	工学硕士学位
53	田　夏	女	2172213064	电力系统及其自动化	1007932020000053	工学硕士学位
54	陈映妃	女	2172213065	电力系统及其自动化	1007932020000054	工学硕士学位
55	田捷夫	男	2172213066	电力系统及其自动化	1007932020000055	工学硕士学位
56	孟欣欣	女	2172213067	电力系统及其自动化	1007932020000056	工学硕士学位
57	黄金鹏	男	2172213068	电力系统及其自动化	1007932020000057	工学硕士学位
58	顾　清	女	2172213069	电力系统及其自动化	1007932020000058	工学硕士学位
59	孟凡奇	男	2172213070	电力系统及其自动化	1007932020000059	工学硕士学位
60	樊茂森	男	2172213071	电力系统及其自动化	1007932020000060	工学硕士学位
61	吴　昊	男	2172213072	电力系统及其自动化	1007932020000061	工学硕士学位
62	崔汉阳	男	2172213073	电力系统及其自动化	1007932020000062	工学硕士学位
63	陈海瑞	男	2172213074	电力系统及其自动化	1007932020000063	工学硕士学位
64	陆海涛	男	2172213075	电力系统及其自动化	1007932020000064	工学硕士学位
65	陈朝迁	男	2172213076	电力系统及其自动化	1007932020000065	工学硕士学位
66	朱正振	男	2172213077	电力系统及其自动化	1007932020000066	工学硕士学位
67	周宜昌	男	2172213078	电力系统及其自动化	1007932020000067	工学硕士学位
68	胡　琪	男	2172213080	电力系统及其自动化	1007932020000068	工学硕士学位
69	李　燕	女	2172213081	电力系统及其自动化	1007932020000069	工学硕士学位
70	翟羽佳	男	2172213082	电力系统及其自动化	1007932020000070	工学硕士学位
71	谢仁杰	男	2172213083	电力系统及其自动化	1007932020000071	工学硕士学位
72	闫长祺	男	2172213084	电工理论与新技术	1007932020000072	工学硕士学位
73	秦　刚	男	2172213085	电工理论与新技术	1007932020000073	工学硕士学位
74	李天文	男	2172213086	电工理论与新技术	1007932020000074	工学硕士学位
75	张红玉	男	2172213087	电工理论与新技术	1007932020000075	工学硕士学位
76	吴　晗	男	2172213088	电工理论与新技术	1007932020000076	工学硕士学位
77	杨玉兰	女	2172213089	电工理论与新技术	1007932020000077	工学硕士学位
78	赵帅帅	男	2172213090	电工理论与新技术	1007932020000078	工学硕士学位
79	王二旭	男	2172213091	电工理论与新技术	1007932020000079	工学硕士学位
80	张采芹	女	2172213092	电工理论与新技术	1007932020000080	工学硕士学位
81	吕彦伯	男	2172213093	电工理论与新技术	1007932020000081	工学硕士学位
82	申　浩	男	2172213094	电工理论与新技术	1007932020000082	工学硕士学位
83	耿召阳	男	2172213095	电工理论与新技术	1007932020000083	工学硕士学位
84	郭　鑫	男	2172213096	电工理论与新技术	1007932020000084	工学硕士学位
85	张金梁	男	2172213097	电工理论与新技术	1007932020000085	工学硕士学位
86	周　辉	男	2172213107	电机与电器	1007932020000086	工学硕士学位
87	季　刚	男	2172213108	电机与电器	1007932020000087	工学硕士学位
88	吴　同	男	2172213109	电机与电器	1007932020000088	工学硕士学位
89	周　婕	女	2172213110	电机与电器	1007932020000089	工学硕士学位

续表

序号	姓名	性别	学号	专业名称	学位证书号	学位类别
90	王科登	男	2172213112	高电压与绝缘技术	1007932020000090	工学硕士学位
91	吕佳宁	女	2172213113	高电压与绝缘技术	1007932020000091	工学硕士学位
92	关　杰	男	2172213114	高电压与绝缘技术	1007932020000092	工学硕士学位
93	张铭嘉	男	2172213115	高电压与绝缘技术	1007932020000093	工学硕士学位
94	宋景萱	女	2172213116	高电压与绝缘技术	1007932020000094	工学硕士学位
95	罗　煜	男	2172213118	高电压与绝缘技术	1007932020000095	工学硕士学位
96	毕　腾	男	2172213120	高电压与绝缘技术	1007932020000096	工学硕士学位
97	岳浩天	男	2172213122	高电压与绝缘技术	1007932020000097	工学硕士学位
98	杨　磊	男	2172213123	高电压与绝缘技术	1007932020000098	工学硕士学位
99	王兆鑫	女	2172213124	高电压与绝缘技术	1007932020000099	工学硕士学位
100	武承杰	男	2172213125	电力电子与电力传动	1007932020000100	工学硕士学位
101	阮筱菲	女	2172213126	电力电子与电力传动	1007932020000101	工学硕士学位
102	田　义	男	2172213127	电力电子与电力传动	1007932020000102	工学硕士学位
103	陈兴沛	男	2172213128	电力电子与电力传动	1007932020000103	工学硕士学位
104	焦　衡	男	2172213129	电力电子与电力传动	1007932020000104	工学硕士学位
105	李　宽	男	2172213130	电力电子与电力传动	1007932020000105	工学硕士学位
106	王焕仲	男	2172213131	电力电子与电力传动	1007932020000106	工学硕士学位
107	马阳硕	男	2172213132	电力电子与电力传动	1007932020000107	工学硕士学位
108	魏胜军	男	2172213133	电力电子与电力传动	1007932020000108	工学硕士学位
109	高　振	男	2172213134	电力电子与电力传动	1007932020000109	工学硕士学位
110	王新胜	男	2172215001	电子科学与技术	1007932020000110	工学硕士学位
111	董若南	女	2172215002	信息与通信工程	1007932020000111	工学硕士学位
112	杨　哲	男	2172215003	信息与通信工程	1007932020000112	工学硕士学位
113	顾育先	男	2172215004	信息与通信工程	1007932020000113	工学硕士学位
114	魏向欣	女	2172215005	信息与通信工程	1007932020000114	工学硕士学位
115	郭玉荣	女	2172215006	信息与通信工程	1007932020000115	工学硕士学位
116	喻星源	女	2172215007	信息与通信工程	1007932020000116	工学硕士学位
117	李　利	女	2172215008	信息与通信工程	1007932020000117	工学硕士学位
118	骆亚菲	女	2172215009	信息与通信工程	1007932020000118	工学硕士学位
119	闫玉杰	男	2172215010	信息与通信工程	1007932020000119	工学硕士学位
120	刘颖出	男	2172215011	信息与通信工程	1007932020000120	工学硕士学位
121	盖永贺	男	2172215012	信息与通信工程	1007932020000121	工学硕士学位
122	李　谦	女	2172215013	信息与通信工程	1007932020000122	工学硕士学位
123	张　畅	女	2172215014	信息与通信工程	1007932020000123	工学硕士学位
124	张　德	男	2172215015	信息与通信工程	1007932020000124	工学硕士学位
125	江爱雪	女	2172215016	信息与通信工程	1007932020000125	工学硕士学位
126	龙慎鹏	男	2172215017	信息与通信工程	1007932020000126	工学硕士学位
127	刘炳岳	男	2172215018	信息与通信工程	1007932020000127	工学硕士学位
128	孟令刚	男	2172215019	信息与通信工程	1007932020000128	工学硕士学位

续表

序号	姓名	性别	学号	专业名称	学位证书号	学位类别
129	孙立爽	女	2172215020	信息与通信工程	1007932020000129	工学硕士学位
130	冀晓明	男	2172215040	电子科学与技术	1007932020000130	工学硕士学位
131	李　炎	男	2172215041	电子科学与技术	1007932020000131	工学硕士学位
132	刘珊瑕	女	2172215042	信息与通信工程	1007932020000132	工学硕士学位
133	甘斌斌	男	2172215043	信息与通信工程	1007932020000133	工学硕士学位
134	叶　聪	女	2172215044	信息与通信工程	1007932020000134	工学硕士学位
135	晏彬洋	男	2172215045	信息与通信工程	1007932020000135	工学硕士学位
136	郎静宜	女	2172215046	信息与通信工程	1007932020000136	工学硕士学位
137	段　爽	女	2172215047	信息与通信工程	1007932020000137	工学硕士学位
138	齐鸿雨	男	2172215048	信息与通信工程	1007932020000138	工学硕士学位
139	尹光辉	男	2172215049	信息与通信工程	1007932020000139	工学硕士学位
140	景　阳	男	2172215050	信息与通信工程	1007932020000140	工学硕士学位
141	赵阳阳	男	2172215051	信息与通信工程	1007932020000141	工学硕士学位
142	郭文翰	男	2172215052	信息与通信工程	1007932020000142	工学硕士学位
143	王英伟	男	2172215053	信息与通信工程	1007932020000143	工学硕士学位
144	陈　宇	男	2172215056	信息与通信工程	1007932020000144	工学硕士学位
145	张　烁	男	2172215057	信息与通信工程	1007932020000145	工学硕士学位
146	朱　聪	女	2172215058	信息与通信工程	1007932020000146	工学硕士学位
147	闫向阳	男	2172215059	信息与通信工程	1007932020000147	工学硕士学位
148	宋　维	男	2172215079	电子科学与技术	1007932020000148	工学硕士学位
149	薛　薇	女	2162214024	热能工程	1007932020000149	工学硕士学位
150	向　鹏	男	2172214001	热能工程	1007932020000150	工学硕士学位
151	贾晓强	男	2172214002	动力机械及工程	1007932020000151	工学硕士学位
152	陈玉柱	男	2172214003	供热、供燃气、通风及空调工程	1007932020000152	工学硕士学位
153	韩　帅	男	2172214004	制冷及低温工程	1007932020000153	工学硕士学位
154	吴　楠	男	2172214005	工程热物理	1007932020000154	工学硕士学位
155	尹　楠	女	2172214006	工程热物理	1007932020000155	工学硕士学位
156	王雅静	女	2172214007	供热、供燃气、通风及空调工程	1007932020000156	工学硕士学位
157	梁泽曦	男	2172214008	工程热物理	1007932020000157	工学硕士学位
158	杨林棣	男	2172214009	供热、供燃气、通风及空调工程	1007932020000158	工学硕士学位
159	杨东江	男	2172214010	热能工程	1007932020000159	工学硕士学位
160	施智贤	男	2172214017	热能工程	1007932020000160	工学硕士学位
161	李　祥	男	2172214019	动力机械及工程	1007932020000161	工学硕士学位
162	代　瑞	女	2172214020	供热、供燃气、通风及空调工程	1007932020000162	工学硕士学位
163	张鑫垚	男	2172214021	热能工程	1007932020000163	工学硕士学位
164	周　彬	男	2172214024	热能工程	1007932020000164	工学硕士学位
165	闫广精	男	2172214026	流体机械及工程	1007932020000165	工学硕士学位
166	戴　航	男	2172214027	热能工程	1007932020000166	工学硕士学位
167	边永庆	男	2172214034	热能工程	1007932020000167	工学硕士学位

续表

序号	姓名	性别	学号	专业名称	学位证书号	学位类别
168	赵　帆	男	2172214035	热能工程	100793202000016 8	工学硕士学位
169	张　莎	女	2172214036	热能工程	1007932020000169	工学硕士学位
170	杨　迪	男	2172214037	动力机械及工程	1007932020000170	工学硕士学位
171	张润成	男	2172214038	流体机械及工程	1007932020000171	工学硕士学位
172	张　超	男	2172214039	流体机械及工程	1007932020000172	工学硕士学位
173	冯　昊	男	2172214040	供热、供燃气、通风及空调工程	1007932020000173	工学硕士学位
174	武明皓	男	2172214041	供热、供燃气、通风及空调工程	1007932020000174	工学硕士学位
175	孔淑贤	女	2172214042	流体机械及工程	1007932020000175	工学硕士学位
176	王一舟	男	2172214043	供热、供燃气、通风及空调工程	1007932020000176	工学硕士学位
177	杜思源	男	2172214045	热能工程	1007932020000177	工学硕士学位
178	张　巍	男	2172214046	热能工程	1007932020000178	工学硕士学位
179	李济超	男	2172214049	热能工程	1007932020000179	工学硕士学位
180	卜文涛	男	2172214051	供热、供燃气、通风及空调工程	1007932020000180	工学硕士学位
181	刘晓硕	男	2172214053	热能工程	1007932020000181	工学硕士学位
182	李　昂	男	2172214055	热能工程	1007932020000182	工学硕士学位
183	李树伟	男	2172214057	动力机械及工程	1007932020000183	工学硕士学位
184	费　龙	男	2172214067	热能工程	1007932020000184	工学硕士学位
185	刘佳星	女	2172214069	热能工程	1007932020000185	工学硕士学位
186	匡轩毅	男	2172214070	流体机械及工程	1007932020000186	工学硕士学位
187	杨泽良	男	2172214071	可再生能源与清洁能源	1007932020000187	工学硕士学位
188	李曙光	男	2172214072	工程热物理	1007932020000188	工学硕士学位
189	谢新奇	男	2172214073	供热、供燃气、通风及空调工程	1007932020000189	工学硕士学位
190	胡婵月	女	2172214074	供热、供燃气、通风及空调工程	1007932020000190	工学硕士学位
191	刘彦琛	男	2172214075	供热、供燃气、通风及空调工程	1007932020000191	工学硕士学位
192	李　阳	男	2172214076	热能工程	1007932020000192	工学硕士学位
193	闫　琪	女	2172214081	热能工程	1007932020000193	工学硕士学位
194	杨卫平	女	2172214086	热能工程	1007932020000194	工学硕士学位
195	刘　鑫	男	2172214087	热能工程	1007932020000195	工学硕士学位
196	马圣原	男	2172214090	供热、供燃气、通风及空调工程	1007932020000196	工学硕士学位
197	王连杰	男	2172214094	热能工程	1007932020000197	工学硕士学位
198	庄立宇	男	2172214095	热能工程	1007932020000198	工学硕士学位
199	陈甜甜	女	2172214100	热能工程	1007932020000199	工学硕士学位
200	曾　伟	男	2172214101	热能工程	1007932020000200	工学硕士学位
201	李　威	男	2172214102	热能工程	1007932020000201	工学硕士学位
202	郭洋洋	男	2172214103	动力机械及工程	1007932020000202	工学硕士学位
203	李枝林	男	2172214104	工程热物理	1007932020000203	工学硕士学位
204	韩章敬	女	2172214107	流体机械及工程	1007932020000204	工学硕士学位
205	张锐星	男	2172214111	热能工程	1007932020000205	工学硕士学位
206	王小涛	男	2172214112	热能工程	1007932020000206	工学硕士学位

续表

序号	姓名	性别	学号	专业名称	学位证书号	学位类别
207	王鹏辉	男	2172214113	制冷及低温工程	1007932020000207	工学硕士学位
208	提梦桃	女	2172214115	热能工程	1007932020000208	工学硕士学位
209	耿朋飞	男	2172214119	可再生能源与清洁能源	1007932020000209	工学硕士学位
210	张　振	男	2172214120	热能工程	1007932020000210	工学硕士学位
211	何道远	男	2172214123	热能工程	1007932020000211	工学硕士学位
212	张　华	女	2172219001	民商法学	1007932020000212	法学硕士学位
213	周　景	女	2172219002	民商法学	1007932020000213	法学硕士学位
214	刘亚彤	女	2172219003	民商法学	1007932020000214	法学硕士学位
215	冯　钰	女	2172219004	诉讼法学	1007932020000215	法学硕士学位
216	戴宏卓	男	2172219005	诉讼法学	1007932020000216	法学硕士学位
217	叶·阿勒腾齐米格	女	2172219007	诉讼法学	1007932020000217	法学硕士学位
218	王瑀琦	女	2172219008	行政管理	1007932020000218	管理学硕士学位
219	卢晶晶	女	2172219009	行政管理	1007932020000219	管理学硕士学位
220	朱新然	女	2172219010	社会保障	1007932020000220	管理学硕士学位
221	华若昕	女	2172219011	社会保障	1007932020000221	管理学硕士学位
222	赵金鹏	男	2172219012	社会保障	1007932020000222	管理学硕士学位
223	普长辉	男	2172219013	社会保障	1007932020000223	管理学硕士学位
224	王　婷	女	2172219019	诉讼法学	1007932020000224	法学硕士学位
225	李岩娜	女	2162223006	应用化学	1007932020000225	工学硕士学位
226	钟　仲	男	2172223001	化学工程	1007932020000226	工学硕士学位
227	董佳晨	男	2172223002	应用化学	1007932020000227	工学硕士学位
228	吕志文	男	2172223003	应用化学	1007932020000228	工学硕士学位
229	黄夏宇	男	2172223004	应用化学	1007932020000229	工学硕士学位
230	李　煜	男	2172223005	应用化学	1007932020000230	工学硕士学位
231	胡　尧	男	2172223006	应用化学	1007932020000231	工学硕士学位
232	贾里杨	男	2172223007	工业催化	1007932020000232	工学硕士学位
233	付　懿	男	2172223008	工业催化	1007932020000233	工学硕士学位
234	李治穷	男	2172223010	环境科学	1007932020000234	工学硕士学位
235	武金锦	男	2172223013	环境工程	1007932020000235	工学硕士学位
236	丁禹乔	男	2172223014	环境工程	1007932020000236	工学硕士学位
237	郑泽辉	男	2172223016	环境工程	1007932020000237	工学硕士学位
238	孙明坤	男	2172223017	环境工程	1007932020000238	工学硕士学位
239	马昕鹏	男	2172223018	环境工程	1007932020000239	工学硕士学位
240	刘亚争	女	2172223019	环境工程	1007932020000240	工学硕士学位
241	解鸿天	男	2172223021	环境工程	1007932020000241	工学硕士学位
242	李昊天	男	2172223022	环境工程	1007932020000242	工学硕士学位
243	钱　鑫	男	2172223023	环境工程	1007932020000243	工学硕士学位
244	张　琪	女	2172223024	环境工程	1007932020000244	工学硕士学位
245	刘闪闪	女	2172223025	环境工程	1007932020000245	工学硕士学位

续表

序号	姓名	性别	学号	专业名称	学位证书号	学位类别
246	王雨果	女	2172223026	环境工程	1007932020000246	工学硕士学位
247	王永斌	男	2172223027	环境工程	1007932020000247	工学硕士学位
248	王　宇	男	2172223028	环境工程	1007932020000248	工学硕士学位
249	邓泽奇	男	2172224001	机械工程	1007932020000249	工学硕士学位
250	田艺琼	女	2172224002	机械工程	1007932020000250	工学硕士学位
251	杨　阔	男	2172224004	机械工程	1007932020000251	工学硕士学位
252	刘随贤	男	2172224005	机械工程	1007932020000252	工学硕士学位
253	黄小伟	男	2172224006	机械工程	1007932020000253	工学硕士学位
254	王　邱	男	2172224007	机械工程	1007932020000254	工学硕士学位
255	冯　亮	男	2172224008	机械工程	1007932020000255	工学硕士学位
256	许　莎	女	2172224009	机械工程	1007932020000256	工学硕士学位
257	孙悦欣	女	2172224010	机械工程	1007932020000257	工学硕士学位
258	白泽瑞	男	2172224012	机械工程	1007932020000258	工学硕士学位
259	王留洋	男	2172224013	机械工程	1007932020000259	工学硕士学位
260	董星华	男	2172224014	机械工程	1007932020000260	工学硕士学位
261	尹嘉炜	男	2172224015	机械工程	1007932020000261	工学硕士学位
262	李　帅	男	2172224016	机械工程	1007932020000262	工学硕士学位
263	姜　乐	男	2172224017	机械工程	1007932020000263	工学硕士学位
264	朱　昂	男	2172224018	机械工程	1007932020000264	工学硕士学位
265	王　帅	男	2172224019	机械工程	1007932020000265	工学硕士学位
266	郝广超	男	2172224020	机械工程	1007932020000266	工学硕士学位
267	罗勇牙	男	2172224021	机械工程	1007932020000267	工学硕士学位
268	褚伟文	男	2172224022	机械工程	1007932020000268	工学硕士学位
269	亓茂吉	男	2172224023	机械工程	1007932020000269	工学硕士学位
270	刘俊星	男	2172224024	机械工程	1007932020000270	工学硕士学位
271	陶文强	男	2172224025	机械工程	1007932020000271	工学硕士学位
272	墨　泽	男	2172224026	机械工程	1007932020000272	工学硕士学位
273	黄安立	男	2172224027	机械工程	1007932020000273	工学硕士学位
274	张　萌	男	2172221001	计算机系统结构	1007932020000274	工学硕士学位
275	刘晓园	男	2172221002	计算机系统结构	1007932020000275	工学硕士学位
276	成军超	男	2172221003	计算机系统结构	1007932020000276	工学硕士学位
277	杨玉晓	男	2172221004	计算机系统结构	1007932020000277	工学硕士学位
278	齐伟华	男	2172221006	计算机软件与理论	1007932020000278	工学硕士学位
279	刘怀远	男	2172221007	计算机软件与理论	1007932020000279	工学硕士学位
280	刘紫祎	女	2172221008	计算机软件与理论	1007932020000280	工学硕士学位
281	王博瑶	男	2172221009	计算机软件与理论	1007932020000281	工学硕士学位
282	杨凯华	男	2172221010	计算机软件与理论	1007932020000282	工学硕士学位
283	刘　涵	男	2172221011	计算机软件与理论	1007932020000283	工学硕士学位
284	翁一茗	男	2172221012	计算机应用技术	1007932020000284	工学硕士学位

续表

序号	姓名	性别	学号	专业名称	学位证书号	学位类别
285	郑传哲	男	2172221013	计算机应用技术	1007932020000285	工学硕士学位
286	张　旭	男	2172221014	计算机应用技术	1007932020000286	工学硕士学位
287	高靖智	男	2172221015	计算机应用技术	1007932020000287	工学硕士学位
288	解　芳	女	2172221016	计算机应用技术	1007932020000288	工学硕士学位
289	范　阳	女	2172221017	计算机应用技术	1007932020000289	工学硕士学位
290	李晓珊	女	2172221018	计算机应用技术	1007932020000290	工学硕士学位
291	周震东	男	2172221019	计算机应用技术	1007932020000291	工学硕士学位
292	魏波涛	男	2172221020	计算机应用技术	1007932020000292	工学硕士学位
293	李　煜	女	2172221021	计算机应用技术	1007932020000293	工学硕士学位
294	李宏波	男	2172221022	计算机应用技术	1007932020000294	工学硕士学位
295	李业东	男	2172221023	计算机应用技术	1007932020000295	工学硕士学位
296	魏　雪	女	2172221024	计算机应用技术	1007932020000296	工学硕士学位
297	邵美旋	女	2172221025	计算机应用技术	1007932020000297	工学硕士学位
298	许海生	男	2172221026	计算机应用技术	1007932020000298	工学硕士学位
299	杨　航	男	2172221027	计算机应用技术	1007932020000299	工学硕士学位
300	邵泽姣	女	2172221028	计算机应用技术	1007932020000300	工学硕士学位
301	魏　巍	女	2172221029	计算机应用技术	1007932020000301	工学硕士学位
302	贾若愚	男	2172221030	计算机应用技术	1007932020000302	工学硕士学位
303	李静雪	女	2172221031	计算机应用技术	1007932020000303	工学硕士学位
304	杜　旭	女	2172221032	计算机应用技术	1007932020000304	工学硕士学位
305	常雪松	女	2172221033	计算机应用技术	1007932020000305	工学硕士学位
306	张　振	男	2172221034	计算机应用技术	1007932020000306	工学硕士学位
307	岳银涛	男	2172221035	计算机应用技术	1007932020000307	工学硕士学位
308	王雯瑶	女	2172221036	计算机应用技术	1007932020000308	工学硕士学位
309	程幸福	男	2172221037	计算机应用技术	1007932020000309	工学硕士学位
310	苏钰雄	男	2162218032	管理科学与工程	1007932020000310	工学硕士学位
311	杨睿鹏	男	2172218011	技术经济及管理	1007932020000311	管理学硕士学位
312	陈可可	女	2172218012	技术经济及管理	1007932020000312	管理学硕士学位
313	杨颖琦	女	2172218013	技术经济及管理	1007932020000313	管理学硕士学位
314	宋晓静	女	2172218014	技术经济及管理	1007932020000314	管理学硕士学位
315	石梦舒	女	2172218015	技术经济及管理	1007932020000315	管理学硕士学位
316	黄宇嫣	女	2172218016	技术经济及管理	1007932020000316	管理学硕士学位
317	相　静	女	2172218017	技术经济及管理	1007932020000317	管理学硕士学位
318	马　云	男	2172218018	技术经济及管理	1007932020000318	管理学硕士学位
319	栗雨铄	女	2172218019	技术经济及管理	1007932020000319	管理学硕士学位
320	许鈴莉	女	2172218020	技术经济及管理	1007932020000320	管理学硕士学位
321	姜晓琛	女	2172218021	技术经济及管理	1007932020000321	管理学硕士学位
322	孙翠萍	女	2172218022	技术经济及管理	1007932020000322	管理学硕士学位
323	张向荣	男	2172218023	技术经济及管理	1007932020000323	管理学硕士学位

续表

序号	姓名	性别	学号	专业名称	学位证书号	学位类别
324	邸　燕	女	2172218024	技术经济及管理	1007932020000324	管理学硕士学位
325	朱先飞	男	2172218025	技术经济及管理	1007932020000325	管理学硕士学位
326	赵　丹	女	2172218026	技术经济及管理	1007932020000326	管理学硕士学位
327	张洪珊	女	2172218027	技术经济及管理	1007932020000327	管理学硕士学位
328	王世乐	男	2172218028	技术经济及管理	1007932020000328	管理学硕士学位
329	刘旭阳	男	2172218029	技术经济及管理	1007932020000329	管理学硕士学位
330	蔡雅倩	女	2172218030	技术经济及管理	1007932020000330	管理学硕士学位
331	高　祺	女	2172218031	技术经济及管理	1007932020000331	管理学硕士学位
332	李沫阳	女	2172218033	产业经济学	1007932020000332	经济学硕士学位
333	王浩然	女	2172218034	产业经济学	1007932020000333	经济学硕士学位
334	朱立峰	男	2172218035	产业经济学	1007932020000334	经济学硕士学位
335	许小蕾	女	2172218036	产业经济学	1007932020000335	经济学硕士学位
336	张红杰	女	2172218037	数量经济学	1007932020000336	经济学硕士学位
337	赵宁宁	女	2172218038	数量经济学	1007932020000337	经济学硕士学位
338	李　颖	女	2172218040	数量经济学	1007932020000338	经济学硕士学位
339	王　蒙	女	2172218041	数量经济学	1007932020000339	经济学硕士学位
340	许珈铭	男	2172218050	管理科学与工程	1007932020000340	工学硕士学位
341	哈宁宁	女	2172218051	管理科学与工程	1007932020000341	工学硕士学位
342	王　婷	女	2172218052	管理科学与工程	1007932020000342	工学硕士学位
343	闫家琦	女	2172218053	管理科学与工程	1007932020000343	管理学硕士学位
344	陈泽宇	男	2172218055	管理科学与工程	1007932020000344	管理学硕士学位
345	谭锡崇	男	2172218056	管理科学与工程	1007932020000345	管理学硕士学位
346	邵恒阳	男	2172218057	管理科学与工程	1007932020000346	管理学硕士学位
347	张　萍	女	2172218058	企业管理	1007932020000347	管理学硕士学位
348	李　杨	女	2172218059	企业管理	1007932020000348	管理学硕士学位
349	孙一博	女	2172218060	企业管理	1007932020000349	管理学硕士学位
350	张　莹	女	2172218061	企业管理	1007932020000350	管理学硕士学位
351	宋月圆	女	2172218062	企业管理	1007932020000351	管理学硕士学位
352	王　鑫	男	2172218063	企业管理	1007932020000352	管理学硕士学位
353	何玲雁	女	2172218064	企业管理	1007932020000353	管理学硕士学位
354	邢　杰	男	2172218065	企业管理	1007932020000354	管理学硕士学位
355	林华兴	男	2172218066	企业管理	1007932020000355	管理学硕士学位
356	霍学静	女	2172218069	金融学	1007932020000356	经济学硕士学位
357	赵　齐	女	2172218070	金融学	1007932020000357	经济学硕士学位
358	王若尧	女	2172218072	金融学	1007932020000358	经济学硕士学位
359	檀小亚	女	2172218073	会计学	1007932020000359	管理学硕士学位
360	闫佳堃	女	2172218074	会计学	1007932020000360	管理学硕士学位
361	董佳倩	女	2172218075	会计学	1007932020000361	管理学硕士学位
362	闵夏滢	女	2172218076	会计学	1007932020000362	管理学硕士学位

续表

序号	姓名	性别	学号	专业名称	学位证书号	学位类别
363	高立新	女	2172218077	会计学	1007932020000363	管理学硕士学位
364	窦婧娴	女	2172218078	会计学	1007932020000364	管理学硕士学位
365	孔德聪	女	2172218079	会计学	1007932020000365	管理学硕士学位
366	任星月	女	2172218080	会计学	1007932020000366	管理学硕士学位
367	赵　玲	女	2172218081	会计学	1007932020000367	管理学硕士学位
368	王伟杰	男	2172229001	马克思主义理论	1007932020000368	法学硕士学位
369	王倩雯	女	2172229002	马克思主义理论	1007932020000369	法学硕士学位
370	刘思宇	女	2172229003	马克思主义理论	1007932020000370	法学硕士学位
371	王　淳	女	2172229004	马克思主义理论	1007932020000371	法学硕士学位
372	闫　琴	女	2172229005	马克思主义理论	1007932020000372	法学硕士学位
373	郭聪聪	女	2172229006	马克思主义理论	1007932020000373	法学硕士学位
374	王　静	女	2172229007	马克思主义理论	1007932020000374	法学硕士学位
375	孟利博	男	2172229008	马克思主义理论	1007932020000375	法学硕士学位
376	代　斐	女	2172229009	马克思主义理论	1007932020000376	法学硕士学位
377	廉　旭	女	2172229010	马克思主义理论	1007932020000377	法学硕士学位
378	马坚峰	男	2172217005	计算数学	1007932020000378	理学硕士学位
379	朱　娜	女	2172217006	计算数学	1007932020000379	理学硕士学位
380	张一帆	男	2172217007	应用数学	1007932020000380	理学硕士学位
381	章　煜	女	2172217008	应用数学	1007932020000381	理学硕士学位
382	陈　冰	女	2172217009	应用数学	1007932020000382	理学硕士学位
383	程赫明	男	2172217010	运筹学与控制论	1007932020000383	理学硕士学位
384	陈珊珊	女	2172217011	运筹学与控制论	1007932020000384	理学硕士学位
385	李肖霖	女	2172217012	运筹学与控制论	1007932020000385	理学硕士学位
386	范文月	女	2172217013	理论物理	1007932020000386	理学硕士学位
387	郝文卓	女	2172217014	理论物理	1007932020000387	理学硕士学位
388	姚学敏	女	2172217015	理论物理	1007932020000388	理学硕士学位
389	焦云鹏	男	2172217017	理论物理	1007932020000389	理学硕士学位
390	温　馨	女	2172217018	光学	1007932020000390	理学硕士学位
391	胡世诚	男	2172217019	光学	1007932020000391	理学硕士学位
392	许令艳	女	2172217020	光学	1007932020000392	理学硕士学位
393	安　辉	男	2172217021	光学	1007932020000393	理学硕士学位
394	王　萍	女	2172217022	光学	1007932020000394	理学硕士学位
395	徐晓孟	女	2172220001	外国语言文学	1007932020000395	文学硕士学位
396	郑雅萌	女	2172220002	外国语言文学	1007932020000396	文学硕士学位
397	王　策	女	2172220003	外国语言文学	1007932020000397	文学硕士学位
398	元　晨	女	2172220004	外国语言文学	1007932020000398	文学硕士学位
399	张沙沙	女	2172220005	外国语言文学	1007932020000399	文学硕士学位
400	葛　甄	女	2172220006	外国语言文学	1007932020000400	文学硕士学位
401	杨从洲	女	2172220007	外国语言文学	1007932020000401	文学硕士学位

续表

序号	姓名	性别	学号	专业名称	学位证书号	学位类别
402	李　晶	女	2172220008	外国语言文学	1007932020000402	文学硕士学位
403	邱　露	女	2172220009	外国语言文学	1007932020000403	文学硕士学位
404	王丽红	女	2172220010	外国语言文学	1007932020000404	文学硕士学位
405	李慧娟	女	2172220011	外国语言文学	1007932020000405	文学硕士学位
406	黄秀辉	女	2172220012	外国语言文学	1007932020000406	文学硕士学位
407	李梦晗	女	2172220013	外国语言文学	1007932020000407	文学硕士学位
408	范梦丹	女	2172220014	外国语言文学	1007932020000408	文学硕士学位
409	赫　煊	男	2172216004	控制理论与控制工程	1007932020000409	工学硕士学位
410	江鹏宇	男	2172216006	模式识别与智能系统	1007932020000410	工学硕士学位
411	姜　炜	男	2172216007	控制理论与控制工程	1007932020000411	工学硕士学位
412	李希金	女	2172216010	控制理论与控制工程	1007932020000412	工学硕士学位
413	李奕颖	女	2172216011	检测技术与自动化装置	1007932020000413	工学硕士学位
414	刘彤宇	男	2172216012	模式识别与智能系统	1007932020000414	工学硕士学位
415	马鑫泰	男	2172216013	系统工程	1007932020000415	工学硕士学位
416	莫荣超	男	2172216014	系统工程	1007932020000416	工学硕士学位
417	乔锦涛	男	2172216015	控制理论与控制工程	1007932020000417	工学硕士学位
418	苏志鹏	男	2172216016	控制理论与控制工程	1007932020000418	工学硕士学位
419	王　春	男	2172216018	控制理论与控制工程	1007932020000419	工学硕士学位
420	王　珏	女	2172216020	系统工程	1007932020000420	工学硕士学位
421	王耀庆	男	2172216021	控制理论与控制工程	1007932020000421	工学硕士学位
422	张　丛	女	2172216027	控制理论与控制工程	1007932020000422	工学硕士学位
423	张　鸽	女	2172216028	控制理论与控制工程	1007932020000423	工学硕士学位
424	张明浩	女	2172216029	模式识别与智能系统	1007932020000424	工学硕士学位
425	张伟婷	女	2172216031	控制理论与控制工程	1007932020000425	工学硕士学位
426	朱炎峰	男	2172216036	检测技术与自动化装置	1007932020000426	工学硕士学位
427	邹媛青	女	2172216037	控制理论与控制工程	1007932020000427	工学硕士学位
428	曹　弘	女	2172216038	检测技术与自动化装置	1007932020000428	工学硕士学位
429	曹　瑞	女	2172216039	系统工程	1007932020000429	工学硕士学位
430	曹　威	男	2172216040	控制理论与控制工程	1007932020000430	工学硕士学位
431	晁文涛	男	2172216041	控制理论与控制工程	1007932020000431	工学硕士学位
432	冯　浩	男	2172216044	检测技术与自动化装置	1007932020000432	工学硕士学位
433	靳渤文	男	2172216050	模式识别与智能系统	1007932020000433	工学硕士学位
434	刘鑫月	女	2172216052	控制理论与控制工程	1007932020000434	工学硕士学位
435	马青鹏	男	2172216054	控制理论与控制工程	1007932020000435	工学硕士学位
436	彭　蹦	男	2172216056	控制理论与控制工程	1007932020000436	工学硕士学位
437	齐秋妍	女	2172216057	检测技术与自动化装置	1007932020000437	工学硕士学位
438	权家乐	男	2172216058	控制理论与控制工程	1007932020000438	工学硕士学位
439	孙　悦	女	2172216060	系统工程	1007932020000439	工学硕士学位
440	王　静	女	2172216061	系统工程	1007932020000440	工学硕士学位

续表

序号	姓名	性别	学号	专业名称	学位证书号	学位类别
441	燕　梦	女	2172216066	控制理论与控制工程	1007932020000441	工学硕士学位
442	杨　睿	女	2172216067	控制理论与控制工程	1007932020000442	工学硕士学位
443	杨兴财	男	2172216068	模式识别与智能系统	1007932020000443	工学硕士学位
444	姚　慧	男	2172216069	控制理论与控制工程	1007932020000444	工学硕士学位
445	张　伦	男	2172216070	控制理论与控制工程	1007932020000445	工学硕士学位
446	左晓桐	女	2172216074	模式识别与智能系统	1007932020000446	工学硕士学位
447	窦毅琨	男	2172216078	检测技术与自动化装置	1007932020000447	工学硕士学位
448	郭　灏	男	2172216079	控制理论与控制工程	1007932020000448	工学硕士学位
449	郭雅婷	女	2172216080	控制理论与控制工程	1007932020000449	工学硕士学位
450	李金平	男	2172216082	系统工程	1007932020000450	工学硕士学位
451	李思莹	女	2172216085	系统工程	1007932020000451	工学硕士学位
452	刘家瑞	男	2172216087	检测技术与自动化装置	1007932020000452	工学硕士学位
453	刘　震	男	2172216089	控制理论与控制工程	1007932020000453	工学硕士学位
454	罗　聪	男	2172216090	模式识别与智能系统	1007932020000454	工学硕士学位
455	王金娜	女	2172216093	控制理论与控制工程	1007932020000455	工学硕士学位
456	吴军超	男	2172216099	控制理论与控制工程	1007932020000456	工学硕士学位
457	杨　凯	男	2172216102	控制理论与控制工程	1007932020000457	工学硕士学位
458	曾文珺	女	2172216104	模式识别与智能系统	1007932020000458	工学硕士学位
459	张　猛	男	2172216106	检测技术与自动化装置	1007932020000459	工学硕士学位
460	张全军	男	2172216107	控制理论与控制工程	1007932020000460	工学硕士学位
461	赵　猛	男	2172216109	控制理论与控制工程	1007932020000461	工学硕士学位

保定校区:17 人(授予日期:2020 年 6 月 29 日)

序号	姓名	性别	学号	专业名称	学位证书号	学位类别
1	刘炜程	男	2172213098	电工理论与新技术	1007932020000968	工学硕士学位
2	马　超	男	2172213099	电子科学与技术	1007932020000969	工学硕士学位
3	岳宗祖	男	2172213101	农业电气化与自动化	1007932020000970	工学硕士学位
4	关　帅	女	2172213102	农业电气化与自动化	1007932020000971	工学硕士学位
5	李松蕊	女	2172213103	农业电气化与自动化	1007932020000972	工学硕士学位
6	于乙兵	男	2172213104	农业电气化与自动化	1007932020000973	工学硕士学位
7	马姗婷	女	2172213105	农业电气化与自动化	1007932020000974	工学硕士学位
8	蔡　江	男	2172213106	电工理论与新技术	1007932020000975	工学硕士学位
9	梁睿智	男	2172213111	电机与电器	1007932020000976	工学硕士学位
10	冯佳豪	男	2182213137	电力系统及其自动化	1007932020000977	工学硕士学位
11	关建青	男	2172215054	信息与通信工程	1007932020000978	工学硕士学位
12	曹志旭	男	2182214048	热能工程	1007932020000979	工学硕士学位
13	王　昊	男	2172219020	行政管理	1007932020000980	管理学硕士学位
14	DJIMBI MAKOUNDI CHRISTIAN DIEU-LE-VEUT	男	220174200001	机械工程	1007932020000981	工学硕士学位

续表

序号	姓名	性别	学号	专业名称	学位证书号	学位类别
15	DJIMBI MAKOUNDI DAIVY DIEU-LE-VEUT	男	220174200002	机械工程	1007932020000982	工学硕士学位
16	王　旭	女	2172217016	理论物理	1007932020000983	理学硕士学位
17	张杨悦	女	2172216032	控制理论与控制工程	1007932020000984	工学硕士学位

专业学位硕士

北京校部:591 人(授予日期:2020 年 5 月 19 日)

序号	姓名	性别	学号	领域名称	学位证书号	学位类别
1	努尔夏提·亚森	男	1162202144	机械工程	1007932020100008	工程硕士专业学位
2	张　翔	男	1162202151	动力工程	1007932020100009	工程硕士专业学位
3	金智丹	女	1162206218	工商管理	1007932020100013	工商管理硕士专业学位
4	曹学谦	男	1162206252	会计	1007932020100014	会计硕士专业学位
5	蓝　梦	女	1162206253	会计	1007932020100015	会计硕士专业学位
6	马凌飞	女	1162206254	会计	1007932020100016	会计硕士专业学位
7	周　恬	女	1162206255	会计	1007932020100017	会计硕士专业学位
8	伊　洁	女	1162206258	会计	1007932020100018	会计硕士专业学位
9	罗晓燕	女	1162206260	会计	1007932020100019	会计硕士专业学位
10	许嘉桐	女	1162206261	会计	1007932020100020	会计硕士专业学位
11	马　丽	女	1162206262	会计	1007932020100021	会计硕士专业学位
12	孙钰良	男	1162207031	公共管理	1007932020100022	公共管理硕士专业学位
13	詹　婧	女	1162207035	公共管理	1007932020100023	公共管理硕士专业学位
14	白婉欣	女	1172201180	电气工程	1007932020100169	工程硕士专业学位
15	边亚琳	女	1172201181	电气工程	1007932020100170	工程硕士专业学位
16	蔡　伟	男	1172201182	电气工程	1007932020100171	工程硕士专业学位
17	蔡文瑞	男	1172201183	电气工程	1007932020100172	工程硕士专业学位
18	蔡焱蒙	男	1172201184	电气工程	1007932020100173	工程硕士专业学位
19	曾明全	男	1172201185	电气工程	1007932020100174	工程硕士专业学位
20	常　源	男	1172201186	电气工程	1007932020100175	工程硕士专业学位
21	陈浩文	男	1172201187	电气工程	1007932020100176	工程硕士专业学位
22	陈　静	女	1172201188	电气工程	1007932020100177	工程硕士专业学位
23	陈　静	女	1172201189	电气工程	1007932020100178	工程硕士专业学位
24	陈婉青	女	1172201190	电气工程	1007932020100179	工程硕士专业学位
25	成睿琦	女	1172201191	电气工程	1007932020100180	工程硕士专业学位
26	程铄淇	男	1172201192	电气工程	1007932020100181	工程硕士专业学位
27	程文利	女	1172201193	电气工程	1007932020100182	工程硕士专业学位
28	褚瑶鹏	男	1172201194	电气工程	1007932020100183	工程硕士专业学位
29	崔浩天	男	1172201195	电气工程	1007932020100184	工程硕士专业学位
30	代安琪	女	1172201196	电气工程	1007932020100185	工程硕士专业学位
31	丁晨星	男	1172201197	电气工程	1007932020100186	工程硕士专业学位

续表

序号	姓名	性别	学号	领域名称	学位证书号	学位类别
32	董　豆	女	1172201198	电气工程	1007932020100187	工程硕士专业学位
33	董晓翀	男	1172201199	电气工程	1007932020100188	工程硕士专业学位
34	董振邦	男	1172201200	电气工程	1007932020100189	工程硕士专业学位
35	杜东冶	男	1172201201	电气工程	1007932020100190	工程硕士专业学位
36	杜　键	男	1172201202	电气工程	1007932020100191	工程硕士专业学位
37	杜　婷	女	1172201203	电气工程	1007932020100192	工程硕士专业学位
38	方　煜	男	1172201204	电气工程	1007932020100193	工程硕士专业学位
39	方　正	男	1172201205	电气工程	1007932020100194	工程硕士专业学位
40	冯佳耀	男	1172201206	电气工程	1007932020100195	工程硕士专业学位
41	高　陈	男	1172201207	电气工程	1007932020100196	工程硕士专业学位
42	高　玲	女	1172201208	电气工程	1007932020100197	工程硕士专业学位
43	高雪峰	男	1172201209	电气工程	1007932020100198	工程硕士专业学位
44	高　瑜	女	1172201210	电气工程	1007932020100199	工程硕士专业学位
45	郭　傲	男	1172201211	电气工程	1007932020100200	工程硕士专业学位
46	郭　凯	男	1172201212	电气工程	1007932020100201	工程硕士专业学位
47	郭凌卿	男	1172201213	电气工程	1007932020100202	工程硕士专业学位
48	郭明鑫	女	1172201214	电气工程	1007932020100203	工程硕士专业学位
49	郭泰龙	男	1172201215	电气工程	1007932020100204	工程硕士专业学位
50	郭天飞	男	1172201216	电气工程	1007932020100205	工程硕士专业学位
51	郭　威	男	1172201217	电气工程	1007932020100206	工程硕士专业学位
52	郭　云	女	1172201218	电气工程	1007932020100207	工程硕士专业学位
53	韩　辉	女	1172201219	电气工程	1007932020100208	工程硕士专业学位
54	郝黎明	女	1172201220	电气工程	1007932020100209	工程硕士专业学位
55	胡春风	女	1172201221	电气工程	1007932020100210	工程硕士专业学位
56	胡振亚	男	1172201224	电气工程	1007932020100211	工程硕士专业学位
57	胡紫豪	男	1172201225	电气工程	1007932020100212	工程硕士专业学位
58	黄　珊	女	1172201226	电气工程	1007932020100213	工程硕士专业学位
59	黄晓义	男	1172201227	电气工程	1007932020100214	工程硕士专业学位
60	黄予园	女	1172201228	电气工程	1007932020100215	工程硕士专业学位
61	黄志强	男	1172201229	电气工程	1007932020100216	工程硕士专业学位
62	姜　楠	女	1172201230	电气工程	1007932020100217	工程硕士专业学位
63	姜蓉蓉	女	1172201231	电气工程	1007932020100218	工程硕士专业学位
64	蒋　超	男	1172201232	电气工程	1007932020100219	工程硕士专业学位
65	蒋超凡	男	1172201233	电气工程	1007932020100220	工程硕士专业学位
66	雷　珺	女	1172201235	电气工程	1007932020100221	工程硕士专业学位
67	李晨雄	男	1172201236	电气工程	1007932020100222	工程硕士专业学位
68	李　帆	女	1172201238	电气工程	1007932020100223	工程硕士专业学位
69	李嘉龙	男	1172201240	电气工程	1007932020100224	工程硕士专业学位
70	李　岚	女	1172201241	电气工程	1007932020100225	工程硕士专业学位

续表

序号	姓名	性别	学号	领域名称	学位证书号	学位类别
71	李　莉	女	1172201242	电气工程	1007932020100226	工程硕士专业学位
72	李姝玉	女	1172201243	电气工程	1007932020100227	工程硕士专业学位
73	李思远	男	1172201244	电气工程	1007932020100228	工程硕士专业学位
74	李天乐	男	1172201245	电气工程	1007932020100229	工程硕士专业学位
75	李　桐	男	1172201246	电气工程	1007932020100230	工程硕士专业学位
76	李向伟	男	1172201247	电气工程	1007932020100231	工程硕士专业学位
77	李新洁	女	1172201248	电气工程	1007932020100232	工程硕士专业学位
78	李　阳	女	1172201249	电气工程	1007932020100233	工程硕士专业学位
79	李　跃	男	1172201250	电气工程	1007932020100234	工程硕士专业学位
80	梁嘉娣	女	1172201251	电气工程	1007932020100235	工程硕士专业学位
81	刘晨苗	女	1172201252	电气工程	1007932020100236	工程硕士专业学位
82	刘春博	男	1172201253	电气工程	1007932020100237	工程硕士专业学位
83	刘九良	男	1172201254	电气工程	1007932020100238	工程硕士专业学位
84	刘　康	男	1172201255	电气工程	1007932020100239	工程硕士专业学位
85	刘珂鑫	男	1172201256	电气工程	1007932020100240	工程硕士专业学位
86	刘　鑫	男	1172201258	电气工程	1007932020100241	工程硕士专业学位
87	柳思岐	女	1172201259	电气工程	1007932020100242	工程硕士专业学位
88	鲁燕青	男	1172201261	电气工程	1007932020100243	工程硕士专业学位
89	逯江华	女	1172201262	电气工程	1007932020100244	工程硕士专业学位
90	麻燕翔	男	1172201263	电气工程	1007932020100245	工程硕士专业学位
91	马江江	男	1172201264	电气工程	1007932020100246	工程硕士专业学位
92	孟繁岐	男	1172201266	电气工程	1007932020100247	工程硕士专业学位
93	倪潇茹	女	1172201267	电气工程	1007932020100248	工程硕士专业学位
94	钱政旭	男	1172201268	电气工程	1007932020100249	工程硕士专业学位
95	秦梦雅	女	1172201269	电气工程	1007932020100250	工程硕士专业学位
96	沙江波	男	1172201270	电气工程	1007932020100251	工程硕士专业学位
97	佘　然	男	1172201271	电气工程	1007932020100252	工程硕士专业学位
98	申淑梅	女	1172201272	电气工程	1007932020100253	工程硕士专业学位
99	沈　钰	女	1172201273	电气工程	1007932020100254	工程硕士专业学位
100	盛　杰	男	1172201274	电气工程	1007932020100255	工程硕士专业学位
101	宋金薇	女	1172201275	电气工程	1007932020100256	工程硕士专业学位
102	宋　原	女	1172201276	电气工程	1007932020100257	工程硕士专业学位
103	孙均磊	男	1172201277	电气工程	1007932020100258	工程硕士专业学位
104	孙志宇	男	1172201278	电气工程	1007932020100259	工程硕士专业学位
105	谭　天	男	1172201279	电气工程	1007932020100260	工程硕士专业学位
106	唐光钰	男	1172201280	电气工程	1007932020100261	工程硕士专业学位
107	唐若愚	女	1172201281	电气工程	1007932020100262	工程硕士专业学位
108	陶　勇	男	1172201282	电气工程	1007932020100263	工程硕士专业学位
109	田　煜	女	1172201283	电气工程	1007932020100264	工程硕士专业学位

续表

序号	姓名	性别	学号	领域名称	学位证书号	学位类别
110	田　源	女	1172201284	电气工程	1007932020100265	工程硕士专业学位
111	涂淑琴	女	1172201285	电气工程	1007932020100266	工程硕士专业学位
112	庹　睿	男	1172201286	电气工程	1007932020100267	工程硕士专业学位
113	汪航超	男	1172201287	电气工程	1007932020100268	工程硕士专业学位
114	汪　松	男	1172201288	电气工程	1007932020100269	工程硕士专业学位
115	王明阳	男	1172201291	电气工程	1007932020100270	工程硕士专业学位
116	王　帅	男	1172201292	电气工程	1007932020100271	工程硕士专业学位
117	王腾岩	男	1172201293	电气工程	1007932020100272	工程硕士专业学位
118	王钰沁	女	1172201295	电气工程	1007932020100273	工程硕士专业学位
119	吴　琼	男	1172201296	电气工程	1007932020100274	工程硕士专业学位
120	向子墨	女	1172201298	电气工程	1007932020100275	工程硕士专业学位
121	谢　晗	女	1172201299	电气工程	1007932020100276	工程硕士专业学位
122	熊一蓉	女	1172201300	电气工程	1007932020100277	工程硕士专业学位
123	徐艺铭	女	1172201302	电气工程	1007932020100278	工程硕士专业学位
124	薛　融	女	1172201303	电气工程	1007932020100279	工程硕士专业学位
125	杨洪达	男	1172201304	电气工程	1007932020100280	工程硕士专业学位
126	杨　京	男	1172201305	电气工程	1007932020100281	工程硕士专业学位
127	杨晓明	男	1172201306	电气工程	1007932020100282	工程硕士专业学位
128	杨子力	男	1172201307	电气工程	1007932020100283	工程硕士专业学位
129	伊　放	男	1172201308	电气工程	1007932020100284	工程硕士专业学位
130	尹温硕	男	1172201309	电气工程	1007932020100285	工程硕士专业学位
131	于雪风	女	1172201310	电气工程	1007932020100286	工程硕士专业学位
132	于延涛	男	1172201311	电气工程	1007932020100287	工程硕士专业学位
133	余　培	女	1172201312	电气工程	1007932020100288	工程硕士专业学位
134	张承良	男	1172201313	电气工程	1007932020100289	工程硕士专业学位
135	张黛芳	女	1172201314	电气工程	1007932020100290	工程硕士专业学位
136	张　欢	女	1172201315	电气工程	1007932020100291	工程硕士专业学位
137	张家博	男	1172201316	电气工程	1007932020100292	工程硕士专业学位
138	张坤俊	男	1172201317	电气工程	1007932020100293	工程硕士专业学位
139	张刘杰	男	1172201318	电气工程	1007932020100294	工程硕士专业学位
140	张　璐	女	1172201319	电气工程	1007932020100295	工程硕士专业学位
141	张　茜	女	1172201320	电气工程	1007932020100296	工程硕士专业学位
142	张天舒	女	1172201321	电气工程	1007932020100297	工程硕士专业学位
143	张晓青	女	1172201322	电气工程	1007932020100298	工程硕士专业学位
144	张　哲	男	1172201323	电气工程	1007932020100299	工程硕士专业学位
145	张　智	男	1172201324	电气工程	1007932020100300	工程硕士专业学位
146	仉健维	男	1172201325	电气工程	1007932020100301	工程硕士专业学位
147	赵　冬	女	1172201326	电气工程	1007932020100302	工程硕士专业学位
148	赵泓博	男	1172201327	电气工程	1007932020100303	工程硕士专业学位

续表

序号	姓名	性别	学号	领域名称	学位证书号	学位类别
149	赵 蕾	女	1172201328	电气工程	1007932020100304	工程硕士专业学位
150	赵 丽	女	1172201329	电气工程	1007932020100305	工程硕士专业学位
151	赵其娟	女	1172201330	电气工程	1007932020100306	工程硕士专业学位
152	赵天一	男	1172201331	电气工程	1007932020100307	工程硕士专业学位
153	赵子建	男	1172201332	电气工程	1007932020100308	工程硕士专业学位
154	郑现州	男	1172201333	电气工程	1007932020100309	工程硕士专业学位
155	邹 琦	女	1172201334	电气工程	1007932020100310	工程硕士专业学位
156	安晓楠	女	1172201351	电子与通信工程	1007932020100323	工程硕士专业学位
157	蔡金棋	男	1172201352	电子与通信工程	1007932020100324	工程硕士专业学位
158	陈 华	女	1172201353	电子与通信工程	1007932020100325	工程硕士专业学位
159	陈 洋	男	1172201354	电子与通信工程	1007932020100326	工程硕士专业学位
160	陈之怡	女	1172201355	电子与通信工程	1007932020100327	工程硕士专业学位
161	陈 卓	男	1172201356	电子与通信工程	1007932020100328	工程硕士专业学位
162	崔亮节	男	1172201357	电子与通信工程	1007932020100329	工程硕士专业学位
163	崔亚明	男	1172201358	电子与通信工程	1007932020100330	工程硕士专业学位
164	郭翔宇	男	1172201359	电子与通信工程	1007932020100331	工程硕士专业学位
165	侯亚博	男	1172201360	电子与通信工程	1007932020100332	工程硕士专业学位
166	姜脉哲	男	1172201361	电子与通信工程	1007932020100333	工程硕士专业学位
167	李振玲	女	1172201362	电子与通信工程	1007932020100334	工程硕士专业学位
168	梁国邦	男	1172201363	电子与通信工程	1007932020100335	工程硕士专业学位
169	刘国栋	男	1172201364	电子与通信工程	1007932020100336	工程硕士专业学位
170	刘俊杰	男	1172201365	电子与通信工程	1007932020100337	工程硕士专业学位
171	刘雅敬	女	1172201366	电子与通信工程	1007932020100338	工程硕士专业学位
172	吕雅婧	女	1172201367	电子与通信工程	1007932020100339	工程硕士专业学位
173	马亚泽	女	1172201368	电子与通信工程	1007932020100340	工程硕士专业学位
174	任文龙	男	1172201369	电子与通信工程	1007932020100341	工程硕士专业学位
175	史丽鹏	男	1172201370	电子与通信工程	1007932020100342	工程硕士专业学位
176	涂 昕	男	1172201371	电子与通信工程	1007932020100343	工程硕士专业学位
177	王 栋	男	1172201372	电子与通信工程	1007932020100344	工程硕士专业学位
178	王慧娟	女	1172201373	电子与通信工程	1007932020100345	工程硕士专业学位
179	王凯亮	男	1172201374	电子与通信工程	1007932020100346	工程硕士专业学位
180	王 科	男	1172201375	电子与通信工程	1007932020100347	工程硕士专业学位
181	王世佳	男	1172201376	电子与通信工程	1007932020100348	工程硕士专业学位
182	王思博	男	1172201377	电子与通信工程	1007932020100349	工程硕士专业学位
183	王星星	男	1172201378	电子与通信工程	1007932020100350	工程硕士专业学位
184	王学婧	女	1172201379	电子与通信工程	1007932020100351	工程硕士专业学位
185	王雪蓓	女	1172201380	电子与通信工程	1007932020100352	工程硕士专业学位
186	王亚会	女	1172201381	电子与通信工程	1007932020100353	工程硕士专业学位
187	谢 刚	男	1172201383	电子与通信工程	1007932020100354	工程硕士专业学位

续表

序号	姓名	性别	学号	领域名称	学位证书号	学位类别
188	谢 欢	男	1172201384	电子与通信工程	1007932020100355	工程硕士专业学位
189	阮成龙	男	1172201386	电子与通信工程	1007932020100356	工程硕士专业学位
190	张春天	女	1172201387	电子与通信工程	1007932020100357	工程硕士专业学位
191	张 冉	女	1172201388	电子与通信工程	1007932020100358	工程硕士专业学位
192	周行洁	女	1172201390	电子与通信工程	1007932020100359	工程硕士专业学位
193	朱思成	男	1172201391	电子与通信工程	1007932020100360	工程硕士专业学位
194	白宝泉	男	1172202019	动力工程	1007932020100420	工程硕士专业学位
195	曹 宇	男	1172202020	动力工程	1007932020100421	工程硕士专业学位
196	曾宇晴	女	1172202021	动力工程	1007932020100422	工程硕士专业学位
197	陈 亮	男	1172202022	动力工程	1007932020100423	工程硕士专业学位
198	陈雪强	男	1172202023	动力工程	1007932020100424	工程硕士专业学位
199	成 浩	男	1172202024	动力工程	1007932020100425	工程硕士专业学位
200	丁 先	男	1172202026	动力工程	1007932020100426	工程硕士专业学位
201	杜 多	女	1172202028	动力工程	1007932020100427	工程硕士专业学位
202	谷金宇	男	1172202030	动力工程	1007932020100428	工程硕士专业学位
203	郭 磊	男	1172202031	动力工程	1007932020100429	工程硕士专业学位
204	郭欣欣	女	1172202032	动力工程	1007932020100430	工程硕士专业学位
205	郝怡静	女	1172202034	动力工程	1007932020100431	工程硕士专业学位
206	何艺坤	男	1172202035	动力工程	1007932020100432	工程硕士专业学位
207	黄登超	男	1172202036	动力工程	1007932020100433	工程硕士专业学位
208	暨勇策	男	1172202037	动力工程	1007932020100434	工程硕士专业学位
209	贾鸿章	男	1172202038	动力工程	1007932020100435	工程硕士专业学位
210	贾同颖	男	1172202039	动力工程	1007932020100436	工程硕士专业学位
211	贾晓韪	男	1172202040	动力工程	1007932020100437	工程硕士专业学位
212	姜一博	男	1172202041	动力工程	1007932020100438	工程硕士专业学位
213	金 喆	女	1172202042	动力工程	1007932020100439	工程硕士专业学位
214	金 喆	男	1172202043	动力工程	1007932020100440	工程硕士专业学位
215	李 斌	男	1172202044	动力工程	1007932020100441	工程硕士专业学位
216	李 兵	男	1172202045	动力工程	1007932020100442	工程硕士专业学位
217	李家华	女	1172202046	动力工程	1007932020100443	工程硕士专业学位
218	李乐天	男	1172202047	动力工程	1007932020100444	工程硕士专业学位
219	梁 聪	男	1172202049	动力工程	1007932020100445	工程硕士专业学位
220	刘金鑫	男	1172202050	动力工程	1007932020100446	工程硕士专业学位
221	刘靖宇	男	1172202051	动力工程	1007932020100447	工程硕士专业学位
222	刘 俊	男	1172202052	动力工程	1007932020100448	工程硕士专业学位
223	刘思泽	女	1172202053	动力工程	1007932020100449	工程硕士专业学位
224	刘晓乐	女	1172202054	动力工程	1007932020100450	工程硕士专业学位
225	刘 荀	男	1172202055	动力工程	1007932020100451	工程硕士专业学位
226	雒玉新	男	1172202056	动力工程	1007932020100452	工程硕士专业学位

续表

序号	姓名	性别	学号	领域名称	学位证书号	学位类别
227	马立康	男	1172202057	动力工程	1007932020100453	工程硕士专业学位
228	马腾霄	男	1172202058	动力工程	1007932020100454	工程硕士专业学位
229	倪　黎	男	1172202060	动力工程	1007932020100455	工程硕士专业学位
230	齐彬邑	男	1172202061	动力工程	1007932020100456	工程硕士专业学位
231	丘嘉鸣	男	1172202062	动力工程	1007932020100457	工程硕士专业学位
232	裘　勖	男	1172202063	动力工程	1007932020100458	工程硕士专业学位
233	宋俊成	男	1172202064	动力工程	1007932020100459	工程硕士专业学位
234	苏亚纳	女	1172202065	动力工程	1007932020100460	工程硕士专业学位
235	隋云任	男	1172202066	动力工程	1007932020100461	工程硕士专业学位
236	孙　祎	女	1172202067	动力工程	1007932020100462	工程硕士专业学位
237	孙　源	男	1172202068	动力工程	1007932020100463	工程硕士专业学位
238	万晋鹏	男	1172202069	动力工程	1007932020100464	工程硕士专业学位
239	王丽波	男	1172202070	动力工程	1007932020100465	工程硕士专业学位
240	王　琳	女	1172202071	动力工程	1007932020100466	工程硕士专业学位
241	王　韬	男	1172202072	动力工程	1007932020100467	工程硕士专业学位
242	王　腾	男	1172202073	动力工程	1007932020100468	工程硕士专业学位
243	王　遥	男	1172202074	动力工程	1007932020100469	工程硕士专业学位
244	吴楚瑜	女	1172202075	动力工程	1007932020100470	工程硕士专业学位
245	吴霖鑫	男	1172202076	动力工程	1007932020100471	工程硕士专业学位
246	吴泽君	男	1172202077	动力工程	1007932020100472	工程硕士专业学位
247	徐　雷	男	1172202079	动力工程	1007932020100473	工程硕士专业学位
248	许同川	男	1172202080	动力工程	1007932020100474	工程硕士专业学位
249	许　悦	男	1172202081	动力工程	1007932020100475	工程硕士专业学位
250	杨　斌	男	1172202082	动力工程	1007932020100476	工程硕士专业学位
251	杨　宇	男	1172202085	动力工程	1007932020100477	工程硕士专业学位
252	姚贤槐	男	1172202086	动力工程	1007932020100478	工程硕士专业学位
253	张春平	男	1172202087	动力工程	1007932020100479	工程硕士专业学位
254	张高强	男	1172202088	动力工程	1007932020100480	工程硕士专业学位
255	张世刚	男	1172202089	动力工程	1007932020100481	工程硕士专业学位
256	张　松	男	1172202090	动力工程	1007932020100482	工程硕士专业学位
257	张晓乐	男	1172202091	动力工程	1007932020100483	工程硕士专业学位
258	赵　晖	男	1172202093	动力工程	1007932020100484	工程硕士专业学位
259	赵晋辉	男	1172202094	动力工程	1007932020100485	工程硕士专业学位
260	赵　旭	男	1172202095	动力工程	1007932020100486	工程硕士专业学位
261	赵元财	男	1172202097	动力工程	1007932020100487	工程硕士专业学位
262	邓涵月	男	1172202126	机械工程	1007932020100510	工程硕士专业学位
263	何其锋	男	1172202127	机械工程	1007932020100511	工程硕士专业学位
264	胡猛进	男	1172202128	机械工程	1007932020100512	工程硕士专业学位
265	黄东权	男	1172202130	机械工程	1007932020100514	工程硕士专业学位

续表

序号	姓名	性别	学号	领域名称	学位证书号	学位类别
266	贾思棋	女	1172202132	机械工程	1007932020100516	工程硕士专业学位
267	郎　超	男	1172202133	机械工程	1007932020100517	工程硕士专业学位
268	李子平	男	1172202137	机械工程	1007932020100521	工程硕士专业学位
269	林宏帅	男	1172202138	机械工程	1007932020100522	工程硕士专业学位
270	刘　赓	男	1172202139	机械工程	1007932020100523	工程硕士专业学位
271	孟峰利	女	1172202141	机械工程	1007932020100525	工程硕士专业学位
272	秦瑞江	男	1172202142	机械工程	1007932020100526	工程硕士专业学位
273	苏煊埔	男	1172202144	机械工程	1007932020100528	工程硕士专业学位
274	王　亮	男	1172202145	机械工程	1007932020100529	工程硕士专业学位
275	王　伟	男	1172202146	机械工程	1007932020100530	工程硕士专业学位
276	翁子才	男	1172202149	机械工程	1007932020100532	工程硕士专业学位
277	杨晨光	男	1172202152	机械工程	1007932020100535	工程硕士专业学位
278	杨向艳	女	1172202153	机械工程	1007932020100536	工程硕士专业学位
279	赵榕梅	女	1172202157	机械工程	1007932020100540	工程硕士专业学位
280	赵士杰	男	1172202158	机械工程	1007932020100541	工程硕士专业学位
281	谷文成	男	1172206006	工程管理	1007932020100595	工程管理硕士专业学位
282	韩陶亚	男	1172206007	工程管理	1007932020100596	工程管理硕士专业学位
283	胡　奎	男	1172206008	工程管理	1007932020100597	工程管理硕士专业学位
284	李　曈	女	1172206009	工程管理	1007932020100598	工程管理硕士专业学位
285	刘珊珊	女	1172206011	工程管理	1007932020100599	工程管理硕士专业学位
286	刘志男	男	1172206012	工程管理	1007932020100600	工程管理硕士专业学位
287	赵　静	女	1172206015	工程管理	1007932020100601	工程管理硕士专业学位
288	董鲁丹	女	1172206019	工商管理	1007932020100602	工商管理硕士专业学位
289	段秀红	女	1172206021	工商管理	1007932020100603	工商管理硕士专业学位
290	顾　超	男	1172206022	工商管理	1007932020100604	工商管理硕士专业学位
291	郭玉振	男	1172206023	工商管理	1007932020100605	工商管理硕士专业学位
292	李圣五	男	1172206027	工商管理	1007932020100606	工商管理硕士专业学位
293	李　悦	女	1172206030	工商管理	1007932020100607	工商管理硕士专业学位
294	王　丫	女	1172206046	工商管理	1007932020100608	工商管理硕士专业学位
295	赵　娟	女	1172206062	工商管理	1007932020100609	工商管理硕士专业学位
296	赵小龙	男	1172206063	工商管理	1007932020100610	工商管理硕士专业学位
297	白木仁	男	1172206068	工业工程	1007932020100611	工程硕士专业学位
298	陈奋开	男	1172206069	工业工程	1007932020100612	工程硕士专业学位
299	杜　丹	女	1172206070	工业工程	1007932020100613	工程硕士专业学位
300	范晨凯	男	1172206071	工业工程	1007932020100614	工程硕士专业学位
301	桂增侃	男	1172206074	工业工程	1007932020100615	工程硕士专业学位
302	郭美荣	女	1172206075	工业工程	1007932020100616	工程硕士专业学位
303	郭艺璇	女	1172206076	工业工程	1007932020100617	工程硕士专业学位
304	李昌祖	男	1172206077	工业工程	1007932020100618	工程硕士专业学位

续表

序号	姓名	性别	学号	领域名称	学位证书号	学位类别
305	李晨阳	女	1172206078	工业工程	1007932020100619	工程硕士专业学位
306	李　芳	女	1172206079	工业工程	1007932020100620	工程硕士专业学位
307	李根柱	男	1172206080	工业工程	1007932020100621	工程硕士专业学位
308	李佳璞	男	1172206081	工业工程	1007932020100622	工程硕士专业学位
309	李　倩	女	1172206082	工业工程	1007932020100623	工程硕士专业学位
310	李瑞文	男	1172206083	工业工程	1007932020100624	工程硕士专业学位
311	梁超月	女	1172206084	工业工程	1007932020100625	工程硕士专业学位
312	林弘杨	男	1172206085	工业工程	1007932020100626	工程硕士专业学位
313	刘　博	男	1172206086	工业工程	1007932020100627	工程硕士专业学位
314	马佳乐	男	1172206087	工业工程	1007932020100628	工程硕士专业学位
315	孟　进	男	1172206088	工业工程	1007932020100629	工程硕士专业学位
316	米乐乐	男	1172206089	工业工程	1007932020100630	工程硕士专业学位
317	宋姗姗	女	1172206090	工业工程	1007932020100631	工程硕士专业学位
318	宋泽雅	女	1172206091	工业工程	1007932020100632	工程硕士专业学位
319	王东雪	女	1172206092	工业工程	1007932020100633	工程硕士专业学位
320	王梅宝	女	1172206093	工业工程	1007932020100634	工程硕士专业学位
321	王　沛	女	1172206094	工业工程	1007932020100635	工程硕士专业学位
322	王思羽	女	1172206095	工业工程	1007932020100636	工程硕士专业学位
323	王晓海	男	1172206096	工业工程	1007932020100637	工程硕士专业学位
324	王　悦	女	1172206097	工业工程	1007932020100638	工程硕士专业学位
325	谢晓薇	女	1172206098	工业工程	1007932020100639	工程硕士专业学位
326	闫　彤	女	1172206100	工业工程	1007932020100640	工程硕士专业学位
327	杨　猛	男	1172206101	工业工程	1007932020100641	工程硕士专业学位
328	于彤彤	女	1172206102	工业工程	1007932020100642	工程硕士专业学位
329	于振华	男	1172206103	工业工程	1007932020100643	工程硕士专业学位
330	张福利	男	1172206104	工业工程	1007932020100644	工程硕士专业学位
331	张　乙	男	1172206105	工业工程	1007932020100645	工程硕士专业学位
332	张圆圆	女	1172206106	工业工程	1007932020100646	工程硕士专业学位
333	赵　奕	男	1172206107	工业工程	1007932020100647	工程硕士专业学位
334	周秀秀	女	1172206108	工业工程	1007932020100648	工程硕士专业学位
335	包若男	女	1172206140	会计	1007932020100670	会计硕士专业学位
336	曹虹宇	女	1172206141	会计	1007932020100671	会计硕士专业学位
337	陈琪琪	女	1172206142	会计	1007932020100672	会计硕士专业学位
338	董姝彤	女	1172206144	会计	1007932020100673	会计硕士专业学位
339	杜　梦	女	1172206145	会计	1007932020100674	会计硕士专业学位
340	冯芳馨	女	1172206146	会计	1007932020100675	会计硕士专业学位
341	韩林丛	男	1172206148	会计	1007932020100676	会计硕士专业学位
342	郝逸群	女	1172206149	会计	1007932020100677	会计硕士专业学位
343	胡雨林	女	1172206150	会计	1007932020100678	会计硕士专业学位

续表

序号	姓名	性别	学号	领域名称	学位证书号	学位类别
344	蒋　潇	女	1172206151	会计	1007932020100679	会计硕士专业学位
345	柯　鑫	女	1172206152	会计	1007932020100680	会计硕士专业学位
346	孔　磊	女	1172206153	会计	1007932020100681	会计硕士专业学位
347	李梦炎	女	1172206154	会计	1007932020100682	会计硕士专业学位
348	刘方舟	女	1172206156	会计	1007932020100683	会计硕士专业学位
349	刘　韬	女	1172206157	会计	1007932020100684	会计硕士专业学位
350	刘小飞	男	1172206158	会计	1007932020100685	会计硕士专业学位
351	刘　洋	女	1172206159	会计	1007932020100686	会计硕士专业学位
352	舒梦迪	女	1172206160	会计	1007932020100687	会计硕士专业学位
353	童　蒙	女	1172206161	会计	1007932020100688	会计硕士专业学位
354	汪金龙	女	1172206162	会计	1007932020100689	会计硕士专业学位
355	王嘉茵	女	1172206163	会计	1007932020100690	会计硕士专业学位
356	王翘楚	男	1172206164	会计	1007932020100691	会计硕士专业学位
357	王文轩	女	1172206165	会计	1007932020100692	会计硕士专业学位
358	王　鑫	女	1172206166	会计	1007932020100693	会计硕士专业学位
359	王秀慧	女	1172206167	会计	1007932020100694	会计硕士专业学位
360	卫传莹	女	1172206168	会计	1007932020100695	会计硕士专业学位
361	吴梦涵	女	1172206169	会计	1007932020100696	会计硕士专业学位
362	袁淑婷	女	1172206172	会计	1007932020100697	会计硕士专业学位
363	张　芳	女	1172206173	会计	1007932020100698	会计硕士专业学位
364	张晶晶	女	1172206174	会计	1007932020100699	会计硕士专业学位
365	张　明	女	1172206175	会计	1007932020100700	会计硕士专业学位
366	张文婷	女	1172206176	会计	1007932020100701	会计硕士专业学位
367	赵　莹	女	1172206178	会计	1007932020100702	会计硕士专业学位
368	赵　越	女	1172206179	会计	1007932020100703	会计硕士专业学位
369	郑梦菲	女	1172206180	会计	1007932020100704	会计硕士专业学位
370	周　平	女	1172206181	会计	1007932020100705	会计硕士专业学位
371	朱擎珂	女	1172206182	会计	1007932020100706	会计硕士专业学位
372	邓美琴	女	1172206241	物流工程	1007932020100757	工程硕士专业学位
373	付　静	女	1172206242	物流工程	1007932020100758	工程硕士专业学位
374	郭　琼	女	1172206243	物流工程	1007932020100759	工程硕士专业学位
375	郭晓璇	女	1172206244	物流工程	1007932020100760	工程硕士专业学位
376	郝　旭	男	1172206245	物流工程	1007932020100761	工程硕士专业学位
377	黄　瀚	男	1172206246	物流工程	1007932020100762	工程硕士专业学位
378	雷　梦	女	1172206247	物流工程	1007932020100763	工程硕士专业学位
379	李　超	男	1172206248	物流工程	1007932020100764	工程硕士专业学位
380	梁文馨	女	1172206249	物流工程	1007932020100765	工程硕士专业学位
381	林　凯	男	1172206250	物流工程	1007932020100766	工程硕士专业学位
382	刘　敬	女	1172206251	物流工程	1007932020100767	工程硕士专业学位

续表

序号	姓名	性别	学号	领域名称	学位证书号	学位类别
383	刘　卓	男	1172206252	物流工程	1007932020100768	工程硕士专业学位
384	年田甜	女	1172206253	物流工程	1007932020100769	工程硕士专业学位
385	邵　研	女	1172206254	物流工程	1007932020100770	工程硕士专业学位
386	田立燚	男	1172206256	物流工程	1007932020100771	工程硕士专业学位
387	王　丹	女	1172206257	物流工程	1007932020100772	工程硕士专业学位
388	王倩倩	女	1172206258	物流工程	1007932020100773	工程硕士专业学位
389	翟　迪	女	1172206260	物流工程	1007932020100774	工程硕士专业学位
390	张　笛	女	1172206261	物流工程	1007932020100775	工程硕士专业学位
391	张明明	女	1172206262	物流工程	1007932020100776	工程硕士专业学位
392	周　晴	女	1172206263	物流工程	1007932020100777	工程硕士专业学位
393	俞晓桐	女	1172206264	资产评估	1007932020100778	资产评估硕士专业学位
394	陈　灿	男	1172207013	公共管理	1007932020100790	公共管理硕士专业学位
395	郭　雨	女	1172207016	公共管理	1007932020100792	公共管理硕士专业学位
396	侯巍巍	女	1172207018	公共管理	1007932020100794	公共管理硕士专业学位
397	黄李昕	女	1172207019	公共管理	1007932020100795	公共管理硕士专业学位
398	李若岩	男	1172207024	公共管理	1007932020100798	公共管理硕士专业学位
399	李晓敏	女	1172207025	公共管理	1007932020100799	公共管理硕士专业学位
400	李　崭	男	1172207027	公共管理	1007932020100800	公共管理硕士专业学位
401	沙等然	男	1172207030	公共管理	1007932020100803	公共管理硕士专业学位
402	唐　雪	女	1172207034	公共管理	1007932020100806	公共管理硕士专业学位
403	邢馨月	女	1172207035	公共管理	1007932020100807	公共管理硕士专业学位
404	薛　美	女	1172207036	公共管理	1007932020100808	公共管理硕士专业学位
405	袁　杰	女	1172207037	公共管理	1007932020100809	公共管理硕士专业学位
406	张子玲	女	1172207040	公共管理	1007932020100811	公共管理硕士专业学位
407	周　洁	女	1172207041	公共管理	1007932020100812	公共管理硕士专业学位
408	党　旭	女	1172209036	应用统计	1007932020100865	应用统计硕士专业学位
409	郭宇豪	男	1172209037	应用统计	1007932020100866	应用统计硕士专业学位
410	胡鹏程	男	1172209038	应用统计	1007932020100867	应用统计硕士专业学位
411	纪显德	男	1172209039	应用统计	1007932020100868	应用统计硕士专业学位
412	李晶晶	女	1172209040	应用统计	1007932020100869	应用统计硕士专业学位
413	李　锐	男	1172209041	应用统计	1007932020100870	应用统计硕士专业学位
414	李时宇	男	1172209042	应用统计	1007932020100871	应用统计硕士专业学位
415	李　莹	女	1172209043	应用统计	1007932020100872	应用统计硕士专业学位
416	卢秋茹	女	1172209044	应用统计	1007932020100873	应用统计硕士专业学位
417	吕泽芳	女	1172209045	应用统计	1007932020100874	应用统计硕士专业学位
418	蒲琳涓	女	1172209046	应用统计	1007932020100875	应用统计硕士专业学位
419	秦子璇	女	1172209047	应用统计	1007932020100876	应用统计硕士专业学位
420	宋天阳	男	1172209048	应用统计	1007932020100877	应用统计硕士专业学位
421	汪旭帆	女	1172209049	应用统计	1007932020100878	应用统计硕士专业学位

续表

序号	姓名	性别	学号	领域名称	学位证书号	学位类别
422	王捷儒	女	1172209050	应用统计	1007932020100879	应用统计硕士专业学位
423	王　丽	女	1172209051	应用统计	1007932020100880	应用统计硕士专业学位
424	王文博	女	1172209052	应用统计	1007932020100881	应用统计硕士专业学位
425	王　鑫	男	1172209053	应用统计	1007932020100882	应用统计硕士专业学位
426	王梓萱	男	1172209054	应用统计	1007932020100883	应用统计硕士专业学位
427	武沛多	男	1172209055	应用统计	1007932020100884	应用统计硕士专业学位
428	徐晓娜	女	1172209056	应用统计	1007932020100885	应用统计硕士专业学位
429	姚　磊	男	1172209057	应用统计	1007932020100886	应用统计硕士专业学位
430	俞昊天	男	1172209058	应用统计	1007932020100887	应用统计硕士专业学位
431	岳峻杰	女	1172209059	应用统计	1007932020100888	应用统计硕士专业学位
432	张　德	男	1172209060	应用统计	1007932020100889	应用统计硕士专业学位
433	张艺萧	男	1172209061	应用统计	1007932020100890	应用统计硕士专业学位
434	郑　磊	男	1172209062	应用统计	1007932020100891	应用统计硕士专业学位
435	庄晟阳	男	1172209063	应用统计	1007932020100892	应用统计硕士专业学位
436	常甄文	男	1172211001	材料工程	1007932020100899	工程硕士专业学位
437	廖音杰	女	1172211003	材料工程	1007932020100900	工程硕士专业学位
438	刘卓海	男	1172211004	材料工程	1007932020100901	工程硕士专业学位
439	罗楚濛	男	1172211005	材料工程	1007932020100902	工程硕士专业学位
440	吴彦宏	女	1172211006	材料工程	1007932020100903	工程硕士专业学位
441	赵春艳	女	1172211008	材料工程	1007932020100904	工程硕士专业学位
442	艾祎依	女	1172211009	动力工程	1007932020100905	工程硕士专业学位
443	戴文旭	男	1172211010	动力工程	1007932020100906	工程硕士专业学位
444	宫英杰	男	1172211011	动力工程	1007932020100907	工程硕士专业学位
445	韩雨彤	女	1172211012	动力工程	1007932020100908	工程硕士专业学位
446	郝梦婕	女	1172211013	动力工程	1007932020100909	工程硕士专业学位
447	梁　超	男	1172211014	动力工程	1007932020100910	工程硕士专业学位
448	林家俊	男	1172211015	动力工程	1007932020100911	工程硕士专业学位
449	刘河生	男	1172211016	动力工程	1007932020100912	工程硕士专业学位
450	刘　茜	女	1172211017	动力工程	1007932020100913	工程硕士专业学位
451	齐　瑶	男	1172211018	动力工程	1007932020100914	工程硕士专业学位
452	王宏钧	男	1172211019	动力工程	1007932020100915	工程硕士专业学位
453	王　瑀	男	1172211020	动力工程	1007932020100916	工程硕士专业学位
454	吴昱廷	男	1172211021	动力工程	1007932020100917	工程硕士专业学位
455	张　拓	男	1172211022	动力工程	1007932020100918	工程硕士专业学位
456	冯　祥	男	1172212001	动力工程	1007932020100974	工程硕士专业学位
457	胡　挺	男	1172212002	动力工程	1007932020100975	工程硕士专业学位
458	黄继缘	男	1172212003	动力工程	1007932020100976	工程硕士专业学位
459	李庆伟	男	1172212004	动力工程	1007932020100977	工程硕士专业学位
460	石　顺	男	1172212005	动力工程	1007932020100978	工程硕士专业学位

续表

序号	姓名	性别	学号	领域名称	学位证书号	学位类别
461	宋　超	男	1172212006	动力工程	1007932020100979	工程硕士专业学位
462	王鹏飞	男	1172212007	动力工程	1007932020100980	工程硕士专业学位
463	王晓东	男	1172212008	动力工程	1007932020100981	工程硕士专业学位
464	王　征	男	1172212009	动力工程	1007932020100982	工程硕士专业学位
465	夏子涵	女	1172212011	动力工程	1007932020100983	工程硕士专业学位
466	袁永龙	男	1172212012	动力工程	1007932020100984	工程硕士专业学位
467	张泽皓	男	1172212013	动力工程	1007932020100985	工程硕士专业学位
468	朱亮宇	男	1172212014	动力工程	1007932020100986	工程硕士专业学位
469	陈碧颖	女	1172227001	计算机技术	1007932020101023	工程硕士专业学位
470	陈　卓	女	1172227002	计算机技术	1007932020101024	工程硕士专业学位
471	窦鹏丽	女	1172227003	计算机技术	1007932020101025	工程硕士专业学位
472	高铭鋆	女	1172227004	计算机技术	1007932020101026	工程硕士专业学位
473	郭鹏天	男	1172227005	计算机技术	1007932020101027	工程硕士专业学位
474	何　辉	男	1172227006	计算机技术	1007932020101028	工程硕士专业学位
475	侯　明	男	1172227007	计算机技术	1007932020101029	工程硕士专业学位
476	蒋艺枝	女	1172227008	计算机技术	1007932020101030	工程硕士专业学位
477	康　瑞	男	1172227009	计算机技术	1007932020101031	工程硕士专业学位
478	李渊博	男	1172227010	计算机技术	1007932020101032	工程硕士专业学位
479	梁如霞	女	1172227011	计算机技术	1007932020101033	工程硕士专业学位
480	林炜坚	男	1172227012	计算机技术	1007932020101034	工程硕士专业学位
481	孙秀秀	女	1172227014	计算机技术	1007932020101035	工程硕士专业学位
482	王海超	男	1172227015	计算机技术	1007932020101036	工程硕士专业学位
483	王浩铭	男	1172227016	计算机技术	1007932020101037	工程硕士专业学位
484	王敏鉴	男	1172227017	计算机技术	1007932020101038	工程硕士专业学位
485	王　瑞	男	1172227018	计算机技术	1007932020101039	工程硕士专业学位
486	王　鑫	男	1172227019	计算机技术	1007932020101040	工程硕士专业学位
487	尉迟静远	男	1172227020	计算机技术	1007932020101041	工程硕士专业学位
488	吴子锐	男	1172227021	计算机技术	1007932020101042	工程硕士专业学位
489	郗子月	女	1172227022	计算机技术	1007932020101043	工程硕士专业学位
490	薛　霞	女	1172227023	计算机技术	1007932020101044	工程硕士专业学位
491	杨诗语	女	1172227024	计算机技术	1007932020101045	工程硕士专业学位
492	杨玉莲	女	1172227025	计算机技术	1007932020101046	工程硕士专业学位
493	杨志鹏	男	1172227026	计算机技术	1007932020101047	工程硕士专业学位
494	姚瀚钦	男	1172227027	计算机技术	1007932020101048	工程硕士专业学位
495	于小青	女	1172227028	计算机技术	1007932020101049	工程硕士专业学位
496	张彭彭	男	1172227029	计算机技术	1007932020101050	工程硕士专业学位
497	张闪青	男	1172227030	计算机技术	1007932020101051	工程硕士专业学位
498	赵天瑞	男	1172227031	计算机技术	1007932020101052	工程硕士专业学位
499	赵迎迎	女	1172227032	计算机技术	1007932020101053	工程硕士专业学位

续表

序号	姓名	性别	学号	领域名称	学位证书号	学位类别
500	朱　海	男	1172227033	计算机技术	1007932020101054	工程硕士专业学位
501	曹继君	女	1172227094	控制工程	1007932020101106	工程硕士专业学位
502	陈梦娇	女	1172227095	控制工程	1007932020101107	工程硕士专业学位
503	陈文秋	男	1172227096	控制工程	1007932020101108	工程硕士专业学位
504	陈智祺	男	1172227097	控制工程	1007932020101109	工程硕士专业学位
505	丁晓洁	女	1172227098	控制工程	1007932020101110	工程硕士专业学位
506	董竹林	女	1172227099	控制工程	1007932020101111	工程硕士专业学位
507	樊鹏浩	男	1172227100	控制工程	1007932020101112	工程硕士专业学位
508	符　健	男	1172227101	控制工程	1007932020101113	工程硕士专业学位
509	韩长兴	男	1172227102	控制工程	1007932020101114	工程硕士专业学位
510	胡申煌	男	1172227103	控制工程	1007932020101115	工程硕士专业学位
511	黄　鑫	女	1172227104	控制工程	1007932020101116	工程硕士专业学位
512	蒋媛媛	女	1172227105	控制工程	1007932020101117	工程硕士专业学位
513	矫镕达	男	1172227106	控制工程	1007932020101118	工程硕士专业学位
514	井思桐	女	1172227107	控制工程	1007932020101119	工程硕士专业学位
515	康　宁	女	1172227108	控制工程	1007932020101120	工程硕士专业学位
516	李广杰	男	1172227109	控制工程	1007932020101121	工程硕士专业学位
517	李佳玉	女	1172227110	控制工程	1007932020101122	工程硕士专业学位
518	李建靖	男	1172227111	控制工程	1007932020101123	工程硕士专业学位
519	李　杰	男	1172227112	控制工程	1007932020101124	工程硕士专业学位
520	李　宁	男	1172227113	控制工程	1007932020101125	工程硕士专业学位
521	李宜霖	女	1172227114	控制工程	1007932020101126	工程硕士专业学位
522	刘海鹏	男	1172227115	控制工程	1007932020101127	工程硕士专业学位
523	刘嘉华	男	1172227116	控制工程	1007932020101128	工程硕士专业学位
524	刘　双	男	1172227117	控制工程	1007932020101129	工程硕士专业学位
525	刘雅凤	女	1172227118	控制工程	1007932020101130	工程硕士专业学位
526	米尔扎提·买合木提	男	1172227119	控制工程	1007932020101131	工程硕士专业学位
527	蒲家蓉	女	1172227120	控制工程	1007932020101132	工程硕士专业学位
528	任丹彤	女	1172227121	控制工程	1007932020101133	工程硕士专业学位
529	任敏华	女	1172227122	控制工程	1007932020101134	工程硕士专业学位
530	任石佳	女	1172227123	控制工程	1007932020101135	工程硕士专业学位
531	盛梦月	女	1172227124	控制工程	1007932020101136	工程硕士专业学位
532	苏伟芳	女	1172227125	控制工程	1007932020101137	工程硕士专业学位
533	孙　怡	女	1172227126	控制工程	1007932020101138	工程硕士专业学位
534	王安迪	男	1172227127	控制工程	1007932020101139	工程硕士专业学位
535	王　迪	女	1172227128	控制工程	1007932020101140	工程硕士专业学位
536	王　乙	男	1172227129	控制工程	1007932020101141	工程硕士专业学位
537	王周君	男	1172227130	控制工程	1007932020101142	工程硕士专业学位
538	魏　霞	女	1172227131	控制工程	1007932020101143	工程硕士专业学位

续表

序号	姓名	性别	学号	领域名称	学位证书号	学位类别
539	吴　迪	男	1172227132	控制工程	1007932020101144	工程硕士专业学位
540	吴小江	男	1172227133	控制工程	1007932020101145	工程硕士专业学位
541	辛凯强	男	1172227134	控制工程	1007932020101146	工程硕士专业学位
542	邢国通	男	1172227135	控制工程	1007932020101147	工程硕士专业学位
543	于晓东	男	1172227136	控制工程	1007932020101148	工程硕士专业学位
544	余　波	男	1172227137	控制工程	1007932020101149	工程硕士专业学位
545	翟凌超	男	1172227138	控制工程	1007932020101150	工程硕士专业学位
546	张　达	男	1172227139	控制工程	1007932020101151	工程硕士专业学位
547	张　浩	男	1172227140	控制工程	1007932020101152	工程硕士专业学位
548	张丽雅	女	1172227141	控制工程	1007932020101153	工程硕士专业学位
549	张艳峰	男	1172227142	控制工程	1007932020101154	工程硕士专业学位
550	张　艺	女	1172227143	控制工程	1007932020101155	工程硕士专业学位
551	郑　伟	男	1172227144	控制工程	1007932020101156	工程硕士专业学位
552	周晓蕾	女	1172227145	控制工程	1007932020101157	工程硕士专业学位
553	朱慧娴	女	1172227146	控制工程	1007932020101158	工程硕士专业学位
554	邹　金	女	1172227147	控制工程	1007932020101159	工程硕士专业学位
555	安玉宾	男	1172227196	软件工程	1007932020101205	工程硕士专业学位
556	曹力元	女	1172227197	软件工程	1007932020101206	工程硕士专业学位
557	陈佳琦	女	1172227198	软件工程	1007932020101207	工程硕士专业学位
558	丁高峰	男	1172227199	软件工程	1007932020101208	工程硕士专业学位
559	计鹏程	男	1172227201	软件工程	1007932020101210	工程硕士专业学位
560	揭勇俊	男	1172227202	软件工程	1007932020101211	工程硕士专业学位
561	马路遥	男	1172227206	软件工程	1007932020101214	工程硕士专业学位
562	马群飞	男	1172227207	软件工程	1007932020101215	工程硕士专业学位
563	商景辉	男	1172227208	软件工程	1007932020101216	工程硕士专业学位
564	董韦汝	女	1172229001	环境工程	1007932020101233	工程硕士专业学位
565	刘成龙	男	1172229002	环境工程	1007932020101234	工程硕士专业学位
566	孙聪明	男	1172229004	环境工程	1007932020101235	工程硕士专业学位
567	王烨琪	女	1172229005	环境工程	1007932020101236	工程硕士专业学位
568	王云楷	男	1172229006	环境工程	1007932020101237	工程硕士专业学位
569	谢　凯	男	1172229007	环境工程	1007932020101238	工程硕士专业学位
570	杨姗也	女	1172229008	环境工程	1007932020101239	工程硕士专业学位
571	殷冉皓	女	1172229009	环境工程	1007932020101240	工程硕士专业学位
572	常泽巍	男	1172229019	环境工程	1007932020101249	工程硕士专业学位
573	杜美锦	女	1172229020	环境工程	1007932020101250	工程硕士专业学位
574	高东升	男	1172229021	环境工程	1007932020101251	工程硕士专业学位
575	关玉儒	女	1172229022	环境工程	1007932020101252	工程硕士专业学位
576	李霁恒	男	1172229026	环境工程	1007932020101255	工程硕士专业学位
577	刘海强	男	1172229029	环境工程	1007932020101257	工程硕士专业学位

续表

序号	姓名	性别	学号	领域名称	学位证书号	学位类别
578	刘雪纯	女	1172229031	环境工程	1007932020101259	工程硕士专业学位
579	谭乔旭	男	1172229035	环境工程	1007932020101263	工程硕士专业学位
580	汤沐成	男	1172229036	环境工程	1007932020101264	工程硕士专业学位
581	杨涵晟	男	1172229042	环境工程	1007932020101270	工程硕士专业学位
582	张书京	女	1172229043	环境工程	1007932020101271	工程硕士专业学位
583	邓明心	男	1142327011	控制工程	1007932020101273	工程硕士专业学位
584	李承儒	男	1142327029	控制工程	1007932020101274	工程硕士专业学位
585	宋　宁	男	1142327053	控制工程	1007932020101275	工程硕士专业学位
586	魏龙飞	男	1142327064	控制工程	1007932020101276	工程硕士专业学位
587	梁　超	男	1152306014	工商管理	1007932020101277	工商管理硕士专业学位
588	朱凌浩	男	1152306027	工商管理	1007932020101278	工商管理硕士专业学位
589	黄　鹏	男	1152327139	控制工程	1007932020101279	工程硕士专业学位
590	李　婷	女	1152327149	控制工程	1007932020101280	工程硕士专业学位
591	王昆瑶	男	1152327178	控制工程	1007932020101281	工程硕士专业学位

北京校部:800 人(授予日期:2020 年 6 月 29 日)

序号	姓名	性别	学号	领域名称	学位证书号	学位类别
序号	姓名	性别	学号	领域名称	学位证书号	学位类别
1	金天一	男	1172201234	电气工程	1007932020101298	工程硕士专业学位
2	李　栋	男	1172201237	电气工程	1007932020101299	工程硕士专业学位
3	卢　莹	女	1172201260	电气工程	1007932020101300	工程硕士专业学位
4	马圆圆	女	1172201265	电气工程	1007932020101301	工程硕士专业学位
5	王佳旭	女	1172201290	电气工程	1007932020101302	工程硕士专业学位
6	奚耀冕	男	1172201297	电气工程	1007932020101303	工程硕士专业学位
7	薛雨珊	女	1172201385	电子与通信工程	1007932020101305	工程硕士专业学位
8	方　伟	男	1182201349	电气工程	1007932020101309	工程硕士专业学位
9	郭　亮	男	1182201350	电气工程	1007932020101310	工程硕士专业学位
10	韩　旭	男	1172229023	环境工程	1007932020101312	工程硕士专业学位
11	周长宝	男	1172229047	环境工程	1007932020101313	工程硕士专业学位
12	宋学伟	男	1162206161	工商管理	1007932020101314	工商管理硕士专业学位
13	王程功	男	1162206163	工商管理	1007932020101315	工商管理硕士专业学位
14	周越洋	男	1162206167	工商管理	1007932020101316	工商管理硕士专业学位
15	梁庆锋	男	1162206174	工商管理	1007932020101317	工商管理硕士专业学位
16	孙松源	男	1162206190	工商管理	1007932020101318	工商管理硕士专业学位
17	段超毅	男	1162206198	工商管理	1007932020101319	工商管理硕士专业学位
18	尹艳萍	女	1162206222	工商管理	1007932020101320	工商管理硕士专业学位
19	苏道伟	男	1162206236	工商管理	1007932020101321	工商管理硕士专业学位
20	陈佳琳	女	1162206256	会计	1007932020101322	会计硕士专业学位
21	刘瑛璇	女	1162206257	会计	1007932020101323	会计硕士专业学位

续表

序号	姓名	性别	学号	领域名称	学位证书号	学位类别
22	杨欣明	女	1162206259	会计	1007932020101324	会计硕士专业学位
23	赵　亮	男	1162206270	工程管理	1007932020101325	工程管理硕士专业学位
24	邓　杰	男	1172206005	工程管理	1007932020101327	工程管理硕士专业学位
25	李　欣	男	1172206010	工程管理	1007932020101328	工程管理硕士专业学位
26	马　磊	男	1172206013	工程管理	1007932020101329	工程管理硕士专业学位
27	张腾兮	女	1172206014	工程管理	1007932020101330	工程管理硕士专业学位
28	陈璞玉	女	1172206016	工商管理	1007932020101331	工商管理硕士专业学位
29	李燕杰	女	1172206029	工商管理	1007932020101332	工商管理硕士专业学位
30	邱安然	女	1172206039	工商管理	1007932020101333	工商管理硕士专业学位
31	史欣妮	女	1172206040	工商管理	1007932020101334	工商管理硕士专业学位
32	王　冰	女	1172206044	工商管理	1007932020101335	工商管理硕士专业学位
33	徐彦超	女	1172206050	工商管理	1007932020101336	工商管理硕士专业学位
34	张海博	女	1172206056	工商管理	1007932020101337	工商管理硕士专业学位
35	张丽慧	女	1172206057	工商管理	1007932020101338	工商管理硕士专业学位
36	朱丹妮	女	1172206067	工商管理	1007932020101339	工商管理硕士专业学位
37	范雪敏	女	1172206072	工业工程	1007932020101340	工程硕士专业学位
38	高　飞	女	1172206073	工业工程	1007932020101341	工程硕士专业学位
39	许小峰	男	1172206099	工业工程	1007932020101342	工程硕士专业学位
40	祝聪聪	女	1172206109	工业工程	1007932020101343	工程硕士专业学位
41	陈　悦	女	1172206143	会计	1007932020101344	会计硕士专业学位
42	龚　婷	女	1172206147	会计	1007932020101345	会计硕士专业学位
43	薛亚崑	女	1172206170	会计	1007932020101346	会计硕士专业学位
44	叶　子	女	1172206171	会计	1007932020101347	会计硕士专业学位
45	张一诺	女	1172206177	会计	1007932020101348	会计硕士专业学位
46	孙　堃	男	1172206255	物流工程	1007932020101349	工程硕士专业学位
47	许媛媛	女	1172206259	物流工程	1007932020101350	工程硕士专业学位
48	李　妍	女	1182206171	工商管理	1007932020101352	工商管理硕士专业学位
49	倪楚涵	女	1182206172	工商管理	1007932020101353	工商管理硕士专业学位
50	马田田	女	1182206173	工商管理	1007932020101354	工商管理硕士专业学位
51	毕逸群	男	1182206174	工商管理	1007932020101355	工商管理硕士专业学位
52	刘长庆	男	1182206175	工商管理	1007932020101356	工商管理硕士专业学位
53	刘　荣	女	1182206178	工商管理	1007932020101357	工商管理硕士专业学位
54	赵　钱	男	1182206179	工商管理	1007932020101358	工商管理硕士专业学位
55	王秀娟	女	1182206180	工商管理	1007932020101359	工商管理硕士专业学位
56	牛文峰	男	1182206181	工商管理	1007932020101360	工商管理硕士专业学位
57	徐　磊	男	1182206183	工商管理	1007932020101361	工商管理硕士专业学位
58	杨士超	男	1182206185	工商管理	1007932020101362	工商管理硕士专业学位
59	郑建芳	女	1182206187	工商管理	1007932020101363	工商管理硕士专业学位
60	王　璐	女	1182206188	工商管理	1007932020101364	工商管理硕士专业学位

续表

序号	姓名	性别	学号	领域名称	学位证书号	学位类别
61	金明珠	女	1182206189	工商管理	1007932020101365	工商管理硕士专业学位
62	林佳奇	男	1182206190	工商管理	1007932020101366	工商管理硕士专业学位
63	赵玉娇	女	1182206191	工商管理	1007932020101367	工商管理硕士专业学位
64	王　莹	女	1182206192	工商管理	1007932020101368	工商管理硕士专业学位
65	杨艳宇	女	1182206195	工商管理	1007932020101369	工商管理硕士专业学位
66	董　媛	女	1182206196	工商管理	1007932020101370	工商管理硕士专业学位
67	甘洪源	男	1182206197	工商管理	1007932020101371	工商管理硕士专业学位
68	晁化冰	男	1182206198	工商管理	1007932020101372	工商管理硕士专业学位
69	曹　越	女	1182206199	工商管理	1007932020101373	工商管理硕士专业学位
70	杜泽龙	男	1182206200	工商管理	1007932020101374	工商管理硕士专业学位
71	梁　真	男	1182206202	工商管理	1007932020101375	工商管理硕士专业学位
72	赵健松	男	1182206203	工商管理	1007932020101376	工商管理硕士专业学位
73	肖　禹	男	1182206204	工商管理	1007932020101377	工商管理硕士专业学位
74	陈天扬	男	1182206205	工商管理	1007932020101378	工商管理硕士专业学位
75	张新香	女	1182206206	工商管理	1007932020101379	工商管理硕士专业学位
76	李　冉	女	1182206207	工商管理	1007932020101380	工商管理硕士专业学位
77	黄　瀚	男	1182206208	工商管理	1007932020101381	工商管理硕士专业学位
78	王艺皓	男	1182206210	工商管理	1007932020101382	工商管理硕士专业学位
79	梁艺凡	女	1182206212	工商管理	1007932020101383	工商管理硕士专业学位
80	谭　丁	女	1182206213	工商管理	1007932020101384	工商管理硕士专业学位
81	王　丽	女	1182206246	工程管理	1007932020101385	工程管理硕士专业学位
82	刘　帆	男	1182206247	工程管理	1007932020101386	工程管理硕士专业学位
83	王广宇	男	1182206248	工程管理	1007932020101387	工程管理硕士专业学位
84	李忻颖	女	1182206249	工程管理	1007932020101388	工程管理硕士专业学位
85	徐云凤	女	1182206250	工程管理	1007932020101389	工程管理硕士专业学位
86	张军帅	男	1182206251	工程管理	1007932020101390	工程管理硕士专业学位
87	郭文静	女	1182206252	工程管理	1007932020101391	工程管理硕士专业学位
88	刘新萍	女	1182206253	工程管理	1007932020101392	工程管理硕士专业学位
89	任志刚	男	1182206254	工程管理	1007932020101393	工程管理硕士专业学位
90	骆效荣	女	1182206255	工程管理	1007932020101394	工程管理硕士专业学位
91	张良静	女	1182206256	工程管理	1007932020101395	工程管理硕士专业学位
92	侯　森	男	1182206257	工程管理	1007932020101396	工程管理硕士专业学位
93	张　垚	男	1182206258	工程管理	1007932020101397	工程管理硕士专业学位
94	张　飞	男	1182206259	工程管理	1007932020101398	工程管理硕士专业学位
95	史鸿翔	男	1182206260	工程管理	1007932020101399	工程管理硕士专业学位
96	杨　杰	男	1162227133	控制工程	1007932020101407	工程硕士专业学位
97	马雪楹	女	1172227013	计算机技术	1007932020101408	工程硕士专业学位
98	戴　玺	男	1172202025	动力工程	1007932020101413	工程硕士专业学位
99	董　鹏	男	1172202027	动力工程	1007932020101414	工程硕士专业学位

续表

序号	姓名	性别	学号	领域名称	学位证书号	学位类别
100	韩小婷	女	1172202033	动力工程	1007932020101415	工程硕士专业学位
101	李易炜	男	1172202048	动力工程	1007932020101416	工程硕士专业学位
102	杨　谱	男	1172202083	动力工程	1007932020101417	工程硕士专业学位
103	张雄贤	男	1172202092	动力工程	1007932020101418	工程硕士专业学位
104	赵学林	男	1172202096	动力工程	1007932020101419	工程硕士专业学位
105	赵忠光	男	1172202098	动力工程	1007932020101420	工程硕士专业学位
106	赵玉臻	男	1162207036	公共管理	1007932020101426	公共管理硕士专业学位
107	常会芝	女	1172207012	公共管理	1007932020101427	公共管理硕士专业学位
108	安占超	男	1172301001	电气工程	1007932020101428	工程硕士专业学位
109	白允浦	男	1172301002	电气工程	1007932020101429	工程硕士专业学位
110	陈肖璐	女	1172301006	电气工程	1007932020101430	工程硕士专业学位
111	陈　耀	男	1172301007	电气工程	1007932020101431	工程硕士专业学位
112	程　鹏	男	1172301010	电气工程	1007932020101432	工程硕士专业学位
113	戴宇航	男	1172301011	电气工程	1007932020101433	工程硕士专业学位
114	邓　什	女	1172301016	电气工程	1007932020101434	工程硕士专业学位
115	董佳茹	女	1172301019	电气工程	1007932020101435	工程硕士专业学位
116	樊　卡	男	1172301021	电气工程	1007932020101436	工程硕士专业学位
117	樊肖杰	男	1172301022	电气工程	1007932020101437	工程硕士专业学位
118	付子豪	男	1172301023	电气工程	1007932020101438	工程硕士专业学位
119	高汉雄	男	1172301024	电气工程	1007932020101439	工程硕士专业学位
120	葛　航	男	1172301026	电气工程	1007932020101440	工程硕士专业学位
121	缑培培	女	1172301027	电气工程	1007932020101441	工程硕士专业学位
122	郭柯辛	女	1172301028	电气工程	1007932020101442	工程硕士专业学位
123	郭敏凯	男	1172301029	电气工程	1007932020101443	工程硕士专业学位
124	郭天宇	男	1172301030	电气工程	1007932020101444	工程硕士专业学位
125	郭玉婷	女	1172301032	电气工程	1007932020101445	工程硕士专业学位
126	洪梓铭	男	1172301035	电气工程	1007932020101446	工程硕士专业学位
127	霍云燕	女	1172301038	电气工程	1007932020101447	工程硕士专业学位
128	江　恬	女	1172301040	电气工程	1007932020101448	工程硕士专业学位
129	解东翰	男	1172301042	电气工程	1007932020101449	工程硕士专业学位
130	李国栋	男	1172301043	电气工程	1007932020101450	工程硕士专业学位
131	李锦钰	男	1172301044	电气工程	1007932020101451	工程硕士专业学位
132	李沛东	男	1172301045	电气工程	1007932020101452	工程硕士专业学位
133	李皖金	男	1172301049	电气工程	1007932020101453	工程硕士专业学位
134	李　玥	女	1172301053	电气工程	1007932020101454	工程硕士专业学位
135	林依青	女	1172301059	电气工程	1007932020101455	工程硕士专业学位
136	刘　帅	男	1172301061	电气工程	1007932020101456	工程硕士专业学位
137	刘思佳	女	1172301062	电气工程	1007932020101457	工程硕士专业学位
138	马　悦	女	1172301066	电气工程	1007932020101458	工程硕士专业学位

续表

序号	姓名	性别	学号	领域名称	学位证书号	学位类别
139	莽修伟	男	1172301067	电气工程	1007932020101459	工程硕士专业学位
140	慕泽田	男	1172301070	电气工程	1007932020101460	工程硕士专业学位
141	牛　捷	女	1172301072	电气工程	1007932020101461	工程硕士专业学位
142	欧博文	男	1172301073	电气工程	1007932020101462	工程硕士专业学位
143	曲贵煜	男	1172301077	电气工程	1007932020101463	工程硕士专业学位
144	任鹏辉	男	1172301078	电气工程	1007932020101464	工程硕士专业学位
145	施冕雄	男	1172301080	电气工程	1007932020101465	工程硕士专业学位
146	石巍巍	男	1172301081	电气工程	1007932020101466	工程硕士专业学位
147	宋如亚	男	1172301082	电气工程	1007932020101467	工程硕士专业学位
148	苏　翰	男	1172301083	电气工程	1007932020101468	工程硕士专业学位
149	孙一宁	男	1172301084	电气工程	1007932020101469	工程硕士专业学位
150	汤存威	男	1172301085	电气工程	1007932020101470	工程硕士专业学位
151	王　超	男	1172301087	电气工程	1007932020101471	工程硕士专业学位
152	王方君	女	1172301089	电气工程	1007932020101472	工程硕士专业学位
153	王　坤	男	1172301091	电气工程	1007932020101473	工程硕士专业学位
154	王　立	男	1172301092	电气工程	1007932020101474	工程硕士专业学位
155	王　鹏	男	1172301094	电气工程	1007932020101475	工程硕士专业学位
156	王　涛	男	1172301096	电气工程	1007932020101476	工程硕士专业学位
157	王文博	女	1172301097	电气工程	1007932020101477	工程硕士专业学位
158	王勖冲	男	1172301101	电气工程	1007932020101478	工程硕士专业学位
159	王雪峰	男	1172301102	电气工程	1007932020101479	工程硕士专业学位
160	吴　峰	男	1172301107	电气工程	1007932020101480	工程硕士专业学位
161	吴洁祥	男	1172301108	电气工程	1007932020101481	工程硕士专业学位
162	武小雯	女	1172301113	电气工程	1007932020101482	工程硕士专业学位
163	许　冰	男	1172301120	电气工程	1007932020101483	工程硕士专业学位
164	薛　星	女	1172301123	电气工程	1007932020101484	工程硕士专业学位
165	杨本琪	男	1172301124	电气工程	1007932020101485	工程硕士专业学位
166	杨定乾	男	1172301125	电气工程	1007932020101486	工程硕士专业学位
167	杨　涛	男	1172301126	电气工程	1007932020101487	工程硕士专业学位
168	易　鸣	女	1172301130	电气工程	1007932020101488	工程硕士专业学位
169	原　泱	男	1172301132	电气工程	1007932020101489	工程硕士专业学位
170	张成巍	男	1172301134	电气工程	1007932020101490	工程硕士专业学位
171	张　驰	男	1172301135	电气工程	1007932020101491	工程硕士专业学位
172	张鸿平	男	1172301137	电气工程	1007932020101492	工程硕士专业学位
173	张帅仁	男	1172301143	电气工程	1007932020101493	工程硕士专业学位
174	张　引	女	1172301148	电气工程	1007932020101494	工程硕士专业学位
175	章沈泉	男	1172301151	电气工程	1007932020101495	工程硕士专业学位
176	赵　亮	男	1172301153	电气工程	1007932020101496	工程硕士专业学位
177	赵悦蓉	女	1172301155	电气工程	1007932020101497	工程硕士专业学位

续表

序号	姓名	性别	学号	领域名称	学位证书号	学位类别
178	庄亚娟	女	1172301165	电气工程	1007932020101498	工程硕士专业学位
179	邹昊男	男	1172301166	电气工程	1007932020101499	工程硕士专业学位
180	宁鑫环	女	1172301172	电子与通信工程	1007932020101500	工程硕士专业学位
181	彭嘉怡	女	1172301173	电子与通信工程	1007932020101501	工程硕士专业学位
182	田欣然	男	1172301175	电子与通信工程	1007932020101502	工程硕士专业学位
183	王昱洁	女	1172301176	电子与通信工程	1007932020101503	工程硕士专业学位
184	杨　帆	男	1172301180	电子与通信工程	1007932020101504	工程硕士专业学位
185	张　丹	女	1172301181	电子与通信工程	1007932020101505	工程硕士专业学位
186	史思扬	男	1172701003	电气工程	1007932020101506	工程硕士专业学位
187	崔宜茹	女	1172306001	工程管理	1007932020101507	工程管理硕士专业学位
188	董强强	男	1172306002	工程管理	1007932020101508	工程管理硕士专业学位
189	冯　雪	女	1172306004	工程管理	1007932020101509	工程管理硕士专业学位
190	靳兵兵	男	1172306006	工程管理	1007932020101510	工程管理硕士专业学位
191	李梦岚	女	1172306007	工程管理	1007932020101511	工程管理硕士专业学位
192	李雅楠	女	1172306008	工程管理	1007932020101512	工程管理硕士专业学位
193	莫会兴	男	1172306009	工程管理	1007932020101513	工程管理硕士专业学位
194	宋　宇	男	1172306012	工程管理	1007932020101514	工程管理硕士专业学位
195	王小南	男	1172306013	工程管理	1007932020101515	工程管理硕士专业学位
196	杨晨辉	男	1172306015	工程管理	1007932020101516	工程管理硕士专业学位
197	张　敏	男	1172306017	工程管理	1007932020101517	工程管理硕士专业学位
198	张　雪	女	1172306019	工程管理	1007932020101518	工程管理硕士专业学位
199	张阳阳	女	1172306020	工程管理	1007932020101519	工程管理硕士专业学位
200	左若冲	男	1172306021	工程管理	1007932020101520	工程管理硕士专业学位
201	陈　曦	男	1172306027	工商管理	1007932020101521	工商管理硕士专业学位
202	程晓磊	女	1172306028	工商管理	1007932020101522	工商管理硕士专业学位
203	樊　淼	男	1172306029	工商管理	1007932020101523	工商管理硕士专业学位
204	葛新路	男	1172306032	工商管理	1007932020101524	工商管理硕士专业学位
205	关　帅	男	1172306033	工商管理	1007932020101525	工商管理硕士专业学位
206	郭朝波	男	1172306034	工商管理	1007932020101526	工商管理硕士专业学位
207	韩文涛	男	1172306035	工商管理	1007932020101527	工商管理硕士专业学位
208	冀　璇	女	1172306037	工商管理	1007932020101528	工商管理硕士专业学位
209	康鸿宇	女	1172306039	工商管理	1007932020101529	工商管理硕士专业学位
210	李　冰	女	1172306040	工商管理	1007932020101530	工商管理硕士专业学位
211	李　闯	男	1172306041	工商管理	1007932020101531	工商管理硕士专业学位
212	李　青	女	1172306043	工商管理	1007932020101532	工商管理硕士专业学位
213	李亚维	男	1172306044	工商管理	1007932020101533	工商管理硕士专业学位
214	刘全西	男	1172306046	工商管理	1007932020101534	工商管理硕士专业学位
215	刘适嘉	男	1172306047	工商管理	1007932020101535	工商管理硕士专业学位
216	刘亚南	女	1172306048	工商管理	1007932020101536	工商管理硕士专业学位

续表

序号	姓名	性别	学号	领域名称	学位证书号	学位类别
217	卢又安	男	1172306050	工商管理	1007932020101537	工商管理硕士专业学位
218	马　燕	女	1172306051	工商管理	1007932020101538	工商管理硕士专业学位
219	孟庆洋	男	1172306052	工商管理	1007932020101539	工商管理硕士专业学位
220	齐志超	男	1172306053	工商管理	1007932020101540	工商管理硕士专业学位
221	乔　峥	男	1172306054	工商管理	1007932020101541	工商管理硕士专业学位
222	宋校宇	男	1172306057	工商管理	1007932020101542	工商管理硕士专业学位
223	陶　燃	女	1172306058	工商管理	1007932020101543	工商管理硕士专业学位
224	童博识	男	1172306059	工商管理	1007932020101544	工商管理硕士专业学位
225	童英杰	男	1172306060	工商管理	1007932020101545	工商管理硕士专业学位
226	王　豪	男	1172306062	工商管理	1007932020101546	工商管理硕士专业学位
227	王　青	男	1172306063	工商管理	1007932020101547	工商管理硕士专业学位
228	王语凡	女	1172306064	工商管理	1007932020101548	工商管理硕士专业学位
229	魏亚琼	女	1172306065	工商管理	1007932020101549	工商管理硕士专业学位
230	翁月莹	女	1172306066	工商管理	1007932020101550	工商管理硕士专业学位
231	邢华凝	女	1172306067	工商管理	1007932020101551	工商管理硕士专业学位
232	延志远	男	1172306068	工商管理	1007932020101552	工商管理硕士专业学位
233	姚文师	男	1172306070	工商管理	1007932020101553	工商管理硕士专业学位
234	袁金晓	女	1172306073	工商管理	1007932020101554	工商管理硕士专业学位
235	张雪梅	女	1172306075	工商管理	1007932020101555	工商管理硕士专业学位
236	张艺瀛	女	1172306076	工商管理	1007932020101556	工商管理硕士专业学位
237	赵家瑶	女	1172306077	工商管理	1007932020101557	工商管理硕士专业学位
238	赵婉延	女	1172306078	工商管理	1007932020101558	工商管理硕士专业学位
239	郑佳琳	女	1172306080	工商管理	1007932020101559	工商管理硕士专业学位
240	朱阔成	男	1172306082	工商管理	1007932020101560	工商管理硕士专业学位
241	朱一平	男	1172306083	工商管理	1007932020101561	工商管理硕士专业学位
242	杜光伟	女	1172306085	工业工程	1007932020101562	工程硕士专业学位
243	鲍露丹	女	1172306087	会计	1007932020101563	会计硕士专业学位
244	毕雨锦	女	1172306088	会计	1007932020101564	会计硕士专业学位
245	蔡隽姝	女	1172306089	会计	1007932020101565	会计硕士专业学位
246	曹曦子	女	1172306090	会计	1007932020101566	会计硕士专业学位
247	柴　旭	男	1172306092	会计	1007932020101567	会计硕士专业学位
248	陈柏冰	女	1172306093	会计	1007932020101568	会计硕士专业学位
249	陈　荻	男	1172306095	会计	1007932020101569	会计硕士专业学位
250	陈佳鑫	女	1172306096	会计	1007932020101570	会计硕士专业学位
251	陈　军	女	1172306097	会计	1007932020101571	会计硕士专业学位
252	陈　露	女	1172306099	会计	1007932020101572	会计硕士专业学位
253	陈思雨	男	1172306101	会计	1007932020101573	会计硕士专业学位
254	陈薇薇	女	1172306102	会计	1007932020101574	会计硕士专业学位
255	陈维聪	男	1172306103	会计	1007932020101575	会计硕士专业学位

续表

序号	姓名	性别	学号	领域名称	学位证书号	学位类别
256	陈小雅	女	1172306104	会计	1007932020101576	会计硕士专业学位
257	陈　欣	女	1172306105	会计	1007932020101577	会计硕士专业学位
258	陈雨欣	女	1172306106	会计	1007932020101578	会计硕士专业学位
259	崔傲雪	女	1172306109	会计	1007932020101579	会计硕士专业学位
260	戴靖宜	女	1172306111	会计	1007932020101580	会计硕士专业学位
261	戴则琳	女	1172306112	会计	1007932020101581	会计硕士专业学位
262	邓　喆	男	1172306113	会计	1007932020101582	会计硕士专业学位
263	丁　宁	女	1172306114	会计	1007932020101583	会计硕士专业学位
264	丁　瑶	女	1172306115	会计	1007932020101584	会计硕士专业学位
265	董　娜	女	1172306117	会计	1007932020101585	会计硕士专业学位
266	杜　贝	女	1172306118	会计	1007932020101586	会计硕士专业学位
267	段欣冉	女	1172306122	会计	1007932020101587	会计硕士专业学位
268	法　展	男	1172306123	会计	1007932020101588	会计硕士专业学位
269	樊文韬	女	1172306124	会计	1007932020101589	会计硕士专业学位
270	方　晨	女	1172306125	会计	1007932020101590	会计硕士专业学位
271	费伍豪	男	1172306127	会计	1007932020101591	会计硕士专业学位
272	封　慧	女	1172306128	会计	1007932020101592	会计硕士专业学位
273	冯博鑫	男	1172306129	会计	1007932020101593	会计硕士专业学位
274	付新飘	女	1172306132	会计	1007932020101594	会计硕士专业学位
275	付新琴	女	1172306133	会计	1007932020101595	会计硕士专业学位
276	傅靖懿	女	1172306134	会计	1007932020101596	会计硕士专业学位
277	高　畅	女	1172306135	会计	1007932020101597	会计硕士专业学位
278	高　阳	女	1172306138	会计	1007932020101598	会计硕士专业学位
279	高盈盈	女	1172306140	会计	1007932020101599	会计硕士专业学位
280	郭春月	女	1172306144	会计	1007932020101600	会计硕士专业学位
281	郭炅鑫	女	1172306145	会计	1007932020101601	会计硕士专业学位
282	郭嘉慧	女	1172306147	会计	1007932020101602	会计硕士专业学位
283	郭　童	男	1172306148	会计	1007932020101603	会计硕士专业学位
284	韩清昕	女	1172306152	会计	1007932020101604	会计硕士专业学位
285	郝芳丽	女	1172306154	会计	1007932020101605	会计硕士专业学位
286	郝　威	男	1172306155	会计	1007932020101606	会计硕士专业学位
287	郝文渊	女	1172306156	会计	1007932020101607	会计硕士专业学位
288	贺嘉文	女	1172306157	会计	1007932020101608	会计硕士专业学位
289	侯乐馨	女	1172306158	会计	1007932020101609	会计硕士专业学位
290	胡龙飞	男	1172306161	会计	1007932020101610	会计硕士专业学位
291	胡　宇	女	1172306163	会计	1007932020101611	会计硕士专业学位
292	黄笛珂	女	1172306164	会计	1007932020101612	会计硕士专业学位
293	季新苗	女	1172306169	会计	1007932020101613	会计硕士专业学位
294	贾丹丹	女	1172306170	会计	1007932020101614	会计硕士专业学位

续表

序号	姓名	性别	学号	领域名称	学位证书号	学位类别
295	姜明璇	女	1172306173	会计	1007932020101615	会计硕士专业学位
296	姜溪沫	女	1172306174	会计	1007932020101616	会计硕士专业学位
297	姜　莹	女	1172306175	会计	1007932020101617	会计硕士专业学位
298	金雨濛	女	1172306178	会计	1007932020101618	会计硕士专业学位
299	靳声开	男	1172306179	会计	1007932020101619	会计硕士专业学位
300	乐秀峰	女	1172306181	会计	1007932020101620	会计硕士专业学位
301	雷　楠	女	1172306182	会计	1007932020101621	会计硕士专业学位
302	李安然	女	1172306183	会计	1007932020101622	会计硕士专业学位
303	李　闯	男	1172306184	会计	1007932020101623	会计硕士专业学位
304	李海龙	男	1172306185	会计	1007932020101624	会计硕士专业学位
305	李　涵	女	1172306186	会计	1007932020101625	会计硕士专业学位
306	李浩然	男	1172306187	会计	1007932020101626	会计硕士专业学位
307	李婧怡	女	1172306189	会计	1007932020101627	会计硕士专业学位
308	李　萌	女	1172306191	会计	1007932020101628	会计硕士专业学位
309	李孟奇	男	1172306192	会计	1007932020101629	会计硕士专业学位
310	李青倩	女	1172306194	会计	1007932020101630	会计硕士专业学位
311	李素芹	女	1172306195	会计	1007932020101631	会计硕士专业学位
312	李晓蝶	女	1172306197	会计	1007932020101632	会计硕士专业学位
313	李雪瑶	女	1172306199	会计	1007932020101633	会计硕士专业学位
314	李艳彬	女	1172306200	会计	1007932020101634	会计硕士专业学位
315	李叶萌	女	1172306201	会计	1007932020101635	会计硕士专业学位
316	李玉阁	女	1172306203	会计	1007932020101636	会计硕士专业学位
317	李子晗	女	1172306204	会计	1007932020101637	会计硕士专业学位
318	栗子佳	女	1172306205	会计	1007932020101638	会计硕士专业学位
319	梁振玲	女	1172306207	会计	1007932020101639	会计硕士专业学位
320	梁子祺	男	1172306208	会计	1007932020101640	会计硕士专业学位
321	林天芝	女	1172306209	会计	1007932020101641	会计硕士专业学位
322	刘　迪	女	1172306210	会计	1007932020101642	会计硕士专业学位
323	刘恩余	女	1172306212	会计	1007932020101643	会计硕士专业学位
324	刘涵月	女	1172306213	会计	1007932020101644	会计硕士专业学位
325	刘　浩	男	1172306214	会计	1007932020101645	会计硕士专业学位
326	刘佳佳	女	1172306215	会计	1007932020101646	会计硕士专业学位
327	刘建鹏	男	1172306216	会计	1007932020101647	会计硕士专业学位
328	刘　菁	女	1172306217	会计	1007932020101648	会计硕士专业学位
329	刘　婷	女	1172306219	会计	1007932020101649	会计硕士专业学位
330	刘　一	男	1172306220	会计	1007932020101650	会计硕士专业学位
331	刘　颖	女	1172306222	会计	1007932020101651	会计硕士专业学位
332	刘　俣	女	1172306223	会计	1007932020101652	会计硕士专业学位
333	刘　悦	女	1172306225	会计	1007932020101653	会计硕士专业学位

续表

序号	姓名	性别	学号	领域名称	学位证书号	学位类别
334	刘哲元	男	1172306226	会计	1007932020101654	会计硕士专业学位
335	刘子微	女	1172306227	会计	1007932020101655	会计硕士专业学位
336	卢欣迪	女	1172306229	会计	1007932020101656	会计硕士专业学位
337	芦雅琳	女	1172306230	会计	1007932020101657	会计硕士专业学位
338	聂晓璐	女	1172306234	会计	1007932020101658	会计硕士专业学位
339	牛怡人	女	1172306236	会计	1007932020101659	会计硕士专业学位
340	潘楚楚	女	1172306237	会计	1007932020101660	会计硕士专业学位
341	裴文静	女	1172306239	会计	1007932020101661	会计硕士专业学位
342	彭语格	女	1172306240	会计	1007932020101662	会计硕士专业学位
343	彭紫薇	女	1172306241	会计	1007932020101663	会计硕士专业学位
344	乔令锐	女	1172306243	会计	1007932020101664	会计硕士专业学位
345	乔　冉	女	1172306244	会计	1007932020101665	会计硕士专业学位
346	乔　薇	女	1172306245	会计	1007932020101666	会计硕士专业学位
347	秦　爽	女	1172306247	会计	1007932020101667	会计硕士专业学位
348	曲文慧	女	1172306251	会计	1007932020101668	会计硕士专业学位
349	任珊珊	女	1172306255	会计	1007932020101669	会计硕士专业学位
350	师　瑛	女	1172306262	会计	1007932020101670	会计硕士专业学位
351	施　雪	女	1172306264	会计	1007932020101671	会计硕士专业学位
352	史伟萍	女	1172306266	会计	1007932020101672	会计硕士专业学位
353	史雅琨	女	1172306267	会计	1007932020101673	会计硕士专业学位
354	宋文青	女	1172306270	会计	1007932020101674	会计硕士专业学位
355	孙　畅	女	1172306271	会计	1007932020101675	会计硕士专业学位
356	孙嘉璘	女	1172306272	会计	1007932020101676	会计硕士专业学位
357	孙　明	男	1172306273	会计	1007932020101677	会计硕士专业学位
358	孙宁烛	女	1172306274	会计	1007932020101678	会计硕士专业学位
359	孙　珮	女	1172306275	会计	1007932020101679	会计硕士专业学位
360	孙亚楠	女	1172306276	会计	1007932020101680	会计硕士专业学位
361	孙乙木	女	1172306277	会计	1007932020101681	会计硕士专业学位
362	汤　磊	女	1172306280	会计	1007932020101682	会计硕士专业学位
363	汤　英	女	1172306281	会计	1007932020101683	会计硕士专业学位
364	田佳伟	男	1172306285	会计	1007932020101684	会计硕士专业学位
365	田智文	男	1172306286	会计	1007932020101685	会计硕士专业学位
366	万梦颖	女	1172306288	会计	1007932020101686	会计硕士专业学位
367	汪贤玉	女	1172306289	会计	1007932020101687	会计硕士专业学位
368	汪育洲	男	1172306290	会计	1007932020101688	会计硕士专业学位
369	王城杰	男	1172306291	会计	1007932020101689	会计硕士专业学位
370	王　典	女	1172306292	会计	1007932020101690	会计硕士专业学位
371	王凡奇	男	1172306293	会计	1007932020101691	会计硕士专业学位
372	王福宇	女	1172306294	会计	1007932020101692	会计硕士专业学位

续表

序号	姓名	性别	学号	领域名称	学位证书号	学位类别
373	王寒梅	女	1172306296	会计	1007932020101693	会计硕士专业学位
374	王嘉维	女	1172306298	会计	1007932020101694	会计硕士专业学位
375	王　宁	男	1172306300	会计	1007932020101695	会计硕士专业学位
376	王　琪	女	1172306301	会计	1007932020101696	会计硕士专业学位
377	王慎谦	女	1172306302	会计	1007932020101697	会计硕士专业学位
378	王　伟	男	1172306304	会计	1007932020101698	会计硕士专业学位
379	王向南	女	1172306306	会计	1007932020101699	会计硕士专业学位
380	王业飞	男	1172306307	会计	1007932020101700	会计硕士专业学位
381	王艺璇	女	1172306308	会计	1007932020101701	会计硕士专业学位
382	王奕钊	男	1172306309	会计	1007932020101702	会计硕士专业学位
383	王雨萌	女	1172306310	会计	1007932020101703	会计硕士专业学位
384	王茁颖	女	1172306314	会计	1007932020101704	会计硕士专业学位
385	魏晓娟	女	1172306316	会计	1007932020101705	会计硕士专业学位
386	吴嘉凡	女	1172306319	会计	1007932020101706	会计硕士专业学位
387	伍浩余酉	男	1172306321	会计	1007932020101707	会计硕士专业学位
388	夏廉威	男	1172306322	会计	1007932020101708	会计硕士专业学位
389	肖　涵	女	1172306323	会计	1007932020101709	会计硕士专业学位
390	肖菁菁	女	1172306324	会计	1007932020101710	会计硕士专业学位
391	肖文丽	女	1172306325	会计	1007932020101711	会计硕士专业学位
392	谢冰荷	女	1172306326	会计	1007932020101712	会计硕士专业学位
393	邢雅婷	女	1172306328	会计	1007932020101713	会计硕士专业学位
394	邢　蕴	女	1172306329	会计	1007932020101714	会计硕士专业学位
395	徐国娇	女	1172306330	会计	1007932020101715	会计硕士专业学位
396	徐姗姗	女	1172306331	会计	1007932020101716	会计硕士专业学位
397	徐文娟	女	1172306332	会计	1007932020101717	会计硕士专业学位
398	许　静	女	1172306334	会计	1007932020101718	会计硕士专业学位
399	晏　敏	女	1172306337	会计	1007932020101719	会计硕士专业学位
400	杨　凤	女	1172306340	会计	1007932020101720	会计硕士专业学位
401	杨　璐	女	1172306342	会计	1007932020101721	会计硕士专业学位
402	杨若谷	女	1172306343	会计	1007932020101722	会计硕士专业学位
403	杨　旭	女	1172306344	会计	1007932020101723	会计硕士专业学位
404	杨　阳	女	1172306345	会计	1007932020101724	会计硕士专业学位
405	杨　洋	女	1172306346	会计	1007932020101725	会计硕士专业学位
406	杨宜靓	女	1172306347	会计	1007932020101726	会计硕士专业学位
407	阴怡萍	女	1172306350	会计	1007932020101727	会计硕士专业学位
408	尹玉梅	女	1172306351	会计	1007932020101728	会计硕士专业学位
409	英奕楠	女	1172306352	会计	1007932020101729	会计硕士专业学位
410	于洪迎	女	1172306354	会计	1007932020101730	会计硕士专业学位
411	于　捷	女	1172306355	会计	1007932020101731	会计硕士专业学位

续表

序号	姓名	性别	学号	领域名称	学位证书号	学位类别
412	余欣雨	女	1172306357	会计	1007932020101732	会计硕士专业学位
413	翟琳萍	女	1172306359	会计	1007932020101733	会计硕士专业学位
414	翟璐琦	女	1172306360	会计	1007932020101734	会计硕士专业学位
415	张奥迪	女	1172306361	会计	1007932020101735	会计硕士专业学位
416	张博涵	男	1172306362	会计	1007932020101736	会计硕士专业学位
417	张奋飞	女	1172306364	会计	1007932020101737	会计硕士专业学位
418	张光宇	男	1172306365	会计	1007932020101738	会计硕士专业学位
419	张荟然	女	1172306366	会计	1007932020101739	会计硕士专业学位
420	张　杰	男	1172306368	会计	1007932020101740	会计硕士专业学位
421	张　瑾	女	1172306369	会计	1007932020101741	会计硕士专业学位
422	张玲玉	女	1172306370	会计	1007932020101742	会计硕士专业学位
423	张梦娇	女	1172306372	会计	1007932020101743	会计硕士专业学位
424	张明池	男	1172306374	会计	1007932020101744	会计硕士专业学位
425	张巧娥	女	1172306376	会计	1007932020101745	会计硕士专业学位
426	张思潮	女	1172306377	会计	1007932020101746	会计硕士专业学位
427	张　涛	男	1172306378	会计	1007932020101747	会计硕士专业学位
428	张万里	男	1172306379	会计	1007932020101748	会计硕士专业学位
429	张笑生	男	1172306382	会计	1007932020101749	会计硕士专业学位
430	张旭峰	女	1172306383	会计	1007932020101750	会计硕士专业学位
431	张雪雯	女	1172306384	会计	1007932020101751	会计硕士专业学位
432	张雨杰	男	1172306388	会计	1007932020101752	会计硕士专业学位
433	张　煜	女	1172306389	会计	1007932020101753	会计硕士专业学位
434	张　玥	女	1172306390	会计	1007932020101754	会计硕士专业学位
435	张转侠	女	1172306391	会计	1007932020101755	会计硕士专业学位
436	赵钒羽	男	1172306393	会计	1007932020101756	会计硕士专业学位
437	赵华瑞	女	1172306395	会计	1007932020101757	会计硕士专业学位
438	赵　静	女	1172306396	会计	1007932020101758	会计硕士专业学位
439	赵黎蓉	女	1172306397	会计	1007932020101759	会计硕士专业学位
440	赵　帅	男	1172306399	会计	1007932020101760	会计硕士专业学位
441	郑　莹	女	1172306402	会计	1007932020101761	会计硕士专业学位
442	钟雅琴	女	1172306403	会计	1007932020101762	会计硕士专业学位
443	周　鹭	女	1172306407	会计	1007932020101763	会计硕士专业学位
444	周　婷	女	1172306408	会计	1007932020101764	会计硕士专业学位
445	周禹彤	女	1172306409	会计	1007932020101765	会计硕士专业学位
446	周远津	女	1172306410	会计	1007932020101766	会计硕士专业学位
447	朱雨尚	女	1172306412	会计	1007932020101767	会计硕士专业学位
448	庄慧茹	女	1172306413	会计	1007932020101768	会计硕士专业学位
449	金浩宇	男	1172706001	工业工程	1007932020101769	工程硕士专业学位
450	董　玲	女	1172327002	计算机技术	1007932020101770	工程硕士专业学位

续表

序号	姓名	性别	学号	领域名称	学位证书号	学位类别
451	冯宏博	女	1172327003	计算机技术	1007932020101771	工程硕士专业学位
452	傅晨冉	女	1172327004	计算机技术	1007932020101772	工程硕士专业学位
453	何博文	男	1172327006	计算机技术	1007932020101773	工程硕士专业学位
454	何炎炎	女	1172327007	计算机技术	1007932020101774	工程硕士专业学位
455	蒋　博	男	1172327010	计算机技术	1007932020101775	工程硕士专业学位
456	李璟辉	男	1172327012	计算机技术	1007932020101776	工程硕士专业学位
457	李诗峣	男	1172327013	计算机技术	1007932020101777	工程硕士专业学位
458	梁　彬	男	1172327014	计算机技术	1007932020101778	工程硕士专业学位
459	林诗璐	女	1172327015	计算机技术	1007932020101779	工程硕士专业学位
460	陆　鑫	男	1172327017	计算机技术	1007932020101780	工程硕士专业学位
461	宁小燕	女	1172327018	计算机技术	1007932020101781	工程硕士专业学位
462	孙祎泽	男	1172327021	计算机技术	1007932020101782	工程硕士专业学位
463	王　杰	男	1172327023	计算机技术	1007932020101783	工程硕士专业学位
464	王立媛	女	1172327024	计算机技术	1007932020101784	工程硕士专业学位
465	王湾湾	女	1172327025	计算机技术	1007932020101785	工程硕士专业学位
466	王　宇	男	1172327027	计算机技术	1007932020101786	工程硕士专业学位
467	吴小娜	女	1172327029	计算机技术	1007932020101787	工程硕士专业学位
468	尹尔冲	男	1172327033	计算机技术	1007932020101788	工程硕士专业学位
469	余博文	男	1172327034	计算机技术	1007932020101789	工程硕士专业学位
470	赵梦晴	女	1172327035	计算机技术	1007932020101790	工程硕士专业学位
471	曹　欢	男	1172327038	控制工程	1007932020101791	工程硕士专业学位
472	陈　鹏	男	1172327039	控制工程	1007932020101792	工程硕士专业学位
473	程　维	男	1172327040	控制工程	1007932020101793	工程硕士专业学位
474	龚　禧	女	1172327041	控制工程	1007932020101794	工程硕士专业学位
475	李瑞连	男	1172327047	控制工程	1007932020101795	工程硕士专业学位
476	李升阳	男	1172327048	控制工程	1007932020101796	工程硕士专业学位
477	李泽琛	男	1172327049	控制工程	1007932020101797	工程硕士专业学位
478	林诗琪	女	1172327051	控制工程	1007932020101798	工程硕士专业学位
479	刘　建	男	1172327052	控制工程	1007932020101799	工程硕士专业学位
480	罗　军	男	1172327053	控制工程	1007932020101800	工程硕士专业学位
481	吕向前	男	1172327054	控制工程	1007932020101801	工程硕士专业学位
482	乾舒雯	女	1172327056	控制工程	1007932020101802	工程硕士专业学位
483	任宇航	男	1172327057	控制工程	1007932020101803	工程硕士专业学位
484	王　鹏	男	1172327058	控制工程	1007932020101804	工程硕士专业学位
485	王一帆	男	1172327059	控制工程	1007932020101805	工程硕士专业学位
486	崔辰光	男	1172327062	软件工程	1007932020101806	工程硕士专业学位
487	郭海思	男	1172327064	软件工程	1007932020101807	工程硕士专业学位
488	李浩榕	女	1172327066	软件工程	1007932020101808	工程硕士专业学位
489	刘德明	男	1172327067	软件工程	1007932020101809	工程硕士专业学位

续表

序号	姓名	性别	学号	领域名称	学位证书号	学位类别
490	刘　祥	男	1172327068	软件工程	1007932020101810	工程硕士专业学位
491	南宁宁	男	1172327070	软件工程	1007932020101811	工程硕士专业学位
492	田　宇	女	1172327071	软件工程	1007932020101812	工程硕士专业学位
493	杨　泽	男	1172327072	软件工程	1007932020101813	工程硕士专业学位
494	张振兴	男	1172327074	软件工程	1007932020101814	工程硕士专业学位
495	冯国庆	男	1172727002	计算机技术	1007932020101815	工程硕士专业学位
496	仇村朴	男	1172302001	动力工程	1007932020101816	工程硕士专业学位
497	王大鑫	男	1172302009	动力工程	1007932020101817	工程硕士专业学位
498	隗莹新	女	1172302010	动力工程	1007932020101818	工程硕士专业学位
499	吴　樾	男	1172302011	动力工程	1007932020101819	工程硕士专业学位
500	谢　凯	男	1172302013	动力工程	1007932020101820	工程硕士专业学位
501	徐梓彭	男	1172302014	动力工程	1007932020101821	工程硕士专业学位
502	许　超	男	1172302015	动力工程	1007932020101822	工程硕士专业学位
503	姚鹏搏	男	1172302017	动力工程	1007932020101823	工程硕士专业学位
504	湛世界	男	1172302019	动力工程	1007932020101824	工程硕士专业学位
505	张　蒙	男	1172302021	动力工程	1007932020101825	工程硕士专业学位
506	张　帅	男	1172302023	动力工程	1007932020101826	工程硕士专业学位
507	张一波	男	1172302024	动力工程	1007932020101827	工程硕士专业学位
508	张　云	男	1172302025	动力工程	1007932020101828	工程硕士专业学位
509	赵红亮	男	1172302026	动力工程	1007932020101829	工程硕士专业学位
510	兰　超	男	1172302029	机械工程	1007932020101830	工程硕士专业学位
511	林飞虎	男	1172302030	机械工程	1007932020101831	工程硕士专业学位
512	唐诗尧	男	1172302031	机械工程	1007932020101832	工程硕士专业学位
513	闫建勇	男	1172302032	机械工程	1007932020101833	工程硕士专业学位
514	张　路	男	1172302033	机械工程	1007932020101834	工程硕士专业学位
515	陈　佳	女	1172307001	公共管理	1007932020101835	公共管理硕士专业学位
516	丁　瑜	女	1172307002	公共管理	1007932020101836	公共管理硕士专业学位
517	董钰锟	男	1172307003	公共管理	1007932020101837	公共管理硕士专业学位
518	冀　凯	男	1172307008	公共管理	1007932020101838	公共管理硕士专业学位
519	雷云鹏	男	1172307009	公共管理	1007932020101839	公共管理硕士专业学位
520	李　菲	女	1172307010	公共管理	1007932020101840	公共管理硕士专业学位
521	李　杰	女	1172307011	公共管理	1007932020101841	公共管理硕士专业学位
522	刘　畅	女	1172307012	公共管理	1007932020101842	公共管理硕士专业学位
523	刘　俊	男	1172307013	公共管理	1007932020101843	公共管理硕士专业学位
524	刘晓红	女	1172307014	公共管理	1007932020101844	公共管理硕士专业学位
525	刘　月	女	1172307015	公共管理	1007932020101845	公共管理硕士专业学位
526	孟　祎	女	1172307019	公共管理	1007932020101846	公共管理硕士专业学位
527	秦　越	女	1172307020	公共管理	1007932020101847	公共管理硕士专业学位
528	沈　婧	女	1172307021	公共管理	1007932020101848	公共管理硕士专业学位

续表

序号	姓名	性别	学号	领域名称	学位证书号	学位类别
529	孙云霞	女	1172307022	公共管理	1007932020101849	公共管理硕士专业学位
530	王赛赛	女	1172307024	公共管理	1007932020101850	公共管理硕士专业学位
531	王向培	女	1172307025	公共管理	1007932020101851	公共管理硕士专业学位
532	王贞羽	女	1172307026	公共管理	1007932020101852	公共管理硕士专业学位
533	温　展	男	1172307027	公共管理	1007932020101853	公共管理硕士专业学位
534	张　爽	女	1172307031	公共管理	1007932020101854	公共管理硕士专业学位
535	张　潼	男	1172307032	公共管理	1007932020101855	公共管理硕士专业学位
536	张　鑫	男	1172307033	公共管理	1007932020101856	公共管理硕士专业学位
537	赵　婧	女	1172307035	公共管理	1007932020101857	公共管理硕士专业学位
538	朱　黔	女	1172307036	公共管理	1007932020101858	公共管理硕士专业学位
539	彭　元	男	1172309001	应用统计	1007932020101859	应用统计硕士专业学位
540	史依云	女	1172309002	应用统计	1007932020101860	应用统计硕士专业学位
541	宋亚莉	女	1172309003	应用统计	1007932020101861	应用统计硕士专业学位
542	王　双	女	1172309004	应用统计	1007932020101862	应用统计硕士专业学位
543	徐佩翀	女	1172309005	应用统计	1007932020101863	应用统计硕士专业学位
544	张赫然	男	1172309006	应用统计	1007932020101864	应用统计硕士专业学位
545	崔　燃	男	1132301040	电气工程	1007932020101865	工程硕士专业学位
546	何　娟	女	1132301079	电气工程	1007932020101866	工程硕士专业学位
547	蒋星星	女	1132301104	电气工程	1007932020101867	工程硕士专业学位
548	李林锋	男	1132301128	电气工程	1007932020101868	工程硕士专业学位
549	李彦双	男	1132301135	电气工程	1007932020101869	工程硕士专业学位
550	梁　灏	男	1132301138	电气工程	1007932020101870	工程硕士专业学位
551	卢史杰	男	1132301161	电气工程	1007932020101871	工程硕士专业学位
552	孙　萌	女	1132301229	电气工程	1007932020101872	工程硕士专业学位
553	王祖光	女	1132301287	电气工程	1007932020101873	工程硕士专业学位
554	吴梦遥	女	1132301297	电气工程	1007932020101874	工程硕士专业学位
555	吴一览	男	1132301301	电气工程	1007932020101875	工程硕士专业学位
556	杨　楠	男	1132301339	电气工程	1007932020101876	工程硕士专业学位
557	杨兴荣	男	1132301343	电气工程	1007932020101877	工程硕士专业学位
558	殷　明	男	1132301353	电气工程	1007932020101878	工程硕士专业学位
559	蔡志浩	男	1142301003	电气工程	1007932020101879	工程硕士专业学位
560	陈爱强	男	1142301010	电气工程	1007932020101880	工程硕士专业学位
561	陈　昊	男	1142301013	电气工程	1007932020101881	工程硕士专业学位
562	陈陆乐	女	1142301015	电气工程	1007932020101882	工程硕士专业学位
563	陈　硕	女	1142301017	电气工程	1007932020101883	工程硕士专业学位
564	仇莹莹	女	1142301022	电气工程	1007932020101884	工程硕士专业学位
565	邓泉兵	男	1142301027	电气工程	1007932020101885	工程硕士专业学位
566	董俊友	男	1142301030	电气工程	1007932020101886	工程硕士专业学位
567	韩非易	男	1142301051	电气工程	1007932020101887	工程硕士专业学位

续表

序号	姓名	性别	学号	领域名称	学位证书号	学位类别
568	贾圣贤	男	1142301073	电气工程	1007932020101888	工程硕士专业学位
569	李　飞	男	1142301085	电气工程	1007932020101889	工程硕士专业学位
570	栗　杰	男	1142301098	电气工程	1007932020101890	工程硕士专业学位
571	梁　涛	男	1142301099	电气工程	1007932020101891	工程硕士专业学位
572	刘海涛	男	1142301107	电气工程	1007932020101892	工程硕士专业学位
573	刘世安	男	1142301113	电气工程	1007932020101893	工程硕士专业学位
574	刘喆奇	男	1142301123	电气工程	1007932020101894	工程硕士专业学位
575	柳林峰	男	1142301124	电气工程	1007932020101895	工程硕士专业学位
576	陆彦丰	男	1142301127	电气工程	1007932020101896	工程硕士专业学位
577	乔政远	男	1142301149	电气工程	1007932020101897	工程硕士专业学位
578	秦浩然	男	1142301150	电气工程	1007932020101898	工程硕士专业学位
579	谭鹤同	男	1142301168	电气工程	1007932020101899	工程硕士专业学位
580	王　勃	女	1142301177	电气工程	1007932020101900	工程硕士专业学位
581	王登擎	男	1142301178	电气工程	1007932020101901	工程硕士专业学位
582	王　蕊	女	1142301184	电气工程	1007932020101902	工程硕士专业学位
583	王泽琪	男	1142301193	电气工程	1007932020101903	工程硕士专业学位
584	吴林洋	男	1142301198	电气工程	1007932020101904	工程硕士专业学位
585	吴　欣	男	1142301203	电气工程	1007932020101905	工程硕士专业学位
586	武文彬	男	1142301205	电气工程	1007932020101906	工程硕士专业学位
587	肖连奎	男	1142301209	电气工程	1007932020101907	工程硕士专业学位
588	杨　杰	男	1142301228	电气工程	1007932020101908	工程硕士专业学位
589	杨　轩	男	1142301233	电气工程	1007932020101909	工程硕士专业学位
590	于　萌	男	1142301243	电气工程	1007932020101910	工程硕士专业学位
591	张　梦	男	1142301259	电气工程	1007932020101911	工程硕士专业学位
592	张瑞荣	男	1142301261	电气工程	1007932020101912	工程硕士专业学位
593	章　琳	女	1142301275	电气工程	1007932020101913	工程硕士专业学位
594	周忠武	男	1142301290	电气工程	1007932020101914	工程硕士专业学位
595	蒙占杰	男	1142301306	电子与通信工程	1007932020101915	工程硕士专业学位
596	张　源	男	1142301316	电子与通信工程	1007932020101916	工程硕士专业学位
597	周秋雁	女	1142301318	电子与通信工程	1007932020101917	工程硕士专业学位
598	蔡　健	男	1152301004	电气工程	1007932020101918	工程硕士专业学位
599	蔡漪濛	女	1152301006	电气工程	1007932020101919	工程硕士专业学位
600	曹　鑫	男	1152301007	电气工程	1007932020101920	工程硕士专业学位
601	陈灵书	男	1152301010	电气工程	1007932020101921	工程硕士专业学位
602	陈　妍	女	1152301014	电气工程	1007932020101922	工程硕士专业学位
603	陈占杰	男	1152301016	电气工程	1007932020101923	工程硕士专业学位
604	程晓飞	男	1152301017	电气工程	1007932020101924	工程硕士专业学位
605	冯　辉	男	1152301029	电气工程	1007932020101925	工程硕士专业学位
606	高志博	男	1152301037	电气工程	1007932020101926	工程硕士专业学位

续表

序号	姓名	性别	学号	领域名称	学位证书号	学位类别
607	管天宇	女	1152301040	电气工程	1007932020101927	工程硕士专业学位
608	郭治壮	男	1152301041	电气工程	1007932020101928	工程硕士专业学位
609	海晓燕	女	1152301042	电气工程	1007932020101929	工程硕士专业学位
610	郝　鹏	男	1152301048	电气工程	1007932020101930	工程硕士专业学位
611	黄　欣	男	1152301057	电气工程	1007932020101931	工程硕士专业学位
612	兰东晖	男	1152301068	电气工程	1007932020101932	工程硕士专业学位
613	李　腾	男	1152301088	电气工程	1007932020101933	工程硕士专业学位
614	李晓峰	男	1152301090	电气工程	1007932020101934	工程硕士专业学位
615	李　辛	男	1152301091	电气工程	1007932020101935	工程硕士专业学位
616	李雪松	男	1152301092	电气工程	1007932020101936	工程硕士专业学位
617	刘文君	女	1152301104	电气工程	1007932020101937	工程硕士专业学位
618	卢　鑫	男	1152301110	电气工程	1007932020101938	工程硕士专业学位
619	罗贤君	男	1152301111	电气工程	1007932020101939	工程硕士专业学位
620	马　瑾	女	1152301116	电气工程	1007932020101940	工程硕士专业学位
621	马　乾	男	1152301118	电气工程	1007932020101941	工程硕士专业学位
622	乔天楚	男	1152301125	电气工程	1007932020101942	工程硕士专业学位
623	邱　伟	男	1152301127	电气工程	1007932020101943	工程硕士专业学位
624	曲国栋	男	1152301128	电气工程	1007932020101944	工程硕士专业学位
625	邵笑凡	女	1152301133	电气工程	1007932020101945	工程硕士专业学位
626	史占平	男	1152301137	电气工程	1007932020101946	工程硕士专业学位
627	苏德权	男	1152301142	电气工程	1007932020101947	工程硕士专业学位
628	孙　伟	男	1152301145	电气工程	1007932020101948	工程硕士专业学位
629	汪天鹤	女	1152301149	电气工程	1007932020101949	工程硕士专业学位
630	王富对	男	1152301152	电气工程	1007932020101950	工程硕士专业学位
631	王　亮	男	1152301157	电气工程	1007932020101951	工程硕士专业学位
632	王　婉	女	1152301161	电气工程	1007932020101952	工程硕士专业学位
633	薛鹏程	男	1152301183	电气工程	1007932020101953	工程硕士专业学位
634	延　亮	男	1152301185	电气工程	1007932020101954	工程硕士专业学位
635	于　龙	男	1152301202	电气工程	1007932020101955	工程硕士专业学位
636	张辰皓	男	1152301208	电气工程	1007932020101956	工程硕士专业学位
637	张益明	男	1152301219	电气工程	1007932020101957	工程硕士专业学位
638	安雨伦	女	1152301245	电子与通信工程	1007932020101958	工程硕士专业学位
639	陈佳博	女	1152301248	电子与通信工程	1007932020101959	工程硕士专业学位
640	代　冰	男	1152301251	电子与通信工程	1007932020101960	工程硕士专业学位
641	董　荞	男	1152301254	电子与通信工程	1007932020101961	工程硕士专业学位
642	郭菁华	女	1152301258	电子与通信工程	1007932020101962	工程硕士专业学位
643	李　蓓	女	1152301271	电子与通信工程	1007932020101963	工程硕士专业学位
644	李凤珠	女	1152301273	电子与通信工程	1007932020101964	工程硕士专业学位
645	李奕炜	女	1152301277	电子与通信工程	1007932020101965	工程硕士专业学位

续表

序号	姓名	性别	学号	领域名称	学位证书号	学位类别
646	梁发亮	男	1152301281	电子与通信工程	1007932020101966	工程硕士专业学位
647	裴　骁	男	1152301297	电子与通信工程	1007932020101967	工程硕士专业学位
648	石　振	男	1152301301	电子与通信工程	1007932020101968	工程硕士专业学位
649	孙英杰	女	1152301304	电子与通信工程	1007932020101969	工程硕士专业学位
650	王丙强	男	1152301308	电子与通信工程	1007932020101970	工程硕士专业学位
651	王　旭	男	1152301314	电子与通信工程	1007932020101971	工程硕士专业学位
652	卫雨西	女	1152301318	电子与通信工程	1007932020101972	工程硕士专业学位
653	杨博瀚	男	1152301323	电子与通信工程	1007932020101973	工程硕士专业学位
654	于泽洋	男	1152301328	电子与通信工程	1007932020101974	工程硕士专业学位
655	张利亭	男	1152301335	电子与通信工程	1007932020101975	工程硕士专业学位
656	张　沛	男	1152301336	电子与通信工程	1007932020101976	工程硕士专业学位
657	张　帅	男	1152301337	电子与通信工程	1007932020101977	工程硕士专业学位
658	马梦姣	女	1132306028	工业工程	1007932020101978	工程硕士专业学位
659	宋盛立	男	1132306147	项目管理	1007932020101979	工程硕士专业学位
660	王　建	男	1142306025	工商管理	1007932020101980	工商管理硕士专业学位
661	韩潇潇	女	1142306057	工业工程	1007932020101981	工程硕士专业学位
662	郝舰艇	男	1142306058	工业工程	1007932020101982	工程硕士专业学位
663	胡启晨	男	1142306059	工业工程	1007932020101983	工程硕士专业学位
664	李世云	男	1142306063	工业工程	1007932020101984	工程硕士专业学位
665	王　欣	女	1142306072	工业工程	1007932020101985	工程硕士专业学位
666	徐啸野	男	1142306074	工业工程	1007932020101986	工程硕士专业学位
667	杨　艺	女	1142306075	工业工程	1007932020101987	工程硕士专业学位
668	虞明智	男	1142306077	工业工程	1007932020101988	工程硕士专业学位
669	曹　宇	女	1142306087	项目管理	1007932020101989	工程硕士专业学位
670	陈志峰	男	1142306093	项目管理	1007932020101990	工程硕士专业学位
671	崔珂伟	男	1142306094	项目管理	1007932020101991	工程硕士专业学位
672	郭晓宇	男	1142306105	项目管理	1007932020101992	工程硕士专业学位
673	韩朋岐	男	1142306108	项目管理	1007932020101993	工程硕士专业学位
674	李杨扬	男	1142306136	项目管理	1007932020101994	工程硕士专业学位
675	刘晓宁	女	1142306149	项目管理	1007932020101995	工程硕士专业学位
676	刘　哲	男	1142306151	项目管理	1007932020101996	工程硕士专业学位
677	刘子源	男	1142306152	项目管理	1007932020101997	工程硕士专业学位
678	罗中戈	男	1142306155	项目管理	1007932020101998	工程硕士专业学位
679	石　江	男	1142306166	项目管理	1007932020101999	工程硕士专业学位
680	王　纯	男	1142306174	项目管理	1007932020102000	工程硕士专业学位
681	魏　硕	女	1142306181	项目管理	1007932020102001	工程硕士专业学位
682	杨　晨	男	1142306186	项目管理	1007932020102002	工程硕士专业学位
683	杨　帆	男	1142306187	项目管理	1007932020102003	工程硕士专业学位
684	袁澍阳	男	1142306191	项目管理	1007932020102004	工程硕士专业学位

续表

序号	姓名	性别	学号	领域名称	学位证书号	学位类别
685	张　艾	男	1142306194	项目管理	1007932020102005	工程硕士专业学位
686	赵　斌	男	1142306208	项目管理	1007932020102006	工程硕士专业学位
687	周　乐	男	1142306216	项目管理	1007932020102007	工程硕士专业学位
688	朱忠礼	男	1142306219	项目管理	1007932020102008	工程硕士专业学位
689	雷一鸣	男	1142306222	物流工程	1007932020102009	工程硕士专业学位
690	秦闻超	女	1142306228	物流工程	1007932020102010	工程硕士专业学位
691	尉　霄	男	1142306232	物流工程	1007932020102011	工程硕士专业学位
692	吴若彬	女	1142306233	物流工程	1007932020102012	工程硕士专业学位
693	周　莹	女	1142306238	物流工程	1007932020102013	工程硕士专业学位
694	周湛宇	男	1142306239	物流工程	1007932020102014	工程硕士专业学位
695	韩志强	男	1152306005	工商管理	1007932020102015	工商管理硕士专业学位
696	靳　莉	女	1152306010	工商管理	1007932020102016	工商管理硕士专业学位
697	苗　健	男	1152306020	工商管理	1007932020102017	工商管理硕士专业学位
698	张经海	男	1152306026	工商管理	1007932020102018	工商管理硕士专业学位
699	单　军	男	1152306036	项目管理	1007932020102019	工程硕士专业学位
700	韩国鑫	男	1152306045	项目管理	1007932020102020	工程硕士专业学位
701	韩　旻	男	1152306046	项目管理	1007932020102021	工程硕士专业学位
702	韩晓冬	女	1152306049	项目管理	1007932020102022	工程硕士专业学位
703	韩义成	男	1152306050	项目管理	1007932020102023	工程硕士专业学位
704	呼　和	男	1152306052	项目管理	1007932020102024	工程硕士专业学位
705	胡春杰	女	1152306053	项目管理	1007932020102025	工程硕士专业学位
706	金　鑫	男	1152306058	项目管理	1007932020102026	工程硕士专业学位
707	李岳华	男	1152306067	项目管理	1007932020102027	工程硕士专业学位
708	刘　佳	女	1152306074	项目管理	1007932020102028	工程硕士专业学位
709	刘林溥	男	1152306076	项目管理	1007932020102029	工程硕士专业学位
710	刘　申	男	1152306078	项目管理	1007932020102030	工程硕士专业学位
711	刘玉海	男	1152306082	项目管理	1007932020102031	工程硕士专业学位
712	钱　昊	男	1152306090	项目管理	1007932020102032	工程硕士专业学位
713	覃炜瞳	男	1152306099	项目管理	1007932020102033	工程硕士专业学位
714	王为帅	男	1152306117	项目管理	1007932020102034	工程硕士专业学位
715	王艳杰	女	1152306119	项目管理	1007932020102035	工程硕士专业学位
716	王　一	男	1152306120	项目管理	1007932020102036	工程硕士专业学位
717	张　沛	男	1152306137	项目管理	1007932020102037	工程硕士专业学位
718	吴征宇	男	1152306152	物流工程	1007932020102038	工程硕士专业学位
719	夏华烨	男	1152306153	物流工程	1007932020102039	工程硕士专业学位
720	冯　博	男	1152306155	工业工程	1007932020102040	工程硕士专业学位
721	郭　帅	男	1152306157	工业工程	1007932020102041	工程硕士专业学位
722	李世博	男	1152306161	工业工程	1007932020102042	工程硕士专业学位
723	芦　勇	男	1152306164	工业工程	1007932020102043	工程硕士专业学位

续表

序号	姓名	性别	学号	领域名称	学位证书号	学位类别
724	刘洋杰	女	1132327096	计算机技术	1007932020102044	工程硕士专业学位
725	曹　黎	女	1142327002	控制工程	1007932020102045	工程硕士专业学位
726	管培楠	男	1142327017	控制工程	1007932020102046	工程硕士专业学位
727	李海旺	男	1142327030	控制工程	1007932020102047	工程硕士专业学位
728	刘介玮	男	1142327041	控制工程	1007932020102048	工程硕士专业学位
729	诸　敏	男	1142327048	控制工程	1007932020102049	工程硕士专业学位
730	阴江艳	女	1142327073	控制工程	1007932020102050	工程硕士专业学位
731	张春晖	男	1142327077	控制工程	1007932020102051	工程硕士专业学位
732	张洪豪	男	1142327079	控制工程	1007932020102052	工程硕士专业学位
733	张中琳	女	1142327082	控制工程	1007932020102053	工程硕士专业学位
734	赵国雨	女	1142327083	控制工程	1007932020102054	工程硕士专业学位
735	古诗词	男	1142327094	计算机技术	1007932020102055	工程硕士专业学位
736	马雪原	男	1142327123	计算机技术	1007932020102056	工程硕士专业学位
737	王雅清	女	1142327138	计算机技术	1007932020102057	工程硕士专业学位
738	苑学明	女	1142327154	计算机技术	1007932020102058	工程硕士专业学位
739	张　晓	女	1142327158	计算机技术	1007932020102059	工程硕士专业学位
740	百嘎利	男	1152327001	计算机技术	1007932020102060	工程硕士专业学位
741	贾博研	男	1152327026	计算机技术	1007932020102061	工程硕士专业学位
742	李　堃	男	1152327033	计算机技术	1007932020102062	工程硕士专业学位
743	李思源	女	1152327038	计算机技术	1007932020102063	工程硕士专业学位
744	毛伟宁	男	1152327056	计算机技术	1007932020102064	工程硕士专业学位
745	孟雨涵	女	1152327057	计算机技术	1007932020102065	工程硕士专业学位
746	王一卜	男	1152327077	计算机技术	1007932020102066	工程硕士专业学位
747	王艺璇	女	1152327078	计算机技术	1007932020102067	工程硕士专业学位
748	王永晖	男	1152327079	计算机技术	1007932020102068	工程硕士专业学位
749	王治宇	男	1152327080	计算机技术	1007932020102069	工程硕士专业学位
750	徐　驰	男	1152327089	计算机技术	1007932020102070	工程硕士专业学位
751	朱德龙	男	1152327112	计算机技术	1007932020102071	工程硕士专业学位
752	朱旭光	男	1152327115	计算机技术	1007932020102072	工程硕士专业学位
753	白　新	男	1152327117	控制工程	1007932020102073	工程硕士专业学位
754	柴志红	男	1152327118	控制工程	1007932020102074	工程硕士专业学位
755	崔华舟	男	1152327122	控制工程	1007932020102075	工程硕士专业学位
756	冯超宇	男	1152327134	控制工程	1007932020102076	工程硕士专业学位
757	高时海竞	男	1152327135	控制工程	1007932020102077	工程硕士专业学位
758	郭家栋	男	1152327136	控制工程	1007932020102078	工程硕士专业学位
759	李京辉	男	1152327144	控制工程	1007932020102079	工程硕士专业学位
760	李润民	男	1152327148	控制工程	1007932020102080	工程硕士专业学位
761	李小军	男	1152327150	控制工程	1007932020102081	工程硕士专业学位
762	马汇东	男	1152327162	控制工程	1007932020102082	工程硕士专业学位

续表

序号	姓名	性别	学号	领域名称	学位证书号	学位类别
763	石　磊	男	1152327171	控制工程	1007932020102083	工程硕士专业学位
764	王家龙	男	1152327177	控制工程	1007932020102084	工程硕士专业学位
765	王　璐	女	1152327179	控制工程	1007932020102085	工程硕士专业学位
766	王　宁	男	1152327180	控制工程	1007932020102086	工程硕士专业学位
767	魏文彬	男	1152327191	控制工程	1007932020102087	工程硕士专业学位
768	许美娜	女	1152327196	控制工程	1007932020102088	工程硕士专业学位
769	杨稼祥	男	1152327202	控制工程	1007932020102089	工程硕士专业学位
770	尹晓龙	男	1152327206	控制工程	1007932020102090	工程硕士专业学位
771	张鑫尧	男	1152327212	控制工程	1007932020102091	工程硕士专业学位
772	赵　迪	男	1152327215	控制工程	1007932020102092	工程硕士专业学位
773	查治龙	男	1132302006	动力工程	1007932020102093	工程硕士专业学位
774	江明达	男	1132302040	动力工程	1007932020102094	工程硕士专业学位
775	李婵娟	女	1132302046	动力工程	1007932020102095	工程硕士专业学位
776	李　琳	女	1132302049	动力工程	1007932020102096	工程硕士专业学位
777	刘永亮	男	1132302060	动力工程	1007932020102097	工程硕士专业学位
778	左志宏	男	1132302139	动力工程	1007932020102098	工程硕士专业学位
779	窦智勇	男	1142302011	动力工程	1007932020102099	工程硕士专业学位
780	韩　笑	男	1142302025	动力工程	1007932020102100	工程硕士专业学位
781	焦伟东	男	1142302037	动力工程	1007932020102101	工程硕士专业学位
782	孔繁杰	男	1142302040	动力工程	1007932020102102	工程硕士专业学位
783	李晓强	男	1142302053	动力工程	1007932020102103	工程硕士专业学位
784	刘玉希	男	1142302073	动力工程	1007932020102104	工程硕士专业学位
785	田　苗	女	1142302098	动力工程	1007932020102105	工程硕士专业学位
786	田蕴卿	女	1142302100	动力工程	1007932020102106	工程硕士专业学位
787	温　靖	男	1142302121	动力工程	1007932020102107	工程硕士专业学位
788	徐敬然	男	1142302128	动力工程	1007932020102108	工程硕士专业学位
789	杨　欣	女	1142302135	动力工程	1007932020102109	工程硕士专业学位
790	朱　斌	男	1142302161	动力工程	1007932020102110	工程硕士专业学位
791	蔡雨峰	男	1152302006	动力工程	1007932020102111	工程硕士专业学位
792	李世强	男	1152302026	动力工程	1007932020102112	工程硕士专业学位
793	刘英杰	男	1152302031	动力工程	1007932020102113	工程硕士专业学位
794	鲁泽渠	男	1152302036	动力工程	1007932020102114	工程硕士专业学位
795	邵戊辰	男	1152302040	动力工程	1007932020102115	工程硕士专业学位
796	王　军	男	1152302046	动力工程	1007932020102116	工程硕士专业学位
797	王　奇	男	1152302049	动力工程	1007932020102117	工程硕士专业学位
798	闫树琛	男	1152302057	动力工程	1007932020102118	工程硕士专业学位
799	冶金鑫	女	1152302064	动力工程	1007932020102119	工程硕士专业学位
800	叶　季	男	1152302065	动力工程	1007932020102120	工程硕士专业学位

北京校部:133 人(授予日期:2020 年 8 月 21 日)

序号	姓名	性别	学号	领域名称	学位证书号	学位类别
1	王　曦	男	1162206188	工商管理	1007932020102181	工商管理硕士专业学位
2	冯一斐	男	1162206189	工商管理	1007932020102182	工商管理硕士专业学位
3	李昕恒	女	1172206155	会计	1007932020102184	会计硕士专业学位
4	王　贺	男	1182206169	工商管理	1007932020102185	工商管理硕士专业学位
5	姚智恒	男	1182206177	工商管理	1007932020102186	工商管理硕士专业学位
6	朱　宏	男	1182206184	工商管理	1007932020102187	工商管理硕士专业学位
7	徐军南	男	1182206193	工商管理	1007932020102188	工商管理硕士专业学位
8	庄　园	男	1182206194	工商管理	1007932020102189	工商管理硕士专业学位
9	吴秉权	男	1182206211	工商管理	1007932020102190	工商管理硕士专业学位
10	狄静远	男	1172301017	电气工程	1007932020102192	工程硕士专业学位
11	丁文良	男	1172301018	电气工程	1007932020102193	工程硕士专业学位
12	段仁伟	男	1172301020	电气工程	1007932020102194	工程硕士专业学位
13	李　瑞	女	1172301046	电气工程	1007932020102195	工程硕士专业学位
14	李瑞生	女	1172301047	电气工程	1007932020102196	工程硕士专业学位
15	李　彤	女	1172301048	电气工程	1007932020102197	工程硕士专业学位
16	梁　晔	女	1172301057	电气工程	1007932020102198	工程硕士专业学位
17	马明昊	男	1172301065	电气工程	1007932020102199	工程硕士专业学位
18	邵云龙	男	1172301079	电气工程	1007932020102200	工程硕士专业学位
19	王汉卿	男	1172301090	电气工程	1007932020102201	工程硕士专业学位
20	王　林	女	1172301093	电气工程	1007932020102202	工程硕士专业学位
21	王文静	女	1172301098	电气工程	1007932020102203	工程硕士专业学位
22	王　震	男	1172301106	电气工程	1007932020102204	工程硕士专业学位
23	吴　征	男	1172301110	电气工程	1007932020102205	工程硕士专业学位
24	伍子奇	男	1172301111	电气工程	1007932020102206	工程硕士专业学位
25	辛文凯	男	1172301117	电气工程	1007932020102207	工程硕士专业学位
26	杨作雄	男	1172301129	电气工程	1007932020102208	工程硕士专业学位
27	尤梓尧	男	1172301131	电气工程	1007932020102209	工程硕士专业学位
28	张楚云	女	1172301136	电气工程	1007932020102210	工程硕士专业学位
29	张琳雅	女	1172301139	电气工程	1007932020102211	工程硕士专业学位
30	张思琦	女	1172301144	电气工程	1007932020102212	工程硕士专业学位
31	张　炜	男	1172301146	电气工程	1007932020102213	工程硕士专业学位
32	赵晓芳	女	1172301154	电气工程	1007932020102214	工程硕士专业学位
33	郑　璟	女	1172301157	电气工程	1007932020102215	工程硕士专业学位
34	刘　丹	女	1172301170	电子与通信工程	1007932020102216	工程硕士专业学位
35	徐德清	男	1172306014	工程管理	1007932020102217	工程管理硕士专业学位
36	常瑞斌	男	1172306024	工商管理	1007932020102218	工商管理硕士专业学位
37	高大志	男	1172306031	工商管理	1007932020102219	工商管理硕士专业学位
38	郝　叶	男	1172306036	工商管理	1007932020102220	工商管理硕士专业学位
39	姜涵泽	男	1172306038	工商管理	1007932020102221	工商管理硕士专业学位

续表

序号	姓名	性别	学号	领域名称	学位证书号	学位类别
40	史晓燕	女	1172306056	工商管理	1007932020102222	工商管理硕士专业学位
41	甄金泉	男	1172306079	工商管理	1007932020102223	工商管理硕士专业学位
42	祝　鑫	女	1172306084	工商管理	1007932020102224	工商管理硕士专业学位
43	曹　颖	女	1172306091	会计	1007932020102225	会计硕士专业学位
44	程蕴博	男	1172306108	会计	1007932020102226	会计硕士专业学位
45	董　冕	男	1172306116	会计	1007932020102227	会计硕士专业学位
46	杜姗姗	女	1172306119	会计	1007932020102228	会计硕士专业学位
47	方潇洒	女	1172306126	会计	1007932020102229	会计硕士专业学位
48	高　珊	女	1172306136	会计	1007932020102230	会计硕士专业学位
49	高思筠	女	1172306137	会计	1007932020102231	会计硕士专业学位
50	高宇婷	女	1172306141	会计	1007932020102232	会计硕士专业学位
51	韩佳蓉	女	1172306151	会计	1007932020102233	会计硕士专业学位
52	韩英楠	女	1172306153	会计	1007932020102234	会计硕士专业学位
53	胡潇方	女	1172306162	会计	1007932020102235	会计硕士专业学位
54	黄骏鹏	男	1172306167	会计	1007932020102236	会计硕士专业学位
55	贾雪松	男	1172306171	会计	1007932020102237	会计硕士专业学位
56	金天骄	女	1172306177	会计	1007932020102238	会计硕士专业学位
57	李　萍	女	1172306193	会计	1007932020102239	会计硕士专业学位
58	李银锁	男	1172306202	会计	1007932020102240	会计硕士专业学位
59	刘东明	男	1172306211	会计	1007932020102241	会计硕士专业学位
60	米　嘉	男	1172306233	会计	1007932020102242	会计硕士专业学位
61	潘舒箐	女	1172306238	会计	1007932020102243	会计硕士专业学位
62	邱　健	男	1172306249	会计	1007932020102244	会计硕士专业学位
63	饶珂琪	女	1172306252	会计	1007932020102245	会计硕士专业学位
64	尚贵达	男	1172306256	会计	1007932020102246	会计硕士专业学位
65	邵　泱	女	1172306257	会计	1007932020102247	会计硕士专业学位
66	沈书宇	女	1172306259	会计	1007932020102248	会计硕士专业学位
67	王　杰	男	1172306299	会计	1007932020102249	会计硕士专业学位
68	王　帅	男	1172306303	会计	1007932020102250	会计硕士专业学位
69	王炜畅	女	1172306305	会计	1007932020102251	会计硕士专业学位
70	王玉霞	女	1172306311	会计	1007932020102252	会计硕士专业学位
71	王　煜	女	1172306312	会计	1007932020102253	会计硕士专业学位
72	魏肖楠	女	1172306315	会计	1007932020102254	会计硕士专业学位
73	魏晓琳	女	1172306318	会计	1007932020102255	会计硕士专业学位
74	吴圣月	女	1172306320	会计	1007932020102256	会计硕士专业学位
75	徐钰淳	女	1172306333	会计	1007932020102257	会计硕士专业学位
76	阎　然	女	1172306336	会计	1007932020102258	会计硕士专业学位
77	杨　莜	女	1172306339	会计	1007932020102259	会计硕士专业学位
78	杨宗帅	男	1172306348	会计	1007932020102260	会计硕士专业学位

续表

序号	姓名	性别	学号	领域名称	学位证书号	学位类别
79	易晓峰	男	1172306349	会计	1007932020102261	会计硕士专业学位
80	于 璨	女	1172306353	会计	1007932020102262	会计硕士专业学位
81	余启航	男	1172306356	会计	1007932020102263	会计硕士专业学位
82	袁文杰	女	1172306358	会计	1007932020102264	会计硕士专业学位
83	张博文	男	1172306363	会计	1007932020102265	会计硕士专业学位
84	张 璐	女	1172306371	会计	1007932020102266	会计硕士专业学位
85	张 旸	男	1172306385	会计	1007932020102267	会计硕士专业学位
86	张 莹	女	1172306386	会计	1007932020102268	会计硕士专业学位
87	张宇超	男	1172306387	会计	1007932020102269	会计硕士专业学位
88	赵皓月	女	1172306394	会计	1007932020102270	会计硕士专业学位
89	赵珮璇	女	1172306398	会计	1007932020102271	会计硕士专业学位
90	郑丹丹	女	1172306400	会计	1007932020102272	会计硕士专业学位
91	仲建明	男	1172306404	会计	1007932020102273	会计硕士专业学位
92	周轲孟	男	1172306406	会计	1007932020102274	会计硕士专业学位
93	何梦玲	女	1172327044	控制工程	1007932020102275	工程硕士专业学位
94	周宇峰	男	1172327075	软件工程	1007932020102276	工程硕士专业学位
95	蔡薇薇	女	1132301009	电气工程	1007932020102277	工程硕士专业学位
96	丁 宇	男	1132301048	电气工程	1007932020102278	工程硕士专业学位
97	鲁国华	男	1132301162	电气工程	1007932020102279	工程硕士专业学位
98	王 瞳	男	1132301277	电气工程	1007932020102280	工程硕士专业学位
99	吴寿山	男	1132301299	电气工程	1007932020102281	工程硕士专业学位
100	叶佳青	女	1132301350	电气工程	1007932020102282	工程硕士专业学位
101	吴常来	男	1142301195	电气工程	1007932020102283	工程硕士专业学位
102	武 星	女	1142301206	电气工程	1007932020102284	工程硕士专业学位
103	闫 京	男	1142301221	电气工程	1007932020102285	工程硕士专业学位
104	杨宏业	男	1142301227	电气工程	1007932020102286	工程硕士专业学位
105	应昆翔	男	1142301242	电气工程	1007932020102287	工程硕士专业学位
106	韩 杰	男	1152301043	电气工程	1007932020102288	工程硕士专业学位
107	李家琪	男	1152301078	电气工程	1007932020102289	工程硕士专业学位
108	马晓妍	女	1152301121	电气工程	1007932020102290	工程硕士专业学位
109	徐玲超	女	1152301181	电气工程	1007932020102291	工程硕士专业学位
110	张宏滕	男	1152301209	电气工程	1007932020102292	工程硕士专业学位
111	赵海宝	男	1152301228	电气工程	1007932020102293	工程硕士专业学位
112	奇旭龙	男	1132301459	电子与通信工程	1007932020102294	工程硕士专业学位
113	刘 泳	男	1152301289	电子与通信工程	1007932020102295	工程硕士专业学位
114	陆思荧	女	1152301293	电子与通信工程	1007932020102296	工程硕士专业学位
115	齐 斌	男	1152301299	电子与通信工程	1007932020102297	工程硕士专业学位
116	许 璐	女	1152301321	电子与通信工程	1007932020102298	工程硕士专业学位
117	闫 寒	男	1152301322	电子与通信工程	1007932020102299	工程硕士专业学位

续表

序号	姓名	性别	学号	领域名称	学位证书号	学位类别
118	尚　进	男	1152302038	动力工程	1007932020102300	工程硕士专业学位
119	唐　锦	男	1132306038	工业工程	1007932020102301	工程硕士专业学位
120	刘　胜	男	1142306145	项目管理	1007932020102302	工程硕士专业学位
121	龙　瑶	女	1142306153	项目管理	1007932020102303	工程硕士专业学位
122	马　青	男	1142306157	项目管理	1007932020102304	工程硕士专业学位
123	薛力萌	女	1142306185	项目管理	1007932020102305	工程硕士专业学位
124	罗华杰	男	1152306085	项目管理	1007932020102306	工程硕士专业学位
125	苏　斌	男	1152306093	项目管理	1007932020102307	工程硕士专业学位
126	苏轼凯	男	1152306095	项目管理	1007932020102308	工程硕士专业学位
127	邢　楠	男	1152306123	项目管理	1007932020102309	工程硕士专业学位
128	赵延哲	男	1152306142	项目管理	1007932020102310	工程硕士专业学位
129	孙　力	男	1142306229	物流工程	1007932020102311	工程硕士专业学位
130	贾天翼	男	1142327027	控制工程	1007932020102312	工程硕士专业学位
131	范　锐	男	1152327130	控制工程	1007932020102313	工程硕士专业学位
132	李　洋	男	1152327153	控制工程	1007932020102314	工程硕士专业学位
133	杨　刚	男	1152327200	控制工程	1007932020102315	工程硕士专业学位

北京校部:4 人(授予日期:2020 年 10 月 26 日)

序号	姓名	性别	学号	领域名称	学位证书号	学位类别
1	刘亦嘉	女	1172301064	电气工程	1007932020102325	工程硕士专业学位
2	吴学洋	女	1172301177	电子与通信工程	1007932020102326	工程硕士专业学位
3	马　琼	女	1152301119	电气工程	1007932020102327	工程硕士专业学位
4	王炎昌	男	1152301166	电气工程	1007932020102328	工程硕士专业学位

保定校区:506 人(授予日期:2020 年 5 月 19 日)

序号	姓名	性别	学号	领域名称	学位证书号	学位类别
1	李　鑫	男	2172213135	电气工程	1007932020000462	工程硕士专业学位
2	江国文	男	2172213136	电气工程	1007932020000463	工程硕士专业学位
3	纪烨晴	女	2172213137	电气工程	1007932020000464	工程硕士专业学位
4	刘致君	男	2172213138	电气工程	1007932020000465	工程硕士专业学位
5	张　帆	女	2172213139	电气工程	1007932020000466	工程硕士专业学位
6	鲁　浩	男	2172213140	电气工程	1007932020000467	工程硕士专业学位
7	张静冉	女	2172213141	电气工程	1007932020000468	工程硕士专业学位
8	雷小双	男	2172213142	电气工程	1007932020000469	工程硕士专业学位
9	刘　媛	女	2172213143	电气工程	1007932020000470	工程硕士专业学位
10	薛　好	男	2172213144	电气工程	1007932020000471	工程硕士专业学位
11	刘仕豪	男	2172213145	电气工程	1007932020000472	工程硕士专业学位
12	青　萌	女	2172213146	电气工程	1007932020000473	工程硕士专业学位
13	王士元	女	2172213147	电气工程	1007932020000474	工程硕士专业学位

续表

序号	姓名	性别	学号	领域名称	学位证书号	学位类别
14	李美林	女	2172213148	电气工程	1007932020000475	工程硕士专业学位
15	吴启帆	男	2172213149	电气工程	1007932020000476	工程硕士专业学位
16	谢添阔	男	2172213150	电气工程	1007932020000477	工程硕士专业学位
17	李永亮	男	2172213151	电气工程	1007932020000478	工程硕士专业学位
18	姜　川	男	2172213152	电气工程	1007932020000479	工程硕士专业学位
19	王飞跃	男	2172213153	电气工程	1007932020000480	工程硕士专业学位
20	矫坤霖	男	2172213154	电气工程	1007932020000481	工程硕士专业学位
21	朱益莹	女	2172213155	电气工程	1007932020000482	工程硕士专业学位
22	吕丹洋	男	2172213156	电气工程	1007932020000483	工程硕士专业学位
23	王　琪	男	2172213157	电气工程	1007932020000484	工程硕士专业学位
24	赵　阳	女	2172213158	电气工程	1007932020000485	工程硕士专业学位
25	姜　昶	男	2172213159	电气工程	1007932020000486	工程硕士专业学位
26	赵丽颖	女	2172213160	电气工程	1007932020000487	工程硕士专业学位
27	候顺达	男	2172213161	电气工程	1007932020000488	工程硕士专业学位
28	杨　慧	女	2172213162	电气工程	1007932020000489	工程硕士专业学位
29	伏泽来	男	2172213163	电气工程	1007932020000490	工程硕士专业学位
30	刘兵成	男	2172213164	电气工程	1007932020000491	工程硕士专业学位
31	项锦晔	男	2172213165	电气工程	1007932020000492	工程硕士专业学位
32	江　婷	女	2172213166	电气工程	1007932020000493	工程硕士专业学位
33	袁　野	男	2172213167	电气工程	1007932020000494	工程硕士专业学位
34	刘子胜	男	2172213168	电气工程	1007932020000495	工程硕士专业学位
35	彭嘉琳	女	2172213169	电气工程	1007932020000496	工程硕士专业学位
36	王怡欣	女	2172213170	电气工程	1007932020000497	工程硕士专业学位
37	李朋旺	男	2172213171	电气工程	1007932020000498	工程硕士专业学位
38	王元博	男	2172213172	电气工程	1007932020000499	工程硕士专业学位
39	王俊杰	男	2172213173	电气工程	1007932020000500	工程硕士专业学位
40	杜莹莹	女	2172213174	电气工程	1007932020000501	工程硕士专业学位
41	张登岳	男	2172213175	电气工程	1007932020000502	工程硕士专业学位
42	张立伟	男	2172213176	电气工程	1007932020000503	工程硕士专业学位
43	吕　锴	男	2172213177	电气工程	1007932020000504	工程硕士专业学位
44	刘梦玥	女	2172213178	电气工程	1007932020000505	工程硕士专业学位
45	钦雨晨	男	2172213179	电气工程	1007932020000506	工程硕士专业学位
46	魏毓星	男	2172213180	电气工程	1007932020000507	工程硕士专业学位
47	申　皓	男	2172213181	电气工程	1007932020000508	工程硕士专业学位
48	安保平	男	2172213182	电气工程	1007932020000509	工程硕士专业学位
49	习智超	男	2172213183	电气工程	1007932020000510	工程硕士专业学位
50	卢健斌	男	2172213184	电气工程	1007932020000511	工程硕士专业学位
51	陈非凡	男	2172213185	电气工程	1007932020000512	工程硕士专业学位
52	刘嘉伟	男	2172213186	电气工程	1007932020000513	工程硕士专业学位

续表

序号	姓名	性别	学号	领域名称	学位证书号	学位类别
53	李君岩	女	2172213187	电气工程	1007932020000514	工程硕士专业学位
54	严　风	女	2172213188	电气工程	1007932020000515	工程硕士专业学位
55	回　旭	男	2172213189	电气工程	1007932020000516	工程硕士专业学位
56	何　佳	女	2172213191	电气工程	1007932020000517	工程硕士专业学位
57	张爱伟	女	2172213192	电气工程	1007932020000518	工程硕士专业学位
58	段　杰	男	2172213193	电气工程	1007932020000519	工程硕士专业学位
59	陈玉轩	男	2172213194	电气工程	1007932020000520	工程硕士专业学位
60	张宽阔	男	2172213195	电气工程	1007932020000521	工程硕士专业学位
61	杨　行	男	2172213197	电气工程	1007932020000522	工程硕士专业学位
62	孟昱杉	女	2172213198	电气工程	1007932020000523	工程硕士专业学位
63	张梦梦	女	2172213199	电气工程	1007932020000524	工程硕士专业学位
64	陈超艺	女	2172213200	电气工程	1007932020000525	工程硕士专业学位
65	马冠华	女	2172213201	电气工程	1007932020000526	工程硕士专业学位
66	高皓楠	男	2172213202	电气工程	1007932020000527	工程硕士专业学位
67	张建敏	男	2172213203	电气工程	1007932020000528	工程硕士专业学位
68	王　玲	女	2172213204	电气工程	1007932020000529	工程硕士专业学位
69	安清飞	男	2172213205	电气工程	1007932020000530	工程硕士专业学位
70	闫　筱	女	2172213206	电气工程	1007932020000531	工程硕士专业学位
71	邓　冉	女	2172213207	电气工程	1007932020000532	工程硕士专业学位
72	赵　慧	女	2172213208	电气工程	1007932020000533	工程硕士专业学位
73	马　莉	女	2172213209	电气工程	1007932020000534	工程硕士专业学位
74	文海艳	女	2172213210	电气工程	1007932020000535	工程硕士专业学位
75	孙森浩	男	2172213211	电气工程	1007932020000536	工程硕士专业学位
76	李　抗	男	2172213212	电气工程	1007932020000537	工程硕士专业学位
77	柴志超	男	2172213213	电气工程	1007932020000538	工程硕士专业学位
78	耿镱诚	男	2172213214	电气工程	1007932020000539	工程硕士专业学位
79	杜雨彤	女	2172213215	电气工程	1007932020000540	工程硕士专业学位
80	王春鑫	男	2172213216	电气工程	1007932020000541	工程硕士专业学位
81	李　浩	男	2172213217	电气工程	1007932020000542	工程硕士专业学位
82	亓彦珣	男	2172213219	电气工程	1007932020000543	工程硕士专业学位
83	马利波	男	2172213220	电气工程	1007932020000544	工程硕士专业学位
84	王祥念	男	2172213222	电气工程	1007932020000545	工程硕士专业学位
85	范名琳	女	2172213223	电气工程	1007932020000546	工程硕士专业学位
86	侯林玉	女	2172213224	电气工程	1007932020000547	工程硕士专业学位
87	白帅涛	男	2172213226	电气工程	1007932020000548	工程硕士专业学位
88	赵云晓	女	2172213227	电气工程	1007932020000549	工程硕士专业学位
89	王康乐	男	2172213228	电气工程	1007932020000550	工程硕士专业学位
90	刘贺龙	男	2172213229	电气工程	1007932020000551	工程硕士专业学位
91	郑　直	男	2172213230	电气工程	1007932020000552	工程硕士专业学位

续表

序号	姓名	性别	学号	领域名称	学位证书号	学位类别
92	郝家伟	男	2172213231	电气工程	1007932020000553	工程硕士专业学位
93	贾喜喜	女	2162215048	电子与通信工程	1007932020000554	工程硕士专业学位
94	宋　贺	男	2172215021	电子与通信工程	1007932020000555	工程硕士专业学位
95	郄天丛	男	2172215023	电子与通信工程	1007932020000556	工程硕士专业学位
96	谷　雨	男	2172215024	电子与通信工程	1007932020000557	工程硕士专业学位
97	贺佳玮	女	2172215025	电子与通信工程	1007932020000558	工程硕士专业学位
98	彭玲艳	女	2172215026	电子与通信工程	1007932020000559	工程硕士专业学位
99	姚立静	女	2172215027	电子与通信工程	1007932020000560	工程硕士专业学位
100	甄　珍	女	2172215028	电子与通信工程	1007932020000561	工程硕士专业学位
101	徐东方	男	2172215029	电子与通信工程	1007932020000562	工程硕士专业学位
102	孙成龙	男	2172215030	电子与通信工程	1007932020000563	工程硕士专业学位
103	王维维	女	2172215031	电子与通信工程	1007932020000564	工程硕士专业学位
104	王丽娇	女	2172215032	电子与通信工程	1007932020000565	工程硕士专业学位
105	贾亚楠	男	2172215033	电子与通信工程	1007932020000566	工程硕士专业学位
106	李　果	女	2172215034	电子与通信工程	1007932020000567	工程硕士专业学位
107	孙瑞瑞	女	2172215035	电子与通信工程	1007932020000568	工程硕士专业学位
108	王吉利	男	2172215036	电子与通信工程	1007932020000569	工程硕士专业学位
109	程方圆	女	2172215037	电子与通信工程	1007932020000570	工程硕士专业学位
110	王婷婷	女	2172215038	电子与通信工程	1007932020000571	工程硕士专业学位
111	周　健	男	2172215039	电子与通信工程	1007932020000572	工程硕士专业学位
112	韩明帅	男	2172215060	电子与通信工程	1007932020000573	工程硕士专业学位
113	孙春阳	男	2172215061	电子与通信工程	1007932020000574	工程硕士专业学位
114	佘　蕊	女	2172215062	电子与通信工程	1007932020000575	工程硕士专业学位
115	石梦倩	女	2172215063	电子与通信工程	1007932020000576	工程硕士专业学位
116	孙民鹏	男	2172215064	电子与通信工程	1007932020000577	工程硕士专业学位
117	张天浩	男	2172215065	电子与通信工程	1007932020000578	工程硕士专业学位
118	马红月	女	2172215066	电子与通信工程	1007932020000579	工程硕士专业学位
119	韩　洵	男	2172215067	电子与通信工程	1007932020000580	工程硕士专业学位
120	高海珍	女	2172215068	电子与通信工程	1007932020000581	工程硕士专业学位
121	王　浩	男	2172215069	电子与通信工程	1007932020000582	工程硕士专业学位
122	刘　瞳	女	2172215070	电子与通信工程	1007932020000583	工程硕士专业学位
123	李士杰	男	2172215072	电子与通信工程	1007932020000584	工程硕士专业学位
124	陈晓沙	女	2172215073	电子与通信工程	1007932020000585	工程硕士专业学位
125	左丽莉	女	2172215074	电子与通信工程	1007932020000586	工程硕士专业学位
126	王文琛	男	2172215075	电子与通信工程	1007932020000587	工程硕士专业学位
127	贺冬梅	女	2172215076	电子与通信工程	1007932020000588	工程硕士专业学位
128	张　信	男	2172215077	电子与通信工程	1007932020000589	工程硕士专业学位
129	郑　菲	女	2172215078	电子与通信工程	1007932020000590	工程硕士专业学位
130	高凯旋	女	2162214077	动力工程	1007932020000591	工程硕士专业学位

续表

序号	姓名	性别	学号	领域名称	学位证书号	学位类别
131	薛　珂	男	2172214011	动力工程	1007932020000592	工程硕士专业学位
132	郭天翔	男	2172214014	动力工程	1007932020000593	工程硕士专业学位
133	张　岩	男	2172214015	动力工程	1007932020000594	工程硕士专业学位
134	彭晨峰	男	2172214016	动力工程	1007932020000595	工程硕士专业学位
135	任福康	男	2172214018	动力工程	1007932020000596	工程硕士专业学位
136	杨　爽	男	2172214022	动力工程	1007932020000597	工程硕士专业学位
137	王　静	女	2172214023	动力工程	1007932020000598	工程硕士专业学位
138	高　照	男	2172214025	动力工程	1007932020000599	工程硕士专业学位
139	邓　旺	男	2172214028	动力工程	1007932020000600	工程硕士专业学位
140	王佑天	男	2172214029	动力工程	1007932020000601	工程硕士专业学位
141	闫　傲	男	2172214030	动力工程	1007932020000602	工程硕士专业学位
142	郁建雄	男	2172214031	动力工程	1007932020000603	工程硕士专业学位
143	麻哲瑞	男	2172214032	动力工程	1007932020000604	工程硕士专业学位
144	徐　刚	男	2172214033	动力工程	1007932020000605	工程硕士专业学位
145	张子玉	女	2172214044	动力工程	1007932020000606	工程硕士专业学位
146	徐善仁	男	2172214047	动力工程	1007932020000607	工程硕士专业学位
147	杨伊娉	女	2172214048	动力工程	1007932020000608	工程硕士专业学位
148	靳江浩	男	2172214050	动力工程	1007932020000609	工程硕士专业学位
149	魏永久	女	2172214054	动力工程	1007932020000610	工程硕士专业学位
150	郝　欣	女	2172214056	动力工程	1007932020000611	工程硕士专业学位
151	罗天赐	男	2172214058	动力工程	1007932020000612	工程硕士专业学位
152	徐继法	男	2172214059	动力工程	1007932020000613	工程硕士专业学位
153	刘　拓	男	2172214060	动力工程	1007932020000614	工程硕士专业学位
154	李帅领	男	2172214061	动力工程	1007932020000615	工程硕士专业学位
155	周庆旭	男	2172214062	动力工程	1007932020000616	工程硕士专业学位
156	姚　颢	男	2172214063	动力工程	1007932020000617	工程硕士专业学位
157	徐　闯	男	2172214064	动力工程	1007932020000618	工程硕士专业学位
158	赵建宏	男	2172214065	动力工程	1007932020000619	工程硕士专业学位
159	李兵兵	男	2172214066	动力工程	1007932020000620	工程硕士专业学位
160	李　丹	女	2172214077	动力工程	1007932020000621	工程硕士专业学位
161	赵　力	男	2172214078	动力工程	1007932020000622	工程硕士专业学位
162	黄春朴	男	2172214079	动力工程	1007932020000623	工程硕士专业学位
163	张　良	男	2172214080	动力工程	1007932020000624	工程硕士专业学位
164	杜少东	男	2172214082	动力工程	1007932020000625	工程硕士专业学位
165	于　佼	男	2172214083	动力工程	1007932020000626	工程硕士专业学位
166	刘元卫	男	2172214084	动力工程	1007932020000627	工程硕士专业学位
167	杨凯中	男	2172214085	动力工程	1007932020000628	工程硕士专业学位
168	李志彬	男	2172214088	动力工程	1007932020000629	工程硕士专业学位
169	陈　鹏	男	2172214089	动力工程	1007932020000630	工程硕士专业学位

续表

序号	姓名	性别	学号	领域名称	学位证书号	学位类别
170	王　欣	男	2172214091	动力工程	100793202000 0631	工程硕士专业学位
171	董　晴	女	2172214093	动力工程	1007932020000632	工程硕士专业学位
172	翟英华	女	2172214096	动力工程	1007932020000633	工程硕士专业学位
173	马传志	男	2172214097	动力工程	1007932020000634	工程硕士专业学位
174	贺瑞杨	男	2172214098	动力工程	1007932020000635	工程硕士专业学位
175	徐　亮	男	2172214099	动力工程	1007932020000636	工程硕士专业学位
176	赵　振	男	2172214108	动力工程	1007932020000637	工程硕士专业学位
177	何　仑	男	2172214109	动力工程	1007932020000638	工程硕士专业学位
178	徐承美	女	2172214110	动力工程	1007932020000639	工程硕士专业学位
179	韩　笑	男	2172214114	动力工程	1007932020000640	工程硕士专业学位
180	李　创	男	2172214116	动力工程	1007932020000641	工程硕士专业学位
181	王　兴	男	2172214117	动力工程	1007932020000642	工程硕士专业学位
182	徐文韬	女	2172214118	动力工程	1007932020000643	工程硕士专业学位
183	蒋克涛	男	2172214122	动力工程	1007932020000644	工程硕士专业学位
184	牛浩天	男	2172214124	动力工程	1007932020000645	工程硕士专业学位
185	孙梓尧	男	2172214125	动力工程	1007932020000646	工程硕士专业学位
186	王　鑫	男	2172214126	动力工程	1007932020000647	工程硕士专业学位
187	刘　影	女	2172214127	动力工程	1007932020000648	工程硕士专业学位
188	冯裔羽	女	2172214128	动力工程	1007932020000649	工程硕士专业学位
189	李云鹏	男	2172214129	动力工程	1007932020000650	工程硕士专业学位
190	荀林熹	男	2172214130	动力工程	1007932020000651	工程硕士专业学位
191	宋庆壮	男	2172214131	动力工程	1007932020000652	工程硕士专业学位
192	张　泽	男	2172214132	动力工程	1007932020000653	工程硕士专业学位
193	冯振宇	男	2172219014	公共管理	1007932020000654	公共管理硕士专业学位
194	白　帆	男	2172219015	公共管理	1007932020000655	公共管理硕士专业学位
195	高　冉	女	2172219016	公共管理	1007932020000656	公共管理硕士专业学位
196	周　欢	女	2172219017	公共管理	1007932020000657	公共管理硕士专业学位
197	王晓阳	男	2172219018	公共管理	1007932020000658	公共管理硕士专业学位
198	张诏生	男	2172223029	环境工程	1007932020000659	工程硕士专业学位
199	韩天义	男	2172223030	环境工程	1007932020000660	工程硕士专业学位
200	史孟丹	女	2172223031	环境工程	1007932020000661	工程硕士专业学位
201	张涵屿	女	2172223032	环境工程	1007932020000662	工程硕士专业学位
202	谢　瑾	女	2172223033	环境工程	1007932020000663	工程硕士专业学位
203	翟秋月	女	2172223034	环境工程	1007932020000664	工程硕士专业学位
204	刘晨晨	女	2172223035	环境工程	1007932020000665	工程硕士专业学位
205	范紫瑄	女	2172223037	环境工程	1007932020000666	工程硕士专业学位
206	陈嘉宁	男	2172223038	环境工程	1007932020000667	工程硕士专业学位
207	吕靖雯	女	2172223039	环境工程	1007932020000668	工程硕士专业学位
208	李锦涛	男	2172223040	环境工程	1007932020000669	工程硕士专业学位

续表

序号	姓名	性别	学号	领域名称	学位证书号	学位类别
209	孙　尧	女	2172223041	环境工程	1007932020000670	工程硕士专业学位
210	刘路游	男	2172223042	环境工程	1007932020000671	工程硕士专业学位
211	刘玉捧	女	2172223043	环境工程	1007932020000672	工程硕士专业学位
212	赵金永	男	2172223044	环境工程	1007932020000673	工程硕士专业学位
213	孟繁丽	女	2172223045	环境工程	1007932020000674	工程硕士专业学位
214	何立霞	女	2172223046	环境工程	1007932020000675	工程硕士专业学位
215	顾泽坤	男	2172223047	环境工程	1007932020000676	工程硕士专业学位
216	吴亚楠	女	2172223048	环境工程	1007932020000677	工程硕士专业学位
217	魏亚男	女	2172223049	环境工程	1007932020000678	工程硕士专业学位
218	滕　菲	女	2172223051	环境工程	1007932020000679	工程硕士专业学位
219	张晓明	男	2172223053	环境工程	1007932020000680	工程硕士专业学位
220	昝　欣	女	2172223054	环境工程	1007932020000681	工程硕士专业学位
221	张舒惟	女	2172223055	环境工程	1007932020000682	工程硕士专业学位
222	徐　昉	男	2172223057	环境工程	1007932020000683	工程硕士专业学位
223	刘凤民	男	2172224028	机械工程	1007932020000684	工程硕士专业学位
224	张天懿	男	2172224029	机械工程	1007932020000685	工程硕士专业学位
225	朱天陆	男	2172224030	机械工程	1007932020000686	工程硕士专业学位
226	田　瑞	男	2172224031	机械工程	1007932020000687	工程硕士专业学位
227	薛　博	男	2172224032	机械工程	1007932020000688	工程硕士专业学位
228	刘绪良	男	2172224033	机械工程	1007932020000689	工程硕士专业学位
229	黄祥怡	女	2172224034	机械工程	1007932020000690	工程硕士专业学位
230	朱苏灿	男	2172224035	机械工程	1007932020000691	工程硕士专业学位
231	孙　阳	男	2172224036	机械工程	1007932020000692	工程硕士专业学位
232	沈振峰	男	2172224037	机械工程	1007932020000693	工程硕士专业学位
233	吕鹏瑞	男	2172224038	机械工程	1007932020000694	工程硕士专业学位
234	刘春雨	男	2172224039	机械工程	1007932020000695	工程硕士专业学位
235	王洪洲	男	2172224040	机械工程	1007932020000696	工程硕士专业学位
236	张志尧	男	2172224041	机械工程	1007932020000697	工程硕士专业学位
237	何泽群	男	2172224042	机械工程	1007932020000698	工程硕士专业学位
238	马晓棣	男	2172224043	机械工程	1007932020000699	工程硕士专业学位
239	王　涛	男	2172224044	机械工程	1007932020000700	工程硕士专业学位
240	田纪伟	男	2172224045	机械工程	1007932020000701	工程硕士专业学位
241	李楠楠	女	2172224046	机械工程	1007932020000702	工程硕士专业学位
242	李敏敏	女	2172224047	机械工程	1007932020000703	工程硕士专业学位
243	李　营	男	2172224048	机械工程	1007932020000704	工程硕士专业学位
244	张军华	男	2172224049	机械工程	1007932020000705	工程硕士专业学位
245	赵　玥	女	2172224050	机械工程	1007932020000706	工程硕士专业学位
246	孙　军	男	2172224051	机械工程	1007932020000707	工程硕士专业学位
247	宋天立	女	2172224052	工业工程	1007932020000708	工程硕士专业学位

续表

序号	姓名	性别	学号	领域名称	学位证书号	学位类别
248	商　正	女	2172224053	工业工程	1007932020000709	工程硕士专业学位
249	王　鹿	女	2172224054	工业工程	1007932020000710	工程硕士专业学位
250	王　睿	女	2172224055	工业工程	1007932020000711	工程硕士专业学位
251	高俊博	男	2172224056	工业工程	1007932020000712	工程硕士专业学位
252	王　犇	男	2172224058	工业工程	1007932020000713	工程硕士专业学位
253	史宗杰	男	2172224059	工业工程	1007932020000714	工程硕士专业学位
254	荣介奇	男	2172221038	计算机技术	1007932020000715	工程硕士专业学位
255	王会月	女	2172221039	计算机技术	1007932020000716	工程硕士专业学位
256	李鹏飞	男	2172221040	计算机技术	1007932020000717	工程硕士专业学位
257	王　鑫	男	2172221041	计算机技术	1007932020000718	工程硕士专业学位
258	陈秀新	男	2172221043	计算机技术	1007932020000719	工程硕士专业学位
259	胡翔宇	男	2172221044	计算机技术	1007932020000720	工程硕士专业学位
260	刘运畅	男	2172221045	计算机技术	1007932020000721	工程硕士专业学位
261	于怡然	女	2172221046	计算机技术	1007932020000722	工程硕士专业学位
262	于浩洋	男	2172221047	计算机技术	1007932020000723	工程硕士专业学位
263	吉睿迪	女	2172221048	计算机技术	1007932020000724	工程硕士专业学位
264	马德志	男	2172221049	计算机技术	1007932020000725	工程硕士专业学位
265	李雪保	男	2172221050	计算机技术	1007932020000726	工程硕士专业学位
266	郝玲玲	女	2172221051	计算机技术	1007932020000727	工程硕士专业学位
267	颉　鑫	男	2172221052	计算机技术	1007932020000728	工程硕士专业学位
268	李　鑫	男	2172221053	计算机技术	1007932020000729	工程硕士专业学位
269	杨亚男	女	2172221054	计算机技术	1007932020000730	工程硕士专业学位
270	杨晓杰	女	2172221055	计算机技术	1007932020000731	工程硕士专业学位
271	綦人杰	男	2172221056	计算机技术	1007932020000732	工程硕士专业学位
272	袁冬冰	男	2172221057	计算机技术	1007932020000733	工程硕士专业学位
273	王　阳	男	2172221058	计算机技术	1007932020000734	工程硕士专业学位
274	刘贞辉	男	2172221059	计算机技术	1007932020000735	工程硕士专业学位
275	孙文强	男	2172221060	计算机技术	1007932020000736	工程硕士专业学位
276	张诗满	男	2172221061	计算机技术	1007932020000737	工程硕士专业学位
277	李金华	女	2172221062	计算机技术	1007932020000738	工程硕士专业学位
278	罗淑月	女	2172221063	计算机技术	1007932020000739	工程硕士专业学位
279	靳志豪	男	2172221064	软件工程	1007932020000740	工程硕士专业学位
280	聂　佳	女	2172221065	软件工程	1007932020000741	工程硕士专业学位
281	马　丽	女	2172221066	软件工程	1007932020000742	工程硕士专业学位
282	李佳锦	男	2172221067	软件工程	1007932020000743	工程硕士专业学位
283	李丹阳	女	2172221068	软件工程	1007932020000744	工程硕士专业学位
284	田　甜	女	2172221069	软件工程	1007932020000745	工程硕士专业学位
285	周庆波	男	2172221070	软件工程	1007932020000746	工程硕士专业学位
286	郭佳兴	男	2172221071	软件工程	1007932020000747	工程硕士专业学位

续表

序号	姓名	性别	学号	领域名称	学位证书号	学位类别
287	王明达	男	2172221072	软件工程	1007932020000748	工程硕士专业学位
288	蒲　苗	女	2172221073	软件工程	1007932020000749	工程硕士专业学位
289	王涛渊	男	2172221074	软件工程	1007932020000750	工程硕士专业学位
290	王　伦	男	2172221075	软件工程	1007932020000751	工程硕士专业学位
291	李东阳	男	2172221076	软件工程	1007932020000752	工程硕士专业学位
292	王　鼎	男	2172218001	工业工程	1007932020000753	工程硕士专业学位
293	张雨芊	女	2172218002	工业工程	1007932020000754	工程硕士专业学位
294	胡超霞	女	2172218003	工业工程	1007932020000755	工程硕士专业学位
295	胡洪丹	女	2172218004	工业工程	1007932020000756	工程硕士专业学位
296	星　宇	男	2172218005	工业工程	1007932020000757	工程硕士专业学位
297	边　靖	女	2172218006	工业工程	1007932020000758	工程硕士专业学位
298	张　静	女	2172218007	工业工程	1007932020000759	工程硕士专业学位
299	张治群	男	2172218008	工业工程	1007932020000760	工程硕士专业学位
300	李振凯	男	2172218009	工业工程	1007932020000761	工程硕士专业学位
301	吴舒成	男	2172218010	工业工程	1007932020000762	工程硕士专业学位
302	李丽波	女	2172218042	物流工程	1007932020000763	工程硕士专业学位
303	张潘丽	女	2172218043	物流工程	1007932020000764	工程硕士专业学位
304	庞　雅	女	2172218045	物流工程	1007932020000765	工程硕士专业学位
305	鲁　靖	男	2172218046	物流工程	1007932020000766	工程硕士专业学位
306	耿施慧	女	2172218047	物流工程	1007932020000767	工程硕士专业学位
307	李华鹏	男	2172218048	物流工程	1007932020000768	工程硕士专业学位
308	吴思倩	女	2172218049	物流工程	1007932020000769	工程硕士专业学位
309	段云珠	女	2172218082	会计	1007932020000770	会计硕士专业学位
310	周玉洁	女	2172218083	会计	1007932020000771	会计硕士专业学位
311	张晗潇	女	2172218084	会计	1007932020000772	会计硕士专业学位
312	相　雪	女	2172218085	会计	1007932020000773	会计硕士专业学位
313	周　悦	女	2172218086	会计	1007932020000774	会计硕士专业学位
314	杨子浩	男	2172218087	会计	1007932020000775	会计硕士专业学位
315	乐玉熳	女	2172218088	会计	1007932020000776	会计硕士专业学位
316	周　明	女	2172218089	会计	1007932020000777	会计硕士专业学位
317	郝凌霄	女	2172218090	会计	1007932020000778	会计硕士专业学位
318	潘　东	女	2172218091	会计	1007932020000779	会计硕士专业学位
319	王　乐	女	2172218096	会计	1007932020000780	会计硕士专业学位
320	郭晶晶	女	2172217001	应用统计	1007932020000781	应用统计硕士专业学位
321	赵永贺	男	2172217002	应用统计	1007932020000782	应用统计硕士专业学位
322	高　爽	女	2172217003	应用统计	1007932020000783	应用统计硕士专业学位
323	胡佳卉	女	2172217004	应用统计	1007932020000784	应用统计硕士专业学位
324	冉　臣	男	2172220015	英语笔译	1007932020000785	翻译硕士专业学位
325	高金玉	男	2172216001	控制工程	1007932020000786	工程硕士专业学位

续表

序号	姓名	性别	学号	领域名称	学位证书号	学位类别
326	高星宇	男	2172216002	控制工程	1007932020000787	工程硕士专业学位
327	郝佳飞	男	2172216003	控制工程	1007932020000788	工程硕士专业学位
328	黄好林	男	2172216005	控制工程	1007932020000789	工程硕士专业学位
329	李　粲	男	2172216008	控制工程	1007932020000790	工程硕士专业学位
330	李　昊	男	2172216009	控制工程	1007932020000791	工程硕士专业学位
331	孙世超	男	2172216017	控制工程	1007932020000792	工程硕士专业学位
332	王　浩	男	2172216019	控制工程	1007932020000793	工程硕士专业学位
333	武晓华	男	2172216022	控制工程	1007932020000794	工程硕士专业学位
334	武志宇	男	2172216023	控制工程	1007932020000795	工程硕士专业学位
335	颜　笑	男	2172216024	控制工程	1007932020000796	工程硕士专业学位
336	杨晓丹	男	2172216025	控制工程	1007932020000797	工程硕士专业学位
337	杨　旭	男	2172216026	控制工程	1007932020000798	工程硕士专业学位
338	张　芹	女	2172216030	控制工程	1007932020000799	工程硕士专业学位
339	张　艺	女	2172216033	控制工程	1007932020000800	工程硕士专业学位
340	周恩哲	男	2172216034	控制工程	1007932020000801	工程硕士专业学位
341	朱为琦	男	2172216035	控制工程	1007932020000802	工程硕士专业学位
342	程　琳	女	2172216042	控制工程	1007932020000803	工程硕士专业学位
343	代跃胜	男	2172216043	控制工程	1007932020000804	工程硕士专业学位
344	高　敏	女	2172216045	控制工程	1007932020000805	工程硕士专业学位
345	耿浩伟	男	2172216046	控制工程	1007932020000806	工程硕士专业学位
346	郭明杰	男	2172216047	控制工程	1007932020000807	工程硕士专业学位
347	郝鹏方	男	2172216048	控制工程	1007932020000808	工程硕士专业学位
348	季德亨	男	2172216049	控制工程	1007932020000809	工程硕士专业学位
349	李祖峰	男	2172216051	控制工程	1007932020000810	工程硕士专业学位
350	陆　永	男	2172216053	控制工程	1007932020000811	工程硕士专业学位
351	孙昊天	男	2172216059	控制工程	1007932020000812	工程硕士专业学位
352	王俊杰	男	2172216062	控制工程	1007932020000813	工程硕士专业学位
353	王　伟	男	2172216063	控制工程	1007932020000814	工程硕士专业学位
354	王智超	男	2172216064	控制工程	1007932020000815	工程硕士专业学位
355	谢云磊	男	2172216065	控制工程	1007932020000816	工程硕士专业学位
356	张　旭	男	2172216071	控制工程	1007932020000817	工程硕士专业学位
357	朱赓宏	男	2172216073	控制工程	1007932020000818	工程硕士专业学位
358	鲍　珣	男	2172216075	控制工程	1007932020000819	工程硕士专业学位
359	岑　光	男	2172216076	控制工程	1007932020000820	工程硕士专业学位
360	陈翠琴	女	2172216077	控制工程	1007932020000821	工程硕士专业学位
361	姜锦涛	男	2172216081	控制工程	1007932020000822	工程硕士专业学位
362	李俊鹏	男	2172216083	控制工程	1007932020000823	工程硕士专业学位
363	刘登攀	男	2172216086	控制工程	1007932020000824	工程硕士专业学位
364	滕召威	男	2172216092	控制工程	1007932020000825	工程硕士专业学位

续表

序号	姓名	性别	学号	领域名称	学位证书号	学位类别
365	王　朔	男	2172216095	控制工程	1007932020000826	工程硕士专业学位
366	王文广	男	2172216096	控制工程	1007932020000827	工程硕士专业学位
367	王永军	男	2172216097	控制工程	1007932020000828	工程硕士专业学位
368	武　蕊	女	2172216100	控制工程	1007932020000829	工程硕士专业学位
369	武晓凯	男	2172216101	控制工程	1007932020000830	工程硕士专业学位
370	杨　妍	女	2172216103	控制工程	1007932020000831	工程硕士专业学位
371	张　厚	男	2172216105	控制工程	1007932020000832	工程硕士专业学位
372	赵立慧	女	2172216108	控制工程	1007932020000833	工程硕士专业学位
373	辜　玄	男	2142313055	电气工程	1007932020000834	工程硕士专业学位
374	谷　超	男	2142313056	电气工程	1007932020000835	工程硕士专业学位
375	郭雅琳	女	2142313060	电气工程	1007932020000836	工程硕士专业学位
376	康旭伟	男	2142313096	电气工程	1007932020000837	工程硕士专业学位
377	李　璞	男	2142313112	电气工程	1007932020000838	工程硕士专业学位
378	刘　晗	男	2142313132	电气工程	1007932020000839	工程硕士专业学位
379	刘　磊	男	2142313135	电气工程	1007932020000840	工程硕士专业学位
380	刘　伟	男	2142313139	电气工程	1007932020000841	工程硕士专业学位
381	马　赛	男	2142313156	电气工程	1007932020000842	工程硕士专业学位
382	曲　波	男	2142313181	电气工程	1007932020000843	工程硕士专业学位
383	任　陟	男	2142313183	电气工程	1007932020000844	工程硕士专业学位
384	王赠龙	男	2142313238	电气工程	1007932020000845	工程硕士专业学位
385	肖东明	男	2142313252	电气工程	1007932020000846	工程硕士专业学位
386	杨洁川	男	2142313275	电气工程	1007932020000847	工程硕士专业学位
387	陈　庆	男	2152313014	电气工程	1007932020000848	工程硕士专业学位
388	郭红永	男	2152313042	电气工程	1007932020000849	工程硕士专业学位
389	胡锦景	男	2152313062	电气工程	1007932020000850	工程硕士专业学位
390	廖　靖	男	2152313103	电气工程	1007932020000851	工程硕士专业学位
391	刘　璐	女	2152313113	电气工程	1007932020000852	工程硕士专业学位
392	闵宏伟	男	2152313153	电气工程	1007932020000853	工程硕士专业学位
393	皮宝英	女	2152313160	电气工程	1007932020000854	工程硕士专业学位
394	孙月红	女	2152313181	电气工程	1007932020000855	工程硕士专业学位
395	王琛迪	男	2152313196	电气工程	1007932020000856	工程硕士专业学位
396	王凤娟	女	2152313199	电气工程	1007932020000857	工程硕士专业学位
397	邬德文	男	2152313230	电气工程	1007932020000858	工程硕士专业学位
398	吴洁颖	女	2152313232	电气工程	1007932020000859	工程硕士专业学位
399	夏　亮	男	2152313238	电气工程	1007932020000860	工程硕士专业学位
400	薛思萌	男	2152313248	电气工程	1007932020000861	工程硕士专业学位
401	张峻松	男	2152313268	电气工程	1007932020000862	工程硕士专业学位
402	张　坤	男	2152313269	电气工程	1007932020000863	工程硕士专业学位
403	张　伟	男	2152313275	电气工程	1007932020000864	工程硕士专业学位

续表

序号	姓名	性别	学号	领域名称	学位证书号	学位类别
404	张雨卿	男	2152313281	电气工程	1007932020000865	工程硕士专业学位
405	赵　斌	男	2152313286	电气工程	1007932020000866	工程硕士专业学位
406	赵　鹏	男	2152313294	电气工程	1007932020000867	工程硕士专业学位
407	包育玮	男	2162313004	电气工程	1007932020000868	工程硕士专业学位
408	冯忠楠	男	2162313026	电气工程	1007932020000869	工程硕士专业学位
409	胡宇先	男	2162313053	电气工程	1007932020000870	工程硕士专业学位
410	黄　亮	男	2162313055	电气工程	1007932020000871	工程硕士专业学位
411	姜仆壮	男	2162313063	电气工程	1007932020000872	工程硕士专业学位
412	解茗迪	女	2162313065	电气工程	1007932020000873	工程硕士专业学位
413	晋子涵	女	2162313069	电气工程	1007932020000874	工程硕士专业学位
414	李阿雪	女	2162313078	电气工程	1007932020000875	工程硕士专业学位
415	李佳琪	男	2162313083	电气工程	1007932020000876	工程硕士专业学位
416	李科锋	男	2162313086	电气工程	1007932020000877	工程硕士专业学位
417	李巧荣	女	2162313091	电气工程	1007932020000878	工程硕士专业学位
418	刘　达	男	2162313112	电气工程	1007932020000879	工程硕士专业学位
419	马征征	男	2162313136	电气工程	1007932020000880	工程硕士专业学位
420	宁　涛	男	2162313150	电气工程	1007932020000881	工程硕士专业学位
421	任　睿	男	2162313161	电气工程	1007932020000882	工程硕士专业学位
422	苏子强	男	2162313173	电气工程	1007932020000883	工程硕士专业学位
423	孙元超	男	2162313178	电气工程	1007932020000884	工程硕士专业学位
424	唐竟淇	男	2162313180	电气工程	1007932020000885	工程硕士专业学位
425	王　宾	女	2162313185	电气工程	1007932020000886	工程硕士专业学位
426	王　铎	男	2162313186	电气工程	1007932020000887	工程硕士专业学位
427	王　雷	男	2162313193	电气工程	1007932020000888	工程硕士专业学位
428	王翔艺	男	2162313203	电气工程	1007932020000889	工程硕士专业学位
429	王子琦	女	2162313214	电气工程	1007932020000890	工程硕士专业学位
430	胥志寰	男	2162313228	电气工程	1007932020000891	工程硕士专业学位
431	杨雯屹	男	2162313243	电气工程	1007932020000892	工程硕士专业学位
432	于天蛟	男	2162313250	电气工程	1007932020000893	工程硕士专业学位
433	于笑辰	男	2162313251	电气工程	1007932020000894	工程硕士专业学位
434	张　聪	男	2162313256	电气工程	1007932020000895	工程硕士专业学位
435	张　恒	男	2162313260	电气工程	1007932020000896	工程硕士专业学位
436	张　鑫	男	2162313279	电气工程	1007932020000897	工程硕士专业学位
437	邹　捷	男	2162313300	电气工程	1007932020000898	工程硕士专业学位
438	赵　刚	男	2142315019	电子与通信工程	1007932020000899	工程硕士专业学位
439	陈　超	男	2152315005	电子与通信工程	1007932020000900	工程硕士专业学位
440	李　响	男	2152315010	电子与通信工程	1007932020000901	工程硕士专业学位
441	赵宪骏	男	2152315028	电子与通信工程	1007932020000902	工程硕士专业学位
442	王雪琪	女	2162315044	电子与通信工程	1007932020000903	工程硕士专业学位

续表

序号	姓名	性别	学号	领域名称	学位证书号	学位类别
443	康二红	男	2152314020	动力工程	1007932020000904	工程硕士专业学位
444	刘　康	男	2142314021	动力工程	1007932020000905	工程硕士专业学位
445	谢承峻	男	2142314042	动力工程	1007932020000906	工程硕士专业学位
446	张志涛	男	2142314069	动力工程	1007932020000907	工程硕士专业学位
447	陈春辉	男	2152314001	动力工程	1007932020000908	工程硕士专业学位
448	管慧博	男	2152314007	动力工程	1007932020000909	工程硕士专业学位
449	李　奔	男	2152314021	动力工程	1007932020000910	工程硕士专业学位
450	刘绍慰	男	2152314036	动力工程	1007932020000911	工程硕士专业学位
451	刘　勇	男	2152314041	动力工程	1007932020000912	工程硕士专业学位
452	范雪龙	男	2152314089	动力工程	1007932020000913	工程硕士专业学位
453	徐　进	男	2152314095	动力工程	1007932020000914	工程硕士专业学位
454	陈　壮	男	2162314002	动力工程	1007932020000915	工程硕士专业学位
455	何为定	男	2162314006	动力工程	1007932020000916	工程硕士专业学位
456	焦俊龙	男	2162314009	动力工程	1007932020000917	工程硕士专业学位
457	裴东旭	男	2162314021	动力工程	1007932020000918	工程硕士专业学位
458	齐瑞刚	男	2162314023	动力工程	1007932020000919	工程硕士专业学位
459	史鑫元	男	2162314026	动力工程	1007932020000920	工程硕士专业学位
460	张　颖	男	2162314041	动力工程	1007932020000921	工程硕士专业学位
461	李朋远	男	2162323003	环境工程	1007932020000922	工程硕士专业学位
462	程宇航	女	2142324004	工业工程	1007932020000923	工程硕士专业学位
463	赵　燕	女	2142324057	工业工程	1007932020000924	工程硕士专业学位
464	巩　晨	男	2152324004	工业工程	1007932020000925	工程硕士专业学位
465	雷　涛	男	2152324007	工业工程	1007932020000926	工程硕士专业学位
466	梁　怡	男	2152324014	工业工程	1007932020000927	工程硕士专业学位
467	杨晋楚	男	2152324031	工业工程	1007932020000928	工程硕士专业学位
468	杨旭龙	男	2152324032	工业工程	1007932020000929	工程硕士专业学位
469	李学斌	男	2152324046	机械工程	1007932020000930	工程硕士专业学位
470	崔晨阳	男	2162324008	工业工程	1007932020000931	工程硕士专业学位
471	李　岩	女	2162324020	工业工程	1007932020000932	工程硕士专业学位
472	刘　莹	女	2162324028	工业工程	1007932020000933	工程硕士专业学位
473	王　婷	女	2162324038	工业工程	1007932020000934	工程硕士专业学位
474	薛少凡	男	2162324044	工业工程	1007932020000935	工程硕士专业学位
475	于　飞	男	2162324045	工业工程	1007932020000936	工程硕士专业学位
476	张科卫	男	2162324047	工业工程	1007932020000937	工程硕士专业学位
477	董银明	男	2142321004	计算机技术	1007932020000938	工程硕士专业学位
478	李　斌	男	2142321008	计算机技术	1007932020000939	工程硕士专业学位
479	乌日娜	女	2142321019	计算机技术	1007932020000940	工程硕士专业学位
480	李博谋	男	2152321007	计算机技术	1007932020000941	工程硕士专业学位
481	刘安琪	女	2162321013	计算机技术	1007932020000942	工程硕士专业学位

续表

序号	姓名	性别	学号	领域名称	学位证书号	学位类别
482	马 韬	女	2162321017	计算机技术	1007932020000943	工程硕士专业学位
483	盛紫焱	女	2162321021	计算机技术	1007932020000944	工程硕士专业学位
484	王雨童	男	2162321030	计算机技术	1007932020000945	工程硕士专业学位
485	张彧畠	男	2162321045	计算机技术	1007932020000946	工程硕士专业学位
486	赵 青	女	2162321047	计算机技术	1007932020000947	工程硕士专业学位
487	王 宁	男	2142316032	控制工程	1007932020000948	工程硕士专业学位
488	赵 璐	男	2142316044	控制工程	1007932020000949	工程硕士专业学位
489	崔冬至	男	2152316007	控制工程	1007932020000950	工程硕士专业学位
490	高建磊	男	2152316014	控制工程	1007932020000951	工程硕士专业学位
491	郝思为	男	2152316017	控制工程	1007932020000952	工程硕士专业学位
492	任 超	男	2152316027	控制工程	1007932020000953	工程硕士专业学位
493	陶 金	男	2152316032	控制工程	1007932020000954	工程硕士专业学位
494	肖 恒	男	2152316035	控制工程	1007932020000955	工程硕士专业学位
495	杨 峰	男	2152316038	控制工程	1007932020000956	工程硕士专业学位
496	董雪城	男	2162316011	控制工程	1007932020000957	工程硕士专业学位
497	耿一朝	男	2162316016	控制工程	1007932020000958	工程硕士专业学位
498	郭俊超	男	2162316018	控制工程	1007932020000959	工程硕士专业学位
499	李 擎	男	2162316027	控制工程	1007932020000960	工程硕士专业学位
500	王 刚	男	2162316047	控制工程	1007932020000961	工程硕士专业学位
501	吴鹏飞	男	2162316053	控制工程	1007932020000962	工程硕士专业学位
502	吴晓倩	女	2162316054	控制工程	1007932020000963	工程硕士专业学位
503	徐 琛	男	2162316057	控制工程	1007932020000964	工程硕士专业学位
504	于松华	男	2162316065	控制工程	1007932020000965	工程硕士专业学位
505	张 晨	男	2162316067	控制工程	1007932020000966	工程硕士专业学位
506	张亚彪	男	2162316076	控制工程	1007932020000967	工程硕士专业学位

保定校区:490 人(授予日期:2020 年 6 月 29 日)

序号	姓名	性别	学号	领域名称	学位证书号	学位类别
1	刘其柏	男	2172313160	电气工程	1007932020000985	工程硕士专业学位
2	郑文光	男	2172313001	电气工程	1007932020000986	工程硕士专业学位
3	刘胜男	女	2172313002	电气工程	1007932020000987	工程硕士专业学位
4	贾文豪	男	2172313004	电气工程	1007932020000988	工程硕士专业学位
5	江 玲	女	2172313007	电气工程	1007932020000989	工程硕士专业学位
6	魏少雄	男	2172313010	电气工程	1007932020000990	工程硕士专业学位
7	白云海	男	2172313011	电气工程	1007932020000991	工程硕士专业学位
8	郝倚落	女	2172313017	电气工程	1007932020000992	工程硕士专业学位
9	张 鑫	男	2172313019	电气工程	1007932020000993	工程硕士专业学位
10	白 雪	女	2172313020	电气工程	1007932020000994	工程硕士专业学位
11	吕佳伟	男	2172313024	电气工程	1007932020000995	工程硕士专业学位

续表

序号	姓名	性别	学号	领域名称	学位证书号	学位类别
12	高　谦	男	2172313025	电气工程	1007932020000996	工程硕士专业学位
13	张路猛	男	2172313026	电气工程	1007932020000997	工程硕士专业学位
14	王聪聪	女	2172313031	电气工程	1007932020000998	工程硕士专业学位
15	李　帅	男	2172313041	电气工程	1007932020000999	工程硕士专业学位
16	刘　静	女	2172313046	电气工程	1007932020001000	工程硕士专业学位
17	郭　奇	男	2172313047	电气工程	1007932020001001	工程硕士专业学位
18	余建国	男	2172313050	电气工程	1007932020001002	工程硕士专业学位
19	李彦锋	男	2172313051	电气工程	1007932020001003	工程硕士专业学位
20	纪又予	女	2172313053	电气工程	1007932020001004	工程硕士专业学位
21	马子岳	男	2172313054	电气工程	1007932020001005	工程硕士专业学位
22	刘玉珩	男	2172313055	电气工程	1007932020001006	工程硕士专业学位
23	高耀宇	男	2172313056	电气工程	1007932020001007	工程硕士专业学位
24	丁　楠	女	2172313057	电气工程	1007932020001008	工程硕士专业学位
25	刘越	男	2172313060	电气工程	1007932020001009	工程硕士专业学位
26	李梓瑞	女	2172313061	电气工程	1007932020001010	工程硕士专业学位
27	王　华	男	2172313062	电气工程	1007932020001011	工程硕士专业学位
28	李　昆	男	2172313063	电气工程	1007932020001012	工程硕士专业学位
29	祁翔宇	男	2172313065	电气工程	1007932020001013	工程硕士专业学位
30	宋敬良	男	2172313066	电气工程	1007932020001014	工程硕士专业学位
31	陈芳宇	女	2172313069	电气工程	1007932020001015	工程硕士专业学位
32	尹恒阳	女	2172313072	电气工程	1007932020001016	工程硕士专业学位
33	李　婧	女	2172313076	电气工程	1007932020001017	工程硕士专业学位
34	钱婧媛	女	2172313077	电气工程	1007932020001018	工程硕士专业学位
35	王　昕	女	2172313079	电气工程	1007932020001019	工程硕士专业学位
36	许鹏英	女	2172313080	电气工程	1007932020001020	工程硕士专业学位
37	王　凯	男	2172313081	电气工程	1007932020001021	工程硕士专业学位
38	王梦琳	女	2172313083	电气工程	1007932020001022	工程硕士专业学位
39	刘翔宇	男	2172313084	电气工程	1007932020001023	工程硕士专业学位
40	辛　成	男	2172313085	电气工程	1007932020001024	工程硕士专业学位
41	王翟子帅	男	2172313087	电气工程	1007932020001025	工程硕士专业学位
42	邱永清	男	2172313088	电气工程	1007932020001026	工程硕士专业学位
43	李丹丹	女	2172313091	电气工程	1007932020001027	工程硕士专业学位
44	王　璐	女	2172313095	电气工程	1007932020001028	工程硕士专业学位
45	崔顺尧	男	2172313096	电气工程	1007932020001029	工程硕士专业学位
46	闫奕璇	女	2172313099	电气工程	1007932020001030	工程硕士专业学位
47	范辰旭	男	2172313104	电气工程	1007932020001031	工程硕士专业学位
48	郝晓文	男	2172313106	电气工程	1007932020001032	工程硕士专业学位
49	张　超	男	2172313110	电气工程	1007932020001033	工程硕士专业学位
50	李奕潮	男	2172313114	电气工程	1007932020001034	工程硕士专业学位

续表

序号	姓名	性别	学号	领域名称	学位证书号	学位类别
51	许　斌	男	2172313115	电气工程	1007932020001035	工程硕士专业学位
52	李　昕	男	2172313118	电气工程	1007932020001036	工程硕士专业学位
53	刘　强	男	2172313119	电气工程	1007932020001037	工程硕士专业学位
54	杨　姗	女	2172313120	电气工程	1007932020001038	工程硕士专业学位
55	潘祉名	男	2172313121	电气工程	1007932020001039	工程硕士专业学位
56	张国豪	男	2172313122	电气工程	1007932020001040	工程硕士专业学位
57	韩　煜	女	2172313124	电气工程	1007932020001041	工程硕士专业学位
58	顾　硕	女	2172313125	电气工程	1007932020001042	工程硕士专业学位
59	任　扩	男	2172313127	电气工程	1007932020001043	工程硕士专业学位
60	张智博	男	2172313128	电气工程	1007932020001044	工程硕士专业学位
61	周鸿博	男	2172313130	电气工程	1007932020001045	工程硕士专业学位
62	王　飞	男	2172313133	电气工程	1007932020001046	工程硕士专业学位
63	陈煜文	男	2172313134	电气工程	1007932020001047	工程硕士专业学位
64	王溯壎	男	2172313136	电气工程	1007932020001048	工程硕士专业学位
65	高玉雅	女	2172313138	电气工程	1007932020001049	工程硕士专业学位
66	陈文文	女	2172313139	电气工程	1007932020001050	工程硕士专业学位
67	马小军	男	2172313140	电气工程	1007932020001051	工程硕士专业学位
68	李雅楠	女	2172313141	电气工程	1007932020001052	工程硕士专业学位
69	田晓岚	女	2172313144	电气工程	1007932020001053	工程硕士专业学位
70	赵叶松	男	2172313145	电气工程	1007932020001054	工程硕士专业学位
71	高胖胖	男	2172313147	电气工程	1007932020001055	工程硕士专业学位
72	董思宇	女	2172313148	电气工程	1007932020001056	工程硕士专业学位
73	王　莲	女	2172313149	电气工程	1007932020001057	工程硕士专业学位
74	李贝贝	男	2172313156	电气工程	1007932020001058	工程硕士专业学位
75	李高峰	男	2172313157	电气工程	1007932020001059	工程硕士专业学位
76	卢　迪	女	2172313163	电气工程	1007932020001060	工程硕士专业学位
77	张　博	男	2172313165	电气工程	1007932020001061	工程硕士专业学位
78	徐　清	男	2172313168	电气工程	1007932020001062	工程硕士专业学位
79	雒　震	男	2172313169	电气工程	1007932020001063	工程硕士专业学位
80	叶朋珍	男	2172313171	电气工程	1007932020001064	工程硕士专业学位
81	封丹舟	男	2172313172	电气工程	1007932020001065	工程硕士专业学位
82	张一帆	男	2172313174	电气工程	1007932020001066	工程硕士专业学位
83	翟梦阳	男	2172313175	电气工程	1007932020001067	工程硕士专业学位
84	王珍珍	女	2172313176	电气工程	1007932020001068	工程硕士专业学位
85	王　伟	男	2172313177	电气工程	1007932020001069	工程硕士专业学位
86	杨　鹏	男	2172313178	电气工程	1007932020001070	工程硕士专业学位
87	郑　灏	男	2172313179	电气工程	1007932020001071	工程硕士专业学位
88	熊春丽	女	2172313180	电气工程	1007932020001072	工程硕士专业学位
89	王　珺	女	2172313181	电气工程	1007932020001073	工程硕士专业学位

续表

序号	姓名	性别	学号	领域名称	学位证书号	学位类别
90	李献印	男	2172313182	电气工程	1007932020001074	工程硕士专业学位
91	刘光豪	男	2172313186	电气工程	1007932020001075	工程硕士专业学位
92	樊晓宇	女	2172315003	电子与通信工程	1007932020001174	工程硕士专业学位
93	王　玺	男	2172315004	电子与通信工程	1007932020001175	工程硕士专业学位
94	马燕月	女	2172315007	电子与通信工程	1007932020001176	工程硕士专业学位
95	范建党	男	2172315008	电子与通信工程	1007932020001177	工程硕士专业学位
96	何　杰	男	2172315009	电子与通信工程	1007932020001178	工程硕士专业学位
97	王雅晨	女	2172315014	电子与通信工程	1007932020001179	工程硕士专业学位
98	李　彪	男	2172315015	电子与通信工程	1007932020001180	工程硕士专业学位
99	李　鹏	男	2172315017	电子与通信工程	1007932020001181	工程硕士专业学位
100	杨晓雄	男	2172315019	电子与通信工程	1007932020001182	工程硕士专业学位
101	朱鸿秀	女	2172315021	电子与通信工程	1007932020001183	工程硕士专业学位
102	张菲玥	女	2172315022	电子与通信工程	1007932020001184	工程硕士专业学位
103	杨如仙	女	2172315024	电子与通信工程	1007932020001185	工程硕士专业学位
104	王文荣	男	2172315026	电子与通信工程	1007932020001186	工程硕士专业学位
105	钟子威	男	2172314002	动力工程	1007932020001212	工程硕士专业学位
106	宗均恺	男	2172314004	动力工程	1007932020001213	工程硕士专业学位
107	杜志刚	男	2172314005	动力工程	1007932020001214	工程硕士专业学位
108	王亚雄	男	2172314006	动力工程	1007932020001215	工程硕士专业学位
109	赵泽航	男	2172314007	动力工程	1007932020001216	工程硕士专业学位
110	高精泽	男	2172314008	动力工程	1007932020001217	工程硕士专业学位
111	赵　良	男	2172314012	动力工程	1007932020001218	工程硕士专业学位
112	孙启坤	男	2172314013	动力工程	1007932020001219	工程硕士专业学位
113	连志杰	男	2172314017	动力工程	1007932020001220	工程硕士专业学位
114	殷亚萌	男	2172314018	动力工程	1007932020001221	工程硕士专业学位
115	李　锦	女	2172314019	动力工程	1007932020001222	工程硕士专业学位
116	朱钦琛	男	2172314021	动力工程	1007932020001223	工程硕士专业学位
117	赖　义	男	2172314022	动力工程	1007932020001224	工程硕士专业学位
118	王　朕	男	2172319001	公共管理	1007932020001243	公共管理硕士专业学位
119	刘鹏宇	男	2172319002	公共管理	1007932020001244	公共管理硕士专业学位
120	张佳宁	女	2172319003	公共管理	1007932020001245	公共管理硕士专业学位
121	郭慧超	男	2172319004	公共管理	1007932020001246	公共管理硕士专业学位
122	赵　鑫	男	2172319005	公共管理	1007932020001247	公共管理硕士专业学位
123	张晓辉	男	2172319006	公共管理	1007932020001248	公共管理硕士专业学位
124	张茹婷	女	2172323001	环境工程	1007932020001249	工程硕士专业学位
125	周燚鑫	男	2172323002	环境工程	1007932020001250	工程硕士专业学位
126	王前明	男	2172323004	环境工程	1007932020001251	工程硕士专业学位
127	任　毅	男	2172323006	环境工程	1007932020001252	工程硕士专业学位
128	董昊哲	男	2172323007	环境工程	1007932020001253	工程硕士专业学位

续表

序号	姓名	性别	学号	领域名称	学位证书号	学位类别
129	高赫余	男	2172323008	环境工程	1007932020001254	工程硕士专业学位
130	曹　洋	女	2172324003	机械工程	1007932020001262	工程硕士专业学位
131	徐明星	男	2172324009	机械工程	1007932020001263	工程硕士专业学位
132	金鹏飞	男	2172324011	机械工程	1007932020001264	工程硕士专业学位
133	张和臣	男	2172324013	机械工程	1007932020001265	工程硕士专业学位
134	李永越	男	2172324015	机械工程	1007932020001266	工程硕士专业学位
135	石　磊	男	2172324016	机械工程	1007932020001267	工程硕士专业学位
136	刘　乾	女	2172324018	机械工程	1007932020001268	工程硕士专业学位
137	白江畔	女	2172324019	机械工程	1007932020001269	工程硕士专业学位
138	雷腾飞	男	2172324020	机械工程	1007932020001270	工程硕士专业学位
139	郭家强	男	2172324022	工业工程	1007932020001271	工程硕士专业学位
140	蒙　旭	男	2172324023	工业工程	1007932020001272	工程硕士专业学位
141	杨　洋	男	2172321001	计算机技术	1007932020001289	工程硕士专业学位
142	李梦莹	女	2172318003	会计	1007932020001300	会计硕士专业学位
143	柳　畅	女	2172318006	会计	1007932020001301	会计硕士专业学位
144	李艳芳	女	2172318007	会计	1007932020001302	会计硕士专业学位
145	谭　欣	女	2172318008	会计	1007932020001303	会计硕士专业学位
146	范抱朴	男	2172318009	会计	1007932020001304	会计硕士专业学位
147	亓　赢	女	2172318010	会计	1007932020001305	会计硕士专业学位
148	冯思思	女	2172318011	会计	1007932020001306	会计硕士专业学位
149	杨　璐	女	2172318012	会计	1007932020001307	会计硕士专业学位
150	程媛媛	女	2172318013	会计	1007932020001308	会计硕士专业学位
151	杨杰锦	男	2172318014	会计	1007932020001309	会计硕士专业学位
152	孔凡露	女	2172318016	会计	1007932020001310	会计硕士专业学位
153	郭艺冰	女	2172318017	会计	1007932020001311	会计硕士专业学位
154	宗　源	男	2172318019	会计	1007932020001312	会计硕士专业学位
155	王　华	男	2172318020	会计	1007932020001313	会计硕士专业学位
156	战　歌	男	2172318022	会计	1007932020001314	会计硕士专业学位
157	徐　颖	女	2172318023	会计	1007932020001315	会计硕士专业学位
158	张鑫媛	女	2172318025	会计	1007932020001316	会计硕士专业学位
159	田悦熙	女	2172318026	会计	1007932020001317	会计硕士专业学位
160	李敬怡	女	2172318027	会计	1007932020001318	会计硕士专业学位
161	魏　源	女	2172318028	会计	1007932020001319	会计硕士专业学位
162	赵子浩	男	2172318029	会计	1007932020001320	会计硕士专业学位
163	辛　宁	男	2172318030	会计	1007932020001321	会计硕士专业学位
164	黄　静	女	2172318037	会计	1007932020001322	会计硕士专业学位
165	李静文	女	2172318038	会计	1007932020001323	会计硕士专业学位
166	陈　思	女	2172318040	会计	1007932020001324	会计硕士专业学位
167	李　康	男	2172318044	会计	1007932020001325	会计硕士专业学位

续表

序号	姓名	性别	学号	领域名称	学位证书号	学位类别
168	刘　倩	女	2172318046	会计	1007932020001326	会计硕士专业学位
169	赵艳琨	女	2172318047	会计	1007932020001327	会计硕士专业学位
170	张　钊	男	2172318049	会计	1007932020001328	会计硕士专业学位
171	赵艳茜	女	2172318051	会计	1007932020001329	会计硕士专业学位
172	张倩宇	女	2172318052	会计	1007932020001330	会计硕士专业学位
173	杨雪娇	女	2172318053	会计	1007932020001331	会计硕士专业学位
174	杨　乐	男	2172318054	会计	1007932020001332	会计硕士专业学位
175	左东辉	男	2172318055	会计	1007932020001333	会计硕士专业学位
176	赵丽红	女	2172318056	会计	1007932020001334	会计硕士专业学位
177	杨　薇	女	2172318057	会计	1007932020001335	会计硕士专业学位
178	赵泽延	男	2172318058	会计	1007932020001336	会计硕士专业学位
179	洪　佳	女	2172318061	会计	1007932020001337	会计硕士专业学位
180	田　芳	女	2172318062	会计	1007932020001338	会计硕士专业学位
181	张　敏	女	2172318063	会计	1007932020001339	会计硕士专业学位
182	张雪美	女	2172318064	会计	1007932020001340	会计硕士专业学位
183	康亚雯	女	2172318065	会计	1007932020001341	会计硕士专业学位
184	李　楠	女	2172318066	会计	1007932020001342	会计硕士专业学位
185	杜　晶	女	2172318067	会计	1007932020001343	会计硕士专业学位
186	韩　榕	女	2172318068	会计	1007932020001344	会计硕士专业学位
187	王佳琦	女	2172318069	会计	1007932020001345	会计硕士专业学位
188	张虹雨	女	2172318070	会计	1007932020001346	会计硕士专业学位
189	王静怡	女	2172318071	会计	1007932020001347	会计硕士专业学位
190	王可欣	女	2172318072	会计	1007932020001348	会计硕士专业学位
191	董向波	男	2172318073	会计	1007932020001349	会计硕士专业学位
192	杨　佳	女	2172318075	会计	1007932020001350	会计硕士专业学位
193	张宜渤	男	2172318076	会计	1007932020001351	会计硕士专业学位
194	赵　嫘	女	2172318077	会计	1007932020001352	会计硕士专业学位
195	李青彦	女	2172318078	会计	1007932020001353	会计硕士专业学位
196	赵琳琳	女	2172318079	会计	1007932020001354	会计硕士专业学位
197	张晓玉	女	2172318080	会计	1007932020001355	会计硕士专业学位
198	孙　铭	男	2172318082	会计	1007932020001356	会计硕士专业学位
199	殷小曼	女	2172318084	会计	1007932020001357	会计硕士专业学位
200	赵文研	男	2172318085	会计	1007932020001358	会计硕士专业学位
201	李　山	女	2172318086	会计	1007932020001359	会计硕士专业学位
202	党珍洁	女	2172318090	会计	1007932020001360	会计硕士专业学位
203	华玉清	女	2172318091	会计	1007932020001361	会计硕士专业学位
204	李春阳	男	2172318093	会计	1007932020001362	会计硕士专业学位
205	陈慧君	女	2172318094	会计	1007932020001363	会计硕士专业学位
206	陈天娇	女	2172318096	会计	1007932020001364	会计硕士专业学位

续表

序号	姓名	性别	学号	领域名称	学位证书号	学位类别
207	尤其威	男	2172318098	会计	1007932020001365	会计硕士专业学位
208	范耿丽	女	2172318099	会计	1007932020001366	会计硕士专业学位
209	王景弘	男	2172318101	会计	1007932020001367	会计硕士专业学位
210	张安琪	女	2172318102	会计	1007932020001368	会计硕士专业学位
211	商文慧	女	2172318103	会计	1007932020001369	会计硕士专业学位
212	曾玥旻	女	2172318108	会计	1007932020001370	会计硕士专业学位
213	王　倩	女	2172318109	会计	1007932020001371	会计硕士专业学位
214	蔡文熠	女	2172318110	会计	1007932020001372	会计硕士专业学位
215	张金进	女	2172318111	会计	1007932020001373	会计硕士专业学位
216	张　姣	女	2172318112	会计	1007932020001374	会计硕士专业学位
217	姚广元	男	2172318113	会计	1007932020001375	会计硕士专业学位
218	查亚兰	女	2172318114	会计	1007932020001376	会计硕士专业学位
219	高瑞芳	女	2172318116	会计	1007932020001377	会计硕士专业学位
220	胡世伟	男	2172318121	会计	1007932020001378	会计硕士专业学位
221	李佳琪	女	2172318122	会计	1007932020001379	会计硕士专业学位
222	邓海霞	女	2172318123	会计	1007932020001380	会计硕士专业学位
223	周芮冰	女	2172318127	会计	1007932020001381	会计硕士专业学位
224	黄　铮	女	2172318128	会计	1007932020001382	会计硕士专业学位
225	苏　映	女	2172318129	会计	1007932020001383	会计硕士专业学位
226	王肇卿	男	2172318130	会计	1007932020001384	会计硕士专业学位
227	贾思彤	女	2172318135	会计	1007932020001385	会计硕士专业学位
228	黄滟茹	女	2172318136	会计	1007932020001386	会计硕士专业学位
229	温　锦	女	2172318138	会计	1007932020001387	会计硕士专业学位
230	张欣欣	女	2172318139	会计	1007932020001388	会计硕士专业学位
231	陈白雪	女	2172318140	会计	1007932020001389	会计硕士专业学位
232	陈　鲲	男	2172318141	会计	1007932020001390	会计硕士专业学位
233	赵　娜	女	2172318143	会计	1007932020001391	会计硕士专业学位
234	韩陆杰	男	2172318144	会计	1007932020001392	会计硕士专业学位
235	孙徜徉	女	2172318145	会计	1007932020001393	会计硕士专业学位
236	牛倩倩	女	2172318146	会计	1007932020001394	会计硕士专业学位
237	廖绪杰	男	2172318149	会计	1007932020001395	会计硕士专业学位
238	双　蕊	女	2172318151	会计	1007932020001396	会计硕士专业学位
239	王晓晖	女	2172318152	会计	1007932020001397	会计硕士专业学位
240	赵　帆	男	2172318154	工程管理	1007932020001398	工程管理硕士专业学位
241	杨浩雷	男	2172318156	工程管理	1007932020001399	工程管理硕士专业学位
242	陈泽宇	男	2172318159	工程管理	1007932020001400	工程管理硕士专业学位
243	王　赛	女	2172318161	工程管理	1007932020001401	工程管理硕士专业学位
244	侯小艳	女	2172318163	工程管理	1007932020001402	工程管理硕士专业学位
245	周凯华	男	2172318164	工程管理	1007932020001403	工程管理硕士专业学位

续表

序号	姓名	性别	学号	领域名称	学位证书号	学位类别
246	勾源源	女	2172318168	工程管理	1007932020001404	工程管理硕士专业学位
247	李俊美	女	2172317002	应用统计	1007932020001433	应用统计硕士专业学位
248	郭　宇	女	2172317003	应用统计	1007932020001434	应用统计硕士专业学位
249	赵　媛	女	2172317005	应用统计	1007932020001435	应用统计硕士专业学位
250	高　松	男	2172316002	控制工程	1007932020001437	工程硕士专业学位
251	王　政	男	2172316003	控制工程	1007932020001438	工程硕士专业学位
252	高天龙	男	2172316005	控制工程	1007932020001439	工程硕士专业学位
253	王卫东	男	2172316006	控制工程	1007932020001440	工程硕士专业学位
254	邱志杰	男	2172316007	控制工程	1007932020001441	工程硕士专业学位
255	张大壮	男	2172316012	控制工程	1007932020001442	工程硕士专业学位
256	陈殷雷	男	2172316013	控制工程	1007932020001443	工程硕士专业学位
257	吕　明	男	2172316014	控制工程	1007932020001444	工程硕士专业学位
258	王乐亭	男	2172316018	控制工程	1007932020001445	工程硕士专业学位
259	李泽尚	男	2172316020	控制工程	1007932020001446	工程硕士专业学位
260	胡振南	男	2172316027	控制工程	1007932020001447	工程硕士专业学位
261	张　沛	男	2172316030	控制工程	1007932020001448	工程硕士专业学位
262	刘志乾	男	2172213196	电气工程	1007932020001076	工程硕士专业学位
263	刘　坤	男	2172213225	电气工程	1007932020001077	工程硕士专业学位
264	吴　飞	男	2172215071	电子与通信工程	1007932020001187	工程硕士专业学位
265	程侃如	女	2172224057	工业工程	1007932020001273	工程硕士专业学位
266	张南南	女	2172218044	物流工程	1007932020001405	工程硕士专业学位
267	罗亦诚	男	2172218095	工程管理	1007932020001406	工程管理硕士专业学位
268	仝　琳	女	2182218026	工程管理	1007932020001407	工程管理硕士专业学位
269	杨　天	女	2182218027	工程管理	1007932020001408	工程管理硕士专业学位
270	祁　超	男	2182218028	工程管理	1007932020001409	工程管理硕士专业学位
271	赵亚杰	男	2182218029	工程管理	1007932020001410	工程管理硕士专业学位
272	刘玉涛	女	2162220020	英语口译	1007932020001436	翻译硕士专业学位
273	米丙森	男	2172216055	控制工程	1007932020001449	工程硕士专业学位
274	王　磊	男	2172216094	控制工程	1007932020001450	工程硕士专业学位
275	甄伟静	女	2172216110	控制工程	1007932020001451	工程硕士专业学位
276	毕国松	男	2142313004	电气工程	1007932020001078	工程硕士专业学位
277	陈俊超	男	2142313015	电气工程	1007932020001079	工程硕士专业学位
278	仇媛琳	男	2142313026	电气工程	1007932020001080	工程硕士专业学位
279	韩明朝	男	2142313065	电气工程	1007932020001081	工程硕士专业学位
280	韩　阳	男	2142313068	电气工程	1007932020001082	工程硕士专业学位
281	侯雪峰	男	2142313076	电气工程	1007932020001083	工程硕士专业学位
282	江瑞敬	男	2142313087	电气工程	1007932020001084	工程硕士专业学位
283	李　琳	女	2142313108	电气工程	1007932020001085	工程硕士专业学位
284	李　奇	男	2142313113	电气工程	1007932020001086	工程硕士专业学位

续表

序号	姓名	性别	学号	领域名称	学位证书号	学位类别
285	李泽敏	女	2142313124	电气工程	1007932020001087	工程硕士专业学位
286	刘　旭	男	2142313143	电气工程	1007932020001088	工程硕士专业学位
287	卢方辉	男	2142313148	电气工程	1007932020001089	工程硕士专业学位
288	牛佳庆	男	2142313171	电气工程	1007932020001090	工程硕士专业学位
289	祁晓智	男	2142313175	电气工程	1007932020001091	工程硕士专业学位
290	王　绪	男	2142313233	电气工程	1007932020001092	工程硕士专业学位
291	吴子莉	女	2142313247	电气工程	1007932020001093	工程硕士专业学位
292	肖　霞	女	2142313253	电气工程	1007932020001094	工程硕士专业学位
293	熊先政	男	2142313258	电气工程	1007932020001095	工程硕士专业学位
294	杨旭光	男	2142313285	电气工程	1007932020001096	工程硕士专业学位
295	喻　旻	男	2142313295	电气工程	1007932020001097	工程硕士专业学位
296	张丹音	男	2142313309	电气工程	1007932020001098	工程硕士专业学位
297	张　昊	男	2142313310	电气工程	1007932020001099	工程硕士专业学位
298	张天成	男	2142313319	电气工程	1007932020001100	工程硕士专业学位
299	赵　珊	女	2142313337	电气工程	1007932020001101	工程硕士专业学位
300	周思成	男	2142313350	电气工程	1007932020001102	工程硕士专业学位
301	朱泽芊	男	2142313359	电气工程	1007932020001103	工程硕士专业学位
302	程志全	男	2152313018	电气工程	1007932020001104	工程硕士专业学位
303	董广辉	男	2152313025	电气工程	1007932020001105	工程硕士专业学位
304	何　淼	男	2152313056	电气工程	1007932020001106	工程硕士专业学位
305	侯　翔	男	2152313060	电气工程	1007932020001107	工程硕士专业学位
306	贾　芳	女	2152313067	电气工程	1007932020001108	工程硕士专业学位
307	李建朝	男	2152313080	电气工程	1007932020001109	工程硕士专业学位
308	梁晓凡	男	2152313102	电气工程	1007932020001110	工程硕士专业学位
309	刘夏青	女	2152313120	电气工程	1007932020001111	工程硕士专业学位
310	刘　洋	男	2152313124	电气工程	1007932020001112	工程硕士专业学位
311	牛嘉鑫	男	2152313156	电气工程	1007932020001113	工程硕士专业学位
312	牛　琳	女	2152313157	电气工程	1007932020001114	工程硕士专业学位
313	曲祯煜	男	2152313164	电气工程	1007932020001115	工程硕士专业学位
314	石硕飞	男	2152313169	电气工程	1007932020001116	工程硕士专业学位
315	孙佳男	男	2152313178	电气工程	1007932020001117	工程硕士专业学位
316	田方舟	男	2152313187	电气工程	1007932020001118	工程硕士专业学位
317	万云鹏	男	2152313192	电气工程	1007932020001119	工程硕士专业学位
318	王　琛	男	2152313195	电气工程	1007932020001120	工程硕士专业学位
319	王冠瑛	女	2152313200	电气工程	1007932020001121	工程硕士专业学位
320	王　立	男	2152313207	电气工程	1007932020001122	工程硕士专业学位
321	王　倩	女	2152313213	电气工程	1007932020001123	工程硕士专业学位
322	王芮琳	女	2152313214	电气工程	1007932020001124	工程硕士专业学位
323	王　劭	男	2152313215	电气工程	1007932020001125	工程硕士专业学位

续表

序号	姓名	性别	学号	领域名称	学位证书号	学位类别
324	王晓棠	女	2152313218	电气工程	1007932020001126	工程硕士专业学位
325	王　雪	女	2152313219	电气工程	1007932020001127	工程硕士专业学位
326	王　言	男	2152313220	电气工程	1007932020001128	工程硕士专业学位
327	王奕玮	女	2152313221	电气工程	1007932020001129	工程硕士专业学位
328	邢　龙	男	2152313243	电气工程	1007932020001130	工程硕士专业学位
329	许　倩	女	2152313246	电气工程	1007932020001131	工程硕士专业学位
330	尹浩峰	男	2152313254	电气工程	1007932020001132	工程硕士专业学位
331	张永龙	男	2152313279	电气工程	1007932020001133	工程硕士专业学位
332	赵　沛	男	2152313293	电气工程	1007932020001134	工程硕士专业学位
333	邹　刚	男	2152313306	电气工程	1007932020001135	工程硕士专业学位
334	常泽婷	女	2162313007	电气工程	1007932020001136	工程硕士专业学位
335	程　时	男	2162313011	电气工程	1007932020001137	工程硕士专业学位
336	杜得水	男	2162313020	电气工程	1007932020001138	工程硕士专业学位
337	杜宇凡	男	2162313022	电气工程	1007932020001139	工程硕士专业学位
338	范梦云	女	2162313024	电气工程	1007932020001140	工程硕士专业学位
339	高志辉	男	2162313033	电气工程	1007932020001141	工程硕士专业学位
340	郭　瑞	女	2162313040	电气工程	1007932020001142	工程硕士专业学位
341	韩燕飞	男	2162313047	电气工程	1007932020001143	工程硕士专业学位
342	韩　玉	女	2162313048	电气工程	1007932020001144	工程硕士专业学位
343	胡立恺	男	2162313051	电气工程	1007932020001145	工程硕士专业学位
344	靳崇元	男	2162313070	电气工程	1007932020001146	工程硕士专业学位
345	李开宇	男	2162313085	电气工程	1007932020001147	工程硕士专业学位
346	李　森	男	2162313093	电气工程	1007932020001148	工程硕士专业学位
347	刘春轩	男	2162313111	电气工程	1007932020001149	工程硕士专业学位
348	刘　曼	女	2162313116	电气工程	1007932020001150	工程硕士专业学位
349	刘钊男	男	2162313125	电气工程	1007932020001151	工程硕士专业学位
350	陆文娟	女	2162313128	电气工程	1007932020001152	工程硕士专业学位
351	马志强	男	2162313137	电气工程	1007932020001153	工程硕士专业学位
352	彭华军	男	2162313152	电气工程	1007932020001154	工程硕士专业学位
353	尚建楠	男	2162313164	电气工程	1007932020001155	工程硕士专业学位
354	施儒昱	男	2162313167	电气工程	1007932020001156	工程硕士专业学位
355	佟莹莹	女	2162313183	电气工程	1007932020001157	工程硕士专业学位
356	王家冕	男	2162313189	电气工程	1007932020001158	工程硕士专业学位
357	王京京	女	2162313191	电气工程	1007932020001159	工程硕士专业学位
358	王　堃	女	2162313192	电气工程	1007932020001160	工程硕士专业学位
359	魏文峰	男	2162313217	电气工程	1007932020001161	工程硕士专业学位
360	夏雨萌	男	2162313222	电气工程	1007932020001162	工程硕士专业学位
361	徐喜光	男	2162313231	电气工程	1007932020001163	工程硕士专业学位
362	徐　铁	男	2162313232	电气工程	1007932020001164	工程硕士专业学位

续表

序号	姓名	性别	学号	领域名称	学位证书号	学位类别
363	许燕杰	男	2162313234	电气工程	1007932020001165	工程硕士专业学位
364	杨晓明	男	2162313244	电气工程	1007932020001166	工程硕士专业学位
365	杨　扬	男	2162313246	电气工程	1007932020001167	工程硕士专业学位
366	杨元健	男	2162313248	电气工程	1007932020001168	工程硕士专业学位
367	张冰玉	女	2162313253	电气工程	1007932020001169	工程硕士专业学位
368	张聪聪	男	2162313257	电气工程	1007932020001170	工程硕士专业学位
369	张　静	女	2162313265	电气工程	1007932020001171	工程硕士专业学位
370	张思思	女	2162313273	电气工程	1007932020001172	工程硕士专业学位
371	张　雯	女	2162313276	电气工程	1007932020001173	工程硕士专业学位
372	安少磊	男	2152315002	电子与通信工程	1007932020001188	工程硕士专业学位
373	李　煜	男	2152315011	电子与通信工程	1007932020001189	工程硕士专业学位
374	邵　辰	男	2152315015	电子与通信工程	1007932020001190	工程硕士专业学位
375	孙　涛	男	2152315017	电子与通信工程	1007932020001191	工程硕士专业学位
376	王克信	男	2152315019	电子与通信工程	1007932020001192	工程硕士专业学位
377	魏　雯	女	2152315023	电子与通信工程	1007932020001193	工程硕士专业学位
378	赵　晶	女	2152315027	电子与通信工程	1007932020001194	工程硕士专业学位
379	黄小恬	女	2162315018	电子与通信工程	1007932020001195	工程硕士专业学位
380	贾　松	男	2162315019	电子与通信工程	1007932020001196	工程硕士专业学位
381	李　成	男	2162315022	电子与通信工程	1007932020001197	工程硕士专业学位
382	李美茹	女	2162315025	电子与通信工程	1007932020001198	工程硕士专业学位
383	刘　娜	女	2162315028	电子与通信工程	1007932020001199	工程硕士专业学位
384	米春泉	男	2162315032	电子与通信工程	1007932020001200	工程硕士专业学位
385	米　岩	男	2162315033	电子与通信工程	1007932020001201	工程硕士专业学位
386	石砺瑄	女	2162315037	电子与通信工程	1007932020001202	工程硕士专业学位
387	孙　喆	女	2162315040	电子与通信工程	1007932020001203	工程硕士专业学位
388	王　帅	男	2162315043	电子与通信工程	1007932020001204	工程硕士专业学位
389	温砚博	男	2162315047	电子与通信工程	1007932020001205	工程硕士专业学位
390	杨　阳	男	2162315051	电子与通信工程	1007932020001206	工程硕士专业学位
391	杨　洋	女	2162315052	电子与通信工程	1007932020001207	工程硕士专业学位
392	张龙跃	男	2162315056	电子与通信工程	1007932020001208	工程硕士专业学位
393	张　璐	男	2162315057	电子与通信工程	1007932020001209	工程硕士专业学位
394	郑五洋	男	2162315061	电子与通信工程	1007932020001210	工程硕士专业学位
395	朱俊伟	男	2162315063	电子与通信工程	1007932020001211	工程硕士专业学位
396	傲　骑	男	2142314001	动力工程	1007932020001225	工程硕士专业学位
397	郭昕明	男	2142314009	动力工程	1007932020001226	工程硕士专业学位
398	沈成喆	男	2142314026	动力工程	1007932020001227	工程硕士专业学位
399	佟隆磊	男	2142314034	动力工程	1007932020001228	工程硕士专业学位
400	王　莉	女	2142314036	动力工程	1007932020001229	工程硕士专业学位
401	赵　辉	男	2142314072	动力工程	1007932020001230	工程硕士专业学位

续表

序号	姓名	性别	学号	领域名称	学位证书号	学位类别
402	胡　罡	男	2142314080	动力工程	1007932020001231	工程硕士专业学位
403	刘长庚	男	2142314083	动力工程	1007932020001232	工程硕士专业学位
404	贾　杰	男	2152314016	动力工程	1007932020001233	工程硕士专业学位
405	刘　磊	男	2152314035	动力工程	1007932020001234	工程硕士专业学位
406	唐永利	男	2152314051	动力工程	1007932020001235	工程硕士专业学位
407	王春百	男	2152314052	动力工程	1007932020001236	工程硕士专业学位
408	熊玉波	男	2152314068	动力工程	1007932020001237	工程硕士专业学位
409	焦文帝	男	2162314010	动力工程	1007932020001238	工程硕士专业学位
410	李　磊	男	2162314012	动力工程	1007932020001239	工程硕士专业学位
411	李晓杰	男	2162314014	动力工程	1007932020001240	工程硕士专业学位
412	孙　建	男	2162314028	动力工程	1007932020001241	工程硕士专业学位
413	高永胜	男	2162314050	动力工程	1007932020001242	工程硕士专业学位
414	李　宁	女	2152323003	环境工程	1007932020001255	工程硕士专业学位
415	郭　阳	男	2162323001	环境工程	1007932020001256	工程硕士专业学位
416	蒋晨帅	男	2162323002	环境工程	1007932020001257	工程硕士专业学位
417	曲　迪	女	2162323006	环境工程	1007932020001258	工程硕士专业学位
418	孙　玢	女	2162323008	环境工程	1007932020001259	工程硕士专业学位
419	王建伟	女	2162323009	环境工程	1007932020001260	工程硕士专业学位
420	周尚虎	男	2162323014	环境工程	1007932020001261	工程硕士专业学位
421	房志伟	男	2142324007	工业工程	1007932020001274	工程硕士专业学位
422	刘　静	女	2142324022	工业工程	1007932020001275	工程硕士专业学位
423	刘　颖	女	2142324025	工业工程	1007932020001276	工程硕士专业学位
424	孙　惠	女	2142324036	工业工程	1007932020001277	工程硕士专业学位
425	王　康	男	2142324039	工业工程	1007932020001278	工程硕士专业学位
426	王　亮	男	2142324040	工业工程	1007932020001279	工程硕士专业学位
427	郑子伟	男	2142324059	工业工程	1007932020001280	工程硕士专业学位
428	申　越	男	2152324020	工业工程	1007932020001281	工程硕士专业学位
429	宋肇竹	男	2152324022	工业工程	1007932020001282	工程硕士专业学位
430	王　宁	女	2152324026	工业工程	1007932020001283	工程硕士专业学位
431	赵　炎	男	2152324040	工业工程	1007932020001284	工程硕士专业学位
432	王　宇	男	2152324051	机械工程	1007932020001285	工程硕士专业学位
433	柴志方	男	2162324001	工业工程	1007932020001286	工程硕士专业学位
434	王　磊	男	2162324037	工业工程	1007932020001287	工程硕士专业学位
435	李　毓	男	2162324056	机械工程	1007932020001288	工程硕士专业学位
436	刘婷玥	女	2142321013	计算机技术	1007932020001290	工程硕士专业学位
437	邓　超	女	2162321002	计算机技术	1007932020001291	工程硕士专业学位
438	杜益超	女	2162321003	计算机技术	1007932020001292	工程硕士专业学位
439	龚怀泽	男	2162321007	计算机技术	1007932020001293	工程硕士专业学位
440	李冰倩	女	2162321010	计算机技术	1007932020001294	工程硕士专业学位

续表

序号	姓名	性别	学号	领域名称	学位证书号	学位类别
441	李玉浩	男	2162321012	计算机技术	1007932020001295	工程硕士专业学位
442	柳　彬	男	2162321016	计算机技术	1007932020001296	工程硕士专业学位
443	王荷然	女	2162321022	计算机技术	1007932020001297	工程硕士专业学位
444	王　强	男	2162321025	计算机技术	1007932020001298	工程硕士专业学位
445	朱蔚然	女	2162321049	计算机技术	1007932020001299	工程硕士专业学位
446	高艳萍	女	2142318012	工业工程	1007932020001411	工程硕士专业学位
447	康　伟	男	2142318016	工业工程	1007932020001412	工程硕士专业学位
448	瑭吉思	男	2142318032	工业工程	1007932020001413	工程硕士专业学位
449	王欣欣	女	2142318038	工业工程	1007932020001414	工程硕士专业学位
450	张　冲	男	2142318048	工业工程	1007932020001415	工程硕士专业学位
451	陈鹏飞	男	2152318004	工业工程	1007932020001416	工程硕士专业学位
452	单锐锋	男	2152318006	工业工程	1007932020001417	工程硕士专业学位
453	何史彬	男	2152318010	工业工程	1007932020001418	工程硕士专业学位
454	李玉薇	女	2152318013	工业工程	1007932020001419	工程硕士专业学位
455	裴　巍	男	2152318021	工业工程	1007932020001420	工程硕士专业学位
456	齐伟光	男	2152318022	工业工程	1007932020001421	工程硕士专业学位
457	乔向镇	男	2152318024	工业工程	1007932020001422	工程硕士专业学位
458	汪勇刚	男	2152318028	工业工程	1007932020001423	工程硕士专业学位
459	赵舒敏	女	2152318049	工业工程	1007932020001424	工程硕士专业学位
460	赵　席	女	2152318050	工业工程	1007932020001425	工程硕士专业学位
461	朱　斌	男	2152318051	工业工程	1007932020001426	工程硕士专业学位
462	杨章建	男	2152318053	物流工程	1007932020001427	工程硕士专业学位
463	张　郁	男	2152318054	物流工程	1007932020001428	工程硕士专业学位
464	贾媛贞	女	2152318058	项目管理	1007932020001429	工程硕士专业学位
465	孙毅珊	女	2152318067	项目管理	1007932020001430	工程硕士专业学位
466	赵琳琳	女	2152318075	项目管理	1007932020001431	工程硕士专业学位
467	董　军	男	2162318008	项目管理	1007932020001432	工程硕士专业学位
468	李　雪	女	2142316013	控制工程	1007932020001452	工程硕士专业学位
469	陈　丹	女	2152316005	控制工程	1007932020001453	工程硕士专业学位
470	唐子玉	女	2152316031	控制工程	1007932020001454	工程硕士专业学位
471	张青松	男	2152316045	控制工程	1007932020001455	工程硕士专业学位
472	郑冬浩	男	2152316049	控制工程	1007932020001456	工程硕士专业学位
473	朱　蒙	男	2152316050	控制工程	1007932020001457	工程硕士专业学位
474	白会忠	男	2162316001	控制工程	1007932020001458	工程硕士专业学位
475	陈光雨	男	2162316007	控制工程	1007932020001459	工程硕士专业学位
476	程小欢	男	2162316009	控制工程	1007932020001460	工程硕士专业学位
477	金　泉	男	2162316023	控制工程	1007932020001461	工程硕士专业学位
478	李　冲	男	2162316024	控制工程	1007932020001462	工程硕士专业学位
479	刘海波	男	2162316030	控制工程	1007932020001463	工程硕士专业学位

续表

序号	姓名	性别	学号	领域名称	学位证书号	学位类别
480	刘　辉	男	2162316031	控制工程	1007932020001464	工程硕士专业学位
481	刘　青	男	2162316033	控制工程	1007932020001465	工程硕士专业学位
482	索亚男	女	2162316046	控制工程	1007932020001466	工程硕士专业学位
483	王　帅	男	2162316049	控制工程	1007932020001467	工程硕士专业学位
484	杨朋飞	男	2162316062	控制工程	1007932020001468	工程硕士专业学位
485	杨天阔	男	2162316063	控制工程	1007932020001469	工程硕士专业学位
486	虞丹丹	女	2162316066	控制工程	1007932020001470	工程硕士专业学位
487	张宏鑫	男	2162316070	控制工程	1007932020001471	工程硕士专业学位
488	张萌超	男	2162316072	控制工程	1007932020001472	工程硕士专业学位
489	张永震	男	2162316077	控制工程	1007932020001473	工程硕士专业学位
490	赵炜佳	女	2162316082	控制工程	1007932020001474	工程硕士专业学位

保定校区:71 人(授予日期:2020 年 8 月 21 日)

序号	姓名	性别	学号	领域名称	学位证书号	学位类别
1	崔　薰	男	2182218030	工程管理	1007932020001475	工程管理硕士专业学位
2	杨博尧	男	2172313023	电气工程	1007932020001476	工程硕士专业学位
3	田子涵	女	2172313030	电气工程	1007932020001477	工程硕士专业学位
4	张会龙	男	2172313052	电气工程	1007932020001478	工程硕士专业学位
5	李春生	男	2172313059	电气工程	1007932020001479	工程硕士专业学位
6	王　琪	女	2172313090	电气工程	1007932020001480	工程硕士专业学位
7	刘　科	男	2172313116	电气工程	1007932020001481	工程硕士专业学位
8	刘晨宇	女	2172313126	电气工程	1007932020001482	工程硕士专业学位
9	郭雅娇	女	2172313129	电气工程	1007932020001483	工程硕士专业学位
10	李　谋	男	2172313143	电气工程	1007932020001484	工程硕士专业学位
11	郭士滢	女	2172313152	电气工程	1007932020001485	工程硕士专业学位
12	祁鸿飞	男	2172313153	电气工程	1007932020001486	工程硕士专业学位
13	姜景琨	男	2172313159	电气工程	1007932020001487	工程硕士专业学位
14	宋胜杰	男	2172313170	电气工程	1007932020001488	工程硕士专业学位
15	王　征	男	2172313184	电气工程	1007932020001489	工程硕士专业学位
16	曹丽坤	女	2142313008	电气工程	1007932020001490	工程硕士专业学位
17	董　蒙	女	2142313034	电气工程	1007932020001491	工程硕士专业学位
18	刘　阳	男	2142313144	电气工程	1007932020001492	工程硕士专业学位
19	王允墨	男	2142313237	电气工程	1007932020001493	工程硕士专业学位
20	邢　凯	女	2142313257	电气工程	1007932020001494	工程硕士专业学位
21	杨建中	男	2142313274	电气工程	1007932020001495	工程硕士专业学位
22	袁　辉	男	2142313297	电气工程	1007932020001496	工程硕士专业学位
23	张　倩	女	2142313316	电气工程	1007932020001497	工程硕士专业学位
24	章致远	男	2142313334	电气工程	1007932020001498	工程硕士专业学位
25	周　莉	女	2142313348	电气工程	1007932020001499	工程硕士专业学位

续表

序号	姓名	性别	学号	领域名称	学位证书号	学位类别
26	周鹏杰	男	2142313349	电气工程	1007932020001500	工程硕士专业学位
27	朱春良	男	2142313354	电气工程	1007932020001501	工程硕士专业学位
28	胡华方	男	2152313061	电气工程	1007932020001502	工程硕士专业学位
29	袁贺诚	男	2152313259	电气工程	1007932020001503	工程硕士专业学位
30	段松岩	男	2162313023	电气工程	1007932020001504	工程硕士专业学位
31	刘　欢	男	2162313115	电气工程	1007932020001505	工程硕士专业学位
32	孟栩彬	男	2162313141	电气工程	1007932020001506	工程硕士专业学位
33	齐　凯	男	2162313154	电气工程	1007932020001507	工程硕士专业学位
34	赵少雄	男	2172314001	动力工程	1007932020001508	工程硕士专业学位
35	严　翔	男	2172314016	动力工程	1007932020001509	工程硕士专业学位
36	李晓彤	女	2172317001	应用统计	1007932020001510	应用统计硕士专业学位
37	张亚娇	女	2172318015	会计	1007932020001511	会计硕士专业学位
38	彭文倩	女	2172318024	会计	1007932020001512	会计硕士专业学位
39	刘　月	女	2172318031	会计	1007932020001513	会计硕士专业学位
40	许博华	女	2172318034	会计	1007932020001514	会计硕士专业学位
41	石　静	女	2172318035	会计	1007932020001515	会计硕士专业学位
42	孟治宏	女	2172318039	会计	1007932020001516	会计硕士专业学位
43	刘　岩	男	2172318059	会计	1007932020001517	会计硕士专业学位
44	沈文可	女	2172318083	会计	1007932020001518	会计硕士专业学位
45	吴　霜	女	2172318089	会计	1007932020001519	会计硕士专业学位
46	李永凤	女	2172318095	会计	1007932020001520	会计硕士专业学位
47	王　烨	女	2172318097	会计	1007932020001521	会计硕士专业学位
48	庄悦雯	女	2172318104	会计	1007932020001522	会计硕士专业学位
49	程璐璐	女	2172318118	会计	1007932020001523	会计硕士专业学位
50	饶若飞	女	2172318120	会计	1007932020001524	会计硕士专业学位
51	赵瑞敏	女	2172318125	会计	1007932020001525	会计硕士专业学位
52	曾川洋	女	2172318131	会计	1007932020001526	会计硕士专业学位
53	程钰琳	女	2172318133	会计	1007932020001527	会计硕士专业学位
54	程　磊	男	2172318148	会计	1007932020001528	会计硕士专业学位
55	张园园	女	2172318150	会计	1007932020001529	会计硕士专业学位
56	杨少华	男	2172318155	工程管理	1007932020001530	工程管理硕士专业学位
57	贾　昕	女	2172318157	工程管理	1007932020001531	工程管理硕士专业学位
58	栗江泽	男	2172318167	工程管理	1007932020001532	工程管理硕士专业学位
59	朱　妍	女	2172318169	工程管理	1007932020001533	工程管理硕士专业学位
60	任科源	男	2142318100	项目管理	1007932020001534	工程硕士专业学位
61	王子龙	男	2142318114	项目管理	1007932020001535	工程硕士专业学位
62	梁　平	男	2152318014	工业工程	1007932020001536	工程硕士专业学位
63	廖志威	男	2152318015	工业工程	1007932020001537	工程硕士专业学位
64	钱　旭	男	2152318023	工业工程	1007932020001538	工程硕士专业学位

续表

序号	姓名	性别	学号	领域名称	学位证书号	学位类别
65	刘国龙	男	2142324020	工业工程	1007932020001539	工程硕士专业学位
66	秦福新	男	2142324033	工业工程	1007932020001540	工程硕士专业学位
67	王　昆	男	2152324025	工业工程	1007932020001541	工程硕士专业学位
68	陈　璐	女	2162324005	工业工程	1007932020001542	工程硕士专业学位
69	付　智	女	2162324013	工业工程	1007932020001543	工程硕士专业学位
70	刘翠佳	男	2162324025	工业工程	1007932020001544	工程硕士专业学位
71	平学敏	女	2162324031	工业工程	1007932020001545	工程硕士专业学位

（研究生院　提供）

华北电力大学 2020 年本科毕业生名单

（北京校部）

电气与电子工程学院

赵添翼　李　耀　付　康　朱思彤　陈晓荔　陈沿江　卿正恒　邓泽华　张晨阳　赵华城　陈舸禹　张泽坤　尤宏森　莫锦涛　罗何明　高铭蔚　郝志涛　徐李清　王学良　马　悦　易昕怡　马浩天　胡　森　令狐桐雯　秦际轲

陈卓然　廖卓颖　朱奕安　崔国璇　孙姜玥烨　张　楠　张艺迪　管　悦　高瑜珑　文　婧　齐　才　常舒航　张兴瑞　苏飞洋　汪昭辰　商　峻　张誉籍　杨　明　李德佑　唐大洲　江崇瑜　陈克晟　霍天洁　刘文宇　孙昭宇

苏若琳　叶毅榕　张家豪　马恒哲　申志翔　李京涵　孙梓源　杨　珺　史一博　邹乐茵　郑怡馨　刘雨城　苏　烨　雷斯涵　单小轩　石韶东　黄海文　李雪松　彭冀浔　于　群　刘　炜　李　奇　江晨璐　刘振宇　谭尚晨

何心源　丁　楷　冷若萱　傅雅蕾　谌佳倩　杜汪洋　雍家煜　邹芃蓥　余宜泽　吴华月　周心宇　郑奔持　胡沛东　杨　雯　高　煜　张常昊　吴　迪　刘书棋　袁　帅　陈世萍　曹子楷　袁雷栋　李达俊　罗进奔　吴海锋

许田园　朱宇航　姜云帆　陈慕禹　李明聪　赵月悦　李　泽　魏　靓　王宇巍　张万家　刘文博　戴君奕　危彦霓　赵　卓　朱广闻　何语姗　张　熙　浦　昊　房　珂　许弈飞　侯彦明　刘奕彤　梁　婷　马家思　萧灿琳

刘欢畅　谌　歆　牛　彤　张依宁　张思璐　张霁月　孟柒柒　彭天玥　齐逸飞　朱柯翰　王思力　李博远　杜瑜铃　王志鸿　刘人郢　曾铖雨　李昭辉　王子鸣　吕乃航　杨　晨　李雪轲　董翔宇　凌　童　牛雪纯　许　萌

续表

杨　涛	尹海平	张　豪	赵　麟	杨世威	卞潇颖
庞　博	张雅欣	辛　睿	王晨欣	高　炜	花赟玥
张子佳	王月汉	陈馥阳	董淑文	郭亚慧	侯艳钊
胡雪莹	贾雨虹	蒋书旺	李　立	李文钊	李　响
吕云飞	孟加伟	孟倩戎	孟肖戈	彭　钰	邱星宇
任文军	孙　拓	王奕沣	王　愉	伍佳斌	夏赞阳
肖竑山	杨建鑫	杨梦迪	曾敬翔	张天淼	郑文辉
黄生玺	张　伟	李　阳	陈　悦	曹洪铭	陈永江
陈泽昕	甘海毅	高韵涵	郭冰文	韩林池	郝思宇
侯　山	黄保鑫	黄　菁	贾瑞媛	李林燕	李梦超
刘佳豪	刘　洋	罗安钦	乔康恒	田子涵	王宏俊
王萍萍	王泽嘉	许越杰	姚　远	张天翔	张文康
周　寅	朱岫柠	石逸雯	王　婷	谢沁园	李继元
项剑锋	张博伦	马浩明	谭珍珍	曹　祺	曹子龙
陈　超	陈　璐	戴明浩	郭鹏程	黄家金	李业成
刘淇伟	罗开扬	马　婧	沈逸帆	舒文翔	陶　畅
王书鸿	王思睿	谢郑溶钊	许康平	杨可文	杨　锐
张　尧	赵　川	赵志成	庄文彬	陈子钰	李睿杰
刘晨曦	于　吉	于炜昊	李雪洋	张佳明	张远欣
宗毅鹏	何邱坤	廖轶杰	李　乐	陈　熙	刁元鹏
杜明轩	高　东	郭昭荔	何　浩	胡苑琳	黄恺洋
李金辉	李志强	孙守玲	万中一	王　秦	王雨典
王子怡	吴多锐	吴慧斌	杨翔宇	袁　睿	张　衡
周泽宇	朱显浩	邹佳宸	郑馨姚	汪丽伟	陶　凯
胡浩楠	李路畅	查天林	单子豪	龚　傲	龚梁涛
李啸寅	李　艳	李宇君	刘　昆	柳乐怡	马瑞辰
司绍东	王　安	王　帝	王绮彧	王兆霖	吴柯洁
吴文瀚	校珂怡	徐婉伦	许益多	杨云天	于浩淼
曾祥明	张彩链	张　派	朱明利	曲鸿妍	张蕴智
李荣镇	王晓婷	林　灏	高宇康	徐可琪	毕皓淳
陈冬晖	陈奕明	程思闵	杜　舒	高逊博	郭　琳
韩维星	李孟陶	李泽忠	刘开心	刘佩嘉	刘　骁
刘永行	马　禧	马笑寒	邵鸿飞	申　昊	苏佩珊
孙劲泊	孙　雅	覃秋尔	王国祥	王　鹏	向峻玉
肖　策	郑鸿飞	左龙飞	李雅洁	杨子民	陈　颖
旦增希尼	黄俊好	江柳舟	李颉雨	李君洛	李永达
林芳森	刘英健	刘宇坤	庞柯成	邱东蒙	舒韦博
王洺岐	王启光	王添乐	宣鹏华	杨舒云	俞嘉霖
张凌杰	张　鹏	张心怡	赵　凡	周　鹭	朱　婧
邹天昊	梅学雄	杜　帅	谢　莹	曹　兴	曹　诩

续表

陈若雷	程博远	洪啸寒	李柏堉	李孔源	刘坤渝
刘志敏	孙　朋	孙诗淼	王洪珠	王彦珺	吴坤聪
许正山	杨金成	杨牧川	余子霄	臧一啸	张松山
张鑫宇	赵小蝶	郑　磊	朱元斌	梁卓航	刘　妍
周慧洁	徐璐滢	罗旸凡	丁成铖	马嘉鹏	周志强
包嘉洛	陈佳滢	程　浩	董生成	冯启航	葛明洋
惠旭斌	姜宏锦	李承泽	李雪枫	刘　斌	刘　浅
申郦羽	时　纯	舒　鹏	汪顺莉	王亚伟	尉佳文
杨鸿淋	于明凯	张成绮	张展宇	赵建强	郑继诗
周雨童	龚承霄	李雪晴	刘铖浩	周羿宏	胡晓睿
赖信辉	江佳声	徐婉莹	陈涤伟晔	陈宏伟	程梦涵
董子明	管俊峰	韩新月	和春龙	贺冠豪	黄厚鑫
金晨妤	李　松	刘　兵	刘秉政	刘峰华	吕奕波
马占晖	毛浪洲	田宝宁	王丁平	王潇宇	吴　双
杨　翔	姚翌望	张春阳	张　恒	张　强	马斯宇
戴泽印	邓皓元	娄云天	夏泽文	孙硕锴	徐晓宇
白云飞	常　宇	陈竟之	陈思齐	冯禹豪	高晨格
郝川钧	李永康	李志鹏	刘苏梅	孟庆芸	倪佳炜
石家磊	谭　昊	田　鑫	王延辉	吴　祺	吴焱松
咸永强	肖　夏	许　丹	尤玮光	詹子龙	张才敏
郑力涛	周煜堃	陈　甜	吕　挺	汤金璋	李　昊
刘思佳	田歌星	邱卓仁	李　杰	陈天达	冯晓瑜
高靖昂	巩　遥	胡伟洋	胡雪锋	黄文鹤	黄梓翔
蒋　帅	雷圣峰	李贵苹	李　琰	林宇轩	刘金渝
毛志强	庞　锋	彭佳霖	宿怀明	王俊杰	武亦文
张舒媛	张彤瑶	赵　萌	赵　腾	赵子毅	郑　烨
付强与	谈文睿	陈泽浩	安晓婷	陈镔浩	陈天恒
高崇禧	高东方	何碧涛	雷　宁	李　靖	梁延钰
刘　硕	刘一凡	努尔夏提·赛三拜	沈义川	史昀祯	孙明华
孙晓昱	王宝杰	王富成	王丽媛	王圣尧	许龙杰
许禹诺	杨宇靖	尹俊杰	余长树	申　鸿	汤宗键
覃丁宇	高浚盛	龚冰琳	郭一凡	胡　灏	胡嘉睿
胡重之	姜　枫	李晨希	罗心湄	麦尔旦·艾麦尔	倪辉阳
桑　淦	谭启鹏	陶宇菲	王昊天	王　赫	王　森
杨洋春	姚　齐	于普洋	张春强	何万来	李雪珍
褚银浦	次　央	丁振柯	堵佳玥	杜嘉诚	龚　奥
郭世杰	胡森勇	贾　创	李　岩	李志成	李志颖
刘泽坤	陆　凯	麦家发	秦　川	吴铁清	谢嘉成
薛　超	游皓淞	余桂南	李嘉贝	徐　行	赵璟璇
曹　杨	陈金汇	陈　宁	次旦卓嘎	丛笑天	傅泉榕

续表

郝一浩	李　睿	李子涵	罗茂周	裴志威	彭汉钦
王宇轩	王卓群	武宏勋	余昊杨	翟瑞峰	周　雨
邹德凡	张雁楠	白雪峰	邓光宏	葛峻杉	谷家训
郭　睿	何晓勇	和昊婷	贺　振	黄仕麒	廖嘉敏
廖钦乾	林佩莹	刘　羿	牛晓萌	裴　皓	史锐博
王星凯	王怡暄	向杨坤	谢　辉	杨子杰	殷兴腾
张轩瑜	张晏熙	波塔·木合亚提	王福星	安彦伟	成义鹏
程　浩	董　晴	高文斌	郭鲁斌	贾泽晗	黎　宇
李函洋	林子健	刘　帆	马国强	梅钊源	王　琪
王晓晴	吴沁莹	许元博	杨仪征	张馨月	左婧轲
王鹏宇	蔡　松	陈　涛	冯家辉	李虎军	李泽武
林声琦	刘皓琪	刘朋矩	刘友标	罗凤魁	穆茂森
舒　楠	宋霄楠	王家祺	魏源宏	吴雨欣	伍凌萱
肖徐东	肖　阳	严加贝	杨　函	杨婷雅	俞福湖
张金壮	张展鹏	张家成	陈慧心	陈忠南	胡　文
姜屹远	李溢阳	梁克锐	林　鑫	刘钊源	尼玛扎西
绳　韵	王　勃	王芷晴	吴若凡	吴子凡	薛　盼
闫秀名	杨勇桃	于金莹	袁竞涛	郑云飞	

核科学与工程学院

付同岗	郭劲松	石镇卓	曹　锋	曹靖琳	陈鑫洁
陈怡菁	傅　慧	何　杭	何祖涛	简永星	李东昊
李江雄	罗　肖	罗兆廷	阮　璐	王继冰	王小文
王　鑫	杨　健	杨重斗	叶宇航	黄昌洪	陈继平
樊　锦	付成龙	高佳璇	龚　亚	郭圣淼	华浩钧
蒋鹤元	李　伟	梁荣健	林起超	刘　胜	陆　卫
马　璇	祁睦然	任　浩	王超椅	徐佳辉	严帝骄
杨景润	于德福	张　瑞	张昀浩	赵海琦	周天泽
朱晏淳	左亚杰	许瑞娴	崔　潇	葛天明	韩　乐
黄俊文	江　卓	孔佑慈	刘国伟	刘卓豪	马进武
祁文豪	邱子晴	唐　旭	汪泽涛	王　达	王凯皞
王凯民	王兴涛	翁子航	许宛清	杨福军	杨林武
于　沁	张鹏展	张晓航	张振洋	周虹池	周琳杰
涂　庆	安　瞻	董廷静	方　策	高　东	贾子涵
蒋晓翔	康俊瑄	寇彦平	李　蒙	李少华	毛伊静
钱禹丞	秦　昊	施明亮	唐秀暖	王小虎	温忠颖
熊　望	熊振鹏	于子竣	赵　波	周莲诚	李晨阳
李垚迪	曹伟伟	陈鹏旭	董雨晨	胡桐林	刘天元
刘志洋	史泰忠	孙寅博	童一鸣	王昌龙	王佳兴
王来明	魏场超	文逸坤	吴子仪	谢箫阳	熊浩崧
许桐雨	殷　晶	余嘉炜	张超凡	张廷伟	张心怡

续表

张　钟	郑　维	朱天星	舒　浩	余金源	尚孝飞
核科学与工程学院					
周履俊	陈翔宇	段林帅	傅伟豪	关永江	官少卿
何自豪	姜志豪	冷　然	廖忠锦	林播玙	林树锋
刘佳霖	罗春婷	彭琬婷	王琛展	王星博	王自溪
严湘平	张新佳	张一阚	赵奕钧	钟　杰	蔡青旺
柴建伟	常智理	崔洪源	杜志强	龚巧彬	何建辉
何林岂	黄丽钦	黄鑫水	姜玉恒	李宛桦	李　旺
刘艳芳	马欣洁	潘　进	彭定坤	唐　庚	王军扬
郰芳瓶	杨　兵	杨森岩	张思怡	张　娴	赵录仓
经济与管理学院					
陈端盈	傅益丹	高若雅	顾芳源	海玉霞	何立柳
何鹏飞	蹇　悦	江久旺姆	李魏星	梁　瑛	刘　轩
沈　毅	司锡豪	王率滨	王鹏燕	王伟伟	王宜昕
王泽博	魏宇婷	武慧敏	邢欣雨	杨燕穗	雍静雯
于璧豪	张景力	张　露	张子炜	肖　波	陈俐璇
陈书缘	崔梦琦	邓　春	樊　渊	付　林	韩　松
何珂珂	何　鑫	胡映雪	姜熠璇	李泓艺	李婧婕
李　郁	廖丽珍	刘佳颖	宋绮鸿	孙　宇	谭玉璐
王　义	王子英	武贝贝	肖博洋	徐艺璇	扎西央宗
张佳成	张　延	郑世鹏	周梓欣	丘芷梦	柯昌普
张　雪	黄鹂鸣	马骏驰	任　杰	王　振	杨　三
张　宇	樊怡欣	冯佳琦	龚元铮	郭子齐	郝宇霞
胡　瑞	冷凯强	李银森	刘泓涧	刘鸿鑫	鹿世强
吕文斌	莫钦沦	祁奥斌	沈　种	史记源	王　菁
王　媛	韦蓝欢	肖婷婷	晏嘉泽	叶汉东	易湘瑜
张皓敏	张家豪	张伟伟	张祯乾	赵圣胤	王董禹
王丽洋	杨　丽	王　杰	王唯嘉	张桐瑜	赵许钢
杨　昊	白若雯	陈柏松	杜　珂	郝司宇	解冰清
李凯慧	李立佳	廖一嘉	刘洪旭	刘炀和	马万震
马　雄	潘保霏	潘文辉	宋子齐	索南益西	王　耀
魏德林	肖文君	许民甲	许维瑄	杨　晨	杨文杰
余昊文	赵军军	周晶晶	刘先富	金沐蓉	段文杰
吴　澜	颜　瑞	阿卜来提·吾力喀斯木	陈　娜	陈雨薇	高　恬
宫　雨	谷彤彤	郭云芬	何　澍	纪　婕	贾鹏举
江禹铮	姜国恒	蒋悦悦	李　潇	梁家豪	刘　微
刘宇静	柳　洋	潘肇伦	田冰颖	王郡钰	王可蕙
喻福兵	翟寒冰	彰子萱	邹孟娇	白靖媛	白素蓉
曹新雅	曹雨婷	陈婉靖	董远远	窦　楠	胡宇航

续表

黄嘉蕙	黄绮煜	焦淑涔	李林璟	李直正	梁婷婷
林静	刘嘉雯	刘晓彤	粟凌君	覃璐	夏金旸
谢彧	胥金成	杨显慧	姚文焕	于雪丰	张佳迎
朱文清	朱子龙	蒲炳君	巴桑多吉	巴桑拉姆	陈欣毅
邓茹苑	董一宁	郭智君	韩烨楚	胡榆波	黄鲁艺
寇冕	李靖苑	卢佳雨	卢怡冰	马珊珊	莫医玮
钱煜婷	谭星星	陶镜吉	汪怿雨	王丹妮	王豆
王婧婕	王媛媛	肖潇	徐畅	许艺珊	杨凌鸿
曾晔	郝创	白书婷	陈泽鹏	仇骏琢	崔岭岭
崔颖	丁增旺堆	黄凯	加永拉姆	贾智成	柯陈桐
孔昭力	李文君	李哲勇	刘言言	陆钰	罗润
彭颖	王涵	王儒鹏	王思懿	吴淇心	杨欣蓉
张树兰	张宇飞	钟逸娟	朱恩东	朱兴颐	田泽尚
艾力菲达·艾尼	阿丽然·杰恩斯	艾赛提·肖克来提	白央	德吉曲宗	邓婷露
邓欣蕊	邓怡航	冯婷婷	黄治	金承宇	李佳
李诗璇	刘惠琴	刘心妍	刘中正	陆笑寒	马博
马佳丽	牛梦肖	苏荣培	颜启波	杨炯君	于淼
于跃	于越	张炳妍	朱瑾	陈伟	陈振杰
符钰	郭琛	海仁沙·沙地克	蒋明香	康雨菲	兰淑芳
廖雪洁	刘嘉妍	芦雯洁	王贺	吴小颖	吴雨桐
徐浩	徐志鹏	张文青	张泽	代婷玉	戴昭怡
甘书培	古纪湘	何苏哲	侯遇柱	黄河	江俊锋
李达	李梓萌	刘敏	刘振	买尔哈巴·艾坦木	邱浩然
唐琴	王楚蓉	杨宝吉	姚苏航	张名淇	特尔比力克
宋雨倩	陈睿识	贾楠	李金族	李雨朋	林小鹤
刘伟	刘晓彩	吕爽	洛桑卓玛	马鸣宇	努尔兰·巴衣达吾来提
卿雅蓓	陶玥	王宇舟	魏小涵	吴晨	徐阳
薛莲	杨佳	张家晓	张文祺	张鑫	赵军彦
邹梦婉	别格扎提·赛尔克	古再丽努尔·穆合塔尔	车怡然	陈丽	陈思佳
陈晓爱	付一冉	高玉珠	高治佳	管宇舟	贺薪颖
李鹏昊	刘强	陆永香	马佳明	饶铠铭	王丹
王俊	王一婷	魏文斌	严俊雄	翟晓鹤	张阳
张智诚	赵凯新	赵旺	赵威	赵毅	柴嘉辉
杜倩倩	付迪	付珊	郭旭	黄宇佳	简朴
李欣忆	李钊	廖炯	刘诗婕	马丹丹	马晓通
田宝山	王辉茹	王润华	王友正	吴迪	谢宇轩
尹泽峰	赵全谊	赵耘鹤	周舟	朱玺瑞	何锐
崔曦文	苟帅宇	蒋岩	孔垂鑫	孔令昭	李姣

续表

李新冉	李　跃	廖海岚	卢森凤	马琪瑶	马世超
宋美琴	王富川	吴佳俊	谢可聪	朱　磊	朱钰珂
陈　麒	程晓钰	程子睿	次　仁	戴智博	丁浩楠
郭驿豪	林方坚	林嘉琳	凌雅珺	聂志峰	潘伟国
吴梦雨	吴天宇	吴易瑾	肖　阳	张惠萍	张家华
张　悦	郑海涛	左　茜	苏毕努尔·阿不拉江	吴庚奇	袁向前
巴　平	蔡　颖	陈玉博	党嘉璐	段鹏辉	葛　晓
龚宛婷	亢一丹	李东方	李　想	梁　岩	刘晓倩
马婧雯	穆欣蕊	沈啟霞	孙嘉豪	王琨森	王茜茜
王书晴	吴玉敏	杨娟娥	叶芷菡	张浩然	卓真伊
迪达尔·阿扎提	莱依拉·阿力开				

可再生能源学院

陈楠泓	何晋丰	何　玲	黄依平	季法瑞	季维宏
李　昊	李昊洋	李　欢	李婉妍	李霄航	梁翰钦
刘康伦	马　鸣	宋如梦	王浩瑜	王皓岩	吴连伟
熊军超	熊　喆	严　皓	张伯都	张佳能	郭鑫锋
黄崇炜	杨晓宇	阿克江·努尔塔衣	蔡梦路	陈帅霖	陈晔雯
丁文杰	段文静	郝凌斌	胡炜昊	黄星琪	李光发
李玉浩	李运舟	连浩辰	梁春慧	吕致为	骆　健
田若菡	王钰博	许宏宇	杨佳琳	扎西旺姆	张永强
郑小龙	周福照	吴雨露	黎　响	陈　阳	陈奕虹
戴尚威	邓远卓	丁健航	樊江北	高田利	卢姣阳
马宝林	盛奕玮	孙海涛	王宇翔	王祖冉	吴世豪
闫　旭	杨雨欣	杨镇远	尤　建	周臣凯	史晏明
李宝良	叶尔纳尔·达列力别克	黄鸿飞	刘源延	安　远	陈国金
陈若晨	陈　盛	陈振平	伏金曦	高　林	何强锐
何彦飞	贺　宇	蒋婷婷	晋美班典	荆雪菲	雷　辉
柳志晗	卢彬璇	马　阳	任　澜	王　楷	杨晶晶
杨泽洲	张东昊	张贺栋	张旭晨	宗黎明	阿克见·巴合提
段宇炜	安世杰	陈　琪	段凯童	韩雅萱	降戎杰
景占海	李必萃	林志峰	凌　彧	刘嫣妮	鹿希雨
吕创新	孟祥龙	潘炳蓉	王海宇	王孟尧	王仕强
魏琪峰	吴巧慧	熊　锐	鄢太东	杨文军	张昱琪
郑明林	支　荣	周逸伦	艾科热木·阿卜来提	陈丛昆	戴宇松
邓涵宇	高雪智	韩泽冉	韩志杰	胡浩南	黄　蕊
李昊洋	李雨豪	廖恒艺	刘阳祥	潘雅卿	阙正斌
沈文斌	肖合举	赵嘉琪	赵　宁	赵　微	郑小洁

续表

周建国	魏志达	陈志豪	段若楠	付娟	甘子玉
宫雪容	和箐楠	蒋思宇	李辉	李文军	林志文
刘莹	牛晓凡	沈友计	谈浩迪	唐书浪	王功泉
王子闻	杨双维	张基龙	张茂崇	张秋实	张玉宏
周中艳	海那尔·阿吾肯	鲍真	常宗烨	迟旭	旦增卓玛
董鹤亭	韩子晨	侯加浩	李良陈	李牧展	李楠
刘丰潇	刘文娇	刘源	龙安胜	吕人杰	罗婉春
施鑫跃	苏燕平	孙兆庆	韦必颖	肖懿宸	杨方宇
于伟	余志威	元旦平措	张雪敏	赵昱豪	李冬旭
包合鑫	蔡宇涵	常展珲	嘎玛次珠	龚炜铭	黄财盛
黄可	李新宇	刘菁苹	罗思宁	马赟	宋宇恒
谭寅寅	汪志刚	王琛	吴昊	吴松	肖春安
肖太宇	姚少强	余甜甜	俞月林	张健峰	张雨辰
郑树林	朱其乐	蔡常鑫	邓世浪	杜梓聪	姜峰
蒋光梓	焦心怡	刘灿均	刘婧	孟凡亮	阮琼瑶
索朗多吉	谭羿鍼	万永鹏	夏琳	徐一超	杨红杰
杨露	岳浩	张建新	张鹏	张荣琪	张腾

控制与计算机工程学院

高晗	贺承林	张晶	章迪睿	曹梦凡	陈岳鹏
冯凯	甘雨	郭子豪	黄月雯	吉睿琨	蓝流剑
李倩	李玉佳	连易	刘蕊	刘学来	龙蕴开
马文兵	王少博	王哲	韦鹏健	吴斌	谢亚婕
杨泽宏	赵昱	郑名阳	周小琛	张兴松	班成
陈运启	次旺仁增	冯推彬	何沛林	贺哲	胡欣欣
蒋世宇	蓝鹏	刘博嵩	刘博洋	刘懿煊	乔淑祺
宋长润	王港华	王永岳	王之浩	吴谢鹏	谢志超
徐光浩	徐彦超	许佳妮	姚欣然	张超祺	张鸿
赵黎茜	仲心萌	朱凌壑	白玛旺扎	陈富兵	陈昊
邓嘉慧	段佳昕	方钊	冯政阳	李宗杰	林立栋
骆伟健	马晨晨	马赟	毛昊	田爽	万欣
危倩玲	韦邦熠	魏子成	吴扬波	徐亮	徐文鹏
晏然	杨晶	张睿	张飒	张智	赵靖东
戴晨航	韩雪	何孔祥	康源惠	黎桓宾	李宁
李炫	刘超波	龙江	宁津	秦瑞钧	任俊杰
唐硕	陶瑾瑜	王昊炅	王晓轩	夏嘉睿	夏菱缦
夏炫昊	荀沛瑶	杨楠	张开萍	王肖宇	韩东海
严青	张虎	张秋艺	张志宇	淳宇杰	姚贵山
皮宇啸	王晓伟	刘梓安	唐英博	王子涵	元志伟
鲍相印	陈晓溪	关庆澍	石鎏	岳柏帆	赵亚菲
庄吉霓	李红锦	董艺	格桑仁增	韩福旺	娜菲莎·吾甫尔

续表

权泽霄	张宇琛	常晓雨	陈 卓	姜 媛	李 菱
李奕斐	李聿琛	林金炜	刘 金	刘双剑	刘怡博
倪晨煜	庞运河	秦志鹏	任晓琪	王 实	王智伟
杨 静	张红杉	张新雨	钟 妍	阿来·吐尔丁	铁振涛
黄翊峰	陈 阳	段凡晖	高和阳	何奇财	胡耿源
陆咏琳	庞博博	齐昊天	秦家豪	任佳义	任怡洁
覃 进	唐家淳	王殿中	王 嵩	王 琰	王子豪
吴佳玫	袁泽坤	扎西次丁	张 坤	张玉俊	李沐思
多斯达那·叶尔加那提	达吾列·金恩斯别克	王恩泽	白 瑞	次旦朗杰	但山毅
付杨洋	嘎玛玉珍	金艳方	赖尚毅	李冠龙	梁宇豪
刘 烨	刘梓鑫	马元明	闵 超	欧珠群培	佟 畅
许树颖	张国斌	张继宇	张雅卓	张永翔	张泽茹
郑慧娴	叶德力·波拉提	班梓楠	陈太钦	邓 婕	段 影
房 欢	韩兴国	何青山	加沙尔·奴尔哈兹	李雅青	梁旭阳
刘 威	马晨星	秦子璇	史梦轩	孙 野	王上清
魏煜康	肖少元	许盛博	杨剑培	杨映军	詹昕蕊
赵宇浩	周绍卿	丁 鹏	申马彦	薛莲婷	蔡 澳
陈相廷	陈艺辉	陈元畅	德吉卓玛	甘雨丰	何 阳
胡柳静	胡云豪	黄飞洋	李 博	李宁发	李鑫乐
刘佳宇	刘天琪	刘婷婷	任 珂	汝孟春	申刘洋
王 成	王 伟	王雅欣	王燕川	夏滔威	殷佳宁
张贵程	朱泽东	成其伟	邓佳鹏	吉 朗	李 敏
李双修	李熙来	陆敏怡	欧阳锦	唐 伟	唐鈺佳
王 峰	王嘉优	王瑞苗	徐 杰	闫 旭	杨 旭
曾清扬	曾小玮	张邓佳	张益华	朱俊翰	沙涵彬
尹 健	周培明昊	刘泊言	白伯洋	德 珍	刁虹尹
郭可蓉	胡长青	霍东科	金正晗	李诣非	厉 豪
凌诗楠	秦永泰	王俪蓉	王乃玉	王衍菲	王昭坤
吴 强	谢飞宇	杨鑫浩	张超宇	张宏蕾	张 婕
张玉辉	赵宁宇	周豪睿	周世杰	左乾旭	龚 毅
李延仑	陈艾婕	冯良枫	郜 航	李 昱	李钰梅
梁 劲	林科星	林照耕	刘明阳	罗莅杭	马皓楠
马铭泽	屈荣君	史佳钰	宋梦含	孙荷雨	涂伟权
吴 凡	吴浩驰	吴佳玮	吴仕浩	岳临风	郑付猛
朱天祥	刘 雨	韩玉豪	荣 浩	蔡孟玥	程 蕾
高汶韬	顾佳欣	何 强	景昊天	廖超凡	刘一卓
马 韬	皮志谦	齐鹏冲	沈晓彬	田芫菘	王可强
王 娜	王舒荷	王玮格	姚 祎	云天涯	张秋蓉
张 珅	赵观泰	朱岩松	庄雅洁	邹雅蓉	陈鹏杰

续表

邓雄耀	符贵梅	郭翊峰	蒋东昕	李春波	卢崇政
卢家辉	鲁顺梅	逯炳岚	毛家月	梅　子	莫清清
陶长宇	王　鼎	王　皓	翁明楷	徐肖顺	杨　飞
杨明传	叶禹江	张睿哲	张若曦	朱　震	李　达
宋嘉骐	吴孟雪	朱　莹	曹婉莹	范铭铄	管　禧
桂　定	郭子俊	李佳霖	李建宇	柳丰奥	马骞骞
宋佳鑫	田庆泽	王佳惠	王树岩	王　威	王鑫鑫
魏　玮	谢雅祺	徐　宁	杨岱鑫	尤　阳	黎宗辉
弓雪雅	张弈搏	张志龙	陈　鹤	陈雅涵	范丽伟
付枕月	郭诗璠	黄欣欣	间旭弘	解均涵	林锴翔
刘彦彤	鲁昊阳	沈啸轩	王　楠	王永凯	魏玉柔
吴　浩	杨　帅	姚若钰	钟林超	朱俊霖	富费彦

能源动力与机械工程学院

常湘染	陈　健	陈　英	陈志鸿	段晶蓉	贾斌中
蓝秋波	李博洋	李家璇	李金阳	李珏缤	李铭鸣
李炜杰	李　玄	刘迦勒	马荷蓉	马慧博	荣　繁
宋瑞清	汤孝天	王宏春	王铭哲	吴广园	姚浩洋
叶超群	蔡文馨	晁　萌	洪陈迪	胡腾飞	刘嘉尧
刘可心	刘宗亮	吕　林	王鼎煊	王栩成	王英帅
王幼刚	徐　磊	严　博	尹一凡	张志铖	周悦诚
朱云昊	卓怀瑞	吾拉哈提·波拉提	绪子昂	寇　睿	杜智宇
邵　煜	陆　尧	罗　婕	陈飞鹏	梁惠勋	岳　坤
张博涵	史远哲	肖　峰	袁春宇	王超强	叶秋麟
吴泽荫	于国良	吕书航	宋晨昱	覃　硕	王海明
韦华新	孙　鹏	陈品卓	李远之	李庆丰	胡　凡
司子一	郭　旺	陈可为	杜天野	高若愚	胡宇浩
黄奕鑫	李学翰	梁　考	刘剑韬	蒙　康	沈泰钦
石振东	宋　芮	孙宇宏	汤玉天	田儒剑	王浩然
王　帅	王　伟	王远慧	伍云浩	徐　懿	杨学森
尹志华	张际成	张　巍	张　玉	赵　杉	钟琦晖
蔡兴达	郭中龙	何明明	兰付强	李天鑫	刘　通
罗　盛	马清东	梅　辉	穆宇航	舒凌宏	苏力德
孙剑峰	王昊翔	王　文	王泽峥	王政尹	王梓涵
王梓徽	魏超政	吴林达	向国进	杨　炼	杨向飞
游达源	袁　伟	张宇凯	赵亭玉	赵　威	左兴龙
张　欣	李月明	巴旦欧珠	包　彤	布旺格	陈鹏嘉
戴洪川	丁世伦	方王刚	冯金阳	何雨昂	黄　迪
黄　杰	黄贤斌	李雷红	李林泽	李昕晨	林芷萱
刘　畅	罗宇轩	王丹洁	王井泽	王寅武	谢伟琦
杨轶博	何健文	刘　赫	赵海东	蔺赫男	韩子健

续表

黄浩宇	蒋沛宏	赖　毅	李伟杰	力乙刚	刘凯丰
刘卓然	罗　迪	米金梁	庞劲松	沈师航	宋立久
苏　海	项维灿	薛笑锋	杨泽雨	张纯纯	张元波
穆合丽赛·依明江	秦　博	王少阶	许磊	陈俊宏	冯源程
李雨航	刘慧新	卢　荻	马学兵	曲椿煜	沙文凯
施敏锐	史幸平	王　娟	王银森	谢智良	易天保
张家庆	张丽萍	张玉峰	关浩杰	刘　浩	邓淼森
纪灼燃	蒋泽成	孔晓辉	郎成志	李雪菲	刘珂睿
刘沛森	刘裕凯	娄渊博	罗亚琼	王　晓	王　元
夏诗源	颜　峥	杨　升	杨泽辉	曾　瑜	仲顗宸
周湘淇	刘乙学	顾　雷	陈　虎	董　雪	段斐彬
冯楚妮	郭彦君	郭燕灵	侯　坤	江飞鸿	李成隆
李家鑫	李闻达	林育超	刘康祥	刘　磊	刘思博
彭家琪	王怀东	严　静	杨传泽	于佳慧	张晓晨
韩　硕	蒋梓涛	丛国胜	杜宏基	荀亚男	韩琼定
何小龙	李一铭	李玉娇	刘旭阳	刘一帆	刘钰坤
潘可铵	苏妍箫	田煜昆	王泽铭	杨世健	杨　帅
宇海鹏	张凌志	郑庆帅	周海军	朱韫韬	蔡惟微
曹端浩	陈培栋	符方朝	高鹏东	郭源东	韩小齐
贺玉才	黄俏儿	李金铎	李运虎	刘宏博	刘坤宇
马哈飞	宋媛媛	田维宾	王仕旭	王文涛	王雨舟
王紫鑫	向羽曦	严锦昆	杨　煜	赵程程	周　磊
李腾飞	成钧澜	戴天乐	高桥东	高艳飞	戈立宁
郭和玥	赖宇锋	李丰朝	李　岩	李　壮	刘　瀚
刘康康	刘润芃	王　刚	徐昌哲	杨　晨	杨峰利
翟振远	张铭华	张清松	赵卓威	崔天宇	李肖飞
朱离垚	陈星潼	范良迟	方凤岐	胡自坤	户雯婷
李新丽	刘大勇	毛紫茜	潘俊旭	申亚南	苏亚虎
谭予滋	王乐钟	吴佩智	邢默尘	于九洲	袁海驰
岳风站	孙晨皓	杨可杨	宝永生	陈智盟	丁兴起
何昀鑫	胡盛明	巨芯瑜	李　梦	李　昇	梁伦涛
刘慧珍	刘子睿	罗子钰	马吉伟	秦婷婷	师伟超
王清昀	王彦成	吴冠豪	张　楠	张玉浩	赵明川
周培焱	杜紫薇	胡华为	李童宇	李鑫鑫	李娱昶
林伟俊	刘　馨	刘章力	鲁　帆	罗　晗	马　奎
聂　超	乔天舒	任昊泽	任鑫熠	沈应仟	王　珂
王婷婷	王译庆	王子豪	文慧妮	向贤臣	许大旭
许宏宇	陈远杭	杜广瀚	高　翔	郭一村	黑　桐
金立正	李积泰	李林飞	刘之源	罗　旭	马嘉琪
马如双	邵佳豪	万洁颖	王　冰	王建鸿	徐震华

续表

杨进昌	朱晓健	段娅欣	朱燕	陈思瑞	陈维勤
陈泽星	段茵	郭开明	刘斌	刘博文	罗致
马鹏健	孟宇航	潘龙飞	祁梦瑶	孙雪	汪家祎
王超	王昊天	王华霆	王娟	王娜	韦长锋
吴金钟	许美杨	岳涵	张维维	林立基	孙盛皓
武佳渊	殷凡	张宗韬	孟宇童	王钊	

人文与社会科学学院

曹文慧	陈勰瑜	段元月	关媛馨	郭晴晴	和伟欣
黄子皓	林菽妍	刘伯镛	刘莎	苗萌	邱扬洁
沈宇轩	王胜男	王宇韩	王正之	吴越	熊耀家
依力米热·依明	郑婉婷	周逸飞	迪拉热·哈斯木	白玛曲吉	常思晨
高薇婷	梁天舒	刘芳	刘嘉欣	刘燊源	刘奕玎
马绍坤	蒙欣妮	潘雨	宋美娜	宋钰滢	谭心源
王奕心	王滢珺	胥鸿瑞	徐璐	颜砾瑶	杨佳颖
郑礼佳	苏宝德	次拉	次仁拉姆	古丽扎提	郭静涵
胡晓婕	胡雨晨	蒋闰润	兰惟滇	李晨妍	刘军
罗荣欣	罗钰琛	司一昕	孙明兴	王金萍	薛钦文
张凌子	张祥睿	朱明丽	卓兰	阿依波丽·阿达力	
韦祎	安鑫	鲍泽文	陈雨彤	程芷晴	董思岑
高晓杰	高志鹏	韩智凝	江媛媛	蒋政潮	骆昊翔
任佳瑞	尚蕊	宋沛林	孙泺淇	孙末	田颖
王雨霏	吴培逸	姚梓玥	余秋洁	张晨欣	张歆博
张鑫伟	赵泽颖	艾力牙尔·吐尔逊	桑吉卓玛	曹政	
多吉次仁	高童童	侯心佩	黄鑫	李佳	李砾
刘佳莹	刘婷婷	沈与燃	史伯众	王德英	王璐瑶
王晓展	王梓婧	王宗阳	武敏	徐雯	徐璇
杨海艳	张利乐	张艺可	阿克玛热莉·阿曼江	蔡清华	达显娴
樊梦欢	冯思贤	高漪	高泽龙	韩甫鑫	李昌阳
刘美玲	米拉	南金娥	年叶轩	孙忍静	王津宗
王晓楠	邬庆超	杨慧敏	叶子铭	尹欣雨	余倩
扎西措姆	钟蕙如	朱健	夏尔巴提·	肯杰别克	蔡铠臣
刘宁	陈庆玲	丁明慧	韩若旻	黄武杰	蒋晶晶
李瑶瑶	李奕雄	李玉珂	卢家思	宋彦	宋洋
覃子阳	田化润	汪怡睿	吴长禹	闫冬	杨沛
杨天亮	张超波	张漫兮	赵诗家	周倩颖	

数理学院

艾力·阿布都克力木	迪丽莎·热哈木吐拉	耿啸宇	胡铮然	黄子涵	李寅
刘厚卿	刘依非	马亚婷	平安安	田丽霞	童航

续表

王非凡	王　凯	王宇鹭	奚菁涵	于成峰	袁誉飞
张成曦	张　晶	张　靖	张　烜	赵　源	周　圆
高博瑞	高　畅	管庆丰	何金娴	蒋贤阳	李沐阳
李旭烨	彭　雨	邵嘉欣	史宇萌	宋启迪	王秉基
王孟杰	王思洁	吴柏想	徐晓宇	于玲玉	禹建国
袁　洋	张　帅	赵雨阳	赵　悦	朱碧波	韩　孟
曹　昆	方楚兮	冯　伟	顾晨韫	李帅炎	李　勇
梁岁岁	马鹏举	毛文泽	潘泽民	彭春洁	彭泽华
秦永勤	许会生	杨　乐	殷晨轩	张广军	张文凯
赵丙楠	赵家宜	郑浩伟	郑天滋	朱思珩	

外国语学院

赵欣然	陈敏敏	范珂诚	郭玮珊	何凯琦	胡天晨
孔　洁	李　洁	林晗颖	刘坤卓	刘思竹	刘艺欣
刘子嘉	苏伦朵娜	王双璐	王钰婷	吴玥衡	杨哲婧
张　韦	张梓微	郑庭筠	陈嘉珮	陈　肖	邓锦霞
耿皓然	贺子露	李佳宇	林子媛	刘洪伟	刘伊蒙
庞凯恒	齐章珣	邵文新	王佳钰	王姣姣	王　淞
王　稀	阎佳彤	曾宇昕	赵梓彤	徐嘉晨	冯雪凡
金瑶玮	李华安	梁逸璇	刘　乐	梅姝蕾	钱雨漠
石婧凡	唐铭珠	魏　阳	文　蕾	徐嘉琪	杨津哲
杨琳琳	杨习悦	张泽丹	周佳媛	朱祎霏	

（保定校区）

电力工程系

聂大川	刘春阳	魏子文	张　颖	安孟林	张明洋
康　超	任天玮	李泽浩	马思源	庄新宇	王子欣
王琬娴	吴　璇	李武韬	吴再驰	张　蕊	郑玉冰
陈俊杰	杜翔飞	张颖哲	刘德兴	田思佳	张　益
朱玫盈	官舒颖	刘　战	牛梓戌	毕瀚文	胡可心
席旺旺	徐常津	雷雅婷	吴　溪	刘尝顺	赫坤辉
黄昭灯	李　德	林陇汛	刘倩汝	刘　序	刘亚东
卢梓赫	马明玉	牛子林	潘孝原	潘宇彬	孙渝杰
孙跃航	谭昌贵	徐明阳	叶伟豪	易小杰	张海鹏
张胜发	张诗琦	张志鹏	赵宸帆	牛剑锋	武心怡
于利颖	冯天娇	韩翔宇	武晨煜	陈旭彬	王　波
陈星权	郭明昭	韩冬阳	徐宏飞	陈居鹏	陈柳圳
陈星屹	单心怡	付奕通	郝佳乐	郝扬森	何国威
李爱莲	李进生	刘炳文	穆晓宇	饶美琳	王昱哲
谢良杰	徐雅婷	严才鑫	杨　治	杨子菲	张绍栋
赵伟康	赵晓宇	周浩明	周轲宇	赵松贺	尹鹏辉

续表

左安邦	焦乾明	李 聪	薛 霖	刘奕池	宋振宇
贾夏明	廖万滨	刘 杭	张津瑞	赵 丰	陈晓曼
冯 行	付丰豪	韩家峻	姜宇涵	李大龙	李靖航
李云龙	刘 超	刘 煜	吕天舒	戚文祺	孙嘉泽
孙雪桐	田 磊	汪金明	王冬青	王靖淇	王忠斌
韦凌瀚	吴泽昊	邢志强	修铭泽	杨承怡	于 红
张艺萱	周彦君	叶学斌	张宇鹏	姚 宇	袁昊健
马 妍	王毛桃	王润东	杨 磊	阿依别克·阿汉	曹雨含
陈冠宇	陈赛飞	陈壮	程汉峰	程庆斌	何思源
何映姝	胡 宇	黄 康	吉 朋	蒋一铭	金嘉兴
李彦彦	李伊萍	梁立康	林 染	刘祥颖	刘 悦
罗开元	马银库	谭卓浩	王小妞	王亚州	徐之乐
薛田田	占志刚	赵建东	赵相龙	周宜晴	张志远
叶泽豪	刘 洋	李诗阳	徐郡泽	赵文博	魏冲冲
丛志涵	戴剑波	邓 瑞	董权毅	杜佳坤	冯永强
胡文哲	江冉煌	兰文涓	刘子菁	马 帅	马尉钦
莫鸿业	宁 凯	孙京杰	孙 钰	王一迪	王子铮
吴 泳	杨寿辉	赵超凡	朱玲慧	邹成博	崔婷立
王 义	江博臻	周 琰	丁 政	叶唯一	刘婷玉
刘昊昊	司一涵	陈碧平	单 诗	董 慧	高啸宸
何哲伟	胡嘉琦	胡 雪	黄洪涛	黄 炜	李锦涛
李天翔	廖丽玉	刘 洋	刘元昊	宁子达	秦 昊
孙 昊	王海天	王 晶	吴 昊	吴鹏飞	徐 雷
闫 昊	杨广铭	余泽泓	臧雨铼	张晓岳	张子涵
赵 茜	郑国栋	刘珊珊	许 灏	罗持辉	高丹青
靳新澳	孟然然	牛 森	潘 岩	西皓天	安亚楠
陈文韬	董浩然	黄 坤	黄 卓	金召展	梁宇昕
刘晨辉	刘瀚咛	罗 威	马宇威	马梓宸	彭永友
任文录	孙朝阳	唐浩宇	万 磊	王东旭	王 凯
王 猛	王源祺	武振华	徐修远	姚 钊	赵方园
周 乐	吴梦焓	陈 智	李 康	王洪炳	袁 琰
郭 燕	沙依多拉	丁兆民	庞力赫	蒲彦明	张伟健
刘梓宁	陈凌松	陈韵颖	程伟添	杜诗尧	葛鹏举
何可燕	贺大磊	霍佳杰	李思昱	刘德佑	刘 钰
马 琴	马元明	彭湘泽	邱玉涛	曲峰冉	王志涛
伍旻铖	杨光照	张高宇	张心桐	赵 耕	赵祎扬
周盛宇	张峻华	吴 超	王钟彬	杨 宇	杨一帆
黄 骁	齐芃睿	于礼瑞	赵心月	周晓燕	曹文彬
陈鲤镔	董 磊	符章棋	郭保硕	黄家达	李金殊
李欣怡	李昱臻	刘宏宇	刘雨泠	陆忠然	路正斓

续表

马国栋	王炳乾	王　闯	韦佳志	吴佳瑞	吴文俊
夏基鼎	张艺潇	赵丽娜	赵　沛	赵天炜	周　婧
夏君怡	高婷玉	张朝亮	范少穆	肖秋瑶	方铭章
陈华伟	邹宇航	崔鹏飞	樊华浩	郭临洪	胡云鹏
李　伟	李宗后	鹿宏云	马晓萍	王　川	王浩哲
王　鑫	王雪芯	危凯琪	吴　超	熊　竞	杨芳婷
叶祖辉	张　赛	张文辉	张晓晨	张　悦	张战经
周德伟	朱怡霖	盛玉倩	张志宇	李宜谦	万子剑
陈　准	元金璐	甄　谦	李勤恺	何洪波	杨晨启
李胤寰	陈高强	高　博	高智韬	郝国辉	胡剑峰
季　翔	李德奇	李小琛	李晓玲	刘俊敏	刘　岩
刘　裕	秦　彪	秦静茹	沈紫健	王川源	王能能
王紫欣	魏家宇	魏　宇	杨滨铭	杨亚琳	詹雍凡
张　棣	张雨辰	赵天晨	柴　卉	张竞月	陈骏泽
张荣斌	杨孝稳	焉圳	王亚茹	毕精华	陈立威
陈时奇	陈雪智	谌可炜	郭顺德	金煜知	李发裕
李昊阳	李　浩	李可心	廖　伟	刘宸岩	马云聪
滕泓博	童俞榕	王海龙	王　旭	卫元晖	吴启航
夏丽黑艳·都力坤	相里泽	熊　震	颜　溯	杨　策	杨　可
张　汐	郑浩东	宋智玲	李振钊	熊赋志	张玉玺
熊舒宇	陈才斌	翟书誉	常占一	段松召	郝　亮
胡　磊	黄智文	赖曦文	李瑞雪	李旭辉	李宇轩
吕柏涵	马少宇	马雨卉	木耶赛·木合塔尔	农姝创	宋叶昊
孙佳豪	田松泽	王润丰	王　晓	肖　海	徐永超
旋宇政	于晓斌	岳子宜	张文斐	赵凯杰	徐万欣
王剑洪	邹乔戈	刘槟	王子乐	苏金海	雷世豪
邢　勇	支东权	栾　琨	杨　奕	李高歌	李昱江
孙瑀晗	原晟淇	丁　宁	高　硕	庾雅琪	褚雨昂
王傲群	安丰彬	梁永涛	高浩哲	王启隆	潘子天
黄一洪	谢玮琛	黄子桐	尚　海	闫月宁	班明辉
高家宁	刘子嫣	沈　鑫	蔡彬涛	陈文政	魏超然
李世伟	程　睿	姜宏浩	李冠霖	李文超	李　鑫
李　钊	刘芷菁	马若琳	莫　姝	牛芳龙	乔俊杰
任启涛	苏　俊	锁少龙	唐　锟	陶凯瑞	万　达
王　雷	王雅雯	熊　鼎	严锦伟	于　策	余　航
张海琴	张景发	赵亚楠	周大森	庄新蕊	安院德
刘星廷	李延栋	刘思伯	徐祥强	张馨元	蔡毓祥
曹居澜	崔鹏羽	杜皓皓	方涛	管小川	黎和典
李京珂	李士杰	刘盟盛	刘子豪	吕慧敏	罗珺康
束军军	孙立钧	覃一皎	王睿翔	谢菁	杨帆

续表

杨　巍	杨庄子	张心宇	赵婉婷		

动力工程系

程　依	卿丽萍	张春阳	张　旭	杨瑞麟	李小倩
石紫菡	刘　铁	卿　浩	李　羽	夏雨航	朱明昱
安琪伟	李涌嘉	李子文	刘朋瑞	芦泽昊	杨万鹏
吕剑举	杨振宇	张　硕	柳　灿	王　颖	周　亮
王梦瑶	杜徐东	江雯倩	高驰程	罗　林	张若愚
陈炳岐	季峰峰	刘翔瑜	张新宇	刘亚涛	陆佳俊
刘　迪	王　龙	朱业瑶	刁智帆	高俊杰	王　颖
李天哲	郗明达	贾永盛	徐　洋	候天博	沈明轩
丁乐乐	胡次涛	黄超杰	贾云鹏	孙　悦	唐晓宇
邢丰洋	王炯元	张　一	陈禹竹	高虎生	高瑞峰
高二超	高宇琪	葛峻浩	何安妮	何林珅	蒋秉颜
康　林	李天宁	林孟琳	潘春江	祁廷勇	宋璐源
滕彦森	汪新宇	韦生凤	魏万磊	杨　硕	杨唐添
杨志文	张　晶	张玉佳	赵志航	周　寅	左宇双
唐　睿	蔡晓溪	代满庄	杜马燚飞	杜云亨	顾荣浩
郭嘉欣	黎　璠	李家煦	李亚彬	刘学祥	陆奕坛
吕宏业	梅锦超	潘思潮	史长赫	宋宝鑫	宋　强
宋彦博	田文彪	王静瑶	王睿琦	王新宇	吴尚涛
谢学良	胥晶晶	徐峰洋	徐丽萍	张昊辰	张　跃
张子薇	朱荣杰	康高峰	闫沛伟	蒋晓朋	孙明宇
张　策	张少强	焦延昊	娄刻强	罗　伦	吴京京
吴世宏	魏泽铭	杨浩昱	胡光亚	苗阿乐	徐　昊
丁耀东	刘　舜	张红昌	吴晓阳	米世豪	周　楠
张愿男	毕凌峰	张　晨	张子涛	穆志强	徐一鸣
龚弟鑫	郭洳含	刘　壮	孙栎洋	卢承树	鲍　威
郭杰杰	杨声云	郝隆飞	李佳兴	王　煜	吴志聪
赵启雪	郑满潮	孙寒阳	康恒瑜	李朋泽	李正辉
林丽娟	陈洪兴	李保贵	邱泽弘	杨　浩	张文瀚
郑慧瑗	陈梓骏	葛增瑞	刁巍仑	薛少鑫	侯一晨
刘文杰	刘香媛	马永涛	张　灿	张泽宝	陈　骁
何胜磊	乔　星	吴鹏飞	楚嘉琪	高泽阳	张　朋
陈云飞	马小娟	潘臬翀	王俊福	张一农	黄一洲
李刚刚	刘江河	倪　彪	田　彬	吴田振	窦艳滨
胡铁雄	时于凯	孙　煜	刘珍荣	宋林泽	俞在潇
剪相鑫	王思博	董芋麟	李　岩	苏　硕	郝　迪
兰　睿	刘成治	刘　韬	齐阳阳	时锦程	田　阳
王竞尧	齐红儒	申开波	徐文涛	王超凡	贾　强
李　睿	陈烽城	於琛钧	耿天立	谢凌天	周永戬

续表

邓嘉浩	刘　伟	刘　余	路忠睿	马　冀	唐灵芝
赵红帅	邱明石	涂嘉琳	范慧静	董向民	何晓洲
胡佳君	罗　政	吴和先	张卓远	符　康	杨　森
龚志诚	黄　鹏	罗　勇	文　浩	彭雪风	张明瑞
李　顺	赵振远	刘桂秀	黄科宇	黎铭锋	李邦杰
李云鹏	梁超胜	周文琪	蔡晓煜	崔国志	刘　健
王丫凡	徐龙飞	徐　岩	郑梓涵	陈　毅	胡　宾
胡春波	黄一丁	李文博	于智红	黄淋炎	刘运超
张　涛	侯祥如	王　刚	王　金	谢伟萍	张金宏
邹宪伟	李云飞	刘礼豪	米新宇	杨金龙	周晨佳
谭俊龙	姜博文	李刘帅	李睿杰	刘　羽	毛浩然
依斯坎达尔·哈斯木江	袁　錡	乔　侨	臧　琛	支天一	陈赞夫
豆文博	高　琨	林政圯	陈柯宇	申文然	刘宝平
史义威	孙庆宇	唐道明	童学伟	郭红伟	李景熙
莫晨曦	邓春风	郭　萌	姜文浩	李承旭	南江浪
唐翎云	刘其瑞	刘明顺	刘尚书	王宇飞	柳　晨
陈家兴	高冉然	周　凯	顾开帅	郭学文	梁丽亚
莫开春	王吉彬	王克荣	冯盛森	刘　颖	叶妮娜
章子毅	蒋之周	李　诺	马万里	易佑中	安塞尔·艾力
冯晶森	何庶雨	黄秋婵	周子莜	冯凯越	王　扬
高强力	高　岳	张　洋	马　驰	杨文剑	于佳正
曾　锦	张　婷	谢一良	刘志轩	李　阳	张上海
刘之杨	严　浩	王　壮	吴天晖	杨召瑞	张译心
周奕男	陈彩红	任　垚	俞佳璐	阿尔胜·哈泰	虎进山
牛良之	吴志远	夏明玉	张世恒	彭村越	卿　奕
石坚参	屠嘉瑞	徐晓倩	陈若龙	张　衡	朱洪涛
韩沛辰	徐路红	王志鹏	郭玉杰	谈俊希	任海冬

电子与通信工程系

艾子硕	白　浩	曹　尚	曹文涛	常静恬	常旭明
陈天泽	陈业新	陈则享	邓　超	高　熠	黄　志
蒋林轩	匡玥玥	李梦莉	李铭辉	刘舒宇	刘振兴
刘子琦	马发旺	欧诗甜	邱　翠	田　杰	魏　伦
杨志杰	扎一豪	赵　鹏	周鹏博	周延顺	杨　济
宋　扬	魏宇涵	操理民	陈　曦	崔雪薇	冯　晶
甘祥宇	弓哲敏	郭娜先	韩光烨	胡　军	金　宇
梁文亮	廖建华	刘浩彬	刘　俊	吕振宇	农彩艳
苏哲明	王端豪	王文卓	温振嘉	吴晨寅	徐云霜
杨鹏飞	张　蓉	张胜彪	张　通	张晓强	赵学德
邹树岭	班旭阳	陈　杰	邓　鑫	杜江龙	高　阳

续表

霍　翔	李家乐	李思琪	刘汝仪	刘璎慧	宁业彩
牛开雄	石　泰	唐宏伟	王秋洁	王晓卓	王一哲
王　宇	肖承煜	杨家伟	杨添驿	杨智慧	于　淼
张　亮	张　琳	张艺海	郭瀚清	马慧文	王富铕
王震波	阿　兴	白佳乐	曹　洁	崔康佳	丁子钰
樊　阔	范玉昊	冯玉挺	郭小靖	韩培坊	吉尔江·阿哈力别克
李海翔	李子涵	梁　创	刘嘉豪	刘津钊	吕　娇
马　瑜	潘　岩	孙宁天	唐东星	王占东	吴光钦
辛翠娟	许克嘉	杨和涛	郑　凯	郑　彤	郑英昊
周顺和	程鹏飞	郭俊杰	韩文通	扈亚恂	季延凯
焦宇航	金广杰	李　兵	刘洪铭	刘明峻	刘依依
刘玉鹏	吕文恺	马玉博	念欣然	彭　洁	宋云野
宋智明	王成亮	王　杰	王小西	魏吟斌	冼浩然
于婷婷	张志坤				

法政系

卞晓溦	陈　慰	程子娴	韩林峻	胡瀚文	胡　艳
李健瑶	刘东玥	刘　娟	刘晓鑫	刘悠岚	牛　荔
乔格鲁克·克依木	曲荣蓉	任怡霏	谭远宁	田凯璐	王金凤
王小玉	韦　钰	夏玉斐	谢佳音	杨隽婷	张贝贝
张　敏	赵安曼	赵时雨	周　昀	陈柯均	江　伟
曹可恂	陈　红	陈　璐	陈明哲	陈　玮	陈雪莹
崔文伯	郭羽萌	韩　冰	黄婧颢	李　成	李春梅
李青蔓	李逸飞	李寅初	李　月	刘　豪	罗芳婷
盘彦伶	彭政涛	孙　纬	童成薇	汪晓宏	王嫣然
王张鑫滢	肖延莉	杨文材	袁梦媛	苑广颖	张永琪
赵传帅	周智敏	赵思博	张松涛	白国琼	蔡诗婕
曹　澍	程可欣	付慧敏	付星凯	韩雨新	江映蓉
姜宛廷	李妮霏	刘洪婷	刘溪岩	陆坤宇	马美然
孙立莹	锁佳樱	田欣雨	王皓琦	王　荣	王诗语
王小霞	张敬婷	张若宁	张昱朝	张卓琳	周诗迪
朱伊男					

国际教育学院

吴宇锋	洪　然	吴　悦	刘元洋	谭泳岚	王开亮
张冠宇	蒋英迪	李思邈	崔海磊	梁可欣	徐敏倩
钟昱尧	夏泽昊	王子凌	林高鹏	王　京	包明威
翟皓洋	宋若愚	王苗苗	杜健豪	吴亦儒	韩佳璇
韩静怡	叶柯宇	黄笙睿	杨蕊绮	陈荣发	冯永杰
王业朋	赖逸洋	汪晋安	徐自爽	许俊洋	刘　玥
夏江南	唐俊婷	王天奇	陈晓奇	周放歌	许　诺

续表

钱　晨	赖昊东	唐　骋	李笑天	张寒松	耿浩然
潘奕欣	沈天予	王浩明	朱家轩	马家璇	张宇东
魏　鑫	杜雨蔚	彭雪枫	陈大卫	史云鹏	伍昊嵩
万　年	孙筵翔	戴宇昂	禹家琛	李政坤	陈嘉岳
应文韬	徐晟诚	吴茂桢	王皓罗	刘　烨	沈珂伊
包　微	徐鑫锋	邓康琰	张家玮	罗世霖	王泽阳
齐　雯	万洪杞	吴沪宏	田　凯	杨家骏	阮君艺
陈静雅	陈玺冰	张新卉	宋尹强	董家睿	蒋承卓
唐煜智					

环境科学与工程系

任济农	陈其豪	高　志	郭卓宇	胡言午	黄钰姝
计　霖	梁一帆	刘超轩	刘洪阳	罗积琛	马欣宇
宋晓诚	孙少波	王　泽	许　腾	杨　磊	杨庆珊
姚海东	余沃晖	章羿骋	朱梓坤	杜　煦	陶林枫
陈马韬	陈子奇	黄　冕	李　琦	李　宇	李语瞳
梁维青	刘相辉	钱方涵	申鸿翼	宋延星	王升辉
吴昊俣	席争辉	邢贵明	闫鹏鹏	晏　畅	杨富兴
杨文雅	杨迎港	袁绍雨	张荣哲	张永胜	张志强
章　伟	赵春晖	艾俏锋	巴格达尔·艾克买别克	褚博伟	董昕鸿
符　乐	葛益珉	海建康	韩　一	黄家莹	李明月
梁　珺	梁　荣	刘　强	马　淼	蒲智嵘	任保谦
申益康	史润福	孙　露	唐睦家	文　帅	项晟楠
赵鑫鹏	周文静	朱若璇	蔡瑞江	高家武	姜文政
李德远	李桂林	李世雄	李　童	林　涵	林文智
刘　嘉	刘思含	刘宇威	龙述金	马晓楠	努日曼古丽·图尔荪
祁森虎	祁　鑫	王士纪	魏顺新	杨廉昊	叶嘉豪
赵瑞曦	赵　瑛	郑思行	巴音达拉	陈李扬	程文浩
冯康康	高　宇	郭俞辰	黎　楚	李志超	李智杰
廖宇熙	刘维捷	刘文宇	陆威旭	马瑞璟	玛依拉·毛拉
毛俞敏	齐智博	秦耿杰	冉嘉鑫	王　宁	王青玲
王　硕	冼国鑫	谢远航	杨　顺	杨万竑	张　寅
赵恒阳	迟晓丹	董济宽	樊帅军	龚意邦	郭绍源
何　虎	何为亮	胡浩博	贾　朔	李　奇	李　洋
李梓涵	刘　军	庞蔚莹	彭仕琦	汪元松	王雨洁
武鑫召	许世奇	杨定畅	尹学科	袁从学	赵　宇
赵雨梦	周　浩	朱柯宇	安子辉	曹文寒	顾健豪
解　鹏	李翠苗	林宸雨	龙润发	毛新宇	彭立洲
司凌志	汪官罂	王德慧	王昕钰	奚圣宽	肖劲翔

续表

许行炜	严天江	严天宇	杨泽鼎	于 琨	臧思念
钟汶伶	周瑞宣	邹雪婷			

机械工程系

茼鲁倩	崔珍瑶	刁子腾	胡明芳	李晓宙	李依诺
梁 音	刘 琪	吕兴立	孙晓瑄	王 晨	王 萌
王 潇	邢 芸	闫睿	杨兰中	杨刘剑楠	袁铭镇
张浩然	张宏博	赵凤琳	赵晶怡	车旭梅	董鑫磊
董亚春	冯佳宁	高惠敏	郭卓凡	黄 潘	贾爱博
江 田	牛梓硕	秦志宇	孙明辉	王 航	王静一
王 怡	翁珑晏	肖思业	于慧雯	张琦林	张雨平
赵予溪	邹文珏	陶 哲	马秋阳	陈柯璇	陈昱刚
杜秋丰	甘宝元	华运崇	李荣臻	林云垚	刘凝宇
陆永健	马秀川	苗向阳	任恒君	盛艳灵	田文博
王勤驰	王业信	韦永方	吴道钰	吴锐意	邢天睿
薛凯文	叶凡凡	尹金平	张茗译	张云涛	张致远
张子恒	王 涛	陈俊涛	陈林刚	成 彪	豆治然
段依豪	冯天瑜	何国豪	何知恒	孔维新	兰增武
李 琪	路蕤恺	马 赫	蒙振杰	彭 扬	邱如暄
石家桥	孙 刚	田彦龙	王啸尘	徐奎	耶力扎提·伊力哈木江
张洪滔	郑信阳	周 威	朱浩伟	朱星皓	许嘉良
刘一鸣	邓祖贤	杜 昊	段兆岳	荀廷熙	韩旭超
黄 超	贾向阳	靳瑞卿	李佃峰	李富荣	李 进
李林春	李 帅	李一鹏	李宇峥	刘启世	罗成忠
罗 威	王紫祥	辛菲菲	严高兴	杨凯衡	叶里夏提·叶斯布尔
袁德才	袁 帅	张港尉	郑文杰	高振远	包 磊
陈望兴	陈允鑫	邓光翔	郝耀卿	黄广林	李 桓
李吉伟	李潇凯	李一丁	刘干东	马佳琪	马一杰
沈逸哲	舒学松	孙凡珀	孙俊豪	王飞帆	王尚成
王轶非	吴香江	肖凯夫	杨 宽	张标标	张佳祥
张兰昕	赵墨林	曹振玉	高怡北	曾鹏飞	王星辰
党博欣	董 雷	关旺东	侯 毅	蒋成达	库尔班·玉苏普
李正寅	刘君草	卢火青	雒龙飞	马 涛	彭 阳
蒲星霖	秦学斌	石 缘	司马学昊	孙发选	孙瑞滨
谭永旺	吴 旭	杨少琪	游龚川	俞 浩	赵 丁
赵 腾	郑 智	周 畅	包建飞	次仁旺旦	张传武
高星伟	王恭锐	夏特合努尔·达尼亚力	敖国峻	程能力	郭超凡
胡雅楠	金子皓	李进聪	梁正阳	林紫锋	刘金长

续表

刘　鹏	刘　英	罗　辙	马　龙	任煜鹏	孙志豪
唐兆轩	汪　涵	温立群	吾兰·努列格莱德	杨嘉华	余国庚
张金梁	张毅哲	张赵阳	赵　斌	朱成杰	李　森
楚佳宝	丛志明	崔明义	丁兆虎	董　梅	龚广明
李　洪	李怀远	李慕贤	李一乐	梁雅麟	刘佳成
刘晓磊	刘玉喆	骆立衡	倪　宇	裴浩超	王海名
王思琦	韦家宜	徐荣钦	于　巽	曾继巽	张广治
张华坤	张扬泰	曹云昊	陈博斐	陈　毅	邓武彬
高卓迪	何　柯	何子岸	郎文华	李宁宇	刘君涛
刘育才	马晓伟	毛俊雄	潘达锋	任　汀	苏贵东
田伟贤	汪春亮	王才铭	魏泽凡	徐江波	徐庆文
荀振宇	张　权	赵凌杰	周　阳	朱永凯	谢健翔
包洪源	王浩森	牟　芮	吴青桦	肖越升	郭光昊
余秋华	陈震霖	崔建勇	丁一超	郭海艺	韩　磊
黄　森	惠　帅	荆铄涵	邝思聪	兰　振	李　鑫
李学成	刘灿文	欧　洋	庞智文	宋　雨	苏斌斌
汪金岩	王骋昊	王金祝	王俊瑜	王迎辉	徐可凡
闫　皓	杨博涵	袁思懿	张　可	周天宇	周文轩
朱佳琦	朱　爽	余盛灿	蒙博斌	刘徐祎昊	王　玲
马耀龙	吴　杉	朱祥宇	陈敦仁	陈　逍	陈学晋
戴建胜	邓国伟	高　飞	耿　辉	郭俊睿	郭希伟
康雪东	雷　蕾	李　勃	李沛妍	李一鸣	李卓航
马鹏程	石佳艺	王家鼎	徐　军	许家薛	叶子汉
应根美	雍　洋	岳晓蝶	张蓥润	张哲浩	张子悦
朱志奇					

计算机系

赵俊杰	白雪薇	包鹭鸣	陈帅康	邓浩宇	黄　震
蒋明洋	李小贵	李昱筱	刘曼娜	刘　娜	刘凇宁
马　彬	帅吴岳	王海疆	王鸣纯	王　倩	韦展鹏
肖海辉	邢福德	邢嘉城	姚　康	雍东升	张官正
张永贺	杨渊波	许钰林	白德福	蔡洪明	丁瀚文
冯　锐	郭晨贺	郝霄瀚	何康乐	贾　立	蒋含强
解　犇	李嘉兴	李桢立	刘佳鑫	马　燕	马　也
任志鹏	谭雅文	汪文杰	吴杲强	熊歆昀	宣朋羽
严奕凯	扎西多吉	张佳鑫	周盛源	周昭南	朱俊霖
陈　林	陈翔宇	陈星骥	盖立童	高兴义	黄　茜
李森鑫	厉元浩	林　锴	鲁晓海	马学英	倪智鹏
乔国晅	秦杰文	宋天海	孙秋玉	唐润文	田　刚
王君帅	王文静	吴亚涛	夏天宇	项　尚	许　沐
闫煜辉	姚淑琪	张昊鹏	张哲玮	袁得敔	陈奇跃

续表

邓一帆	董鑫博	范亚甜	郭子晔	郝宁飞	胡文杰
黄诗雨	李鹏熙	李子鹏	刘鸿泽	刘文俊	刘　杨
卢　凌	潘建霖	彭勋奇	覃晨骁	覃英武	王　横
王　佳	王　岩	谢洪鑫	许　迅	严　涛	尹　鹏
于子文	袁润苑	赵小康	朱光耀	郑玉婷	王振华
邵曰坚	陈昊阳	陈至桓	崔浩田	郭　靖	韩时超
胡伟业	姜　迪	姜景秋	赖　天	雷　轩	李大炜
李荣祥	李熹媛	梁夏镨	刘平乐	刘　涛	刘永馨
刘占康	马　坚	马世祥	王博锋	温语平	谢　寅
许夏梦	薛腾冲	严文浩	宸泽璞	于亚楼	张　豪
朱　帆	曹　渊	陈思翌	陈心怡	方浩然	胡正涛
黄可心	李泽邦	卢雨航	罗　萌	梅志伟	孟　松
潘少峰	石　超	史晓伟	宋凤珊	田兴聪	王衍泽
王英同	王　喆	王智欣	吴亚凡	姚　越	阴立强
张　戈	张　磊	赵发威	周　鑫	白宸硕	曹志恒
崔　潇	邓　迪	刁　珺	傅泽松	黄　宁	匡　竹
雷智锟	李陈玉	李钰丰	尼加提江·尼亚孜	尚衍	史　概
唐　睿	陶成俊	田子坤	王科策	魏清亮	魏　爽
魏天鸿	吴　莹	徐浩胜	杨浩鑫	赵建军	赵　乐
朱明玮	白举霞	畅权威	凡　龙	付翰博	郭子仪
胡凯鹏	黄　艳	刘　鑫	娄凯凯	穆欣蔚	任奕菲
盛　玥	宋睿琳	王朝云	王林凯	王世润	王晓龙
吴炜云	徐浩齐	张明哲	张元开	赵　炜	赵宇欣
周晟	朱烜宏				

经济管理系

方振霄	付叶涛	郭露露	姜文源	蓝雪连	李名扬
梁家浩	梁　晓	刘　硕	刘　行	刘艳珠	刘宗南
欧阳深	钱学超	盛嘉宇	司胜利	宋兴邦	王丹梨
王海辉	王　秀	王　轩	王玉洁	王子轩	吴远征
谢婉莹	徐　野	薛新帅	张　宁	朱　迪	庄永栋
朱　璇	闭慧玲	蔡珠香	邸佳沅	何晨曦	贺　震
侯华江	胡腊梅	胡　茂	蒋云云	李观长	李　娜
李　欣	廖心悦	刘　柳	刘　硕	刘雅丽	满新月
苗珊瑜	任彦霖	苏孝泽	田　欢	王鹏瑄	王逸慧
王昭尹	王珍艳	吴果莲	向溶溶	杨　达	于　添
袁婷婷	张琳琳	赵逸滢	艾里凡·波拉提	崔慧	杜学婷
耿　宁	顾寅瑞	关岚月	胡雨柔	蒋　浩	金雪涵
李振源	林文婕	蔺　璟	刘　晨	吕枞雨	骆紫薇
孟子越	任　欢	任泳洁	萨巴海提·艾尼瓦尔	司亚欣	唐凤芝

续表

童心圆	王一诺	吴　瑶	杨旬旬	原　野	张　璇
张园园	张子仪	章洛铭	赵婧婷	智　婕	彭佳雯
张玉腾	蔡成聪	高江梅	何家耀	和　云	胡若璞
林荣昊	罗春霞	罗澍宇	马　艳	牛丹丹	潘　韬
邱淑蓉	宋佳玮	王斯宇	王　腾	吴仁杰	杨众志
尧　威	袁铭泽	张文隽	赵俊业	赵志伟	郑馨粲
周欢欢	曹鑫鹏	陈昊冉	何　山	孔诗琦	李　洋
李重帅	刘　旭	吕孟锦	罗红霞	马洪庆	邱　冰
王紫妍	魏蕙聪	肖润南	徐　鸟	杨长江	袁海涛
再努尔古丽·麦麦提江	张　力	张梦雪	张文佳	赵佳璇	周倡弘
周传宇	周琯彧	周　涛	陈双怡	张舒阳	蔡仕贤
董恒烨	董文静	封成宇	傅泳强	韩沂岑	胡　頔
贾凯青	梁　霄	刘伟晗	刘轶铧	龙籽含	吕耿沛
罗　涓	马嘉欣	宋建博	唐　庆	田烽君	吴丽欣
武智超	向思徽	杨建兴	杨雪琴	章冬梓	赵星宇
周梦姣	阿孜娜·木拉提	陈佳颖	程　骞	冯虎臣	耿晓莲
冉　锴	郭　聪	郭语昕	韩静瑜	侯京东	李佳轩
李心惠	李禹宏	梁明慧	刘　栋	刘弘宇	卢宣潼
陆　洋	聂万庆	苏嘉毅	苏　钱	汪秉晖	王子赫
魏　蓝	詹沛霖	詹雪颖	张　斌	张志峰	赵　珂
朱军兴	朱晓涵				

数理系

张银航	曹　靖	范文学	郭冠渲	郭洪涛	郭心平
郝国全	黄圣杰	李彦恒	刘　飞	刘雅雯	罗　灏
马建乐	马彦虎	欧阳康	欧志聪	尚楷梁	田诗艳
王　谦	王　望	项　昊	肖志恒	于泳寰	庾恩任
张　黎	赵天旭	赵文冲	刘昊东	陈　彪	陈炽坚
高　寒	郭慧玲	何长城	黄秉纬	焦冰洁	李浩珲
卢智军	马　力	秘晓杨	史云雷	王晋芳	王凌风
王振川	徐　博	杨　远	尧　甜	张凤山	张贵华
张竹扬	周　垚	周智英	丁海萌	古珊珊	何嘉慧
胡点点	李　倩	刘子慷	马艺珂	潘　睿	彭祖俊
强浩然	邱泽怡	苏　鑫	孙家宜	唐旭辉	童成杰
王海洋	王思祺	王雨轩	王育志	王　植	肖　辉
杨国栋	杨佳承	杨翼遥	尤文康	余江银	郑　宏

英语系

吴　晋	陈运洪	董　星	高　昂	何美萦	靳宇欣
李泽莹	李　展	梁秋娃	蔺荣丽	刘睿婷	刘晓祯
罗培芸	罗斯亮	毛悦霖	沈亦夫	沈　悦	汪心怡

续表

王　宁	王　榕	王馨妍	魏华婧	吴丰廷	杨雯婕
张若琛	张婉婷	张　晰	陈　凡	陈厚强	高心洁
黄睿凌	戢逸菲	柯　宇	李欣宇	刘永健	刘志荣
宋钊闻	谭相宜	唐逸鹤	王　欣	席欢媛	杨　鹏
张旭泽	张雨梦	赵培娜	周祯宁	邹惠竹	崔旭华
董婷婷	江颖嘉	姜舒心	李　典	李怡璇	刘正午
龙慧慧	秦选宁	石春宇	史艳林	宋美琦	孙庆凯
孙　颖	孙之聪	唐卓杭	夏薇怡	徐秋怡	颜政清
侯渤栋	鲁艺为	王家琦	张睿哲	布　琼	陈姝悦
董新超	高　卓	顾锡楠	郭嘉曦	郝政丰	胡景朋
贾仪伦	金德兴	雷　航	李景贤	李　通	刘鹏达
刘星义	马志龙	马忠渝	王清颢	王梓鉴	魏旭阳
向正莹	张　涛	赵超越	周顺彪	胡潇如	蒋雪梅
梁其龙	崔智博	段光曜	郝治涛	侯博文	胡建全
胡哲东	黄亚平	李　波	李　博	林红娅	柳志欣
吕晋东	罗　燕	齐志伟	苏云帆	吴佳璐	谢添成
徐自豪	闫启煊	杨恒磊	姚　珺	姚　鑫	于海航
于人杰	张凯凯	张鹏飞	宋东昊	杨　宇	叶俊杰
赵传培	祝　涛	艾合麦提·麦麦提	樊家旺	傅　博	郭为多
郭钟铭	李德耀	李端洋	李　杰	李析璇	李　鑫
刘书峣	毛国鹏	王　葆	王茂森	王少君	王　智
王梓贤	吴　傲	肖　凯	闫　鑫	严　婷	杨文文
于泽浩	张文刚	张　鑫	胡品楠	王　储	吴　阳
杨　旋	高舒慈	陈国柳	付　景	葛肖肖	何坤敏
林艺锋	刘群佼	刘腾权	刘　焱	罗佳新	罗　毅
骆汇生	齐传杰	施楚敏	宋军伟	谭博韬	汪　可
王天赋	徐淑浩	杨　晨	杨宇栋	姚万里	云　珮
曾林之	张展搏	赵嘉祺	祖丽胡马尔·买买提力	曹　莎	雷少将
高晓娜	郭富康	郭　杰	侯雪峰	李姝颖	刘　镇
卢俊菠	吕兴强	田麟瑞	王佳莹	王嘉玳	王金磊
王瑞昌	王增科	徐　嘉	姚　婷	易健民	于　湃
张　崇	张　可	张伦昌	智贝贝	陈优异	霍正阳
张　弘	邓鉴湧	高　鹏	顾智勇	韩智通	李高萍
刘　思	刘元君	刘　越	刘旨杰	吕永杰	毛杨坤
史博韬	孙　瑜	王冰洋	王小莹	吴善为	薛米帅
杨超颖	杨皓冰	杨红钰	姚　宁	叶　璇	张田栋
张柱良	朱　威	李永航	孙钥博	王远路	陈泽豪
董叶子	冯罗卫	高旭腾	郝悦含	胡　鑫	贾宇晨
雷　玉	黎　浩	梁栋炀	刘　越	罗金涛	马旭东

续表

孙宇航	杨　乐	袁环环	曾德智	张　抖	张　灏
张　克	赵高峰	赵瑞敏	钟冰洁	周静涵	吴　睿
冀介文	吴天智	丁　柔	杜　娟	高　旭	何　鑫
姜耀东	李　淅	李阳峰	李　媛	梁晓东	刘晓豇
鲁亚洲	马星雨	王世琦	向　阳	杨晶惠	曾　璞
张中印	郑思远	彭塬琨	李　建	马　超	方辅升
洪州博	孙家阔	张紫薇	赵仲轩	廖　明	刘子鸣
宋治星	白健鹏	卞云山	傅永浩	郎小凡	李华宇
刘宝杰	马雨豪	钟宇飞	陈　屾	刘　冰	罗佳钰
严净池	杨　涵	张博恒	程　浩	邓　轩	揭志丹
王泽欣					

（教务处　提供）

奖励与表彰

华北电力大学2020届省市级优秀毕业生名单

（北　京　市）

电气与电子工程学院（共58人）

陈世萍	刘书棋	曲鸿妍	刘奕彤	杜　帅	包嘉洛	刘晨曦
高晨格	罗旸凡	林　灏	花赟玥	李君洛	娄云天	王晨欣
李雅洁	李业成	陈思齐	胡嘉睿	夏赞阳	杨子民	刘　浅
陈　超	周慧洁	徐婉莹	王昊天	王　森	谈文睿	尹俊杰
吴沁莹	王芷晴	于金莹	李虎军	王一鸣	韦慧兰	罗超龙
谷　铮	吕　哲	宋冰倩	卫　璇	张韦维	郑安然	刘　博
董国静	刘思放	梁凯鑫	张　智	白婉欣	方　煜	周行洁
张涌新	李　阳	杨　哲	张敏昊	付　强	柯俊吉	黄旭炜
卢　莹	李康平					

能源动力与机械工程学院（共36人）

汤孝天	吴广园	吕书航	邵　煜	陈飞鹏	杨向飞	李雷红
项维灿	邓淼森	于佳慧	杨　晨	李肖飞	秦婷婷	聂　超
李林飞	万洁颖	许宏宇	段娅欣	孙　雪	陈维勤	王　娜
段　茵	陈品卓	郭欣欣	张晓乐	李羡扬	胡　鑫	周　倩
刘　俊	丁　先	吴楚瑜	邹　潺	孙恩慧	李　鹏	王家伟
齐铁月						

控制与计算机工程学院（共31人）

许佳妮	徐　亮	李　宁	唐　硕	韩　雪	关庆澍	姜　媛
任怡洁	张泽茹	郑慧娴	甘雨丰	曾清扬	唐钰佳	王俪蓉

蔡孟玥	王玮格	刘一卓	杨明传	王佳惠	刘超波	唐英博
王媛媛	马龙强	高铭鋆	张佳辉	贾新潮	孙　怡	符　健
井思桐	康　宁	刘海鹏				

经济与管理学院(共38人)

张　露	廖丽珍	崔梦琦	何珂珂	易湘瑜	郝宇霞	谭星星
钱煜婷	朱恩东	吴淇心	李金族	赵耘鹤	龚宛婷	侯遇柱
李　佳	赵军军	翟寒冰	陈端盈	郑世鹏	李靖苑	曾　晔
王　义	时　磊	张卜元	钟志鸣	王玉东	厉　艳	李　芳
王晓海	郭晓璇	刘方舟	韩林丛	许传博	赵浩然	王雅娴
卢　灿	柯毅明	德格吉日夫				

新能源学院(共15人)

蔡梦路	杨雨欣	田若菡	何强锐	贺　宇	杨泽洲	高雪智
谈浩迪	黄依平	胡　斌	赵春艳	艾祎依	周　南	关玉儒
王志斌						

核科学与工程学院(共10人)

江　卓	谢箫阳	魏场超	张心怡	赵海琦	周莲诚	李奕彤
夏子涵	殷亭茹	秦亥琦				

环境科学与工程学院(共2人)

彭琬婷	龚巧彬

水利与水电工程学院(共5人)

侯加浩	张雨辰	余甜甜	杨　露	刘焕龙

数理学院(共6人)

周　圆	管庆丰	杨　乐	孔　颖	李慧贞	吕泽芳

人文与社会科学学院(共10人)

刘　莎	田化润	蒋晶晶	朱　健	鲍泽文	尹欣雨	关媛馨
王正之	刘　璇	王海东				

外国语学院(共3人)

胡天晨	唐铭珠	陈　瑞

马克思主义学院(共1人)

刘洋洋

国际教育学院(共4人)

付　康	张　楠	张泽坤	赵月悦

(河　北　省)

电力工程系(41人)

席旺旺	尚　海	黄一洪	韩翔宇	武晨煜	于利颖	左安邦
薛　霖	姚　宇	叶学斌	王小妞	罗开元	曹雨含	张志远
李天翔	万　磊	李金殊	甄　谦	张竞月	马云聪	谌可炜
雷世豪	刘　槟	赖曦文	徐万欣	黄智文	谢　菁	王一迪

夏君怡	刘　洋	刘小娜	齐小涵	孟凡奇	宋子君	王俣珂
张伟韬	王二旭	杜莹莹	彭嘉琳	马利波	张梦梦	

电子与通信工程系(12 人)

梁文亮	王　杰	曹文涛	李思琪	张　蓉	刘玉鹏	冯玉挺
刘津钊	董若南	佘　蕊	段　爽	甄　珍		

动力工程系(23 人)

徐　洋	杨万鹏	胡佳君	柳　灿	唐晓宇	苗阿乐	周永戬
高士超	孙　悦	魏泽铭	谢一良	李小倩	王　颖	刘　颖
徐一鸣	杨　硕	张　晶	何安妮	郭嘉欣	叶妮娜	陈玉柱
贾晓强	曾　伟					

机械工程系(19 人)

任　汀	王浩森	徐庆文	荀振宇	周　阳	周文轩	杨少琪
蒋成达	刘　英	路蕤恺	李　桓	王业信	王勤驰	马鹏程
张宏博	邹文珏	赵予溪	邓泽奇	张天懿		

自动化系(16 人)

刘　思	孙　瑜	毛杨坤	杨超颖	宋治星	曾德智	李　媛
高　卓	郝政丰	胡哲东	罗　燕	刘书峣	姜　炜	曹　威
谢云磊	李思莹					

计算机系(16 人)

白雪薇	周盛源	熊歆昀	许钰林	赵建军	孟　松	宋凤珊
阴立强	黄　艳	张元开	雷　轩	扆泽璞	郝玲玲	刘怀远
李金华	李东阳					

经济管理系(13 人)

张文隽	尧　威	吕孟锦	王珍艳	王鹏瑄	李观长	李　欣
张子仪	吕耿沛	陈佳颖	石梦舒	李沫阳	乐玉嫚	

环境科学与工程系(11 人)

高　志	杨庆珊	孙少波	袁绍雨	梁维青	梁　珺	李　童
郑思行	廖宇熙	林宸雨	李锦涛			

数理系(5 人)

田诗艳	焦冰洁	强浩然	王海洋	朱　娜

法政系(4 人)

杨文材	彭政涛	谢佳音	张敬婷

英语系(4 人)

沈亦夫	高心洁	颜政清	葛　甄

国际教育学院(5 人)

王　京	冯永杰	马家璇	史云鹏	赖逸洋

(学生处　提供)

华北电力大学2020届校级优秀毕业生名单

(北　京　校　部)

电气与电子工程学院(63人)

陈世萍	刘书棋	许弈飞	江崇瑜	曲鸿妍	刘奕彤	杜帅
包嘉洛	刘晨曦	高晨格	罗旸凡	林灏	花赟玥	李君洛
娄云天	王晨欣	李雅洁	龚承霄	李业成	陈思齐	夏赞阳
杨子民	黄恺洋	刘浅	陈超	于明凯	周慧洁	陈悦
徐婉莹	石逸雯	杨可文	舒鹏	袁雷栋	李雪晴	黄菁
胡晓睿	王兆霖	徐可琪	王月汉	谢沁园	梁卓航	于吉
庞博	胡苑琳	高宇康	李睿杰	李孔源	王昊天	王淼
谈文睿	尹俊杰	李杰	冯晓瑜	李贵苹	郭一凡	彭佳霖
王怡暄	吴沁莹	王芷晴	严加贝	于金莹	李虎军	令狐桐雯

能源动力与机械工程学院(43人)

陈英	陈志鸿	于国良	黄奕鑫	何明明	赵威	李林泽
赵海东	张丽萍	杨升	彭家琪	王文涛	申亚南	李新丽
苏亚虎	丁兴起	马嘉琪	祁梦瑶	岳涵	潘龙飞	汤孝天
吴广园	吕书航	邵煜	陈飞鹏	杨向飞	李雷红	项维灿
邓森森	于佳慧	杨晨	李肖飞	秦婷婷	聂超	李林飞
万洁颖	许宏宇	段娅欣	孙雪	陈维勤	王娜	段茵
陈品卓						

经济与管理学院(45人)

张露	廖丽珍	崔梦琦	何珂珂	易湘瑜	郝宇霞	谭星星
钱煜婷	朱恩东	吴淇心	李金族	赵耘鹤	龚宛婷	侯遇柱
李佳	赵军军	翟寒冰	陈端盈	郑世鹏	李靖苑	曾晔
王义	张佳成	王丽洋	白若雯	魏德林	寇冕	王媛媛
许艺珊	冯婷婷	芦雯洁	贾楠	王书晴	张宇	邓欣蕊
宫雨	黄绮煜	张炳妍	朱瑾	张阳	王润华	樊渊
李婧婕	彰子萱	艾赛提·肖克来提				

控制与计算机学院(42人)

曹梦凡	甘雨	李倩	乔淑祺	仲心萌	许佳妮	徐亮
李宁	唐硕	韩雪	王肖宇	石鎏	王晓伟	关庆澍
姜媛	刘怡博	任怡洁	王子豪	许树颖	张泽茹	郑慧娴
甘雨丰	任珂	夏滔威	胡柳静	曾清扬	唐钰佳	王乃玉
王俪蓉	张玉辉	吴浩驰	蔡孟玥	王玮格	刘一卓	杨明传
王佳惠	郭诗璠	陈鹤	弓雪雅	刘超波	元志伟	唐英博

水利水电工程学院(9人)

侯加浩	张雨辰	余甜甜	俞月林	马赟	杨露	焦心怡
蔡常鑫	谭羿鍼					

新能源学院(18 人)

蔡梦路	杨雨欣	丁文杰	闫　旭	田若菡	何强锐	贺　宇
杨泽洲	陈若晨	高雪智	谈浩迪	韩泽冉	赵　微	蒋思宇
潘雅卿	黄依平	熊　喆	段宇炜			

人文与社会科学学院(16 人)

刘　莎	田化润	蒋晶晶	朱　健	鲍泽文	尹欣雨	关媛馨
王正之	林葳妍	邱扬洁	刘佳莹	刘婷婷	沈与燃	王梓婧
徐　璇	覃子阳					

外国语学院(7 人)

胡天晨	唐铭珠	刘坤卓	徐嘉琪	庞凯恒	王佳钰	石婧凡

数理学院(7 人)

王宇鹭	平安安	周　圆	胡铮然	管庆丰	宋启迪	杨　乐

核科学与工程学院(12 人)

江　卓	谢箫阳	魏场超	张心怡	赵海琦	周莲诚	张振洋
童一鸣	罗　肖	郭圣淼	韩　乐	熊振鹏		

国际教育学院(8 人)

付　康	张　楠	张泽坤	赵月悦	张艺迪	杜瑜钤	孙梓源
高　煜						

环境科学与工程学院(5 人)

周履俊	彭琬婷	张一阚	龚巧彬	黄丽钦

(保　定　校　区)

电力工程系(66 人)

席旺旺	尚　海	黄一洪	韩翔宇	武晨煜	于利颖	左安邦
薛　霖	姚　宇	叶学斌	王小妞	罗开元	曹雨含	张志远
李天翔	万　磊	李金殊	甄　谦	张竞月	马云聪	谌可炜
雷世豪	刘　槟	赖曦文	徐万欣	黄智文	谢　菁	王一迪
夏君怡	刘　洋	张志宇	肖　海	熊赋志	刘炳文	易小杰
汪金明	魏子文	张明洋	陈俊杰	毕瀚文	吴再驰	原晟淇
牛剑锋	赵松贺	李　聪	陈晓曼	刘珊珊	王东旭	马宇威
安亚楠	杨一帆	李思昱	董　磊	张艺潇	李宜谦	郭临洪
邹乔戈	高婷玉	严才鑫	吕天舒	危凯琪	张绍栋	王子欣
肖秋瑶	岳子宜	梁永涛				

电子与通信工程系(15 人)

梁文亮	王　杰	曹文涛	李思琪	张　蓉	刘玉鹏	冯玉挺
刘津钊	彭　洁	付　洁	唐东星	邹树岭	丁子钰	冯　晶
徐云霜						

动力工程系(40 人)

徐　洋	杨万鹏	胡佳君	柳　灿	唐晓宇	苗阿乐	周永戬

高士超	孙 悦	魏泽铭	谢一良	李小倩	王 颖	刘 颖
徐一鸣	杨 硕	张 晶	何安妮	郭嘉欣	叶妮娜	李 顺
刘桂秀	周子莜	刁智帆	龚志诚	范慧静	马 冀	王睿琦
鲍 威	张卓远	罗 勇	李 睿	刘 余	唐灵芝	何林珅
张 晨	毕凌峰	张子涛	张若愚	王静瑶		

机械工程系(35 人)

任 汀	王浩森	徐庆文	荀振宇	周 阳	牟 芮	周文轩
王 玲	余盛灿	刘灿文	杨少琪	蒋成达	赵 斌	刘 英
杨嘉华	王啸尘	路蕤恺	蒙振杰	辛菲菲	王紫祥	李 桓
李潇凯	杨 宽	吴香江	王业信	华运崇	王勤驰	田文博
盛艳灵	吴锐意	马鹏程	张宏博	崔珍瑶	邹文珏	赵予溪

经济管理系(19 人)

张文隽	尧 威	吕孟锦	王珍艳	王鹏瑄	李观长	李 欣
张子仪	吕耿沛	陈佳颖	王子轩	吴丽欣	詹沛霖	王 秀
罗澍宇	张梦雪	罗红霞	向思徽	骆紫薇		

自动化系(19 人)

吕兴强	刘 越	刘 思	孙 瑜	毛杨坤	杨超颖	宋治星
程 浩	曾德智	张 抖	罗金涛	李 媛	高 卓	郝政丰
胡哲东	罗 燕	刘书崤	郭为多	刘子鸣		

计算机系(21 人)

白雪薇	周盛源	熊歆昀	许钰林	赵建军	孟 松	宋凤珊
阴立强	黄 艳	张元开	雷 轩	庹泽璞	马 彬	卢 凌
姚 越	吴 莹	张官正	盖立童	盛 玥	刘永馨	白举霞

环境科学与工程系(15 人)

高 志	杨庆珊	孙少波	袁绍雨	梁维青	梁 珺	李明月
李 童	郑思行	廖宇熙	迟晓丹	彭仕琦	庞蔚莹	奚圣宽
林宸雨						

数理系(8 人)

黄圣杰	田诗艳	焦冰洁	强浩然	王海洋	古珊珊	童成杰
尧 甜						

法政系(9 人)

杨文材	彭政涛	谢佳音	张敬婷	孙 纬	赵思博	张永琪
夏玉斐	张昱朝					

英语系(6 人)

沈亦夫	王馨妍	李泽莹	高心洁	黄睿凌	颜政清	

国际教育学院(10 人)

王 京	冯永杰	马家璇	史云鹏	赖逸洋	陈荣发	杨家骏
汪晋安	陈嘉岳	钟昱尧				

（学生处 提供）

华北电力大学2020年优秀博士学位论文名单

序号	姓名	学科	导师	论文题目	备注
1	邹　潺	热能工程	王春波	煤粉恒温燃烧砷的释放特性及转化迁移机理研究	
2	胡　斌	可再生能源与清洁能源	董长青	综纤维素常规热解和无机酸催化热解的反应机理研究	
3	SAJID	可再生能源与清洁能源	李美成	应用于稳定高效钙钛矿太阳电池的低成本空穴传输层材料研究	
4	王媛媛	信息安全	李元诚	智能电网中虚假数据注入攻击的检测与防御研究	
5	黄旭炜	电气工程	李庆民	低介损耐放电聚酰亚胺设计合成与高频绝缘性能调控机制	
6	柯俊吉	电气工程	崔　翔	碳化硅MOSFET芯片并联电气特性及其调控方法研究	
7	李康平	电气工程	米增强	高渗透率分布式光伏下需求响应基线负荷估计方法研究	
8	付　强	电气工程	王海风	含柔性直流输电的交直流混联电力系统小干扰稳定性研究	
9	AHMED RABEE KAMEL SAYED	电气工程	毕天姝	韧性与经济性协调的电一气综合能源系统鲁棒运行方法研究	
10	李　鹏	动力机械及工程	韩中合	有机朗肯循环与向心透平性能优化及实验研究	
11	孙恩慧	热能工程	徐进良	超高参数二氧化碳燃煤发电系统热力学研究	
12	王家伟	热能工程	徐　鸿	超低排放电厂典型痕量元素排放控制的研究	
13	齐铁月	能源环境工程	肖惠宁	镁法脱硫浆液中亚硫酸盐催化氧化与重金属协同控制	
14	许传博	工程与项目管理	乌云娜	计及不确定性与协同性的微电网项目投资组合优化研究	
15	柯毅明	工程与项目管理	乌云娜	政府投资光伏扶贫项目区域优选方法及其规划模型研究	
16	赵振利	工程与项目管理	张立辉	电动汽车私桩共享充电定价模型及效益分配研究	
17	卢　灿	技术经济及管理	李　伟	1.5℃约束下中国电力行业碳达峰后情景及效应研究	
18	时小强	可再生能源与清洁能源	戴松元	钙钛矿太阳电池中电子传输层及活性层的改性研究	

华北电力大学2020年优秀硕士学位论文名单

北京校部:57篇

序号	姓名	学科	导师	论文题目
1	罗超龙	电机与电器	许国瑞	双轴励磁调相机的设计及无功特性研究
2	董国静	电力系统及其自动化	李庆民	脉冲电应力下空气-聚酰亚胺绝缘沿面放电数值模拟及影响因素研究
3	谷　铮	电力系统及其自动化	徐衍会	弱电网下新能源经VSC并网的次同步振荡机理及特性研究
4	刘　博	电力系统及其自动化	郭春义	增强型电容换相换流器的改进协调控制策略研究
5	吕　哲	电力系统及其自动化	王增平	含FACTS元件线路的暂态特征分析及保护原理研究
6	宋冰倩	电力系统及其自动化	赵成勇	含多端口限流式断路器的直流电网故障电流协同抑制方法
7	卫　璇	电力系统及其自动化	曾　博	电动汽车停车场作为虚拟储能资源的置信容量及经济性评估
8	杨　哲	电力系统及其自动化	贾　科	规模化新能源送出线路保护新原理的研究
9	张韦维	电力系统及其自动化	李岩松	MOCT不均匀磁场传感机理和抗磁技术研究
10	张涌新	电力系统及其自动化	马　静	双馈风电并网系统宽频振荡机理及振荡源定位研究
11	郑安然	电力系统及其自动化	郭春义	混合多端直流输电系统的小信号稳定性研究
12	王一鸣	高电压与绝缘技术	齐　波	基于深度信念网络的变压器状态诊断和预测方法研究
13	韦慧兰	电子科学与技术	孙建平	锑烯及其异质结锂/钠离子电池负极材料理论研究
14	梁凯鑫	信息与通信工程	武　昕	面向清洁能源消纳的居民热控负荷聚合控制研究
15	刘思放	信息与通信工程	祁　兵	电力需求响应业务传输机制及路由优化策略研究
16	白婉欣	电气工程	焦重庆	周期开孔导体板的电磁屏蔽效能研究
17	方　煜	电气工程	毕天姝	含逆变电源的新能源电力系统故障特性分析与计算研究
18	李　阳	电气工程	胡俊杰	基于配电网节点电价的产消者优化调度
19	张　智	电气工程	陈艳波	大规模风电并网下的电力系统和电热联合系统的优化调度研究
20	周行洁	电子与通信工程	刘向军	居民用户与电网友好互动下的热水器集群优化控制策略研究
21	唐　磊	材料科学与工程	陈克丕	构型熵指导的铅基钙钛矿压电陶瓷设计与制备
22	杨硕望	材料科学与工程	郭永权	REAlX(RE=Nd，Sm；X=Ge，Si)合金化合物的结构和磁性能研究
23	肖红洋	工程热物理	陈宏霞	微柱结构强化液滴沸腾的可视化实验研究
24	豆朝宗	热能工程	肖海平	不同脱硝催化剂上SO_3生成特性研究
25	孔庆盼	热能工程	纪献兵	亲-疏水两层结构强化冷凝传热实验研究
26	周　倩	热能工程	何　青	压缩空气储能中的蓄热技术及其经济性研究
27	王慧丽	供热、供燃气、通风及空调工程	周国兵	局部低温诱发过冷水合盐凝固释能特性实验研究
28	马立康	动力工程	沈国清	超声空化及纳米流体在强化换热中的应用研究
29	裘　勖	动力工程	张宇宁	壁面及膜附近空化泡动力学行为的可视化实验研究及膜清洗机制探讨
30	王晓海	工业工程	王永利	基于综合能源协同优化的智慧园区容量配置研究
31	郭晓璇	物流工程	袁家海	煤炭生产物资仓储中心选址建模及供应商评价研究
32	贾卫兵	管理科学与工程	乌云娜	海上风力发电机组供应链逆向物流综合效益评价

续表

序号	姓名	学科	导师	论文题目
33	时　磊	管理科学与工程	董福贵	我国可再生能源配额制机制设计及仿真模型构建
34	宋籽锌	管理科学与工程	乌云娜	供给侧视角下光储充电站项目投资决策分析研究
35	张卜元	管理科学与工程	乌云娜	可持续性视角下商业区屋顶光伏发电项目选址决策研究
36	朱少闻	管理科学与工程	李金超	考虑需求侧管理的综合能源系统均衡交互策略研究
37	王玉东	技术经济及管理	王永利	基于双层优化的区域综合能源系统规划研究
38	邵双双	技术经济及管理	李彦斌	京津冀地区能源消费碳足迹及其生态压力分析
39	钟志鸣	技术经济及管理	李星梅	高耗能生产型企业用电计划与电力市场交易协同优化研究
40	贾新潮	控制理论与控制工程	袁桂丽	基于虚拟电厂的热电负荷优化调度
41	刘雪妍	计算机应用技术	关志涛	面向云存储的密文搜索方法研究
42	马龙强	计算机应用技术	李元诚	负荷频率控制系统的网络攻击与防御
43	张　欢	可再生能源与清洁能源	葛铭纬	基于大涡模拟的风电场尾流边界层模型研究
44	李泽豪	水文学及水资源	张尚弘	气候及其驱动的植被覆盖变化对流域产流产沙的影响研究
45	吴智健	水文学及水资源	门宝辉	南水北调中线工程供水潜力与外调水高效利用研究
46	赵春艳	材料工程	白一鸣	高效半透明聚合物太阳电池研究
47	夏子涵	动力工程	陆道纲	蒸汽发生器失给水事故下池式钠冷快堆冷热钠池热工水力耦合行为三维数值模拟
48	马俊平	环境科学	汪建军	改性二氧化锰纳米复合材料的制备及其吸附U(Ⅵ)的性能和机理研究
49	赵超锋	环境科学	艾玥洁	腐殖酸和二硫化钼基材料用于重金属离子和放射性核素污染物去除的理论研究
50	关玉儒	环境工程	黄国和	聚合层面与分散层面的工业固废代谢研究
51	党　旭	应用统计	杨晓忠	分数阶统计动力学中两类发展方程的并行计算方法
52	吕泽芳	应用统计	赵红涛	基于差分隐私保护的数据聚类方法研究
53	黄　苗	理论物理	张振华	165,167,169,171Tm 高自旋态的粒子数守恒方法研究
54	李慧贞	凝聚态物理	韩榕生	魔角双层石墨烯超导体中不同配对对称性下的磁性杂质共振态
55	卢　莹	电气工程	丁肇豪	电动汽车充电站集群时空优化调度研究
56	孙　堃	物流工程	刘　达	基于机器学习的食品供应链需求预测研究
57	李忻颖	工程管理	袁家海	“一带一路”背景下煤电项目国别投资风险决策研究

保定校区:37 篇

序号	姓名	学科	导师	论文题目
1	张梦梦	电气工程	刘　欣	架空及埋地导体雷电电磁耦合问题时域求解方法研究
2	朱正振	电力系统及其自动化	张祥宇	含虚拟惯量互联系统的功角暂态稳定分析与控制研究
3	宋斯珩	电力系统及其自动化	赵书强	双馈风电场经柔直并网系统交互作用及稳定判据研究
4	武承杰	电力电子与电力传动	付　超	混合模块化直流固态变压器的优化设计
5	刘小娜	电力系统及其自动化	赵小军	基于 Preisach 模型的软磁材料磁滞特性模拟研究

续表

序号	姓名	学科	导师	论文题目
6	秦 刚	电工理论与新技术	李永刚	复杂电能质量扰动识别与分类
7	宋景萱	高电压与绝缘技术	律方成	基于纹影技术的短间隙电晕放电发展过程与离子风流场特性研究
8	张伟韬	电力系统及其自动化	赵洪山	中压地埋电缆载波通信信道模型与特性研究
9	从乐瑶	电力系统及其自动化	余 洋	永磁电机式机械弹性储能机组非线性控制策略研究
10	高 振	电力电子与电力传动	付 超	混合模块化直流固态变压器动态特性及控制策略研究
11	王丽娇	电子与通信工程	陈智雄	基于多维对数正态近似的混合衰落中继系统性能研究
12	叶 聪	信息与通信工程	苑津莎	电力线与无线协作通信系统的物理层性能分析
13	董若南	信息与通信工程	李保罡	基于短包的无线通信性能研究
14	郭玉荣	信息与通信工程	苑津莎	基于密集连接卷积神经网络的图像分类研究
15	陈玉柱	供热、供燃气、通风及空调工程	王江江	低倍聚光型光伏光热与天然气互补的冷热电联供系统研究
16	刘晓硕	热能工程	高正阳	石墨烯基双金属催化剂净化烟气污染物的理论研究
17	曾 伟	热能工程	韩中合	汽轮机内湿蒸汽凝结流动特性及除湿方法研究
18	邓泽奇	机械工程	向 玲	风火打捆下汽轮发电机组轴系扭振仿真分析
19	沈振峰	机械工程	张新春	负泊松比多胞材料冲击动力学响应的微结构效应研究
20	储伟文	机械工程	丁海民	TiC/金刚石增强铜基复合材料的制备及其组织性能研究
21	墨 泽	机械工程	江文强	横向载荷作用下螺栓连接松动机理研究
22	赵 齐	金融学	王喜平	基于模糊实物期权的燃煤电厂 CCS 投资决策研究
23	张红杰	数量经济学	武群丽	一种新型的初始碳配额双层分配模式及其福利效应研究
24	黄宇嫣	技术经济及管理	李 伟	基于 IO-SDA 的中国碳排放影响因素贡献度及减排对策研究
25	高 祺	技术经济及管理	孙 薇	基于 ARIMA-BP-PSOLSSVM 组合优化模型的短期风速预测研究
26	曹 威	控制理论与控制工程	刘长良	基于 SFCM 工况辨识的风电功率区间预测研究
27	朱炎峰	检测技术与自动化装置	张立峰	基于极限学习机的电容层析成像两相流参数测量方法
28	刘怀远	计算机软件与理论	甄成刚	电厂锅炉烟气 NOx 排放量预测建模方法研究
29	王 阳	计算机技术	鲁 斌	基于非合作博弈的多尺度点云配准方法研究
30	李治穷	环境科学	苑春刚	静电纺丝制备纳米复合材料及其环境应用研究
31	韩天义	环境工程	齐立强	电除尘器协同脱硫脱硝的实验研究
32	朱 娜	计算数学	赵美玲	多腔体电磁散射问题的数值算法研究
33	胡世诚	光学	张贵银	双场作用下三能级系统的瞬态特性研究
34	陈 冰	应用数学	张亚刚	基于风速特性分析的短期风电功率预测研究
35	廉 旭	马克思主义理论	魏彤儒	习近平对马克思主义青年担当观的继承与发展研究
36	徐明星	机械工程	何玉灵	三维气隙混合静偏心对同步发电机电磁转矩波动特性的影响
37	赵 媛	应用统计	张亚刚	基于大气动力系统和噪声序列的短期风速预测研究

华北电力大学2020届基层工作毕业生名单

序号	姓名	学院	专业	学号	签约单位	奖励类别
1	李　响	电气与电子工程学院	电气工程及其自动化	1161180211	国网宁夏电力公司	本地区生源回西部省份就业
2	孟加伟	电气与电子工程学院	电气工程及其自动化	1161180214	内蒙古电力(集团)有限公司	本地区生源回西部省份就业
3	查天林	电气与电子工程学院	电气工程及其自动化	1161180601	中国能源建设集团云南省电力设计院有限公司	本地区生源回西部省份就业
4	张彩链	电气与电子工程学院	电气工程及其自动化	1161180629	贵州电网有限责任公司凯里供电局	本地区生源回西部省份就业
5	赵小蝶	电气与电子工程学院	电气工程及其自动化	1161180929	绵阳京东方光电科技有限公司	非本地区生源到西部省份就业
6	裴　皓	电气与电子工程学院	通信工程	1161210219	新疆乌鲁木齐市达坂城区西部计划项目办	“大学生志愿服务西部计划”基层项目就业
7	李志成	电气与电子工程学院	电子科学与技术	1161230113	中核404有限公司	本地区生源回西部省份就业
8	卞潇颖	电气与电子工程学院	电气工程及其自动化	1161600101	新疆乌鲁木齐市达坂城区西部计划项目办	“大学生志愿服务西部计划”基层项目就业
9	安晓婷	电气与电子工程学院	智能电网信息工程	1161600201	青海省西宁供电局	本地区生源回西部省份就业
10	王宝杰	电气与电子工程学院	智能电网信息工程	1161600220	国网白银供电公司	本地区生源回西部省份就业
11	麦尔旦·艾麦尔	电气与电子工程学院	智能电网信息工程	1161600313	国网新疆电科院	本地区生源回西部省份就业
12	倪辉阳	电气与电子工程学院	智能电网信息工程	1161600314	广西电网有限责任公司玉林供电局	本地区生源回西部省份就业
13	马圆圆	电气与电子工程学院	电气工程	1172201265	国网宁夏电力有限公司	本地区生源回西部省份就业
14	吴升进	电气与电子工程学院	电力系统及其自动化	1162201152	中国电建集团贵州电力设计研究院有限公司	本地区生源回西部省份就业
15	陈锐智	电气与电子工程学院	电力系统及其自动化	1162201157	重庆市璧山供电分公司	本地区生源回西部省份就业
16	翟　宾	电气与电子工程学院	电工理论与新技术	1172201008	国网兰州供电公司	非本地区生源到西部省份就业
17	黄　睿	电气与电子工程学院	电力系统及其自动化	1172201071	雅砻江流域水电开发有限公司	本地区生源回西部省份就业
18	杨　粤	电气与电子工程学院	电力系统及其自动化	1172201144	贵州电网有限责任公司电力调度控制中心	本地区生源回西部省份就业
19	张晓寒	电气与电子工程学院	电力系统及其自动化	1172201158	陕西省地方电力(集团)有限公司	非本地区生源到西部省份就业
20	冯佳耀	电气与电子工程学院	电气工程	1172201206	云南电力调度控制中心	本地区生源回西部省份就业
21	姜蓉蓉	电气与电子工程学院	电气工程	1172201231	贵州电网有限责任公司贵阳供电局	非本地区生源到西部省份就业
22	李　跃	电气与电子工程学院	电气工程	1172201250	贵州电网电力科学研究院	本地区生源回西部省份就业
23	宋金薇	电气与电子工程学院	电气工程	1172201275	国网兰州供电公司	本地区生源回西部省份就业
24	王明阳	电气与电子工程学院	电气工程	1172201291	贵州电网	本地区生源回西部省份就业

续表

序号	姓名	学院	专业	学号	签约单位	奖励类别
25	谢　欢	电气与电子工程学院	电子与通信工程	1172201384	国网四川省电力公司信息通信分公司	本地区生源回西部省份就业
26	刘亦嘉	电气与电子工程学院	电气工程	1172301064	西北电力设计院	本地区生源回西部省份就业
27	陈　健	能源动力与机械工程学院	材料科学与工程	1161130102	广西农村合作银行	本地区生源回西部省份就业
28	黄奕鑫	能源动力与机械工程学院	机械工程	1161150107	海南核电有限公司	本地区生源到中部地区县级及以下基层单位就业
29	杨学森	能源动力与机械工程学院	机械工程	1161150126	中核四 0 四有限公司	非本地区生源到西部省份就业
30	张际成	能源动力与机械工程学院	机械工程	1161150128	东方电气集团东方汽轮机有限公司	非本地区生源到西部省份就业
31	米金梁	能源动力与机械工程学院	能源与动力工程	1161170113	国家电投集团黄河上游水电开发有限责任公司	本地区生源回西部省份就业
32	王怀东	能源动力与机械工程学院	能源与动力工程	1161170420	国电双维内蒙古上海庙能源有限公司	本地区生源回西部省份就业
33	杨传泽	能源动力与机械工程学院	能源与动力工程	1161170423	陕西渭河发电有限公司	非本地区生源到西部省份就业
34	荀亚男	能源动力与机械工程学院	能源与动力工程	1161170504	四川川锅锅炉有限责任公司	非本地区生源到西部省份就业
35	刘钰坤	能源动力与机械工程学院	能源与动力工程	1161170512	内蒙古大唐国际托克托发电有限责任公司	本地区生源回西部省份就业
36	周海军	能源动力与机械工程学院	能源与动力工程	1161170526	内蒙古大唐国际托克托发电有限责任公司	本地区生源回西部省份就业
37	贺玉才	能源动力与机械工程学院	能源与动力工程	1161170608	华电宁夏灵武电力有限公司	本地区生源回西部省份就业
38	马哈飞	能源动力与机械工程学院	能源与动力工程	1161170614	华电宁夏灵武电力有限公司	本地区生源回西部省份就业
39	谭予滋	能源动力与机械工程学院	能源与动力工程	1161170816	国家能源集团神华国华柳州电厂	本地区生源回西部省份就业
40	何昀鑫	能源动力与机械工程学院	能源与动力工程	1161170905	湖北能源集团鄂州发电有限公司	本地区生源到中部地区县级及以下基层单位就业
41	胡盛明	能源动力与机械工程学院	能源与动力工程	1161170906	湖北能源集团鄂州发电有限公司	本地区生源到中部地区县级及以下基层单位就业
42	宋晨昱	能源动力与机械工程学院	能源与动力工程	1161170918	湖北能源集团鄂州发电有限公司	本地区生源到中部地区县级及以下基层单位就业
43	王清昀	能源动力与机械工程学院	能源与动力工程	1161170921	华电新疆发电有限公司	本地区生源回西部省份就业
44	张楠	能源动力与机械工程学院	能源与动力工程	1161170924	新疆钢铁设计院有限公司	本地区生源回西部省份就业
45	罗致	能源动力与机械工程学院	能源与动力工程	1161171211	阴星发电有限公司	本地区生源回西部省份就业
46	马鹏健	能源动力与机械工程学院	能源与动力工程	1161171212	广西柳州钢铁集团	本地区生源回西部省份就业
47	韦长锋	能源动力与机械工程学院	能源与动力工程	1161171223	广西柳州钢铁集团	本地区生源回西部省份就业
48	巴旦欧珠	能源动力与机械工程学院	建筑环境与能源应用工程	1161270101	中国银行西藏自治区分行	本地区生源回西部省份就业
49	关浩杰	能源动力与机械工程学院	能源动力工程	1169170203	国家电投集团新疆能源化工公司	本地区生源回西部省份就业

续表

序号	姓名	学院	专业	学号	签约单位	奖励类别
50	戴　玺	能源动力与机械工程学院	动力工程	1172202025	东方汽轮机	非本地区生源到西部省份就业
51	郭　磊	能源动力与机械工程学院	动力工程	1172202031	国家开发银行内蒙古分行	本地区生源回西部省份就业
52	金　喆	能源动力与机械工程学院	动力工程	1172202042	东方电气集团东方汽轮机有限公司	非本地区生源到西部省份就业
53	雒玉新	能源动力与机械工程学院	动力工程	1172202056	中国电力工程顾问集团西北电力设计院有限公司	非本地区生源到西部省份就业
54	齐彬邑	能源动力与机械工程学院	动力工程	1172202061	国家开发银行甘肃省分行	本地区生源回西部省份就业
55	吴霖鑫	能源动力与机械工程学院	动力工程	1172202076	中国人民解放军63831部队	本地区生源回西部省份就业
56	许　悦	能源动力与机械工程学院	动力工程	1172202081	中国核动力研究设计院	非本地区生源到西部省份就业
57	张世刚	能源动力与机械工程学院	动力工程	1172202089	中国能源建设集团山西省电力勘测设计院有限公司	本地区生源到中部地区县级及以下基层单位就业
58	刘海浪	能源动力与机械工程学院	动力机械及工程	1172202100	贵州永红换热冷却技术有限公司	本地区生源回西部省份就业
59	蒲正清	能源动力与机械工程学院	动力机械及工程	1172202105	贵州永红航空机械有限责任公司	本地区生源回西部省份就业
60	周儒鸿	能源动力与机械工程学院	工程热物理	1172202116	东方汽轮机有限公司	非本地区生源到西部省份就业
61	黄东权	能源动力与机械工程学院	机械工程	1172202130	国家电投集团广西电力有限公司	本地区生源回西部省份就业
62	徐大祎	能源动力与机械工程学院	机械工程	1172202151	西北电力设计院	非本地区生源到西部省份就业
63	廖阳宇	能源动力与机械工程学院	流体机械及工程	1172202160	广西电力设计院	本地区生源回西部省份就业
64	代礼豪	能源动力与机械工程学院	热能工程	1172202167	四川电力设计咨询有限责任公司	本地区生源回西部省份就业
65	吕培鑫	能源动力与机械工程学院	热能工程	1172202194	中国电力工程顾问集团西北电力设计院	非本地区生源到西部省份就业
66	王妮妮	能源动力与机械工程学院	热能工程	1172202202	西安贵谦知识产权代理有限公司	本地区生源回西部省份就业
67	张　拓	能源动力与机械工程学院	热能工程	1172202214	中国电力工程顾问集团西北电力设计院有限公司	本地区生源回西部省份就业
68	周　倩	能源动力与机械工程学院	热能工程	1172202218	中国能源建设集团云南省电力设计院	本地区生源回西部省份就业
69	李宗杰	控制与计算机工程学院	测控技术与仪器	1161160308	中核404有限公司	本地区生源回西部省份就业
70	刘明阳	控制与计算机工程学院	自动化	1161190110	湖北能源集团鄂州发电有限公司	非本地区生源到中部地区、东北地区县级及以下基层单位就业
71	杨岱鑫	控制与计算机工程学院	自动化1604	1161190428	宁夏华电	本地区生源回西部省份就业
72	王　振	经济与管理学院	工程管理	1151320117	中铁十二局集团铁路养护工程有限公司	非本地区生源到西部省份就业
73	王儒鹏	经济与管理学院	金融学	1161030122	简致科技	自主创业
74	刘先富	经济与管理学院	工程管理	1161330118	广西电网有限责任公司电网规划研究中心	非本地区生源到西部省份就业

续表

序号	姓名	学院	专业	学号	签约单位	奖励类别
75	金沐蓉	经济与管理学院	工程管理	1161340107	广西电网有限责任公司电网规划研究中心	非本地区生源到西部省份就业
76	李　姣	经济与管理学院	市场营销	1161340111	中国电建集团青海省电力设计院有限公司	本地区生源回西部省份就业
77	唐　琴	经济与管理学院	电子商务	1161380119	贵州送变电有限责任公司	本地区生源回西部省份就业
78	赵军彦	经济与管理学院	劳动与社会保障	1161410127	中国华电集团有限公司宁夏公司	本地区生源回西部省份就业
79	韩陶亚	经济与管理学院	工程管理	1172206007	宜宾市新兴产业投资集团	非本地区生源到西部省份就业
80	胡　奎	经济与管理学院	工程管理	1172206008	中国核动力研究设计院	非本地区生源到西部省份就业
81	刘小飞	经济与管理学院	会计	1172206195	成都市温江区企业服务中心	本地区生源回西部省份就业
82	杨　婷	经济与管理学院	技术经济及管理	1172206215	中国电力工程顾问集团西北电力设计院有限公司	非本地区生源到西部省份就业
83	张译丹	经济与管理学院	企业管理	1172206234	四川省投资集团有限责任公司	本地区生源回西部省份就业
84	张　飞	经济与管理学院	工程管理	1182206259	成都市金牛区人力资源和社会保障局	本地区生源回西部省份就业
85	吴雨露	新能源学院	新能源科学与工程(风电)	1161100121	新疆乌鲁木齐市达坂城区西部计划项目办	“大学生志愿服务西部计划”基层项目就业
86	龙安胜	新能源学院	水利水电工程	1161420117	中国建筑成都公司	本地区生源回西部省份就业
87	高田利	新能源学院	新能源科学与工程(风电)	1161590208	陕西省航空电气有限责任公司	本地区生源回西部省份就业
88	杨镇远	新能源学院	新能源科学与工程(风电)	1161590220	云南电网有限责任公司玉溪供电局	本地区生源回西部省份就业
89	景占海	新能源学院	新能源科学与工程(光伏)	1161590408	国家电投基团黄河上游水电开发有限责任公司	本地区生源回西部省份就业
90	刘阳祥	新能源学院	新能源科学与工程(生物质)	1161590516	国家电投集团云南国际电力投资有限公司	本地区生源回西部省份就业
91	吴彦宏	新能源学院	材料工程	1172211006	中国电建集团贵州电力设计研究院有限公司	本地区生源回西部省份就业
92	陈永访	新能源学院	水利水电工程	1172211065	中国电建集团昆明勘测设计研究院有限公司	本地区生源回西部省份就业
93	冯湘萍	新能源学院	水利水电工程	1172211066	广西壮族自治区水利电力勘测设计研究院有限责任公司	本地区生源回西部省份就业
94	任　浩	核科学与工程学院	核工程与核技术	1161440118	中核四0四有限公司	非本地区生源到西部省份就业
95	高　东	核科学与工程学院	核工程与核技术	1161440306	中核四0四有限公司	非本地区生源到西部省份就业
96	温忠颖	核科学与工程学院	核工程与核技术	1161440323	国电投贵州金元公司黔西电厂	非本地区生源到西部省份就业
97	史泰忠	核科学与工程学院	核工程与核技术	1161440409	中核四0四有限公司	非本地区生源到西部省份就业
98	张廷伟	核科学与工程学院	核工程与核技术	1161440425	中国核动力研究设计院	非本地区生源到西部省份就业
99	张心怡	核科学与工程学院	核工程与核技术	1161440426	新疆乌鲁木齐市达坂城区西部计划项目办	“大学生志愿服务西部计划”基层项目就业

续表

序号	姓名	学院	专业	学号	签约单位	奖励类别
100	刘成龙	环境科学与工程学院	环境工程	1172229002	西安热工研究院有限公司	非本地区生源到西部省份就业
101	陈禵瑜	人文与社会科学学院	法学	1161040102	中水物资集团成都有限公司	非本地区生源到西部省份就业
102	扎西措姆	人文与社会科学学院	行政管理	1161390222	中国农业银行湖南省分行株洲分行	非本地区生源到中部地区、东北地区县级及以下基层单位就业
103	卢家思	人文与社会科学学院	汉语言文学	1161530109	中国建设银行广西柳州分行	本地区生源回西部省份就业
104	夏尔巴提·肯杰别克	人文与社会科学学院	行政管理	1169390217	新疆移动通信有限公司	本地区生源回西部省份就业
105	申晓岚	人文与社会科学学院	法学	1172207003	电建集团贵州电力设计研究院	本地区生源回西部省份就业
106	黄李昕	人文与社会科学学院	公共管理	1172207019	安徽省寿县小甸镇人民政府	本地区生源到中部地区县级及以下基层单位就业
107	李　泽	国际教育学院	电气工程及其自动化	1151100212	江苏常熟服装城档口	自主创业

（学工部　李哲雅　提供）

华北电力大学 2019—2020 学年度校长奖学金获得者名单

（北京校部）

电气与电子工程学院

孙逸萌 ｜ 陈刘东

能源动力与机械工程学院

薛凯丽 ｜ 李兆豪

新能源学院

李茂辉 ｜ 刘　成

核科学与工程学院

高德扬

环境科学与工程学院

刘　玥

人文与社会科学学院

朱荣赫

（保定校区）

电力工程系

陈佳毅 ｜ 玄智铭

动力工程系：

石祎炜

机械工程系：

李　智

计算机系

李季凡

法政系

李　彦

华北电力大学2020年学生学科竞赛获奖情况一览表

(北　京　校　部)

获奖项目	获奖等级	获奖队数	姓名	班级	姓名	班级	姓名	班级	指导教师
全国大学生数学建模竞赛	全国二等奖	5	曹鸿亮	计算1802	李义龙	软件1802	陆红旭	信安1801	王　雷
			李志远	电气1810	沈　童	吴仲华1801	陆新龙	吴仲华1801	马德香
			王宇扬	贯通电1801	孔嘉靖	贯通电1801	张师铭	电气1803	李　敏
			陈世洁	电气1908	刘诗语	能动1901	马嘉凯	吴仲华班1901	潘　志
			赵凡舒	自动1704	杨梦缘	自动1703	李卓勇	自动1704	雍雪林
	北京市一等奖	9	张　鹏	电气1905	赵俊婷	能材1901	汪凯博	能科1901	王　雷
			盛天皓	电气1801	程俊华	贯通电1801	刘鸿海	贯通电1801	马德香
			白璐瑶	电气1803	张晓珂	自动1801	张舒文	电气1803	曹艳华
			林桢凯	工管1902	孙易达	电气1912	郑永茂	智能1901	贺　琛
			孙　琦	计科1902	杨东顺	计科1902	陈鹏翔	计科1902	石万林
			赵海宇	电气1811	张　军	电气1805	陈佳瑶	电气1812	潘　志
			李绍泽	工管1804	伍俊濠	工管1802	罗泽楷	计科1802	雍雪林
			王润翔	自动1804	汪星辰	电气1804	袁一辰	自动1804	
			闫　芬	自动1805	赵子明	自动1801	梁雨田	自动1803	
	北京市二等奖	25	张松姗	自动1801	常艳茹	材料1801	魏兰懿	自动1802	王　雷
			谢纪康	计科1801	杨易明	计科1802	曹誉凡	计科1801	
			李冰辰	吴仲华1801	林旭	电气1803	许瑶	吴仲华1801	冯兰兰
			王健儒	工管1804	白西平	信管1802	李祥光	工商1801	胡彦霞
			薛婉婷	电气1807	彭欣然	电气1808	任家轩	电气1807	马德香
			王天龙	贯通电1901	王一华	电气1901	周依然	智能实验1901	
			李思怿	吴仲华1801	陈远航	广告1801	喻译	电气1801	
			赵泓辰	自动1801	张叶兴	计科1802	吴昊轩	计算1802	李　敏
			韩铭杰	计科1901	杨亦凡	计科1901	吴益滨	计科1901	孟会贤
			左凌峰	水文1801	喻舒悦	水电1802	张海婧	电气GJ1801	
			孟梓睿	吴仲华1901	陶涵纲	吴仲华1901	彭子威	水电1802	张可铭
			杨子裕	能动1904	陆家悦	贯通电1901	郭嘉鹏	通信1901	赵红涛
			江志森	国教1802	王子轩	软件1801	李俊良	计算1801	
			钱一萱	电气1807	吴雪伦	能科1804	汪靖涵	计算1801	黄晔辉
			陈俊宇	能动1812	朱凌锋	电气1802	周妍君	能动1812	
			陈伯旭	吴仲华1801	盛世杰	吴仲华班1801	田雨松	吴仲华班1801	何书松
			陈　依	能科1802	徐子涵	能材1801	姚宇樑	能科1802	石万林
			周　佳	自动1803	李泽洋	测控1803	崔跃龙	吴仲华班1801	魏军强
			杨成帅	自动1802	熊伟辰	计科1801	李　斌	化学1801	潘　志
			陈　晗	贯通电1901	曹宇菲	电气1904			
			林佳祺	自动1805	史家宁	自动1805	雷　洋	自动1805	
			贺可寒	吴仲华班1901	李雨森	电气GJ1902	陆宪文	电气GJ1902	
			刘雨杭	电气1912	曲贺新	电气1912	黎人玮	电气1912	邱启荣
			宋孟泽	能动1804	陈芙瑶	能动1804	张　娜	能动1804	雍雪林
			刘康琪	电气GJ1801	徐志远	电气GJ1801	张　航	计科1802	

续表

获奖项目	获奖等级	获奖队数	姓名	班级	姓名	班级	姓名	班级	指导教师
美国大学生数学建模竞赛	一等奖	5	左凌峰	水文 1801	张海婧	国教 1801	喻舒悦	水电 1802	孟会贤
			李萌宇	财务 1702	张　健	金融 1701	曹新雅	会计 1601	王　雷
			陈芙瑶	能动 1804	张　娜	能动 1804	宋孟泽	能动 1804	
			张懿晨	电气 GJ1801	唐家柯	电气 GJ1801	胡宇迪	电气 GJ1901	李巧欣
			吴昊轩	计算 1802	张叶兴	计科 1802	赵泓辰	自动化 1802	李　敏
	二等奖	22	李　乾	计科 1902	杜思源	计科 1902	江昊辰	电气类 1904	贺　琛
			林桢凯	管科 1905	孙易达	电气 1915	郑永茂	计算机 1902	
			杨志一	自动化 1908	李　洋	工商 1903	肖雯钰	自动化类 1906	马德香
			韩梓畅	电气 1912	武　靖	电气 1912	谢雨荷	电气 1912	张可铭
			刘　准	电气 1705	申翊辰	工管 1704	孟宇煌	计科 1702	孟会贤
			王雅琪	自动化 1804	高卓尔	贯通电 1801	梁晓航	电气 1805	甄亚欣
			李芳凝	电网 1803	宋　晨	电气 1802	陈　容	电网 1803	吴立飞
			张辰飏	能动 1803	胡　杨	吴仲华 1801	上官佩洁	能动 1803	
			孙士棋	电气 1801	陈思琪	电气 1810	江宇柔	贯通电 1801	
			张琦悦	电气 1903	毛胡顺	电气 1903	崔晓毅	电气 1903	赵引川
			潜柯西	电气 1811	惠歆月	英语 1802	何子民	能科 1801	
			张汉松	计科 1702	叶　澄	物理 1701	顾明宇	计科 1701	王　雷
			熊伟辰	计科 1801	李　斌	化学 1801	杨成帅	自动 1802	
			张鹏	计科 1902	汪凯博	新能源 1901	杨易润	自动化 1906	石万林
			仉琪炜	能科 1702	张承婉	能科 1702	周子安	能科 1704	余　丹
			姜志强	计科 1701	张润琳	计科 1701	曾至涵	计科 1702	王小英
			田富豪	电气 1708	赵欣雨	能科 1702	夏仕伟	GJ1703	
			孙碧莲	软件 1801	杨婧怡	信安 1801	张龙鹏	新能源 1901	陈学刚
			冯一尧	计科 1702	周新纪	金融 1802	王紫薇	电气 1809	韩励佳
			李绍泽	工管 1804	伍俊濠	工管 1802	薛婉婷	电气 1807	
			杨博文	电气 1809	刘倩	贯通电 1801	陈家琪	电气 1806	张　帆
			赵海宇	电气 1811	张军	电气 1805	杜厚贤	电气 1811	苑　静
全国大学生节能减排社会实践与科技竞赛	国家级一等奖	1	华有龙	机械 1802	崔佳蕙	工管 1801	李志远	电气 1810	张　志
	国家级二等奖	2	周子意	能动 1707	孙　晨	能动 1707	邱宗乾	吴仲华 1701	巨　星
			林海正	能动 1708					
			陈思琪	电气 1810	王筱怡	电子 1801	唐浩然	通信 1801	梁光胜
	国家级三等奖	5	郑思奇	能动 1710	杨宇航	吴仲华班 1701	赵文沛	能动 1710	柳华蔚
			黄瀚霆	能动 1710					
			赵培然	机械 1702	坝天宇	机械 1702	闫凤霄	机械 1702	刘衍平
			张　杰	机械 1702					
			陈伯旭	吴仲华 1801	盛世杰	吴仲华 1801	田雨松	吴仲华 1801	沈国清
			杨　涛	电气 1701 班	邹德鑫	建环 1701 班			高　丹、张　衡
			高德扬	核电 1704	张　惠	财务 1701	曹泽鑫	核电 1703	靳　周

续表

获奖项目	获奖等级	获奖队数	姓名	班级	姓名	班级	姓名	班级	指导教师
北京市大学生机械创新设计大赛	北京市一等奖	6	华有龙	机械 1802	李　旭	吴仲华 1801	刘铭楷	自动化 1805	杨志凌
			黄仪灵	机械 1802					
			李志远	电气 1810	沈子豪	机械 1801	徐欣雨	软件 1802	夏延秋
			梁康康	能动 1801	涂东成	机械 1801			
			许人介	机械 1701	李宗哲	机械 1701	梁　策	自动化 1705	刘衍平
			杜熠伯	能动 1705	孟岩杰	能动 1701	宋常昕	能动 1701	高青风
			李玲玉	能动 1701	刘若男	能动 1808			宋玉旺
			姚宇樑	能科 1804	潘星沅	能科 1802	周煜人	能科 1801	龙　凯
			黄嘉瑜	能科 1804	刘　涛	电气 1809			
			吴传磊	机械 1702	王明远	机械 1702	陈丹宁	机械 1702	滕　伟
			秦雨萌	能动 1701	王京傲	测控 1703			
	北京市二等奖	13	何子民	能科 1801	王侗杰	机械 1801	刘新春	机械 1801	张　志
			吴丹霞	能科 1801	梅文洁	电气 1808			
			张　芳	材料 1802	耿三钦	能动 1809	杨圣兴	材料 1801	宋玉旺
			韦雪珺	材料 1802					
			吴　岚	机械 1701	冯宇雷	机械 1701	张　维	机械 1701	刘衍平
			崔跃龙	吴仲华 1801	孙泽宁	机械 1802	蒋东翔	能动 1707	武　鑫
			何思祥	能动 1807					
			唐新周	吴仲华班 1701	王诗淳	吴仲华班 1701	王晗玥	电气 GJ1702	宋玉旺
			赵筲薇	吴仲华班 1701					
			吴家葳	能科 1801	孙　冉	电气 1803	任苒威	能动 1706	陈　艳
			张毅鹏	能动 1704	胡家兴	能动 1706			
			郑　楠	吴仲华 1701 班	李　博	能动 1810 班	戴吾然江·萨迪尔	能动1710 班	宋玉旺
			吴易涛	建环 1701 班	王怡宁	测控 1803 班			
			邓泽云	能材 1801	姜明川	机械 1802	方更生	自动化 1803	马志勇
			高　源	能动 1804					
			赵培然	机械 1702	坝天宇	机械 1701	闫凤霄	机械 1702	刘衍平
			张　杰	机械 1702					
			朱鸣池	自动化 1908 班	王一华	自动化 1908 班	马瑾瑜	材料 1901 班	张　志
			左颖倩	能动 1903 班	姚　羽	材料 1901 班			
			李　锋	能动 1705	汪豫黔	能动 1705	赵　特	吴仲华 1701	宋玉旺
			杨宝川	机械 1701	陈雪松	机械 1701	张强祯	能动 1712	李卫国
			姜枝荣	机械 1701	肖天力	机械 1701			陈　艳
			刘　严	自动化 1702 班	唐铭泽	自动化 1704 班	黄琳焱	测控 1703 班	柳　赟
全国大学生机械创新设计大赛慧鱼组	国家一等奖	1	李欣怡	能动 1702	游晨宇	能动 1702	王　霄	能动 1702	刘衍平
	国家二等奖	1	任　俊	机械 1802	尹梦琳	财务 1801	蔡铮阳	核电 1804	
			李雅馨	财务 1801					

续表

获奖项目	获奖等级	获奖队数	姓名	班级	姓名	班级	姓名	班级	指导教师
中国“互联网+”大学生创新创业大赛北京赛区	北京市二等奖	1	尚志浩	金融 1701					杨国田
	北京市三等奖	6	刘应琦	英语 1802	王雅琪	自动化 1804	刘晓彤	资源 1801	靖仕寅
			安莉凝	工商 1801	郭　琪	电气 1802	谢沅伯	信安 1802	
			邵博深	软件 1802	武美琪	营销 1801	陈　容	电网 1803	
			倪焕茹	材料 1802	单景冬	通信 1803			
			徐子涵	能材 1801	陈　依	能科 1802	魏兰懿	自动化 1803	梁光胜 刘景江
			陈富豪	能科 1701	孙傲晨	工商 1801	吴林翰	能科 1801	阎　洁 郭　鑫
			安林燚	能科 1701					
			许怡琳	计科 1801	王子轩	软工 1801	王凌翔	信安 1802	琚　赟 罗卓童
			赵泓辰	自动化 1801	刘浩宇	测控 1801	谢沅伯	信安 1802	
			董慧娟	计科 1801	赵　鑫	软工 1702			
			包敏言	广告 1701	李淇琪	营销 1701			杨淑霞 何平林
全国大学生英语竞赛	一等奖	7	丁　瑞	电气 1812	赵浩冰	工商 1901	江志森	电气 GJ1802	孙　利 司微尹宇 高　波 彭霞媚 李丽君
			李珏菲	自动化 1801	任　和	电气 GJ1902	黄　婷	能科 1805	
			刘一霖	工商 1904 班					
	二等奖	34	杨　飏	物理 1901	陈泽慧	工商 1904 班	聂启亮	电气 1804	
			朱若彤	电气 1911	黄雨欣	能科 1801	徐墨赛	电气 1802	
			张琦悦	电气 1903	耿达	能科 1802 班	刘晓泽	电网 1803	
			朱艺颖	电气 1806	李欣然	电气 1810	王玮泽	水电 1802	
			孟　艳	电气 GJ1901	刘柏佳	信安 1802	李辰灏	电气 1911	
			程斐然	电气 1913	刘之纤	电网 1803	张　军	电气 1805	
			包晓燕	自动化 1804	郝思雅	环工 1904	李思齐	材料 1802	
			方轩艺	能动 1901	张　鹏	计科 1902	王瑾媛	电气 1808	
			许　冉	新能源 1903	王陈博	电气 1909	孙士棋	电气 1801	
			石秀雨	行管 1801	康洲铭	国教 1801	郭　淳	电气 GJ1902	
			张雯涵	电气 GJ1901	胡镘伶	工商 1801	合禹霖	新能源 1905	
			赵安杰	工管 1801					
	三等奖	62	李　聪	电网 1803	郑琦晗	工商 1902	孙　乾	核工 1905	
			史凯昕	电气 1803	王业涵	电气类 1915	李哲洋	金融 1802	
			李冠霖	电网 1803	薛　宁	电气 1712	喻卓睿	财务 1802	
			蒋辰奥	工商 1904 班	孙立滢	电气 1701	高逸群	电网 1803	
			陆启涵	新能源 1903	邓　成	工商 1909	朱鸣池	自动化 1908	
			余欣雨	能动 1909	赵璟天	自动化 1801	郭庆旭	自动化 1803	
			王　阳	材料 1802	牛高远	自动化 1704	汪　苏	行管 1801	
			梁馨丹	环工 1902	楚　轩	电信 1901	李　乾	计科 1902	
			杨可欣	信管 1801	何　静	电气 1809	陈　颖	电气 1905	
			赵　倩	能材 1801	府超宇	电气 1808	郑伊凡	核工 1903	

续表

获奖项目	获奖等级	获奖队数	姓名	班级	姓名	班级	姓名	班级	指导教师
	三等奖	62	王思颖	计算机 1907	肖　禾	电气 GJ1902	刘天放	核电 1703	
			王嘉承	软件 1801	韩　璐	金融 1802	钟思佳	工管 1804	
			肖陈妍	电信 1902	许泽昊	材料 1902	王　然	会计 1701	
			赵艺涵	电网 1803	龚唯昊	材料 1801	韩韫洲	能科 1801	
			郝睿恒	电气 1811	熊子熠	贯通电 1801	曾　仪	电网 1802	
			尹　薇	电气 1810	张　可	环工 1904	何梦娇	电气 1803	
			赵海宇	电气 1811	潘尔雅	工商 1902	葛姿涵	行管 1801	
			杨天语	电气 GJ1902	王宸隆	贯通电 1801	陈嘉珺	行管 1801	
			张心雨	工商 1902	汪铭健	电气 GJ1901	杨亦凡	计科 1901	
“外研社”全国英语阅读大赛	北京市一等奖	1	李珏菲	自动化 1801					段素萍
“外研社”全国英语写作大赛	北京市二等奖	1	路卓飞	电气 GJ2002					高晓薇
	北京市二等奖	2	岑嘉淇	翻译 1901	杨天语	电气 GJ1902			吴学惠 余青兰
“外研社”全国英语演讲大赛	北京市三等奖	1	黄　加	电气 GJ2001					高晓薇
全国大学生数学竞赛	北京市一等奖	16	李国召	能动 1803	赵晨薇	贯通电 1901	张　悦	电气 1912	彭武安指导小组
			刘延琦	电气 1905	黄欣然	贯通电 1901	唐梓航	电网 1803	
			叶德志	电气 1906	曲贺新	电气 1912	朱灏翔	电气 1907	
			李文炜	电气 1911	王　磊	电气 1910	王乐怡	GJ1902	
			张龙鹏	贯通电 1901	姚雨森	贯通电 1901	刘　洋	工管 1802	
			王　为	信管 1901					
	北京市二等奖	27	杜厚贤	电气 1802	陈毅恒	电气 1910	刘博洋	材料 1901	
			王子轩	软件 1801	李　聪	电气 1901	高浩宇	能动 1904	
			刘雨杭	电气 1912	肖蓝戈	电气 1904	宋宇轩	智能实验 1901	
			李天翔	电气 1912	史毅康	电气 1912	赵雪萌	智能实验 1901	
			何天鹏	电气 1904	张　鹏	电气 1905	汪凯博	能科 1901	
			杜习佳	电气 1904	孙易达	电气 1912	李成功	能科 1901	
			潘　羿	电气 1908	程斐然	电气 1911	张梓璇	核电 1902	
			董怡帆	电气 1901	张洪硕	通信 1903	刘传栋	核电 1901	
			胡安妮	贯通电 1901	汪　洋	机械 1702	那维家	会计 1901	
	北京市三等奖	9	刘岵林	电气 1906	吴宇浩	能动 1805	王一梦	金融 1802	
			朱若彤	电气 1909	杨义豪	能科 1901	梁茜雨	金融 1802	
			赖勇康	电气 1909	姚宇樑	能科 1804	廖奕涵	金融 1802	
全国部分地区大学生物理竞赛	省部级一等奖	5	张龙鹏	贯通电 1901	陈毅恒	电气 1910	李　奥	金融 1901	付星球指导小组
			李文炜	电气 1911	刘岵林	电气 1906			
	省部级二等奖	12	张芷豪	能材 1901	张悦	电气 1912	胡茂琳	电气 1912	
			陈卓政	电气 1903	王　磊	电气 1910	刘浩田	电气 1906	
			杜习佳	电气 1904	曾鸿卓	贯通电 1901	祁百川	计算 1901	
			孔令然	电气 1912	张　航	计科 1802	张　浩	GJ1902	

续表

获奖项目	获奖等级	获奖队数	姓名	班级	姓名	班级	姓名	班级	指导教师
	省部级三等奖	12	王一华	电气 1901	肖蓝戈	电气 1904	谢凌越	贯通电 1901	付星球指导小组
			李天翔	电气 1912	潘　羿	电气 1908	胡宸凤	电气 1905	
			刘传栋	核电 1901	杨悟深	电气 1908	廖语轩	智能实验 1901	
			华名成	电气 1903	尚主宇	电气 1905	曲贺新	电气 1912	
北京市大学生物理实验竞赛	北京市三等奖	1	贾天翼	电网 1901	江昊辰	电气 1903			许轶昕
第十三届全国大学生信息安全竞赛	国家级二等奖	1	王瑞苗	信安 1601	王乃玉	信安 1602	钟纪权	信安 1702	关志涛
			马霄龙	信安 1701					
	国家级三等奖	1	刘雯晴	信安 1701	史帅文	信安 1702	黄东婷	信安 1701	
			席　晴	信安 1701					
全国大学生广告艺术大赛	国家级一等奖	1	刘阳柳	广告 1801					张　勤
	国家级三等奖	2	杨佳妃	广告 1701	豆　琰	广告 1701			庞　涛
			郑孟兰	广告 1801	陈俊颖	广告 1801			陈　玲
	北京级一等奖	1	刘清怡	广告 1801	赵佳音	广告 1801	姜泽雨	广告 1801	陈　玲
	北京级二等奖	9	陈金科	营销 1801	郑孟兰	广告 1801	逯怡然	广告 1801	庞　涛 陈　玲 张　勤
			吕洋圳	广告 1801	李嘉星	广告 1801	姜泽雨	广告 1801	
			陈俊颖	广告 1801	郑孟兰	广告 1801	赵佳音	广告 1801	
	北京级三等奖	12	张　宇	广告 1801	于海波	广告 1801			庞　涛 陈　玲 张　勤
			廖若晨	广告 1701	那扎开提	广告 1801	刘青洋	广告 1801	
			马春艳	广告 1701	林玉洁	广告 1801	杨蕊夷	广告 1801	
			冯嘉颖	广告 1701	张　潇	广告 1701			
			刘丹妮	广告 1801	刘清怡	广告 1801			
			林玉洁	广告 1801	栗锦薇	广告 1801			
			陈远航	广告 1801	郭彤熙	广告 1801			
			宋贝贝	广告 1701	包敏言	广告 1701			
“核＋X”全国大学生创意大赛	国家级一等奖	2	张诚睿	核电 1905	耿腾骏	核电 1905			靳　周
			徐济彬	核电 1802					张钰浩
	国家级二等奖	4	刘传栋	核电 1901	蔡昀彤	核电 1905	李宇航	核电 1905	盖　姝 赵珥希 靳　周 张钰浩
			蔡铮阳	核电 1804					
	国家级三等奖	4	李岩昊	核电 1901	彭柞真	核电 1904	刘铭磊	核电 1802	张小东 赵珥希 张钰浩
			黄宇昕	核电 1803	邱昊天	核电 1805	瞿缘书	核电 1804	
蓝桥杯全国软件和信息技术专业人才大赛	省部级一等奖	8	陆红旭	计算 1804	徐欣雨	计算 1806	黄琳焱	水电 1702	马炜指导小组
			曲文涛	计算 1702	邵博深	计算 1807	姚沛涵	计算 1806	
			陈一鸣	计算 1703	梁雨田	自动化 1806			
	国家级二等奖	10	陈佳瑶	电气 1812	刘　淇	计算 1803	周煜人	新能源 1806	
			迟慧璇	计算 1707	陆家悦	电气 1909	朱灏翔	电信 1904	
			曹鸿亮	计算 1804	杜思源	计科 1902	史志鹏	新能源 1804	
			谢沅伯	计算 1807					

续表

获奖项目	获奖等级	获奖队数	姓名	班级	姓名	班级	姓名	班级	指导教师
2020“竞技世界杯”中国大学生计算机博弈大赛暨第十四届中国计算机博弈锦标赛	国家级一等奖		刘春阳	计算 1702	陈一鸣	计算 1702	赵　鑫	软件 1702	
			穆泽睿	软件 1702					
“挑战杯”首都大学生创业计划竞赛	北京市二等奖	4	戈浩帆	财务 1802	华有龙	机械 1802	崔佳蕙	工管 1801	张　志 张冬月
			卞紫祥	工管 1801					
			赵泓辰	自动化 1801	刘浩宇	测控 1801	谢沅伯	信安 1901	琚　赟 罗卓童
			董慧娟	计算 1801	赵　鑫	软件 1702			
			陈富豪	能科 1701	孙傲晨	工商 1801	吴林翰	能科 1801	阎　洁 郭亦玮
			安林燚	能科 1701					
			刘臻桢	水电 1802	胡尊浩	能材 1801	房　心	电气 1812	周国兵
	北京市三等奖	4	邓资寒	建环 1701	赵艺莹	工管 1802	龚俊豪	土木 1701	李金超
			王家文	自动化 1804	焦辰玥	计算 1801	刘中一	自动化 1701	吴　华
			崔乐然	自动化 1801	于啸天	自动化 1701	王涵玉	计算 1801	
			李伟华	吴仲华 1901					
			张富澳	贯通电 1801	施泽邦	电网 1802	刘英俊	经济 1801	张　凯 王永利
			吴程浩	贯通电 1801	尹梦琳	财务 1801			
			刘应琦	英语 1802	王雅琪	自动化 1804	刘晓彤	资源 1801	靖仕寅
			安莉凝	工商 1801	郭　琪	电气 GJ1802	陈　容	电网 1803	
			邵博深	软件 1802	武美琪	营销 1801	倪焕茹	材料 1802	
			单景冬	通信 1803					
	国家级二等奖	1	李欣芝	能科 1702	伍海仪	电气 GJ1801	程梦涵	电气 1611	马卫华
			杜若芸	资源 1701	巴桑多吉	会计 1602			
北京市大学生工程设计表达竞赛	北京市二等奖	2	何天鹏	电气 1904	邱璐茹	能动 1907	吴海峰	机械 1901	张　志 杨志凌
			朱云龙	机械 1902	薛　铮	机械 1901			
			张子阳	吴仲华 1901	胡　源	机械 1901	刘延琦	电气 1905	杨志凌 张　志
			倪一鸣	水电 1902	刘雅雯	吴仲华 1901			
	北京市三等奖	2	蒋　璨	能动 1904	袁李杰	能科 1801	陈世洁	电气 1908	冯　欣 郑　凯
			张　琦	能动 1904	刘博洋	材料 1901			
			史志鹏	能科 1802	杨　帆	吴仲华 1901	刘新春	机械 1801	郑　凯 冯　欣
			侯峥嵘	能动 1904	江嘉泰	机械 1901			
第六届全国大学生能源经济学术创意大赛	全国二等奖	1	刘英俊	经济 1801 班	贾亦真	营销 1801			焦　扬 吴　薇
	全国二等奖	1	叶汉东	工管 1601					易　涛
	全国三等奖	13	李绍泽	工管 1804	徐曼琪	工管 1801			鞠立伟
			董璐瑶	金融 1802	梁欢	金融 1802	喻卓睿	财务 1802	张兴平
			薛凯丽	吴仲华班 1701	毛翼龙				

续表

获奖项目	获奖等级	获奖队数	姓名	班级	姓名	班级	姓名	班级	指导教师
			高德扬	核电 1704	张 惠	财务 1701	潘仲禹	核电 1902	靳 周
			李明哲	材料 1702	孔崇滔	材料 1702			
			陈 璇	金融 1802	王祎阳	金融 1801	丘艺昕	能科 1702	马晓颖
			兰 澜	金融 1802					
			冯子阳	会计 1802	黄 炼	电气 1806	杨 舒	会计 1802	
			董昊鑫	工程管理 1703					
			刘胡诗涵	工管 1803	盛雅清	工管 1802	刘咏倩	资源 1801	刘金朋
			李 航	信管 1802					
			卞紫祥	工管 1801	林慧彤	工管 1803	贠嘉琦	工管 1801	
			王一辰	金融 1801	周新纪	金融 1802	杨皓然	计科 1802	付静
			陈小微	电气 1808					
			刘 江	电气 1805	姜莎莎				
大学生可再生能源科技竞赛	特等奖	1	刘 成	能动 1704	彭会荣	能科 1404	陶 冶	能科 1403	丁 勇
			吴 楠	计科 1802					
	一等奖	4	潘星沅	能科 1802	吴逸骁	能科 1803	付 浩	能科 1805	覃 吴
			李昆阳	能科 1802	张 攀	能科 1802	刘 浩	测控 1702	
			欧阳浩文	电气 1703	曲 睿	通信 1703	葛翰臣	电气 1701	梁光胜
			刘 枭	核电 1801	吴媛媛	电网 1803			靳 周 任 华
			张镇西		李 洋	智能(创新)1901	王 博	信息 1901	陆 强 李 凯
			范馨蕊	能科 1406	达娜·波拉提别克	能科 1405	冯时宇		
			李 航	能科 1405					
	二等奖	5	刘臻桢	水电 1802	胡尊浩	能材 1801	房 心	电气 1811	周国兵
			陈 依	能科 1802	张 中	能科 1803			
			闫慧琳	能科 1803	周子安	能科 1704	李茂辉	能科 1703	刘雪朋
			李心语	能动 1708	张辰飏	能动 1803			
			吴 高	能科 1404	陈香港		刘淑仪	能科 1803	蔡墨朗
			吴丹霞	能科 1803	罗 瑞	能科 1803			
			王舒鹤	水电 1801	盛雅清	工管 1802	郑莎莎	金融 1801	刘金朋
			刘胡诗涵	工管 1803					
	三等奖	8	康嘉洁	水电 1801	马连蓉	水电 1801			张 华
			赵嘉琪	能科 1605					王体朋
			杨 森	能科 1505					
			罗来星	能科 1506	冯安稳		牛广凌	能科 1406	郑宗明
			乔佳伟	能科 1505	郑 兴	能科 1505			
			陈灵馨	会计 1902	任慕真		赵肖宇	财务 1901	孙 哲
			孙思源	工商 1801	胡镘伶	工商 1801	于霄宇	工商 1801	张 琪
			李 博	工商 1801					
			戈浩帆	财务 1802	尹梦琳	财务 1801	卞紫祥	工管 1801	
			林慧彤	工管 1803					
			邸奕宁	财务 1802	许乘滔	电气 1807	吴琼迎	资源 1801	赵 东

续表

获奖项目	获奖等级	获奖队数	姓名	班级	姓名	班级	姓名	班级	指导教师
北京市大学生模拟法庭竞赛	北京市二等奖	1	李　彤	法学 1802	周佳音	法学 1802	刘纳敏	法学 1801	王春波
			熊紫雯	法学 1802	贾子轩	法学 1802	朱　刚	法学 1801	
第十二届全国管理决策模拟大赛	全国二等奖	1	李淇琪	营销 1701	谢　华	营销 1701	郝静泽	财务 1702	张　琪
	全国三等奖	1	孟　玉	信管 1902	张可依	信管 1901	刘思源	信管 1901	赵振宇
第十二届全国尖烽时刻商业模拟大赛	全国一等奖	1	李陈旭	工管 1703	李清秀	工管 1702	陈志强	工管 1703	张　琪
			申翊辰	工管 1704					
	全国三等奖	9	于靖萱	会计 1701	吴怡梦	财务 1702	侯晓云	财务 1702	钱　锐
			金思宇	工管 1702	葛　懿	金融 1701	陈子菲	金融 1702	
			郭鑫雅	经济 1701					
			刘睿智	金融 1702	郑　浩	工管 1701	罗　旭	金融 1701	金　辉
			黄茜茜	金融 1701					
			李泽宇	会计 1801	龚卿阳	财务 1802	阿丽米热·亚力坤	经济1801	
			王聂娟	营销 1701	王佳红	工商 1701	陈嘉琪	金融 1801	史富莲
			郑雅文	经济 1801					
			侯旭哲	工商 1701	党兰心	工管 1701	尹卓琳	会计 1701	张莉萍
			宋裕华	工商 1701					
			王健儒	工管 1804	于璐菲	资源 1801	周洋鑫	信管 1801	
			王　成	能动 1703					
			胡烜彬	工管 1704	杜若芸	资源 1701	李淇琪	营销 1701	李冬妍
			董昊鑫	工管 1703					
			胡谦晨	物流 1901	林雨辰	财务 1901	聂保瑞	物流 1901	
			李曦阳	物流 1901					

（保　定　校　区）

竞赛名称	获奖级别	获奖等级	获奖队数
第六届中国国际“互联网＋”大学生创新创业大赛	国家级	二等奖	1
	省部级	一等奖	5
		二等奖	7
		三等奖	14
第十三届全国大学生节能减排社会实践与科技竞赛	国家级	二等奖	1
		三等奖	6
中国青年志愿服务项目大赛	国家级	二等奖	1
		三等奖	1
	省部级	一等奖	1
		二等奖	3
		三等奖	1

续表

竞赛名称	获奖级别	获奖等级	获奖队数
2020年“挑战杯”河北省大学生创业计划竞赛	省部级	一等奖	15
		二等奖	8
		三等奖	2
2020年企业竞争模拟大赛(高校组)	国家级	一等奖	1
		二等奖	3
		三等奖	6
2020年企业竞争模拟大赛(MBA组)	国家级	一等奖	1
		二等奖	2
		三等奖	2
2020“创新创业”全国管理决策模拟大赛	国家级	一等奖	1
		三等奖	1
2019—2020年度河北省大学生“调研河北”社会调查活动	省部级	特等奖	2
		一等奖	6
		二等奖	13
		三等奖	22
2019年“践行习近平新时代中国特色社会主义思想”冀青工作调研大赛	省部级	一等奖	7
		二等奖	14
		三等奖	7
第九届中国(河北)青年创业创新大赛暨第七届“创青春”中国青年创新创业大赛(河北赛区)	省部级	三等奖	2
2020年美国国际大学生数学建模竞赛	国际级	特等奖	3
		一等奖	15
		二等奖	45
第十五届“恩智浦”全国大学生智能汽车竞赛	国家级	一等奖	
第十五届“恩智浦”全国大学生智能汽车竞赛华北赛区	省部级	二等奖	3
		三等奖	2
2020年全国大学生数学建模竞赛	国家级	一等奖	1
		二等奖	7
2020年全国大学生数学建模竞赛河北	省部级	一等奖	4
		二等奖	35
2020年“西门子杯”中国智能制造挑战赛	国家级	特等奖	1
2020年“西门子杯”中国智能制造挑战赛河北赛区	省部级	特等奖	1
		二等奖	2
2020年全国大学生物联网设计竞赛(华为杯)	国家级	一等奖	1
2020年全国大学生物联网设计竞赛(华为杯)河北赛区	省部级	特等奖	1
第十届全国大学生电子商务“创新、创意及创业”挑战赛	国家级	三等奖	1

续表

竞赛名称	获奖级别	获奖等级	获奖队数
第十届全国大学生电子商务“创新、创意及创业”挑战赛	省部级	特等奖	3
		一等奖	3
2020 年全国大学生工业设计大赛河北赛区	省部级	二等奖	3
		三等奖	8
第六届全国高校 BIM 毕业设计作品大赛	省部级	三等奖	1
2020 年河北省大学生机械创新设计大赛	省部级	二等奖	1
		三等奖	1
第九届全国大学生机械创新设计大赛慧鱼组竞赛	国家级	三等奖	2
		二等奖	1
		一等奖	1
2020 中国工程机器人大赛	国家级	一等奖	10
		三等奖	4
2020 全国大学生英语竞赛（NECCS）河北赛区决赛（A 类）	省部级	一等奖	1
		二等奖	6
		三等奖	11
2020 全国大学生英语竞赛（NECCS）河北赛区决赛（B 类）	省部级	特等奖	1
		二等奖	3
		三等奖	5
2020 全国大学生英语竞赛（NECCS）河北赛区决赛（C 类）	省部级	特等奖	3
		一等奖	5
		二等奖	40
		三等奖	67
2020 年“挑战杯”河北省大学生创业计划竞赛	省部级	一等奖	10
		二等奖	5
		三等奖	1
2020 年河北省青年志愿者服务项目大赛	省部级	一等奖	1
		二等奖	2
2020 年河北省高校英语写作大赛	省部级	特等奖	1
		一等奖	2
2020 年“外研社・国才杯”全国英语写作大赛	国家级	二等奖	1
2020 年“外研社・国才杯”全国英语演讲大赛	国家级	三等奖	1
2020 年河北省高校英语阅读大赛	省部级	一等奖	1
		二等奖	2
2020 年河北省高等学校第二十一届“世纪之星”外语演讲大赛	省部级	一等奖	3
2020 年第十三届国际水中机器人大赛	省部级	二等奖	2
		三等奖	2
2020 年河北省机器人大赛	省部级	一等奖	1
		二等奖	2
		三等奖	1

续表

竞赛名称	获奖级别	获奖等级	获奖队数
2020年河北省制图与构型能力大赛	省部级	特等奖	1
		一等奖	3
		二等奖	5
		三等奖	3
2020第十三届"高教杯"全国大学生先进成图技术与产品信息建模创新大赛	国家级	一等奖	1
		二等奖	12
		三等奖	5
第十一届蓝桥杯全国软件和信息技术专业人才大赛(软件类)国赛	国家级	二等奖	3
		三等奖	5
第十一届蓝桥杯全国软件和信息技术专业人才大赛(软件类)省赛	省部级	一等奖	13
		二等奖	20
		三等奖	16
第十一届蓝桥杯全国软件和信息技术专业人才大赛(电子类)国赛	国家级	二等奖	1
		三等奖	1
第十一届蓝桥杯全国软件和信息技术专业人才大赛(电子类)省赛	省部级	一等奖	3
		二等奖	5
		三等奖	2
2020年河北省大学生程序设计竞赛	省部级	二等奖	3
		三等奖	2
2020国际水中机器人大赛	省部级	二等奖	2
		三等奖	2
第十三届全国大学生节能减排社会实践与科技竞赛	国家级	二等奖	1
		三等奖	6
2020年第七届河北省大学生物理竞赛	省部级	一等奖	12
		二等奖	18
		三等奖	29
中国创新方法大赛河北赛区大学生TRIZ专项赛	省部级	三等奖	1
2020年河北省大学生电子设计竞赛	省部级	二等奖	1
		三等奖	2
第十一届河北省大学生工业设计创新大赛	省部级	一等奖	4
		二等奖	5
		三等奖	15
第十二届全国大学生数学竞赛河北赛区竞赛	省部级	一等奖	153
		二等奖	148
		三等奖	139
全国大学生物理实验竞赛	国家级	二等奖	1
		三等奖	2

(工程训练与创新创业教育中心　提供)

华北电力大学2020年获国家奖学金学生名单

（北京校部）

一、电气与电子工程学院

本科：24人

胡冬萍	张　权	林中东	荣浩宇	王绍宇	路帅超	王　薇	杜治钢
黄　威	刘雨杭	沈蕙楠	崔树群	吕懿澎	黄欣然	陈　颖	郎珺怡
张富澳	汪星辰	胡轶婕	孙士棋	陈家豪	郑　睿	蔡瑞天	陈哲煊

硕士：22人

刘校销	俞永杰	丁江萍	李馨雨	杨　彬	梁延昌	鲁芝琳	巩志皓
黄钰辰	梁瑞雪	马　铁	张哲宁	陈刘东	吕文轩	赵　璐	高晨祥
朱志伟	廖海君	逄思敏	陈心怡	章家欢	郭今冉		

博士：7人

郑黎明	沈雅琦	李　乐	许苏迪	黄瀚燕	李轶凡	东野忠昊

二、能源动力与机械工程学院：

本科：15人

施志远	李明哲	李潇飞	廖炜铖	姚　琪	杨震宇	刘志超	胡仙楠
盛世杰	陈伯旭	李奂其	刘博洋	刘延琦	李欣怡	魏家琦	

硕士：9人

贺上飞	梁德华	马金旭	王凯晨	王奕洲	武瑾瑾	吴芸芸	张美妍
陈豪志							

博士：6人

李兆豪	司　桐	张慧聪	张　强	刘洪涛	张海松

三、控制与计算机工程学院：

本科：16人

刘　严	辛秀丽	杨丽婷	迟慧璇	赵　鑫	刘子轩	刘渝斌	李明蕙
李俊良	王子轩	何睿婷	赵雪萌	朱笑锋	王一华	王天龙	焦辰玥

硕士：11人

辛立杰	盛歆歆	王稼琪	王彦浩	魏梓轩	王雨桐	史凌云	刘思渠
杨文梯	梁登香	吕泽昆					

博士：2人

马乐乐	于松源

四、经济与管理学院：

本科：16人

李清秀	于靖萱	蓝柳涵	余　晓	何　烨	杜若芸	尹梦琳	崔佳蕙
王一梦	孙雅茹	武美琪	李　聪	林雨辰	李　洋	闫子晗	周光霖

硕士:11 人

孙雨龙	郑瑞锦	朱春旭	马裕泽	赵彩萍	卢运媛	武程浩	陶　垚
宋福浩	韩晶晶	唐筱仪					

博士:3 人

周建力	蒲　雷	杨莘博

五、新能源学院:

本科:6 人

李泽阳	张文明	施雨欣	李茂辉	耿　达	胡尊浩

硕士:4 人

张　静	史淯城	吴亚昌	彭会荣

博士:3 人

刘　成	吴洋文	田沛佩

六、水利与水电工程学院

本科:4 人

李宏伟	常溶溶	刘臻桢	左凌峰

硕士:2 人

向梦诗	侯晓宁

七、环境科学与工程学院:

本科:2 人

刁卓凡	李斌

硕士:3 人

刘　玥	朱明玉	王　鑫

博士:3 人

顾雯雯	王慧慧	翟梦瑜

八、核科学与工程学院:

本科:5 人

邓文浩	刘伟强	高德扬	朱宇轩	王誉鑫

硕士:3 人

黄翊君	张　显	丰　立

博士:2 人

刘　聪	郑澍

九、数理学院:

本科:3 人

姜志强	王　铖	张　鹏

硕士:3 人

刘新龙	林归陆	刘硕一

十、人文与社会科学学院：

本科：5 人

丁玎	栗锦薇	赵晨昕	杨铮	朱荣赫

硕士：2 人

李梦瑶	董经圣

十一、外国语学院：

本科：2 人

惠歆月	杨雅琪

硕士：2 人

孙　梅	辛莞晴

十二、国际教育学院：

本科：2 人

于懿兰	江志森

十三、马克思主义学院：

硕士：2 人

谢雨柔	王天昕

（保定校区）

一、电力工程系：

本科：19 人

陈博文	王世超	马墅研	陈雨欧	段嘉璐	胡艺雯	刘耀文	谭昊宇
韩文煊	姚增慧	刘文瑄	关浩玉	唐思佳	叶宇鑫	尹佳庆	胡万君
杨佳航	康世佳	陈佳毅					

硕士：10 人

刘雪燕	李昕烨	玄智铭	刘　毅	和家慧	陈雅茜	陆晓星	王　月
冯昌辉	葛鑫鑫						

二、电子与通信工程系：

本科：6 人

李　念	田　亮	陈雨含	高佳琪	强一凡	陈　翔

硕士：4 人

肖　楠	秦文婕	赵海英	苏昱坤

三、动力工程系：

本科：13 人

何紫璇	王龙霄	刘永欢	黄　锐	王若冰	王　旭	罗　政	谷余恒
何明桐	刘岚珺	何棠玥	蒋　霆	徐舒涵			

硕士：7人

孙　烨	黄含钰	李林林	刘　艺	郑　楠	庄文宾	闫　格

四、机械工程系：

本科：14人

马金明	卞艺瑾	韩晓莹	张淑宝	周　珞	安延禄	黄定滔	单玉楠
房昊宇	崔儒藩	颜　林	陈希源	张涵宇	李　智		

硕士：3人

张志杰	苗文智	李京蓄

五、计算机系：

本科：10人

李季凡	刁梦圆	王勇攀	于烨璐	苏鹏程	张嘉然	邹宇灿	郭一谋
王楚璇	吴官清						

硕士：3人

梁玮轩	陈　瑜	孔子旭

六、自动化系：

本科：9人

赵俊杰	王安立	费雅鹏	成国文	王晨旭	刘馨雨	庄　璇	刘子豪
刘　巧							

硕士：5人

李淑琴	李　京	杨　旭	苗　雨	甄唯婷

七、经济管理系：

本科：12人

闫嵩阳	卫卓群	叶荣江	钟　丹	陈许诺	叶雨恬	程　强	张雨桐
刘凌琛	陈静宇	汪宇昕	黄　静				

硕士：5人

黄晨晨	李赵棋	曹　炀	徐奕琳	李思思

八、环境科学与工程系：

本科：8人

宋云畅	高雨飞	杨钰莹	张　晟	马旭坤	王子涵	周　权	楼　晓

硕士：2人

庞佳烽	王　铮

九、数理系：

本科：5人

李阿银	孔紫涵	吴文泽	顾天阳	李　勇

硕士：2人

潘桂芳	尹丽萍

十、英语系：

本科：3 人

赵　铁	许雯清	周良盈

硕士：2 人

陶亚婷	李文倩

十一、国际教育学院：

本科：3 人

何伊慧	李怡然	纪昊含

十二、法政系：

本科：6 人

徐佳雯	陈逸飞	张诗婧	李　彦	徐　颖	易治齐

硕士：2 人

苗振钢	郃　晗

十三、马克思主义学院：

硕士：2 人

白琳琳	冉莹雪

（学生处　提供）

华北电力大学 2019—2020 学年度国家励志奖学金获奖学生名单

（北　京　校　部）

一、电气与电子工程学院：58 人

任相霖	王玉昆	田富豪	魏胜楠	刘　准	赵博宇	侯鸿飞	魏进磊
陈佳琦	林　旭	喻　译	房　心	徐云鹤	马润鹏	杨　涛	董崇武
朱保奎	马文帅	张书宁	岳晓辉	赵　薇	张晓楠	李恩泽	张铭哲
赵宇龙	陈佳瑶	何佳鑫	李伟涛	刘　涛	闪振宁	汪　霞	姚锦清
焦旭阳	张德莹	王林志	李　玄	杜习佳	蔡　洲	张　凯	周航宇
陈良炯	魏大才	董　桢	兰文晶	吴昕悦	王翔宇	张舒文	孟凡奇
贺小鹏	涂　程	李文炜	王　磊	杨亚腾	张悦	张青宇	张亦弛
尚应冲	丁肖						

二、能源动力与机械工程学院：60 人

李雪梅	叶文力	王　颖	李　锋	方　宇	钟金红	梁康康	宋孟泽
陆新龙	董怡帆	刘星宇	张子阳	张欣仪	柴　潇	闫凤霄	吴传磊
王俊杰	王　玲	张　旭	陈婷钰	李　超	孙　晨	庞伊静	毛翠骥
战俊楠	吴佳瑶	张　磊	宁华清	姜明川	刘　鑫	郭正旺	胡　猛
王奥宇	张　娜	余　鑫	陈　微	何芝飞	王新尧	刘玲玲	李星仪
崔跃龙	彭事易	李登科	侯峥嵘	张云龙	龙雨薇	张峰玮	杨　帆
林政楠	梁佳璇	郭鹏宇	李宗哲	吴敬平	蒋　璨	房　嵩	肖　浩
刘　迅	王瑞梁	杜泽源	苏朋磊				

三、控制与计算机工程学院:49 人

窦永坤	李卓勇	陈　洁	韩卓婷	黄华杨	辛文昱	王雅琪	王玥蘅
赵鹏飞	王凌翔	刘苏漫	曹莉苹	王　硕	黄泰宇	王　栋	刘志勇
赵祖欣	赵进喜	程　璇	雷文媛	杨小陈	徐明扬	李　杰	倪凤煜
罗政龙	董慧娟	刘根浩	孙碧莲	陆红旭	白迎亮	赵　琦	欧阳源
霍　鹏	刘晶琳	高　园	李梦蝶	崔立鑫	张博然	何思远	程　成
杨润璞	魏兰懿	张永盛	黄一飞	周天航	曹潇剑	马　龙	黄欣雨
王志彭							

四、经济与管理学院:60 人

张　惠	申翊辰	张卓拉	南　超	吴思洁	李绍泽	李　娜	杜星洁
侯　赛	赵珍珠	刘思源	吴君茹	王兴平	李怡菲	李陈旭	郑　浩
邓芝芝	黄丽翠	刘志琪	何馥彤	王振邦	嵇史君	王新团	伍俊濠
魏宏娜	王雨璇	郭丽宣	刘淑慧	徐建慧	王宇杰	马博宇	袁春辉
林桢凯	贾　雪	刘锦諝	严丽平	姚兴平	雍星楷	刘　虎	黄　静
廖雅婷	蒋李文	肖先瑶	王小锋	郑马韵	罗　欢	赵艺莹	郜智超
姜开云	李明琳	刁怡萌	刘云燕	张欧婷	龙梦霞	徐赛赛	张小宝
马嘉蔚	薛晓露	王玉娥	欧阳含露				

五、新能源学院:28 人

杨伟宇	张　凯	史晨宇	汝金涛	莫金珊	李远峰	刘　瑜	张　璇
姬海雯	韩　雪	王子轩	殷小净	崔永贺	王梓名	辛海蒙	张铭烊
常政伟	唐　平	周家庆	郝宏伟	邹　刚	吴丹霞	张　剑	朱鹏鲲
杨义豪	禹　宁	张佳薇	赵伟胜				

六、水利与水电工程学院:19 人

伍恢健	金靖林	杨开端	任双庆	康嘉洁	黎红平	庞金凤	赵渔亨
王珂珂	朱敬山	李承鸿	水智龙	范正庆	李向东	杨德铭	李　阳
冯　敏	崔永红	马云泽					

七、核科学与工程学院:16 人

王智超	刘　枭	李天元	曲翊志	邹人和	魏振予	马安祥	廉学新
高　涛	李　智	熊　潼	储庭玉	张理想	刘　栋	刘嘉嘉	陆文怡

八、环境科学与工程学院:9 人

陈　亮	李　雪	林可欣	刘晓晓	马亚朋	杨宇浩	谢　岚	甘智强
李嘉炜							

九、数理学院:10 人

张润琳	孟宇煌	刘泰兴	李如茵	段坤宇	胡正伟	包金凤	郝嘉敏
杨东顺	王　睿						

十、人文与社会科学学院:20 人

李相宜	葛姿涵	李雨婷	李鑫鑫	李　蔓	彭思雨	陈晗颖	王银春
汪　苏	丁　钰	张艳芳	杨颖芳	吴　璇	林志鸿	王小雪	马　倩
房罗鑫	杨　鲜	张晓凤	娜迪热				

十一、外国语学院:4 人

罗秋白	李苗苗	李　明	杨　洋

（保定校区）

一、电力工程系:64 人

孙慧强	丁邦坤	曹　赛	曹亚博	任义杰	成宇琛	孙章林	耿绍胜
孙明明	袁　静	张寅标	路秋阳	过佳俊	丁　可	张　婷	王　歌
王德帅	孙佳琪	李　航	秦倩倩	杨　洋	张　臣	黄　琛	林子涵
孔迤萱	高成龙	陈东旭	龚　涵	李秉芳	胡　浈	侯卓琦	刘心怡
赵　鑫	韩　创	赵建博	柯宇健	钱邦楷	陶培源	张　琪	王佳禄
文　淼	宋金历	陈宇航	王　倩	李洋洋	马宇航	赵雨菲	余　芮
杨文杰	谢虎林	朱　艳	吴秋华	刘　珂	连汝慧	王达奇	陈　琼
吴　娜	张宾宾	路梦雪	王　云	温凯俊	郑悦华	曲紫瑜	王卓恒

二、电子与通信工程系:21 人

陈锋彬	李　倩	李　佳	李苏苹	谌　佩	李静静	王槐英	刘　琪
陈昌昌	张晓波	赵　涌	邵烽智	王葆珠	李佩烨	钟昕圻	唐振芳
马筱铨	李甜甜	王源伟	陈晶威	曹东森			

三、动力工程系:45 人

尚昊坤	王振乾	齐　睿	朱佳明	刘金鹤	王　聪	刘　伟	农　浩
池怡梦	赵　冰	赵志伟	史学杰	张文龙	丁邵明	张　柱	张成宇
李京京	严高峰	闵晓东	居　谦	贺泓博	杨艳枝	魏一梦	王绍壮
熊梅焱	华　于	杨　莹	王泽宇	周玉龙	管见东	朱乐雨	苏丽弘
周晓煜	魏照宇	刘　莎	孙润泽	刘远超	吴培香	陈金森	韩宇恩
李思莹	赵国睿	尚凌岳	郝　东	王　楠			

四、机械工程系:50 人

罗益鑫	朱婧怡	暴金辉	刘晨汐	李陈龙	刘　岩	周乐游	王汉桢
肖庆彪	张　昊	李天元	蒋佳俊	袁铭洋	马　龙	姜晓政	汪　琴
阮景怡	卜雪松	韩鹏程	夏成龙	李舒涵	张家源	姜　旭	冯颜聆
刘　帆	何付高	王颖颖	李继泱	冯志辉	彭毓图	苏宁杰	高世政
吴　堉	姚青陶	杨　帅	时淑颖	赵子达	许敏兴	徐开通	董鹏朝
尹啸笛	冯凌霄	张　衡	马文博	刘　通	刘　欢	王　硕	刘　哲
吕自强	李　勃						

五、计算机系:36 人

常高彬	李　华	贾圆圆	赵一泽	张　楠	高语晗	龙云飞	张钰婧
陈祥瑞	李馨秀	吕　银	戈玉莲	薛　烁	李国强	姜　定	张靖晗
付云龙	李志康	陈　旭	任雪莹	刘双运	刘艳平	苏　宇	张　旭
郭　冉	张　琪	李静秋	周龙飞	刘　锴	蔡旭东	闫　晗	李婕妤
李海龙	解小宇	赵振寰	梁中豪				

六、自动化系:31 人

董海鹏	朱　晨	田雯雯	康　丹	李恒跃	刘若梦	刘锐楷	陈金炜
杨凌燕	蒲嫦莉	张思琦	杜喜英	殷　义	李育果	塔　拉	马雨柯
鲁若楠	张亚辉	关　键	王泽民	李佳诚	王乐飞	姜远浩	刘香怡
杨承昱	师博文	马保贵	沈纳昊	白　雨	宋　衡	李业兴	

七、经济管理系:41 人

邹爱孟	李颐雯	王少彦	武　煜	李文洁	王利欣	贾子瑶	雷丽媛

江韩雪	李建荣	张爔月	李玉涛	杨　佳	霍佳丽	王采仪	刘小萌
刘辰熙	任丽艳	白佳怡	蒋泽正	叶宝琳	吕晓怡	杨雨涵	张培杰
郭劭妤	周登利	李　曼	邢红烨	袁凌玲	王雨珺	汪俊俊	王苗苗
郭雅欣	孙有为	徐思琪	李称心	雷凯雁	陈亚如	廖　琳	段　钰
季洁艳							

八、环境科学与工程系:28 人

周　杰	高　翀	吴壹强	姚琬颖	刘　添	杨扉妃	张　灿	袁润芝
郭恒恒	陈金钰	孙仲顺	宋闰桦	尹庭威	刘　洋	范彬彬	蔡新宇
马采妮	薛立旭	王　雪	刘小宇	王　智	李淑雲	许东情	彭丹婷
段昕宇	王红秀	王晓梅	马骏洲				

九、数理系:16 人

施林静	宋俐燕	崔　峰	罗　恬	刘晓冰	陈玉佼	王　璐	王静超
郭川美	武跃义	穆兴悦	陈怡行	郭玉欣	杨胜坤	刘含笑	李云爻

十、英语系:9 人

胡　婧	孙方圆	王　欢	王　旭	杨　彤	郭艳萍	董钰姗	吴小清
唐　澜							

十一、法政系:21 人

张佳乐	武　珲	隆雨彤	李建芳	郑子叶	耿玲玲	江　润	程　达
朱肖童	王倩玉	景莉莉	王景翾	史爱琳	韩丹丹	李汶颖	蒋　薇
李伊丹	李睦濡	潘盛龙	眭旭东	杨怡宁			

（学生处　提供）

教　育　教　学

华北电力大学 2020 年本科专业设置一览表

北京校部			保定校区		
工学	电气类	电气工程及其自动化	工学	电气信息类	电气工程及其自动化
		智能电网信息工程		电子信息类	通信工程
	电子信息类	通信工程			电子信息科学与技术
		电子信息工程		机械类	机械工程
		电子科学与技术			智能制造工程
	能源动力类	能源与动力工程		能源动力	热能与动力工程
		新能源科学与工程		土木类	建筑环境与能源应用工程
	土木类	建筑环境与能源应用工程		仪器类	测控技术与仪器
	材料类	材料科学与工程		自动化类	自动化
		新能源材料与器件			机器人工程
	机械类	机械工程		环境科学与工程类	环境工程
	水利类	水利水电工程		化学类	应用化学
		水文与水资源工程		化工与制药类	能源化学工程

续表

北京校部		
工学	核工程类	辐射防护与核安全
		核工程与核技术
	仪器类	测控技术与仪器
	自动化类	自动化
	计算机类	计算机科学与技术
		软件工程
		物联网工程
		信息安全
		智能科学与技术
	环境科学类	环境科学
	化学类	应用化学
	管理科学与工程类	工程管理
		信息管理与信息系统
管理学	电子商务类	电子商务
	工商管理类	财务管理
		工商管理
		会计学
		人力资源管理
		市场营销
	物流管理与工程类	物流管理
	公共管理类	公共事业管理
		行政管理
	金融学类	金融学
	经济学类	经济学
	数学类	信息与计算科学
		数据科学与大数据技术
	物理学类	应用物理学
	外国语言文学类	英语
		翻译
	新闻传播学类	广告学
	法学类	法学

保定校区		
工学	计算机类	计算机科学与技术
		软件工程
		网络工程
		信息安全
		智能科学与技术
管理学	工商管理类	会计学
		工商管理
	公共管理类	公共事业管理
	管理科学与工程类	信息管理与信息系统
		工程造价
	工业工程类	工业工程
经济学	经济学类	经济学
理学	数学类	信息与计算科学
		数据科学与大数据技术
	法学类	法学
文学	外国语言文学类	英语
		翻译
艺术学	设计学类	产品设计

华北电力大学2020年全日制学术学位授权学科一览表

学科门类	一级学科名称	授权点层次		
		一级学科	博士点	硕士点
经济学	应用经济学	√		√
法学	法学	√		√
	马克思主义理论	√		√

续表

学科门类	一级学科名称	授权点层次		
		一级学科	博士点	硕士点
文学	外国语言文学	√		√
理学	数学	√		√
	物理学	√		√
工学	机械工程	√		√
	材料科学与工程	√		√
	动力工程及工程热物理	√	√	√
	电气工程	√	√	√
	电子科学与技术	√		√
	信息与通信工程	√		√
	控制科学与工程	√	√	√
	计算机科学与技术	√		√
	土木工程	√		√
	水利工程	√	√	√
	化学工程与技术	√		√
	核科学与技术	√	√	√
	农业工程			√082804 农业电气与自动化二级学科授权点
	环境科学与工程	√		√
	软件工程	√		√
管理学	管理科学与工程	√		√
	工商管理	√	√	√
	公共管理	√		√

（研究生院　提供）

华北电力大学 2020 年全日制专业学位授权类别及领域

序号	专业学位类别名称	专业学位类别代码	专业学位领域名称	专业学位领域代码
1	金融	0251		
2	应用统计	0252		
3	法律	0351	法律(法学)	035101
			法律(非法学)	035102
4	翻译	0551	英语笔译	055101
			英语口译	055102
5	电子信息	0854		
6	机械	0855		
7	材料与化工	0856		
8	资源与环境	0857		
9	能源动力	0858		
10	工商管理	1251		

续表

<table>
<tr><th>序号</th><th>专业学位类别名称</th><th>专业学位类别代码</th><th>专业学位领域名称</th><th>专业学位领域代码</th></tr>
<tr><td>11</td><td>公共管理</td><td>1252</td><td></td><td></td></tr>
<tr><td>12</td><td>会计</td><td>1253</td><td></td><td></td></tr>
<tr><td rowspan="3">13</td><td rowspan="3">工程管理</td><td rowspan="3">1256</td><td>工程管理</td><td>125601</td></tr>
<tr><td>工业工程与管理</td><td>125603</td></tr>
<tr><td>物流工程与管理</td><td>125604</td></tr>
</table>

（研究生院　提供）

华北电力大学 2020 年博士后流动站一览表

序号	设站学科	批准文号	审批时间（年.月.日）
1	电气工程	人发〔2001〕28 号	2001.3.26
2	工商管理	国人部发〔2003〕38 号	2003.10.23
3	动力工程及工程热物理	国人部发〔2007〕110 号	2007.8.14
4	管理科学与工程	人社部发〔2009〕107 号	2009.9.4
5	控制科学与工程	人社部发〔2012〕48 号	2012.8.29
6	核科学与技术	人社部发〔2019〕105 号	2019.9.27

（人才办　提供）

华北电力大学 2020 年本科各省市招生执行情况一览表

（北　京　校　部）

<table>
<tr><th colspan="2">生源地</th><th>河北</th><th>山西</th><th>内蒙古</th><th>辽宁</th><th>吉林</th><th>黑龙江</th><th>江苏</th><th>安徽</th><th>福建</th><th>江西</th><th>河南</th><th>湖北</th><th>湖南</th><th>综合改革省份</th><th>北京</th><th>天津</th><th>上海</th></tr>
<tr><td rowspan="6">理工类</td><td>当地重点线</td><td>520</td><td>537</td><td>452</td><td>500</td><td>517</td><td>455</td><td>347</td><td>515</td><td>516</td><td>535</td><td>544</td><td>521</td><td>507</td><td rowspan="2">当地重点线</td><td rowspan="2">526</td><td rowspan="2">587</td><td rowspan="2">502</td></tr>
<tr><td>录取最高分</td><td>680</td><td>630</td><td>637</td><td>657</td><td>639</td><td>632</td><td>400</td><td>644</td><td>646</td><td>638</td><td>670</td><td>637</td><td>644</td></tr>
<tr><td>录取最低分</td><td>648</td><td>606</td><td>580</td><td>620</td><td>579</td><td>599</td><td>387</td><td>631</td><td>611</td><td>614</td><td>641</td><td>619</td><td>618</td><td rowspan="2">录取最高分</td><td rowspan="2">644</td><td rowspan="2">668</td><td rowspan="2">548</td></tr>
<tr><td>录取平均分</td><td>653</td><td>612</td><td>600</td><td>635</td><td>601</td><td>611</td><td>391</td><td>634</td><td>620</td><td>618</td><td>648</td><td>624</td><td>624</td></tr>
<tr><td>最低分高出重点线</td><td>128</td><td>69</td><td>128</td><td>120</td><td>62</td><td>144</td><td>40</td><td>116</td><td>95</td><td>79</td><td>97</td><td>98</td><td>111</td><td rowspan="2">录取最低分</td><td rowspan="2">616</td><td rowspan="2">648</td><td rowspan="2">521</td></tr>
<tr><td>平均分高出重点线</td><td>133</td><td>75</td><td>148</td><td>135</td><td>84</td><td>156</td><td>44</td><td>119</td><td>104</td><td>83</td><td>104</td><td>103</td><td>117</td></tr>
<tr><td rowspan="6">文史类</td><td>当地重点线</td><td>538</td><td>542</td><td>520</td><td>567</td><td>543</td><td>483</td><td>343</td><td>541</td><td>550</td><td>547</td><td>556</td><td>531</td><td>550</td><td rowspan="2">录取平均分</td><td rowspan="2">622</td><td rowspan="2">654</td><td rowspan="2">532</td></tr>
<tr><td>录取最高分</td><td>626</td><td>581</td><td>611</td><td>628</td><td>592</td><td>597</td><td>373</td><td>600</td><td>599</td><td>594</td><td>616</td><td>584</td><td>618</td></tr>
<tr><td>录取最低分</td><td>617</td><td>579</td><td>579</td><td>622</td><td>571</td><td>582</td><td>372</td><td>597</td><td>593</td><td>590</td><td>610</td><td>568</td><td>610</td><td rowspan="2">最低分高出重点线</td><td rowspan="2">90</td><td rowspan="2">61</td><td rowspan="2">19</td></tr>
<tr><td>录取平均分</td><td>619</td><td>580</td><td>604</td><td>624</td><td>581</td><td>586</td><td>373</td><td>598</td><td>595</td><td>591</td><td>612</td><td>578</td><td>614</td></tr>
<tr><td>最低分高出重点线</td><td>79</td><td>37</td><td>59</td><td>55</td><td>28</td><td>99</td><td>29</td><td>56</td><td>43</td><td>43</td><td>54</td><td>37</td><td>60</td><td rowspan="2">平均分高出重点线</td><td rowspan="2">96</td><td rowspan="2">67</td><td rowspan="2">30</td></tr>
<tr><td>平均分高出重点线</td><td>81</td><td>38</td><td>84</td><td>57</td><td>38</td><td>103</td><td>30</td><td>57</td><td>45</td><td>44</td><td>56</td><td>47</td><td>64</td></tr>
</table>

续表

生源地		广东	广西	重庆	四川	贵州	云南	西藏汉	西藏藏	陕西	甘肃	青海	宁夏	新疆	综合改革省份	浙江	山东	海南
理工类	当地重点线	524	496	500	529	480	535	480	325	451	458	393	434	431	当地重点线	594	532	569
	录取最高分	629	641	628	657	621	658	623	395	629	597	563	590	580				
	录取最低分	604	581	597	626	589	613	593	378	580	562	414	526	554	录取最高分	653	653	720
	录取平均分	610	605	609	633	596	628	608	389	593	572	496	551	564				
	最低分高出重点线	80	85	97	97	109	78	113	53	129	104	21	92	123	录取最低分	632	618	657
	平均分高出重点线	86	109	109	104	116	93	128	64	142	114	103	117	133				
文史类	当地重点线	536	500	536	527	548	555	460	350	512	520	480	523	482	录取平均分	643	629	673
	录取最高分	583	578	611	585	610	622	578	407	617	588	521	602	566				
	录取最低分	575	571	594	580	605	614	578	407	612	572	518	591	553	最低分高出重点线	38	86	88
	录取平均分	579	574	598	582	607	617	578	407	615	576	520	595	561				
	最低分高出重点线	39	71	58	53	57	59	118	57	100	52	38	68	71	平均分高出重点线	49	97	104
	平均分高出重点线	43	74	62	55	59	62	118	57	103	56	40	72	79				

(保 定 校 区)

生源地		河北	山西	内蒙古	辽宁	吉林	黑龙江	江苏	安徽	福建	江西	河南	湖北	湖南	综合改革省份	北京	天津	上海
理工类	当地重点线	520	537	452	500	517	455	347	515	516	535	544	521	507	当地重点线	526	587	502
	录取最高分	664	622	615	641	637	623	394	639	632	626	658	629	629				
	录取最低分	637	596	554	599	554	584	379	620	601	604	631	606	612	录取最高分	625	669	529
	录取平均分	643	605	587	610	585	600	385	625	611	608	638	612	617				
	最低分高出重点线	117	59	102	99	37	129	32	105	85	69	87	85	105	录取最低分	584	637	518
	平均分高出重点线	123	68	135	110	68	145	38	110	95	73	94	91	110				
文史类	当地重点线	538	542	520	567	543	483	343	541	550	547	556	531	550	录取平均分	602	646	522
	录取最高分	614	575	602	609	574	570	371	585	594	586	604	581	610				
	录取最低分	604	569	576	603	553	564	368	578	583	580	602	564	602	最低分高出重点线	58	50	16
	录取平均分	607	571	591	605	565	565	369	582	587	583	603	575	597				
	最低分高出重点线	66	27	56	36	10	81	25	37	33	33	46	33	52	平均分高出重点线	76	59	20
	平均分高出重点线	69	29	71	38	22	82	26	41	37	36	47	44	47				

续表

<table>
<tr><th colspan="2">生源地</th><th>广东</th><th>广西</th><th>重庆</th><th>四川</th><th>贵州</th><th>云南</th><th>西藏汉</th><th>西藏藏</th><th>陕西</th><th>甘肃</th><th>青海</th><th>宁夏</th><th>新疆</th><th>综合改革省份</th><th>浙江</th><th>山东</th><th>海南</th></tr>
<tr><td rowspan="6">理工类</td><td>当地重点线</td><td>524</td><td>496</td><td>500</td><td>529</td><td>480</td><td>535</td><td>480</td><td>325</td><td>451</td><td>458</td><td>393</td><td>434</td><td>431</td><td rowspan="2">当地重点线</td><td rowspan="2">594</td><td rowspan="2">532</td><td rowspan="2">569</td></tr>
<tr><td>录取最高分</td><td>618</td><td>633</td><td>623</td><td>644</td><td>614</td><td>660</td><td>625</td><td>392</td><td>609</td><td>589</td><td>537</td><td>582</td><td>572</td></tr>
<tr><td>录取最低分</td><td>584</td><td>558</td><td>590</td><td>618</td><td>576</td><td>592</td><td>608</td><td>392</td><td>564</td><td>550</td><td>417</td><td>437</td><td>541</td><td rowspan="2">录取最高分</td><td rowspan="2">649</td><td rowspan="2">635</td><td rowspan="2">666</td></tr>
<tr><td>录取平均分</td><td>597</td><td>600</td><td>600</td><td>623</td><td>586</td><td>619</td><td>613</td><td>392</td><td>585</td><td>558</td><td>486</td><td>533</td><td>547</td></tr>
<tr><td>最低分高出重点线</td><td>60</td><td>62</td><td>90</td><td>89</td><td>96</td><td>57</td><td>128</td><td>67</td><td>113</td><td>92</td><td>24</td><td>3</td><td>110</td><td rowspan="2">录取最低分</td><td rowspan="2">624</td><td rowspan="2">603</td><td rowspan="2">640</td></tr>
<tr><td>平均分高出重点线</td><td>73</td><td>104</td><td>100</td><td>94</td><td>106</td><td>84</td><td>133</td><td>67</td><td>134</td><td>100</td><td>93</td><td>99</td><td>116</td></tr>
<tr><td rowspan="6">文史类</td><td>当地重点线</td><td>536</td><td>500</td><td>536</td><td>527</td><td>548</td><td>555</td><td>460</td><td>350</td><td>512</td><td>520</td><td>480</td><td>523</td><td>482</td><td rowspan="2">录取平均分</td><td rowspan="2">634</td><td rowspan="2">617</td><td rowspan="2">653</td></tr>
<tr><td>录取最高分</td><td>565</td><td>561</td><td>591</td><td>578</td><td>608</td><td>606</td><td></td><td></td><td>599</td><td>572</td><td>524</td><td>586</td><td>547</td></tr>
<tr><td>录取最低分</td><td>559</td><td>551</td><td>571</td><td>573</td><td>597</td><td>593</td><td></td><td></td><td>580</td><td>568</td><td>516</td><td>559</td><td>542</td><td rowspan="2">最低分高出重点线</td><td rowspan="2">30</td><td rowspan="2">71</td><td rowspan="2">71</td></tr>
<tr><td>录取平均分</td><td>562</td><td>555</td><td>580</td><td>575</td><td>601</td><td>600</td><td></td><td></td><td>585</td><td>570</td><td>520</td><td>577</td><td>546</td></tr>
<tr><td>最低分高出重点线</td><td>23</td><td>51</td><td>35</td><td>46</td><td>49</td><td>38</td><td></td><td></td><td>68</td><td>48</td><td>36</td><td>36</td><td>60</td><td rowspan="2">平均分高出重点线</td><td rowspan="2">40</td><td rowspan="2">85</td><td rowspan="2">84</td></tr>
<tr><td>平均分高出重点线</td><td>26</td><td>55</td><td>44</td><td>48</td><td>53</td><td>45</td><td></td><td></td><td>73</td><td>50</td><td>40</td><td>54</td><td>64</td></tr>
</table>

说明:合并本科批次的省份使用的重点线为自主招生控制线。

(学生处提供)

教职工及师资情况

华北电力大学2020年教职工情况表

单位:人

<table>
<tr><th rowspan="3"></th><th rowspan="3">编号</th><th colspan="9">教职工数</th><th rowspan="3">聘请校外教师</th><th rowspan="3">离退休人员</th></tr>
<tr><th rowspan="2">合计</th><th colspan="5">校本部教职工</th><th rowspan="2">科研机构人员</th><th rowspan="2">校办企业职工</th><th rowspan="2">其他附设机构人员</th></tr>
<tr><th>计</th><th>专任教师</th><th>行政人员</th><th>教辅人员</th><th>工勤人员</th></tr>
<tr><td>总　计</td><td>1</td><td>2994</td><td>2978</td><td>1974</td><td>514</td><td>372</td><td>118</td><td></td><td>16</td><td></td><td>573</td><td>1220</td></tr>
<tr><td>其中:女</td><td>2</td><td>1219</td><td>1217</td><td>788</td><td>209</td><td>194</td><td>26</td><td></td><td>2</td><td></td><td>112</td><td>556</td></tr>
<tr><td>正高级</td><td>3</td><td>455</td><td>454</td><td>426</td><td>14</td><td>14</td><td></td><td></td><td>1</td><td></td><td>81</td><td>273</td></tr>
<tr><td>副高级</td><td>4</td><td>1037</td><td>1029</td><td>727</td><td>153</td><td>149</td><td></td><td></td><td>8</td><td></td><td>126</td><td>299</td></tr>
<tr><td>中　级</td><td>5</td><td>1196</td><td>1190</td><td>719</td><td>289</td><td>182</td><td></td><td></td><td>6</td><td></td><td>241</td><td>*</td></tr>
<tr><td>初　级</td><td>6</td><td>160</td><td>160</td><td>77</td><td>49</td><td>25</td><td>9</td><td></td><td></td><td></td><td>111</td><td>*</td></tr>
<tr><td>未定职级</td><td>7</td><td>146</td><td>145</td><td>25</td><td>9</td><td>2</td><td>109</td><td></td><td>1</td><td></td><td>14</td><td>*</td></tr>
</table>

(网络与信息化办公室　牛辰昊　提供)

华北电力大学 2020 年研究生指导教师情况表

单位：人

		编号	合计	29 岁及以下	30～34 岁	35～39 岁	40～44 岁	45～49 岁	50～54 岁	55～59 岁	60～64 岁	65 岁及以上
总　计		1	1433	6	127	218	340	266	188	237	43	8
其中：女		2	437	2	35	65	100	91	68	66	9	1
按专业技术职务分	正高级	3	551		4	32	82	105	103	180	37	8
	副高级	4	652		47	135	179	146	83	56	6	
	中级	5	230	6	76	51	79	15	2	1		
按指导关系分	博士导师	6										
	其中：女	7										
	硕士导师	8	1118	6	120	192	285	205	135	151	24	
	其中：女	9	391	2	34	60	96	78	56	59	6	
	博士、硕士导师	10	315		7	26	55	61	53	86	19	8
	其中：女	11	46		1	5	4	13	12	7	3	1

（网络与信息化办公室　牛辰昊　提供）

华北电力大学 2020 年人才接收与引进表

北京校部：107 人

序号	姓名	部门	性别	出生日期	年龄	编制标志	学历	学位	毕业院校	所学专业
1	杨　慧	环境科学与工程学院	男	1985.01.09	36	教学	博士研究生毕业	博士学位	西北工业大学	材料学
2	佟振峰	核科学与工程学院	男	1977.11.03	43	教学	博士研究生毕业	博士学位	中国原子能科学研究院	核燃料循环与材料
3	陈　衡	能源动力与机械工程学院	男	1989.02.16	32	教学	博士研究生毕业	博士学位	西安交通大学	动力工程及工程热物理
4	孔艳强	能源动力与机械工程学院	男	1989.11.11	31	教学	博士研究生毕业	博士学位	华北电力大学	工程热物理
5	王雅迪	核科学与工程学院	女	1984.03.20	36	教学	博士研究生毕业	博士学位	中国科学技术大学	粒子物理与核物理
6	郑少飞	能源电力创新研究院	男	1990.05.06	30	教学	博士研究生毕业	博士学位	弗莱贝格工业大学	机械工程
7	白晓静	控制与计算机工程学院	女	1987.12.09	33	教学	博士研究生毕业	博士学位	华北电力大学	检测技术与自动化装置
8	吕　玮	能源电力创新研究院	男	1983.04.24	37	实验研究	博士研究生毕业	博士学位	钢铁研究总院	材料物理与化学
9	曾　宏	能源电力创新研究院	男	1978.02.02	43	教学	博士研究生毕业	博士学位	北京工业大学	材料学
10	任寒景	数理学院	女	1989.12.21	31	教学	博士研究生毕业	博士学位	中国科学院数学与系统科学研究院	运筹学与控制论
11	王　欣	数理学院	男	1987.04.05	33	教学	博士研究生毕业	博士学位	南京大学	材料科学与工程
12	王　瑶	校医院	女	1984.03.08	36	教辅	硕士研究生毕业	硕士学位	中国疾病预防控制中心	劳动卫生与环境卫生学

续表

序号	姓名	部门	性别	出生日期	年龄	编制标志	学历	学位	毕业院校	所学专业
13	李赟	国家能源发展战略研究院	女	1990.12.29	30	教学	博士研究生毕业	博士学位	华北电力大学	管理科学与工程
14	武广兴	新能源学院	男	1987.07.10	33	教学	博士研究生毕业	博士学位	北京航空航天大学	流体力学
15	沈尧	资产管理处	女	1996.10.08	24	行政	研究生教育	硕士学位	谢菲尔德大学	管理学
16	胡斌	新能源学院	男	1992.05.01	28	教学	博士研究生毕业	博士学位	华北电力大学	可再生能源与清洁能源
17	吴浩	核科学与工程学院	男	1989.08.18	31	教学	博士研究生毕业	博士学位	清华大学	核科学与技术
18	宋晓月	党委学生工作部 党委武装部 学生处	女	1995.02.08	26	教学	硕士研究生毕业	硕士学位	北京师范大学	心理学
19	曹卉	体育教学部	女	1995.01.21	26	教学	硕士研究生毕业	硕士学位	北京体育大学	体育教育训练学
20	魏静	数理学院	女	1991.11.11	29	教学	博士研究生毕业	博士学位	山西大学	基础数学
21	孟会贤	数理学院	女	1984.09.25	36	教学	博士研究生毕业	博士学位	陕西师范大学	基础数学
22	彭乾刚	党委教师工作部 人事处	男	1995.04.12	25	行政	硕士研究生毕业	硕士学位	天津大学	教育学
23	张翔宇	电气与电子工程学院	男	1992.11.19	28	教学	博士研究生毕业	博士学位	清华大学	电气工程
24	唐彩红	水利与水电工程学院	女	1992.01.10	29	教学	博士研究生毕业	博士学位	北京师范大学	环境科学
25	包哲	环境科学与工程学院	男	1988.08.18	32	教学	博士研究生毕业	博士学位	华北电力大学	能源环境工程
26	董艺双	党委宣传部	女	1995.11.24	25	行政	硕士研究生毕业	硕士学位	北京师范大学	广播电视
27	蔡洁	马克思主义学院	女	1990.06.29	30	教学	博士研究生毕业	博士学位	中央民族大学	中国近现代史
28	胡勇	控制与计算机工程学院	男	1986.08.23	34	教学	博士研究生毕业	博士学位	华北电力大学	控制理论与控制工程
29	杨旻昊	能源电力创新研究院	男	1990.04.21	30	教学	博士研究生毕业	博士学位	法国巴黎萨克雷大学	材料科学与工程
30	李新鹏	核科学与工程学院	男	1993.05.06	27	教学	博士研究生毕业	博士学位	清华大学	辐射防护与环境保护
31	吴宁宁	马克思主义学院	女	1981.12.07	39	教学	博士研究生毕业	博士学位	东南大学	伦理学
32	牛文芳	校医院	女	1984.10.31	36	教辅	硕士研究生毕业	硕士学位	北京大学	内科学
33	高春嘉	电气与电子工程学院	男	1991.08.05	29	教学	博士研究生毕业	博士学位	华北电力大学	电气工程
34	许传博	经济与管理学院	男	1993.08.22	27	教学	博士研究生毕业	博士学位	华北电力大学	管理科学与工程
35	张德安	党委政策研究室 发展规划处	男	1978.12.16	42	双肩挑	博士研究生毕业	博士学位	南开大学	中国古代史
36	宋志强	图书馆	男	1976.05.20	44	教辅	硕士研究生毕业	硕士学位	华北电力大学	热能工程
37	张洪	电气与电子工程学院	男	1982.12.08	38	行政	大学本科毕业	硕士学位	西安外国语大学	英语语言文学
38	彭跃辉	电气与电子工程学院	男	1981.01.17	40	行政	硕士研究生毕业	硕士学位	华北电力大学	电工理论与新技术

续表

序号	姓名	部门	性别	出生日期	年龄	编制标志	学历	学位	毕业院校	所学专业
39	周　明	电气与电子工程学院	女	1967.10.27	53	教学	博士研究生毕业	博士学位	华北电力大学	电力系统及其自动化
40	姜根山	数理学院	男	1963.05.08	57	教学	博士研究生毕业	博士学位	华北电力大学	热能工程
41	魏　乐	控制与计算机工程学院	女	1976.07.23	44	教学	博士研究生毕业	博士学位	华北电力大学	动力工程及工程热物理
42	汪黎东	环境科学与工程学院	男	1978.05.19	42	教学	博士研究生毕业	博士学位	华北电力大学	热能工程
43	律　茵	控制与计算机工程学院	女	1995.02.16	26	辅导员	硕士研究生毕业	硕士学位	华北电力大学	思想政治教育
44	马　剽	经济与管理学院	男	1995.11.02	25	辅导员	硕士研究生毕业	硕士学位	首都师范大学	小学教育
45	宫　馨	核科学与工程学院	女	1994.03.17	26	辅导员	硕士研究生毕业	硕士学位	北京师范大学	化学
46	刘乐浩	新能源学院	男	1985.09.03	35	教学	博士研究生毕业	博士学位	西北工业大学	材料学
47	徐小蓉	水利与水电工程学院	女	1990.05.19	30	教学	博士研究生毕业	博士学位	清华大学	水利水电工程
48	马旭龙	能源动力与机械工程学院	男	1988.11.06	32	教学	博士研究生毕业	博士学位	清华大学	材料科学与工程
49	李　凯	新能源学院	男	1988.09.12	32	教学	博士研究生毕业	博士学位	中国科学技术大学	热能工程
50	石　鑫	控制与计算机工程学院	男	1988.04.01	32	教学	博士研究生毕业	博士学位	上海交通大学	电气工程
51	林　波	能源动力与机械工程学院	男	1994.02.15	27	辅导员	硕士研究生毕业	硕士学位	首都师范大学	基础数学
52	崔　靓	外国语学院	女	1992.01.08	29	教学	博士研究生毕业	博士学位	北京外国语大学	外国语言学及应用语言学
53	尤　雪	环境科学与工程学院	女	1990.02.07	31	教学	博士研究生毕业	博士学位	中国科学院大学	化学
54	司栩源	经济与管理学院	女	1995.01.18	26	辅导员	硕士研究生毕业	硕士学位	北京交通大学	电气工程
55	曹　峰	研究生院 学位办公室	男	1995.02.25	26	行政	硕士研究生毕业	硕士学位	诺丁汉大学	人机交互
56	秦　鹏	电气与电子工程学院	男	1987.10.22	33	教学	博士研究生毕业	博士学位	华中科技大学	通信与信息系统
57	马骁婧	能源动力与机械工程学院	女	1992.03.17	28	教学	博士研究生毕业	博士学位	上海交通大学	动力工程及工程热物理
58	徐　磊	能源动力与机械工程学院	女	1988.05.25	32	实验	硕士研究生毕业	硕士学位	华北电力大学	工程热物理
59	邓祎璐	经济与管理学院	女	1994.02.21	27	教学	博士研究生毕业	博士学位	中央财经大学	会计学
60	周星奇	控制与计算机工程学院	男	1994.12.24	26	实验	硕士研究生毕业	硕士学位	北京工业大学	控制工程
61	杨大杰	数理学院	男	1988.01.17	33	教学	博士研究生毕业	博士学位	武汉大学	光学
62	尹　环	数理学院	女	1989.09.04	31	教学	博士研究生毕业	博士学位	北京工业大学	统计学
63	郑　乐	电气与电子工程学院	男	1989.09.23	31	教学	博士研究生毕业	博士学位	清华大学	电力系统及其自动化
64	成一平	党委组织部 党校	女	1995.04.08	25	行政	硕士研究生毕业	硕士学位	华北电力大学	电力系统及其自动

续表

序号	姓名	部门	性别	出生日期	年龄	编制标志	学历	学位	毕业院校	所学专业
65	吕小军	新能源学院	男	1977.01.21	44	教学	博士研究生毕业	博士学位	北京航空航天大学	材料物理与化学
66	焦　健	财务处	男	1995.01.25	26	教辅	硕士研究生毕业	硕士学位	佳木斯大学	会计
67	杨子发	新能源学院	男	1993.06.11	27	辅导员	硕士研究生毕业	硕士学位	华北电力大学	计算数学
68	王清洋	能源动力与机械工程学院	男	1993.03.19	27	教学	博士研究生毕业	博士学位	美国加州大学圣迭戈分校	工程热物理
69	李　贞	环境科学与工程学院	女	1987.08.11	33	教学	博士研究生毕业	博士学位	清华大学	环境科学与工程
70	延肖何	电气与电子工程学院	男	1991.08.11	29	教学	博士研究生毕业	博士学位	巴斯大学	电气工程
71	张思琦	审计处	男	1995.07.17	25	教辅	硕士研究生毕业	硕士学位	北京建筑大学	管理科学与工程
72	张　塞	控制与计算机工程学院	男	1992.09.10	28	教学	博士研究生毕业	博士学位	华北电力大学	能源环境工程
73	朱秀丽	核科学与工程学院	女	1989.10.08	31	教学	博士研究生毕业	博士学位	北京航空航天大学	凝聚态物理
74	童晓峰	能源电力创新研究院	男	1991.12.18	29	教学	博士研究生毕业	博士学位	丹麦技术大学	能源技术
75	余　培	电气与电子工程学院	女	1993.01.02	28	辅导员	硕士研究生毕业	硕士学位	华北电力大学	电气工程
76	贾宗霖	数理学院	男	1989.05.24	31	教学	博士研究生毕业	博士学位	中国科学院数学与系统科学研究院	基础数学
77	王利刚	能源电力创新研究院	男	1987.12.20	33	教学	博士研究生毕业	博士学位	柏林工业大学	工程热物理
78	罗文博	能源电力创新研究院	男	1989.04.18	31	教学	博士研究生毕业	博士学位	北京科技大学	材料科学与工程
79	王天马	国际教育学院	男	1994.05.22	26	辅导员	硕士研究生毕业	硕士学位	伊利诺伊理工大学	金融学
80	任羽菲	经济与管理学院	女	1990.05.17	30	教学	博士研究生毕业	博士学位	中国社会科学院研究生院	数量经济学
81	杨　桐	外国语学院	男	1986.01.03	35	教学	博士研究生毕业	博士学位	巴黎三大	法语对外教学
82	申杨硕	经济与管理学院	女	1983.11.22	37	教学	博士研究生毕业	博士学位	华北电力大学	技术经济及管理
83	苗　蔚	水利与水电工程学院	女	1990.07.22	30	教学	博士研究生毕业	博士学位	清华大学	水利工程
84	任东方	经济与管理学院	女	1991.08.28	29	教学	博士研究生毕业	博士学位	华北电力大学	信息管理工程
85	张　健	经济与管理学院	男	1989.04.06	31	教学	博士研究生毕业	博士学位	北京交通大学	电气工程
86	张连根	控制与计算机工程学院	男	1987.09.03	33	教学	博士研究生毕业	博士学位	华北电力大学	高电压与绝缘技术
87	杨天让	能源电力创新研究院	男	1990.12.15	30	教学	博士研究生毕业	博士学位	美国南卡罗莱纳大学	机械工程
88	袁润松	经济与管理学院	男	1983.01.01	38	教学	博士研究生毕业	博士学位	中南大学	工商管理
89	鞠立伟	经济与管理学院	男	1989.08.14	31	教学	博士研究生毕业	博士学位	华北电力大学	技术经济及管理
90	何小武	数理学院	男	1986.08.20	34	教学	博士研究生毕业	博士学位	北京航空航天大学	材料物理与化学

续表

序号	姓名	部门	性别	出生日期	年龄	编制标志	学历	学位	毕业院校	所学专业
91	李海方	新能源学院	男	1985.12.05	35	教学	博士研究生毕业	博士学位	中国科学院大学	物理化学
92	王　梦	马克思主义学院	女	1991.09.29	29	教学	博士研究生毕业	博士学位	吉林大学	中国近现代史基本问题研究
93	黄耀兵	新能源学院	男	1985.11.11	35	教学	博士研究生毕业	博士学位	中国科学技术大学	有机化学
94	马善为	新能源学院	男	1990.05.22	30	教学	博士研究生毕业	博士学位	中国科学技术大学	动力工程及工程热物理
95	王金星	能源动力与机械工程学院	男	1985.10.28	35	教学	博士研究生毕业	博士学位	华中科技大学	热能工程
96	任国瑞	控制与计算机工程学院	男	1993.10.02	27	教学	博士研究生毕业	博士学位	哈尔滨工业大学	动力机械及工程
97	张　怡	控制与计算机工程学院	女	1994.08.01	26	教学	博士研究生毕业	博士学位	东南大学	动力工程及工程热物理
98	窦亚男	财务处	女	1995.07.30	25	教辅	硕士研究生毕业	硕士学位	美国德克萨斯大学达拉斯分校	商业分析
99	罗暘洋	经济与管理学院	女	1992.10.17	28	教学	博士研究生毕业	博士学位	北京理工大学	工商管理
100	齐娟娟	环境科学与工程学院	女	1985.10.15	35	教学	博士研究生毕业	博士学位	北京航空航天大学	材料物理与化学
101	侯钦腾	党委政策研究室发展规划处	男	1993.10.09	27	行政	硕士研究生毕业	硕士学位	悉尼大学	数字传播与文化
102	陆薇薇	图书馆	女	1983.03.02	38	图书	硕士研究生毕业	硕士学位	南京工业大学	应用化学
103	田华军	能源动力与机械工程学院	男	1984.04.23	36	教学	博士研究生毕业	博士学位	中国科学院合肥物质科学研究院	材料物理与化学
104	陈远野	控制与计算机工程学院	男	1987.10.14	33	教学	博士研究生毕业	博士学位	加拿大维多利亚大学	机械工程
105	张青岳	党委学生工作部党委武装部 学生处	男	1993.07.16	27	辅导员	硕士研究生毕业	硕士学位	中国农业大学	车辆工程
106	程　龙	控制与计算机工程学院	男	1985.12.22	36	教学	博士研究生毕业	博士学位	都柏林城市大学	电子工程
107	李海敏	马克思主义学院	女	1985.12.27	35	教学	博士研究生毕业	博士学位	清华大学	法学

保定校区:32 人

序号	姓名	部门	性别	出生日期	年龄	编制标志	学历	学位	毕业院校	所学专业
1	王亚茹	自动化系	女	1990.01.16	31	教学	博士研究生毕业	博士学位	天津大学	控制科学与工程
2	周吉宇	机械工程系	男	1990.10.04	31	教学	博士研究生毕业	博士学位	北京航空航天大学	材料物理与化学
3	王青龙	机械工程系	男	1989.01.15	32	教学	博士研究生毕业	博士学位	东北大学	材料加工工程
4	赵　猛	法政系	男	1994.11.17	27	教学	硕士研究生毕业	博士学位	华北电力大学	控制理论与控制工程
5	王　邱	党委宣传部	男	1995.03.22	26	行政	硕士研究生毕业	硕士学位	华北电力大学	机械工程
6	李昊天	党委教师工作部人事处	男	1994.06.21	27	行政	硕士研究生毕业	硕士学位	华北电力大学	环境工程
7	黄春朴	动力工程系	男	1993.05.05	28	专技	硕士研究生毕业	硕士学位	华北电力大学	动力工程

续表

序号	姓名	部门	性别	出生日期	年龄	编制标志	学历	学位	毕业院校	所学专业
8	曹　瑞	电子与通信工程系	女	1994.06.11	27	教学	硕士研究生就业	硕士学位	华北电力大学	系统工程
9	曹志旭	党政办公室	男	1992.05.23	29	行政	硕士研究生毕业	硕士学位	华北电力大学	热能工程
10	王　磊	动力工程系	男	1994.02.17	27	行政	硕士研究生毕业	硕士学位	华北电力大学	控制工程
11	杜博松	校医院	男	1992.12.04	29	专技	硕士研究生毕业	硕士学位	天津医科大学	临床医学
12	吴　思	党委学生工作部 党委武装部 学生处	女	1995.09.30	26	行政	硕士研究生毕业	硕士学位	苏州大学教育学院	应用心理
13	杜　仲	数理系	男	1990.03.26	31	教学	博士研究生毕业	博士学位	北京邮电大学	系统科学
14	张睿佳	英语系	女	1988.11.05	33	教学	博士研究生毕业	博士学位	北京外国语大学	日语语言文学
15	金　叶	英语系	女	1987.08.22	34	教学	博士研究生毕业	博士学位	新西兰奥克兰大学	应用语言学
16	卢　灿	经济管理系	女	1990.05.30	31	教学	博士研究生毕业	博士学位	华北电力大学	技术经济及管理
17	刘　宽	经济管理系	男	1991.10.02	30	行政	硕士研究生毕业	硕士学位	华北电力大学	工学
18	李　鹏	动力工程系	男	1991.09.07	30	教学	博士研究生毕业	博士学位	华北电力大学	动力机械及工程
19	齐铁月	环境科学与工程系	女	1994.10.08	27	教学	博士研究生毕业	博士学位	华北电力大学	能源环境工程
20	刘　辉	体育教学部	女	1993.08.01	28	教学	硕士研究生毕业	硕士学位	北京体育大学	运动训练
21	赵　昆	环境科学与工程系	男	1987.10.06	34	教学	博士研究生毕业	博士学位	北京科技大学	环境科学与工程
22	孙恩慧	动力工程系	男	1991.04.14	30	教学	博士研究生毕业	博士学位	华北电力大学	热能工程
23	李永毅	动力工程系	男	1990.02.02	31	教学	博士研究生毕业	博士学位	华北电力大学	热能工程
24	王　毅	经济管理系	男	1988.01.29	33	教学	博士研究生毕业	博士学位	华北电力大学	工程与项目管理
25	李　远	环境科学与工程系	男	1989.10.23	32	教学	博士研究生毕业	博士学位	北京化工大学	环境科学与工程
26	王雨晴	经济管理系	女	1994.05.05	27	教学	博士研究生毕业	博士学位	华北电力大学	技术经济及管理
27	杨世芳	电力工程系	女	1994.02.05	27	教学	博士研究生毕业	博士学位	清华大学	电气工程
28	贺　梵	英语系	女	1990.09.20	31	教学	博士研究生毕业	博士学位	莫斯科国立大学	语文学专业
29	朱瑞敏	电力工程系	男	1989.10.22	32	教学	博士研究生毕业	博士学位	华北电力大学	电气工程
30	孙兆辉	法政系	男	1989.11.03	32	教学	博士研究生毕业	博士学位	天津大学	公共管理
31	董佳倩	自动化系	女	1995.09.18	26	教学	硕士研究生毕业	博士学位	华北电力大学	会计学
32	洪迪昆	动力工程系	男	1991.02.16	30	教学	博士研究生毕业	博士学位	华中科技大学	热能工程

（人事处　黄　杰　提供）

科研产业与校企合作情况

华北电力大学2020年中央高校基本科研业务费专项资金项目资助情况一览表

（单位：万元）

序号	项目编号	项目名称	负责人	所在单位	资助类别	申请领域	资助金额
1	2020MS001	5G配用电电力物联网低功耗大连接技术研究	周振宇	电气与电子工程学院	面上项目	理工类	15
2	2020MS002	多层交互结构下面向能源服务的负荷集群协同技术	武　昕	电气与电子工程学院	面上项目	理工类	17
3	2020MS003	考虑开关器件热特性的混合MMC电磁暂态实时仿真建模方法	许建中	电气与电子工程学院	面上项目	理工类	15
4	2020MS004	市场环境下氢能供应链投资决策与价值量化方法	王剑晓	电气与电子工程学院	面上项目	理工类	17
5	2020MS005	高温差强电场下环氧树脂失效机制与替代方案	杨　霄	电气与电子工程学院	面上项目	理工类	20
6	2020MS006	垃圾焚烧热利用与污染物控制协同集成机理	陈　衡	能源动力与机械工程学院	面上项目	理工类	15
7	2020MS007	溶氧对超临界水中奥氏体钢氧化的影响机理	朱忠亮	能源动力与机械工程学院	面上项目	理工类	15
8	2020MS008	脱硫石膏结晶宏观动力学及粒数衡算数值模拟	齐娜娜	能源动力与机械工程学院	面上项目	理工类	11
9	2020MS009	新型耦合热泵循环实验研究	孙　健	能源动力与机械工程学院	面上项目	理工类	15
10	2020MS010	热/质耦合换热设备的热量流模型及系统优化	郝俊红	能源动力与机械工程学院	面上项目	理工类	15
11	2020MS011	熔融盐固液相变糊状区演变的实验和模拟研究	廖志荣	能源动力与机械工程学院	面上项目	理工类	15
12	2020MS012	基于深度学习的光伏发电功率概率预测研究	何　慧	控制与计算机工程学院	面上项目	理工类	10
13	2020MS013	火电机组灵活性运行评价体系构建及综合评估研究	洪　烽	控制与计算机工程学院	面上项目	理工类	16
14	2020MS014	基于匿名保护的量子密码关键理论研究	王庆乐	控制与计算机工程学院	面上项目	理工类	16
15	2020MS015	基于声光电融合的CO_2质量流量测量方法研究	张文彪	控制与计算机工程学院	面上项目	理工类	13
16	2020MS016	大数据驱动下风电机组的经济模型预测控制	孔小兵	控制与计算机工程学院	面上项目	理工类	13
17	2020MS017	基于人工智能的风力发电系统全时空同步智能信息物理模型研究	滕　婧	控制与计算机工程学院	面上项目	理工类	10
18	2020MS018	等保2.0标准下电站工控系统安全评估及防护研究	于　磊	控制与计算机工程学院	面上项目	理工类	8
19	2020MS019	具有通信约束的多智能体系统协同控制研究	魏　波	控制与计算机工程学院	面上项目	理工类	16

续表

序号	项目编号	项目名称	负责人	所在单位	资助类别	申请领域	资助金额
20	2020MS020	污染物 NOx 前驱体的形成机理和控制干预机制研究	刘　吉	新能源学院	面上项目	理工类	15
21	2020MS021	大型海上风电场功率多尺度预测与控制方法	阎　洁	新能源学院	面上项目	理工类	15
22	2020MS022	大变形风电叶片弹性致动线模型研究	孟　航	新能源学院	面上项目	理工类	15
23	2020MS023	新型太阳电池中的光、电、热协同管理	李英峰	新能源学院	面上项目	理工类	15
24	2020MS024	系列洪水作用下泥沙运动及河床演变研究	王　乐	新能源学院	面上项目	理工类	15
25	2020MS025	极端水文事件对变化环境的多维响应研究	孟长青	新能源学院	面上项目	理工类	15
26	2020MS026	气候变化和城市化背景下城市洪水弹性分析	马秋梅	新能源学院	面上项目	理工类	15
27	2020MS027	深海多金属结核底质土力学特性研究	张　宁	新能源学院	面上项目	理工类	12
28	2020MS028	高效离子输运的设计在宽工作温区锂/钠离子电池的应用	褚立华	新能源学院	面上项目	理工类	12
29	2020MS029	快堆结构流固耦合近场效应和流致振动研究	刘　雨	核科学与工程学院	面上项目	理工类	6
30	2020MS030	小型抑压式安全壳抑压特性研究	王升飞	核科学与工程学院	面上项目	理工类	6
31	2020MS031	SiC 复合包壳热—力耦合与失效评价研究	郝祖龙	核科学与工程学院	面上项目	理工类	6
32	2020MS032	近壁区超临界二氧化碳湍流换热机理研究	赵后剑	核学科与工程学院	面上项目	理工类	6
33	2020MS033	中高能区的光学模型势	许祎萍	核科学与工程学院	面上项目	理工类	6
34	2020MS034	基于机器学习的朝下表面沸腾换热研究	钟达文	核科学与工程学院	面上项目	理工类	16
35	2020MS035	大气中氯自由基来源及对大气氧化性的影响研究	邱雄辉	环境科学与工程学院	面上项目	理工类	15
36	2020MS036	钛酸锶纳米材料对放射性核素 U 还原移除	赵桂霞	环境科学与工程学院	面上项目	理工类	15
37	2020MS037	荧光-SERS 双模探针对铀酰的分析研究	孙振丽	环境科学与工程学院	面上项目	理工类	15
38	2020MS038	塑胶运动场及人造草坪灰尘中典型污染物的赋存特征、生物有效性与人体健康风险评价	曹丹丹	环境科学与工程学院	面上项目	理工类	15
39	2020MS039	聚合物场效应晶体管性能调控	姬濯宇	环境科学与工程学院	面上项目	理工类	4
40	2020MS040	具有连续对称性的奇数维空间的拓扑性质研究	贺　琛	数理学院	面上项目	理工类	20
41	2020MS041	基于复杂网络的捕食系统斑图形成和控制研究	黄头生	数理学院	面上项目	理工类	4
42	2020MS042	自旋-引力耦合中的 Lorentz 对称性研究	肖　智	数理学院	面上项目	理工类	8
43	2020MS043	非局域方程的可积推广及基于传染病动力学模型的新冠防控强度的研究	黄晔辉	数理学院	面上项目	理工类	23
44	2020MS044	“先天”出身、“后天”经历与公司财务决策	沈华玉	经济与管理学院	面上项目	理工类	7

续表

序号	项目编号	项目名称	负责人	所在单位	资助类别	申请领域	资助金额
45	2020MS045	促进大规模风电消纳的调峰辅助服务经济补偿机制研究	许晓敏	经济与管理学院	面上项目	理工类	7
46	2020MS046	员工优势使用的前因及对创新行为的影响研究	丁　贺	经济与管理学院	面上项目	理工类	8
47	2020MS047	P2P光伏共享的模拟模型与激励政策研究	王　歌	经济与管理学院	面上项目	理工类	8
48	2020MS048	我国电动汽车产业发展的环境及健康效应研究	郭　森	经济与管理学院	面上项目	理工类	7
49	2020MS049	基于多值决策图的多状态电力系统可靠性管理	加鹤萍	经济与管理学院	面上项目	理工类	7
50	2020MS050	司法实践视角下的电力民事诉讼问题研究	王　晓	人文与社会科学学院	面上项目	哲学社会科学类	9
51	2020MS051	间接正犯理论研究	徐　颖	人文与社会科学学院	面上项目	哲学社会科学类	7
52	2020MS052	中国违约债券市场交易机制研究	刘　冰	人文与社会科学学院	面上项目	哲学社会科学类	7
53	2020MS053	墨家对周代礼乐文明的批判与重构	盖立涛	马克思主义学院	面上项目	哲学社会科学类	6
54	2020MS054	改革开放以来大学生政治价值观教育研究	侯丹娟	马克思主义学院	面上项目	哲学社会科学类	6
55	2020MS055	20世纪之交德语文学中的动物图像与生命哲学	韩　嫣	外国语学院	面上项目	哲学社会科学类	6.5
56	2020MS056	文化走出去语境下英语世界的莫言研究	王苗苗	外国语学院	面上项目	哲学社会科学类	6.5
57	2020MS057	自由空间光载无线通信关键技术研究	刘　鹏	智能电气研究中心	面上项目	理工类	20
58	2020MS058	TRIP/TWIP效应及纳米粒子强化高熵合金的强韧化机理	孙绍恒	先进材料研究院	面上项目	理工类	20
59	2020MS059	“一带一路”孔子学院跨文化优势体育项目国际交流策略研究	段博雅	体育教学部	面上项目	理工类	10
60	2020MS060	液滴撞击超疏水冷表面的动力学特性和结冰特性的多时间尺度耦合研究	高淑蓉	工程热物理研究中心	面上项目	理工类	20
61	2020MS061	来华留学生管理体制研究——以行政组织为视角	胡金光	国际教育学院	面上项目	理工类	10
62	2020MS068	实验室大型及通用设备使用管理系统建设	彭跃辉	新能源电力系统国家重点实验室	面上项目（科研平台）	理工类	15
63	2020MS069	综纤维素选择性热解机理与调控机制研究	赵　莉	生物质发电成套设备国家工程实验室	面上项目（科研平台）	理工类	15
64	2020MS070	国家火电工程中心发展规划研究	席新铭	国家火力发电工程技术研究中心	面上项目（科研平台）	理工类	15
65	2020MS071	重点实验室整改建设方案可行性研究	唐宁宁	电站能量传递转化与系统教育部重点实验室	面上项目（科研平台）	理工类	10
66	2020MS039	聚合物场效应晶体管性能调控	姬濯宇	资源环境系统优化教育部重点实验室	面上项目（科研平台）	理工类	10
67	2020MS073	多源态电机能效数据挖掘及节能运行决策系统	刘崇茹	电力节能教育部工程研究中心	面上项目（科研平台）	理工类	10

续表

序号	项目编号	项目名称	负责人	所在单位	资助类别	申请领域	资助金额
68	2020MS074	高频变压器复合绝缘与界面电气性能调控方法	李庆民	高电压与电磁兼容北京市重点实验室	面上项目（科研平台）	理工类	5
69	2020MS075	多学科交叉的新能源发展研究	姚建曦	能源安全与清洁利用北京市重点实验室	面上项目（科研平台）	理工类	5
70	2020MS076	电站机组典型工况库管理与更新方法研究	吕　游	工业过程测控新技术与系统北京市重点实验室	面上项目（科研平台）	理工类	5
71	2020MS077	低品位能源多相流与传热北京市重点实验室	刘　欢	低品位能源多相流与传热北京市重点实验室	面上项目（科研平台）	理工类	5
72	2020MS078	微波强化污泥/煤泥低温干燥和气化研究	张凯华	热电生产过程污染物监测与控制北京市重点实验室	面上项目（科研平台）	理工类	5
73	2020MS079	池式快堆余热排出系统自然循环路径识别及其性能研究	陆道纲	非能动核能安全技术北京市重点实验室	面上项目（科研平台）	理工类	5
74	2020MS080	新型薄膜太阳电池中关键材料研发及应用	戴松元	新型薄膜太阳电池北京市重点实验室	面上项目（科研平台）	理工类	5
75	2020MS081	基于多方效益博弈的京津冀地区分布式能源发展策略研究	李金超	新能源电力与低碳发展研究中心	面上项目（科研平台）	理工类	5
76	2020MS082	智能配电网安全防御关键技术的研究	张晓良	电力信息技术北京市工程研究中心	面上项目（科研平台）	理工类	5
77	2020MS083	发电机组智能诊断与健康维护北京市工程研究中心	王　敏	发电机组智能诊断与健康维护北京市工程研究中心	面上项目（科研平台）	理工类	5
78	2020MS084	基于可信计算与区块链的能源互联网内生安全研究	龚钢军	北京市能源电力信息安全工程技术研究中心	面上项目（科研平台）	理工类	5
79	2020MS085	新形势下我国《可再生能源法》的修改完善研究	沈　磊	北京能源发展研究基地	面上项目（科研平台）	理工类	5
80	2020MS086	可再生能源发展与能源替代监管体制改革研究	李晓华	民革北京市委——华北电力大学能源软科学研究中心	面上项目（科研平台）	理工类	5
81	2020DF001	生物质选择性热解多联产的基础研究	陆　强	新能源学院	"登峰"计划创新团队专项培育项目	理工类	200
82	2020DF002	先进发电过程与系统创新团队	谢　剑	能源动力与机械工程学院	"登峰"计划创新团队专项培育项目	理工类	200
83	2020FR001	基于能源生态足迹的能源供给结构系统仿真优化研究	王建军	经济管理学院	繁荣计划专项项目	哲学社会科学类	15
84	2020FR002	我国企业的环境信息披露：政策监管与环境表现	张　妍	经济管理学院	繁荣计划专项项目	哲学社会科学类	15
85	2020FR003	习近平防范化解重大风险重要论述方法论及其指导意义研究	崔　凡	马克思主义学院	繁荣计划专项项目	哲学社会科学类	15
86	2020FR004	政府、行业与学府的互动和新生——从北京电力学校到华北电力大学的历史变迁研究	王　硕	马克思主义学院	繁荣计划专项项目	哲学社会科学类	15
87	2020FR005	新时代我国能源高质量发展的伦理学解析	刘玮玮	马克思主义学院	繁荣计划专项项目	哲学社会科学类	15
88	2020FR006	新能源与可再生能源学科建设与发展研究	李晓华	能源软科学中心	繁荣计划专项项目	哲学社会科学类	15

续表

序号	项目编号	项目名称	负责人	所在单位	资助类别	申请领域	资助金额
89	2020FR007	新时代转型期大学生学习者自主性发展机制研究	韩立刚	英语系	繁荣计划专项项目	哲学社会科学类	15
90	2020MS087	虚拟同步发电系统的暂态能量疏散与控制研究	张祥宇	电力工程系	面上项目	理工类	12
91	2020MS088	松香基环氧树脂复合材料制备及其电树枝劣化特性研究	刘贺晨	电力工程系	面上项目	理工类	12
92	2020MS089	光伏直流汇集系统变流器阻抗性优化控制研究	田艳军	电力工程系	面上项目	理工类	12
93	2020MS090	电力辅助服务场景下聚合温控负荷调控方法	余　洋	电力工程系	面上项目	理工类	12
94	2020MS091	高比例新能源电力系统随机调度建模与求解	李志伟	电力工程系	面上项目	理工类	12
95	2020MS092	强风沙高海拔交流输电金具起晕特性研究	黄世龙	电力工程系	面上项目	理工类	12
96	2020MS093	输电线路无人机巡检图片智能诊断系统	裴少通	电力工程系	面上项目	理工类	12
97	2020MS094	同步发电机励磁绕组绝缘损坏机理及在线诊断	武玉才	电力工程系	面上项目	理工类	12
98	2020MS095	电力电子化电力系统复杂电能质量扰动识别	李建文	电力工程系	面上项目	理工类	12
99	2020MS096	柔性混合储能系统集成控制与容量配置研究	王　宁	电力工程系	面上项目	理工类	12
100	2020MS097	多场景条件下交流线路感应电击理论模型与防御方法研究	何旺龄	电力工程系	面上项目	理工类	12
101	2020MS098	无人机辅助无线通信系统中联合资源优化方法研究	韩东升	电子与通信工程系	面上项目	理工类	20
102	2020MS099	可融合于光纤通信系统的空间量子通信技术	刘　涛	电子与通信工程系	面上项目	理工类	22
103	2020MS100	基于多元学习范式的人脸年龄估计方法研究	张　珂	电子与通信工程系	面上项目	理工类	22
104	2020MS101	烟气水分对 CFB 锅炉石灰石脱硫影响机制	陈　亮	动力工程系	面上项目	理工类	8
105	2020MS102	周期性液速多相流动流场预测及相间作用机理	宋杨凡	动力工程系	面上项目	理工类	8
106	2020MS103	铁基化学链燃烧抑制二噁英生成机理研究	王金星	动力工程系	面上项目	理工类	8
107	2020MS104	碳基单原子 Fe 催化氧化 NO 和 Hg0 的活性调控机制	杨维结	动力工程系	面上项目	理工类	8
108	2020MS105	声子在超晶格中的输运散射机理研究	刘英光	动力工程系	面上项目	理工类	15
109	2020MS106	耦合化学反应的太阳能多孔介质吸热器内传热传质机理与优化方法研究	刘　赟	动力工程系	面上项目	理工类	15
110	2020MS107	源/机耦合下复杂风场机组动态载荷特性研究	高晓霞	动力工程系	面上项目	理工类	16
111	2020MS108	温敏漆测温技术应用于喷雾冷却传热特性研究	刘　璐	动力工程系	面上项目	理工类	16

续表

序号	项目编号	项目名称	负责人	所在单位	资助类别	申请领域	资助金额
112	2020MS109	污泥与农林废弃物共混水热碳化交互反应机理	王睿坤	动力工程系	面上项目	理工类	16
113	2020MS110	高压断路器特性参数变化规律及诊断方法研究	豆龙江	机械工程系	面上项目	理工类	10
114	2020MS111	封闭栈道内托辊故障空间定位及监测研究	张雄	机械工程系	面上项目	理工类	10
115	2020MS112	卤素化合物钝化制备高效全无机钙钛矿光伏器件的研究	周吉宇	机械工程系	面上项目	理工类	10
116	2020MS113	拉胀机械超材料的可控式动力响应特性研究	张新春	机械工程系	面上项目	理工类	10
117	2020MS114	大型同步发电机复杂工况下铁芯－绕组损耗特性及绝缘热磨损规律研究	何玉灵	机械工程系	面上项目	理工类	10
118	2020MS115	基于新型二维材料的自愈合超疏水绝缘子长效防止绿藻附生的研究	王　鹏	机械工程系	面上项目	理工类	10
119	2020MS116	动态环境下巡检机器人协同路径规划方法研究	王　祝	自动化系	面上项目	理工类	15
120	2020MS117	基于云平台的风电传动系统早期故障预警与诊断关键技术研究	刘　帅	自动化系	面上项目	理工类	15
121	2020MS118	电动汽车混合储能系统功率分配策略研究	谢家乐	自动化系	面上项目	理工类	15
122	2020MS119	基于能源区块链的多能交易与调度支撑环境研究	李　刚	计算机系	面上项目	理工类	15
123	2020MS120	节能减排下多目标多电源智能优化调度的研究	李　整	计算机系	面上项目	理工类	16
124	2020MS121	输电塔攀爬机器人路径智能规划技术研究	廖尔崇	计算机系	面上项目	理工类	15
125	2020MS122	面向多核共享资源冲突的延时分析与能耗优化	张铭泉	计算机系	面上项目	理工类	15
126	2020MS123	α-AlH_3 纳米晶的机械力驱动液相反应机理研究	段聪文	环境科学与工程系	面上项目	理工类	16
127	2020MS124	基于 CeO_2 基阳极的甲烷 SOFC 反应机理研究	李　萍	环境科学与工程系	面上项目	理工类	16
128	2020MS125	源贡献驱动的清洁供暖下 PM 2.5 和 O_3 的预测模型研究	李志勇	环境科学与工程系	面上项目	理工类	16
129	2020MS126	钒钼基木质素解聚催化剂的开发及机理研究	闫飞	环境科学与工程系	面上项目	理工类	16
130	2020MS127	铁基光热催化体系脱硫脱硝脱汞实验研究	袁　博	环境科学与工程系	面上项目	理工类	16
131	2020MS128	青藏高原能源利用-经济发展-人类福祉关系研究	樊围国	经济管理系	面上项目	人文社科类	15
132	2020MS129	资源受限下重复性项目时间费用权衡优化研究	邹　鑫	经济管理系	面上项目	人文社科类	15
133	2020MS130	公共法律服务体系在基层社会治理中的功能研究	李　雷	法政系	面上项目	人文社科类	9
134	2020MS131	我国电力营商环境评价及优化研究	马　冉	法政系	面上项目	人文社科类	9
135	2020MS132	联合国安理会制裁措施的国内执行机制研究	左　思	法政系	面上项目	人文社科类	9

续表

序号	项目编号	项目名称	负责人	所在单位	资助类别	申请领域	资助金额
136	2020MS133	马克思主义法理学研究——以“资本”核心概念	王　曦	法政系	面上项目	人文社科类	9
137	2020MS134	新时代大学二外日语教材体系与教材“二次开发”研究	武晓阳	英语系	面上项目	人文社科类	13
138	2020MS135	翻译本科口译笔记法教材编写研究	李林倩	英语系	面上项目	人文社科类	13
139	2020MS136	从译介学角度分析中国网络小说英译现象	刘米麒	英语系	面上项目	人文社科类	13
140	2020MS137	政府干预的多种类型供应风险的管理	周彩凤	数理系	面上项目	理工类	18
141	2020MS138	激光近临界密度靶作用中离子加速的研究	刘　梦	数理系	面上项目	理工类	20
142	2020MS139	运用QCD求和规则探究新强子态的内部结构	狄尊燕	数理系	面上项目	理工类	18
143	2020MS140	炉内声波强化传热及减缓管道积灰研究	刘月超	数理系	面上项目	理工类	21
144	2020MS141	中国特色社会主义政治经济学的理论体系探究	吴　培	马克思主义学院(保定)	面上项目	人文社科类	10
145	2020MS142	基于“产出导向法”的ESP“金课”设计与实践	赵洁	科技学院	面上项目	理工类	10
146	2020MS143	内容与语言融合的英语思辨教学与测评研究	付晶晶	科技学院	面上项目	理工类	10
147	2020MS144	表面润湿性对喷雾冷却传热特性影响研究	米梦龙	科技学院	面上项目	理工类	15
148	2020MS145	基于深度学习的风电机组维护决策优化研究	刘华新	科技学院	面上项目	理工类	15
149	2020MS146	界面相效应提高铁电光伏效应的理论研究	魏丽静	科技学院	面上项目	理工类	15
150	2020MS147	受限流体中力学特性的限致调制效应研究	孙宗利	科技学院	面上项目	理工类	15
151	2020MS148	聚类风电机群等效建模与优化控制策略研究	李牡丹	科技学院	面上项目	理工类	15
152	2020MS149	基于深度学习的输变电设备故障诊断方法及检测装置	王永强	电力工程系	面上项目	理工类	5
153	2020MS150	具备直流故障穿越能力的MMC子模块拓扑研究	王　琛	电力工程系	面上项目	理工类	5
154	2020MS151	基于混合现实的汽轮机虚拟检修技术研究	王晓燕	自动化系	面上项目	理工类	5
155	2020MS152	燃煤电站烟气多污染物协同控制研究	付　东	环境科学与工程系	面上项目	理工类	5
156	2020MS153	基于知识计算的智能电网快速服务平台研究	赵文清	计算机系	面上项目	理工类	10
157	2020MS154	能源互联网与应对气候变化综合评估	王玉玮	经济管理系	面上项目	人文社科类	5
158	2020MS155	储能产业政策激励研究	张　欢	经济管理系	面上项目	人文社科类	5
159	2020MS156	社会治理法治化的体系、路径与策略研究	谭　琪	法政系	面上项目	人文社科类	5

(科学研究院　提供)

华北电力大学2020年纵向科研项目立项情况一览表

单位:(万元)

序号	项目名称	经费	负责人	项目编号	项目来源
1	基于智慧全景感知的高可靠供电保障关键技术研究	784	刘　念	2020YFF0305803	科技部
2	电力物联网智能应用技术研究	190	齐　波	2020YFB0905900	科技部
3	电力物联网智能应用技术研究	185	董　雷	2020YFB0905904	科技部
4	面向跨境互联的多能互补新型能源系统关键技术研究	138	刘文颖	2018YFE0208400	科技部
5	发电机组余热梯级利用及灵活热电联产关键技术	276	戈志华	2020YFB0606202	科技部
6	多能互补冷热点系统仿真与运行控制	247.3	戈志华	2019YFE0104900-03	科技部
7	低碳社区建筑清洁能源冷热电联供关键技术及示范	141.4	孙　健	2019YFE0104900-03	科技部
8	多段流化床芳构化反应器的设计和优化	74.9	齐娜娜	2020YFB060640202	科技部
9	低热值煤协同市政污泥循环流化床混合燃烧及重金属迁异特性研究	40.9	张凯华	2020YFB0606201	科技部
10	有机危废高效清洁稳定焚烧处置技术与装备	29.93	纪献兵	2019YFC1907002－05	科技部
11	双风轮风能转换过程智能控制与能量综合利用	296	张文广	2020YFB1506602	科技部
12	与可再生能源结合的火力发电灵活性改造 与运行控制技术	124.8	侯国莲	2019YFB1505400	科技部
13	电力物联网智能应用技术研究	79	吴克河	2020YFB0905901	科技部
14	制造业多价值链协同数据空间设计理论与方法	636	牛东晓	2020YFB1707800	科技部
15	制造与协作企业多价值链活动数据智能优化决策理论与方法	108	刘　达	2020YFB1707802	科技部
16	制造业供应价值链活动全过程的数据建模理论与方法	70	加鹤萍	2020YFF0305802	科技部
17	聚变堆中子输运模拟与活化计算集成分析软件研发	822	张竞宇	2019YFE03110003	科技部
18	安全壳过滤排放新技术研究	129.47	郭张鹏	2020YFB1900080403	科技部
19	离岸固定式多用途体化全自然循环小型铅堆总体方案研究	57.86	周世梁	2020YFB1902101	科技部
20	海洋环境下系统安全分析与虚拟仿真研究	48.92	刘　雨	2020YFB1902102	科技部
21	RPV辐照监督复用试样先进制备技术研发	32.5	朱卉平	2020YFB1901500	科技部
22	汾河平原典型区域大气细颗粒物精细化来源解析(自筹)	300	彭　林	2019YFC0214202	科技部
23	面向跨境互联的多能互补新型能源系统关键技术研究	73.6	李　薇	2018YFE0208400	科技部
24	能源与水气候变化影响评估	66.2	许　野	2018YFE0196000	科技部
25	基于观测和模拟的区域大气重污染成因研究	58	胡冬梅	2019YFC0214203	科技部
26	能源电力管理中的水资源因素强化	50	王　鹏	2018YFE0196000	科技部
27	海上风电场智能运行控制技术研究	1870	刘永前	2019YFE0104800	科技部
28	有机危废高效清洁稳定焚烧处置技术与装备	78.72	曲作鹏	2019YFC190700303	科技部

续表

序号	项目名称	经费	负责人	项目编号	项目来源
29	350MW 机组低热值煤灵活发电技术与示范工程	46	张媛媛		科技部
30	高效稳定大面积钙钛矿太阳电池关键技术及成套技术研发	35	刘雪朋	SQ2019YFB150029	科技部
31	青藏高原地区西风一季风协同作用区典型有机化合物的分布特征及健康风险研究	66	彭　林	2020BJ0050	科技部
32	北京高校卓越青年科学家计划项目	750	王祥科	2020BJ0030	北京市教育委员会
33	中国高校人工智能人才国际培养计划(第二期)	21.276	郑　玲	2020BJ0084	教育部
34	新能源场站智能管控平台研建(能源与材料领域应用技术协同创新)	97.4	林忠伟	Z201100004520022	北京市科学技术委员会
35	机器学习支撑的集群电动汽车参与北京电网调频方法研究	40	胡俊杰	Z201100006820106	北京市科学技术委员会
36	基于连续能量蒙特卡罗方法的聚变堆辐射场计算研究及自主化软件开发	6	刘仕倡		
37	促进宁东地区能源资源、生态环境、社会经济高质量协同发展战略研究	55	彭　林		中国工程院
38	煤炭清洁高效利用发展战略(2035)	30	高　丹		中国工程院
39	工业企业网络安全综合防护平台	450	吴克河		工业和信息化部网络安全管理局
40	2019 年工业互联网创新发展工程(第 4 包)	420	林忠伟	TC19083WB	工业与信息化部
41	基于工业互联网平台的建模仿真引擎	120	王泽忠		工业与信息化部
42	工业互联网标识解析实训与成果转化平台项目	60	孙　毅	TC190A3XA	工业与信息化部
43	工业互联网平台企业安全防护系统项目	40	孙　毅		工业与信息化部
44	多铁心共箱体高频变压器多物理场建模与仿真研究	40	李　琳	SGGR0000WLJS1900874	先进输电技术国家重点实验室开放基金—全球能源互联网研究院有限公司
45	压接 IGBT 内部密集分布支路电流测量原理及测试方法研究	30	李学宝	SGGR0000WLJS2001070	全球能源互联网研究院有限公司
46	模块化多电平换流器故障诊断与容错策略研究	29	韩民晓	SGGR0000WLJS2000882	全球能源互联网研究院有限公司直流输电技术研究所
47	含大型风电基地的区域电网次/超同步频域等值建模方法及含主动阻尼控制的稳控策略研究	27	徐衍会	SGGR0000WLJS2000919	全球能源互联网研究院有限公司
48	基于分子动力学的石油烃生物降解菌株快速筛选及降解中国石油集团安全环保技术研究院有限公司 酶外部刺激方法研究	14.5	李　鱼	PPC2019018	中国石油集团安全环保技术研究院有限公司
49	大面积、电流型 GaN 辐射探测器件制备及性能研究	9	刘　洋	SKLIPR1810	强脉辐射环境模拟与效应国家重点实验室
50	土石坝堆石料力学特性缩尺效应研究	6.8	张　莹	IWHR-SKL-202003	中国水利水电科学研究院
51	离子迁移对钙钛矿材料稳定性影响机理的理论研究	5	张　兵		中科院光伏与节能重点实验室
52	光伏发电短期功率概率预测方法研究	4.8	肖　峰		国网青海省电力公司经济技术研究院
53	光伏发电规划效率优化的时间序列建模方法	4.8	肖　峰	SGQHJY00XNYJS2000170	国网青海省电力公司经济技术研究院
54	塑胶运动场及人造草坪灰尘中重金属的赋存特征与人体健康风险评价	4	曹丹丹	PTS2020-04	江汉大学
55	压力脉动作用下的空化泡非线性振荡机理研究和理论分析	3	张宇宁		西华大学

续表

序号	项目名称	经费	负责人	项目编号	项目来源
56	柔性宽光谱太阳电池关键技术及在 BIPV 的应用	100	姚建曦	20314305D	保定嘉盛光电科技股份有限公司
57	燃煤机组脱硫废水热膜耦合高效低成本处理技术	30	张　衡	19273606D	河北建投宣化热电有限责任公司
58	支持智慧城市的综合能源大数据应用平台技术研发	26	王永利		河北省科技厅
59	基于土著微生物的高效污染物降解菌筛选及复合菌群构建	35	郑茂盛		上海市科学技术委员会
60	北京谱仪上粲重子和若干奇特强子态的实验研究	10	王雅迪	1G2017IHEPKFYJ01	中国科学院高能物理研究所
61	分布式能源系统协同优化运行关键技术研究与应用	10	刘春明	2020GG0156	内蒙古科技厅
62	弱电网下双馈风电机组无锁相环自同步控制的基础理论和关键技术	31.2	程　鹏	51807182	国家基金委
63	面向未来移动通信的低功耗安全智慧物联网系统关键技术研究	72	赵雄文	61931001	国家基金委
64	新能源电力系统的弹性运行与保护控制	356	刘吉臻	52061635102	国家基金委
65	基于制度有效性理论的综合能源系统运营机制及关键技术研究	106.4	李庚银	U1966204	国家基金委
66	价格改革与其他电力体制专项改革的协同推进问题研究	15	张粒子	2020BJ0035	国家发展和改革委员会
67	基于粒子群算法及人工神经网络的核装置辐射屏蔽及堆芯燃料优化方法研究	10	刘仕倡	1204036	北京基金委
68	基于电磁感应的化学链燃烧过程载氧体检测机理与方法研究	20	张文彪	3202028	北京基金委
69	瞬变应力下电气绝缘空间电荷的高时空分辨率光电子学测量方法研究	20	李庆民	3202031	北京基金委
70	运行中变压器绕组高准确度电网络模型与绕组变形频响法诊断判据研究	20	程养春	3202032	北京基金委
71	风-冻雨条件下覆冰导线冰-液暂态激振机理与力学特性研究	20	周　超	8202043	北京基金委
72	多能融合战略下北京市电力系统充裕性评估与决策研究	20	高建伟	9202017	北京基金委
73	“十四五”电力行业煤控方案与典型省份政策研究	125.96	袁家海	2020BJ0083	自然资源保护协会 NRDC
74	《电力法》修订研究	5	杨卫东	2020BJ0085	国家能源局
75	快堆包壳用 ODS 钢弥散颗粒界面与辐照缺陷的相互作用机理	319.4	佟振峰	U1967212	国家基金委
76	磁流体方程组的稳定性研究	30	任晓霞	12001195	国家基金委
77	粗糙集数据分析算法泛化能力理论与方法研究	61.612	陈德刚	12071131	国家基金委
78	机器学习辅助设计新型金属-MXene 复合结构燃料电池催化剂	30	夏　昕	22005095	国家基金委
79	无机-有机杂化碳胶囊对关键放射性核素的吸附研究	30	杨　慧	22006036	国家基金委
80	共价有机框架材料去除放射性铀酰和高锝酸根的实验和理论研究	73.6	艾玥洁	22076044	国家基金委
81	基于自编码器的循环流化床机组深度调峰运行模态识别与性能分析	30	洪　烽	52006062	国家基金委

续表

序号	项目名称	经费	负责人	项目编号	项目来源
82	聚光光伏/光热耦合天然气热/电/冷三联供系统的动态特性及调控机理研究	30	张　衡	52006063	国家基金委
83	超滑/亲水复合结构表面滴状冷凝强化换热研究	30	郑少飞	52006064	国家基金委
84	储热-自然通风空冷互补集成系统防冻热负荷匹配及调控机制研究	30	王伟佳	52006065	国家基金委
85	复杂多变工况下干湿联合冷却系统热湿气耦合迁移特性表征及性能调控	30	卫慧敏	52006066	国家基金委
86	热力管道中热分层周向振荡的产生机理及诱发条件的研究	30	周　密	52006067	国家基金委
87	液滴撞击疏水/超疏水冷表面动力学过程和结冰过程的耦合机制及抑制结冰的原理和方法	30	高淑蓉	52006068	国家基金委
88	污染物 NOx 前驱体形成机理和控制干预机制的基础研究	30	刘　吉	52006069	国家基金委
89	电化学反应与非同性多物理场下热质输运过程的耦合作用机理分析	30	陈　磊	52006070	国家基金委
90	基于弹性致动线的大变形叶片流固耦合作用机理研究	30	孟　航	52006071	国家基金委
91	碱金属在耐火材料及碱金属熔覆层中的腐蚀渗透传质机制	30	赵　莹	52006072	国家基金委
92	钛酸钡纳米晶/电绝缘片微纳杂化体调控复合电介质薄膜介电和储能特性的研究	30	杨旻昊	52007060	国家基金委
93	压接型 IGBT 器件功率循环测试方法及失效机理研究	30	邓二平	52007061	国家基金委
94	洪水序列驱动下推移质输沙动力过程模拟及机理研究	30	王　乐	52009041	国家基金委
95	面向能源互联网的管道输电技术前沿进展中英研讨会	17.88	李庆民	52081330507	国家基金委
96	高温超临界 CO_2 中铁素体-马氏体钢氧化与碳化耦合腐蚀机理	69.6	张乃强	52071140	国家基金委
97	纳米限域结构硼氢化镁及其衍生物的可控构筑和可逆吸放氢机理	69.6	武　英	52071141	国家基金委
98	天空辐射制冷的聚光硅太阳电池设计研究	68.28	李英峰	52072121	国家基金委
99	氢化稀土镍酸盐钙钛矿强关联氧化物电子相变材料与器件	68.2	陈诺夫	52073090	国家基金委
100	特高压积冰导线风－冻雨激振机理与演变规律研究	69.1	周　超	52075169	国家基金委
101	热电联产机组电热协调与快速变负荷控制方法研究	69.6	王　玮	52076073	国家基金委
102	纳米颗粒界面自组装流动－扩散尺度协同机理及调控	68.72	陆　规	52076074	国家基金委
103	超临界二氧化碳燃煤发电系统冷却壁并联管特性研究	69.04	王艳娟	52076075	国家基金委
104	透明基底微通道体构型光催化二氧化碳还原多组分物质输运、光量子传输与转化的机理及性能调控	67.28	杨立军	52076076	国家基金委
105	气泡界面上颗粒自组装及其光热边界层蒸发机理	69.6	刘国华	52076077	国家基金委
106	新型耦合太阳能热的液化空气储能发电系统集成开拓与设计基础研究	68.4	段立强	52076078	国家基金委

续表

序号	项目名称	经费	负责人	项目编号	项目来源
107	弹性压接型 IGBT 器件封装中电场的动态特性研究	72	李学宝	52077073	国家基金委
108	海拔、湿度和颗粒物对高压直流导线离子流场的影响机理及其建模方法	69.9	卢铁兵	52077074	国家基金委
109	“车路网”耦合下的城市交通网-城区配电网协同优化运行理论研究	66	夏世威	52077075	国家基金委
110	基于知识引导的电力系统数据驱动状态估计研究	65.4	陈艳波	52077076	国家基金委
111	基于多频段一时间尺度变换的大规模交直流电网电磁暂态建模与仿真研究	62.8	姚蜀军	52077077	国家基金委
112	基于深度学习的粗粒土缩尺效应研究	69.6	张　莹	52078212	国家基金委
113	基于任务特征的端边云协同网络多域资源优化关键技术研究	68.3	许　晨	62071179	国家基金委
114	基于核酶的人工 DNA 回路系统构建及分析	69	杨　静	62073133	国家基金委
115	集成系统仿真和协同优化控制的园区综合能源决策支持系统研究	64.5	许　野	62073134	国家基金委
116	融合超声和电容传感器的动态 CCUS 管道输送 CO_2 质量流量在线测量	70.4	张文彪	62073135	国家基金委
117	基于 Tube 的模型预测控制及其在风力发电系统中的应用	70	刘向杰	62073136	国家基金委
118	考虑性能共享与存储的广义多态备用系统可靠性优化研究	30	加鹤萍	72001078	国家基金委
119	人口老龄化背景下延迟退休政策精算设计及决策方法研究	57.3	高建伟	72071076	国家基金委
120	居民智慧用电行为影响机理及有序引导管理机制仿真研究	56.4	王建军	72071077	国家基金委
121	数据驱动的电力设备抢修备件多仓调配决策方法研究	57.28	黄敏芳	72071078	国家基金委
122	新配额制下可再生能源电力多尺度耦合交易体系及协同优化机制研究	55.2	宋晓华	72074074	国家基金委
123	促进我国发电侧高效清洁发展的多市场耦合优化与机制研究	57.6	张兴平	72074075	国家基金委
124	量子密码若干关键问题研究	59.6	石润华	61772001	国家基金委
125	长三角区域电力市场一体化研究	28	张粒子	2020BJ0186	华东能源监管局
126	电力系统中新能源与储能的容量价值研究	6.2	李庚银	2020BJ0188	GIZ 德国国际合作机构
127	加权导引不等式的构造与应用问题研究	29.7	孟会贤	11901317	国家基金委
128	全国电力市场规则体系研究	10	张粒子	2020BJ0175	国家发展和改革委员会
129	离散事件动态系统的安全策略优化	21.6	李明扬	62073182	国家基金委
130	污水再生处理的多元微界面耦合强化机制与水质风险控制	54	肖　峰	52030003	国家基金委
131	能源结构转型对电力供给成本的影响	8	张　健	2020BJ0178	国家发展和改革委员会
132	中低速磁浮交通系统供电保护接地的适配特性及车辆静电接地的优化方法	28.8	王　健	L201018	北京基金委
133	内蒙古自治区增量配电网建设研究课题	25	王　鹏	2020BJ0033	国家能源局
134	当前新建煤电机组动态及重点区域结构性减排政策研究	131.6	袁家海	2020BJ0181	洛克菲勒兄弟基金
135	液态铅铋合金综合氧控系统的研制	841.637	牛风雷	12027813	国家基金委
136	基于新型光衍生化方法和紫外光解离质谱的脂质双键异构体研究	30.18	李海方	21904079	国家基金委
137	变化环境下水文连通演变对河流生态系统的影响机制及调控模式研究	357.08	张尚弘	52061135104	国家基金委

续表

序号	项目名称	经费	负责人	项目编号	项目来源
138	极端条件下直线推进机构铜合金滑弧烧蚀的微观失效机制与改性方法	96	丛浩熹	92066108	国家基金委
139	多能源互补的分布式能源系统基础研究	2058.291	杨勇平	52090060	国家基金委
140	多能互补的协同转化与能势耦合机制	525.94	杜小泽	52090062	国家基金委
141	多能互补分布式能源系统的主动调控	473.3	杨勇平	52090064	国家基金委
142	马克思主义东方社会理论中印俄传播研究及当代启示	11.25	王聚芹	20KDA003	北京市哲学社会科学规划办公室
143	30吨/天污泥燃料化工程建造可行性研究项目	3	王睿坤		SAMYOUNG PLANT CO. LTD
144	烧结烟气选择性循环净化与余热利用技术及产业化	12	汪黎东	19074013Z	河北省科学技术厅
145	青藏高原人类经济福祉的评估	78.66	樊围国	2019QZKK0608	中国科学院青藏高原研究所
146	MILD-OCC燃烧火焰中NOx生成机制及影响因素研究	20	吕建燚	3202029	北京市自然科学基金委员会
147	生物质水热炭化废水的循环转化及涉及的反应机理研究	20	王睿坤	3202030	北京市自然科学基金委员会
148	区域建筑综合能源网络热电解耦与协同控制研究	20	王江江	3202027	北京市自然科学基金委员会
149	治理现代化视角下社区科普的功能职责和履职方式研究	1	谭　琪	HBKX2020C09	河北省科学技术协会
150	新能源电解制氢与燃料电池充放电全产业链单/双向变换器研究	20	田艳军	19214405D	燕山大学
151	基于红外多光谱融合技术的人群体温快速检测与识别技术	19	徐志钮	2020YJ005	华北电力大学
152	疫情下面部遮挡人脸识别与快速测温方法研究	18	孔英会	2020YJ006	华北电力大学
153	医院病房新型冠状病毒气溶胶通风空调防控技术	20	刘志坚	2020YJ007	华北电力大学
154	基于新冠肺炎防控的重大公共卫生事件法治化治理研究	10	梁　平	2020YJ010	华北电力大学
155	基于动态并行优先级解耦的大规模集群在线协同轨迹规划研究	23	王　祝	61903033	国家自然科学基金委员会
156	转频规律波动时行星齿轮箱复合故障时频特征研究	5	万书亭	KF2020-28	石家庄铁道大学
157	华北电力大学(保定)技术转移中心示范培育	30	曲　伟	20987618D	河北省科学技术厅
158	水合物笼孔内力场校正和相平衡研究	3	付　东	E029kf1701	中国科学院广州能源研究所
159	墓室环境微生物来源、病害形成机理研究及辐照控制技术和装备研发	59	魏　兵	2019YFC1520703	中国科学院高能物理研究所
160	流化床锅炉内烟气水分对石灰石脱硫影响机理研究	6	陈　亮	E2020502018	河北省自然科学基金委员会
161	高级氧化技术介导持久性卤代酚类致癌物产生高效化学发光的分子机制	10	高慧颖	B2020502006	河北省自然科学基金委员会
162	光热汽轮机湿蒸汽级内凝结流动损失机理及端壁改型研究	6	韩　旭	E2020502001	河北省自然科学基金委员会
163	大型发电机复杂工况下铁芯-绕组的损耗特性及绝缘热磨损规律	10	何玉灵	E2020502032	河北省自然科学基金委员会

续表

序号	项目名称	经费	负责人	项目编号	项目来源
164	高比例新能源电力系统泛频带振荡建模分析与评估控制研究	6	周一辰	E2020502067	河北省自然科学基金委员会
165	新能源高占比电力系统随机优化调度建模与求解	6	李志伟	E2020502066	河北省自然科学基金委员会
166	脉动间歇(气-液-固)多相流化床相间作用机理及基于深度学习图像分析的流型预测与流场重建	6	宋杨凡	E2020502053	河北省自然科学基金委员会
167	京津冀协同发展司法保障机制构建研究	5	梁　平	XAZY2020-01	河北雄安新区中级人民法院
168	ZIF-8 基单原子 Fe 催化剂低温催化 NH3-SCR 的反应机理及抗中毒机制研究	6	杨维结	E2020502023	河北省自然科学基金委员会
169	负载型铁基吸附剂对燃煤烟气砷吸附的催化氧化调控机制	6	张　月	E2020502019	河北省自然科学基金委员会
170	固体垃圾调质抑制化学链燃烧生成二噁英的作用机制	6	王金星	E2020502007	河北省自然科学基金委员会
171	有机胺-聚乙二醇液固相变溶剂碳捕集过程的吸收特性研究	6	王乐萌	E2020502044	河北省自然科学基金委员会
172	微波诱导铁锰基催化剂协同治理烟气多污染物体系构建及机理研究	6	袁　博	E2020502033	河北省自然科学基金委员会
173	V_2O_5/CoWOx 催化木质素转化制高附加值化学品及其机理的研究	6	闫　飞	B2020502003	河北省自然科学基金委员会
174	相转变-原位析出法调控构筑天然气 SOFC 阳极及其电催化氧化机理研究	6	李　萍	B2020502002	河北省自然科学基金委员会
175	卤素化合物钝化制备高效全无机钙钛矿薄膜光伏器件的研究	6	周吉宇	F2020502019	河北省自然科学基金委员会
176	多元随机干扰下微能源网运行优化及供能价格决策模型研究	4	王玉玮	G2020502004	河北省自然科学基金委员会
177	非正弦周期激励下玻璃纤维增强环氧树脂复合材料介质损耗和耐电蚀特性研究	10	王永强	E2020502062	河北省自然科学基金委员会
178	基于光纤多散射谱融合技术的架空线路分布式状态智能感知与故障预警方法研究	10	赵丽娟	E2020502010	河北省自然科学基金委员会
179	无刷励磁机典型故障的特征分析与主动预警机制研究	10	武玉才	E2020502064	河北省自然科学基金委员会
180	基于区域解析的输电线路螺栓微视觉缺陷检测模型研究	10	赵振兵	F2020502009	河北省自然科学基金委员会
181	生物质废弃物清洁低损耗水热能源转化机理研究	10	赵争辉	E2020502030	河北省自然科学基金委员会
182	多孔介质容积式反应器的高效传热传质机理及光热协同调控机制	10	刘　赟	E2020502021	河北省自然科学基金委员会
183	离心压气机宽无叶扩压器失速模式及叶轮动力响应特性研究	10	张　磊	E2020502013	河北省自然科学基金委员会
184	声子在纳米结构材料中的粒子性和波动性输运机理	10	刘英光	E2020502011	河北省自然科学基金委员会
185	多区域能源互联网的能流耦合与共享机制研究	10	王江江	E2020502002	河北省自然科学基金委员会
186	清洁供暖下源贡献驱动的细颗粒物和臭氧的预测与应用研究	10	李志勇	B2020502007	河北省自然科学基金委员会
187	风电传动链双端典型非稳冲击下绕组的耦合受载特性及绝缘磨损规律	10	唐贵基	E2020502031	河北省自然科学基金委员会
188	仿生负泊松比多孔材料的可控式动力响应特性及性能表征	6	张新春	A2020502005	河北省自然科学基金委员会

续表

序号	项目名称	经费	负责人	项目编号	项目来源
189	城市非均质多相流体灾害动画的多尺度与GPUs并行化模拟	10	邵绪强	F2020502014	河北省自然科学基金委员会
190	基于大气动力学扰动效应的改进风电预测新方法研究	6	张亚刚	G2020502001	河北省自然科学基金委员会
191	多耦合腔体电磁散射的高效算法研究	6	赵美玲	A2020502003	河北省自然科学基金委员会
192	基于增强现实和三维传感的复杂磁场互动学习系统研发	15	杨　光	20550901K	河北省科学技术厅
193	非稀土发光材料制备及应用展示科普平台开发	15	赵　妙	20551101K	河北省科学技术厅
194	双螺旋结构的数字农业研究—乡村振兴新动能	7	张梅梅	20557652D	河北省科学技术厅
195	社区支持农业模式下新型职业农民培育研究	0	陈　静	2020104	保定市哲学社会科学工作办公室
196	习近平新时代奋斗观的理论意蕴与实践路径研究	0	齐秀强	2020013	保定市哲学社会科学工作办公室
197	超低能耗建筑高质量建造与运维体系构建	13	刘志坚	20374501D	河北省建筑科学研究院有限公司
198	蓄能技术在近零能耗社区中的优化配置与需求响应研究	70	靳光亚	2019YFE0193100	中国建筑科学研究院有限公司
199	乡村振兴战略实施司法保障机制实证研究	8	梁　平		河北省高级人民法院
200	人民法院参与市域治理现代化机制研究	5	梁　平		河北省保定市中级人民法院
201	保定市光纤传感与光通信技术重点实验室后补助经费	10	李永倩		保定市科学技术局
202	保定市知识计算与数据安全重点实验室后补助经费	10	鲁　斌		保定市科学技术局
203	面向智能电表国家新标准的新型电量传感器关键技术及产业化	28	郭以贺	206Z1706G	河北申科电子股份有限公司
204	面向泛在电力物联网的智慧园区能源管控系统及成套设备产业化	80	王　飞	19012112Z	石家庄科林电气股份有限公司
205	河北企业参与“一带一路”境外经贸合作区建设之法律保障问题研究	0	安文靖	20200103050	河北省社会科学界联合会
206	新时代加强大学生劳动教育的实践路径研究	0	梁博通	20200503123	河北省社会科学界联合会
207	高温天气环卫工人健康风险感知与劳动保护研究	10	郑国忠	20YJAZH138	教育部社会科学司
208	基于光储系统的综合能源系统构建与运行关键技术研究	16	王春波		新疆天富金阳新能源有限责任公司
209	先进发电与储能技术基础研究	10	王春波		华北电力大学
210	冲击负荷下多源谐波融合的涡簧储能用永磁同步电机系统主动协调控制	59	余　洋	52077078	国家自然科学基金委员会
211	具有快速故障穿越能力的均压限流型 MMC 拓扑及其混合穿越控制	55	王　毅	52077079	国家自然科学基金委员会
212	面向全天候运行的自由空间量子通信技术研究	55	刘　涛	62071180	国家自然科学基金委员会
213	融合血管内超声、光声和光学相干层析成像的多模态定量成像数值分析方法研究	50	孙　正	62071181	国家自然科学基金委员会
214	基于多元学习范式的人脸图像年龄分析研究	59	张　珂	62076093	国家自然科学基金委员会
215	超临界二氧化碳离心压缩机无叶扩压器旋转失速的诱发机理及调控策略	59	张　磊	52076079	国家自然科学基金委员会
216	六方氮化硼/环氧树脂复合绝缘材料导热多尺度模拟及实验研究	58	杨薛明	52076080	国家自然科学基金委员会

续表

序号	项目名称	经费	负责人	项目编号	项目来源
217	复杂地形下考虑源-网双变激励的风电机组载荷特性及传递机理研究	58	高晓霞	52076081	国家自然科学基金委员会
218	TiC-Ti5Si3 增强高强耐磨铜基复合材料的制备及其协同效应研究	58	丁海民	52071142	国家自然科学基金委员会
219	多源并网系统中风电机组故障耦合机理及诊断方法研究	58	向 玲	52075170	国家自然科学基金委员会
220	核电站蒸汽发生器泄漏声辐射特性与诊断方法研究	62	姜根山	12074118	国家自然科学基金委员会
221	松香基环氧树脂/DGEBA 共混体系性能分析及其共混改性机理研究	24	刘贺晨	52007062	国家自然科学基金委员会
222	强风沙高海拔交流输电金具起晕过程光电子发射机制研究	24	黄世龙	52007063	国家自然科学基金委员会
223	大直径球-板间隙流注放电空间电荷动态分布及对放电路径的引导机制	24	王 平	52007064	国家自然科学基金委员会
224	复合横担 FRP/RPUF 界面水分输运行为及水分侵入下渐进失效机理	24	谢 军	52007065	国家自然科学基金委员会
225	中压 MIMO-PLC 信道模型及编码方法研究	24	曹旺斌	62001166	国家自然科学基金委员会
226	单原子铁催化剂构筑及其对燃煤烟气中 NO/Hg 的催化氧化机理	24	杨维结	52006073	国家自然科学基金委员会
227	铁锰基分子筛催化剂构筑及微波诱导催化协同控制烟气多污染物机理	24	袁 博	52000067	国家自然科学基金委员会
228	核壳结构金刚石@TiC 增强 Cu-Ni-Si 合金组织调控及强化机制研究	24	柳 青	52001121	国家自然科学基金委员会
229	多轴载荷作用下风电机组变桨轴承疲劳裂纹量化评估及扩展预测研究	24	王晓龙	52005180	国家自然科学基金委员会
230	“十四五”时期河北省能源消费结构目标优化及政策模拟	1	张 省	HB20GL027	河北省哲学社会科学工作办公室
231	河北省能源互联网产业生态圈构建路径及机制研究	1	李云燕	HB20YJ012	河北省哲学社会科学工作办公室
232	区块链技术在河北自贸区跨境贸易运用中的法律问题	1	安文靖	HB20FX004	河北省哲学社会科学工作办公室
233	河北山区土地资源—资产—资本化研究	1	樊围国	HB20GL031	河北省哲学社会科学工作办公室
234	河北省法治化营商环境评价与优化研究	1	马冉	HB20GL043	河北省哲学社会科学工作办公室
235	河北省绿色生态技术创新系统的培育及其驱动机制研究	1	赵巧芝	HB20YJ013	河北省哲学社会科学工作办公室
236	“双学双促”教工-研究生联合党支部运行模式研究	0	韩金佐		华北电力大学
237	电力工程系党员 E 家智慧云平台搭建与探索	0	董 博		华北电力大学
238	大学生党员教育中“三共享三结对三公示”机制探索与实践	0	陈怡帆		华北电力大学
239	高校学生党员考评机制创新研究	0	郄力博		华北电力大学
240	协同理论视域下高校学生党支部组织力提升研究	0	王 栋		华北电力大学
241	协同育人视域下辅导员参与课程思政建设的策略研究	0	李金花		华北电力大学
242	新媒体环境下大学生对马克思主义的认同研究——基于河北省 5 所高校的实证调研	0	张 健		华北电力大学

续表

序号	项目名称	经费	负责人	项目编号	项目来源
243	研究生党支部组织力提升路径探究	0	刘东旭		华北电力大学
244	“立德树人”视阈下师生联合党支部工作体系构建	0	张　珂		华北电力大学
245	大学生党建工作“三进”方式探究	0	赵　萱		华北电力大学
246	教研室党支部“三全育人”模式探究	0	刘松涛		华北电力大学
247	探索“党建＋”工作模式，提升基层学生党建引领力	0	胡庆宇		华北电力大学
248	践行“三全育人”使命，探索机关党支部与学生党支部、学生班级“1＋1＋1”共建模式	0	陈立伟		华北电力大学
249	基于单煤碱金属、氯及灰成分的混煤燃烧特性研究及660MW机组示范应用	28	王春波	2019GY05	新疆天富金阳新能源有限责任公司
250	融合深度学习和电力知识图谱的数字电网智能快速服务关键技术研究与应用	100	谢　庆	2020YFB0906005	清华大学
251	保定市电力能源环境污染控制重点实验室后补助经费	10	付　东	2060402-18J12	保定市科学技术和知识产权局

（科学研究院　提供）

华北电力大学2020年度科研项目完成情况一览表

序号	项目名称	立项时间	负责人	项目来源
1	燃煤发电系统能源高效清洁利用的基础研究	2015	杨勇平	科技部
2	太阳能-燃煤发电互补特性与系统集成	2015	杨勇平	科技部
3	燃煤发电系统冷端高效释热、余热梯级利用及多冷源集成	2015	杜小泽	科技部
4	工程过电压绝缘配合与外绝缘及电磁环境技术	2016	卢铁兵	科技部
5	一维同轴电缆结构的分子限域催化体系的研究	2018	陈　哲	北京分子科学国家研究中心
6	L^2(R^d)框架乘子系统化及其在群表示酉系上的拓展研究	2015	李忠艳	国家基金委
7	各向异性岩体隧洞衬砌相互作用的力学解析方法	2015	吕爱钟	国家基金委
8	低于电离阈值的谐波产生机制及其相干控制的理论研究	2015	刘纪彩	国家基金委
9	超越平均场方法研究原子核性质	2015	曹李刚	国家基金委
10	基于高效偶阶离散纵标法的全堆粒子输运模拟方法研究	2015	陈义学	国家基金委
11	羰基锝标记BPA-Fe_3O_4-NIM磁性纳米粒子作为SPECT/MRI双模态肿瘤乏氧分子探针的研究	2015	汪建军	国家基金委
12	信号部分缺失情形下雷达关键参数的统计建模	2016	王小英	国家基金委
13	非线性耦合系统和复杂网络同步行为研究	2016	黄　霞	国家基金委
14	Lorentz对称性破缺对量子隧穿的影响研究	2016	肖　智	国家基金委
15	基于PIV的稠密棒束间超临界CO_2湍流交混的实验与理论研究	2016	王　汉	国家基金委
16	反应堆活化腐蚀产物源项分析模型的求解方法研究	2016	张竞宇	国家基金委
17	小风静风条件下内陆核电厂放射性核素大气扩散模式研究	2016	曹　博	国家基金委
18	U(VI)和Ni(II)在粘土上竞争吸附机理和微观结构研究	2015	王祥科	国家基金委
19	低阶煤着火的表面化学研究	2016	张岳玲	国家基金委

续表

序号	项目名称	立项时间	负责人	项目来源
20	等离子体诱导修饰沸石复合材料对重金属离子的高效吸附及其机理研究	2016	陈中山	国家基金委
21	纳米银对大型蚤的多世代毒性效应及其致毒机理研究	2016	侯　静	国家基金委
22	巢湖南淝河流域典型紫外吸收剂污染输移机制与生物富集研究	2015	唐阵武	国家基金委
23	规模化海上风电场雷击演化物理机制与防护技术研究	2014	李庆民	国家基金委
24	相变传热装置多尺度协同性及构造	2014	徐进良	国家基金委
25	染料敏化太阳电池硫属化合物对电极催化活性及其反应机理研究	2015	戴松元	国家基金委
26	高效叠层聚合物太阳电池的关键界面特性及调控研究	2015	谭占鳌	国家基金委
27	风雨致特高压紧凑型输电线一塔体系失稳振动特征与风偏闪络规律研究	2015	周　超	国家基金委
28	植物叶片表面蜡质组分在润滑剂中的作用及摩擦学机理研究	2015	夏延秋	国家基金委
29	人工光合作用中的原位协同思想及流型调控增效机理	2015	刘国华	国家基金委
30	太阳能热互补的联合循环发电系统全息集成机制与设计方法	2015	段立强	国家基金委
31	亲疏水性多孔金属表面固定核化中心、调控沸腾形态强化相变传热的机理研究	2015	陈宏霞	国家基金委
32	生物质快速催化热解选择性制备高附加值酚类衍生物的基础研究	2015	陆　强	国家基金委
33	基于多轴角运动模型的风轮非定常气动特性与三维流动研究	2015	王晓东	国家基金委
34	高密度循环流化床流体动力学特性及放大规律研究	2015	王雪瑶	国家基金委
35	自治微电网柔性规划建模研究	2015	刘自发	国家基金委
36	双侧互动模式下电动汽车光伏充电站的在线优化方法	2015	刘　念	国家基金委
37	特高压变压器 GIC 响应机制及电网无功效应研究	2015	刘连光	国家基金委
38	智能需求响应调度运营模式及激励机制研究	2015	周　明	国家基金委
39	航空航天装备绝缘系统在极端环境中的多因素协同老化特性及机理	2015	屠幼萍	国家基金委
40	基于新型内置光纤 F-P 传感器变压器局部放电故障定位方法的研究	2015	王　伟	国家基金委
41	计及直流输电线路下介质薄膜的荷电特性影响的离子流场建模与计算方法研究	2015	卢铁兵	国家基金委
42	计及可再生能源时空特征量灵敏度分析的储能电站规划研究	2015	韩晓娟	国家基金委
43	混凝-超滤膜复合污染模式识别及絮体控制机制	2015	肖　峰	国家基金委
44	坝区局地天气环境下的挑流喷溅水滴的碰撞和并合机制研究	2015	张　华	国家基金委
45	金属银催化腐蚀硅纳米线反应电荷与形貌参数的量化规律研究	2016	刘　琳	国家基金委
46	基于热电解耦的热电联产系统集成及能耗评价	2016	孙　健	国家基金委
47	超临界 CO_2 燃煤火力发电系统构建及分析	2016	王艳娟	国家基金委
48	基于运行数据的典型工况样本库的构建及管理方法研究	2016	吕　游	国家基金委

续表

序号	项目名称	立项时间	负责人	项目来源
49	电场下含带电 Janus 纳米颗粒流体的湿润及相变特性研究	2016	陆　规	国家基金委
50	纳米颗粒强化 CO_2 吸收的作用规律及微观机理研究	2016	姜家宗	国家基金委
51	兼具直流故障清除和局部自均压能力的新型混合 MMC	2016	许建中	国家基金委
52	光电催化超滤导电膜用于污水净化和能量的同步回收	2018	潘家鸿	国家基金委
53	中英可持续电力研究研讨会	2019	毕天姝	国家基金委
54	融合 CFD 信息的风场层析成像	2015	刘　石	国家基金委
55	线性自抗扰控制分析、设计及其在电力系统负荷频率控制中的应用	2015	谭　文	国家基金委
56	基于声发射检测的气送煤粉粒度分布在线测量技术研究	2015	胡永辉	国家基金委
57	D2D 通信在异构网络中的跨层资源管理和协同中继研究	2016	许　晨	国家基金委
58	基于内容感知的 D2D 异构网络绿色资源分配与缓存协同技术研究	2016	周振宇	国家基金委
59	反馈线性化非线性预测控制及其在风力发电控制中的应用	2016	孔小兵	国家基金委
60	基于静电传感器网络的燃烧器喷射煤粉动态参数测量技术研究	2016	钱相臣	国家基金委
61	基于输入输出模型的非高斯随机系统三维分布控制	2016	张金芳	国家基金委
62	“一地多仓型”大型网上超市订单分解与合并的优化方法	2015	黄敏芳	国家基金委
63	我国减少清洁能源发电弃能的机制设计及其模拟模型研究	2015	谭忠富	国家基金委
64	能源互联微网系统供需互动的多主体建模及演化仿真研究	2016	张　硕	国家基金委
65	动态视角下电力系统灾变风险演化传递机理研究	2018	李存斌	国家基金委
66	气液固三相接触线介尺度结构和传递的模型与机制研究	2016	周乐平	国家基金委
67	生物质三维碳凝胶/钛酸盐纳米复合材料对铷、铯的高选择性吸附及作用机理研究	2016	谭小丽	国家基金委
68	高性能柔性锂/钠离子电池中电偶极子辅助离子传输机制研究	2017	李美成	北京基金委
69	基于声学理论的电站汽轮机末级蒸汽湿度在线监测方法研究	2018	张世平	北京基金委
70	油纸绝缘直流电压应力下界面电荷产生机制及迁移过程的研究	2017	齐　波	北京基金委
71	电力接地网雷达检测系统研究	2017	武　昕	北京基金委
72	电动汽车充电接口电接触材料载流摩擦研究	2017	夏延秋	北京基金委
73	中低温太阳能热发电系统关键技术研究	2017	顾煜炯	北京基金委
74	面向弱交流电网的双馈风电机组自趋优控制研究	2018	程　鹏	北京基金委
75	跨尺度金属氧化物微球可控构建钙钛矿太阳电池多级孔道电子传输层	2017	潘家鸿	北京基金委
76	固体碱催化热解生物质选择性制备酚类物质的机理与调控研究	2017	陆　强	北京基金委
77	超临界水中细颗粒物运动沉积规律研究	2017	周　涛	北京基金委
78	非正弦周期激励下硅钢的损耗和磁化特性研究	2015	李慧奇	国家自然科学基金面上项目
79	基于云团运动数学描述与量化表征的光伏发电功率超短期预测方法研究	2015	王　飞	国家自然科学基金面上项目

续表

序号	项目名称	立项时间	负责人	项目来源
80	交直流混合微网的多时间尺度分区分层优化运行与控制方法	2015	李　鹏	国家自然科学基金面上项目
81	沙尘条件下超/特高压交流输电线路导线电晕损失特性分析	2015	刘云鹏	国家自然科学基金面上项目
82	面向售电侧开放的主动配电网供电能力多时间尺度建模及优化决策研究	2016	高亚静	国家自然科学基金面上项目
83	适用于大规模风电远距离输送的混合多端直流输电系统协调控制策略研究	2016	刘英培	国家自然科学基金面上项目
84	直流配电网的暂态稳定判据与电压分级协同控制研究	2016	付　媛	国家自然科学基金面上项目
85	基于光纤布里渊散射技术的海底电缆在线监测及故障点定位方法研究	2016	赵丽娟	国家自然科学基金面上项目
86	电力线与无线双媒质协作的自适应双向中继通信关键技术研究	2016	陈智雄	国家自然科学基金面上项目
87	离心压气机宽无叶扩压器旋转失速的诱发机理及能量损失机制研究	2016	张　磊	国家自然科学基金面上项目
88	分子结连接的碳纳米管网络导热的多尺度研究	2016	杨薛明	国家自然科学基金面上项目
89	太阳能辅助燃煤电站捕碳的热力系统集成及参数优化研究	2016	付文锋	国家自然科学基金面上项目
90	污泥絮团和水分分布对污泥与煤协同制浆特性的影响机理	2016	王睿坤	国家自然科学基金面上项目
91	水平轴风力发电机单风机及风场三维尾流特性理论及实验研究	2016	高晓霞	国家自然科学基金面上项目
92	脱硫废水中重金属离子的荧光检测和分离一体化研究	2016	李　檬	国家自然科学基金面上项目
93	石墨烯半导体超疏水涂层的构筑及其绝缘子防覆冰性能研究	2016	王　鹏	国家自然科学基金面上项目
94	强扭转激励作用下特高压单柱拉线塔的拉线－主柱耦合振动特性研究	2016	杨文刚	国家自然科学基金面上项目
95	具有核心参与者的视觉图像共享方法研究	2016	李　鹏	国家自然科学基金面上项目
96	基于混合衰落和脉冲噪声的非对称双向中继系统中物理层网络编码关键技术研究	2017	陈智雄	河北省自然科学青年科学基金项目
97	复杂配电网工况下分布式电源主动电能质量综合治理策略研究	2017	李建文	河北省自然科学青年科学基金项目
98	通风空调管道内三种表征形式“积尘伴生真菌”生长及释放规律研究	2017	刘志坚	河北省自然科学青年科学基金项目
99	废水净化用新型纤维素薄膜荧光传感器的制备和机理研究	2017	李　檬	河北省自然科学青年科学基金项目
100	基于“模拟-真实”平行结构的航拍图像绝缘子目标识别方法研究	2017	翟永杰	河北省自然科学青年科学基金项目
101	大规模风电接入的电力系统低频振荡抑制方法研究	2017	马燕峰	河北省自然科学青年科学基金项目
102	风光火多源并网场景下光伏系统次同步振荡行为研究	2017	赵书强	河北省自然科学青年科学基金项目
103	新型软磁复合材料的特性及其在永磁电机中的应用研究	2017	王艾萌	河北省自然科学青年科学基金项目
104	焦化废水与煤制备废水水煤浆的成浆机理及燃烧 NOx 排放特性研究	2017	王睿坤	河北省自然科学青年科学基金项目
105	拉胀多胞材料冲击响应的微结构效应及能量吸收可控性设计方法	2017	张新春	河北省自然科学青年科学基金项目

续表

序号	项目名称	立项时间	负责人	项目来源
106	环糊精类超分子材料 CO_2 吸附性能调控及机理研究	2018	郭天祥	北京市自然科学基金青年科学基金项目
107	便携式模块化永磁风力发电机的机理研究	2017	王艾萌	北京市自然科学基金
108	新常态下中国碳排放峰值预测及减排对策研究	2015	李　伟	国家社会科学基金项目
109	中国碳配额交易机制情景模拟与福利效应测度	2016	武群丽	教育部人文社会科学研究规划基金项目
110	高校法治的运行机制与优化路径研究	2015	姜　波	河北省社会科学基金项目
111	加大雾霾治理力度，积极推进京津冀协同发展的能源举措研究	2017	张亚刚	河北省社会科学基金项目
112	中国生命教育本土化研究	2016	李书萍	河北省社会科学基金项目
113	“需求-供给”视阈下的司法公开制度研究——以河北省法院实践为样本	2014	陈　奎	河北省社会科学基金项目
114	有限数据下生命表的构造和预测	2015	吴晓坤	河北省社会科学基金项目
115	综合改革背景下现代大学评价制度建设研究	2016	尚晓丽	河北省社会科学基金项目
116	基于“四维分析框架”的中国特色现代社会组织理论构建研究	2017	秦伟江	河北省社会科学基金项目
117	“双一流”建设背景下高校内部治理结构科学化研究	2016	郭孝锋	河北省社会科学基金项目
118	需求视角下河北省老年长期护理保险制度设计	2017	胡宏伟	河北省社会科学基金项目
119	微媒体语境下文学发展问题研究	2015	王慧青	河北省社会科学基金项目
120	社会养老服务体系研究	2015	栾文敬	河北省社会科学发展研究课题
121	社会共治视域下政府购买居家养老服务模式研究	2015	陈　静	河北省社会科学发展研究课题
122	多中心治理视野下城市社区公共文化服务体系的构建	2017	曹丽媛	2017 年度民生调研专项
123	新时代大学生思想政治教育话语体系转型构建研究	2018	李　东	河北省社会科学发展研究课题
124	京津冀协同发展战略背景下雄安新区行政管理体制创新研究	2019	曹丽媛	2019 年度行政体制改革及机构编制管理研究课题
125	幼儿园编制管理创新与教育能力提升：以贫困流动儿童学前教育的城乡链接式服务为例	2019	陈　静	2019 年度行政体制改革及机构编制管理研究课题

（科学研究院　提供）

华北电力大学 2020 年科研成果及奖励情况一览表

序号	获奖日期	获奖项目	所获奖项	获奖等级	级别	获奖人
1	2020.12.1	特高压直流输电线路电磁环境分析理论、控制方法及工程应用	高等学校科学研究优秀成果奖（科学技术）	一等奖	省部级	崔　翔 1、卢铁兵 3、李学宝 5、甄永赞 7、卞星明 9、张卫东 11、赵志斌 13、齐　磊 14、焦重庆 15
2	2020.12.8	基于故障多元信息的新型保护系统关键技术与应用	河北省技术发明奖	一等奖	省部级	王增平 1、马　静 2、张亚刚 3
3	2020.12.8	催化法燃煤烟气脱硫脱硝新技术及应用	河北省科学技术进步奖	一等奖	省部级	汪黎东 1、刘　洁 3、李蔷薇 7、齐铁月 8、许佩瑶 9、崔　帅 10
4	2020.12.1	超多电平柔性直流输电系统高效电磁暂态仿真及工程应用	高等学校科学研究优秀成果奖（科学技术）	二等奖	省部级	刘崇茹 1、许建中 2、赵成勇 3、
5	2020.12.8	柔性直流输电系统实时仿真平台及控保装备测试技术与工程应用	河北省科学技术进步奖	二等奖	省部级	刘崇茹 1、王　毅 3、李庚银 5、王　宇 10

续表

序号	获奖日期	获奖项目	所获奖项	获奖等级	级别	获奖人
6	2020.12.8	硬岩隧道掘进机施工增效与连续掘进关键技术及应用	河北省技术发明奖	二等奖	省部级	张照煌1、安利强2、孙　飞3、高青风4、孟　亮5、纪　玮6
7	2020.12.8	新能源场站智能监控与运行维护关键技术及大规模工程应用	河北省科学技术进步奖	二等奖	省部级	柳亦兵1、马志勇2、滕　伟3
8	2020.12.8	发电机组大范围变工况运行的特性感知与灵活性调控基础研究	河北省自然科学奖	二等奖	省部级	房　方1、吕　游2、黄从智3、刘吉臻4、魏　乐5
9	2020.12.1	养老金制度精算设计及动态投资策略研究	高等学校科学研究优秀成果奖（人文社会科学）	二等奖	省部级	高建伟1
10	2020.12.1	大型先进压水堆乏燃料贮存格架与水池耦合地震安全性论证技术	高等学校科学研究优秀成果奖（科学技术）	二等奖	省部级	陆道纲1、刘　雨3、隋丹婷5、张　锴8、张钰浩9
11	2020.12.1	Repetitive Project Scheduling: Theory and Methods	高等学校科学研究优秀成果奖（人文社会科学）	三等奖	省部级	张立辉1
12	2020.12.1	《绿水青山新时代》	“习近平生态文明思想”优秀研究成果奖	二等奖	—	樊良树1
13	2020.12.22	面向清洁能源消纳的电动汽车聚合运营关键技术研究与应用	电力创新奖	一等奖	社会力量	刘敦楠1
14	2020.12.22	电力市场综合指数研究与“京电指数”应用	电力创新奖	二等奖	社会力量	刘敦楠1
15	2020.12.31	柔性直流输电高速高精度模型与运行控制关键技术及工程应用	中国电工技术学会科学技术奖	三等奖	社会力量	郭春义1
16	2020.12.31	柔性直流系统实时仿真基础理论、核心技术及工程应用	中国电工技术学会科学技术奖	一等奖	社会力量	刘崇茹1
17	2020.10.20	—	中国电力优秀青年科技人才奖	—	—	陆　强
18	2020.12.31	±800kV换流变压器自主化研制及工程应用完成单位	国家科学技术进步奖	二等奖	国家级	齐　波6
19	2020.12.31	煤矸石煤泥清洁高效利用关键技术及应用	国家科学技术进步奖	二等奖	国家级	张　锴2
20	2020.12.31	网源友好型风电机组关键技术及规模化应用	国家科学技术进步奖	二等奖	国家级	房　方7
21	2020.10.16	支撑新能源电力系统的虚拟同步机关键技术、装备与应用	中国电力科学技术奖	一等奖	省部级	袁　敞7
22	2020.10.16	规模化电力电子变流设备接入电网稳定运行能力提升关键技术及应用	中国电力科学技术奖	一等奖	省部级	陶　顺9
23	2020.10.16	智能发电运行控制系统研发及其应用	中国电力科学技术奖	一等奖	省部级	刘吉臻1
24	2020.10.16	输变电设备状态智能监测和大数据评估系统及大规模应用	中国电力科学技术奖	二等奖	省部级	齐　波8
25	2020.10.16	特高压大容量GIL、电抗器现场整体绝缘试验关键技术及成套装备	中国电力科学技术奖	二等奖	省部级	唐志国10
26	2020.12.8	高导电率硬铝导线制备技术及工艺创新	河北省技术发明奖	二等奖	省部级	刘东雨5
27	2020.10.16	汽轮发电机组复杂振动故障诊断和治理关键技术及工程应用	中国电力科学技术奖	二等奖	省部级	宋光雄3

续表

序号	获奖日期	获奖项目	所获奖项	获奖等级	级别	获奖人
28	2020.10.16	全流程燃煤烟气多污染物深度脱除创新平台建设及应用研究	中国电力科学技术奖	二等奖	省部级	张永生 9
29	2020.10.16	局部放电检测装置量值溯源及干扰抑制技术	中国电力科学技术奖	三等奖	省部级	唐志国 5
30	2020.10.16	配电网高校状态评估与运行管控技术应用	中国电力科学技术奖	三等奖	省部级	郑　重 6
31	2020.10.16	基于多场景应用的空冷发电机高可靠参数设计的关键技术与应用	中国电力科学技术奖	三等奖	省部级	许国瑞 5
32	2020.10.16	高压电缆线路智能运维关键技术及应用	中国电力科学技术奖	三等奖	省部级	吴健儿 7
33	2020.10.16	数字化海上风电场设计关键技术及应用	中国电力科学技术奖	三等奖	省部级	黄　伟 6
34	2020.10.16	机炉深度耦合综合提效技术	中国电力科学技术奖	三等奖	省部级	杨勇平 3
35	2020.12.8	售电侧高比例新能源消纳的关键技术研究与应用	河北省科学技术进步奖	三等奖	省部级	刘敦楠 2
36	2020.10.16	燃煤电厂超低排放运行优化与污染物监测技术及应用	中国电力科学技术奖	三等奖	省部级	李　敏 6
37	2020.12.22	上百千伏超多电平换流器装备关键试验技术及工程应用	电力创新奖	一等奖	社会力量	刘崇茹 3
38	2020.12.22	全燃高碱煤大型电站锅炉及辅助系统关键技术集成	电力创新奖	一等奖	社会力量	康志忠 14
39	2020.12.22	面向大规模水电消纳的区域市场融合关键技术与应用	电力创新奖	一等奖	社会力量	刘敦楠 2
40	2020.12.22	基于广域信息的电网投入项目技经评审智能优化管控体系及应用	电力创新奖	一等奖	社会力量	刘金朋 3
41	2020.12.22	全国降低一般工商业电价政策落实情况第三方评估	电力创新奖	一等奖	社会力量	王鹏 7
42	2020.12.22	粤港澳大湾区电网智能解列与自愈恢复关键技术研究与实践	电力创新奖	二等奖	社会力量	刘崇茹 8
43	2020.12.22	促进宁夏大规模新能源开发的电网构建关键技术及应用	电力创新奖	二等奖	社会力量	李庚银 7
44	2020.12.22	配电网高比例分布式光伏接入规划与消纳关键技术及应用	电力创新奖	二等奖	社会力量	徐永海 8
45	2020.12.22	高导电率硬铝导线制备技术	电力创新奖	二等奖	社会力量	刘东雨 6
46	2020.12.22	并联混合直流异步联网工程可靠性提升关键技术研究及工程应用	电力创新奖	二等奖	社会力量	张　楠 6
47	2020.12.22	特高压大容量设备现场绝缘试验关键技术、装备研发及工程应用	电力创新奖	二等奖	社会力量	黄　强 9
48	2020.12.22	局部放电检测装置量值溯源及干扰抑制技术	电力创新奖	三等奖	社会力量	唐志国 3
49	2020.12.22	机炉深度耦合综合提效技术	电力创新奖	三等奖	社会力量	杨勇平 3、徐钢 6、杨志平 10
50	2020.11.25	基于故障多元信息的新型保护系统关键技术与应用	河北省技术发明奖	一等奖	省级	王增平 1、马　静 2、张亚刚 3
51	2020.11.25	催化法燃煤烟气脱硫脱硝新技术及应用	河北省科学技术进步奖	一等奖	省级	汪黎东 1、刘　洁 3、李蔷薇 7、齐铁月 8、许佩瑶 9、崔　帅 10

续表

序号	获奖日期	获奖项目	所获奖项	获奖等级	级别	获奖人
52	2020.10.12	河北省加强和创新社会治理调研报告	第十七届河北省社会科学优秀成果奖	一等奖	省级	梁　平、周保刚、窦竹君、高娟、麻新平、李　鹏
53	2020.11.25	高比例新能源发电“源网荷”协同互动消纳关键技术与装备	河北省科学技术进步奖	一等奖	省级	王　飞 1、米增强 4
54	2020.11.25	超低能耗建筑全产业链关键技术研究与规模化应用	河北省科学技术进步奖	一等奖	省级	刘志坚 4
55	2020.11.25	风电智能运维定量化决策关键技术及大规模应用	河北省科学技术进步奖	一等奖	省级	赵洪山 3
56	2020.11.25	发电机组大范围变工况运行的特性感知与灵活性调控基础研究	河北省自然科学奖	二等奖	省级	房　方 1、吕　游 2、黄从智 3、刘吉臻 4、魏　乐 5
57	2020.11.25	高级氧化法烟气多污染物协同控制理论与技术研究	河北省自然科学奖	二等奖	省级	赵　毅 1、郝润龙 2、郭天祥 3、韩颖慧 4
58	2020.11.25	硬岩隧道掘进机施工增效与连续掘进关键技术及应用	河北省技术发明奖	二等奖	省级	张照煌 1、安利强 2、孙　飞 3、高青风 4、孟　亮 5、纪　玮 6
59	2020.11.25	柔性直流输电系统实时仿真平台及控保装备测试技术与工程应用	河北省科学技术进步奖	二等奖	省级	刘崇茹 1、王　毅 3、李庚银 5
60	2020.11.25	新能源场站智能监控与运行维护关键技术及大规模工程应用	河北省科学技术进步奖	二等奖	省级	柳亦兵 1、马志勇 2、滕　伟 3、王达梦 10
61	2020.05.01	东方社会发展模式比较研究：中、印、俄发展模式比较	第八届高等学校科学研究优秀成果(人文社科)奖	二等奖	部级	王聚芹
62	2020.10.12	京津冀协同发展司法服务与保障研究	第十七届河北省社会科学优秀成果奖	二等奖	省级	陈　焘 1、梁　平 2
63	2020.11.25	新能源电力系统宽频振荡多发电机协同增强阻尼控制技术	河北省技术发明奖	二等奖	省级	马燕峰 2、赵书强 3、高本锋 5
64	2020.10.16	基于交直流混联的多能微网高效运行关键技术及应用	2020 年度中国电力科学技术进步奖	二等奖	省级	李　鹏 4
65	2020.07.03	基于热动态响应的供热机组调峰调频关键技术开发及工程应用	2019 年度新疆维吾尔自治区科学技术进步奖	二等奖	省级	朱霄珣 6、王　智 7、田　亮 9
66	2020.10.16	面向源网协调新特征的燃煤机组智能控制关键技术研究及应用	2020 年度中国电力科学技术进步奖	二等奖	省级	董　泽 4、张　悦 13
67	2020.04.30	基于多参量的变压器故障智能诊断关键技术及应用	2019 年度上海市技术发明奖	三等奖	省级	王德文 2、李　莉 6
68	2020.10.16	内置式电力变压器状态监测光纤传感器及系统	2020 年度中国电力科学技术进步奖	三等奖	省级	刘云鹏 3
69	2020.10.16	汽轮发电机组虚拟检修系统研发与应用	2020 年度中国电力科学技术进步奖	三等奖	省级	张　悦 4、董　泽 5
70	2020.10.16	煤种和负荷灵活性条件下的煤电锅炉受热面智能设计研究与应用	2020 年度中国电力科学技术进步奖	三等奖	省级	阎维平 4
71	2020.10.16	大型风电场智能化运行维护关键技术及应用	2020 年度中国电力科学技术进步奖	三等奖	省级	赵洪山 7
72	2020.11.25	基于多信息融合的高压断路器机构状态检修关键技术及通用仪器设备	河北省科学技术进步奖	三等奖	省级	赵书涛 3、万书亭 3、牛为华 9
73	2020.10.10	基于分群等值和多因素差异的风电场建模与控制的研究及应用	2019 年度黑龙江省技术发明奖	三等奖	省级	王　毅 3、米增强 4
74	2020.01.05	特高压变压器和 GIS 关键原材料、监测装置试验新技术及工程应用	国家电网有限公司科学技术进步奖	一等奖	社会力量	王永强

续表

序号	获奖日期	获奖项目	所获奖项	获奖等级	级别	获奖人
75	2020.01.05	光储微电网灵活高效自主运行关键技术与装备	国家电网有限公司科学技术进步奖	一等奖	社会力量	颜湘武 9
76	2020.01.25	汽轮发电机组虚拟检修系统研发与应用	国家电力投资集团有限公司 2019 年科技进步奖	一等奖	社会力量	张　悦 4、董　泽 5
77	2020.04.20	复杂气象条件下大规模新能源功率预测关键技术、系统研发及应用	中国电工技术学会科技进步奖	二等奖	社会力量	王　飞 1、甄　钊 6
78	2020.01.25	交直流混合微电网运行控制关键技术及应用	国家电网有限公司科学技术进步奖	二等奖	社会力量	李　鹏 3
79	2020.01.25	超特高压绝缘子不停电状态诊断及维护关键技术及应用	国家电网公司科学技术进步奖	三等奖	社会力量	王胜辉 2、赵振兵 4
80	2020.01.25	新能源并网控制与监测关键技术及应用	国家电网有限公司科学技术进步奖	三等奖	社会力量	刘英培 3
81	2020.12.01	超低排放燃煤机组智能脱硝喷氨优化技术开发及工程示范	中国能源研究会能源创新奖	三等奖	社会力量	董　泽 2、赵文杰 6

（科学技术研究院　提供）

华北电力大学 2020 年科研工作各院系贡献情况一览表

（北　京　校　部）

单位	成果获奖			专利				学术论文和学术著作				
	国家级	省部级	合计	发明	实用新型	外观设计	合计	SCI	EI	CSSCI	著作	合计
电气与电子工程学院	1	13	14	237	12	1	250	168	183	0	5	356
能源动力与机械工程学院	1	6	7	40	48	1	89	146	45	0	4	195
控制与计算机工程学院	1	2	3	49	5	0	54	75	48	0	7	130
经济与管理学院	0	3	3	21	1	0	22	146	35	5	13	199
新能源学院	0	0	0	39	13	1	53	76	17	0	2	95
水利与水电工程学院	0	0	0	7	0	0	7	20	7	0	1	28
核科学与工程学院	0	1	1	7	10	0	17	42	19	0	0	61
环境科学与工程学院	0	1	1	17	0	0	17	75	4	0	1	80
数理学院	0	1	1	2	0	0	2	49	1	0	0	50
外国语学院	0	0	0	1	0	3	4	2	0	1	1	4
人文与社会科学学院	0	0	0	0	0	0	0	2	1	8	2	13
马克思主义学院	0	0	0	0	0	0	0	0	0	2	2	4
国际教育学院	0	0	0	8	0	0	8	0	0	0	1	1
继续教育学院	0	0	0	0	0	0	0	0	0	0	0	0
其他	0	0	0	26	4	5	35	58	14	1	2	75
合计	3	27	30	454	93	11	588	859	374	17	41	1291

注：表中 SCI 数据包括 SCI、SSCI

(保 定 校 区)

单位	成果获奖			专利				学术论文和学术著作				
	国家级	省部级	合计	发明	实用新型	外观设计	合计	SCI	EI	CSSCI	著作	合计
电力工程系		10	10	52	15	12	79	73	96	0	2	171
电子与通信工程系				18	8	4	30	22	8	0	2	32
动力工程系		3	3	13	27	15	55	62	18	0	0	80
机械工程系		2	2	7	9	5	21	42	31	0	3	76
自动化系		3	3	10	9		19	12	16	0	0	28
计算机系		1	1	6	16	16	38	9	22	0	1	32
环境科学与工程系		2	2	15	14	4	33	64	9	0	1	74
经济管理系						3	3	66	19	4	1	90
数理系				1	5	5	11					
法政系		2	2					2	0	3	1	6
马克思主义学院		1	1					0	0	1	0	1
其他				4	10	14	28					
合计		24	24	121	98	59	278	352	219	8	11	590

(科学技术研究院 提供)

华北电力大学2019年度出版著作情况一览表

序号	著作名称	作者	类别	出版单位	出版时间	ISBN	总字数(万字)
1	电力市场环境下的短期电价预测	张金良	专著	中国电力出版社	2019	9787519840990	12
2	AnyLogic建模与仿真	郭晓鹏	专著	中南大学出版社	2019	9787548739371	25
3	Fundamental Algorithms in Computational Fluid Dynamics(计算流体力学基础算法)	王晓东	译著	科学出版社	2019	9787030629883	30
4	现代体育教学功能解析及其实现途径研究	汪 鸿	专著	陕西旅游出版社	2019	9787541838392	10
5	反钙钛矿结构Mn3XN系列化合物磁及电输运性质的研究	褚立华	专著	中国石化出版社	2019	9787511455604	17
6	架空线路柔性直流电网故障分析与处理	许建中	专著	中国电力出版社	2019	9787519830304	44
7	物联网技术在工业邻域的研究与应用	侯 瑞	专著	延边大学出版社	2019	9787568871549	20
8	二氧化碳捕集技术及其在火力电厂的工程应用	翟融融	专著	化学工业出版社	2019	9787122346773	24
9	Transportation Control of Under－actuated Tower Cranes	钱殿伟	专著	Lambert Academic Publishing	2019	9786200323613	35
10	专利运营理论视角下的高校科技成果转化研究	花之蕾	专著	河北科学技术出版社	2019	9787571700744	28
11	电力普遍服务社会福利及补偿机制研究	郭 森	专著	中国电力出版社	2019	9787519827908	23
12	纳米材料在环境污染物去除中的应用	艾玥洁	专著	中国矿业大学出版社	2019	9787564644994	20
13	Formation Maneuvers of Autonomous Mobile Robots	钱殿伟	专著	Lambert Academic Publishing	2019	9786200297150	30
14	"一带一路"电力合作国别研究——印尼和越南	袁家海	专著	中国水利水电出版社	2019	9787517079234	23

续表

序号	著作名称	作者	类别	出版单位	出版时间	ISBN	总字数（万字）
15	Advances in Ultra－Low Emission Control Technologies for Coal-Fired Power Plants	张永生	专著	Elsevier 出版社	2019	9780081024188	10
16	国际法专题研究	李　英	专著	知识产权出版社	2019	9787513063098	30
17	智能控制算法及其应用	黄从智	专著	科学出版社	2019	9787030614162	29
18	世界能源蓝皮书：世界能源发展报告(2019)：世界电力市场发展现状与前景展望	刘喜梅	皮书/发展报告	社会科学文献出版社	2019	9787520148917	20
19	高一志中文作品中的女性形象研究	桑　瑞	专著	学苑出版社	2019	9787507756692	31
20	Consensus of Multiple-Robot Systems via Sliding Mode Methods	钱殿伟	专著	Lambert Academic Publishing	2019	9786200240408	30
21	清代碑学研究	吴高歌	专著	中国社会科学出版社	2019	9877520340502	35
22	准静态电磁场数值分析方法	李　琳	专著	科学出版社	2019	9787030610843	21
23	绿水青山新时代	樊良树	专著	云南教育出版社	2019	9787559909503	17
24	北京能源发展研究报告 2018	谭忠富	编著	中国经济出版社	2019	9787513655965	25
25	智能高压设备	刘有为	编著	中国电力出版社	2019	9787519827793	24
26	对外汉语教学专题研究	赵焕梅	专著	人民东方出版传媒东方出版社	2019	9787520707466	15
27	非凸二次规划问题的全局优化方法及其应用	路　程	专著	中国水利水电出版社	2019	9787517076308	20
28	sliding mode formations for multiple robots via disturbance observer	钱殿伟	专著	Lambert Academic Publishing	2019	9786200091970	30
29	世界动力煤绝热燃烧温度分布规律研究	王世昌	专著	北京理工大学出版社	2019	9787568267700	44
30	基于语义的分布式服务与资源发现	张　莹	专著	科学出版社	2019	9787030606235	14
31	农业农村现代化与产业科技创新研究	王文月	皮书/发展报告	科学技术文献出版社	2019	9787518952410	13
32	PLC 应用实例解析	朱永强	译著	机械工业出版社	2019	9787111619574	18
33	用户侧智能微电网的优化能量管理方法	刘　念	专著	科学出版社	2019	9787030604538	26
34	迈向成功——建设竞争性社团的五大策略	高富锋	译著	中国科学技术出版社	2019	9787504674272	17
35	China as a Global Clean Energy Champion：Lifting the Veil	Philip Andrews-Speed	专著	Palgrave Macmillan	2019	9789811334917	20
36	电力行业煤炭消费总量控制方案和政策研究	袁家海	专著	中国水利水电出版社	2019	9787517072744	22
37	碳交易下我国发电企业经营绩效分析理论研究	宋晓华	专著	中国水利水电出版社	2019	9787517074069	17
38	富人的十个秘密	李淑清	译著	中国金融出版社	2019	9787504995926	23
39	Spiking Neural Network-based Wind Speed Forecasting Design and Implement	钱殿伟	专著	Lambert Academic Publishing	2019	9786139817474	20
40	Sustainable Construction and Building Materials	张　宁	专著	Intech Open	2019	9789811333163	10
41	电力市场预测建模及应用	刘　达	专著	水利水电出版社	2019	9787517073352	25
42	20 世纪美国戏剧代表作品的生态研究	安国平	专著	吉林大学出版社	2019	9787569241471	14

续表

序号	著作名称	作者	类别	出版单位	出版时间	ISBN	总字数（万字）
43	现代五官科学精粹	刘 培	编著	天津出版传媒集团·天津科学技术出版社	2019	9787557661809	89
44	当代化学工程基础与化工工艺研究	宋国强	专著	东北林业大学出版社	2019	9787567416079	22
45	储能关键技术及商业运营模式	李 炎	编著	中国电力出版社	2019	9787519829155	26
46	功能化介孔材料捕集 CO_2 研究	李 萍	专著	中国科学技术出版社	2019	9787504682314	15
47	从小做起，建设美丽中国	夏 珑	编著	河北大学出版社	2019	9787566614322	13
48	麦尔维尔初期小说思想研究	王 娜	专著	吉林大学出版社	2019	9787569251128	11
49	国内传统英语韵律特征研究	武 艳	专著	吉林大学出版社	2019	9787569252163	13
50	“双一流”建设背景下高校评价体系研究	尚晓丽	专著	新世纪出版社	2019	9787558318371	19
51	人本主义视角下的大学英语听说情感教学	张 玲	专著	吉林大学出版社	2019	9787569247824	13
52	每个人的亚里士多德	刘 洋	译著	中信出版社	2019	9787521702538	14
53	《环境保护法》实施评估报告（2016）	王灿发	编著	中国政法大学出版社	2019	9787562089551	53
54	中国生命教育本土化研究	李书萍	专著	河北人民出版社	2019	9787202139523	17
55	纳米数字集成电路的偏差效应分析与优化—从电路级到系统级	靳 松	专著	清华大学出版社	2019	9787302522997	19
56	英语语言文学教学研究	张 赛	专著	吉林出版集团股份有限公司	2019	9787558173400	25
57	大学英语写作教学研究	付晶晶	专著	吉林出版集团股份有限公司	2019	9787558173455	24
58	混合式高等教育：人才培养的未来与创新	郭 喆	专著	化学工业出版社	2019	9787122346254	22
59	数学教学与模式创新	张登华	专著	中国商务出版社	2019	9787510329524	26
60	中国大学英语教学“中国文化失语症”的解决路径	刘 洋	专著	中国纺织出版社	2019	9.78752E+12	24
61	汽轮发电机绕组故障分析及监测	周国伟	专著	中国电力出版社	2019	9.78752E+12	17
62	交联聚乙烯电缆局部放电检测及故障诊断技术	张力晖	专著	金琅学术出版	2019	9786202411813	10
63	社区居家老年临终关怀——制度缺陷与福利治理	陈 雷	专著	中国社会出版社	2019	9787508761701	21
64	区域能源互联网规划、商业模式与政策保障机制	陈 娟	专著	北京邮电大学出版社	2019	9787563558001	29
65	大学英语阅读教学理论与实践探索	杨 宁	专著	延边大学出版社	2019	9787568879064	23
66	“对分课堂”在大学英语教学中的应用	索 佳	专著	延边大学出版社	2019	9787568879057	17.7
67	为什么有的国家创新力强？（译著）	任俊红	译著	新华出版社	2019	9787516641347	26
68	污泥、废水制备水煤浆技术	王睿坤	专著	中国电力出版社	2019	9787519836214	23.7
69	高校学生社团自主性研究	秦伟江	专著	东北师范大学出版社	2019	9787568164108	13.6
70	配电设备防潮防凝露综合治理技术	耿江海	编著	中国电力出版社	2019	9787519837631	8.6
71	儿科疾病诊疗指南	代丽华	编著	天津科学技术出版社	2019	97875576372294	90

续表

序号	著作名称	作者	类别	出版单位	出版时间	ISBN	总字数（万字）
72	大学英语翻译技巧与应用研究	冉 倩	专著	黑龙江教育出版社	2019	9787570912223	22
73	京津冀协同发展司法服务与保障研究	陈 焘	专著	中国法制出版社	2019	9787521607321	25.5
74	他物权善意取得制度研究	甄增水	专著	应急管理出版社	2019	9787502077501	23.7
75	能源英语阅读	高 然	编著	知识产权出版社	2019	9787513066372	18
76	唯物史观视域下"中国梦"的实现问题研究	王聚芹	专著	人民出版社	2019	9787010200743	32.1
77	文化的整合与新时代思想政治教育创新	武兰芳	专著	吉林出版集团股份有限公司	2019	9787553478234	24
78	架空输电线路节能导线选择及性能评价	耿江海	编著	中国电力出版社	2019	9787519834616	17.4
79	青少年灾难教育体系的建构问题研究	齐秀强	专著	中国原子能出版社	2019	9787522103839	15
80	文学鉴赏方法探究与经典作品赏析	靳亚开	专著	延边大学出版社	2019	9787568879071	23
81	工程造价控制与管理实务	李 炜	编著	中国大百科全书出版社	2019	9789811431357	33

（科学技术研究院　提供）

华北电力大学2020年度已授权专利情况一览表

序号	名称	发明人	专利类型	申请日期	授权日期	专利号
1	一种超临界水与超临界 CO_2 联合双循环燃煤火力发电系统	苗 政、徐进良	发明	2017.04.19	2020.01.03	201710257663.5
2	一种MMC-HVDC系统控制参数优化方法	刘崇茹、谢国超、徐东旭、凌博文、王洁聪、王嘉钰	发明	2017.04.19	2020.01.03	201710258224.6
3	一种输电线路电晕放电点定位系统及其定位方法	李学宝、孟祥瑞、吴昊天、崔 翔、卢铁兵	发明	2018.08.29	2020.01.07	201810992077.X
4	一种基于智能风力机的风电场优化控制方法	张文广、王媛媛、刘瑞杰	发明	2018.08.27	2020.01.07	201810978062.8
5	一种电站往复式机械通风直接空冷凝汽器	孔艳强、黄显威、张 强、杨立军、杜小泽、杨勇平	发明	2018.06.11	2020.01.07	201810593887.8
6	一种超临界 CO_2 与有机朗肯循环联合燃煤火力发电系统	徐进良、苗 政、曹 泷	发明	2017.04.19	2020.01.07	201710258625.1
7	一种磁控式并联电抗器故障确定方法及系统	郑 涛、刘校销	发明	2018.09.06	2020.01.10	201811036764.
8	一种孤岛电网线路故障定位方法	贾 科、戴 明、毕天姝、杨 哲、方 煜	发明	2018.08.02	2020.01.10	201810871836.7
9	具有不同空穴传输层的 BiI_3 太阳能电池及其制备方法	丁 勇、马 爽、戴松元、谭占鳌	发明	2018.04.13	2020.01.10	201810336474.1
10	一种变压器中性点故障电压的分析方法	贾 科、汪执雅、戴 明、毕天姝、宣振文、李 论	发明	2017.08.11	2020.01.10	201710685480.3
11	一种换流变压器放电特征试验系统及故障诊断方法	邓 军、文 屹、齐 波、赵立进、曾华荣、张 迅、刘 君、马晓红、许 逵、刘 宇、陈沛龙、曾 鹏	发明	2017.07.14	2020.01.10	201710572459.2
12	一种配网故障测距方法	贾 科、李 论、宣振文、李晨曦、李 猛、王聪博	发明	2017.06.08	2020.01.10	201710427665.4
13	一种带续流回路的直流固态断路器	贾 科、李 猛、毕天姝、王聪博、朱 瑞	发明	2016.11.22	2020.01.10	201611032229.9

续表

序号	名称	发明人	专利类型	申请日期	授权日期	专利号
14	一种环形线性菲涅尔高倍聚光器	陈海平、韩雨辰、张　衡	发明	2016.10.11	2020.01.10	201610885483.7
15	一种槽式分段聚光太阳能光伏光热一体化组件	陈海平、张　衡、韩雨辰	发明	2016.01.19	2020.01.10	201610031877.6
16	一种运用低熔点合金构造的大容量避雷器及其方法	刘　磊、罗　兵、厉天威、唐　力、廖一帆、张福增、王婷婷、郑　重、孙　梦	发明	2017.11.22	2020.01.14	201711174433.9
17	一种降低尾流效应的风电场内优化调度方法	刘永前、顾　波、韩　爽、李　莉、阎　洁、孙　莹、邵振州、崔延松	发明	2016.07.07	2020.01.14	201610533676.6
18	基于MMC的HVDC系统的双极短路故障电流计算方法	姜　斌、龚雁峰、曹　军	发明	2016.03.25	2020.01.14	201610179064.1
19	一种高压直流断路器半导体组件保护电路	齐　磊、东野忠昊、刘珂鑫、马江江、张晓青、沈　弘	发明	2018.12.14	2020.01.17	201811529950.8
20	基于单端电气量的不受过渡电阻影响的故障测距方法	郑　涛、王可坛、胡　鑫、陈　川、张　松、张志展	发明	2017.04.26	2020.01.17	201710280901.4
21	一种绝缘液体液态、气态及气液混合态介电特性测试腔	莫申扬、范腾飞、赵志斌、崔　翔	发明	2018.11.30	2020.01.21	201811451469.1
22	一种高功率密度的多端口电力电子变压器拓扑	徐永海、张雪垠、徐少博、肖湘宁、袁　敞、龙云波	发明	2018.07.06	2020.01.24	201810736782.3
23	一种数字化变电站时间同步性能检测方法及其装置	李劲松、毕天姝、刘　灏、杜奇伟、杨　威、刘敬诚、杨文平	发明	2016.11.18	2020.01.24	201611028674.8
24	一种特高压变压器空载直流偏磁励磁电流实时计算方法	王泽忠、邓　涛、谭瑞娟、杨箫箫、刘连光、王　欢	发明	2016.09.27	2020.01.24	201610855694.6
25	一种超临界循环流化床锅炉机组蓄能量化方法	高明明、洪　烽、刘吉臻、杨婷婷、李丞亮、陈　峰	发明	2016.08.24	2020.01.24	201610721128.6
26	基于加权理想点法的节点电压暂降严重程度综合评估方法	徐永海、杨家莉、杨家元	发明	2016.04.28	2020.01.24	201610274799.2
27	行星齿轮箱故障诊断与预测试验装置	滕　伟、张凯莉、马志勇、柳亦兵	发明	2015.02.02	2020.01.24	201510050360.7
28	一种基于生灭过程的变压器内部潜伏性故障率预测方法	李四勤、刘宝柱、摆存曦、韩赛赛、梁　剑、杨熠鑫、孔德全	发明	2017.10.10	2020.01.31	201710934717.7
29	一种基于随机集理论的电力系统运行风险评估方法	梁　剑、摆存曦、张　爽、刘宝柱、侯　赞、李旭涛、张汉花、刘　刚、白　涛	发明	2017.06.21	2020.01.31	201710476279.4
30	一种环境条件可控的负压式模拟测试分析平台	卞星明、李海冰、陈　博、朱　杰、卢铁兵、李学宝	发明	2018.09.18	2020.02.07	201811088142.2
31	一种评估柔性直流输电系统稳定性的方法及系统	姚蜀军、汪　燕、韩民晓、张海林	发明	2018.03.21	2020.02.07	201810233815.2
32	一种电气物理约束变电站系统及信息纠错方法	李继红、王增平、严耀良、马　静、吴佳毅、史建立、钱建国、徐灵江、江伟建、金　盛、刘强强、朱劭璇、林一峰、孙吕祎、王　桐	发明	2017.12.13	2020.02.07	201711330377.3
33	一种基于V2G技术的电动汽车参与电网调频控制方法	刘其辉、逯胜建	发明	2017.04.17	2020.02.07	201710248040.1
34	一种母线负荷预测方法	孟　强、王一蓉、郝悍勇、张　建、杜朝晖、吴润泽、邓　伟、杨松楠、范军丽、包正睿	发明	2016.09.09	2020.02.07	201610812339.

续表

序号	名称	发明人	专利类型	申请日期	授权日期	专利号
35	一种用于变压器套管的场强测量方法及装置	卢斌先、程文利	发明	2019.04.01	2020.02.11	201910255842.4
36	一种磁控式并联电抗器绕组结构	郑　涛、刘校销	发明	2018.08.28	2020.02.14	201810986177.1
37	模拟碎片对燃料组件压降影响的装置及冷段破口模拟方法	牛风雷、王　达、郭张鹏、卓卫乾、任婧雯、刘　军、梁瑞仙、谭占鳌、王祥科	发明	2018.06.01	2020.02.14	201810554713.
38	一种多馈入直流输电受端交流系统等效评估方法	郭春义、赵成勇、陆　翌、童　凯、刘　炜	发明	2017.06.19	2020.02.14	201710465399.4
39	一种基于模块化多电平换流器的降容辅助电路	赵成勇、张　帆、许建中	发明	2016.10.11	2020.02.14	201610886388.9
40	一种基于斯皮尔曼等级相关系数的纵联保护方法	贾　科、杨　哲、郑黎明、方　煜、毕天姝、董雄鹰、杨　彬	发明	2019.01.14	2020.02.18	201910032249.3
41	直流升压汇集式光伏电站送出线路故障协调控制保护方法	贾　科、宣振文、王聪博、朱　瑞、毕天姝、陈金锋	发明	2019.01.07	2020.02.18	201910011911.7
42	一种多端柔性直流配电系统的直流断线保护方法	贾　科、冯　涛、赵其娟、毕天姝、宣振文、李晨曦	发明	2018.11.09	2020.02.18	201811343046.8
43	基于TOPSIS排序的居民区电动汽车有序充电方法	师瑞峰、梁子航、马　源、杨　阳	发明	2017.10.11	2020.02.18	201710942607.5
44	多通道深度卷积神经网络的风电机组轴承故障诊断方法	马远驰、刘永前、杨志凌、赵　钰、张璐娜	发明	2017.08.04	2020.02.18	201710662249.2
45	一种耐高温冲蚀磨损的粉末材料及熔覆层的制备方法	刘宗德	发明	2018.07.05	2020.02.21	201810731943.X
46	一种定水头调节抽蓄机组运行功率的系统及方法	姜　彤、全璐瑶、李　斌、权　超、李　响	发明	2018.03.15	2020.02.21	201810215187.5
47	一种实现气体等温压缩膨胀的活塞装置	姜　彤、钱政旭、张璐路、傅　昊、于大勇	发明	2018.01.24	2020.02.21	201810066678.8
48	虚拟抽水蓄能电站高压水池的定水头控制方法及控制装置	姜　彤、尤嘉钰、全璐瑶、傅　昊、于大勇	发明	2018.01.23	2020.02.21	201810063848.7
49	一种基于低频声波的空气温度测量装置及方法	郭　淼、闫　勇、卢　钢、胡永辉	发明	2017.10.18	2020.02.21	201710971935.8
50	一种MMC站接入直流电网的方法及装置	赵成勇、杨　杰、吴亚楠、许建中、韩乃峥	发明	2017.08.17	2020.02.21	201710705512.1
51	一种基于恒压储气的两段式储能系统	姜　彤、孟　琛、陈紫薇	发明	2017.02.22	2020.02.21	201710096017.5
52	一种大功率压接式IGBT器件	唐新灵、崔　翔、赵志斌、张　朋、李金元、温家良	发明	2015.12.18	2020.02.21	201510960406.9
53	一种电网运行安全的风险评估方法	妙旭娟、朱明明、刘金朋、赵学花、马　宁、荣高升、李昌陵、辛　璐	发明	2017.06.13	2020.02.28	201710443294.9
54	基于波形相关系数和电流突变量的混压同塔故障选相方法	郑　涛、于　溯、吴　琼、吴建云、罗美玲、赫嘉楠、于晓军、王小立	发明	2019.07.01	2020.03.10	201910584102.5
55	基于泛化分组背包的配电网单相接地故障区段定位方法	齐　郑、郑宇航、庄舒仪、杭天琦	发明	2017.12.13	2020.03.10	201711329930.1
56	一种基于数学形态学的自适应滤波方法	齐　郑、李　志、张首魁、林健雄、郑宇航	发明	2016.06.15	2020.03.10	201610424488.X
57	一种基于时序变化的输电线路山火动态预测预警方法	周　景、穆昭玺	发明	2016.03.16	2020.03.20	201610151137.6

续表

序号	名称	发明人	专利类型	申请日期	授权日期	专利号
58	电压源型换流器多频段动态相量电磁暂态仿真方法及系统	姚蜀军、汪　燕、王文强	发明	2019.07.19	2020.03.24	201910653209.
59	调节金属间化合物的交换偏置场的方法	褚立华、丁　磊、李旭晨、刘卓海、李美成	发明	2019.02.28	2020.03.27	201910151565.2
60	一种用于断路器的IGBT全桥对称低感模块	齐　磊、刘珂鑫、东野忠昊、沈　弘、马江江、张晓青	发明	2018.12.14	2020.03.27	201811529949.5
61	一种多频段动态相量电磁暂态仿真方法及系统	姚蜀军、汪　燕、刘博宁	发明	2019.07.19	2020.03.31	201910653210.3
62	一种连续测量IGBT芯片输出曲线的装置及方法	彭　程、顾妙松、杨艺烜、赵志斌、崔　翔、李学宝、唐新灵	发明	2019.01.29	2020.03.31	201910084809.X
63	一种基于电流幅值比的纵联保护方法	贾　科、杨　哲、方　煜、郑黎明、毕天姝、杨　彬、董雄鹰	发明	2019.01.15	2020.04.03	201910036008.6
64	一种暂态电击的模拟测量系统	卢铁兵、王东来、黎长青、张远航、李雪珊、白　斌、陈　博、李学宝	发明	2018.12.14	2020.04.03	201811529410.X
65	一种低沸点绝缘液体绝缘特性测试腔	莫申扬、范腾飞、赵志斌、崔　翔	发明	2018.11.30	2020.04.03	201811451468.7
66	一种分布式电源高频阻抗等值建模方法	贾　科、任哲锋、李　论、李晨曦、宣振文、戴　明	发明	2017.07.06	2020.04.03	201710546424.1
67	可逆式分级联动气体压缩系统	姜　彤、尤嘉钰	发明	2019.02.20	2020.04.07	201910127112.6
68	一种利用螺杆式空压机、膨胀机的液体温差发电系统	姜　彤、权　超、张璐路	发明	2018.04.27	2020.04.07	201810393238.3
69	一种用于液压势能传递的自耦式液压变压器装置	姜　彤、张璐路、权　超、钱政旭	发明	2018.03.26	2020.04.07	201810250940.4
70	基于暂态高频分量的消弧柜故障相判断方法	齐　郑、郑宇航、庄舒仪、薛　融	发明	2017.12.13	2020.04.07	201711327688.4
71	一种功率半导体器件热特性参数的确定方法及系统	邓二平、申雅茹、赵志斌、黄永章	发明	2017.11.16	2020.04.07	201711135701.6
72	并网控制方法及系统	刘其辉、张怡冰	发明	2017.07.28	2020.04.07	201710636331.8
73	一种用于等温压缩空气储能的内控温液体活塞装置	姜　彤、郑祥常、陈紫薇、傅　昊	发明	2016.07.28	2020.04.07	201610608949.9
74	电网换相换流器多频段动态相量电磁暂态仿真方法及系统	姚蜀军、韩民晓、林芝茂	发明	2019.07.19	2020.04.10	201910653112.X
75	一种具有内部导流装置的直接空冷单元	杨立军、席新铭、杜小泽、黄显威	发明	2018.10.19	2020.04.10	201811222276.9
76	小电流接地系统单相接地故障定位方法和系统	齐　郑、庄舒仪、杭天琦、薛　融	发明	2017.12.14	2020.04.10	201711346962.2
77	蒸汽服役环境下再氧化分析样本的获取方法	毛雪平、倪永中、张乃强、徐　鸿、田思达、吴红良、任云丰	发明	2017.07.14	2020.04.14	201710574840.2
78	一种基于运行数据的风电利用率计算方法	胡　阳、王　娟、刘吉臻	发明	2017.06.29	2020.04.17	201710514679.X
79	燃机压气机进口导叶液压调节系统油缸泄漏系数估算方法	武　鑫	发明	2017.06.29	2020.04.17	201710515462.
80	一种基于行波的GIL放电故障定位方法和装置	李志兵、王　浩、马国明、石　城、张鹏飞、李成榕、刘北阳、刘　焱	发明	2016.10.26	2020.04.17	201610950741.5

续表

序号	名称	发明人	专利类型	申请日期	授权日期	专利号
81	一种解决堆芯燃料棒非稳态导热问题的模拟方法	黄　美、汤建楠、欧阳晓平、赵媛媛、张志俭	发明	2016.01.08	2020.04.17	201610010439.1
82	一种考虑电动汽车随机负荷的配电网保护系统及方法	马　静、李　沛、张嘉鑫	发明	2018.08.22	2020.04.21	201810958976.8
83	风电叶片、风轮及根据桨距角确定风电叶片弦长的方法	张照煌、王　磊、宋玉旺	发明	2018.07.26	2020.04.21	201810841394.1
84	直流输电系统限流器在线取电电路及系统	许　军、张慧媛、刘宏伟	发明	2018.05.02	2020.04.21	201810412630.8
85	多频振荡失步振荡中心定位及迁移追踪系统及其方法	马　静、邓卓俊、李　沛、刘　静	发明	2017.09.15	2020.04.21	201710839674.4
86	一种砷中毒 SCR 脱硝催化剂的再生方法	陆　强、唐　昊、李　慧、杨江毅、李文艳、董长青、杨勇平	发明	2017.08.25	2020.04.21	201710741285.8
87	一种电力系统终端通信接入网汇聚节点的队列管理方法	孟凡博、赵宏昊、欧清海、杨万清、曾令康、栾敬钊、李温静、唐良瑞、闫江毓、樊冰、谭尧木	发明	2016.12.28	2020.04.24	201611235150.6
88	用于标定高频电流传感器的阻抗匹配单元、系统和方法	任志刚、李　伟、唐志国、毕建刚、段大鹏、桂　媛、徐兴全、石　磊、张玉佳、赵雪骞、李邦彦	发明	2016.07.07	2020.04.24	201610533943.X
89	一种压接式 IGBT 模块	刘文广、张　朋、李金元、赵志斌、崔　翔、唐新灵	发明	2015.12.18	2020.04.24	201510960380.8
90	基于时空分布特性的光伏阵列故障诊断方法及装置	赵　健、周　宁、刘　昊、孙　芊、王　鹏、徐铭铭、谢芮芮、朱红路	发明	2019.04.15	2020.04.28	201910300340.9
91	基于多无功源互动的风电场/群无功电压实时控制方法	夏　鹏、刘文颖、汪宁渤、蔡万通、周　强、王方雨、陈　钊、王　贤、李亚龙、赵　龙、郭　鹏、丁　坤、朱丹丹、马　明、张雨薇、郭　虎、魏泽田、王明松、张健美、王定美、路　亮、吕清泉、张艳丽、张金平	发明	2016.11.10	2020.04.28	201610990872.6
92	一种电磁暂态仿真方法及系统	姚蜀军、汪　燕、刘　畅	发明	2019.07.19	2020.05.01	201910653213.7
93	一种输电线路仿真方法及系统	姚蜀军、汪　燕、蔡淼蒙	发明	2019.07.19	2020.05.01	201910653207.1
94	一种高通量循环流化床低阶煤气化装置及方法	张　锴、张　仪、刘　芸、关彦军、常　剑、齐娜娜、滕　阳、陈宏刚	发明	2016.12.15	2020.05.05	201611160553.9
95	直流联络线在协调层建模的交直流系统分布式潮流算法	张海波、孙长乐	发明	2017.11.14	2020.05.08	201711123042.4
96	一种模块化多电平换流器电磁暂态仿真方法及系统	姚蜀军、汪　燕、刘　畅、屈秋梦	发明	2019.07.19	2020.05.12	201910653111.5
97	一种风向数据插补方法	赵　钰、刘永前、韩　爽、李　莉、阎　洁、乔延辉、张路娜、龙　泉	发明	2017.05.31	2020.05.12	201710398999.3
98	一种基于历史数据挖掘的光伏功率纵向预测方法	杨秀媛、徐铭璐、徐寿臣、王春玲、韩晓娟	发明	2017.04.21	2020.05.12	201710266598.2
99	基于粒子群优化算法及局部状态估计的电网参数辨识方法	张海波、郝　杰	发明	2016.08.17	2020.05.12	201610682677.7
100	一种凸台高度可变的压接式 IGBT 模块	唐新灵、崔　翔、赵志斌、张　朋、李金元、温家良	发明	2015.12.18	2020.05.12	201510959099.2

续表

序号	名称	发明人	专利类型	申请日期	授权日期	专利号
101	一种绿光长余辉发光材料及其制备方法	马峻峰、陈玉林、陈　琪、王　讯、曹善桥	发明	2018.12.04	2020.05.15	201811475311.8
102	一种智能电网的需求响应能力评估方法和计算设备	曾　博、卫　璇、董厚琦、冯家欢、刘　裕、胡　强、曾　鸣、刘宗歧、刘文霞	发明	2018.02.01	2020.05.15	201810102553.6
103	一种考虑不同线路参数的接地故障指示器系统	袁　敞、冯佳耀	发明	2017.09.15	2020.05.15	201710834339.5
104	配电网任意两点间理论线损计算方法及系统	刘自发、刘　斌、李　柯、王　萌、王　威、李梦渔、李韦姝	发明	2014.08.29	2020.05.15	201410437762.8
105	一种IGBT芯片的非接触式工作参数测量方法	顾妙松、范迦羽、崔　翔、唐新灵、彭　程、李学宝、李金元、赵志斌	发明	2019.06.04	2020.05.19	201910481839.4
106	一种太阳能联合循环发电底循环太阳能贡献度的计算方法	段立强、谢　坤、刘玉磊	发明	2018.07.16	2020.05.19	201810777197.8
107	计及电气互联的微电网分布式优化调度方法	刘　念、王　杰	发明	2017.08.15	2020.05.19	201710698315.1
108	含多主体的多能互补微电网分布式优化调度方法	刘　念、王　杰	发明	2017.06.07	2020.05.19	201710422977.6
109	基于并行化CEP处理的语义驱动犯罪线索实时推荐方法	马应龙、马建刚、丁　婷	发明	2017.03.09	2020.05.22	201710135699.6
110	变电站站域局部放电空间智能定位装置及方法	齐　波、崔洋振、郑书生、李成榕	发明	2018.02.08	2020.05.26	201810127914.2
111	基于暂态电流波形特征的快速差动保护方法	王增平、吕　哲、许琬昱	发明	2019.03.05	2020.06.02	201910163534.9
112	三级型模块化电力电子变压器交-交变换级调制方法	徐永海、张雪垠、龙云波、肖湘宁	发明	2018.10.19	2020.06.02	201811221572.7
113	多频振荡下基于频率特征的振荡中心识别系统及其方法	马　静、李　沛、康文博、刘静	发明	2017.09.15	2020.06.02	201710840778.7
114	一种基于直流电流波形曲率变化差异的故障快速识别方法	贾　科、王聪博、李　猛、李晨曦、宣振文、毕天姝	发明	2017.08.22	2020.06.02	201710724344.
115	一种基于配网利用效率的分电压等级输配电定价方法	黄建平、苑　帅、李光星、杨　扬、牛东晓、姚多朵、刘鸿斌、杨　芳、施永益、王锋华、成敬周、王坚敏、齐泠艳、王　征、张永建、谢　颖、邹　凯、王　政、石　佳	发明	2017.05.02	2020.06.02	201710301744.
116	一种配电终端通信接入网无线基站规划方法	孟凡博、赵宏昊、沈　力、金　垒、李振威、张　喆、李温静、邢宁哲、李　信、常海娇、唐良瑞、闫江毓、吴润泽、樊　冰、任　赟	发明	2017.02.27	2020.06.02	201710109071.9
117	一种全功率变换型新能源场站的短路电流计算模型的建立方法	毕天姝、刘素梅、李威仁、贾　科、杨奇逊	发明	2017.02.21	2020.06.02	201710093078.6
118	一种磁性材料的磁特性测量系统及方法	李　琳、张希蔚、张　岩、庞　舰	发明	2019.10.10	2020.06.05	201910957114.8
119	基于燃烧混合系数和模糊识别的燃烧稳定性判别方法	刘　禾、李新利、杨国田、于　磊、胡叙畅	发明	2016.11.23	2020.06.05	201611047414.5
120	基于被控参数预估的主蒸汽温度控制方法	胡　勇、廖拥文、曾德良、刘吉臻、牛玉广、李　文、刘　乐	发明	2019.06.10	2020.06.09	201910496783.X

续表

序号	名称	发明人	专利类型	申请日期	授权日期	专利号
121	基于声学技术的空冷岛翅片管束温度测量装置及其方法	张世平、暨勇策、沈国清、安连锁	发明	2018.04.24	2020.06.09	201810372138.2
122	基于分级压缩空气储能系统的功率倍增运行策略方法	姜 彤、尤嘉钰	发明	2018.04.18	2020.06.09	201810346873.6
123	一种变压强自适应液压势能转换装置	姜 彤、全璐瑶、李 斌、尤嘉钰	发明	2018.04.16	2020.06.09	201810336243.
124	一种基于直线发电机的压缩空气储能系统及其控制方法	姜 彤、张璐路、陈紫薇、权 超、李 响	发明	2018.02.08	2020.06.09	201810128592.3
125	一种等温压缩空气储能前置绝热增发装置	姜 彤、权 超、张璐路、全璐瑶、于大勇	发明	2018.01.31	2020.06.09	201810097794.6
126	一种给恒压储气源供气的专用空压机系统	姜 彤、傅 昊、崔 岩、陈紫薇、李 响	发明	2017.11.09	2020.06.09	201711099248.8
127	一种激光探测气体浓度的系统	王梦圆、刘 石	发明	2017.08.17	2020.06.09	201710708605.X
128	一种用于压缩空气储能的水封双层恒压储气系统	姜 彤、张璐路、全璐瑶	发明	2016.11.02	2020.06.09	201610942999.
129	用于非均相类芬顿反应的催化剂	陈 哲	发明	2017.09.20	2020.06.12	201710850683.3
130	基于非连续函数的无功补偿方法	张文军、戴 波、牛东晓、秦俊宁、王海潮、黄建平、何 鹤、王 梦、施永益、王锋华、成敬周、陈 浩、颜 虹、张建松、张 霞、范 华、周 雷、李澧君、沈思琪、洪 洲	发明	2017.05.10	2020.06.12	201710325352.8
131	一种多端 MMC-HVDC 双极短路故障电流计算方法	陈 东、梅 念、李高望、程 炜、赵 峥、刘思源、魏 争、李 探、陈 钊、祝全乐、谭 静、刘崇茹、谢国超、王 宇、徐东旭、王洁聪、凌博文	发明	2017.04.27	2020.06.12	201710287491.6
132	一种基于能量频谱的风电并网系统振荡源定位系统及方法	马 静、赵 冬、顾元沛、沈雅琦	发明	2019.07.30	2020.06.16	201910694996.3
133	基于电压稳定性分析的能源基地风火电占比确定方法	张海波、张琳雅、魏一汀	发明	2017.11.02	2020.06.16	201711066179.
134	一种用于提高电力系统稳定性的三相换相系统	黄少锋、董 鹏、郑 涛	发明	2017.08.04	2020.06.16	201710661040.4
135	基于多层级变权理论的电网自组织临界态定量评估方法	王方雨、刘文颖、蔡万通、夏 鹏、朱丹丹、张雨薇、田浩、王 贤、郭 虎、郭红林、吕思琦、吕 良、姚春晓、曾文伟	发明	2017.02.23	2020.06.16	201710099842.
136	一种小孔磁化系数的提取方法	焦重庆、白婉欣、李天乐、郭安琪	发明	2019.05.16	2020.06.19	201910405475.1
137	一种光热蒸发表面及其制备和应用	徐进良、闫 鑫	发明	2019.03.06	2020.06.19	201910166979.2
138	一种基于气泡群耦合纳米流体粒子的太阳能蒸发系统	刘国华、姚贯升、徐进良、闫 鑫、单 悦	发明	2019.01.25	2020.06.19	201910073856.4
139	谐波检测系统和谐波处理系统	颛孙旭、王 炜、李复明、许 斐、朱岸明、刘宏伟、冯文刚、谭锦文	发明	2018.04.25	2020.06.19	201810382191.
140	一种预测功率器件结温的方法及系统	邓二平、赵志斌、陈 杰、黄永章	发明	2017.06.28	2020.06.19	201710508574.3

续表

序号	名称	发明人	专利类型	申请日期	授权日期	专利号
141	一种快速解析电磁场强度分布的开孔电磁屏蔽体设计方法	丁志锋、柏　彬、张　瑞、焦重庆、刘　亮、陈　喆、刘寅莹、刘骁繁、龚　辉、李岩岩	发明	2017.06.26	2020.06.19	201710493738.X
142	控制器诊断信号生成、故障保护及功能安全的方法、系统	崔天依、牛玉广、牛海明	发明	2016.07.08	2020.06.19	201610539355.7
143	基于不确定随机系统的智能变电站主接线可靠性分析方法	陈艳波、张　籍、谢瀚阳、苏　晨、刘　洋	发明	2016.04.15	2020.06.19	201610237559.5
144	一种磁性共价有机框架材料的制备方法及其应用	卫冬丽、艾玥洁、王祥科	发明	2019.04.22	2020.06.23	201910324269.8
145	锅炉吹灰系统及锅炉吹灰系统的运行方法	徐会军、白　杨、赵勇纲、李影平、康志忠、丁　先、孙保民	发明	2019.02.19	2020.06.23	201910122523.6
146	一种电动汽车换电装置	刘敦楠、王　文、康海霞	发明	2018.08.29	2020.06.23	201810993202.9
147	一种稀磁合金材料 RIn3-xFex 及其制备方法	郭永权、杨硕望	发明	2018.08.03	2020.06.23	201810876202.
148	一种虚拟同步机并联系统稳定控制方法	袁　敞、杨　丹、周芮冰、童　明、冯佳耀、郝　毅、唐　酿	发明	2018.03.27	2020.06.23	201810260111.4
149	电压闪变检测方法及装置	刘宏伟、冯文刚	发明	2017.07.27	2020.06.23	201710621300.5
150	基于变压器损耗的无功补偿用户筛选方法	张文军、戴　波、牛东晓、王　亿、秦俊宁、王海潮、王　政、张旭东、何　鹤、施永益、王锋华、成敬周、张　霞、颜　虹、范　华、周　雷、陈　浩、刘　华、张建松、王坚敏	发明	2017.04.28	2020.06.23	201710294542.8
151	一种基于可在线寻优的案例推理锅炉燃烧优化方法	牛玉广、康俊杰、张馨予、段锡军	发明	2018.12.04	2020.06.26	201811470948.8
152	计及综合需求响应不确定性的系统动态概率能流分析方法	曾　博、胡　强、刘　裕、卫　璇、刘文霞	发明	2018.09.10	2020.06.26	201811051850.9
153	一种分电压等级的配电网投入产出效益评价方法	韩璟琳、胡诗尧、邵　华、安佳坤、翟广心、刘雪飞、唐　帅、杨占峰、张　宁、孙海新、韩伟、吴志力、宋　毅、赵海波、贾杏平、曾　鸣、刘英新	发明	2018.08.27	2020.06.26	201810981697.3
154	面向电池损耗等额分配的停车场充电调度方法及计算设备	曾　博、卫　璇、刘　裕	发明	2018.03.23	2020.06.26	201810247030.
155	考虑蒙特卡罗状态抽样截尾的电力系统可靠性分析方法	李四勤、刘宝柱、焦　龙、刘　晋、赵晓东、侯　赞、任　勇、张　迪、刘　刚、张仁和	发明	2017.06.21	2020.06.26	201710476314.2
156	基于贝杰龙模型的电力电子装置并联等效扩容方法	肖仕武、张海华、刘　军、李　飞、毕天姝、徐　歌	发明	2017.03.23	2020.06.26	201710176051.3
157	一种基于声学的管道内蒸汽湿度在线监测系统及方法	张世平、王肖梦、赵　旭、沈国清	发明	2019.09.20	2020.06.30	201910893973.5
158	一种多频振荡场景下的距离保护振荡闭锁和再开放方法	马　静、邓卓俊、李　沛、刘　静	发明	2017.09.15	2020.06.30	201710834426.
159	多端柔性直流输电系统直流侧故障定位系统及方法	马　静、邓卓俊、张嘉鑫、李　沛	发明	2017.07.18	2020.06.30	201710585936.9

续表

序号	名称	发明人	专利类型	申请日期	授权日期	专利号
160	基于动态规划逐次逼近法的河道糙率反演方法	彭　杨、于显亮、吴志毅、陈　凯	发明	2017.02.07	2020.06.30	201710067289.2
161	不同调压策略下配电网中光伏发电最大接纳能力计算方法	王志强、谢　江、郭晨阳、徐慧婷、侯宇馨、田雪枫、王　舒	发明	2016.06.24	2020.06.30	201610465115.7
162	故障分析用永磁直驱风电场电磁暂态等值模型建立方法	杨国生、毕天姝、王晓阳、刘素梅、周泽昕、刘亚东、王志洁、薛志英、秦泽宁、王文焕、孙利强	发明	2015.12.03	2020.06.30	201510883892.9
163	一种复合绝缘子温升判别方法	袁之康、屠幼萍、龚　博、许　卓、王　璁、王景春	发明	2019.10.14	2020.07.03	201910971593.9
164	一种针对次同步振荡的风电并网系统安全运行方法及系统	王　彤、杨　京、王增平	发明	2018.12.26	2020.07.03	201811600781.2
165	一种混合微网中交直流断面多换流器的协调控制方法	李　鹏、付　强、陈安伟、李国杰	发明	2017.05.10	2020.07.03	201710327681.6
166	一种局部自适应可控浸润性耦合微结构强化沸腾换热方法	陈宏霞、肖红洋、孙　源、刘　霖	发明	2018.12.06	2020.07.07	201811486437.5
167	一种利用辐射测量炉膛温度的系统及方法	王梦圆、刘兆宇、刘　石	发明	2018.07.31	2020.07.07	201810855563.7
168	一种农业用纤维材料及其制备方法	李明哲、李思齐、孔崇滔、吕玉珍、冯奕晨、覃温翔、刘允恒	发明	2018.06.28	2020.07.07	201810691871.
169	一种无源 MMC 站并入不同电压等级的直流电网的控制方法	贾秀芳、韩乃峥、许建中、赵成勇	发明	2017.12.05	2020.07.07	201711268992.6
170	考虑湍流强度影响的抛物线形风电机组尾流模型计算方法	刘永前、李　莉、崔岩松、韩　爽、阎　洁、张文霞、高琳越、马远驰	发明	2017.01.12	2020.07.07	201710021657.X
171	一种基于多点 NWP 的深度学习功率预测方法	刘永前、张　浩、阎　洁	发明	2016.08.30	2020.07.07	201610786502.
172	一种复合绝缘子温升预测方法	袁之康、屠幼萍、姜艺楠、丁立健、申　瑞、王　璁、王景春	发明	2019.10.14	2020.07.10	201910971588.8
173	一种从废弃 SCR 脱硝催化剂中回收钒、钨/钼和钛元素的方法	陆　强、吴洋文、徐明新、刘　吉、杨勇平	发明	2019.03.15	2020.07.10	201910195821.8
174	一种基于空间约束压缩感知的地震数据重建方法	石　敏、朱震东、朱登明	发明	2018.11.28	2020.07.10	201811434030.8
175	一种多功能电动汽车充电装置	刘敦楠、王宣元、郭子瑞	发明	2018.10.23	2020.07.10	201811236198.8
176	一种调峰辅助服务成本的补偿与分摊计算方法	李付林、郑伟民、杜振东、刘敦楠、徐尔丰、沈淑仪、孙　可、张全明、郁　丹、赵佳伟、王曦冉、李　帆	发明	2018.01.25	2020.07.10	201810074644.3
177	基于储能分时状态决策的主动配电网三层优化调度方法	孙英云、孟繁星、范士雄、卫泽晨、韩　巍、周　济、李　晨、刘幸蔚、王　伟、李　烨、杨占勇、杨　洋、杜佳桐、李时光、崔慧军、王国鹏、韩思维、吴华华、张　俊、王　威、张静炜、贺　旭、游大宁、瞿寒冰、公伟勇、吴　锟	发明	2017.09.20	2020.07.10	201710854971.6

续表

序号	名称	发明人	专利类型	申请日期	授权日期	专利号
178	一种高压IGBT局部放电电流时域参数的确定方法和装置	付鹏宇、金　锐、文　腾、王浩宇、李　立、赵志斌	发明	2017.07.19	2020.07.10	201710591993.8
179	一种基于深度学习模型的静态图像压缩方法	焦润海、武　焕、陈　超	发明	2017.05.25	2020.07.10	201710379743.8
180	并列混合直流系统中柔性直流稳态运行区间的计算方法	陆　翌、童　凯、郭春义、赵成勇、刘　炜	发明	2017.05.17	2020.07.10	201710349151.1
181	一种用于确定电晕起始电压的方法及装置	卞星明、何子晨、朱俊谕、李海冰、刘　琳、何少剑	发明	2018.11.26	2020.07.14	201811414697.1
182	去除放射核素U(VI)用层状金属硫化物$NaInS_2$及制备	文　涛、李　星、王祥学、陈中山、王祥科	发明	2018.02.11	2020.07.14	201810142574.
183	一种具有抗砷中毒性能的SCR脱硝催化剂及其制备方法	陆　强、胡　斌	发明	2018.01.18	2020.07.14	201810048037.X
184	一种基于追日传感器的定日镜装置及工作方法	宋记锋、罗　耿、杨勇平、李　蕾	发明	2017.07.04	2020.07.14	201710538703.3
185	一种考虑负序分量的MMC系统简化电磁暂态建模方法	赵成勇、杨佳艺、郭春义、许建中、丁　平、安　宁	发明	2017.05.17	2020.07.14	201710348981.2
186	一种电力通信网站点通信带宽估算方法及装置	李　莉、吴润泽、樊　冰、唐良瑞、郑陈熹、朱正甲、刘志雄、杨金刚、朱全友、庞思睿、张晋梅、聂文海、李顺昕、李笑蓉、李　博、李海滨、刘　丽、宇文骊敏、门宝霞、岳云力、汲国强	发明	2017.09.21	2020.07.17	201710860275.6
187	分布式光伏储能系统协调控制方法	卢毓东、谢祥颖、刘周斌、周　正、郑　华、谢　莉	发明	2019.07.08	2020.07.21	201910609196.7
188	一种微动力去除废水中抗生素的多介质处理系统及方法	郑如秉、黄国和、安春江、姚　尧、张　鹏、陈秀娟、忻夏莹、宋　沛、沈　聚、黄　敬、何　源	发明	2017.06.26	2020.07.21	201710494496.6
189	消弧线圈并联小电阻接地方式下的行波测距方法和系统	齐　郑、杭天琦	发明	2018.12.04	2020.07.24	201811476670.5
190	一种用于电工环氧树脂的氮化铝填料改性方法及系统	律方成、谢　庆、詹振宇、郝留成、闫纪源、林生军、张启哲、张红恩、阮浩鸥	发明	2018.10.23	2020.07.24	201811234819.9
191	一种准各向同性高工程电流密度高温超导导体	陈　浩、王银顺、阚常涛、皮　伟、薛济萍	发明	2018.01.11	2020.07.24	201810026211.
192	一种可自动进水持续喷雾的净水加湿一体装置及其制作方法	黄　敬、黄国和、安春江、何　源、忻夏莹、陈秀娟、郑如秉、沈　聚、宋　沛	发明	2017.06.22	2020.07.24	201710481951.9
193	一种银氮掺杂多孔陶净水器及其制备方法	何　源、黄国和、陈　皓、安春江、黄　敬、姚　尧、陈秀娟、郑如秉、宋　沛、沈　聚	发明	2017.06.22	2020.07.24	201710480771.9
194	变压器铜油纸系统电热联合老化实验装置与取样方法	丛浩熹、李庆民、刘健犇	发明	2019.02.19	2020.07.28	201910123995.3
195	一种基于高温超导圆形环片的超导磁体	胡一丹、王银顺、陈　浩、刘明闯、皮　伟、李继春、夏芳敏	发明	2018.09.29	2020.07.28	201811147812.3
196	变流器控制的电动汽车接入配网短路电流计算系统及方法	马　静、刘　静	发明	2018.08.22	2020.07.28	201810959280.7

续表

序号	名称	发明人	专利类型	申请日期	授权日期	专利号
197	一种基于暂态地电压和特高频的检测开关柜缺陷的方法	何　金、黄　猛、徐　轩、王永宁、张　弛、韩秋波、曹　梦、张春晖、陈　荣、张黎明、宋晓博、朱旭亮	发明	2018.04.09	2020.07.28	201810309234.2
198	一种小孔电极化系数的提取方法	朱海峰、柏　彬、张　瑞、焦重庆、刘　亮、陈　喆、刘寅莹、刘晓繁、龚　辉、李岩岩	发明	2017.05.31	2020.07.28	201710399796.6
199	一种禾本科生物质催化热解制备4－乙烯基苯酚的方法	陆　强、叶小宁、王　昕、郭浩强、潘保霏、董长青、杨勇平	发明	2017.05.10	2020.07.28	201710325263.3
200	核电厂体源辐射源强逆推方法及体源辐射源强逆推系统	陈义学、贺淑相、臧启勇、张　涵、王梦琪	发明	2016.04.12	2020.07.28	201610223759.5
201	核电厂点源线源体源组合的复合辐射源强逆推方法及系统	陈义学、贺淑相、臧启勇、王梦琪、张　涵	发明	2016.04.12	2020.07.28	201610224104.X
202	核电厂点源线源组合的复合辐射源强逆推方法及系统	陈义学、贺淑相、臧启勇	发明	2015.11.27	2020.07.28	201510849908.4
203	一种电动汽车接入配电网区域电流保护方法及系统	马　静、刘　静、李　沛、王瑞峰	发明	2019.07.31	2020.07.31	201910700662.2
204	风机调度跟踪控制方法及装置	胡　阳、王会盼	发明	2019.05.28	2020.07.31	201910448944.8
205	一种柔性直流配电系统高频突变量距离保护方法	贾　科、赵其娟、毕天姝、冯　涛、王聪博、陈金锋	发明	2018.12.11	2020.07.31	201811508654.X
206	基于辐照变化改变集成模式的太阳能热互补联合循环系统	段立强、王　振	发明	2018.07.27	2020.07.31	201810839133.6
207	一种循环流化床机组变负荷过程中给煤量合理性检测方法及系统	高明明、洪　烽、牟　犇、杨婷婷、刘吉臻、李　伟、高　超	发明	2017.01.21	2020.07.31	201710051742.
208	一种基于流程流转的全过程风机制造质量监控系统	许儒航、杨　健、乌云娜、张昊渤、柯毅明、李　芳、谢　超、许　浒、张金颖、陈开风、肖鑫利、孙肖坤、许传博	发明	2017.01.16	2020.07.31	201710028473.6
209	一种并联均流测试平台及方法和一种金属电极组件	顾妙松、彭　程、赵志斌、唐新灵、崔　翔	发明	2019.10.31	2020.08.04	201911050874.7
210	一种功角实时确定方法及系统	黄少锋、李　慧、李轶凡、徐泰来、张月品、伍叶凯、赵　月	发明	2019.10.28	2020.08.04	201911028939.8
211	一种利用层间限域策略制备二维金属氧化物纳米片的方法	王维雪、岳仪凡、陈奕倩、陈　哲、王祥科	发明	2019.09.03	2020.08.04	201910827673.7
212	基于暂态波形特征的输电线路雷击干扰与故障识别方法	王增平、吕　哲、许琬昱	发明	2019.07.30	2020.08.04	201910694532.2
213	适用于含UPFC输电线路的方向纵联暂态量保护方法	王增平、吕　哲	发明	2019.06.19	2020.08.04	201910531594.1
214	一种壁面微结构耦合局部电极的沸腾换热表面	陈宏霞、肖红洋、孙　源、刘　霖	发明	2018.12.06	2020.08.04	201811485686.2
215	一种电网中设备预警方法及预警装置	陈文刚、王一蓉、杨松楠、郭晓军、郜　方、吴润泽、孔祥余、杜长宇、陈文伟、唐良瑞	发明	2016.09.22	2020.08.04	201610844195.7
216	一种含逆变型电源的配电网故障方向判别方法及系统	郑　涛、朱逸凡、张嘉琴	发明	2019.01.31	2020.08.07	201910095891.6

续表

序号	名称	发明人	专利类型	申请日期	授权日期	专利号
217	一种基于环形超导片的导冷式超导磁体	胡一丹、王银顺、陈　浩、刘明闯、皮　伟、李继春、夏芳敏	发明	2018.09.29	2020.08.07	201811148753.1
218	一种电力电子变压器降低配电网络电压不平衡度的方法	董　雷、张　涛、孙英云、陈乃仕、蒲天骄、柳　丹	发明	2018.05.11	2020.08.07	201810449983.5
219	一种基于击键韵律的用户身份识别系统的识别方法	张晓良、周铁峰、吴克河、张五霞、张建安	发明	2017.03.16	2020.08.07	201710156509.9
220	一种燃气轮机气动执行器故障半实物仿真平台及仿真方法	张文广、刘海鹏、沈炀智、牛玉广	发明	2019.05.30	2020.08.11	201910462987.1
221	一种基于观测数据和化学机制的臭氧来源解析方法	彭　林、李如梅、闫雨龙、徐　扬、王　成	发明	2019.05.20	2020.08.11	201910418907.2
222	一种常压回路热管式太阳能供热装置	纪献兵、代　超、徐进良	发明	2018.08.15	2020.08.11	201810927035.8
223	一种风电机组限功率运行的异常数据处理方法	马远驰、刘永前、杨志凌、韩　爽、李　莉、阎　洁、王一妹、邵振洲、张路娜	发明	2018.03.26	2020.08.11	201810250870.2
224	一种三相一体 GIS 的独立式母线电压测量装置	卢斌先、李　瑞、宋丽娟	发明	2019.09.29	2020.08.14	201910936609.2
225	一种多孔氧化锰微米球及其制备方法和应用	丁　勇、吴云召、戴松元、刘雪朋、蔡墨朗	发明	2019.08.30	2020.08.14	201910813753.7
226	多光伏电源并网的直流电力系统的阻抗测量式孤岛检测法	贾　科、朱正轩、赵其娟、冯　涛、毕天姝、赵冠坤、陈金锋	发明	2018.11.27	2020.08.14	201811424865.5
227	一种评估用电设备损耗状态的方法	刘敦楠、王宇、卢志旭	发明	2017.12.27	2020.08.14	201711441626.6
228	一种寒旱地区农村生活污水多介质生态处理系统及方法	郑如秉、黄国和、安春江、姚　尧、张　鹏、陈秀娟、忻夏莹、宋　沛、沈　聚、黄　敬、何　源	发明	2017.06.26	2020.08.14	201710494235.4
229	基于增益补偿助听器语音质量 W-PESQ 客观评价方法	陈晓梅、钟　波、杨　平、何龙标、牛　锋、赵正宜、许欢、冯秀娟	发明	2017.05.22	2020.08.14	201710364915.4
230	一种非侵入式电力负荷分解方法及装置	刘　松、田　洁、刘　鹏	发明	2017.11.27	2020.08.18	201711207723.9
231	一种基于频谱曲线拟合的短时窗间谐波测量方法	毕天姝、刘　灏、李嘉贤	发明	2018.03.26	2020.08.21	201810251253.4
232	一种碳纳米纤维-水滑石复合材料吸附剂的制备方法及其应用	于淑君、王祥学、赵桂霞、王祥科	发明	2017.10.13	2020.08.21	201710953450.6
233	一种中压电力线 OFDM 通信系统的噪声抑制传输方法	陈石东、陈向群、陆　俊、刘　莎、张　旭、徐志强、申丽曼、刘谋海	发明	2017.10.12	2020.08.21	201710948407.
234	特高压直流换流阀二端口电路	齐　磊、唐　义、李静怡、崔　翔	发明	2017.09.08	2020.08.21	201710804900.5
235	高压柔性直流换流阀支撑绝缘子串联电压均衡方法	李静怡、齐　磊、沈　弘、刘珂鑫	发明	2017.06.05	2020.08.21	201710417707.6
236	一种针对复杂拓扑的风电场等值建模方法	齐　郑、张红颖、林健雄	发明	2017.03.30	2020.08.21	201710199885.6
237	一种风电参与电力系统调频的方法及系统	查效兵、李　渝、岳　帅、常喜强、张东英、邱　刚、张　旭、李国庆、郭小龙	发明	2017.08.01	2020.08.25	201710647760.5

续表

序号	名称	发明人	专利类型	申请日期	授权日期	专利号
238	一种判断气体绝缘电气设备故障的方法	王　璁、屠幼萍、艾　昕、张　颖、陈　庚、袁之康	发明	2019.07.04	2020.08.28	201910598954.X
239	一种量子密钥分配系统	翟明岳、马茹昕	发明	2018.02.05	2020.08.28	201810110087.6
240	定型膨胀石墨基赤藓糖醇中温复合相变储热材料的制备	徐　超、袁梦迪、叶　锋、任云秀、巨　星	发明	2017.09.26	2020.08.28	201710882094.3
241	一种风电场流场耦合特性评估与智能分群方法及系统	林忠伟、曲晨志、韩翔宇、陈振宇、谢　镇、李宜霖、王瑞田	发明	2019.12.20	2020.09.01	201911326716.X
242	一种应用于超超临界机组的堆叠自编码器建模方法	张　皓、刘向杰、罗　颖、马乐乐、冯　乐	发明	2019.04.25	2020.09.01	201910340736.6
243	风向扇区划分方法及装置	孔德安、李　伟、沈　勇、胡　阳、奚芸华、王晓宇、康永昊、李　娟、刘江山、李永基、韩宏志	发明	2018.11.14	2020.09.01	201811357595.
244	一种计及风险的电网分类项目的投入产出评价方法及系统	郑　燕、刘文霞、雷体钧、温卫宁、汪亚平、常　源、刘晨苗、刘明华、刘宗歧、张　恒、周子毓、谭凌峰、杜　翠、何砚、翟树军、徐玉杰、李如萍、吕　岳、崔万福	发明	2018.07.04	2020.09.01	201810721869.3
245	一种广义快速分解状态估计方法	陈艳波、张　智、沈玉兰	发明	2017.11.22	2020.09.01	201711174558.1
246	一种双馈风机并网系统动态能量稳定性评估方法及系统	马　静、杨更宇、张嘉鑫、李　沛	发明	2019.07.30	2020.09.04	201910695898.1
247	基于换流器控制的双馈风机次同步振荡抑制方法及其系统	马　静、张涌新、刘　静、李鹏冲	发明	2019.07.30	2020.09.04	201910695034.X
248	一种基于泡沫金属体吸收太阳能的蒸发系统	姚贯升、刘国华、徐进良、冯义钧	发明	2019.07.18	2020.09.04	201910648748.5
249	一种分级接力压缩空气储能系统及其运行控制策略	姜　彤、尤嘉钰、陈紫薇、傅　昊	发明	2018.06.28	2020.09.04	201810688703.6
250	一种大功率压接式 IGBT 驱动线	李金元、唐新灵、崔　翔、张　朋、赵志斌、温家良	发明	2015.12.18	2020.09.04	201510960378.
251	一种利用智慧机库实现输电线路无人机自主巡检的方法	刘自发、王新月	发明	2019.09.27	2020.09.08	201910932169.3
252	一种具有移相调频能力的电力弹簧	袁　敞、童　明、冯佳耀、周芮冰	发明	2018.04.26	2020.09.08	201810387375.6
253	一种动态变化的车联网场景中的内容分发基站及方法	刘朋矩、周振宇	发明	2018.01.19	2020.09.08	201810052892.8
254	一种协同催化水中四溴双酚 A 的四氧化三铁@环糊精/碳纳米管复合物的制备方法及应用	张一梅、武盼盼、赖毓娴、赵亚龙	发明	2017.12.21	2020.09.08	201711390108.6
255	G-四联体 DNA 酶在硫离子超微弱化学发光检测中的应用	侯　静、王素华	发明	2017.07.24	2020.09.08	201710608208.5
256	一种基于磁化改性制备导热绝缘材料的装置及方法	卞星明、张依然、杨　威、庹　睿、伍珈乐、刘　琳、陈　赟、王　琨、宋绪鹏、龚阳智、宋涵宇	发明	2019.12.13	2020.09.11	201911282854.2
257	一种风电机组偏航校准方法及系统	林忠伟、曲晨志、王传玺、陈振宇、韩翔宇、谢　镇、王瑞田	发明	2019.11.15	2020.09.11	201911117633.X

续表

序号	名称	发明人	专利类型	申请日期	授权日期	专利号
258	一种孤岛运行微电网群能量调度分布式优化方法	刘　念、盛超群	发明	2019.02.27	2020.09.11	201910144232.7
259	1/3带平衡绕组调容变压器和Dyn联结调容变压器的调容方法	陶　顺、孙志鹏、张　淼、要海江	发明	2019.02.13	2020.09.11	201910112189.6
260	一种燃气蒸汽联合循环与脱碳系统联合供热系统	翟融融、刘洪涛、冯凌杰、杨勇平	发明	2018.05.28	2020.09.11	201810521013.1
261	判断气体绝缘输电线路喷涂层微粒运动状态的方法及装置	颜湘莲、徐晓东、李志兵、律方成、刘宏宇、田　阳、刘北阳、詹振宇、董　蒙	发明	2017.08.07	2020.09.11	201710667518.4
262	一种分割舱式透平叶片	谢　剑、徐进良、李文胄、梁　聪、马　杨	发明	2019.09.29	2020.09.15	201910932354.2
263	一种集群电动汽车充放电功率优化管理方法	胡俊杰、周华嫣然、李　阳	发明	2019.04.04	2020.09.15	201910269116.8
264	一种配电网中分布式电源优化配置方法及计算设备	曾　鸣、窦金月、田立燚、李明珠、吕　盼、周　专、宋新甫、关洪浩	发明	2018.03.22	2020.09.15	201810241758.2
265	一种硅钢片铁芯宽频电路模型的建模方法	唐志国、王晓丹、仲崇山	发明	2016.08.04	2020.09.15	201610632962.8
266	一种在载体上原位生长的贵金属基纳米催化剂及其制备方法	叶　锋、袁梦迪、禹航宇、王志明、徐　超、杜小泽	发明	2019.06.23	2020.09.18	201910548414.
267	考虑直流输电系统启动顺序和恢复过程的系统恢复方法	刘崇茹、李欣蔚、罗　钢、娄源媛、钱　峰、吴国炳、杨国银、李　力	发明	2017.12.20	2020.09.18	201711380063.4
268	一种基于置信等效功率曲线带的风电建模及性能评估方法	胡　阳、乔依林、朱红路	发明	2017.12.06	2020.09.18	201711278430.X
269	基于实时数字仿真器的模块化多电平换流器桥臂建模方法	孙吉波、王洁聪、伍双喜、刘崇茹、黄国栋、谢国超、徐春华、杨银国、钱　峰	发明	2017.11.30	2020.09.18	201711236974.X
270	一种薄壁蜂窝式低温抗硫SCR脱硝催化剂及其制备方法	陆　强、裴鑫琦、吴洋文、密腾阁、杨勇平	发明	2019.08.28	2020.09.22	201910800820.1
271	一种碱金属中毒SCR脱硝催化剂回收再利用方法	杨勇平、陆　强、吴洋文、密腾阁、徐明新	发明	2019.08.09	2020.09.22	201910733147.4
272	一种锥形磨辊式生物质快速催化热解反应器及其热解方法	陆　强、谢文銮、张镇西、马善为、杨勇平	发明	2019.04.04	2020.09.22	201910268818.4
273	一种基于氧化铈载体的平板式高温抗硫SCR脱硝催化剂及其制备方法	杨勇平、陆　强、刘　吉、徐明新	发明	2019.03.15	2020.09.22	201910195812.9
274	一种面向D2D中继网络的低复杂度在线资源分配优化算法	王亚会、许　晨、周振宇	发明	2019.01.18	2020.09.22	201910046860.1
275	一种温和条件下选择性氧化醇以制备醛/酮的方法	赵桂霞、王祥科	发明	2018.04.09	2020.09.22	201810311121.6
276	基于微分进化的含三端SNOP的配电网自适应优化方法	刘文霞、王凌飞、徐艺铭	发明	2017.11.22	2020.09.22	201711174501.1
277	一种协同脱除N_2O的烟气脱硝脱汞催化剂及其制备方法	赵　莉、吴洋文、韩　健、张淞林、陆　强、董长青	发明	2017.11.02	2020.09.22	201711061479.X
278	一种P25负载分子态钴/镍等活性位点材料的制备方法	赵桂霞、王祥学、文　涛、王祥科	发明	2017.09.30	2020.09.22	201710939183.7
279	一种基于能量收集的工业物联网多维资源联合优化算法	周振宇、张春天	发明	2019.01.21	2020.09.25	201910051575.9

续表

序号	名称	发明人	专利类型	申请日期	授权日期	专利号
280	一种新能源充电服务系统	刘敦楠、王　文、加鹤萍、刘清睿	发明	2017.12.08	2020.09.25	201711296365.3
281	智能用电园区需求响应策略	南思博、周志芳、吴　臻、孙黎滢、谷纪亭、王　坤、徐晨博、张利军、尹建兵、章　浩、叶根富、王　媛、张嘉慧、周　明、李庚银	发明	2016.11.15	2020.09.25	201611021441.5
282	一种物联网雾计算中信息不对称不确定下的任务卸载机制	周振宇、廖海君	发明	2019.02.28	2020.09.29	201910148649.
283	一种基于零序阻抗的突变量方向保护方法	贾　科、王童辉、毕天姝、冯　涛、赵冠琨、董雄鹰	发明	2018.12.25	2020.09.29	201811592704.7
284	一种交流配电线路的故障定位方法	贾　科、李　论、宣振文、冯　涛、赵其娟、赵冠琨	发明	2018.10.10	2020.09.29	201811179921.3
285	处理废水中放射性核素的三元金属氧化物材料及其应用	于淑君、王祥学、吴忆涵、庞宏伟、王祥科	发明	2018.05.07	2020.09.29	201810426083.9
286	一种同步测量装置实验室校准仪及其同步相量测量方法	刘　灏、毕天姝、许苏迪	发明	2018.03.16	2020.09.29	201810220038.8
287	电力系统失步中心定位及振荡中心追踪系统及其方法	马　静、宋宇博、王江天、李　沛	发明	2017.09.15	2020.09.29	201710839777.
288	锁相环动态的重合闸过程的分布式光伏输出电流分析方法	贾　科、汪执雅、宣振文、李　论、毕天姝、闫人滏、李晨曦、林瑶琪、王昱瑾	发明	2017.09.05	2020.09.29	201710800729.
289	一种光伏电站虚拟同步发电机的控制方法及装置	张节潭、郭树锋、毕天姝、杨　军、胥国毅、李延和、杨立滨	发明	2017.05.08	2020.09.29	201710317472.3
290	一种一步结晶制备 $CsPbX_3$ 钙钛矿量子点薄膜的方法	丁　勇、刘　成、戴松元、杨　熠、刘雪朋、蔡墨朗	发明	2019.10.09	2020.10.02	201910953500.X
291	锅炉水冷壁高温防腐涂层制备与管基体热处理协同强化技术	曲作鹏、王海军、田欣利、叶怀宇	发明	2019.07.04	2020.10.02	201910601433.5
292	一种梯级利用烟气热能的超临界 CO_2 循环燃煤发电系统	徐进良、孙恩慧、雷　蕾、朱民国、刘　欢	发明	2018.04.26	2020.10.02	201810386093.4
293	直流气体绝缘输电线路微粒陷阱及参数优化方法	常亚楠、王　健、王靖瑞、胡　琦、梁瑞雪、李庆民	发明	2019.06.13	2020.10.09	201910511107.5
294	一种应用于间歇搅拌釜式反应器的鲁棒迭代学习模型预测控制方法	马乐乐、孔小兵、张　皓	发明	2019.04.24	2020.10.09	201910331986.3
295	一种车载边缘计算中基于匹配算法的任务分配策略	周振宇、刘朋矩	发明	2019.01.21	2020.10.09	201910051812.1
296	一种基于n−i−p结构的有机无机杂化钙钛矿同质结太阳电池	李美成、黄　浩、段明君、蒋皓然、崔　鹏、卫　东、纪　军、窦尚轶	发明	2018.12.30	2020.10.09	201811648978.3
297	液化气体储能发电装置及其储能发电方法	姜　彤、李　斌、全璐瑶、张璐路、权　超	发明	2018.04.16	2020.10.09	201810337946.5
298	一种用于温室大棚的光伏光热一体化循环系统	李美成、王恬悦、崔梦其、陈杰威、刘文健	发明	2016.08.29	2020.10.09	201610740862.7
299	一种可验证的量子密钥协商方法	石润华、李坤昌、石　泽、苟湘淋	发明	2019.12.09	2020.10.13	201911252928.8
300	一种面向物联网的区块链密钥分发系统及其方法	石润华、石　泽、苟湘淋、李坤昌	发明	2019.12.09	2020.10.13	201911251475.7

续表

序号	名称	发明人	专利类型	申请日期	授权日期	专利号
301	一种基于区块链的量子密钥分配方法	石润华、苟湘淋、石　泽、李坤昌	发明	2019.12.09	2020.10.13	201911252915.
302	一种基于生成对抗网络的地震数据重建方法	石　敏、朱震东、朱登明、路　昊	发明	2019.07.04	2020.10.13	201910599289.6
303	池沸腾旋转射流换热装置	谢　剑、徐进良、佘青汀、梁　聪、李文霄	发明	2019.03.26	2020.10.13	201910231138.5
304	一种风电场扇区优化方法及系统	林忠伟、陈振宇、谢　镇、曲晨志、韩翔宇、王传玺	发明	2019.10.18	2020.10.16	201910993237.7
305	一种二维铁氧化物纳米片催化剂的制备方法和应用	王维雪、岳仪凡、王慧慧、陈奕倩、陈　哲、王祥科	发明	2019.08.30	2020.10.16	201910816106.1
306	一种双馈风电并网系统稳定性调整系统及方法	马　静、沈雅琦、杨更宇、周晓东、张　敏、吴羽翀	发明	2019.07.30	2020.10.16	201910695047.7
307	一种直驱永磁风电系统耗散能量稳定性检测方法及系统	马　静、周晓东、李　沛、汪乐天	发明	2019.07.30	2020.10.16	201910694971.3
308	一种双馈风电机组的稳定性评估方法及系统	马　静、沈雅琦、张嘉鑫、顾元沛	发明	2019.07.30	2020.10.16	201910695859.1
309	一种燃气轮机气动执行器的故障建模方法	张文广、刘海鹏、汪　洋、牛玉广	发明	2019.05.30	2020.10.16	201910463721.9
310	一种差速磨辊式生物质快速催化热解的装置与方法	陆　强、谢文銮、吴昱廷、李　凯、杨勇平	发明	2019.04.04	2020.10.16	201910268831.X
311	一种生态式可移动河流拦沙堰	王中玉、何卓林、张　磊、钟美芳、田　旺、张非凡、许轶昕、张化永、黄　海	发明	2018.09.27	2020.10.16	201811128615.7
312	一种柔性直流输电交流化运行方法	刘崇茹、谢国超、王洁聪、孔　玮、王　宇、苏晨博、凌博文、刘昊宇、徐诗甜、喻建瑜	发明	2018.09.05	2020.10.16	201811030040.5
313	一种烟气再热式碟式光热与燃气蒸汽联合循环发电系统	翟融融、刘洪涛、冯凌杰、杨勇平	发明	2018.05.28	2020.10.16	201810521074.8
314	一种包含风电机组的电网惯性时间常数计算方法及系统	边二曼、徐洪涛、刘　晋、王　哲、韩民晓	发明	2018.03.19	2020.10.16	201810224789.7
315	一种油浸纸均匀受潮方法	刘　磊、罗　兵、厉天威、唐　力、廖一帆、张福增、王婷婷、郑　重、孙　梦	发明	2017.11.22	2020.10.16	201711174397.6
316	一种适用于实时仿真的模块化多电平换流器桥臂简化方法	王　乐、樊　强、冯谟可、许建中、宗炫君、邹　盛、周洪伟、赵成勇	发明	2019.05.24	2020.10.20	201910438550.4
317	换流站远传信号的分层分级方法与装置	苏浩辉、尚佳宁、陈彦州、宋云海、肖耀辉、王　奇、李妍红、齐　波、张　鹏	发明	2018.09.04	2020.10.20	201811023936.
318	一种基于改进多智能体一致性算法的风电场有功调度方法	姚　琦、胡　阳、刘吉臻	发明	2018.05.10	2020.10.20	201810442916.
319	一种基于“虚拟阀”的快堆主泵流通通道建模计算方法	张钰浩、夏子涵、陆道纲、马翔凤、梁江涛、唐甲璇、丰　立	发明	2019.07.08	2020.10.23	201910609570.3
320	一种用于柔性直流电网故障清除的直流电压钳位器	赵西贝、许建中、宋冰倩、赵成勇	发明	2018.11.14	2020.10.23	201811350141.
321	用于电站空冷凝汽器的活塞式机械通风装置	孔艳强、杨晓茹、杨立军、杜小泽、杨勇平	发明	2018.07.19	2020.10.23	201810795473.3

续表

序号	名称	发明人	专利类型	申请日期	授权日期	专利号
322	一种敏感设备电压暂降耐受特性测试与数据处理方法	徐永海、及洪泉、迟忠君、常乾坤、钱叶牛、贾东强、王海云、吴亚盆、李晨懿	发明	2018.07.06	2020.10.23	201810737915.9
323	一种适用于FPGA的MMC电容电压均衡控制方法	孙吉波、王 宇、杨银国、刘崇茹、钱 峰、凌博文、徐春华、包 博	发明	2018.05.25	2020.10.23	201810513480.X
324	一种模拟聚光太阳能光照加热装置	宋记锋、佟 锴、罗 耿、李 蕾	发明	2017.05.15	2020.10.23	201710340843.X
325	一种基于匹配学习的泛在电力物联网接入方法	周振宇、潘 超、廖海君、刘 念、汪中原	发明	2019.12.31	2020.10.27	201911406929.3
326	一种基于跑道型超导环片的超导磁体	康强强、王银顺、李继春、夏芳敏、皮 伟	发明	2019.07.09	2020.10.27	201910615097.X
327	一种智能电网实时安全预警方法	刘敦楠、王宣元、加鹤萍、何 杰、韩 涛、金结娥	发明	2019.06.26	2020.10.27	201910563209.1
328	一种神经网络内模控制器模型失配识别及在线更新方法	胡 勇、马一鸣、曾德良、牛玉广、刘吉臻、米树华、崔青汝	发明	2019.06.18	2020.10.27	201910526752.4
329	一种基于二维概率密度估计和四分位法的数据清洗方法	韩 爽、乔延辉、葛 畅、刘永前、李 莉、阎 洁、褚景春	发明	2019.02.28	2020.10.27	201910149966.4
330	一种基于等效功率的风轮等效风速计算方法	韩 爽、乔延辉、刘永前、李 莉、阎 洁、葛 畅	发明	2019.02.25	2020.10.27	201910136172.4
331	一种高含沙河流的拦沙和水力排沙装置	王中玉、蓝嘉柱、张化永、张 磊、何 星、何卓林、田 旺、许轶昕	发明	2018.12.13	2020.10.27	201811525520.9
332	一种基于ReBCO超导D形环片的传导冷却环向磁体	袁 茜、王银顺、陈 浩、胡一丹、皮 伟、李继春、夏芳敏	发明	2018.09.29	2020.10.27	201811148099.4
333	一种基于ReBCO超导环片的传导冷却磁体	袁 茜、王银顺、陈 浩、刘明闯、皮 伟、李继春、夏芳敏	发明	2018.09.29	2020.10.27	201811147558.7
334	一种风电功率预测方法和系统	蒋维勇、张海波、刘建琴、邹 欣、王 峤	发明	2018.02.12	2020.10.27	201810147114.7
335	一种直驱风机变流控制系统的间谐波参数稳定域构建方法	李景一、毕天姝、张 鹏、贺静波、王 超	发明	2017.12.18	2020.10.27	201711366697.4
336	一种地区新能源电源结构优化预测方法和系统	赵 欣、何 琳、刘金朋、李昌陵、贾政豪、杨亚丽、陈 超	发明	2017.12.15	2020.10.27	201711351376.7
337	全断面隧道掘进机刀盘厚度的确定方法	张照煌、王 磊、高青风	发明	2017.11.21	2020.10.27	201711167274.X
338	一种强化脱氮除磷的复合人工生态床污水处理系统及方法	宋 沛、黄国和、安春江、沈 聚、姚 尧、张 鹏、申 健、郑如秉、黄 敬、何 源	发明	2017.07.24	2020.10.27	201710606533.8
339	模拟鸟类排便的多气路时序控制方法	王胜辉、丁玉剑、周 军、耿江海、高树国、高海峰、周松松、姚修远、姜德喜、刘玉胜	发明	2017.05.19	2020.10.27	201710356804.9
340	基于负荷率和同时率的区域整体设备经济寿命测算方法	王锋华、李 雅、牛东晓、林建军、杨少杰、姚多朵、施永益、成敬周、陈 浩、袁雪枫、沈晨姝、张彩友、江 勇、李 兵、季 岚、吴 颖、陆晓芬	发明	2017.05.03	2020.10.27	201710303003.6

续表

序号	名称	发明人	专利类型	申请日期	授权日期	专利号
341	一种基于单光子的双向身份认证方法	石润华、石　泽、荀湘淋	发明	2020.01.10	2020.10.30	202010028161.7
342	一种模块化多电平换流器的并行控制系统及方法	王　宇、刘崇茹、谢　博、刘昊宇、侯延琦、梅文明、李庚银	发明	2019.11.15	2020.10.30	201911120069.7
343	基于超临界二氧化碳的增压流化床联合循环发电系统	徐进良、胡　涵、孙恩慧、李航宁、王艳娟	发明	2019.05.31	2020.10.30	201910469042.2
344	基于混合型阻抗的 UPFC 故障渡越方法	郑　涛、李厚源、汤　哲	发明	2019.04.11	2020.10.30	201910287708.2
345	一种基于大数据的光伏发电系统	刘敦楠、王宣元、加鹤萍、其他发明人请求不公开姓名	发明	2019.03.12	2020.10.30	201910185178.
346	一种适用于双馈风机送出线路的距离纵联保护方法	潘本仁、贾　科、毕天姝、张　妍、谢国强、桂小智	发明	2020.06.11	2020.11.03	202010527347.7
347	一种面向电力物联网的跨层资源分配方案	周振宇、陈亚鹏	发明	2019.02.28	2020.11.03	201910148634.4
348	一种屈服强度高于 350MPa 的高导电率铝合金及其制备方法	刘东雨、王　帅、朱万利、刘欣蕊	发明	2018.11.27	2020.11.03	201811425559.3
349	一种在线自适应抑制柔性直流引起的高频振荡方法	刘崇茹、谢国超、王　宇、孔　玮、王洁聪、凌博文、刘昊宇、徐诗甜、喻建瑜	发明	2018.01.18	2020.11.03	201810047773.3
350	多频系统失步振荡中心定位及位移路径追踪系统及方法	马　静、张伟波、宋宇博、李　沛	发明	2017.06.27	2020.11.03	201710525492.X
351	一种压接型功率半导体器件内部温度分布测量方法及系统	邓二平、张　朋、赵志斌、温家良、黄永章	发明	2016.09.22	2020.11.03	201610843020.4
352	核电厂点源线源面源组合的复合辐射源强逆推方法及系统	陈义学、贺淑相、臧启勇、王梦琪、张　涵	发明	2016.01.20	2020.11.03	201610038912.7
353	一种适用于 UPFC 接入的工频变化量方向保护改进方法	郑　涛、汤　哲、王赟鹏、曹　虹、王兴国、李厚源、马家璇	发明	2019.11.26	2020.11.06	201911173344.1
354	基于本地电流突变量极性的柔性直流配电系统保护方法	郑　涛、吕文轩、吴　琼	发明	2019.11.26	2020.11.06	201911173682.5
355	一种直驱风电场次同步振荡抑制方法及其系统	马　静、吴羽翀、杨更宇、汪乐天	发明	2019.07.30	2020.11.06	201910695807.4
356	一种中空结构过渡金属纳米催化剂的制备方法	叶　锋、刘　鹏、王志明、禹航宇、徐　超、杜小泽	发明	2019.06.23	2020.11.06	201910545831.X
357	基于多维 Copula 函数的日含沙量过程随机模拟方法	彭　杨、张继鹏、时玉龙、赵晓东、陈仕豪	发明	2019.01.10	2020.11.06	201910023470.2
358	一种风场参与调频方法及系统	张　旭、陈云龙、张东英、王仪贤、岳　帅、郭　云	发明	2019.01.07	2020.11.06	201910012262.2
359	一种计及无功设备调节成本的直流联络线功率优化方法	张海波、马伸铜	发明	2018.08.31	2020.11.06	201811010053.6
360	智能电网中一种高效节能的无人机电力巡线方法	周振宇、熊　飞、许　晨、张春天、唐良瑞	发明	2018.01.02	2020.11.06	201810000454.7
361	多主体参与的交直流混合配电网动态重构方法	刘　念、郭　斌	发明	2017.10.16	2020.11.06	201710958972.5
362	移动自组织传感器网络中三维联合定位与追踪方法	滕　婧、张　楠、周　蓉、杜　婧、高雅娣	发明	2017.05.15	2020.11.06	201710339834.9
363	一种氮掺杂碳纳米纤维/石墨烯气凝胶的制备方法及其应用	张一梅、王　飞、朱　浩	发明	2016.10.28	2020.11.06	201610958542.9

续表

序号	名称	发明人	专利类型	申请日期	授权日期	专利号
364	一种基于能量函数的分时换相序紧急控制方法及系统	黄少锋、李轶凡、张　健、黄　罡、肖仕武、罗阳静宜	发明	2019.08.12	2020.11.10	201910738900.9
365	一种换相序控制方法及系统	黄少锋、李轶凡、李　慧、张　健、黄怡凌、高　琦、徐泰来、郭日泽、李靖雯	发明	2019.08.12	2020.11.10	201910739282.X
366	基于能量函数的同时换相序紧急控制方法及系统	黄少锋、李轶凡、李　慧、陈　静、高　琦、黄怡凌	发明	2019.08.12	2020.11.10	201910738972.3
367	一种电子能量可控的电子枪	屠幼萍、许多虎、谭　天、秦司晨、陈冰莹、王　璁、王景春	发明	2018.12.10	2020.11.10	201811502099.X
368	一种基于矩阵束的动态相量测量方法	刘　灏、李嘉贤、毕天姝、马士聪、张　曦、王铁柱	发明	2018.11.22	2020.11.10	201811402335.
369	一种直流气体绝缘金属封闭输电线路绝缘子	马国明、周宏扬、屠幼萍、陈　庚、王　璁、秦司晨	发明	2018.11.22	2020.11.10	201811400756.X
370	一种针对同步相量量测的电网可观测性分析方法	张海波、韩可欣	发明	2018.10.12	2020.11.10	201811186969.7
371	基于电网成效贡献度的储备项目优选方法	潘尔生、刘自发、李　晖、彭　冬、张鹏飞、王智冬、龙望成、薛雅玮、王旭阳、蔡晓宇、张　哲	发明	2018.06.06	2020.11.10	201810577790.8
372	全断面岩石掘进机刀盘联接板厚度的确定方法	张照煌、王　磊、高青风	发明	2017.11.21	2020.11.10	201711166335.
373	一种生物质锅炉炉膛温度和负荷预测方法	张俊姣、安梦迪、董长青、胡笑颖、王孝强、覃　吴、赵　莹、薛俊杰	发明	2019.11.22	2020.11.13	201911153651.3
374	柔性直流输电系统中直流断路器的重合方法	贾　科、赵冠琨、毕天姝、陈金锋、杨　彬、王聪博、朱　瑞	发明	2019.06.24	2020.11.13	201910549761.5
375	一种应用于大规模风电场的分布式经济模型预测控制方法	孔小兵、刘向杰、吴　倩	发明	2019.04.16	2020.11.13	201910302218.5
376	一种分区式圆筒微生物燃料电池	程桂石、赵莹、赵　薇、杨双维、付　娟、李文军、阙正斌、和箐楠、张玉宏、宫雪容、艾科热木、胡雅琪、黄嘉瑜、董长青	发明	2018.12.27	2020.11.13	201811608725.3
377	一种电力设备温度和局部放电一体化检测系统及方法	吴旭涛、程养春、倪　辉、何宁辉、王　斌、丁　培、李秀广、李日东、周　秀、王一波	发明	2018.12.25	2020.11.13	201811589536.6
378	一种适用于同步量测数据传输的方法及系统	刘　灏、毕天姝、田建南、谷松林	发明	2018.12.10	2020.11.13	201811505307.1
379	用于超超临界二次再热机组高效及灵活供热的储能系统	庞力平、张世刚、佟勇婧、段立强、俞基安、刁保圣	发明	2018.11.28	2020.11.13	201811434043.5
380	一种定量分析风电接入对系统暂态稳定性影响的方法	薛安成、吴　雨、王子哲、刘瑞煌、赵成爽	发明	2017.07.27	2020.11.13	201710625302.1
381	一种金属改性氨化分子筛催化纤维素/生物质热解制备LAC的方法	陆　强、张镇西、李　洋、冯时宇、李　凯、杨勇平	发明	2019.09.24	2020.11.17	201910903580.8
382	一种有机磷吸附剂的制备方法和该吸附剂的应用	杨少霞、郝梦婕、肖　峰、高　攀	发明	2019.07.23	2020.11.17	201910664536.6
383	一种磨带式生物质快速催化热解的装置与方法	陆　强、谢文銮、王则祥、李　洋、杨勇平	发明	2019.04.04	2020.11.17	201910268832.4

续表

序号	名称	发明人	专利类型	申请日期	授权日期	专利号
384	一种复合载体臭氧催化剂及其制备方法和应用	杨少霞、杨　典、郝梦婕、高　攀	发明	2019.03.13	2020.11.17	201910189343.X
385	一种基于电力系统的概率潮流确定方法及系统	王　彤、相禹维、宓登凯、王增平	发明	2018.12.17	2020.11.17	201811543658.1
386	含双馈风电机组的互联电网低频扰动源定位系统及方法	马　静、张涌新、张嘉鑫	发明	2018.08.21	2020.11.17	201810953677.5
387	一种利用等离子体回收飞灰中稀土金属的方法	汪　涛、田春晓、张永生、王家伟、刘　钊	发明	2018.05.25	2020.11.17	201810513635.X
388	鸟类排便模拟装置	丁玉剑、王胜辉、周　军、周松松、姚修远、高树国、耿江海、高海峰、姜德喜、刘玉胜、王　晰、谷　琛、张学军、于昕哲、刘　博、刘桂箐、丁健康	发明	2017.05.19	2020.11.17	201710357270.1
389	一种平板式光降解生活垃圾渗滤液催化剂及其制备方法	陆　强、张智博、叶小宁、陈　晨、李文涛、董长青	发明	2015.05.19	2020.11.17	201510254206.1
390	一种高压大功率笼型电机转子槽	赵海森、储呈阳、詹　阳、许国瑞、康锦萍、杨亚秋、刘晓芳	发明	2019.11.26	2020.11.20	201911174407.5
391	一种直驱风电机组的稳定性评估方法及系统	马　静、沈雅琦、吴升进、张　敏	发明	2019.07.30	2020.11.20	201910695024.6
392	基于能量稳定域的双馈风机控制参数优化方法及系统	马　静、赵　冬、张　敏、顾元沛	发明	2019.07.30	2020.11.20	201910699495.4
393	一种模拟聚焦太阳能高热流密度的肋片电加热装置	杜小泽、江凯军、徐　超、杨立军、孔艳强	发明	2019.04.10	2020.11.20	201910283160.4
394	一种真空下温度可快速变化的电子束辐射系统	屠幼萍、谭　天、许多虎、秦司晨、陈冰莹、王　璁、王景春	发明	2018.12.10	2020.11.20	201811502098.5
395	一种适用于源网荷互动工控系统的网络流量异常检测方法	吴克河、张晓良、何　辉、张　明、朱红勤、余刚刚、吴屹浩、杨东锴	发明	2018.11.26	2020.11.20	201811415563.1
396	支路传输功率的解耦方法	鲍　海、房国俊	发明	2017.02.24	2020.11.20	201710103034.7
397	一种基于上下文感知学习的泛在电力物联网接入方法	周振宇、廖海君、潘　超	发明	2020.01.07	2020.11.24	202010012710.1
398	一种避免高压大功率笼型电机转子端部断裂的方法	戴　鑫、任博文、陈　龙、周月伟、杨晓峰、张海艳、刘晓敏、贾德强、赵海森	发明	2019.12.11	2020.11.24	201911263757.9
399	一种高压大功率笼型电机转子铜条消谐槽加工方法	赵海森、郭星岚、任博文、戴　鑫、陈　龙、康锦萍、杨亚秋、刘晓芳	发明	2019.11.26	2020.11.24	201911174323.1
400	一种适用于多变流器驱动的多绕组同步电机对系统	黄永章、李晨阳	发明	2019.07.24	2020.11.24	201910670167.1
401	基于多状态概率分布的电采暖消纳风电测算模型	王雁凌、成一平、李云平、梁　冰、苏靖雅、吴　婵、马洪宇、徐丹蕾	发明	2019.05.17	2020.11.24	201910409078.1
402	数据清洗方法、装置及服务器	胡　阳、奚芸华、潘晨阳	发明	2019.01.17	2020.11.24	201910046106.8
403	一种用于电光调制器的金属-硅微纳米线锥形复合天线及其制备方法	雷煜卿、仝　杰、李英峰、张来豫、李许安、李美成	发明	2019.10.15	2020.11.27	201910976604.2
404	电力电容器心子卷绕设备及其步进电机的控制方法及系统	李　琳、王　帅、崔建业、赵寿生、王　斌、胡　伟、聂京凯、何　强	发明	2019.07.12	2020.11.27	201910628710.1

续表

序号	名称	发明人	专利类型	申请日期	授权日期	专利号
405	一种提高无绝缘高温超导双饼线圈横向电阻率的方法	鲁燕青、王银顺、马思明、王跃茵、王秋良、刘建华	发明	2019.04.17	2020.11.27	201910307932.3
406	交直流混合分布式系统的能效评估方法、装置和计算设备	刘英新、刘　沆、陈威成、杨　艳、曾　鸣、张宸宇	发明	2019.03.27	2020.11.27	201910238812.2
407	基于数据处理的电动汽车智能充电系统	刘敦楠、王　文、加鹤萍、王泳森	发明	2017.12.20	2020.11.27	201711384617.8
408	基于能量函数的换相序控制方法及系统	黄少锋、李　慧、高　琦、郭日泽、伍叶凯、张月品、赵　月、李轶凡	发明	2019.10.28	2020.12.01	201911029092.5
409	双功能 Pt-IrO_2 纳米线电催化剂及其制备方法和燃料电池	叶　锋、王志明、刘　鹏、禹航宇、徐　超、杜小泽	发明	2019.06.25	2020.12.01	201910559444.1
410	计及故障概率的两阶段 N-K 鲁棒故障约束机组组合方法	陈艳波、张　智、陈　浩、刘新元、刘　锋	发明	2019.06.18	2020.12.01	201910524106.4
411	一种直流输电管道	屠幼萍、陈　庚、马国明、王　璁、周宏扬、艾　昕、成　毅、李传扬、袁之康、秦司晨	发明	2018.11.22	2020.12.01	201811400738.1
412	一种用于次同步振荡仿真的直驱风机等值建模方法	徐衍会、曹宇平	发明	2018.08.02	2020.12.01	201810868255.8
413	多维阶数控制的多步 Taylor 级数暂态稳定分析方法	夏世威、张　茜、邹唯薇、孙广增、李庚银	发明	2017.11.03	2020.12.01	201711069156.5
414	基于复合结构元素的自适应形态学滤波方法	齐　郑、李　志、林健雄、张红颖	发明	2016.12.30	2020.12.01	201611251415.1
415	一种基于 Bell 态可验证的量子匿名投票方法	王庆乐、刘江珊、李元诚、余超航	发明	2020.04.26	2020.12.04	202010338105.3
416	一种磁场屏蔽效能预测方法及系统	张芷馨、文卫兵、焦重庆、石　岩、杨　勇、李　明、孙洗凡、吕守国、王加龙、魏　争、曹燕明	发明	2019.12.26	2020.12.04	201911368607.4
417	CFB 锅炉在深度调峰下低 NOx 的高温烟气再循环系统	张媛媛、曲江源、张　锴	发明	2019.09.23	2020.12.04	201910897474.3
418	一种基于信号连接性的负载开关事件检测方法及系统	翟明岳、王志伟	发明	2019.07.17	2020.12.04	201910644136.9
419	一种基于神经元大数据分析的功率调整方法	刘敦楠、丁茂生、许小峰、王　钊	发明	2017.11.09	2020.12.04	201711097825.X
420	一种反应速率可调的生物质热解反应系统	张媛媛	发明	2020.06.02	2020.12.08	202010487784.
421	一种分布式电力管理系统	王　鹏、曹雨洁、丁肇豪	发明	2019.05.31	2020.12.08	201910467570.4
422	一种集群温控负荷参与电网 AGC 的辅助调频方法	许　慧、赵冬梅、殷加玞、汪志成	发明	2018.09.27	2020.12.08	201811131819.6
423	一种基于最小化碳减排成本的碳排放博弈行为控制方法	孙辰军、马　伟、杨　硕、曾　鸣、孟诗语、田立燚、隆竹寒、王晟嫣	发明	2018.06.06	2020.12.08	201810576271.X
424	特高压直流受端电网紧急控制与校正控制在线决策的方法	罗　瑾、龚雁峰、袁宇波、李虎成	发明	2018.05.04	2020.12.08	201810420185.X
425	一种电力通信网络模型建立方法及装置	李　莉、吴润泽、聂文海、樊　冰、宋欣桐、沈卫东、唐良瑞、张海霞、万　莹、宋　堃、朱正甲、侯喆瑞、吕　昕、张雅娜、李环媛、赵旷怡、赵　敏、赵　芃、孙　涛、秦砺寒	发明	2017.09.21	2020.12.08	201710859681.

续表

序号	名称	发明人	专利类型	申请日期	授权日期	专利号
426	一种基于混合式全桥的半全混合 MMC 及其控制方法	赵成勇、宋冰倩、赵西贝、许建中	发明	2018.11.14	2020.12.11	201811349510.4
427	一种基于双半桥和并联全桥混合的 MMC 子模块优化均压方法	许建中、李嘉龙、赵成勇、贾秀芳	发明	2018.02.02	2020.12.11	201810104338.X
428	一种基于量子密钥融合的虚拟电厂安全通信方法	邓　伟、吴文炤、于卓智、张叶峰、韩冰洋、冷　曼、马永红、张京伦、吴润泽、陈文伟、李楠翔、朱玉坤	发明	2018.01.11	2020.12.11	201810025965.4
429	附加频率速率-电压阻尼控制方法	郭春义、宁琳如、赵成勇、王　烨	发明	2017.06.27	2020.12.11	201710499229.8
430	一种具备无级调节直流电压的多端口直流-直流变压系统拓扑	郭春义、王　烨、赵成勇、王一凡、许建中	发明	2017.04.10	2020.12.11	201710227362.8
431	一种高温超导导体	皮　伟、马书文、王跃茵、刘子秋、王银顺、阚常涛、孟奕然	发明	2019.12.20	2020.12.15	201911325763.2
432	一种基于区块链双链结构的分布式发电能量管理方法	张　妍、王龙泽、李美成、张德隆、原蓉芳、吴　靖、赵　冲、刘金鑫、张　浩	发明	2019.12.09	2020.12.15	201911246885.2
433	一种风机叶片引下线故障检测与定位方法及装置	李宏博、李庆民、郭子炘、于万水、张敏昊	发明	2019.11.06	2020.12.15	201911077419.6
434	风电机组异常数据清洗方法	刘永前、王宏钧、李　莉、韩　爽、阎　洁、王其乐、朱志成	发明	2019.04.30	2020.12.15	201910361399.9
435	一种对电动汽车充电的方法	刘敦楠、许小峰、加鹤萍、刘　慧	发明	2017.09.06	2020.12.15	201710798038.1
436	基于历史运行数据的火电机组辨识数据的选取方法	林忠伟、杜　鸣、张一豪、牛玉广、高明明	发明	2016.12.06	2020.12.15	201611110708.8
437	双馈风机并网系统的设备级振荡源定位方法及其装置	马　静、张涌新、王瑞峰、周晓东	发明	2019.07.30	2020.12.18	201910705173.6
438	缺失数据填补方法及装置	褚景春、袁　凌、于天笑、胡　阳、奚芸华、丁　亮	发明	2019.01.12	2020.12.18	201910029581.4
439	一种根据动库容影响实施的水库防洪优化调度方法	彭　杨、于显亮、吴志毅、时玉龙	发明	2017.08.31	2020.12.18	201710772813.6
440	一种基于嵌套降维算法的梯级水库水沙联合优化调度方法	彭　杨、于显亮、吴志毅、张继鹏	发明	2017.07.26	2020.12.18	201710619785.4
441	基于社交网络的 D2D 通信内容分发方法	许　晨、高彩霞、周振宇、唐良瑞	发明	2016.09.13	2020.12.18	201610820640.6
442	一种 GIS 盆式绝缘子局部放电检测组件及系统	吴昱怡、殷　禹、崔博源、王浩然、史荣斌、周宏扬、张　猛、马国明	发明	2020.09.27	2020.12.22	202011029702.4
443	基于多粒子纠缠的量子网络抽签方法	王庆乐、余超航、李元诚、刘江珊	发明	2020.04.30	2020.12.22	202010360745.4
444	空心金属波导动态条件下检测飞灰含碳量的系统及方法	牛玉广、任丹彤、胡　博、盖新华、周承玺、崔　晓	发明	2019.12.31	2020.12.22	201911408462.6
445	基于普里姆算法的含高比例分布式电源配网重构方法	刘自发、刘云阳	发明	2019.11.22	2020.12.22	201911152017.8
446	带有移动式中间线圈的电动汽车无线充电磁耦合器及应用	王宇飞、吴国栋、徐康昊、赵海森、李　松、詹　阳	发明	2018.07.16	2020.12.22	201810777546.6
447	基于深度循环神经网络的网络逃避行为检测方法	贾静平、夏　宏、李雪健、刘　庆、陈科桦、王竹晓	发明	2018.01.29	2020.12.22	201810082404.8

续表

序号	名称	发明人	专利类型	申请日期	授权日期	专利号
448	一种改性铯铅碘钙钛矿量子点及其制备方法和一种 LED 器件	丁　勇、陶　冶、戴松元、蔡墨朗、刘雪朋	发明	2019.12.12	2020.12.25	201911274345.5
449	网络业务识别装置及方法	李　莉、吴润泽、秦励寒、刘志雄、朱正甲、李顺昕、霍霏阳、沈卫东、杨　敏、史智萍、张亚娜、范士清、张彦雷、赵　芃、赵　敏、宋　堃	发明	2017.04.13	2020.12.25	201710240098.1
450	一种受端电网分层优化切负荷方法及系统	王增平、朱劭璇、王　彤	发明	2019.09.27	2020.12.29	201910922426.5
451	GaAs 基多结太阳电池的 Ge/Si 异质结底电池制备方法	陈诺夫、陈　梦、陶泉丽、常甄文	发明	2019.06.18	2020.12.29	201910526744.X
452	一种应用在毫微微小区网络中的传输功率分配方法	谭　露、周振宇	发明	2018.01.24	2020.12.29	201810066131.8
453	一种配电网线路正序参数的在线辨识方法	薛安成、徐飞阳、徐劲松、游宏宇、毕天姝	发明	2017.05.25	2020.12.29	201710379619.1
454	考虑输出容量可信度的光伏发电调度曲线编制方法	李翔宇、朱永强、王福源、唐　萁、夏瑞华	发明	2016.12.05	2020.12.29	201611099882.7
455	一种基于光热效应的蒸汽驱动液柱活塞式运动执行器	徐进良、闫　鑫、胡　凡、姚贯升	实用新型	2019.03.13	2020.01.03	201920314274.6
456	一种基于云计算的电力通信网管系统	黄国伦、蓝天宝、林和昀、潘信宏、杨　乐、磨　唯、唐　元、蒋　烨、胡继军、侯　捷、彭舜杰、阳佑敏、蔡晓兰、闫江毓、樊　冰、郭翔宇	实用新型	2019.08.02	2020.01.07	201921247922.7
457	蜗杆式同步变桨风电机组	田　德、王　爽、邓　英、葛振环、谢灵山、邱　凯、谢玉琪	实用新型	2019.05.28	2020.01.10	201920779070.X
458	一种电站锅炉排烟余热的深度回收装置	滕　达、李　昂、李铁林、陈海平、安连锁、沈国清、张世平	实用新型	2019.03.07	2020.01.10	201920290473.8
459	一种分区阶梯式圆筒微生物燃料电池	程桂石、赵　莹、赵　微、付　娟、阙正斌、李文军、董长青	实用新型	2019.04.18	2020.01.21	201920536107.6
460	用于六相电源的选相整流装置	姚佳宁、崔学深、马宁博、李成泽、许　冰	实用新型	2019.07.03	2020.02.07	201921031586.2
461	一种基于静电感应的振动测量装置	黄孝彬、吴国勋、郭冉冉、李　杰	实用新型	2019.07.11	2020.02.11	201921084474.3
462	一种高效工业余热回收变负荷冷热水机组	孙　健、戈志华、刘靖宇、杜小泽、杨勇平	实用新型	2019.01.30	2020.02.18	201920167873.X
463	一种财务工作台	唐筱仪、颜苏莉	实用新型	2019.06.13	2020.03.27	201920887877.5
464	一种滑块及曲线导轨装置	黎卫国、张长虹、杨　旭、楚金伟、齐　波、韩　昊、高春嘉	实用新型	2019.08.26	2020.03.31	201921391466.3
465	一种超低温空气制取高温热水自动变负荷空气源热泵	孙　健、刘靖宇、戈志华、杜小泽、杨勇平	实用新型	2019.02.26	2020.03.31	201920237250.5
466	一种低 * 损换热器	孙　健、戈志华、刘靖宇、杜小泽、杨勇平	实用新型	2019.02.26	2020.04.03	201920237281.

续表

序号	名称	发明人	专利类型	申请日期	授权日期	专利号
467	一种多能互补供能系统	杨向飞、王宁玲、李承周、魏　庆	实用新型	2019.07.05	2020.04.10	201921048261.5
468	基于太阳能供电的环境监测装置	张　理、赵炳卓、张博诚、柳　赟	实用新型	2019.09.29	2020.04.24	201921636670.7
469	一种高温热管热泵蓄热供热系统	孙　健、马世财、霍　成、戈志华、杜小泽、杨勇平	实用新型	2019.08.05	2020.04.24	201921257415.1
470	一种耦合热泵换热器	孙　健、戈志华、刘靖宇、杜小泽、杨勇平	实用新型	2019.05.29	2020.04.28	201920789390.3
471	一种耦合热泵换热器	孙　健、戈志华、刘靖宇、杜小泽、杨勇平	实用新型	2019.05.29	2020.04.28	201920789729.X
472	两级压缩式热质解耦换热器	孙　健、霍　成、马世财、戈志华、杜小泽、杨勇平	实用新型	2019.08.26	2020.05.08	201921400708.
473	一种耦合热泵换热器	孙　健、戈志华、刘靖宇、杜小泽、杨勇平	实用新型	2019.05.29	2020.05.08	201920790052.1
474	一种实现电力调峰的耦合热泵型热力站	孙　健、戈志华、刘靖宇、杜小泽、杨勇平、杨　艳	实用新型	2019.04.16	2020.05.08	201920507525.2
475	一种耦合热泵型热力站	孙　健、戈志华、刘靖宇、杜小泽、杨勇平、杨　艳	实用新型	2019.04.16	2020.05.08	201920507610.9
476	一种分布式塔式太阳能驱动超临界二氧化碳海水淡化系统	刘广林、徐进良	实用新型	2019.08.09	2020.05.12	201921287372.1
477	一种基于静电感应预测气力输送管道堵粉的装置	蒙在朗、禹贯省、胡雪梅、聂　涛、黄孝彬、吴国勋	实用新型	2019.07.16	2020.05.12	201921106161.3
478	一种带扬声器的防噪音提醒装置	王言坤、杨雨娴、李雨哲、马　楠、刘向军	实用新型	2019.09.18	2020.05.19	201921550778.4
479	一种用于液态金属动态核材料腐蚀实验的新型样品架	朱卉平、常宝琛、芮　恒、陈龙江、赵云淦、牛风雷、马　雁	实用新型	2019.07.18	2020.05.26	201921131076.2
480	一种耦合热泵换热器	孙　健、戈志华、刘靖宇、杜小泽、杨勇平	实用新型	2019.05.29	2020.06.02	201920789783.4
481	一种熔融物堆内滞留压力容器外部冷却试验台架	陆道纲、王　汉、张泽皓、高　尚、刘少华、靳　愚	实用新型	2019.07.02	2020.06.09	201921023384.3
482	一种熔融物堆内滞留压力容器外部冷却三维试验段	陆道纲、王　汉、刘少华、张泽皓、高　尚、靳　愚	实用新型	2019.05.30	2020.06.09	201920805819.3
483	一种多器件并联功率模块的布局电路板	赵　斌、柯俊吉、张浩然、赵志斌	实用新型	2020.01.06	2020.06.12	202020015518.3
484	一种含盐废水太阳能高温高压扩容闪蒸系统	刘　忠、景香玲	实用新型	2019.09.03	2020.06.16	201921449553.X
485	空气能自适应热泵	孙　健、戈志华、杜小泽、杨勇平	实用新型	2019.10.28	2020.06.23	201921813159.X
486	一种电站锅炉排烟余热与水分的深度回收装置	滕　达、李铁林、李　昂、陈海平、安连锁、沈国清、张世平	实用新型	2019.08.22	2020.06.23	201921378639.8
487	一种低温低压高浓度含盐废水零排放多级蒸发系统	董长青、张旭明	实用新型	2019.08.09	2020.06.26	201921285058.X
488	一种新型核燃料棒外观缺陷检测器	郭张鹏、吴之望、王超椅、严帝骄、刘　胜、马　璇、牛风雷、陆道纲	实用新型	2019.06.21	2020.06.30	201920940989.2
489	一种具有长焦深的冷中子聚焦波带片	张小东、张　琦、陈　刚	实用新型	2019.10.30	2020.07.03	201921845318.4

续表

序号	名称	发明人	专利类型	申请日期	授权日期	专利号
490	一种烟气捕水装置及其中使用的降温除小液滴装置	袁宗海、李　建、肖海平、高　丹	实用新型	2019.08.21	2020.07.03	201921361585.4
491	一种锅炉水冷壁喷砂机进料输送装置	曲作鹏、陈　威、王海军、田欣利、叶怀宇、陈大智、邱庆军、张　伟、欧阳晓平	实用新型	2019.10.23	2020.07.07	201921786621.1
492	一种中空式流线型除雾器	肖海平、葛金林、时　浩、高　丹	实用新型	2019.08.21	2020.07.07	201921361494.
493	一种与 CO_2 循环和燃煤电站耦合的垃圾焚烧发电系统	陈　衡、张美妍、曾宇川、徐　钢、陈志董、刘　彤	实用新型	2019.07.26	2020.07.07	201921188863.
494	一种强化冷凝的新型气隙式膜蒸馏结构	栗永利、倪伟铭、杜小泽、张高远、杨　明	实用新型	2019.09.11	2020.07.10	201921509017.4
495	一种新型机器人协焊用随动式工装	王政辉、刘心仪、陈　蕊、张伟伟、王升飞	实用新型	2019.11.20	2020.07.14	201922012765.8
496	高压气体冷热水机组	孙　健、马世财、霍　成、戈志华、杜小泽、杨勇平	实用新型	2019.11.15	2020.07.14	201921971340.3
497	一种智能有序用电系统	胡　鹏、邢占礼、赵　东、邢文琦、李庆彪、张润恩、杨　杰、揣超智、冉　万、吕新磊、艾　欣、潘玺安、吴界辰	实用新型	2019.09.18	2020.07.24	201921557696.2
498	一种脱硫废水烟道喷射防堵喷头	董长青、张旭明	实用新型	2019.05.29	2020.07.31	201920786314.7
499	一种锅炉水冷壁专用喷砂机	邱庆军、曲作鹏、陈　威、王海军、田欣利、叶怀宇、陈大智、张　伟、欧阳晓平	实用新型	2019.10.23	2020.08.04	201921786251.1
500	一种便携式风力发电充电装置	高德扬、张　惠	实用新型	2019.12.12	2020.08.07	201922252171.4
501	一种利用空气和凝结水协同消除白烟的电站余热利用系统	陈　衡、张美妍、吴芸芸、徐　钢、刘　彤、刘文毅	实用新型	2019.10.10	2020.08.07	201921682985.5
502	一种基于高背压的垃圾焚烧热电联产与污泥干燥系统	陈　衡、陈志董、薛　凯、徐　钢、刘文毅	实用新型	2019.10.09	2020.08.07	201921677914.6
503	一种垃圾焚烧与沼气耦合互补发电系统	陈　衡、李　娟、薛　凯、徐　钢、刘文毅	实用新型	2019.10.14	2020.08.11	201921708870.9
504	一种利用凝结水供热的生物质直燃热电联产系统	陈　衡、吴芸芸、张美妍、徐　钢、刘文毅、刘　彤	实用新型	2019.10.10	2020.08.11	201921682050.7
505	一种膜式壁表面制备防磨蚀涂层的微熔焊设备	曲作鹏、陈　威、王海军、田欣利、叶怀宇、陈大智、邱庆军、张　伟、欧阳晓平	实用新型	2019.10.10	2020.08.11	201921689158.9
506	一种高效率的太阳能光伏－温差混合发电装置	张　理、张博诚、孙霄羽、赵炳卓、柳　赟	实用新型	2020.02.05	2020.08.21	202020152712.6
507	一种利用热回收节能的多种出水温度的饮水机	刘月康、徐宝萍	实用新型	2019.12.19	2020.08.25	201922294680.3
508	一种饮用水快速加热装置	赵弋菡、李佩哲、魏楚茜、赵　东	实用新型	2019.12.05	2020.08.25	201922167275.5
509	一种风电场 SVG 设备的风机变频控温装置	李清东、田　德、吕向翌、宋振龙、侯震宇、赵　磊、王　波、李　超、蒋衍君、丁明进、王海龙、陈忠雷、蔡　浩、王晌成、闫从亮	实用新型	2019.11.15	2020.08.25	201921979106.5
510	一种与垃圾焚烧电站耦合的太阳能辅助污泥干燥焚烧系统	陈　衡、郑福豪、王义函、徐　钢、雷　兢	实用新型	2019.12.06	2020.08.28	201922169232.

续表

序号	名称	发明人	专利类型	申请日期	授权日期	专利号
511	一种集成槽塔两式太阳能和垃圾焚烧的联合发电系统	陈　衡、吴芸芸、张美妍、徐　钢、刘文毅、刘　彤	实用新型	2019.11.25	2020.08.28	201922044502.5
512	一种利用 CO_2 热泵的风能和生物质互补热电联产系统	陈　衡、郑福豪、曾宇川、叶聪聪、徐　钢、雷　兢	实用新型	2019.11.21	2020.08.28	201922022871.4
513	一种电子元器件芯片与薄液膜相变传热的集成装置	李嘉华、陈　林、吕延超、金凤雏、冼海珍、林　俊、杜小泽	实用新型	2019.10.25	2020.09.04	201921815278.9
514	一种智能采光器	赵培然、闫凤霄、坝天宇、张　杰、刘衍平	实用新型	2020.02.27	2020.09.08	202020223067.2
515	一种用于压接型功率模块动态特性测试的电容串联母排	孙　鹏、郭燕楠、梁　帅、赵志斌、崔　翔	实用新型	2020.03.11	2020.09.15	202020289291.1
516	一种吸收式与压缩式联用机组	孙　健、戈志华、杜小泽、杨勇平	实用新型	2019.12.17	2020.09.22	201922258181.9
517	双冷双热机组	孙　健、戈志华、杜小泽、杨勇平	实用新型	2019.12.13	2020.09.22	201922228900.2
518	三相共筒式 GIS 设备同频同相耐压试验的故障抑制系统	郑一博、李大卫、徐党国、孙云生、毛　婷、牛　铮、李学宝、秦逸帆、宁琳如、蔡　巍、龙凯华、吴　刚、崔贺平、李志刚、张　攀、梅　军	实用新型	2019.11.14	2020.09.22	201921964480.8
519	一种"实体+虚拟"的压水堆全工况仿真平台	陆道纲、李向宾、周世梁、隋丹婷、王　汉、曹　琼、王升飞、张钰浩、钟达文、于新国、郝祖龙	实用新型	2020.03.17	2020.09.29	202020332468.1
520	一种新型超超临界二次再热系统	杨　名、段立强、田李果、郭喜燕、杨志平	实用新型	2019.12.12	2020.09.29	201922226813.3
521	一种基于过程集成的高效真空膜蒸馏系统	栗永利、倪伟铭、杜小泽、张高远	实用新型	2019.09.11	2020.09.29	201921508310.9
522	一种低功率即温型水龙头	田　璐、张安然、匡奇康、堵佳玥、董宇楠、梁光胜	实用新型	2020.02.28	2020.10.02	202020224130.4
523	用于实验现场竖直圆管内液体差压测量的环形取压装置	陆道纲、秦亥琦、刘少华、钟达文、司　宇	实用新型	2019.10.21	2020.10.16	201921771200.1
524	一种模块化多电平换流器集中控制系统	陈卉灿、刘昊宇、徐春华、刘崇茹、刘思捷、喻建瑜、王　宇、王洁聪、沈金乙、李至峪	实用新型	2019.08.20	2020.10.16	201921357459.1
525	一种采用椭圆管斜向布置的管壳式烟气冷凝换热器	陈　衡、薛　凯、欧阳朔、叶聪聪、徐　钢、陈宏刚、刘文毅	实用新型	2019.11.06	2020.10.20	201921899590.
526	一种空心金属波导动态条件下检测飞灰含碳量的装置	牛玉广、盖新华、任丹彤	实用新型	2019.12.31	2020.10.23	201922474222.8
527	一种带冷却功能的波导测量系统	牛玉广、盖新华、任丹彤	实用新型	2019.12.31	2020.10.23	201922464106.8
528	一种基于流道优化设计的高效真空膜蒸馏组件和组合的膜蒸馏组件	栗永利、倪伟铭、杜小泽、张高远	实用新型	2019.09.11	2020.10.23	201921508343.3
529	一种与风力发电和太阳能光热耦合的压缩空气储能系统	陈　衡、曾宇川、王义函、徐　钢、雷　兢	实用新型	2019.12.11	2020.10.27	201922204401.X
530	一种与燃煤热电联产机组耦合的压缩空气储能系统	陈　衡、古　雨、曾宇川、徐　钢、刘　彤	实用新型	2019.12.02	2020.10.27	201922121981.6

续表

序号	名称	发明人	专利类型	申请日期	授权日期	专利号
531	一种集成生物质直燃和垃圾焚烧的联合发电系统	陈　衡、姚健男、张美妍、邸树帅、徐　钢、刘文毅、刘　彤	实用新型	2019.11.22	2020.10.27	201922027674.1
532	一种利用凝结水驱动吸收式热泵的生物质热电联产系统	陈　衡、欧阳朔、薛　凯、陈宏刚、徐　钢	实用新型	2019.11.21	2020.10.27	201922022445.
533	一种利用热泵的太阳能辅助沼气热电联产系统	陈　衡、李　娟、曾宇川、徐　钢、刘文毅	实用新型	2019.11.20	2020.10.27	201922008602.2
534	一种基于吸收式热泵的太阳能辅助燃煤热电联产系统	陈　衡、姚健男、郑福豪、薛　凯、徐　钢、刘文毅、雷　兢	实用新型	2019.11.11	2020.10.27	201921932942.8
535	一种基于生物质热电联产机组的太阳能辅助供热系统	陈　衡、邸树帅、曾宇川、薛　凯、姚健男、徐　钢	实用新型	2019.11.11	2020.10.27	201921932637.9
536	一种以脱硫循环浆液和汽轮机乏汽为热源的热泵供热系统	陈　衡、邸树帅、郑福豪、徐　钢、雷　兢	实用新型	2019.11.11	2020.10.27	201921933126.9
537	基于 CO_2 循环和有机朗肯循环的水泥窑余热发电系统	陈　衡、叶聪聪、郑福豪、欧阳朔、徐　钢、刘文毅	实用新型	2019.11.11	2020.10.27	201921932495.6
538	一种 SVG 室通风除尘装置	李清东、田　德、吕向翌、宋振龙、侯震宇、赵　磊、王　波、李　超、蒋衍君、丁明进、王海龙、陈忠雷、王响成、蔡　浩、魏传彬、邢玉双	实用新型	2019.11.15	2020.10.30	201921978102.5
539	一种液体样本收集试管架	赵　冰	实用新型	2019.11.20	2020.11.03	201922005338.7
540	一种小型非能动抑压式安全壳冷却系统	张烨冰、王孝天、李祥柱、王誉鑫、王升飞	实用新型	2019.06.03	2020.11.06	201920821273.
541	环境感应式柔性镜面自动收放聚光器及应用于镜场的聚光器	周子意、孙　晨、邱宗乾、林海正、巨　星、潘信宇	实用新型	2020.02.26	2020.11.10	202020212056.4
542	一种石油测井用冷、热中子探测器	张小东、何锦成、王政婷	实用新型	2019.10.29	2020.11.17	201921842532.4
543	一种用于诊断风机叶片引下线断裂故障的纳秒高频脉冲源	李宏博、郭汉琮、刘秋实、于万水、李庆民	实用新型	2020.06.16	2020.12.01	202021114480.1
544	一种水冷壁管排喷砂枪移动装置	曲作鹏、王海军、曾宪峰、田欣利	实用新型	2020.04.27	2020.12.01	202020655713.2
545	一种熔融盐蓄热的太阳能煤气化实验装置	许　诚、刘　鑫	实用新型	2019.10.28	2020.12.08	201921815536.3
546	一种水冷壁管排喷涂机	曲作鹏、王海军、曾宪峰、田欣利	实用新型	2020.04.27	2020.12.18	202020655711.3
547	一种水冷壁管排喷涂固定装置	曲作鹏、王海军、曾宪峰、田欣利	实用新型	2020.04.27	2020.12.18	202020655710.9
548	数据库操作机	王　璐、郭伟嘉、康可依	外观设计	2019.11.19	2020.05.12	201930637320.1
549	便携式风力发电设备	高德扬、张　惠	外观设计	2019.12.24	2020.05.22	201930723877.7
550	电脑桌(多场景研讨)	李剑侠、赵黎明、谢　瑜、迟　旭、侯遇柱	外观设计	2019.11.04	2020.07.03	201930603995.4
551	可视对讲机(2)	王　薇	外观设计	2019.12.20	2020.08.14	201930715819.X
552	可视对讲机(1)	王　薇	外观设计	2019.12.20	2020.08.14	201930716666.
553	灯板	欧阳浩文、梁光胜	外观设计	2020.02.21	2020.08.21	202030056657.6

续表

序号	名称	发明人	专利类型	申请日期	授权日期	专利号
554	呼吸检测仪	肖秀茹	外观设计	2020.04.23	2020.09.25	202030170420.
555	采光器	赵培然、闫凤霄、坝天宇、张　杰、刘衍平	外观设计	2020.01.16	2020.09.29	202030031738.
556	纸类回收垃圾箱	吴学惠	外观设计	2020.06.15	2020.10.27	202030302484.1
557	瓶类回收垃圾箱	吴学惠	外观设计	2020.06.15	2020.10.27	202030302485.6
558	废旧电池回收箱	吴学惠	外观设计	2020.07.13	2020.12.25	202030375002.5
559	一种多壁纳米碳管催化剂及其制备方法和应用	汪黎东、杨　玉、许佩瑶	发明	2015.08.12	2020.01.03	201580054141.4
560	基于光电复合海缆温度场的海缆绝缘故障监测方法	徐志钮、胡志伟、赵丽娟、杨　志、李永倩	发明	2017.11.22	2020.01.03	201711170502.9
561	一种用于生物光声内窥成像的光吸收系数重建方法	孙　正、郑　兰	发明	2017.03.29	2020.01.07	201710198059.X
562	一种基于在线监测信息的继电保护装置状态评估方法	赵书涛、师元康	发明	2015.07.01	2020.01.24	201510375383.5
563	直流微电网储能单元DC/DC换流器的虚拟同步发电机控制方法	朱晓荣、谢志云	发明	2017.06.05	2020.01.31	201710411243.8
564	一种分布式光纤传感器布置结构	范晓舟、刘博闻、刘云鹏、田　源、王博闻、姜　烁、贺　鹏、步雅楠	发明	2018.02.27	2020.01.31	201810164102.5
565	一种基于改进贝叶斯Petri网的电网故障诊断方法	李　刚、郭晓红、曹　瑞、张　博、刘云鹏	发明	2017.11.09	2020.02.07	201711098366.7
566	一种担载型固相催化剂及其制备方法和应用	汪黎东、王　娟、齐铁月	发明	2015.08.12	2020.02.07	201580064131.9
567	一种火电机组次同步振荡的阻抗分析法	赵书强、李　忍、高本锋、王　楠、张瑞雪	发明	2017.02.17	2020.02.11	201710086586.1
568	一种纳米r-Al_2O_3粉体的合成方法	高慧颖	发明	2017.12.19	2020.02.21	201711370036.9
569	一种高压绝缘子沿面放电脉冲峰值的非接触式测量方法	王胜辉、詹振宇、谢志新	发明	2016.03.08	2020.03.03	201610130107.7
570	一种能耗优先的能源代价最小化基站休眠方法	韩东升、郑　冰、陈智雄	发明	2017.03.16	2020.03.06	201710157931.6
571	一种基于云平台的风电机群故障预警方法	罗贤缙、武英杰、刘长良、甄成刚	发明	2016.01.28	2020.03.10	201610056804.2
572	交直流混合微网多模式运行协调控制方法及平滑切换方法	李　鹏、周国华、陈安伟、郭天宇、李国杰	发明	2017.06.16	2020.03.13	201710461530.X
573	一种光纤在变压器内部走线过程的固定方法	刘云鹏、皮本熙、程　林、田　源、聂德鑫、陆云才、曹　旭、江　翼、廖才波、吴　鹏、刘海波、李　军、闫冠峰、姜国义、陈　程、胡胜男	发明	2017.09.16	2020.03.13	201710835762.7
574	一种用于压缩空气储能系统测量与性能分析系统	冉　鹏、王亚瑟、庄绪增	发明	2018.06.29	2020.03.17	201810695526.4
575	无线传感器网络拓扑方法	苑津莎、王秋滢、孔英会、靳　松	发明	2016.01.22	2020.03.17	201610044324.4
576	一种基于时空相关的风电场预测模型构建方法和系统	黄　宇、王佳荣、李雅雯	发明	2016.10.20	2020.03.31	201610910795.9

续表

序号	名称	发明人	专利类型	申请日期	授权日期	专利号
577	一种机械弹性储能 PMSM 参数自适应调速方法	郑晓明、米增强、余　洋、马云凤	发明	2017.08.08	2020.04.03	201710671457.9
578	基于自适应反推控制的机械弹性储能用PMSG 闭环 I/f 控制方法	余　洋、畅　达、米增强、郑晓明、郑小江、李晓龙、孙辰军、魏明磊	发明	2017.08.08	2020.04.03	201710671317.1
579	一种新颖的机械弹性储能系统储能过程位置跟踪控制方法	郑晓明、米增强、余　洋、马云凤	发明	2017.08.08	2020.04.03	201710671457.9
580	一种换流站中交直流故障的识别及其保护协调方法	戴志辉、朱惠君、马明珠、黄　敏	发明	2018.09.06	2020.04.07	201811035038.7
581	一种多间隙放电的试验装置	王胜辉、杨光华、邓畅宇、律方成	发明	2017.10.11	2020.04.14	201710942473.7
582	一种多种固体燃料化学链燃烧装置及方法	陈鸿伟、贾建东、刘　拓、杨新梁、占　伟、朱　楼、刘啸东	发明	2018.06.15	2020.04.17	201810622585.9
583	一种环氧/酸酐固化物交联分子模型构建及其玻璃化温度提取方法	谢　庆、段祺君、付可欣、张　磊、张采芹、陆　路、利　珍、梁少栋、律方成	发明	2018.03.26	2020.04.17	201810250635.5
584	一种基于稀疏度表示的绝缘子掉串缺陷检测方法	崔克彬、袁和金、牛为华	发明	2016.11.10	2020.04.21	201610989717.2
585	一种高压巡检移动机器人行走装置	苑　朝、董子健、墨守龙、郭为多	发明	2018.10.09	2020.04.21	201811173835.1
586	基于空气热纹影分布的绝缘子故障检测装置及其方法	王永强、张　霞、张　斌	发明	2017.06.09	2020.05.01	201710430044.1
587	一种中压配电网载波通信卡式电感耦合器设置方法及系统	王　艳、陈家玉、赵洪山	发明	2018.07.25	2020.05.08	201810824744.3
588	一种非受限路径自然语言的语义角色标注及语义提取方法	张　珂、陈　奇	发明	2016.12.30	2020.05.12	201611264509.2
589	一种气溶胶分配器	刘志坚、牛浩天、曹国庆、戎　瑞	发明	2017.12.04	2020.05.12	201711258991.3
590	一种载波信号在中压配电网地埋电缆线路传输的解耦方法	王　艳、李永亮	发明	2019.08.23	2020.05.12	201910781551.9
591	一种基于分布式光纤的变压器绕组参量检测方法	范晓舟、陈　铁、徐永峰、杨名宇、徐天时、寻广朕、刘云鹏	发明	2019.04.04	2020.05.12	201910269195.2
592	一种绝缘子闪络故障定位方法及系统	翟永杰、陈　瑞、程海燕、刘鑫月、王金娜、赵　猛、杨　旭	发明	2017.12.14	2020.05.15	201711340158.3
593	一种砷中毒 SCR 脱硝催化剂的再生方法	齐立强、陈凤桥、徐　珺、姚　远	发明	2017.05.19	2020.05.19	201710389357.7
594	一种基于三级残差网络的人脸图像年龄估计方法	张　珂、郭丽茹、高　策	发明	2016.12.30	2020.05.22	201611264499.2
595	一种无刷双馈电机转矩脉动最小化控制方法	李　冰、刘　石	发明	2017.08.10	2020.06.02	201710679565.0
596	一种考虑风电功率特性的风火协调滚动调度方法	马燕峰、陈　磊、赵书强	发明	2017.07.11	2020.06.05	201710560229.4
597	一种具备直流故障清除能力的 MMC 电路	王　毅、胡　灿	发明	2018.08.20	2020.06.05	201810945767.X
598	风电场建模序列离散化步长的选取及模型误差分析方法	梁海峰、曹大卫	发明	2016.07.27	2020.06.09	201610595847.8

续表

序号	名称	发明人	专利类型	申请日期	授权日期	专利号
599	一种变压器绕组短路振动特性的计算方法	王　雪、吴　涛	发明	2017.01.17	2020.06.09	201710030273.4
600	一种基于改进证据理论的断路器故障诊断方法	牛为华、赵　鹏	发明	2017.07.20	2020.06.09	201710597346.8
601	一种可控功率双涡簧储能点头鸭式波浪能收集发电装置	余　洋、卢健斌、郑晓明、李靖雯、原晟淇、葛续涛	发明	2018.01.05	2020.06.09	201810009509.0
602	脱除烟气中元素汞的仿生酶吸收剂及其制备方法和应用	赵　毅、马宵颖、孙博华、呙文杰、李霁恒	发明	2017.03.13	2020.06.16	201710145396.2
603	基于回传检测的变电站通信网络时间同步安全方法	余　萍、杨才明、李　勇、张纯笑、朱　玛、章立宗、马　平、王志亮、顾　健、肖　萍	发明	2017.05.16	2020.06.16	201710342390.4
604	基于平行视觉的输电线路部件检测方法、系统、装置	王坤峰、翟永杰、王金娜、吴　童、桐、王飞跃	发明	2019.05.31	2020.06.16	201910468525.0
605	一种滚动轴承组合故障模拟实验台及其模拟方法	何玉灵、邓飞跃、周展微、祝润生、谢林昊	发明	2015.04.09	2020.06.19	201510163275.1
606	用于不平衡负载下直流微电网的电压脉动抑制方法	朱晓荣、张雨濛	发明	2017.03.02	2020.06.19	201710120041.8
607	一种基于多特征参量的变压器综合故障诊断方法	王　艳、张立国、郭　军	发明	2017.10.31	2020.06.19	201711043683.9
608	抵抗金属锂接触还原的固态锂离子导体材料及制备方法	吕晓娟、黄　珊、杨东昱	发明	2018.01.12	2020.06.19	201810031900.0
609	一种高压直流输电线路单极故障隔离方法	戴志辉、刘宁宁、张　程、严思齐	发明	2018.04.19	2020.06.19	201810354560.5
610	一种小型生物质供热系统	陈鸿伟、吕春旺、麻哲瑞、杨　新、张军帅、张志远	发明	2019.06.11	2020.06.23	201910499967.1
611	一种空气中真菌孢子的采样装置	张炳东、陈禹竹、刘志坚	发明	2017.04.21	2020.06.23	201710264881.1
612	考虑海拔修正的超特高压分裂导线起晕场强预测方法	黄世龙、刘云鹏、陈少帅、刘达然、陈思佳、黄志成	发明	2018.03.08	2020.06.26	201810189774.1
613	一种计及广域信号多时滞的电力系统附加阻尼控制方法	马燕峰、张佳怡、赵书强	发明	2016.04.20	2020.07.03	201610243418.4
614	一种基于实时电价机制的微电网多时间尺度能量调度方法	戴志辉、陈冰研、杨　熙、寇博绰	发明	2017.10.24	2020.07.07	201710999110.7
615	含可控惯量风电并网系统的功角首摆稳定控制方法	张祥宇、朱正振、付　媛	发明	2018.08.16	2020.07.07	201810932957.8
616	一种绝缘子候选目标区域的生成方法及系统	赵振兵、张　蕾、戚银城、张　珂	发明	2017.07.21	2020.07.10	201710598299.9
617	一种碳化法回收脱硫废水中钙镁的方法	马双忱、朱思洁、刘亚争、向亚军、陈嘉宁	发明	2017.10.10	2020.07.14	201710932765.2
618	一种石灰石-石膏法烟气脱硫浆液氧化控制方法	马双忱、徐　昉、徐东升、赵保华、于燕飞、李德峰、张金柱、陈嘉宁	发明	2018.10.11	2020.07.21	201811183461.1
619	分布式微源并列运行解耦与功率分配控制方法	颜湘武、张　波、黄毅斌、李　强	发明	2017.07.04	2020.07.24	201710538726.4
620	一种发电机定子绕组单相接地故障的选相方法	贾文超	发明	2018.06.01	2020.07.28	201810554902.8
621	基于可逆信息隐藏的钝角预测方法、系统	项洪印、苑津莎、侯思祖、张　冉	发明	2016.12.07	2020.07.31	201611118246.4
622	电厂机组恢复顺序优化方法及装置	刘　艳、叶　茂、顾雪平	发明	2019.06.19	2020.07.31	201910533714.1

续表

序号	名称	发明人	专利类型	申请日期	授权日期	专利号
623	一种锅炉汽包水位 PID 参数的整定方法	魏　乐、马彬彬、李晓伟、张志尚	发明	2017.06.09	2020.08.04	201710430011.7
624	输电铁塔角钢主节点拉伸试验数据处理方法	安利强、张海威、江文强、王烨迪、刘圣西	发明	2017.04.10	2020.08.04	201710227435.3
625	一种分布式光纤在绕组线匝中的布置方法	范晓舟、刘云鹏、田　源、王博闻、姜　硕、步雅楠、贺　鹏、刘博闻	发明	2017.09.05	2020.08.07	201710790492.2
626	一种负载钴基的 SBA15 催化剂	汪黎东、齐铁月、王　浩、伍思宇	发明	2017.03.24	2020.08.11	201710180985.4
627	一种代价优先的能源代价最小化基站休眠方法	韩东升、郑　冰、陈智雄	发明	2017.03.16	2020.08.14	201710157547.6
628	一种用于生物安全实验的密封式防护服	刘志坚、曹国庆、戎　瑞、赵　辉	发明	2019.07.05	2020.08.18	201910601618.6
629	一种同步发电机逆变器的并联功率分配控制方法	颜湘武、王星海、王月茹、曲　伟、张　波	发明	2017.04.20	2020.08.21	201710259342.9
630	变功率点跟踪的两级式无储能光伏虚拟同步机控制方法	颜湘武、赵佳乐、张　波	发明	2017.07.10	2020.08.21	201710556831.0
631	一种机械雾化蒸发脱硫废水的方法	马双忱、高然、向亚军、徐　昉	发明	2017.09.06	2020.08.21	201710793812.X
632	微生物气溶胶检测装置	刘志坚、马圣原、曹国庆、戎　瑞	发明	2017.12.04	2020.08.25	201711258969.9
633	沙尘条件下超/特高压输电线路导线起晕场强预测方法	刘云鹏、黄世龙	发明	2018.05.28	2020.08.25	201810519721.1
634	一种区域能源互联网全自动站网布局优化方法	鲁　斌、陈　娟	发明	2017.04.13	2020.08.25	201710038086.5
635	一种利用虚拟样本训练神经网络诊断变压器故障的方法	张卫华	发明	2017.06.16	2020.09.01	201710455447.1
636	一种引导髋关节置换修正术的电磁/电阻双模态成像装置	张立峰、朱炎峰	发明	2019.01.08	2020.09.15	201910014834.0
637	一种以 SiC-CDC@TiC 为增强相的铜基复合材料及其制备方法	柳　青、苗文智、丁海民、范孝良、储开宇、李春燕	发明	2018.12.21	2020.09.18	201811572414.6
638	基于储能调度模式的分布式光伏两阶段多目标就地消纳法	李　鹏、华浩瑞、韩鹏飞、徐绍军、孙　健、王存平、常乾坤	发明	2016.07.28	2020.09.25	201610604889.3
639	一种监听方法	李保罡、姚源斌、赵　伟、张　珂	发明	2017.11.30	2020.09.29	201711236203.0
640	一种短空气间隙离子风参数监测方法	王　平、宋景萱、汪鑫宇、律方成、耿江海、丁玉剑、姚修远	发明	2018.11.21	2020.10.02	201811389650.4
641	基于动态粒子蜜蜂算法的群机器人搜索方法	花广如、赵东雷、田　微、贺宁宁	发明	2017.04.24	2020.10.09	201710272608.3
642	一种实时磷酸铁锂电池寿命损耗评估方法	赵　飞、王　宁、苏海锋、牛胜锁	发明	2018.09.21	2020.10.09	201811107902.X
643	一种大规模电力设备监测报警数据实时处理方法及系统	宋亚奇、李　莉	发明	2017.12.15	2020.10.09	201711353258.X
644	一种非规则固体壁面实时传热量的测量方法	冉　鹏、王亚瑟、李运泽	发明	2018.06.29	2020.10.13	201810695447.3
645	一种 Ce/C 复合材料、其制备方法及其应用	韩颖慧、刘云鹏、李　雪	发明	2017.05.08	2020.10.20	201710315684.8

续表

序号	名称	发明人	专利类型	申请日期	授权日期	专利号
646	一种可清除汞离子的复合吸附微球的制备方法	肖惠宁、李　博、潘远凤、张金瑶、解鸿天	发明	2018.07.10	2020.10.20	201810748152.8
647	基于改进功率介数的电网风险综合评估方法	栗　然、翟晨曦、李永彬、吕字遇、孙　奇	发明	2016.12.02	2020.10.27	201611110543.4
648	一种石灰石石膏湿法脱硫系统水质综合调控的方法	马双忱、朱思洁、武　凯、马　岚	发明	2017.09.08	2020.10.27	201710807073.5
649	一种室内空气多污染物净化装置	郭天祥、王柏鑫、苏　联、马　楠、杜亚荣	发明	2017.10.25	2020.10.30	201711008649.8
650	一种风机状态估计的方法及系统	翟永杰、刘业鹏、张木柳、李海森、刘金龙、陈　瑞	发明	2017.07.14	2020.10.30	201710599440.7
651	一种直流配电网线路故障的定位方法及系统	刘　青、张诗杭	发明	2018.11.14	2020.10.30	201811353661.7
652	一种手术室空气净化装置	刘志坚、刘海洋、曹国庆、戎　瑞	发明	2018.12.29	2020.10.30	201811652998.8
653	深度处理脱硫废水的工艺流程	张胜寒、陈玉强	发明	2016.11.17	2020.10.30	201611007669.9
654	一种干式变压器热故障诊断方法及系统	王永强、王兆鑫、房　森、耿镱诚、关　杰	发明	2019.04.08	2020.10.30	201910275466.5
655	一种图像深度特征确定方法及系统	赵振兵、范晓晴、戚银城、翟永杰	发明	2017.08.25	2020.11.03	201710740343.5
656	供热机组深调峰工况下低压加热器水位柔性控制方法	田　亮、邓拓宇、董恩伏、刘鑫屏、葛维春、罗桓桓、周桂平、李　铁、刘　淼、孙明一、张田婷	发明	2018.07.11	2020.11.03	201810760054.6
657	扩展黑启动方案多目标优化方法和系统	顾雪平、周光奇、李少岩	发明	2019.06.20	2020.11.03	201910536008.2
658	直流微网等效电容确定方法、装置及计算机可读存储介质	孟建辉、宋美琪、王　毅	发明	2019.08.01	2020.11.03	201910707660.6
659	一种快速筛选大规模过程数据中的稳态工况数据的方法	董　泽、尹二新	发明	2017.04.10	2020.11.03	201710227451.2
660	一种基于虚拟质量块的风力机双质块轴系稳定控制方法	张祥宇、朱正振、付　媛	发明	2019.08.28	2020.11.06	201910799947.6
661	一种高效可控冷却装置	靳光亚、吴　迪	发明	2017.08.28	2020.11.10	201710747322.6
662	无线异构网络中基于能源代价的用户选择方法	韩东升、郑　冰、陈智雄	发明	2017.10.30	2020.11.10	201711052494.8
663	一种具有防雨功能的高电位电流采集系统	王胜辉、律方成、张　程、王新宇、杨广华、王华倩、邓畅宇	发明	2017.12.11	2020.11.10	201711311433.9
664	一种纤维素荧光膜及其制备方法	李　檬、肖惠宁、刘志江	发明	2017.07.28	2020.11.13	2017106276821.
665	一种光伏电站出力的确定方法及系统	朱晓荣、金绘民	发明	2017.08.07	2020.11.24	201710664905.2
666	全维度多天线下 SWIPT 系统的安全传输方法	赵　伟、李保罡、张　珂、鲍　慧	发明	2017.12.04	2020.11.24	201711259581.0
667	一种汽轮机转子振动故障诊断方法及装置	朱霄珣、周　沛、苑一鸣	发明	2017.05.12	2020.12.01	201710333774.X
668	一种同时具有纠错与加密功能的串口数据发送方法	杨　志、丁伟曼、姚国珍、尚秋峰、范寒柏、李永倩、王劭龙、张　静、孙东波	发明	2017.12.31	2020.12.04	201711494338.7
669	送电路径的分组恢复方法及装置	李少岩、顾雪平、王丽媛、周光奇	发明	2019.01.14	2020.12.04	201910031313.6
670	一种密集蜂窝网络能量与业务协作方法	李保罡、吕亚波、赵　伟、刘　涛	发明	2017.11.30	2020.12.08	201711236163.X

续表

序号	名称	发明人	专利类型	申请日期	授权日期	专利号
671	一种直流偏磁条件下铁磁材料的磁滞特性模拟分析系统和方法	赵小军、徐华伟、崔伟春、苑东伟、王　瑞	发明	2019.05.31	2020.12.08	201910471820.1
672	负泊松比钢管螺旋桩基础	张新春、何泽群、白云灿、朱　昂、韩春雨	发明	2018.03.06	2020.12.11	201810183196.0
673	一种基于泛蕴涵模型的短期电力负荷预测方法及系统	刘　丽、刘书刚、庞春江	发明	2018.08.31	2020.12.11	201811013987.5
674	水轮发电机转子绕组匝间短路故障检测新方法	李永刚、王　罗	发明	2017.10.18	2020.12.15	201710972285.9
675	一种用于开关量控制的位移传感器	董子健、苑　朝、张　抖、曾德志	发明	2018.10.09	2020.12.18	201811172249.5
676	高性能热水器	刘志坚、吴　迪、韩中合、靳光亚	发明	2018.05.15	2020.12.22	201810462029.X
677	电力系统小干扰稳定评估方法	周一辰、李永刚、于德水、刘伟东、霍明霞、樊　桢	发明	2016.12.09	2020.12.22	201611128492.8
678	基于最小损耗反推控制的永磁同步电动机驱动柔性负载的储能控制方法	余　洋、田　夏、从乐瑶、谢仁杰、卢健斌、米增强	发明	2018.12.21	2020.12.25	201811566769.4
679	一种基于以用户为中心的超密集网络UUDN的动态AP分组方法	朵春红、李永倩、李保罡、吕亚波	发明	2018.12.21	2020.12.25	201811179982.X
680	圆盘结构碰撞冲击下能量分布的可视化分析方法	向　玲、郭曦煜、胡爱军、周晨光、郭鹏飞、高　楠、邓泽奇	发明	2017.09.14	2020.12.29	201710827607.0
681	一种用于监测发电机电枢绕组的多参数集成传感器	何玉灵、孟庆发、刘会兰、李长锋、马梦璇	发明	2018.08.28	2020.12.29	201810989764.6
682	一种具有柔性伸缩风叶的风力发电装置	孙群丽	发明	2019.12.31	2020.12.29	201911410587.2
683	一种高效智能控制的消毒装置	刘志坚、曹国庆、戎　瑞、赵　辉	发明	2019.05.06	2020.12.29	201910373536.0
684	Supported solid phase catalyst, and preparation method and USE thereof	汪黎东、王　娟、齐铁月	发明	2015.08.12	2019.11.08	10434501B2
685	一种海勒式空冷塔	李恒凡、李昊岳、刘明浩	实用新型	2019.05.30	2020.01.03	201920795612.2
686	一种计算机信息安全保护装置	姚万业、封松飞	实用新型	2019.05.05	2020.01.07	201920622700.2
687	一种螺栓临界松动载荷测定的实验装置	江文强、墨　泽、龙九龙	实用新型	2019.07.19	2020.01.07	201921139938.6
688	一种太阳能地表热能互补建筑能源利用装置	张玉龙、王巧梅、刘志坚	实用新型	2019.03.14	2020.01.07	201920327370.4
689	一种模拟电抗器内部铁芯油隙放电试验装置	律方成、郭佳熠、耿江海、张书琦、程涣超、赵晓宇	实用新型	2019.04.26	2020.01.10	201920584712.0
690	臂载式绝缘子RTV喷涂清洗机	花广如、刘春雨、黄安立	实用新型	2019.05.23	2020.01.14	201920748061.4
691	一种石灰乳法回收脱硫废水中钙镁离子的系统	刘松涛、谷兴家、陈传敏、冯荣荣、刘涵露、王　宇、孙明坤	实用新型	2018.10.31	2020.01.14	201821782818.3
692	一种测量水膜厚度的缝隙谐振腔传感器	张淑娥、喻星源、张天浩、曹宏沛	实用新型	2018.12.07	2020.01.17	201822052332.0
693	一种用电检测系统	张嘉然、蔡旭东、李钰丰	实用新型	2019.02.21	2020.01.21	201920218772.0
694	摄像头(嵌入式)	赵俊杰	实用新型	2019.07.15	2020.01.24	201930375157.6

续表

序号	名称	发明人	专利类型	申请日期	授权日期	专利号
695	一种电容器	沙致远	实用新型	2019.03.26	2020.01.31	201920393722.6
696	一种用于计算机自动化系统的消防装置	姚万业、杨　光、封松飞	实用新型	2019.04.26	2020.01.31	201920582821.9
697	一种谐波源扰动仿真用控制器	杨　宇	实用新型	2019.07.02	2020.01.31	201921017019.1
698	户外帐篷电动拉链控制系统	刘艺娴	实用新型	2019.07.03	2020.01.31	201921028275.0
699	一种计算机网络安全预警装置	姚万业、封松飞	实用新型	2019.05.05	2020.02.07	201920623125.8
700	一种心率检测仪	庞春江、雷　轩、甄　谦、刘永馨、王新颖	实用新型	2018.11.21	2020.02.07	201821925287.9
701	一种基于人脸识别的实验室自动签到系统	王子超	实用新型	2019.08.08	2020.02.18	201921280667.6
702	一种用于节能家居的光伏储能一体化装置	徐　岩、张建浩、杨　慧	实用新型	2019.07.22	2020.02.18	201921154769.3
703	臂载式绝缘子污秽物采样机	花广如、刘春雨、黄安立	实用新型	2019.07.03	2020.03.06	201921022221.3
704	多种类生物质循环流化床气化反应器	鲁许鳌、步绍湛、王　凯、郭志城、孙　磊、王　锟、戎　旭	实用新型	2018.05.18	2020.03.20	201820744530.0
705	一种可视化太阳能光伏板积灰实验装置	吕玉坤、赵伟萍、阎维平	实用新型	2019.07.18	2020.03.27	201921125380.6
706	一种装配式建筑固定结构	刘志坚、靳光亚、王巧梅	实用新型	2019.07.08	2020.03.31	201921057464.0
707	一种具有调节功能的压力容器	锅彦娣	实用新型	2019.06.25	2020.03.31	201920999889.7
708	一种具有调节功能的压力容器	锅彦娣	实用新型	2019.06.25	2020.03.31	201920999889.7
709	虚拟装配系统	邵绪强、冯小华、刘艺林、杨　艳	实用新型	2019.09.11	2020.03.31	201921514949.8
710	电力通信设备箱	张心怡	实用新型	2019.07.02	2020.03.31	201921011371.4
711	高效散热的电抗器	周雨晴、赵小军	实用新型	2019.08.08	2020.04.03	2019212804562
712	一种可变压低噪音变压器	周雨晴、赵小军	实用新型	2019.08.08	2020.04.03	201921279614.2
713	一种虚拟现实人机交互终端装置	张　悦、董　泽、马世京、王彦鹏、黄好林、姚　慧、高金玉	实用新型	2019.05.20	2020.04.07	2019207528416
714	一种绝缘复合横担装置	刘云鹏、李　乐、张铭嘉、刘贺晨	实用新型	2019.04.18	2020.04.10	201920528838.6
715	一种基于IDC机房网络配线架嗅探与维护系统	胡智奇、何玉钧、强一凡、过远洋	实用新型	2019.09.12	2020.04.10	2019215264091
716	心内专科医院智慧护理监测垫	霍　帅、庞春江、王新颖、牛为华、刘　丽	实用新型	2019.06.04	2020.04.14	201920835449.8
717	基于ZigBee的电力设备红外关断报警系统	喻靖壹、向　玲	实用新型	2019.10.24	2020.04.24	201921841093.5

续表

序号	名称	发明人	专利类型	申请日期	授权日期	专利号
718	一种脱硫废水资源化处理系统	刘松涛、刘涵露、陈传敏、冯荣荣、谷兴家、冯洪达、孙明坤、王　宇	实用新型	2018.11.01	2020.04.24	201821794072.8
719	一种装配式建筑梁柱结构	刘志坚、靳光亚、王巧梅	实用新型	2019.07.08	2020.04.28	201921057463.6
720	一种用于团聚和捕集可凝结颗粒物的冷电极电除尘装置	吕建燚、张舒惟、柳文婷	实用新型	2019.04.02	2020.05.05	201920489375.7
721	防尘型计算机主机散热装置	赵文清	实用新型	2019.11.26	2020.05.05	201922069202.2
722	一种用于太阳能集热器多角度安装装置	刘志坚、袁溪涛	实用新型	2019.09.20	2020.05.08	201921577253.X
723	一种以脱硫废水为原料制备纳米氧化镁粉体的系统	陈传敏、刘松涛、冯洪达、刘涵露、谷兴家、冯荣荣、王　宇、孙明坤	实用新型	2018.10.31	2020.05.12	201821784246.2
724	多接口磁吸式手机充电外壳	霍　娟、钢彦娣、华帅奇、李宏宇、高云生、任志奇	实用新型	2019.11.21	2020.05.12	201922023251.2
725	一种减少脱硫后白色烟羽排放的实验装置	蔡诗羽	实用新型	2019.09.02	2020.05.15	201921440515.8
726	一种建筑用节能型通风装置	李　天、王建文	实用新型	2019.10.14	2020.05.19	201921717643.2
727	一种简易路沿石搬运装置	刘文超	实用新型	2019.10.21	2020.05.22	201921766191.7
728	新型低成本七电极电导池装置	宋文妙、范寒柏、刘炳岳	实用新型	2019.09.18	2020.05.22	201921550114.8
729	一种网球拾取器	朱天陆、刘　渊	实用新型	2019.06.13	2020.06.02	201920883527.1
730	一种便携式数字电子技术实验装置	胡智奇、何玉钧、张怡薇、孔令昕	实用新型	2019.09.12	2020.06.02	201921526408.7
731	一种“U”型定子拼块式电机	王艾萌、田　义、李姗姗	实用新型	2019.11.28	2020.06.05	201922090750.3
732	基于控制冷凝法的硫酸氢氨采样装置	齐立强、孙少波、石　磊	实用新型	2019.08.29	2020.06.09	201921456221.4
733	一种太阳能电池板清扫机器人	聂雅诗、呙煜炀、綦人杰、林柯欣	实用新型	2019.10.28	2020.06.09	201921816857.5
734	一种悬挂式绝缘子 RTV 喷涂清洗设备	朱婧怡	实用新型	2019.09.30	2020.06.16	201921658756.X
735	一种盲人用手杖	王玉庆	实用新型	2019.05.27	2020.06.19	201920773866.4
736	防窃多功能组合式电气柜	赵文清	实用新型	2019.11.26	2020.06.23	201922069201.8
737	一种人脸识别检测终端	林金坤	实用新型	2019.12.17	2020.06.30	201922268731.5
738	一种电气自动化升降装置	康世佳	实用新型	2019.07.05	2020.06.30	201921043646.2
739	一种离子液体脱除罐的反应剂的可调进料装置	孙　玮	实用新型	2019.10.16	2020.07.07	201921800572.2
740	一种矿用离子液体的脱除剂喷洒装置	孙　玮	实用新型	2019.10.18	2020.07.07	201921790064.0

续表

序号	名称	发明人	专利类型	申请日期	授权日期	专利号
741	一种转向型 VOCs 净化设备	周樱桥	实用新型	2019.10.17	2020.07.07	201921745157.1
742	一种水果运输用的保鲜装置	张钰淇、周樱桥	实用新型	2019.11.20	2020.07.07	201922012869.9
743	一种四容水箱控制实验装置	秦志明	实用新型	2019.05.24	2020.07.10	201920804133.2
744	一种多功能电气控制柜	任　博、盛四清、郑永康	实用新型	2019.12.06	2020.07.10	201922217422.5
745	基于蓝牙和 GPRS 的家用煤气预警系统	景浩文、向　玲	实用新型	2019.10.24	2020.07.14	201921849096.3
746	一种管道电缆检测机器人及检测系统	焦嵩鸣、成国文	实用新型	2019.12.03	2020.07.14	201922132746.9
747	一种管道泄漏巡检小车	王阳雪、张兴嘉、孙睿姬	实用新型	2019.11.21	2020.07.17	201922023286.6
748	汽车防撞装置	刘书刚、屈向悦、李志磊、刘文超、王朝阳	实用新型	2019.09.06	2020.07.21	201921485193.9
749	一种水光互补综合发电站	刘　明、黄家栋	实用新型	2019.12.05	2020.07.21	201922154198.X
750	一种用于室内煤场盘煤的无人机盘煤装置	房　静、张　婷、余　芮	实用新型	2019.12.04	2020.07.21	201922140005.5
751	野外净水器	李　明、王茹洁	实用新型	2019.06.25	2020.07.24	201920959993.3
752	一种多功能智能居室安防系统	朱婧怡	实用新型	2019.07.29	2020.07.24	201921203655.3
753	便携式模拟电子技术实验装置	姚国珍、李存浩、刘　洋、郭宇桐	实用新型	2019.09.19	2020.07.24	201921563315.1
754	一种具有振动装置的垃圾桶	马　凯、蒋文华、荣　岩	实用新型	2019.11.08	2020.07.28	201921923015.X
755	一种魔术帽捡球器	王　涛、王融畅	实用新型	2019.09.24	2020.07.31	201921590771.5
756	一种适用于半固态电解质电容器的安装脚结构	沙致远	实用新型	2019.09.12	2020.07.31	201921523320.X
757	一种高效烟气处理装置	方立军、杨泽良、李　阳、高　照	实用新型	2019.09.04	2020.08.04	201921464603.1
758	一种智能垃圾桶	马　凯、李昱阳	实用新型	2019.11.08	2020.08.07	201921921743.7
759	一种建筑用节能型光伏绿化墙	李　天、张立欣	实用新型	2019.10.14	2020.08.11	201921716555.0
760	一种教国语教学教具	王　成、袁　琪	实用新型	2019.11.05	2020.08.11	201921890356.1
761	一种基于 CNC 的智能画图机器人	向　玲、李　智、张　昊、朱乐雨、赵诗萌	实用新型	2019.08.07	2020.08.21	201921273219.3
762	一种压缩高温烟气净气反吹灰布袋除尘器	吕玉坤、杨嘉熙	实用新型	2019.08.12	2020.09.01	201921350458.4
763	一种协同脱硫脱硝的静电-金属陶瓷过滤除尘装置	齐立强、赵志凯、王　旭、李语瞳、付　东	实用新型	2019.11.04	2020.09.01	201921925596.0
764	一种工业生产用节能型板式换热器	刘志坚、王天赐、郭加澄	实用新型	2020.01.03	2020.09.01	202020009897.5

续表

序号	名称	发明人	专利类型	申请日期	授权日期	专利号
765	一种教学用锅炉模型	马　凯、刘聪贤、曾侨飞	实用新型	2019.11.12	2020.09.04	201921945588.2
766	一种燃料参与涡轮叶片冷却的系统	王庆五、李卫华	实用新型	2020.01.10	2020.09.08	202020048567.7
767	一种用于建筑的固定于墙面上的采暖装置	刘志坚、王天赐、郭加澄	实用新型	2020.01.02	2020.09.08	202020002536.8
768	一种环保型自动除垢的太阳能热水器	刘志坚、郭加澄、王天赐	实用新型	2020.01.03	2020.09.08	202020008994.2
769	一种自动对准的无线充电器	曲兰青	实用新型	2019.11.26	2020.09.11	201920633333.X
770	基于 Arduino 的无线小车循迹视频回传与控制系统	刘书刚、屈向悦、王朝阳、李志磊、潘宏彬	实用新型	2019.12.31	2020.09.11	201922485908.7
771	一种具有冷却结构的风电机组的通风式塔筒	甄成刚、江　聪、赵伟佳、蒋来来	实用新型	2020.02.10	2020.09.11	202020158130.9
772	一种双级多元相变储热装置	李倬凡、荣　岩、孙睿姬、冉　鹏	实用新型	2019.10.25	2020.09.11	201921808573.1
773	一种 3D 打印的可拆卸锅炉模型	马　凯、曾侨飞、刘聪贤、王子恒	实用新型	2019.11.12	2020.09.15	201921952706.2
774	一种多角度拍摄无人机	姚增慧	实用新型	2019.12.24	2020.09.15	201922343612.1
775	一种新型多功能药盒	冯睿智、李　智、蔡　扬、王云飞、李　倩、张洪嘉、冯印帅、汪子钧	实用新型	2019.09.24	2020.09.15	201921596134.9
776	一种便于注入润滑油的风电机齿轮箱	甄成刚、张颖鑫、蒋来来、赵伟佳	实用新型	2020.02.10	2020.09.22	202020158193.4
777	一种挥发性有机污染物的空气净化装置	刘志坚、刘海洋、王梁淇、庄文宾	实用新型	2019.12.31	2020.09.22	201922487051.2
778	一种储粮质量安全检测系统	宋博阳、胡新文	实用新型	2020.03.17	2020.09.25	202020329043.5
779	一种太阳能板清洁装置	兰增武、孔维新、张建凯	实用新型	2020.01.08	2020.09.29	202020033624.4
780	一种改性粉煤灰处理 VOCs 的装置	张　盼、刘元政、王瑞涛、周紫薇、刘奕辰、田沁霖、齐立强、李晶欣	实用新型	2019.10.24	2020.09.29	201921849005.6
781	全景漫游系统的取景装置	于烨璐、邵绪强、冯小华；	实用新型	2020.04.30	2020.09.29	202020712266.X
782	一种热水器管路零冷水系统	马宵颖、吴昊俣、张颖哲	实用新型	2019.12.20	2020.10.09	201922308312.X
783	一种高空间利用率的离子液体的反应装置	孙　玮	实用新型	2019.10.17	2020.10.16	201921802631.X
784	一种低噪电子膨胀阀	高月芬、刘祥哲	实用新型	2020.01.02	2020.10.16	202020065954.1
785	一种基于锁相技术的叶绿素含量测量装置	张羽、范寒柏、宋文妙	实用新型	2020.03.03	2020.10.27	202020246498.0
786	电容层析成像静态实验装置	顾　浩、周　雷、蒋玉虎、张立峰、宋亚杰	实用新型	2018.06.15	2020.10.27	201820936992.2
787	一种电厂用节能环保供热装置	董子健	实用新型	2020.02.18	2020.10.30	202020178387.0
788	一种电厂用低真空供热装置	董子健	实用新型	2020.02.18	2020.10.30	202020178383.2
789	一种防堵塞的供热管道泄水装置	董子健	实用新型	2020.02.18	2020.10.30	202020178388.5

续表

序号	名称	发明人	专利类型	申请日期	授权日期	专利号
790	一种负压隔离帐篷用底部密封结构	刘志坚、张末、张沛雯、牛云飞	实用新型	2020.04.21	2020.11.17	202020607311.5
791	一种移动式负压隔离帐篷的支架结构	刘志坚、张沛雯、张　末、牛云飞	实用新型	2020.04.21	2020.11.17	202020606513.8
792	便携式购物车	赵小军、金姝含	实用新型	2020.03.31	2020.12.01	202020445525.7
793	白泥脱硫系统	马双忱、张　晖、樊帅军、郭　逍、徐　昉、王万明	实用新型	2020.04.29	2020.12.04	202020692987.9
794	一种汽车清洁能源动力箱	吴佳华	实用新型	2020.04.16	2020.12.22	202020565479.4
795	一种复合绝缘横担芯体制作设备	刘贺晨、刘爱静、祁俊炜、刘云鹏	实用新型	2020.08.28	2020.12.25	202021831668.8
796	一种相变换热装置	刘英光、申开波、韩中合、黄春朴	实用新型	2020.07.09	2020.12.25	202021309904.X
797	核电站交流配电调试智能机器人	谢　庆、贾以静、房　静、刘　欢、谢　军	实用新型	2020.08.24	2020.12.29	202021774054.0
798	高速通行卡发放和回收装置	孙玮然、翁珑宴、刘　渊	外观设计	2019.01.22	2020.01.31	201930035317.2
799	水下自动检查机器人	王　萱、胡湘婧、房　静、赵鹤翔	外观设计	2019.05.15	2020.02.11	201930235163.1
800	打印机(微型摆臂打印机)	张亚博	外观设计	2019.07.30	2020.02.11	201930409467.5
801	涡轮增压器	王　鹏	外观设计	2019.09.19	2020.02.14	201930515649.0
802	智能教育考勤机	孙淑杰	外观设计	2019.07.17	2020.02.18	201930379610.0
803	无人车	李季凡	外观设计	2019.09.03	2020.02.18	201930483280.X
804	校园卡充值机	李季凡	外观设计	2019.09.09	2020.03.10	201930494907.1
805	分配器	王艺娴、刘岚珺	外观设计	2019.09.25	2020.03.10	201930527227.5
806	教具	王艺娴	外观设计	2019.09.25	2020.03.10	201930527220.3
807	净烟器	刘岚珺	外观设计	2019.09.25	2020.03.10	201930527574.8
808	共享柜	邹爱孟、王子龙	外观设计	2019.10.15	2020.03.10	201930560944.8
809	医用智能手环	班宇嘉、郭潇镁、王若琳	外观设计	2019.09.24	2020.03.17	201930524612.4
810	锂电池	王　鹏	外观设计	2019.09.19	2020.03.17	201930515357.7
811	气固反应器	陈金钰	外观设计	2019.09.19	2020.03.31	201930514173.9
812	测量仪(工程造价)	周登利	外观设计	2019.10.18	2020.03.31	201930569532.0
813	陶瓷 3D 打印机	李天元	外观设计	2019.09.30	2020.03.31	201930540331.8
814	光子动能导入仪	边　浩	外观设计	2019.10.29	2020.03.31	201930589617.5
815	考研信息查询机(手持式)	杨胜坤、艾春辉、马燕鹏	外观设计	2019.10.14	2020.04.03	201930557202.X
816	无线伏安相位手持仪	赵路佳、张亚辉	外观设计	2019.10.23	2020.04.03	201930578786.9
817	电力参数监测仪	喻靖壹	外观设计	2019.10.23	2020.04.03	201930578551.X
818	开关计数检测器	王朝阳	外观设计	2019.10.23	2020.04.07	201930578783.5
819	识别器(FPGA)	冯睿智	外观设计	2019.10.18	2020.04.07	201930569357.5
820	取鸟窝装置	李　倩	外观设计	2019.10.25	2020.04.07	201930584718.3
821	智能折叠课桌	邓紫臻	外观设计	2019.11.05	2020.04.07	201930606345.5
822	护坡砌块(对角拼接)	马宵颖、张焱杰、张晟	外观设计	2019.10.29	2020.04.07	201930589616.0

续表

序号	名称	发明人	专利类型	申请日期	授权日期	专利号
823	气固换热器	黄思涵、王绍壮	外观设计	2019.10.29	2020.04.10	201930590880.6
824	干燥器	任凯明、张新月	外观设计	2019.11.04	2020.04.14	201930603785.5
825	安全帽	李　倩、魏一梦	外观设计	2019.10.25	2020.04.14	201930585134.8
826	护坡砌块(弧形拼接)	马宵颖、张　晟、张焱杰	外观设计	2019.10.29	2020.04.14	201930589622.6
827	台式砂轮机(豪华型)	田艺琼、刘胜利、王璋奇	外观设计	2019.10.14	2020.04.17	201930557969.2
828	曝气机	蔡诗羽	外观设计	2019.11.19	2020.04.17	201930636117.2
829	国语教学教具	王　成、袁　琪	外观设计	2019.10.29	2020.04.21	201930589644.2
830	绝缘喷漆机器人	苏鹏程、胡湘靖	外观设计	2019.10.28	2020.04.24	201930588822.X
831	宣传栏一体机(社群扶贫)	郭雅欣	外观设计	2019.09.17	2020.05.05	201930510264.5
832	VR 眼镜	王馨扬	外观设计	2019.11.06	2020.05.12	201930607790.3
833	数据库操作机	王　璐、郭伟嘉、康可依	外观设计	2019.11.19	2020.05.12	201930637320.1
834	放大镜	程继宇	外观设计	2020.01.15	2020.05.19	202030028281.8
835	太阳能光伏电池	张瑞芯	外观设计	2019.10.09	2020.05.22	201930547620.0
836	水面清扫器	曹　越	外观设计	2019.09.17	2020.05.26	201930510792.0
837	机器人(清理水面漂浮物)	陈锋彬、胡旭梅、袁国庆	外观设计	2019.10.24	2020.05.29	201930582189.3
838	上下楼辅助设备	安延禄、郭天雪、狄建越、王思霖	外观设计	2019.12.02	2020.06.05	201930669494.6
839	微型吸附垃圾桶	邓紫臻	外观设计	2019.11.05	2020.06.16	201930606365.2
840	多功能煤气报警器(家用)	景浩文	外观设计	2019.12.05	2020.06.19	201930678147.X
841	车载监控器	唐思佳	外观设计	2019.11.22	2020.06.19	201930646823.5
842	风扇(智能温控)	刘清江	外观设计	2020.02.13	2020.06.19	202030051303.2
843	电脑主机(2)	肖雨婷	外观设计	2019.11.07	2020.06.19	201930611984.0
844	多功能智能药盒(血压指标检测)	曾世胤	外观设计	2020.01.08	2020.06.19	202030011715.3
845	电压调整器(电力弹簧)	曾世胤	外观设计	2020.01.08	2020.06.19	202030012251.8
846	按摩椅	张燨月	外观设计	2020.01.14	2020.06.19	202030023431.6
847	模型(柱一板局部放电)	许宜薇	外观设计	2020.01.15	2020.06.19	202030027046.9
848	温控龙头	刘书涵	外观设计	2019.12.23	2020.06.23	201930718652.2
849	垃圾桶(智能)	赵路佳、吴　堉	外观设计	2019.12.09	2020.06.23	201930686079.1
850	示波器	程继宇	外观设计	2020.01.15	2020.06.26	202030027493.4
851	共享设备机柜	李季凡	外观设计	2019.11.06	2020.06.30	201930608937.0
852	风门蝶阀	刘艺娴	外观设计	2020.01.19	2020.07.07	202030039043.7
853	风机	张新月	外观设计	2019.11.04	2020.07.14	201930604353.6
854	校园 LED 显示屏一体机(智能型)	王勇攀	外观设计	2019.09.17	2020.07.17	201930510736.7
855	AR 设备(穿戴式)	王朝阳	外观设计	2019.10.28	2020.07.21	201930588794.1
856	便携式同步采样广播装置(基于无线通讯)	郭潇镁、吴玥祺、高丽君、赵路佳	外观设计	2020.01.18	2020.07.31	202030036131.1
857	自动线路喷漆装置	王子超、吴　鹏	外观设计	2019.12.02	2020.08.04	201930669614.2

续表

序号	名称	发明人	专利类型	申请日期	授权日期	专利号
858	超级电容器	吴　娜、沙致远	外观设计	2020.01.02	2020.08.07	202030000972.7
859	头戴式检测仪	唐思佳	外观设计	2019.11.25	2020.08.14	201930650562.4
860	摄像头(头部智能检测)	蔡旭东	外观设计	2019.12.30	2020.08.14	201930741429.X
861	指纹锁(Dorm－Safety)	吴卓伦、任雨飞、吴张炜、曹咏彤	外观设计	2019.11.21	2020.08.18	201930643357.5
862	绝缘子支架	崔克彬、徐　聪、李昆鹏、潘　峰	外观设计	2020.05.06	2020.08.18	202030197059.0
863	双翼无人机	刘书刚、李志磊、王朝阳、朱一鹏	外观设计	2020.05.06	2020.08.18	202030196807.3
864	多功能图书馆借还机	王勇攀	外观设计	2019.09.17	2020.08.21	201930510276.8
865	垃圾桶(城市绿化)	蒋文华	外观设计	2019.11.27	2020.08.21	201930657754.8
866	电网监测仪	潘卫华、赵振奎、罗裕坤、李胜男	外观设计	2020.05.06	2020.08.21	202030196790.1
867	多旋翼无人机	赵路佳、谌星宇	外观设计	2020.01.07	2020.08.25	202030009365.7
868	电气工程用电力柜	赵小军、金姝含	外观设计	2019.12.24	2020.08.25	201930721443.3
869	超级电容器(微型)	任涵钰	外观设计	2020.03.16	2020.08.28	202030087663.8
870	电路板	林琨翔	外观设计	2020.03.17	2020.09.08	202030090217.2
871	基于Arduino的无线小车循迹视频回传与控制系统	刘书刚、屈向悦、王朝阳、李志磊、潘宏彬	外观设计	2019.12.31	2020.09.11	201922485908.7
872	智能语音控制小车	刘书刚、屈向悦、李志磊、郭　伟	外观设计	2020.05.06	2020.09.15	202030197060.3
873	智能电表外壳	赵路佳、李建荣	外观设计	2020.01.08	2020.09.18	202030012205.8
874	支架(光伏发电板)	吴　娜	外观设计	2020.01.03	2020.09.18	202030003779.9
875	便携式单片机实验器	刘书刚、王朝阳、屈向悦、郭　伟	外观设计	2020.05.06	2020.09.25	202030196795.4
876	一种风机目标确定方法	梅华威、米增强、郑传哲、邢馨月	发明专利(比利时)	2018.08.02	2020.03.04	1026509

(技术转移转化中心　提供)

华北电力大学2020年校企(地、校)合作情况一览表

序号	合作单位	合作时间	合作领域
1	内蒙古电力集团综合能源有限责任公司	2020年1月	根据协议,双方共同开展“蒙西电网飞轮储能调频项目”,合作开展飞轮储能研究、项目开发等深层次合作
2	国网综合能源服务集团有限公司	2020年5月19日	根据协议,双方以智慧校园综合能源服务示范项目为抓手,以创新、协调、绿色、开放、共享为发展理念,全面推动在科学研究、资源共享、人才培养等领域的深度合作
3	宁夏京能宁东发电有限责任公司	2020年5月28日	根据协议,双方深入开展氢储能调峰及综合应用研究等项目全方位产学研合作,实现优势互补、资源共享、合作共赢、共同发展
4	海南电网有限责任公司	2020年6月29日	根据协议,双方将以实验室为依托,瞄准世界科技前沿,服务国家重大战略需求,打通从理论研究到技术应用与实践的链路,促进双方共同发展
5	国网大学	2020年7月16日	根据协议,双方将共同打造“产教融合”的高效能人才培养体系、共同打造具有国际影响力的能源电力智库、共同打造电力行业人才培养研究创新平台、共建共享电力行业人才培养资源
6	国网河北省电力有限公司	2020年8月6日	根据协议,双方建立协同、高效、开放创新体系,打造紧密型合作关系

续表

序号	合作单位	合作时间	合作领域
7	中国华能集团有限公司	2020 年 8 月 30 日	根据协议，联合成立“中国华能-华北电力大学海上风电与智慧能源系统联合实验室”，打造拥有自主知识产权的海上风电全产业链
8	国网河南省电力公司	2020 年 10 月 14 日	根据协议，学校与国网河南省电力公司将重点在五方面开展合作：一是开展持续深度科研合作，实施专项研究计划，共建科研实体，联合申报重大课题、奖项。二是共同开展人才培养，实施青年教师“工程化”合作。三是实现人力资源共享、实验室资源开放共享。四是结合华北电力大学承担的河南省确山县定点扶贫任务，发挥学校特色和企业优势，共同完成河南省脱贫攻坚任务。五是加强企业教育培训，合力打造精品现代化职业培训体系
9	施耐德电气(中国)有限公司	2020 年 10 月 20 日	根据协议，双方将充分发挥在人才培养、科技创新、实习实践等方面的优势和特色，联合开展产学合作、产研合作和实习招聘等长期稳定的合作，建立高水平“产学研用”融合创新联合体
10	江西赣能股份有限公司	2020 年 10 月 28 日	根据协议，双方积极探索校企产学研紧密合作的长效机制，重点围绕电力能源领域，在科学研究、成果转化、人才培养和教育培训等方面开展合作，增强双方自主创新能力与核心竞争力
11	国家电网有限公司大数据中心	2020 年 11 月 19 日	根据协议，双方在加强技术攻关、加强科研合作、推动成果落地、人才合作培养等四方面开展合作，促进理论与实证紧密结合，推进研究成果落地应用，共同服务国家能源战略实施
12	保定市人民政府	2020 年 12 月 19 日	学校与保定市人民政府签署《新时代全面战略合作协议》
13	保定市人民政府、长城汽车股份有限公司、特锐德电气股份公司	2020 年 12 月 19 日	根据协议，学校与保定市人民政府、长城汽车股份有限公司、青岛特锐德电气股份公司共建联合实验室
14	中国长江三峡集团有限公司	2020 年 12 月	根据协议，双方按照优势互补、资源共享、协同创新、共同发展的合作原则，共建“三峡华电智慧电站技术创新中心”

（对外联络与合作处　王瑞琪　提供）

华北电力大学 2020 年理事会成员单位名单

序号	单位名称	备注
1	国家电网有限公司	理事长单位
2	中国南方电网有限责任公司	副理事长单位
3	中国华能集团有限公司	
4	中国大唐集团有限公司	
5	中国华电集团有限公司	
6	国家能源投资集团有限责任公司	
7	国家电力投资集团有限公司	
8	中国长江三峡集团有限公司	
9	中国广核集团有限公司	
10	中国电力建设集团有限公司	
11	中国能源建设集团有限公司	
12	广东省能源集团有限公司	
13	中国电力企业联合会	
14	华北电力大学	

（对外联络与合作处　梁玉超　提供）

华北电力大学2020年企业名录

序号	公司名称	成立时间	注册资本（万元）	所占股比	地址	主要产品
1	北京华电天德资产经营有限公司	1993.03.05	1,429.49	100.00%	北京市昌平区朱辛庄北农路2号华北电力大学56#（注册地址：北京市海淀区上地四街9号四方大厦东侧2层）	资产经营管理、投资管理、技术转让等
2	北京华电天德科技园有限公司	2007.01.26	200.00	100.00%	北京市昌平区朱辛庄华北电力大学教四楼	技术开发、咨询、服务、电力技术培训；销售电力设备、电子设备
3	北京华电光大新能源环保技术有限公司	2012.09.17	447.50	20.00%	北京市昌平区科技园区超前路37号16号楼2层C1001	新能源技术开发、技术转让、技术咨询、技术服务；投资管理等
4	北京华电伊创科技有限公司	2014.04.25	500.00	20.00%	北京市昌平区科技园区超前路37号院16号楼2层C2283号	技术开发、技术转让、技术推广、技术咨询、技术服务；销售计算机、软件及辅助设备、专业设备；工程技术咨询；货物进出口、技术进出口；工程勘察；工程设计
5	华电智连科技（北京）有限公司	2015.04.30	150.00	33.34%	北京市昌平区回龙观镇朱辛庄北农路2号第四行政楼C座502室	宽带电力线载波通信模块的研发及销售，智能母线综合解决方案，智能家居综合解决方案，软件的研发和销售
6	北京华电云博科技有限公司（曾用名：北京华电恒锐科技有限公司）	2017.06.08	500.00	20.00%	北京市昌平区回龙观镇朱辛庄北农路2号主楼D座15楼东区79号	节能技术的技术推广、技术服务、技术开发、技术转让、技术咨询
7	北京华电能源互联网研究院有限公司	2017.11.30	1,000.00	20.00%	北京市昌平区回龙观镇朱辛庄北农路2号主楼D座15楼东区95号	能源互联网、增量配网规划设计、合同能源管理、电力系统自动化和信息化
8	北京华电新能源电工材料研究院有限公司	2017.12.11	1,050.00	20.00%	北京市昌平区科技园区超前路37号院16号楼2层B0264室	新材料、新材料电机
9	华电银河科技有限公司	2018.02.26	10,000.00	30.00%	珠海市高新区唐家湾镇港湾大道科技一路10号主楼第六层604房H单元	技术开发、技术咨询、智能控制系统集成、信息系统运行、电气设备销售
10	北京华电锐拓科技有限公司	2019.06.19	200.00	20.00%	北京市昌平区科技园区超前路37号院16号楼8层8030号	技术交流、技术转让、技术推广、技术服务、技术咨询、技术开发；软件开发；应用软件服务（不含医疗软件）；计算机系统服务
11	北京华电天创智能控制技术有限公司	2019.12.12	500.00	20.00%	北京市昌平区回南路9号院28号楼8层802	主营业务为燃煤发电过程智能化分析、诊断及优化控制
12	保定华电天德科技园有限公司	2008.05.22	200.00	51.00%	保定市北二环路5699号大学科技园5号楼101、102室）	电力设备、电子设备、通信设备、太阳能及风能设备、输变电及控制设备的检测服务；检测技术开发、技术转让、技术服务与咨询；科技中介服务；创新指导服务
13	保定华电电力设计研究院有限公司	2004.02.05	600.00	43.91%	河北省保定市高开区竞秀街677号火炬产业园（注册地址：保定市向阳北大街2999号博为科技园办公楼三层）	乙级资质范围内的发电、送变电工程设计、三级及以下等级工业与民用建筑设计

续表

序号	公司名称	成立时间	注册资本（万元）	所占股比	地址	主要产品
14	保定华仿科技股份有限公司	1993.11.24	3,377.8993	22.71%	河北省保定市向阳北大街2811号	大型火电机组全仿真机、电网及变电站全仿真机、航天载人飞船飞行训练模拟器
15	北京华电东晟科技有限公司	2020.02.27	500	20%	北京市昌平区北清路1号院3号楼6层2单元703	工程设计;工程勘察;技术开发、技术咨询、技术转让、技术推广、技术服务;工程和技术研究与试验发展;劳务分包、专业承包等
16	北京华电威思控制技术有限公司	2020.12.08	500.00	华北电力大学持股20%	北京市昌平区华北电力大学主楼D座737室	技术开发、技术推广、技术服务;组装仪器仪表;计算机系统集成(主要是智能发电运行控制系统(ICS)、机组灵活运行控制系统(FCS)、智慧运行监控系统(SSS)、)厂级监控信息系统(SIS)开发、销售
17	苏州华电科技创业园管理有限公司	2011.09.23	120.00	北京科技园公司持股100%	江苏省苏州工业园区独墅湖高教区仁爱路188号	高科技企业创业孵化、管理;销售:电力设备、电子设备并提供技术开发、技术咨询、技术服务

（北京华电天德资产经营有限公司　班莹梅 提供）

人　　物

华北电力大学2020年教授名录

艾　欣	鲍　海	毕天姝	蔡　军	蔡利民	蔡墨朗	曾　鸣	曾德良
曾玉华	陈　雷	陈德刚	陈海平	陈宏刚	陈克丕	陈诺夫	陈学刚
程伟良	程养春	程永攀	崔　翔	戴松元	丁晓雯	丁迅雷	董　瑾
董　军	董兴辉	董长青	杜　波	杜冬梅	杜小泽	段立强	段泉圣
方仲炳	房　方	付忠广	高建伟	戈志华	龚雁峰	谷云东	顾煜炯
郭　鹏	郭春林	郭民臣	郭孝锋	郭永权	郭正秋	国　防	韩民晓
韩晓娟	郝建红	何　理	何　青	何凤霞	何永秀	侯国莲	侯宏娟
侯学良	胡三高	胡秀娟	黄　海	黄　美	黄　伟	黄　仙	黄少锋
黄永章	火月丽	姬濯宇	纪昌明	贾　科	姜　彤	李　琳	李　涛
李　薇	李　为	李　新	李　英	李　鱼	李宝让	李成榕	李存斌
李庚银	李泓泽	李继清	李建彬	李金全	李美成	李庆民	李文艳
李星梅	李岩松	李彦斌	李元诚	李忠艳	栗永利	梁　庚	梁双印
林　俊	刘　滨	刘　禾	刘　念	刘　石	刘　彤	刘　忠	刘崇茹
刘春明	刘东雨	刘国华	刘吉成	刘吉臻	刘玮玮	刘文霞	刘文毅
刘向杰	刘晓芳	刘永前	刘自发	刘宗德	刘宗岐	柳亦兵	卢斌先
卢铁兵	卢占会	陆　强	陆道纲	陆会明	罗　毅	罗国亮	罗振东
吕　蓬	吕爱钟	吕亮球	律方成	马　静	马德香	马峻峰	马续波

马应龙　茆　胜　门宝辉　米增强　牛东晓　牛风雷　牛玉广　潘家鸿
庞力平　庞南生　彭　林　彭　杨　齐　波　齐　磊　祁　兵　秦立军
邱启荣　任金锁　沈剑飞　石润华　石玉英　宋记锋　宋晓华　孙　毅
孙保民　孙凤杰　孙英云　谭　文　谭小丽　谭忠富　檀勤良　田　德
屠幼萍　汪建军　汪庆华　王爱平　王　鹏　王　伟　王　伟　王丽萍
王佩琼　王　晓　王祥科　王晓东　王学棉　王　弋　王银顺　王泽忠
王增平　魏　兵　魏高升　文　俊　乌云娜　吴　英　吴克河　吴忠群
夏　宁　夏延秋　冼海珍　肖　峰　肖　峰　肖显斌　谢　力　谢传胜
邢　棉　熊敏鹏　徐　超　徐　钢　徐　鸿　徐进良　徐茹枝　徐永海
徐玉琴　许　刚　薛安成　闫庆友　杨国田　杨　海　杨立军　杨少霞
杨淑霞　杨锡运　杨晓忠　杨勇平　姚建平　姚建曦　姚凯文　尹忠东
余顺坤　玉　宇　袁桂丽　袁家海　苑英科　翟明岳　张　华　张　娟
张　锴　张　艳　张东英　张海波　张化永　张建华　张立辉　张粒子
张满红　张乃强　张尚弘　张素芳　张卫东　张小东　张兴平　张绪刚
张永生　张一梅　张月想　张照煌　赵成勇　赵冬梅　赵桂霞　赵会茹
赵　莉　赵新刚　赵雄文　赵旭光　赵玉闪　赵振宇　赵志斌　郑　玲
郑　涛　周登文　周凤翱　周国兵　周乐平　周少祥　周振宇　朱安博
朱晓红　白占武　曹春梅　陈传敏　陈红平　陈鸿伟　程晓荣　程友良
崔和瑞　崔彦彬　丁常富　董　天　董　泽　范孝良　付　东　高会生
高建强　高　胥　葛永庆　谷根代　顾雪平　关荣华　郭　雷　韩中合
何永贵　侯思祖　胡爱军　黄元生　焦彦军　康　辉　孔　峰　孔英会
李春曦　李大中　李慧君　李慧奇　李俊卿　李　鹏　李　伟　李永臣
李永刚　李永华　李永华　李永倩　李泽红　栗　然　梁贵书　梁　平
林永君　刘彦丰　刘　艳　刘　洋　刘云鹏　刘长良　吕建燚　马良玉
马　平　马双忱　马新顺　马永光　孟祥林　戚银城　齐立强　屈朝霞
任　惠　任建文　尚秋峰　沈长月　盛四清　史玮璇　宋　玮　苏　杰
孙建平　孙　薇　孙　正　唐贵基　田松峰　万书亭　王艾萌　王保义
王春波　王东风　王　飞　王福海　王江江　王聚芹　王淑勤　王喜平
王　毅　王印松　王璋奇　王志刚　魏彤儒　温　磊　吴乐为　武群丽
向　玲　谢　庆　谢志远　许伯强　阎占元　颜湘武　杨实俊　杨薛明
杨耀权　杨玉华　姚万业　叶学民　尹增谦　苑春刚　苑津莎　云　欣
翟永杰　张彩庆　张贵银　张　磊　张　莉　张栾英　张少敏　张胜寒
张晓宏　张重远　赵洪山　赵书强　赵书涛　赵文清　甄成刚　甄增水
周建国　朱永利　朱有产

【2020 新增教授名录】

安利强　陈建国　程　龙　董福贵　韩励佳　郝润龙　黄从智　姜根山
林忠伟　刘纪彩　刘志坚　吕小军　吕玉珍　马国明　孙　芳　滕　伟
田华军　佟振峰　汪黎东　王利刚　王体朋　魏　乐　翟融融　张金良
张文广　张宇宁　周　明

（人事处　田赞梅　提供）

华北电力大学2020年教学名师名单

级别	序号	姓名	学院(部)	获奖项目	获奖时间
国家级	1	崔　翔	电气与电子工程学院	第五届国家级教学名师奖	2009年
省部级	1	罗应立	能源动力与机械工程学院	第二届北京市高等学校教学名师奖	2006年
	2	乌云娜	经济与管理学院	第三届北京市高等学校教学名师奖	2007年
	3	崔　翔	电气与电子工程学院	第四届北京市高等学校教学名师奖	2008年
	4	白　焰	控制与计算机工程学院	第五届北京市高等学校教学名师奖	2009年
	5	付忠广	能源动力与机械工程学院	第六届北京市高等学校教学名师奖	2010年
	6	王增平	电气与电子工程学院	第六届北京市高等学校教学名师奖	2010年
	7	刘连光	电气与电子工程学院	第七届北京市高等学校教学名师奖	2011年
	8	王修彦	能源动力与机械工程学院	第八届北京市高等学校教学名师奖	2012年
	9	王泽忠	电气与电子工程学院	第九届北京市高等学校教学名师奖	2013年
	10	林碧英	控制与计算机工程学院	第九届北京市高等学校教学名师奖	2013年
	11	杜冬梅	能源动力与机械工程学院	第十届北京市高等学校教学名师奖	2014年
	12	王学棉	人文与社会科学学院	第十届北京市高等学校教学名师奖	2014年
	13	李　英	人文与社会科学学院	第十一届北京市高等学校教学名师奖	2015年
	14	李彦斌	经济与管理学院	第十二届北京市高等学校教学名师奖	2016年
	15	张　娟	数理学院	第十三届北京市高等学校教学名师奖	2017年
	16	赵洱岽	经济与管理学院	首届北京市高等学校青年教学名师奖	2017年
	17	陈　雷	数理学院	第十四届北京市高等学校教学名师奖	2018年
	18	李　红	能源动力与机械工程学院	第二届北京市高等学校青年教学名师奖	2018年
	19	刘向杰	控制与计算机工程学院	第十五届北京市高等学校教学名师奖	2019年
	20	杨世关	新能源学院	第十五届北京市高等学校教学名师奖	2019年
	21	王　伟	马克思主义学院	第四届北京市高等学校青年教学名师奖	2020年
	22	王翠茹	计算机系	第一届河北省高等学校教学名师奖	2003年
	23	李　琳	电力工程系	第一届河北省高等学校教学名师奖	2003年
	24	卢占会	数理系	第二届河北省高等学校教学名师奖	2006年
	25	高　强	电子与通信工程系	第二届河北省高等学校教学名师奖	2006年
	26	牛东晓	经济管理系	第三届河北省高等学校教学名师奖	2007年
	27	律方成	电力工程系	第四届河北省高等学校教学名师奖	2008年
	28	戴庆辉	机械工程系	第五届河北省高等学校教学名师奖	2009年
	29	李永刚	电力工程系	第六届河北省高等学校教学名师奖	2010年
	30	黄元生	电力工程系	第七届河北省高等学校教学名师奖	2011年
	31	张晓宏	数理系	第七届河北省高等学校教学名师奖	2011年
	32	谢志远	电子工程系	河北省高等学校(本科)教学名师奖	2017年
	33	刘彦丰	动力工程系	河北省普通本科院校教学名师奖	2019年
	34	孔英会	电子与通信工程系	河北省普通本科院校教学名师奖	2019年
	35	谷根代	数理系	河北省普通本科院校教学名师奖	2020年
	36	魏彤儒	马克思主义学院	河北省普通本科院校教学名师奖	2020年

(教务处　提供)

华北电力大学2020年优秀教学团队名单

级别	团队名称	团队负责人	评选年度
国家级	自动化专业教学团队	刘吉臻	2008
	工程项目管理教学团队	乌云娜	2010
北京市级	热能与动力工程专业教学团队	安连锁	2007
	电磁场教学团队	崔　翔	2007
	自动化专业教学团队	刘吉臻	2008
	电力市场教学团队	曾　鸣	2008
	继电保护专业教学团队	王增平	2009
	工程项目管理教学团队	乌云娜	2009
	电机学教学团队	罗应立	2010
	电力系统分析教学育人团队	李庚银	2019
	问题链教学基地育人团队	李彦斌	2020
河北省级	电气工程专业基础课教学团队	李和明	2007
	基础力学教学团队	王璋奇	2019
	电子技术基础教学团队	谢志远	2020
	电工理论教学团队	梁贵书	2020

（教务处　提供）

华北电力大学2020年来访情况一览表

序号	来访时间	国家(地区)/单位	来访人物	接待领导	来访事宜
1	1月15日	国网大学(国家电网有限公司高级培训中心)	国网大学　(国家电网有限公司高级培训中心)董事长、党委书记卓洪树，国网大学主任倪吉祥，副主任李洪强、杨爱勤	杨勇平、郝英杰	调研座谈
2	3月19日	教育部	疫情工作领导小组副组长、教育部党组成员、副部长钟登华，疫情工作领导小组成员、部属高校组组长、教育部思想政治工作司司长魏士强，疫情工作领导小组综合组成员、教育部体育卫生与艺术教育司副司长万丽君，教育部高等教育司副司长徐青森	周　坚、杨勇平，李双辰、孙忠权、王增平	调研疫情防控
3	4月8日	国家电网有限公司	国家电网有限公司原董事长、党组书记毛伟明，副总经理、党组成员张智刚	周　坚、杨勇平、郝英杰、王增平、毕天姝	调研座谈
4	5月9日	民盟北京市委	民盟北京市委秘书长严为，组织部副部长帅远霞	郝英杰	调研民盟基层组织建设情况
5	6月2日	北京市教育委员会	北京市教育委员会副主任张永凯、北京市教育委员会规划处副处长孙运科、北京市教委联络员张铁成	孙忠权	实地检查毕业生返校准备工作
6	6月2日	河北省教育厅	河北省教育厅督导组组长、高校干部处处长朱智国	周　坚、律方成	督导检查毕业生返校准备工作
7	6月3日	东北大学秦皇岛分校	东北大学秦皇岛分校党委书记孙正林、副校长赵勇及科技处有关负责人	律方成	调研交流
8	6月5日	中国大唐集团有限公司	中国大唐集团有限公司科技创新部主任王鹤鸣一行	杨勇平、毕天姝	调研科研合作

续表

序号	来访时间	国家(地区)/单位	来访人物	接待领导	来访事宜
9	6月5日	中国电力企业联合会	中国电力企业联合会专职副理事长王志轩,中电联技能鉴定与培训中心主任张志峰、副主任张慧翔	郝英杰	调研远程继续教育工作
10	6月15日	保定市委	保定市委书记党晓龙,保定市副市长杨伟坤,市委秘书长杨文堂	周　坚、郭孝锋、律方成	考察调研
11	7月31日	北京市怀柔区	怀柔区委书记、怀柔科学城党工委书记戴彬彬,科学城党工委委员、管委会副主任伍建民,区委常委、副区长郭文杰,科学城党工委委员、管委会副主任丁明达,副区长王建刚	周　坚、杨勇平、郝英杰、毕天姝	调研座谈
12	8月5日	福建省招标采购集团	福建省招标采购集团董事长陈武一行	杨勇平、檀勤良	深入合作座谈
13	9月15日	中国原子能科学研究院	中国原子能科学研究院党委书记、中国工程院院士罗琦,副院长姜兴东,总工程师张东辉	杨勇平、孙忠权	签署合作框架协议
14	9月20日	教育部	教育部全国学生资助管理中心主任陈希原、副主任陈淑梅、高校处副处长袁荣	周　坚、郭孝锋	调研指导学生资助工作
15	9月23日	深圳市清洁能源研究院	深圳市清洁能源研究院理事长张善明、副院长周军	杨勇平	座谈交流
16	9月23日	重庆广怀实业(集团)有限公司	重庆广怀实业(集团)有限公司董事长洪敏,战略专家刘泽武,总工程师万里	郝英杰	洽谈校企合作
17	10月11日	共青团河北省委	共青团河北省委副书记、党组副书记侯贵松,河北省青年志愿者行动指导中心负责人李峥,共青团保定市委书记何会岭,共青团保定市委副书记阮玉	郭孝锋	走访调研
18	10月14日	华能核电开发公司	华能核电开发有限公司总经理、党委副书记张东辉一行	王增平	校企合作
19	10月16日	国务院	第七次大督查第二督查组组长、教育部副部长孙尧,河北省政府副秘书长于清华、省教育厅厅长杨勇,保定市委书记党晓龙	周　坚、杨勇平	督查疫情防控
20	10月19日	北京市学校德育研究会	北京市学校德育研究会会长关国珍、秘书长谢春风	周　坚、汪庆华	走访调研
21	10月20日	施耐德电气(中国)有限公司	施耐德电气高级副总裁徐韶峰、副总裁王洁一行	王增平	签署战略合作框架协议
22	10月20日	北京市委统战部	北京市委统战部副部长祁金利、北京市委统战部党外知识分子工作处处长张猛、北京市委教育工委统群处处长卢向红、北京市昌平区委统战部常务副部长鹿伟强	周　坚、郭孝锋	召开知联会
23	10月24日	中国华能集团有限公司	国华能集团有限公司党组书记、董事长、中国工程院院士舒印彪,中国华能集团公司总经理、党组副书记邓建玲,中国华能集团公司党组成员、副总经理樊启祥,党组成员、副总经理李富民,总工程师兼新能源股份有限公司董事长、党委书记、华能长江环保科技有限公司董事长林刚	周　坚、杨勇平、郝英杰、毕天姝	战略合作协议签约
24	10月26日	北京教育系统关工委在	北京教育系统关工委主任张雪、副主任刘超美,北京大学、邮电大学、对外经贸大学关工委负责人	郝英杰	关工委课题研究推进会议
25	10月28日	保定市委、市政府	保定市委常委、常务副市长李国勇,保定市政府副秘书长周林伟	郭孝锋、律方成	走访调研

续表

序号	来访时间	国家(地区)/单位	来访人物	接待领导	来访事宜
26	10月28日	江西赣能股份有限公司	江西赣能股份有限公司党委书记、董事长陈万波,江西赣能股份有限公司总经理叶荣	周　坚、杨勇平、郝英杰	签订战略合作框架协议
27	10月27日	云南省电力科学研究院	云南省电力科学研究院党委书记、云南电网公司科创中心主任蔡晓斌一行	王增平	交流座谈
28	11月10日	民盟北京市委	民盟北京市委专职副主委张振军,民盟北京市委副秘书长高嵩,民盟北京市委常委、昌平区工委主委刘淑华,民盟北京市委书画家联谊会副会长、民盟先贤肖像作品主创人刘红选	郭孝锋	巡回展启动仪式
29	11月12日	中国电机工程学会	中国科学技术协会原副主席冯长根,中国电机工程学会副理事长路书军,中国电机工程学会副秘书长吴云喜,南瑞集团有限公司首席专家王长宝,华能清洁能源研究院院长助理郭小江,长沙理工大学成果转化中心主任曾祥君,清华大学长聘副教授郭庆来等	毕天姝	第十六届青年学术会议
30	11月19日	国家电网有限公司大数据中心	国网大数据中心主任、党委副书记王继业,党委书记、副主任杜蜀薇,副主任程志华	杨勇平、郝英杰	签署战略合作框架协议
31	11月27日	中国人民大学	中国人民大学中共党史党建研究院执行院长杨凤城教授	何　华	明德大讲堂专题报告
32	12月3日	水利部	全国节约用水办公室主任许文海、河北省水利厅副厅长崔志清、保定市副市长杨伟坤	郭孝锋	节水工作考察、调研
33	12月14日	国家能源集团	国家能源集团电力营销公司党委书记、董事长李宏远	檀勤良	综合能源服务培训班开班
34	12月16日	乐清市柳市镇	乐清市委常委、柳市镇党委书记董庆标一行	郝英杰	走访调研
35	12月19日	中国华能集团有限公司	中国工程院院士、国际电工委员会(IEC)主席、中国华能集团有限公司董事长、党组书记舒印彪,国家电网有限公司副总经理张智刚	周　坚、杨勇平	走访参观
36	12月19日	中国电力企业联合会	中国电力企业联合会党组成员、专职副理事长王志轩	律方成	走访调研
37	12月24日	北京云道智造科技有限公司	云道智造科技有限公司董事长屈凯峰,北京云道智研科技有限公司总经理王宇	毕天姝	捐赠 Simdroid 仿真软件

(党政办　刘岩　提供)

其　他

2020年媒体报道索引

序号	标　题	媒体	时间
1	河北省分布式储能与微网重点实验室通过验收	中国科学报	2020.01.06
2	坚守科学报国初心 勇担民族复兴使命	科技日报	2020.01.11
3	疫情"大考"面前须善用大数据	光明日报	2020.02.05
4	疫情"大考"面前须善用大数据	光明日报	2020.02.06

续表

序号	标　题	媒体	时间
5	青春在战“疫”中闪光	安阳日报	2020.03.12
6	西藏“00后”大学生发起公益项目筹集抗疫资金	西藏商报	2020.03.13
7	疫情大考体现了国家电网卓越的管理能力	国家电网报	2020.03.17
8	华北电力大学青年教师参与发起大数据分析平台助力抗击疫情	中国教育报	2020.03.18
9	面向湖北学生每人发放应急保障资助金500元 华北电力大学“一对一”包联帮扶湖北学生	中国教育报	2020.03.18
10	破“SCI至上”后，科研评价体系如何立	中国教育报	2020.03.18
11	华电专属“大礼包”包邮到家，让你宅家也能做实验	学习强国平台、光明日报客户端、中国电力报公众号	2020.04.07
12	师说-华北电力大学思政课教师：孙芳	中国教育电视台	2020.04.07
12	采访张建华教授：综合能源系统需突破关键技术应用	中国能源报	2020.04.09
13	以大数据为支点释放应急管理效能	光明日报	2020.04.13
14	华北电力大学青年教师参与发起大数据分析平台助力抗击疫情	中国教育报	2020.04.15
15	华北电力大学停课不停助 暖心战疫情	中国教育报	2020.04.15
16	华北电力大学：一趟不用跑 就业机会一个不少	中国教育报	2020.04.15
17	华电专属“大礼包”包邮到家 学子宅家也能做实验	人民网	2020.04.15
18	报道我校远程实验教学	中国教育电视台	2020.04.22
19	善用大数据技术促高等教育治理现代化	中国教育报	2020.04.22
20	西藏籍华北电力大学学生发起公益项目筹集抗疫资金 价值53万元防疫物资捐赠给一线人员	西藏商报	2020.05.06
21	辅导村里孩子上网课，华北电力大学在读博士开“家庭课堂”	农村大众报	2020.05.06
22	华北电力大学学生石祎炜 帮贫困老人卖红薯	石家庄日报	2020.05.06
23	华北电力大学思政课用“四度”化疫情危机为教育契机	光明日报	2020.05.06
24	易地搬迁“挪穷窝”还要“能致富”	光明日报	2020.05.13
25	国网大学联合华北电力大学 线上举办系列培训班	国家电网报	2020.05.14
26	华电校友在菲律宾携企业与当地社区共同抗疫故事	中央电视台	2020.05.18
27	加快形成危机教育合力	中国教育报	2020.05.18
28	政府工作报告再提“重组国家重点实验室”创新“国家队”改革释放什么信号	中国青年报	2020.06.02
29	人在家中上网课，科创小马达已开启 大学生创客：脑洞已“返校”	中国青年报	2020.06.02
30	华北电力大学能源互联网研究中心主任曾鸣：建设能源互联网有三大重任	国家电网报	2020.06.04
31	华北电力大学电气与电子工程学院推介	中国教育电视台	2020.06.10
32	努力加强电网投资监管(有的放矢)	人民日报	2020.06.15
33	当好娘家人 打通就业路	中国教育报	2020.06.25
34	“全域统筹”构建高校课程思政体系	中国教育报	2020.07.06
35	华北电力大学切实抓好疫情防控期间党员学习教育	教育部官网	2020.07.09
36	华北电力大学精准发力 扎实做好确山县定点扶贫工作	教育部官网	2020.07.22
37	适应新形势，组建“大能源部”刻不容缓	中国能源报	2020.09.01

续表

序号	标　　题	媒体	时间
38	华北电力大学：当好“娘家人”打通就业路	中国教育报	2020.09.01
39	华北电力大学控制与计算机工程学院课程思政建设助力“三全育人”	光明日报	2020.09.01
40	在深化改革中建设让党和人民满意的教师队伍	中国高等教育	2020.09.07
41	为能源电力高质量发展提供有力人才支撑	中国能源报	2020.09.11
42	新一轮思政课改革创新全面开启	中国青年报	2020.09.14
43	从“后花园”到“百花园” 华北电力大学课程思政助力“三全育人”	人民网	2020.09.18
44	好样的，华北电力大学青年！	中国电力报	2020.09.20
45	华北电力大学控制与计算机工程学院课程思政建设助力“三全育人”	中国电力报	2020.09.21
46	构建“三协同”模式，培养电力特色软件人才	中国电子报	2020.09.22
47	华北电力大学实施“五个创优”大力推进思想政治理论课改革创新	教育部官网	2020.09.27
48	支招新基建 挖潜新能源	中国能源报	2020.09.28
49	决胜脱贫守初心 担当尽责践使命	驻马店网	2020.08.01
50	华北电力大学省级科研平台建设实现新突破	科学网	2020.08.03
51	人不率则不从 身不先则不信	光明日报	2020.08.19
52	个人信息保护与大数据应用并非两难	经济日报	2020.09.02
53	青春有你，志愿前行——华北电力大学法政系开展暑期主题社会实践	中新网	2020.09.10
54	全国储能技术专业学科建设论坛在华北电力大学举办	中国电力报	2020.09.29
55	全国储能技术专业学科建设论坛在华北电力大学举办	中国能源报	2020.09.29
56	华北电力大学校长杨勇平：以规律、自律和韵律开启逐梦新征程	人民网	2020.09.29
57	华北电力大学举行2020级新生开学典礼	光明日报	2020.09.29
58	感受榜样的力量 找到青春的答案	中国青年报	2020.09.29
59	刘吉臻院士坚持十六年给新生上思政课	光明日报	2020.09.29
60	华北电力大学党委书记周坚讲授开学第一课 勉励新生用担当书写时代画卷	光明日报	2020.09.29
61	华北电力大学实施“五个创优”大力推进思想政治理论课改革创新	教育部官网	2020.09.29
62	我国能源扶贫成就显著	科普时报	2020.09.29
63	华北电力大学开学第一课	中国教育电视台	2020.10.05
64	华北电力大学党委书记周坚讲授开学第一课 勉励新生用担当书写时代画卷	中国青年报	2020.10.06
65	院士登台讲最硬核的专业基础介绍课	光明日报	2020.10.15
66	新生课堂！来一堂最硬核的专业基础介绍课	中国电力报	2020.10.15
67	华北电力大学多措并举加快培养储能领域“高精尖缺”人才	中国电力报	2020.10.23
68	高科技飞入寻常百姓家	中国青年报	2020.10.26
69	校企专家共议热机气动热力学和流体机械	科学网	2020.11.02
70	展望“十四五” 微博网友关注啥	光明日报	2020.11.02
71	荀振芳：只有“以本为本”，才能“以研推新”	中国科学报	2020.11.10
72	各方专家学者热议能源转型	国家电网报	2020.11.12
73	专家建议：新建火电要慎重了	人民政协报	2020.12.01

续表

序号	标　　题	媒体	时间
74	中国工程院院士刘吉臻:能源革命一定要算好“经济账”	中国能源报	2020.12.07
75	“电力新基建”助推能源行业转型	经济日报	2020.12.14
76	浇花浇根 育人育心 积极构建“三全育人”新格局	光明日报	2020.12.15
77	华北电力大学就业指导中心主任王栋梁做客“一职位你”栏目	中国教育电视台	2020.12.15
78	逐“电”同行:光荣与梦想就在此处	保定日报	2020.12.18
78	“保定・中国电谷”能源电力企业恳谈会举行	保定晚报	2020.12.18
79	保定政企共谋做大做强“中国电谷”	河北经济日报	2020.12.18
80	“30・60”新时代能源电力创新发展大会召开	保定日报	2020.12.18
81	华北电力大学《从朱辛庄到朱李庄的第一书记》	中国教育电视台	2020.12.21
82	华北电力大学积极推进科技成果转化	中国知识产权资讯网	2020.12.23

（宣传部　提供）

华北电力大学 2020 年出版物名单

序号	学术刊物名称	出版周期
1	《华北电力大学学报(自然科学版)》	双月刊
2	《华北电力大学学报(社会科学版)》	双月刊
3	《现代电力》	双月刊
4	《电力科学与工程》	月刊

（图书馆　周　琦　赵丽香　提供）

索　引

Special Edition

使 用 说 明

一、本索引采用主题分析索引法编制。年鉴中有实质检索意义的内容均予以标引，以供检索使用。

二、本索引基本上按汉语拼音音序排列。具体排列方法如下：以数字开头的标目，排在最前面；以英文字母打头的标目，列于其次；汉字标目则按首字的音序、音调依次排列。首字相同时则以第二个字排序，依此类推。

三、索引标目后的数字，表示检索内容所在的年鉴正文页码。年鉴正文中的栏别，从左至右分别以 a、b 来表示。年鉴中以表格形式反映的内容，则在索引标目后用括号注明（表）字，以区别于文字标目。

0～9

A～Z

B

C

D

E

F

G

H

J

K

L

M

N

O

P

Q

R

S

T

V

W

X

Y

Z